BIOTECNOLOGIA APLICADA À SAÚDE

Coleção **Biotecnologia Aplicada à Saúde**

Volume 1
Biotecnologia Aplicada à Saúde
Fundamentos e Aplicações

ISBN: 978-85-212-0896-9
623 páginas

Volume 2
Biotecnologia Aplicada à Saúde
Fundamentos e Aplicações

ISBN: 978-85-212-0921-8
1192 páginas

Volume 3
Biotecnologia Aplicada à Saúde
Fundamentos e Aplicações

Pré-lançamento

Volume 4
Biotecnologia Aplicada à Agro&Indústria
Fundamentos e Aplicações

Pré-lançamento

MATERIAL DE APOIO
www.blucher.com.br

BIOTECNOLOGIA APLICADA À SAÚDE
FUNDAMENTOS E APLICAÇÕES
VOLUME 2

RODRIGO RIBEIRO RESENDE
ORGANIZADOR

CARLOS RICARDO SOCCOL
COLABORADOR

Biotecnologia aplicada à saúde: fundamentos e aplicações – vol. 2
(coleção Biotecnologia Aplicada à Saúde, vol. 2)

© 2015 Rodrigo Ribeiro Resende (organizador)
Editora Edgard Blücher Ltda.

Blucher

Rua Pedroso Alvarenga, 1245, 4º andar
04531-934, São Paulo – SP – Brasil
Tel.: 55 11 3078-5366
contato@blucher.com.br
www.blucher.com.br

Segundo o Novo Acordo Ortográfico, conforme 5ª ed.
do *Vocabulário Ortográfico da Língua Portuguesa*,
Academia Brasileira de Letras, março de 2009.

É proibida a reprodução total ou parcial por quaisquer
meios, sem autorização escrita da Editora.

Todos os direitos reservados pela Editora Edgard Blücher Ltda.

FICHA CATALOGRÁFICA

Biotecnologia aplicada à saúde: fundamentos e
aplicações, volume 2 / organizado por Rodrigo
Ribeiro Resende; colaboração de Carlos Ricardo
Soccol. – São Paulo: Blucher, 2015.

ISBN 978-85-212-0921-8

1. Biotecnologia 2. Clonagem 3. DNA recombinante 4. Terapia gênica 5. Organismos transgênicos - Animais I. Resende, Rodrigo Ribeiro II. Soccol, Carlos Ricardo

15-0508   CDD 620.8

Índices para catálogo sistemático:
1. Biotecnologia

AGRADECIMENTOS

Esta obra não poderia ter iniciado sem a dedicação de cada um que participou em sua elaboração, desde os professores, alunos, editores, corretores, diagramadores, financiadores, amigos, esposa, irmão, pais, leitores até o desejo de tornar o conhecimento acessível para todos. Obrigado!

Prof. Rodrigo R. Resende

APOIO

Agradecemos pelo apoio financeiro aos projetos científicos da Fapemig, CNPq, Capes, Instituto Nacional de Ciência e Tecnologia em Nanomateriais de Carbono, Rede Mineira de Toxinas com Ação Terapêutica, Instituto Nanocell.

CARTA AO LEITOR

Parece brincadeira quando vejo as estatísticas do governo federal ou de agências internacionais sobre a qualidade do ensino. Elas informam que 70% dos brasileiros são analfabetos funcionais. A Organização para a Cooperação e Desenvolvimento Econômico (OCDE) divulgou em maio de 2015 um *ranking* mundial de qualidade de educação. Dentre os 76 países avaliados, o Brasil ocupa a 60ª posição.

O Analfabetismo Funcional constitui um problema silencioso e perverso que afeta as empresas e o ensino superior. Não se trata de pessoas que nunca foram à escola. Elas sabem ler, escrever e contar; chegam a ocupar cargos administrativos, mas não conseguem compreender a palavra escrita.[...] Elas preferem ouvir explicações da boca de colegas. "Calcula-se que, no Brasil, os analfabetos funcionais representam 68% da população economicamente ativa, e, somados aos 7% totalmente analfabetos, temos que 75% da população não possui o domínio pleno da leitura, da escrita e das operações matemáticas"*.

E, no afã de melhorar a educação e o Brasil para que se torne uma Nação, nada melhor do que reunir os líderes nacionais de renome internacional para escreverem, junto comigo, uma obra alinhada com a perspectiva de construção de uma nação forte e indelével, produtora de conhecimento e tecnologia. Para isso, uma obra técnica com linguagem para leigos e a disponibilização de tecnologias de ponta, apresentadas ao final de cada capítulo desta coleção, ao alcance de todos, desde o aluno, passando pelo funcionário, até o presidente de uma pequena ou grande companhia de biotecnologia. Uma maneira de todos nós, professores e cientistas, darmos ao povo brasileiro a oportunidade de crescer pelo do conhecimento!

Prof. Rodrigo R. Resende
Presidente do Instituto Nanocell
Presidente da Sociedade Brasileira de Sinalização Celular

---

* Fonte: Flavia Leite, Analfabetismo funcional, uma realidade atual e intrigante. Webartigos. 24 jul. 2011. Disponível em: <http://www.webartigos.com/artigos/analfabetismo-funcional-uma-realidade-atual-e-intrigante/72269/>.

CONTEÚDO

Prefácio – Helena B. Nader – SBPC   9
Apresentação – Willibaldo Schmidell – UFSC   11

Vetores e Clonagem
1. Novas Técnicas de Recombinação em Microrganismos:
   Engenharia Genética pela Tecnologia do DNA Recombinante   15
2. Vetores Plasmidiais e Vetores de Fago: Estrutura Básica e Funções   77
3. Vetores de Expressão Bacteriana: Tipos e Usos   115
4. Clonagem Gênica: Fundamentos e Aplicações   137

Proteínas Recombinantes
5. Expressão de Proteínas Recombinantes em Bactérias:
   Fundamentos Básicos e Aplicações   177
6. Produção de Proteínas Recombinantes em Leveduras e
   Fungos Filamentosos: Fundamentos Básicos e Rotina   217
7. Baculovírus para Expressão de Proteínas Recombinantes em Células de Insetos   255
8. Expressão de Proteínas Recombinantes em Células de Mamíferos   307
9. Mutagênese Sítio-Dirigida em Bactérias: Fundamentos Básicos e Aplicações   339
10. Anticorpos Poli e Monoclonais como Ferramenta Biotecnológica: Produção e Usos   361
11. Clonagem e Expressão de Genes de Anticorpos: Métodos e Aplicações   435
12. Anticorpos Humanizados   481
13. Plantas como Biorreatores: Fundamentos, Métodos e Aplicações   551
14. Animais Domésticos como Biorreatores: Produção e Usos   609
15. Planta *Biofarming*: Perspectivas Inovadoras para a
    Expressão de Peptídeos em Sistemas Heterólogos   637

Terapia Gênica
16. Derivação de Novas Linhagens de Células-Tronco Embrionárias:
    Evolução da Metodologia   673
17. Proteína *Prion*: Biologia Molecular, Aspectos Fisiológicos e
    Patológicos, Diagnóstico e Interesse Sanitário   713
18. Células-Tronco Mesenquimais Adultas de Diversas Origens:
    Uma Visão Geral Multiparamétrica para Aplicações Clínicas   745
19. Produção e Diferenciação de Células-Tronco Induzíveis   815
20. Reprogramação Nuclear de Células para um Estado Pluripotente
    Usando Três Estratégias   879
21. Mecanismos de Entrada dos Vírus na Célula: Métodos de Estudo e Aplicações   903
22. Vetores Virais: Tipos, Diversidades, Usos e Aplicações   921
23. Modelos de Terapia Gênica Baseados na Expressão de Hormônio de Crescimento em
    Células Humanas e na Administração de DNA Plasmidial em Camundongos Anões   981

Animais Transgênicos
24. Produção de Animais *Knockouts* e *Knockins* — 1015
25. Sistema Cre-*Lox*: Transgênicos Tecido e Tempo Programados — 1037
26. Sistema Duplo-Híbrido em Levedura: Conceitos e Aplicações — 1073
27. Estratégias Transgênicas para a Expressão Combinatória de Proteínas Fluorescentes — 1107
28. Transplante de Espermatogônias-Tronco como Abordagem Biotecnológica para a Produção de Animais Transgênicos — 1131

Autores — 1173

PREFÁCIO

Esta é uma obra audaciosa. De um lado, ela contém a saudável ousadia de congregar o conhecimento científico e tecnológico disponível no campo da biotecnologia em suas aplicações nas áreas da saúde e da agroindústria. Do outro, é o resultado do trabalho de 376 autores, todos com destacada atuação na vida acadêmica brasileira e internacional.

Os quatro volumes de *Biotecnologia Aplicada à Saúde: Fundamentos e Aplicações* e *Biotecnologia Aplicada à Agro&Indústria: Fundamentos e Aplicações*, ao reunir uma centena de artigos, expressam diversidade temática de tal grandeza que desaconselha sua sumarização neste espaço. Este conjunto ainda conseguiu agregar, por meio de textos sucintos e objetivos, os passos mais recentes da biotecnologia com os conhecimentos clássicos que estavam registrados em diferentes publicações. Em cada capítulo são apresentadas as raízes que sustentam as técnicas e os modelos apresentados pelos autores. Pensando no aprendizado de estudantes – e também nos passos de profissionais que se interessem em introduzir-se na biotecnologia utilizando técnicas recentes e sem restrições de modelos celulares –, os textos apresentam as metodologias e os procedimentos para a realização de experimentos.

Assim, temos em mãos uma obra didática que vem a contribuir com nossos cursos de graduação e de pós-graduação, de alguma maneira dedicados à biotecnologia e/ou às áreas da saúde e da agroindústria.

Há ainda mais uma grande virtude neste trabalho organizado pelos professores Rodrigo Resende e Carlos Ricardo Soccol: sua sintonia com as necessidades atuais da ciência brasileira em uma área estratégica para o país.

A biotecnologia é uma das disciplinas nas quais mais facilmente podemos enxergar o impacto social da ciência. Por exemplo, o diagnóstico e tratamento de muitas doenças são fruto do uso da biotecnologia na saúde humana e animal, assim como a redução no uso de agrotóxicos na agricultura.

Nas últimas duas décadas, a ciência brasileira deu um grande salto. Resume esse avanço o fato de termos passado de posição intermediária para posição de relativo destaque na produção científica mundial. Contudo, três grandes desafios se apresentam correntemente: aumentar o impacto da ciência brasileira na ciência mundial; dar à ciência e tecnologia posição de protagonista do desenvolvimento econômico, social e cultural do país; expandir o sistema de produção científica, hoje baseado no mundo acadêmico, para o mundo empresarial.

Considerando ainda que a biotecnologia é uma área das mais promissoras para o nosso desenvolvimento sustentado, está mais do que entendida a importância desta obra em todos os contextos em que ela se encaixa.

Ademais, *Biotecnologia Aplicada à Saúde: Fundamentos e Aplicações* e *Biotecnologia Aplicada à Agro&Indústria: Fundamentos e Aplicações* revelam a abrangência da biotecnologia brasileira e sua inserção dinâmica em nossa vida científica. Os 376 autores estão distribuídos por 39 universidades e 27 institutos de pesquisa, e atuam em mais de 150 programas de pós-graduação.

Como presidente de uma instituição cuja principal missão é trabalhar para o progresso da ciência no Brasil, entendo que a chegada desta obra deve ser comemorada, e seu conteúdo – pertinente e atual – certamente vai ajudar a biotecnologia a acelerar a ciência brasileira e seu protagonismo na vida nacional.

Helena B. Nader
Professora Titular de Biologia Molecular,
Escola Paulista de Medicina, UNIFESP
Presidente da Sociedade Brasileira
para o Progresso da Ciência (SBPC)

APRESENTAÇÃO

Antes de qualquer consideração, devo destacar a enorme satisfação em ter sido convidado para efetuar a presente "Apresentação", motivo pelo qual agradeço aos organizadores Rodrigo R. Resende e Carlos Ricardo Soccol pela grata oportunidade.

Trata-se de uma sequência de quatro livros, sendo três deles (volumes I ao III) intitulados *Biotecnologia Aplicada à Saúde: Fundamentos e Aplicações*, e o quarto (Volume IV), *Biotecnologia Aplicada à Agro&Indústria: Fundamentos e Aplicações*. O Volume I está dividido em 4 partes que compreendem 19 capítulos; o Volume II, 4 partes e 28 capítulos; o Volume III, 5 Partes e 26 capítulos; e o Volume IV, 6 partes e 27 capítulos, ou seja, um global de 19 grandes tópicos e 100 capítulos. Certamente o esforço dos organizadores foi muito significativo, pois acionaram nada menos do que 376 autores de capítulos, que militam em 69 instituições de ensino e pesquisa no Brasil.

Parte significativa desta sequência de livros se dedica ao desenvolvimento de bioprocessos para a produção de produtos de alto valor agregado, utilizados, por exemplo, na área de saúde humana e animal, sendo parte deles através do emprego de células alteradas geneticamente, de forma a se contar com agentes de conversão mais adequados, bem de acordo com os atuais desenvolvimentos relacionados à moderna biotecnologia.

Deve-se ressaltar, como algo de grande importância, a preocupação nos vários capítulos com a descrição de procedimentos experimentais detalhados, objetivando um mais rápido aprendizado das técnicas disponíveis na moderna biotecnologia.

Assim sendo, tenho a certeza de que este conjunto de quatro livros irá em muito acelerar o desenvolvimento da biotecnologia em nosso país. Trata-se de uma obra necessária para o ensino e a pesquisa da biotecnologia, tanto na graduação quanto na pós-graduação. Cabe, portanto, cumprimentar os organizadores pela iniciativa e esforço para concretizar a presente obra.

Prof. Dr. Willibaldo Schmidell
Professor Titular (Aposentado) na Escola Politécnica da USP
Professor Visitante
Depto. Engenharia Química e Eng. de Alimentos
Universidade Federal de Santa Catarina (UFSC)

VETORES E CLONAGEM

CAPÍTULO 1

NOVAS TÉCNICAS DE RECOMBINAÇÃO EM MICRORGANISMOS: ENGENHARIA GENÉTICA PELA TECNOLOGIA DO DNA RECOMBINANTE

Edson Júnior do Carmo
Márcia Neiva
Spartaco Astolfi-Filho

1.1 INTRODUÇÃO

A elucidação da estrutura do DNA por Watson e Crick[1] em 1953 foi um marco para a biologia molecular, e os anos que se seguiram foram ricos em descobertas sobre sua replicação, transcrição e expressão. Nesse período estabeleceram-se as bases para a síntese química de DNA e desvendaram-se também o código genético e o processo de regulação da expressão gênica em seres procariontes (bactérias). Nessas duas décadas de 1950 e 1960, extremamente profícuas nas descobertas que desvendaram o dogma central da

biologia molecular, essa área de pesquisa era sem dúvida a mais acadêmica das áreas das ciências biológicas. Entretanto, foi nesse período que as bases foram estabelecidas para o surgimento da Tecnologia do DNA Recombinante (TDR), a qual também pode ser denominada de engenharia genética moderna.

No início dos anos 1970, dois grupos do estado da Califórnia (Estados Unidos) inventaram dois processos diferentes de se realizar recombinação de DNA de espécies diferentes *in vitro*. Em 1971, o grupo de Paul Berg (da Stanford University) construiu *in vitro* a primeira molécula de DNA recombinante, um híbrido de DNA de bacteriófago lambda e do vírus SV-40[2], sendo que por razões de ordem ética e de biossegurança essa molécula híbrida não foi introduzida na bactéria *Escherichia coli*. Em 1973, Herbert Boyer (University of California at San Francisco) e Stanley Cohen (Stanford University) construíram moléculas híbridas de plasmídeos bacterianos[3] e também introduziram DNA ribossomal de sapo em um plasmídeo, e essas moléculas híbridas foram então introduzidas na bactéria *E. coli*, em que mostram a capacidade de replicação conferida pelos plasmídeos.

O conjunto de ferramentas e técnicas utilizadas no âmbito da TDR veio sanar limitações metodológicas existentes até então e tornou possível o isolamento de genes específicos a partir do DNA das mais diversas fontes. Assim, possibilitou que se estudasse melhor a regulação desses genes, em especial os provenientes de eucariotos. Além disso, essas técnicas viabilizaram a recombinação gênica entre espécies distintas, abrindo a possibilidade de criação de organismos não encontrados na natureza, os denominados transgênicos. Esses organismos, por sua vez, podem ser utilizados para diversos estudos ou para a área de biotecnologia industrial, especialmente nos setores agropecuário e farmacêutico.

Até o surgimento dessa tecnologia, no setor farmacêutico industrial as principais fontes disponíveis para a obtenção de proteínas e outras moléculas para uso terapêutico eram animais e plantas. Nesse contexto, a insulina humana que era obtida por processo de extração de pâncreas de boi e porco passou a se produzida por *E. coli* geneticamente manipulada, resultando no primeiro produto recombinante de uso clínico aprovado pela Food and Drug Administration (FDA, a agência regulatória de medicamentos e alimentos dos Estados Unidos) no início da década de 1980, e abriu as portas para uma nova era na obtenção de proteínas em larga escala. Desde então, o termo biofármaco começou a ser utilizado para designar os produtos terapêuticos obtidos com o uso da TDR e iniciou-se um intenso processo de desenvolvimento técnico, objetivando a utilização de outros microrganismos como leveduras e fungos filamentosos.

Dados recentes mostram que no mercado existem 151 produtos recombinantes aprovados para uso terapêutico pela FDA e pela European Medicines Agency (EMEA). Aproximadamente 50% deles são obtidos com o uso de microrganismos, sendo que 30% dessas proteínas são produzidas por *E. coli*[4], que ainda é o sistema mais amplamente utilizado tanto para clonagem quanto para a expressão de proteínas heterólogas. Isso se dá pela facilidade de manuseio, crescimento rápido, fácil mudança de escala de produção e custo relativo baixo. No entanto, embora a *E. coli* ainda ocupe esse posto de destaque, a demanda pela produção eficiente de proteínas mais complexas, com modificações pós-traducionais, que não são feitas em bactérias, principalmente glicoproteínas e em especial anticorpos monoclonais (do inglês *monoclonal antibodies,* mAbs), levou ao desenvolvimento de sistemas eficientes de produção desses tipos de moléculas baseados em células de mamíferos em cultura. Para produção de mAbs em larga escala utilizam-se, atualmente, células de mamífero da linhagem CHO (do inglês *chinese hamster ovary*), geneticamente programadas contendo genes de anticorpos monoclonais.

Hoje, cerca de quarenta anos após o início da engenharia genética (TDR), analisando a evolução da área, podemos dizer que a TDR foi uma evolução natural da biologia molecular, pois um de seus maiores trunfos atuais é a possibilidade de sintetizar quimicamente genes naturais ou desenhados por nós. Essa técnica foi desenvolvida em grande parte pelo grupo liderado por H. G. Khorana[5], que trabalhou em diversas Instituições nos Estados Unidos, inclusive no Massachussets Institute of Technology (MIT). Essa facilidade, turbinada pelo advento da automatização da reação em cadeia da polimerase (do inglês *polymerase chain reaction* – PCR)[6], popularizou outra forma de denominar o conjunto das técnicas atuais avançadas de engenharia genética, engenharia de proteínas e engenharia metabólica: "biologia sintética". Além disso, podemos dizer que graças a essa tecnologia, a biologia molecular deixou de ser essencialmente acadêmica e passou a ser a área das ciências biológicas com maiores possibilidades de aplicações no setor industrial.

Neste capítulo, veremos uma síntese das principais ferramentas utilizadas na Tecnologia do DNA Recombinante, seu uso e evolução, assim como exemplos de aplicação na área farmacêutica.

1.2 AS FERRAMENTAS DA TDR

De modo sucinto, a TDR pode ser definida como um conjunto de técnicas que possibilita a manipulação e combinação de sequências gênicas

provenientes de diferentes organismos com os mais diversos fins. No laboratório, quando estamos isolando genes e construindo células/seres transgênicos, também dizemos que estamos realizando "Clonagem Molecular de Genes". O processo de clonagem molecular baseia-se principalmente em quatro passos principais, a saber:

1) Seleção e isolamento de uma sequência de DNA ou um gene a ser clonado.
2) Seleção de um elemento transportador dessa sequência clonada para uma célula hospedeira, denominado vetor genético.
3) Ligação da sequência a ser clonada ao vetor genético e inserção do conjunto gene/vetor na célula hospedeira.
4) Seleção de células hospedeiras possuidoras da marca do vetor que indica que tais células incorporaram o DNA de interesse.

A molécula recombinante é introduzida em uma célula hospedeira (Figura 1.1), na qual se multiplica autonomamente ou em paralelo ao genoma hospedeiro. À medida que a célula hospedeira receptora do DNA recombinante vai se dividindo, o material recombinante também se divide e é transmitido às células filhas, formando, assim, um clone de células iguais. Como consequência, o gene ou o fragmento de DNA de interesse é amplificado muitas vezes e pode ser isolado e caracterizado.

No processo de clonagem molecular são utilizados diferentes instrumentos (ferramentas) moleculares, que serão apresentados a seguir.

1.2.1 Endonucleases de restrição

Enzimas que clivam moléculas de ácidos nucleicos são chamadas de nucleases. As que clivam as moléculas no seu interior são denominadas de endonucleases, enquanto as que degradam os ácidos nucleicos de suas extremidades para o interior são chamadas de exonucleases.

As endonucleases de restrição são consideradas enzimas-chave no processo de clonagem molecular. São enzimas que naturalmente fazem parte do sistema de defesa de um microrganismo procarionte, protegendo-o contra a invasão de DNA exógenos, por exemplo, de um vírus cujo genoma seja de DNA que queira infectar a célula. Essas enzimas reconhecem sequências específicas do DNA dupla fita e têm a capacidade de cortar seletivamente o DNA estranho em regiões específicas, denominadas sítios de restrição. É essa

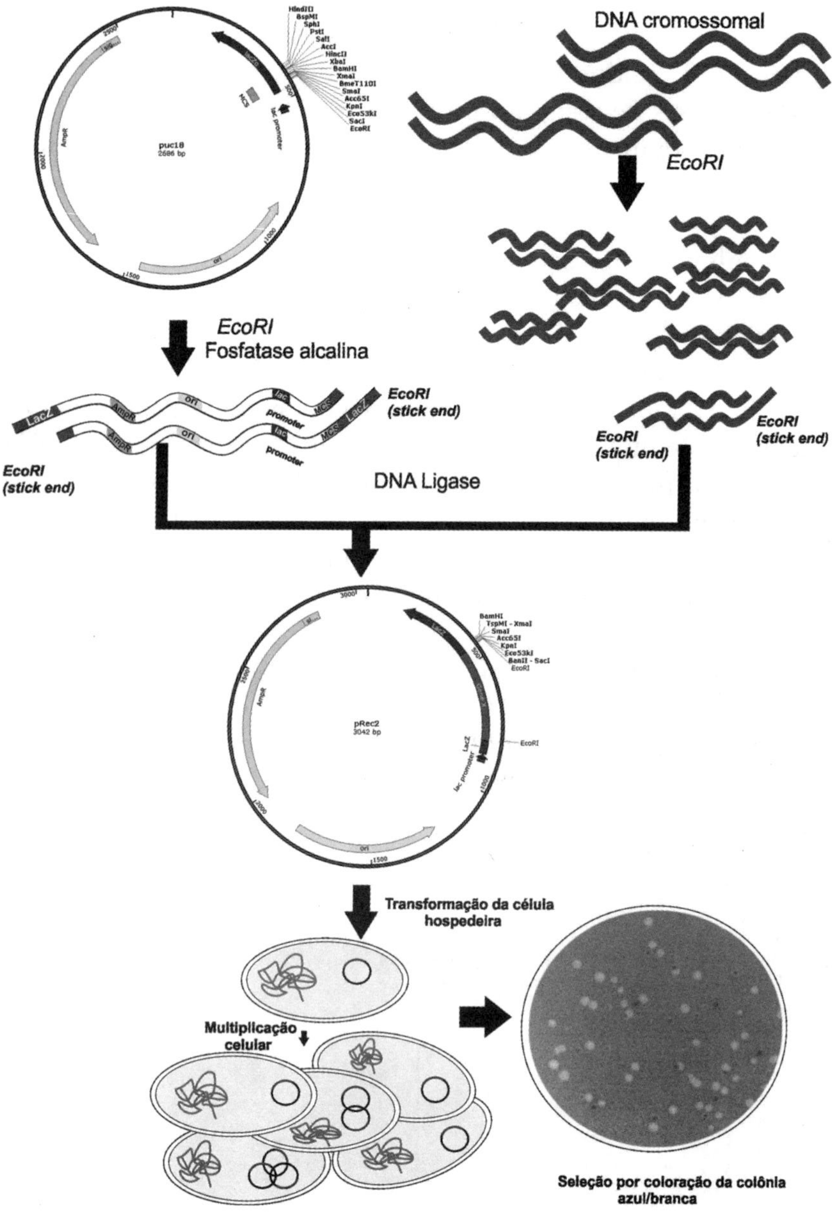

Figura 1.1 Exemplo de clonagem molecular — construção de uma biblioteca genômica. O vetor de clonagem, no caso o plasmídeo pUC18, é digerido com a enzima de restrição *EcoRI* e então tratado com fosfatase alcalina. O DNA cromossomal é digerido com a mesma enzima de restrição, e a seguir os fragmentos são ligados ao plasmídeo pela DNA ligase, resultando em um conjunto de plasmídeos recombinantes pRECs. Esses plasmídeos são, então, inseridos nas células hospedeiras, num processo denominado de transformação genética. Tais células, por sua vez, são plaqueadas em meio seletivo.

habilidade que torna as endonucleases de restrição ferramentas importante na manipulação de ácidos nucleicos.

As endonucleases de restrição utilizadas em engenharia genética são originárias de microrganismos e podem ser classificadas em três tipos (tipos I, II e III), de acordo com a especificidade de ação, cofatores e substratos requeridos. Como os mecanismos de ação das enzimas do tipo I e tipo III são mais complexos e não são muito utilizados em engenharia genética, esses tipos não serão abordados neste capítulo.

As enzimas do tipo II são empregadas para esse fim por reconhecerem sequências nucleotídicas específicas, geralmente palindrômicas. Uma sequência palindrômica, ou simplesmente palíndromo, é um segmento de DNA em que as duas fitas têm a mesma sequência, tanto quando uma fita é lida da esquerda para a direita como quando a outra é lida da direita para esquerda. Ao reconhecer um palíndromo específico, as enzimas de restrição cortam DNA dupla fita, na sequência de reconhecimento, deixando os fragmentos com dois tipos de extremidades possíveis: extremidades coesivas *(stick ends)* ou extremidades abruptas *(blunt ends)*.

A enzima de restrição *Bam*HI, como pode ser observado na Figura 1.2, reconhece a sequência 5'-GGATCC-3' e, após o corte, origina extremidades de DNA coesivas *(stick ends)*, com extremidades 5' protuberantes. Do mesmo modo, a enzima *Pst*I reconhece a sequência 5'-CTGCAG-3' e o corte origina extremidades também coesivas, mas dessa vez a extremidade protuberante é

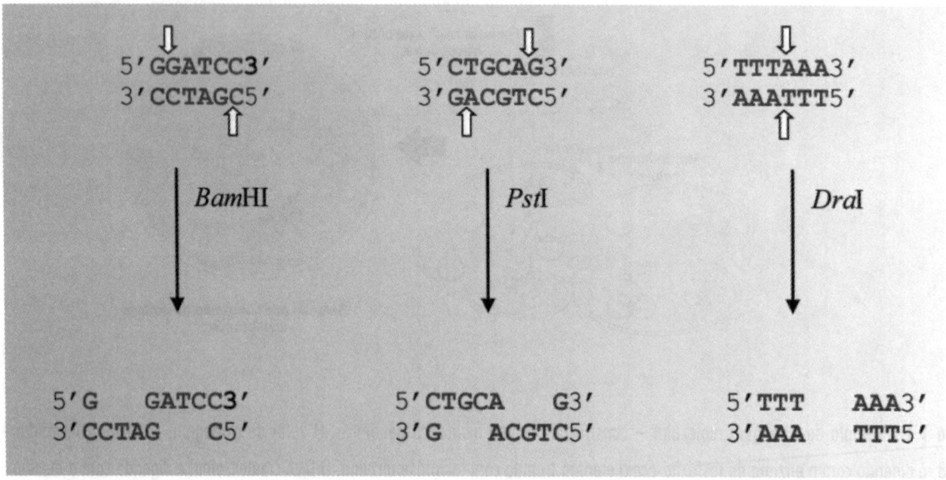

Figura 1.2 Esquema ilustrativo dos tipos de corte de enzimas de restrição. (a) Enzima *Bam*HI: extremidade 5' coesiva, (b) enzima *Pst*I: extremidade 3' coesiva, (c) enzima *Dra*I: extremidade abrupta. Note que as sequências de reconhecimento são palíndromos.

a 3'. Diferentemente, outros tipos de enzimas, como a enzima *Dra*I, clivam a sequência de reconhecimento na mesma posição nas duas fitas de DNA, originando extremidades de DNA abruptas em fita dupla (*blunt ends*).

É importante frisar que um dos passos da construção de uma molécula de DNA recombinante é a ligação ou união entre fragmentos, e as extremidades coesivas geradas pelo corte podem ser pareadas por complementaridade e ligadas eficientemente pelas DNA ligases. Nesse sentido, é também possível ligar fragmentos de DNA obtidos por cortes de enzimas diferentes desde que tenham extremidades compatíveis, como no caso dos cortes com *Bam*HI e *Bgl*II (Figura 1.3). Fragmentos de DNA de extremidades abruptas podem ser ligados, porém o são com menos eficiência. Para contornar essa limitação, o pesquisador pode aumentar a quantidade de DNA ligase no sistema de ligação.

As sequências de reconhecimento são, na maioria das vezes, de quatro ou seis nucleotídeos. No entanto, há enzimas de cortes raros que reconhecem e clivam um ponto específico de uma sequência de oito nucleotídeos ou de até mais nucleotídeos. Enzimas de cortes raros, como *Not*I e *Pac*I, que reconhecem sequências de oito nucleotídeos, são interessantes em estratégias de clonagem molecular, pois têm menos chances de ser encontradas ao longo das sequências do DNA-alvo.

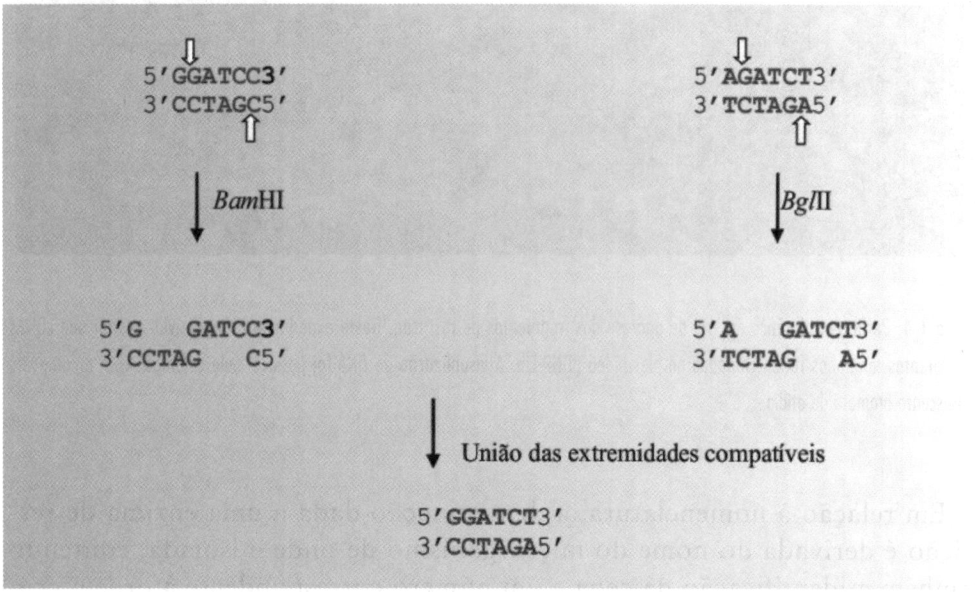

Figura 1.3 Compatibilidade dos sítios de restrição. União de extremidades coesivas geradas por cortes produzidos por enzimas de restrição diferentes.

Uma maneira prática de se determinar a ocorrência de certo sítio na molécula é fazer um experimento de análise de restrição com a enzima e visualizar os fragmentos obtidos por eletroforese em gel de agarose. Na Figura 1.4 pode ser visualizada uma análise de restrição de plasmídeos recombinantes de clones de uma biblioteca de cDNA da glândula do veneno da serpente *Bothrops atrox*. Os cDNAs com extremidades colantes de *Sfi*I foram ligados a moléculas do vetor pDNR-Lib, pré-digerido com a mesma enzima e tratados com fosfatase alcalina, e o conjunto inserido por eletroporação em *E. coli*. Plasmídeos extraídos de doze diferentes clones recombinantes foram digeridos com a enzima de restrição *Sfi*I e analisados por eletroforese em gel de agarose para se determinar o tamanho dos fragmentos clonados. Um experimento dessa natureza pode tanto permitir a determinação dos tamanhos de fragmentos clonados quanto a quantidade de sítios presentes ao longo da molécula.

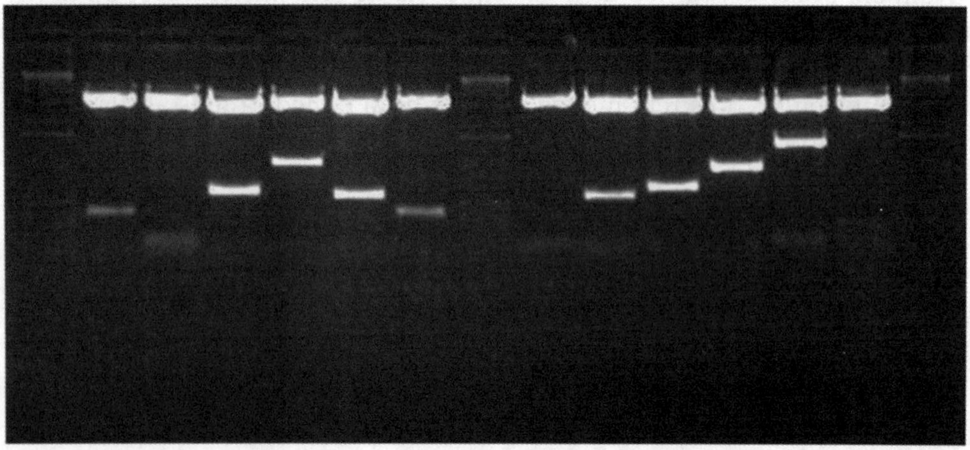

Figura 1.4 Perfil eletroforético em gel de agarose dos fragmentos de restrição. Neste experimento foi possível mostrar que cDNAs de diferentes tamanhos foram clonados no plasmídeo pDNR-Lib. A visualização do DNA foi possível pela coloração com o composto fluorescente brometo de etídio.

Em relação à nomenclatura, a denominação dada a uma enzima de restrição é derivada do nome do microrganismo de onde é isolada, contendo também a identificação da cepa e um número correspondente à ordem cronológica de isolamento de enzimas daquela espécie. Por exemplo, a primeira enzima de restrição isolada da bactéria *Bacillus globigii* recebeu o nome de *Bgl*I; a descoberta de outra enzima na mesma bactéria que reconhece

e clivava outro sítio de restrição foi nomeada de *Bgl*II. Da mesma forma, enquanto a primeira enzima de restrição de *Escherichia coli* cepa R recebeu o nome *Eco*RI, na ordem cronológica, a quinta enzima isolada dessa cepa foi denominada *Eco*RV. Na Tabela 1.1, a seguir, são apresentadas algumas enzimas de restrição utilizadas em engenharia genética, suas sequências de reconhecimento e o microrganismo de origem.

Tabela 1.1 Algumas das principais enzimas de restrição utilizadas em clonagem molecular

ENZIMA DE RESTRIÇÃO	SÍTIO DE CLIVAGEM 5'-----3'	TIPO DE CORTE	ORGANISMOS DE ORIGEM
AluI	AGCT	Blunt	*Arthrobacter luteus*
BamHI	GGATCC	Stick	*Bacillus amyloliquefaciens*
BglII	AGATCT	Stick	*Bacillus globigii*
BspMAI	CTGCAG	Stick	*Bacillus species M*
DraI	TTTAAA	Blunt	*Deinococcus radiophilus*
EcoRI	GAATTC	Stick	*Escherichia coli*
HaeIII	GGCC	Blunt	*Haemophilus aegyptius*
HpaII	CCGG	Stick	*Haemophilus parainfluenzae*
KpnI	GGTACC	Stick	*Klebsiella pneumoniae*
NotI	GCGGCCGC	Stick	*Nocardia otitidis-caviarum*
PacI	TTAATTAA	Stick	*Pseudomonas alcaligenes*
PstI	CTGCAG	Stick	*Providencia stuartii*
PvuI	CGATCG	Stick	*Proteus vulgaris*
PvuII	CAGCTG	Blunt	*Proteus vulgaris*
SnaBI	TACGTA	Blunt	*Sphaerotilus natans*
XhoI	CTCGAG	Stick	*Xanthomonas holcicola*

É possível observar na Tabela 1.1 que as enzimas *Bsp*MAI e *Pst*I reconhecem o mesmo sítio de clivagem. Quando duas ou mais enzimas de restrição reconhecem a mesma sequência nucleotídica, são chamadas de isosquizômeros. Em engenharia genética, o emprego de isosquizômeros é vantajoso

principalmente para isolar ou produzir fragmentos de DNA com enzimas alternativas, aumentando as possibilidades de estratégias de clonagem.

1.2.2 DNA ligase

A DNA ligase é uma ferramenta fundamental para a formação de moléculas recombinantes de DNA, pois essa enzima é, na maioria dos casos, responsável por selar eficientemente a união de duas moléculas diferentes. A DNA ligase promove a ligação fosfodiéster entre os grupos fosfato da extremidade 5' e a hidroxila da extremidade 3' de moléculas de DNA numa reação dependente de ATP e magnésio (Mg^{2+}) como cofator. Nas células, a ligase participa do processo de duplicação do DNA da ligação dos fragmentos de Okazaki e do processo de reparo das moléculas de DNA. As reações de ligação são mais eficientes em extremidades coesivas, que podem se emparelhar por complementaridade e deixar as extremidades 3'OH e 5'P mais próximas para ocorrer a ligação. No entanto, extremidades abruptas também podem ser ligadas pela ação catalítica dessa enzima. A Figura 1.5 ilustra os detalhes da ação da T4 DNA ligase extraída de *E. coli* infectada com bacteriófagos T4.

1.2.3 DNA polimerase I

A primeira DNA polimerase isolada foi a DNA polimerase I de *Escherichia coli*. Como todas as DNA polimerases conhecidas, ela catalisa a síntese de DNA utilizando como substrato nucleotídeos trifosfatados (nucleosídeos trifosfatos) e uma molécula de DNA fita simples preexistente a partir de um iniciador (*primer*). A nova fita é polimerizada no sentido 5' para 3', como mostra a Figura 1.6.

Além da atividade de síntese na direção 5' para 3', ela possui atividade de exonuclease tanto na direção 5' para 3' quanto 3' para 5'. Umas das principais utilizações era a obtenção de sondas de DNA marcadas rodioativamente, num processo denominado *nick-translation*.

A DNA polimerase I tem sido utilizada *in vitro* para diferentes propósitos, como, por exemplo: marcação de DNA por *nick translation*, síntese da segunda fita de cDNA, amplificação de fragmentos de DNA ou mesmo genes inteiros por meio de uma técnica conhecida como reação em cadeia da polimerase (PCR), que será explicada mais adiante neste capítulo. Para reações de PCR, utiliza-se a DNA polimerase I da bactéria *Thermus*

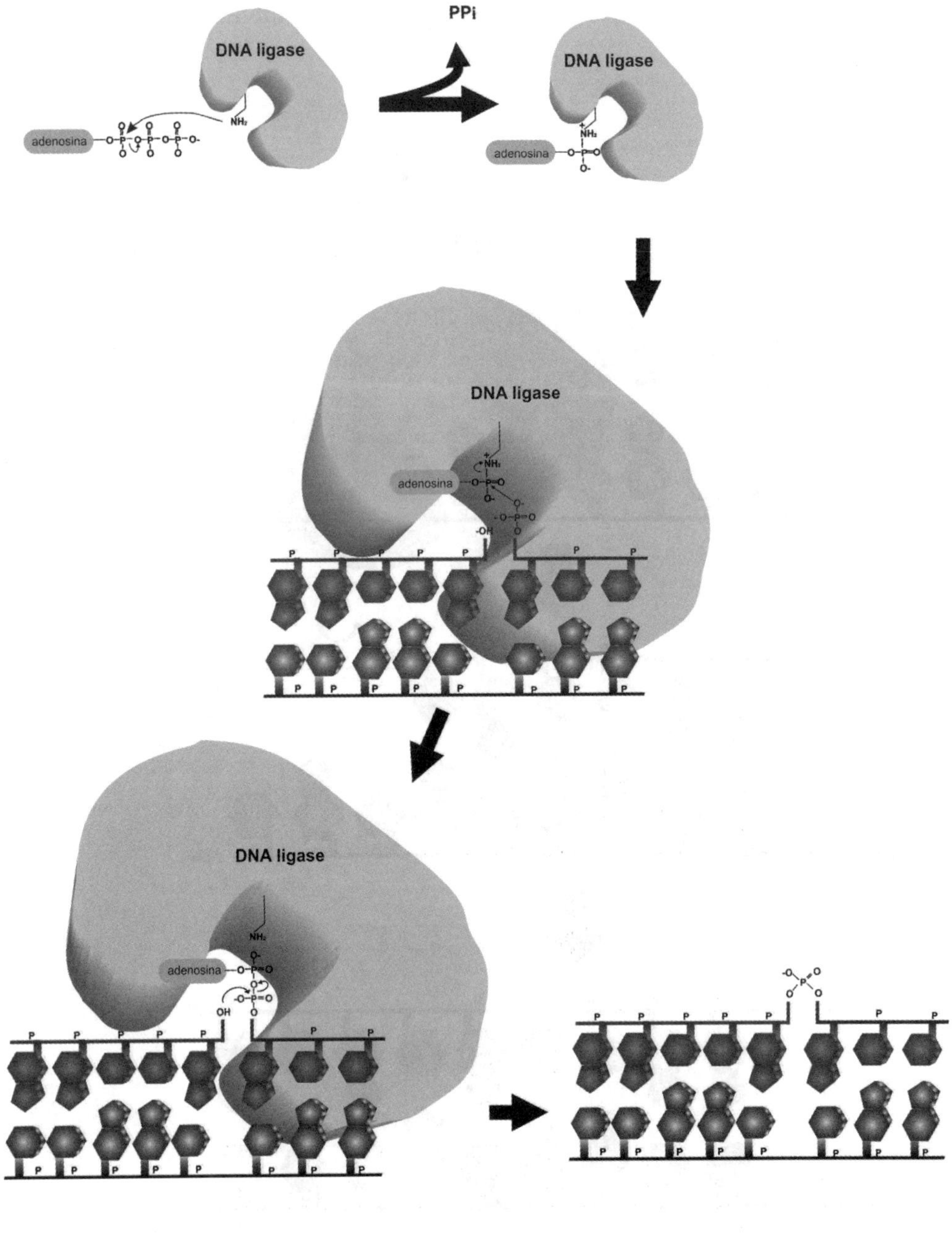

Figura 1.5 Mecanismo de ação da T4 DNA ligase. A enzima é ativada ao se ligar ao nucleosídeo AMP a partir da reação com o ATP. O grupo AMP-enzima liga-se covalentemente ao grupo fosfato 5' exposto, facilitando que o átomo de fósforo sofra ataque nucleofílico a partir do oxigênio da hidroxila da extremidade 3', catalisando a ligação das duas extremidades. Na sequência, o complexo grupo AMP-enzima se solta da molécula de DNA.

aquaticus, que tem alto grau de resistência ao aquecimento e é denominada de *Taq* polimerase.

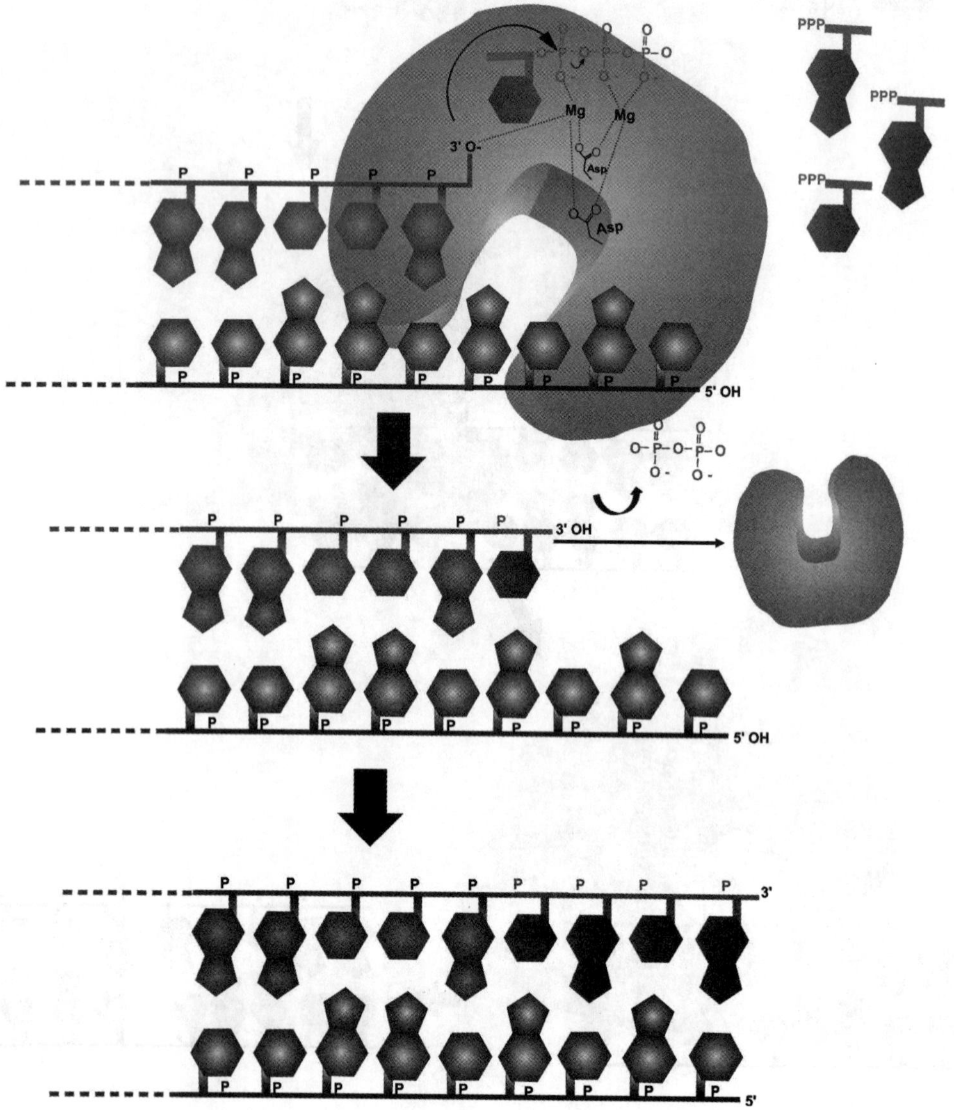

Figura 1.6 DNA polimerase I. Síntese de uma nova fita de DNA pela DNA polimerase I a partir de um *primer* e uma fita molde. No sítio ativo da enzima, o fosfato alfa do nucleosídeo trifosfato (substrato) sofre ataque nucleofílico do par de elétrons da hidroxila 3'OH do *primer*, resultando na adição de um nucleosídeo monofosfato à cadeia nascente e liberação de pirofosfato.

Algumas DNA polimerases termofílicas, como a *Taq* polimerase, adicionam após a síntese um nucleotídeo de adenina em cada extremidade 3'-OH. Essa característica é utilizada para clonagem em outras moléculas com extremidades complementares, terminadas em nucleotídeos de timina. Outras polimerases recombinantes, como a enzima denominada Pfu, não adicionam nucleotídeos nas extremidades, deixando-as propícias à ligação em moléculas de extremidades *blunt ends*.

1.2.4 Enzima Klenow

É um fragmento proteico resultante da clivagem da DNA polimerase I de *E. coli* com a protease subtilisina, que elimina a atividade de exonuclease da direção 5' para 3'. Mantém apenas a atividade polimerásica dependente de *primer* e a atividade exonucleásica do sentido 3' para o 5', que pode ser inibida na presença de excesso de nucleotídeos.

É utilizada nas ocasiões em que se deseja obter a síntese de novas fitas de DNA, mas sem correr o risco de que suas extremidades 5' sejam degradadas, como por exemplo: para realizar reações de sequenciamento pelo método clássico de Sanger, para preencher extremidades coesivas (*stick ends*) de sítios de enzimas de restrição transformando-as em extremidades abruptas (*blunt ends*) e para obter sondas de DNA marcadas radioativamente pelo método de *randon primers*.

Na marcação de DNA pelo método de *randon primers*, o DNA dupla fita a ser marcado é misturado com um conjunto de *primers* de cinco ou seis nucleotídeos sintetizados com sequências aleatórias (randômicas) e, então, desnaturado por aquecimento em banho-maria. Em seguida, é colocado no gelo para que os *primers* se anelem ao DNA fita simples em sequências complementares. A seguir, adicionam-se os quatro nucleotídeos trifosfatados, sendo pelo menos um deles marcado na posição alfa com P^{32} e a enzima Klenow. A temperatura é então elevada a 16 °C, para que catalise a polimerização e ocorra a consequente marcação radioativa.

1.2.5 T4 DNA polimerase

Esta enzima também catalisa a síntese de DNA na direção 5' para 3', requerendo uma fita molde de nucleotídeos trifosfatados e um *primer*. Ao contrário da DNA polimerase I, porém, a T4 DNA polimerase não possui

atividade exonucleásica do sentido 5' para 3'; no entanto, sua atividade exonucleásica no sentido 3' para 5' é consideravelmente superior. Por esse motivo, é usada para a produção de extremidades *blunt ends* em moléculas de DNA, retirando nucleotídeos das extremidades 3' das moléculas e recolocando-os com sua atividade polimerásica. Além disso, também é aplicada na síntese da segunda fita quando se usa a técnica de mutagênese sítio-dirigida.

1.2.6 Transcriptase reversa

A transcriptase reversa é uma DNA polimerase RNA dependente, produzida naturalmente por retrovírus, capaz de realizar o processo de transcrição inversa, ou seja, catalisa a formação de uma fita de DNA a partir de um molde de RNA fita simples, de dNTPs e um iniciador (*primer*) com extremidade 3'OH livre. Esta enzima também catalisa a formação de uma fita de DNA a partir de um molde de DNA fita simples e um iniciador. É utilizada, principalmente, para sintetizar DNA complementar (cDNA) a partir de sequências de mRNA, que pode ser utilizado na preparação de bibliotecas de cDNA ou para realizar PCR a partir de um molde inicial de RNA (*RT*-PCR, do inglês *reverse transcription-polymerase chain reaction*).

1.2.7 Topoisomerases

As DNA topoisomerases são nucleases reversíveis, pois são capazes de clivar e refazer as ligações fosfodiéster nos eventos relacionados às mudanças na topologia do DNA durante os processos replicação, transcrição, recombinação e remodelagem da cromatina, pela introdução de uma quebra temporária em ambas as fitas (topoisomerase II) ou numa única fita (topoisomerase I) da hélice dupla do DNA, tanto em eucariotos quanto em procariotos. Durante o processo de duplicação do DNA, essas enzimas promovem o relaxamento das fitas de DNA, retirando a tensão provocada pelo enovelamento da molécula após catalisar sua quebra e posterior rearranjo[7].

As topoisomerases I catalisam o rompimento da ligação fosfodiéster de uma das fitas da molécula que se encontra espiralada. Parte da energia liberada com o rompimento é, então, conservada no ponto de quebra na forma de ligação covalente entre os grupamentos fosfatos. A fita clivada depois gira sobre a estrutura da fita intacta da molécula e ocasiona o relaxamento da cadeia de DNA, seguido pela restauração da ligação da fita quebrada

utilizando a energia resultante da clivagem da ligação fosfodiéster[8]. Diferentemente, as topoisomerases II catalisam a clivagem das duas cadeias de DNA simultaneamente, podendo tanto introduzir ou retirar a tensão espiral da fita, possibilitando o giro das fitas através do corte e sua posterior religação, similarmente ao que ocorre com a topoisomerase I. Em engenharia genética, as propriedades das topoisomerases são aplicadas em clonagem de fragmentos em vetores sem a utilização da enzima DNA ligase, o que será mais bem explanado quando tratarmos de vetores de clonagem, mais adiante.

1.2.8 Terminal transferase

Terminal desoxinucleotidiltransferase (TdT) é uma enzima polimerase que apresenta a capacidade de adicionar nucleotídeos na extremidade 3'OH de DNA fita simples ou dupla, a partir de desoxirribonucleosídeos trifosfatos, sem necessidade de molde. Esta proteína foi uma das primeiras enzimas com atividade de DNA polimerásica identificada em mamíferos[9]. Durante muito tempo não se sabia exatamente qual era o seu papel biológico, mas hoje já sabe que a TdT é responsável pela adição randômica de nucleotídeos durante os processos de recombinação V(D)J de genes de imunoglobulinas, que levam à diversidade imunológica[10]. Além da atividade de transferase, a TdT possui atividade 3'-oligodeoxinucleotidilquinase, catalisando a reação de fosforilação de um oligodeoxinucleosídeo no grupo 3' hidroxil[11].

A polimerização com TdT não depende de molde de DNA e depende de íon bivalente como cofator, principalmente Mg^{++}, Zn^{++}, Co^{++} e Mn^{++}. Em engenharia genética, as reações de adição de nucleotídeos a partir de extremidades 3'OH pela TdT ocorrem utilizando Co^{++} ou Mn^{++}, pois na presença desses íons a enzima é bem ativa para a extensão de terminais dupla fita, e, além disso, eventuais nucleases contaminantes não são ativadas por esses íons bivalentes.

Aproveitando tais propriedades, foram desenvolvidas metodologias para a síntese de extremidades homopoliméricas em fragmentos de DNA, fornecendo à reação apenas um tipo de desoxirribonucleosídeo trifosfato como substrato da enzima terminal transferase, como ilustrado na Figura 1.7.

Desse modo, a enzima terminal transferase é utilizada em engenharia genética, principalmente, para adicionar extremidades homopoliméricas complementares em dois fragmentos de DNA, favorecendo a formação de uma molécula quimérica pela hibridação dessas extremidades. Essa ferramenta é usada também para a marcação de extremidades 3' de DNA com

ribo ou desorribonucleotídeos radioativos ou modificados, como biotina-II-dUTP, fluoresceína-dUTP, entre outros.

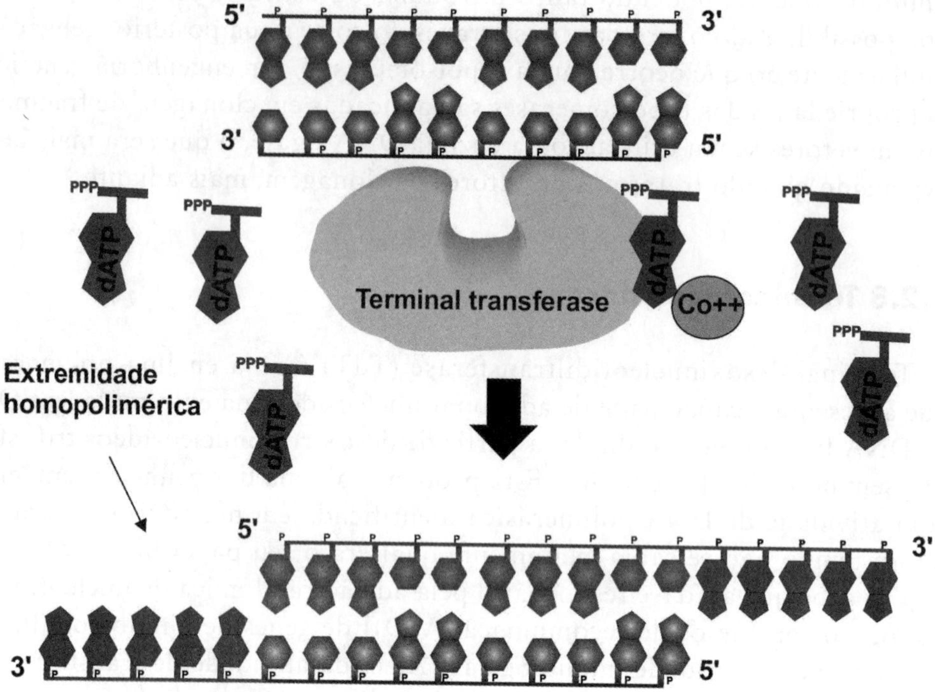

Figura 1.7 Atividade da enzima terminal transferase. Esquema ilustrativo da adição homopolimérica de nucleotídeos nas extremidades 3'-OH de uma cadeia de DNA utilizada em clonagem molecular.

1.2.9 Cre-recombinases

A *Cre*-recombinase do bacteriófago P1 é uma proteína que catalisa a recombinação entre dois sítios de reconhecimento, chamados de loxP[12]. O loxP é uma sequência de 34 pb formado por uma região central de 8 bp (*core*) flanqueada por duas regiões palindrômicas de 13 pb (repetidas e invertidas). A *Cre*-recombinase é um tipo de topoisomersase I sítio-específica e por sua habilidade é capaz de fazer integração ou excisão de sequência de DNA no genoma hospedeiro. A partir dessa possibilidade, em TDR essa enzima é empregada em técnicas de disrupção gênica, deleção via integração, translocação ou excisão de fragmentos-alvo por recombinação da sequência loxP, que pode ser inserida em um vetor ou em um cassete

de expressão linear direcionando a recombinação homóloga, como se observa na Figura 1.8.

```
    13 pb                  8 pb                  13 pb
ATAACTTCGTATAGCATACATTATACGAAGTTAT
```

Esquema 1.1 Sequência loxP de 34 nucleotídeos. O *core* da sequência (vermelho) é flanqueada por duas sequências invertidas repetidas.

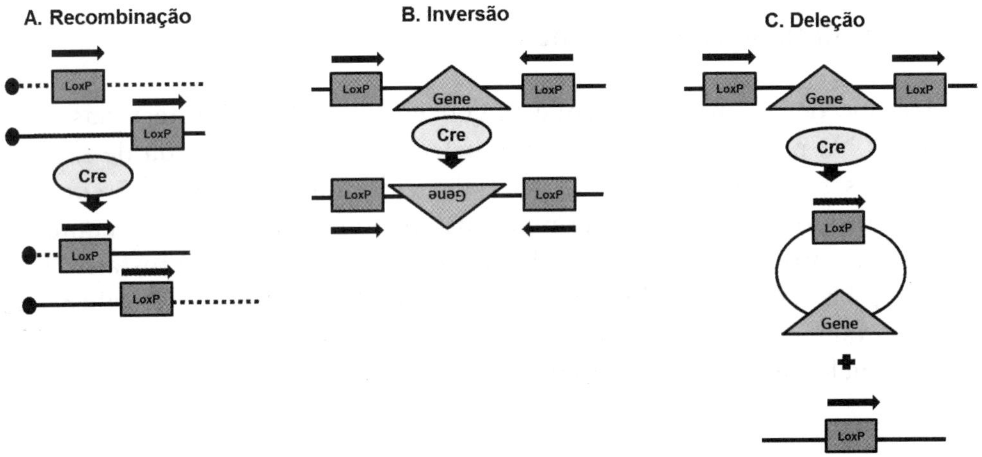

Figura 1.8 Tipos de recombinação promovidos pelo sistema Cre-lox. O resultado de uma recombinação Cre-lox é determinado pela orientação e localização dos sítios loxP. (a) Se os sítios loxP são orientados em direções opostas, a enzima Cre recombinase catalisa a inversão do segmento que estão flanqueados por loxP; (b) se os sítios loxP estão localizados em diferentes cromossomos (arranjo trans), a Cre recombinase catalisa a translocação cromossômica; e (c) se os sítios loxP são orientados na mesma direção, em um segmento de cromossomo (cis arranjo) a Cre recombinase promove deleção do segmento flanqueado por loxP.

1.2.10 Fosfatase alcalina

A fosfatase alcalina catalisa em pHs altos a hidrólise de monoésteres de fosfato de vários tipos de álcoois. Nos ácidos nucleicos, esta enzima remove grupos fosfatos das extremidades 5'-P de ácidos nucleicos, gerando grupos hidroxila 5'. É frequentemente utilizada em processos de clonagem para evitar as ligações fosfodiésteres entre os fragmentos de uma mesma molécula, a qual se deseja unir a outra molécula para gerar a quimera. É também

utilizada em conjunto com a polinucleotídeo quinase para marcação radioativa das extremidades da molécula de DNA.

As fosfatases alcalinas comercializadas são as de E. *coli* (*bacterial alkaline phosphatase* – BAP), de intestino de boi (*calf instetinal phosphatase* – CIP) e de camarão do Ártico (*shrimp alkaline phosphatase* – SAP). Esta última é a mais termossensível, o que é uma propriedade interessante, pois, após seu uso, pode ser inativada a 65 °C por quinze minutos, possibilitando economia de tempo.

1.2.11 Polinucleotídeo quinase

Este tipo de enzima foi descoberta em células de E. *coli* infectadas com fagos T4. Na presença de ATP, a polinucleotídeo quinase obtida de E. *coli* fosforila os grupos hidroxila 5' (5'-OH) de ácidos nucleicos. A reação ocorre com a transferência de grupo terminal fosfato γ do ATP para a extremidade 5' do fragmento. Caso se utilize ATP marcado na posição γ com fosfato ^{32}P, o resultado é a marcação radioativa da extremidade 5'. Além dessa utilização, a enzima também pode ser empregada para a fosforilação das extremidades de oligonucleotídeos de DNA, obtidos por síntese química.

1.3 VETORES

Um vetor, como descrito anteriormente, é uma molécula de DNA capaz de transportar a sequência gênica a ser clonada para o interior da célula.

De maneira geral, um vetor deve ter os seguintes elementos genéticos básicos:

- Uma origem de replicação, a fim de poder se replicar autonomamente dentro da célula hospedeira e, dessa forma, amplificar o DNA de interesse.
- Uma marca de seleção que permita selecionar as células recombinantes, ou seja, as células hospedeiras que incorporarem o vetor.
- Uma região de múltiplos sítios de reconhecimento de enzimas de restrição, onde será inserida a sequência a ser clonada, denominada sítio múltiplo de clonagem (*multiple cloning site*, MCS).

De acordo com a característica, os vetores são divididos segundo sua função em vetores de clonagem, vetores de expressão e vetores integrativos.

1.3.1 Vetores de clonagem

São vetores utilizados em clonagem molecular de genes, seja na construção de bibliotecas de genes ou de cDNAs seja na subclonagem de fragmentos específicos como produtos de amplificação por PCR, ou mesmo um gene, ou fragmento de DNA produzido por síntese química.

Os primeiros vetores empregados na clonagem molecular foram derivados dos plasmídeos naturais de bactérias, principalmente *E. coli*, e são moléculas de DNA circular de dupla fita, geralmente de baixa massa molecular. O vetor pBR322[13] (Figura 1.9a) foi dos primeiros vetores construídos, o mais utilizado para clonagem molecular até a década de 1980 e deu origem a grande parte dos vetores plasmidiais utilizados atualmente. Esse plasmídeo possui a origem de replicação do plasmídeo ColE1 de *E. coli* e genes de resistência à ampicilina (*ampR*) e à tetraciclina (*tetR*) como marcas de seleção. Apresenta uma interessante forma de seleção por inativação de um dos genes de resistência a antibióticos, pois contém sítios únicos de restrição dentro de cada gene. Assim, de acordo com a enzima de restrição utilizada para a clonagem, o inserto irá inativar um dos dois genes e, ao transformar uma célula hospedeira sensível aos dois antibióticos, a que receber o plasmídeo recombinante passará a ser resistente apenas àquele cujo gene de resistência permaneceu intacto. Além de esse vetor oferecer uma forma fácil de seleção, apresenta o processo de replicação denominado "relaxado", que permite que ele se duplique inúmeras vezes na célula hospedeira. O número de cópias do PBR322 pode ainda ser amplificado com a adição de cloranfenicol no meio de cultura.

A série de vetores desenvolvida posteriormente é a série de vetores pUC[14] (Figura 1.9b), que são os chamados vetores de seleção direta, ou seja, além de permitirem a seleção de transformantes por resistência à ampicilina, o sítio múltiplo de clonagem está localizado dentro do gene da enzima β-galactosidase (*lacZ*). A seleção é feita com base na clivagem do substrato cromogênico X-gal por essa enzima, que produz colônias de coloração azul índigo.

Uma vez inserido o fragmento de DNA no vetor, o gene (*lacZ*) é inativado, tornando a célula incapaz de produzir a enzima ativa. Dessa forma, ao adicionar o indutor IPTG e o substrato cromogênico da enzima (X-gal) ao meio de cultura sólido, a célula que recebeu o plasmídeo recombinante, por não

produzir a enzima, não converterá o X-gal em azul índigo, ficando a colônia da cor bege-clara, típica da *E. coli*.

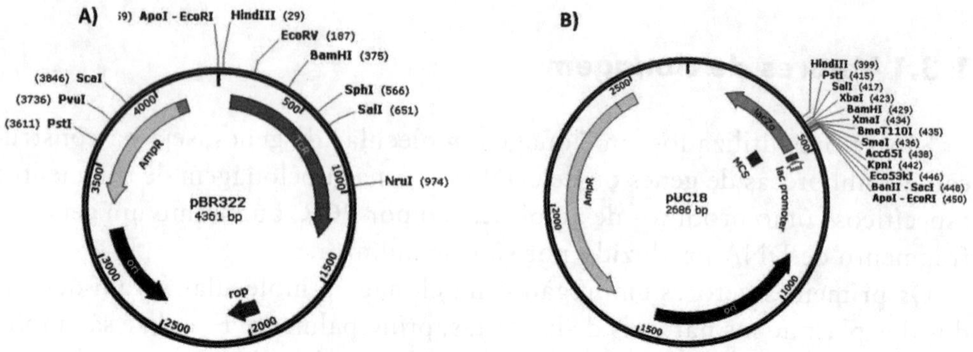

Figura 1.9 Vetores de clonagem. a) pBR322 – Ori: origem de replicação; *AmpR*: gene de resistência à ampicilina; *TcR*: gene de resistência à tetraciclina; Rop: região importante para a replicação; b) pUC18 – Ori: origem de replicação; AmpR: gene de resistência à ampicilina; *LacZ*: gene da β-galactosidase; MCS: sítio múltiplo de clonagem.

Os plasmídeos vêm sendo ao longo dos anos os vetores mais utilizados em engenharia genética, e a busca de inovações que tornassem o processo de clonagem molecular mais simplificado e eficiente levou ao desenvolvimento dos vetores para clonagem do tipo TA[15], para clonagem direta de insertos de DNA obtidos a partir da amplificação por PCR. A partir do conhecimento de que a *Taq* DNA polimerase também possui a atividade de terminal transferase não dependente de molde e, dessa forma, adiciona uma desoxiadenosina monofosfato à extremidade 3' do produto de PCR, foi desenvolvido um tipo de vetor já na forma linearizada, contendo em sua extremidade 3' uma desoxitimidina monofosfato, os assim denominados *T-vectors*. Dessa forma, ao misturar o produto de PCR com o vetor na presença da DNA ligase, obtém-se o plasmídeo circular covalentemente ligado, pronto para ser utilizado na transformação genética.

Mais recentemente, foi desenvolvido um tipo de *T-vector* já acoplado com a topoisomerase I do vírus *Vaccinia*, e foi desenvolvida toda uma família de vetores denominados TOPO®. Esse vetor também é comercializado na forma linearizada e representou uma grande inovação, pois possibilitou a ligação direta de produtos de PCR dispensando o uso da DNA ligase, devido à adição em suas extremidades de topoisomerases ativadas que catalisam a ligação do inserto ao vetor (Figura 1.10). Desde então, essa tecnologia vem sendo

amplamente utilizada, e já existem também vetores com topoisomerases capazes de fazer a ligação de insertos com extremidades abruptas (*blunt end*).

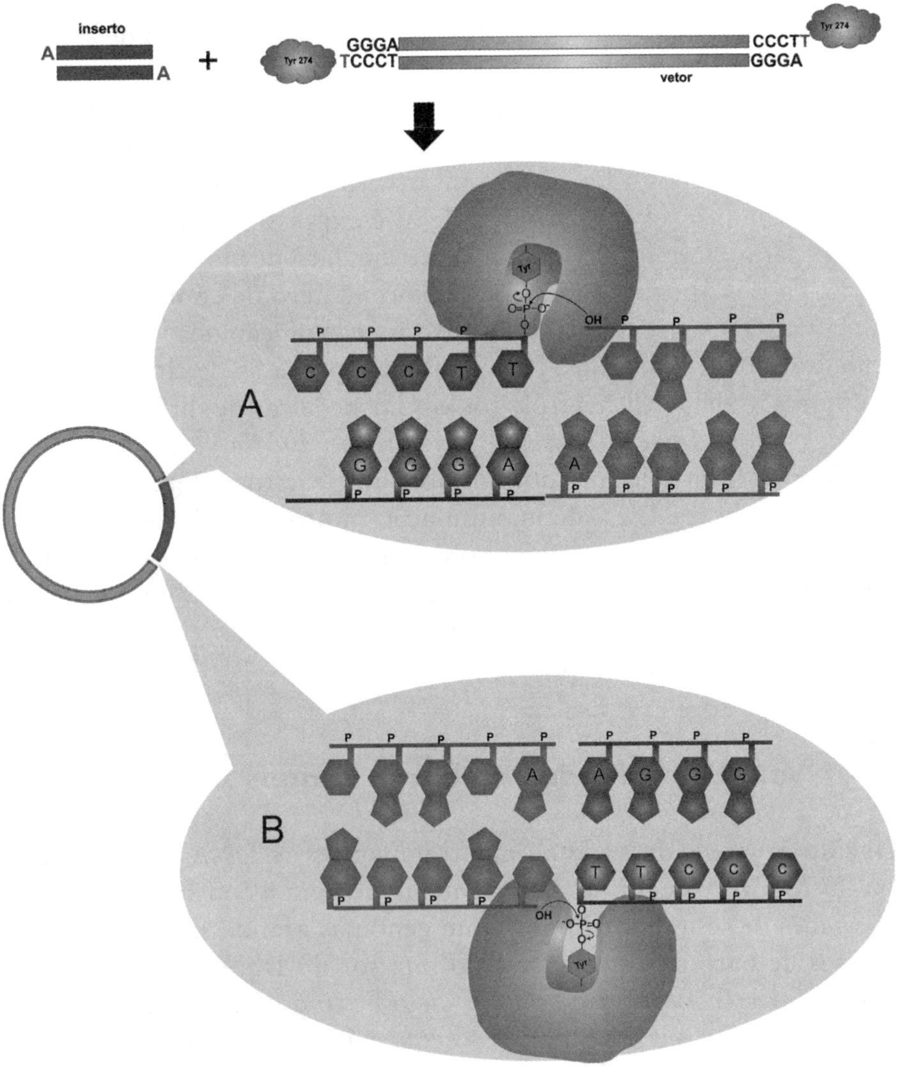

Figura 1.10 Vetor com topoisomerases I utilizado em clonagem molecular. Esquema mostrando o vetor de clonagem com extremidades em T (*T-vector*) com topoisomerases ativadas em suas extremidades e a ligação com o inserto. No detalhe ampliado, o mecanismo enzimático de ligação do 5'-OH via ataque nucleofílico do par de elétrons da hidroxila ao grupo fosfato da extremidade T do vetor que está ligado ao resíduo tirosina da topoisomerase. É importante lembrar que amplicons cujos *primers* utilizados na PCR não foram fostorilados na posição 5' permanecem mesmo após a PCR na forma 5'-OH.

As marcas de seleção mediadas pela resistência a antibióticos e/ou inativação de função do gene da β-galactosidase, embora eficientes no processo de clonagem molecular, mesmo após tratamento com fosfatase alcalina, certa porcentagem do vetor plasmidial recirculariza sem o inserto. Assim, visando a minimizar essas ocorrências, foi desenvolvido um novo tipo de seleção que denominamos positiva (ou Kamikaze). Citamos como exemplo a inserção do gene *ccdB*, que codifica uma proteína letal para *E. coli*, em forma de fusão com o gene *lacZ*[16]. A seleção é feita baseada na disrupção da função dos genes fusionados após a ligação do inserto. Caso haja a recircularização do plasmídeo sem o inserto, a proteína letal é expressa e causa a morte da *E. coli* hospedeira, permitindo apenas o crescimento de clones recombinantes.

Ao longo dos anos, as limitações, como número de cópias e tamanho da sequência de DNA a ser clonada, nortearam a evolução dos vetores de clonagem no sentido de superá-las. Para facilitar o processo de clonagem molecular e expressão de genes heterólogos em hospedeiras de difícil manipulação foram desenvolvidos os vetores bifuncionais (*shuttle vectors*), capazes de se duplicar e serem selecionados em dois hospedeiros diferentes, sendo um deles a *E. coli* hospedeira, de manipulação muito fácil. Além disso, vetores foram desenvolvidos com o objetivo de garantir a expressão ou expressão/secreção das proteínas recombinantes em altos níveis em diferentes tipos de células hospedeiras para aplicações biotecnológicas. A seguir, serão apresentados importantes tipos de vetores.

1.3.1.1 Vetores derivados de bacteriófagos λ

Devido à necessidade de clonar fragmentos de DNA grandes e, ainda assim, introduzi-los em *E. coli* eficientemente para a construção de bibliotecas de genes de seres eucariontes (com genomas grandes), desenvolveram-se derivados de bacteriófagos λ de cujo interior do DNA era possível retirar cerca de 20 Kb (não essencial para o ciclo lítico do fago) com digestão com enzimas de restrição e substituir essa sequência por DNA exógeno, reconstituindo-se um DNA recombinante de cerca de 50 Kb. Para a introdução desse DNA recombinante na *E. coli* hospedeira, o DNA era empacotado com um extrato de proteínas do capsídeo viral e, em seguida, colocado em contato com a hospedeira para que a infecção ocorresse. Para ocorrer o empacotamento adequadamente, além de ter tamanho da ordem de 50 Kb +/- 5 Kb, o DNA deve conter uma sequência de cerca de dezessete nucleotídeos que

fica na região das extremidades coesivas (*stick ends*), denominada de COS (*cohesive ends*)[17].

Dessa forma, já no final da década de 1970 era possível introduzir DNA na célula hospedeira com eficiência de 10^8 clones/μg de DNA, o que viabilizou a construção das primeiras bibliotecas genômicas humanas completas, das quais foram isolados os primeiros genes humanos completos.

1.3.1.2 Vetores derivados de bacteriófagos M13

Os bacteriófagos tipo M13 são vírus de DNA fita simples com cerca de 6 Kb. Quando empacotado, seu genoma se apresenta em forma de fita simples, porém, durante sua fase de replicação no interior da *E. coli* seu genoma se mantém em forma duplex (dupla fita). Essa característica despertou o interesse dos pesquisadores, pois facilmente seria possível isolar o DNA do fago em forma de fita simples a partir dos fagos obtidos no exterior da hospedeira (no meio de cultura) e em forma duplex no interior da *E. coli*. A forma duplex pode servir para a digestão com enzimas de restrição e clonagem de DNA heterólogo em seu interior como se fosse um plasmídeo, e a forma de fita simples foi usada por um bom tempo para o sequenciamento pelo método dideoxi de Sanger e, até hoje, para realizar mutagênese sítio-dirigida[18]. Fagos M13 têm sido usados também para a construção de bibliotecas de peptídeos randômicos ligados às proteínas do fago, em um processo denominado de *phage display*. Há limitação de tamanho do inserto a ser clonado no interior do genoma viral, pois são fagos tipo bastonetes e, caso se clone um inserto muito grande (maior que 5-6 Kb), a estrutura do fago pode não suportar e quebrar.

1.3.1.3 Cosmídeos

Antes do advento da eletroporação, para se realizar transformação genética de *E. coli* (introdução de DNA nas células) utilizava-se o método do $CaCl_2$. Por esse procedimento, quanto maior o tamanho do fragmento a ser clonado, menos eficiente era o processo. Por isso, idealizou-se uma estratégia que permitia introduzir DNA plasmidial com de cerca de 50 Kb no interior da *E. coli* com alta eficiência. Para tanto, introduziu-se o sítio COS do fago λ no interior do vetor plasmidial de clonagem[19]. Caso o vetor tivesse cerca de 5 Kb, como era o caso do pBR322, era possível clonar no interior de um

de seus genes de resistência a antibióticos fragmentos de até 45 Kb, empacotar com proteínas do capsídeo do fago ƛ e, então, introduzi-los nas células da hospedeira bacteriana com altíssima eficiência. No interior da célula, a molécula se comportava como um plasmídeo. Esse tipo de vetor tem sido de grande relevância na produção de bibliotecas genômicas para fins de seleção de genes específicos e para a determinação da sequência genômica completa.

1.3.1.4 Cromossomos artificiais de bactéria (bacterial artificial chromosomes – BAC)

São vetores derivados do plasmídeo conjugativo F de bactérias, que são muito grandes, (de 100 a 200 Kb. Separa-se do plasmídeo F sua origem de replicação, que é de baixo número de cópias, pois atua de forma sincronizada com a hospedeira, e os genes necessários para sua estabilização e partição, juntando-se a genes marcadores de seleção, como de resistência a antibióticos e/ou da β-galactosidase. Dessa forma o vetor plasmidial fica pequeno, da ordem de 10 Kb, e dessa forma pode receber insertos enormes (de 100 a 200 Kb e permanecer estável no interior da *E. coli* após sua introdução, que ocorre geralmente por eletroporação. Dessa forma, pode-se fazer com relativa facilidade bibliotecas genômicas de grandes fragmentos de DNA.

1.3.1.5 Cromossomos artificiais de leveduras (yeast artificial chromosomes – YACs)

A levedura de cerveja, a *Saccharomyces cerevisiae*, é o microrganismo eucarionte mais estudado até o momento, e já nos anos 1980 suas estruturas cromossomais importantes já haviam sido clonadas e caracterizadas como origens de replicação cromossomais (*autonomously replicating sequences* – ARS), telômeros (TEL) e centrômeros, além de diversos genes de vias metabólicas importantes que foram utilizados como marcadores auxotróficos (URA3, TRP1, LEU2). Nesse contexto foi possível construir vetores equivalentes a minicromossomos da levedura, contendo esses importantes elementos ligados à parte de um vetor plasmidial bacteriano para ser manipulado facilmente na *E. coli* durante sua construção. Nesse tipo de vetor era possível clonar fragmentos grandes de DNA, de até 1 milhão de pares de bases.

1.3.2 Vetores de expressão

Os vetores utilizados para expressar o peptídeo ou proteína codificados pelo segmento de DNA inserido, denominados vetores de expressão, são veículos que, como podemos ver na Figura 1.11, a seguir, além da origem de replicação e marca genética de seleção, contêm uma região promotora, uma região codificadora do sítio de ligação ao ribossomo (*ribosomal binding site* – RBS), códon de início da tradução seguido de pelo menos um sítio de restrição para inserção em fase da sequência de inserto, a fim de que a proteína possa ser expressa, além de uma sequência terminadora de transcrição.

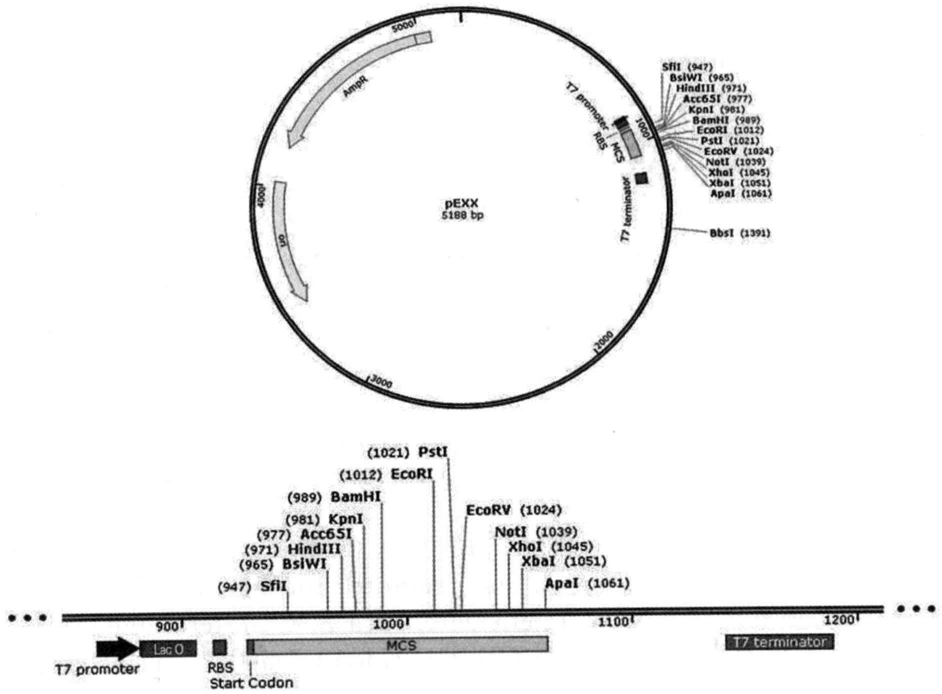

Figura 1.11 Vetor de expressão. Mapa físico de um vetor de expressão genérico (pEXX) contendo origem de replicação (ori), gene de resistência à ampicilina (AmpR) promotor do fago T7, operador Lac (LacO), sítio de ligação ao ribossomo (RBS), *start* códon, sítio múltiplo de clonagem (MCS) e terminador de transcrição. No detalhe abaixo, ampliação do cassete de expressão do vetor.

De maneira geral, o principal objetivo do uso de vetores de expressão é obter altos níveis de RNAs mensageiros estáveis, que serão traduzidos resultando em grandes quantidades da proteína ou peptídeo de interesse. Para

atingir esse objetivo, um elemento importante é que o vetor deve possuir um promotor forte. Os promotores mais utilizados para a expressão em *E. coli* são, geralmente, baseados no promotor do *operon lac,* no promotor PL do fago λ, ou no promotor do fago T7[20], que está presente na família de vetores pET, um dos mais utilizados atualmente. Estes promotores podem também ser híbridos de diferentes promotores, por exemplo, o promotor *tac,* que é um híbrido dos promotores *trp* e *lac*[21]. Os promotores utilizados nos vetores de expressão são normalmente indutíveis, ou seja, a síntese de proteínas é induzida apenas quando necessária. O sistema de expressão contém elementos de controle de um operon bacteriano (promotor/operador e gene regulador que codifica a proteína repressora). A expressão do gene heterólogo ocorre então ao adicionar ao meio de cultivo um indutor, tais como a arabinose e o isopropil-β-D-tiogalactopiranosídeo (IPTG). A expressão da proteína, contudo, também pode ser constitutiva em alguns vetores de expressão. Um promotor fraco em geral só é utilizado em casos nos quais a proteína recombinante necessita ficar em menor concentração na hospedeira ou quando é tóxica para a hospedeira, embora um baixo nível de síntese de proteína constitutiva possa ocorrer mesmo em vetores de expressão com os promotores controlados. Há ainda os vetores termoinduzíveis, que são baseados no promotor P_L do fago λ, para os quais foi desenvolvida uma molécula repressora termossensível. No caso de vetores de expressão para leveduras, tem sido utilizado muito para *Pichia pastoris* o promotor da enzima álcool oxidase (AOX1), que é induzível por metanol.

No que se refere ao sítio de ligação do ribossomo (região Shine Dalgarno), o que tem sido mais usado, por ser muito eficiente, é do gene da proteína 10 do fago T7. Em relação a terminadores de transcrição, um bom vetor de expressão combina um promotor forte com um terminador de transcrição também bastante eficiente. Para *E. Coli*, terminadores Rho independentes, como o do operon TRP, têm sido utilizados. Um tipo especial de vetor de expressão é o que, além de programar a expressão da proteína heteróloga, promove também sua secreção. Para tanto, o vetor ou sequência codificadora da proteína deve conter a região que codifica o peptídeo-sinal, que é uma região situada logo na região aminoterminal de proteína, que a direciona em células eucarióticas para o retículo endoplasmático, de onde as proteínas a serem secretadas seguem então o caminho do complexo de Golgi e, por meio de vesículas de secreção, são lançadas ao meio extracelular. Em células procarióticas, o peptídeo-sinal dirige as proteínas para o espaço periplasmático. Os peptídeos-sinais têm tamanhos, com algumas exceções, de 18 a 30 aminoácidos, o que equivale no DNA a 54 a 90 pares de nucleotídeos.

A experiência tem demonstrado que os peptídeos-sinais de um determinado organismo são capazes de funcionar em outros, mesmo que sejam taxonomicamente muito distantes, como eucariontes e procariontes. Isso se deve ao fato de a estrutura do peptídeo-sinal ser mais importante que sua sequência de aminoácidos para o processo de secreção. Os peptídeos-sinais têm normalmente na região inicial (aminoterminal) pelo menos um aminoácido carregado positivamente, um núcleo central hidrofóbico e aminoácido final neutro com uma cadeia lateral pequena. O peptídeo-sinal é reconhecido pela maquinaria de translocação da célula e, logo após ser translocado para o retículo endoplasmático, é clivado do restante da proteína pela peptidase-sinal. Diferentes peptídeos-sinais têm sido utilizados para dirigir para a secreção peptídeos heterólogos. Os mais comuns são: o da proteína A de *Staphylococcus aureus* e de α-amilase de *Bacillus subtilis*, o do fator α de *S. cerevisiae* para leveduras e o de imunoglobulinas G (IgGs) para secreção em células de mamíferos em cultura.

1.3.2.1 Vetores de expressão de proteínas com cauda de fusão

Após a expressão do produto do gene, geralmente é necessário purificar a proteína expressa. O processo de separação da proteína de interesse, a partir da grande maioria das proteínas da célula hospedeira, pode ser trabalhoso e demorado. A fim de tornar o processo de purificação mais fácil, uma sequência peptídica (TAG) eleita pode ser adicionada à região aminoterminal ou carboxiterminal da proteína recombinante, alterando-se a sequência de seu gene. Essa sequência ligada à proteína de interesse será utilizada para a purificação da proteína recombinante por cromatografia de afinidade e depois será removida pela ação de uma protease específica. Por exemplo, pode-se adicionar à proteína recombinante seis histidinas (HIS6) e, com isso, purificá-la por cromatografia de afinidade com resinas que tenham átomos de níquel imobilizados. A Tabela 1.2 a seguir mostra diferentes *tags* utilizadas para facilitar a purificação e as resinas utilizadas nos processos cromatográficos de afinidade.

1.3.3 Vetores integrativos

São vetores bifuncionais que possuem marcadores genéticos para dois tipos de hospedeiras diferentes, porém com uma única origem de replicação

Tabela 1.2 Diferentes tipos de processos cromatográficos utilizados na purificação de proteínas de fusão

TAG DE AFINIDADE	MATRIX CROMATOGRÁFICA	CONDIÇÕES DE ELUIÇÃO
Poli-His (HIS)6	Ni^{++} - NTA	100 – 500 mM imidazol
Poli-Arg (ARG)5	Resina trocadora de cátions	Gradiente de NaCl de 0 a 0,5 M em pH>8,0
Domínio de ligação à celulose	Celulose	Cloridrato de guanidina ou ureia (>4 M)
c-myc	Anticorpo monoclonal (Mab)	pH baixo
FLAG (DYKDDDDK)	Mab anti FLAG	pH baixo ou EDTA 2-5 mM
SBP	Estreptoavidina	Biotina
Glutationa-S-transerase	Glutationa	Glutationa reduzida 10 mM
Domínio de ligação à maltose	Amilose *cross-linked*	Maltose 10 mM

funcional em apenas uma das hospedeiras. Isso faz com que transforme e replique em uma das hospedeiras, mas na outra para que ocorra transformação genética há necessidade do vetor se integrar ao seu genoma. Caso contrário, não há replicação, o marcador de seleção não se expressa adequadamente e nem outros genes que se deseje expressar. Os vetores integrativos são muito comumente utilizados para expressão de proteínas heterólogas em leveduras e contam com a grande capacidade das leveduras de fazer recombinação homóloga. Por essa razão é que nas leveduras pode-se fazer *gene disruption* com facilidade.

1.4 HOSPEDEIROS

Em engenharia genética, hospedeiro é uma célula ou um ser receptor de DNA exógeno. As características e peculiaridades discutidas para os vetores de clonagem e, sobretudo, para os vetores de expressão, podem estar intimamente ligadas ao tipo de hospedeiro do DNA exógeno, podendo este ser hoje em dia praticamente qualquer tipo de célula ou organismo, como bactérias, leveduras, fungos, vírus, células vegetais ou animais.

Um bom hospedeiro deve preencher uma série de requisitos básicos, entre os quais:

- Aceitar o DNA exógeno sem modificá-lo ou modificá-lo ao modo que se deseja.
- Permitir a fácil seleção dos hospedeiros que contêm o DNA exógeno.
- Se organismo for hospedeiro para expressão em altos níveis de proteínas heterólogas, ser deficiente em proteases.
- Apresentar baixo potencial de proliferação no ambiente caso a mensagem exógena a ser clonada apresente "risco" ao meio ambiente.

Para se garantir esses requisitos e assegurar outros incrementos, muitos tipos de organismos foram manipulados geneticamente para se garantir eficiente transformação, manutenção e expressão das moléculas recombinantes veiculadas nesses hospedeiros, desenvolvendo o que chamamos de sistemas de expressão, divididos basicamente em sistemas de expressão procariótico e eucariótico.

1.4.1 Sistema de expressão procariótico

Sistemas bacterianos de expressão de proteínas heterólogas são atrativos devido às suas várias características, como habilidade de rápido crescimento, fisiologia e genética bacteriana bem caracterizadas, baixo custo e disponibilidade de grande número de vetores de expressão e linhagens mutantes de hospedeiros[22]. Várias proteínas são produzidas com sucesso em procariotos e com consideráveis rendimentos. Geralmente, os produtos expressos não são secretados para o meio extracelular e são acumulados no citoplasma ou no espaço periplasmático.

Embora sejam bons hospedeiros, os procariotos empregam a desvantagem de não possuir uma maquinaria para o processamento transcricional de genes originados de eucariotos, não realizando processamento de mRNA (*splicing*), o que leva muitas vezes à necessidade de clonagem de cDNA para evitar a presença de introns, e também naturalmente não realizam modificações pós-traducionais nas proteínas expressas, como por exemplo fosforilação e glicosilação[23]. Essas modificações na molécula proteica são muitas vezes decisivas para a garantia da função e atividade biológica e tornam-se bastante críticas no caso de proteínas para uso terapêutico. Como a capacidade e potencial dos procariotos para modificação pós-traducional é limitada, o uso de hospedeiras procarióticas é, geralmente, restrito à produção de proteínas que são naturalmente não glicosiladas, como insulina, IGF, somatotrofina ou proteínas que são naturalmente glicosiladas, porém que

são farmacologicamente também ativas sem a glicosilação, como várias citocinas (fator de necrose tumoral, interleucinas e interferons).

Outra limitação dos sistemas procarióticos para expressão de proteínas eucarióticas é com relação a códons raros. Muitas bactérias possuem *codon usage* diferente do de células eucarióticas. Em cada hospedeira, a evolução ajustou o conjunto de tRNAs (RNAs transportadores) de acordo com a necessidade de tradução de suas proteínas. Principalmente quando se necessita de altos níveis de expressão, a existência no mRNA da proteína heteróloga de códons pouco utilizados na hospedeira (códons raros) pode acarretar baixos níveis de expressão, exatamente pela insuficiência dos tRNAs correspondentes a esses códons raros. Para potencializar a expressão de proteínas eucarióticas ou proteínas que contêm códons raramente usados em hospedeiras bacterianas, muitas linhagens de *E. coli* foram engenheiradas para mitigar esse problema. Essas linhagens foram suplementadas com genes adicionais de tRNA sob controle de promotores de *E. coli*. Hoje, com a facilidade com que se pode fazer a síntese química de genes, pode-se, ao desenhá-los, evitar colocar códons raros, respeitando-se o *codon usage* da hospedeira[24].

Dentre os hospedeiros procarióticos, a bactéria *Escherichia coli* é o organismo de escolha por ser, sem dúvida, o mais bem estudado em termos de genética e bioquímica. Além disso, é de fácil manutenção e manipulação genética em laboratório e possui variados sistemas de promotores altamente regulados, o que a levou a ser um sistema de expressão bacteriano bem estabelecido até os dias atuais.

Além dos sistemas baseados em *E. coli*, houve o desenvolvimento e uso de outros hospedeiros procariotos que seriam promissores para sanar os problemas de expressão. Espécies de bactéria como *Bacillus subtilis*, *Streptomyces lividans*, *Anaena sp*, *Staphylococcus carnous* são descritas como hospedeiras para expressão de proteínas heterólogas e, entre elas, espécies representantes do gênero *Bacillus* são os hospedeiros mais estudados e bem estabelecidos em TDR depois da *E. coli*. As linhagens de *Bacillus* são hospedeiros atrativos, pois, diferentemente da *E. coli,* não apresentam lipopolissacarídeos na membrana externa (endotoxinas) e possuem a capacidade natural de secreção e endereçamento da proteína para o meio extracelular. Os *Bacillus* têm sido usados para a produção de enzimas industriais como, por exemplo, as alfa-amilases e proteases, ao passo que a *E. coli* tem sido utilizada para a produção de proteínas terapêuticas[25].

1.4.2 Sistema de expressão eucariótico

Embora os procariotos tenham se estabelecido como poderosos sistemas de expressão de mensagens genéticas heterólogas, os hospedeiros eucariotos apresentam consideráveis vantagens em relação aos procariotos, especialmente para a expressão de proteínas eucarióticas, contornando alguns problemas na expressão em bactérias que poderiam levar a produtos com erros na conformação, função e atividade sem os processamentos finais necessários em proteínas eucarióticas.

Os primeiros grupos de eucariotos empregados como hospedeiros foram as leveduras e os fungos filamentosos, mas com os avanços biotecnológicos outros sistemas alternativos de expressão utilizando células de insetos, de mamíferos e vegetais foram desenvolvidos e bem estabelecidos. No entanto, os hospedeiros alternativos, como células de mamíferos, por exemplo, necessitam de técnicas e manipulações sofisticadas que encarecem os custos de produção. Diferentemente, fungos filamentosos e leveduras que crescem em meios de cultivos simples e baratos levam a altos níveis de expressão, crescem em altas densidades celulares e possuem rígida parede celular, em comparação com células de insetos ou mamíferos, que os tornam mais resistentes a estresse mecânico durante o processo fermentativo[26].

Dentre as leveduras, as mais empregadas na produção de proteínas recombinantes são *Saccharomyces cerevisiae*, *Hansenula polymorpha*, *Pichia pastoris* e *Yarrowia lipolytica*.

O eucarioto mais amplamente utilizado para a expressão heteróloga por muito tempo *Saccharomyces cerevisiae*. Isto se deve ao grande conhecimento acerca deste microrganismo, que tem sido utilizado pelo homem há milhares de anos para a obtenção de produtos alimentares e bebidas alcoólicas sem restrição para consumo humano, o que conferiu a essa levedura o *status* GRAS (*generally recognized as safe*, geralmente reconhecida como segura). Sua importância levou a uma gama de estudos, incluindo o campo da genética, desvendando atributos que tornariam essa hospedeira umas das mais importantes em biologia molecular. Assim, foi demonstrado que essa levedura possui um plasmídeo próprio, circular, denominado de "2 µm" (dois mícron), presente em múltiplas cópias no seu citoplasma. A partir do plasmídeo natural 2 µm desenvolveram-se vetores de clonagem e de expressão para *S. cerevisiae*, como o vetor pMA91, ilustrado na Figura 1.12. Métodos de transformação genética foram desenvolvidos para a inserção de plasmídeos de replicação autônoma derivados do 2 µm, até o estabelecimento de técnicas de transformação para a integração do material genético por

recombinação homóloga. Os transformantes podem ser selecionados por marcas auxotróficas como *LEU2*, *TRIP1*, *HIS3* e *URA3* ou por marcas de seleção dominante, como as que conferem resistência a G418 ou higromicina B. O genoma dessa levedura foi totalmente sequenciado e está disponível para acesso[27].

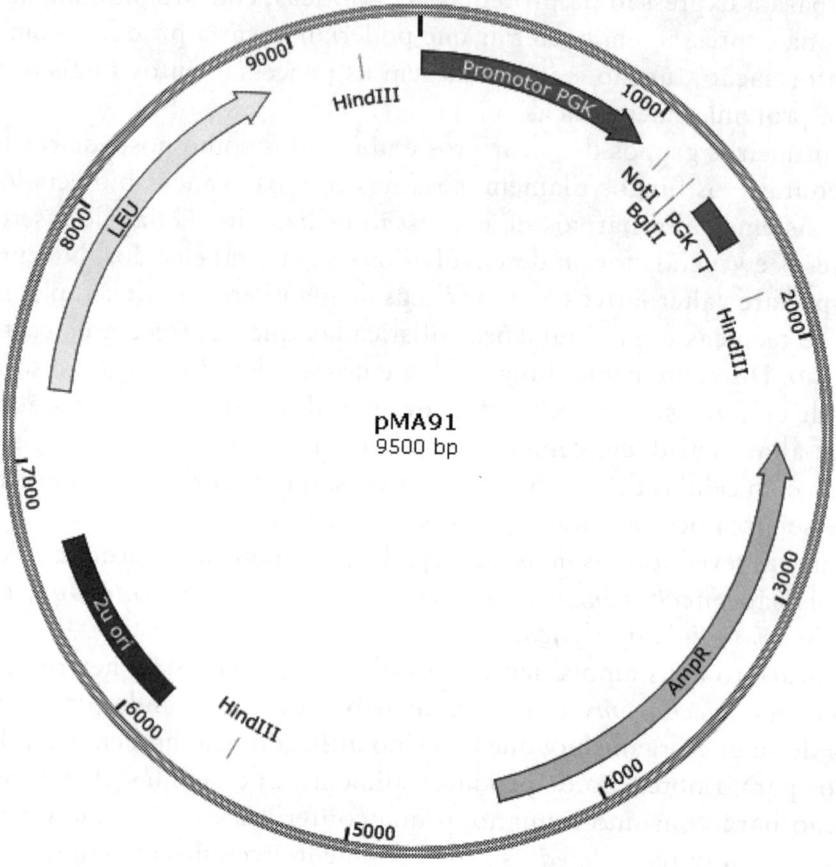

Figura 1.12 Plasmídeo pMA91. Representação esquemática do vetor para expressão em *S. cerevisiae* que contém o promotor do gene da enzima PGK da via glicolítica de *S. cerevisiae*.

O sucesso dessa levedura como hospedeira dá-se pela sua capacidade de realizar muitas das modificações pós-traducionais e dobramentos em proteínas de estruturas complexas, tais como acetilação do terminal amino, acilação, fosforilação e glicosilação[44]. Vários genes de interesse em saúde humana foram clonados e expressos em *Saccharomyces cerevisiae*, como antígenos

virais, insulina humana e anticorpos. No entanto, os níveis de expressão atingidos por essa levedura são muitas vezes inferiores aos de outras leveduras, e por vezes mais baixos que os níveis de expressão observados em *E. coli*, por exemplo. Além disso, o perfil de glicosilação realizado por essa levedura não é idêntico ao perfil de glicosilação realizada em humanos, o que inviabiliza sua utilização na produção de algumas glicoproteínas para aplicação terapêutica devido à possibilidade de induzir imunogenicidade.

Os avanços nos conhecimentos biológicos e a busca incessante por produtos biotecnológicos mais rentáveis e seguros para usos humanos levaram ao desenvolvimento de novos sistemas de expressão heteróloga de genes baseados em outras leveduras. Emergiu o uso de leveduras metilotróficas (que metabolizam metanol), que se tornaram atraentes sistemas para a produção industrial de proteínas recombinantes, pois permitem rígido controle da expressão pela simples manipulação do meio de cultura. Dentre essas leveduras, *Pichia pastoris* mostrou-se uma hospedeira de vantagens consideráveis, tornando-se, nos dias atuais, a levedura de escolha para a expressão de genes heterólogos.

Uma das características marcantes é o forte promotor usado no vetor pPIC9[29] (Figura 1.13) para transcrever genes heterólogos, que é o do gene codificador da enzima álcool oxidase (AOX1) de *P. pastoris*. Esse promotor é regulado transcricionalmente por metanol, um indutor relativamente barato. Em células expostas a metanol como única fonte de carbono, o início da transcrição no promotor AOX1 é altamente eficiente e comparável aos promotores derivados dos genes altamente expressos da via glicolítica. Para ser ativado, o promotor AOX1 requer a presença de metanol. Na ausência desse indutor, ele se torna inativo. Além de metanol, o sistema AOX1 necessita da ausência de glicose para ser plenamente ativado. Uma vez que o promotor AOX1 é controlado pela manipulação da fonte de carbono adicionado ao meio de cultura, o crescimento e a indução de cepas de *P. pastoris*, que expressam proteínas heterólogas, são facilmente obtidos em todas as escalas, desde frascos até grandes fermentadores[30-31].

Outra notável característica é o fato de que culturas de *Pichia pastoris* atingem níveis de alta densidade celular, podendo ser facilmente cultivadas a densidades celulares de aproximadamente 100 g/L de peso seco, ou até maiores, as quais não são facilmente obtidas com *S. cerevisiae* [31].

A maioria das proteínas secretadas por *P. pastoris* são glicosiladas, o que pode não afetar a atividade biológica da proteína recombinante. O tamanho da cadeia de carboidratos adicionados por *P. pastoris* é bem menor que aquele adicionado por *S. cerevisiae*. A estrutura destes oligossacarídeos é

muito similar à adicionada em mamíferos e, por não ser capaz de adicionar manoses terminais com ligações α-1,3, como *S. cerevisiae*, as proteínas produzidas em *P. pastoris* são menos imunogênicas.

Ao longo das últimas duas décadas, a levedura *Pichia pastoris* tornou-se o organismo de escolha para a produção de proteínas heterólogas, justamente pelas suas características citadas acima. Diversos produtos biotecnológicos foram produzidos nessa levedura, incluindo enzimas, proteínas diversas, biofármacos etc. Atualmente, vários produtos terapêuticos produzidos em *P. pastoris* encontram-se em fases avançadas de testes clínicos, como um inibidor de elastase para tratamento de fibrose cística, uma endostatina e uma angiostatina para aplicação como antiangiogênico, um fator de crescimento epidermal para tratamento de feridas causadas pela diabetes, entre outros biofármacos.

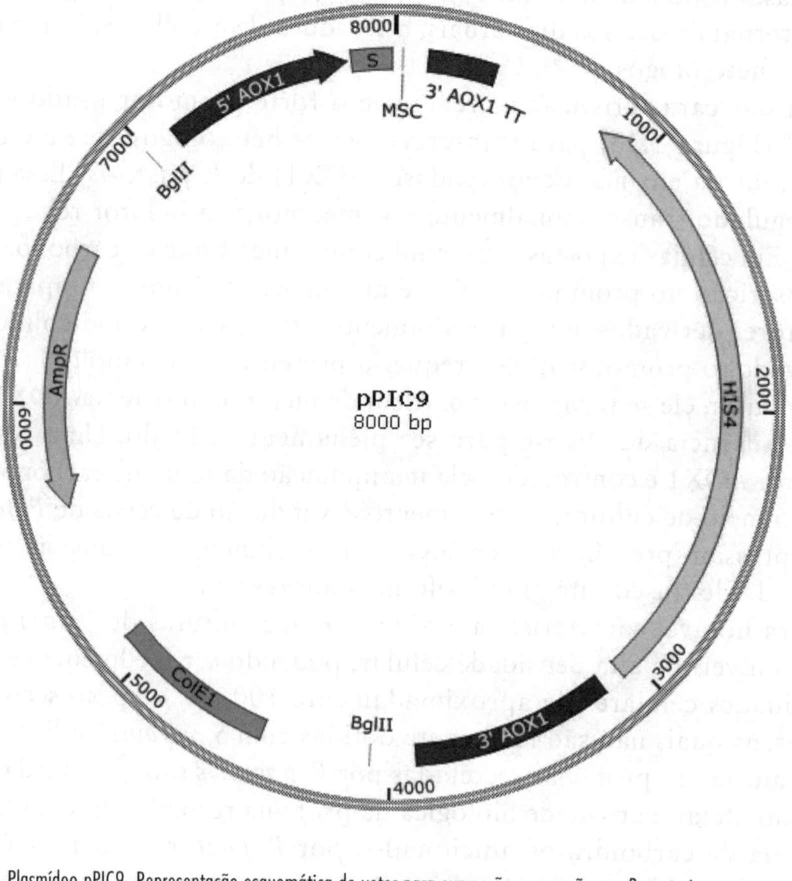

Figura 1.13 Plasmídeo pPIC9. Representação esquemática do vetor para expressão e secreção em *P. pastoris*.

O primeiro produto terapêutico para uso em humanos expresso em *Pichia pastoris* foi liberado pela FDA em 2009. Trata-se do ecallantide, um peptídeo de sessenta aminoácidos com atividade inibidora de calicreína plasmática humana. Foi descoberto a partir de uma biblioteca de *phage display* de fatores de inibição da coagulação humana, recebeu o nome comercial de Kalbitor® e é utilizado no tratamento de angiodema hereditário.

Alternativamente às leveduras, os fungos filamentosos são bons hospedeiros para expressão de genes heterólogos. O desenvolvimento de estratégias de biologia molecular rapidamente favoreceu o aprimoramento genético de fungos tanto para melhorar a capacidade de expressão de genes homólogos dos organismos selvagens quanto para o uso como hospedeiros de expressão heteróloga. Esses organismos vêm demonstrando vantagens sobre as bactérias e leveduras destacando-se pela elevada capacidade de produção e secreção de proteínas heterólogas, além da facilidade de se obter recombinantes mitoticamente estáveis e eficientes modificações pós-traducionais nos produtos expressos[32]. No entanto, vale ressaltar que há ainda poucos promotores adequados para a expressão de proteínas homólogas e heterólogas, havendo um número limitado de fungos filamentosos explorados como células hospedeiras. A pouca utilização desses hospedeiros deveu-se ao fato de secretarem proteases que hidrolisam as proteínas heterólogas, assim como pela dificuldade em se obter clones recombinantes estáveis com bom nível de expressão de proteínas heterólogas. Os fungos mais empregados como hospedeiros são as espécies *Aspergillus awamori*, *Aspergillus niger*, *Aspergillus oryzae*, *Humicola insolens*, *Trichoderma reesei*, *Penicillium chrysogenum*, *Cephalospororium acremonium* e *Mucor miehei*.

1.5 OUTRAS METODOLOGIAS IMPORTANTES DE MANIPULAÇÃO GENÉTICA

1.5.1 Reação em cadeia da polimerase (Polymerase Chain Reaction – PCR)

A invenção da técnica de amplificação de segmentos DNA *in vitro*, chamada de reação em cadeia da polimerase (PCR), possibilitou a amplificação de segmentos de DNA a partir de uma quantidade minúscula de DNA, o que ocasionou avanços enormes na área de genética forense e revolucionou os procedimentos de clonagem molecular de genes, permitindo o surgimento do

novo paradigma de sequenciamento de DNA de altíssima eficiência, como o pirossequenciamento.

Essa técnica foi desenvolvida por R. K. Saiki e colaboradores no ano de 1985[6] e, a partir de então, foi automatizada com o uso de DNA polimerases termorresistentes como a *Taq* polimerase extraída da bactéria termofílica *Thermus aquaticus*. O procedimento é de grande simplicidade e consiste basicamente na amplificação exponencial de DNA, cujo sistema de amplificação contém: amostra de DNA que se quer amplificar (molde), um par de *primers* (iniciadores), quatro desoxinucleosídeos trifosfatos, tampão e força iônica adequada e uma DNA polimerase termorresistente.

O procedimento em si ocorre em três etapas que compõem um ciclo que se repete de 25 a 40 vezes, sendo elas:

1) Desnaturação e separação da dupla fita de DNA.
2) Pareamento ou anelamento dos iniciadores (*primers*) em cada fita.
3) Síntese de novas fitas de DNA.

Como descrito na Figura 1.14, a desnaturação, etapa inicial, consiste na incubação do DNA a temperaturas entre 92 °C e 95 °C, cujo objetivo é separar a dupla fita em cadeias simples. A etapa seguinte é feita com a diminuição gradual da temperatura e pareamento ou anelamento dos *primers* em cada fita simples, de forma a flanquear a região a ser amplificada. Durante a diminuição da temperatura, as duas cadeias de DNA que foram desnaturadas não são novamente pareadas porque estão em concentração baixa na reação, já os *primers* vão se parear rapidamente nas suas regiões complementares no DNA-alvo, pois estão em concentrações muito altas. O anelamento ocorre entre 5 °C e 10 °C abaixo da menor Tm (*T melting*, ou temperatura de desnaturação média) dos *primers* e é uma etapa bastante importante para o sucesso da reação. Caso o pareamento não ocorra, ou ocorra em regiões indesejadas, a reação é fadada ao insucesso. A última etapa fecha o ciclo com a síntese de fitas de DNA pela enzima polimerase, normalmente à temperatura de 68 °C a 72 °C. Com os *primers* pareados nas fitas moldes, a DNA polimerase vai sintetizando a cadeia pela adição de nucleosídeos monofosfatos nas extremidades 3' dos *primers*, formando, então, as novas fitas na direção 5' para 3'.

A cada ciclo a quantidade de DNA se duplica, levando à produção de 2^n moléculas de DNA. Como cada ciclo demora apenas poucos minutos, o processo todo é muito rápido, e após os 25 a 40 ciclos obtém-se de milhões a centenas de milhões de cópias do segmento desejado, geralmente com comprimento de umas poucas centenas a uns poucos milhares de pares de base.

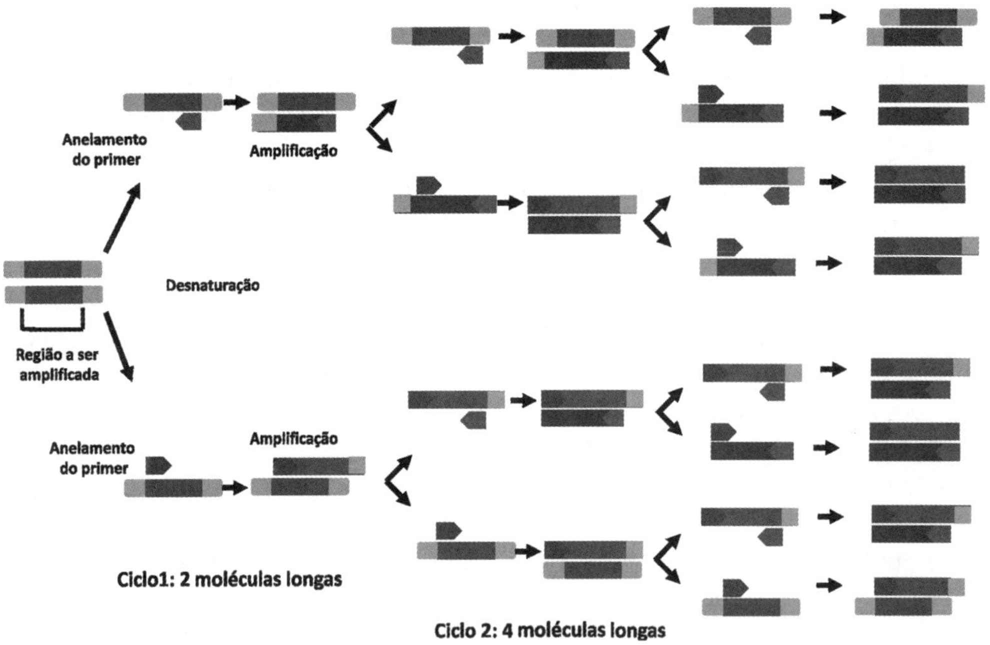

Figura 1.14 Reação em cadeia da polimerase (PCR). Esquema mostrando a reação de amplificação de um segmento de DNA por PCR após quatro ciclos.

1.5.2 Obtenção de cDNA

O dogma central da biologia molecular, na sua essência, é determinado pelo processo de transferência da informação biológica do DNA para RNA e deste para proteína. Entretanto, em alguns casos a informação flui do RNA para o DNA. Alguns vírus (retrovírus), como o HIV, têm o genoma em forma de RNA que, em seu ciclo de vida, é copiado, originando um DNA complementar (cDNA) por uma enzima chamada transcriptase reversa, que é uma DNA polimerase RNA-dependente. O processo é chamado de transcrição reversa e é utilizado pelos biologistas moleculares para produção de cDNA *in vitro* para diversas aplicações:

- Quando se deseja produzir bibliotecas de cDNAs (nesse caso, produz-se cDNAs a partir de uma população de mRNAs).
- Quando, a partir de biblioteca de cDNA deseja-se isolar um determinado gene específico.

- Quando se deseja expressar um gene eucarioto em hospedeiros procariotos que não processam os introns dos genes eucarióticos.
- Quando se deseja amplificar determinadas sequências a partir de molde de RNA em um processo denominado de RT-PCR.
- Quando se deseja conhecer toda a população de mRNA expressa em determinada fase de vida de uma célula ou de um tecido (transcriptoma).

No procedimento de obtenção de cDNA atualmente utilizado, o RNA total dos organismos é extraído e a fração contendo o mRNA é purificada através de uma cromatografia de afinidade com colunas contendo oligo-dT celulose ou poli-U sefarose. O mRNA é utilizado como molde para a síntese da primeira fita de cDNA pela ação da enzima transcriptase reversa. Cumpre lembrar que em células eucarióticas o mRNA nascente é processado para remoção de introns (*splicing*), adição de cap na extremidade 5' e de uma cauda poliadenilada – cauda poli(A) – na extremidade 3', produzindo o mRNA maduro. Com base nisso, para a construção da primeira fita de cDNA utiliza-se uma pequena sequência de desoxitimidinas (poli dT) que hibridiza na cauda poli(A) do mRNA e serve como um *primer* para a enzima transcriptase reversa catalisar a síntese da primeira fita do DNA complementar, resultando em uma molécula híbrida formada por DNA/RNA (Figura 1.15). Para a formação da segunda fita do cDNA, a molécula híbrida é tratada com a RNase H, que cliva a fita de mRNA em diversos pontos, introduzindo quebras entre nucleotídeos vizinhos na sequência ribonucleica. Os fragmentos de mRNA servem de *primers* para a DNA polimerase I sintetizar a segunda fita de cDNA utilizando sua atividade polimerásica, o que faz concomitantemente à degradação do mRNA na direção 5'-3' com sua atividade exonucleásica 5'-3'. A fita dupla do cDNA está agora formada e pode ser tratada com a enzima T4 DNA polimerase para tornar as extremidades *blunt end* para ligar em um vetor, também *blunt end*, ou adicionar adaptadores com extremidades coesivas, normalmente geradas por endonucleases de restrição e, então ligar a um vetor tratado com as mesmas endonucleases.

1.5.3 Engenharia genética aplicada à saúde: o caso da insulina humana expressa em bactérias

Será descrita a seguir a primeira experiência brasileira de produção de um biofármaco recombinante, a insulina humana. A tecnologia foi desenvolvida pela Biobrás (Biotecnologia Brasileira S.A.), de Montes Claros (MG),

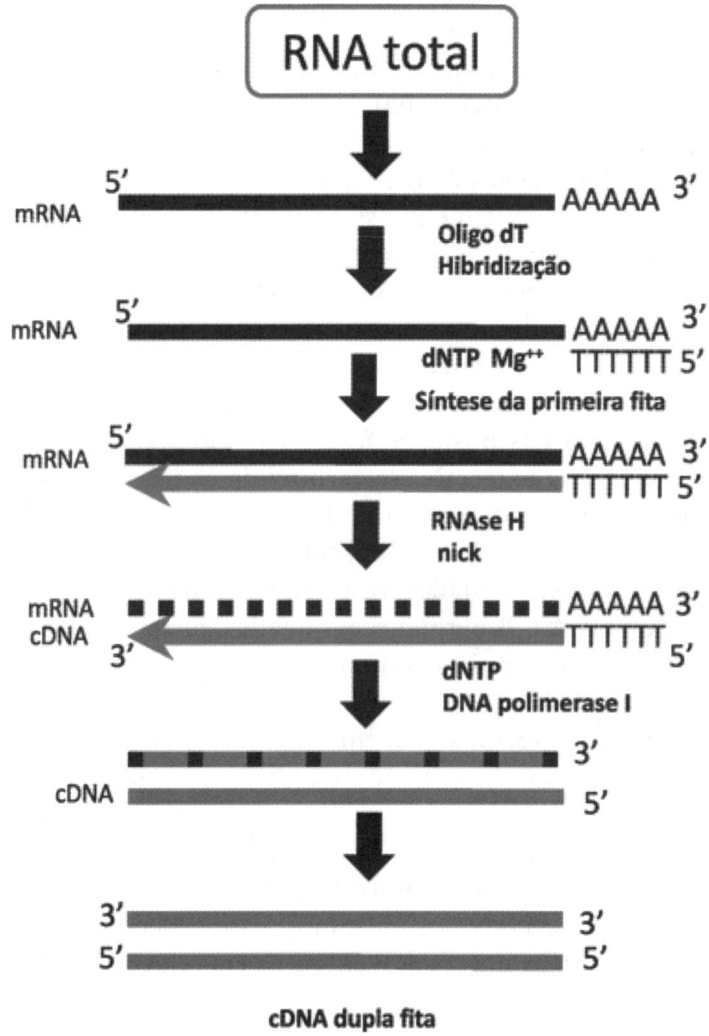

Figura 1.15 Síntese de cDNA. Esquema demonstrativo da obtenção de um cDNA de fita dupla a partir do mRNA com uso das enzimas transcriptase reversa, DNA polimerase I e RNase H.

em colaboração com a Universidade de Brasília (UnB), no período de 1988 a 1999[33].

A insulina é um hormônio proteico produzido por células das ilhotas de Langerhans no pâncreas. É produzida como uma proteína precursora com 110 aminoácidos, chamada de pré-proinsulina, constituída de três cadeias (A, B e C). Para adquirir sua forma ativa, a pré-proinsulina passa

por modificações pós-traducionais (proteólise), resultando na insulina com 51 aminoácidos, com apenas as cadeias A e B.

O peptídeo-sinal da insulina contém 24 aminoácidos, tendo a função de direcionamento da proteína para o retículo endoplasmático, onde é processado e retirado da sequência da insulina gerando a forma proinsulina ainda constituída das cadeias A, B e C. As cadeias A e B, compostas por 21 e 30 aminoácidos, respectivamente, são conectadas pela cadeia C (35 aminoácidos). Durante a maturação, há a formação de duas ligações dissulfeto entre os resíduos de cisteínas das cadeias A e B e entre resíduos internos na cadeia A. A proteína dobra-se e é transportada para o aparelho de Golgi empacotada em vesículas de secreção, onde é clivada pelas enzimas: PC1 e PC2 ("proprotein convertase 1 e 2"), que são enzimas "*trypsin like*" e digerem a proinsulina nas posições R32 e R65, deixando dois resíduos de aminoácidos básicos na extremidade carboxi da cadeia B (R-R ou Arg-Arg) e na extremidade carboxi da cadeia C (K-R ou Lys-Arg). A seguir, a carboxipeptidase F, uma enzima "carboxipeptidase B *like*" retira os dois resíduos básicos de ambas as extremidades, resultando na liberação da cadeia C, de modo que as cadeias A e B permanecem ligadas entre si pelas ligações dissulfeto formando o hormônio insulina, que é então secretado na corrente sanguínea (Figura 1.16).

A anormalidade na secreção ou função da insulina em seres humanos gera sérias alterações no metabolismo da glicose, causando uma desordem chamada de *Diabetes mellitus*, que pode ser controlada com a administração de insulina e controle de ingestão de glicose. Devido a sua importância terapêutica, esse hormônio foi produzido para uso terapêutico em humanos por extração de pâncreas bovinos ou suínos. Esse procedimento, além de ser dispendioso, tem algumas outras desvantagens em relação ao de TDR, como:

- requer grande quantidade de pâncreas animal;
- no processo de purificação a partir de pâncreas animal, o hormônio pode vir contaminado com patógenos de mamíferos, como vírus, viróides e príons;
- como as moléculas têm sequências de aminoácidos que variam um pouco em relação à sequência humana, podem induzir à formação de anticorpos durante o tratamento.

A técnica desenvolvida no Brasil consiste em introduzir e expressar em altos níveis no interior da bactéria *Escherichia coli* a sequência codificadora

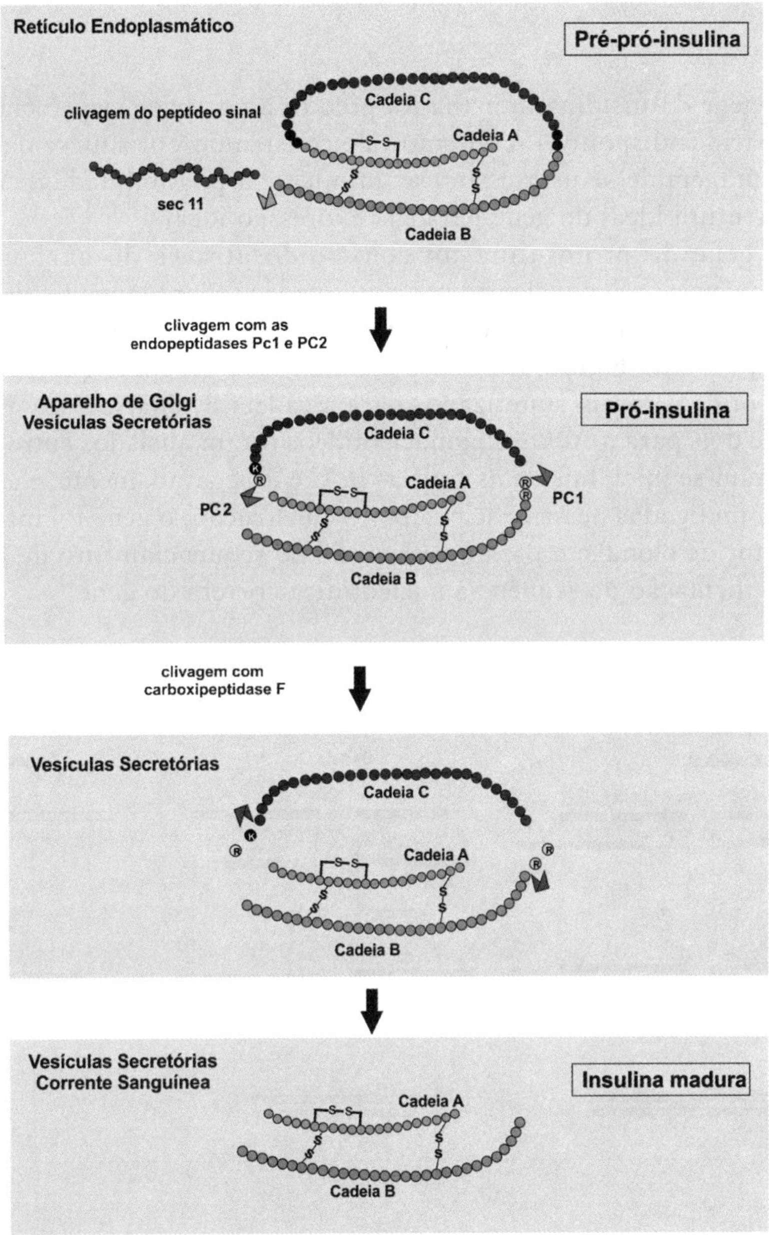

Figura 1.16 Processamento da insulina. A pré-proinsulina é convertida em proinsulina pela clivagem do peptídeo-sinal pela peptidase sec11. A seguir, é translocada para o Aparelho de Golgi, onde a cadeia C é clivada pela ação das peptidases PC1e PC2 e da carboxipeptidase F, liberando o hormônio para a secreção.

da proinsulina humana produzida por síntese química, conforme descrito a seguir:

- O gene da insulina humana foi predito a partir da sequência de aminoácidos disponível na literatura e construído por síntese química. A vantagem de se usar a síntese química é a possibilidade de definir a estrutura ideal do gene para sua expressão ideal.
- O gene da proinsulina foi construído através do anelamento de sequências oligonucleotídicas sintetizadas separadamente, de forma a conter as cadeias A, B e C do peptídeo original, como observado no esquema da Figura 1.17. Para a construção do gene, quatro oligonucleotídeos foram sintetizados para a cadeia B, quatro para as cadeias C e dois para a A. Os oligonucleotídeos foram anelados entre si. Montaram-se inicialmente as cadeias B, C e A separadamente, e então elas foram ligadas nessa ordem. Após a construção, o gene foi inserido em vetor de clonagem para a realização de sequenciamento de DNA e a confirmação da sequência nucleotídica correta do gene[34].

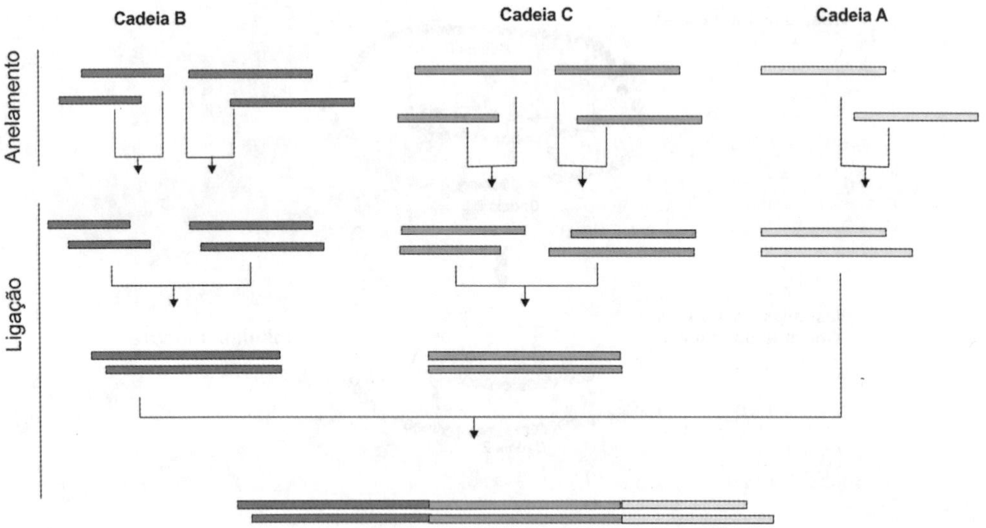

Figura 1.17 Estratégia utilizada para a construção da mensagem genética da proinsulina humana por síntese química para a expressão na bactéria *Escherichia coli*.

Após a sequência do gene da proinsulina ter sido confirmada com o sequenciamento, o próximo passo foi a subclonagem em um vetor de expressão chamado de pLMT8.5, construído especialmente para expressar em altos níveis a pro-insulina em *E. coli*. O vetor foi projetado para conter partes ou sequências específicas (promotor, Shine Dalgarno, terminador de transcrição e gene de resistência à antibiótico) que garantissem alto nível de expressão da proteína recombinante na hospedeira bacteriana.

Para se garantir uma replicação estável foi utilizada a origem de replicação do pUC 18 derivada do plasmídeo pMB1 projetado para aumentar o número de cópias do vetor na célula.

A marca de seleção dominante utilizada foi a resistência à tetraciclina. O gene da tetraciclina foi isolado do plasmídeo RP4 e foi escolhido para garantir pressão seletiva durante a fermentação na fase de produção do inóculo.

O promotor escolhido foi o pL do bacteriófago lambda que pode ser ativado simplesmente pela mudança de temperatura. É um promotor forte e regulado negativamente pelo repressor cI, sensível à temperatura, que é funcional a 28 °C e não funcional a 42 °C.

Para se garantir eficiente expressão, o sítio de ligação de ribossomos (região Shine Dalgarno) foi obtido por síntese química e baseada na região Shine Dalgarno do fago T7, bastante eficiente na tradução de genes expressos em *E. coli*. De maneira similar, uma sequência de término de transcrição Rho-independente, também foi obtida por síntese química, baseando-se na sequência do operon triptofano de *E. coli*.

Por último, para facilitar a clonagem direcional foi inserido entre a região promotora e a região terminadora, um múltiplo sítio de clonagem com sítios únicos para as enzimas de restrição *Nco*I, *Eco*RI. *Stu*I, *Pst*I e *Bam*HI. Estrategicamente, o códon de início de tradução ATG já estava incluído no sítio de *Nco*I. Com essas estratégias construiu-se o vetor pLMT8.5 para superexpressão em *E. coli*, visualizado na Figura 1.18.

O gene da proinsulina foi subclonado no pLMT8.5, e o vetor recombinante foi denominado de pPTA1. Esse plasmídeo foi inserido por transformação em uma linhagem de *E. coli* que possui o repressor termossensível, e a proinsulina foi expressa por meio de indução térmica.

Verificou-se a expressão da proinsulina com aproximadamente 10 mil daltons, que correspondia a cerca de 20% das proteínas totais da bactéria (Figura 1.19). A proteína foi expressa em forma de corpúsculos de inclusão no citoplasma da bactéria, o que auxilia na proteção contra proteólise e facilita na recuperação para a purificação após a lise da célula, centrifugação e solubilização.

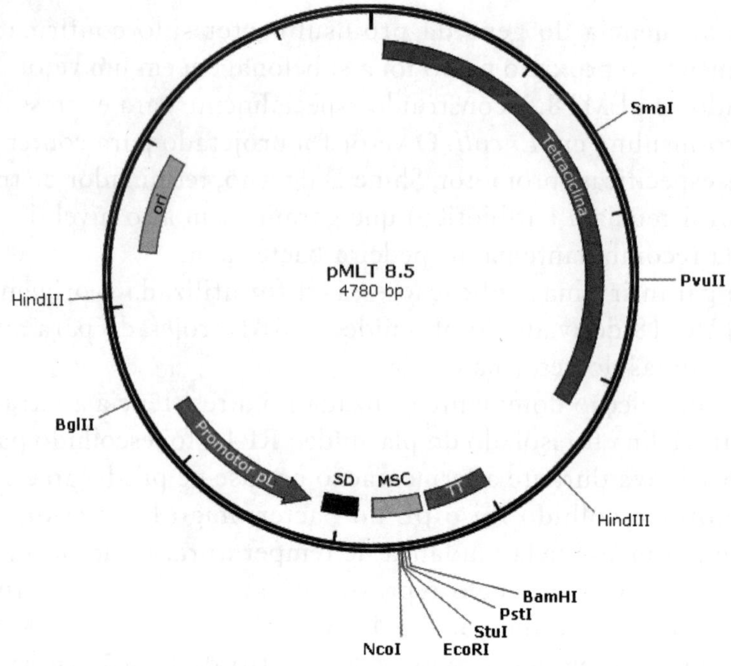

Figura 1.18 Mapa do vetor de expressão pLMT8.5 construído para a produção da proinsulina humana em *E. coli*. TetR: gene de resistência a tetraciclina; ori: origem de replicação; MCS: região de sítios únicos para enzimas de restrição; pL: promotor pL; SD: sequência Shine-Dalgarno e TT: região de terminação de transcrição.

Após a obtenção das células induzidas com os corpúsculos de inclusão no interior, estas eram coletadas por centrifugação, os corpúsculos de inclusão separados por centrifugação, dissolvidos com alta concentração de ureia em pH alto, a proinsulina era purificada por cromatografia de afinidade com níquel, em seguida era renaturada e a cadeia C eliminada com digestão por duas proteases, tripsina e carboxipeptidade B, e era, então, purificada por procedimentos cromatográficos adicionais.

1.6 POSSIBILIDADES TERAPÊUTICAS: A REVOLUÇÃO NA ÁREA DE SAÚDE VIA ENGENHARIA GENÉTICA

A biotecnologia molecular, por meio da engenharia genética, tem provocado profundas alterações em nosso cotidiano, em diversos segmentos da sociedade moderna, da produção de sementes à colheita, das biorrefinarias

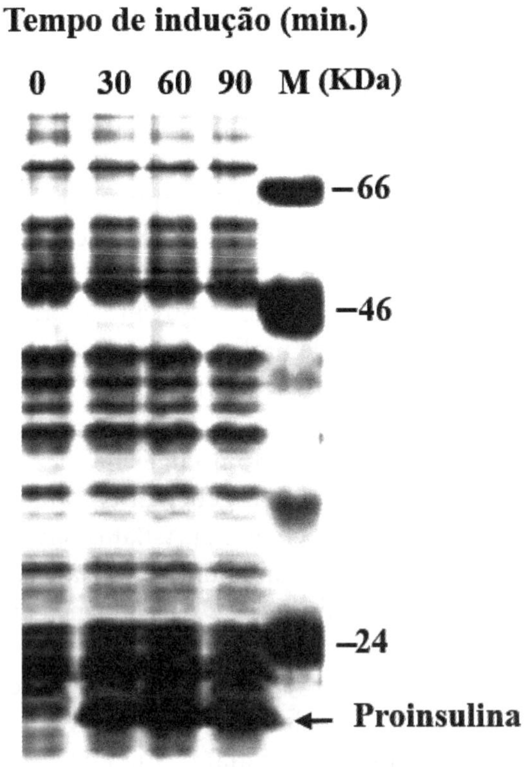

Figura 1.19 Análise da expressão em diferentes tempos de indução da proinsulina em *E. coli*. Gel desnaturante (SDS-PAGE) a 15% dos lisados proteicos totais das células bacterianas, contendo o plasmídeo pPTA1 (pLMT8.5 + gene da proinsulina)[34].

aos biocombustíveis e do diagnóstico de doenças ao desenvolvimento de novos medicamentos, assim como no aperfeiçoamento de novas técnicas de tratamento.

As técnicas de manipulação genética que permitiram a construção de moléculas recombinantes possibilitaram grandes avanços no campo da saúde, a partir do momento em que se tornou possível obter moléculas de aplicação terapêutica e investigativa. Nesse sentido, a engenharia genética tem sido um caminho promissor para a cura e prevenção de muitas enfermidades ou desordens fisiológicas em humanos. Doenças diversas, como diabetes, hepatites, câncer e outras anormalidades, têm agora possibilidade de tratamento ou terapia, ou até mesmo cura, pelo uso de moléculas produzidas via TDR, tais como enzimas, hormônios, vacinas, anticorpos monoclonais, entre outras.

1.6.1 Terapia genética

A terapia gênica ou geneterapia baseia-se na introdução de genes nas células e tecidos de indivíduos que possuam uma doença causada pela deficiência desses genes.

Considerando as características dos vírus de infectar células e nelas replicar seu material genético, inferiu-se que os vírus seriam eficientes vetores para carrear genes ao interior de células humanas em procedimentos de terapia genética. Para se desenvolver um vetor viral, normalmente altera-se seu DNA com o objetivo de manter sua capacidade de replicação, mas não seu lado patogênico ou a capacidade de transmitir a doença (em outras palavras, desarma-se o vírus). Pode-se inclusive adicionar múltiplos sítios de clonagem para facilitar a inserção do gene correto a ser introduzido no paciente.

O primeiro caso de sucesso de terapia genética em humanos foi realizado nos Estados Unidos em uma menina chamada Ashanti Silva, que tinha imunodeficiência severa causada pela ausência de uma enzima encontrada em leucócitos, denominada de adenina deaminase (*ADA*). A doença aparece em crianças portadoras homozigotas do gene não funcional, que para sobreviverem têm que viver no interior de uma bolha estéril. O gene *ADA* correto foi introduzido em células da medula óssea utilizando um vetor retroviral. A imunodeficiência de Ashanti foi parcialmente recuperada, o que permite que ela viva uma vida normal.

Em 2003, a China aprovou o primeiro produto comercial para terapia genética, denominado de Gendicine. Trata-se de um produto para tratamento de câncer no qual o gene da proteína anticancerígena P53 é carreado por um vetor adenoviral. O produto mostrou-se ativo como coadjuvante dos tratamentos cirúrgicos e quimioterápicos de tumores sólidos do pescoço e da cabeça. Atualmente, existem no mundo cerca de mil testes clínicos em andamento visando ao desenvolvimento de diversos produtos dessa natureza.

Somente em 2012 foi aprovado um medicamento baseado em terapia genética no mundo ocidental. A aprovação se deu pela European Medicines Agency (EMA) para uso no âmbito da Comunidade Europeia, e o medicamento é o Alipogene Tiparvovec (nome fantasia Glybera). Esse medicamento destina-se ao tratamento de deficiência da enzima lipoproteína lipase, que causa grande aumento de gordura no sangue e, consequentemente, pancreatite severa. O medicamento consiste do gene correto da enzima carreado por vetor derivado de um vírus adenoassociado (AAV) sorotipo I, que tem propensão em infectar células musculares. O medicamento Glybera é introduzido no corpo por meio de injeção intramuscular, e os testes clínicos

mostraram claramente a diminuição do nível de gordura no sangue e do aparecimento de pancreatite severa.

Alternativamente ao uso de vetores virais, a terapia pode utilizar outros vetores, como lipossomas ou conjugados moleculares, diminuindo possibilidades de infecção viral ou toxicidade e aumentando a possibilidade de efeito local mais eficiente, quando essas partículas adentram as células-alvo.

1.6.2 Vacinas recombinantes

Vacinas, no sentido estrito, são constituídas por macromoléculas específicas que induzem a resposta imunológica protetora contra um agente patogênico. O uso de vacinas é, sem dúvida, um dos avanços da ciência de maior impacto em saúde pública, visto que muitas epidemias foram completamente controladas em várias partes do mundo com o uso de vacinas. Os objetivos de se desenvolver vacinas são, basicamente: promover a proteção dos indivíduos contra infecções, bloquear a transmissão, prevenir sintomas e, de forma mais ambiciosa, levar à erradicação de tais infecções. Assim, foram desenvolvidos vários tipos de vacinas como as que conhecemos hoje, contra doenças como difteria, tétano, febre amarela, coqueluche, poliomielite, varíola, entre tantas outras.

As primeiras vacinas foram desenvolvidas a partir da purificação de antígenos ou da inativação química do agente patogênico extraído de plasma de animais infectados. A modernização da biologia trouxe a possibilidade de melhorias nos métodos de produção e purificação das vacinas já existentes, e os avanços da biologia molecular possibilitaram o desenvolvimento de vacinas recombinantes, a partir da identificação de vários antígenos, clonagem de seus genes e expressão em sistemas heterólogos.

A primeira vacina recombinante produzida foi a vacina contra a hepatite B, no ano de 1986. Utilizando a TDR, o antígeno de superfície do capsídeo do vírus HBV foi clonado e expresso na levedura *Saccharomyces cerevisiae*. O antígeno (AgHB) purificado das células recombinantes de *S. cerevisiae* é formulado com adjuvante adequado (hidróxido de alumínio), gerando então a vacina contra hepatite B. A vantagem de produzir vacinas via engenharia genética é a possibilidade de obter o antígeno em grandes quantidades, além de praticamente zerar o risco de infecção, pois se trata de proteínas recombinantes livres do DNA do patógeno. Esta tecnologia tem sido aplicada na obtenção de outros antígenos para a produção de outras vacinas, como a vacina contra o vírus do papiloma humano (HPV).

Estão em desenvolvimento o que chamamos de vacinas de DNA, que, em vez de conter o antígeno recombinante, contêm o gene do antígeno clonado no vetor de expressão, que irá garantir a expressão do antígeno quando o vetor for introduzido nas células do indivíduo no qual se deseja desencadear a resposta imune protetora. Dentro das células, o vetor garante a expressão ou expressão/secreção do antígeno, que, por ser estranho, desencadeará resposta imune. Essa estratégia está em desenvolvimento, embora mais atrasada, pois tem havido relutância em se aprovar procedimentos que envolvam injeção de DNA exógeno em um animal, pela possibilidade de, em certos casos, acarretar o aparecimento de teratomas ou neoplasias malignas.

1.6.3 Biofármacos recombinantes

A indústria biotecnológica tem desenvolvido uma infinidade de biofármacos recombinantes com excelentes aplicações na área médica. A exemplo da insulina humana, discutida acima, muitos outros produtos farmacêuticos para uso humano têm sido produzidos por fermentação de microrganismos, principalmente *Escherichia coli*.

Moléculas terapêuticas humanas complexas que têm modificações pós-traducionais como glicosilações e fosforilações não podem ser feitas em bactérias, pois estas não fazem tais modificações, e nem em leveduras ou fungos filamentosos, que fazem modificações pós-traducionais não idênticas às de mamíferos e, portanto, podem induzir, com maior chance, resposta imune durante o tratamento. Nesse caso, a hospedeira predileta para a produção de proteínas humanas complexas são as células recombinantes da linhagem CHO (*chinese hamster cells*), que secretam biofármacos como: fator VIII de coagulação sanguínea, anticorpos monoclonais, interferon beta etc. A Tabela 1.3, a seguir, mostra alguns dos principais biofármacos produzidos por engenharia genética, suas aplicações e em que hospedeiro são produzidos.

Existem aproximadamente duzentos biofármacos aprovados para uso e cerca de 460 em triagem clínica, dentre os quais predominam os anticorpos monoclonais recombinantes (MABs)[35]. No cenário mundial, o Brasil vem tendo consideráveis destaques na produção de moléculas recombinantes, fruto de décadas de pesquisa e do elevado nível de modernização dos centros de pesquisa brasileiros, do conhecimento de cientistas nacionais e da disposição de empresas de capital nacional em investirem nessa área. Dentre os produtos recombinantes de aplicação clínico-terapêutica há o exemplo pioneiro da insulina já comercializada pela Biobrás e o hormônio de

Tabela 1.3 Alguns produtos terapêuticos feitos por engenharia genética

PRODUTO	APLICAÇÃO	HOSPEDEIRO
Insulina humana	Tratamento de diabetes	Bactérias Leveduras
Hormônio de crescimento	Desordem de crescimento/baixa estatura	Bactéria Leveduras
Fator de crescimento epidérmico	Cicatrização de feridas	Leveduras
Interleucina 2	Tratamento de câncer	Bactérias Leveduras
α-interferon	Antiviral, agente antitumoral	Bactérias
β-interferon	Tratamento de esclerose múltipla	Bactérias Células de mamíferos
Eritropoetina	Tratamento de certos tipos de anemia	Células de mamíferos
Fator VII, VIII e IX	Agentes coagulantes	Células de mamíferos
Ativador de plasmogênio tecidual	Dissolver coágulos	Bactérias Leveduras Células de mamíferos
Anticorpos monoclonais (MABs)	Diversas doenças. Ex.: rituximabe (antileucêmico), humira (tratamento de doenças autoimunes)	Células de mamíferos

crescimento humano para o tratamento de nanismo, no momento em fase de testes clínicos pela Cristália Produtos Químicos Farmacêuticos Ltda., projeto desenvolvido em colaboração com a Universidade Federal do Amazonas. Alguns outros produtos, como enzimas, hormônios e anticorpos monoclonais, já tiveram seus genes clonados no país e se encontram em diferentes fases de desenvolvimento.

Recentemente, pela importância que têm assumido os anticorpos monoclonais, principalmente contra o câncer e doenças autoimunes, que têm que ser importados e consomem cerca de 40% de todos recursos disponíveis pelo SUS para a aquisição de medicamentos, o governo brasileiro, por intermédio do Ministério da Saúde tem criado condições por meio de Parcerias Público-Privadas (PPPs) para estimular a produção desses biofármacos em nosso país, a fim de que a população brasileira tenha maior acesso ao medicamento e possamos economizar importantes divisas.

1.7 COMO CONSTRUIR UMA BIBLIOTECA GENÔMICA

Os procedimentos para a construção de uma biblioteca genômica serão apresentados, a seguir, pela sua importância para a tecnologia do DNA recombinante e também porque as técnicas relacionadas requerem o uso de importantes ferramentas que foram apresentadas neste capítulo. A Figura 1.20 a seguir mostra as etapas que são normalmente cumpridas na construção de uma biblioteca genômica, que foram também apresentadas de outra maneira na Figura 1.1, no início deste capítulo.

No conjunto de protocolos apresentados a seguir, utilizaremos como

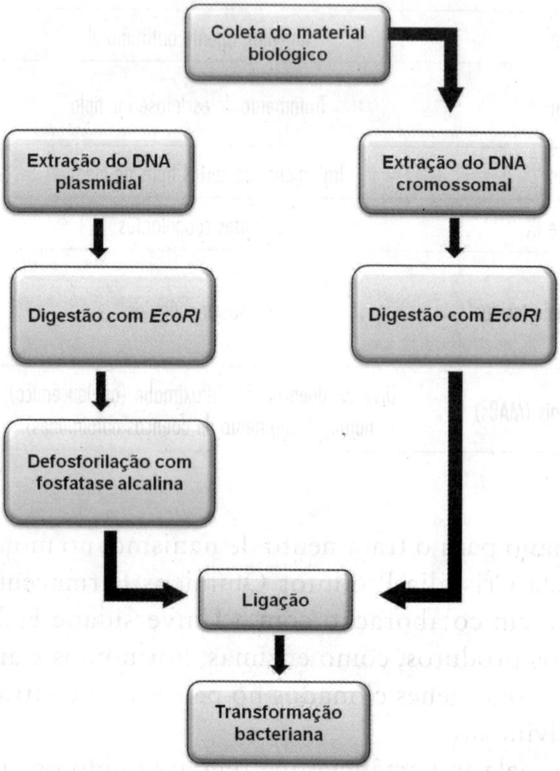

Figura 1.20 Principais etapas do procedimento de construção de uma biblioteca genômica.

exemplo a construção de uma biblioteca genômica a partir de material extraído de um fígado animal. Com as devidas modificações, esses protocolos podem ser utilizados com outros tipos de tecidos e/ou células.

1.7.1 Extração de DNA cromossomal pelo método do fenol/clorofórmio[36*]

Esse procedimento foi escolhido, pois além de resultar em DNA com bom nível de pureza, é similar ao utilizado por Avery e colaboradores[37] quando extraíram DNA de pneumococos e demonstraram ser essa substância o material genético ("princípio transformante"). Na época, em vez de solução com fenol, eles utilizaram para a extração uma mistura de clorofórmio com álcool isoamílico. Se for utilizada uma quantidade de tecido três vezes maior (150 mg), aumentando-se proporcionalmente os volumes das soluções, é possível na etapa 14 adicionar vagarosamente o álcool a -20 °C e coletar o DNA com um bastão de vidro em vez de centrifugação e lavá-lo mergulhando o bastão por alguns minutos em solução de etanol 70% a -20 °C.

Soluções

NE:
- NaCl 150 mM
- EDTA 10 mM pH 8,0

TEN:
- NaCl 100 mM
- EDTA 50 mM
- Tris-HCl 50 mM pH 7,5

Triton X-100:
- 10% (V/V) em água destilada ou milli-Q.

SDS 10% (P/V):
- Em água destilada ou milli-Q.

RNase A (10 mg/mL):
- Dissolver em tampão TR (ferver em banho-maria por 15 minutos)

Proteinase K:
- 10 mg/mL em água milli-Q

TR:
- EDTA 0,2 mM

- Tris-HCl 10 mM pH 8,0

Fenol: fenol hidratado equilibrado com:
- NaCl 100mM; EDTA 1 mM
- Tris-HCl 20 mM pH = 7,5, adicionado de 8-hidroxiquinolina e B-mercaptoetanol para as concentrações finais de 0,05% (P/V) e 1% (V/V), respectivamente

Clorofane:
- Fenol 1V + 1V de clorofórmio hidratado, misturados na hora do uso.

Clorofórmio hidratado:
Clorofórmio saturado em água milli-Q

Procedimento
1) Pesar 50 mg de tecido em um microtubo e homogeneizar diretamente em 500 mL de TEN. Prosseguir imediatamente ou manter a amostra a 4 °C.
2) Adicionar 60 mL de Triton X-100 10% e homogeneizar suavemente.
3) Adicionar 4 mL de RNase A (10 mg/mL).
4) Homogeneizar bem (sem movimentos bruscos), durante 5 minutos.
5) Incubar a 37 °C por 30 minutos.
6) Adicionar 60 mL de SDS 10%.
7) Adicionar 5 mL de proteinase K (10 mg/mL).
8) Incubar a 50 °C por 60 minutos.
9) Adicionar 1 volume de fenol hidratado, agitar suavemente o tubo por inversão por 10 minutos.
10) Centrifugar a 2.000 g por 10 minutos.
11) Coletar o sobrenadante (fase aquosa) e transferir para um novo microtubo.
12) Adicionar à fase aquosa um volume de clorofane, agitando suavemente por inversão por 10 minutos e repetir os procedimentos dos itens 10 e 11.
13) Adicionar à fase aquosa recuperada um volume de clorofórmio hidratado agitando suavemente por inversão por 5 minutos e repetir os procedimentos dos itens 10 e 11.
14) Adicionar à fase aquosa 0,1 volume de NaCl 3M e 2,5 volumes de etanol 100% a -20 °C e misturar invertendo o tubo várias vezes.
15) Deixar precipitando a 0 °C (banho água-gelo) por 30 minutos.
16) Centrifugar a 12.000 g por 10 minutos.
17) Descartar o sobrenadante.

18) Lavar o sedimento, sem ressuspender, com etanol 500 µL 70% a -20 °C, mantendo por 5 minutos no gelo, centrifugar a 12.000 g por 2 minutos e desprezar o sobrenadante.
19) Secar em *"speed vac"* ou em fluxo laminar.
20) Dissolver em 100 mL a 300 mL de tampão TR, mantendo a 4 °C. Para dissolver bem, deixar a 4 °C durante a noite.
21) Quando estiver totalmente dissolvido, aliquotar e estocar a -20 °C.
22) Analisar uma alíquota de 5 µL por eletroforese em gel de agarose a 0,8%. A concentração do DNA pode ser estimada por espectrofotometria na região do UV, considerando-se que uma solução com 50 µg de DNA por mL apresenta a absorbância igual a 1,0 no comprimento de onda de 260 nm.

1.7.2 Extração de plasmídeos por lise alcalina[38, 39 *]

Esta metodologia permite separar de forma rápida e barata o DNA plasmidial do DNA cromossomal. As bactérias são lisadas com solução de NaOH e SDS, que também desnatura o DNA, após o que a solução é neutralizada por meio da adição de solução de acetato de potássio em alta concentração com pH 5,8, condições nas quais o DNA cromossomal desnaturado precipita e o plasmídeo, que se renatura mais facilmente recuperando sua grande hidrofilicidade, permanece em solução.

Se houver necessidade de uma preparação de DNA plasmidial mais pura, é possível a partir da etapa 12 realizar extração pelo método do fenol/clorofórmio de forma similar ao descrito para a purificação do DNA cromossomal. Pode-se também utilizar kits comerciais que incluem, após a etapa 6, uma etapa adicional que consiste na ligação do DNA especificamente em uma resina seguida de lavagem dos contaminantes e então sua eluição da resina.

Soluções

Solução I:
- Tris-HCl 100 mM pH 7,5
- EDTA 10 mM pH 8,0
- Lisozima 2 mg/mL

---

* Modificado.

Solução II:
- NaOH 0,2 N
- SDS 1%
- Observação: diluir primeiro o NaOH e depois adicionar o SDS. Essa solução não deve ser estocada por mais que um mês).

Solução III:
- Acetato de potássio 3 M (P/V) pH 5,8

TR:
- EDTA 0,2 mM
- Tris-HCl 10 mM pH 8,0

Procedimento
1) Semear em placas as bactérias contendo o plasmídeo pUC18 no dia anterior, de forma a obter-se colônias isoladas.
2) Transferir uma colônia isolada para um tubo estéril contendo 5 mL de meio LB contendo ampicilina 100 ug/mL e incubar a 37 °C por 16 horas, agitação vigorosa (180 rpm).
3) Transferir 1,5 mL da cultura para um microtubo e centrifugar a 12.000 g por 1 minuto. Repetir o passo 2 para a obtenção de maior quantidade de *pellet* celular.
4) Ressuspender o *pellet* em 200 μL da solução I gelada. Agitar rapidamente no agitador de tubos (vórtex). Acrescentar 1μL de RNase A (10 mg/mL) e incubar a temperatura ambiente por 10 minutos.
5) Adicionar 360 μL da solução II e misturar rapidamente, invertendo o tubo, e incubar no gelo por 5 minutos.
6) Adicionar 300 μL da solução III gelada, misturar por inversão do tubo até precipitar bem (deve aparecer um precipitado claro bem definido).
7) Centrifugar a 12.000 g por 5 minutos (para sedimentar os restos celulares e o DNA cromossomal precipitado). Transferir o sobrenadante para um tubo novo.
8) Adicionar um volume de isopropanol misturar bem por inversão e deixar 5 minutos a temperatura ambiente. Centrifugar a 12.000 g por 5 minutos.
9) Descartar o sobrenadante e remover excesso de isopropanol com auxílio de micropipeta.
10) Adicionar 1 mL de etanol 70% gelado a -20 °C.
11) Centrifugar por 5 minutos a 12.000 g. Remover o sobrenadante.

12) Secar o *pellet* em "*speed vac*" por 5 minutos ou em corrente de fluxo laminar por 15 minutos.
13) Dissolver o DNA em 50 µL de Tampão TR.
14) Analisar 5 µL por eletroforese em gel de agarose 0,8%.

1.7.3 Digestão dos DNAs com a enzima de restrição *Eco*RI

Nesta etapa, o DNA cromossomal e o plasmídeo pUC18 serão digeridos com a enzima *Eco*RI a fim de gerar extremidades compatíveis para posterior ligação. Por definição, uma unidade de enzima (U) é a menor quantidade capaz de digerir 1 µg de DNA do fago λ em uma hora a 37 °C em volume total de reação de 50 µL. Geralmente é recomendada, para os procedimentos de clonagem, uma reação de digestão exaustiva com cinco a dez vezes essa quantidade de enzima por µg de DNA. Assim, usamos como exemplo uma reação que utiliza 1 µg de DNA, cujo volume dependerá da concentração obtida na extração. Sempre tomar cuidado para que o volume de enzima não ultrapasse 10% do volume final da reação, a fim de evitar a atividade inespecífica da enzima devido ao excesso de glicerol (>5%), pois normalmente as enzimas são estocadas em glicerol 50%.

Procedimento
Durante a preparação, manter os microtubos em gelo.

De acordo com a Tabela 1.4, misturar em microtubos os volumes dos reagentes e incubar a 37 °C por 2 horas. Analisar 5 µL de cada reação de digestão por eletroforese em gel de agarose a 1%. Se as reações de digestão estiverem adequadas, incubar a 65 °C por 20 minutos para inativar a enzima de restrição *Eco*RI.

1.7.4 Defosforilação do vetor linearizado com fosfatase alcalina

Nesta etapa, o vetor digerido com a enzima *Eco*RI será tratado com a enzima fosfatase alcalina de camarão do Ártico (*shrimp alkaline phosphatase* – SAP) para remoção dos grupos fosfato da extremidade 5' do DNA, pois essa enzima pode ser inativada termicamente evitando a necessidade de, após a defosforilação, eliminar a enzima por tratamento com protease e extração com fenol/clorofórmio, que é um processo muito mais trabalhoso.

Tabela 1.4 Reações de digestão do DNA cromossomal e do vetor.

REAGENTE	PUC18 (VETOR) + ECORI (µL)	CONTROLE PUC18 − ECORI(µL)	DNA CROMOS. + ECORI (µL)	CONTROLE DNA CROMOS. − ECORI (µL)
Água milli-Q	q.s.p.	q.s.p.	q.s.p.	q.s.p
Tampão 10X	5	5	5	5
DNA	___(1 µg)	___(1 µg)	___(1 µg)	___(1 µg)
EcoRI (10U/µL)	1	-	1	-
Volume final	50	50	50	50

Procedimento
1) O DNA do vetor de clonagem pUC18 digerido com EcoRI deverá ser precipitado com sal e álcool, lavado com etanol 70% e seco.
2) Em um microtubo, dissolver 0,5 µg a 1,0 µg do DNA do pUC18 digerido em 10 µL de tampão de reação TSAP.
3) Adicionar 0,5 U de fosfatase alcalina (SAP) para cada 1 µg de pUC18 (ou cerca de 1 pmol de extremidades 5' fosfato).
4) Incubar a 37 °C por 30 minutos.
5) Incubar a 65 °C por 15 minutos para inativar a enzima (SAP).
6) Utilizar para ligação ou estocar a -20 °C para uso posterior.

Solução

TSAP:
- 10 mM $MgCl_2$
- Tris-HCl 20 mM pH 8,0

1.7.5 Ligação dos fragmentos de DNA ao vetor

Antes da ligação, algumas considerações são necessárias. A enzima EcoRI é uma enzima de corte raro e produz fragmentos grandes. Dessa forma, consideraremos como tamanho médio de inserto 1 kb. O vetor pUC18 tem tamanho de aproximadamente 3 kb. Assim, para a ligação será utilizada

uma razão de quantidade inserto/vetor de 3:1 em uma reação de volume final de 20 μL.

Procedimento
1) Em um microtubo, misture gentilmente os reagentes relacionados na Tabela 1.5.
2) Incubar a 16 °C durante a noite.

Tabela 1.5 Reação de ligação do inserto ao vetor.

REAGENTE	VOLUME (μL)
Água milli-Q	q.s.p
Tampão 10X	2
DNA (Vetor)	___ (50 ng)
DNA (Inserto)	___ (150 ng)
T4 DNA Ligase	1
Volume final	20

1.7.6 Transformação bacteriana

Após a ligação, as moléculas recombinantes serão, então, inseridas em células da bactéria *Escherichia coli* por transformação por choque térmico. Para isso, as células bacterianas devem ser tornadas competentes para a transformação genética por tratamento com cloreto de cálcio. Alternativamente, as células podem ser transformadas geneticamente pelo método da eletroporação.

Procedimento
Preparo de células competentes para a transformação genética
1) No final da tarde, inocular 5 mL de meio (LB) com uma única colônia isolada da linhagem escolhida de *E. coli* e incubar durante a noite a 37 °C.

2) Inocular em 50 mL de meio de cultura com 1 mL do pré-inóculo obtido durante a noite. Deixar crescer a 37 °C com agitação (180 rpm) até a densidade óptica (OD) de 0,5 a 0,6 a 600 nm.
3) Transferir 45 ml da cultura para um tubo de centrifugação tipo falcon estéril e centrifugar por 10 minutos a 5.000 g e 4 °C e, em seguida, cuidadosamente descartar todo o sobrenadante.
4) Ressuspender cuidadosamente as células em 10 mL de solução de TCa gelada (banho gelo-água) e manter em gelo durante 30 minutos.
5) Coletar as células por centrifugação por 10 minutos a 2.000 g e 4 °C e cuidadosamente descartar o sobrenadante.
6) Ressuspender cuidadosamente as células em 1 mL de solução de TCa gelada.
7) As células estão prontas para a transformação por choque térmico (ou para congelamento e armazenamento). Observação: A eficiência da transformação aumenta a partir do preparo das células, se adequadamente estocadas entre 0 °C e 4 °C, até cerca de 15 horas, quando começa a diminuir devido à morte das células. Se desejar transformar com baixa eficiência, é possível até 48 horas após o preparo. Para o armazenamento a -80 °C, adicionar glicerol estéril para uma concentração final de 12,5% V/V e congelar em lotes de 100 µL em microtubos de 1,5 mL.

1.7.7 Transformação genética

Soluções e meios de cultura

TCa:
- $CaCl_2$ 100mM
- Tris-HCl 10mM pH= 7,5 (esterilizar por autoclavagem

Meio LB:
- peptona 10g/L
- extrato de levedura 5 g/L
- NaCl 4 g/L pH = 7,0
- Esterilizado por autoclavagem

Meio LB sólido:
- Meio LB ao qual se adicionou 15 g/L de ágar bacteriológico
- Esterilizado por autoclavagem

Ampicilina:
- 100 mg/mL (solução 1000X) em água milli-Q estéril

IPTG (isopropil-β-D-tiogalactopiranosídeo):
- 100 mM em água milli-Q estéril

X-gal (5-bromo-4-cloro-3-indolil-β-galactopiranosídeo):
- 20 mg/mL dissolvidos em dimetilformamida

Procedimento

1) Adicionar de 1 µL a 10 µL da reação de ligação contendo de 50 ng a 200 ng de DNA em um microtubo contendo 100 µL da suspensão de células competentes.
2) Deixar no gelo por 30 minutos.
3) Dar um choque térmico transferindo o tubo do gelo para um banho-maria a 42 °C por 45 segundos (ou alternativamente a 37 °C por 5 minutos).
4) Deixar no gelo por 3 minutos e adicionar 900 mL de meio LB.
5) Incubar à 37 °C por 1 hora sob agitação.
6) Plaquear diversos volumes (por exemplo, 20 uL, 50 uL, 100 uL e 200 uL) com alça de vidro em meio LB sólido contendo ampicilina 100 µg/mL, IPTG 0,1 mM e Xgal 40 µg/mL e incubar as placas invertidas em estufa a 37 °C por 14 a 16 horas.

Análise dos resultados

Como o pUC18 é um vetor de clonagem de seleção direta, se o inserto for inserido em sítio localizado no "*polilinker*", como é o caso do sítio da *Eco*RI, as colônias que ficarem com a coloração natural de *E. coli* (bege) são as recombinantes e as de coloração azul em princípio receberam o plasmídeo cujas extremidades se religaram sem o inserto, e portanto produzem β-galactosidase que converte Xgal (substrato cromogênico) em azul índigo. Pode-se contar as colônias e estimar a eficiência de transformação, o número de clones recombinantes, bem como a porcentagem dos clones recombinantes da biblioteca.

REFERÊNCIAS

1. Watson JD, Crick FHC. A Structure for Deoxyribose Nucleic Acid. Nature. 1953;171:737-8.
2. Jackson DA, Symons RH, Berg P. Biochemical method for inserting new genetic information into DNA of simian virus 40. Proc Natl Acad Sci USA. 1972;69:2904-9.
3. Cohen SN, Chang ACY, Boyer HW, Helling RB. Construction of biologically functional bacterial plasmids in vitro. Proc Natl Acad Sci USA. 1973;70:3240-4.
4. Huang CJ, Lin H, Yang X. Industrial production of recombinant therapeutics in Escherichia coli and its recent advancements. J Ind Microbiol Biotechnol. 2012;39:383-99.
5. Khorana HG. Total synthesis of a gene. Science. 1979;4381:614-25.
6. Saiki RK, GelfandDH, Stoffel S, Scharf SJ, Higuchi R, Horn GT, Mullis KB, ErlichH. A. Primer-Directed Enzymatic Amplification of DNA with a Thermostable DNA polymerase. Science. 1988;239:487-91.
7. Liu LF, Liu CC, Alberts BM. Type II DNA topoisomerases: enzymes that can unknot a topologically knotted DNA molecule via a reversible double-strand break. Cell. 1980;19:697-707.
8. Shuman S. Recombination Mediated by Vaccinia Virus DNA Topoisomerase I in Escherichia coli is Sequence Specific. Proc Natl Acad Sci USA. 1991;88:10104-8.
9. Bollum FJ. Oligodeoxyribonucleotide Primers for Calf Thymus Polymerase. The Journal of Biological Chemistry. 1960;235:18-20.
10. Motea EA, Berdis, AJ. Terminal deoxynucleotidyl transferase: the story of a misguided DNA polymerase. Biochimica et Biophysica Acta. 2010;1804:1151-66.
11. Krayevskya AA, Victorova LS, Arzumanova AA, Jaskoa MV. Terminal deoxynucleotidyl transferase: catalysis of DNA (oligodeoxynucleotide) phosphorylation. Phamacology & Therapeutics. 2000;85:165-73.
12. Nagy A. Cre recombinase: the universal reagent for genome tailoring. Genes J. Genet Dev. 2000;26:99-109.
13. Bolivar F, Rodriguez RL, Greene PJ, Betlach MC, Heyneker HL, Boyer HW, Crosa JH, Falkow, S. Construction and characterization of new cloning vehicles II. A multipurpose cloning system. Gene.1977;2:95-113.
14. Vieira J, Messing J. The pUC plasmids, an M13mp7-derived system for insertion mutagenesis and sequencing with synthetic universal primers. Gene. 1982;19:259-68.
15. Holton TA, Graham MWA. Simple and efficient method for direct cloning of PCR products using ddT-tailed vectors. Nucleic Acids Research. 1991;19:1156.
16. Bernard P, Gabant P, Bahassi EM, Couturier M. Positive Selection Vectors Using the F Plasmid ccdB Killer Gene. Gene. 1994;148:71-4.
17. Chauthaiwale VM, TherwathA, Deshpande VV. Bacteriophage Lambda as a Cloning Vector. Microbiological Reviews. 1992;56:577-91.

18. Messing J. M13 cloning vehicles. Their contribution to DNA sequencing. Methods Mol Biol 1993;23:9-22.
19. Collins J, Hohn B. Cosmids: A type of plasmid gene-cloning vector that is packageable in vitro in bacteriophage ʎ heads. Proc Natl Acad Sci USA.1978;9: 4242-46.
20. De Boer HA, Comstock LJ, Vasser M. The tac promoter: a functional hybrid derived from trp and lac promoters. Proc Natl Acad Sci USA. 1983;80:21-5.
21. Studier FW, Moffatt BA. Use of bacteriophage T7 RNA polymerase to direct selective high-level expression of cloned genes. J. Mol Biol 1986;189:113-30.
22. Terpe K. Overview of bacterial expression systems for heterologous protein production: from molecular and biochemical fundamentals to commercial systems. Applied Microbiology Biotechnology. 2006;72:211-22.
23. Baneyx F, Mujacic M. Recombinant protein folding and misfolding in Escherichia coli. Nature Biotechnology. 2004;22:1399-1408.
24. Pan SH, Malcolm BA. Reduced background expression and improved plasmid stability with pET vectors in BL21 (DE3). Biotechniques. 2000;29:1234-38.
25. Westers L, Wester H, Quax WJ. Bacillus subtilis as a cell factory for pharmaceutical proteins: a biotechnological approach to optimize the host organism. Biochimica et Biophysica Acta. 2004;1694:299-310.
26. De Pourq K, De Schutter K, Callewaert N. Engineering of glycosylation in yeast and other fungi: current state and perspectives. Applied Microbiology Biotechnology. 2010;87:1617-31.
27. Goffeau A, Barrell BG, Bussey H, Davis RW, Dujon B, Feldmann H, et al. Life 600 genes. Science. 1996;5287:546-67.
28. Scheberg ACG. Elementos de engenharia genética. In: Borzani W, Schmidell W, Lima UA, Aquarone E, editores. Biotecnologia Industrial. São Paulo: Blucher; 2001.
29. Cregg JM, Vedvick TS, Raschke WC. Recent Advances in the Expression of Foreign Genes in Pichia pastoris. Nature Biotechnology. 1993;11:905-10.
30. Cereghino GP L, Cregg, JM. Heterologous protein expression in the methylotrophic yeast Pichia pastoris. FEMS Microbiology Reviews. 2000;24:45-66.
31. Torres FAG, Moraes LMP. Proteínas recombinantes produzidas em leveduras. Biotecnologia Ciência & Desenvolvimento. 2001;23:20-2.
32. Nevalainen HKM, Téo VSJ, Bergquist PL. Heterologous proteins expression in filamentous fungi. Trends in Biotechnology. 2005;23:468-74.
33. Astolfi-Filho, S, Lima BD, Thiemann JE, Souza HRT, Vilela L, inventores. Universidade de Brasília, Biomm S.A. Vector for expression of heterologous protein and methods for extracting recombinant protein and for purifying isolated recombinant insulin. United States patent US 6.068.993, 1997.
34. Lima BD. A produção de insulina humana por engenharia genética. Biotecnologia Ciência & Desenvolvimento. 2001;23:28-31.

35. Walsh G. Biopharmaceutical benchmarks. Nature Biotechnology. 2010;28:917-24.
36. Aviv H, Leder P. Purification of biologically active globin messenger RNA by chromatography on oligothymidylic acid-cellulose. Proc Natl Acad Sci USA. 1972;69(6):1408-12.
37. Oswald T, Avery MD, Colin M, Macleod MD, Maclyn McCarty MD. Studies on the chemical nature of the substance inducing transformation of pneumococcal types: Induction of transformation by a desoxyribonucleic acid fraction isolated from Pneumococcus type III. Journal of Experimental Medicine. 1944;79(2):137-58.
38. Birnboim HC, Doly J. A rapid alkaline extraction procedure for screening recombinant plasmid DNA. Nucleic Acids Res. 1979;7(6):1513-23.
39. Birnboim HC. A rapid alkaline extraction method for the isolation of plasmid DNA. Methods in Enzymology. 1983;100:243-55.

CAPÍTULO 2

VETORES PLASMIDIAIS E VETORES DE FAGO: ESTRUTURA BÁSICA E FUNÇÕES

Fabiana K. Seixas
Priscila M. de Leon
Helena S. Thurow
Karine R. Begnini
Vinicius F. Campos
Tiago Collares

2.1 INTRODUÇÃO

Como definição, um vetor é uma molécula de ácido desoxirribonucleico (DNA) capaz de se replicar em um organismo hospedeiro, sendo um vetor de clonagem uma molécula de DNA que transporta o DNA exógeno até a célula hospedeira que, por sua vez, se replica. Estes vetores são usados para a criação de bibliotecas genômicas, estudos de genoma e experimentos de engenharia genética. Um gene de interesse pode ser isolado e amplificado através da clonagem do gene, ou seja, através da inserção deste em uma molécula de DNA utilizada como vetor, formando uma molécula de DNA recombinante que será replicada em células vivas, produzindo os clones. Dessa forma, o DNA de interesse pode ser purificado e analisado.

Uma molécula de DNA necessita apresentar algumas características para ser capaz de atuar como um vetor para a clonagem de genes, sendo comumente modificada geneticamente para conter essas características. Sendo assim, um excelente plasmídeo bacteriano deve apresentar as seguintes características (Figura 2.1):

1) origem de replicação: sequência de DNA que garante a replicação do vetor dentro da célula;
2) ser pequeno e com sequência nucleotídica conhecida;
3) ter um ou mais sítios únicos de restrição nos quais um fragmento de DNA possa ser inserido;
4) estar presente em elevado número de cópias;
5) possuir marcadores selecionáveis, que permitem que todas as células que contenham o vetor sejam selecionadas ou identificadas.

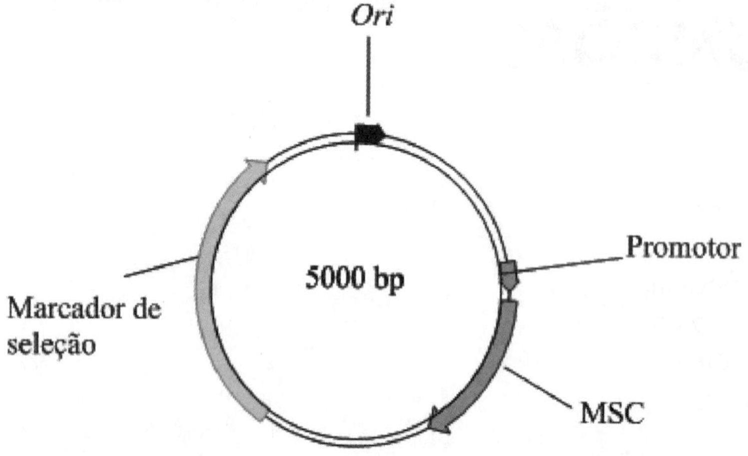

Figura 2.1 Características de um vetor de clonagem. Ori: origem de replicação; MSC: sítio múltiplo de clonagem.

Dois tipos da molécula de DNA que satisfazem esses critérios serão apresentados neste capítulo: os plasmídeos e os bacteriófagos. Os plasmídeos circulares bacterianos foram os primeiros vetores utilizados para clonagem gênica, a partir da década de 1970.

Em procariotos, os plasmídeos representam as mais comuns e, muitas vezes, as únicas formas não virais de DNA extracromossomal. Estes elementos genéticos móveis de replicação autônoma são relativamente fáceis de

identificar e isolar e se tornaram ferramentas fundamentais para a biologia molecular e a engenharia genética, apresentando eficiência na expressão de transgenes tanto *in vitro* quanto *in vivo*[1].

Inicialmente extraídos de *Escherichia coli* (*E. coli*), os vetores plasmidiais se mostraram convenientes para a clonagem de pequenos fragmentos de DNA de até 20 kb, sendo atualmente utilizados para mapeamentos de restrição, estudos de clonagem, regulação e terapias gênicas, bem como para o desenvolvimento de vacinas de DNA[2-4].

Comumente, os plasmídeos estão presentes em duas ou mais cópias por célula hospedeira, podendo chegar a mais de cinquenta para um único plasmídeo. O número de cópias presentes é característico de cada plasmídeo, porém vetores de clonagem eficientes devem estar presentes na célula hospedeira em múltiplas cópias para que grandes quantidades da molécula de DNA recombinante possam ser obtidas[5].

A produção de proteínas recombinantes é uma das principais aplicações da engenharia genética em biotecnologia, e os plasmídeos têm-se revelado extremamente úteis como vetores de clonagem para este fim.

Os bacteriófagos, ou simplesmente fagos, são vírus que infectam bactérias (Figura 2.2). Os fagos são encontrados em todos os *habitats* do mundo onde vivem bactérias. Podem ser específicos, de modo que cada fago irá infectar somente uma espécie de bactéria ou uma única cepa, ou ainda possuir uma ampla gama de hospedeiros. Os fagos consistem de um genoma de DNA ou ácido ribonucleico (RNA) encapsulado dentro de uma camada de proteína[6-9]. Uma das mais amplas possibilidades de utilização do fago é como vetor de clonagem de genes.

Os objetivos gerais na construção de vetores de fagos incluem a presença de sítios de clonagem somente em fragmentos dispensáveis, a capacidade de acomodar vários tamanhos de fragmentos de DNA, a habilidade de controlar a transcrição do fragmento clonado a partir de promotores no vetor e a fácil recuperação do DNA clonado[2].

Outra possibilidade refere-se à tecnologia de *phage display*, que permite a expressão de peptídeos ou polipeptídeos exógenos na superfície de partículas de fagos. O *phage display* tem se mostrado uma tecnologia poderosa na descoberta de novas drogas e na identificação e engenharia de polipeptídeos com funções biológicas ativas. Os ligantes específicos isolados a partir de bibliotecas de fagos podem ser utilizados na validação e concepção de medicamentos, na avaliação de potenciais alvos terapêuticos e no desenvolvimento de vacinas[10-12].

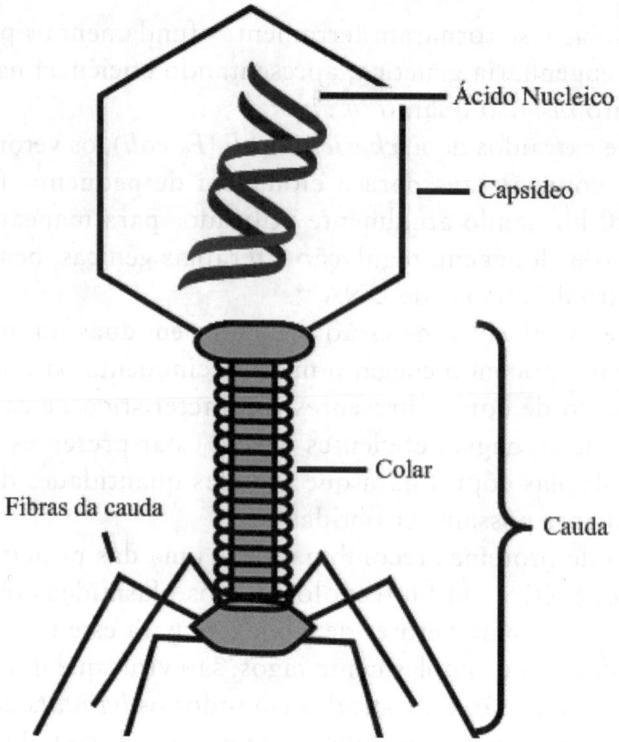

Figura 2.2 Estrutura dos fagos.

Neste capítulo, serão abordadas as características gerais e funções dos vetores plasmidias e de fagos e suas principais aplicações biotecnológicas.

2.2 HISTÓRICO

A tecnologia do DNA recombinante teve inicio na década de 1970 com experimentos acerca do bacteriófago lambda (λ), posteriormente se tornando revolucionária nos estudos genômicos, embora o princípio básico de recombinação tenha sido descoberto muitos anos antes.

Em 1928, Frederick Griffith, um médico inglês, estudando as bactérias responsáveis por uma epidemia de pneumonia em Londres, demonstrou o que ele chamou de "transformação genética", um fenômeno no qual as células vivas adquiriam material genético liberado por outras células, tornando-se fenotipicamente transformadas pela nova informação genética. Anos mais

tarde, Oswald Avery repetiu o trabalho de Griffith[13], isolando a molécula da transformação, que acabou por ser reconhecida como o DNA.

Na década de 1960, decorriam estudos em relação à capacidade de incorporação de genes de bacteriófagos no genoma de bactérias. Havia um enorme progresso na compreensão da estrutura dos genes, dos mecanismos de replicação, expressão e regulação em procariontes. Em 1962, Allan Campbell observou que o genoma linear do bacteriófago λ torna-se circular ao entrar na célula bacteriana hospedeira e que ocorre uma recombinação com o cromossoma do hospedeiro. Regiões curtas de cadeia simples de DNA, cuja sequência de bases são complementares em cada extremidade do genoma, também foram relatadas em experimentos posteriores[14]. As chamadas regiões de terminações coesivas do genoma do fago lambda (COS, de coesivas) permitem que o genoma se torne circular na bactéria hospedeira, o que é uma importante ferramenta da engenharia genética.

O biólogo americano Martin Gellert e seus colegas do National Institute of Health purificaram e caracterizaram uma enzima em *E. coli* responsável pela recombinação, ou união, dos fragmentos de DNA exógeno. Tal enzima foi denominada *DNA-joining enzyme*, conhecida atualmente como DNA ligase. Foi observado que esta propriedade de circularização do DNA poderia ser repetida *in vitro*[15-16], oferecendo a possibilidade de criar extremidades coesivas como estratégia para unir DNAs diferentes.

Logo após, foi definida a base molecular de restrição e modificação[17]. Depois de demonstrar que o DNA do bacteriófago λ foi degradado numa bactéria hospedeira de restrição, Arber e colaboradores formularam a hipótese de que o agente de restrição era uma nuclease, com a capacidade para distinguir se era o DNA endógeno ou exógeno (Figura 2.3).

O princípio da modificação foi descrito como a adição de grupos metil ao DNA bacteriano em um número limitado de sítios. Em 1969, Arber e Linn demonstraram que a modificação consistiu na adição de grupos metil para a proteção desses sítios de DNA sensível ao ataque de endonucleases de restrição, impedindo a ação destas enzimas[17]. Uma vez estabelecido, o padrão de metilação é mantido durante a replicação. Em contraste, o DNA exógeno, com padrão distinto de metilação ou não metilado, é degradado por enzimas de restrição.

Em 1968, uma nuclease de *E. coli* K-12 foi caracterizada bioquimicamente por Matt Meselson e Bob Yuan[18]. A enzima purificada modificava o DNA do fago λ clivando-o em cinco pedaços, enquanto não atuou no fago λ que colonizou a cepa K-12. As endonucleases de restrição têm a função de

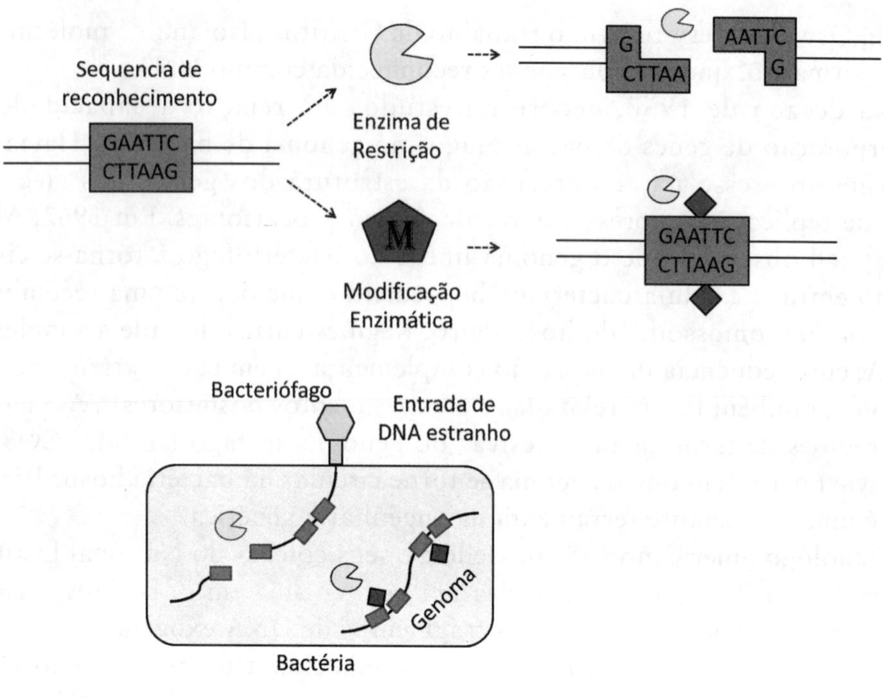

Figura 2.3 Nuclease como agente de restrição.

restringir ou impedir a infecção viral por degradação dos ácidos nucleicos do invasor.

Hamilton Smith e colaboradores (1970) demonstraram que endonucleases de restrição clivam uma sequência específica de DNA[19]. Em 1970, Daniel Nathans utilizou endonucleases de restrição para mapear o genoma do vírus símio 40 (SV40) e para localizar a origem de replicação[20]. Com isso, o potencial das enzimas de restrição foi ressaltado, permitindo que Herbert Boyer, Stanley Cohen, Paul Berg e colaboradores dessem início à tecnologia de DNA recombinante na década de 1970[21]. Muitas observações experimentais importantes para a tecnologia de DNA recombinante ocorreram entre 1972 e 1975, através dos esforços de vários grupos de pesquisa que trabalharam principalmente com bacteriófago λ.

Por sua vez, o vetor foi descoberto por Stanley Cohen, um bioquímico da universidade de Stanford, como um transportador de DNA. Os cientistas já tinham determinado que algumas bactérias possuíam fatores de resistência a antibióticos (fator-R)[22], porém pouco se sabia sobre estes fatores. Cohen hipotetizou que se houvesse um sistema experimental para transformar

células bacterianas hospedeiras com essas moléculas de DNA para a resistência, poderia ser compreendida a biologia do fator-R. Então foi demonstrado que *E. coli* tratadas com cloreto de cálcio podem ser geneticamente transformadas em células resistentes a antibióticos através da adição de DNA plasmidial purificado[23].

Uma das primeiras moléculas de DNA recombinante a ser manipulada foi um híbrido do bacteriófago λ e o vírus de mamífero SV40. Em 1972, Paul Berg produziu o primeiro DNA recombinante, utilizando *Eco*RI. Já Boyer, Cohen e Chang, em 1973[21], transformaram *E. coli* com o plasmídeo recombinante. Stanley Cohen e seus colegas construíram um DNA plasmidial a partir de dois plasmídeos distintos, que, quando introduzidos em *E. coli*, possuíam as sequências de bases de nucleotídeos e as funções de ambos os plasmídeos de origem. A equipe de Cohen utilizou enzimas endonucleases de restrição para clivar as moléculas de DNA dupla fita dos dois plasmídeos de origem e DNA ligase para recombinar os fragmentos de DNA. Finalmente, o DNA do plasmídeo recombinado foi introduzido em *E. coli*. É importante explicar que "as sequências nucleotídicas clivadas são únicas e autocomplementares, de modo que os fragmentos de DNA produzidos por uma destas enzimas podem se associar com outros fragmentos produzidos pela mesma enzima".

Em 1974, o primeiro gene eucariótico foi clonado[24], amplificando genes de ácido ribonucleico ribossômico (rRNA) ou ácido desoxirribonucleico ribossomal (rDNA) da rã sul-africana *Xenopus laevis*, os quais foram digeridos com uma endonuclease de restrição e ligados a um plasmídeo bacteriano. Para entusiasmo da comunidade científica, os genes de rã clonados eram ativamente transcritos em rRNA da *E. coli*. Isso mostrou que os plasmídeos recombinantes contendo tanto DNA eucariótico quanto procariótico replicam-se estavelmente em *E. coli*. Assim, a engenharia genética pode produzir novas combinações de genes, um feito que levou a uma preocupação sobre a segurança do trabalho com DNA recombinante, conforme relatado por Berg em 1975[25].

Esses achados da década de 1970 foram um marco histórico e abriram caminho para o desenvolvimento da biologia molecular, engenharia genética e biotecnologia. Isso acarretou reflexos na biotecnologia médica (na engenharia de fármacos e vacinas, na engenharia de células e tecidos), na biotecnologia vegetal (na geração de plantas transgênicas) e biotecnologia animal (na geração de animais transgênicos).

2.3 VETORES PLASMIDIAIS

Os plasmídeos circulares bacterianos foram os primeiros vetores utilizados para clonagem gênica, a partir da década de 1970. Em procariotos, os plasmídeos representam as mais comuns, e muitas vezes as únicas, formas não virais de DNA extracromossomial. Estes elementos genéticos móveis de replicação autônoma são relativamente fáceis de identificar e isolar e se tornaram ferramentas fundamentais para a biologia molecular e a engenharia genética, apresentando eficiência na expressão de transgenes tanto *in vitro* quanto *in vivo*[1]. Inicialmente extraídos de *E. coli*, os vetores plasmidiais se mostraram convenientes para a clonagem de pequenos fragmentos de DNA de até 20 kb, sendo atualmente utilizados para mapeamentos de restrição, estudos de clonagem, regulação e terapias gênicas, bem como para o desenvolvimento de vacinas de DNA[2-4].

Plasmídeos são moléculas de DNA circular dupla-fita, com tamanho variável entre 5 kb e 300 kb, que ocorrem de forma extracromossomal em bactérias, leveduras e algumas células eucarióticas superiores. Os plasmídeos são capazes de replicação autônoma, possuindo dessa forma uma existência independente do organismo hospedeiro[26-28]. Estes elementos genéticos extracromossomais apresentam em sua sequência gênica uma região constante, que contém genes necessários para o início e o controle da replicação, bem como uma região variável, contendo genes acessórios responsáveis por funções adaptativas como resistência ou virulência antimicrobianas[29-31]. Todos os plasmídeos possuem pelo menos uma sequência específica de DNA chamada origem de replicação (*Ori*), necessária para iniciar a replicação do plasmídeo de forma independente do cromossomo bacteriano. A *Ori* é o local onde as enzimas de replicação do DNA se ligam para iniciar a replicação do plasmídeo circular. Plasmídeos menores utilizam as enzimas de replicação da célula hospedeira para a produção de suas cópias, enquanto que plasmídeos maiores são portadores de genes que codificam enzimas de replicação plasmidial. Uma vez que a replicação do plasmídeo é iniciada em *Ori*, todo o plasmídeo circular é copiado, independentemente da sua sequência de nucleotídeos[26, 27, 32].

Comumente, os plasmídeo estão presentes em duas ou mais cópias por célula hospedeira, podendo chegar a mais de cinquenta para um único plasmídeo. O número de cópias presentes é característico de cada plasmídeo, porém, vetores de clonagem eficientes devem estar presentes na célula hospedeira em múltiplas cópias para que grandes quantidades da molécula de DNA recombinante possam ser obtidas[5].

2.3.1 Propriedades essenciais de um plasmídeo

A produção de proteínas recombinantes é uma das principais aplicações da engenharia genética em biotecnologia, e os plasmídeos têm-se revelado extremamente úteis como vetores de clonagem para esse fim. Plasmídeos bacterianos devem apresentar algumas propriedades específicas para serem bons vetores de clonagem, sendo comumente modificados geneticamente para tal (Figura 2.1). Sendo assim, um excelente plasmídeo bacteriano deve conter as seguintes características[26-27]:

1) possuir uma *origem de replicação* (*Ori*), ou seja, uma sequência de DNA que permita que o vetor seja replicado na célula hospedeira de forma independente do cromossomo bacteriano;
2) ser pequeno e possuir uma sequência de nucleotídeos conhecida. Como o vetor serve apenas para transportar e amplificar o número de cópias do DNA exógeno, plasmídeos pequenos têm a vantagem de replicar rapidamente e requerer menos gasto energético para sua replicação. Além disso, plasmídeos pequenos são mais fáceis de purificar do que grandes moléculas;
3) possuir *múltiplos sítios de clonagem* (MSC), ou seja, apresentar dois ou mais sítios únicos de clivagem para endonucleases de restrição, em um local onde o inserto possa ser incorporado ao vetor de clonagem. É importante que o sítio de clivagem seja único, para que a molécula do vetor não seja fragmentada em vários pedaços após a clivagem com endonucleases de restrição. Ademais, a presença de múltiplos locais únicos permite flexibilidade e facilidade na utilização de enzimas durante a clonagem;
4) apresentar elevado número de cópias na célula hospedeira, facilitando a purificação do plasmídeo e aumentando o seu rendimento;
5) possuir pelo menos um *marcador de seleção*, ou seja, apresentar em sua sequência um gene que codifique para um produto capaz de fazer a distinção entre células transformadas e células não transformadas. Embora existam outros mecanismos, a resistência a antibióticos é o marcador de seleção encontrado com mais frequência em vetores de clonagem, e os genes de resistência à ampicilina, canamicina e tetraciclina são os mais utilizados em plasmídeos.

2.3.2 Classificação dos plasmídeos

Plasmídeos podem ser classificados levando-se em consideração diferentes critérios: número de cópias na célula hospedeira, grupos de incompatibilidade, capacidade de transferências entre as células hospedeiras e fenótipo conferido pelos genes acessórios[33].

2.3.2.1 Número de cópias na célula hospedeira

O número de cópias de um plasmídeo em sua célula hospedeira, bem como a estabilidade em diferentes hospedeiros e condições de crescimento, é determinado pelo seu controle de replicação[34]. O sistema de controle de replicação de um plasmídeo define o número médio de replicações dentro de uma célula durante cada ciclo celular, e o número de plasmídeos que serão passados às células filhas após a divisão. A determinação do número de cópias é um fator importante na biologia populacional dos plasmídeos, porque ela impede que ocorra saturação da célula hospedeira com um número excessivo de cópias, no caso de uma replicação acelerada, e também impede que o plasmídeo seja perdido ao longo de uma linhagem celular devido a um processo replicativo muito lento[34].

Os mecanismos de controle de replicação e segregação diferem em plasmídeos multicópias e em plasmídeos de baixo número de cópias. Os plasmídeos multicópias são capazes de replicar muitas vezes durante o ciclo celular, podendo gerar até centenas de cópias por célula. O mecanismo de controle da replicação desses plasmídeos atua apenas na inibição da replicação plasmidial quando o número de cópias por célula atingir determinado nível, sendo assim classificado como *relaxado*[35]. Além disso, plasmídeos com elevados números de cópias tendem a não possuir um sistema organizado de segregação plasmidial durante a divisão celular, acarretando uma segregação ao acaso. Embora ocorra um aumento na probabilidade de transmissão plasmidial para as células-filhas devido ao elevado número de cópias, o fato de a segregação ocorrer ao acaso possibilita a eventual eliminação de plasmídeo relaxados de uma linhagem celular[34-35].

Por outro lado, os plasmídeos que apresentam baixo número de cópias necessitam de um mecanismo regulador da replicação mais restritivo e que permita apenas um ou poucos eventos replicativos a cada ciclo celular, sendo então classificados como *estringentes*[35]. Atualmente, são reconhecido três principais grupos de mecanismos reguladores estringentes: teta-replicadores,

replicadores círculos-rolantes (RC) e replicadores *"strand-displacement"*[36]. Devido ao baixo número de cópias por célula, os plasmídeos estringentes apresentam uma regulação da segregação durante a divisão celular, denominada de sistema de partição. O sistema de partição baseia-se na presença de sequências nucleotídicas específicas nos plasmídeos (sítios *par*) que interagem com a membrana celular da bactéria durante o processo de divisão. À medida que a célula hospedeira expande, as cópias dos plasmídeos são afastadas umas das outras, permitindo a distribuição igualitária entre as células-filhas (Figura 2.4)[35].

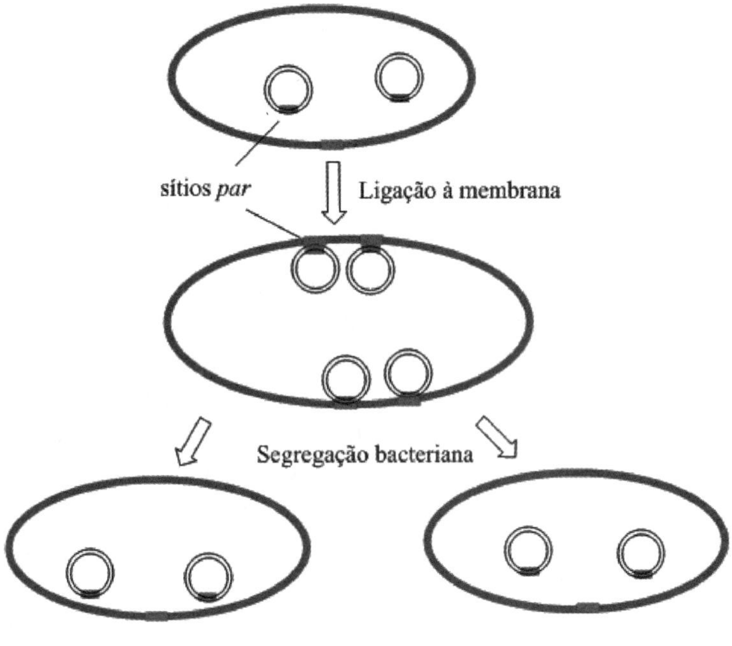

Figura 2.4 Distribuição igualitária de plasmídeos entre as células-filhas por sítios par.

2.3.2.2 Grupos de incompatibilidade (Inc)

A classificação plasmidial formal e mais utilizada foi desenvolvida no início da década de 1970, levando em consideração plasmídeos pertencentes a um mesmo grupo de incompatibilidade (*Inc*)[22, 37]. A incompatibilidade consiste na incapacidade de dois plasmídeos serem propagados estavelmente em uma mesma linhagem bacteriana, ou seja, a *Inc* é uma manifestação de parentesco entre plasmídeos que partilham elementos genéticos envolvidos no controle de sua replicação (replicons)[38]. Dessa forma, plasmídeos com o

mesmo controle da replicação são incompatíveis e não podem ser propagados na mesma linhagem celular, enquanto plasmídeos com diferentes replicons são compatíveis para a mesma linhagem bacteriana[38-39].

A identificação de grupamentos *Inc* pode ser realizada através de três metodologias principais: conjugação ou transformação bacteriana, hibridização com sondas de DNA e ensaio baseado na técnica de PCR. O procedimento de conjugação para detecção de grupamentos *Inc* se baseia na introdução, por conjugação ou transformação, de um plasmídeo de um grupo *Inc* desconhecido em uma cepa bacteriana que carrega um plasmídeo de um grupo *Inc* conhecido. Se o plasmídeo residente for eliminado após a replicação bacteriana, o plasmídeo de entrada é atribuído ao mesmo grupo *Inc* do plasmídeo residente[22]. Embora essa técnica de detecção seja eficiente, essa metodologia é morosa, pois cada grupamento *Inc* deve ser testado individualmente, e não pode ser facilmente aplicada a todas as cepas bacterianas, principalmente devido à dificuldade de cultivo *in vitro* de algumas cepas.

A segunda metodologia para identificação de grupamentos *Inc* foi desenvolvida especificamente para bactérias Enterobacteriaceae, e consiste na utilização de dezenove sondas de hibridização de DNA que reconhecem diferentes tipos básicos de replicons associados aos grupos *Inc* já conhecidos[38]. Por sua vez, a detecção de grupamentos *Inc* baseada em PCR utiliza *primers* específicos para a amplificação da sequência de aminoácidos dos replicons presentes nos plasmídeos[40]. Essas duas metodologias só foram implementadas após o advento de técnicas de sequenciamento genético e deposição em bases de dados das sequências de alguns grupos de incompatibilidade, como o *Inc*P, *Inc*N, *Inc*W e *Inc*Q. Dessa forma, possuem a desvantagem de só serem utilizadas para identificação de grupamentos *Inc* já descritos anteriormente[37]. Atualmente, 26 grupos *Inc* são reconhecidos entre cepas de bactérias entéricas, 14 grupos *Inc* entre cepas de *Pseudomonas* e aproximadamente 18 grupos *Inc* são reconhecidos entre as cepas gram-positivas de *Staphylococcus*[41].

2.3.2.3 Capacidade de transferência entre células hospedeiras

A capacidade de transferência entre as células hospedeiras também permite a classificação dos plasmídeos em conjugativos, mobilizáveis e não conjugativos. Plasmídeos conjugativos possuem a capacidade intrínseca de se transferir de uma célula para outra, num processo chamado de conjugação sexual. Essa capacidade de conjugação é denominada de "fator F" e pode resultar na

propagação de um plasmídeo conjugativo de uma célula (chamada de célula doadora, célula F⁺ ou célula macho) para uma ou todas as outras células de uma cultura bacteriana (células receptoras ou células F⁻)[32]. A conjugação e a transferência do plasmídeo são controladas por um conjunto de genes de transferência, chamados genes *tra*, que codificam proteínas especializadas no estabelecimento de uma conexão estável entre as células doadora e receptora, garantindo o transporte do DNA através de um poro de transferência especializado, o pili. O pili é um tubo proteico secretado a partir da origem de transferência de plasmídeos conjugativos (*OriT*), e que conecta o citoplasma de duas bactérias visando à conjugação plasmidial. A transferência do DNA de uma célula para a outra também se inicia em *OriT*, e prossegue por um mecanismo de replicação do tipo círculo-rolante. As principais etapas do processo de conjugação são: (i) a formação de pares de acasalamento; (ii) a sinalização entre as bactérias de que a transferência vai ocorrer, e (iii) a transferência de DNA e a separação das bactérias (Figura 2.5)[41].

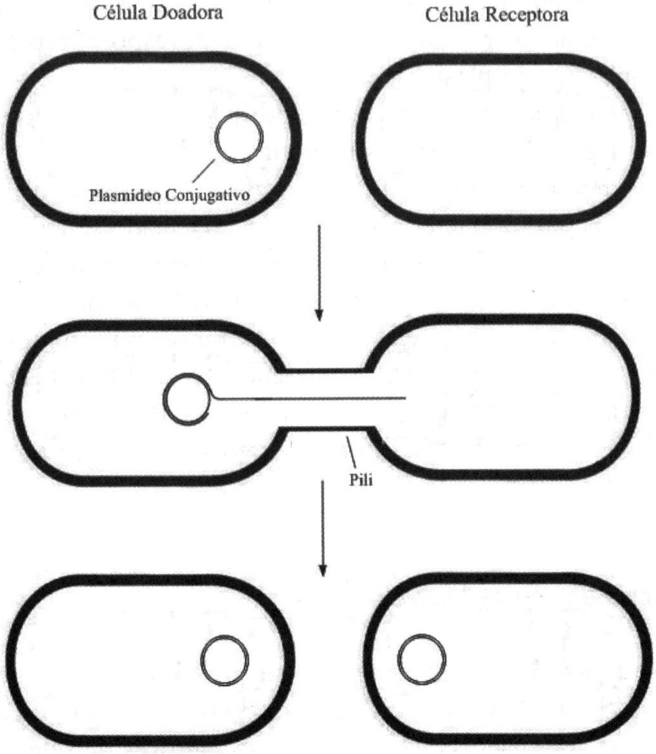

Figura 2.5 Transferência de DNA plasmidial entre células F⁺ e F⁻.

Plasmídeos mobilizáveis contêm apenas um conjunto mínimo de genes *tra* que permitem a mobilização por conjugação somente quando estes coexistem em uma mesma célula doadora com um plasmídeo conjugativo. Plasmídeos mobilizáveis tendem a ter elevado número de cópias nas células hospedeiras, quando comparados com plasmídeos conjugativos, que tendem a ter baixo número de cópias[34]. Por sua vez, plasmídeos não conjugativos são carentes de características de conjugação e mobilização, não sendo transferidos de uma célula para outra[41].

2.3.2.4 Fenótipo conferido pelos genes acessórios

As características fenotípicas conferidas pelos genes acessórios presentes no genoma plasmidial permitem a classificação dos plasmídeos de ocorrência natural em cinco categorias[32]:

1) Plasmídeos de fertilidade ou F: são aqueles que carregam em seu genoma, além dos genes acessórios, apenas os genes *tra*, responsáveis pela transferência conjugativa do plasmídeo.
2) Plasmídeos *Col*: possuem genes que codificam para proteínas colicinas, que são capazes de matar outras bactérias.
3) Plasmídeos degradativos: codificam proteínas capazes de degradar substâncias tóxicas para a bactéria, como tolueno e ácido salicílico.
4) Plasmídeos de resistência: carregam genes capazes de conferir resistência à agentes antimicrobianos, como os antibióticos ampicilina e cloranfenicol. Plasmídeos de resistência são muito importantes na medicina e na microbiologia clínica, pois sua transferência entre diferentes cepas bacterianas pode ter consequências no tratamento de infecções.
5) Plasmídeos de virulência: carregam genes que codificam proteínas tóxicas à bactéria hospedeira.

2.3.3 Marcadores de seleção

Marcadores de seleção são genes presentes nos vetores que possibilitam a distinção entre células bacterianas que contêm o plasmídeo e células nas quais o plasmídeo está ausente. Além disso, marcadores de seleção exercem pressão de sobrevivência na bactéria hospedeira, evitando que esta perca o vetor durante a replicação[42].

2.3.3.1 Genes de resistência a ATB

Os marcadores de seleção mais utilizados em vetores plasmidiais bacterianos são os genes de resistência a antibióticos. Nesse contexto, os genes que conferem resistência aos antibióticos ampicilina, tetraciclina e canamicina são os agentes de seleção preferenciais tanto para diferenciação de transformantes quanto para a manutenção plasmidial seletiva durante a replicação. O gene *ampR*, responsável pela codificação da enzima β-lactamase, confere à célula hospedeira a capacidade de degradação de antibióticos pertencentes à classe das penicilinas, como a ampicilina[43]. Por sua vez, o gene *nptII*, que codifica para a enzima neomicina-fosfotransferase II, é capaz de inativar o antibiótico canamicina por fosforilação[43, 44]. Já o gene *tetA*, que confere resistência ao antibiótico tetraciclina, possui um mecanismo de ação diferenciado, sendo responsável pela codificação de uma enzima transmembrana capaz de bombear as moléculas de antibiótico para fora da célula bacteriana (Figura 2.6)[45].

Embora sejam amplamente utilizados em clonagem gênica, os marcadores de seleção com resistência a antibióticos são mais úteis quando as avaliações são feitas *in vitro*, situação em que é possível manter ativa a pressão seletiva do antibiótico. Quando esse sistema de seleção é utilizado *in vivo*, a pressão seletiva é perdida e pode comprometer a persistência do vetor na célula hospedeira. Além disso, quando se trata da utilização de vetores de expressão plasmidial em humanos, como em vacinas, a presença de um gene de resistência a antibiótico no plasmídeo é considerada indesejável pelas agências reguladoras, devido ao potencial de transferência dessa resistência às bactérias endógenas do organismo[46].

2.3.3.2 Cepas auxotróficas

A proposta mais utilizada para a seleção de recombinantes sem o uso de marcadores de resistência a antibióticos é a utilização de marcadores auxotróficos. Um sistema de seleção auxotrófico requer o isolamento de cepas bem definidas, que necessitem da suplementação do meio de cultivo com aminoácidos essenciais para o seu crescimento. Nessas cepas auxotróficas, um gene de aminoácido essencial é deletado cromossomicamente, porém é mantido no plasmídeo, fazendo com que a seleção das células transformantes seja feita através de exigência nutricional. Dessa forma, a seleção do recombinante e a pressão seletiva são realizadas através do vetor de expressão,

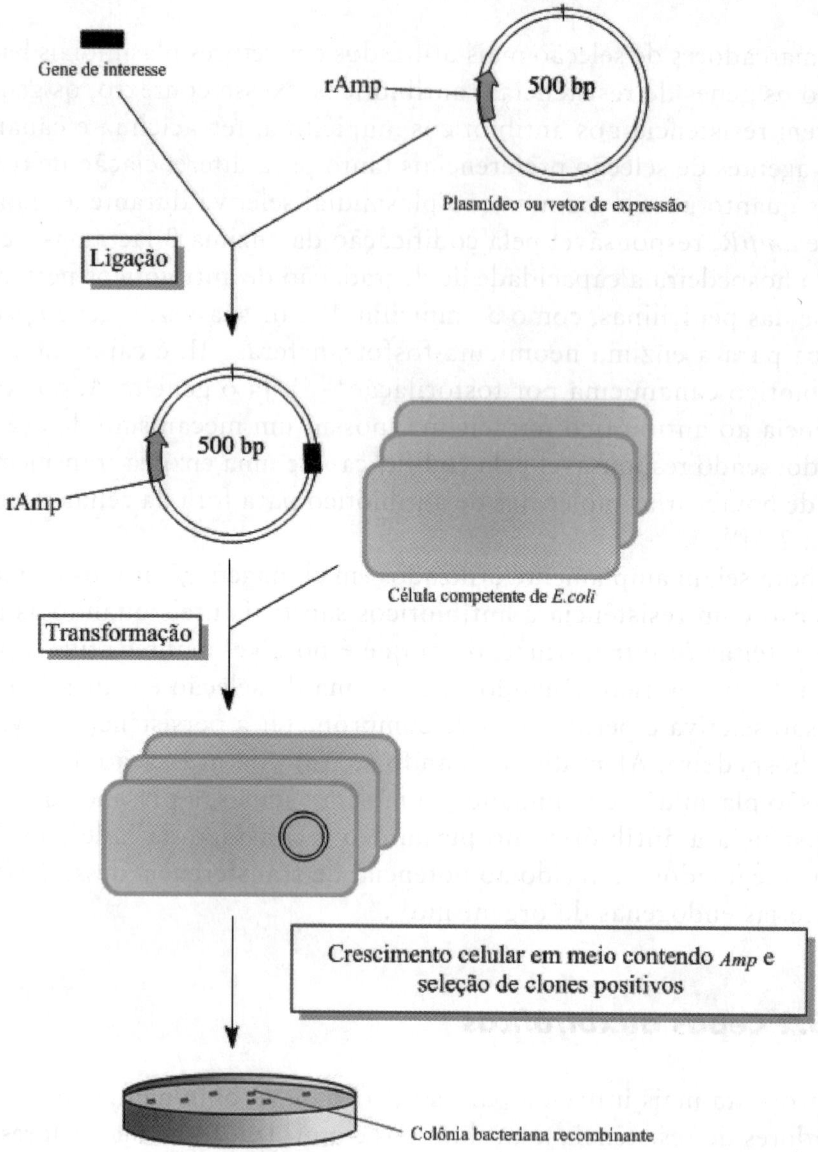

Figura 2.6 Utilização de gene de resistência a antibiótico como marcador de seleção de colônias recombinantes.

que contém um gene que complementa a mutação da cepa e restaura a capacidade dela de crescer em meio deficiente do respectivo aminoácido[42, 46, 47].

2.3.3.3 Complexo "antídoto/toxina"

Outra abordagem para marcadores de seleção é a utilização de complexo antídoto/toxina. O uso dessa metodologia requer o emprego de cepas bacterianas bem caracterizadas genomicamente. A cepa bacteriana deve conter em seu genoma a sequência para codificação de uma proteína letal, aqui denominada toxina. Por sua vez, o vetor deve ter em sua sequência um gene de proteína antídoto à toxina presente no genoma bacteriano[46]. Dessa forma, clones que perderam o DNA do vetor não sobrevivem à ação letal da toxina presente no genoma.

2.3.3.4 Baseado em RNA

Sistemas de seleção baseados em RNA utilizam os reguladores *antisense* endógenos RNAI/RNAII. Neste sistema, os genes cromossômicos bacterianos são modificados para conter uma sequência de RNAII dentro da região não traduzida do RNA mensageiro. Na presença de um plasmídeo, o repressor RNAI é produzido e se liga na sequência do RNAII, reprimindo a tradução do gene cromossômico. Este gene pode ser um antibiótico marcador de resistência, um repressor da transcrição (possibilitando a expressão controlada de um segundo gene) ou um gene letal[46, 48].

2.3.4 Principais vetores plasmidiais

2.3.4.1 pBR322

O plasmídeo pBR322[49] foi um dos primeiros vetores de multiplaclonagem construídos para uso em *E. coli* e é um dos mais utilizados mundialmente. Sua replicação é estritamente regulada, garantindo um número constante de cópias do plasmídeo em cada célula (20-50). O mecanismo de regulação da replicação é determinado por um região da sequência de DNA derivada do plasmídeo ColEl. Plasmídeos pBR322, e seus derivados pBR327, pBR328 e pBR329, contêm dois genes de resistência a antibióticos em sua sequência, o *ampR*, que confere resistência a ampicilina, e o *tetA*, que confere resistência à tetraciclina. Além disso, plasmídeos pBR322 são caracterizados como mobilizáveis, podendo ser transferidos para outras células durante a

conjugação de plasmídeos ColK[50-51]. Este plasmídeo tem sido utilizado para uma variedade de fins, incluindo clonagem, seleção e expressão de moléculas recombinantes, estudos de elementos envolvidos na expressão gênica e construção de vetores de transporte e sequenciamento[52].

2.3.4.2 pUC

Os vetores pUC (pUC18, pUC19, pUC72) são pequenos plasmídeos de alto número de cópias, amplamente utilizados para clonagem e manipulação de fragmentos de DNA em *E. coli*. Vetores pUC apresentam um gene de resistência à ampicilina em sua sequência, bem como uma origem (*Ori*) derivada do bacteriófago M13. A principal característica dos vetores pUC é a presença do marcador de seleção de colônias recombinantes chamado "*blue/white*". Nestes plasmídeos, o MSC é situado no interior da região codificadora do gene *lacZ*, que codifica a enzima β-galactosidase. Através de indução com isopropil-β-D-tiogalactopiranosídeo (IPTG), essa enzima é capaz de clivar o substrato cromogênico 5-bromo-4-cloro-3-indolil-β-D-galactopiranosídeo (X-gal), tornando a coloração da colônia azul. Quando um gene de interesse é inserido no MSC do vetor, o gene *lacZ* não é corretamente transcrito, o que permite a detecção de células recombinantes através da incapacidade da célula de clivar X-gal. Dessa forma, colônias de células recombinantes para o inserto são brancas, enquanto que células não recombinantes são azuis. É importante ressaltar que esse marcador de seleção se refere à presença do inserto de interesse no vetor, e não à presença de vetor nas células hospedeiras (a seleção de vetor nas células hospedeiras é feita através da resistência à ampicilina)[53-54].

2.3.4.3 2 μm

O 2 μm é um plasmídeo que replica em células eucarióticas e está presente na maioria das linhagens de *Saccharomyces cerevisiae*. Consiste em um plasmídeo de 6 kb de tamanho e número de cópias variável entre 70 e 200. Além da origem de replicação, plasmídeos 2 μm apresentam em sua sequência dois genes relacionados à replicação, o *REP1* e o *REP2*. Os plasmídeos 2 μm utilizam marcadores auxotróficos de seleção de recombinantes, sendo a presença de uma sequência não funcional do aminoácido leucina (*leu2⁻*) o mais utilizado[32].

O plasmídeo 2 μm foi utilizado na construção de uma outra classe de plasmídeos eucariotos, *yest episomal plasmids* (YEP, plasmídeos epissômicos para leveduras). Os YEPs podem conter toda a sequência do 2 μm ou apenas a origem de replicação deste. A principal característica dos vetores YEP é a capacidade de integração com cromossomos do genoma da levedura, podendo permanecer integrado a este ou ser excisado novamente por um evento de recombinação[32]. É importante ressaltar que, embora sejam de replicação eucariota, os procedimentos de clonagem em vetores para leveduras são realizados inicialmente em *E. coli*. Somente após a seleção dos recombinantes é que os plasmídeos são purificados, caracterizados e introduzidos em leveduras.

2.4 BACTERIÓFAGOS

Os bacteriófagos, ou simplesmente fagos, foram primeiramente descritos por E. Hankin em 1896 e, posteriormente, pelo inglês Frederick Twort em 1915 e por Félix d'Hérelle em 1917. Hankin relatou a existência de uma atividade antibacteriana contra *Vibrio cholerae*. Mais tarde, o inglês Twort teorizou que a atividade antibacteriana de seu estudo poderia dever-se à presença de um vírus (fago). Então, d'Hérelle descobriu um micro-organismo que era antagonista de bactérias e resultava na lise e morte da bactéria, denominando estes microrganismos de "bacteriófagos"[6, 55, 56].

Os bacteriófagos são vírus que infectam bactérias. Os fagos são encontrados em todos os *habitats* do mundo onde vivem bactérias. Podem ser específicos, situação na qual cada fago irá infectar somente uma espécie de bactéria ou uma única cepa, ou ainda possuir uma ampla gama de hospedeiros. Os fagos consistem de um genoma de DNA ou RNA encapsulado dentro de uma camada de proteína[6-9]. A Figura 2.2 mostra a estrutura da maioria dos fagos, os quais possuem um capsídeo ligado a uma cauda composta por fibras cujos receptores, localizados nas suas extremidades, são responsáveis pelo reconhecimento dos sítios de ligação na superfície da bactéria e pela transferência do seu DNA para esta célula[55, 57]. Os fagos podem ter genomas constituídos por DNA ou RNA de fita dupla ou simples, sendo que cerca de 90% dos fagos possuem genoma de fita dupla[58].

Os fagos podem ser classificados de acordo com seu grupo (família, gênero e morfotipo) e pelo gênero do hospedeiro. De 1959 a 2007, 5.568 fagos foram classificados por meio de microscopia eletrônica. A maioria dos fagos, 96,2%, são fagos com cauda pertencentes a três famílias: *Myoviridae*, que possuem caudas contráteis; *Siphoviridae* que possuem caudas longas e não contráteis;

e *Podoviridae*, que possuem caudas curtas. Fagos poliédricos, filamentosos e pleomórficos (PFP) compreendem 3,7% e pertencem a dezessete famílias ou "gêneros flutuantes". Em relação ao seu hospedeiro, os fagos podem ser encontrados no gênero arqueas, mas principalmente em eubactérias[59].

Os fagos infectam bactérias e podem propagar-se através de dois ciclos de vida: ciclo lítico e ciclo lisogênico (Figura 2.7). Os fagos do ciclo lítico (ou virulentos), incapazes de se apresentar no ciclo lisogênico, se multiplicam dentro da célula bacteriana. Após a infecção, os fagos expressam genes que os permitem apropriar-se do sistema de expressão de proteínas das bactérias e, posteriormente, da bactéria hospedeira. Os genes expressos tardiamente são responsáveis pela produção de cópias do genoma do fago e do capsídeo proteico, os quais farão parte de novos fagos. Ao final do ciclo os fagos lisam a célula hospedeira liberando novos fagos. Os fagos do ciclo lisogênico (ou temperados) integram seu genoma no cromossomo da célula hospedeira, replicam-no em conjunto com o genoma do hospedeiro e podem permanecer em um estado dormente, como um profago, por longos períodos de tempo. Os primeiros genes expressos integram a cópia do genoma do fago no genoma do hospedeiro, mantendo somente a expressão dos genes necessários à manutenção do estado lisogênico. Quando ocorre uma indução, através de um erro no DNA que pode significar a morte do hospedeiro, o profago pode se tornar ativo e trocar para o ciclo lítico, o que resulta na liberação de novos fagos[9, 55, 60-61]. Logo após as descobertas dos fagos, muitos estudos contribuíram para a descrição da sua estrutura, seu ciclo de vida, a composição do seu genoma e, enfim, das possibilidades de utilização desses fagos na biologia molecular.

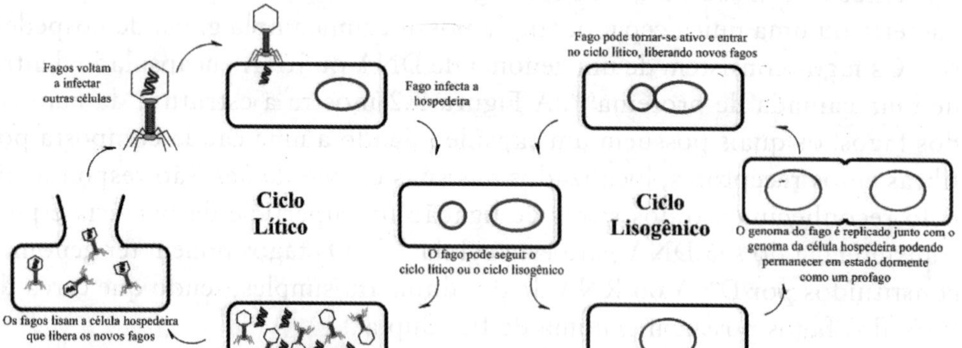

Figura 2.7 Ciclo de vida dos fagos: lítico e/ou lisogênico.

Uma das mais amplas possibilidades de utilização é como vetor de clonagem de genes. Os objetivos gerais na construção de vetores de fagos incluem a presença de sítios de clonagem somente em fragmentos dispensáveis, a capacidade de acomodar vários tamanhos de fragmentos de DNA, a habilidade de controlar a transcrição do fragmento clonado a partir de promotores no vetor e a fácil recuperação do DNA clonado, entre outros objetivos[2].

2.4.1 Principais vetores de fagos

2.4.1.1 Bacteriófago Lambda

O fago lambda foi descrito primeiramente por Lederberg nos anos 1950. Lederberg descreveu que a cepa K-12 de *Escherichia coli* carregava um fago simbiótico lambda, o qual foi descoberto pela existência de uma subcepa "mutante" sensível a lambda[62].

O fago lambda é um fago temperado, podendo ter seu ciclo de vida no estado lítico ou lisogênico. Após a infecção em *Escherichia coli*, o fago pode seguir o ciclo lítico, como descrito no item acima, modificar a sua expressão integrando seu genoma no genoma do hospedeiro para manter-se em um estado quiescente no ciclo lisogênico e novamente reverter ao ciclo lítico. Por estar sendo estudado há mais de cinquenta anos, o fago lambda serviu como um paradigma no estudo da biologia molecular, como na interação repressor-operador, recombinação, replicação e também na transcrição[63, 64].

Genoma

No final dos anos 1970 e início dos anos 1980, alguns estudos buscaram determinar a sequência de nucleotídeos do fago lambda, focando principalmente em regiões de controle. Um desses estudos foi o de Petrov e colaboradores no ano de 1981, o qual determinou a estrutura primária de um fragmento de DNA do fago lambda, que compreendia entre 90,8% e 93,1% do tamanho do genoma do fago. O fragmento estudado incluía o gene Q, o promotor pR' e o gene 6S do RNA com o seu terminador[65].

No ano seguinte, Sanger e colaboradores determinaram a sequência nucleotídica do fago lambda. O DNA deste fago na sua forma circular contém 48.502 pares de bases e codifica para em torno de sessenta proteínas.

Ambas as extremidades 5' possuem uma extensão de fita simples com doze bases complementares entre si, chamadas terminações coesivas, ou COS. Durante a infecção, a extensão 5' direita (*cosR*) entra na célula hospedeira, seguida pelo genoma do fago onde as duas extremidades são ligadas pela DNA ligase da *Escherichia coli*, formando um DNA circular[2, 66].

Utilização como vetor

O fago lambda é empregado como vetor de clonagem desde a década de 1970 e tem sido muito utilizado como vetor de expressão e, principalmente, na construção e triagem de bibliotecas de DNA recombinante. Entre as vantagens dessa utilização do fago lambda estão a eficiência no empacotamento de partículas do fago e infecção em *E. coli*, na comparação a transformação de plasmídeos, e a facilidade na amplificação e armazenamento da biblioteca, assim como na triagem das placas. Entre as desvantagens, podemos citar a preparação em larga escala mais demorada e rendimento inferior do lambda em relação aos plasmídeos. Os clones lambda possuem mais DNA vetor, e os sítios de restrição são mais complexos. O sequenciamento de DNA a partir de clones lambda também apresenta maiores dificuldades em comparação aos plasmídeos ou clones de fagos M13 de fita simples[2, 67].

De forma geral, os vetores de fagos lambda podem ser classificados em dois tipos: vetores de substituição e vetores de inserção. Os vetores de substituição envolvem a eliminação de regiões centrais não essenciais e a sua substituição por um fragmento de DNA desejado. Os vetores de substituição possuem um par de sítios de restrição para excisar o fragmento central, que é substituído por um fragmento de DNA que possua sequências compatíveis nas extremidades. Este tipo de vetor, como, por exemplo, Charon e EMBL, é capaz de clonar fragmentos de DNA grandes (até 24 kbp) e é utilizado na construção de bibliotecas genômicas de eucariotos superiores[2]. Os vetores de inserção envolvem a inserção de pequenos fragmentos de DNA como, por exemplo, ácido desoxirribonucleico complementar (cDNA) sem a remoção dos fragmentos não essenciais centrais do fago. A inserção destes fragmentos no genoma do fago poderá inativar algum dos sistemas biológicos, o que irá diferenciar os fagos recombinantes dos não recombinantes. Entre os principais vetores de inserção, podemos citar λgt10 e λgt11[2].

Para a detecção dos clones recombinantes, algumas estratégias são aplicadas. Uma delas é a inserção de um fragmento de DNA em um gene de triagem, como o *lacZ* de *E. coli*. Os fagos com o inserto são *lacZ*⁻, enquanto

os vetores religados são *lacZ⁺*. Essa diferença é distinguida através do substrato cromogênico para β-galactosidase X-gal, já mencionado, que se torna azul na presença da enzima. Outro modo de detecção dos recombinantes é a inserção de um fragmento de DNA no gene *cI* do fago, que codifica para o repressor lambda, necessário para a infecção lisogênica. Quando plaqueados com um hospedeiro hfl (*high frequency of lysogenization*), o vetor, sendo *cI⁺*, forma colônias lisogênicas, enquanto o fago com o inserto é *cI⁻* e forma placas. Quando os fagos líticos são separados da placa, os fagos com o inserto são selecionados. A última estratégia que auxilia na diferenciação dos vetores com sequências religadas é fazer com que os eventos de ligação sejam improváveis. Para tanto, podem ser utilizados tratamentos com fosfatase ou sítios de clonagem assimétricos no vetor, os quais irão diminuir a possibilidade de religação do vetor[67].

2.4.1.2 Bacteriófago M13

No ano de 1963, Hofschneider isolou um fago filamentoso em Munique. Após uma série de fagos isolados, estes foram nomeados com a inicial "M". O fago de número 13 (M13) foi o fago mais estudado[68]. Trata-se de um fago filamentoso de *Escherichia coli* que contém DNA de fita simples encapsulado por um revestimento composto por cinco proteínas diferentes. São fagos específicos para bactérias que possuem o plasmídeo F[69, 70]. O ciclo de vida do fago ocorre sem a lise da célula hospedeira. O M13 se liga a *E. coli* através do pilus. Após a sua ligação, o pilus retrai, trazendo a partícula do fago para a superfície da célula. Após a entrada do DNA de fita simples na célula bacteriana, este é convertido em DNA de fita dupla por proteínas da célula hospedeira. Duas proteínas virais estão envolvidas na amplificação do genoma viral de dupla fita, levando à produção de novas cópias do DNA do fago. Essas moléculas são revestidas pela proteína pV. Esse complexo interage com outras proteínas, que são responsáveis por secretar as partículas virais através de um conjunto de proteínas do fago inseridas na membrana. Assim, a partícula viral é liberada sem lisar a célula hospedeira[71]. O M13 tem sido muito estudado desde a sua descoberta, servindo como modelo em estudos de replicação, reparação do DNA, transcrição e recombinação[72].

Genoma

A maior parte do M13 consiste em um DNA de fita simples circular com 6.407 bases revestido com 2.700 cópias da principal proteína, a pVIII. Cada extremidade do fago é revestida com duas proteínas diferentes: cinco cópias de cada proteína pVII e pIX em uma extremidade e cinco cópias de cada proteína pIII e pVI na outra extremidade. O tamanho do fago depende do tamanho do seu genoma: genomas longos irão resultar em fagos maiores, e genomas curtos, em fagos menores. O genoma contém dez genes compactados e uma única sequência intergênica onde outras moléculas de DNA podem ser colocadas. Até 12.000 bases podem ser adicionadas ao genoma do fago selvagem sem afetar o empacotamento[70-71].

Utilização como vetor

Após ser isolado, o M13 continuou a ser estudado amplamente. Nos anos 1970, Messing iniciou seus trabalhos no sentido de utilizar o fago M13 como um vetor de clonagem. O tamanho menor deste fago e o fato do seu genoma ser composto por uma molécula de DNA de fita simples foram algumas das vantagens que levaram o M13 a ser utilizado como vetor de clonagem e no sequenciamento de DNA. Além disso, esse fago possui uma forma replicativa do DNA (fita dupla), a qual é similar aos plasmídeos, podendo ser utilizada também para esse objetivo. A partir dos seus estudos com o fago M13, Messing desenvolveu uma série de vetores, a qual chamou de M13mp. O primeiro vetor construído utilizando o fago M13 foi chamado de M13mp1. Para desenvolver tal vetor, foi inserido o gene *lacZ'* dentro da sequência intergênica do M13. Esse vetor forma placas azuis no meio ágar com X-gal. O gene *lacZ'* inserido, que constituiu M13mp1, não possuía sítio único de restrição em sua sequência. Entretanto, o início do gene apresentava a sequência GGATTC, a qual sofreu uma mutação *in vitro* em um único nucleotídeo, gerando a sequência GAATTC. Essa modificação gerou a mudança de um ácido aspártico para uma asparagina e criou o sítio de restrição para *Eco*RI. Tais modificações geraram o M13mp2, o qual é o vetor de clonagem de M13 mais simples. Apesar dessa modificação, a enzima β-galactosidase permanece funcional. Ao longo dos anos, outros M13mp foram desenvolvidos, atendendo as necessidades dos novos estudos. Os vetores de M13 também foram amplamente utilizados para o

desenvolvimento de *primers* universais que irão amplificar o fragmento de DNA clonado neste vetor[70, 73, 74].

Phage display

Phage display é uma tecnologia que permite a expressão de peptídeos ou polipeptídeos exógenos, na superfície de partículas de fagos. O conceito baseia-se na ideia de construção de bibliotecas de fagos que expressam uma grande diversidade de peptídeos, buscando selecionar aqueles que se ligam de forma eficiente a um determinado alvo desejado. O conceito inicial do *phage display* foi introduzido em 1985, utilizando-se bacteriófagos filamentosos como vetores de expressão[75]. Atualmente, o fago M13 filamentoso é o vetor mais utilizado para essa técnica[11].

Diferentes metodologias, incluindo técnicas recombinantes, têm sido desenvolvidas para aumentar a diversidade dessas bibliotecas. Geralmente, o fragmento de DNA exógeno é inserido no genoma do fago filamentoso, e o peptídeo recombinante é codificado e apresentado na superfície do fago, fusionado com as proteínas de revestimento. A combinação do peptídeo exógeno com a partícula viral estabelece o *phage display* como um método de seleção e identificação de novos ligantes virais com propriedades específicas e desejadas, criando-se bibliotecas com diferentes finalidades. O *phage display* tem-se mostrado uma tecnologia poderosa na descoberta de novas drogas e na identificação e engenharia de polipeptídeos com funções biológicas ativas. Os ligantes específicos isolados a partir de bibliotecas de fagos podem ser utilizados na validação e concepção de medicamentos, na avaliação de potenciais alvos terapêuticos, e no desenvolvimento de vacinas[10-12].

2.4.1.3 Bacteriófago T4

O T4 é um fago que possui cauda, infecta *E. coli* e possui DNA de fita dupla. No seu ciclo de vida, o fago T4 reconhece as moléculas de LPS utilizando as fibras da cauda. O fago se anexa à superfície celular e inicia a contração da cauda, que, posteriormente, perfura a membrana através da proteína gp5. A proteína gp5 (região terminal C) se dissocia da cauda, ativando três domínios lisozima, o que irá criar uma abertura na camada de peptideoglicanos. A proteína gp27 se associa com um receptor na membrana interna, iniciando a liberação do DNA no citoplasma da célula hospedeira.

Assim, como outros fagos, o T4 também foi uma importante ferramenta para o desenvolvimento dos conceitos da biologia molecular atual[76].

Genoma

O T4 é um dos fagos mais complexos. O genoma do T4 é composto por 168.903 pares de bases, possui 289 ORFs *(Open Reading Frames)*, que codificam proteínas, oito genes de ácido ribonucleico transportador (tRNA) e pelo menos dois outros genes que codificam RNAs pequenos e estáveis. O T4 possui mais de 150 genes identificados, com somente 62 destes sendo genes essenciais. O vírus é composto por mais de 2.000 subunidades de proteínas que representam em média cinquenta produtos gênicos. Destes, 24 estão envolvidos na formação da cabeça, 22 no conjunto da cauda e seis na formação das fibras da cauda. Mais de dez outros genes estão envolvidos na codificação de outras proteínas que não estão presentes na formação do vírus[77].

Utilização como vetor de clonagem

O fago T4 também tem sido utilizado como vetor de clonagem. Um exemplo dessa utilização, ainda na década de 1980, foi o estudo de Shub e colaboradores, que descreveu a inserção de 3.100 pares de bases de DNA contendo a sequência codificadora para β-galatosidase na região NH_2 terminal do gene *rIIB* do fago T4, resultando na síntese da proteína fusionada rIIB-β-galatosidase. Os autores afirmam no estudo a possibilidade da síntese de uma proteína através da sua clonagem do gene no fago T4[78].

2.5 POSSIBILIDADES TERAPÊUTICAS E/OU INDUSTRIAIS

Os vetores plasmidiais e de fagos têm se revelado extremamente úteis como vetores de clonagem de genes, através da tecnologia do DNA recombinante. As aplicações desta tecnologia tem reflexos em diferentes áreas biotecnológicas.

Nesse sentido, a utilização de vetores plasmidiais e de fago para a clonagem molecular é o primeiro passo para o estudo de genes, incluindo desde a determinação da sequência de nucleotídeos que constitui esse gene (sequenciamento), até sua manipulação, visando à expressão da proteína codificada.

Para tanto, faz-se necessária a utilização de um vetor de expressão. Essa tecnologia moderna tem fornecido à medicina e à indústria alternativas eficientes para a produção em larga escala de determinadas proteínas, disponíveis anteriormente em quantidades extremamente reduzidas.

A clonagem molecular também é um passo inicial para a obtenção de animais e plantas transgênicas. Vetores de expressão em eucariotos (com um promotor reconhecido pela RNA polimerase de células eucarióticas) são então utilizados. Após a clonagem do gene de interesse, caracterização e produção em larga quantidade, a molécula de DNA recombinante é utilizada na transformação genética da espécie de interesse. Além disso, esses vetores podem ser utilizados em mapeamentos de restrição, estudos de regulação e terapias gênicas, bem como no desenvolvimento de vacinas de DNA.

Outra aplicação especificamente para os vetores de fago é a tecnologia de *phage display*, a qual permite a expressão de peptídeos ou polipeptídeos exógenos na superfície de partículas de fagos. O conceito baseia-se na ideia de construção de bibliotecas de fagos que expressam uma grande diversidade de peptídeos, buscando selecionar aqueles que se ligam de forma eficiente a um determinado alvo desejado. O *phage display* tem se mostrado uma tecnologia poderosa na descoberta de novas drogas e na identificação e engenharia de polipeptídeos com funções biológicas ativas.

2.6 TÉCNICA DE MINIPREPARAÇÃO PLASMIDIAL POR LISE ALCALINA

As primeiras etapas de um processo de clonagem gênica são o isolamento e a extração dos plasmídeos. Como os plasmídeos são muito menores que o cromossomo bacteriano, eles podem ser isolados através de métodos físico-químicos. A lise alcalina é o método mais utilizado para a purificação de plasmídeos de culturas bacterianas, permitindo a extração de uma quantidade satisfatória de plasmídeo com apenas alguns mililitros de cultura (Figura 2.8).

Soluções

Tampão de lise:
- Tris-HCl 25 mM pH 8,0
- EDTA 10 mM pH 8,0
- Glicose 50 mM

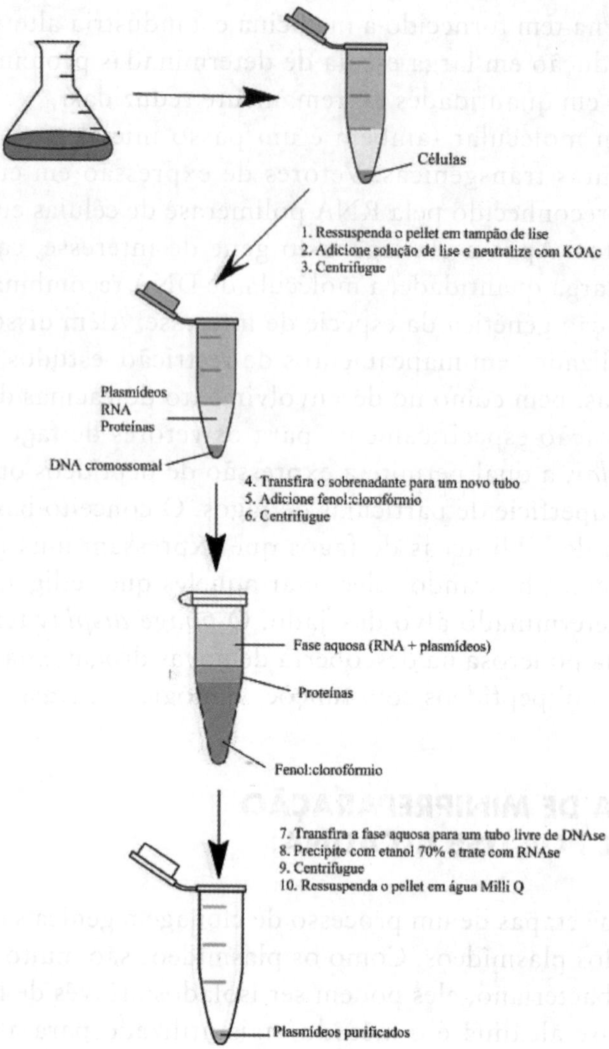

Figura 2.8 Técnica de minipreparação plasmidial por lise alcalina.

Solução de lise:
- NaOH 0,2 M
- SDS 1%

Solução neutralizante:
- Acetato de potássio (KOAc) 60 mL a 5 M pH 5,0
- Ácido acético glacial 11,5 mL
- Água 28,5 mL

Procedimento
1) Crescer a cultura bacteriana por 16 horas (ou *overnigth*) a 37 °C, em meio LB líquido contendo antibiótico (marcador de seleção), sob agitação (250 rpm).
2) Transferir 1,5 mL da cultura bacteriana para tubos de microcentrífuga e centrifugar por 3 minutos a 14.000 rpm.
3) Descartar o sobrenadante e manter o tubo invertido para secagem do *pellet*.
4) Ressuspender as células em 100 µL de tampão de lise com o auxílio de uma micropipeta. Observação: acrescentar lisozima ao tampão de lise caso a parede celular bacteriana seja muito espessa.
5) Incubar à temperatura ambiente por 5 minutos.
6) Adicionar 200 µL de solução de lise alcalina recém-preparada.
7) Homogeneizar levemente através de inversão do tubo (aproximadamente 6 vezes, até a suspensão ficar clara e viscosa).
8) Adicionar 150 µL de solução neutralizante e incubar no gelo por 10 minutos.
9) Centrifugar por 5 minutos a 14.000 rpm.
10) Transferir o sobrenadante, de aspecto límpido, para um novo tubo de microcentrífuga previamente rotulado.
11) Adicionar 450 µL de clorofórmio ou de uma solução de fenol:clorofórmio (v/v), e misturar com o auxílio de um vórtex.
12) Centrifugar por 3 minutos a 14.000 rpm.
13) Transferir a fase aquosa (clara e límpida) para um novo tubo de microcentrífuga previamente rotulado. Evitar ao máximo transferir acidentalmente as outras fases.
14) Precipitar o DNA adicionando 0,7 V de isopropanol e incubar no gelo por 10 minutos.
15) Centrifugar por 15 minutos a 14.000 rpm.
16) Descartar o sobrenadante por inversão do tubo e lavar o precipitado com etanol 70% gelado. Centrifugar por 5 minutos a 14.000 rpm.
17) Descartar o sobrenadante por inversão do tubo e deixar o *pellet* secar completamente (aproximadamente 5 minutos).

18) Ressuspender o precipitado em 50 µL de água milli-Q. Observação: adicione RNAse (DNAse *free*) em uma concentração final de 20 µg/mL para total degradação do RNA bacteriano.
19) Estocar a -20 °C.

2.7 TÉCNICA DE EXTRAÇÃO E PURIFICAÇÃO DO DNA DO BACTERIÓFAGO M13

O protocolo abaixo descreve a extração e purificação do DNA de fita-dupla do bacteriófago M13[79] *:

Soluções

Solução de lise alcalina I:
- Glicose 50 mM
- Tris-Cl 25 mM pH 8,0
- EDTA 10 mM pH 8,0
- Preparar a solução I para estoques padrão em lotes de 100 mL, autoclavar por 15 minutos a 15 psi (1,05 kg/cm²) em ciclo líquido e armazenar a 4 °C

Solução de lise alcalina II:
- NaOH 0,2 N (recém diluído de um estoque de 10 N)
- SDS 1% (w/v)
- Preparar a solução II nova e usar à temperatura ambiente

Solução de lise alcalina III:
- Acetato de potássio 60,0 mL 5 M
- Ácido acético glacial 11,5 mL
- H$_2$O 28,5 mL
- A solução resultante é 3 M com relação ao potássio e 5 M com relação ao acetato
- Armazene a solução a 4 °C e transfira para o gelo antes de usar.

STE:
- NaCl 0,1 M

---

* Adaptado.

- Tris-Cl 10 mM pH 8,0
- EDTA 1 mM pH 8,0

Procedimento

Lise das células infectadas

1) Centrifugar 1 mL da cultura de células infectadas com M13 na velocidade máxima por 5 minutos à temperatura ambiente em uma microcentrífuga para separar as células do meio. Transferir o sobrenadante para um novo tubo de microcentrífuga e armazenar a 4 °C. Manter o *pellet* de células bacterianas infectadas no gelo.
2) Centrifugar o *pellet* de células bacterianas por 5 segundos a 4 °C e remover o meio residual com pipeta.
3) Ressuspender o *pellet* de células em 100 µL de solução de lise alcalina I gelada utilizando o vórtex. Certificar-se de que o *pellet* será completamente disperso na solução de lise. Alguns componentes da parede celular bacteriana podem inibir a ação de enzimas de restrição. Para evitar esse problema, ressuspender o *pellet* em 0,5 mL de STE antes do passo 3 e centrifugar novamente. Após a remoção do STE, ressuspender o *pellet* na solução de lise alcalina I como descrito acima. Alguns protocolos podem incluir digestão da parede celular com lisozima. Este passo geralmente não é necessário, mas não é prejudicial. Para incluir este passo, adicionar 90 µL da solução de lise alcalina I ao *pellet* bacteriano e ressuspender através do vórtex. Adicionar 10 µL da solução de lise alcalina I contendo lisozima 10 mg/mL recentemente preparada às células ressuspendidas. Misturar os componentes tocando a lateral do tubo e incubar por 5 minutos gelo. Continuar no passo 4.
4) Adicionar ao tubo 200 µL de solução de lise Alcalina II preparada recentemente. Fechar bem o tubo e misture por inversão do tubo rapidamente por 5 vezes. Não passar no vórtex. Armazenar por 2 minutos no gelo após a inversão.
5) Adicionar ao tubo 150 µL da solução de lise Alcalina III gelada. Fechar o tubo e o inverter algumas vezes para dispersar a solução através do lisado de bactérias viscoso. Armazenar o tubo de 3 a 5 minutos no gelo.
6) Centrifugar o lisado de bactérias na velocidade máxima por 5 min a 4 °C em uma microcentrífuga. Transferir o sobrenadante para um novo tubo.

Purificação do DNA do bacteriófago M13 na forma replicativa

7) Adicionar igual volume de fenol:clorofórmio. Misturar as fases orgânica e aquosa através de vórtex e então centrifugue o tubo na velocidade

máxima por 2 a 5 minutos. Transferir a fase aquosa superior para um novo tubo.

8) Precipitar o DNA dupla fita adicionando 2 volumes de etanol. Misturar os componentes através de vórtex e armazenar à temperatura ambiente por 2 minutos.
9) Recuperar o DNA através de centrifugação na velocidade máxima por 5 minutos a 4 °C em uma microcentrífuga.
10) Remova o sobrenadante através de aspiração. Mantenha o tubo na posição invertida em um papel toalha para permitir que todo o líquido escoa. Remover as gotas de líquido aderidas na parede do tubo.
11) Inclua um passo adicional de precipitação com etanol para garantir que o DNA seja eficientemente clivado por enzimas de restrição.

- Dissolva o pellet de DNA em 100 µL de TE (pH 8.0)
- Adicionar 50 µL de acetato de amônia 7,5 M, misturar bem e então adicionar 300 µL de etanol gelado.
- Armazenar o tubo por 15 minutos à temperatura ambiente ou de um dia para o outro a -20 °C, e então coletar o DNA precipitado através de centrifugação na velocidade máxima por 5 a 10 minutos a 4 °C em uma microcentrífuga. Remover o sobrenadante através de aspiração.
- Lavar o *pellet* com 250 µL de etanol 70% gelado, centrifugar novamente por 2 a 3 minutos e descartar o sobrenadante.
- Manter o *pellet* de DNA secando no ar por 10 minutos e então dissolver como descrito no passo 12.

12) Adicionar 1 mL de etanol 70% a 4 °C e centrifugar novamente por 2 minutos. Remover o sobrenadante como descrito no passo 10 e manter o *pellet* secando no ar por 10 minutos.
13) Para remover o RNA, ressuspender o *pellet* em 25 µL de TE (pH 8.0) com RNase. Passar rapidamente no vórtex. A concentração de DNA esperada de 1 mL de cultura de bactérias infectadas é usualmente alguns microgramas, o que é suficiente para de 5 a 10 restrições.

2.8 CONCLUSÕES

O presente capítulo apresentou estratégias na construção e na utilização dos vetores plasmidiais e vetores de fagos. Sob a perspectiva do impacto dessas descobertas na década de 1970, que possibilitou a criação da engenharia

genética e de suas aplicações na moderna biotecnologia, foram descritas detalhadamente as características e as propriedades dessas importantes moléculas utilizadas na biotecnologia médica, biotecnologia animal e biotecnologia vegetal.

2.9 PERSPECTIVAS FUTURAS

A engenharia genética abriu um novo caminho para avanços na medicina, na terapêutica e no diagnóstico de uma série de doenças. Possibilitou a remodelagem de organismos vivos e a geração de novos processos e produtos. Esses avanços estão ancorados na descoberta e no domínio da modelagem sintética de vetores. A tecnologia de recombinação de sequências e sintetização de vetores garantiu a criação de uma nova perspectiva para as ciências da vida.

A biologia sintética e a remodelagem genômica em animais e plantas possibilitará a geração de novos modelos de animais para o estudo do câncer e de doenças crônicas em humanos. A produção de plantas geneticamente modificadas de nova geração, a partir de inovadores cassetes gênicos de expressão *in vivo*, permitirão novas abordagens de aumento de produção agrícola, assim como a utilização de produção de fármacos utilizando vegetais biorreatores.

O maior impacto, e o próximo passo na biologia sintética de vetores, será o domínio da inserção específica dos vetores em sítios específicos e em número de cópias desejáveis, sem alteração de características genotípicas e fenotípicas do hospedeiro, a não ser as herdadas e determinadas pelo próprio vetor.

REFERÊNCIAS

1. Rush MG, Misra R. Extrachromosomal DNA in eucaryotes. Plasmid. 1985;14(3):177-91.
2. Chauthaiwale VM, Therwath A, Deshpande VV. Bacteriophage lambda as a cloning vector. Microbiol Rev. 1992;56(4):577-91.
3. Prather KJ, Sagar S, Murphy J, Chartrain M. Industrial scale production of plasmid DNA for vaccine and gene therapy: plasmid design, production, and purification. Enzyme and Microbial Technology. 2003;33(7):865-83.
4. Williams JA, Carnes AE, Hodgson CP. Plasmid DNA vaccine vector design: impact on efficacy, safety and upstream production. Biotechnol Adv. 2009;27(4):353-70.
5. Brown TA. Clonagem Gênica e Análise de DNA. Uma Introdução. 4 ed. Porto Alegre: Artmed Editora; 2003.
6. Ryan EM, Gorman SP, Donnelly RF, Gilmore BF. Recent advances in bacteriophage therapy: how delivery routes, formulation, concentration and timing influence the success of phage therapy. J Pharm Pharmacol. 2011;63(10):1253-64.
7. Clark JR, March JB. Bacteriophages and biotechnology: vaccines, gene therapy and antibacterials. Trends Biotechnol. 2006;24(5):212-8.
8. Hanlon GW. Bacteriophages: an appraisal of their role in the treatment of bacterial infections. Int J Antimicrob Agents. 2007;30(2):118-28.
9. Skurnik M, Strauch E. Phage therapy: facts and fiction. Int J Med Microbiol. 2006;296(1):5-14.
10. Newton J, Deutscher SL. Phage peptide display. Handb Exp Pharmacol. 2008(185 Pt 2):145-63.
11. Pande J, Szewczyk MM, Grover AK. Phage display: concept, innovations, applications and future. Biotechnol Adv. 2010;28(6):849-58.
12. Paschke M. Phage display systems and their applications. Appl Microbiol Biotechnol. 2006;70(1):2-11.
13. Griffith F. The Significance of Pneumococcal Types. J Hyg. 1928;27(2):113-59.
14. Hershey AD, Burgi E, Ingraham L. Cohesion of DNA Molecules Isolated from Phage Lambda. Proc Natl Acad Sci USA. 1963;49(5):748-55.
15. Gellert M, Little JW, Oshinsky CK, Zimmerman SB. Joining of DNA strands by DNA ligase of E. coli. Cold Spring Harb Symp Quant Biol. 1968;33:21-6.
16. Wu R, Kaiser AD. Structure and base sequence in the cohesive ends of bacteriophage lambda DNA. J Mol Biol. 1968;35(3):523-37.
17. Arber W, Linn S. DNA modification and restriction. Annu Rev Biochem. 1969;38:467-500.
18. Meselson M, Yuan R. DNA restriction enzyme from E. coli. Nature. 1968;217(5134):1110-4.

19. Smith HO, Wilcox KW. A restriction enzyme from Hemophilus influenzae. I. Purification and general properties. J Mol Biol. 1970;51(2):379-91.
20. Danna K, Nathans D. Specific cleavage of simian virus 40 DNA by restriction endonuclease of Hemophilus influenzae. Proc Natl Acad Sci USA. 1971;68(12):2913-7.
21. Cohen SN, Chang AC, Boyer HW, Helling RB. Construction of biologically functional bacterial plasmids in vitro. Proc Natl Acad Sci U S A. 1973;70(11):3240-4.
22. Datta N, Hedges RW. Compatibility groups among fi-R factors. Nature. 1971;234: 222-3.
23. Cohen SN, Chang AC, Hsu L. Nonchromosomal antibiotic resistance in bacteria: genetic transformation of Escherichia coli by R-factor DNA. Proc Natl Acad Sci USA. 1972;69(8):2110-4.
24. Morrow JF, Cohen SN, Chang AC, Boyer HW, Goodman HM, Helling RB. Replication and transcription of eukaryotic DNA in Escherichia coli. Proc Natl Acad Sci USA. 1974;71(5):1743-7.
25. Berg P, Baltimore D, Brenner S, Roblin RO, Singer MF. Summary statement of the Asilomar conference on recombinant DNA molecules. Proc Natl Acad Sci USA. 1975;72(6):1981-4.
26. Lodish H, Berk A, Zipursky L, Matsudaira P, Baltimore D, Darnell. Molecular Cell Biology. 4 ed. New York: W. H. Freeman; 2000.
27. Lodish H, Berk A, Zipursky L, Matsudaira P, Baltimore D, Darnell. Molecular Cell Biology. 4 ed. New York: W. H. Freeman; 2000. Section 7.1, DNA Cloning with Plasmid Vectors.
28. Waters VL. Conjugative transfer in the dissemination of beta-lactam and aminoglycoside resistance. Front Biosci. 1999;4:D433-56.
29. Amabile-Cuevas CF, Chicurel ME. Bacterial plasmids and gene flux. Cell. 1992;70(2):189-99.
30. Bergstrom CT, Lipsitch M, Levin BR. Natural selection, infectious transfer and the existence conditions for bacterial plasmids. Genetics. 2000;155(4):1505-19.
31. Thomas CM. Paradigms of plasmid organization. Mol Microbiol. 1973;74:335- 7.
32. Brown TA. Veículos para clonagem gênica: plasmídeos e bacteriófagos. Clonagem Gênica e Análise de DNA. 4 ed. Porto Alegre: Artmed Editora; 2003.
33. Carattoli A. Resistance plasmid families in Enterobacteriaceae. Antimicrob Agents Chemother. 2009;53(6):2227-38.
34. Garcillan-Barcia MP, Alvarado A, de la Cruz F. Identification of bacterial plasmids based on mobility and plasmid population biology. FEMS Microbiol Rev. 2011;35(5):936-56.
35. Zaha AF, Ferreira HBF, Passaglia, LMP. Biologia Molecular Básica. 4 ed. Porto Alegre: Artmed Editora; 2012.

36. Del Solar G, Giraldo R, Ruiz-Echevarría MJ, Espinosa M, Díaz-Orejas R. Replication and Control of Circular Bacterial Plasmids. Microbiol Mol Biol Rev. 1998;62(2):434-64.
37. Carattoli A, Bertini A, Villa L, Falbo V, Hopkins KL, Threlfall EJ. Identification of plasmids by PCR-based replicon typing. J Microbiol Methods. 2005;63(3):219-28.
38. Couturier M, Bex F, Bergquist PL, Maas WK. Identification and classification of bacterial plasmids. Microbiol Rev. 1988;52(3):375-95.
39. Datta N, Hughes VM. Plasmids of the same Inc groups in Enterobacteria before and after the medical use of antibiotics. Nature. 1983;306(5943):616-7.
40. Gotz A, Pukall R, Smit E, Tietze E, Prager R, Tschape H, et al. Detection and characterization of broad-host-range plasmids in environmental bacteria by PCR. Appl Environ Microbiol. 1996;62(7):2621-8.
41. Frost LS, Leplae R, Summers AO, Toussaint A. Mobile genetic elements: the agents of open source evolution. Nat Rev Microbiol. 2005;3(9):722-32.
42. Borsuk S, Mendum TA, Fagundes MQ, Michelon M, Cunha CW, McFadden J, et al. Auxotrophic complementation as a selectable marker for stable expression of foreign antigens in Mycobacterium bovis BCG. Tuberculosis (Edinb). 2007;87(6):474-80.
43. Jang CW, Magnuson T. A novel selection marker for efficient DNA cloning and recombineering in E. coli. PLoS One. 2013;8(2):e57075.
44. Wilmink AD; Dons JJM. Selective agents and marker genes for use in transformation of monocotyledonous plants. Plant Molecular Biology. 1993;11:165-85.
45. Turner PCM, McLennan AG, Bates AD, White MRH. Instant notes in Molecular Biology. 1 ed. Guildford: BIOS Scientific Publisher; 1997.
46. Luke J, Carnes AE, Hodgson CP, Williams JA. Improved antibiotic-free DNA vaccine vectors utilizing a novel RNA based plasmid selection system. Vaccine. 2009;27(46):6454-9.
47. Soubrier F CB, Manse B, Somarriba S, Dubertret C, Jaslin G. pCOR: a new design of plasmid vectors for nonviral gene therapy. Gene Therapy. 1999;6:1482–8.
48. Mairhofer J, Pfaffenzeller I, Merz D, Grabherr R. A novel antibiotic free plasmid selection system: advances in safe and efficient DNA therapy. Biotechnol J. 2008;3(1):83-9.
49. Bolivar F, Rodriguez RL, Greene PJ, Betlach MC, Heyneker HL, Boyer HW, et al. Construction and characterization of new cloning vehicles. II. A multipurpose cloning system. Gene. 1977;2(2):95-113.
50. Balbas P, Soberon X, Merino E, Zurita M, Lomeli H, Valle F, et al. Plasmid vector pBR322 and its special-purpose derivatives – a review. Gene. 1986;50(1-3):3-40.
51. Boros I, Posfai G, Venetianer P. High-copy-number derivatives of the plasmid cloning vector pBR322. Gene. 1984;30(1-3):257-60.
52. Watson N. A new revision of the sequence of plasmid pBR322. Gene. 1998;70:399-403.

53. Godiska RP, Patterson M, Schoenfeld T, Mead DA. Beyond pUC: Vectors for Cloning Unstable DNA. In: Kieleczawa J, editor. Optimizing the Process and Analysis Sudbury: Jones and Bartlett Publishers; 2005.
54. Xavier MAS, Kipnis A, Torres FAG, Astolfi-Filho S. New Vectors Derived from pUC18 for Cloning and Thermal-induced Expression in Escherichia coli. Brazilian Journal of Microbiology. 2009;40:778-81.
55. Haq IU, Chaudhry WN, Akhtar MN, Andleeb S, Qadri I. Bacteriophages and their implications on future biotechnology: a review. Virol J. 2012;9:9.
56. Twort FW, LLRCP, MRCS. An investigation on the nature of ultra-microscopic viruses. The Lancet. 1915;186(4814):1241–3.
57. Casjens SR. Comparative genomics and evolution of the tailed-bacteriophages. Curr Opin Microbiol. 2005;8(4):451-8.
58. Monk AB, Rees CD, Barrow P, Hagens S, Harper DR. Bacteriophage applications: where are we now? Lett Appl Microbiol. 2010;51(4):363-9.
59. Ackermann HW. 5500 Phages examined in the electron microscope. Arch Virol. 2007;152(2):227-43.
60. Inal JM. Phage therapy: a reappraisal of bacteriophages as antibiotics. Arch Immunol Ther Exp. 2003;51(4):237-44.
61. Gill JJ, Hyman P. Phage choice, isolation, and preparation for phage therapy. Curr Pharm Biotechnol. 2010;11(1):2-14.
62. Lederberg EM, Lederberg J. Genetic Studies of Lysogenicity in Escherichia Coli. Genetics. 1953;38(1):51-64.
63. Court DL, Oppenheim AB, Adhya SL. A new look at bacteriophage lambda genetic networks. J Bacteriol. 2007;189(2):298-304.
64. Friedman DI, Court DL. Bacteriophage lambda: alive and well and still doing its thing. Curr Opin Microbiol. 2001;4(2):201-7.
65. Petrov NA, Karginov VA, Mikriukov NN, Serpinski OI, Kravchenko VV. Complete nucleotide sequence of the bacteriophage lambda DNA region containing gene Q and promoter pR'. FEBS Lett. 1981;133(2):316-20.
66. Sanger F, Coulson AR, Hong GF, Hill DF, Petersen GB. Nucleotide sequence of bacteriophage lambda DNA. J Mol Biol. 1982;162(4):729-73.
67. Christensen AC. Bacteriophage lambda-based expression vectors. Mol Biotechnol. 2001;17(3):219-24.
68. Messing J. Cloning single-stranded DNA. Mol Biotechnol. 1996;5(1):39-47.
69. Sidhu SS. Phage display in pharmaceutical biotechnology. Curr Opin Biotechnol. 2000;11(6):610-6.
70. Brown TA. Clonagem gênica e análise de DNA: uma introdução. 4 ed. Porto Alegre: Artmed; 2003. 376 p.

71. Kehoe JW, Kay BK. Filamentous phage display in the new millennium. Chem Rev. 2005;105(11):4056-72.

72. Messing J. Cloning in M13 phage or how to use biology at its best. Gene. 1991;100:3-12.

73. Messing J, Gronenborn B, Muller-Hill B, Hans Hopschneider P. Filamentous coliphage M13 as a cloning vehicle: insertion of a HindII fragment of the lac regulatory region in M13 replicative form in vitro. Proc Natl Acad Sci USA. 1977;74(9):3642-6.

74. Heidecker G, Messing J, Gronenborn B. A versatile primer for DNA sequencing in the M13mp2 cloning system. Gene. 1980;10(1):69-73.

75. Smith GP. Filamentous fusion phage: novel expression vectors that display cloned antigens on the virion surface. Science. 1985;228(4705):1315-7.

76. Leiman PG, Kanamaru S, Mesyanzhinov VV, Arisaka F, Rossmann MG. Structure and morphogenesis of bacteriophage T4. Cell Mol Life Sci. 2003;60(11):2356-70.

77. Mesyanzhinov VV, Leiman PG, Kostyuchenko VA, Kurochkina LP, Miroshnikov KA, Sykilinda NN, et al. Molecular architecture of bacteriophage T4. Biochemistry. 2004;69(11):1190-202.

78. Shub DA, Casna NJ. Bacteriophage T4, a new vector for the expression of cloned genes. Gene. 1985;37(1-3):31-6.

79. Green MRS, Sambrook J. Molecular Cloning: a laboratory manual. 4 ed. New York: Cold Spring Harbor; 2012. 1890 p.

CAPÍTULO 3

VETORES DE EXPRESSÃO BACTERIANA: TIPOS E USOS

Rosângela Vieira de Andrade
Antônio Américo Barbosa Viana
Maria Sueli Soares Felipe
Everaldo Gonçalves de Barros

3.1 HISTÓRICO

As bases da tecnologia do DNA recombinante e da expressão heteróloga de proteínas foram lançadas no início da década de 1970. Stanley Cohen[1] e colaboradores mostraram, claramente, que era possível clonar sequências específicas de DNA cromossomal de origem procariótica ou eucariótica em plasmídeos de replicação independente. Esses autores descreveram, pela primeira vez, a construção de novos plasmídeos a partir da associação *in vitro* de fragmentos de DNA derivados de clivagem de plasmídeos pré-existentes com a enzima de restrição *Eco*RI. Os plasmídeos construídos *in vitro* foram inseridos por transformação na bactéria *Escherichia coli*, previamente tratada para torná-la competente a receber os plasmídeos. Foi demonstrado que os plasmídeos tinham a capacidade de se replicar na bactéria, ou seja, eram replicons funcionais, e que possuíam propriedades genéticas e sequências de nucleotídeos presentes nos plasmídeos parentais[1]. Com isso, foram abertas as portas para a expressão de proteínas em hospedeiros bacterianos,

a partir de clonagem e expressão de genes exógenos provenientes de outras espécies, utilizando plasmídeos como vetores de expressão.

Dois passos básicos são necessários para clonagem de um gene. Inicialmente, o fragmento de DNA a ser clonado é ligado a um vetor que tenha a capacidade de se replicar autonomamente, como um plasmídeo. Em seguida, a molécula quimérica resultante é introduzida em um hospedeiro apropriado, como a bactéria *E. coli* (Figura 3.1).

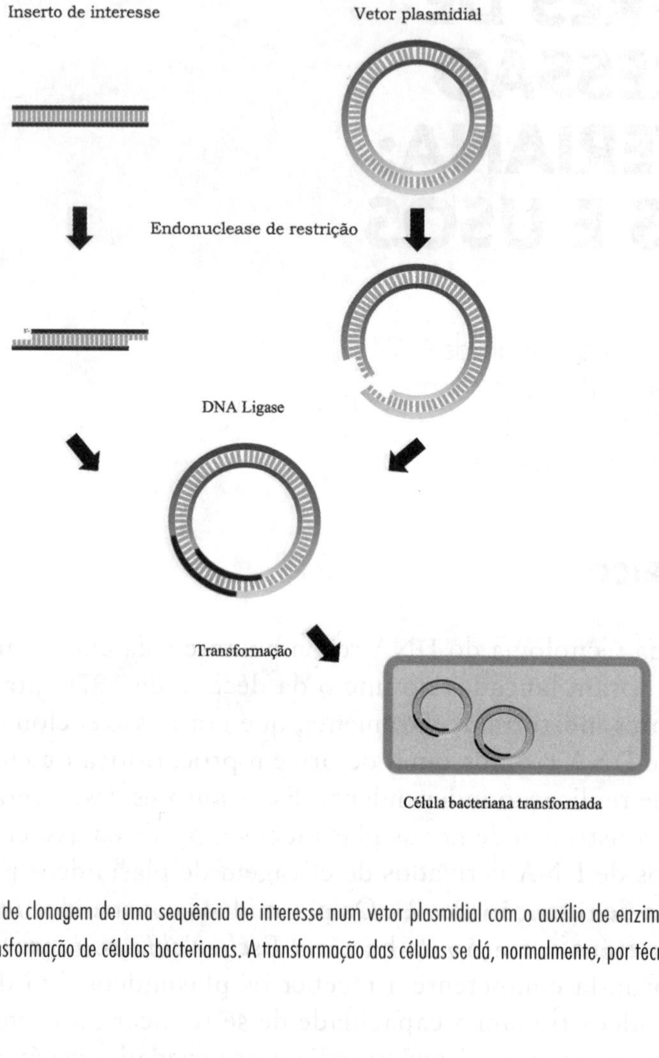

Figura 3.1 Esquema de clonagem de uma sequência de interesse num vetor plasmidial com o auxílio de enzimas de restrição e DNA ligase, seguido de transformação de células bacterianas. A transformação das células se dá, normalmente, por técnicas de eletroporação ou choque térmico.

Até meados da década de 1970, esse procedimento básico já havia sido empregado para clonar fragmentos de plasmídeos que conferiam resistência

a antibióticos, fragmentos do óperon do triptofano de *E. coli*, da região do rDNA (região do DNA que codifica o RNA ribossomal) de *Xenopus laevis*, do DNA de *Drosophila melanogaster* e dos genes que codificam histonas de ouriço do mar[2]. Para obter os fragmentos de DNA são usadas enzimas de restrição, que clivam o DNA em sítios específicos, normalmente sequências palindrômicas, deixando extremidades coesivas ou abruptas (Figura 3.2). Essas extremidades são ligadas pela ação da enzima DNA ligase a extremidades do vetor de clonagem, anteriormente clivado com a mesma enzima de restrição.

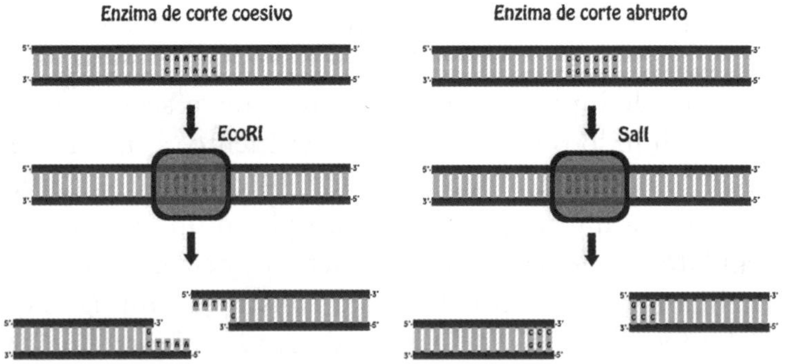

Figura 3.2 Esquema das possibilidades de cortes coesivo e abrupto catalisados por endonucleases de restrição comumente utilizadas na produção e manipulação de vetores moleculares.

A expressão heteróloga, ou seja, a expressão de genes exógenos provenientes de outras espécies, em bactérias ou em outros tipos de organismos foi uma consequência natural dos experimentos pioneiros realizados por Cohen e colaboradores, no início da década de 1970. No entanto, nos primeiros experimentos, a intenção era a de verificar se fragmentos exógenos de DNA carregados por um vetor plasmidial contendo uma origem de replicação autônoma e uma marca de seleção podiam ser propagados em um hospedeiro bacteriano. Por outro lado, na expressão heteróloga, um gene específico deve não só ser propagado, mas transcrito corretamente, e o RNA mensageiro correspondente deve ser traduzido em uma cadeia polipeptídica que possa ser convertida em uma proteína funcional. Para isto, é necessário o conhecimento prévio sobre a estrutura e organização do gene de interesse, o uso de um vetor de expressão que contenha não somente os elementos básicos para a sua propagação e seleção, mas também as sequências que

permitam a transcrição correta do gene de interesse e a tradução do transcrito resultante. Além disso, é necessária a escolha de um hospedeiro adequado, compatível com o vetor de expressão selecionado e com as características da proteína de interesse.

Os primeiros vetores plasmidiais de expressão foram, na realidade, derivados de um vetor de clonagem, o plasmídeo pBR322, desenvolvido por Bolivar e colaboradores[3]. Esse vetor contém 4.361 pares de bases (pb) ou pares de nucleotídeos, a origem de replicação pMB1, duas marcas de resistência a antibióticos (ampicilina e tetraciclina), mais de 40 sítios de restrição únicos para clonagem de fragmentos de DNA (Figura 3.3).

O primeiro oligopeptídeo a ser sintetizado de forma heteróloga em *E. coli* foi o hormônio somatostatina[4]. Esse hormônio, que foi inicialmente obtido de extratos de hipotálamo de ovinos, inibe a secreção de uma série de hormônios, incluindo o hormônio de crescimento, a insulina e glucagon. Inicialmente um oligonucleotídeo contendo 14 códons foi sintetizado quimicamente e ligado a um fragmento de 203 pb do óperon *lac*, contendo os elementos regulatórios desse óperon e os sete primeiros códons do gene que codifica a enzima beta-galactosidase. Esta construção foi ligada ao sítio da enzima *Eco*RI no vetor pBR322. O vetor derivado foi introduzido na linhagem de *E. coli* RR1. Desta forma, o oligopeptídeo recombinante continha 14 resíduos de aminoácidos da somatostatina fusionados aos sete resíduos de aminoácidos iniciais da beta-galactosidade de *E. coli*.

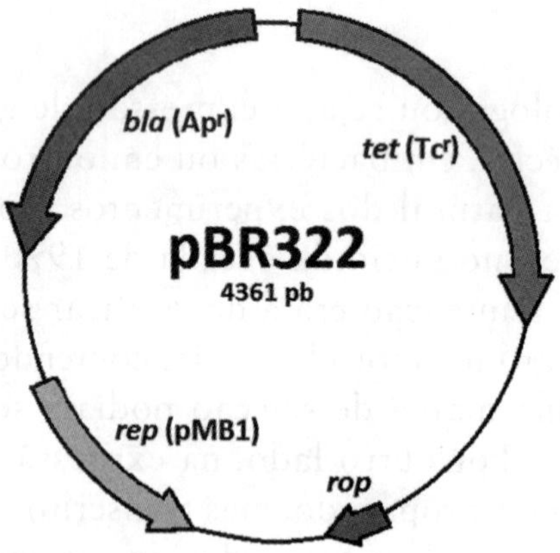

Figura 3.3 Plasmídeo pBR322, evidenciando os genes de resistência à ampicilina (Apr – bla, beta-lactamase) e à tetraciclina (Tcr). Além disso, o esquema mostra a região rep que é responsável pela replicação do plasmídeo e a região rop, que controla a replicação. O pBR322 é, atualmente, comercializado pela New England Biolabs.

Portanto, os primeiros vetores de expressão bacteriana eram, na realidade, adaptações feitas em vetores de clonagem preexistentes. Com o decorrer do tempo, novos vetores foram desenvolvidos, levando em consideração aspectos mais específicos da expressão heteróloga, como o nível de expressão (alterando tipos de promotores e número de cópias do vetor na célula hospedeira), indução da expressão (promotores de expressão induzida *vs.* expressão constitutiva), quadros alternativos de leitura para a clonagem do fragmento de DNA de interesse, estabilidade do RNA mensageiro, solubilidade e enovelamento correto da proteína sintetizada, uso de códons mais adequados para o hospedeiro utilizado, adição de *tags* para facilitar a purificação da proteína sintetizada, entre outras modificações[5].

Um dos marcos importantes no desenvolvimento de vetores de expressão foi a criação de um sistema de expressão no qual o promotor do bacteriófago T7 foi usado para dirigir a expressão de genes heterólogos, associado ao uso da RNA polimerase desse mesmo fago[6]. O promotor T7 não é reconhecido pela RNA polimerase de *E. coli* e, portanto, a expressão do gene heterólogo só ocorre quando a RNA polimerase do fago T7 é ativada. Essa condição é bastante conveniente, pois evita a síntese não controlada de proteínas potencialmente tóxicas à célula hospedeira (Figura 3.4).

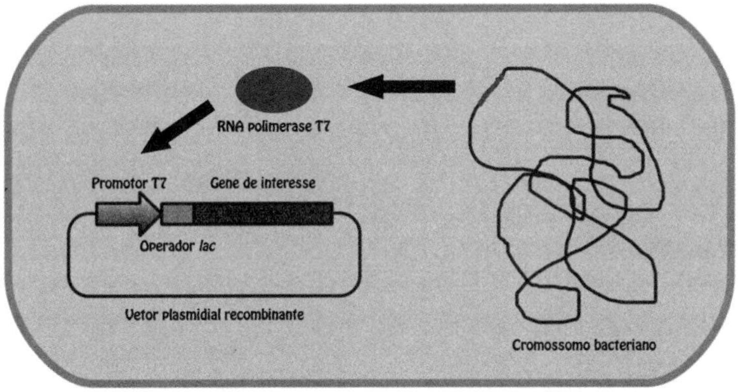

Figura 3.4 Linhagem celular adaptada para expressão de proteínas heterólogas utilizando o promotor viral T7 controlado pelo operador *lac*. A polimerase viral T7 (em vermelho) é codificada no cromossomo bacteriano sob controle do promotor *lac*, e o seu produto proteico é responsável pela transcrição da sequência heteróloga controlada pelo promotor T7. Dessa forma, o IPTG induz a expressão tanto da proteína heteróloga de interesse como da própria polimerase viral responsável por esse evento transcricional.

Para a expressão do gene, o plasmídeo é transferido para uma célula hospedeira que contenha em seu DNA cromossomal uma cópia do gene da RNA polimerase do fago T7 sob comando do promotor *lacUV5*, que é induzido na presença de isopropil-β-D-tiogalactopiranosídeo (IPTG), um indutor gratuito, não hidrolisável, do óperon *lac*, análogo à lactose[7]. Esse tipo de vetor deu origem a uma série de vetores denominada vetores pET (Novagen), que é mundialmente utilizada para a expressão heteróloga de genes em *E. coli*. Os vetores pET, além de utilizarem o promotor T7, permitem a clonagem do fragmento em três possíveis quadros de leitura, aumentando a possibilidade da expressão do gene no seu quadro aberto de leitura (Figura 3.5).

Além disso, esse sistema conta também com a possibilidade de produzir proteínas heterólogas contendo uma cauda de oligo-histidina, que facilita a sua purificação a partir do extrato celular. A cauda de oligo-histidina permite a purificação da proteína por meio da sua passagem em uma coluna de afinidade contendo níquel imobilizado. A proteína é retida na coluna pela interação histidina-Ni, o que não ocorre com as outras proteínas contaminantes do extrato celular, que são eliminadas. Em seguida, a proteína de interesse é eluída da coluna com uma solução de imidazol[8].

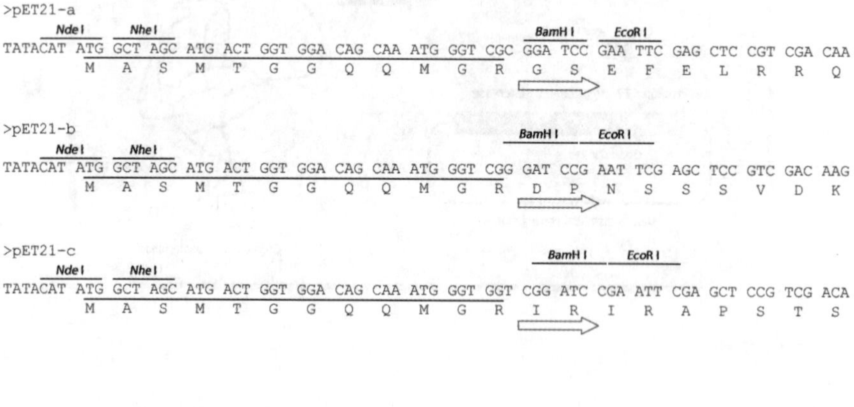

Figura 3.5 Região do plasmídeo da série pET21a, b e c, evidenciando as três possíveis fases de leitura para clonagem de sequencias codantes. Os sítios de restrição NdeI e NheI posicionam a sequencia de interesse no primeiro ATG (AUG) traduzido, enquanto os sítios de *Bam*HI e *Eco*RI permitem a clonagem nos três possíveis quadros de leitura, conforme pode ser evidenciado pelos diferentes produtos proteicos resultantes em cada vetor a, b e c a partir do sítio de *Bam*HI.

3.2 O QUE É UM VETOR BACTERIANO DE EXPRESSÃO

Vetores são elementos genéticos utilizados na clonagem, transformação e/ou expressão de proteínas em células hospedeiras. Dos diversos tipos de vetores disponíveis, o mais comumente utilizado em biologia molecular e em projetos de expressão heteróloga são os vetores plasmidiais, que são moléculas circulares de DNA dupla fita oriundas de plasmídeos encontrados em células bacterianas[9]. O papel primário de um vetor é o de ser molécula carreadora da sequência de DNA em estudo e proporcionar ferramentas para que essa sequência seja replicada (no caso de vetores de clonagem, Figura 3.3), expressa (no caso de vetores de expressão, Figura 3.4) e/ou incorporada em uma célula hospedeira (no caso de vetores integrativos). Neste último caso, o vetor não apresenta origem de replicação, de modo que a sua perpetuação depende da sua integração no DNA da célula hospedeira. Os vetores plasmidiais contam, portanto, com diversas regiões modulares que podem ser combinadas de forma a se obter uma diversidade de plasmídeos, visando, por exemplo, à expressão heteróloga de genes. Vetores plasmidiais, em geral, são construídos de maneira a possuírem uma região denominada sítio múltiplo de clonagem (*multiple cloning site*, MCS), ou *polylinker*, que conta com diversos sítios únicos de reconhecimento e clivagem por enzimas de restrição. Essa característica fornece ao usuário diversas possibilidades de clonagem da sua sequência de interesse, em diferentes quadros abertos de leitura. Além disso, esses vetores comumente possuem uma sequência denominada marcador de seleção, que é, normalmente, um gene de resistência a um antibiótico, que facilita a seleção de células transformadas com esses plasmídeos. Finalmente, é imprescindível a presença de uma origem de replicação, que garanta a replicação dessa molécula de maneira autônoma, ou seja, independente da divisão celular e da replicação cromossomal.

Os vetores de expressão, por sua vez, são plasmídeos especialmente desenhados para produzir uma grande quantidade de mRNA e sua proteína/peptídeo correspondente[9]. A transcrição é uma função de dosagem do plasmídeo, isto é, do seu número de cópias, e da funcionalidade do promotor[10]. Portanto, além de possuírem regiões que confiram a sua replicação autônoma, e pelo menos um marcador de seleção, devem possuir também regiões de ligação da RNA polimerase e controle do início e término da transcrição (promotor e terminador) flanqueando o seu MCS ou *polylinker*. Dessa maneira, as sequências a serem expressas podem ser facilmente inseridas no contexto de expressão. Além disso, para se configurar esse contexto de expressão, o vetor deve conter também uma sequência de ligação do

ribossomo (*ribosome binding site*, RBS) que contenha a sequência Shine-Dalgarno, de forma a posicionar corretamente o ribossomo no mRNA para o inicio da tradução (códon de iniciação, AUG), e que a sequência de interesse se posicione no mesmo quadro de leitura desse códon (Figura 3.6).

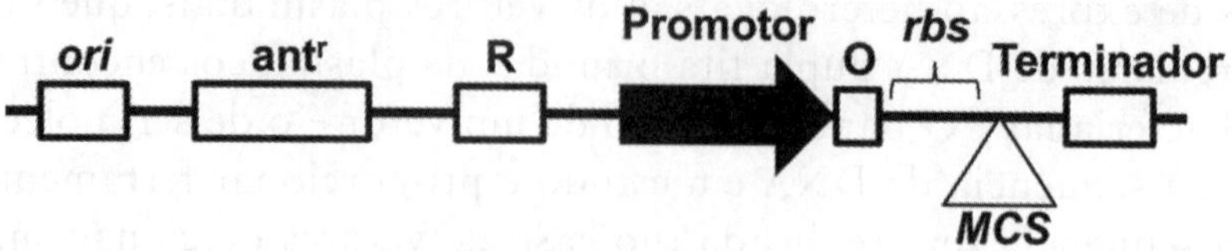

Figura 3.6 Representação esquemática dos elementos comumente presentes e necessários para a expressão heteróloga em bactérias. ori: origem de replicação; antr: gene de resistência a antibiótico/marcador de seleção; R: gene que codifica um regulador da função do promotor; O: operador; rbs: sítio de ligação ao ribossomo no mRNA; MCS: sítio múltiplo de clonagem, utilizado para a clonagem da sequência codante de interesse.

Desta maneira, a escolha do vetor de expressão é passo fundamental no sucesso de um projeto de expressão. A princípio, um plasmídeo com baixa taxa de replicação, também chamado de *low copy number*, gerará um número pequeno de moléculas de mRNA que, por sua vez, produzirá uma pequena quantidade de proteínas. Já um plasmídeo com elevada taxa de replicação (*high copy number*) produzirá um número maior de moléculas de mRNA, o que aumentaria a produção de proteínas. Porém, essa alta produtividade pode levar a um alto custo energético e, consequentemente, a um estresse metabólico para a célula hospedeira[11], o que pode resultar no efeito oposto do desejável – a redução de capacidade de produção proteica[12, 13]. Em relação à funcionalidade do promotor, é desejável que este possua capacidade de direcionar a produção da proteína heteróloga, que deve alcançar 10% a 30% (ou mais) em relação ao total de proteínas produzidas pela célula. Além disso, o promotor deve ser altamente regulado e não deve dirigir a síntese de mRNA no estado não induzido, de forma a evitar o desvio das fontes de carbono e energia para a produção prematura de proteínas, o que leva a um custo celular elevado, principalmente se a proteína heteróloga de interesse for tóxica à célula hospedeira[10, 11].

Os marcadores de seleção mais comumente utilizados em vetores de clonagem e expressão bacterianos são os genes de resistência aos antibióticos ampicilina, canamicina, cloranfenicol e tetraciclina. A resistência à

ampicilina é obtida pela expressão de uma beta-lactamase codificada pelo gene *bla*, que, uma vez no periplasma bacteriano, cliva o anel beta-lactâmico da amplicilina. A canamicina é inativada, também no periplasma, por uma aminoglicosídeo fosfotransferase, e o cloranfenicol pela *cat*, ou cloranfenicol acetiltransferase[14]. A tetraciclina, por sua vez, é removida do seu sítio de ação inibitória no ribossomo pela ação do produto proteico do gene de resistência *tet*, um análogo de fator de elongação[15].

Os primeiros promotores a serem utilizados em projetos de expressão heteróloga em *E. coli* foram o promotor *lac* e suas derivações. Promotores sintéticos foram também produzidos de forma a combinar características dos promotores *lac* e *trp*, como os promotores *tac* e *trc*[7]. Promotores virais também são utilizados, sendo que o mais conhecido é o promotor T7[16].

Além disso, vetores contendo outros promotores foram produzidos, como os promotores regulados por fatores ambientais, por exemplo o *CspA* (*cold shock protein A*), que é mais funcional em baixas temperaturas, e os que respondem a fatores nutricionais, *phoA* (fosfato), *trp* (triptofano) e pBAD (promotor do óperon arabinose)[7].

3.3 TIPOS DE VETORES DE EXPRESSÃO BACTERIANA

Dentre os vetores de expressão bacteriana disponíveis atualmente no mercado, os mais utilizados para expressão em *E. coli* pertencem aos sistemas pET (Novagen), pBAD (Invitrogen) e pGEX (Amersham Biosciences)[17]. A Tabela 3.1 mostra os principais tipos de vetores plasmidiais disponíveis no mercado e algumas das suas características. Neste capítulo, daremos enfoque maior ao sistema mais amplamente utilizado, o pET.

Tabela 3.1 Lista de vetores plasmidiais de expressão bacteriana disponíveis no mercado e algumas de suas características

VETOR	PROMOTOR*	MARCA DE SELEÇÃO	ORIGEM	FORNECEDOR
pALTER-*Ex1*	T7	Tet		Promega
pALTER-*Ex2*	T7	Tet		Promega
pBAD/His	araBAD	Amp	pUC	Invitrogen
pBAD/*Myc*-His	araBAD	Amp	pUC	Invitrogen
pBAD/gIII	araBAD	Amp	ColE1	Invitrogen
pCal-n	T7-*lac*	Amp	ColE1	Stratagene
pCal-n-EK	T7-*lac*	Amp	ColE1	Stratagene

VETOR	PROMOTOR*	MARCA DE SELEÇÃO	ORIGEM	FORNECEDOR
pCal-c	T7-lac	Amp	ColE1	Stratagene
pCal-Kc	T7-lac	Amp	ColE1	Stratagene
pcDNA 2.1	T7	Amp	pUC	Invitrogen
pDUAL	T7-lac	Kan	ColE1	Stratagene
pET-3a-c	T7	Amp	pBR322	Novagen
pET-9a-d	T7	Kan	pBR322	Novagen
pET-11a-d	T7-lac	Amp	pBR322	Novagen
pET-12a-c	T7	Amp	pBR322	Novagen
pET-21a-d(+)	T7-lac	Amp	pBR322	Novagen
pET-23a-d(+)	T7	Amp	pBR322	Novagen
pET-24a-d(+)	T7-lac	Kan	pBR322	Novagen
pET-28a-c(+)	T7-lac	Kan	pBR322	Novagen
pET-30a-c(+)	T7-lac	Kan	pBR322	Novagen
pET-32a-c(+)	T7-lac	Amp	pBR322	Novagen
pET-41a-c(+)	T7-lac	Kan	pBR322	Novagen
pET-42a-c(+)	T7-lac	Kan	pBR322	Novagen
pET-43a-c(+)	T7-lac	Kan	pBR322	Novagen
pETBlue-1	T7-lac	Amp	pUC	Novagen
pETBlue-2	T7-lac	Amp	pUC	Novagen
pETBlue-3	T7-lac	Amp	pUC	Novagen
pGEMEX-1	T7	Amp		Promega
pGEMEX-2	T7	Amp		Promega
pGEX-1IT	tac	Amp	pBR322	Pharmacia
pGEX-2T	tac	Amp	pBR322	Pharmacia
pGEX-2TK	tac	Amp	pBR322	Pharmacia
pGEX-3X	tac	Amp	pBR322	Pharmacia
pGEX-4T	tac	Amp	pBR322	Pharmacia
pGEX-5X	tac	Amp	pBR322	Pharmacia
pGEX-6P	tac	Amp	pBR322	Pharmacia
pHAT10/11/12	lac	Amp	pUC	Clontech
pHAT20	lac	Amp	pUC	Clontech
pHAT-GFPuv	lac	Amp	pUC	Clontech
pKK223-3	tac	Amp	pBR322	Pharmacia
pLEX	P_L	Amp	pUC	Invitrogen

Vetores de Expressão Bacteriana: Tipos e Usos

VETOR	PROMOTOR*	MARCA DE SELEÇÃO	ORIGEM	FORNECEDOR
pMAL-c2X	tac	Amp	ColE1	NEB
pMAL-c2E	tac	Amp	ColE1	NEB
pMAL-c2G	tac	Amp	ColE1	NEB
pMAL-p2X	tac	Amp	ColE1	NEB
pMAL-p2E	tac	Amp	ColE1	NEB
pMAL-p2G	tac	Amp	ColE1	NEB
pProEX HT	trc	Amp		Life Technologies
pPROLar.A	lac-ara1	Kan	p15A	Clontech
pPROTet.E	LtetO-1	Cam	ColE1	Clontech
pQE-9	T5-lac	Amp	ColE1	Qiagen
pQE-16	T5-lac	Amp	ColE1	Qiagen
pQE-30/31/32	T5-lac	Amp	ColE1	Qiagen
pQE-40	T5-lac	Amp	ColE1	Qiagen
pQE-60	T5-lac	Amp	ColE1	Qiagen
pQE-70	T5-lac	Amp	ColE1	Qiagen
pQE-80/81/82L	T5-lac	Amp	ColE1	Qiagen
pQE-100	T5-lac	Amp	ColE1	Qiagen
pRSET	T7	Amp	ColE1	Invitrogen
pSE280	trc	Amp	pUC	Invitrogen
pSE380	trc	Amp	pUC	Invitrogen
pSE420	trc	Amp	pUC	Invitrogen
pThioHis	trc	Amp	ColE1	Invitrogen
pTrc99A	trc	Amp	pBR322	Pharmacia
pTrcHis	trc	Amp	pUC	Invitrogen
pTrcHis2	trc	Amp	pUC	Invitrogen
pTriEx-1	T7	Amp	pUC	Novagen
pTriEx-2	T7-lac	Amp	pUC	Novagen
pTrxFus	P_L	Amp	ColE1	Invitrogen

* T7: promotor do bacteriófago T7; *araBAD*: promotor do óperon da arabinose de *E. coli*; *lac*: promotor do óperon da lactose de *E. coli*; tac: promotor híbrido derivado dos promotores dos óperons do triptofano e da lactose de *E. coli*; P_L: promotor do bacteriófago lambda; trc: promotor híbrido derivado dos promotores *trp* e *lac*UV5; *lac-ara*1 promotor híbrido derivado da fusão do promotor *lac* com o sítio de ligação da proteína ativadora AraC de *E. coli*; LtetO-1: promotor induzido por tetraciclina; T5-*lac*: promotor híbrido derivado da fusão entre o promotor *lac* e o promotor do bacteriófago T5.

3.3.1 O sistema pET

Os mais de 42 vetores do sistema pET, comercializados atualmente pela Merck-Millipore, contam com o promotor viral T7 ou um híbrido T7-*lac*. Esses vetores foram desenvolvidos a partir de estudos realizados originalmente por Studier e colaboradores no final da década de 1980[6, 18-20] e são os vetores mais utilizados para a expressão em bactérias.

A polimerase viral T7 é extremamente seletiva e com alta afinidade pelo seu promotor, o que leva a célula a direcionar a maioria de seus recursos para a expressão da proteína de interesse, que pode chegar a 50% da proteína total da célula[19-21]. Portanto, vetores dessa série devem ser usados em linhagens celulares contendo uma sequência da polimerase viral T7 também controlada pelo promotor *lac* em seu DNA cromossomal[22]. A vantagem do promotor híbrido é a possibilidade de repressão pelo repressor *lac* (LacI), presente no genoma de *E. coli* e, também codificado na maioria dos vetores da série pET, evitando que os recursos celulares sejam desviados para a produção da proteína heteróloga de interesse antes que a cultura atinja uma densidade celular alta (fase log), o que poderia induzir o estresse celular[11-13]. Esses promotores são induzíveis por IPTG (isopropil-β-D-tiogalactopiranosídeo), que regula a interação do repressor *lac* com a região operadora.

Os vetores dessa série também podem possuir diferentes elementos para facilitar a detecção e a purificação da proteína de interesse. Dentre estes, destaca-se a cauda de oligo-histidina (6xHis ou His-*tag*), presente na vasta maioria dos vetores dessa série, que permite a purificação da proteína de interesse com colunas de afinidade. Além disso, os vetores pET possuem uma grande variedade de tipos de MSC ou polylinkers, visando à clonagem com diversas enzimas de restrição, em fase com o gene de interesse e *tags* de fusão, e a maioria possui genes de resistência à ampicilina ou canamicina.

3.3.2 O sistema pBAD

Os vetores do sistema pBAD[23] baseiam-se no uso do promotor do óperon arabinose *araBAD*, que é controlado gradualmente pela presença de arabinose. A vantagem da utilização desse promotor é a resposta dose-dependente, ou seja, a expressão do gene de interesse pode ser regulada pela concentração de indutor (arabinose) no meio de cultura. Isso é atingido devido à geração de uma população mista de células hospedeiras, sendo que parte das células é induzida e parte não. O efeito final desse fenômeno é o controle

da expressão na população como um todo[14, 24]. Portanto, provavelmente a maior vantagem dos vetores da série pBAD seja, além do moderado nível de expressão, evitando o estresse metabólico celular[11], a fácil e eficaz possibilidade de modulação[23]. A Figura 3.7 ilustra o sistema pBAD e dá detalhes do seu funcionamento.

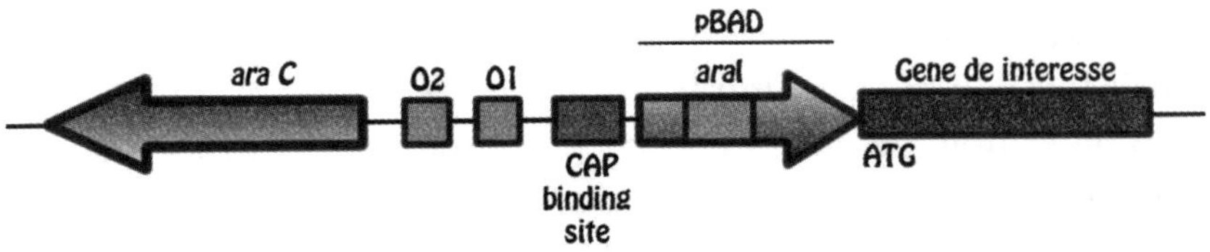

Figura 3.7 Esquema estrutural do sistema pBAD. O gene de interesse é clonado sob controle do promotor *araBAD*, e a sua funcionalidade é dependente da ligação da proteína AraC nas regiões O2, O1 e araI em sua forma ativa (ligada à arabinose) ou inativa, que induz a formação de um *loop*. A CAP é responsiva a AMP cíclico (cAMP), cuja concentração aumenta, ativando-a, na ausência de glicose.

3.4 HOSPEDEIROS BACTERIANOS

Células procarióticas são normalmente preferidas como hospedeiras para a expressão de genes heterólogos, que codificam proteínas que, em geral, não sofrem modificações pós-traducionais. Dentre as bactérias, *E. coli* é a mais frequentemente utilizada, uma vez que requer fontes de carbono de baixo custo para o seu crescimento, acumula biomassa rapidamente, pode ser cultivada em fermentadores sob alta densidade de células, sua genética é muito bem caracterizada, há uma grande quantidade de vetores de expressão disponível e diversas linhagens mutantes que podem ser utilizadas como hospedeiras, dentre outras características desejáveis. Buscas recentes no Protein Data Bank (PDB, banco de dados de proteínas) mostram que quase 90% das proteínas recombinantes produzidas até o momento foram expressas em *E. coli*. Células de insetos infectadas com baculovírus foram o segundo tipo de hospedeiro mais utilizado (cerca de 4,5%), enquanto as células de mamíferos ficaram em terceiro lugar (cerca de 2,5%)[25].

As linhagens selvagens de *E. coli* apresentam uma série de características que são indesejáveis para o seu uso como hospedeiras para a expressão heteróloga de genes. Por isso, mutantes vêm sendo isolados ou produzidos por engenharia genética para permitirem a expressão, em nível desejado, da

proteína heteróloga. Uma das mutações utilizadas é a *endA1*, uma mutação no gene *endA* que abole a atividade da endonuclease I, permitindo a obtenção de preparações de plasmídeos com alta qualidade (baixo nível de degradação). Outra mutação de interesse para a expressão heteróloga de genes em *E. coli* é a *recA1*, que torna a bactéria deficiente em recombinação homóloga. Esse tipo de recombinação é indesejável quando o gene heterólogo contém sequências repetitivas ou quando o plasmídeo contém sequências similares às do cromossomo do hospedeiro. Mutações nos genes que codificam as proteases lon e ompT também melhoram o processo de expressão heteróloga de genes em *E. coli*, uma vez que essas proteases tendem a degradar as proteínas de interesse durante o processamento[26].

Entre as linhagens de *E. coli*, a BL21 tem sido a mais utilizada como hospedeira e tem-se mostrado bastante apropriada para a expressão heteróloga de genes[27]. Dentre as características que tornam BL21 uma excelente linhagem hospedeira estão: crescimento vigoroso em meio mínimo, não patogenicidade, deficiência na síntese de proteases naturais (mutações nos genes lon e ompT) e a facilidade de adicionar elementos genéticos importantes para o sistema de expressão[14, 28]. Como pode ser visto na Tabela 3.2, várias linhagens são derivadas de BL21 e apresentam mutações que otimizam o processo de expressão heteróloga de genes[14].

Tabela 3.2 Algumas linhagens de *E. coli* usadas para a produção heteróloga de proteínas e suas principais características[29, 17*]

LINHAGEM	LINHAGEM ORIGINAL	PRINCIPAIS CARACTERÍSTICAS
AD494	K12	Mutante para trxB (tiorredoxina redutase); facilita a formação de pontes dissulfeto no citoplasma.
BL21	B	Mutante para as proteases lon e ompT.
BL21trxB	BL21	Mutante para trxB; mutante para as proteases lon e ompT.
BL21 CodonPlus-RIL	BL21	Melhora a expressão de genes de eucariotos que contenham códons raros em *E. coli*: AGG, AGA, AUA, CUA; mutante para as proteases lon e ompT.
BL21 CodonPlus-RP	BL21	Melhora a expressão de genes de eucariotos que contenham códons raros em *E. coli*: AGG, AGA, CCC; mutante para as proteases lon e ompT.
BLR	BL21	Mutante para recA; estabiliza repetições em tandem; mutante para as proteases lon e ompT.
B834	B. Bc	Auxotrófica para metionina; usada para a marcação de proteínas com ^{35}S-metionina e selenometionina.
BB7333	-	Mutante para as proteases clpX, clpP e lon.

LINHAGEM	LINHAGEM ORIGINAL	PRINCIPAIS CARACTERÍSTICAS
DL41	K12	Auxotrófica para metionina; usada para a marcação de proteínas com ^{35}S-metionina e selenometionina.
C41	BL21	Mutante desenhado para a expressão de proteínas de membrana.
C43	BL21	Mutante duplo desenhado para a expressão de proteínas de membrana.
HMS174	K12	Mutante para recA; resistente à rifampicina.
JM110	-	Mutante para dam e dcm; não ocorre metilação do DNA nos sítios dam e dcm.
JM 83	K12	Útil para a secreção de proteínas recombinantes no periplasma.
LMG194	-	Mutante ara; usada em combinação com vetores contendo promotor BAD.
Origami	K12	Mutante para trxB/gor (tiorredoxina e glutationa redutases); facilita bastante a formação de pontes dissulfeto no citoplasma
Origami B	BL21	Mutante para trxB/gor; mutante para as proteases lon e ompT.
Rosetta	BL21	Melhora a expressão de genes de eucariotos que contenham códons raros em E. coli: AUA, AGG, AGA, CGG, CUA, CCC e GGA; mutante para as proteases lon e ompT.
Rosetta-gami	BL21	Melhora a expressão de genes de eucariotos que contenham códons raros em E. coli: AUA, AGG, AGA, CGG, CUA, CCC e GGA; mutante para as proteases lon e ompT; mutante para trxB/gor.

* Adaptado.

Embora E. coli representa um dos mais versáteis e utilizados sistemas de expressão heteróloga, várias proteínas eucarióticas de interesse comercial não são eficientemente expressas nessa bactéria. Dentre as limitações de E. coli para a síntese heteróloga de algumas proteínas de eucariotos estão a (i) incapacidade para realizar modificações pós-traducionais que são típicas de células eucarióticas; a (ii) capacidade limitada para realizar ligações dissulfeto; (iii) algumas proteínas sintetizadas são insolúveis devido a erros no seu enovelamento e são acumuladas no meio intracelular na forma de corpos de inclusão; (iv) baixo nível de expressão devido à degradação proteica ou à tradução ineficiente em função da formação de estruturas secundárias no RNA mensageiro; e (v) os códons que especificam um dado aminoácido em células eucariotas podem ser diferentes daqueles utilizados em E. coli, dificultando o processo de tradução[30].

Apesar das limitações citadas, a compreensão e manipulação dos diversos processos biológicos fazem da utilização de E. coli uma importante e interessante ferramenta para a expressão heteróloga de genes. A possibilidade de

seleção de regiões promotoras adequadas e estritamente reguladas garante altos níveis de expressão. Novas linhagens hospedeiras deficientes na produção de proteases específicas e/ou com facilidade de formar ligações dissulfeto oferecem rendimentos mais elevados de proteína corretamente enovelada, minimizando a degradação proteolítica. A utilização de sinais de secreção permite o direcionamento das proteínas de interesse, tanto para o espaço periplasmático quanto para o meio de cultura, facilitando os processos de purificação. O uso de chaperonas moleculares, em casos específicos, pode auxiliar no enovelamento mais eficaz de proteínas, aumentando a sua solubilidade e facilitando o seu transporte através da membrana[31, 32]. Finalmente, o uso de mutantes desenvolvidos para a produção de RNA transportadores específicos para o reconhecimento de códons presentes no gene heterólogo e que são raros no genoma do hospedeiro facilita a expressão de genes de origem eucariótica[30].

3.5 APLICAÇÕES TERAPÊUTICAS E/OU INDUSTRIAIS

O exemplo terapêutico mais clássico da utilização de sistemas bacterianos de expressão heteróloga e seus vetores na indústria é a produção de insulina recombinante, que marcou a história como a primeira molécula recombinante, aprovada em 1982, para fins terapêuticos pela Food and Drug Administration (FDA), a agência reguladora de alimentos e medicamentos dos Estados Unidos. A insulina é um hormônio proteico produzido pelo pâncreas e é naturalmente sintetizada como um único polipeptídeo (pró-insulina). A cadeia polipeptídica, durante o seu processamento pós-traducional em células de mamíferos, atinge a sua forma nativa estável com a formação de três ligações dissulfeto e a remoção de parte do polipeptídeo pela ação de enzimas proteolíticas específicas, gerando dois polipeptídeos (denominados cadeias A e B), ligados entre si por duas ligações dissulfeto[9]. Esse sistema complexo de enovelamento (*folding*) não é realizado comumente por células procarióticas e, portanto, a adaptação do processo de expressão foi um passo fundamental no sucesso do projeto de produção desse hormônio. Na produção da insulina recombinante, as sequências que codificam as duas cadeias (A e B) foram clonadas no vetor bacteriano pBR322 e fusionadas ao gene da β-galactosidase para garantir altos níveis de expressão bacteriana e estabilidade proteica na linhagem K12. Após a síntese da proteína quimérica, a cadeia polipeptídica correspondente à enzima β-galactosidase foi removida pela ação do brometo de cianogênio, e os peptídeos A e B produzidos pela clivagem foram reduzidos e reoxidados, dando origem à

primeira molécula terapêutica recombinante[33, 34]. Usando essa técnica, o laboratório Eli-Lilly produziu a Humulin® em escala industrial, testada quanto à sua alergenicidade e segurança biológica[35], e passou a ser, desde então, amplamente comercializada, substituindo a insulina purificada de origem suína.

O advento da produção heteróloga de insulina em sistema procariótico abriu as portas para o uso desses vetores e hospedeiros bacterianos, que têm sido amplamente utilizados na saúde humana, especialmente na indústria farmacêutica.

Como resultado, outros produtos recombinantes foram desenvolvidos justamente para substituir as proteínas terapêuticas que já eram obtidas de fontes naturais. Por exemplo, em 1979, o DNA complementar (cDNA) do hormônio de crescimento humano (*human growth hormone*, hGH) foi clonado num vetor bacteriano p*trp*ED5-1 contendo a sequência regulatória, a primeira sequência codante (*trpE*) e 15% da segunda (*trpD*) do óperon triptofano (*trp*). Essa técnica permitiu a produção desse hormônio em bactérias, que substituiu a única fonte deste hormônio disponível anteriormente, que era a purificação usando glândulas pituitárias de cadáveres humanos[36].

Além desses exemplos, com o passar do tempo e o aperfeiçoamento tanto dos vetores como das linhagens bacterianas visando expressão heteróloga, novos peptídeos e proteínas terapêuticas recombinantes têm sido produzidos pela indústria farmacêutica. O ativador tecidual de plasminogênio (t-PA) é um agente trombolítico produzido em corpos de inclusão de *E. coli*, e o fato de não ser glicosilado contribuiu para o aumento de sua meia-vida na circulação[37]. A calcitonina, utilizada em síndromes ósseas como um inibidor da reabsorção óssea, tem a sua versão humana e de salmão também produzidas em *E. coli*[38], assim como o interferon α-2b, uma citocina utilizada em tratamentos antitumorais e antivirais[39] e o hGM-CSF (*human granulocyte macrophage colony stimulating factor*, fator estimulador de colônias de granulócitos-macrófagos), uma citocina pró-inflamatória utilizada no tratamento de diversas doenças imunes[40]. Esses exemplos evidenciam a utilização da tecnologia de expressão de proteínas em sistemas procarióticos e suas possibilidades terapêuticas como uma realidade.

3.6 CONCLUSÕES E PERSPECTIVAS

Os primeiros experimentos de expressão heteróloga de genes em bactérias foram realizados na década de 1970, tomando como base os experimentos pioneiros de Cohen e colaboradores. Nos últimos quarenta anos, houve um avanço expressivo no desenvolvimento de "ferramentas moleculares" (vetores

e hospedeiros) necessárias à síntese de proteínas heterólogas em bactérias. Os modernos vetores de expressão e células hospedeiras mutantes apresentam modificações no sentido de otimizar o processo de expressão heteróloga e de contornar as limitações do uso de células procariotas como hospedeiras. Foram introduzidas modificações para aumentar o nível de expressão do gene heterólogo e o acúmulo da proteína recombinante, aumentar a sua estabilidade e solubilidade, facilitar o seu enovelamento e promover o seu correto endereçamento. Com todas essas modificações e devido à sua versatilidade, o sistema de expressão em bactérias, mais especificamente em *E. coli*, se estabeleceu como um dos mais populares para a expressão heteróloga de genes. Cerca de 90% das proteínas recombinantes produzidas até o momento foram expressas em *E. coli*. Apesar disso, outros sistemas de expressão têm sido utilizados, tais como células de insetos, leveduras, plantas e culturas de células de mamíferos. Esses sistemas de expressão foram desenvolvidos, principalmente, para tentar contornar as dificuldades da expressão de genes de eucariotos em sistemas bacterianos, particularmente relacionados com as modificações pós-traducionais que ocorrem em proteínas de origem eucariótica, mas que não são realizadas pelos sistemas de expressão procarióticos. Vislumbra-se que os sistemas bacterianos continuarão a ser utilizados intensivamente para a produção heteróloga de proteínas de interesse biotecnológico, devido à sua alta versatilidade e relativa simplicidade de manipulação. No entanto, os sistemas eucariotos deverão ter o seu uso ampliado em função de características específicas de diferentes tipos de proteínas de interesse.

REFERÊNCIAS

1. Cohen SN, Chang AC, Boyer HW, Helling RB. Construction of biologically functional bacterial plasmids in vitro. Proc Natl Acad Sci USA. 1973;70(11):3240-4.
2. Hamer DH, Thomas CA, Jr. Molecular cloning of DNA fragments produced by restriction endonucleases SalI and BamI. Proc Natl Acad Sci USA. 1976;73(5):1537-41.
3. Bolivar F, Rodriguez RL, Greene PJ, Betlach MC, Heyneker HL, Boyer HW, et al. Construction and characterization of new cloning vehicles. II. A multipurpose cloning system. Gene. 1977;2(2):95-113.
4. Itakura K, Hirose T, Crea R, Riggs AD, Heyneker HL, Bolivar F, et al. Expression in Escherichia coli of a chemically synthesized gene for the hormone somatostatin. Science. 1977;198(4321):1056-63.
5. Sahdev S, Khattar SK, Saini KS. Production of active eukaryotic proteins through bacterial expression systems: a review of the existing biotechnology strategies. Molecular and Cellular Biochemistry. 2008;307(1-2):249-64.
6. Studier FW, Moffatt BA. Use of bacteriophage T7 RNA polymerase to direct selective high-level expression of cloned genes. Journal of Molecular Biology. 1986;189(1):113-30.
7. Baneyx F. Recombinant protein expression in Escherichia coli. Current Opinion in Biotechnology. 1999;10(5):411-21.
8. Structural Genomics Consortium, China Structural Genomics Consortium, Northeast Structural Genomics Consortium, Gräslund S, Nordlund P, Weigelt J, et al. Protein production and purification. Nat Meth. 2008;5(2):135-46.
9. Alberts B, Johnson A, Lewis J, Raff M, Roberts K, Walter P. Molecular Biology of the Cell. 4 ed. New York: Garland Science; 2002.
10. Huang CJ, Lin H, Yang X. Industrial production of recombinant therapeutics in Escherichia coli and its recent advancements. Journal of industrial microbiology & biotechnology. 2012;39(3):383-99. Epub 2012/01/19.
11. Bentley WE, Mirjalili N, Andersen DC, Davis RH, Kompala DS. Plasmid-encoded protein: The principal factor in the "metabolic burden" associated with recombinant bacteria. Biotechnology and Bioengineering. 1990;35(7):668-81.
12. Wick LM, Egli T. Molecular components of physiological stress responses in Escherichia coli. Advances in Biochemical Engineering/Biotechnology. 2004;89:1-45.
13. Nemecek S, Marisch K, Juric R, Bayer K. Design of transcriptional fusions of stress sensitive promoters and GFP to monitor the overburden of Escherichia coli hosts during recombinant protein production. Bioprocess and Biosystems Engineering. 2008;31(1):47-53.
14. Sørensen HP, Mortensen KK. Advanced genetic strategies for recombinant protein expression in Escherichia coli. Journal of Biotechnology. 2005;115(2):113-28.

15. Connell SR, Tracz DM, Nierhaus KH, Taylor DE. Ribosomal protection proteins and their mechanism of tetracycline resistance. Antimicrobial Agents and Chemotherapy. 2003;47(12):3675-81.
16. Sambrook J, Russell DW. Expression of Cloned Genes in E. coli Using the Bacteriophage T7 Promoter. CSH Protocols. 2006;2006(1).
17. European Molecular Biology Laboratory. Bacterial Expression Vectors. Nov. 2013. Available from: http://www.embl.de/pepcore/pepcore_services/strains_vectors/vectors/bacterial_expression_vectors/popup_bacterial_expression_vectors/index.html.
18. Rosenberg AH, Lade BN, Chui DS, Lin SW, Dunn JJ, Studier FW. Vectors for selective expression of cloned DNAs by T7 RNA polymerase. Gene. 1987;56(1):125-35.
19. Studier FW, Rosenberg AH, Dunn JJ, Dubendorff JW. Use of T7 RNA polymerase to direct expression of cloned genes. Methods in Enzymology. 1990;185:60-89.
20. Dubendorff JW, Studier FW. Controlling basal expression in an inducible T7 expression system by blocking the target T7 promoter with lac repressor. Journal of Molecular Biology. 1991;219(1):45-59.
21. Novagen. The pET System Manual. 11 ed. 2006.
22. Jonasson P, Liljeqvist S, Nygren PA, Stahl S. Genetic design for facilitated production and recovery of recombinant proteins in Escherichia coli. Biotechnology and Applied Biochemistry. 2002;35(Pt 2):91-105.
23. Guzman LM, Belin D, Carson MJ, Beckwith J. Tight regulation, modulation, and high-level expression by vectors containing the arabinose PBAD promoter. Journal of Bacteriology. 1995;177(14):4121-30.
24. Siegele DA, Hu JC. Gene expression from plasmids containing the araBAD promoter at subsaturating inducer concentrations represents mixed populations. Proc Natl Acad Sci USA. 1997;94(15):8168-72.
25. Fernandez FJ, Vega MC. Technologies to keep an eye on: alternative hosts for protein production in structural biology. Current Opinion in Structural Biology. 2013;23(3):365-73.
26. Womack C. Bypassing Common Obstacles in Protein Expression. NEB Expressions. 2011 summer.
27. Khow O, Suntrarachun S. Strategies for production of active eukaryotic proteins in bacterial expression system. Asian Pacific Journal of Tropical Biomedicine. 2012;2(2):159-62.
28. Swartz JR. Advances in Escherichia coli production of therapeutic proteins. Current Opinion in Biotechnology. 2001;12(2):195-201.
29. Terpe K. Overview of bacterial expression systems for heterologous protein production: from molecular and biochemical fundamentals to commercial systems. Applied Microbiology and Biotechnology. 2006;72(2):211-22.

30. Fakruddin M, Mohammad Mazumdar R, Bin Mannan KS, Chowdhury A, Hossain MN. Critical Factors Affecting the Success of Cloning, Expression, and Mass Production of Enzymes by Recombinant E. coli. ISRN Biotechnology. 2013;2013:7.
31. Schlapschy M, Skerra A. Periplasmic chaperones used to enhance functional secretion of proteins in E. coli. Methods in Molecular Biology. 2011;705:211-24.
32. Francis DM, Page R. Strategies to optimize protein expression in E. coli. Current Protoc Protein Sci. 2010;1-29.
33. Goeddel DV, Kleid DG, Bolivar F, Heyneker HL, Yansura DG, Crea R, et al. Expression in Escherichia coli of chemically synthesized genes for human insulin. Proc Natl Acad Sci USA. 1979;76(1):106-10.
34. Riggs AD. Bacterial production of human insulin. Diabetes care. 1981;4(1):64-8.
35. Keen H, Glynne A, Pickup JC, Viberti GC, Bilous RW, Jarrett RJ, et al. Human insulin produced by recombinant DNA technology: safety and hypoglycaemic potency in healthy men. Lancet. 1980;2(8191):398-401.
36. Martial JA, Hallewell RA, Baxter JD, Goodman HM. Human growth hormone: complementary DNA cloning and expression in bacteria. Science. 1979;205(4406):602-7.
37. Mattes R. The production of improved tissue-type plasminogen activator in Escherichia coli. Seminars in thrombosis and hemostasis. 2001;27(4):325-36.
38. Mulder KC, Viana AA, Xavier M, Parachin NS. Critical Aspects to be Considered Prior to Large-Scale Production of Peptides. Current Protein & Peptide Science. 2013;14(7):556-67.
39. Gull I, Samra ZQ, Aslam MS, Athar MA. Heterologous expression, immunochemical and computational analysis of recombinant human interferon alpha 2b. SpringerPlus. 2013;2(1):264.
40. Khasa YP, Khushoo A, Mukherjee KJ. Enhancing toxic protein expression in Escherichia coli fed-batch culture using kinetic parameters: Human granulocyte-macrophage colony-stimulating factor as a model system. Journal of Bioscience and Bioengineering. 2013;115(3):291-7.

CAPÍTULO 4

CLONAGEM GÊNICA: FUNDAMENTOS E APLICAÇÕES

Antônio Américo Barbosa Viana
Aulus Estevão dos A. de D. Barbosa
Octávio Luiz Franco
Simoni Campos Dias

4.1 INTRODUÇÃO

Desde a elucidação da complexa estrutura da molécula do ácido desoxirribonucleico (DNA) em 1953, segundo modelo proposto por Francis Crick e James Watson, e mais tarde em 1958, quando Crick estabeleceu a relação funcional entre o DNA, o RNA e as proteínas, salientando o fluxo unidirecional da informação, houve uma mudança radical nos paradigmas das ciências da vida. De acordo com Nascimento e colaboradores[1], até a década de 1970, o DNA era o componente celular mais difícil de ser analisado. Sua sequência de nucleotídeos de enorme tamanho e monotonia química era geralmente analisada por meios indiretos, como a sequência de proteínas e análise genética. O avanço da ciência e da tecnologia molecular teve seu ponto culminante em meados da década de 1980, quando as técnicas de identificação, fundamentadas na análise direta do DNA, tornaram-se uma das mais poderosas ferramentas para a identificação e caracterização dos processos biológicos e novas técnicas foram criadas para a análise, isolamento e purificação

desses compostos. Muitas dessas técnicas são provenientes de ramos como a microbiologia, bioquímica, imunologia e genética microbiana[1].

Tais métodos, agrupados nos termos "tecnologia do DNA recombinante" ou "engenharia genética", com base essencialmente nos processos de clonagem gênica, abriram uma nova era para a genética, conduzindo rápidas e eficientes técnicas, permitindo que a análise do DNA ganhasse um novo enfoque, fazendo com que as dificuldades encontradas nas análises dessa molécula diminuíssem muito. Assim, foi possível isolar regiões específicas do DNA, obtê-las em grande quantidade e determinar sua sequência numa velocidade de milhares de nucleotídeos por dia[2]. As técnicas agrupadas no que chamamos de tecnologia de DNA recombinante começaram a ser desenvolvidas no início dos anos 1970, com a utilização de vetores de clonagem, em geral plasmídeos e genomas virais, utilizando enzimas de restrição, que permitiam cortar o DNA em pontos específicos conhecidos, isolando-se, assim, fragmentos de ácido nucleico passíveis de serem introduzidos no genoma de um organismo com moléculas idênticas de DNA (Vide Capítulo 3).

A primeira experiência de clonagem foi feita em 1972 por um grupo de pesquisadores chefiados por Paul Berg. Esse bioquímico americano dividiu o prêmio Nobel de química em 1980 com o americano Walter Gilbert e com Frederick Sanger, do Reino Unido. O grupo de pesquisas de Paul Berg realizou experimentos nos quais utilizava as propriedades químicas de certas proteínas (enzimas de restrição) para recortar sequências de genes do DNA de um vírus e, utilizando um bacteriófago, introduzir esse fragmento de DNA em outra espécie bacteriana. Este procedimento pioneiro ficou conhecido como técnica do DNA recombinante e sedimentou as demais técnicas relacionadas discutidas neste capítulo. A partir dessa experiência original, o desenvolvimento de tais técnicas tem sido surpreendente. Em 1988 surgiu uma nova contribuição, a chamada reação de polimerização em cadeia (*polimerase chain reaction* – PCR), que veio dar nova feição às experiências de clonagem molecular[3].

A partir daí, foram desenvolvidos procedimentos para o estudo da regulação de genes individuais, o que permitiu que os biólogos moleculares entendessem como aberrações na regulação gênica podiam resultar em doenças humanas, além da aplicação dessas tecnologias em diversas áreas, como médica forense, agrícola e indústria farmacêutica e química. Diante da diversidade de aplicações, houve um aumento significativo nos estudos para a obtenção de genes de interesse, na confirmação de suas sequências e na obtenção das proteínas que elas codificam.

Atualmente, é possível realizar investigações de paternidade, diagnósticos de doenças genéticas e infecciosas, estudos dos mecanismos de replicação e

expressão. Estudos de desenvolvimento de culturas microbianas nos levaram à produção de substâncias úteis, como insulina humana, hormônio de crescimento, vacinas e, ainda, à produção de enzimas de interesse industrial, aplicáveis no processo de fabricação de pesticidas, fármacos, entre outros.

A origem do termo clonagem molecular vem da genética bacteriana que considera uma colônia de bactérias como um clone, pois todos os indivíduos, por serem oriundos de uma única célula que deu início a essa colônia, são, a princípio, geneticamente idênticos. A clonagem molecular consiste na multiplicação de moléculas de DNA idênticas e baseia-se na propagação natural de células ou indivíduos geneticamente idênticos ao inicial. O experimento de clonagem gênica consiste em introduzir o(s) gene(s) em células bacterianas e isolá-las em colônias, sendo que as células de cada colônia são idênticas entre si[4]. Há pelo menos dois estágios importantes em um experimento de clonagem gênica: na primeira etapa faz-se a ligação entre um fragmento de DNA, chamado inserto, contendo o gene de interesse com outra molécula de DNA carreadora, o vetor, para formar uma quimera ou molécula de DNA recombinante (Figura 4.1). Na segunda etapa, a molécula de DNA recombinante é transportada para dentro de uma célula hospedeira, em geral uma bactéria, por um processo denominado transformação. A célula que recebeu o DNA recombinante é chamada de célula transformada, a qual sofre muitos ciclos de divisão, produzindo várias cópias do DNA recombinante[4, 5].

O desenvolvimento dessa nova tecnologia só foi possível pela descoberta, no final dos anos 1960, das enzimas ou endonucleases de restrição. Essas enzimas são produzidas naturalmente por bactérias como forma de defesa contra infecções virais. Elas clivam em diversos fragmentos o material genético dos vírus, impedindo sua reprodução na célula bacteriana. É interessante ressaltar que cada bactéria possui suas próprias enzimas de restrição, e cada enzima reconhece apenas um tipo de sequência, independente da fonte de DNA. As enzimas de restrição são de vários tipos, dependendo de sua estrutura, atividade e sítios de reconhecimento e clivagem. Os fragmentos obtidos são unidos, geralmente com o auxílio de uma enzima DNA ligase, a uma molécula capaz de se reproduzir quando introduzida em célula bacteriana, normalmente um plasmídeo bacteriano, resultando em uma molécula de DNA recombinante. Para Burns e Bottino[6], uma das mais importantes aplicações da clonagem molecular é a possibilidade de se ter fragmentos de DNA de todo o genoma de um organismo clonado em plasmídeos, o que constitui a chamada biblioteca gênomica. Ela representa uma coleção de plasmídeos contendo fragmentos que são suficientemente grandes para garantir que todo o DNA genômico seja produzido pelo menos uma vez.

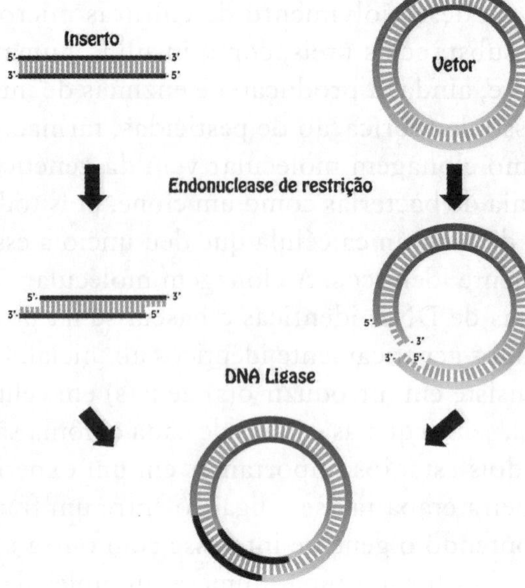

Figura 4.1 Esquema do processo de clonagem de sequências em vetor plasmidial com utilização de enzimas de restrição e DNA ligase.

O plasmídeo recombinante é introduzido em uma célula hospedeira, como uma bactéria, levedura, ou célula eucariota, animal ou vegetal e, uma vez dentro da célula, o plasmídeo se replica autonomamente. No procedimento, são usados como vetores plasmídeos que portam um ou mais genes de resistência a antibióticos, fazendo com que apenas células transformadas com o vetor plasmidial exógeno, quando cultivadas em um meio contendo antibiótico sobrevivam e formem colônias. Cada molécula híbrida (ou recombinante) resulta em uma população de bactérias com o mesmo fragmento de DNA exógeno presente em todas elas. Assim, o fragmento de DNA exógeno de interesse é clonado em várias cópias, cada cópia dentro de cada bactéria da cultura obtida. O processo, com todas as suas etapas, é chamado clonagem molecular[4, 6].

Os próximos tópicos apresentam um breve histórico, enfatizando as descobertas e alguns experimentos que levaram ao desenvolvimento das técnicas de clonagem gênica. Serão também relacionadas algumas das técnicas mais utilizadas em clonagem molecular, assim como as perspectivas e possibilidades de uso terapêutico das moléculas produzidas por essas técnicas. Além disso, um protocolo experimental de clonagem gênica é detalhado, como um exemplo prático de utilização desse conjunto de técnicas.

4.2 HISTÓRICO

O século XX foi o palco das grandes descobertas e do desenvolvimento de diversas tecnologias que nos permitem manipular genes e gerar produtos comercializáveis e de interesse biotecnológico. Porém, é importante voltar um pouco no tempo e relacionar essas descobertas com o primeiro entendimento de gene como unidade de informação hereditária. Esse entendimento parte dos trabalhos de Gregor Mendel (1822-1884) com ervilhas, nos quais ele relacionou, pela primeira vez, o conceito de gene como entidade hereditária e seus efeitos fenotípicos, utilizando processos de fertilização artificial. Seu artigo original, "Versuche über Pflanzen-Hybriden"[7], publicado em 1865, teve seu centenário comemorado com uma tradução para o inglês em 1965[8]. Mesmo com a compreensão mendeliana, a entidade química (ou molécula) responsável pela hereditariedade da informação genética ainda permaneceria por mais de meio século desconhecida.

No final da década de 1860, como parte de um estudo da composição química de leucócitos, provenientes de pus de seus pacientes, Friedrich Miescher, um médico suíço, percebeu que uma substância desconhecida oriunda do núcleo celular precipitava ao fundo do tubo. Miescher resolveu estudá-la mais profundamente. Denominou-a *nucleína*, devido a sua origem celular, e estudos de sensibilidade a proteases e suas propriedades durante o processo de isolamento revelaram que se tratava de uma molécula inédita, nem proteica, nem lipídica. Além disso, era uma molécula rica em fosfatos: tratava-se da molécula hoje conhecemos como DNA. Relatos mais recentes afirmam que Miescher chegou a considerar essa molécula como uma possível candidata à responsável pela transmissão de características hereditárias, porém, ele mesmo rejeitou essa ideia[9]. Estudos posteriores mostrariam que Miescher precipitou-se ao abandonar tal ideia.

As investigações sobre a hereditariedade e a busca pela molécula responsável pela informação genética prosseguiam com a entrada do século XX. Estudos citológicos e fenotípicos de mutações cromossômicas em *Drosophila*, realizados por Muller na década de 1920, revelaram que estruturas nucleares, já denominadas cromossomos, podiam sofrer mutações, e que estas se comportavam com o mesmo padrão de hereditariedade proposto anos antes por Mendel[10]. Sendo assim, o próprio Muller trouxe, em seu artigo de 1928, sua impressão sobre a relação entre os cromossomos e a localização dos genes. Ele menciona que "genes realmente encontram-se em cromossomos, num arranjo linear, na ordem física que nós previamente mapeamos teoricamente –

um princípio cardinal que nem todos que acreditam na teoria cromossômica de uma forma mais geral admitiram até então"[101*].

Entretanto, a relação direta entre DNA, cromossomos e genes ainda precisava ser devidamente demonstrada e comprovada. Concomitante aos trabalhos de Muller, Frederick Griffith, um bacteriologista inglês, em suas tentativas de induzir mudanças específicas e previsíveis em microrganismos, que depois seriam transmitidas hereditariamente, injetou em camundongos um volume pequeno de uma cultura viva de pneumococos avirulentos (tipo II) em conjunto com uma cultura maior de outra linhagem, virulenta (tipo III), do mesmo microrganismo, previamente morta por calor. Os animais sucumbiam à infecção, e seu sangue apresentava pneumococos do tipo III. Dessa forma, concluiu-se que a bactéria avirulenta tinha adquirido características oriundas da linhagem virulenta[11]. O próprio Griffith chegou a sugerir que as células mortas forneciam alguma proteína que funcionaria como uma espécie de "nutriente", que permitiria que a espécie avirulenta produzisse sua própria cápsula. Apesar de não ter determinado experimentalmente a natureza dessa molécula, esses experimentos revelaram a existência de um princípio transformante que, apenas mais tarde, no trabalho de Avery, McCarty e McLeod, publicado em 1944, que buscava compreender os detalhes do fenômeno da transformação, veio à tona. Nesse trabalho, os autores isolaram DNA da linhagem virulenta de pneumococos (tipo III) e incubaram com as células mortas pelo calor da linhagem avirulenta, como uma forma de demonstrar que o princípio transformante era, de fato, o DNA[12] (Figura 4.2). Esse estudo foi, porém, severamente criticado em face da presença de impurezas durante o processo de isolamento de DNA, fato reconhecido pelos próprios autores nas conclusões de seu trabalho[12].

A noção de que o DNA é, de fato, o princípio transformante, apenas ficou mais convincente e clara com o experimento de Hershey e Chase, em 1952, que demonstrou a independência funcional do capsídeo proteico viral de um bacteriófago (T2) e de seu material genético, seu DNA (Figura 4.3). Os autores marcaram radioativamente essas biomoléculas separadamente (as proteínas virais com ^{35}S e o DNA viral com ^{32}P) e seguiram essa radioatividade nas células transformadas após a infecção viral. Dessa maneira, concluíram que o DNA é o responsável pela informação genética nas células bacterianas infectadas, pois era o isótopo radioativo de fósforo (presente nos fosfatos da molécula de DNA) que permanecia detectável nas células infectadas[13].

Uma vez estabelecida a natureza química do princípio transformante, restava decifrar sua estrutura molecular, e isso se tornou interesse de grandes

---

* Tradução nossa.

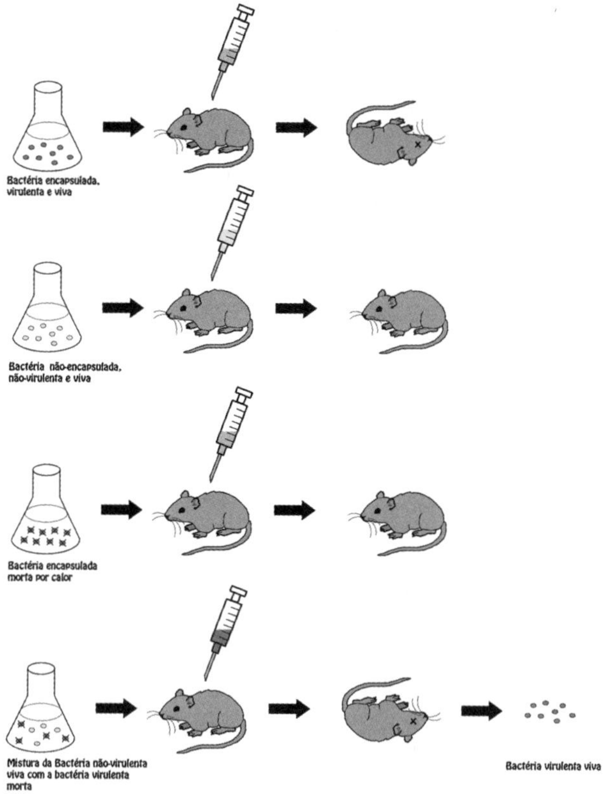

Figura 4.2 Experimento que revelou a existência de um princípio transformante, realizado por Avery, McCarty e McLeod e publicado em 1944[12].

nomes da química, já naquele momento, como Linus Pauling, que havia recentemente determinado a organização estrutural da alfa-hélice proteica, juntamente com Robert Corey, em 1951[14]. Provavelmente, induzido por sua recente descoberta, Pauling chegou a sugerir que a estrutura do DNA seguiria uma conformação helicoidal semelhante, com os esqueletos carbônicos e os grupos fosfato no eixo central da molécula, e as bases nitrogenadas voltadas para o exterior, assim como os radicais de aminoácidos se posicionam nas alfas-hélices proteicas, porém numa estrutura de tripla hélice[15]. Apenas quatro meses depois, a publicação de Watson e Crick, na revista *Nature*[16], elegantemente demonstrou a estrutura do DNA como uma dupla hélice contendo os esqueletos carbônicos e fosfatos voltados para o exterior, e as bases nitrogenadas pareadas no centro do eixo. Essa estruturação

revelou implicações claras que relacionavam a estrutura da molécula com seu mecanismo replicativo, e foi descrita com o conhecimento de estudos de difração de raios-X de Rosalind Franklin.

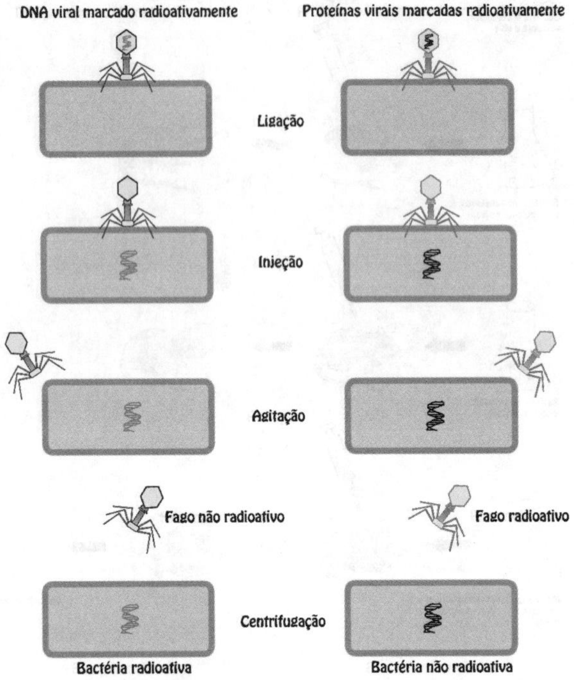

Figura 4.3 Experimento de Hershey e Chase[13], que demonstrou que o DNA é o responsável pela informação genética nas células bacterianas infectadas pelo bacteriófago.

Com o conhecimento da natureza molecular dos genes e de sua estrutura, agora faltava pouco para que as manipulações genéticas que vinham sendo feitas por fertilizações artificiais, e em microrganismos por transformação genética, pudessem ser realizadas em uma escala maior, mais direcionada e precisa. Um experimento que comprovou a viabilidade desse tipo de indução específica foi a transposição da região *lac* de *Eschericha coli* para outro microrganismo, provando a possibilidade de se movimentar genes entre organismos diferentes[17].

Já no inicio da década de 1970, a descoberta das propriedades das enzimas de restrição e seu potencial uso na iminente "tecnologia do DNA recombinante"[18, 19] abriram as portas para a manipulação de sequências específicas

de DNA e, juntamente com a descrição simultânea da atividade da enzima transcriptase reversa por dois grupos de pesquisa[20, 21], e a possibilidade de se amplificar sequências específicas de DNA *in vitro*[22] com a reação da polimerase em cadeia (PCR) aperfeiçoada por Kary Mullis na década de 1980, tornaram possíveis as aplicações práticas discutidas e detalhadas nas próximas seções deste capítulo.

4.3 TÉCNICAS BÁSICAS APLICADAS NA CLONAGEM GÊNICA

A clonagem de genes é alcançada aplicando-se uma série de técnicas, e a compreensão teórica destas técnicas permite ao pesquisador um planejamento experimental mais adequado. No isolamento de genes, são utilizadas enzimas como endonucleases de restrição e técnicas como a PCR (e suas variações, como a *reverse transcriptase-polymerase chain reaction*), eletroforese, DNA-ligase, vetores de clonagem e expressão e a transformação de células. Após o isolamento do gene (ou sequência) de interesse, este é ligado a um vetor, que é, por sua vez, transformado e mantido no interior de células. O vetor molecular é necessário, pois contém sequências que permitem que o gene clonado nele seja replicado pela célula hospedeira, denominadas origem de replicação. Ele possui, também, um ou mais genes que permitirão a seleção das células transformadas, normalmente conferindo resistência a um antibiótico. Adicionalmente, o vetor deve possuir sítios únicos para enzimas de restrição, o que permitirá a ligação do gene de interesse em posições definidas do vetor[23] (ver Figuras 3.4, 3.5 e 3.6 - Capítulo 3).

Existem muitos tipos de vetores disponíveis. O mais comumente utilizado em clonagens, porém, é o plasmídeo. Ele é formado por uma molécula de DNA circular que pode ter de poucos milhares até centenas de milhares de pares de base. Em geral, os plasmídeos usados em clonagem e expressão possuem de 2 a 5 kb[23].

4.3.1 Amplificação de sequências específicas de DNA *in vitro* por meio da reação em cadeia da polimerase (PCR)

A reação em cadeia da polimerase (PCR) usa a enzima DNA polimerase para sintetizar uma fita de DNA complementar a uma preexistente. Na amplificação, são usados deoxinucleotídeos trifosfatados livres como substrato, e a enzima adiciona esses nucleotídeos em uma extremidade 3'OH

livre que é fornecida por um oligonucleotídeo sintético, ou *primer*, complementar à região de interesse[24].

Surpreendentemente, essa simples combinação de reagentes é a metodologia mais eficiente para clonar genes. E como ela funciona? A enzima DNA polimerase mais comumente utilizada na PCR foi isolada da bactéria *Thermus aquaticus*. Essa bactéria vive normalmente em temperaturas acima de 70 °C e, por isso, suas enzimas apresentam uma termoestabilidade elevada, incluindo a sua DNA polimerase, que é conhecida como *Taq* DNA polimerase. A termoestabilidade é necessária porque são usadas na PCR temperaturas de 94 °C para desnaturar a dupla fita de DNA antes da amplificação. Além da *Taq* polimerase, são necessários dois *primers* para a amplificação correta do gene de interesse: um é complementar à extremidade 3' de uma das fitas do DNA que será amplificado, e o outro é complementar à extremidade 3' da fita oposta. O pareamento dos *primers*, etapa chamada de anelamento, ocorre quando a temperatura da reação é reduzida para uma faixa entre 50 °C e 60 °C após a desnaturação inicial. A redução da temperatura permite a formação de pontes de hidrogênio entre os nucleotídeos dos *primers* com o seu DNA complementar-alvo. Após o pareamento dos *primers*, a temperatura da reação é elevada para 72 °C e a Taq polimerase irá estender a amplificação a partir da extremidade 3'OH livre de cada *primer*, sempre adicionando deoxinucleotídeos complementares aos encontrados nas duas fitas simples molde. Essa reação gera duas novas moléculas de DNA dupla fita na região de interesse. Em seguida, os estágios de desnaturação, anelamento e amplificação são repetidos cerca de vinte a trinta vezes, e em cada estágio o número de cópias do gene de interesse é duplicado (Figura 4.4). Portanto, após os ciclos, mesmo uma pequena quantidade de DNA inicial irá gerar milhões de cópias da região de interesse[24].

A amplificação correta do gene desejado depende, em grande parte, do desenho preciso dos *primers*. Nesse desenho, devem ser observados certos parâmetros, como posição de pareamento, tamanho da região amplificada, tamanho do *primer*, porcentagem de GC, temperatura de *melting* (Tm) e ocorrência de dímeros e grampos. A região escolhida para o desenho de *primers* deve ser específica do gene de interesse, caso contrário, o *primer* poderá parear em regiões inespecíficas. A verificação do pareamento de *primers* dentro de um genoma pode ser feita com a ferramenta Primer-Blast, da instituição norte-americana National Center for Biotechnology Information (NCBI)[II*]. O tamanho da região amplificada varia, normalmente, de 100

---

* Disponível em: <http://www.ncbi.nlm.nih.gov/tools/primer-blast/index.cgi?LINK_LOC=BlastHome>.

Clonagem Gênica: Fundamentos e Aplicações

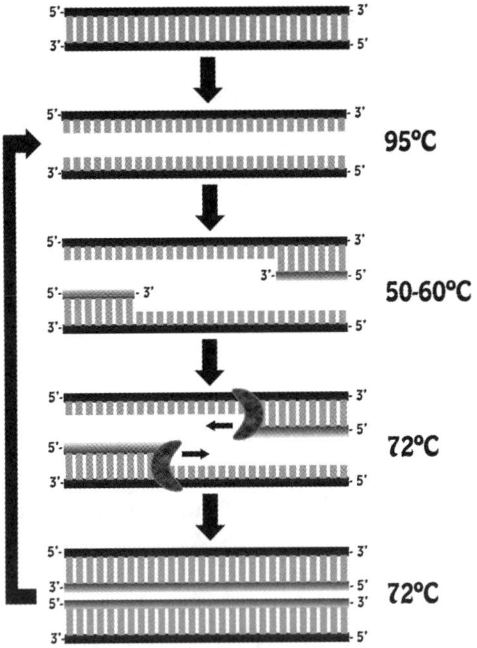

Figura 4.4 Ciclos de temperaturas e eventos de duplicação na reação em cadeia da polimerase (PCR).

pb a 1000 pb. Amplificações menores que 100 pb são mais difíceis de serem observadas em um gel de agarose, enquanto as maiores de 1.000 pb são difíceis de serem amplificadas pela *Taq* polimerase comum. Caso seja necessária a amplificação de fragmentos maiores, enzimas específicas para esse fim devem ser empregadas. O tamanho de um *primer* comum varia de 18 a 25 nucleotídeos (nt). *Primers* menores do que 18 nt possuem uma chance maior de anelar em posições inespecíficas, enquanto os maiores que 25 nt possuem um custo de síntese elevado. A porcentagem de GC dentro de um *primer* deve estar em uma faixa que varia de 40% a 60%. A temperatura de pareamento ideal de um *primer* está entre 50 °C e 60 °C. Adicionalmente, é importante que a temperatura de pareamento do par de *primers* usado em uma mesma reação seja igual ou próxima, para permitir o anelamento simultâneo das duas sequências. No entanto, as condições da reação, como as concentrações de sais, *primers* e DNA, podem alterar a temperatura de pareamento dos *primers*. É recomendável também que seja verificada a ocorrência de dímeros e grampos entre os *primers*, pois a ocorrência desses eventos durante a PCR pode reduzir a eficiência ou impedir a reação de amplificação[24] (Tabela 4.1).

Tabela 4.1 Características de um oligonucleotídeo iniciador (*primer*) ideal

	FAIXA IDEAL
COMPRIMENTO	18 pb a 22 pb
TEMPERATURA DE ANELAMENTO (TM)	52 °C a 58 °C
CONTEÚDO DE C-G	40% a 60%
GRAMPO C-G	Adicionar uma C ou G em um dos últimos cinco nucleotídeos do *primer*
ESTRUTURAS SECUNDÁRIAS	Devem estar ausentes grampos e dímeros entre os *primers*.

Os parâmetros de comprimento do *primer*, temperatura de pareamento, percentual de GC e ocorrência de dímeros e grampos podem ser rapidamente verificados com a utilização de programas específicos como, por exemplo, o Oligo Analyzer[25].

4.3.2 Separação das moléculas de DNA e RNA, por tamanho, utilizando a eletroforese em gel

A separação de moléculas de DNA ou RNA, de acordo com seu tamanho, quando submetidas a um campo elétrico em uma matriz gelatinosa, é chamada de eletroforese. Como o DNA é carregado negativamente em decorrência de seus grupos funcionais fosfato, ele migra através do gel em direção ao polo positivo (Figura 4.5). A matriz do gel age como uma peneira e, dessa

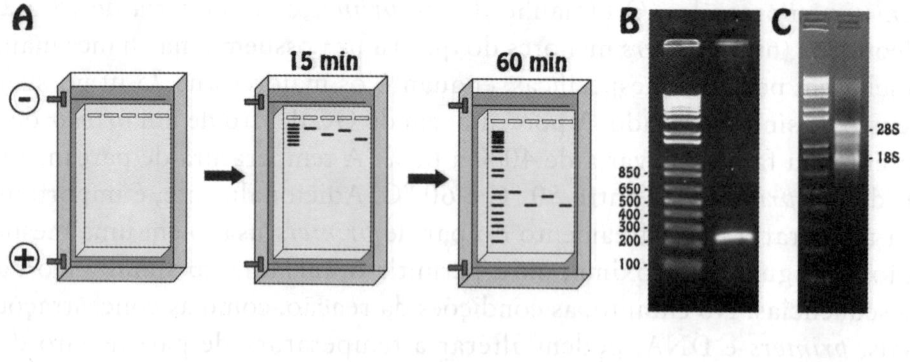

Figura 4.5 a) Esquema de um gel de agarose sendo submetido ao processo de eletroforese. b) Fotografia de um gel de agarose mostrando uma banda de aproximadamente 200 bp. c) Gel de agarose contendo amostra de RNA vegetal, evidenciando as bandas equivalentes ao RNA 18S e 28S.

forma, os fragmentos menores têm mais facilidade de migrar através do gel do que os fragmentos maiores. Portanto, durante o mesmo tempo em que os fragmentos são submetidos à carga elétrica, os fragmentos menores vão se distanciar mais no gel do que os fragmentos maiores[26].

A visualização dos fragmentos no interior do gel é possível com a adição de corantes fluorescentes que se ligam ao DNA. Existem vários corantes disponíveis no mercado, porém, o principal deles é o brometo de etídio, molécula que se intercala nas bases nitrogenadas e fluoresce em laranja quando iluminado por luz na faixa do ultravioleta[26].

As matrizes gelatinosas comumente usadas na eletroforese de ácidos nucleicos são a agarose e a poliacrilamida. As duas matrizes possuem características que as tornam mais adequadas em diferentes aplicações. A agarose possui uma menor resolução do que a acrilamida; no entanto, pode separar moléculas com dezenas a milhares de nucleotídeos. A acrilamida possui uma grande resolução, sendo capaz de separar fragmentos com até um par de bases de diferença, mas só permite a separação de fragmento com um máximo de mil pares de bases[26].

Fragmentos muito extensos de DNA não podem ser separados normalmente em um gel de agarose. Fragmentos acima de 30 kb migram no gel de forma desigual: uma extremidade da molécula vai mais à frente e a outra extremidade da molécula mais atrás. Por isso, não podem ser diferenciados por eletroforese comum. Porém, essas grandes moléculas de DNA podem ser separadas por uma técnica conhecida como eletroforese de campo pulsado. Nessa técnica, são aplicados pulsos ortogonais que reorientam a migração do DNA pelo gel, permitindo a separação de fragmentos grandes[26] (Figura 4.6).

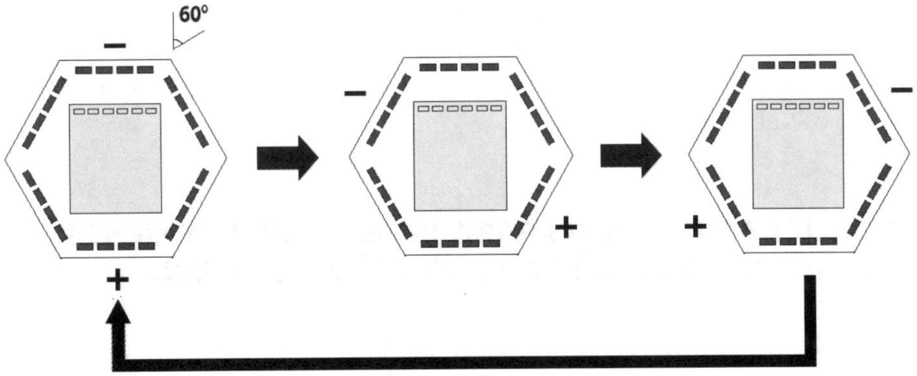

Figura 4.6 Esquema da eletroforese de campo pulsado. Os pulsos são dados num ângulo de 60 graus.

Adicionalmente, a eletroforese é influenciada por outras características do DNA, como forma e topologia. Por exemplo, moléculas de DNA circular migram no gel de forma mais lenta quando estão relaxadas ou linearizadas. Quando em estado superenovelado, o DNA circular passa a ter um volume menor, o que facilita a migração através do gel[26]. Após uma eletroforese, é possível, também, a purificação dos fragmentos de DNA separados do interior do gel. Utilizando-se protocolos específicos ou kits de extração, é possível extrair o DNA do gel, tornando-o disponível para procedimentos adicionais como PCR e clonagem[26].

4.3.3 Corte de sequências de DNA específicas por meio de endonucleases de restrição

As endonucleases de restrição são enzimas que reconhecem e clivam em sequências curtas de nucleotídeos, geralmente de 4 a 8 pb. As sequências reconhecidas são específicas para cada enzima e, normalmente, formam palíndromos (quaisquer sequências de unidades – como uma cadeia de DNA; sequência de restrição – que tenha a propriedade de poder ser lida tanto da direita para a esquerda como da esquerda para a direita) (Figura 4.7). A capacidade de cortar moléculas de DNA em locais específicos possibilita uma série de técnicas, como, por exemplo: clonagem gênica, sequenciamento de grandes fragmentos, desenvolvimento de marcadores moleculares e hibridização de ácidos nucleicos. Na clonagem gênica, o uso simultâneo de diferentes enzimas permite o isolamento e clonagem de genes específicos[23]. A seleção das enzimas corretas para um determinado trabalho depende tanto da sequência que será clonada quanto do vetor que será utilizado. Essa escolha é feita com o auxílio de programas de bioinformática que avaliam a sequência e indicam quais enzimas podem ser usadas na digestão, como, por exemplo, o Nebcutter[27*].

4.4 TÉCNICAS UTILIZADAS PARA ISOLAMENTO DE GENES DE INTERESSE OU SEQUÊNCIAS ESPECÍFICAS DE DNA

O estudo das características e funcionamento de um gene depende do isolamento deste do restante do genoma. Este isolamento e sua clonagem

---

* Ver <http://tools.neb.com/NEBcutter2/>.

Clonagem Gênica: Fundamentos e Aplicações

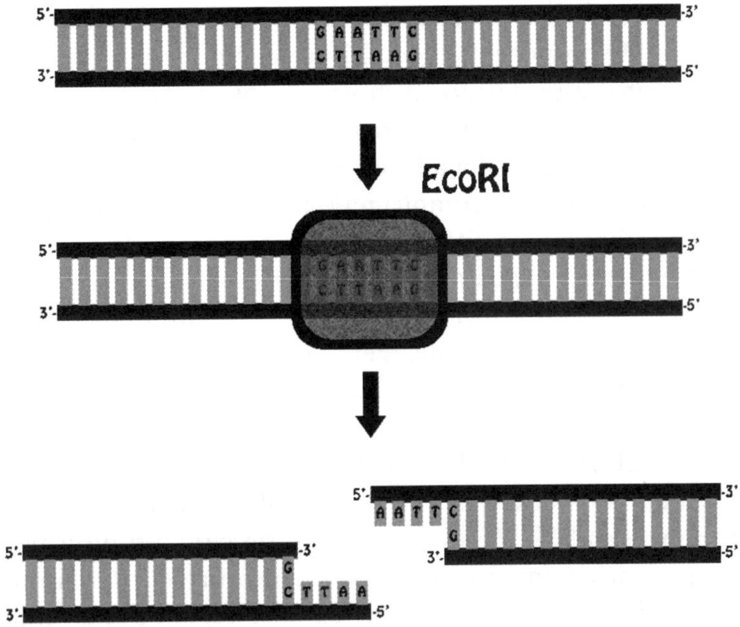

Figura 4.7 Esquema demonstrando o funcionamento de uma endonuclease de restrição.

permitem o sequenciamento, análise e expressão do gene, passos essenciais de sua caracterização funcional. A clonagem de genes permite, inclusive, a manipulação do gene com diferentes objetivos, como a substituição da região promotora para alterar o padrão de expressão gênica, a ligação do gene com sequências "repórteres" ou a expressão de proteínas fusionadas.

A escolha da metodologia a ser utilizada dependerá de vários fatores, por exemplo, o organismo do qual se está realizando a clonagem ou a sensibilidade e a facilidade da técnica. Descreveremos aqui as três técnicas mais utilizadas para o isolamento gênico, assim como suas facilidades e os cuidados essenciais a serem observados.

4.4.1 Reverse Transcriptase-PCR (RT-PCR)

A transcrição reversa seguida de amplificação em cadeia da polimerase (RT-PCR) é a técnica mais aplicada quando se pretende clonar um gene a partir de uma molécula de mRNA. Essa técnica é extremamente útil devido ao

fato de genes de fontes eucarióticas conterem introns que não são removidos pela maquinaria de hospedeiros procarióticos, ou que podem sofrer *splicing* (ou processamento) alternativo em hospedeiros eucarióticos. Dessa forma, para isolar apenas os exons que codificam diretamente a proteína de interesse, o isolamento do mRNA maduro e sua conversão em DNA torna-se fundamental. A síntese de DNA complementar (cDNA) a partir de seu mRNA é possível com a utilização da enzima transcriptase reversa[28] (Figura 4.8).

A RT-PCR poder ser usada para clonar um gene específico ou para clonar todos os genes expressos por um determinado tecido. O método é extremamente sensível e tem sido extensivamente utilizado para detectar e quantificar mRNAs específicos. A clonagem de todos os mRNAs expressos por um conjunto de células ou tecido é chamada de biblioteca de cDNA. A criação de bibliotecas de cDNA é simples devido à presença da cauda poli-A presente na extremidade 3' dos mRNAs. Um *primer* oligo-dT anela na cauda poli-A fornecendo a extremidade 3'OH livre necessária para a transcriptase reversa. No entanto, podem ser empregados *primers* aleatórios com seis nucleotídeos caso o gene desejado apresente alguma extensa região 3' não traduzida que dificulte a clonagem do fragmento completo. Alternativamente, podem ser

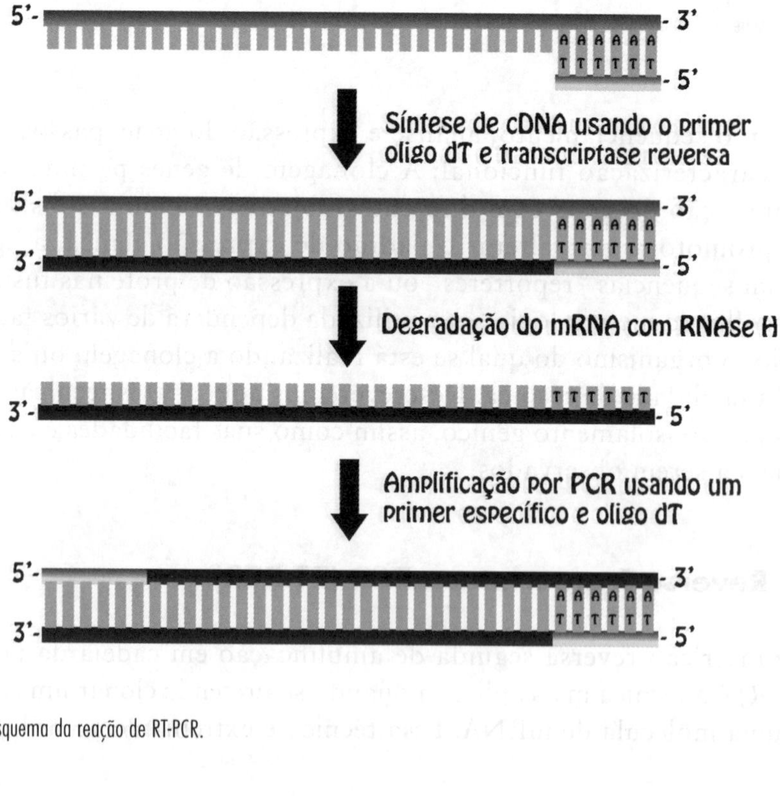

Figura 4.8 Esquema da reação de RT-PCR.

empregados *primers* para genes específicos, muito úteis quando o gene de interesse apresenta níveis de expressão reduzidos[28].

Após o pareamento do *primer*, a transcriptase reversa sintetiza apenas uma única fita de cDNA. Quando a síntese é feita com a utilização do *primer* oligo-dT ou com algum *primer* localizado próximo à extremidade 3' do mRNA, a PCR é conhecida como 3' RACE-PCR. (do inglês, *Rapid Amplification of cDNA Ends* – RACE, ou, em português, Amplificação Rápida de Extremidades de cDNAs). A síntese da segunda fita é feita com *primers* específicos para o gene desejado. Porém, ela pode ser feita com a ligação de adaptadores na extremidade 3' do cDNA seguido de PCR usando *primers* que anelam na região do adaptador, em uma técnica conhecida como 5' RACE-PCR. Usando uma combinação de 3' RACE-PCR e 5' RACE-PCR, é possível converter todos os mRNAS de um tecido em cDNAS dupla fita completos[24].

O uso de RNA de alta qualidade é essencial para o sucesso do RT-PCR. O RNA não deve apresentar sinais de degradação por ribonucleases, o que pode ser verificado pela integridade dos RNAs ribossomais (rRNA), e o DNA genômico contaminante deve ser removido. Para trabalhar com condições ótimas, todas as preparações de RNA devem ser examinadas por eletroforese em gel desnaturante. Se o RNA estiver intacto, para vertebrados, deverão ser observadas duas bandas claras e bem definidas correspondentes aos rRNAs 28S e 18S, com a banda do 28S apresentando aproximadamente o dobro da intensidade do 18S (Figura 4.5c).

O RNA isolado pode ser convenientemente armazenado como um precipitado em etanol 70% a -20 °C, ou em solução aquosa a -80 °C. Ciclos repetidos de congelamento e descongelamento devem ser evitados, uma vez que podem levar à hidrólise do RNA. RNA Poly(A)+ isolado de RNA total por cromatografia de afinidade em oligo-d(T) celulose também pode ser usado para o RT-PCR, embora essa etapa a mais de purificação não seja normalmente necessária.

Alguns protocolos indicam a necessidade da remoção do RNA molde para as etapas subsequentes de amplificação por PCR ou síntese da segunda fita de cDNA. Quando se utiliza a transcriptase reversa AMV (*avian myeloblastosis virus*), isso é feito pela atividade RNase H da enzima. Para outras transcriptases reversas que não têm essa atividade, como a MMLV (*moloney murine leukemia virus*) e suas formas derivadas (*superscript*), seria necessária a digestão com 20 U de RNase H por 20 minutos a 37 °C após a reação de síntese do cDNA.

4.4.1.1 Isolamento das extremidades de cDNAs por 5' e 3' RACE

Rapid amplification of cDNA ends (RACE), ou amplificação rápida de extremidades de cDNAs, é uma técnica para a amplificação de sequências de ácidos nucleicos, a partir de um RNA mensageiro molde, localizadas entre um sítio interno pré-conhecido e sequências desconhecidas nas extremidades 3' ou 5' do mRNA. Essa metodologia de especificidade unidirecional também é conhecida como *one-sided PCR* ou *anchored PCR*. Entre as suas aplicações, o RACE tem sido usado para a amplificação e clonagem de mRNAs, uma vez que os produtos gerados pelo 3' e 5' RACE podem ser combinados para gerar a sequência completa de cDNAs.

Essa técnica é utilizada quando o gene de interesse já teve uma porção central clonada (por RT-PCR, por exemplo), mas as sequências nas extremidades 5' e 3' permanecem desconhecidas. Para tal, devem ser desenhados *primers* específicos na orientação senso para a clonagem da extremidade 3' pela técnica 3' RACE, e *primers* específicos antissenso para a clonagem da extremidade 5' pela técnica 5' RACE.

3' RACE

Similar ao procedimento descrito para a síntese de cDNA, a técnica do 3' RACE utiliza a cauda poli(A) encontrada na maioria dos mRNAs de eucariotos como sítio para anelamento de *primers* para a síntese de um DNA complementar ao mRNA. A síntese da fita de cDNA é iniciada na cauda poli(A) do mRNA usando um *primer* oligo-dT *anchor*. Após a conversão do mRNA em cDNA, é feita a amplificação por PCR, sem a necessidade de nenhuma etapa a mais de purificação, usando o *primer anchor* e um *primer* gene-específico que anela numa região de sequência conhecida. Assim, é possível o isolamento da região desconhecida na extremidade 3' do mRNA, localizada entre a sequência conhecida e a cauda poli(A) (Figura 4.8).

Normalmente, é adicionado *à* extremidade 5' do oligo-d(T) um segmento adaptador (*anchor*) de sequência definida. A função desse adaptador é evitar o uso de oligos homopoliméricos na amplificação, uma vez que estes não são *primers* muito eficientes para o PCR. Uma vez sintetizado o cDNA com a sequência adaptadora na sua extremidade 5', as amplificações subsequentes por PCR podem então ser feitas utilizando-se um primer "específico" (*anchor*) exatamente com a mesma sequência do adaptador (Figura 4.8).

5' RACE

No 5' RACE, de maneira similar ao 3' RACE, o cDNA é sintetizado a partir de RNA total ou de mRNA, com a utilização de um *primer* gene-específico antissenso para a síntese do cDNA fita simples. O cDNA fita simples é purificado dos nucleotídeos não incorporados e dos *primers*, e a enzima terminal transferase (TdT) é usada para adicionar uma sequência homopolimérica (geralmente de adenosinas) na extremidade 3' do cDNA. O cDNA, adicionado da sequência homopolimérica, é então amplificado por PCR usando um segundo *primer* específico antissenso (interno à sequência amplificada) e um *primer* complementar à sequência homopolimérica (geralmente adicionado de uma sequência adaptadora a sua extremidade 5'). O cDNA obtido é então reamplificado por um segundo PCR, usando um terceiro *primer* específico antissenso (interno à sequência pré-amplificada) e o *primer* com a sequência adaptadora (Figura 4.9).

Para o 5' RACE, é necessário um mínimo de dois *primers* gene específicos, ou seja, o primer usado para a síntese do cDNA não deve ser o mesmo usado na amplificação por PCR. Isto porque o anelamento do *primer* gene-específico durante a síntese do cDNA é feito a uma temperatura muito baixa, do que resulta que outros cDNAs, além daquele para o qual o *primer* é específico, podem ser sintetizados, como consequência do anelamento *sítio-inespecífico do primer*. Assim, como todos os cDNAs sintetizados têm o *primer* específico na sua extremidade 5', o uso do mesmo *primer* na amplificação por PCR resultaria também na amplificação desses produtos inespecíficos, competindo ou mesmo impedindo a amplificação do produto específico.

No 5' RACE, é essencial que *primers* livres e nucleotídeos não incorporados sejam completamente removidos previamente à reação de homopolimerização com a terminal transferase (TdT). *Primers* livres também seriam substrato para a enzima e, por estarem em concentração molar muito maior do que o cDNA sintetizado, competiriam com este, não somente pela reação de polimerização, como também pelo anelamento com o oligo-d(T) na amplificação por PCR. Nucleotídeos não incorporados, presentes durante a reação de polimerização, poderiam também ser incorporados, ocasionando a síntese de segmentos de sequência variável na extremidade 3' do cDNA (Figura 4.9).

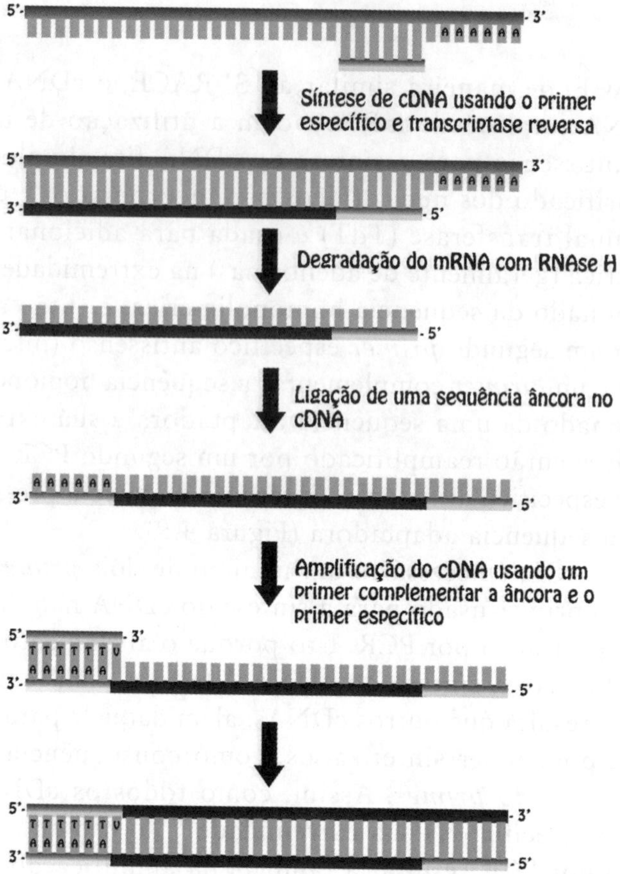

Figura 4.9 Esquema de clonagem gênica utilizando a técnica 5" RACE.

4.4.2 Thermal asymmetric interlaced PCR (Tail-PCR)

O *thermal asymmetric interlaced PCR* (Tail-PCR), ou PCR intercalada com temperaturas assimétricas, consiste numa aplicação da técnica de PCR que permite o isolamento de segmentos de DNA adjacentes a sequências conhecidas (Liu & Whittier 1995). O Tail-PCR utiliza *primers* específicos sequenciais junto com pequenos *primers* arbitrários degenerados, de modo a controlar termicamente a eficiência de amplificação relativa de produtos específicos e inespecíficos.

Intercalando-se ciclos de alta e baixa adstringência, produtos específicos são preferencialmente amplificados sobre produtos não específicos.

Resumidamente, são feitas sequencialmente três reações de PCR, utilizando três *primers* sequenciais específicos de um lado e um primer arbitrário do outro. É feito um ciclo inicial com baixa estringência de modo a permitir o anelamento do *primer* arbitrário com o segmento alvo de sequência desconhecida, seguido de alguns ciclos a alta estringência, de modo a favorecer o anelamento do *primer* específico e a amplificação linear da sequência-alvo. Alternando-se ciclos de alta e baixa adstringência são formadas moléculas dupla fita e a amplificação da sequência-alvo torna-se logarítmica. Num segundo e terceiro ciclos de amplificações, os produtos não específicos deixam de ser amplificados e são eliminados (Figura 4.10).

Após o isolamento do gene de interesse, este é ligado a um vetor, geralmente plasmidial, como previamente discutido. A inserção de genes em plasmídeos é um procedimento bem estabelecido. O plasmídeo deve ser linearizado com uma enzima de restrição, e esta mesma enzima deve ter sido usada

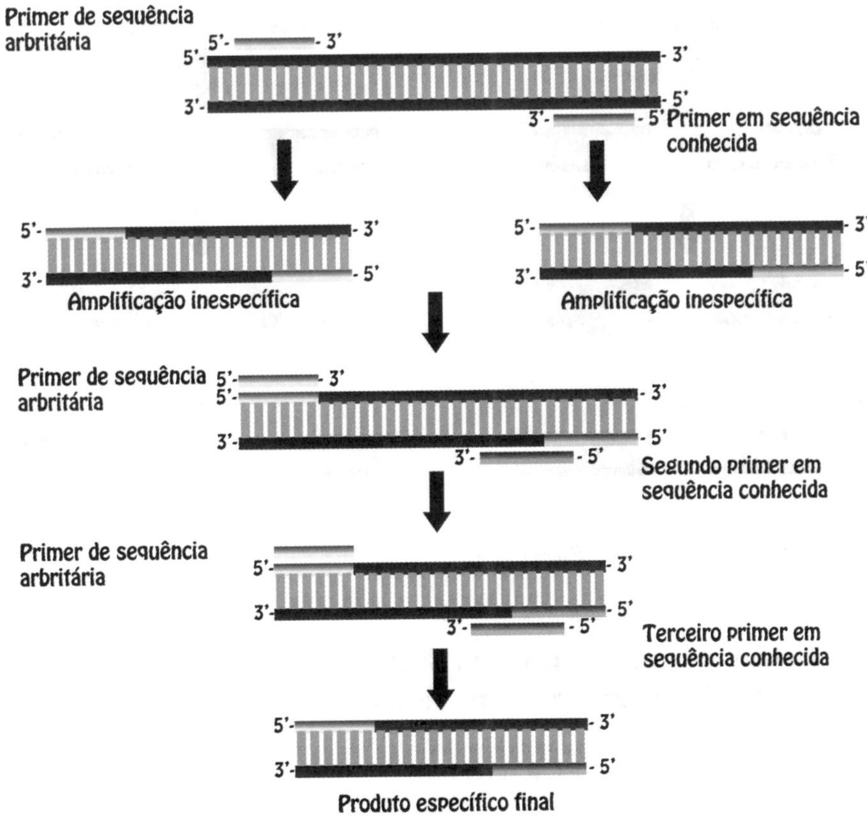

Figura 4.10 Esquema do Tail-PCR.

para digerir as extremidades do gene a ser inserido. A digestão com a mesma enzima gera extremidades complementares no plasmídeo e no inserto, que irão se parear caso estejam em condições adequadas. As ligações fosfodiéster entre o plasmídeo e o inserto são realizadas com a utilização da enzima DNA ligase[23]. Na impossibilidade de utilização das mesmas enzimas de restrição, é possível a geração de pontas cegas com a utilização do fragmento maior da DNA polimerase I (fragmento Klenow) que polimeriza e completa as extremidades 5' protuberantes (atividade polimerase 5'à3') ou remove extremidades 3' protuberantes (atividade exonucleásica 3'à5') geradas por enzimas de restrição de cortes coesivos (Figura 4.11).

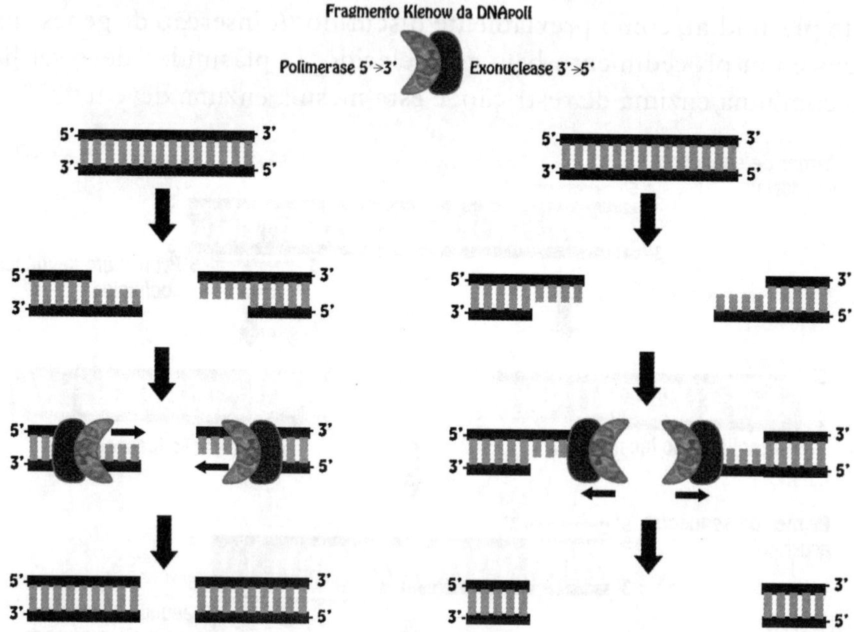

Figura 4.11 Esquema de funcionamento da enzima Klenow.

4.4.3 Fusão de duas ou mais sequências de nucleotídeos por assymetric overlap extension PCR (AOE-PCR)

Dentre as técnicas de PCR visando à obtenção de genes, a *assymetric overlap extension PCR* (AOE-PCR), também conhecida como *splicing by overlap extension PCR* (SOEing)[29, 30] permite ao usuário a junção de dois ou mais fragmentos de DNA, com o objetivo de combinar sequências, seja para

a geração de proteínas de fusão ou até mesmo para a obtenção de sequências modulares combinadas, como a junção de elementos de regulação gênica na construção de promotores. A técnica baseia-se na obtenção dos dois (ou mais) fragmentos de interesse por reações de amplificação isoladas. Nessas reações, tanto o *primer* antissenso da primeira sequência quanto o *primer* senso da segunda sequência possuem uma região de trinta ou mais nucleotídeos que correspondem à sequência do outro fragmento[31, 32]. As duas reações são executadas isoladamente, sendo que um dos fragmentos de PCR obtidos possui, em alguma de suas extremidades, a cópia da região a ser sobreposta. Em seguida, os dois produtos de PCR são usados como molde de uma reação utilizando o *primer* senso da primeira sequência e o *primer* antissenso da segunda. A fusão é realizada durante essa reação de SOEing pela sobreposição de sequências (Figura 4.12).

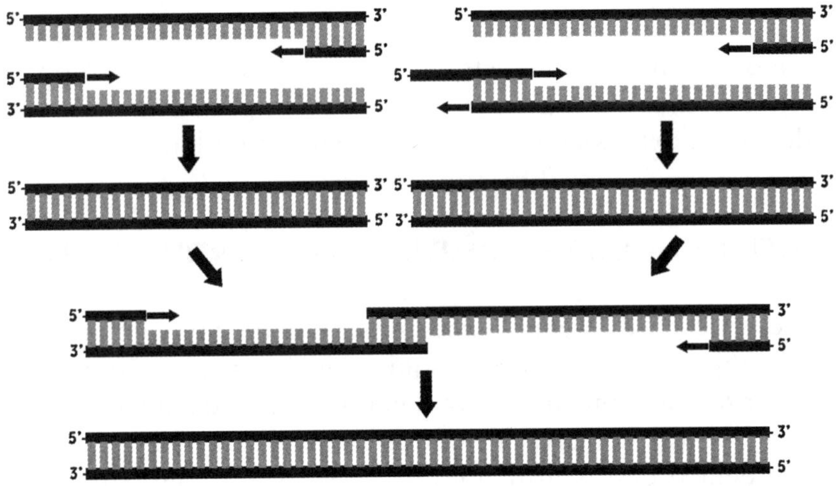

Figura 4.12 Esquema de funcionamento da técnica de AOE-PCR, utilizando um *primer* que anela no lado 3' da primeira sequência e no lado 5' da segunda sequência.

4.4.3.1 A transformação é usada para inserir vetores em células hospedeiras

A multiplicação do vetor contendo o gene de interesse é obtida introduzindo o vetor em uma célula hospedeira, de forma que a célula transformada replique o vetor. Previamente à transformação, a célula deve ser preparada para que se torne "competente" em absorver o DNA plasmidial. A obtenção

de células competentes pode ser feita para transformação por eletroporação ou choque térmico. Porém, mesmo com a utilização de células competentes, a transformação é muito ineficiente, sendo necessária uma seleção das poucas células transformadas. Isso é alcançado cultivando as células em um meio que contenha o antibiótico cujo plasmídeo confere resistência. Dessa forma, somente as células transformadas sobreviverão no meio de cultivo[23].

A transformação pode ser utilizada na obtenção de um clone de bactéria contendo apenas um gene de interesse. Contudo, a mesma técnica pode ser utilizada para se inserir um conjunto de plasmídeos contendo insertos de DNA genômico ou cDNA diferentes, levando à criação de uma biblioteca de DNA. Em uma biblioteca de DNA, a maioria das colônias obtidas após a transformação contém um fragmento diferente de DNA inserido no vetor. O crescimento dessas colônias separadamente em meio fresco permite o isolamento do plasmídeo que cada uma carrega[23].

Após a transformação, é possível também a obtenção de bactérias que expressem o gene inserido no vetor, mas isso só é possível caso o vetor utilizado seja um vetor de expressão que contém o promotor e o terminador adequado para a expressão do gene no sistema heterólogo[23].

4.5 POSSIBILIDADES TERAPÊUTICAS E/OU INDUSTRIAIS

A ciência a cada dia segue o seu curso, e pode contemplar um grande número de objetivos práticos na pesquisa biológica, que vão desde a satisfação da curiosidade humana sobre a natureza da vida até a controle e eliminação de doenças humanas, de outros animais e de plantas, que possuem prioridade dentro dessas utilidades práticas. Nesse contexto, as diversas técnicas de DNA recombinante, especialmente as relacionadas com as clonagens, têm auxiliado o atendimento desses objetivos de forma mais rápida e eficiente[3, 33].

Mesmo depois de tantas descobertas, é inegável que ainda desconhecemos os limites e as possibilidades da aplicação prática da engenharia genética, e não restam dúvidas de que passamos a dispor de tecnologias altamente promissoras para a solução de problemas de natureza variada.

As potencialidades da clonagem molecular e sua aplicação em processos biotecnológicos são muitas e têm atraído o interesse não apenas de cientistas, mas também da indústria, de investidores privados e dos gestores de políticas públicas em todo o mundo. Os novos campos científicos gerados a partir do uso dessas técnicas têm aplicações transversais, e entre os

principais setores impactados destacam-se o agropecuário, a indústria de alimentos, a química e a farmacêutica[4].

Novas descobertas que aperfeiçoaram rapidamente a compreensão dos mecanismos celulares e se ramificaram em novos campos do conhecimento surgem a cada dia. Em paralelo, os produtos dessas novas técnicas surgem como invenções passíveis de serem patenteadas e, portanto, potencialmente lucrativas, abrindo caminho para o surgimento de novas empresas de base científica, voltadas para o desenvolvimento de aplicações comerciais ou prestação de serviços nesses novos campos do conhecimento[34, 35].

Nos processos de fermentação industrial, o que se observa a cada dia é o cumprimento de objetivos com maior rapidez, por meio das mais diferentes técnicas de clonagem molecular para a produção e uso de microrganismos recombinantes. Assim, destaca-se a produção de produtos recombinantes em substituição às proteínas terapêuticas antes obtidas de fontes naturais, como a insulina (1982), os hormônios de crescimento humano somastotastina e somatrofina (1985) e o fator VIII de coagulação sanguínea em células eucarióticas (1992), que antes de sua produção heteróloga apresentavam risco de segurança, limitações na quantidade que podia ser obtida e alto custo. Nesse sentido, muitas pesquisas revelam novas possibilidades com relação à busca de novas espécies de microrganismos hospedeiros e construção de vetores de expressão. Existe, por exemplo, a tentativa de usar o *Bacillus subtilis* como célula procariota hospedeira, assim como usar as leveduras *Pichia pastoris* e *Kluveromyces lactis*, cultivadas em meios derivados de resíduos da indústria de alimentos, como substituição ou alternativas ao uso de *Saccharomyces cerevisiae*, embora seja este o organismo eucariótico mais utilizado como hospedeiro para expressões utilizando células eucarióticas. Essas mudanças estão relacionadas à melhora e barateamento da produção de proteínas heterólogas[36-39].

Ainda dentro das possibilidades terapêuticas utilizando proteínas recombinantes, uma inovação potencialmente importante para a produção de proteínas recombinantes é a utilização de animais transgênicos, transformados com um gene de interesse clonado em todas as suas células, geralmente introduzido por microinjeção em um óvulo fecundado. Apesar do custo dessa tecnologia, a relação custo-benefício é favorável, já que, depois da reprodução do animal transgênico, este passará o gene a sua progênie e haverá a perpetuação da produção da proteína de interesse. A abordagem mais bem-sucedida até agora para a produção de proteínas heterólogas de uso farmacêutico em animais transgênicos utiliza animais de fazenda, como porcos e ovelhas, e vem sendo chamada de *"pharming"* (do inglês

pharmaceutical e *farming*). Um exemplo é a expressão do inibidor humano C1, uma glicoproteína, em coelhos. A sequência codante do C1 foi clonada sob o controle do promotor da β-lactoglobulina do animal, sendo tal promotor ativo no tecido mamário. Dessa forma, a proteína recombinante é continuamente secretada no leite com as modificações pós-traducionais corretas, e essa secreção facilita a sua purificação[40].

A clonagem molecular abriu novos campos, não só de possibilidades terapêuticas, mas também para o entendimento das causas de doenças. Nesse sentido, a clonagem é utilizada para sintetizar enzimas e receptores causadores ou envolvidos em processos patológicos, facilitando o estudo de possíveis alvos para o desenvolvimento de medicamentos. Da mesma forma, genes específicos codificadores de antibióticos provenientes de várias fontes são clonados em algumas espécies bacterianas, abrindo novas possibilidades na manipulação genética para a produção desse tipo de drogas[41].

A tecnologia do DNA recombinante também permite a produção de novas vacinas virais e bacterianas. No caso de vírus, por exemplo, tornou-se factível a obtenção de proteínas recombinantes virais inativadas e proteínas modificadas geneticamente com um epítopo antigenicamente eficiente na produção de anticorpos. Além disso, o uso terapêutico dos anticorpos monoclonais recombinantes abrange diversas modalidades, como a soroterapia, a terapia de alguns tipos de tumores malignos, cuja eficiência no tratamento possui valor indiscutível[42].

Ainda como possibilidade terapêutica, a identificação e clonagem de genes humanos, antes ou após o nascimento, constituem o primeiro passo para desvendar as bases moleculares e fisiopatológicas de uma determinada doença. Nesse sentido, a terapia gênica somática já é uma realidade. Essa tecnologia baseia-se na introdução ou transferência de material genético em pacientes com genes defeituosos com o propósito de prevenir ou curar uma enfermidade qualquer. No caso de enfermidades genéticas, nas quais um gene está defeituoso ou ausente, a terapia gênica consiste em transferir a versão funcional do gene para o organismo portador da doença, de modo a reparar o defeito. Essa introdução pode ser feita por via farmacológica, para tentar compensar as consequências fisiológicas da disfunção celular, ou por via genética, em que se busca a introdução de um gene exógeno nas células afetadas para substituir o gene defeituoso[43, 44].

Recentemente, a European Medicines Agency (EMA) liberou para o comércio na Europa o primeiro medicamento funcional para terapia gênica. Denominado Gybera e produzido pela empresa holandesa UniQure, este medicamento foi criado para atuar sobre o defeito de um gene que codifica

para a enzima lipoproteína lipase, responsável pela quebra de lipídeos. Sem essa enzima, o corpo humano não consegue metabolizar o nutriente e, consequentemente, desenvolvem-se quadros patológicos como, por exemplo, a pancreatite.

A clonagem gênica também oferece uma nova dimensão em termos de mudanças e novos paradigmas relacionados à agricultura, de modo a possibilitar modificações direcionadas para a mudança do genótipo da planta, substituindo, muitas vezes, os cruzamentos convencionais. Inúmeros projetos realizados em todo o mundo por companhias biotecnológicas têm desenvolvido plantas transgênicas utilizando o potencial da clonagem gênica para a adição ou inativação de genes, objetivando a melhoria das características culturais vegetais ou resistência a fatores ambientais, microrganismos ou insetos[45, 46].

A adição de um gene em uma determinada cultura envolve técnicas de clonagem para introduzir um ou mais genes novos que codificam características novas na planta. Um bom exemplo da técnica é a comercialização de plantas transgênicas contendo proteínas inseticidas oriundas de genes bacterianos. A δ endotoxina produzida por cepas de *Bacillus thuringiensis* foi clonada em diversas plantas como milho, batata, algodão e tomate, reduzindo o ataque de insetos em níveis comparados aos de inseticidas comerciais[47]. Resultados igualmente bem-sucedidos foram obtidos com genes que codificam proteinases e amilases ou pequenos peptídeos que interrompem a atividade enzimática do intestino dos insetos, impedindo ou retardando o seu crescimento. Em muitos casos, o objetivo da transformação é a produção de plantas capazes de resistir ao ataque de insetos, microrganismos e aos efeitos de herbicidas. Entretanto, as transformações podem ter outros objetivos, como a utilização de inserções genéticas com o objetivo de melhorar a qualidade nutricional, alterações bioquímicas aumentando o conteúdo de aminoácidos essenciais e a melhoria da digestibilidade de alguns alimentos[48, 49].

Quanto à substituição genética, o caso mais bem-sucedido em termos práticos é a chamada tecnologia do antissenso. Nessa tecnologia, não ocorre a remoção física de um gene, mas o seu silenciamento. Essa tecnologia baseia-se no uso de RNA intereferente, descrita por Fire e colaboradores em 1998[50]. Brevemente, uma porção do gene a ser silenciado é ligada a um vetor na sua orientação inversa, o que quer dizer que, quando essa sequência codante é transcrita no hospedeiro, o RNA que é sintetizado é complementar ao RNA mensageiro (mRNA). Esse complemento é chamado de RNA antissenso (asRNA) e pode impedir a síntese do produto do gene a partir do qual ele foi produzido. De uma maneira geral, essa tecnologia é muito menos utilizada que a adição de genes, pois em termos práticos é muito mais fácil

introduzir uma característica que uma planta não possui do que identificar características desvantajosas que a planta já possui e quais podem ser removidas pela "subtração" ou silenciamento de um gene. Casos de sucesso dessa tecnologia são relatados e conhecidos, como o da substituição do gene da poligalacturonase que retarda o estrago de tomates, ou da polifenol-oxidase que produz a inibição do descoramento em frutas e vegetais[51, 52].

4.6 CASO PRÁTICO: PROTOCOLO DE CLONAGEM EM VETOR DE EXPRESSÃO DE PROTEÍNA ANTIMICROBIANA

Os passos necessários para a clonagem em vetor de expressão em *E. coli* de um peptídeo antifúngico vegetal são os seguintes: (1) RT-PCR para a obtenção do cDNA, (2) amplificação por PCR da região codante do peptídeo antifúngico, (3) clonagem em vetor de expressão e (4) transformação por eletroporação. Os protocolos desses procedimentos serão descritos nesta seção.

4.6.1 RT-PCR para a obtenção do cDNA

A seguir será descrito o protocolo para a síntese de cDNA de milho (*Zea mays*) utilizando a enzima SuperScript II Reverse Transcriptase (Invitrogen™)[53].

Tabela 4.2 Reagentes e Equipamentos necessários para RT-PCR

REAGENTES	EQUIPAMENTOS
SuperScript II Reverse Transcriptase Kit Oligo(dT)12-18 RNA total de milho (1ng-5µg) dNTP Mix (10 mM cada) Água destilada estéril Gelo	Termociclador, Microcentrífuga Tubos de microcentrífuga 0,2 mL

Procedimento

A reação de síntese de cDNA utiliza de 1 ng a 5µg de RNA total ou 1 ng a 500 ng de mRNA.

1) Adicionar os seguintes componentes em um tubo de microcentrífuga:
   - Oligo(dT)12-18 (500 µg/mL)   1 µL
   - 1 ng a 5 µg de RNA total ou mRNA   X µL
   - dNTP Mix (10 mM cada)   1 µL
   - Água destilada estéril   q.s.p. 12 µL
2) Aquecer a mistura no termociclador a 65 °C por 5 minutos e em seguida transferir para o gelo. Após uma rápida centrifugação, adicionar os seguintes reagentes:
   - Tampão 5X^{IV*} 4 µL
   - DTT 0,1 M   2 µL
3) Misturar a reação lentamente e incubar a 42 °C por 2 minutos.
4) Adicionar 1 µL (200 unidades) da enzima SuperScript II (Invitrogen) e misturar a reação por pipetagem.
5) Incubar a 42 °C por 50 minutos.
6) Incubar a 70 °C por 15 minutos para inativar a enzima.

4.6.2 Amplificação da região codante da defensina de milho por PCR

Após a síntese do cDNA é necessário realizar a amplificação do gene de interesse que será clonado. Na PCR será necessária a utilização de um par de *primers* que amplifique a região codificante completa do gene, do códon de início ao de parada. Os *primers* deverão conter, além da região que irá se parear no gene, o sítio de restrição da enzima *Alw*NI. Os sítios de restrição desta enzima serão usados na ligação do inserto no vetor de expressão pET-31b⁺. Na Figura 4.13A está a sequência de defensina de milho que será amplificada na PCR. As regiões selecionadas para o pareamento dos *primers* estão marcadas em negrito. Além dessas sequências, será preciso adicionar nos *primers* a sequência que é reconhecida pela enzima *Alw*NI (Figura 4.13B). É também recomendável que seja adicionado no desenho dos *primers* de 4 a 6 nucleotídeos aleatórios na extremidade 5' (não mostrado), para favorecer a ligação posterior da endonuclease em seu sítio específico.

Usando os *primers* descritos na Figura 4.4 e Tabela 4.1, a seguinte reação será preparada:

---

* O tampão é fornecido pelo fabricante (Invitrogen).

Tabela 4.3 Reação de PCR para amplificação de cDNA[53]

REAGENTE	VOLUME
Tampão Taq 10X	5 µL
50 mM MgCl$_2$	1,5 µL
Primer senso (10 µM)	1 µL
Primer antisenso (10 µM)	1 µL
dNTP mix 10 mM	1 µL
Taq DNA polimerase (5 U/ µL)	0,4 µL
cDNA	2 µL
Água destilada estéril	q.s.p. 50 µL

O termociclador deve ser programado da seguinte forma:

1) 95 °C – 5 minutos
2) 95 °C – 30 segundos
3) 60 °C – 30 segundos   repetir 30 vezes
4) 72 °C – 30 segundos
5) 72 °C – 5 minutos
6) 4 °C – ∞

Após a reação, os tubos podem ser armazenados em *freezer* a -20 °C ou submetidos imediatamente a uma eletroforese em gel de agarose para verificar a ocorrência da amplificação. Uma alíquota de 5 µL deve ser aplicada no gel de agarose. Nessa PCR, é esperado um fragmento de 354 pb. Com a PCR positiva, deve-se seguir para a digestão com a enzima *Alw*NI.

4.6.3 Clonagem em vetor de expressão

4.6.3.1 Purificação da PCR para digestão

A purificação do produto de PCR antes da digestão é necessária, pois a presença da *Taq* Polimerase, dNTPs e *primers* pode interferir na geração das extremidades coesivas pelas enzimas de restrição. Adicionalmente, a *Taq*

polimerase pode resistir à purificação apenas com fenol:clorofórmio e precipitação com etanol. O protocolo a seguir é indicado para a purificação de produtos de PCR[26].

Tabela 4.4 Tampões, soluções e equipamentos para purificação do produto da PCR

TAMPÕES E SOLUÇÕES	EQUIPAMENTOS
Acetato de amônia 10M	Banho-maria a 37 °C
Clorofórmio	Banho-maria a 75 °C
Etanol	
Fenol:clorofórmio (1:1. v/v)	
TE (pH 8,0)	
Proteinase K (20 mg.mL[-1])	

Procedimento

1) Adicionar em um mesmo tubo até 8 PCRs (400 µL) contendo ao menos 1 µg do produto amplificado.
2) Adicionar 0,2 volumes do tampão 5x da proteinase K até uma concentração final de 50 µg.mL^{-1}. Incubar a mistura por 60 minutos a 37 °C.
3) Inativar a proteinase K por aquecimento da mistura a 75 °C por 20 minutos.
4) Submeter a solução a uma extração com fenol:clorofórmio e em seguida com clorofórmio.
5) Adicionar 0,2 volumes de acetato de amônia 10M e 2,5 volumes de etanol. Misturar a solução e armazenar por 30 minutos a 4 °C.
6) Centrifugar a solução para recuperar o DNA a 10.000 x *g* por 5 minutos a 4 °C. Descartar o sobrenadante e adicionar 1 mL de etanol 70%. Centrifugar novamente nas mesmas condições. Remover o sobrenadante e secar o DNA precipitado.
7) Dissolver o *pellet* em TE (pH 8,0).
8) Quantificar a amostra e submeter uma alíquota a uma eletroforese em gel de agarose.

4.6.3.2 Digestão da PCR com a enzima AlwNI para criação de extremidade coesivas

O produto purificado da reação de PCR deve ser submetido a uma digestão com a enzima *Alw*NI para gerar as extremidades coesivas necessárias à clonagem do vetor. Adicionalmente, o vetor de expressão pET-31b⁺ será linearizado por uma digestão com a mesma enzima. As condições de reação utilizadas para digerir 1 µg do inserto e do vetor estão listadas na Tabela 4.5. A reação de digestão ocorrerá por 1 hora a 37 °C[54].

Tabela 4.5 Reação de digestão com enzima *Alw*NI

REAGENTE	VOLUME
DNA	1 µg (X µL)
Tampão enzima 10X	5 µL
Enzima	0,5 µL
Água destilada estéril	q.s.p. 50 µL

4.6.3.3 Ligação da defensina em vetor de expressão

A ligação do fragmento de PCR digerido com a enzima no vetor de expressão é feita com enzima T4 DNA ligase[55]. A reação de ligação deve ser preparada seguindo a Tabela 4.6. O vetor selecionado é o pET-31b⁺ (Novagen) porque, segundo descrição do fabricante, ele é adequado para a expressão de peptídeos[56].

Tabela 4.6 Reação de ligação do produto de PCR em vetor de expressão em uma proporção inserto:vetor de 3:1. A reação de ligação ocorrerá a uma temperatura de 25 °C por 1 hora

COMPONENTE	VOLUME
Tampão de ligação 5X	4 µL
Vetor	3-30 fmol
Inserto	9-90 fmol
T4 DNA ligase	0,1 unidade
Água destilada estéril	q.s.p. 20 µL

4.6.4 Transformação de bactérias por eletroporação

A seguir será descrito o protocolo de transformação de *E. coli* por eletroporação. A cepa BL21 é adequada para expressar a defensina ligada no vetor pET-31b+. Bactérias *E. coli* BL21 competentes para eletroporação podem ser adquiridas com fabricantes ou preparadas usando protocolos previamente descritos[26].

Tabela 4.7 Materiais necessários para a transformação de bactérias por eletroporação

TAMPÕES, SOLUÇÕES E MEIOS	EQUIPAMENTOS
Plasmídeo	Cubetas de eletroporação
Meio GTY: 10% glicerol, 0,125% de extrato de levedura, 0,25% de triptona	Eletroporador
Meio LB.	Banho de gelo
Placas de petri contendo meio LB + 100 µg/mL de ampicilina	

Procedimentos[26]

1) Adicionar de 10 pg a 25 ng de plasmídeo em um volume de 1-2 µL em um tubo de microcentrífuga contendo 40 µL de *E. coli* BL21 competente. Incubar no gelo por 60 segundos.
2) Configurar o eletroporador para um pulso de 25 µF de capacitância, 2,5 kV e 200 Ohms de resistência.
3) Pipetar a mistura plasmídeo-BL21 em uma cubeta de eletroporação previamente resfriada em gelo e posicionar no eletroporador.
4) Aplicar o pulso no equipamento. Um tempo de 4 a 5 milissegundos deve ser registrado no equipamento.
5) Rapidamente adicionar 1 mL de meio LB à cubeta de eletroporação.
6) Transferir as células para um tubo de microcentrífuga e incubar por 1 hora a 37 °C.
7) Adicionar até 200 µL da cultura em uma placa de Petri contendo meio LB mais 100 µg.mL^{-1} de ampicilina. Inverter as placas e incubar a 37 °C por 12 a 16 horas.
8) Selecionar transformantes para a confirmação da clonagem e orientação do inserto por PCR, digestão e sequenciamento.

4.7 CONCLUSÕES

Nas últimas décadas, a clonagem gênica desenvolveu-se como uma alternativa extremamente viável para a manipulação genética de organismos com diversos objetivos diferentes, desde a produção de drogas até a obtenção de plantas e animais geneticamente modificados, expressando características fenotípicas de interesse humano. Dessa forma, hoje temos ao nosso alcance um suprimento infindável de algumas drogas, como a insulina recombinante, que não depende mais da pecuária para sua obtenção, plantas resistentes a estresses bióticos (como insetos) e abióticos (seca, uso de herbicidas), linhagens de microrganismos produzindo fármacos, vacinas e anticorpos, entre outros, tanto em fase experimental como industrial. É inquestionável a aplicabilidade desse conjunto de tecnologias no desenvolvimento social humano recente, e o seu impacto no futuro ainda é incalculável.

REFERÊNCIAS

1. Nascimento AAC. Tecnologia do DNA Recombinante. São Paulo: Faculdade de Medicina de Ribeirão Preto (USP); 2003 [cited 2013 Oct 06]; Available from: http://www.webartigos.com/artigos/a-tecnologia-do-dna-recombinante-e-suas-multiplas-aplicacoes/10701/.
2. Benecke M. Coding or non-coding, that is the question. EMBO Rep. Jun 17, 2002;3(6):498-502.
3. Candeias JAN. A Engenharia Genética. Saúde Pública São Paulo. 1991;25(1):3-10.
4. Brown TA. Clonagem gênica e análise de DNA. Porto Alegre: Artmed; 2003. 326 p.
5. Ausubel FM, Brent R, Kingston RE, Moore DD, Seidman JG, Smith JA, et al. Current protocols in molecular biology. New York: John Wiley; 2003. 4755 p.
6. Burns GW, Bottino PJ. Genética. 6 ed. Rio de Janeiro: Guanabara Koogan; 1991.
7. Mendel G. Versucheu berpflanzen-hybriden. Verhandlungender naturfoschung Vereins. 1866;4:3-47.
8. Centenary of Mendel's Paper. British Medical Journal. 1965;1(5431):368-74.
9. Dahm R. Discovering DNA: Friedrich Miescher and the early years of nucleic acid research. Human genetics. 2008;122(6):565-81.
10. Muller HJ. The Production of Mutations by X-Rays. Proc Natl Acad Sci USA. 1928;14(9):714-26.
11. Griffith F. The Significance of Pneumococcal Types. The Journal of hygiene. 1928;27(2):113-59.
12. Avery OT, Macleod CM, McCarty M. Studies on the chemical nature of the substance inducing transformation of Pneumococcal types: Induction of transformation by a desoxyribonucleic acid fraction isolated from Pneumococcus type III. The Journal of Experimental Medicine. 1944;79(2):137-58.
13. Hershey AD, Chase M. Independent functions of viral protein and nucleic acid in growth of bacteriophage. The Journal of General Physiology. 1952;36(1):39-56.
14. Pauling L, Corey RB, Branson HR. The structure of proteins; two hydrogen-bonded helical configurations of the polypeptide chain. Proc Natl Acad Sci USA. 1951;37(4):205-11.
15. Pauling L, Corey RB. A Proposed Structure For The Nucleic Acids. Proc Natl Acad Sci USA. 1953;39(2):84-97.
16. Watson JD, Crick FH. Molecular structure of nucleic acids; a structure for deoxyribose nucleic acid. Nature. 1953;171(4356):737-8.
17. Beckwith JR, Signer ER. Transposition of the lac region of Escherichia coli. I. Inversion of the lac operon and transduction of lac by phi80. Journal of Molecular Biology. 1966;19(2):254-65.
18. Smith HO, Wilcox KW. A restriction enzyme from Hemophilus influenzae. I. Purification and general properties. Journal of Molecular Biology. 1970;51(2):379-91.

19. Mertz JE, Davis RW. Cleavage of DNA by R 1 restriction endonuclease generates cohesive ends. Proc Natl Acad Sci USA. 1972;69(11):3370-4.

20. Temin HM, Mizutani S. Viral RNA-dependent DNA Polymerase: RNA-dependent DNA Polymerase in Virions of Rous Sarcoma Virus. Nature. 1970 Jun 27;226:1211-3.

21. Baltimore D. Viral RNA-dependent DNA Polymerase: RNA-dependent DNA Polymerase in Virions of RNA Tumour Viruses. Nature. 1970 Jun 27;226:1209-11.

22. Kleppe K, Ohtsuka E, Kleppe R, Molineux I, Khorana HG. Studies on polynucleotides. XCVI. Repair replications of short synthetic DNA's as catalyzed by DNA polymerases. Journal of molecular biology. 1971;56(2):341-61.

23. Primrose SB, Twyman RM, Old RW. Principles of Gene Manipulation. 6 ed. New York: Wiley-Blackwell; 2002.

24. Bartlett JMS, Stirling D. PCR Protocols Totowa: Humana Press; 2003.

25. Technologies ID. 2013 [cited 2013 Sep 30]; Available from: http://www.idtdna.com/analyzer/applications/oligoanalyzer/.

26. Green MRS, Sambrook J. Molecular Cloning: a laboratory manual. 4 ed. New York: Cold Spring Harbor; 2012. 1890 p.

27. Vincze T, Posfai J, Roberts RJ. NEBcutter: A program to cleave DNA with restriction enzymes. Nucleic Acids Research. 2003;31(13):3688-91.

28. O'Connell J. RT-PCR Protocols. Totowa: Humana Press; 2002.

29. Horton RM. PCR-mediated recombination and mutagenesis. SOEing together tailor-made genes. Molecular Biotechnology. 1995;3(2):93-9.

30. Horton RM, Cai ZL, Ho SN, Pease LR. Gene splicing by overlap extension: tailor-made genes using the polymerase chain reaction. BioTechniques. 1990;8(5):528-35.

31. Xiao YH, Pei Y. Asymmetric overlap extension PCR method for site-directed mutagenesis. Methods in Molecular Biology. 2011;687:277-82.

32. Nelson MD, Fitch DH. Overlap extension PCR: an efficient method for transgene construction. Methods in Molecular Biology. 2011;772:459-70.

33. Reis C, Capanema LXdL, Filho PLP, Pieroni JP, Barros JO, Silva LGd. Biotecnologia para Saúde Humana: Tecnologia, aplicações e inserção na indústria farmacêutica. BNDES Setorial. 2009;29:359-92.

34. Burns LR. The Business of Healthcare Innovation. Cambridge: Cambridge University Press; 2005.

35. Hefferon KL. Recent patents in plant biotechnology: impact on global health. Recent Patents on Biotechnology. 2012;6(2):97-105.

36. Parachin NS, Mulder KC, Viana AAB, Dias SC, Franco OL. Expression systems for heterologous production of antimicrobial peptides. Peptides. 2012;38(2):446-56.

37. Shin MK, Yoo HS. Animal vaccines based on orally presented yeast recombinants. Vaccine. 2013;31(40):4287-92.

38. Liu L, Liu Y, Shin HD, Chen RR, Wang NS, Li J, et al. Developing Bacillus spp. as a cell factory for production of microbial enzymes and industrially important biochemicals in the context of systems and synthetic biology. Applied Microbiology and Biotechnology. 2013;97(14):6113-27.

39. Orlova NA, Kovnir SV, Vorobiev, II, Gabibov AG, Vorobiev AI. Blood Clotting Factor VIII: From Evolution to Therapy. Acta Naturae. 2013;5(2):19-39.

40. van Veen HA, Koiter J, Vogelezang CJ, van Wessel N, van Dam T, Velterop I, et al. Characterization of recombinant human C1 inhibitor secreted in milk of transgenic rabbits. Journal of Biotechnology. 2012;162(2-3):319-26.

41. Kim do K, Kim KH, Cho EJ, Joo SJ, Chung JM, Son BY, et al. Gene cloning and characterization of MdeA, a novel multidrug efflux pump in Streptococcus mutans. Journal of Microbiology and Biotechnology. 2013;23(3):430-5.

42. Frenzel A, Hust M, Schirrmann T. Expression of recombinant antibodies. Frontiers in immunology. 2013;4:217. Epub 2013/08/03.

43. Lara-Aguilar RA, Juarez-Vazquez CI, Medina-Lozano C. Terapia de las enfermedades por deposito lisosomal: actualidad y perspectivas. Revista de Investigacion Clinica. 2011;63(6):651-8.

44. Kunej T, Godnic I, Horvat S, Zorc M, Calin GA. Cross talk between microRNA and coding cancer genes. Cancer Journal. 2012;18(3):223-31.

45. Guo P, Wang Y, Zhou X, Xie Y, Wu H, Gao X. Expression of soybean lectin in transgenic tobacco results in enhanced resistance to pathogens and pests. Plant Science: an international journal of experimental plant biology. 2013;211:17-22.

46. Akpinar BA, Lucas SJ, Budak H. Genomics approaches for crop improvement against abiotic stress. The Scientific World Journal. 2013;2013:361921.

47. Sanahuja G, Banakar R, Twyman RM, Capell T, Christou P. Bacillus thuringiensis: a century of research, development and commercial applications. Plant Biotechnology Journal. 2011;9(3):283-300.

48. Gatehouse JA. Prospects for using proteinase inhibitors to protect transgenic plants against attack by herbivorous insects. Current Protein & Peptide Science. 2011;12(5):409-16.

49. Carvalho Ade O, Gomes VM. Plant defensins and defensin-like peptides – biological activities and biotechnological applications. Current Pharmaceutical Design. 2011;17(38):4270-93.

50. Fire A, Xu S, Montgomery MK, Kostas SA, Driver SE, Mello CC. Potent and specific genetic interference by double-stranded RNA in Caenorhabditis elegans. Nature. 1998 Feb 19;391(6669):806-11.

51. Miki B, McHugh S. Selectable marker genes in transgenic plants: applications, alternatives and biosafety. Journal of Biotechnology. 2004;107(3):193-232.

52. Li SF, Iacuone S, Parish RW. Suppression and restoration of male fertility using a transcription factor. Plant Biotechnology Journal. 2007;5(2):297-312.

53. Invitrogen. SuperScript™ II Reverse Transcriptase. 2013 [cited 2013 Oct 07]; Available from: http://tools.lifetechnologies.com/content/sfs/manuals/superscriptII_pps.pdf.

54. Biolabs NE. AlwNI. 2013; Available from: https://www.neb.com/products/r0514-alwni#tabselect2.

55. Invitrogen. T4 DNA Ligase. 2013; Available from: http://tools.lifetechnologies.com/content/sfs/manuals/t4dnaligase_1U_man.pdf.

56. Millipore M. pET-3b DNA. 2013; Available from: http://www.merckmillipore.com/brazil/life-science-research/pet-3b-dna/EMD_BIO-69419/p_2tOb.s1OkacAAAEjWhl9.zLX;sid=kjCEmxIp51aMm0BmkcHozLrpFbOWa3iOqh6azaGEsEQ6-JynvtDnMRQXh-WsJJjlQEkOUhxHwbwitnJvgMLQxcL1js8Sd3975oao8uqow9iIXTXGDlA6azaGE.

PROTEÍNAS RECOMBINANTES

CAPÍTULO 5

EXPRESSÃO DE PROTEÍNAS RECOMBINANTES EM BACTÉRIAS: FUNDAMENTOS BÁSICOS E APLICAÇÕES

Odir Antônio Dellagostin
Caroline Rizzi
Silvana Beutinger Marchioro

5.1 INTRODUÇÃO

A escolha de um método adequado para a expressão é um fator crítico na obtenção de rendimento e qualidade desejada de uma proteína recombinante em tempo hábil. Alguns fatores devem ser considerados na escolha de um sistema de expressão, dentre eles, a massa da proteína e o número de pontes dissulfeto, o tipo de modificações pós-traducionais desejadas e o destino da proteína. A aplicação pretendida da proteína recombinante purificada também é fundamental no processo de escolha do sistema de expressão, sendo que as aplicações podem ser classificadas em quatro grandes áreas: estudos

estruturais, ensaios de atividade *in vitro,* antígenos para a produção de anticorpos e estudos *in vivo.*

Por várias razões, as bactérias foram os primeiros micro-organismos a serem utilizados como fábricas vivas. Primeiramente, uma grande quantidade de informações sobre a sua genética, fisiologia e bioquímica estão disponíveis. A bactéria *Escherichia coli* é o micro-organismo mais estudado e melhor compreendido no mundo. Além disso, as bactérias são fáceis de cultivar em grandes quantidades, utilizam meios de cultivo de baixo custo, e podem multiplicar-se rapidamente. Por exemplo, a *E. coli* dobra sua massa a cada vinte minutos ou mais em um meio rico. Finalmente, bactérias são tão pequenas que até um bilhão de células podem caber em uma única placa de Petri com apenas 10 cm de diâmetro. Isso permite-nos testar grandes populações a fim de encontrar recombinantes, uma enorme ajuda em vários estágios de manipulações genéticas do DNA.

A expressão e produção de proteínas recombinantes funcionais pode ser frequentemente desafiadora. De fato, novos alvos ou produtos podem ser excluídos simplesmente porque quantidades significativas da proteína funcional não pode ser produzida para as análises necessárias. Entre os fatores mais importantes para o sucesso da produção de proteínas recombinantes estão o rendimento e a qualidade da proteína expressa. Para contornar esses fatores, é importante identificar ferramentas de expressão que permitam a expressão funcional da proteína a ser testada. Essas ferramentas incluem não somente a escolha dos diferentes organismos disponíveis, mas também uma variedade de ferramentas de expressão para o controle da transcrição e/ou da tradução de proteínas recombinantes. Múltiplas plataformas de expressão de proteínas recombinantes em diferentes hospedeiros estão disponíveis, incluindo mamíferos, leveduras e sistemas bacterianos. Caso glicosilações não sejam requeridas para a função biológica da proteína a ser produzida, um sistema de expressão bacteriano é preferido, oferecendo vantagens com relação à velocidade e custo de produção. O crescimento bacteriano e os ciclos de expressão são tipicamente de um a dois dias; em contraste, os sistemas de levedura são de cinco dias, e os sistemas de mamífero, de dez a catorze dias. Além disso, as bactérias podem ser cultivadas em meio simples e barato. Quando a proteína pode ser produzida numa forma ativa solúvel com rendimentos de expressão similares, a redução de custos pode ser de até 37%.

O objetivo deste capítulo é descrever os principais sistemas utilizados para a expressão de proteínas recombinantes em bactérias. Algumas de suas vantagens, desvantagens e aplicações serão discutidas.

5.2 SISTEMAS DE EXPRESSÃO EM *Escherichia coli*

Os sistemas de expressão são concebidos para produzir muitas cópias de uma proteína desejada dentro de uma célula hospedeira. Um vetor, geralmente plasmídeo ou vírus modificado, é utilizado para introduzir um gene específico na célula hospedeira e comandar o mecanismo celular de síntese proteica para produzir a proteína codificada pelo gene. Esse vetor contém todos os códigos genéticos necessários para a produção da proteína, incluindo um promotor apropriado para a célula hospedeira e sequências reguladoras que atuam como potenciadores da transcrição.

A bactéria *Escherichia coli*, descrita pela primeira vez e isolada por Escherich em 1885, é um habitante ubíquo do cólon de mamíferos e o micro-organismo mais estudado. Quase todas as cepas empregadas atualmente em experimentos de DNA recombinante são derivadas de uma única cepa: *E. coli* K-12, isolada das fezes de um paciente diftérico em 1922. Outra cepa empregada, a *E. coli* B, é derivada de comensais normais do intestino humano, e seus derivados têm sido isolados em laboratório antes de 1918. As pesquisas envolvendo as cepas *E. coli* B e K-12 resultaram em um tremendo impacto em nossa atual compreensão da bioquímica, genética molecular, biotecnologia e biologia de sistemas, bem como sobre o desenvolvimento de metodologias nesses campos.

E. coli é o hospedeiro mais comumente usado e melhor caracterizado, além do amplo histórico em expressar proteínas heterólogas ou não. O emprego da *E. coli* confere várias vantagens: expressão rápida e de alto nível, crescimento celular de alta velocidade, de baixa complexidade e de baixo custo. Além disso, um certo número de cepas hospedeiras mutantes estão disponíveis, que pode melhorar a expressão da proteína recombinante. Por exemplo, o uso de cepas hospedeiras com mutações em genes de proteases citoplasmáticas diminui a degradação de proteínas. Hospedeiros que codificam tRNAs para códons raramente encontrados em *E. coli* podem expressar com sucesso as proteínas que contêm esses códons raros (ver adiante).

Muitas cepas laboratoriais de *E. coli* são portadoras de mutações que reduzem a sua viabilidade na natureza e impedem sua sobrevivência no trato intestinal. Essas mutações geralmente conferem auxotrofia, isto é, elas desativam a capacidade da célula de sintetizar um metabólito crítico, que, por conseguinte, devem ser fornecidos no meio. Tais mutações podem também servir como marcadores genéticos e são úteis para a confirmação da identidade da cepa.

Embora rendimentos elevados sejam geralmente desejáveis, a superprodução de uma proteína recombinante pode prejudicar a célula hospedeira. Em bactérias, quando uma grande quantidade de proteína é produzida muito rapidamente, há a formação de corpos de inclusão, que são agregados constituídos de proteínas mal dobradas e não funcionais. Por outro lado, a expressão no estado exponencial de crescimento bacteriano pode prejudicar a multiplicação celular e diminuir o rendimento proteico final. Assim, sistemas de expressão de proteínas recombinantes possuem recursos para controlar quando e como a expressão ocorre na célula hospedeira.

O sistema de expressão de genes heterólogos comumente usado é baseado na T7 RNA polimerase de bacteriófago, desenvolvido por Studier e Moffat em 1986[21] (Figura 5.1). As cepas de E. coli hospedeiras são lisógenas do bacteriófago DE3, um derivado lambda que possui a região imunogênica do fago 21 e carreia um fragmento de DNA contendo o gene *lacI*, o promotor *lacUV5* e o gene da RNA polimerase de T7. Esse fragmento foi inserido no gene *int*, impedindo DE3 de excisar-se do cromossoma sem um fago auxiliar. Uma vez que um lisógeno DE3 é formado, o único promotor conhecido para dirigir a transcrição do gene da RNA polimerase T7 é o promotor *lacUV5* (ver descrição mais detalhada adiante). A RNA polimerase T7 é altamente seletiva para os seus próprios promotores, que não ocorrem naturalmente em E. coli. Dessa maneira, o sistema de expressão é composto também de plasmídeos de expressão. Os genes-alvo são clonados sob controle do promotor T7, sendo que a expressão é induzida pela expressão da RNA polimerase T7 na célula hospedeira. Entretanto, a transcrição do gene da RNA polimerase T7 é inibida pelo repressor LacI, que se liga fortemente ao operon *lac*. Os genes *lac* expressam enzimas que estão envolvidas na lise de lactose, e, portanto, a presença de lactose provocaria a iniciação da transcrição dos genes *lac*. A lactose se liga ao repressor LacI, diminuindo a sua afinidade pelo sítio de ligação ao promotor. Isso alivia a repressão da transcrição do óperon quando essas moléculas estão presentes. Quando o análogo da lactose IPTG (isopropil-β-D-tiogalactopiranosídeo) é adicionado ao meio de cultura, ele se liga ao repressor LacI e o libera do promotor *lacUV5*. Como o IPTG não é degradado pela enzima β-galactosidase, a molécula persiste na célula e estimula significativamente a expressão gênica, mesmo em baixas concentrações.

A RNA polimerase T7 é então produzida e promove a transcrição do gene de interesse. Quando a expressão da T7 RNA polimerase é completamente induzida, a quase totalidade dos recursos das células é convertida para a expressão do gene-alvo, sendo que o produto desejado pode compreender mais que 50% das proteínas celulares totais após algumas horas de indução.

Dessa maneira, a expressão gênica em larga escala emprega primeiramente crescimento celular em alta densidade a uma atividade do promotor mínima, seguido pela indução do promotor, para evitar que a expressão de proteínas heterólogas seja tóxica para o crescimento celular.

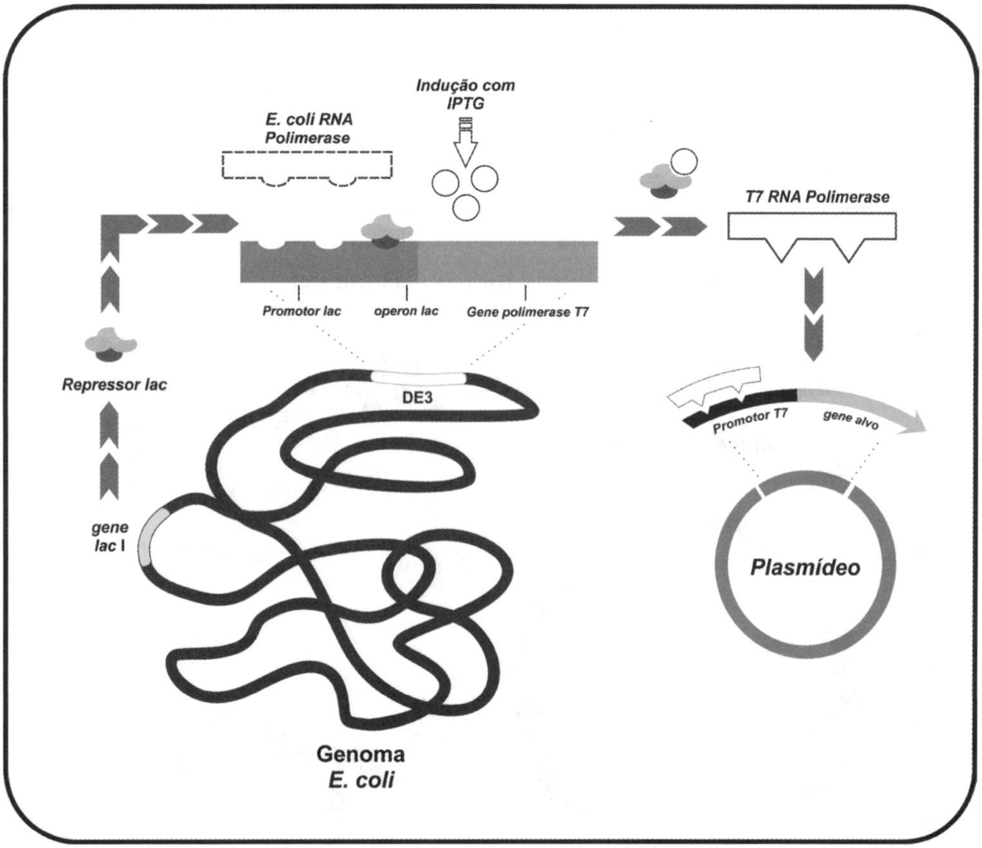

Figura 5.1 Sistema de expressão de proteínas heterólogas em *E. coli* baseado na T7 RNA polimerase. O plasmídeo recombinante é inserido em uma cepa *E. coli* lisógena do bacteriófago DE3, a qual contém em seu genoma um gene da T7 RNA polimerase sob o controle do promotor *lac*. O genoma bacteriano também contém o gene *lacI*, que codifica para o repressor LacI, responsável pela inibição da transcrição do gene da T7 RNA polimerase. O promotor *lac* é ativado na presença do análogo da lactose, o isopropil-β-D-tiogalactopiranosídeo (IPTG). O IPTG se liga ao repressor LacI, promovendo a diminuição da afinidade do inibidor pelo promotor. A adição de IPTG à cultura em crescimento induz a produção da T7 RNA polimerase, que ativa a transcrição do gene-alvo no plasmídeo.

Os dois sistemas comerciais de expressão mais comumente usados para *E. coli* são os sistemas pET e pBAD. Esses sistemas apresentam mecanismos

de controle para induzir ou reprimir a produção de proteína recombinante; o sistema pBAD também pode modular a quantidade de proteína produzida.

O sistema comercial pET (Novagen) possui um promotor híbrido T7*lac*, e a transcrição requer a RNA polimerase T7 (Figura 5.2). Nesse sistema, o plasmídeo contém a sequência do operador Lac imediatamente a jusante do promotor de T7. O plasmídeo pET expressa a proteína LacI, o que reprime tanto a transcrição do gene da RNA polimerase T7 no cromossoma bacteriano quanto a do gene da proteína recombinante clonada. Esse gene *lacI* adicional impede que o esgotamento do repressor LacI resulte na expressão da polimerase e do gene alvo. Quando o indutor IPTG é adicionado, ele provoca a liberação de LacI de ambos os promotores. Este é um dos melhores mecanismos para a prevenção da expressão basal e é muito útil quando as proteínas recombinantes são altamente tóxicas em cepas DE3.

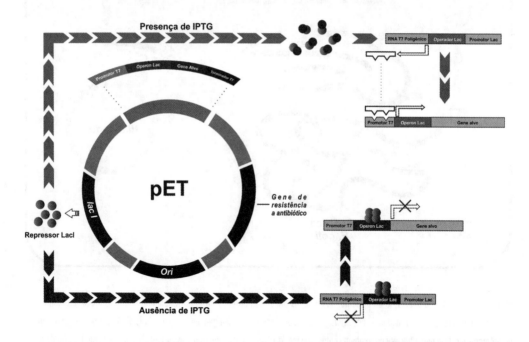

Figura 5.2 O sistema de expressão pET (Novagen). Este sistema permite um controle muito mais restrito da expressão dos genes alvos que o sistema convencional desenvolvido por Studier e Moffat[21]. O vetor contém um promotor denominado T7lac, composto pelo óperon *lac* antecedido pelo promotor T7. O vetor também apresenta uma sequência codificadora para o repressor LacI. Quando este tipo de vetor é empregado em cepas DE3, o repressor LacI atua no promotor *lac* na célula hospedeira, inibindo a transcrição do gene da T7 RNA polimerase pela polimerase do hospedeiro e também bloqueando o promotor T7*lac* no vetor, evitando a transcrição do gene-alvo por qualquer T7 RNA polimerase. A adição de IPTG ao meio de cultura bloqueia a ação do repressor LacI, permitindo a transcrição da T7 RNA polimerase e da transcrição do gene-alvo no vetor. *Ori*: origem de replicação de *E. coli*.

O sistema pBAD baseia-se no óperon arabinose (Figura 5.3). Este é induzido pela adição de arabinose, que se liga à proteína repressora AraC. O repressor pode agir de duas maneiras radicalmente diferentes, dependendo se é ou não ligado à arabinose. Na ausência de arabinose, o repressor AraC liga-se ao operador O2 e ao sítio I1, fazendo com que o DNA nessa região adote uma conformação na forma de grampo de cabelo. Isto impede a transcrição a partir do promotor pBAD porque a RNA polimerase é estericamente impedida de se ligar ao promotor. No entanto, na presença de arabinose, o repressor de AraC muda de conformação e liga-se preferencialmente aos sítios adjacentes I1 e I2. Dessa maneira, a configuração do circuito é libertada e pode ocorrer a transcrição. O sistema também responde à presença ou ausência de glicose. Os baixos níveis de glicose provocam um aumento dos níveis de AMPc na célula, o que, por sua vez, faz com que a proteína do receptor de AMPc (PRAc) torne-se ativa. A ligação da PRAc a um sítio no promotor livre também induz a de expressão dos genes de arabinose. A expressão dos genes sob o controle de pBAD é induzida cerca de trezentas vezes mais que o seu nível não induzido. Os níveis do repressor AraC também são autorregulados. Assim, quando os níveis de AraC aumentam, a AraC liga-se ao operador O2 e impede a transcrição de mRNA do *araC*. A principal vantagem desse sistema é que o promotor pode ser induzido parcialmente, dependendo da concentração de indutor utilizado, e é firmemente reprimida na ausência de indutor. Se uma grande quantidade de proteína recombinante é necessária, então é acrescentada mais arabinose. No entanto, se a proteína recombinante é tóxica para as células hospedeiras, é adicionada uma menor quantidade de arabinose, e menos proteína recombinante é produzida.

5.2.1 Vetores de expressão

Os elementos essenciais para um vetor de expressão em *E. coli* são mostrados na Figura 5.4. O promotor é posicionado aproximadamente 10 pb a 100 pb a montante do sítio de ligação do cromossomo (*ribosomal binding site* – RBS) e geralmente está sob o controle de um gene regulatório, o qual pode estar presente no próprio vetor ou integrado no cromossomo do hospedeiro. Os promotores de *E. coli* consistem de uma sequência de hexanucleotídeos localizadas aproximadamente 35 pb (região -35) a montante da base de iniciação de transcrição, separado por um pequeno espaço de outra sequência de hexanucleotídeos (região -10). A jusante do promotor está o

RBS, também chamado de sítio Shine-Dalgarno (SD), a qual interage com rRNA 16S durante a iniciação da tradução. A distância entre o sítio SD e o códon de iniciação varia de cinco a treze bases, e a sequência desta região deve eliminar o potencial de formação de estrutura secundária na cópia de mRNA, o que poderia reduzir a eficácia da iniciação da tradução. O RBS exibe uma tendência a possuir a um alto conteúdo de adeninas. Após o RBS, está localizado um sítio de policlonagem, o qual fornece sítios para enzimas de restrição onde será clonado o fragmento de DNA. O terminador da transcrição está localizado a jusante da sequência codificadora e serve tanto como um sinal para a terminação da transcrição quanto como um elemento protetor composto por estruturas em forma de grampo de cabelo, protegendo o mRNA de degradação exonucleotídica e estendendo a meia-vida do mesmo.

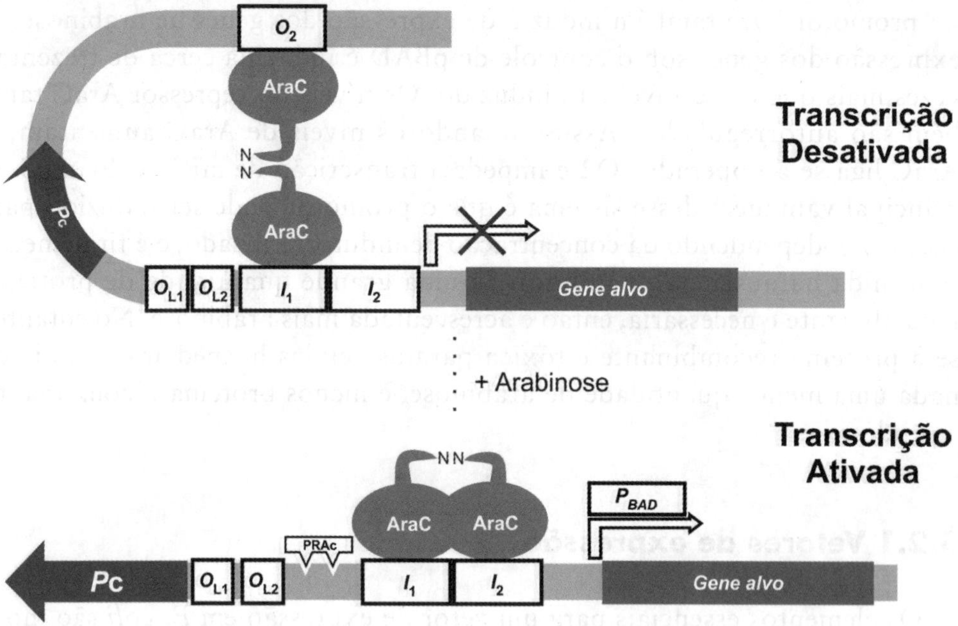

Figura 5.3 Sistema de expressão pBAD. Os sistemas de expressão baseados no promotor BAD (pBAD) possuem um repressor denominado AraC. Na ausência do açúcar arabinose, o repressor AraC liga-se ao operador O2 e ao sítio I1, fazendo com que o DNA nesta região adote uma conformação na forma de grampo de cabelo. Isso impede a transcrição a partir do promotor pBAD porque a RNA polimerase é estericamente impedida de se ligar ao promotor. No entanto, na presença de arabinose, o repressor de AraC muda de conformação e liga-se preferencialmente aos sítios adjacentes I1 e I2. Dessa maneira, a configuração do circuito é libertada e pode ocorrer a transcrição. Os baixos níveis de glicose provocam um aumento dos níveis de AMPc na célula, o que, por sua vez, faz com que a proteína do receptor de AMPc (PRAc) torna-se ativa. A ligação da PRAc a um sítio no promotor livre também induz a de expressão dos genes de arabinose.

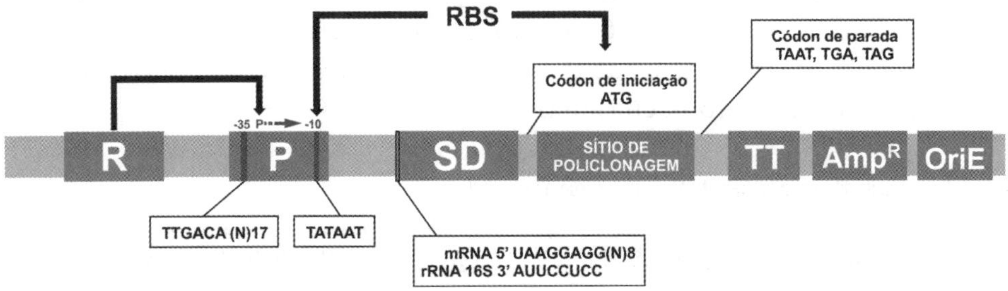

Figura 5.4 Características e sequências dos elementos de um vetor de expressão procariótico. Como exemplo é mostrado o promotor híbrido *tac* (P), consistindo das sequências 235 e 210, as quais são separadas pelo espaçador. A seta indica a direção da transcrição. O sítio de ligação do ribossomo (RBS) consiste da sequência de Shine-Dalgarno (SD), seguido por espaçador traducional rico em A + T que possui um comprimento ótimo de oito bases. A sequência SD interage com a extremidade 3' do rRNA 16S durante a iniciação da tradução. O códon de iniciação AUG (ATG) é empregado com maior frequência em *E. coli*. Entre os três códons de parada, o códon UAA (TAA) seguido por U (T) é a sequência de terminação mais eficiente em *E. coli*. O repressor é codificado por um gene regulatório (R), o qual pode estar presente no próprio vetor ou pode estar integrado no cromossomo hospedeiro, e que modula a atividade do promotor. O terminador de transcrição (TT) serve para estabilizar o mRNA e o vetor. Além disso, um gene de resistência a antibiótico, por exemplo, ampicilina (*AmpR*), facilita a seleção fenotípica do vetor, e a origem de replicação de *E. coli* (*OriE*) determina o número de cópias do vetor[10*].

Além dos elementos descritos acima, os quais possuem um impacto direto na eficiência da expressão gênica, o vetor contém um gene que confere resistência a antibióticos no hospedeiro para facilitar a seleção do plasmídeo e sua propagação. A ampicilina é comumente utilizada para essa proposta, entretanto, para a produção de proteínas humanas terapêuticas, outros marcadores de seleção são preferíveis a fim de evitar potenciais reações alérgicas em humanos. O número de cópias do plasmídeo é determinado pela origem de replicação. Vetores de clonagem costumam ter o tamanho de apenas 1 Kb a 3 Kb, e toda a sequência que não é necessária para a manutenção ou a replicação do plasmídeo é removida de modo que o vetor tenha apenas elementos essenciais.

A descrição anterior enumera as características de um vetor de expressão denominado vetor de tradução. Com uma estrutura um pouco diferente, existe também outro tipo de vetor de expressão, o vetor de transcrição (Tabela 5.1). Vetores de transcrição são utilizados quando o DNA a ser clonado possui o códon de iniciação ATG e um RBS procariótico. O vetor

---

* Modificado.

de tradução contém um RBS eficiente e, portanto, não é necessário o DNA-alvo contê-lo. Genes eucarióticos são geralmente clonados em vetores de tradução, pois os sinais de tradução desses genes não são compatíveis com a maquinaria de tradução bacteriana.

Tabela 5.1 Principais diferenças entre vetores de transcrição e vetores de tradução

VETORES DE TRANSCRIÇÃO	VETORES DE TRADUÇÃO
Não apresentam RBS nem códon de iniciação anteriores ao sítio de policlonagem.	Apresentam RBS eficiente.
O gene clonado necessita de RBS e ATG procarióticos.	O gene clonado não necessita de RBS e ATG.
Não permite a remoção da porção inicial do gene.	Permite a remoção da porção inicial do gene.
Clonagem apenas de genes procarióticos.	Clonagem de genes eucarióticos e procarióticos.

Muitos vetores são construídos de tal modo que o sítio de policlonagem se localize no interior da sequência do gene de β-galactosidase (*lacZ*) (Figura 5.5). Em um hospedeiro adequado, o vetor intacto produz a proteína LacZα, que pode ser detectada no meio de cultura sólido utilizando ensaios colorimétricos através da hidrólise do seu substrato cromógeno, o 5-bromo-4-cloro-3-indolil-β-galactopiranosídeo (X-Gal), resultando em um composto azul. Quando o DNA exógeno interrompe a sequência de leitura da proteína LacZα, aparecem colônias brancas em vez de azuladas. Dessa maneira, tem-se a vantagem de detectar clones recombinantes através da triagem colorimétrica.

Muitos vetores são concebidos para serem compatíveis com o método de clonagem de TA, que permite a clonagem direta a partir de produtos da PCR. Essa técnica elimina a necessidade de incorporação de sítios de enzimas de restrição nos iniciadores, facilitando a clonagem do produto de PCR. A atividade de transferase terminal de DNA polimerases termoestáveis, tais como a *Taq*, adiciona uma única desoxiadenosina (A) à extremidade 3' dos produtos da PCR. Como resultado, qualquer produto amplificado pela PCR pode ser clonado num vetor com uma única desoxitimidina (T) saliente. Os produtos da PCR gerados por essas enzimas podem ser incubados com *Taq* DNA polimerase na presença de dATP, a fim de adicionar saliências 3'. Os vetores do tipo pBAD-TOPO, a PCR-TOPO e pTrc-TOPO empregam a metodologia de clonagem TA.

Expressão de Proteínas Recombinantes em Bactérias: Fundamentos Básicos e Aplicações

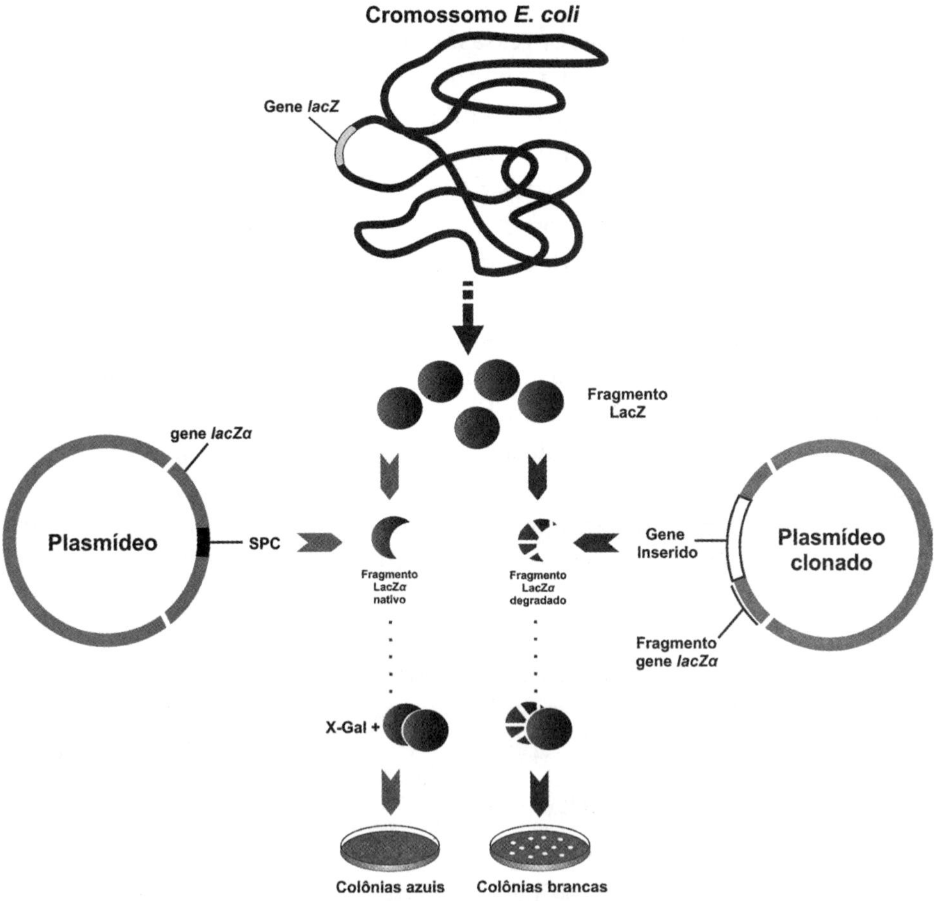

Figura 5.5 Mecanismo de seleção de clones recombinantes pela cor das colônias. Muitos vetores são construídos de tal modo que o sítio de policlonagem se localiza no interior da sequência do gene de β-galactosidase (*lacZ*). Em um hospedeiro adequado, o vetor intacto produz a proteína LacZα que pode ser detectada no meio de cultura sólido utilizando ensaios colorimétricos através da hidrólise do seu substrato cromógeno, o 5-bromo-4-cloro-3-indolil-β-galactopiranosídeo (X-Gal), resultando em um composto azul. Quando o DNA exógeno interrompe a sequência de leitura da proteína LacZα, aparecem colônias brancas em vez de azuladas. Desta maneira, tem-se a vantagem de detectar clones recombinantes através da triagem colorimétrica.

Os vetores de expressão também podem apresentar sequências gerando proteínas de fusão que facilitam a localização celular, a purificação e/ou o dobramento da proteína recombinante. A localização de uma proteína na célula hospedeira pode afetar a sua produção e sua estrutura terciária. Proteínas recombinantes podem ser direcionadas para um dos três compartimentos: citoplasma, periplasma ou meio extracelular (secretada). O citoplasma, onde

a maioria das proteínas são expressas, é um ambiente redutor. As proteínas que são expressas no citoplasma quando solúveis podem ser extraídas diretamente a partir do sobrenadante de células lisadas. Alternativamente, algumas proteínas, como aquelas que possuem domínios hidrofóbicos ou associadas a membrana, podem formar corpos de inclusão. As proteínas podem ser dirigidas para o periplasma, a fim de isolar as proteínas ativas contendo ligações de dissulfeto e para evitar a degradação ou insolubilidade citoplasmática. Isso porque o periplasma é um ambiente oxidante, que contém enzimas que catalisam a formação de pontes dissulfeto. Uma sequência de sinal, fundida com um gene-alvo, é usado para dirigir proteínas heterólogas para o periplasma. As proteínas podem também ser secretadas em pequenas quantidades, utilizando vias endógenas de secreção de proteínas presentes em *E. coli*. O gene de hemolisina é usado para criar híbridos para a secreção. Outras proteínas (OmpA e PelB) contêm sequências líder secretoras que podem ser utilizadas para direcionar proteínas heterólogas para secreção. As sequências-sinais comumente empregadas são exemplificadas na Tabela 5.2.

Tabela 5.2 Principais peptídeos-sinais empregados para exportação de proteínas recombinantes produzidas em *Escherichia coli*

NOME	TAMANHO	SEQUÊNCIA	LOCALIZAÇÃO DO SINAL	COMENTÁRIOS
Epítopo OmpA	21 aa	MKKTAIAIAVALAGFATVAGA	Periplasma	
PelB OmpT	21 aa	MKRCLWFTVFSLFLVLLKALG	Periplasma	Facilita dobramento.
Peptídeo ZZ		MKKKNIYSIRKLGVGIASVTLGTLLISGGVTPAANAA QHDEAVDNKFNKEQQNAFYEILHLPNLNEEQRNAF IQSLKDDPSQSANLLAEAKKLNDAQAPKVDNKFNKE QQNAFYEILHLPNLNEEQRNAFIQSLKDDPSQSANL LAEAKKLNDAQAPKVDANSSSVPGDPLESTCRHAS LALAVVLQRRDWENPGVTQLNRLAAHPPFASWRN SEEARTDRPSQQLRSLNGEWRFRCNGWR	Meio de cultura	Composto pela sequência-sinal da proteína A adicionada a dois domínios sintéticos denominados Z. Facilita a purificação.
Proteína de ligação à maltose (MPB)	387 aa	MKIEEGKLVIWINGDKGYNGLAEVGKKFEKDTGIK VTVEHPDKLEEKFPQVAATGDGPDIIFWAHDRFGG YAQSGLLAEITPDKAFQDKLYPFTWDAVRYNGKLIA YPIAVEALSLIYNKDLLPNPPKTWEEIPALDKELKAKG KSALMFNLQEPYFTWPLIAADGGYAKYENGKYDIK DVGVDNAGAKAGLTFLVDLIKNKHMNADTDYSIAE AAFNKGETAMTINGPWAWSNIDTSKVNYGVTVLPT FKGQPSKPFVGVLSAGINAASPNKELAKEFLENYLLT DEGLEAVNKDKPLGAVALKSYEEELAKDPRIAATME NAQKGEIMPNIPQMSAFWYAVRTAVINAASGRQT VDEALKDAQTNSSSNNNNNNNNNLGIEGR	Periplasma	Aumenta a solubilidade de proteínas pequenas ou peptídeos. Facilita a purificação.

Uma cauda de fusão amplamente utilizada envolve a fusão de seis a dez resíduos de histidina na proteína-alvo, tanto na região N-terminal ou C-terminal. A cauda de histidina pode ser subsequentemente utilizada para a purificação, pois as histidinas vão ligar-se aos íons níquel imobilizados sobre uma coluna cromatográfica. A interação entre as cadeias laterais de aminoácidos e os íons metálicos é reversível, assim, proteínas fusionadas com a cauda de histidina podem ser separadas de outras proteínas que não contêm a cauda. Além disso, a purificação pode ser realizada em condições nativas e desnaturantes. Muitos vetores incluem o marcador de histidina como uma das suas características. Outros sistemas codificam um peptídeo curto, que é biotinilado *in vivo* e permite a purificação da proteína-alvo numa coluna de estreptavidina. Muitos sistemas de purificação de proteínas são baseados na utilização de anticorpos através de imunoprecipitação. Caudas maiores, tais como GST e MBP, empregadas para melhorar a solubilidade de proteínas hidrofóbicas, também podem ser utilizadas na purificação por imunoprecipitação.

Em muitos casos, a presença de uma proteína de fusão não interfere na utilização subsequente da proteína, contudo, uma proteína no seu estado nativo sem uma proteína de fusão é necessária para certas aplicações, tais como cristalografia. Essas regiões podem ser removidas através da inclusão de um sítio de clivagem de protease específica entre a cauda e o gene clonado. O local é reconhecido por uma protease altamente específica, como o fator Xa, trombina e enteroquinase. Essas proteases são produtos comercialmente disponíveis que possuem sítios de clivagem bem definidos. Quase todos os vetores disponíveis que apresentam proteínas de fusão incluem sítios de clivagem.

5.2.2 Fatores que influenciam a expressão das proteínas recombinantes em *E. coli*

A taxa final de síntese proteica irá normalmente depender de vários fatores: número de cópias do gene, força do promotor, estabilidade do mRNA e a eficiência da iniciação da tradução.

Os plasmídeos multicópias são geralmente escolhidos para expressão de genes recombinantes em *E. coli*. A maioria dos vetores empregados em *E. coli* têm a origem de replicação ColEl que permite um elevado número de cópias (de quinze a sessenta) na célula. Um alto número de cópias é desejado para a expressão gênica máxima, entretanto, os efeitos da alta carga

metabólica que geralmente resultam de plasmídeos multicópias podem ser prejudiciais, principalmente se a proteína recombinante expressa for tóxica para a célula. Nessas situações, vetores com menor número de cópias são recomendados. Os vetores pET, derivados do vetor pBR322, apresentam médio número de cópias (de quinze a vinte por célula). Os vetores do tipo pSClOl são semelhantes aos vetores pET, mas seu baixo número de cópias (de cinco a dez por célula) permite a expressão de muitas proteínas tóxicas para as células, situação não tolerada mesmo no sistema pET. O vetor pAE, construído por pesquisadores brasileiros, é baseado no sistema T7, mas apresenta a origem de replicação do pUC19, um plasmídeo de alto número de cópias. Essa estratégia facilita a utilização do vetor durante os passos de clonagem e sequenciamento por fornecer maior quantidade de DNA para manipulação. Além disso, um maior número de cópias do vetor favorece uma maior quantidade de expressão da proteína recombinante.

Já o promotor ideal para expressão de proteínas recombinantes em *E. coli* deve promover uma transcrição eficiente para permitir altos níveis de expressão, ou seja, induzir a produção de proteínas recombinantes a níveis de 10% a 30% ou mais das proteínas totais celulares. Ao mesmo tempo, ele deve ser fortemente regulado, a fim de minimizar a sobrecarga metabólica e os efeitos tóxicos. Assim, um promotor desejável deve possuir um nível mínimo de atividade de transcrição basal. Quando a expressão é reprimida incompletamente, pode ocorrer a instabilidade do plasmídeo, e a taxa de crescimento de células pode diminuir, o que resulta na diminuição da produção de proteína-alvo. A expressão da proteína recombinante precisa também ser induzida por maneira simples e econômica; os tipos de indução mais amplamente usados em larga escala são a térmica ou química. Os promotores comumente utilizados estão listados na Tabela 5.3.

O promotor do óperon *lac* de *E. coli* foi primeiramente utilizado por Jacques Monod na sua investigação sobre a síntese induzível de enzimas (Figura 5.6). Na presença de lactose ou do indutor IPTG, o repressor *lac* (LacI) muda de conformação e não pode ligar-se ao operador *lac*. A remoção de LacI do operador permite que a RNA polimerase se ligue ao promotor *lac* e inicie a transcrição. A expressão do promotor *lac* também é controlada pela ausência de glicose, através da proteína ativadora de genes catabólicos (PAC). Essa proteína liga-se ao AMPc, aumentado a afinidade do promotor pela RNA polimerase. A ausência de glicose estimula a produção de AMPc, promovendo a ligação da PAC ao promotor *lac* e induz a expressão dos genes *lac* quando o metabolismo da lactose é necessário.

Tabela 5.3 Promotores comumente usados para expressão de proteínas heterólogas em *E. coli*

PROMOTOR	REGULADOR	INDUTOR
lac	lacI	IPTG*
trp	IAA**	Triptofano
tac	lacI	IPTG
trc	lacI	IPTG
λpL	λcIts 857	térmica
T7	lacI	IPTG
T7/*lac* operador	lacI	IPTG
phoA	phoB (positivo) phoR (negativo)	Deficiência de fosfato
araBAD	araC	L-arabinose
cad	cadR	pH
recA	lexA	Ácido nalidíxico
cspA		térmica

* Isopropil-β-D-tiogalactopiranosídeo.
** Ácido indol acrílico.

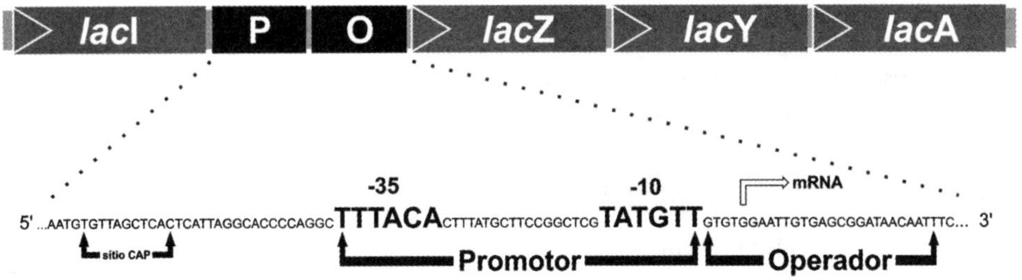

Figura 5.6 Operon *lac* de *E. coli*. O óperon *lac* consiste de três genes: *lacZ*, *lacY* e *lacA*. A montante destes genes estão as sequências do promotor, do operador e do gene *lacI*, este último que codifica o repressor LacI. O operador constitui o sítio de ligação para o repressor LacI, que é transcrito independentemente dos outros genes *lac*. A figura mostra a sequência da região regulatória, desde o sítio de ligação da proteína ativadora de genes catabólicos (CAP) até o final da região operadora. As regiões -10 e -35 do promotor são mostradas em negrito.

Modificações no óperon *lac* foram realizadas para otimizar a expressão das proteínas recombinantes em *E. coli*. Por exemplo, o promotor *lacUV5*, um derivado do promotor *lac*, apresenta uma mutação que o torna insensível à repressão de níveis elevados de glicose e permite, assim, a utilização de meios ricos para o crescimento da cepa de expressão. Lutz e Bujard[14] aprimoraram o promotor lac (*lacO*) para que este seja fortemente reprimido. Sequências do operador *lac* foram inseridas dentro do promotor em diversas posições, reprimindo fortemente a produção de mRNA na presença do repressor (LacI), mas permitindo altos níveis de expressão na presença de IPTG.

Os promotores híbridos *tac* ou *tcr* induzíveis por IPTG são potentes e amplamente usados em pesquisa básica. Apesar de ambos os promotores serem muito ativos, eles apresentam repressão incompleta no estado não induzido. Podem ser utilizados ao menos que a proteína expressa não for tóxica para a célula. O promotor *tac* foi criado combinando o operador *lacUV5* com o promotor *trp*, o qual é três vezes mais forte que o promotor *lac*. Esse promotor híbrido possui expressão de alto nível, utilizando o mesmo sistema de indução e repressão do promotor *lac*. O promotor *tac* contém apenas 16 pb entre a sequência consenso -35 e -10. Para criar o promotor *trc*, mais um par de bases foi inserido nesta região. Como esperado, este provou ser um promotor muito eficaz *in vitro*. No entanto, quando testado com dois genes repórteres diferentes, o promotor *tcr* mostrou-se menos eficiente em *E. coli* do que o promotor *tac*. As sequências dos principais promotores derivados do promotor *lac* estão descritas na Tabela 5.4. Para exemplos de vetores empregando esses promotores disponíveis comercialmente, ver Tabela 5.5.

Tabela 5.4 Promotor *lac* e seus derivados comumente usados para expressão de proteínas heterólogas em *E. coli*. As regiões -35 e -10 estão em negrito, e as bases mutadas em relação ao promotor selvagem estão em itálico

PROMOTOR	SEQUÊNCIA	CONSIDERAÇÕES
lac	5' **TTTACA**CTTTATGCTTCCGGCTCG**TATGTT** 3'	Promotor selvagem.
lacUV5	5' **TTTACA**CTTTATGCTTCCGGCTCG**TAAATT** 3'	Insensível à regulação por AMPc.
tac	5' TTGACAATTAATCAT - -CGGCTCG**TAAATT** 3'	Híbrido do promotores trp* e *lacUV5*.
trc	5' TTGACAATTAATCAT - CCGGCTCG**TAAATT** 3'	Híbrido do promotores trp e *lacUV5*.

* Promotor do óperon triptofano em *E. coli*.

Tabela 5.5 Vetores de expressão comumente usados para expressão de proteínas heterólogas em *E. coli*

VETOR	MARCADOR DE RESISTÊNCIA	PROMOTOR	ORIGEM	CAUDA DE FUSÃO (LOCALIZAÇÃO)	ENZIMA DE CLIVAGEM	OBSERVAÇÕES	FABRICANTE
pGEX	ampR	*tac*	pBR322	GST (N)	Trombina		Amersham Biosciences
Séries pBAD	ampR	*araBAD*	pBR322	His (C)*	Enteroquinase		Invitrogen
pBAD gIII A, B, C	ampR	*araBAD*	pBR322	His (C)*	N/D		Invitrogen
pBAD Thio TOPO**	ampR	*araBAD*	pUC	His (C), tioredoxina (N)*		Expressão periplasmática	Invitrogen
pThioHis A, B, C	ampR	*trc*	ColE1	His-tioredoxina (N)	Enteroquinase	Expressão citoplasmática e para o lado interno da membrana	Invitrogen
Gateway pDEST	ampR	T7	pBR322	GST (N, C), His (N)*	N/D		Invitrogen
pRSET A, B, C	ampR	T7	ColE1	His (N)*	Enteroquinase		Invitrogen
Séries pTYB	ampR	T7 *lacO*	ColE1	Domínio de ligação a inteína e quitina (N, C)	Tióis		New England BioLabs
Séries pMAL™	ampR	*tac*	pBR322	Proteína ligadora de maltose (N)	Fator Xa, enteroquinase	Expressão periplásticae citoplasmática	New England BioLabs
Séries pET	ampR ou kanR	T7 ou T7/*lac*	pBR322	His (N, C, I), T7 (N, I), S (N, I), Trx (N), CBD (N, C), KSI (N), HSV (C), PKA (N), Dsb (N), GST (N), Nus (N	Trombina, fator Xa, enteroquinase	Expressão periplástica e citoplasmática	Novagen
Séries pQE	ampR	T5 *lacO*	ColE1	His (N, C)	Fator Xa		Qiagen
pAE	ampR	T7	ColE1	His (N)			Ramos et al.

N é extremidade amino terminal da proteína e C é extremidade carboxi terminal.
* Epítopo para detecção por anticorpo.
** Sistema de clonagem TA.

O promotor *araBAD* (Figura 5.3) faz parte de um sistema de expressão do óperon arabinose e é regulado de uma maneira mais complexa do que o promotor *lac*. O óperon arabinose contém três genes (*araB, araA* e *araD*) que codificam enzimas que catalisam a conversão de arabinose a xilose-5-fosfato, um intermediário que pode ser utilizado para a produção de energia. Esses três genes são transcritos a partir do promotor *araBAD*. O gene *araC* codifica um repressor de transcrição que é transcrito a partir de um segundo promotor. O processo de ativação do promotor já foi descrito anteriormente. Os vetores da série pBAD contêm o promotor de arabinose

O promotor T7, já descrito anteriomente, emprega como RNA polimerase derivada do bacteriófago T7 e é cada vez mais utilizado para expressar uma grande variedade de proteínas em hospedeiros bacterianos. O sistema de promotor T7 bacteriófago, originalmente desenvolvido por Studier e colaboradores, está disponível como sistema pET (Novagen).

Entretanto, o uso do IPTG em larga escala para a produção de proteínas humanas terapêuticas não é desejável devido ao seu alto custo. Promotores responsivos ao frio, embora menos extensivamente estudados que muitos outros promotores, têm demostrando expressão gênica eficiente em temperaturas reduzidas. A atividade do promotor *p*L de fago 1 é maior a 20 °C e declina com o aumento da temperatura. O promotor do gene de choque a frio *cspA* tem também demonstrado ser ativo em temperaturas reduzidas. Ele é reprimido a temperaturas acima de 37 °C e ativo a 10 °C. A lógica por detrás da utilização de promotores que respondem ao frio baseia-se na ideia de que a taxa de dobramento das proteínas são apenas ligeiramente afetadas nas temperaturas cerca de 15 °C e 20 °C, enquanto as taxas de transcrição e tradução estão substancialmente reduzidas. Esse fenômeno proveria tempo suficiente para o dobramento das proteínas, rendendo proteínas ativas e evitando a formação de proteínas inativas agregadas, sem reduzir o rendimento final da proteína alvo. Uma desvantagem deste sistema é que ele se torna reprimido de uma a duas horas após a redução da temperatura, de modo que a acumulação de altos níveis de proteínas não é possível.

O promotor *trp* regula a transcrição do óperon do triptofano, que codifica os genes necessários para a síntese do triptofano. A expressão do óperon é inibida pelo repressor trp e induzido pela ausência de triptofano e pelo ácido indol acrílico. No estado não induzido, uma única cópia do gene do repressor é suficiente para reprimir múltiplas cópias do óperon. Uma das vantagens desse promotor é a sua força, mas isso é ao mesmo tempo uma desvantagem, porque, sem um terminador de transcrição apropriadamente

colocado, que pode resultar num elevado nível de leitura. Um resumo dos promotores, seus indutores e reguladores está listado na Tabela 5.3.

A cepa de *E. coli* descrita por Bhandari e Gowrishankar[2] promove a síntese da RNA polimerase T7 sob o controle do promotor *proU* de *E. coli* indutível osmoticamente. Os genes-alvos têm sua síntese induzida com a adição de NaCl. Segundo os autores, há uma redução significativa na formação de corpos de inclusão.

Os níveis de regulação da tradução é outra circunstância que influencia a expressão das proteínas. A maioria dos genes de *E. coli* contém o códon de iniciação AUG. GUG é usado por cerca de 8% dos genes, e UUG é raramente usado como códon de iniciação. O códon AUG é preferido duas a três vezes como códon de iniciação em relação à UUG e GUG, sendo que este último é apenas ligeiramente mais usado do que UUG. O sítio Shine Dalgarno presente no RBS pareia com uma região do rRNA 16S para iniciar a tradução do gene. Logo, quanto mais parecida for a sequência de ligação do RBS com a sequência de consenso (isto é, UAAGGAGG), mais forte é a associação, o que conduz a uma eficiente iniciação da tradução. Além disso, o RBS deve estar localizado a uma distância correta do códon de iniciação. O espaço entre o sítio SD e o códon de iniciação pode variar de cinco a treze nucleotídeos, e a formação de estruturas secundárias nessa região de iniciação do mRNA pode comprometer a eficiência da expressão gênica. Para minimizar a formação dessas estruturas, o incremento de bases A e T próximos ao sítio RBS ou a mutação de nucleotídeos a montante ou a jusante da região SD suprime a formação de estruturas secundárias no mRNA e aumenta a eficiência da tradução.

O processo de degradação do mRNA provê um ponto maior de controle da expressão gênica virtualmente em todos os organismos. Vários tipos de RNAses em *E. coli* são responsáveis pela degradação do RNAm, incluindo endonucleases (RNase E, RNase K e RNase III) e exonucleases (RNase II e polinucleotídeo fosforilase – PNPase). Por outro lado, duas classes de elementos protetores são conhecidos por estabilizar o mRNA em *E. coli*. Uma classe consiste de sequências na região não traduzida (*untranslated region* – UTR) 59 do mRNA, e outra classe inclui estruturas na forma de grampo de cabelo na UTR 39 e nas regiões intercistrônicas. Alguns desses elementos agem como estabilizadores quando fusionados com mRNA heterólogos, mas somente sob condições restritas. Outra classe de elemento protetor de mRNA consiste da sequência de UTR 39, que forma estruturas na forma de grampo de cabelo, bloqueando a degradação exonucleotídica.

A presença de um sinal de terminação no mRNA é um componente indispensável no processo de terminação da transcrição. Além dos três códons de terminação (UAA, UGA e UAG), esse evento complexo envolve interações específicas entre o ribossomo, mRNA e outros vários fatores no sítio de terminação. O desenho de vetores de expressão frequentemente inclui a inserção de todos os principais três códons de terminação para impedir uma possível ignorância do ribossomo. Em *E. coli*, há uma preferência para o códon UAA. A identidade do nucleotídeo imediatamente após o códon de terminação influencia fortemente a eficácia da terminação da tradução, sendo que a sequência UAAU é o terminador mais eficiente da tradução.

5.2.3 Alternativas para otimizar a expressão de proteínas recombinantes em *E. coli*

Se as proteínas heterólogas não requerem complexas modificações pós-traducionais e são expressas numa forma solúvel, a *E. coli* normalmente é a bactéria de escolha para obter-se material suficiente para estudos bioquímicos e/ou estruturais, e para a subsequente produção em larga escala de produtos de genes importantes. Entretanto, não é raro que as proteínas recombinantes superexpressas não consigam atingir uma conformação correta, sofram degradação proteolítica ou se associem umas com as outras para formar agregados insolúveis de proteínas não nativas, conhecidas como corpos de inclusão.

O dobramento das proteínas é dificultado, pois a transcrição e tradução são fortemente acoplados, e a velocidade de síntese das proteínas é muito rápida. Proteínas pequenas (< 100 resíduos) apresentam sua cinética de dobramento rápida e eficiente, mas proteínas recombinantes grandes muitas vezes exigem a assistência de moduladores de dobramento. Moduladores de dobramento incluem chaperonas moleculares, que favorecem as rotas de dobramento agindo através de superfícies que protegem a proteína alvo de outras proteínas ou do solvente, ou como catalisadores que aceleram os passos limitantes do dobramento, tais como a isomerização de ligações peptídicas anormais e a formação e remodelação de pontes dissulfeto.

Para uma proteína heteróloga, a incapacidade de chegar rapidamente a uma conformação nativa ou de interagir com moduladores dobráveis em tempo hábil tem duas consequências possíveis: deposição parcial ou completa em corpos de inclusão ou degradação. Além disso, a probabilidade de dobramento incorreto é aumentada pelo uso de promotores fortes e de

elevadas concentrações de indutores, que podem levar a rendimentos de produto que excedem 50% da proteína celular total. Sob tais condições, a taxa de agregação das proteínas é frequentemente muito maior do que a demanda de moduladores de dobramento. Um segundo fator que contribui para a formação de corpos de inclusão é a incapacidade da bactéria de suportar todas as modificações pós-traducionais requeridas pelas proteínas recombinantes. Por exemplo, a formação de pontes dissulfeto intra ou intermoleculares não é possível no citoplasma redutor do tipo selvagem de E. coli, o que resulta na agregação de certas proteínas ricas nesse tipo de ligação (por exemplo, fragmentos de anticorpo Fab).

Por outro lado, como os corpos de inclusão são resistentes à proteólise, contêm grandes quantidades de material relativamente puro e simplificam a purificação proteica, sua formação é utilizada muitas vezes para a produção de proteínas que são tóxicas, instáveis ou fáceis para redobrar. Encontrar as condições ideais para redobramento requer otimização considerável, mas os rendimentos aceitáveis geralmente podem ser conseguidos usando estratégias estabelecidas.

Certas cepas hospedeiras possuem características que podem aumentar a probabilidade de expressar uma proteína solúvel, evitar degradação ou apenas possibilitar a obtenção de maiores níveis de expressão. Primeiramente, todas as cepas B (Novagen) possuem deleção espontânea no gene *ompT* o qual codifica uma protease de membrana externa, a OmpT. A ausência dessa protease favorece a produção de proteínas recombinantes, pois a OmpT pode degradar proteínas durante a purificação. A cepa BL21 (DE3) é uma cepa amplamente utilizada para a produção de proteínas recombinantes. Sua variante, a BL21 Star™ (DE3) (Invitrogen), maximiza a produção da proteína por aumentar a estabilidade do RNAm.

Cepas Tuner são mutantes *lacZY* de cepas BL21, as quais permitem o ajuste dos níveis de expressão de todas as células em uma cultura. A mutação da *lac* permease (*lacZY*) permite a entrada uniforme de IPTG em todas as células da população bacteriana. Nessas cepas, a expressão pode ser regulada desde os níveis mais baixos de expressão até os mais robustos. Os níveis baixos de expressão podem aumentar a solubilidade e atividade de proteínas de difícil expressão.

Para a expressão de proteínas altamente tóxicas em sistemas que utilizam o promotor T7, um controle mais rígido pode ser obtido em hospedeiros que expressam lisozima de T7, um inibidor natural da RNA polimerase T7. A enzima degrada os níveis basais de RNA polimerase T7, produzidos na ausência do indutor IPTG. Os plasmídeos pLysS ou pLysE expressam a

lisozima em níveis baixo e alto, respectivamente, permitindo níveis variáveis de controle de expressão. Uma variante do sistema de expressão T7 é a BL21-AI (Invitrogen) que atinge uma regulação máxima para a síntese de RNA polimerase T7. O gene da RNA polimerase T7 está sobre o controle do promotor *araBAD*, que confere regulação mais estrita que o promotor *lacUV5*, e o seu indutor, a arabinose, é mais barata que o IPTG. Cepas pLacI (Novagen) carreiam um plasmídeo que expressa o repressor LacI, que também impede a expressão basal da polimerase T7.

O único caso de formação de agregados insolúveis que pode ser antecipado é quando uma proteína possui pontes de dissulfeto e é produzida no citosol bacteriano, um compartimento celular extremamente redutor; pontes dissulfeto são geralmente formadas apenas na exportação para o espaço periplasmático. Essa característica citosólica deve-se à existência de dois sistemas redutores bacterianos, o tireodoxina e o glutaredoxina. Mutantes que não possuem o gene que codifica para a tireodoxina redutase, *trxB*, e o gene que codifica para a glutationa redutase, *gor*, permitem a formação de pontes de dissulfeto em proteínas recombinantes no citoplasma. As células hospedeiras *E. coli* BL21*trx*B™ (DE3) e Origami™ (DE3) (Novagen), mutantes *trx*B e *trx*B/*gor* apresentam o citoplasma menos redutor e são empregadas com sucesso para esse fim.

A presença de genes heterólogos podem dificultar a expressão de proteínas recombinantes em *E. coli* se estes genes possuírem códons que são raramente usados pelo hospedeiro. Em particular, códons codificantes para a arginina (AGA, AGG e CGA), isoleucina (AUA), leucina (CUA) e glicina (GGA) estão presentes em baixa frequência (6%) no genoma de *E. coli*. Assim, a população disponível de tRNA desses códons é muito baixa, o que pode causar a terminação prematura da tradução ou incorporação incorreta de aminoácidos, resultando na expressão de proteínas não adequadamente dobradas. As cepas *E. coli* do tipo Rosetta (Novagen) são empregadas para contornar este obstáculo, pois possuem inseridos os genes selvagens para os seis tRNA raros (AGG, AGA, AUA, CUA, CCC, GGA) num plasmídeo de múltiplas cópias.

As chaperonas citoplasmáticas DnaK, DnaJ e GroEL-GroES auxiliam no dobramento adequado de proteínas em *E. coli*. A cossuperexpressão de chaperonas moleculares citoplasmáticas com proteínas recombinantes melhora o dobramento desses produtos e está disponível em vetores de clonagem das instituições que as desenvolveram.

Outras estratégias são empregadas para contornar problemas relacionados à expressão de proteínas recombinantes, como a redução na temperatura

de cultivo ou o uso de meios de cultura mínimos, os quais poderiam diminuir os níveis de metabolismo da cultura. Assim, a produção limitada da proteína recombinante facilita seu adequado dobramento *in vivo*.

5.3 SISTEMAS ALTERNATIVOS DE PRODUÇÃO DE PROTEÍNAS EM PROCARIOTOS

Nos últimos anos, significativos progressos têm permitido o desenvolvimento de sistemas alternativos de produção de proteínas em procariotos, dentre os quais destacam-se: *Lactococcus lactis*, várias espécies de *Pseudomonas*, *Bacillus subtilis*, *Corynebacterium*, *Brevibacterium* e *Streptomyces*. Estes sistemas alternativos serão discutidos com maiores detalhes a seguir.

5.3.1 *Lactococcus lactis*

As bactérias ácido-láticas (BAL) são bastante utilizadas na indústria alimentícia para a produção e conservação de produtos fermentados. Essas bactérias incluem um grande número de cocos ou bacilos gram-positivos pertencentes a um grupo filogeneticamente heterogêneo. Seu uso tradicional na indústria alimentícia confirma a ausência de patogenicidade, sendo considerados organismos geralmente seguros.

Desde a década de 1980, muitos esforços foram feitos para melhor entender as bases moleculares das BAL, buscando dessa forma um melhor controle dos processos industriais envolvendo este grupo de micro-organismos. Esses conhecimentos levaram os pesquisadores a investigar o potencial dessas bactérias em novas aplicações, tais como a produção de proteínas heterólogas recombinantes em biorreatores, em produtos alimentícios fermentados ou diretamente no trato digestivo de humanos e animais. Além desses potenciais, uma nova aplicação para as BAL, e provavelmente a mais promissora, é a sua utilização como vetores vivos de entrega de proteínas antigênicas e terapêuticas fornecidas nas superfícies mucosas. Esses vetores são capazes de elucidar tanto uma resposta imune sistêmica quanto de mucosa. *Lactobacillus* sp e *Lactococcus* sp foram usados como vetores em vários projetos de pesquisas.

Lactococcus lactis é um modelo ideal de BAL, pois muitas ferramentas genéticas foram desenvolvidas e o seu genoma completo foi recentemente

sequenciado. *L. lactis* pode ser considerado um bom candidato para a produção e secreção de proteínas heterólogas por duas razões: (1) sabe-se que ele secreta relativamente poucas proteínas, e somente uma, a Usp45, é secretada em quantidades detectáveis pelo corante Coomassie blue; (2) proteínas secretadas sofrem na maioria das vezes uma degradação extracelular, mesmo em cepas multideficientes de proteases, e as cepas laboratoriais de *L. lactis* não produzem nenhuma protease extracelular.

Altos níveis de produção de proteínas heterólogas em *L. lactis* foram obtidas usando promotores constitutíveis ou induzíveis. Vários promotores que diferem na sua capacidade de induzir uma forte expressão da proteína foram analisados e classificados como constitutivos. Para prevenir possíveis efeitos negativos causados pela alta produção proteica, promotores de expressão induzida foram desenvolvidos. Dessa forma, a expressão de genes pode ser controlada nesse sistema por um indutor, um repressor ou por fatores ambientais, tais como pH, temperatura ou concentração de íons.

Os dois sistemas que possibilitam regulação empregados em *E. coli*, o óperon *lac* e o sistema empregando a polimerase T7, apresentam baixos níveis de expressão em *L. latis*. Além disso, o sistema empregando a polimerase T7 é baseado no uso de um gene heterólogo não autorizado na indústria alimentícia. Dessa maneira, foi desenvolvido um sistema de expressão baseado no uso do promotor *nisA* de *L. lactis*. O gene *nisA* contém uma sequência promotora que controla eficientemente o início da transcrição e é regulado pelo peptídeo antimicrobiano nisina, um conservante seguro e natural empregado na indústria alimentícia. Esse sistema é bastante versátil e tem sido extensivamente usado para produzir proteína recombinante em altas concentrações em *L. lactis*. Ele oferece inúmeras vantagens: fácil uso; fortemente controlado, possibilitando indução eficiente da expressão e altos rendimentos da proteína; possibilidade de transposição à larga escala. Entretanto, para a produção em escala industrial, a adição de nisina ainda é bastante onerosa.

Vários promotores regulados pelas condições ambientais foram isolados. Entre eles, o P170, que é um promotor forte, ativado em um pH baixo e no momento em que as células entram numa fase de crescimento estacionário, sendo mais ativo em temperaturas baixas. Esse promotor pode ser usado para a expressão de proteínas tóxicas, propensas a agregação, e tem se demonstrado compatível com os processos industriais de produção e fermentação em *L. lactis*.

Embora *L. lactis* seja uma bactéria de grau alimentício, considerada segura, esse *status* pode ser comprometido por todos os sistemas de

expressão mencionados acima, os quais são baseados em plasmídeos com alto número de cópias, em genes de resistência a antibióticos como marcadores de seleção e no uso de DNA exógenos. Sendo assim, sistemas de clonagem de grau alimentício foram desenvolvidos para produzir eficientemente proteínas diretamente em alimentos ou em fermentações de larga escala, sem genes de resistência a antibióticos e DNA exógeno. Dois sistemas baseados em cepas derivadas de *L. lactis* auxotróficas à treonina e pirimidina permitem a clonagem e a eficiente expressão de proteínas homólogas e heterólogas em várias cepas industriais.

Um grande número de sistemas de expressão com diferentes sistemas de regulação está atualmente disponível para *L. lactis*. Eles constituem ferramentas poderosas para controlar a expressão de proteínas heterólogas em termos de quantidades, tempo e condições de expressão. Ademais, quanto mais informações a respeito desse grupo de bactérias forem geradas, mais novas possibilidades para seu uso serão contempladas. Essas ferramentas podem, por exemplo, conduzir à construção de novas vacinas vivas de qualidade alimentar com base nas BAL. Tais usos para fins de vacinação são promissores para futuro uso terapêutico dessas bactérias. No momento, *L. lactis* ainda é o modelo de BAL mais fácil de manipular. Os lactobacilos são cada vez mais estudados, devido às suas propriedades adjuvantes. Linhagens recombinantes e novos vetores continuam a ser construídos e caracterizados, incentivando o desenvolvimento e a melhoria dos sistemas que utilizam BAL como ferramentas para a produção de proteínas recombinantes.

5.3.2 *Pseudomonas*

P. fluorescens é um microrganismo de biossegurança nível 1 empregado para a produção de proteínas recombinantes com aplicações terapêuticas, utilizada na agricultura há mais de quinze anos. Várias proteínas produzidas em *P. fluorescens* entraram em testes clínicos nos Estados Unidos e em outros países. A sequência do genoma de várias cepas de *P. fluorescens* estão atualmente disponíveis, incluindo Pf0–1 (GenBank Accession N. CP000094.2), Pf-5 (GenBank Accession N. CP000076.1), and SBW25 (GenBank Accession N. NC_012660.1). Essas cepas apresentam um alto conteúdo de G+C (60%) no seu genoma. Com a sequência do genoma disponível, técnicas como perfil transcricional e proteômica podem ser usadas para estudar os efeitos da expressão de proteínas recombinantes neste micro-organismo. Além disso, esses dados possibilitam uma identificação mais rápida de novos sinais de

secreção e sinais regulatórios, como sequências promotoras, bem como genes metabólicos essenciais que possam ser usados como marcadores de seleção.

De maneira similar à *E. coli*, vários plasmídeos de replicação autônoma têm sido identificados em espécies de *Pseudomonas*. Na disponibilidade de diversos plasmídeos de clonagem, é possível gerar não somente plasmídeos codificando a proteína de interesse, mas também uma coleção de plasmídeos compatíveis que dirigem a expressão de proteínas identificadas através de estudos genômicos funcionais, o que pode afetar positivamente o rendimento ou a qualidade da proteína-alvo.

Dois plasmídeos foram desenvolvidos para o uso em *P. fluorescens*: um baseado em um vetor de ampla gama de hospedeiros, o RSF1010, e outro baseado no pCN51, que é derivado do plasmídeo pPS10 de *Pseudomonas*. O plasmídeo RSF1010, o qual possui um número médio de cópias (de trinta a quarenta por célula), foi desenvolvido primeiramente para clonagem, mas posteriormente modificado para ser empregado também para expressão. O RSF1010 possui genes marcadores de resistência à tetraciclina, que permitem a seleção tanto em *P. fluorescens* quanto em *E. coli*. No entanto, a clonagem direta em *P. fluorescens* oferece várias vantagens, incluindo a construção rápida através da remoção de um hospedeiro de clonagem intermediário (*E. coli*). *P. fluorescens* pode ser transformada utilizando-se condições de eletroporação adaptadas às desenvolvidas para outras bactérias gram-negativas, tais como *E. coli*.

O plasmídeo pCN51 é um híbrido do plasmídeo de *Pseudomonas savastanoi* pPS10 e do vetor de clonagem pBR325 e, por conseguinte, também é capaz de se replicar em *E. coli* e *P. fluorescens*. Os plasmídeos derivados do pPS10 têm sido utilizados em várias *Pseudomonas* spp, incluindo *Pseudomonas aeruginosa* e *Pseudomonas putida*. Outras modificações desses plasmídeos foram feitas buscando o desenvolvimento de um sistema de seleção isento de antibiótico, baseado em marcadores auxotróficos.

Com base nos vetores RSF1010 and pCN51, uma coleção de vetores de expressão para uso em *P. fluorescens* foram gerados, incorporando vários elementos envolvidos no controle da transcrição e tradução. Por exemplo, o promotor *Ptac* e o terminador de transcrição *rrnT1T2* foram clonados do plasmídeo de expressão de *E. coli* pKK223-3 (Pharmacia) em um derivado do RSF1010. Dessa maneira, obtiveram-se bons resultados na regulação da expressão de proteínas recombinantes em *P. fluorescens*. Para permitir um forte controle do promotor *Ptac*, o gene *lacIQ1* foi inserido no genoma de *P. fluorescens*, e uma segunda sequência do óperon *lac* (*lacO*), foi incluída como parte do promotor *Ptac* no vetor. Além disso, dois promotores nativos

de *P. fluorescens,* um induzido por manitol e outro por benzoato, foram desenvolvidos para permitir a expressão diferencial de vários peptídeos, podendo resultar em alto rendimento e melhor solubilidade da proteína de interesse.

Uma plataforma de expressão que permite o crescimento de *P. fluorescens* em placas de cultivo de 96 cavidades foi desenvolvida especificamente para a produção de proteínas recombinantes. Essa plataforma permite a avaliação da expressão empregando um grupo de diferentes plasmídeos de expressão (dez a vinte plasmídeos) combinados com diferentes cepas de *P. fluorescens* (de quatro a cem). As cepas presentes nessa plataforma possuem deleções de proteases e moduladores de superexpressão, bem como as suas combinações. Essa variedade de diferentes fenótipos da célula hospedeira e a combinação com diferentes estratégias de expressão pode resultar na identificação de cepas recombinantes, produzindo altos níveis de proteína solúveis em sua forma ativa.

5.3.3 *Bacillus subtilis*

A bactéria *Bacillus subtilis* é um bacilo gram-positivo do solo, não patogênico, não colonizador de tecido, naturalmente transformável (a capacidade de capturar DNA exógeno faz parte do seu ciclo de vida), formador de esporos e considerado modelo de estudo de bactérias gram-positivas. É conhecido por produzir naturalmente altas concentrações de proteínas em meio de cultivo, de 20 g/L a 25 g/L. *B. subtilis* é considerado um micro-organismo genericamente reconhecido como seguro (*generally recognized as safe* – GRS). Essas características lhe conferem vantagens para a expressão de proteínas heterólogas.

B. subtilis é um sistema atrativo para a produção de proteínas heterólogas por várias razões. Em primeiro lugar, não produz lipopolissacarídeos, um subproduto comum de *E. coli* que pode resultar, ocasionalmente, em alguns distúrbios degenerativos em humanos e animais. Em segundo lugar, *B. subtilis* pode ser prontamente transformado com muitos bacteriófagos e plasmídeos devido às suas características genéticas. Em terceiro lugar, a bactéria pode secretar proteínas diretamente para o meio de cultivo, o que facilita o processo de purificação. Finalmente, esse tipo de célula pode crescer até densidades muito elevadas, em meio relativamente simples e barato, e o seu crescimento, bem como suas propriedades fisiológicas, têm sido bastante estudadas.

O grande conhecimento sobre a genética e fisiologia de *B. subtilis* e a existência de vetores capazes de promover a expressão de proteínas possibilitou sua utilização em diferentes abordagens vacinais. Inicialmente, essa bactéria foi utilizada para a produção e purificação de antígenos de interesse vacinal, como o antígeno protetor de *B. anthracis*, a proteína da subunidade S4 de *Bordetella pertussis*, a proteína P1 de *Neisseria meningitidis* e, mais recentemente, as proteínas Omp2 e Hsp60 de *Chlamydia pneumoniae*. Em todos esses casos, os sistemas utilizados basearam-se em plasmídeos instáveis como os derivados do pUB110.

Outra abordagem vacinal utilizada, e que se mostrou mais relevante, utilizou plasmídeos integrativos. Além disso, a bactéria foi empregada como veículo vacinal, e não apenas como produtora de antígenos. Os resultados obtidos foram fundamentais para viabilizar o uso de esporos de *B. subtilis* como veículos vacinais, seja expressando outros antígenos, como o antígeno PA de *B. anthracis* ou a subunidade B da toxina termolábil de *E. coli* enterotoxigênica, seja pela capacidade de "primar" camundongos por via oral, demonstrando uma estratégia oral/parenteral capaz de estimular respostas de anticorpos locais e sistêmicos.

Além disso, o desenvolvimento de vacinas de mucosa baseadas em *B. subtillis* tem despertado grande interesse na comunidade científica. Essas construções não apresentam riscos de transmissão de doenças, e podem ser conservadas e administradas sem a necessidade de treinamento prévio, visto que a capacidade de formar esporos possibilita o armazenamento das vacinas sem a preocupação com o controle de temperatura.

Em geral, proteínas recentemente sintetizadas podem ser direcionadas e translocadas através da membrana por meio de uma variedade de rotas presentes no *B. subtilis*. Até o momento, quatro vias distintas para a exportação de proteína a partir do citoplasma são conhecidas (Tabela 5.6). Isto confere vantagem para este micro-organismo em relação a outras bactérias gram-negativas ou eucariotos, nos quais a secreção de proteínas heterólogas é muitas vezes prejudicada pela perda de uma via de secreção específica e pela insuficiência de canais condutores de proteínas. Contudo, *B. subtilis* produz muitas proteases (oito secretadas: AprE, Bpr, Epr, Mpr, NprB, NprE, Vpr e WprA; sete de superfície: ComC, FtsH, CtpA, HtrA/B, SppA, Sip e Lsp), as quais degradam proteínas recombinantes. A adição de inibidores de proteases ao meio de cultivo, bem como o desenvolvimento de cepas mutantes deletadas para várias proteases, tem sido alternativas para superar as limitações desse sistema de expressão.

Tabela 5.6 Rotas do *B. subtilis* para o direcionamento e translocação de proteínas através da membrana

ROTA	CARACTERÍSTICAS
SecSRP	Maior rota de secreção de proteínas. Dividida em três estágios funcionais: reconhecimento, translocação e *folding*. Proteínas secretadas por esta via precisam voltar a sua conformação nativa após a translocação.
Tat (*twin arginine translocase*)	Capazes de transportar proteínas firmemente dobradas do citosol para o meio. É utilizada para proteínas incompatíveis com a rota SecSRP.
ATP-*binding cassete* (ABC) *transporters*	Permeases que exportam e importam várias moléculas (íons, aminoácidos, peptídeos, antibióticos, polissacarídeos e proteínas) através da membrana com relativa especificidade a um determinado substrato.

Atualmente, através de técnicas de genômica e proteômica, cepas de *B. subtilis* vêm sendo otimizadas para serem usadas como cepas hospedeiras para produção de várias proteínas recombinantes. Com o conhecimento gerado sobre os promotores, plasmídeos, maquinaria de secreção e proteases, acompanhadas de uma grande coleção de cepas mutantes, será possível otimizar ainda mais a produção de proteínas recombinantes utilizando o *B. subtilis* como sistema de produção.

5.3.4 *Corynebacterium, Brevibacterium* e *Streptomyces*

Muitas proteínas recombinantes estão sendo expressas com sucesso em hospedeiros gram-positivos para aumentar o rendimento. *Corynebacterium* e *Brevibacterium* tornaram-se os hospedeiros favoráveis e versáteis para a produção de proteínas heterólogas em escala industrial. Já o *Streptomyces* é um hospedeiro ideal para a produção de proteínas recombinantes secretadas.

Devido à ausência de atividade de hidrólise proteica extracelular, *Corynebacterium* e *Brevibacterium* têm se tornado hospedeiros versáteis para a produção de proteínas heterólogas em escala industrial. Além disso, enzimas-chave para desviar o fluxo de carbono a partir de vias metabólicas de outros produtos são super-expressas nestas bactérias, com uma excelente capacidade de secreção, sendo hospedeiros ideais para a produção de proteínas secretadas. A taxa de produção, rendimento, qualidade e funcionalidade são importantes fatores para serem considerados quando enzimas recombinantes são produzidas em escala industrial.

Vetores de expressão têm uma influência significante na expressão de proteínas recombinantes. Diferentes tipos de vetores são usados para a expressão de proteínas em *Corynebacterium*. As maneiras de indução da expressão descritas para *C. glutamicum* incluem: indução por calor, fontes de carbono, tetraciclina e autoindução. Além da correta escolha dos vetores, modificações no promotor têm sido feitas para aumentar a produção de proteínas em *C. glutamicum*. No entanto, uma eficiente secreção da proteína é a base para a produção em larga escala de muitos componentes, a qual pode ser obtida pela otimização de um peptídeo-sinal. *C. glutamicum* secreta naturalmente duas principais proteínas, PS1 e PS2, sendo que PS2 é a mais fortemente secretada. Sendo assim, PS2 possui o sinal de secreção mais popular para a produção extracitoplasmática, embora possua algumas desvantagens, como por exemplo, o rendimento, que varia grandemente dependendo da proteína-alvo.

Brevibacterium flavum, uma subespécie de *C. glutamicum*, está entre as corynebactérias mais utilizadas na indústria fermentativa. Quase todos os vetores desenvolvidos para *Brevibacterium* foram construídos pela fusão de plasmídeos endógenos com vetores de *E. coli*, e muitos vetores permitem a expressão tanto em *E. coli* quanto em *B. flavum*. Assim como os vetores, a maioria dos promotores de *B. flavum* são derivados de promotores de *E. coli*, como *lacUV5*, *trp*, *tac*, λPRPL, e *araBAD*. Entretanto, a atividade desses promotores é baixa em *Brevibacterium*.

Streptomyces produz muitos produtos úteis, dentre os quais muitos antibióticos e um grande número de enzimas secretadas. Comparado com outras bactérias, uma vantagem do *Streptomyces* é o alto conteúdo G + C do seu promotor. Com o desenvolvimento dos sistemas de expressão em *Streptomyces*, muitos promotores induzíveis e constitutivos foram descritos. Entre os promotores constitutivos, o promotor *ermE* é um promotor forte e está entre os mais usados para a expressão de proteínas neste microrganismo. Embora promotores constitutivos tenham sido usados com sucesso na expressão de proteínas, eles são inadequados para proteínas tóxicas e para o controle de expressão dos genes heterólogos. Entre os promotores induzíveis, o *tipA* é o mais usado. Muitas cepas de *Streptomyces* estão sendo desenvolvidas, e a mais utilizada para a expressão de proteínas é a *S. lividans*, devido a sua baixa atividade proteolítica endógena. Várias cepas modificadas de *S. lividans* foram desenvolvidas para expressar proteínas heterólogas; no entanto, poucas estratégias foram descritas para a fermentação de *Streptomyces* na produção de proteínas recombinantes. O crescimento lento da *Streptomyces* limita a sua fermentação em larga escala,

consumindo mais energia e material do que outras cepas bacterianas industriais. Para solucionar esse problema, um novo sistema de expressão utilizando uma espécie termofílica de *Streptomyces* foi desenvolvido, e embora este sistema ainda necessite ser aprimorado, tem sido considerado bastante eficiente para a fermentação industrial.

5.4 PROTOCOLO PARA EXPRESSÃO DE PROTEÍNAS RECOMBINANTES EM *E. coli*

Existem diferentes cepas de *E. coli* utilizadas para a expressão de proteínas recombinantes sob o controle do promotor T7, presente no vetores pET e pAE, e todas devem ser lisógenas DE3. O método de transformação por choque térmico promove a formação de poros na membrana celular bacteriana, possibilitando a entrada do plasmídeo em seu interior. Para efetuar a transformação por choque térmico, pode-se preparar as células competentes após crescimento em meio líquido com lavagens com $CaCL_2$. No entanto, pode-se utilizar uma cultura fresca de *E. coli* para efetuar a transformação, conforme protocolo a seguir.

5.4.1 Transformação de colônia de *E. coli* por choque térmico

Reagentes

- Meios de cultura líquidos 2YT ou LB
- DNA plasmidial recombinante
- Uma placa LB de células *E. coli* (DE3) frescas
- Solução de $CaCl_2$ 100 mM

Procedimento

1) Trabalhar em ambiente estéril.
2) Adicionar 100 mL de $CaCl_2$ 100 mM em um tubo *eppendorf*.
3) Adicionar 2 μL de DNA plamidial recombinante.
4) Com uma ponteira estéril, pegar uma colônia de células e misturar com o $CaCl_2$ 100 mM e o DNA.
5) Incubar no gelo por 15 minutos.
6) Colocar em banho-maria a 42 °C por 1 minuto.

7) Incubar no gelo por 2 minutos.
8) Acrescentar 500 mL de 2YT ou LB.
9) Incubar no *shaker* por 1 hora a 37 °C.
10) Transferir o restante da cultura para um tubo contendo 25 mL de LB com antibiótico ampicilina e crescer *overnight* a 37 °C sob agitação.

Recomendações acerca do procedimento

- Para este procedimento, é imprescindível que a placa contendo as colônias seja fresca, do dia anterior ao da transformação.
- A cultura pode ser transferida para 25 mL de LB com antibiótico e crescer *overnight* a 37 °C sob agitação. Este cultivo pode ser usado como pré-inóculo de 500 mL de LB para indução proteica. Nesse caso, é recomendado que a transformação não seja feita no final do dia, aumentando com isso o tempo do cultivo do pré-inóculo.

5.4.2 Inoculação e indução da proteína recombinante (trabalhar em ambiente estéril)

Reagentes

- LB líquido
- Ampicilina 100 mg/mL
- IPTG 1 M
- PBS 1X

Procedimento

1) Trabalhar em ambiente estéril.
2) Acrescentar 500 µL de ampicilina 100 mg/mL à 500 mL de LB líquido acondicionado em frasco erlenmeyer de 2 litros. Adicionar 25 mL do pré-inóculo resultante da transformação do dia anterior.
3) Crescer no *shaker* a 37 °C até atingir a DO_{600} 0,8 (aproximadamente 3 horas) e proceder à indução com 1 M de IPTG (1 µL de IPTG 1 M para cada mL de cultivo). Retirar uma alíquota de 500 µL antes da indução.
4) Induzir por 3 horas e retirar uma alíquota de 500 µL depois da indução, para avaliar a expressão da proteína recombinante.
5) Centrifugar o restante da cultura a 7.000 rpm por 15 minutos a 4 °C.

6) Descartar o sobrenadante e lavar o pellet com 50 mL de PBS 1 X.
7) Centrifugar a 7.000 rpm por 15 minutos a 4 °C. Nesta etapa, o *pellet* pode ser guardado a -20 °C por até 3 meses, sem que haja perda proteica, ou solubilizado com os mais diversos protocolos utilizados para proteínas solúveis ou insolúveis (de acordo com a solubilidade da proteína produzida).

Recomendações acerca do procedimento

- Para diminuir a formação de corpúsculos de inclusão e reduzir o efeito de precipitação das proteínas durante a diálise, realizar a indução em DO_{600} 0,5 ou 0,6, crescer a 28 °C ou 30 °C durante o período de indução. Além disso, é recomendado diminuir o tempo de indução para 2 h.
- Ligar a centrífuga 30 minutos antes do horário a ser utilizada para a temperatura baixar a 4 °C.

5.4.3 Teste de solubilidade das proteínas recombinantes

1) Retirar 2 mL da amostra induzida no protocolo anterior.
2) Centrifugar por 5 minutos a 11.000 rpm.
3) Separar o *pellet* do sobrenadante e preparar as amostras para correr em gel de poliacrilamida 15%.
4) Sobrenadante: 500 µL da amostra + 50 µL de tampão de amostra SDS-PAGE 5 X.
5) *Pellet*: 500 µL de TE + 50 µL de tampão de amostra SDS-PAGE 5 X.

5.4.4 Gel SDS-PAGE

Para verificar os níveis de expressão e a solubilidade das proteínas *pellet* e sobrenadante das amostras induzidas e não induzidas, juntamente com o extrato proteico da cepa utilizada para a expressão devem ser submetidos a eletroforese em gel de poliacrilamida (SDS-PAGE). O protocolo para o preparo do gel de empilhamento 5% e do gel de corrida 15% está descrito abaixo.

Reagentes

- Solução de bis-acrilamida 34%
- Solução de SDS 10%
- Solução de Tris-HCl 1,5 M pH 8,5
- Solução de Tris-HCl 1 M pH 6,5
- Solução de Persulfato de amônio 10% (APS)
- Solução de Coomassie Blue (0.1% Azul de coomassie; 45% metanol; 10% Ácido Acético, água q.s.p.)
- Solução de descoloração (4% metanol; 7.5% ácido acético)
- TEMED
- Água milli-Q

Preparo dos geis

Gel de corrida 15%:
- Volume final 10 mL
- Água bidestilada 4,6 mL
- Acrilamida 34% 3,8 mL
- Tris-HCl 2,5 M pH 8,5 1,6 mL
- SDS 10% 100 µL
- Persulfato de amônio 10% (APS) 70 µL
- TEMED 7 µL

Gel de empilhamento (*stacking gel*) 5%:
- Volume final 5 mL
- Água bidestilada 3,7 mL
- Acrilamida 34% 0,7 mL
- Tris-HCl 1 M pH 6,5 0,6 mL
- SDS 10% 50 µL
- Persulfato de amônio 10% (APS) 35 µL
- TEMED 7 µL

Procedimento

1) Proceder à eletroforese em gel SDS a uma voltagem de 140 V e 30 mA por aproximadamente 1 hora.
2) Após a corrida corar o gel com Coomassie Blue a 65 °C com solução de coloração (0,1% azul de coomassie; 45% metanol; 10% ácido acético,

água q.s.p.) em banho-maria 56 °C a 65 °C por 15 minutos. Observação: A solução pode ser reutilizada.

3) Incubar com solução descorante (4% metanol; 7,5% ácido acético) a 56 °C a 65 °C por aproximadamente 15 minutos ou a temperatura ambiente durante a noite. Repetir este procedimento três vezes. Depois de descorado, avaliar se a proteína está sendo expressa e se ela é solúvel (banda no sobrenadante) ou insolúvel (banda no *pellet*).

Preparação dos reagentes

Solução $CaCl_2$ 100 mM:
- $CaCl_2$ 11,094 g
- Água milli-Q 1.000 mL

Meio 2YT líquido:
- Triptona 16 g
- Extrato de levedura 10 g
- NaCl 5 g
- Água destilada q.s.p. 1.000 ml

Meio LB sólido:
- Triptona 10 g
- Extrato de levedura 5 g
- NaCl 10 g
- 1,5 de ágar bacteriológico para cada 100 mL de meio
- Água destilada q.s.p. 1.000 ml

Meio LB líquido:
- Triptona 10 g
- Extrato de levedura 5 g
- NaCl 10 g
- Água destilada q.s.p. 1.000 mL

Ampicilina 100 µg/mL
- Ampicilina 1 g
- Água milli-Q 10 mL
- Filtrar em ambiente estéril com filtro 0,22 µm. Estocar a -20 °C

IPTG (1 M):
- IPTG 1,1915 g
- Água milli-Q 10 mL
- Filtrar em ambiente estéril com filtro 0,22 μm. Estocar a -20 °C.

Tampão de corrida SDS-PAGE 5x (25 mM Tris-base; 250 mM Glicina; 0,1% SDS; pH 8,3):
- Tris-base 15,1 g
- Glicina 94,0 g
- SDS 10% 50 ml
- Água q.s.p. 1.000 ml

Tampão de amostra 5x SDS-PAGE:
- Tris-HCl 1M pH 6,8 7,5 mL
- SDS 10% 3 g
- Azul de bromofenol 0,15 g
- Glicerol 15 mL
- Água milli-Q 7,5 mL
- β-mercaptoetanol 2,1 mL
- Dissolver em banho-maria a 65 °C

Tris 1 M
- Tris-base 121,1 g
- Água milli-Q q.s.p. 800 mL
- Ajustar o pH desejado com HCl concentrado
    - pH   HCl:
    - 7,4   70 mL
    - 7,6   60 mL
    - 8,0   42 mL
- Ajustar o volume para 1 L e esterilizar por autoclave

Tris 1,5 M pH 8,8/ litro:
- Tris-base 181,65 g
- Água milli-Q q.s.p. 800 mL
- Ajustar o pH com HCl concentrado

Acrilamida 30%:
- Acrilamida 29 g
- Bisacrilamida 1 g

- Água a 37 °C q.s.p. 70 mL
- Usar luvas, máscaras e trabalhar em capela. Manter na geladeira e ao abrigo da luz

APS 10%:
- Persulfato de amônia 0,1 g
- Água milli-Q 1 mL
- Manter estoques em *freezer*, alíquotas de uso em geladeira

Comassie Blue:
- Brilhante Blue R250 1 g
- Ácido acético glacial 100 mL
- Metanol 450 mL
- Água milli-Q q.s.p. 450 mL
- Filtrar com paper filtro 3MM

5.5 CONCLUSÃO

Devido à ampla aplicação de proteínas recombinantes e ao crescente aumento dessa demanda, os desafios para o suprimento de proteínas recombinantes em termos de quantidade, qualidade e custo-efetividade, são bastante grandes. O alto nível de expressão de proteínas recombinantes deve usar tecnologias de expressão de alto rendimento. A grande variedade de vetores, promotores e marcadores de seleção e o conhecimento acumulado de técnicas de fermentação em escala industrial, além dos atuais avanços nas tecnologias pós-genômicas, permitem a utilização de sistemas de expressão mais rentáveis para atender à crescente procura de proteínas recombinantes.

Neste capítulo, alguns sistemas procariotos para expressão de proteínas heterólogas frequentemente utilizados foram descritos, e algumas de suas vantagens e limitações foram discutidas. Com o constante aumento das informações da maquinaria de expressão e regulação de genes, todos os sistemas atualmente disponíveis estão sendo constantemente aperfeiçoados e novos sistemas vêm sendo desenvolvidos. No entanto, algumas desvantagens de certos sistemas não podem ser totalmente evitadas, e essas desvantagens devem ser consideradas quando se escolhe um sistema de expressão específico. Sistemas de expressão em células procariotas podem fornecer antígenos artificiais suficientes para fins de diagnóstico ou para a análise estrutural de proteínas particulares que não necessitam de modificações pós-traducionais.

Portanto, a escolha de um sistema de expressão depende da qualidade requerida e quantidade da proteína de interesse. Além disso, o custo, a disponibilidade e a conveniência de um ótimo sistema de expressão devem também ser levados em consideração antes que se escolha o sistema para a expressão de uma proteína heteróloga.

REFERÊNCIAS

1. Anne J, Maldonado B, Van Impe J, Van Mellaert L, Bernaerts K. Recombinant protein production and streptomycetes. J Biotechnol. 2012 Apr 30;158(4):159-67.
2. Bhandari P., Gowrishankar J. An Escherichia coli host strain useful for efficient overproduction of cloned gene products with NaCl as the inducer. J Bacteriol. 1997 Jul;179(13):4403-6.
3. Assenberg R, Wan PT, Geisse S, Mayr LM. Advances in recombinant protein expression for use in pharmaceutical research. Curr Opin Struct Biol. 2013 Jun;23(3):393-402.
4. Cantrell S. Vectors for the Expression of Recombinant Proteins in *E. coli*. In: Casali N, Preston A, editors. *E coli* Plasmid Vectors: Methods and Applications.Totowa: Humana Press; 2003. p. 257-75.
5. Casali N. *Escherichia coli* Host Strains. In: Casali N, Preston A, editors. *E coli* Plasmid Vectors: Methods and Applications.Totowa: Humana Press; 2003. p. 27-48.
6. Chen R. Bacterial expression systems for recombinant protein production: *E. coli* and beyond. Biotechnol Adv. 2012 Sep-Oct;30(5):1102-7.
7. Gopal G, Kumar A. Strategies for the Production of Recombinant Protein in *Escherichia coli*. The Protein Journal. 2013 Aug. 1;32(6):419-25.
8. Hayes F. The Function and Organization of Plasmids. In: Casali N, Preston A, editors. *E coli* Plasmid Vectors: Methods and Applications.Totowa: Humana Press; 2003. p. 1-17.
9. Hu MCT, Davidson N. The inducible *lac* operator-repressor system is functional in mammalian cells. Cell. 1987;48(4):555-66.
10. Jana S, Deb JK. Strategies for efficient production of heterologous proteins in *Escherichia coli*. Applied Microbiology and Biotechnology. 2005 May 01;67(3):289-98. English.
11. Kurland C, Gallant J. Errors of heterologous protein expression. Curr Opin Biotechnol. 1996 Oct;7(5):489-93.
12. Ling Lin F, Zi Rong X, Wei Fen L, Jiang Bing S, Ping L, Chun Xia H. Protein secretion pathways in *Bacillus subtilis*: implication for optimization of heterologous protein secretion. Biotechnol Adv. 2007 Jan-Feb;25(1):1-12.
13. Liu L, Yang H, Shin HD, Li J, Du G, Chen J. Recent advances in recombinant protein expression by *Corynebacterium*, *Brevibacterium*, and *Streptomyces*: from transcription and translation regulation to secretion pathway selection. Appl Microbiol Biotechnol. 2013 Nov;97(22):9597-608.
14. Lutz R, Bujard H. Independent and tight regulation of transcriptional units in *Escherichia coli* via the LacR/O, the TetR/O and AraC/I1-I2 regulatory elements. Nucleic Acids Research. 1997 Mar 15;25(6):1203-10.

15. Moffatt BA, Dunn JJ, Studier FW. Nucleotide sequence of the gene for bacteriophage T7 RNA polymerase. Journal of Molecular Biology. 1984 Feb 25;173(2):265-9.

16. Morello E, Bermudez-Humaran LG, Llull D, Sole V, Miraglio N, Langella P, et al. *Lactococcus lactis*, an efficient cell factory for recombinant protein production and secretion. J Mol Microbiol Biotechnol. 2008;14(1-3):48-58.

17. Nouaille S, Ribeiro LA, Miyoshi A, Pontes D, Le Loir Y, Oliveira SC, et al. Heterologous protein production and delivery systems for *Lactococcus lactis*. Genet Mol Res. 2003;2(1):102-11.

18. Ramos CR, Abreu PA, Nascimento AL, Ho PL. A high-copy T7 *Escherichia coli* expression vector for the production of recombinant proteins with a minimal N-terminal His-tagged fusion peptide. Braz J Med Biol Res. 2004 Aug;37(8):1103-9.

19. Retallack DM, Jin H, Chew L. Reliable protein production in a *Pseudomonas fluorescens* expression system. Protein Expr Purif. 2012 Feb;81(2):157-65.

20. Schuster SM. Biotechnology: Applying the genetic revolution by David P. Clark and Nanette J. Pazdernik. Biochemistry and Molecular Biology Education. 2009 Jul 28;37(4):262-3.

21. Studier FW, Moffatt BA. Use of bacteriophage T7 RNA polymerase to direct selective high-level expression of cloned genes. Journal of Molecular Biology. 1986 May 5;189(1):113-30.

22. Sweet C. Expression of Recombinant Proteins from *lac* Promoters. In: Casali N, Preston A, editors. *E coli* Plasmid Vectors: Methods and Applications.Totowa: Humana Press; 2003. p. 277-88.

23. Westers L, Westers H, Quax WJ. *Bacillus subtilis* as cell factory for pharmaceutical proteins: a biotechnological approach to optimize the host organism. Biochim Biophys Acta. 2004 Nov 11;1694(1-3):299-310.

24. Yin J, Li G, Ren X, Herrler G. Select what you need: a comparative evaluation of the advantages and limitations of frequently used expression systems for foreign genes. J Biotechnol. 2007 Jan 10;127(3):335-47.

CAPÍTULO 6

PRODUÇÃO DE PROTEÍNAS RECOMBINANTES EM LEVEDURAS E FUNGOS FILAMENTOSOS: FUNDAMENTOS BÁSICOS E ROTINA

Nádia Skorupa Parachin
Frederico Mendonça Bahia Silva
Marisa Vieira de Queiroz
Maria Sueli Soares Felipe

6.1 INTRODUÇÃO

A escolha de um sistema de expressão para a produção de proteína heteróloga depende, inicialmente, da estrutura da proteína a ser produzida, como presença de pontes dissulfeto e/ou modificações pós-traducionais, tais como glicosilação ou processamento proteolítico. Além disso, é necessário decidir por um sistema de expressão cujo custo-benefício seja apropriado. Por exemplo, a utilização de cultura de células de mamíferos não seria uma

escolha apropriada para a produção de hidrolases aplicadas à indústria de bioetanol, uma vez que esse sistema de expressão apresenta um custo maior do que o próprio produto final, o biocombustível. Por fim, a disponibilidade de ferramentas moleculares, tais como plasmídeos e promotores, bem como protocolos de modificação gênica preestabelecidos, também são critérios a serem utilizados na escolha do sistema de expressão.

Leveduras e fungos filamentosos apresentam várias vantagens como sistema de expressão quando comparados com procariotos, como a bactéria *Escherichia coli*. Ambos possuem a maquinaria celular para o dobramento de proteínas e realizam modificações pós-transcricionais, tais como remoção de *introns*, e pós-traducionais, como glicosilação. Além disso, a utilização desses microrganismos é vantajosa quando comparada a outros sistemas de expressão eucariotos, uma vez que apresentam um menor custo de produção por crescerem em meios de cultivo com um menor requerimento nutricional. Fungos apresentam ainda um tempo menor de replicação. Dependendo da espécie, varia entre duas a seis horas, em comparação com 24 horas em média para cultura de células de mamíferos. Finalmente, de um modo geral, as técnicas de manipulação gênica já estão bem estabelecidas e o rendimento da proteína heteróloga é frequentemente maior do que o obtido em cultura de células de mamíferos.

O presente capítulo irá apresentar os principais sistemas de expressão de leveduras e fungos filamentosos, bem como ferramentas genéticas disponíveis e protocolos para manipulação gênica e transformação.

6.2 PRINCIPAIS LEVEDURAS UTILIZADAS COMO SISTEMAS DE EXPRESSÃO

6.2.1 *Saccharomyces cerevisiae*

A levedura *Saccharomyces cerevisiae* tem sido utilizada há séculos na produção de alimentos, como pão, vinho e cerveja, e apresenta *status* de geralmente considerado como seguro (*generally regarded as safe* – GRAS). A *S. cerevisiae* é um dos modelos eucarióticos mais estudados. Sua fisiologia e genética são aplamente estudadas, resultando em diversas ferramentas disponíveis para sua manipulação. Seu genoma haploide apresenta aproximadamente 12.500 kb e foi completamente sequenciado pela primeira vez em 1996[23]. Atualmente, todas as informações sobre a biologia dessa levedura, bem como

diversas ferramentas de bioinformática para a análise funcional gênica, estão disponíveis no Saccharomyces Genome Database (SGD)[1*]. A maior parte das proteínas heterólogas produzidas em levedura e disponíveis comercialmente são produzidas em *S. cerevisiae*. A Tabela 6.1 exemplifica algumas dessas proteínas. Além disso, estima-se que 20% das proteínas heterólogas comerciais usadas como biofármacos são produzidas em *S. cerevisiae*[38].

Tabela 6.1 Proteínas heterólogas produzidas em *S. cerevisiae* e disponíveis no mercado[19]

NOME COMERCIAL	PROTEÍNA RECOMBINANTE	EMPRESA
Actrapid	Insulina	Novo Nordisk
Ambirix	Antígeno de superfície para Hepatite B	Merck
Glucagen	Glucagon	Novo Nordisk
Elitex	Urato oxidase	Sanofi-Synthelabo
Leukine	Fator estimulante de colônia de granulócito	Berlex
Regranex rh	Fator de crescimento de plaquetas	Ortho-Mc Neil Pharma

6.2.1.1 Vetores para expressão

De um modo geral, os vetores para expressão em *Saccharomyces cerevisiae* contêm os seguintes elementos: origem de replicação e marca de seleção bacterianas, uma vez que é comum a construção do vetor de expressão em *Escherichia coli;* origem de replicação e marca de seleção de levedura. Em alguns casos, os vetores já apresentam também promotor e terminador com sítio múltiplo de clonagem, como acontece com os vetores da série Mumberg[41]. Em outros, o cassete de expressão, i.e. promotor-gene-terminador, precisa ser construído antes de ser inserido no vetor da levedura[22].

Em relação às marcas de seleção presentes nos vetores de expressão, a mais comum bacteriana é a que confere resistência ao antibiótico ampicilina. As marcas de seleção em levedura podem ser auxotróficas ou dominantes. Marcas auxotróficas dependem de cepas específicas de leveduras que são incapazes de crescer sem complementação de algum nutriente, e.g. um determinado aminoácido. Dessa forma, o vetor de expressão possui como

---

* Disponível em: <http://www.yeastgenome.org>.

seleção o gene que complementa a deficiência da cepa em produzir um determinado nutriente. Assim, a seleção ocorre em meio mínimo, onde somente as leveduras contendo o vetor conseguem crescer. Exemplos frequentemente utilizados de marcas auxotróficas estão listados na Tabela 6.2. Como as marcas auxotróficas requerem uma cepa específica, diversas cepas de laboratório tem sido utilizadas. O banco de dados de *S. cerevisiae*, SGD, resume as principais cepas de laboratório que são utilizadas para complementação por auxotrofia[II*]. Marcas de seleção dominantes são aquelas que conferem resistência a um determinado antibiótico. Em *S. cerevisiae*, as marcas dominantes mais comumente utilizadas são: resistência a G418 (um análogo de Kanamicina) e cloranfenicol. A Tabela 6.2 resume as principais marcas de seleção utilizadas em *S. cerevisiae*.

Tabela 6.2 Marcas de seleção comumente utilizadas em *S. cerevisiae*

MARCAS DOMINANTES	FENÓTIPO CONFERIDO PELA MARCA	
TnS/Tn903	Resistência a G418 (geneticina)	
cat	Resistência ao antibiótico cloranfenicol	
CUP1	Resistência a elevadas concentrações de cobre	
SFA	Resistência a formaldeído	
DEH1	Resistência a fluoracetato	
amdSYM	Utilização de acetamida como fonte única de nitrogênio	
MARCAS AUXOTRÓFICAS	**GENÓTIPO DA CÉLULA HOSPEDEIRA**	**FENÓTIPO DO TRANSFORMANTE**
HIS3	His3	His⁺
LEU2	Leu2	Leu⁺
LYS2	Lys2	Lys⁺
URA3	Ura3	Ura⁺
TRP1	Trp1	Trp⁺

Em relação ao número de cópias, vetores utilizados para a produção de proteínas heterólogas podem ser integrativos ou epissomais. Os primeiros são integrados no genoma da levedura frequentemente em uma cópia, de

---

* Disponível em: <http://wiki.yeastgenome.org/index.php/Commonly_used_strains>.

forma que sua replicação fica vinculada à replicação do genoma cromossomal. Já os vetores epissomais possuem origem de replicação própria. Sendo assim, estes podem apresentar várias cópias dentro de uma única célula de levedura. A Tabela 6.3 exemplifica alguns dos vetores utilizados para produção de proteína heteróloga em *S. cerevisiae*.

Tabela 6.3 Vetores utilizados para produção de proteína heteróloga em *S. cerevisiae*

VETOR	MARCA DE SELEÇÃO EM BACTÉRIA	MARCA DE SELEÇÃO EM LEVEDURA	ORIGEM DE REPLICAÇÃO	PROMOTOR	TERMINADOR	REF.
Família Yeplac	Ampicilina	TRP, URA ou LEU*	2 μm	-	-	Gietz e Sugino[22]
Família Yiplac	Ampicilina	TRP, URA ou LEU*	- Vetor integrativo	-	-	Gietz e Sugino[22]
Família YCplac	Ampicilina	TRP, URA ou LEU*	CEN4	-	-	Gietz e Sugino[22]
Vetores Mumberg	Ampicilina	HIS, TRP, LEU ou URA*	Cen6/ARSH4 ou 2 μm*	CYC1, TEF, ADH ou GPD *	CYC1	Mumberg et al[41]
pYES2	Ampicilina	URA	2 μm	pGAL1	CYC1	Invitrogen™
Família pW	Ampicilina	TRP ou URA*	Cen6 ou 2 μm*	PGK ou TetO	-	Van Mullem[57]

* Dependendo da versão.

6.2.1.2 Protocolos de transformação

Os protocolos aqui apresentados se baseiam no metodo de transformação por choque térmico. Essencialmente, as células de leveduras são crescidas até a fase exponencial, na qual a parede celular é menos espessa. Em seguida, as células são lavadas e incubadas com polietilenoglicol (PEG), acetato de lítio (LiAc) e o DNA a ser transformado, seguido do choque térmico. A Figura 6.1 resume as principais etapas de transformação por esses protocolos.

Transformação de S. cerevisiae por choque térmico[26]

Soluções

Todas as soluções a serem utilizadas devem ser autoclavadas.

YPD:
- Extrato de levedura 1%
- Peptona 2%
- Glicose 2%
- A glicose deve ser autoclavada separadamente

TE 10X:
- Tris-HCl 0,1 M
- EDTA 0,01 M, pH 7,5

LiOAc 10X:
- LiAc 1 M, pH ajustado com ácido acético para 7,5.

PEG 50%:
- 50 g de PEG em 100 mL de água milli-Q

ssDNA (esperma de salmão) 10 mg/mL:
- Preparar alíquotas de 50 µL e estocar em *freezer*

Água gelada

Procedimento

1) Crescer células durante a noite em meio YPD.
2) Inocular 50 mL de meio com células crescidas durante a noite para atingir uma OD_{620nm} inicial de 0,2.
3) Crescer a uma OD_{620nm} de 0,7-1,0.
4) Coletar por centrifugação (4.000 rpm, 5 minutos, 4 °C).
5) Ressuspender células em 10 mL de água gelada autoclavada.
6) Coletar por centrifugação (5.000 rpm, 5 minutos, 4 °C).
7) Ressuspender em 1 mL de água gelada e transferir para tubos de microcentrífuga de 1,5 mL.
8) Coletar células por centrifugação (5.000 rpm, 1 minuto).

9) Ressuspender em solução TE/LiOAc estéril, gelada e recém-preparada (feita a partir de estoques 10X: 150 µL TE 10X + 150 µL LiOAc 10X + 1.200 µL água milli-Q).
10) Coletar células novamente (5.000 rpm, 1 minuto) e ressuspender em 200 µL de TE/LiOAc.
11) Misturar 1-5 µg de DNA com 50 µg de recém-desnaturado DNA de esperma de salmão (5 µL de solução 10 mg/mL; fervido por 5-20 minutos e resfriado em gelo).
12) Adicionar 50 µL de células em TE/LiOAc e misturar com cautela (não utilizar vortex).
13) Imediatamente adicionar 300µL de PEG 40% recém-preparado (800 µL PEG 50% + 100 µL LiOAc 10X + 100 µL TE 10X).
14) Incubar células por 30 minutos a 30 °C em constante agitação.
15) Incubar por 15 minutos a 42 °C.
16) Centrifugar (5.000 rpm, 1 minuto) e ressuspender células em 1 mL de meio YPD.
17) Transferir para tubos falcon de 15 mL. Incubar a 30 °C em agitação constante por algumas horas ou durante a noite.
18) Manter os tubos em gelo por 45 minutos e transferir as amostras para tubos eppendorf e centrifugar (5.000 rpm, 1 minuto).
19) Lavar células 3 vezes com água autoclavada.
20) Ressuspender células em 100 µL de água milli-Q e plaquear em meio contendo pressão seletiva adequada.
21) Incubar placas a 30 °C por 2-3 dias.

Transformação de *S. cerevisiae* por choque térmico para construção de bibliotecas[21]

Soluções

Todas as soluções a serem utilizadas devem ser autoclavadas.

PEG 50% m/v:
- Misturar 20 g de PEG (MW 3350, Sigma) em 20 mL de água
- Depois de dissolvido, ajustar volume para 40 mL
- Autoclavar

Acetato de Lítio 1,0 M:
- Fazer 25 mL de solução.
- Esterilizar por filtração utilizando seringa.

TE 10X:
- 100 mM Tris
- 10 mM EDTA, pH8
- Fazer 100 mL
- Autoclavar

ssDNA (esperma de salmão) 10 mg/mL:
- Preparar alíquotas de 50µL e estocar em *freezer*
- Ferver a 95 °C por 10 minutos antes da utilização

Meio YPAD:
- Extrato de levedura 10 g/L
- Peptona 20 g/L
- Glicose 20 g/L
- Hemissulfato de adenina (pode ser adicionado antes de autoclavar) 40 mg/L

Meio YPAD 2X:
- Concentrações duplicadas do meio acima descrito.

Procedimento

1) Inocular colônia isolada em 25 mL de meio YPAD em erlenmeyer aletado de 250 mL. Crescer durante a noite a 30 °C. Pela manhã medir a OD620 da cultura e usar este valor para inocular 100 mL de meio YPAD 2X (em erlenmeyer de 1 L) para uma OD_{620nm} final de 0,5. Crescer por aproximadamente 4 horas até atingir uma OD 2-3 (é importante que as células estejam em fase exponencial inicial).
2) Transferir células para tubos falcon estéreis de 50 mL. Coletar células por centrifugação por 2 minutos a 5.000 g.
3) Ressuspender células em 50 mL de água.
4) Centrifugar novamente por 2 minutos a 5.000 g. Ressuspender células em 20 mL de água.
5) Centrifugar uma última vez (2 minutos a 5.000 g) e ressuspender as células em uma solução contendo: 4 mL de PEG 50%, 0,5 mL de LiOAc

Produção de Proteínas Recombinantes em Leveduras e Fungos Filamentosos: Fundamentos Básicos e Rotina 225

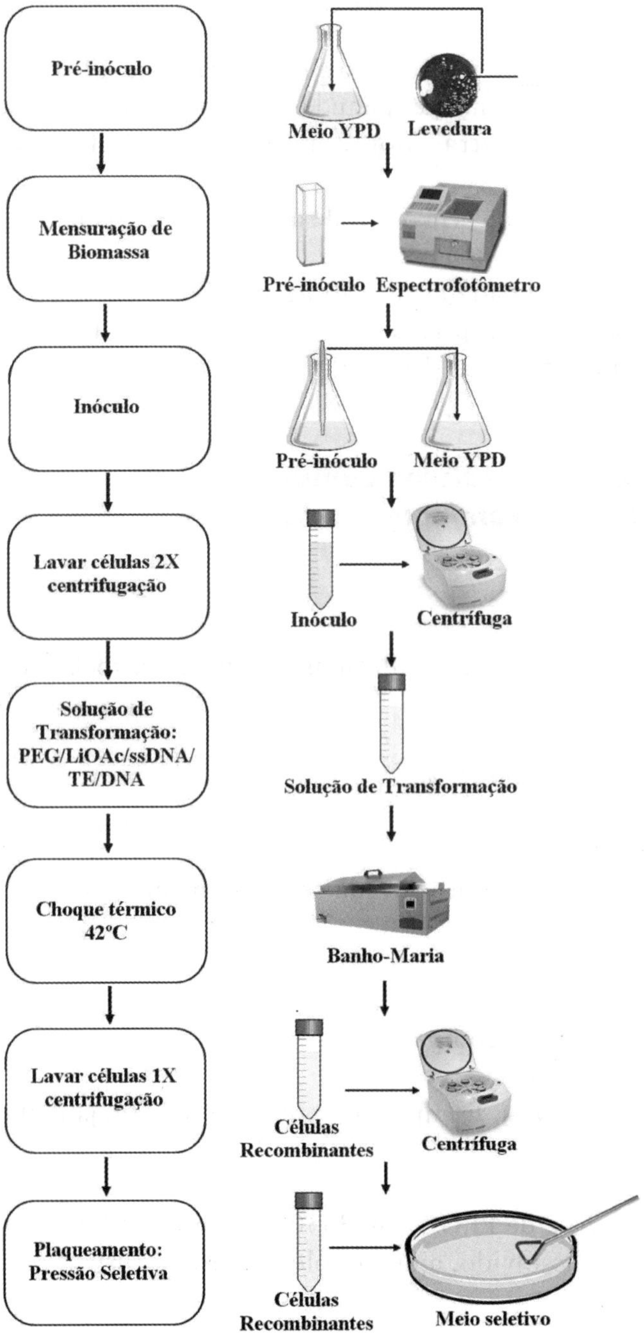

Figura 6.1 Principais etapas a serem realizadas durante a transformação de *S. cerevisiae* por choque térmico.

1,0 M, 0,15 de ssDNA 10mg/mL, 0,1 mL de TE 10X e 0,25mL de DNA transformante.
6) Realizar choque térmico incubando as células a 42 °C por 80 minutos, invertendo ou suavemente agitando em vortex os tubos a cada 10 minutos.
7) Centrifugar amostras por 2 minutos a 5.000 g. Remover todo sobrenadante.
8) Ressuspender células em 5 mL de água. Talvez seja necessário pipetar as células para dissolvê-las.
9) Plaquear aproximadamente 100 µL de células em meio de cultura com pressão seletiva apropriada. Para transformação integrativa, esperar um rendimento total de 50-100.000 transformantes.

6.2.1.3 Preparo de células competentes de leveduras para serem congeladas[21]

Soluções

Todas as soluções a serem utilizadas devem ser autoclavadas.

Meio YPD:
- Extrato de levedura 1%
- Peptona 2%
- Glicose 2%
- A glicose deve ser autoclavada separadamente

Água

Solução para células competentes:
- Glicerol 5%(v/v)
- DMSO 10% (v/v). É importante que o DMSO seja de boa qualidade

PEG 50% m/v:
- Misturar 20 g de PEG (MW 3350, Sigma) em 20 mL de água
- Depois de dissolvido, ajustar volume para 40 mL
- Autoclavar

Acetato de lítio 1,0 M:
- Fazer 25 mL de solução

- Esterilizar por filtração utilizando seringa

ssDNA (esperma de salmão) 10 mg/mL:
- Preparar alíquotas de 50 µL e estocar em *freezer*

Procedimento

1) Inocular sua cepa de levedura em 25 mL de meio YPD líquido e incubar durante a noite em um incubador com rotação de 200 rpm e 30 °C.
2) Aquecer a 30 °C 1 L de meio YPD e dois erlenmeyers de 1 L aletados.
3) Inocular suas células pré-crescidas para uma OD_{620nm} inicial de 0,1 em 500 mL de meio YPD. Para tal procedimento você terá que ler a OD_{620nm} do pré-inóculo.
4) Incubar suas células em incubador com rotação de 200 rpm e 30 °C até atingir uma OD_{620nm} entre 0,6 e 0,8.
5) Centrifugar as células a 2.000 g durante 5 minutos. Descartar o sobrenadante.
6) Ressuspender as células em 250 mL de água autoclavada e repetir a centrifugação como na etapa anterior. Descartar o sobrenadante.
7) Ressupender as células em 5 mL de água autoclavada e transferir a suspensão celular para um tubo tipo falcon de 15 mL.
8) Centrifugar as células a 2.000 g durante 5 minutos. Descarte o sobrenadante.
9) Ressuspenda as células em 5 mL de solução autoclavada para células competentes.
10) Aliquotar 50 µL de células em tubos do tipo eppendorf de 1,5 mL.
11) Coloque os tubos em uma caixa com tampa. É essencial que suas células congelem de forma lenta para garantir altas taxas de sobrevivência. Dessa forma é importante colocar um isopor ou papelão dentro da caixa para reduzir a quantidade de ar ao redor da amostra.
12) Armazenar as células competentes em um freezer -80 °C. Essas células podem ser armazenadas por até 1 ano a essa temperatura.
13) Para transformação de *S. cerevisiae* usando as células competentes congeladas, descongele suas amostras em banho-maria a 37 °C durante 15-30 segundos.
14) Centrifugar a 13.000 g em uma microcentrífuga durante 2 minutos e remover o sobrenadante.
15) Ao precipitado celular, adicionar: 260 µL de PEG3350 50%, 50 µL de solução com SSDNA, 36 µL de LiAC 1M, Plasmídeo + água para um

volume final de 360 µL. Após a adição das soluções, usar o vortex para ressuspender o precipitado celular.
16) Incubar o sistema de transformação a 42 °C durante 20-60 minutos, dependendo da cepa a ser transformada. Cepas sensíveis à temperatura podem ser deixadas em temperatura ambiente durante a noite.
17) Após o período de incubação, centrifugar os tubos a 13.000 g durante 30 segundos. Remover o sobrenadante. Transformações utilizando plasmídeos com genes prototróficos seguir a opção A de seleção. Transformações que utilizam plasmídeos com genes de resistência a antibiótico usar a opção B de seleção.
   Seleção A: Ressuspender as células em 1 mL de água autoclavada.
   Seleção B: Ressuspender as células em 1 mL de meio YPD líquido. Incubar durante 2-3 horas a 30 °C para garantir a expressão do gene que confere resistência ao antibiótico.
18) Plaquear as células em meio seletivo. É importante distribuir o volume da transformação em várias placas uma vez que a densidade celular de revestimento afeta negativamente a eficiência de transformação.
19) Incubar as placas a 30 °C durante 3-4 dias.

6.2.2 Pichia pastoris

Um dos sistemas de expressão amplamente utilizados é a levedura metilotrófica *Pichia pastoris*. Ao longos dos anos, *P. pastoris* tem sido geneticamente modificada para produzir um grande número de proteínas heterólogas tanto a nível experimental como em nível industrial[6]. O primeiro biofármaco produzido neste sistema foi o inibidor de calicreína sendo autorizado sua comercialização em 2009 pela Food and Drug Administration (FDA, a agência regulatória de medicamentos e alimentos dos Estados Unidos). Dentre as vantagens da utilização de *P. pastoris* se destacam o rápido crescimento, quando comparado com outros sistemas eucariotos, produção e secreção de altos níveis da proteína recombinante e realização de algumas modificações pós-traducionais, como glicosilação, formação de pontes dissulfeto e processamento proteolítico[7]. Esse sistema é também considerado rápido, fácil e mais econômico que os sistemas de expressão derivados de células de mamíferos[18].

A levedura tem ganhado destaque na produção de biofármacos farmacologicamente ativos, principalmente depois de modificações genéticas que permitem a glicosilação no mesmo padrão de células de mamíferos[3]. Sua maior vantagem em relação a *S. cerevisiae* é seu modo respiratório de

metabolismo, o que permite cultivo em alta densidade celular e maior produção de proteína heteróloga sem acúmulo de co-produtos como etanol.

Finalmente, P. pastoris é capaz de utilizar metanol como fonte de carbono. A primeira enzima envolvida no metabolismo de metanol é a álcool oxidase (AOX). Esta tem como produto da reação formaldeído e peróxido de hidrogênio. Este último é convertido a água e oxigênio por catalases. Dois genes codificam a duas formas da álcool oxidase, AOX1 e AOX2. Apesar dos produtos destes genes serem muito similares quanto às suas sequências e funções, a maior parte da atividade de álcool oxidase na célula é atribuída ao produto do gene AOX1[11]. O promotor do gene codificador para AOX1 é induzível na presença de metanol e é utilizado em diversos vetores de expressão de P. pastoris (Tabela 6.4). Dessa forma, é possível crescer a levedura em altas densidades celulares e posteriormente realizar a indução da produção de proteínas heterólogas, favorável principalmente para a produção de proteínas tóxicas.

6.2.2.1 Vetores para expressão

A Tabela 6.4 lista os principais vetores utilizados para a produção de proteínas heterólogas em P. pastoris. A maior parte dos vetores está disponível comercialmente pela Invitrogen™. Apesar da maioria dos vetores de expressão conter o promotor induzível pAOX1, já existem outros promotores induzíveis que poderiam ser utilizados para a construção de vetores de expressão[47]. Da mesma forma, o promotor constitutivo mais utilizado em P. pastoris é o promotor do gene gliceraldeído 3-fosfato desidrogenase (pGAP). Uma das vantagens da utilização de promotores constitutivos com relação ao promotor AOX1 é que não é necessário mudar a cultura de um meio para outro para induzir a expressão. Atualmente, existem outros promotores constitutivos que também poderiam ser utilizados para a construção de vetores de expressão, tais como TEF, PGK e TRI1, conforme revisto recentemente[59].

A disponibilidade de marcas de seleção em P. pastoris também é reduzida quando comparada com S. cerevisiae. Os primeiros vetores de expressão utilizavam essencialmente marcas dominantes como G418. Esta foi substituida pela Zeocina nos plasmídeos mais recentes por ser uma marca que pode ser utilizada tanto em bactéria quanto em levedura, resultando em plasmídeos menores. Em relação a marcas auxotróficas, a cepa GS115 apresenta auxotrofia para his e pode ser complementada pelos vetores pHIL-D2, pPIC3.5 ou pPIC9K (Tabela 6.4). Apesar de não ser disponível comercialmente ou

em coleções públicas de microrganismos, cepas com auxotrofia para URA3, ADE1 e ARG4 foram construídas com respectivos vetores que complementam a auxotrofia[34].

Finalmente, alguns dos vetores de expressão já construídos possuem o fator alpha de secreção de *S. cerevisiae*, o que permite a recuperação da proteína recombinante no sobrenadante de *P. pastoris*. Além disso, todos os vetores são integrativos, o que significa que as cepas recombinantes são estáveis e não sofrem perda de produção de proteína heteróloga, devido a perda plasmidial, durante o processo de escalonamento desta.

Tabela 6.4 Principais plasmídeos utilizados para produção heteróloga de *P. pastoris*

VETOR	PROMOTOR	MARCA DE SELEÇÃO EM BACTÉRIA	MARCA DE SELEÇÃO EM LEVEDURA	PEPTÍDEOS DE FUSÃO
pAO815	AOX	Amp	His4	-
pGAPZ	GAP	Zeo	Zeo	C-His
pGAPZα	GAP	Zeo	Zeo	α-factor C-His
pHIL-D2	AOX	Amp	His4	-
pHIL-S1	AOX	Amp	His4	Sinal de secreção PHO1
pPIC3.5K	AOX	Amp	His4, G418	-
pPIC9K	AOX	Amp	His4, G418	-
pPICZ	AOX1	Zeo	Zeo	C-His
pPICZα	AOX1	Zeo	Zeo	α-factor, C-His

6.2.2.2 Protocolo de transformação de Pichia pastoris por eletroporação (retirado e adaptado do manual de produção de proteínas heterólogas em Pichia pastoris Invitrogen™)

Soluções
Todas as soluções a serem utilizadas devem ser autoclavadas.
Água gelada
Sorbitol 1M
10X YNB:
- 3,4% *yeast nitrogen base*

- 10% de sulfato de amônio.
- Dissolver 3,4 g de YNB em 90 mL de água destilada. Adicionar 10 g de sulfato de amônio e esperar dissolver. Esterilizar por filtração. Guardar a 4 °C.

500X de biotina:
- Dissolver 20 mg de biotina em 100 mL de água destilada e esterilizar por filtração. Guardar a 4 °C.

10X glicose (20%):
- Dissolver 20 g de glicose em 100 mL de água destilada. Autoclavar por 15 minutos.

Tampão fosfato 1M pH 6,0:
- Combinar 132 mL de K2HPO4, 868 mL de KH2PO4 e confirmar que o pH é 6,0.
- Se necessário, ajustar o pH com ácido fosfórico ou com KOH.
- Esterilizar em autoclave e guardar a temperatura ambiente.

Meio YPD:
- Extrato de levedura 1%
- Peptona 2%
- Glicose 2%
- Autoclavar a glicose separadamente

MDH e MD (meio mínimo com glicose +/- Histidina):
- YNB 1X
- Biotina 1X
- Glicose 2%.
- Autoclavar água (meio líquido) ou ágar 2% (meio sólido) por 20 minutos.
- Adicionar as soluções estoque ao meio ainda quente e distribua em placas.
- Para preparar MDH, adicionar histidina 1X.

Procedimento

1) Crescer a cepa a ser transformada em 5 mL de YPD em um erlenmeyer de 125 mL durante a noite a 30 °C em uma incubadora rotacional a 180 rpm.

2) Inocular 0,1 a 0,5 mL da cultura acima em 500 mL de meio YPD. Crescer durante a noite até uma OD600 de 1,3-1,5.
3) Centrifugar as células a 1.500 g por 5 minutos a 4 °C. Ressuspender as células com 500 mL de água gelada autoclavada.
4) Centrifugar as células como no passo 3 e resssupender em 250 mL de água gelada autoclavada.
5) Centrifugar as células como no passo 3 e ressuspender o precipitado em 250 mL de água gelada estéril.
6) Centrifugar como no passo 3 e ressuspender em 20 mL de sorbitol 1M gelado estéril.
7) Transferir a suspensão de células para um tubo de centrífuga menor.
8) Centrifugar como no passo 3 e ressuspender as células com 0,5 mL de sorbitol 1M, para um volume final de 1,5 mL.
9) Misturar 80 µL de células competentes com 5 a 10 µg de DNA linearizado (em 5 a 10 µL de água), adicionar 320 µL de sorbitol 1M e transferir as células para uma cubeta de eletroporação de 0,2 cm gelada (marca Bio Rad).
10) Incubar a cubeta por 5 minutos no gelo.
11) Eletroporar as células nas seguintes condições (eletroporador da BioRad): 1500 V; 400 Ω e 25 µF. O tempo de eletroporação deve ser próximo de ~10 ms com um campo de 7.500 V/cm.
12) Imediatamente, adicionar 1 mL de sorbitol 1 M gelado à cubeta. Transferir o conteúdo para um tubo de microcentrífuga de 1,5 mL estéril.
13) Espalhar de 200 a 600 µL em placas com meio de seleção apropriado (meio mínimo ou com antibiótico dependendo da cepa e plasmídeo que está sendo utilizado).
14) Incubar as placas a 30 °C até as colônias aparecerem (aproximadamente 3-4 dias).

6.2.2.3 Ensaio de expressão dos clones recombinantes

O protocolo descrito abaixo é aplicado para genes clonados sob a regulação do promotor induzível pAOX1. Para o desenvolvimento de processos fermentativos para a produção constitutiva de proteínas recombinantes em *P. pastoris* recomenda-se a leitura do trabalho de Cos e colaboradores[10].

Soluções necessárias

Meio BMGY:
- 5 g extrato de levedura
- 10 g peptona em 350 mL de água
- Após autoclavar essa solução, adicionar as seguintes soluções estéreis:
    - 50 mL tampão fostado de sódio 1 M pH 6,0
- 50 mL YNB 10X
    - 1 mL de biotina 500X
    - 50 mL de glicerol 10X

Meio BMMY:
- 5 g extrato de levedura
- 10 g peptona em 350 mL de água
- Após autoclavar essa solução, adicionar as seguintes soluções estéreis:
    - 50 mL tampão fostado de sódio 1M pH 6,0
    - 50 mL YNB 10X
    - 1 mL Biotina 500X
    - 50 mL metanol 10X

Metanol 0,5%

Procedimento

1) Inocular colônias isoladas em 25 mL de meio BMGY em um frasco de 250 mL. Crescer a 28-30 °C em uma incubadora rotacional a uma rotação 180 rpm até a cultura atingir OD600 = 2-6 (aproximadamente 16 a 18 horas). As células devem estar em fase exponencial.
2) Coletar as células em tubo Falcon de 50 mL por centrifugação a 1.500-3.000 g por 5 minutos, a temperatura ambiente. Ressuspender as células em 100 mL de BMMY para uma OD_{600} final = 1,0.
3) Incubar a cultura a 30°C 180 rpm. Os 100 mL devem ser colocados em frasco aletado de 1L.
4) Adicionar metanol para uma concentração final de 0,5% a cada 24 horas para manter a indução.
5) A cada retirada de amostra, transferir 1 mL da cultura para tubo de microcentrífuga. Centrifugar as amostras na velocidade máxima durante 2 minutos.

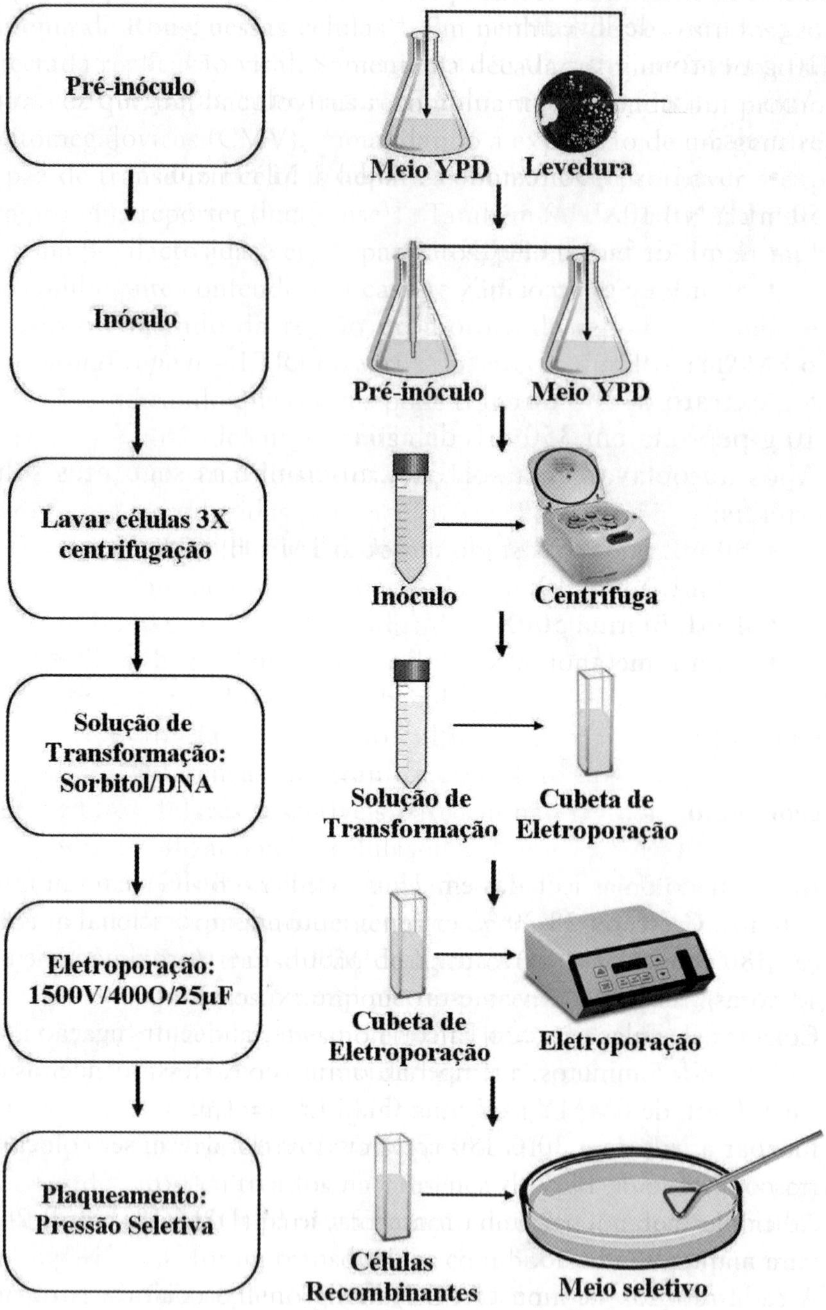

Figura 6.2 Principais etapas a serem realizadas durante a transformação de *P. pastoris* por eletroporação.

6) Transferir sobrenadante para um tubo separado. Adicionar TCA (ácido tricloro acético) para uma concentração final de 10%. Incubar no gelo por 30 minutos. Centrifugar a 13.000 rpm por 15 minutos.
7) Descartar o sobrenadante e lavar o precipitado com cerca de 1 mL de acetona gelada. Incubar no gelo por 10 minutos. Tornar a centrifugar a 13.000 rpm por 10 minutos. Remover a acetona e repetir a lavagem com acetona mais uma vez. Deixar o precipitado secar na bancada por 10 minutos.
8) Ressuspender o precipitado em 50 µL de tampão de amostra de SDS-PAGE. Usar 10 µL no gel.

6.2.3 *Kluyveromyces lactis*

K. lactis é um dos principais microrganismos presentes em processos lácteos nos quais o principal substrato é a lactose. Inicialmente, era utilizada como fonte de β-galactosidase, responsável por hidrolisar a lactose e amplamente utilizada na produção de alimentos livres de lactose. Cepas de *K. lactis* foram isoladas de diferentes produtos, tais como iogurte, queijo e manteiga, possuindo portanto *status* GRAS. Já em 1988, uma cepa recombinante de *K. lactis* produzindo chimosima permitiu a comercialização de tal proteína na indústria alimentícia. Esta levedura apresenta efeito Crabtree negativo e, portanto, cresce a altas densidades celulares em biorreatores, o que é vantagem em comparação com a levedura *S. cerevisiae*. Seu genoma foi sequenciado em 2009[54], sendo que para sua manipulação gênica podem ser utilizados tanto vetores epissomais quanto integrativos de expressão. Além disso, existe a possibilidade de produção de proteína heteróloga intra e extracelular.

Seus vetores se baseiam no sistema LAC4, cuja indução acontece na presença de lactose, e sua repressão acontece já em baixas concentrações de glicose. A seleção de transformantes pode ser por marcas auxotróficas, como URA3, LEU2 e TRP1, ou dominantes, como a marca de acetamida que permite que os microrganismos cresçam usando esta como fonte única de nitrogênio em meio definido. As proteínas produzidas em *K. lactis* apresentam um padrão eucariótico de glicosilação[58]. Atualmente, ferramentas moleculares para modificação gênica de *K. lactis,* tais como vetores e cepas, estão disponíveis pela New England Biolabs$_{inc}$.

6.2.3.1 Protocolo de transformação[12III*]

A maior parte dos métodos descritos para a modificação gênica de *K. lactis* foram adapatados de *S. cerevisiae*.

Soluções

YPD:
- Extrato de levedura 1%
- Peptona 2%
- Glicose 2%
- A glicose deve ser autoclavada separadamente

Solução de ressuspensão:
- Sorbitol 1,2 M
- EDTA 25 mM
- Mercaptoethanol 0,2 M (pH 8,0)

Solução de lavagem:
- Sorbitol 1,2 M

Solução de propoplasto:
- Sorbitol 1,2 M
- EDTA 10mM
- Citrato de sódio pH 5,8 0,1 M
- Helicase 0,5 mg/mL.

Solução para células competentes I:
- Cloreto de cálcio 10 mM
- Sorbitol 1,2 M

Solução para células competentes II:
- Tris pH 7,5 10 mM
- Cloreto de cálcio 10 mM
- PEG 4000 20% (p/v)

Solução de recuperação:

---

* Adaptado.

- Cloreto de cálcio 7 mM
- Sorbitol 1,2 M
- Extrato de levedura 0,5 mg/mL
- Peptone 1 mg/mL
- Glicose 2 mg/mL

Procedimento

1) Pré-inóculo de uma colônia isolada de placa em 25 mL de YPD em um erlenmeyer de 250 mL. Crescer durante a noite a 28 °C e 180 rpm de agitação.
2) No dia seguinte, inocular o pré-inóculo em 100 mL de meio YPD em erlenmeyer de 1 L para uma OD inicial de 0,1.
3) Incubar a 28°C 180rpm de agitação até as células atingirem uma OD 0,8-1.2.
4) Após esse período, centrifugar a cultura a 5.000 rpm durante 10 minutos. Descartar o sobrenadante e ressupender as celulas em 10 mL de água destilada estéril. Repetir a centrifugação.
5) Ressupender as células em 10 mL da solução de ressuspensão. Incubar por 10 minutos a 30 °C. Após esse período, centrifugar as células a 5.000 rpm durante 10 minutos.
6) Ressuspender as células em 10 mL de solução de lavagem e centrifugar as células a 5.000 rpm durante 10 minutos. Repita esta etapa 1 vez.
7) Ressuspender as células em 20 mL da solução de protoplastos e incubar durante 20 minutos a 30 °C.
8) Ressuspender as células em 10 mL de solução de lavagem e centrifugar as células a 5.000 rpm durante 10 minutos. Repita esta etapa 2 vezes.
9) Ressuspender as células em 100 µL da solução de células competentes I e adicionar aproximadamente 10 µg de DNA plasmidial. Incubar a 25 °C durante 15 minutos.
10) Adicionar 500µL da solução para células competentes II e incubar por mais 20 minutos a 25 °C.
11) Centrifugar as células a 5.000 rpm durante 5 minutos. Descartar o sobrenadante e ressupender as células em 2 mL da solução de recuperação. Incubar a 30 °C durante 1 hora.
12) Plaquear as células. Dicas para a seleção:
    - Resistência a G418: plaquear em YNB glicose (2%) com G418 200 mg/mL.
    - Seleção em Lac: plaquear em YNB lactose (2%).

- Seleção em Trp: plaquear em YNB glicose (2%)

As colônias aparecem entre 4-5 dias incubadas em uma estufa a 30 °C.

6.2.4 Hansenula polymorpha

H. *polymorpha* é uma levedura metilotrófica também conhecida por *Ogatea angusta* ou *Pichia angusta*. Esta é utilizada para a produção de vários produtos em escala industrial, tais como fatores antitrombina e vacinas contra hepatite B, devido à presença de promotores induzidos na presença de metanol. Além disso, a levedura é termotolerante, podendo crescer em até 50 °C, resultando na redução de gastos com refrigeração quando o processo é escalonado.

A publicação do genoma sequenciado da cepa CBS4732 há mais de dez anos resultou no desenvolvimento de diversas ferramentas moleculares para modificação gênica dessa levedura[49]. Apesar de não existirem vetores comerciais ou disponíveis em coleções de microrganismos, diversos plasmídeos estão descritos na literatura. A Tabela 6.5 resume alguns desses vetores e suas principais características. Até o presente momento, nenhuma origem de replicação autonoma foi introduzida em *H. polymorpha*. Assim, todos os vetores disponíveis são integrativos. A maioria deles também contém o promotor induzível do gene álcool oxidase (pAOX) e o terminador do gene de amino oxidase. No entanto existem outros promotores já isolados que são funcionais na levedura, tais como pTEF, pDHAS e pAMO, como revisado recentemente[51]. Também recentemente, plasmídeos foram desenvolvidos para a integração de *H. polymorpha* no sistema gateway (Invitrogen™), que permite a construção de vetores de expressão por recombinação homóloga, evitando, assim, as etapas de restrição enzimática e ligação[51].

Tabela 6.5 Exemplo de vetores utilizados na produção de proteínas heterólogas em *H. Polymorhpa*[51*]

VETORES	MARCADOR EM H. POLYMORPHA	MARCADOR EM E. COLI	NÚMERO DE CÓPIAS
pHIPX4	Auxotrofia para Leucina	Kanamicina	Baixo
pHIPM4	Auxotrofia para Metionina	Kanamicina	Baixo
pHIPA4	Auxotrofia para adenina	Ampicilina	Alto
pHIPZ4	Dominante-Zeocina	Ampicilina	Alto
pHIPH4	Dominante- Higromicina	Ampicilina	Alto
pHIPK4	Dominante G418	Ampicilina	Alto

* Adaptado

6.2.4.1 Protocolo de transformação de H. polymorpha por eletroporação[16*]

Soluções

YPD:
- Extrato de levedura 1%
- Peptona 2%
- Glicose 2%. A glicose deve ser autoclavada separadamente.

Tampão de ressuspensão:
- Tampão fosfato de potássio 50mM pH 7,5
- Dithiotritol (DTT) 25 mM

Tampão de eletroporação:
- Sacarose 250 mM
- Tris-HCl 10mM pH7,5
- $MgCl_2$ 1mM

---

* Adaptado.

Procedimentos

1) Pré-inóculo de uma colônia isolada de placa em 50 mL de YPD em um erlenmeyer de 500 mL. Crescer durante a noite a 28 °C e 180 rpm de agitação.
2) No dia seguinte, inocular o pré-inóculo em 100 mL de meio YPD em erlenmeyer de 1 L para uma OD inicial de 0,1.
3) Incubar a 28 °C 180 rpm de agitação até as células atingirem uma OD 0,8-1,2.
4) Após esse período, centrifugar a cultura a 5.000 rpm durante 10 minutos. Descartar o sobrenadante e ressupender as células em 40 mL do tampão de ressupensão. Incubar a 37 °C durante 15 minutos. O tratamento das células com DTT é essencial para garantir uma alta eficiência de transformação das células.
5) Após esse período, centrifugar a cultura a 5.000 rpm durante 10 minutos. Descartar o sobrenadante e ressupender as células em 100 mL do tampão de eletroporação. Repetir a centrifugação.
6) Ressuspender as células em 50 mL do tampão de eletroporação. Repetir a centrifugação.
7) Ressuspender as células em 500 µL de tampão de eletroporação.
8) Adicionar 5 µg de DNA a ser transformado em 200 µL de células em uma cuveta de 0,2 mm pré-resfriada.
9) Eletroporar as células a 7,5 kV, 50 µF e 129 Ω. O tempo de pulso deve estar em torno de 5 ms.
10) Após a eletroporação adicionar 1 mL de YPD e incubar as células durante 1 hora a 37 °C sem agitação.
11) Após esse período, coletar as células por centrifugação (5 minutos 3.000 g), ressuspender em 500 µL de água e plaquear em meio seletivo. Transformantes são observados entre 3-4 dias de crescimento na estufa a 37 °C.

6.3 PRINCIPAIS FUNGOS FILAMENTOSOS UTILIZADOS COMO SISTEMA DE EXPRESSÃO

Fungos filamentosos são considerados excelentes hospedeiros para genes heterólogos que codificam proteínas de interesse biotecnológico (Tabela 6.6). Isso se deve ao fato de esses fungos secretarem eficientemente enzimas para o meio de crescimento e realizarem modificações pós-traducionais necessárias para a atividade de muitas proteínas. Além disso, por poderem

se desenvolver em diferentes ambientes, eles podem ser cultivados em grande variedade de meios de cultura e em uma ampla faixa de temperaturas e pHs. Essa flexibililidade em relação às condições de crescimento facilita a aplicação dos fungos como produtores de proteínas em escala comercial.

Tabela 6.6 Expressão heteróloga em fungos filamentosos

FUNGO HOSPEDEIRO	PROTEÍNA	REFERÊNCIA
Aspergillus niger var. Awamori	Quimosina bovina	Dunn-Coleman et al[14], Yoon et al[62]
Aspergillus oryzae	Quimosina bovina	Yoon et al[62]
Trichoderma reesei	Lacase (*Melanocarpus albomyces*)	Kiiskinen et al[30]
Trichoderma reesei	b-Glucosidase (*Talaromyces emersonii*)	Murray et al[42]
Aspergillus oryzae	Alérgeno de ácaros Der f 7 (*Dermatophagoides farinae*)	Tanaka et al[56]
Aspergillus niger	Lisozima (clara de ovo)	Archer et al[1]
Trichoderma reesei	Xilanase termofílica (Dictyoglomus thermophilum)	Miyauchi et al[39]

A utilização de fungos para gerar um produto biotecnológico exige o isolamento de linhagens hiperprodutoras. Por isso, é comum a realização de programas de melhoramento genético em linhagens promissoras. Visando a maximização da expressão e secreção das proteínas de interesse pelo fungo, diferentes parâmetros devem ser levados em consideração para a elaboração da estratégia de melhoramento (Tabela 6.7).

Tabela 6.7 Etapas essenciais para a obtenção de um fungo hiperprodutor de proteínas de interesse biotecnológico

1. Seleção e melhoramento da linhagem hospedeira

2. Escolha do vetor de clonagem: plasmídeo replicativo ou integrativo

3. Construção do cassete de expressão
   Promotor: constitutivo ou induzível
   Integração: aleatória ou sítio direcionada

4. Desenvolvimento do protocolo de transformação
   • Técnicas: PEG-CaCl$_2$, bombardeamento de partículas, eletroporação, transformação mediada por Agrobacterium tumefaciens
   • Escolha do marcador para a seleção das colônias transformadas: complementação de mutação auxotrófica ou marcador dominante

6.4 FATORES QUE DEVEM SER OBSERVADOS PARA A CONSTRUÇÃO DE UMA LINHAGEM DE FUNGO HIPERPRODUTORA DE PROTEÍNAS HETERÓLOGAS

6.4.1 Vetores

Diferentemente das bactérias, os vetores usados para a transformação de fungos filamentosos são geralmente plasmídeos integrativos, i.e. não são capazes de realizar replicação autônoma no próprio fungo, sendo mantidos de maneira estável apenas se ocorrer integração em pelo menos um dos cromossomos. Há poucos relatos de transformação de fungos com plasmídeos replicativos[17], pois, em geral, os plasmídeos naturais encontrados nesses organismos são mitocondriais e a maioria deles é linear[24]. Por isso, os vetores utilizados para a transformação de fungos filamentosos normalmente são plasmídeos de origem bacteriana. Esses plasmídeos carregam uma origem de replicação bacteriana, o que permite a sua amplificação na bactéria, um gene que confere resistência a um antibiótico e uma região com diferentes sítios únicos de clivagem com enzimas de restrição, onde será introduzido o gene de interesse que será transferido para o fungo hospedeiro.

6.4.2 Promotores

Quando se deseja expressar um gene heterólogo em um fungo, é necessário que esse gene esteja sob o controle de regiões reguladoras que possam ser reconhecidas eficientemente pela maquinaria de transcrição do fungo hospedeiro. Então, depois da escolha do plasmídeo, a próxima etapa é a escolha do promotor, que poderá ser constitutivo ou induzível. A desvantagem de promotores constitutivos é que pode haver um acúmulo da proteína durante o desenvolvimento do fungo, levando à formação de agregados insolúveis ou até mesmo à morte dele. Uma desvantagem dos promotores induzíveis é a capacidade de repressão por determinados compostos como fontes de nitrogênio e carbono. Entre os promotores mais utilizados para a produção de proteínas comerciais estão o promotor do gene *cbh1* (celobiohidrolase I) de *Trichoderma reesei*[27] e o promotor do gene *glaA* (glucoamilase) de *Aspergillus niger* var. *Awamori*[61].

O fungo *T. reesei* é o principal produtor de celulases para fins industriais[15, 60]. O gene *cbh1* de *T. reesei* possui um promotor forte, que é induzido

por diferentes tipos de sacarídeos, e este tem sido utilizado com frequência para a expressão de genes no próprio *T. reesei*, como também em outras espécies de fungos[37, 43]. No entanto, a utilização do promotor do gene *cbh1* para a expressão de proteínas heterólogas tem como obstáculo o fato de que este promotor é controlado por repressão catabólica por meio da proteína repressora CreA[55]. Por isso, para melhorar a expressão de genes de celulases em *T. reesei*, os sítios de ligação de CreA, localizados no promotor do gene *cbh1*, foram substituídos por sítios de ligação do ativador transcricional ACEII e do complexo HAP2/3/5[63]. Com o objetivo de melhorar também a expressão de genes bacterianos em *T. reesei*, foi testada a adição de um ligante flexível de poliglicina e um ligante rígido α-hélice em uma construção envolvendo os genes *cgh1* de *T. reesei* e e1 (endoglucanase) de *Acidothermus cellulolyticus*. Essa fusão entre o gene bacteriano e o do fungo teve como objetivo a estabilização da proteína para que ela fosse transportada sem a ocorrência de degradação. A modificação realizada no promotor do gene *cbh1* resultou em aumento significativo da expressão do gene, tanto em meio indutor quanto em meio repressor. A introdução de um ligante rígido promoveu o aumento da termoestabilidade da proteína de fusão, mostrando que a expressão heteróloga em *T. reesei* pode ser drasticamente melhorada por meio de manipulação genética[63].

Uma estratégia utilizada com sucesso para o isolamento de promotores constitutivos para a expressão de genes heterólogos em *T. reesei* envolveu a análise de treze genes que codificam proteínas que participam do metabolismo da glicose. Esses genes foram analisados quanto aos níveis de mRNA em meio contendo alta concentração de glicose. Os resultados mostraram que os promotores dos genes *pdc* (piruvato descarboxilase) e *eno* (enolase) foram os mais eficientes, sendo, portanto, indicados para a expressão de proteínas heterólogas em *T. reesei*[33].

6.4.3 Linhagens hospedeiras

Normalmente, a linhagem hospedeira escolhida deve ser capaz de transcrição eficiente do gene de interesse, não provocar qualquer alteração da sequência de DNA heteróloga e traduzir e secretar o seu produto sem provocar modificações que interfiram na sua atividade. A linhagem de *T. reesei* QM6a é um exemplo de fungo explorado ao longo de mais de trinta anos devido à sua capacidade de secretar eficientemente enzimas hidrolíticas[46]. Essa linhagem é excelente produtora de celulases e foi melhorada

geneticamente por meio da utilização de diferentes estratégias envolvendo tratamento com agentes mutagênicos físicos e químicos, o que levou ao isolamento, entre outros, do mutante hiperprodutor RUT-C30 (Figura 6.3). A cepa QM6a de *T. ressei*, além de ser hiperprodutora de celulases, é uma das mais utilizadas para a produção de proteínas recombinantes[46]. No entanto, o emprego de mutagênese aleatória no melhoramento genético traz consigo a desvantagem da aquisição de mutações indesejáveis, pois não é possível direcionar as mutações no DNA. A análise da sequência do genoma do mutante RUT-C30 revelou a presença de mutações gênicas não detectadas anteriormente, como pequenas deleções e inserções e a perda de mais de 100 kb em relação à linhagem selvagem[32, 52]. Atualmente, com o desenvolvimento de plataformas de sequenciamento cada vez mais sofisticadas, tornou-se possível a obtenção rápida das sequências de genomas e a comparação entre eles, facilitando a localização de genes e a construção de linhagens geneticamente modificadas, obtendo-se, assim, uma via mais direta para o melhoramento genético de fungos.

As mutações indesejáveis resultantes do tratamento com agentes mutagênicos podem ser eliminadas em etapas posteriores por meio de cruzamentos com a linhagem selvagem, onde são selecionados recombinantes com as características desejadas de hiperprodução de enzimas, mas sem as mutações deletérias. No entanto, até poucos anos não havia sido observada a presença do ciclo sexual na maioria das linhagens usadas para a produção de proteínas heterólogas. Sem dúvida alguma as análises das sequências de genomas têm revelado informações valiosas que permitem o conhecimento mais amplo da fisiologia e genética de fungos filamentosos. Uma dessas informações possibilitou a descrição do ciclo sexual em espécies de fungos exploradas comercialmente. A detecção de sequências relacionadas ao acasalamento (locus Mat – *mating-type*) de fungos que até então não tinham o ciclo sexual descrito foi determinante para a busca dos pares sexualmente compatíveis nas micotecas e para a elaboração de estratégia de cruzamento visando à indução do ciclo sexual. Em 2009, foi descrito o ciclo sexual de *T. reesei*, abrindo caminho para o uso deste no melhoramento genético do fungo, principalmente para a combinação de características diferentes que estejam presentes em duas linhagens distintas e para eliminação de mutações indesejáveis[53].

Uma característica que também deve ser levada em consideração para a escolha da linhagem hospedeira é se esta apresenta o *status* GRAS pela FDA. Fungos que são reconhecidos como GRAS podem ser aceitos mais facilmente

para a obtenção de produtos que irão ser consumidos ou para medicamentos, como *T. reesei* e *Aspergillus niger*.

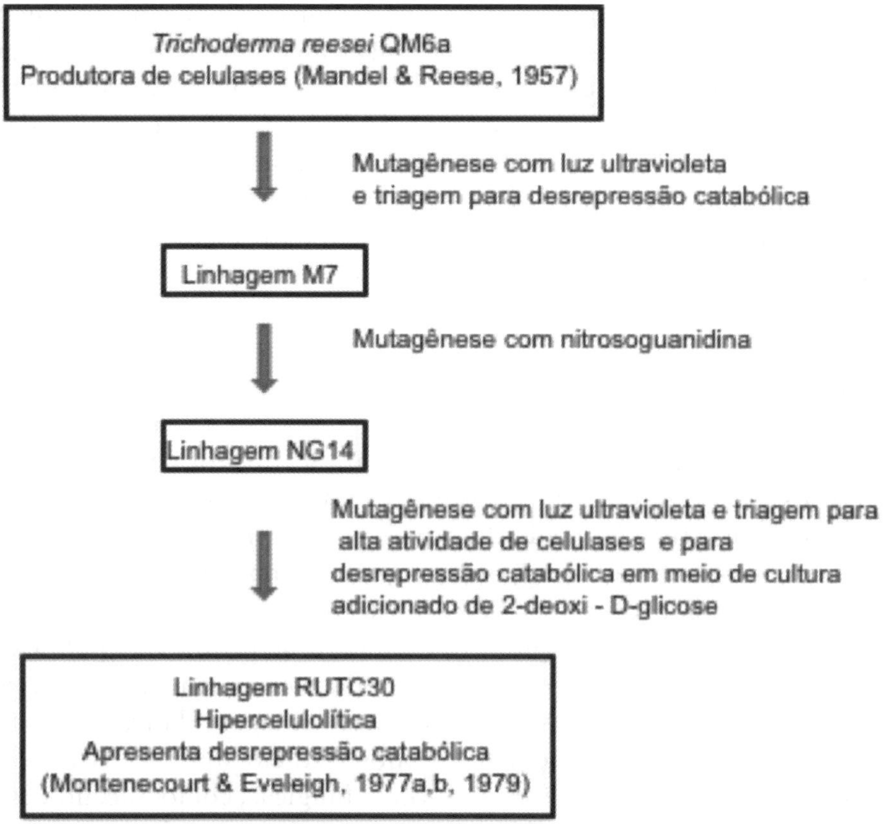

Figura 6.3 Melhoramento de *Trichoderma reesei* para a obtenção de uma linhagem superprodutoras de celulases[46].

6.4.4 Marcador de seleção

Uma etapa chave na construção de um sistema de expressão de proteínas heterólogas em fungos filamentosos é o estabelecimento de um protocolo de transformação. Para a elaboração desse protocolo deve ser observada a estratégia de seleção das colônias transformadas com o plasmídeo recombinante, em que as mais usadas são: a complementação de uma mutação auxotrófica e a resistência a um antibiótico. Entre os marcadores utilizados para a triagem dos transformantes merece destaque o gene *pyrG* (orotidina-5'-monofosfato descarboxilase). Mutantes PyrG-, auxotróficos para a

uridina, podem ser facilmente isolados por meio de seleção positiva em meio de cultura contendo ácido-5-fluorótico (5-FOA)[4]. A utilização do gene *pyrG* como marcador mostrou-se eficiente em diferentes fungos, como *T. reesei*[25], *Aspergillus niger*[2] e *Penicillium chrisogenum*[5]. O uso de um gene dominante, como o *hph* (higromicina fosofotransferase) de *Escherichia coli,* é uma alternativa ao isolamento de um mutante. A higromicina inibe a síntese proteica na maioria dos fungos e o gene *hph* pode ser facilmente manipulado, passando a ser controlado por sequências reguladoras do próprio fungo e, assim, ser utilizado para a seleção das colônias transformadas. O gene *hph* foi empregado com êxito na transformação de fungos filamentosos, que são importantes secretores de proteínas heterólogas, como *T. reesei*[36] e *A. niger*[48].

6.4.5 Técnicas de transformação

As técnicas mais comumente utilizadas para a transformação de fungos filamentosos são: PEG-CaCl$_2$[45, 50], bombardeamento de partículas[28], eletroporação[44] e transformação mediada por *Agrobacterium tumefasciens*[13]. A PEG-CaCl$_2$ tem a vantagem de não exigir qualquer aparelho específico para a sua utilização, podendo ser facilmente executada em um laboratório de porte médio ou pequeno. No entanto, o número de protocolos publicados para a transformação de diferentes espécies de fungos com *A. tumefaciens* tem crescido muito nos últimos anos. Uma das vantagens da transformação com *A. tumefaciens* em relação aos métodos tradicionais é a possibilidade de utilização de diferentes tipos de estruturas fúngicas, como micélio[9], esporos[40] e corpos de frutificação[8]. Além disso, T-DNA é estavelmente mantido no fungo e um baixo número de cópias do gene de interesse é normalmente integrado no genoma. A última característica não é desejável se o objetivo é introduzir alto número de cópias do gene exógeno, uma vez que já foi demonstrado que o T-DNA normalmente está presente em apenas uma cópia em grande parte das colônias transformadas obtidas a partir do emprego da *A. tumefaciens*[13].

Um sistema de transformação eficiente é necessário não apenas para introduzir o gene de interesse sob o controle de um promotor forte em uma linhagem hospedeira, mas também para inativar genes cujo produto possa ser um empecilho à maximização da produção da proteína, como genes que codificam proteases. Já foi desmonstrado em mais de uma espécie que a inativação de genes que codificam proteases aumenta o nível da produção de proteínas heterólogas[29]. A substituição de um gene funcional por uma cópia

inativa pode ser conseguida por troca gênica transformando-se o fungo com uma cópia inativada do gene de interesse, como um gene interrompido pelo gene marcado de seleção, e posterior triagem das colônias transformadas em meio seletivo (Figura 6.4).

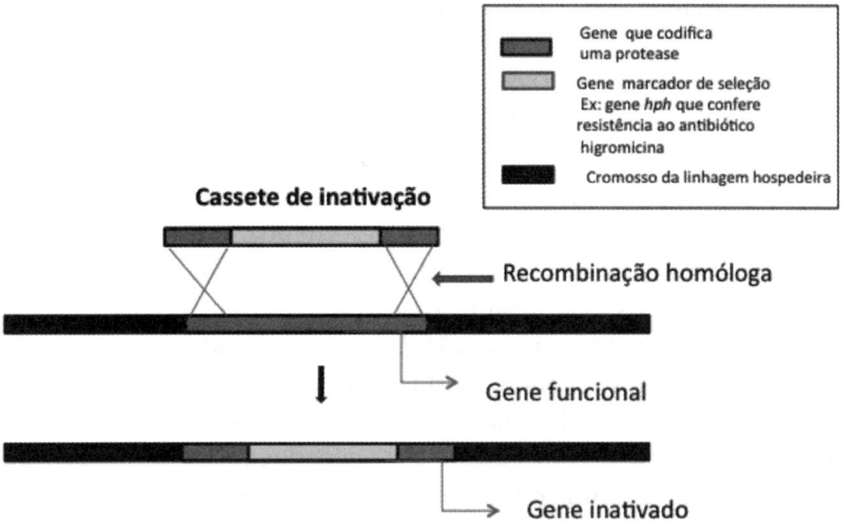

Figura 6.4 Inativação sítio-dirigida de um gene que codifica uma protease.

6.4.6 Outros fatores

Vários fatores, além da presença de proteases, podem dificultar a secreção eficiente de proteínas heterólogas em fungos. Pesquisas sobre produção de proteínas heterólogas em *Aspergillus orizae* demonstraram que a autofagia é um fator que limita a produção[31]. Com o objetivo de comprovar esse efeito negativo e obter linhagens melhoradas, genes que codificam proteínas relacionadas à autofagia foram inativados[62]. Além disso, nesses mutantes foi introduzido um cassete contendo o gene que codifica a quimosina bovina. Os resultados mostraram que as linhagens deficientes na autofagia apresentaram maior produção de quimosina. No entanto, a interferência na autofagia resultou em diminuição na esporulação, fazendo com que os autores procurassem produzir cassetes em que os genes relacionados à autofagia ficassem sob o controle de um promotor induzível[62].

Um empecilho importante à síntese e secreção eficiente de proteínas de mamíferos em fungos filamentosos é a ausência nestes de sistemas de

glicosilação complexos. As alterações necessárias para a obtenção de uma linhagem hospedeira capaz de realizar os perfis de glicosilação exigidos para a produção de proteínas de mamíferos estão sendo analisadas[35], mas as pesquisas voltadas nessa direção estão apenas no início e ainda há longo caminho a ser percorrido.

6.5 CONCLUSÕES E PERSPECTIVAS

O presente capítulo ilustrou a importância de leveduras e fungos filamentosos na produção de proteínas heterólogas. Diversas ferramentas moleculares já estão disponíveis para manipulação gênica desses microrganismos, sendo alguns protocolos disponibilizados aqui. Atualmente, diversas proteínas heterólogas são produzidas em escala industrial usando esses sistemas. Fungos filamentosos são amplamente utilizados na produção de hidrolases, enquanto leveduras são utilizadas na produção de diversos tipos de proteínas, inclusive algumas com padrão de glicosilação humano. Protocolos recentes tem focado na maior eficiência de transformação e desenvolvimento de cepas estáveis para garantir o escalonamento do bioprocesso.

REFERÊNCIAS

1. Archer DB, MacKenzie DA, Ridout MJ. Heterologous protein secretion by Aspergillus niger growing in submerged culture as dispersed or aggregated mycelia. Appl Microbiol Biotechnol. 1995;44(1-2):157-60.
2. Ballance DJ, Turner G. Development of a high-frequency transforming vector for Aspergillus nidulans. Gene. 1985;36(3):321-31.
3. Bobrowicz P, Davidson RC, Li HJ, Potgieter TI, Nett JH, Hamilton SR, Stadheim TA, et al. Engineering of an artificial glycosylation pathway blocked in core oligosaccharide assembly in the yeast Pichia pastoris: production of complex humanized glycoproteins with terminal galactose. Glycobiology. 2004;14(9):757-66.
4. Boeke JD, LaCroute F, Fink GR 1984. A positive selection for mutants lacking orotidine-5'-phosphate decarboxylase activity in yeast: 5-fluoro-orotic acid resistance. Mol Gen Genet. 1984;197(2):345-6.
5. Cantoral JM, Barredo JL, Alvarez E, Diez B, Martin JF. Nucleotide sequence of the Penicillium chrysogenum pyrG (orotidine-5'-phosphate decarboxylase) gene. Nucleic Acids Research. 1988;16(16):8177.
6. Cereghino GP, Cereghino JL, Ilgen C, Cregg JM. Production of recombinant proteins in fermenter cultures of the yeast Pichia pastoris. Curr Opin Biotechnol. 2002;13(4):329-32.
7. Cereghino JL, Cregg JM. Heterologous protein expression in the methylotrophic yeast Pichia pastoris. FEMS Microbiol Rev. 2000;24(1):45-66.
8. Chen X, Stone M, Schlagnhaufer C, Romaine CP. A fruiting body tissue method for efficient Agrobacterium-mediated transformation of Agaricus bisporus. Appl Environ Microbiol. 2000;66(10):4510-3.
9. Combier JP, Melayah D, Raffier C, Gay G, Marmeisse R. Agrobacterium tumefaciens-mediated transformation as a tool for insertional mutagenesis in the symbiotic ectomycorrhizal fungus Hebeloma cylindrosporum. FEMS Microbiol Lett. 2003;220(1):141-8.
10. Cos O, Ramon R, Montesinos JL, Valero F. Operational strategies, monitoring and control of heterologous protein production in the methylotrophic yeast Pichia pastoris under different promoters: a review. Microb Cell Fact. 2006;5:17.
11. Cregg JM, Vedvick TS, Raschke WC. 1993. Recent advances in the expression of foreign genes in Pichia pastoris. Biotechnology. 1993;11(8):905-10.
12. Das S, Hollenberg CP. A High-Frequency Transformation System for the Yeast Kluyveromyces-Lactis. Current Genetics. 1982;6(2):123-8.
13. De Groot M.J., Bundock P., Hooykaas P.J., Beijersbergen A.G. 1998. Agrobacterium tumefaciens-mediated transformation of filamentous fungi. Nature Biotechnology. 1998;16(9):839-42.

14. Dunn-Coleman NS, Bloebaum P, Berka RM, Bodie E, Robinson N., Armstrong G., Ward M., Przetak M, Carter GL, LaCost R, et al. 1991. Commercial levels of chymosin production by Aspergillus. Biotechnology (N Y), 9(10), 976-81.

15. Esterbauer, H., Steiner, W., Labudova, I., Hermanna, A., Hayna, A. 1991. Production of Trichoderma cellulase in laboratory and pilot scale. Bioresource Technology, 36(1), 51-65.

16. Faber KN, Haima P, Harder W, Veenhuis M, Ab G. Highly-efficient electrotransformation of the yeast Hansenula polymorpha. Curr Genet. 1994;25(4):305-10.

17. Fierro F, Kosalkova K, Gutierrez S, Martin, JF. Autonomously replicating plasmids carrying the AMA1 region in Penicillium chrysogenum. Curr Genet. 1996;29(5):482-9.

18. Gellissen G, Kunze G, Gaillardin C, Cregg, JM, Berardi E, Veenhuis M, van der Klei I. New yeast expression platforms based on methylotrophic Hansenula polymorpha and Pichia pastoris and on dimorphic Arxula adeninivorans and Yarrowia lipolytica - a comparison. FEMS Yeast Res. 2005;5(11):1079-96.

19. Gerngross TU. Advances in the production of human therapeutic proteins in yeasts and filamentous fungi. Nature Biotechnology. 2004;22(11):1409-14.

20. Gietz RD, Schiestl RH. Frozen competent yeast cells that can be transformed with high efficiency using the LiAc/SS carrier DNA/PEG method. Nat Protoc. 2007;2(1):1-4.

21. Gietz RD, Schiestl RH. Large-scale high-efficiency yeast transformation using the LiAc/SS carrier DNA/PEG method. Nat Protoc. 2007;2(1):38-41.

22. Gietz RD, Sugino A. New yeast-Escherichia coli shuttle vectors constructed with in vitro mutagenized yeast genes lacking six-base pair restriction sites. Gene. 1988;74(2):527-34.

23. Goffeau, A., Barrell, B.G., Bussey, H., Davis, R.W., Dujon, B., Feldmann, H., Galibert, F., Hoheisel, J.D., Jacq, C., Johnston, M., Louis, E.J., Mewes, H.W., Murakami, Y., Philippsen, P., Tettelin, H., Oliver, S.G. 1996. Life with 6000 genes. Science, 274(5287), 546-&.

24. Griffiths AJ. Natural plasmids of filamentous fungi. Microbiol Rev. 1995;59(4):673-85.

25. Gruber F, Visser J, Kubicek CP, de Graaff LH. The development of a heterologous transformation system for the cellulolytic fungus Trichoderma reesei based on a pyrG-negative mutant strain. Curr Genet. 1990;18(1):71-6.

26. Guldener U, Heck S, Fielder T, Beinhauer J, Hegemann JH. A new efficient gene disruption cassette for repeated use in budding yeast. Nucleic Acids Research. 1996;24(13):2519-24.

27. Harkki A, Mantyla A, Penttila M, Muttilainen S, Buhler R, Suominen P, Knowles J, Nevalainen H. Genetic engineering of Trichoderma to produce strains with novel cellulase profiles. Enzyme Microb Technol. 1991;13(3):227-33.

28. Hazell BW, Te'o VS, Bradner JR, Bergquist PL, Nevalainen KM. Rapid transformation of high cellulase-producing mutant strains of Trichoderma reesei by microprojectile bombardment. Lett Appl Microbiol. 2000;30(4):282-6.

29. Jin FJ, Watanabe T, Juvvadi PR, Maruyama J, Arioka M, Kitamoto K. Double disruption of the proteinase genes, tppA and pepE, increases the production level of human lysozyme by Aspergillus oryzae. Appl Microbiol Biotechnol. 2007;76(5):1059-68.

30. Kiiskinen LL, Kruus K, Bailey M, Ylosmaki E, Siika-Aho M, Saloheimo M. Expression of Melanocarpus albomyces laccase in Trichoderma reesei and characterization of the purified enzyme. Microbiology. 2004;150(Pt 9):3065-74.

31. Kimura S, Maruyama J, Kikuma T, Arioka M, Kitamoto K. Autophagy delivers misfolded secretory proteins accumulated in endoplasmic reticulum to vacuoles in the filamentous fungus Aspergillus oryzae. Biochem Biophys Res Commun. 2011;406(3):464-70.

32. Le Crom S, Schackwitz W, Pennacchio L, Magnuson JK, Culley DE, Collett JR, et al. Tracking the roots of cellulase hyperproduction by the fungus Trichoderma reesei using massively parallel DNA sequencing. Proc Natl Acad Sci USA. 2009;106(38):16151-6.

33. Li J, Wang J, Wang S, Xing M, Yu S, Liu G. Achieving efficient protein expression in Trichoderma reesei by using strong constitutive promoters. Microb Cell Fact. 2012;11:84.

34. Lin Cereghino GP, Lin Cereghino J, Sunga AJ, Johnson MA, Lim M, Gleeson MA, Cregg JM. New selectable marker/auxotrophic host strain combinations for molecular genetic manipulation of Pichia pastoris. Gene. 2001;263(1-2):159-69.

35. Lubertozzi D, Keasling JD. Developing Aspergillus as a host for heterologous expression. Biotechnol Adv. 2009;27(1):53-75.

36. Mach RL, Schindler M, Kubicek CP. Transformation of Trichoderma reesei based on hygromycin B resistance using homologous expression signals. Curr Genet. 1994;25(6):567-70.

37. Margolles-Clark E, Harman GE, Penttila M. Enhanced Expression of Endochitinase in Trichoderma harzianum with the cbh1 Promoter of Trichoderma reesei. Appl Environ Microbiol. 1996;62(6):2152-5.

38. Martinez JL, Liu L, Petranovic D, Nielsen J. Pharmaceutical protein production by yeast: towards production of human blood proteins by microbial fermentation. Curr Opin Biotechnol. 2012;23(6):965-71.

39. Miyauchi S, Te'o VS Jr, Bergquist PL, Nevalainen KM. Expression of a bacterial xylanase in Trichoderma reesei under the egl2 and cbh2 glycosyl hydrolase gene promoters. N Biotechnol. 2013;30(5):523-30.

40. Mullins ED, Chen X, Romaine P, Raina R, Geiser DM, Kang S. Agrobacterium-Mediated Transformation of Fusarium oxysporum: An Efficient Tool for Insertional Mutagenesis and Gene Transfer. Phytopathology. 2001;91(2):173-80.

41. Mumberg D, Müller R, Funk M. Yeast vectors for the controlled expression of heterologous proteins in different genetic backgrounds. Gene. 1995;156(1):119-22.

42. Murray P, Aro N, Collins C, Grassick A, Penttila M, Saloheimo M, Tuohy M. Expression in Trichoderma reesei and characterisation of a thermostable family 3 beta-glucosidase from the moderately thermophilic fungus Talaromyces emersonii. Protein Expr Purif. 2004;38(2):248-57.

43. Nyyssonen E, Keranen S. Multiple roles of the cellulase CBHI in enhancing production of fusion antibodies by the filamentous fungus Trichoderma reesei. Curr Genet. 1995;28(1):71-9.

44. Ozeki K, Kyoya F, Hizume K, Kanda A, Hamachi M, Nunokawa Y. Transformation of intact Aspergillus niger by electroporation. Biosci Biotechnol Biochem. 1994;58(12):2224-7.

45. Penttila M, Nevalainen H, Ratto M, Salminen E, Knowles J. A versatile transformation system for the cellulolytic filamentous fungus Trichoderma reesei. Gene. 1987;61(2):155-64.

46. Peterson R, Nevalainen H. Trichoderma reesei RUT-C30 – thirty years of strain improvement. Microbiology. 2012;158(Pt 1):58-68.

47. Prielhofer R, Maurer M, Klein J, Wenger J, Kiziak C, Gasser B, Mattanovich D. Induction without methanol: novel regulated promoters enable high-level expression in Pichia pastoris. Microbial Cell Factories. 2013;12:5.

48. Punt PJ, Oliver RP, Dingemanse MA, Pouwels PH, van den Hondel CA. Transformation of Aspergillus based on the hygromycin B resistance marker from Escherichia coli. Gene, 1987;56(1):117-24.

49. Ramezani-Rad M, Hollenberg CP, Lauber J, Wedler H, Griess E, Wagner C, Albermann K, Hani J, Piontek M, Dahlems U, Gellissen G. The Hansenula polymorpha (strain CBS4732) genome sequencing and analysis. FEMS Yeast Res. 2003;4(2):207-15.

50. Ruiz-Diez B. Strategies for the transformation of filamentous fungi. J Appl Microbiol, 2002;92(2):189-95.

51. Saraya R, Krikken AM, Kiel JA, Baerends RJ, Veenhuis M, van der Klei IJ. Novel genetic tools for Hansenula polymorpha. FEMS Yeast Res. 2012;12(3):271-8.

52. Seidl V, Gamauf C, Druzhinina IS, Seiboth B, Hartl L, Kubicek CP. The Hypocrea jecorina (Trichoderma reesei) hypercellulolytic mutant RUT C30 lacks a 85 kb (29 gene-encoding) region of the wild-type genome. BMC Genomics. 2008;9:327.

53. Seidl V, Seibel C, Kubicek CP, Schmoll M. Sexual development in the industrial workhorse Trichoderma reesei. Proc Natl Acad Sci USA. 2009;106(33):13909-14.

54. Sherman DJ, Martin T, Nikolski M, Cayla C, Souciet JL, Durrens P, Genolevures C. Genolevures: protein families and synteny among complete hemiascomycetous yeast proteomes and genomes. Nucleic Acids Res. 2009;37(Database issue):D550-4.

55. Takashima S, Iikura H, Nakamura A, Masaki H, Uozumi T. Analysis of Cre1 binding sites in the Trichoderma reesei cbh1 upstream region. FEMS Microbiol Lett. 1996;145(3):361-6.

56. Tanaka M, Tokuoka M, Shintani T, Gomi K. Transcripts of a heterologous gene encoding mite allergen Der f 7 are stabilized by codon optimization in Aspergillus oryzae. Appl Microbiol Biotechnol. 2012;96(5):1275-82.

57. Van Mullem V, Wery M, De Bolle X, Vandenhaute J. Construction of a set of Saccharomyces cerevisiae vectors designed for recombinational cloning. Yeast. 2003;20(8):739-46.

58. van Ooyen AJ, Dekker P, Huang M, Olsthoorn MM, Jacobs DI, Colussi PA, Taron CH. Heterologous protein production in the yeast Kluyveromyces lactis. FEMS Yeast Res. 2006;6(3):381-92.

59. Vogl T, Glieder A. 2013. Regulation of Pichia pastoris promoters and its consequences for protein production. N Biotechnol. 2013;30(4):385-404.

60. Wang S, Liu G, Wang J, Yu J, Huang B, Xing M. 2013. Enhancing cellulase production in Trichoderma reesei RUT C30 through combined manipulation of activating and repressing genes. J Ind Microbiol Biotechnol. 2013;40(6):633-41.

61. Ward M, Wilson LJ, Kodama KH, Rey MW, Berka RM. Improved production of chymosin in Aspergillus by expression as a glucoamylase-chymosin fusion. Biotechnology. 1990;8(5):435-40.

62. Yoon J, Kikuma T, Maruyama, J, Kitamoto K. 2013. Enhanced production of bovine chymosin by autophagy deficiency in the filamentous fungus Aspergillus oryzae. PLoS One. 2013;8(4): e62512.

63. Zou G, Shi S, Jiang Y, van den Brink J, de Vries RP, Chen L, et al. Construction of a cellulase hyper-expression system in Trichoderma reesei by promoter and enzyme engineering. Microb Cell Fact. 2012;11:21.

CAPÍTULO 7

BACULOVÍRUS PARA EXPRESSÃO DE PROTEÍNAS RECOMBINANTES EM CÉLULAS DE INSETOS

Bergmann Morais Ribeiro
Fabrício da Silva Morgado
Daniel Mendes Pereira Ardisson-Araújo
Leonardo Assis da Silva, Fábia da Silva Pereira Cruz
Lorena Carvalho de Souza Chaves
Mariana Senna Quirino
Miguel de Souza Andrade
Roberto Franco Teixeira Corrêa

7.1 INTRODUÇÃO

Baculovírus são vírus de insetos usados como ferramentas biotecnológicas em diferentes áreas. Esses vírus são usados no controle biológico de insetos-praga, pois são específicos a uma ou poucas espécies relacionadas[1-3]. São também usados como um dos mais versáteis vetores de expressão de proteínas recombinantes em células de eucariotos (insetos) e possíveis vetores de terapia gênica[4]. O controle de insetos-praga tem sido feito predominantemente com

uso de inseticidas químicos. Entretanto, existe uma tendência em reduzir os investimentos e consumo desses produtos químicos, uma vez que os insetos desenvolvem resistência aos seus princípios ativos, além das fortes pressões sociais para a conservação ambiental[5]. Diante de tais limitações, o interesse pela pesquisa de inseticidas alternativos tem crescido, como por exemplo, os bioinseticidas que utilizam produtos à base de vírus, principalmente os baculovírus[6]. Entre os vírus de inseto, os baculovírus são os mais estudados e utilizados para controlar insetos-praga. A família *Baculoviridae* compreende vírus capazes de infectar diversas espécies de inseto. Foram relatadas mais de setecentas espécies infectadas naturalmente por baculovírus, sendo que 90% dos baculovírus foram isolados a partir de espécies da ordem Lepidoptera[7,8], embora possam ser encontrados em outras ordens, como Díptera e Hymenoptera[9]. Até 2006, a família Baculoviridae era dividida em dois gêneros: os *Nucleopolyhedrovirus*, ou vírus da poliedrose nuclear (NPV), e os *Granulovirus*, ou vírus da granulose (GV)[2]. Atualmente (Figura 7.1), essa família é dividida em quatro gêneros: *Alphabaculovirus*, que são NPVs de Lepidópteros; *Betabaculovirus*, que são GVs de lepidópteros; *Gammabaculovirus*, que são NPVs de himenópteros, e *Deltabaculovirus*, que são NPVs de dípteros[4,8]. Análises comparativas das sequências de diferentes genes baculoviriais subdividem os *Alphabaculovirus* em grupo I e grupo II[10, 11, 12].

O genoma dos baculovírus é composto de ácido desoxiribonucleico (DNA) circular, fita dupla, apresentando tamanho acima de 80 mil pares de bases (pb) e envolto por um capsídeo proteico em forma de bastonete, que por sua vez constitui a unidade infectiva do vírus, denominado nucleocapsídeo[13-15]. Até o momento, quase cem genomas de baculovírus estão disponíveis no banco de dados do National Centre for Biotechnology Information (NCBI)*[16]. Os genomas dos baculovírus codificam entre 90 e 181 genes em suas duas fitas, sendo o menor genoma até o momento sequenciado o do deltabaculovírus *Neodiprion lecontei nucleopolyhedrovirus* (NeleNPV), com 81.755 pares pb, e o maior, o betabaculovírus *Xestia c-nigrum granulovirus* (XnGV) com 178.733 pb[15,17]. Até o momento, 37 genes com ortólogos altamente conservados (denominados de genes *core*, ou centrais) e mais de 895 possíveis genes diferentes nos vários genomas de baculovírus sequenciados foram identificados[12,18]. Os genes *core* são divididos em genes envolvidos na replicação, transcrição, montagem e liberação das partículas virais, parada do ciclo celular/interação com proteínas celulares, fatores de virulência e infectividade oral[18].

---

* Ver <http://www.ncbi.nlm.nih.gov/genome/>.

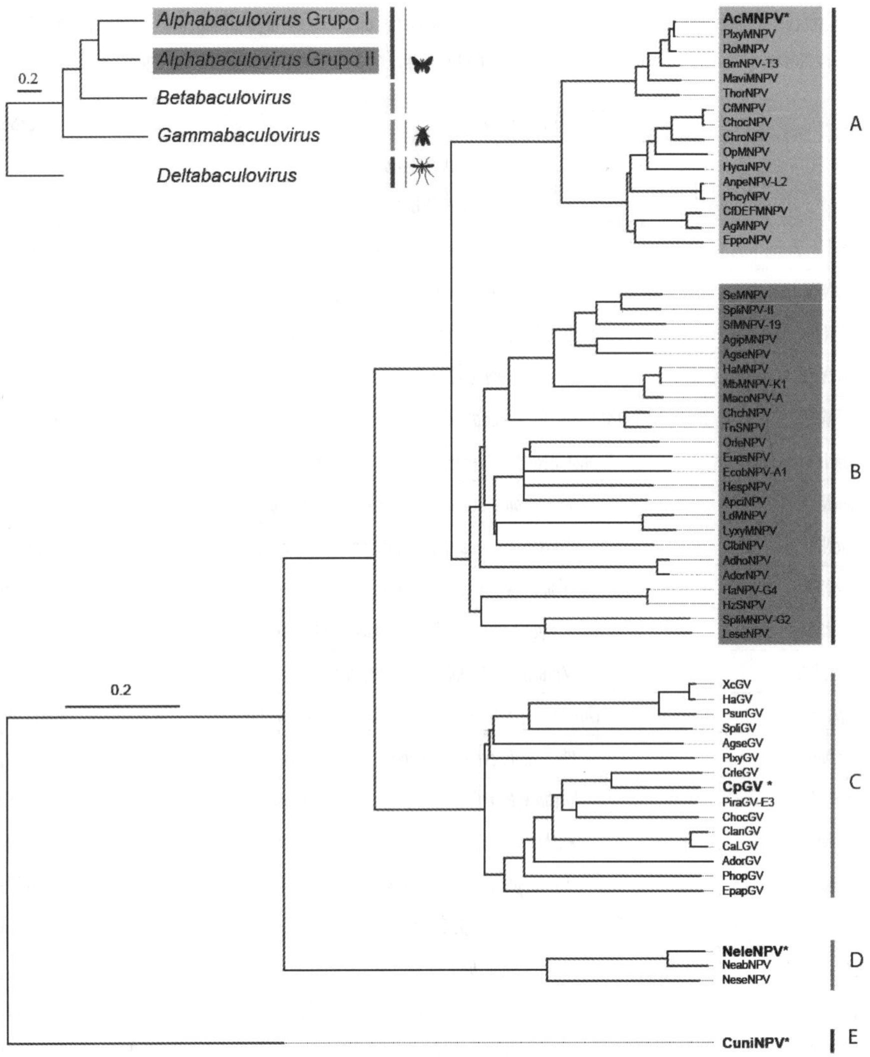

Figura 7.1 Filogenia da família Baculoviridae baseado no trabalho de Jehle et al.[8] Árvore de Neighbour-Joining foi obtida a partir do alinhamento de proteínas codificadas pelos 37 genes compartilhados por todos os baculovírus completamente sequenciados[8,12]. Com base nessa árvore, os baculovírus são agrupados em quatro diferentes gêneros: *Alphabaculovirus* (NPV que infectam Lepidoptera – A e B), *Betabaculovirus* (GVs que infectam Lepidoptera – C), *Gammabaculovirus* (NPVs que infectam Hymenoptera – D) e Deltabaculovirus (NPV que infecta Diptera – E). Alphabaculovirus são subdivididos em grupo I (A) e grupo II (B). Acima à esquerda, está retratada a relação filogenética entre todas as espécies de baculovírus completamente sequenciados, com os gêneros identificados por cores e por legenda. Espécies-tipo que estabilizam os quatro táxons estão destacadas com asterisco na árvore maior. Todos os ramos apresentam valor de *bootstrap* superior a 70% (dado não mostrado). Os nomes das espécies de baculovírus utilizados para a confecção desta figura e os números de acesso dos seus genomas estão descritos na Tabela 7.1.

Tabela 7.1 Espécies de baculovírus cujos genomas foram utilizados para confecção da árvore filogenética mostrada na Figura 7.1. A tabela também mostra o número de acesso do genoma viral no Genbank (http://www.ncbi.nlm.nih.gov/genbank/)

NOME DO VÍRUS		ACESSO
Alphabaculovirus		
GRUPO I		
AnpeNPV-L2	*Antheraea pernyi* nucleopolyhedrovirus L2	EF207986
AgMNPV	*Anticarsia gemmatalis* multiple nucleopolyhedrovirus	DQ813662
AcMNPV	*Autographa californica* multiple nucleopolyhedrovirus	L22858
BmNPV-T3	*Bombyx mori* multiple nucleopolyhedrovirus T3	L33180
CfDEFMNPV	*Choristoneura fumiferana* defective multiple nucleopolyhedrovirus	AY327402
CfMNPV	*Choristoneura fumiferana* multiple nucleopolyhedrovirus	AF512031
ChocNPV	*Choristoneura occidentalis* nucleopolyhedrovirus	KC961303
ChroNPV	*Choristoneura rosaceana* nucleopolyhedrovirus	KC961304
EppoNPV	*Epiphyas postvittana* nucleopolyhedrovirus	AY043265
HycuNPV	*Hyphantria cunea* nucleopolyhedrovirus	AP009046
MaviMNPV	*Maruca vitrata* multiple nucleopolyhedrovirus	EF125867
OpMNPV	*Orgyia pseudotsugata* multiple nucleopolyhedrovirus	OPU75930
PhcyNPV	*Philosamia cynthia ricini* nucleopolyhedrovirus	JX404026
PlxyMNPV	*Plutella xylostella* multiple nucleopolyhedrovirus	DQ457003
RoMNPV	*Rachiplusia ou* multiple nucleopolyhedrovirus	AY145471
ThorNPV	*Thysanoplusia orichalcea* nucleopolyhedrovirus	JX467702
GRUPO II		
AdhoNPV	*Adoxophyes honmai* nucleopolyhedrovirus	AP006270
AdorNPV	*Adoxophyes orana* nucleopolyhedrovirus	EU591746
AgipNPV	*Agrotis ipsilon* multiple nucleopolyhedrovirus	EU839994
AgseNPV	*Agrotis segetum* nucleopolyhedrovirus	DQ123841
ApciNPV	*Apocheima cinerarium* nucleopolyhedrovirus	FJ914221
ChchNPV	*Chrysodeixis chalcites* nucleopolyhedrovirus	AY864330
ClbiNPV	*Clanis bilineata* nucleopolyhedrosis	DQ504428
EcobNPV	*Ecotropis obliqua* nucleopolyhedrosis	DQ837165
EupsNPV	*Euproctis pseudoconspersa* nucleopolyhedrovirus	FJ227128
HaMNPV	*Helicoverpa armigera* multiple nucleopolyhedrovirus	EU730893
HzSNPV	*Helicoverpa zea* single nucleopolyhedrovirus	AF334030
HaNPV-G4	*Heliocoverpa armigera* nucleopolyhedrovirus G4	AF271059

NOME DO VÍRUS		ACESSO
HespNPV	*Hemileuca sp. Nucleopolyhedrovirus*	KF158713
LeseNPV	*Leucania separatanucleopolyhedrovirus*	AY394490
LdMNPV	*Lymantria dispar multiplenucleopolyhedrovirus*	AF081810
LyxyMNPV	*Lymantria xylina multiplenucleopolyhedrovirus*	GQ202541
MbMNPV	*Mamestra brassicaemultiplenucleopolyhedrovirus*	JQ798165
MacoNPV-A 90/2	*Mamestra configurata nucleopolyhedrovirus - A 90/2*	MBU59461
OrleNPV	*Orgyia leucostigma nucleopolyhedrovirus*	EU309041
SeMNPV	*Spodoptera exigua multiple nucleopolyhedrovirus*	AF169823
SfMNPV-19	*Spodoptera frugiperdamultiplenucleopolyhedrovirus 19*	EU258200
SpliNPV-G2	*Spodoptera litura nucleopolyhedrovirus G2*	AF325155
SpliNPV-II	*Spodoptera litura nucleopolyhedrovirus II*	EU780426
TnSNPV	*Trichoplusia ni single nucleopolyhedrovirus*	DQ017380
	Betabaculovirus	
AdorGV	*Adoxophyes orana granulovirus*	AF547984
AgseGV	*Agrotis segetum granulovirus*	AY522332
ChocGV	*Choristoneura occidentalis granulovirus*	DQ333351
ClanGV	*Clostera anachoreta granulovirus*	HQ116624
CaLGV	*Clostera anastomosis granulovirus*	KC179784
CrleGV	*Cryptophlebia leucotreta granulovirus*	AY229987
CpGV	*Cydia pomonella granulovirus*	U53466
EpapGV	*Epinotia aporema granulovirus*	JN408834
HaGV	*Helicoverpa armigera granulovirus*	EU255577
PhopGV	*Phthorimaea operculella granulovirus*	AF499596
Pira-E3	*Pieris rapae granulovirus E3*	GU111736
PlxyGV	*Plutella xylostella granulovirus*	AF270937
PsunGV	*Pseudaletia unipuncta granulovirus*	EU678671
SpliGV	*Spodoptera litura granulovirus*	DQ288858
XcGV	*Xestia c-nigrum granulovirus*	AF162221
	Gammabaculovirus	
NeabNPV	*Neodiprion abietis nucleopolyhedrovirus*	DQ317692
NeleNPV	*Neodiprion lecontei nucleopolyhedrovirus*	AY349019
NeseNPV	*Neodiprion sertifer nucleopolyhdrovirus*	AY430810
	Deltabaculovirus	
CuniNPV	*Culex nigripalpus nucleopolyhdrovirus*	AF403738

O baculovírus mais estudado no nível molecular até o momento é o *Autographa californica multiple nucleopolyhedrovirus* (AcMNPV), que foi descrito primeiramente na década de 1970[19]. O genoma do AcMNPV foi o primeiro genoma de baculovírus a ser sequenciado[20], o que facilitou os estudos da composição do genoma desse vírus comparado a outros organismos, e se tornou a base de estudos da diversidade dos baculovírus[4]. Este vírus foi primeiramente isolado da lagarta *Autographa californica* e é capaz de infectar diferentes insetos da ordem Lepidoptera. O principal modelo de estudo hoje associado ao AcMNPV é a infecção de cultura de células de inseto derivadas de *Spodoptera frugiperda* e *Trichoplusia ni* (Figura 7.2)[21,22]. Por ser a espécie-tipo, o modelo de replicação de AcMNPV é caracterizado e aceito como modelo para os outros baculovírus. Entretanto, outro baculovírus, o *Anticarsia gemmatalis multiple nucleopolyhedrovirus* (AgMNPV), é o baculovírus empregado no maior programa de utilização viral para controle biológico de uma praga, e foi estabelecido no Brasil para o controle da lagarta da soja (*Anticarsia gemmatalis*)[3].

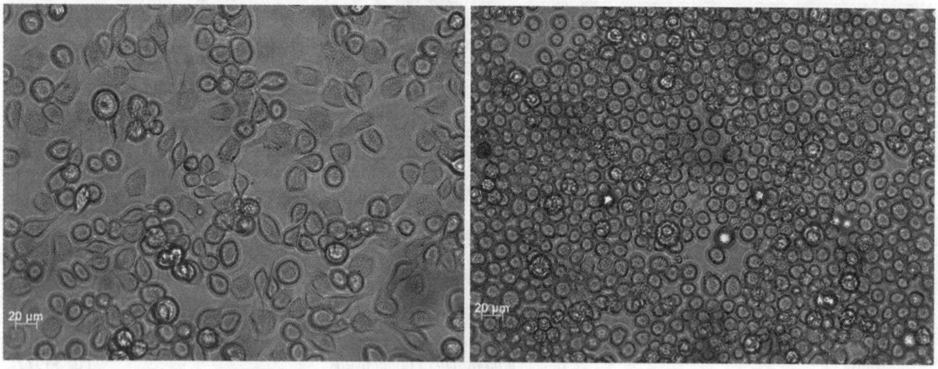

Figura 7.2 Micrografia de luz de células de inseto em cultura. As fotos mostram células derivadas de *Trichoplusia ni* (BTI-Tn-5B1-4) (foto à esquerda) e *Sodoptera frugiperda* (IPLB-SF21-AE) (foto à direita) não infectadas.

Uma peculiaridade dos baculovírus é a produção de dois tipos de vírus fenotipicamente distintos durante a infecção: os vírus extracelulares (Figura 7.3), também conhecidos como BV (*budded viruses*), e os vírus derivados da oclusão, conhecidos como ODV (*occlusion derived virus*), que são envoltos por uma matriz cristalina composta principalmente por uma proteína, formando um corpo de oclusão (OB), que também é denominado de poliedro ou grânulo (Figura 7.3), dependendo do gênero[23]. Nestes, um ou vários nucleocapsídeos estão imersos em uma matriz proteica cristalina.

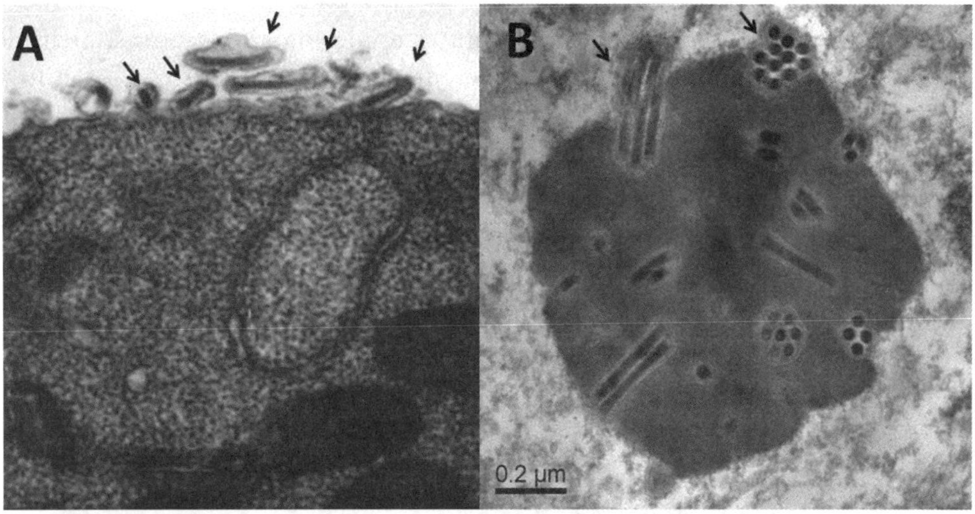

Figura 7.3 Fenótipos virais produzidos durante a infecção de células de inseto por baculovírus. A) Detalhe de parte do citoplasma de uma célula de inseto motrando o brotamento da forma BV do baculovírus AgMNPV (setas). B) Formação de um corpo de oclusão no núcelo de uma célula de inseto infectada pelo AgMNPV. Obervar várias partículas de ODV sendo ocluídas no corpo de oclusão (setas).

A replicação dos baculovírus caracteriza-se pela produção de dois tipos de progênies infecciosas, citados anteriormente, apresentando funções diferentes, porém, necessárias para a sua propagação natural[24]. A lagarta libera as partículas virais ao alimentar-se de partes de planta hospedeira contaminada com os OB presentes no meio ambiente, e estes OB serão solubilizados em seu intestino médio, que possui um pH alcalino (variando de 9,5 a 11,5). Essas partículas darão início à infecção denominada primária, de maneira que as partículas virais atravessam a membrana peritrófica e os nucleocapsídeos virais se fundem às membranas das microvilosidades das células colunares do intestino médio, mediada por receptores presentes no envelope lipoproteico das células[25,26]. Em seguida, os nucleocapsídeos são transportados via citoesqueleto até penetrarem nos poros nucleares, atingindo o núcleo, onde o material genético viral é liberado, dando início à transcrição dos genes virais e à replicação do seu genoma. Novos nucleocapsídeos são, então, produzidos e transportados para a região basolateral das células colunares do intestino médio, sendo, em seguida, liberados para infectar células do sistema traqueal ou se disseminar pela hemolinfa do inseto hospedeiro[24,27].

Durante a infecção, o inseto fica debilitado, perdendo sua capacidade motora e de alimentação. Ocorre também o clareamento da epiderme, devido

ao acúmulo de vírus no núcleo das células epidermais e adiposas, além de afetar o desenvolvimento da larva, detendo seu crescimento[28]. Quando a larva do inseto infectada pelo vírus morre, o seu tegumento se desintegra facilmente, liberando grande quantidade de OB (Figura 7.4) no meio ambiente, servindo de inóculo para infectar outros insetos hospedeiros[29].

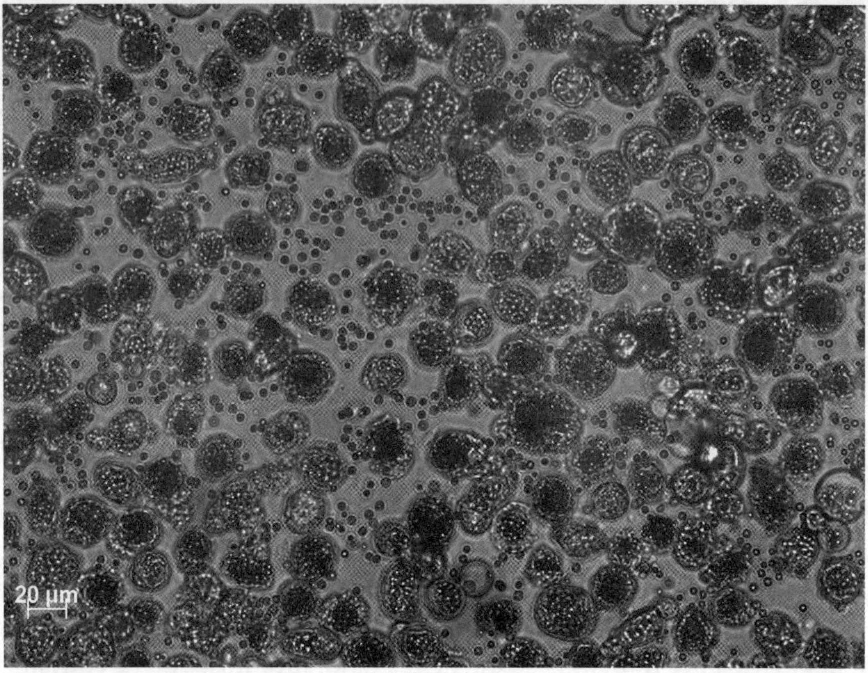

Figura 7.4 Micrografia de luz de células de *Trichoplusia ni* (BTI-Tn-5B1-4) infectadas pelo AcMNPV (72 h.p.i.). Observar a grande quantidade de corpos de oclusão dentro e fora das células infectadas.

Uma vez iniciado o processo de infecção, a expressão gênica ocorre, ordenadamente, em cascata[4,30], indicando um controle em nível transcricional, no qual os genes expressos em uma classe temporal regulam os genes expressos na fase subsequente[31] (Figura 7.5). A expressão gênica viral pode ser dividida em dois estágios principais: a etapa precoce (fase *early*), caracterizada pelos eventos que precedem à replicação do DNA viral, e a etapa tardia (fase *late*), caracterizada pela expressão de genes pós-replicação do DNA viral[31]. Essas fases podem ser subdivididas em fase precoce imediata (*immediately early*), na qual os genes são expressos nas primeiras horas de infecção, e fase muito tardia (*very late*), que representa os genes que são expressos após

dezoito horas de infecção[32]. A fase imediata se inicia a partir de aproximadamente vinte minutos até oito horas pós-infecção e corresponde basicamente a fatores de transcrição, bem como a proteínas pertencentes à maquinaria de replicação viral[30]. Quando o DNA viral começa a ser replicado, inicia-se a fase tardia. Nessa fase, há intensa produção de proteínas responsáveis pela construção de partículas virais extracelulares (BV). Essa fase se estende até 18-24 horas pós-infecção (h.p.i.)[33]. Na última fase da infecção, a poliedrina, uma proteína de aproximadamente 30 KDa, é largamente produzida[34]. A poliedrina é a principal constituinte do corpo de oclusão (poliedro nos NPV, Figuras 7.3 e 7.6) que, ao ser ingerido pelo inseto, é dissolvido no intestino médio devido ao pH alcalino[27]. Ela compreende mais de 95% de todas as proteínas do corpo de oclusão[35]. Devido à sua alta produção, a região do gene da poliedrina é utilizada para a construção de baculovírus recombinantes como vetor de expressão[14].

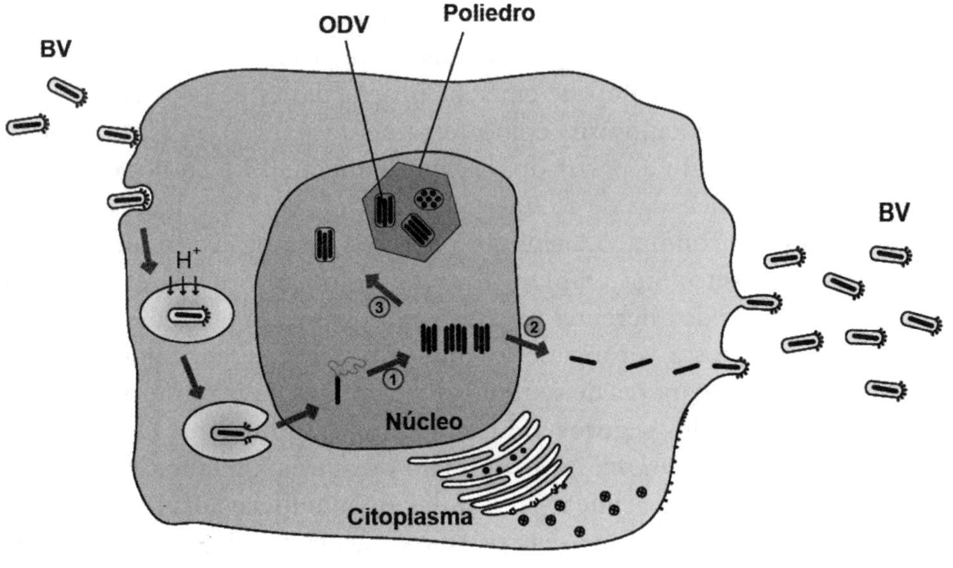

Figura 7.5 Ciclo de infecção de um baculovírus em uma célula de inseto. A forma BV dos baculovírus entra na célula por endocitose, e a membrana viral se funde com a membrana do endossomo devido à diminuição do pH. A partícula viral é, então, endereçada ao núcleo, onde o ácido nucleico é liberado e reconhecido pela maquinaria de transcrição celular. A fase precoce de expressão ("early") começa com a transcrição de genes reconhecidos pela RNA polimerase celular (1) e vai até seis horas pós-infecção (p.i.). A partir de seis até 18 h.p.i., ocorre a fase tardia (2), com a replicação do DNA viral e montagem de novas partículas virais que saem da célula por brotamento, formando novos BV. A fase muito tardia ocorre a partir de 18 h.p.i., com a produção de partículas ODV que são ocluídas em uma matriz protéica no núcleo da célula, formando os poliedros (3).

Os sistemas de expressão baseados em baculovírus e células de inseto são usados para produzir proteínas durante a infecção de larvas ou culturas estabelecidas de células de insetos. Historicamente, uma das mais vantajosas características do sistema de expressão em baculovírus é o fato de que as proteínas são processadas em células de eucariotos[14,35]. Proteínas sob o controle do forte promotor da poliedrina (Polh) e o promotor do polipeptídeo fibroso de 10 KDa (P10), são ambos ativos na fase tardia da infecção, e quando usados para conduzir a expressão de proteínas heterólogas podem resultar na acumulação de mais de 50% das proteínas totais produzidas pela célula[36]. Este sistema tem sido considerado excelente fonte para produção de glicoproteínas recombinantes[37]. As proteínas recombinantes são corretamente dobradas e pós-transducionalmente modificadas pela fosforilação e glicosilação. Entretanto, uma limitação importante quanto à produção de glicoproteínas no sistema baculovírus em células de insetos é a falta de tipos complexos de N-glicanos, contendo resíduos de ácidos siálicos terminais[38]. Apesar disso, trabalhos têm demonstrado que proteínas glicosiladas de envelope de vírus de vertebrados, produzidas neste sistema, possuem atividade antigênica e imunogênica eficaz em suas propriedades de proteção[39-46].

A utilização de baculovírus como ferramenta para expressão de proteínas heterólogas surgiu a partir do desenvolvimento da tecnologia do DNA recombinante nas décadas de 1970 e 1980[47]. Desde então, milhares de proteínas de interesse agronômico, médico e para pesquisa básica foram expressas em células de inseto. Sua ampla utilização como vetores de expressão de proteínas oriundas de diferentes organismos[48] possibilitou o seu estudo como possíveis candidatos a vetores de terapia gênica por serem capazes de promover infecção e incapazes de se replicar em células de mamíferos[49]. Baculovírus são considerados seguros para a manipulação humana, especialmente se tratando de testes *in vitro*. Ao contrário dos vírus humanos, os baculovírus são incapazes de se replicar em células de mamíferos devido à ausência de ou limitada transcrição de seus principais genes reguladores. Na maioria dos casos, os genes do AcMNPV ou não são expressos ou são expressos em um nível extremamente baixo[50]. Após a entrada em células de mamíferos, os baculovírus produzem pouca ou nenhuma citotoxicidade microscopicamente observável, mesmo utilizando uma alta multiplicidade de infecção (do inglês, *multiplicity of infection*, MOI)[51]. Sua ampla utilização como vetores de expressão de proteínas oriundas de diferentes organismos[14] possibilitou a ampliação de sua gama de aplicações em biotecnologia não apenas como um agente de controle biológico, mas também como vetores de expressão e de agentes de entrega de gene *in vivo* e aplicações *ex vivo* (como na medicina

regenerativa e transdução de células-tronco). O uso de baculovírus foi aprovado pela European Medicines Agency (EMEA) para a produção de vacinas, o que abriu caminho para o uso de baculovírus também em terapia gênica[52].

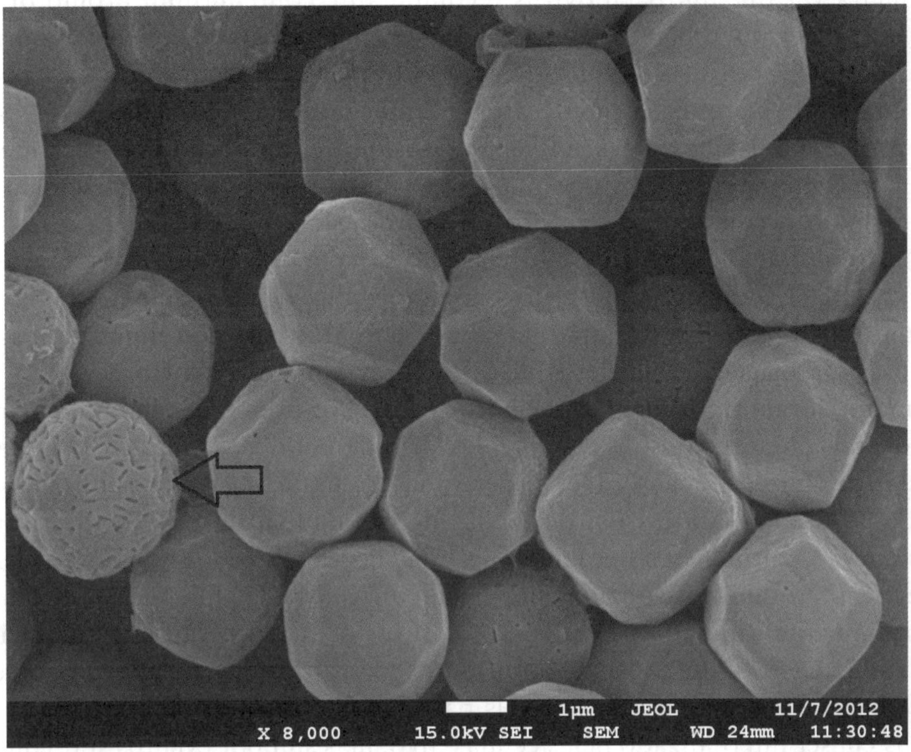

Figura 7.6 Micrografia eletrônica de uma preparação purificada de corpos de oclusão (poliedro) de um baculovírus isolados de larvas de *Bombyx mori*. A seta indica um corpo de oclusão parcialmente formado.

7.2 POSSIBILIDADES TERAPÊUTICAS E/OU INDUSTRIAIS

7.2.1 Transdução de baculovírus em células de mamíferos

Originalmente, os baculovírus eram vistos como capazes somente de infectar insetos e culturas de células derivadas de insetos. Entretanto, pesquisadores mostraram que baculovírus podiam ser internalizados por células de vertebrados[53]. Em 1985, a entrada de baculovírus em células de vertebrados foi confirmada, e foi demonstrado que existe expressão, em níveis mínimos,

de um gene repórter sob o comando dos promotores do gene *polh* e do vírus do sarcoma de Rous, nessas células[54]. Em nenhum desses estudos, contudo, foi detectada replicação viral. Somente na década seguinte foi mostrado pela primeira vez que um baculovírus recombinante contendo um promotor do vírus citomegalovírus (CMV), comandando a expressão de um gene repórter, era capaz de transduzir células hepáticas humanas e promover a expressão de uma proteína repórter (luciferase)[55]. Também foi demonstrada a expressão da proteína β-galactosidase em hepatócitos, pela transdução por um baculovírus recombinante contendo um cassete gênico com o gene β-galactosidase (*lacZ*) sob o comando da região promotora de repetição longa terminal (*long terminal repeat* – LTR) do vírus do sarcoma de Rous (*Rous sarcoma virus* – RSV), indicando que o vírus pode transduzir eficientemente células de mamíferos[56]. A partir de então, mais de quarenta tipos de células de mamíferos, cuja origem varia de suínos, roedores e mamíferos em geral ao ser humano, foram transduzidas por baculovírus. Por exemplo, células de mamíferos, tais como CHO (derivadas de ovário de *hamster* chinês), CV-1 (derivadas de rim de macaco), HeLa (derivadas de um câncer cervical humano), 293 (de rim humano), Cos (derivadas de rim de macaco), BHK (de rim de *hamster*)[56], fibroblastos humanos[57], células neurais[58], células de ilhotas pancreáticas[59] foram transduzidas por baculovírus. Muitas linhagens de células normalmente utilizadas, bem como culturas primárias, são eficientemente transduzidas[51]. Diferenças no grau de expressão de genes heterólogos em diferentes tipos celulares suscetíveis parecem não resultar da capacidade do vírus em ser internalizado pelas células-alvo, mas sim por eventos subsequentes à entrada do vírus nas células, uma vez que tipos celulares apresentando variados níveis de expressão de genes exógenos internalizam quantidades similares de vírus[56]. A transdução de baculovírus não é considerada tóxica para células de mamíferos e tampouco representa qualquer influência negativa ao crescimento celular, mesmo em alta multiplicidade de infecção[55,60]. O mecanismo de entrada e o destino de baculovírus em células de mamíferos ainda não estão totalmente elucidados, embora alguns estudos tenham sido realizados para tentar esclarecer tais questões. Em trabalhos realizados com hepatócitos de ratos, cultivados na presença de colágeno em meio contendo dimetilsulfóxido (DMSO) para a formação de aglomerados celulares, apenas as células periféricas foram transduzidas com baculovírus[61]. Após tratamento com ácido tetracético etileno glicol (EGTA), com o objetivo de se desfazer as junções celulares oclusivas, células internamente localizadas nos aglomerados também foram transduzidas. Tais resultados sugerem que baculovírus transduzem hepatócitos através da superfície basolateral, o que deve ser

considerado quando tratar-se de entrega gênica *in vivo* em epitélios polarizados[62]. Como em células de insetos, a glicoproteína do envelope viral, GP64, tem papel essencial na ligação do vírus a células de mamíferos, bem como no escape da vesícula endossomal[63]. No citoplasma, é possível que os nucleocapsídeos induzam a formação de filamentos de actina que, provavelmente, transportam as partículas virais para o núcleo[64]. Em células eficientemente transduzidas, baculovírus recombinantes contendo a proteína GFP (*green flurescent protein*) fusionada a uma proteína do capsídeo foram detectados no núcleo quatro horas após transdução[65]. Embora o argumento de que o escape endossomal por baculovírus em células de mamíferos seja crucial para a transdução[56], evidências sugerem que um maior impedimento à transdução recai preferencialmente no tráfego celular ou na importação nuclear de capsídeos virais[65]. Portanto, baculovírus recombinantes representam uma ferramenta biotecnológica poderosa para a entrega de genes de interesse em células de mamíferos, e também possuem várias vantagens, especialmente quando a transdução viral é comparada com a forma mais comumente utilizada de entrega gênica, transfecção por lipossomos[55].

Vetores baculovirais distinguem-se de vetores convencionais, já que, diferentemente de outros vetores virais de células de mamíferos, não sofrem replicação no interior da célula e não possuem toxicidade celular conhecida[66]. Essas características os tornam, portanto, mais seguros que vetores convencionais. Além disso, como vetores de transferência gênica, baculovírus possuem algumas vantagens adicionais: a capacidade de abrigar grandes inserções de DNA exógeno, altos níveis de expressão, modificações pós-traducionais precisas, manipulação simples e altas titulações virais (até 10^{12} pfu/mL).

Baculovírus recombinantes contendo promotores ativos em células de mamíferos, tal como o promotor CMV, são também conhecidos como BacMan. Uma limitação desses recombinantes é que, durante a etapa em células de inseto, previamente à transdução de células de mamíferos, não fornecem informação sobre se o transgene será expresso corretamente, pois promotores ativos em células de mamíferos não possuem atividade satisfatória em células de inseto. Promotores binários, como o ETL (*early to late*) de baculovírus e o WSSV ie1 de um Whispovírus causador da síndrome da mancha branca (o *white spot syndrome virus* – WSSV) de camarões peneídeos, têm sido estudados para contornar essa deficiência, e têm mostrado aplicações potenciais para a entrega gênica em células de mamíferos, mediada por baculovírus[66]. Também é preciso levar em conta, como limitação, a natureza transiente de expressão em células de mamíferos, que geralmente dura sete dias, decaindo rapidamente após este período. Entretanto,

o nível de expressão pode ser aumentado e prolongado por superinfecção[67]. A introdução de baculovírus em mamíferos leva à inativação do vírus pelo sistema complemento sanguíneo[63,68]. Este problema pode ser evitado pelo uso de fatores que impedem o sistema complemento de atuar[63,69], evitando-se a exposição ao complemento[52] ou usando-se o vírus em áreas imunoprivilegiadas como o olho[70] e o cérebro[71], que não estão sujeitos à resposta imune ou inflamatória. Atualmente, baculovírus têm produzido resultados promissores *in vivo* na entrega gênica para o sistema nervoso central, por exemplo inibindo o crescimento de células de gliomas em modelos animais[72].

7.2.2 Baculovírus e o sistema imune de mamíferos

Baculovírus (AcMNPV e AgMNPV) demonstraram capacidades imunoestimulatórias para induzir a expressão ou promover a liberação de diversas citocinas inflamatórias em modelos murinos e em células de mamífero. Esta propriedade é mediada pela resposta imune inata, como macrófagos e ativação do sistema complemento através da via clássica de ativação[63, 73]. As principais citocinas produzidas pela presença dos baculovírus são: fator de necrose tumoral alfa (TNF-α)[74] e interferons do tipo I (IFN-α/β)[75], ambos contribuindo para a resposta inflamatória local e defesa antiviral, respectivamente. Estas citocinas proinflamatórias e IFN Tipo-I são produzidas através de vias de ativação dependentes e independentes do receptor *toll-like*9 (*toll-like receptor*, TLR-9)[76,77]. Depois de ser injetado no organismo, o AcMNPV pode provocar significativa resposta imune inata, modulando o sistema imunológico de camundongos *in vivo* e *in vitro*.

Esta propriedade tem sido explorada para proteger cobaias de um desafio letal com o vírus da encefalomiocardite[75] e o vírus da gripe[78]. O AcMNPV pode ainda induzir imunidade adaptativa, caracterizada como uma resposta imune específica contra os produtos dos genes virais, tanto o gene heterólogo expresso nas células ou genes virais do próprio baculovírus como anteriormente mostrado para o gene *p39*[69,77].

A inoculação nasal dos baculovírus AcMNPV e AgMNPV em camundogos (fenótipos BV e OB) mostrou uma reação inflamatória leve nos pulmões, sem alterações na arquitetura do tecido, com um pequeno aumento da migração celular e sem produção de citocinas nos pulmões[73]. Células dendríticas derivadas da medula óssea (*bone marrow-derived dendritic cells* – BMDC) após a infecção por AcMNPV demonstraram uma expressão estimulada (*up-regulated*) do complexo principal de histocompatibilidade

(*major histocompatibility complex* – MHC) classe I e II, moléculas de coestimulação, e produção de citocinas proinflamatórias (interleucina 6, IL-6; interleucina 12, IL12p70; e TNF-α) e IFN-α[79]. Com base nestes resultados, os autores do trabalho sugeriram que as células dendríticas infectadas pelo baculovirus induzem a resposta imune não específica e que o baculovírus pode ser usado como um agente de imunoterapia ou com alguma abordagem em relação às vacinas, como adjuvantes[79]. Em outro trabalho, foi mostrado que o tratamento de camundongos com uma única injeção de AcMNPV antes do desafio letal utilizando o vírus da doença da febre aftosa (*foot and mouth disease virus* – FMDV) resultou na anulação completa da mortalidade e remissão da viremia[80]. Os autores concluíram que AcMNPV poderia ser uma valiosa ferramenta para melhorar o desenho de uma nova vacina e agir como adjuvante. Várias estratégias de vacinas baseadas no baculovírus AcMNPV estão sendo testadas[81-83]. Os resultados desses sistemas mostram que AcMNPV é um candidato seguro e eficaz, com potencial para ser um sistema de entrega de vacinas. O baculovírus também pode ser usado como adjuvante de imunização, promoção da potencialização da resposta adaptativa humoral e de células T CD8 (células citotóxicas do sistema imunológico que possuem a glicoproteína CD8 em sua superfície) contra proteínas coadministradas além de aumentar a maturação das células dendríticas e os níveis de citocinas inflamatórias[84]. Recentemente, um estudo desenvolvido na Universidade de Brasília[73] mostrou que AgMNPV em ambos os fenótipos (BV ou OB) é capaz de aumentar a proliferação de células do baço e de estimular uma resposta imune celular, com o envolvimento de macrófagos e células Th1 (subgrupo de linfócitos que participa da resposta imunológica adaptativa).

7.3 VETORES BASEADOS NO BACULOVÍRUS ACMNPV PARA EXPRESSÃO DE PROTEÍNAS HETERÓLOGAS EM CÉLULAS DE INSETOS

O sistema de expressão baseado em vetores de baculovírus (*baculovirus expression vector* – BEV) é utilizado, principalmente, para a expressão de proteínas eucarióticas, pois são seguros e possuem promotores fortes, como os dos genes *p10* (gene da proteína fibrosa de 10 kDa dos baculovírus) e poliedrina (*polh*), responsáveis pelos níveis elevados de expressão de proteínas recombinantes em células de inseto. Além disso, as proteínas recombinantes, expressas em células de inseto infectadas por baculovírus recombinantes, são capazes

de produzir proteínas, em sua maioria biologicamente ativas e com processamento pós-traducional de uma célula eucariótica[85, 86]. Enfim, a tecnologia BEV combina a autenticidade da proteína de organismos eucarióticos com a eficiência dos sistemas baseados em micro-organismos[2].

A tecnologia para a construção de vetores baseados em baculovírus é feita com base em plasmídeos de transferência. Dessa forma, é realizada manipulação do genoma de um baculovírus utilizando duas estratégias principais: (1) via recombinação homóloga em células de insetos ou (2) via transposição sítio-específica em *Escherichia coli* (ver Figuras 7.7, 7.8, 7.9 e 7.10). O processo de recombinação homóloga é realizado utilizando um vetor de transferência contendo o gene de interesse flanqueado por sequências homólogas à região alvo no genoma viral, o qual é cotransfectado com o DNA do vírus em células de inseto, resultando na substituição do gene original pelo gene de interesse. Já o sistema de recombinação *in vitro*, utiliza enzimas de recombinação derivadas do fago lambda, um vetor de transferência e DNA viral modificado para recombinação em um tubo de ensaio (sistema Gateway, da empresa Invitrogen). O sistema de expressão baseado em recombinação homóloga em células de inseto é trabalhoso e pouco eficiente, e a obtenção de um vírus recombinante puro pode levar semanas[2,87]. Em contraste, a transposição sítio-específica é uma estratégia eficiente e reduz o tempo de construção de baculovírus recombinantes para sete a dez dias.

7.3.1 Exemplos de sistemas comerciais de expressão baseados no baculovírus AcMNPV

7.3.1.1 BaculoDirect™ (Invitrogen)

O sistema de expressão BaculoDirect™ usa a tecnologia Gateway™[88-90] para facilitar a transferência direta do gene de interesse para o genoma do baculovírus, *in vitro*, sem que sejam necessárias clonagens adicionais ou transposição em bactéria. A célula de inseto é transfectada diretamente com o baculovírus contendo o DNA de interesse para gerar o vírus recombinante. As principais características do DNA linear BaculoDirect™ incluem: sítios attR1 e attR2 para clonar o gene de interesse por meio de recombinação sítio-específica do clone de entrada Gateway™, gene da timidina-quinase do vírus *Herpes simplex* (HSV1 tk), localizado entre dois sítios de attR para seleção negativa usando ganciclovir e o gene *lacZ* para confirmar a pureza

do vírus recombinante construído. Para gerar o baculovírus recombinante, é necessário inserir o gene de interesse no vetor de entrada do sistema Gateway™ para gerar o clone de entrada, realizar a reação de recombinação *in vitro* entre o clone de entrada e o DNA linear BaculoDirect™ para gerar o baculovírus recombinante e transfectar células de inseto (Figura 7.7).

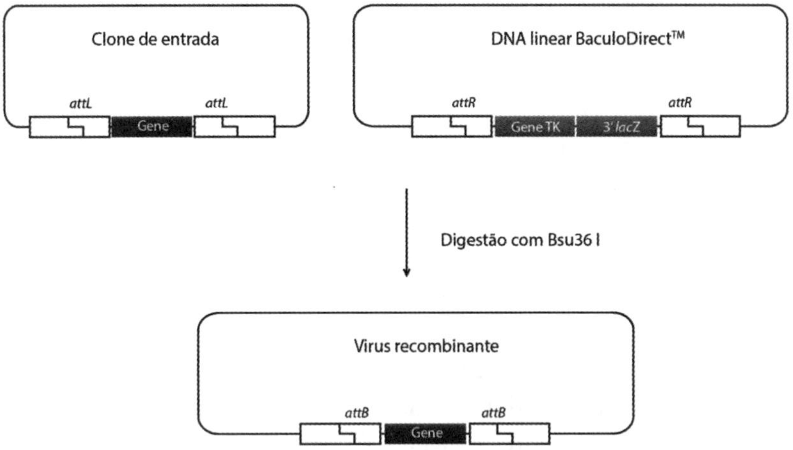

Figura 7.7 Esquema representativo do sistema BaculoDirect™ (Invitrogen). O gene de interesse é inserido no vetor de entrada do sistema Gateway™ (Invitrogen) para gerar o clone de entrada que, juntamente com o DNA linear BaculoDirect™, é submetido à reação de LR clonase™. Através de recombinação sítio-específica, esta reação gera o vírus recombinante com o gene de interesse, que é utilizado para transfectar diretamente células de inseto. A figura foi adaptada do manual do fabricante[*].

7.3.1.2 Bac-to-Bac™ (Invitrogen)

O sistema de expressão Bac-to-Bac™, desenvolvido na década de 1990 por Luckow e colaboradores[91], utiliza as propriedades sítio-específicas do transposon Tn7 de bactéria para construção de um bacmídeo recombinante. O primeiro componente importante do sistema é o vetor pFastBac, no qual o gene de interesse é clonado. Dependendo do vetor escolhido, a expressão do gene de interesse é controlada pelo promotor do gene *polh* ou *p10* do vírus AcMNPV. Este cassete de expressão é flanqueado por braços mini-Tn7 (Tn7R e Tn7L), e também contém um gene que confere resistência à gentamicina e um sinal de poliadenilação do vírus SV40. O segundo componente

---

[*] Disponível em: <http://tools.lifetechnologies.com/content/sfs/manuals/multisitegatewaypro_man.pdf>.

importante do sistema é a linhagem de *E. coli* DH10Bac, que contém o genoma completo do baculovírus AcMNPV na forma de um plasmídeo (também denomindado de bacmídeo). O bacmídeo contém o replicon mini-F de baixo número de cópias, um gene de resistência à canamicina e um segmento de DNA que codifica o peptídeo LacZα do vetor de clonagem pUC (New England Biolabs), dentro do qual o sítio de ligação para o transposon bacteriano Tn7 (mini-attTn7) está inserido. O bacmídeo recombinante é formado pela transposição sítio-específica do mini-Tn7 do plasmídeo doador pFastBac para o sítio de ligação mini-attTn7 no bacmídeo (Figura 7.8).

Quando esta abordagem foi desenvolvida, na década de 1990[91], os pesquisadores construíram um plasmídeo recombinante contendo o genoma do vírus AcMNPV (denominado de bacmídeo) capaz de se replicar em *Escherichia coli*, e ainda ser infectivo quando transfectado em células de inseto em cultura. Esse sistema de expressão está disponível comercialmente (Bac-to-Bac™, Invitrogen), e constitui um dos mais importantes sistemas eucarióticos de expressão heteróloga de proteínas existentes atualmente. A etapa crucial no desenvolvimento desta tecnologia para outros baculovírus envolve a transformação do genoma viral em um plasmídeo artificial bacteriano, e até o momento apenas alguns bacmídeos de diferentes espécies de baculovírus foram construídos com sucesso. Na Tabela 7.2 observamos alguns bacmídeos que foram construídos nos últimos anos e estão sendo empregados na expressão heteróloga de proteínas de interesse biotecnológico e/ou científico de forma rápida e eficiente.

Tabela 7.2 Espécies de baculovírus modificados geneticamente para construção de bacmídeos em *E. coli*. Todos os vírus, com exceção de *Cydia pomonella granulovirus* (Betabaculovirus), pertencem ao gênero Alphabaculovirus. Apenas vetores baseados no AcMNPV estão disponíveis comercialmente

BACULOVÍRUS	REFERÊNCIAS
Autographacalifornica multiple nucleopolyhedrovirus	Luckow et al.[91]
Bombyxmorinucleopolyhedrovirus	Motohashi et al.[92], Cao et al.[93], Ono et al.[94], Xiang et al.[95]
Helicoverpaarmigeranucleopolyhedrovirus	Hou et al.[96]
Spodopteraexigua multiple nucleopolyhedrovirus	Yang et al.[97]
Spodopterafrugiperda multiple nucleopolyhedrovirus	Simon et al.[98]
Cydiapomonellagranulovirus	Hilton et al.[99]

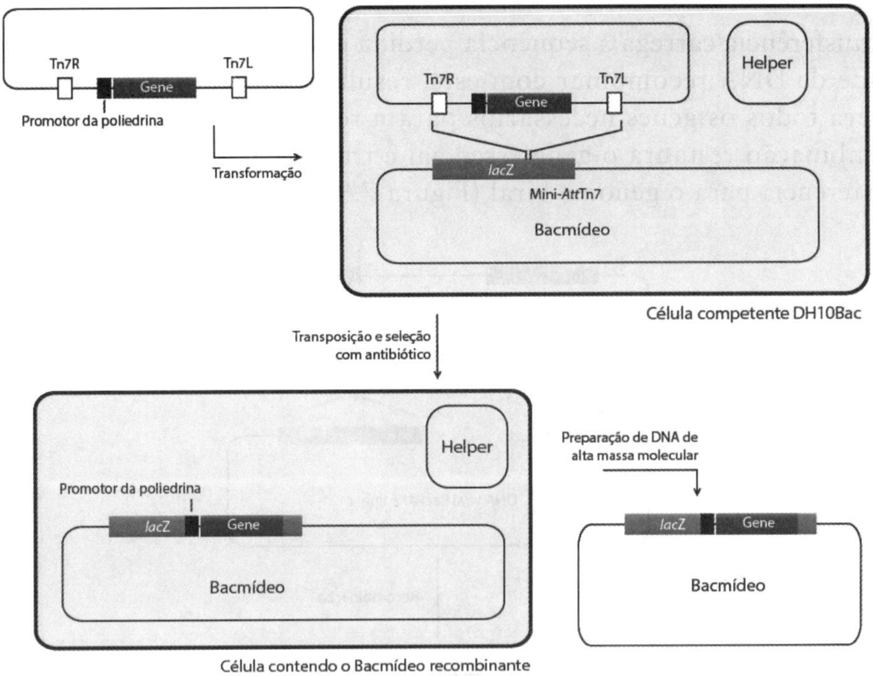

Figura 7.8 Esquema de representativo do sistema Bac-to-Bac™. O gene de interesse é primeiramente clonado no vetor doador que contém o promotor do gene da poliedrina e um elemento mini-Tn7. O plasmídeo recombinante é então transformado em DH10Bac, que possui um bacmídeo com um sítio-alvo mini-attTn7 e um plasmídeo ajudante ("*helper*"). O elemento mini-Tn7 no plasmídeo doador recombinante facilita a transposição do gene de interesse para o sítio-alvo no bacmídeo, que é realizada por proteínas de transposição codificadas pelo plasmídeo "*helper*", resultando na inserção do gene de interesse no bacmídeo. O DNA do bacmídeo recombinante é extraído e utilizado para transfectar células de inseto. A figura foi adaptada do manual do fabricante[*].

7.3.1.3 BacPAK™ (Clonetech)

O sistema de expressão BacPAK™ usa o BacPAK6, um vírus AcMNPV modificado, que facilita a construção e seleção de vetores de expressão recombinantes. O BacPAK6 tem um gene essencial à replicação viral (ORF 1629), adjacente ao locus do gene da poliedrina, detentor de sítios para a enzima de restrição *Bsu*36I que não estão presentes no genoma do vírus selvagem AcMNPV[100]. A digestão de BAcPAK6 com a enzima *Bsu*36I libera dois fragmentos, o primeiro carrega parte do gene essencial e o segundo fragmento o resto da molécula de DNA contendo o genoma viral sem uma parte essencial e é portanto incapaz de produzir vírus viáveis. Porém, o vetor

---

* Disponível em: <http://tools.lifetechnologies.com/content/sfs/manuals/bevtest.pdf>.

de transferência carrega a sequência perdida da ORF 1629 e, se o fragmento grande de DNA recombinar com este, resultará em um DNA circular que conterá todos os genes necessários para a replicação viral. Este evento de recombinação restaura o gene essencial e tranfere o gene-alvo do vetor de transferência para o genoma viral (Figura 7.9).

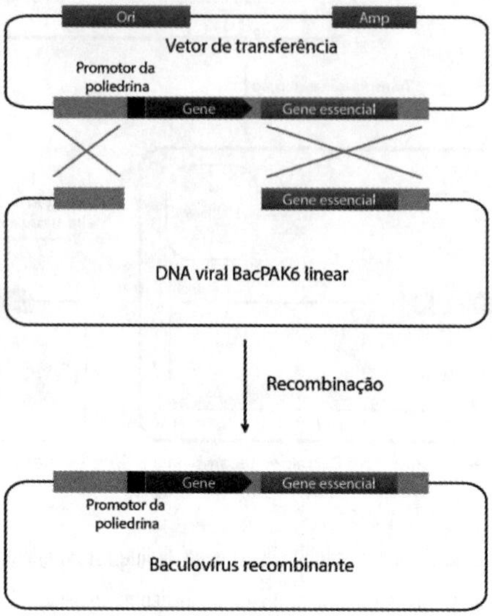

Figura 7.9 Esquema representativo do sistema BacPAK. Transferência do gene alvo para o vetor de expressão baculoviral através de recombinação, dentro de células de inseto transfectadas, entre o vetor de transferência e o DNA viral BacPAK6, previamente linearizado com uma enzima de restrição. A figura foi adaptada do manual do fabricante*.

7.3.1.4 BacMagic™ (Novagen)

O DNA BacMagic™ derivado do genoma do AcMNPV, tem uma deleção de uma parte importante da ORF 1629, prevenindo que vírus não recombinantes repliquem em células de inseto. O gene não essencial quitinase (*chiA*) é deletado para diminuição da degradação da proteína recombinante. Uma outra versão desse vetor, o BacMagic-2™, tem uma deleção adicional do gene *v-cath* (serino-protease semelhante à catepsina*)*, resultando numa significante melhora da qualidade e rendimento das proteínas-alvo e

---

* Disponível em: <http://www.clontech.com/BR/Products/Protein_Expression_and_Purification/Baculovirus_Expression/BacPAK_Expression_System?sitex=10028:22372:US>.

o BacMagic-3™, possui três deleções em genes virais não essenciais (*p10*, *p24*, e *p26*) que resultam na melhora da expressão proteica (Figura 7.10). Os DNAs BacMagic™ contêm uma sequência que permite a replicação do DNA viral na forma de um bacmídeo em *E. coli* (BAC) no lugar da sequência codificante do gene da poliedrina (*polh*). Um vetor de transferência compatível (pIEx/Bac™, pBAC™, pTriEx™) contendo a sequência do gene de interesse é cotransfectada com o DNA BacMagic dentro de células de inseto. Dentro das células, a recombinação restaura a ORF1629, e a sequência-alvo é substituída pela sequência BAC. Apenas baculovírus recombinantes podem replicar, produzindo uma população homogênea de recombinantes.

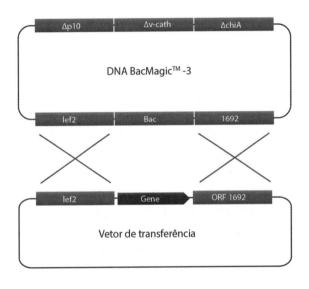

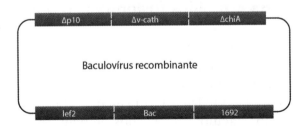

Figura 7.10 Esquema representativo do sistema DNA BacMagic™. A cotransfecção do DNA BacMagic™-3 juntamente com o vetor de transferência contendo o gene de interesse dá origem ao baculovírus recombinante através de recombinação homóloga em células de inseto. A figura foi adaptada do manual do fabricante, disponível em: <http://www.emdmillipore.com/life-science-research/bacmagic-systems/c_layb.s10n90AAAEjPHRyls38.>

7.4 PRODUÇÃO DE PROTEÍNAS RECOMBINANTES FUSIONADAS A PROTEÍNAS ESTRUTURAIS DOS BACULOVÍRUS

Duas importantes medidas para o combate eficiente de doenças infecciosas com interesse médico, pecuário ou agrícola são: (1) a capacidade de detectar ou de excluir a presença do agente infeccioso num grupo de indivíduos sadios ou doentes; e (2) a imunização de indivíduos, quando possível, preparando-os para eventuais surtos da doença. Em se tratando de doenças que afligem grandes populações, como, por exemplo, doenças infecciosas humanas, grande quantidade de antígenos são requeridos para a formulação de vacinas ou de material para diagnóstico da infecção. Para isso, o próprio agente causador da doença pode ser usado para fornecimento de antígenos viáveis. Entretanto, muitos patógenos não são cultiváveis em laboratório ou são inviáveis para produção em larga escala, inviabilizando o seu uso como fonte de insumos. Desse modo, a expressão heteróloga em muitos casos é a única solução disponível. Por outro lado, tanto o custo de produção quanto a qualidade dos antígenos produzidos (por exemplo, o correto dobramento de uma proteína e sua pureza) em sistema de expressão heterólogo devem ser levados em conta. Neste palco, o estudo sistemático dos vírus de inseto e, em especial, dos baculovírus permitiu o desenvolvimento de diferentes técnicas que exploram características intrínsecas à biologia dos vírus para a produção de antígenos heterólogos com aplicação em pequena, média e larga escala, e mais importante ainda, com altos níveis de purificação. Uma interessante solução encontrada para aumentar a expressão e recuperação de proteínas heterólogas foi a fusão da proteína de interesse com a proteína poliedrina.

7.4.1 Produção de proteínas fusionadas à poliedrina

Corpos de oclusão de baculovírus (também chamados de poliedros), são estruturas ricas em proteínas que contêm vírions (Figura 7.3) e que recentemente foram avaliados quanto à possibilidade de incorporação de proteínas heterólogas[101]. Como a poliedrina é o principal constituinte proteico dos corpos de oclusão dos baculovírus, corpos de oclusão recombinantes que incorporam uma proteína heteróloga podem ser uma estratégia para a purificação da proteína heteróloga de modo mais prático, através da purificação dos poliedros, os quais são facilmente purificados por centrifugação em gradiente de sacarose[38]. Esta tecnologia de fusão foi, pela primeira vez, usada na década de 1980[102] para produção do fator de crescimento semelhante

à insulina (*insulin-like growth factor* II – IGF II), usando a porção mais aminoterminal da poliedrina do baculovírus *Bombyx mori* NPV em fusão com o peptídeo de interesse. Nesse trabalho, os pesquisadores obtiveram um rendimento de 3,6 mg de proteína de fusão por larva e 0,3 mg por mL em cultura de células da linhagem BmN. Dessa forma, foi mostrado que proteínas de fusão carreadas pela poliedrina são capazes de formar corpos de oclusão com características próximas às dos cristais selvagens e, mediante isso, técnicas semelhantes às usadas para purificação de vírus selvagens podem ser empregadas para purificação das massas proteicas contendo a proteína recombinante. Em outras palavras, essa estratégia de fusão tem por objetivo aumentar e facilitar a purificação de proteínas recombinantes de interesse biotecnológico.

Em 2007, o uso da poliedrina como proteína carreadora foi patenteado por um grupo de pesquisadores de Taiwan[103]. Entre as principais vantagens apontadas, estavam: (1) facilidade de purificação dos corpos de oclusão contendo a proteína de interesse, (2) o baixo custo, (3) a não necessidade de passos de cromatografia e (4) a pureza do material (> 95%). Interessantemente, a metodologia de fusão permite inclusão protéica de epítopos antigênicos de uma proteína de interesse ou a proteína completa com manutenção de suas características biológicas. A metodologia foi testada, por exemplo, com o gene da proteína fluorescente verde intensificada (*enhanced green fluorescent protein – egfp*). Foi, previamente, mostrado que a fusão do *egfp* na porção carboxiterminal da poliedrina permitiu a formação de estruturas granulares fluorescentes facilmente precipitadas por centrifugação de alta velocidade[104]. Por exemplo, previamente a subunidade E2 da glicoproteína de envelope do vírus da febre suína clássica (*classical swine fever virus* – CSFV) foi expressa em baculovírus para o desenvolvimento da atual vacina comercial disponível[42,105-107]. Entretanto, a expressão e purificação têm sido mostradas como inefetivas. Para transpor essa limitação, um grupo de pesquisadores coreanos promoveu a construção de um baculovírus recombinante expressando a porção imunogênica da subunidade E2 junto à poliedrina de um baculovírus e outra cópia da poliedrina nativa[108]. Foi observada a formação de poliedros semelhantes aos selvagens na hemolinfa de lagartas infectadas com o vírus recombinante, de fácil purificação e com altos níveis de pureza. Os cristais continham ambas as proteínas, a de fusão e a nativa. Além disso, para a proteína de fusão, foi adicionada uma sequência proteolítica específica para separação da proteína de interesse da poliedrina. Dessa forma, o antígeno foi capaz de gerar resposta imune em porcos da índia, mostrando-se eficientes, segundo os autores, para a produção em larga escala.

A estrutura do poliedro da espécie-tipo dos baculovírus, AcMNPV, foi determinada e revelou uma matriz proteica robusta com uma forte interação entre os polipeptídeos da poliedrina para formação do cristal[109]. Os pesquisadores especularam o uso da proteína como um veículo para transporte de proteínas ou nanopartículas incluídas no cristal. Uma região variável contendo o sinal de localização nuclear (*nuclear localization signal* – NLS) poderia ser, segundo os autores, a melhor região para promover modificação da poliedrina. Todos os trabalhos usando a poliedrina até o momento promoveram a fusão na porção carboxiterminal do gene, apesar de o sinal de localização estar presente na porção mais aminoterminal da proteína. E, além disso, especularam que a melhor forma de usar a poliedrina como proteína de fusão é promovendo a coexpressão com a poliedrina nativa não fusionada. Em 2013, pesquisadores fusionaram a proteína EGFP na porção carboxiterminal da poliedrina, porém, diminuindo o tamanho da proteína carreadora, para descobrir qual era a menor região que ainda conservava a característica de formar corpos de oclusão e quais aumentavam a produção da proteína e diminuíam a degradação da proteína quimera[110]. Eles observaram que os aminoácidos 32 a 85 da poliedrina foram mais úteis para intensificar a produção de proteínas recombinantes intactas. O grupo de pesquisa da Universidade de Brasília também desenvolveu um vetor para expressão de proteínas de interesse biotecnológico fusionadas à proteína poliedrina de AcMNPV[111]. Um método para expressar proteínas das capas protéicas de vírus de planta fusionados à poliedrina foi desenvolvido e essa estratégia pode potencialmente ser usada para o desenvolvimento de kits de diagnóstico para vírus de plantas que são difíceis de purificação ou estão presentes em pequenas quantidades ou em infecções mistas nas plantas hospedeiras[111]. Além disso, não apenas a poliedrina, mas outras proteínas estruturais, tais como a proteína de capsídeo VP39[112] e a glicoproteína de envelope GP64[113], foram previamente testadas com relativo sucesso como carreadoras de proteínas de interesse, além de ter, no caso da VP39, a capacidade de atuar como um adjuvante, aumentando a resposta imune durante imunização em camundongos.

7.4.2 Produção de proteínas fusionadas à GP64

Uma das maneiras de expressão de proteínas heterólogas usando o sistema baculovírus e célula de inseto é a fusão da proteína de interesse com partes da glicoproteína principal da forma BV dos baculovírus, a proteína

GP64. Nessa estratégia, a proteína fica disponível na superfície do vírus[114]. A proteína GP64 é uma glicoproteína altamente abundante no envelope da partícula BV de AcMNPV. É uma proteína essencial e está envolvida em duas etapas durante a entrada da partícula BV na célula: adsorção do vírion e fusão de membrana[115]. Após ligação e entrada da partícula BV por endocitose, a atividade de fusão da gp64 é desencadeada pelo baixo pH no endossomo, levando à fusão do envelope do BV e da membrana endossomal, liberando o nucleocapsídeo no citoplasma[116].

Nos últimos anos, estudos com a GP64, mostraram que somente algumas regiões da proteína são essenciais para o correto endereçamento da proteína para a superfície celular e do vírus[117,118]. Para que isso ocorra, a GP64 precisa ter três regiões essenciais: PS (peptídeo-sinal), TM (domínio transmembrana) e DCT (domínio da calda citoplasmática). O PS é a região que codifica o sinal para envio da proteína ao retículo endoplasmático da célula infectada. A região TM, que possui aproximadamente 16 a 23 aminoácidos, é uma região altamente conservada entre as GP64 de diferentes baculovírus e essencial para a função da proteína de fusão. Já a região DCT, que possui de 3 a 8 aminoácidos, é uma região essencial para o eficiente brotamento da partícula viral a partir da membrana plasmática da célula infectada[118,119]. A sequência dessas regiões essenciais tem sido utilizada para a construção de um vetor para expressão de proteínas heterólogas fusionadas a esta GP64 truncada na superfície de baculovírus. A proteína E (envelope) do vírus da encefalite japonesa também foi expressa na superfície de BV de baculovírus utilizando esse tipo de vetor. Os BV recombinantes produzidos foram capazes de induzir a produção de anticorpos neutralizantes contra o vírus da encefalite japonesa em camundongos[120].

7.5 EXEMPLOS DE PROTEÍNAS DE INTERESSE TERAPÊUTICO PRODUZIDAS USANDO O SISTEMA BEV

Uma das vantagens de células de inseto para produção de proteínas terapêuticas, como antígenos vacinais humanos, é a incapacidade dessas células de serem infectadas por vírus humanos[121]. Além disso, embora os baculovírus repliquem eficientemente em células de insetos, eles não podem ser propagados em células de mamíferos. Apesar dessas vantagens, apenas em 2009 a Food and Drug Administration (FDA) aprovou a primeira proteína terapêutica produzida em células de insetos utilizando baculovírus como vectores de expressão.

A primeira vacina humana produzida em células de insetos, Cervarix, foi licenciada pela European Medicines Agency (EMA) em 2007 e pela FDA dos Estados Unidos em 2009. Cervarix é uma vacina contra o vírus do papiloma humano bivalente, indicado para a prevenção dos casos de câncer do colo do útero (*human papiloma virus* – HPV), composto de proteínas do capsídeo L1 de HPV dos tipos 16 e 18. Essas proteínas são produzidas em células *Trichoplusia ni*[121]. O segundo produto para uso humano derivado de BEV e licenciado pelo FDA foi o Provenge®, um produto de terapia de câncer de próstata autólogo para o qual o antígeno de superfície do antígeno da próstata (*prostate specific antigen* – PSA) é produzido em células de *Spodoptera frugiperda*. Outras vacinas em desenvolvimento clínico humano estão resumidas na Tabela 7.3. Esses produtos foram objeto de uma revisão recente[123]. A vacina da gripe recombinante FluBlok® com base no antigênico de superfície hemaglutinina (HA) foi aprovada pela FDA no início de 2013[124] e está disponível comercialmente*.

O estado de desenvolvimento de uma vacina recombinante utilizando diferentes alvos de antígenos protetores para as treze vacinas virais recomendadas pela Organização Mundial da Saúde (OMS) está resumido na Tabela 7.4.

Tabela 7.3 Vacinas candidatas para uso humano em desenvolvimento clínico (adaptado de Cox[125])

DOENÇA	ANTÍGENO PROTETOR	EMPRESA	ESTÁGIO DE DESENVOLVIMENTO	REFERÊNCIA
Influenza	HA	Protein Sciences	Aprovada para uso em humanos	Cox et al.[125]
Diabetes	GAD	Diamyd	Fase III	Agardh et al.[126]
Hepatite E	ORF 2	GSK	Fase II	Shrestha et al.[127]
Influenza	NA	Protein Sciences	Fase II	Li e Blissard[118], Shrestha et al.[127]
Influenza	HA/NA/M1	Novavax	Fase II	Lopez-Macias[128]
Norwalk	Capsídeo Norwalk (VLP)	Ligocyte	Fase I	Jiang et al.[129]

* Ver <http://www.preventinfluenza.org/NAIIS_2013/NAIIS_12_cox-protein-sciences.pdf>.

Tabela 7.4 Alvos de antígenos para vacinas virais recomendadas (adaptado de Cox[125])

VACINA	AGENTE ETIOLÓGICO	ANTÍGENO PROTETOR	TIPOS DE PROTEÍNAS ESTRUTURAIS	REFERÊNCIA
HEPATITE B	Vírus da hepatite B (HBV)	HBSAg	A porção S do antígeno de superfície (HBsAg)	Attanasio et al.[130]
PÓLIO	Pólio vírus sorotipo (tipos 1, 2 ou 3)	VP1 e VP4	Produção de VLP	Li et al.[131]
ROTAVÍRUS	Rotavírus	VP6, VP7 e a principal proteína do capsídeo	Produção de VLP	Crawford et al.[132]
SARAMPO	Vírus do sarampo (gênero Morbillivirus, família Paramyxoviridae)	Proteínas H e F, proteínas virais H, F	Subunidade das proteínas H e F	Griffin e Pan[133]
RUBÉOLA	Rubéola vírus (togavírus do gênero Rubivirus)	E1	Glicoproteína E1	Chaye et al.[134]
HPV	Papiloma vírus humano (> 100 subtipos)	Proteína estrutural L1	Aprovado (Cervarix), VLPs produzidos em células de inseto.	Kirnbauer et al.[135]
FEBRE AMARELA	Vírus da febre amarela (Flaviviridae)	E, e E/NS1	Produção de VLP	Barros et al.[46], Despes et al.[136]
ENCEFALITE TRANSMITIDA POR CARRAPATOS	Vírus da encefalite transmitida por carrapatos (Flaviviridae)	E e C	Proteína E	Gomez et al.[137]
HEPATITE A	Hepatite A vírus (HAV)	Poli proteína	Produção de VLP	Rosen et al.[138]
RAIVA	Vírus da raiva (RABV) (Rhabdoviridae)	Proteína G	Glicoproteína G	Fu et al.[139]
CAXUMBA	Vírus da caxumba (Paramyxoviridae)	Proteína H e N	Proteína H	Griffin e Pan[133]
INFLUENZA	Vírus da influenza (Orthomyxoviridae)	HA, NA, HA- NA- M1 VLP	Produção de VLP	Cox e Hashimoto[140], Lopez-Macias[128]

7.6 SISTEMA DE EXPRESSÃO BACULOVÍRUS EM BIORREATORES

O sistema baculovírus de expressão de proteínas heterólogas possui alternativas na ampliação às escalas de produção industrial. Considerando a

ampliação dos custos, uma vez estabelecido o sistema de produção, seguindo um planejamento dos processos, este deve estar sujeito a procedimentos contínuos de otimização dos parâmetros que afetam a produtividade, assim obtendo ganhos marginais de grande impacto devido à maior escala de produção.

O cultivo de células pode ser ampliado a cultivo em grandes volumes por diversos sistemas como fermentadores adaptados, biorreatores computadorizados com diversos *designs* e sistemas que aumentam o volume de cultivo ou densidade de células aderentes. Todos estes suportam a inclusão do vírus vetor de expressão. Outra alternativa é o uso de larvas de insetos suscetíveis ao vetor de expressão. No caso dos baculovírus AcMNPV e BmNPV, as larvas das espécies *Trichoplusia ni* e *Bombyx mori*, respectivamente, já foram relatadas como bioreatores vivos[141].

Para aumentar a escala de produção do BEV, dependendo da demanda, não é possível simplesmente ampliar o número de garrafas em uma passagem rotineira de células aderidas. O volume de trabalho e resíduos plásticos se torna um grande empecilho. Para solucionar isto, torna-se necessário a aplicação de técnicas utilizadas em áreas similares, como o desenvolvimento da fermentação de fungos em alta escala e o cultivo de células de mamíferos em biorreatores[141].

O sistema de expressão em larga escala baseado em cultura de células possui benefícios como a homogeneidade do produto em termos de modificações pós-traducionais, uma maior simplicidade nos processos seguintes de purificação da proteína recombinante, especialmente se forem utilizados meios de cultura livre de proteínas (soro fetal bovino, hidrolisados) e, quando se utiliza sistemas computadorizados de monitoramento do cultivo, é possível obter dados detalhados que auxiliam na otimização da produção. Os pontos negativos envolvem os custos associados à manutenção das células, como gasto ampliado com material de cultivo, e o maior destes, o custo com meio de cultura e suplementos como soro fetal bovino[142].

Os sistemas utilizados para cultivo de células suspensas, os biorreatores, são diversos e distintos em *design*. Uma das considerações essenciais é a manutenção de movimento no meio de cultura, tanto para manter a aeração constante como para manter as células suspensas. Para tanto, existem dois *designs* básicos e variações destes: o primeiro é o biorreator com agitação interna (*stirred tank*), com uma hélice; o segundo é o sistema de suspensão por aeração (*airlift*), em que as células são mantidas suspensas aspergindo bolhas de ar na parte inferior da câmara do biorreator (Figura 7.11). Em ambos os casos, o movimento resulta em danos mecânicos às células,

e portanto requer um agente protetor de dano físico (como o composto Pluronic-F68)[143]. Como alternativa aos biorreatores tradicionais, em que a incubação ocorre em um tanque ou câmara de vidro, foi desenvolvido um sistema de cultivo em sacos descartáveis de até cinquenta litros, que também permite o controle de variáveis como os demais. O sistema foi denominado WAVE Bioreactor, devido à incubação do saco em uma plataforma oscilante que simula o movimento de ondas no líquido dentro do saco. Este sistema propõe reduzir custos com esterilização do equipamento nos biorreatores já citados, de modo que todo o cultivo é feito em sacos especialmente confeccionados e esterilizados que são descartados após o uso. O movimento suave resulta em menor dano às células quando comparado aos demais biorreatores[144,145]. Existem, ainda, as tecnologias envolvendo sistemas de perfusão, nas quais o meio de cultura é gradualmente trocado ao longo da incubação, assim mantendo o nível de nutrientes e reduzindo subprodutos tóxicos, como a ureia. Isto permite uma densidade maior de células, ainda mantendo a produtividade celular. Esses sistemas de perfusão envolvem a imobilização das células em uma estrutura porosa pela qual atravessa o meio de cultura, e são muito utilizados no cultivo de células de mamíferos, mas ainda não são aplicados no cultivo de células de insetos. Neste sistema, regula-se quanto de meio é trocado por hora, assim fornecendo mais um parâmetro de controle[146,147].

A característica comum entre os biorreatores citados é a capacidade de monitoramento, controle e automação de diversas variáveis, como nível de oxigênio, gás carbônico, pH e temperatura. Além dos parâmetros citados, as informações associadas a contagem de células e a determinação da viabilidade destas são cruciais no escalonamento e otimização da produção[148].

Novas modalidades de biorreatores que estão sendo comercializadas mantêm a característica de cultivo rotineiro de células aderidas com novidades em design do material de cultivo que maximizam a produtividade. Um exemplo são as placas de cultivo Petaka (Celartia) que são extremamente compactas, permitindo um melhor uso do espaço em incubadores. Outros exemplos são os recipientes de cultivo EasyFill Cell Factory (Nunc) e os modelos HYPERFlask (Corning) (Figura 7.12). Esses novos conceitos envolvem a expansão da superfície de aderência das células, e portanto prometem aumentar a capacidade de produção em um espaço de trabalho reduzido e mantendo procedimentos similares aos do cultivo rotineiro de células.

O processo de cultivo de células e infecção devem ser detalhadamente modelados. No sentido de planejamento da produção, deve-se considerar que o processo de expressão de proteínas pelo sistema BEV (*baculovirus*

expression vector) em larga escala possui dois momentos: primeiro, o crescimento das células e, segundo, o momento de produção derivado da infecção pelo baculovírus que se inicia após a adição do inóculo viral[149]. Tanto a quantidade de células semeadas no preparo do biorreator quanto a quantidade de células na hora da infecção são fatores cruciais na produtividade destes sistemas. Assume-se que quanto maior a densidade celular na hora da infecção maior será a produtividade. No entanto, existem relatos de inibição da infecção e expressão de proteínas a níveis subótimos em alta densidade de células[150]. O ponto ótimo de infecção ocorre com as células ainda em crescimento exponencial, e existem indícios de que reduções na produtividade ocorram devido ao consumo de nutrientes essenciais e acúmulo de subprodutos tóxicos. Para estimar essas condições relativas à densidade celular, é importante determinar experimentalmente a curva de crescimento celular dentro do biorreator utilizado com parâmetros genéricos de crescimento, o que fornecerá informações essenciais como tempo ou taxa de crescimento, máxima densidade celular suportada e viabilidade das células cultivadas ao longo do tempo. Essas informações servem de ponto de partida para a modelagem dos processos de cultivo de células e infecção destas de forma inteligente[148,151].

Uma estratégia comum para aumentar a produtividade da expressão de proteínas envolve a adição de suplementos concentrados após a densidade celular ter atingido a quantidade desejada, no momento da infecção. Neste caso, o sistema é nomeado *fed-batch* e pode compensar os efeitos de gasto dos nutrientes essenciais que resulta em redução da produtividade[152,153]. Outro fator crucial é o título do inóculo viral. Quando o objetivo é a produção de proteínas heterólogas, a multiplicidade de infecção (*multiplicity of infection* – MOI) deve ser suficiente para infectar simultaneamente todas as células. Portanto, uma MOI acima de 1 é recomendada. Devido ao grande volume de cultivo e altas densidades celulares, porém, é necessário concentrar estoques de inóculo viral por centrifugação[14].

Conforme observado na Figura 7.11, as quantidades de proteína obtida dos diferentes sistemas são similares, embora os volumes de trabalho sejam distintos. O sistema de perfusão trabalha com volumes menores, obtendo quantidades de proteínas similares a sistemas mais volumosos, o que significa uma produtividade maior que os demais sistemas. No entanto, uma importante consideração é que a comparação entre diferentes sistemas não é tão simples e deve levar em conta as características da proteína a ser produzida, a construção do recombinante e o meio de cultura utilizado.

A produção comercial de proteínas utilizando o sistema baculovírus de expressão já é uma realidade, se considerarmos a vacina trivalente contra influenza denominada FluBlok. Esta vacina é composta de 45 µg de hemaglutininas recombinantes (rHA) de três linhagens do vírus da influenza sazonal recomendadas pela OMS[154]. Essas proteínas são expressas pela empresa Protein Sciences Corporations, em biorreatores de agitação interna com volumes que chegam a 450 L[155], contendo células expressSF+ (derivadas da linhagem Sf9) cultivadas em meio de cultura livre de soro. Após atingir a densidade celular ótima, as células são infectadas com cada baculovírus AcMNPV recombinante contendo um dos genes rHA. Após 48 a 72 horas do início da infecção, as células são coletadas, lisadas com detergente Triton X-100 e o extrato celular é submetido à cromatografia[156]. Depois de purificadas, as proteínas rHA são misturadas e formuladas na forma de vacina, que já é comercializada amplamente nos Estados Unidos.

Ainda é possível realizar a produção de *virus like particles* (VLP), que são partículas de vírus de interesse, livres de material genético e portanto não infectivas, que mesmo produzidas pelo sistema BEV, em células de inseto, podem ter o formato e a imunogenicidade de vacinas completas inativadas do mesmo vírus. A produção de VLP utiliza o sistema BEV como descrito para a expressão de proteínas, sendo que a proteína heteróloga viral costuma ser uma proteína estrutural do capsídeo e/ou membrana viral, que, expressas em células de inseto, resultam na formação de VLP. A vacina Cervarix™ (GlaxoSmithKline), descrita anteriormente, é um exemplo de VLP que está sendo utilizada em larga escala. A produção de VLP de parvovírus suíno em células Sf21 pelo sistema BEV foi escalonado até 25 L em biorreatores de agitação interna. A infecção em baixa MOI (0,05) é feita com as células no início da fase exponencial (1,5 x 10^6 cels/mL), e após 120 h.p.i. obtém-se 7,5 µg/mL de proteínas após a purificação das VLP[157].

A aprovação de produtos médicos aplicados a humanos com a tecnologia BEV é um testamento ao potencial do sistema de expressão baculovírus na produção de proteínas em escalas industriais.

7.6.1 Lavas de lepidópteros como biorreatores

Uma alternativa de baixo custo à expressão de proteínas em células pelo sistema BEV é o uso de larvas de inseto como "biorreatores vivos". Para gerar as larvas, serão necessários materiais, equipamentos e procedimentos muito distintos em relação ao cultivo de células de insetos. Procedimentos

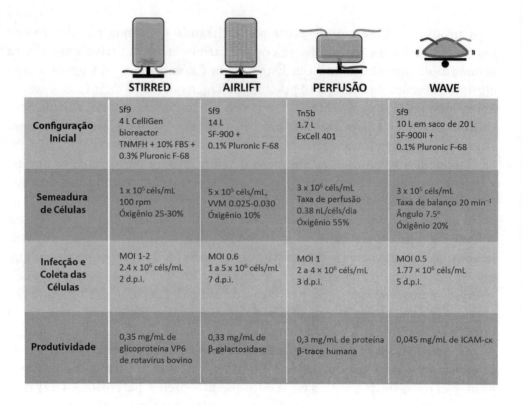

Figura 7.11 Comparação de diversos sistemas de biorreatores utilizados no processo de expressão de proteínas pelo sistema BEV. Infográfico mostrando: a configuração inicial, que descreve a linhagem celular utilizada, o volume do biorreator utilizado e o meio de cultura, suplementos e aditivos. A semeadura de células descreve a quantidade de células adicionada inicialmente no tanque do biorreator, parâmetros específicos ao sistema utilizado como a velocidade de rotação da hélice em biorreatores stirred tank (em rotações por minuto – rpm) ou o volume médio de injeção de ar no sistema airlift (VVM) e o nível de oxigênio programado no controle de entrada de ar. A infecção e coleta de células descreve a multiplicidade de infecção (MOI) e a densidade celular na hora da infecção, além de quantos dias de infecção (dias após infecção – d.p.i.) se passam até a hora da coleta das células e purificação da proteína recombinante. Por fim, a produtividade descreve a concentração de proteína obtida utilizando os parâmetros citados[146,158,159,144].

como manter e eclodir os ovos, preparar e distribuir o alimento, o monitoramento das larvas, a manutenção das pupas, a indução da cópula e ovoposição dos insetos adultos, assim fechando o ciclo de vida do inseto e o ciclo produtivo exigem um ambiente isolado e limpo, com estufas, recipientes estéreis para manutenção das larvas e a mão de obra especializada capaz de avaliar as condições de crescimento dos insetos. Os custos com equipamentos e materiais para manter a produção de larvas não são altos, as dietas sólidas são basicamente compostas por grãos e leite em pó. As larvas podem

ser mantidas em potes de plástico descartável que não precisam ser estéreis, assim como não é necessária a esterilização do ambiente de trabalho.

A escolha da espécie das larvas a serem utilizadas como biorreatores deve levar em conta a suscetibilidade desta à infecção do vírus vetor, e devem possuir tamanho e massa suficientes para garantir uma alta produção de proteínas. As larvas de *Trichoplusia ni* são suscetíveis à infecção pelo baculovírus AcMNPV, utilizado no sistema Bac-to-Bac (Invitrogen), e diversas proteínas já foram produzidas nestas larvas pelo BEV baseado em AcMNPV. Essas larvas são mantidas em dietas baseadas em milho, em temperatura ambiente, e se desenvolvem de ovos a pupa em aproximadamente treze dias[*]. Após eclosão dos ovos, as larvas atravessam cinco ínstares em um período de nove dias, então se transformam em pupa, estágio em que ocorre a metamorfose e que dura quatro dias, surgindo então o indivíduo adulto[141] (Figura 7.12). Outra espécie muito utilizada são as larvas do bicho-da-seda, *Bombyx mori*, que são suscetíveis ao baculovírus BmNPV[92]. As larvas de *Bombyx mori* são facilmente adquiridas junto a produtores de seda pelo mundo todo. Além disso, são larvas de grande porte em comparação aos demais lepidópteros. Muitos dos grupos de trabalho que propõem as larvas de *B. mori* como biorreatores estão na Ásia, especialmente na China e Japão, o que torna este "biorreator vivo" um dos mais estudados e utilizados na expressão de proteínas de interesse[160,161].

Quanto à infecção e produção de proteínas heterólogas, existem três formas básicas de infectar as larvas. A primeira e mais comum envolve injetar inóculo viral (BV) produzido em células de inseto diretamente na hemolinfa das larvas. No caso de larvas de *T. Ni* ou *S. frugiperda*, no quinto ínstar são injetados 1.000 pfu por larva.

O segundo método envolve a infecção das larvas por via oral, caso em que se utiliza um vírus recombinante contendo o gene da poliedrina e o gene de interesse. A partir da infecção de células de inseto, obtêm-se os corpos de oclusão que serão colocados na dieta ou injetados diretamente por microaplicador via oral[141].

---

[*] Para uma descrição das condições de criação, ver <http://andrelevy.net/tni.htm>.

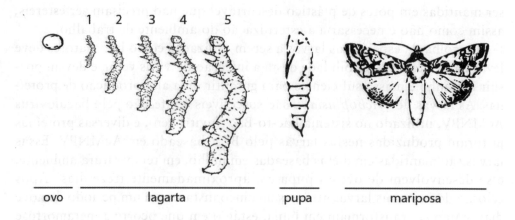

Figura 7.12 Representação dos diferentes estádios de desenvolvimento do inseto Trichoplusia ni (Lepidoptera, Noctuidae). Todo o ciclo de vida tem a duração aproximada de 25 dias, conforme a temperatura de incubação.

O terceiro método envolve transfectar o DNA viral junto a lipossomos na hemolinfa da larva, resultando na infecção dos tecidos em contato com a hemolinfa[162].

A primeira e a segunda metodologias dependem do cultivo de células de inseto *in vitro* para a geração do inóculo viral e corpos de oclusão que servirão como agentes infectivos. A terceira metodologia pode ser útil quando se utiliza o sistema Bac-to-Bac, em que o DNA dos vírus recombinantes é gerado em bactérias na forma de plasmídeos, que depois de isolados podem ser transfectados diretamente nas larvas.

A metodologia de infecção por injeção de BV na hemolinfa é trabalhosa e demorada, pois as larvas devem ser injetadas individualmente e com cuidado para não causar ferimentos letais, enquanto a metodologia de infecção por via oral é simples, sendo necessário apenas adicionar uma quantidade de OB sobre a dieta que será ingerida pelas larvas[14]. Por outro lado, o pacote básico dos sistemas comerciais de geração de baculovírus recombinantes, como o Bac-to-Bac (Invitrogen) ou BaculoGold (BD Biosciences), não geram baculovírus recombinantes oclusão positivos, sendo necessária a aquisição ou construção de vetores específicos para este fim.

A produtividade do sistema BEV em larvas é alta. A produção de DNA polimerase humana em larvas *Bombyx mori* resultou em 11 µg de proteína purificada por larva[161]. Outro trabalho obteve 45 µg de interferon-tau bovina por larva *B. Mori*[163], e a produção de hormônio de crescimento

humano (hGH) resultou em 20 µg a 50 µg de proteína ativa por larva[164]. Em larvas *T. ni*, a produção de fosfolipase A2 humana resultou em 20 µg por grama de insetos infectados[165], enquanto a expressão de proteína fluorescente verde (GFP) resultou em até 1 mg de proteína por larva[166].

Mesmo existindo diversas alternativas de infecção, o processo de produção de proteínas heterólogas em larvas deverá estar sujeito à otimização constante. Deve-se determinar condições ótimas de crescimento das larvas, como temperatura, composição da dieta, umidade e densidade de larvas por pote. O momento ideal de infecção das larvas deve levar em conta o tamanho e estágio de desenvolvimento das larvas, método de infecção e a produtividade e qualidade das proteínas expressas. Também é preciso atentar para a metodologia utilizada na purificação das proteínas produzidas, já que o extrato de proteínas derivado do corpo ou da hemolinfa possui uma composição complexa, com inúmeros agentes capazes de interferir na pureza final da proteína, em especial proteases capazes de degradar o produto desejado[166]. Como é comum na produção de proteínas em larga escala, o extrato será submetido a procedimentos de homogeneização, clarificação por filtragem e centrifugação, inibição de proteases, precipitação de proteínas, diálise e uma sequência de cromatografias preparativas para isolar as proteínas de interesse. Tudo isso considerando a característica heterogênea e biologicamente ativa do extrato de proteínas derivado de larvas.

7.7 PROTOCOLO RESUMIDO DE CONSTRUÇÃO DE BACULOVÍRUS RECOMBINANTE POR RECOMBINAÇÃO HOMÓLOGA EM CÉLULAS DE INSETO

1) Clonar gene de interesse a jusante do promotor baculoviral (usualmente o promotor do gene da poliedrina) dentro dos flancos de recombinação no plasmídeo de transferência (que deverá conter algum gene que produza um fenótipo identificável para isolamento do vírus recombinante, como o próprio gene *polh* ou *egfp*). Neste exemplo, utilizamos o plasmídeo de transferência p2100, que contém o locus e gene *polh* do vírus AgMNPV, enquanto o gene de interesse foi o gene repórter *fluc* (luciferase de vagalume), sob controle do promotor do gene *ie1* do baculovírus AgMNPV (Figura 7.13).

2) O DNA do plasmídeo de transferência deve estar em tampão (10 mM Tris/1 mM EDTA) ou água. É importante que este material esteja estéril, pois entrará em contato com meio de cultura estéril.

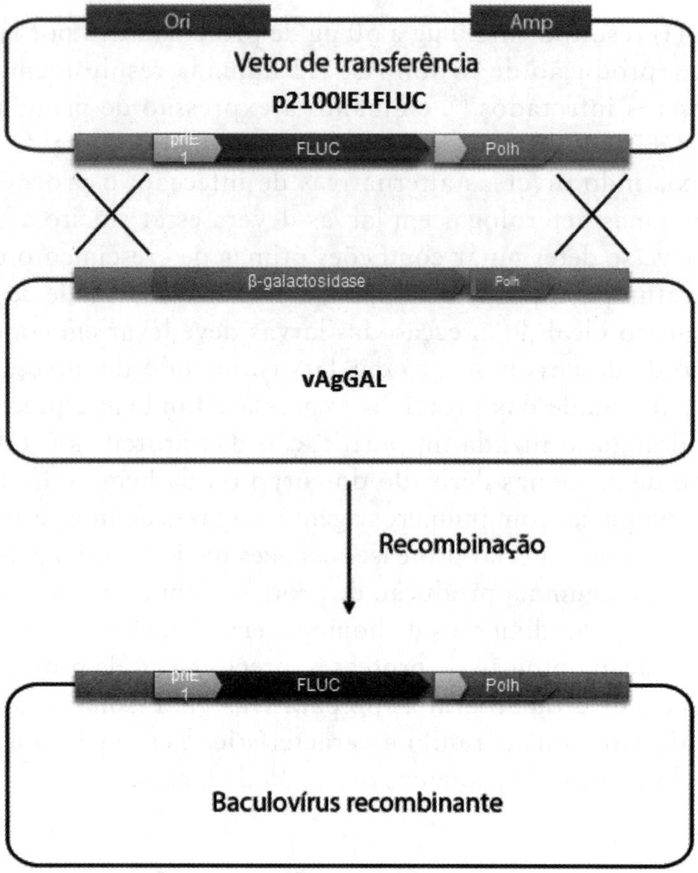

Figura 7.13 Esquema da recombinação homóloga entre o plasmídeo de transferência P2100IE1FLUC e o vírus recombinante vAgGAL. O vetor de transferência contém o gene repórter da luciferase de vagalume (fluc), sendo controlado pelo promotor do gene immediate early 1 (prIE1). O vetor também possui o gene completo da poliedrina (Polh) e seu promotor. O vírus vAgGAL possui o gene da β-galactosidase (lacZ) que substituiu e inativou o gene polh, assim gerando um vírus incapaz de formar corpos de oclusão. Esta recombinação homóloga resulta em um vírus recombinante que forma corpos de oclusão e produz a proteína luminescente luciferase.

3) Isolar o DNA viral do vírus parental, a partir de BV ou ODV (14), que também deve estar estéril. Neste caso, utilizamos o vírus de fenótipo oclusão negativo vAgGAL (87) que é um vírus derivado do AgMNPV cujo gene da poliedrina foi substituído pelo gene *lacZ* (beta-galactosidase de *E. coli*). como é um vírus oclusão negativo, o DNA viral é obtido a partir de BV.

4) Preparar a reação de cotransfecção adicionando 1 µg do DNA viral para 5 µg de DNA plasmidial em 100 µL de meio de cultura livre de soro. Em tubo separado, adicionar 10 µL do reagente de transfecção Cellfectin II (Invitrogen) em 100 µL de meio de cultura sem soro. Deixar incubar por 15 minutos em temperatura ambiente. Após essa incubação, misturar as duas soluções para formar os complexos lipossomos contendo os DNAs viral e plasmidial. Incubar por 1 hora em temperatura ambiente.

5) Adicionar os 200 µL da mistura DNA e lipossomos de gota em gota sobre 5×10^5 células por mL (aproximadamente 50% de confluência), suscetíveis a infecção do vírus, em uma placa de 35 mm contendo meio de cultura previamente preparada para a cotransfecção. No caso do baculovírus AgMNPV, pode-se utilizar as células BTI-Tn-5B1-4 (22) ou UFL-Ag-286[167].

6) Incubar as células com a mistura durante 4 horas a 27 °C, depois retire o meio de cultura sem alterar a monocamada de células e coloque meio novo. Isto é feito devido ao efeito tóxico dos lipossomos sobre as células. Após a adição de meio novo, as células são incubadas a 27 °C.

7) Após confirmada a infecção por avaliação da morfologia das células em microscópio invertido, espera-se a proliferação e amplificação dos vírus transfectados, que pode demorar de 4 a 6 dias, dependendo da eficiência da transfecção. O sobrenadante é coletado e centrifugado para remover as células.

8) O sobrenadante da cotransfecção é usado como inóculo viral de uma nova placa de 35 mm preparada como antes. Desta vez, busca-se a presença de células apresentando os fenótipos do vírus recombinante. No caso da recombinação homóloga entre p2100 e vAgGAL, o plasmídeo de transferência resgata o fenótipo oclusão positivo do vírus vAgGAL. Assim, quando o recombinante infecta uma célula, produz inúmeros poliedros no núcleo desta. Além disso, o gene *fluc* também serve como fenótipo identificador, pois a adição de luciferina e medição em um luminômetro confirma a presença ou ausência do recombinante.

9) Confirmada a presença do recombinante, o inóculo da amplificação deve ser diluído de forma seriada e as diluições aplicadas em fileiras de uma ou mais placas de 96 poços contendo células suscetíveis. Diluições de até 10^{-9} do inóculo viral devem ser distribuídas na placa. Como o vírus recombinante estará em baixa concentração em relação ao parental vAgGAL, deve-se buscar os fenótipos desejados de poço em poço. O poço de maior diluição com o fenótipo desejado é coletado e utilizado na confecção de nova diluição em placa de 96 poços.

10) Após aproximadamente quatro diluições, os fenótipos do vírus recombinante devem dominar a infecção. Este último inóculo viral pode ser utilizado na amplificação do vírus recombinante em placas de maior volume, assim gerando o inóculo viral que, após titulado, pode ser utilizado (Figura 7.14).

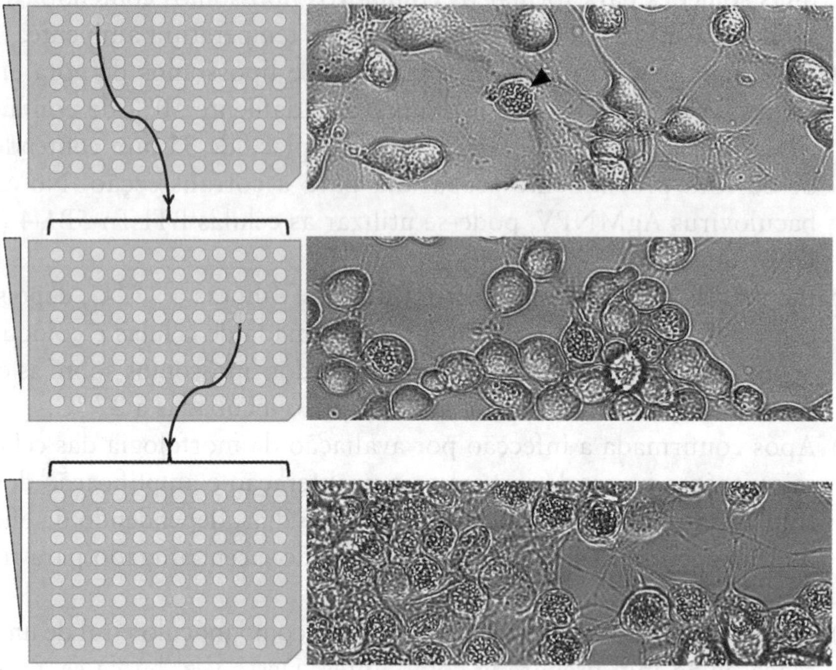

Figura 7.14 Diagrama que descreve o processo de purificação de vírus recombinante produzido por recombinação homóloga. O inóculo da cotransfecção é diluído de forma seriada e distribuído em placas de 96 poços que serão observadas por microscopia de luz buscando o fenótipo oclusão positivo (cabeça de seta marcando a célula na primeira micrografia). O poço é então analisado pela presença de luminescência. Se positivo em ambos os casos, o inóculo desse poço é diluído e uma nova placa é preparada. Após 3 ou 4 placas de diluição, o vírus recombinante torna-se o predominante no inóculo viral. Ao fim, o inóculo purificado será amplificado, infectando uma maior quantidade de células.

Recomenda-se realizar pelo menos três cotransfecções iniciais e purificar os recombinantes derivados paralelamente. Também é importante confirmar a expressão do gene de interesse por *western blot* ou técnica capaz de detectar a proteína expressa. Mesmo tendo o vírus recombinante semipurificado, é possível que nas primeiras diluições o vírus recombinante não infecte um número suficientemente grande de células para produzir uma quantidade

de proteínas detectáveis. Além do gene de interesse, a presença de um gene repórter que produza fenótipo detectável que não dependa de *western blot* é indispensável, como os genes *egfp*, *fluc* e *lacZ*. A aquisição de kits comerciais de geração de baculovírus recombinantes, como o BakPak, simplificam a geração de recombinantes por recombinação homóloga e são plenamente funcionais com o objetivo de expressão de proteínas em grande quantidade. No entanto, são limitados ao baculovírus AcMNPV, enquanto o protocolo aqui descrito pode ser adaptado a modificação de qualquer baculovírus que tenha uma linhagem celular suscetível cultivada *in vitro*.

7.8 CONCLUSÕES

Como mostrado nesse capítulo, os baculovírus são ferramentas biotecnológicas versáteis que vêm sendo usadas como vetores de expressão de proteínas de interesse para diferentes áreas, como biologia, agricultura e medicina. O impacto do desenvolvimento desse sistema ao longo das últimas três décadas pode ser demonstrado pelo número de patentes (28.151) contendo o termo baculovírus após uma busca no banco de dados de patentes dos Estados Unidos[168]. Esse sistema é considerado mais rápido e mais rentável quando comparado a sistemas de expressão baseados em células de mamíferos. Além disso, os baculovírus não são patogênicos a plantas, animais ou humanos, e foram aprovados pela FDA para a produção de vacinas recombinantes que já estão sendo comercializadas.

7.9 PERSPECTIVAS FUTURAS

O estudo dos baculovírus forneceu, ao longo dos anos, valiosas informações sobre a relação entre o vírus de DNA e seu hospedeiro, e também sobre a patologia da infecção. Muitas dessas informações foram importantes para o desenvolvimento do sistema de expressão baculovírus x célula de inseto. Os baculovírus continuarão a ser utilizados como vetores de expressão de proteínas heterólogas por muito tempo. Novos vetores para a expressão de múltiplas proteínas já estão em desenvolvimento e poderão ser utilizados para o estudo estrutural e funcional de grandes complexos proteicos. Com a aprovação do uso de baculovírus recombinantes para produção de vacinas, o desenvolvimento de vetores baseados em baculovírus para terapia gênica também será impulsionado.

REFERÊNCIAS

1. Gröner A. Specificity and safety of baculoviruses. In: Granados RR, Federici BA, editors. The biology of baculoviruses. Boca Raton: Boca Raton Press; 1986. p. 177-202.
2. Ribeiro BM, Souza ML, Kitajima EW. Taxonomia, caracterização molecular e bioquímica de vírus de insetos. In: Alves SB, editor. Controle microbiano de insetos. Piracicaba: Fealq; 1998. p. 481-507.
3. Moscardi F. Assessment of the application of baculoviruses for control of Lepidoptera. Annu Rev Entomol. 1999;44:257-89.
4. Rohrmann GF. Baculovirus Molecular Biology. Second Edition [Internet]. Bethesda: National Center for Biotechnology Information. Available from: http://www.ncbi.nlm.nih.gov/books/NBK49500/2011.
5. Van Lenteren J. IOBC Internet Book of Biological Control. 2012.
6. Souza MLS, Castro MEB, Sihler W, Ribeiro ZMA, Moscardi F. Caracterização de baculovírus utilizados no controle de pragas. Biotecnologia: Ciência e Desenvolvimento. 2002;24:3.
7. McCown J, Cochran M, Putnak R, Feighny R, Burrous J, Henchal E, et al. Introduction to the baculoviruses. In: Miller LK, editor. The baculoviruses. New York: Plenum Press; 1997.
8. Jehle JA, Blissard GW, Bonning BC, Cory JS, Herniou EA, Rohrmann GF, et al. On the classification and nomenclature of baculoviruses: a proposal for revision. Arch Virol. 2006;151(7):1257-66.
9. Theilmann DA, Blissard GW, Bonning B, Jehle JA, O'reilly DR, Rohrmann GR, et al. Baculoviridae. In: Fauquet CM, Mayo MA, Maniloff J, Desselberger U, Ball LA, editors. Virus Taxonomy – Eighth Report of the International Committee on Taxonomy of Viruses. New York: Springer; 2005.
10. Zanotto PM, Kessing BD, Maruniak JE. Phylogenetic interrelationships among baculoviruses: evolutionary rates and host associations. J Invertebr Pathol. 1993;62(2):147-64.
11. Herniou EA, Jehle JA. Baculovirus phylogeny and evolution. Curr Drug Targets. 2007;8(10):1043-50.
12. Garavaglia MJ, Miele SA, Iserte JA, Belaich MN, Ghiringhelli PD: The ac53, ac78, ac101, and ac103 genes are newly discovered core genes in the family Baculoviridae. J Virol. 2012;86(22):12069-79.
13. Arif BM. The structure of the viral genome. Curr Top Microbiol Immunol. 1986;131:21-9.
14. O'Reilly D, Miller LK, Luckow VA. Baculovirus Expression Vectors: a laboratory manual. New York: Freeman and Company; 1992.

15. Garcia-Maruniak A, Maruniak JE, Zanotto PM, Doumbouya AE, Liu JC, Merritt TM, et al. Sequence analysis of the genome of the Neodiprion sertifer nucleopolyhedrovirus. J Virol. 2004;78(13):7036-51.

16. Thumbi DK, Eveleigh RJ, Lucarotti CJ, Lapointe R, Graham RI, Pavlik L, et al. Complete sequence, analysis and organization of the Orgyia leucostigma nucleopolyhedrovirus genome. Viruses. 2011;3(11):2301-27.

17. Lauzon HA, Lucarotti CJ, Krell PJ, Feng Q, Retnakaran A, Arif BM. Sequence and organization of the Neodiprion lecontei nucleopolyhedrovirus genome. J Virol. 2004;78(13):7023-35.

18. Miele SA, Garavaglia MJ, Belaich MN, Ghiringhelli PD. Baculovirus: molecular insights on their diversity and conservation. Int J Evol Biol. 2011;2011:379424.

19. Vail P, Sutter G, Jay DL, Gough D. Recipocal infectivity of nuclear polyhedrosis viruses of the cabbage looper and alfalfa looper. Journal of Invertebrate Pathology. 1971;17:6.

20. Ayres MD, Howard SC, Kuzio J, Lopez-Ferber M, Possee RD. The complete DNA sequence of Autographa californica nuclear polyhedrosis virus. Virology. 1994;202(2):586-605.

21. Williams GV, Faulkner P. Cytological changes and viral morphogenesis during baculovirus infection. In: Miller LK, editor. The baculoviruses. New York: Plenum Press; 1997. p. 61-107.

22. Granados RR, Guoxun L, Derksen ACG, MecKenna KA. A New Insect Cell Line from Trichoplusia ni (BTI-Tn-5B1-4) Susceptible to Trichoplusia ni Single Enveloped Nuclear Polyhedrosis Virus. Journal of Invertebrate Pathology. 1994;64:7.

23. Murphy FA, Faukquet CM, Bishop DHL, Ghabrial SA, Jarvis AW, Martelli GP, et al. Virus Taxonomy: classification and nomenclature of viruses. New York: Springer-Verlag Wien; 1995.

24. Castro MEB, Souza ML, Sihler W, Rodrigues JCM, Ribeiro BM. Biologia molecular do baculovírus e seu uso no controle biológico de pragas no Brasil. Pesquisa Agropecuária Brasileira. 1999;34:27.

25. Horton HM, Burand JP. Saturable attachment sites for polyhedron-derived baculovirus on insect cells and evidence for entry via direct membrane fusion. J Virol. 1993;67(4):1860-8.

26. Haas-Stapleton EJ, Washburn JO, Volkman LE. P74 mediates specific binding of Autographa californica M nucleopolyhedrovirus occlusion-derived virus to primary cellular targets in the midgut epithelia of Heliothis virescens Larvae. J Virol. 2004;78(13):6786-91.

27. Funk CJ, Braunagel SC, Rohrmann G. Baculovirus structure. In: Miller LK, editor. The baculoviruses. New York.: Plenum Press; 1997.

28. Federici BA. Baculovirus pathogenesis. In: Miller LK, editor. The Baculoviruses. New York: Plenum Press; 1997. p. 33-60.

29. Volkmann LE, Keddie BA. Nuclear polyhedrosis virus pathogenesis. Seminars in Virology. 1990;1:8.

30. Friesen PD. Regulation of baculovírus early gene expression. In: Miller LK, editor. The baculoviruses. New York: Plenum Prest; 1997. p. 7-32.

31. Blissard GW, Rohrmann GF. Baculovirus diversity and molecular biology. Annu Rev Entomol. 1990;35:127-55.

32. Maruniak JE. Baculovirus structural proteins and protein synthesis. In: Granados RR, Frederici BA, editors. The Biology of Baculovirus. Boca Raton: Boca Raton Press; 1986. p. 129-46.

33. Lu A, Miller LK. Regulation of baculovirus late and very late gene expression. In: Miller LK, editor. The baculoviruses. New York: Plenum Prest; 1997.

34. Rohrmann GF. Polyhedrin structure. J Gen Virol. 1986;67(Pt 8):1499-513.

35. Jarvis DL. Baculovirus expression vectors. In: Miller LK, editor. The baculoviruses. New York: Plenum Prest; 1997.

36. Dalal NG, Bentley WE, Cha HJ. Facile monitoring of baculovirus infection for foreign protein expression under very late polyhedrin promoter using green fluorescent protein reporter under early-to-late promoter. Biochemical Engineering Journal. 2005;24(1):4.

37. Jarvis DL. Developing baculovirus-insect cell expression systems for humanized recombinant glycoprotein production. Virology. 2003;310(1):1-7.

38. Chang GD, Chen CJ, Lin CY, Chen HC, Chen H. Improvement of glycosylation in insect cells with mammalian glycosyltransferases. J Biotechnol. 2003;102(1):61-71.

39. Prehaud C, Takehara K, Flamand A, Bishop DH. Immunogenic and protective properties of rabies virus glycoprotein expressed by baculovirus vectors. Virology. 1989;173(2):390-9.

40. McCown J, Cochran M, Putnak R, Feighny R, Burrous J, Henchal E, et al. Protection of mice against lethal Japanese encephalitis with a recombinant baculovirus vaccine. Am J Trop Med Hyg. 1990;42(5):491-9.

41. Despres P, Dietrich J, Girard M, Bouloy M. Recombinant baculoviruses expressing yellow fever virus E and NS1 proteins elicit protective immunity in mice. J Gen Virol. 1991;72 (Pt 11):2811-6.

42. Depner KR, Bouma A, Koenen F, Klinkenberg D, Lange E, de Smit H, et al. Classical swine fever (CSF) marker vaccine. Trial II. Challenge study in pregnant sows. Vet Microbiol. 2001;83(2):107-20.

43. Van Aarle P. Suitability of an E2 subunit vaccine of classical swine fever in combination with the E(rns)-marker-test for eradication through vaccination. Dev Biol. 2003;114:193-200.

44. Bai B, Lu X, Meng J, Hu Q, Mao P, Lu B, et al. Vaccination of mice with recombinant baculovirus expressing spike or nucleocapsid protein of SARS-like coronavirus generates humoral and cellular immune responses. Mol Immunol. 2008;45(4):868-75.

45. Treanor JJ, Schiff GM, Hayden FG, Brady RC, Hay CM, Meyer AL, et al. Safety and immunogenicity of a baculovirus-expressed hemagglutinin influenza vaccine: a randomized controlled trial. JAMA. 2007;297(14):1577-82.

46. Barros MC, Galasso TG, Chaib AJ, Degallier N, Nagata T, Ribeiro BM. Yellow fever virus envelope protein expressed in insect cells is capable of syncytium formation in lepidopteran cells and could be used for immunodetection of YFV in human sera. Virol J. 2011;8:261.

47. Smith GE, Fraser MJ, Summers MD. Molecular Engineering of the Autographa californica Nuclear Polyhedrosis Virus Genome: Deletion Mutations Within the Polyhedrin Gene. J Virol. 1983;46(2):584-93.
48. Grabherr R, Ernst W, Oker-Blom C, Jones I. Developments in the use of baculoviruses for the surface display of complex eukaryotic proteins. Trends Biotechnol. 2001;19(6):231-6.
49. Tani H, Limn CK, Yap CC, Onishi M, Nozaki M, Nishimune Y, et al. In vitro and in vivo gene delivery by recombinant baculoviruses. J Virol. 2003;77(18):9799-808.
50. Liu CY, Wang CH, Wang JC, Chao YC. Stimulation of baculovirus transcriptome expression in mammalian cells by baculoviral transcriptional activators. J Gen Virol. 2007;88(Pt 8):2176-84.
51. Kost TA, Condreay JP: Recombinant baculoviruses as mammalian cell gene-delivery vectors. Trends Biotechnol. 2002;20(4):173-80.
52. Airenne KJ, Hiltunen MO, Turunen MP, Turunen AM, Laitinen OH, Kulomaa MS, et al. Baculovirus-mediated periadventitial gene transfer to rabbit carotid artery. Gene Ther. 2000;7(17):1499-504.
53. Volkman LE, Goldsmith PA. In Vitro Survey of Autographa californica Nuclear Polyhedrosis Virus Interaction with Nontarget Vertebrate Host Cells. Appl Environ Microbiol. 1983;45(3):1085-93.
54. Carbonell LF, Klowden MJ, Miller LK: Baculovirus-mediated expression of bacterial genes in dipteran and mammalian cells. J Virol 1985,56(1):153-60.
55. Hofmann C, Sandig V, Jennings G, Rudolph M, Schlag P, Strauss M. Efficient gene transfer into human hepatocytes by baculovirus vectors. Proc Natl Acad Sci USA. 1995;92(22):10099-103.
56. Boyce FM, Bucher NL. Baculovirus-mediated gene transfer into mammalian cells. Proc Natl Acad Sci USA. 1996;93(6):2348-52.
57. Dwarakanath RS, Clark CL, McElroy AK, Spector DH. The use of recombinant baculoviruses for sustained expression of human cytomegalovirus immediate early proteins in fibroblasts. Virology. 2001;284(2):297-307.

58. Sarkis C, Serguera C, Petres S, Buchet D, Ridet JL, Edelman L, et al. Efficient transduction of neural cells in vitro and in vivo by a baculovirus-derived vector. Proc Natl Acad Sci USA. 2000;97(26):14638-43.
59. Ma L, Tamarina N, Wang Y, Kuznetsov A, Patel N, Kending C, et al.: Baculovirus-mediated gene transfer into pancreatic islet cells. Diabetes 2000,49(12):1986-91.
60. Gao R, McCormick CJ, Arthur MJ, Ruddell R, Oakley F, Smart DE, et al. High efficiency gene transfer into cultured primary rat and human hepatic stellate cells using baculovirus vectors. Liver. 2002;22(1):15-22.
61. Bilello JP, Delaney WEt, Boyce FM, Isom HC. Transient disruption of intercellular junctions enables baculovirus entry into nondividing hepatocytes. J Virol. 2001;75(20):9857-71.
62. Bilello JP, Cable EE, Myers RL, Isom HC. Role of paracellular junction complexes in baculovirus-mediated gene transfer to nondividing rat hepatocytes. Gene Ther. 2003;10(9):733-49.
63. Hofmann C, Strauss M. Baculovirus-mediated gene transfer in the presence of human serum or blood facilitated by inhibition of the complement system. Gene Ther. 1998;5(4):531-6.
64. Ohkawa T, Volkman LE, Welch MD. Actin-based motility drives baculovirus transit to the nucleus and cell surface. J Cell Biol. 2010;190(2):187-95.
65. Kukkonen SP, Airenne KJ, Marjomaki V, Laitinen OH, Lehtolainen P, Kankaanpaa P, et al. Baculovirus capsid display: a novel tool for transduction imaging. Mol Ther. 2003;8(5):853-62.
66. Gao H, Wang Y, Li N, Peng WP, Sun Y, Tong GZ, et al. Efficient gene delivery into mammalian cells mediated by a recombinant baculovirus containing a whispovirus ie1 promoter, a novel shuttle promoter between insect cells and mammalian cells. J Biotechnol. 2007;131(2):138-43.
67. Hu YC, Tsai CT, Chang YJ, Huang JH. Enhancement and prolongation of baculovirus-mediated expression in mammalian cells: focuses on strategic infection and feeding. Biotechnol Prog. 2003;19(2):373-9.
68. Huser A, Rudolph M, Hofmann C. Incorporation of decay-accelerating factor into the baculovirus envelope generates complement-resistant gene transfer vectors. Nat Biotechnol. 2001;19(5):451-5.
69. Pieroni L, Maione D, La Monica N. In vivo gene transfer in mouse skeletal muscle mediated by baculovirus vectors. Hum Gene Ther. 2001;12(8):871-81.
70. Haeseleer F, Imanishi Y, Saperstein DA, Palczewski K. Gene transfer mediated by recombinant baculovirus into mouse eye. Invest Ophthalmol Vis Sci. 2001;42(13):3294-300.

71. Lehtolainen P, Tyynela K, Kannasto J, Airenne KJ, Yla-Herttuala S. Baculoviruses exhibit restricted cell type specificity in rat brain: a comparison of baculovirus- and adenovirus-mediated intracerebral gene transfer in vivo. Gene Ther. 2002;9(24):1693-9.
72. Wang CY, Li F, Yang Y, Guo HY, Wu CX, Wang S. Recombinant baculovirus containing the diphtheria toxin A gene for malignant glioma therapy. Cancer Res. 2006;66(11):5798-806.
73. Bocca AL, Barros MC, Martins GK, de Araujo AC, Souza MJ, Ribeiro AM, et al. Immunological effects of Anticarsia gemmatalis multiple nucleopolyhedrovirus (AgMNPV) by stimulation of mice in vivo and in vitro. Virus Res. 2013;176(1-2):119-27.
74. Beck NB, Sidhu JS, Omiecinski CJ. Baculovirus vectors repress phenobarbital-mediated gene induction and stimulate cytokine expression in primary cultures of rat hepatocytes. Gene Ther. 2000;7(15):1274-83.
75. Gronowski AM, Hilbert DM, Sheehan KC, Garotta G, Schreiber RD. Baculovirus stimulates antiviral effects in mammalian cells. J Virol. 1999;73(12):9944-51.
76. Abe T, Kaname Y, Wen X, Tani H, Moriishi K, Uematsu S, et al. Baculovirus induces type I interferon production through toll-like receptor-dependent and -independent pathways in a cell-type-specific manner. J Virol. 2009;83(15):7629-40.
77. Abe T, Hemmi H, Miyamoto H, Moriishi K, Tamura S, Takaku H, et al.: Involvement of the Toll-like receptor 9 signaling pathway in the induction of innate immunity by baculovirus. J Virol 2005,79(5):2847-58.
78. Abe T, Takahashi H, Hamazaki H, Miyano-Kurosaki N, Matsuura Y, Takaku H. Baculovirus induces an innate immune response and confers protection from lethal influenza virus infection in mice. J Immunol. 2003;171(3):1133-9.
79. Suzuki T, Chang MO, Kitajima M, Takaku H. Baculovirus activates murine dendritic cells and induces non-specific NK cell and T cell immune responses. Cell Immunol. 2010;262(1):35-43.
80. Molinari P, Garcia-Nunez S, Gravisaco MJ, Carrillo E, Berinstein A, Taboga O. Baculovirus treatment fully protects mice against a lethal challenge of FMDV. Antiviral Res. 2010;87(2):276-9.
81. Yoshida S, Kawasaki M, Hariguchi N, Hirota K, Matsumoto M. A baculovirus dual expression system-based malaria vaccine induces strong protection against Plasmodium berghei sporozoite challenge in mice. Infect Immun. 2009;77(5):1782-9.
82. Andrew ME, Morrissy CJ, Lenghaus C, Oke PG, Sproat KW, Hodgson AL, et al. Protection of pigs against classical swine fever with DNA-delivered gp55. Vaccine. 2000;18(18):1932-8.
83. Martelli P, Ferrari L, Morganti M, De Angelis E, Bonilauri P, Guazzetti S, et al. One dose of a porcine circovirus 2 subunit vaccine induces humoral and cell-mediated immunity and protects against porcine circovirus-associated disease under field conditions. Vet Microbiol. 2011;149(3-4):339-51.

84. Hervas-Stubbs S, Rueda P, Lopez L, Leclerc C: Insect baculoviruses strongly potentiate adaptive immune responses by inducing type I IFN. J Immunol 2007,178(4):2361-9.
85. Bahia D, Cheung R, Buchs M, Geisse S, Hunt I. Optimisation of insect cell growth in deep-well blocks: development of a high-throughput insect cell expression screen. Protein Expr Purif. 2005;39(1):61-70.
86. Hunt I. From gene to protein: a review of new and enabling technologies for multi-parallel protein expression. Protein Expr Purif. 2005;40(1):1-22.
87. Ribeiro BM, Gatti CD, Costa MH, Moscardi F, Maruniak JE, Possee RD, et al. Construction of a recombinant Anticarsia gemmatalis nucleopolyhedrovirus (AgMNPV-2D) harbouring the beta-galactosidase gene. Arch Virol. 2001;146(7):1355-67.
88. Hartley JL, Temple GF, Brasch MA. DNA cloning using in vitro site-specific recombination. Genome Res. 2000;10(11):1788-95.
89. Sasaki Y, Sone T, Yoshida S, Yahata K, Hotta J, Chesnut JD, et al. Evidence for high specificity and efficiency of multiple recombination signals in mixed DNA cloning by the Multisite Gateway system. J Biotechnol. 2004;107(3):233-43.
90. Sasaki Y, Sone T, Yahata K, Kishine H, Hotta J, Chesnut JD, et al. Multi-gene gateway clone design for expression of multiple heterologous genes in living cells: eukaryotic clones containing two and three ORF multi-gene cassettes expressed from a single promoter. J Biotechnol. 2008;136(3-4):103-12.
91. Luckow VA, Lee SC, Barry GF, Olins PO. Efficient generation of infectious recombinant baculoviruses by site-specific transposon-mediated insertion of foreign genes into a baculovirus genome propagated in Escherichia coli. J Virol. 1993;67(8):4566-79.
92. Motohashi T, Shimojima T, Fukagawa T, Maenaka K, Park EY. Efficient large-scale protein production of larvae and pupae of silkworm by Bombyx mori nuclear polyhedrosis virus bacmid system. Biochem Biophys Res Commun. 2005;326(3):564-9.
93. Cao CP, Wu XF. A novel application of baculovirus in mammalian gene therapy. Wei Shengwu Xuebao. 2006;46(4):668-72.
94. Ono C, Kamagata T, Taka H, Sahara K, Asano S, Bando H. Phenotypic grouping of 141 BmNPVs lacking viral gene sequences. Virus Res. 2012;165(2):197-206.
95. Xiang X, Yang R, Yu S, Cao C, Guo A, Chen L, et al. Construction of a BmNPV polyhedrin-plus Bac-to-Bac baculovirus expression system for application in silkworm, Bombyx mori. Appl Microbiol Biotechnol. 2010;87(1):289-95.
96. Hou S, Chen X, Wang H, Tao M, Hu Z. Efficient method to generate homologous recombinant baculovirus genomes in E. coli. Biotechniques. 2002;32(4):783-4, 6, 8.
97. Yang K, Pang Y.:Establishment of Spodoptera exigua multicapsid nucleopolyhedrovirus BAC-TO-BAC expression system. Shengwu Gongcheng Xuebao. 2003;19(4):412-8.
98. Simon O, Williams T, Asensio AC, Ros S, Gaya A, Caballero P, et al. Sf29 gene of Spodoptera frugiperda multiple nucleopolyhedrovirus is a viral factor that determines the number of virions in occlusion bodies. J Virol. 2008;82(16):7897-904.

99. Hilton S, Kemp E, Keane G, Winstanley D. A bacmid approach to the genetic manipulation of granuloviruses. J Virol Methods. 2008;152(1-2):56-62.
100. Kitts PA, Possee RD. A method for producing recombinant baculovirus expression vectors at high frequency. Biotechniques. 1993;14(5):810-7.
101. Je YH, Jin BR, Park HW, Roh JY, Chang JH, Seo SJ, et al. Baculovirus expression vectors that incorporate the foreign protein into viral occlusion bodies. Biotechniques. 2003;34(1):81-7.
102. Marumoto Y, Sato Y, Fujiwara H, Sakano K, Saeki Y, Agata M, et al. Hyperproduction of polyhedrin-IGF II fusion protein in silkworm larvae infected with recombinant Bombyx mori nuclear polyhedrosis virus. J Gen Virol. 1987;68(Pt 10):2599-606.
103. Chao YC, Lee TC, inventors; Academia Sinica, assignee. Polyhedrin protein as a carrier for the isolation of engineered proteins. United States Patent 7282353 B2. 2007 Oct 16.
104. Roh JY, Choi JY, Kang JN, Wang Y, Shim HJ, Liu Q, et al. Simple purification of a foreign protein using polyhedrin fusion in a baculovirus expression system. Biosci Biotechnol Biochem. 2010;74:5.
105. Dewulf J, Laevens H, Koenen F, Vanderhallen H, Mintiens K, Deluyker H, et al. An experimental infection with classical swine fever in E2 sub-unit marker-vaccine vaccinated and in non-vaccinated pigs. Vaccine. 2000;19(4-5):475-82.
106. Floegel-Niesmann G. Classical swine fever (CSF) marker vaccine. Trial III. Evaluation of discriminatory ELISAs. Vet Microbiol. 2001;83(2):121-36.
107. Uttenthal A, Le Potier MF, Romero L, De Mia GM, Floegel-Niesmann G. Classical swine fever (CSF) marker vaccine. Trial I. Challenge studies in weaner pigs. Vet Microbiol. 2001;83(2):85-106.
108. Lee KS, Sohn MR, Kim BY, Choo YM, Woo SD, Yoo SS, et al. Production of classical swine fever virus envelope glycoprotein E2 as recombinant polyhedra in baculovirus -infected silkworm larvae. Mol Biotechnol. 2012;50(3):211-20.
109. Ji X, Sutton G, Evans G, Axford D, Owen R, Stuart DI. How baculovirus polyhedra fit square pegs into round holes to robustly package viruses. EMBO J. 2010;29(2):505-14.
110. Bae SM, Kim HJ, Lee JB, Choi JB, Shin TY, Koo HN, et al. Hyper-enhanced production of foreign recombinant protein by fusion with the partial polyhedrin of nucleopolyhedrovirus. PLoS One. 2013;8(4):e60835.
111. Ardisson-Araujo DM, Rocha JR, da Costa MH, Bocca AL, Dusi AN, de Oliveira Resende R, et al. A baculovirus-mediated strategy for full-length plant virus coat protein expression and purification. Virol J. 2013;10(1):262.
112. Molinari P, Crespo MI, Gravisaco MJ, Taboga O, Moron G. Baculovirus capsid display potentiates OVA cytotoxic and innate immune responses. PLoS One. 2011;6(8):e24108.

113. Kaba SA, Hemmes JC, van Lent JW, Vlak JM, Nene V, Musoke AJ, et al. Baculovirus surface display of Theileria parva p67 antigen preserves the conformation of sporozoite-neutralizing epitopes. Protein Eng. 2003;16(1):73-8.
114. Oker-Blom C, Airenne KJ, Grabherr R. Baculovirus display strategies: Emerging tools for eukaryotic libraries and gene delivery. Brief Funct Genomic Proteomic. 2003;2(3):244-53.
115. Blissard GW, Wenz JR. Baculovirus gp64 envelope glycoprotein is sufficient to mediate pH-dependent membrane fusion. J Virol. 1992;66(11):6829-35.
116. Leikina E, Onaran HO, Zimmerberg J. Acidic pH induces fusion of cells infected with baculovirus to form syncytia. FEBS Lett. 1992;304(2-3):221-4.
117. Monsma SA, Oomens AG, Blissard GW. The GP64 envelope fusion protein is an essential baculovirus protein required for cell-to-cell transmission of infection. J Virol. 1996;70(7):4607-16.
118. Li Z, Blissard GW. The Autographa californica multicapsid nucleopolyhedrovirus GP64 protein: analysis of transmembrane domain length and sequence requirements. J Virol. 2009;83(9):4447-61.
119. Oomens AG, Blissard GW. Requirement for GP64 to drive efficient budding of Autographa californica multicapsid nucleopolyhedrovirus. Virology. 1999;254(2):297-314.
120. Xu XG, Wang ZS, Zhang Q, Li ZC, Zhao HN, Li W, et al. Baculovirus surface display of E envelope glycoprotein of Japanese encephalitis virus and its immunogenicity of the displayed proteins in mouse and swine models. Vaccine. 2011;29(4):636-43.
121. Summers MD. Milestones leading to the genetic engineering of baculoviruses as expression vector systems and viral pesticides. Adv Virus Res. 2006;68:3-73.
122. Murata Y, Lightfoote PM, Rose RC, Walsh EE. Antigenic presentation of heterologous epitopes engineered into the outer surface-exposed helix 4 loop region of human papillomavirus L1 capsomeres. Virol J. 2009;6:81.
123. Mena JA, Kamen AA. Insect cell technology is a versatile and robust vaccine manufacturing platform. Expert Rev Vaccines. 2011;10(7):1063-81.
124. FDA approves new seasonal influenza vaccine made using novel technology [homepage on the internet]. Silver Spring: Food and Drug Administration; 2013 Jan 16. Disponível em: <http://www.fda.gov/NewsEvents/Newsroom/PressAnnouncements/ucm335891.htm>.
125. Cox MM. Recombinant protein vaccines produced in insect cells. Vaccine. 2012;30(10):1759-66.
126. Agardh CD, Lynch KF, Palmer M, Link K, Lernmark A. GAD65 vaccination: 5 years of follow-up in a randomised dose-escalating study in adult-onset autoimmune diabetes. Diabetologia. 2009;52(7):1363-8.

127. Shrestha MP, Scott RM, Joshi DM, Mammen Jr MP, Thapa GB, Thapa N, et al. Safety and efficacy of a recombinant hepatitis E vaccine. New England Journal of Medicine. 2007;356(9):895-903.

128. Lopez-Macias C, Ferat-Osorio E, Tenorio-Calvo A, Isibasi A, Talavera J, Arteaga-Ruiz O, et al. Safety and immunogenicity of a virus-like particle pandemic influenza A (H1N1) 2009 vaccine in a blinded, randomized, placebo-controlled trial of adults in Mexico. Vaccine. 2011;29(44):7826-34.

129. Jiang X, Wang M, Graham DY, Estes MK. Expression, self-assembly, and antigenicity of the Norwalk virus capsid protein. J Virol. 1992;66(11):6527-32.

130. Attanasio R, Lanford RE, Dilley D, Stunz GW, Notvall L, Henderson AB, et al. Immunogenicity of hepatitis B surface antigen derived from the baculovirus expression vector system: a mouse potency study. Biologicals. 1991;19(4):347-53.

131. Li Q, Yafal AG, Lee YMH, Hogle J, Chow M. Poliovirus neutralization by antibodies to internal epitopes of VP4 and VP1 results from reversible exposure of these sequences at physiological temperature. Journal of virology. 1994;68(6):3965-70.

132. Crawford SE, Labbe M, Cohen J, Burroughs MH, Zhou YJ, Estes MK. Characterization of virus-like particles produced by the expression of rotavirus capsid proteins in insect cells. J Virol. 1994;68(9):5945-52.

133. Griffin DE, Pan CH. Measles: Old vaccines, new vaccines. 2009. p. 191-212.

134. Chaye HH, Mauracher CA, Tingle AJ, Gillam S. Cellular and humoral immune responses to rubella virus structural proteins E1, E2, and C. J Clin Microbiol. 1992;30(9):2323-9.

135. Kirnbauer R, Booy F, Cheng N, Lowy DR, Schiller JT. Papillomavirus L1 major capsid protein self-assembles into virus-like particles that are highly immunogenic. Proc Natl Acad Sci USA. 1992;89(24):12180-4.

136. Despres P, Dietrich J, Girard M, Bouloy M. Recombinant baculoviruses expressing yellow fever virus E and NS1 proteins elicit protective immunity in mice. Journal of General Virology. 1991;72(11):2811-6.

137. Gomez I, Marx F, Saurwein-Teissl M, Gould EA, Grubeck-Loebenstein B. Characterization of tick-borne encephalitis virus-specific human T lymphocyte responses by stimulation with structural TBEV proteins expressed in a recombinant baculovirus. Viral Immunol. 2003;16(3):407-14.

138. Rosen E, Stapleton JT, McLinden J. Synthesis of immunogenic hepatitis A virus particles by recombinant baculoviruses. Vaccine. 1993;11(7):706-12.

139. Fu ZF, Rupprecht CE, Dietzschold B, Saikumar P, Niu HS, Babka I, et al. Oral vaccination of racoons (Procyon lotor) with baculovirus-expressed rabies virus glycoprotein. Vaccine. 1993;11(9):925-8.

140. Cox MMJ, Hashimoto Y. A fast track influenza virus vaccine produced in insect cells. Journal of invertebrate pathology. 2011;107, Supplement(0):S31-S41.

141. Liu Y, DeCarolis N, Beek N. Protein production with recombinant baculoviruses in lepidopteran larvae. Methods Mol Biol. 2007;388:267-80.
142. Elias CB, Jardin B, Kamen A. Recombinant protein production in large-scale agitated bioreactors using the baculovirus expression vector system. Methods Mol Biol. 2007;388:225-46.
143. Caron AW, Archambault J, Massie B. High-level recombinant protein production in bioreactors using the baculovirus-insect cell expression system. Biotechnol Bioeng. 1990;36(11):1133-40.
144. Kadwell SH, Hardwicke PI: Production of baculovirus-expressed recombinant proteins in wave bioreactors. Methods Mol Biol. 2007;388:247-66.
145. Weber W, Weber E, Geisse S, Memmert K. Optimisation of protein expression and establishment of the Wave Bioreactor for Baculovirus/insect cell culture. Cytotechnology. 2002;38(1-3):77-85.
146. Caron AW, Tom RL, Kamen AA, Massie B. Baculovirus expression system scaleup by perfusion of high-density Sf-9 cell cultures. Biotechnol Bioeng. 1994;43(9):881-91.
147. Zhang J, Collins A, Chen M, Knyazev I, Gentz R. High-density perfusion culture of insect cells with a biosep ultrasonic filter. Biotechnol Bioeng. 1998;59(3):351-9.
148. Power J, Greenfield PF, Nielsen L, Reid S. Modelling the growth and protein production by insect cells following infection by a recombinant baculovirus in suspension culture. Cytotechnology. 1992;9(1-3):149-55.
149. Drugmand JC, Schneider YJ, Agathos SN. Insect cells as factories for biomanufacturing. Biotechnol Adv. 2012;30(5):1140-57.
150. Zhang T, Wei X, Bianchi G, Wong PM, Biancucci B, Griffith BP, et al. A novel wearable pump-lung device: in vitro and acute in vivo study. J Heart Lung Transplant. 2012;31(1):101-5.
151. Power JF, Reid S, Radford KM, Greenfield PF, Nielsen LK. Modeling and optimization of the baculovirus expression vector system in batch suspension culture. Biotechnol Bioeng. 1994;44(6):710-9.
152. Chan LC, Greenfield PF, Reid S. Optimising fed-batch production of recombinant proteins using the baculovirus expression vector system. Biotechnol Bioeng. 1998;59(2):178-88.
153. Elias CB, Zeiser A, Bedard C, Kamen AA. Enhanced growth of Sf-9 cells to a maximum density of 5.2 x 10(7) cells per mL and production of beta-galactosidase at high cell density by fed batch culture. Biotechnol Bioeng. 2000;68(4):381-8.
154. McPherson CE. Development of a novel recombinant influenza vaccine in insect cells. Biologicals. 2008;36(6):350-3.
155. Cox MM, Hollister JR. FluBlok, a next generation influenza vaccine manufactured in insect cells. Biologicals. 2009;37(3):182-9.
156. Goldenberg MM. Pharmaceutical approval update. P T. 2013;38(3):150-2.

157. Maranga L, Rueda P, Antonis AF, Vela C, Langeveld JP, Casal JI, et al. Large scale production and downstream processing of a recombinant porcine parvovirus vaccine. Appl Microbiol Biotechnol. 2002;59(1):45-50.

158. King GA, Daugulis AJ, Faulkner P, Goosen MF. Recombinant beta-galactosidase production in serum-free medium by insect cells in a 14-L airlift bioreactor. Biotechnol Prog. 1992;8(6):567-71.

159. Chico E, Jager V. Perfusion culture of baculovirus-infected BTI-Tn-5B1-4 insect cells: a method to restore cell-specific beta-trace glycoprotein productivity at high cell density. Biotechnol Bioeng. 2000;70(5):574-86.

160. Chen J, Wu XF, Zhang YZ: Expression, purification and characterization of human GM-CSF using silkworm pupae (Bombyx mori) as a bioreactor. J Biotechnol. 2006;123(2):236-47.

161. Zhou Y, Chen H, Li X, Wang Y, Chen K, Zhang S, et al. Production of recombinant human DNA polymerase delta in a Bombyx mori bioreactor. PLoS One. 2011;6(7):e22224.

162. Wu X, Cao C, Kumar VS, Cui W. An innovative technique for inoculating recombinant baculovirus into the silkworm Bombyx mori using lipofectin. Res Microbiol. 2004;155(6):462-6.

163. Nagaya H, Kanaya T, Kaki H, Tobita Y, Takahashi M, Takahashi H, et al. Establishment of a large-scale purification procedure for purified recombinant bovine interferon-tau produced by a silkworm-baculovirus gene expression system. J Vet Med Sci. 2004;66(11):1395-401.

164. Sumathy S, Palhan VB, Gopinathan KP. Expression of human growth hormone in silkworm larvae through recombinant Bombyx mori nuclear polyhedrosis virus. Protein Expr Purif. 1996;7(3):262-8.

165. Tremblay NM, Kennedy BP, Street IP, Kaupp WJ, Laliberte F, Weech PK. Human group II phospholipase A2 expressed in Trichoplusia ni larvae – isolation and kinetic properties of the enzyme. Protein Expr Purif. 1993;4(5):490-8.

166. Cha HJ, Pham MQ, Rao G, Bentley WE. Expression of green fluorescent protein in insect larvae and its application for heterologous protein production. Biotechnol Bioeng. 1997;56(3):239-47.

167. Sieburth PI, Maruniak JE. Growth characteristics of a continuous cell line from the velvet bean caterpillar, Anticarsia gemmatalis Hubner (Lepidoptera: Noctuidae). In Vitro Cellular & Developmental Biology. 1988;24:4.

168. USPTO Patent Full-Text and Image Database [cited 2013 Oct 2]. Disponível em: <http://patft.uspto.gov/netahtml/PTO/search-bool.html>.

AGRADECIMENTOS

Agradecemos o suporte financeiro das seguintes agências de fomento: Conselho Nacional de Desenvolvimento Científico e Tecnológico (CNPq), Coordenação de Aperfeiçoamento de Pessoal de Nível Superior (Capes) e Fundação de Apoio à Pesquisa do Distrito Federal (FAPDF).

EXPRESSÃO DE PROTEÍNAS RECOMBINANTES EM CÉLULAS DE MAMÍFEROS

Dimas Tadeu Covas
Kamilla Swiech
Virgínia Picanço-Castro

8.1 INTRODUÇÃO

Desde o desenvolvimento da tecnologia de DNA recombinante, no final da década de 1970, o mercado de proteínas recombinantes encontra-se em contínua expansão. Essas proteínas podem ser produzidas em diferentes sistemas de expressão, incluindo bactérias, fungos, leveduras, células de inseto e de mamíferos e possuem aplicações variadas, que vão desde o uso em kits de diagnóstico até ao uso terapêutico veterinário e humano. Nas últimas duas décadas, as proteínas recombinantes destinadas ao uso terapêutico humano têm adquirido crescente importância, e o número de proteínas aprovadas ou em ensaios clínicos está em contínuo crescimento.

A principal vantagem na utilização de células de mamíferos como sistema de expressão para a produção de proteínas recombinantes reside no fato de essas células serem capazes de realizar modificações pós-traducionais (glicosilação, carboxilação, hidroxilação, dentre outras), bem como o

enovelamento de proteínas de uma maneira autêntica, gerando uma proteína com características semelhantes às proteínas presentes no nosso organismo. A grande maioria das proteínas recombinantes terapêuticas necessita de modificações pós-traducionais para a correta atividade biológica. Por exemplo, a expressão de uma proteína glicosilada em *E. coli* irá resultar na produção de moléculas não glicosiladas e, portanto, sem atividade biológica. Em sistemas de expressão baseados em leveduras, ocorrerá a ligação de cadeias ricas em manose, influenciando de maneira negativa o tempo de meia-vida da proteína quando injetada em humanos[1]. A produção em plantas irá gerar uma proteína hiperglicosilada contendo moléculas de xilose e fucose que são imunogênicas em humanos[2]. Atualmente, aproximadamente 60% de todas as proteínas recombinantes utilizadas para fins terapêuticos são produzidas em células de mamíferos.

Apesar da capacidade de gerar um produto com propriedades terapêuticas aceitáveis, a plataforma de expressão de proteínas recombinantes em células de mamíferos possui ainda algumas limitações. Enquanto outros sistemas de expressão permitem a produção da proteína-alvo em altos níveis em meios de cultura de baixo custo, células de mamíferos necessitam de meios de cultura complexos e de alto custo para a manutenção de seu crescimento e consequente expressão da proteína. Portanto, para se ter um processo de produção viável economicamente, a manipulação genética da célula deve resultar em uma expressão eficiente da proteína, nos mais altos níveis possíveis.

Para se atingir esses altos níveis de expressão, é necessária a correta seleção da linhagem hospedeira e do vetor de expressão. Uma manipulação genética adequada, assim como uma apropriada seleção dos métodos de transfecção e amplificação gênica são fatores chaves que podem conduzir a um aumento significativo da produtividade específica de determinado processo de produção. Nesse sentido, este capítulo apresenta os fatores-chaves necessários ao desenvolvimento da etapa inicial de um processo biotecnológico baseado em células animais.

8.2 LINHAGENS CELULARES

A seleção da linhagem celular hospedeira mais adequada para a produção de determinada proteína recombinante deve ser realizada de acordo com alguns critérios. A célula hospedeira deve ser de fácil transfecção, capaz de transcrever, traduzir, enovelar e processar a proteína de interesse corretamente e, se possível, secretar o produto para o meio de cultivo. Também deve

ser capaz de crescer em meios livres de soro para simplificar a recuperação/ purificação da proteína recombinante e, com isso, reduzir custos. Além disso, a célula deve possuir resistência mecânica frente às tensões de cisalhamento provenientes da aeração e agitação do cultivo celular[3]. Outro fator importante a ser considerado na escolha da melhor linhagem hospedeira é a capacidade de realização das modificações pós-traducionais necessárias à da proteína de interesse. A estabilidade genética e a ausência de agentes patogênicos são os parâmetros-chaves considerados na aceitação ou exclusão de determinada linhagem para a produção comercial de proteínas recombinantes.

A expressão de proteínas grandes e complexas em cultura de células é um desafio. Bactérias não são capazes de realizar modificações pós-traducionais como glicosilação e capacidade limitada de formar pontes dissulfeto. Leveduras também podem ser utilizadas para produzir proteínas recombinantes, apresentam crescimento rápido, elevada produção e são capazes de realizar algumas modificações. As células vegetais também são capazes de processar proteínas. No entanto, todos os sistemas citados acima que realizam modificações pós-traducionais apresentam diferenças na estrutura 3D de uma proteína humana, devido principalmente a padrões diferentes de glicosilação, resultando numa proteína que pode ser imunogênica.

A produção recombinante de proteínas utilizando células de mamíferos oferece muitas vantagens sobre os outros sistemas de expressão mencionados. As células animais podem secretar a proteína recombinante e realizar modificações pós-traducionais. Atualmente, mais da metade de todas as proteínas terapêuticas recombinantes são produzidos em células animais, devido à sua capacidade de sintetizar proteínas que são semelhantes às formas humanas que ocorrem naturalmente[41,57]. As células de inseto representam um sistema rápido e eficiente para a produção de proteínas recombinantes e vacinas complexas[58,59]. No entanto, as células de insetos não adicionam as mesmas glicoestruturas encontrada em algumas proteínas humanas[60]. Portanto, a escolha do sistema de expressão adequado dependerá da proteína recombinante a ser expressa.

Considerando as características acima citadas, poucas linhagens celulares mostraram propriedades favoráveis para serem utilizadas na produção em larga escala de proteínas recombinantes. Esse pequeno número de linhagens é resultado não somente de considerações racionais, mas também do fato de que poucas linhagens celulares são consideradas seguras pelas agências regulatórias[3].

Dentre as linhagens mais utilizadas, destacam-se as linhagens de roedores CHO, BHK-21, NS0 e Sp2/0 e as linhagens humanas Hek-293 e PER.C6.

As linhagens celulares humanas possuem aplicações mais recentes, mas com crescente potencial de se tornarem as novas plataformas para expressão de proteínas recombinantes para fins terapêuticos humanos. A linhagem celular humana de fibrosarcoma HT-1080 está sendo utilizada para a produção dos produtos Dynepo (epoetin delta), Elaprase1 (iduronate-2-sulfatase) e Replagal1 (a-galactosidase A)[3]. Estudos também têm sido realizados no intuito de desenvolver linhagens hospedeiras otimizadas. A fusão da linhagem Hek293 com células B humanas resultou na linhagem híbrida HKB11, que tem demonstrado uma elevada expressão de proteínas recombinantes. A expressão de FVIII da coagulação sanguínea obtida nesta linhagem foi oito e trinta vezes maior do que a obtida em células Hek293 e BHK21, respectivamente[4].

A Tabela 8.1 relaciona as principais linhagens empregadas na indústria farmacêutica.

Tabela 8.1 Linhagens celulares comumente empregadas na indústria farmacêutica[5]

LINHAGEM CELULAR	ORIGEM	APLICAÇÕES
Cos	Primata	Expressão transiente Produção de vírus recombinantes
Hek293	Humana	Expressão transiente e estável Produção de vírus recombinantes
BHK-21	Hamster	Expressão transiente e estável Produção de vacinas
CHO-K1 CHO DHFR-	Hamster	Expressão transiente e estável
Hibridomas, NS0, Sp2/0	Murina	Expressão estável Produção anticorpos monoclonais
MDCK	Canina	Expressão estável Produção de vacinas
Per.C6	Humana	Expressão estável Produção de vacinas e vírus recombinante
Vero	Primata	Produção de vacinas
Sf9, Sf21	Inseto	Produção de proteínas e baculovírus recombinante
Tn-368, High-Five™, BTI-TN-5B1-4	Inseto	Produção de proteínas

A seguir, encontram-se relacionadas as principais linhagens utilizadas na produção de proteínas recombinantes de uso terapêutico humano.

8.2.1 Linhagens de roedores

8.2.1.1 Células de ovário de hamster chinês (Chinese hamster ovary – CHO)

Desde a sua primeira utilização comercial para a produção de ativador do plasminogênio de tecido humano (*human tissue plasminogen activator* – tPA), em 1986, a linhagem CHO é a mais utilizada como hospedeira para a produção de proteínas recombinantes de uso terapêutico. Essa linhagem possui um longo histórico de aprovações por agências regulatórias para a produção de proteínas recombinantes. Além disso, ainda não foi relatado nenhum efeito adverso proveniente de sua utilização[3].

Estabelecida em 1957 por Puck e colaboradores, a partir de uma cultura primária de células de ovário de um hamster chinês, essa célula tem origem epitelial[6]. Desde o seu estabelecimento, ela tem sido objeto de uma grande variedade de estudos e foi extensamente caracterizada em relação a uma grande variedade de aspectos, como por exemplo, cariótipo, estrutura dos cromossomos, mapeamento gênico, condições de cultura, fisiologia celular e requerimentos nutricionais[7-9]. Fatores como a possibilidade de transfecção da célula com um vetor contendo o gene de interesse juntamente com genes de amplificação como diidrofolato redutase (DHFR) ou glutamina sintetase (GS); capacidade de crescimento, altos níveis de produtividade em larga escala e facilidade de adaptação para culturas em suspensão e meios livres de soro fetal bovino foram os principais motivos que levaram essa linhagem a se tornar a principal plataforma para a produção de proteínas recombinantes.

8.2.1.2 Células de rim de hamster neonato (baby hamster kidney – BHK)

A linhagem fibroblastoide BHK, naturalmente aderente, mas passível de adaptação para o crescimento em suspensão[10] é amplamente utilizada na produção de vacinas. No entanto, possui poucas aplicações práticas na produção de proteínas recombinantes[3]. Sua principal aplicação nessa área é a

produção do fator VIII de coagulação sanguínea humano, que é, provavelmente, a maior (300 kDa), mais complexa e desafiadora proteína recombinante já produzida comercialmente[11].

Apesar de sua grande aplicação na produção de vacinas, essa linhagem é conhecida por sua susceptibilidade às variações genéticas, sendo um modelo clássico para investigar as mudanças que podem ocorrer durante os sucessivos cultivos de uma linhagem celular após ter sido amplamente distribuída.

8.2.1.3 Linhagem celular de mieloma murino - NS0

A descoberta realizada em 1962 por Potter e Boyce de que a injeção de óleo mineral na região intraperitoneal de camundongos BALB/c induzia à formação de neoplasmas foi o ponto de partida para o desenvolvimento da linhagem celular NS0. É considerado um dos sistemas mais populares para a expressão de proteínas heterólogas em larga escala, devido à sua capacidade de incorporar DNA exógeno e de produzir estavelmente as proteínas recombinantes. Essa linhagem cresce em suspensão, de forma altamente dispersa, sem a formação de grumos. Apresenta crescimento robusto e altos níveis de produção de proteínas em diferentes meios de cultura[10]. A eficiência dessa célula como hospedeira na produção de proteínas recombinantes também pode estar associada ao fato de serem originalmente desenvolvidas a partir de tumores que produzem imunoglobulinas. Essa linhagem é capaz de secretar eficientemente proteínas recombinantes[12]. No entanto, quando utilizada para a expressão de anticorpos recombinantes, em algumas situações, podem efetuar a incorporação de resíduos antigênicos nos glicanos de imunoglobulinas G. Cerca de 1% dos anticorpos circulantes em humanos interagem com esse resíduo[10].

A linhagem NS0 juntamente com o sistema de seleção baseado na glutamina sintetase (GS), também utilizado em células CHO, tem sido empregada na produção de duas proteínas comerciais: Zenapaxr (dacliximab), produzida por Hoffmann-La Roche, um anticorpo monoclonal humanizado para a profilaxia da rejeição aguda após transplante de órgãos, e SynagisTM (palivizumab), produzido por MedImmune, também um anticorpo monoclonal humanizado usado no tratamento pediátrico da baixa infecção do trato respiratório[12].

8.2.2 Linhagens humanas

8.2.2.1 Hek293

Linhagem de morfologia epitelial derivada de rim de embrião humano transformada com adenovírus tipo 5 humano[13]. É provavelmente a linhagem mais utilizada nas pesquisas acadêmicas para expressão de proteínas recombinantes. Apesar disso, é utilizada na produção de apenas uma proteína recombinante já licenciada: Xigris, proteína C ativada[3].

Possui um grande potencial para se tornar umas das células mais utilizadas no desenvolvimento de novos bioprocessos de produção por ser uma célula de fácil transfecção e adaptação para crescimento em cultivos em suspensão e em meios livres de soro. Uma de suas propriedades mais importantes é a capacidade de produzir proteínas recombinantes com modificações pós-traducionais mais similares às proteínas nativas presentes no organismo. Um exemplo prático dessa importante característica é o caso da proteína comercial Xigris. Essa proteína recombinante é produzida em células Hek293, uma vez que a clivagem pro-peptídica e a gama-carboxilação de resíduos de ácido glutâmico, modificações pós-traducionais essenciais para a manutenção da atividade biológica da proteína, não são realizadas de maneira adequada em células CHO[14].

8.2.2.2 PER.C6

Desenvolvida pela empresa Crucell e pela DSM Biologics, essa linhagem foi originada a partir de células embrionárias de retina humana e imortalizada com o gene E1 de adenovírus tipo 5. A linhagem foi inicialmente desenvolvida para a produção de vetores adenovirais de grau clínico para fins de terapia gênica. Está sendo também avaliada como plataforma de produção das vacinas contra influenza e vírus oeste do Nilo e para produção de proteínas recombinantes[15].

A linhagem PER.C6 cresce facilmente em suspensão até altas densidades ($>10^7$ células/mL) e em meios livres de soro fetal bovino. Essa capacidade de crescimento em altas densidades é uma característica muito importante em termos de bioprocesso, pois significa que uma maior quantidade do produto recombinante pode ser obtida utilizando biorreatores de menor volume[16, 17]. A Tabela 8.2 exemplifica essa situação. Além disso, a linhagem tem sido

extensivamente documentada e os bancos de células satisfazem os requerimentos das agências regulatórias americanas e europeias.

Todas essas características tornam essa linhagem uma das plataformas mais avançadas para a produção de proteínas terapêuticas humanas. Provavelmente será a linhagem de preferência para a produção de anticorpos monoclonais, uma vez que a mesma originou níveis de produção nunca antes obtidos, 27 g/L de anticorpo IgG[18]. Até o momento, quatorze produtos produzidos nesta linhagem encontram-se em fase clínica I/II.

Tabela 8.2 Comparação da produção de 10 kg de proteína recombinante utilizando células com alta e baixa capacidade de crescimento em culturas operadas em perfusão[57]

	CHO	PER.C6
Produtividade (µg/cel/dia)	15	15
Densidade celular máxima (x 10⁶ cel/mL)	10	100
Proteína (mg/L)	150	1500
Rendimento da etapa de *downstream*	0,5	0,5
Proteína purificada requerida (g)	10.000	10.000
Proteína bruta requerida (g)	20.000	20.000
Volume de cultura (L)	133.000	13.333
Número de corridas de 50-L	107	9
Número de corridas de 100-L	53	4
Número de corridas de 250-L	21	2
Número de corridas de 500-L	11	1

8.3 VETORES DE EXPRESSÃO

Todo sistema heterólogo de expressão é constituído de um vetor e uma célula produtora. O vetor, que pode ser uma molécula de DNA ou RNA, é modificado geneticamente para introduzir uma sequência de nucleotídeos (genes, cDNA etc.) na célula hospedeira, com o objetivo de produzir proteínas recombinantes. Dentro da célula hospedeira, o vetor pode se comportar de duas maneiras: (1) permanecer como uma unidade replicativa independente e não se integrar ao genoma da célula hospedeira, o que chamamos de

vetor episomal, ou (2) o vetor se integra ao genoma e se replica de acordo com o ciclo celular da célula hospedeira. No primeiro caso, temos a expressão transitória, e, no segundo, a expressão estável de proteínas recombinantes (Figura 8.1).

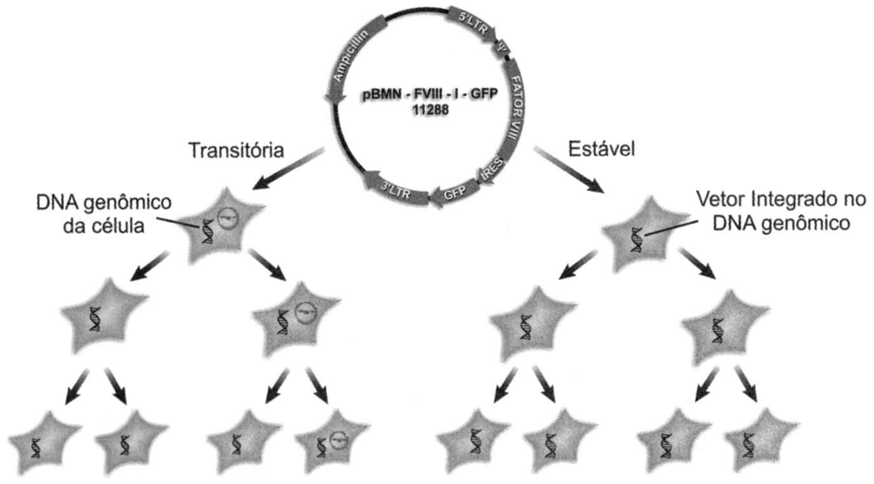

Figura 8.1 Representação esquemática da divisão celular contendo um vetor para a expressão da proteína humana, fator VIII da coagulação (pBMN-FVIII-I-GFP), na forma transitória e na forma estável. Na expressão transitória o vetor permanece na forma epissomal (não integra ao genoma) e neste caso, a replicação do vetor não coincide com a replicação da célula e após as sucessivas divisões celulares as cópias dos vetores são perdidos. Na expressão estável, o vetor se integra no genoma da célula e quando a células duplica o seu material genético para a divisão celular também duplica o vetor e assim garante que cada células filha receba uma cópia do vetor integrado.

8.3.1 Vetores plasmidiais

Os plasmídeos são moléculas circulares de fita dupla de DNA capazes de se reproduzir independentemente do DNA cromossômico. Ocorrem geralmente em bactérias e por vezes também em organismos eucarióticos unicelulares (por exemplo, o anel de 2-micra de *Saccharomyces cerevisiae*) e em células de eucarióticos superiores. O seu tamanho varia entre 2 kb a 20 kb.

Com o avanço das técnicas de biologia molecular e engenharia genética, foi possível manipular plasmídeos bacterianos para que possam carregar genes de outras espécies. Os vetores plasmidiais possuem uma origem de replicação e um gene de resistência a um antibiótico para a seleção em bactérias. Esses vetores também possuem uma origem de replicação (OR) que

é reconhecida nas células de mamíferos. Geralmente, essa OR é retirada de vírus que infectam células de mamíferos, como o SV40 (vírus símio 40). Para a produção da proteína heteróloga, é necessário um promotor. Promotores virais são frequentemente utilizados porque são fortes e produzem grandes quantidades de proteínas. Alternativamente, promotores de genes de mamíferos que são expressos em altos níveis também podem ser utilizados, como EF1-alpha, actina etc. O sítio multiplo de clonagem (SMC) fica localizado à jusante (*upstream*) do promotor (Figura 8.2).

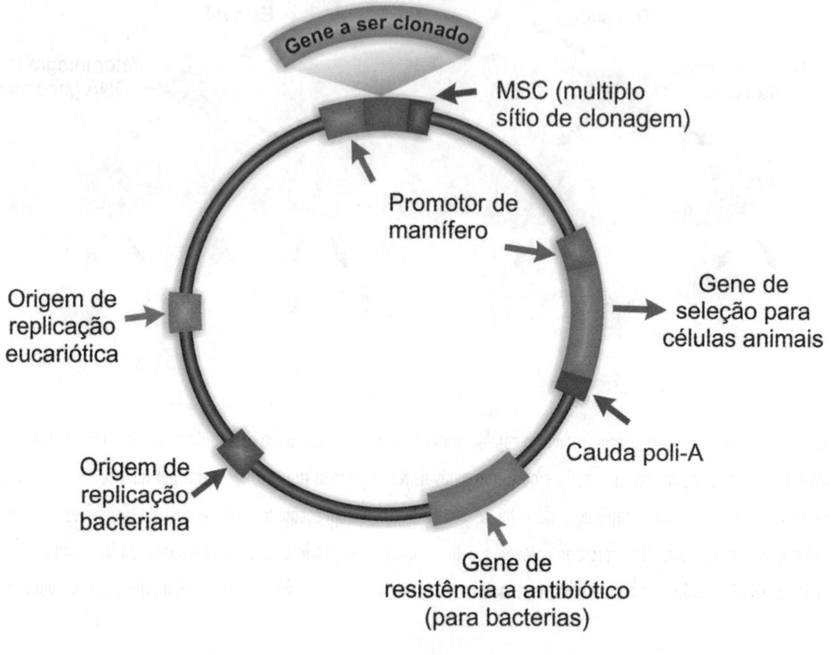

Figura 8.2 Representação esquemática de um vetor de expressão. Um vetor de expressão de células animais possui uma origem de replicação (OR) e um gene de resistência a anitbiótico para crescer em bactérias. O vetor possui um múltiplo sítio de clonagem, um promotor forte e um sinal de poliadelinação. Além disto, o vetor possui uma origem de replicação e um gene de seleção para células eucarióticas.

Devido ao grande tamanho da maioria dos genes de mamífero, geralmente os genes são clonados na forma de cDNA seguido de um sinal de poliadenilação presente no vetor (na região 3' do gene inserido).

Muitos genes de seleção podem ser utilizados em células animais, porém poucos antibióticos matam células animais. O antibiótico geneticina (G-418), no entanto, mata células animais bloqueando a síntese proteica. A

geneticina é semelhante aos antibióticos neomicina e canamicina, que são utilizados contra bactérias. O gene da neomicina (*neo*) codifica a neomicina fosfatotransferase, que adiciona um grupo fosfato à neomicina, canamicina e geneticina, inativando estes antibióticos. Como consequência, *neo* pode ser utilizado para selecionar células animais utilizando G-418, ou bactérias utilizando neomicina ou canamicina.

Um outro método para a seleção de células eucarióticas contendo um plasmídeo é a utilização de uma enzima particular que não esteja presente na célula hospedeira. Nesse caso, o plasmídeo contém uma cópia do gene que codifica a enzima funcional. Esta abordagem tem sido utilizada em sistema de expressão de levedura e de células animais. Em leveduras, genes que codificam aminoácidos têm sido muito utilizados. Em células animais, o gene DHFR que codifica a diidrofolato redutase é bastante utilizado. Esta enzima é necessária para a síntese de ácido fólico, e sua ação é inibida pelo metotrexato. Uma cópia do gene DHFR é provida pelo vetor no caso de células animais que não possuem o gene DHFR. Em seguida, o tratamento com a droga metotrexato inibe DHFR e, dessa forma, seleciona células que expressem altos níveis do gene DHFR no vetor. Os níveis de metotrexato podem ser aumentados gradativamente para selecionar um maior número de cópias do vetor.

8.3.2 Vetores virais

Nas primeiras tentativas de expressar um gene de outra espécie em células animais foram utilizados vírus como vetores[19,20]. De acordo com a natureza do material genético, os vetores virais são classificados em vetores virais de DNA, RNA ou quimeras. Em uma célula permissiva, o vetor viral entra no ciclo lítico, ou seja, é integrado ao genoma da célula replicando com ele. A replicação do DNA viral e a sua encapsulação geram um grande número de vírus e levam à morte celular, o que impede a geração de uma linhagem recombinante estável. Para resolver esse problema, algumas modificações foram realizadas: (1) utilização de células não permissivas, nas quais os vírus se replicam independentemente do genoma celular, ou (2) utilização de vírus modificados que não entram no ciclo lítico e cuja propagação depende de um vírus auxiliar ou de uma linhagem celular específica (linhagens empacotadoras de partículas virais).

Os vetores virais são adaptados às suas aplicações específicas, mas geralmente compartilham algumas propriedades fundamentais:

- Segurança: embora os vetores virais sejam ocasionalmente criados a partir de vírus patogênicos, são modificados de forma a minimizar o risco de manipulação. Isso envolve a remoção de uma parte do genoma viral, essencial para a replicação viral. O vírus modificado pode infectar as células-alvo, mas, uma vez que a infecção tenha ocorrido, esse vírus não possui o genoma completo necessário para a produção de novos vírus. A produção viral ocorre apenas na presença de um vírus auxiliar.
- Baixa toxicidade: o vetor viral deve ter um efeito mínimo sobre a fisiologia das células que infecta.
- Estabilidade: alguns vírus são geneticamente instáveis e podem rapidamente reorganizar seus genomas. Isso é prejudicial para a previsibilidade e reprodutibilidade dos trabalhos realizados utilizando um vetor viral. É necessária a retirada das regiões virais que sofrem mutações e recombinações.
- Especificidade celular: a maioria dos vetores virais é desenhada para infectar diversos tipos de células. No entanto, a infecção em um ou poucos tipos celulares é preferível. O envelope viral pode ser modificado para infectar células específicas.
- Marcadores: os vetores virais devem ter um gene marcador para que seja possível a identificação e isolamento das células que receberam o vetor viral. Exemplos de genes marcadores utilizados em vetores são os genes de resistência aos antibióticos e o gene *green fluorescent protein* (GFP), que faz as células emitirem a coloração verde quando expostas a luz ultravioleta (comprimento de onda de 360-400 nm).

8.3.2.1 Tipos de vetores virais

Retrovírus

Os retrovírus são vetores utilizados atualmente em abordagens de terapia gênica. Retrovírus recombinante como o vírus da leucemia murina de Moloney (MLV) têm a capacidade de se integrar no genoma do hospedeiro de uma forma estável. Eles codificam uma transcriptase reversa, que permite a integração no genoma do hospedeiro. Esses vírus têm sido utilizados em ensaios clínicos aprovados pela Food and Drug Administration (FDA), como por

exemplo, no tratamento da doença da imunodeficiência combinada severa ligada ao X (*X-linked severe combined immunodeficiency* – SCID-X1)[21].

Vetores retrovirais são capazes de infectar células-alvo e entregar sua carga viral, mas depois de se integrarem ao genoma da célula hospedeira perdem a capacidade de se replicar e não entram no ciclo lítico, o que levaria à morte celular. Os retrovírus são, normalmente, produzidos em linhagens celulares, chamadas de empacotadoras, que contêm todos os genes necessários para a síntese viral. Como o genoma viral desses vetores é grande, o comprimento do gene inserido é limitado. Dependendo do vetor viral, o comprimento máximo de uma inserção de DNA admissível é geralmente de cerca de 8 kb a 10 kb.

A principal desvantagem da utilização de retrovírus como o retrovírus MLV é que esse vírus infecta apenas células em divisão. Portanto, células como neurônios são muito resistentes à infecção retroviral.

Lentivírus

Os lentivírus são uma subclasse dos retrovírus. Recentemente, esses vírus têm sido utilizados como veículos de entrega de gene (vetores), graças à sua capacidade de se integrar ao genoma da célula hospedeira. O genoma viral na forma de RNA é reversamente transcrito quando o vírus entra na célula para produzir o DNA, que é inserido no genoma pela enzima integrase viral. O vetor, agora chamado de provírus, permanece no genoma e é repassado aos descendentes da célula quando se divide. Inicialmente, o sítio de integração dos retrovírus (MLV e lentivírus) era considerado aleatório. No entanto, trabalhos demonstram que os MLV tendem a se integrar em regiões de promotores (ilhas CpGs), enquanto os lentivírus preferem regiões gênicas[22,23]. A integração viral (o provírus) pode perturbar o funcionamento dos genes celulares, levar à ativação de oncogenes e promover o desenvolvimento de câncer, o que levanta preocupações quanto às possíveis aplicações dos vetores virais em terapia gênica. No entanto, estudos têm demonstrado que os vetores lentivírus têm uma menor tendência de se integrar a locais potencialmente causadores de câncer do que os vetores gama-retrovirais[24].

Uma característica peculiar dos vetores lentivirais é que esses vetores mantêm a alta expressão do transgene por um longo período de tempo e podem ser utilizados com sucesso para modificar linhagens celulares para produzir proteínas recombinantes[25].

A grande maioria dos vetores lentivirais é derivada do genoma do HIV-1. A Figura 8.2 esquematiza a formação do provírus HIV-1 em uma célula infectada e o vetor derivado do HIV-1 utilizado atualmente na modificação de células animais[26,27]. Os vetores lentivirais de primeira geração foram formados simplesmente a partir de uma pequena deleção do HIV-1. Esses vetores não possuem um sinal de empacotamento funcional e nem o gene *env* completo, responsável pela codificação do envelope viral. As células transduzidas com esse vetor não produzem vírus, já que ele apenas codifica as proteínas estruturais e acessórias do envelope original do HIV-1. A utilização de duas outras construções (um plasmídeo com o sinal de empacotamento e um plasmídeo com os genes do capsídeo) permite a produção de partículas virais deficientes em replicação[28]. Nos vetores de segunda geração, mais quatro genes virais, responsáveis pela virulência, foram deletados: o vpr, vif, vpu e nef. Vpr (*lentivirus protein R*) apresenta um importante papel na replicação viral, vif (*viral infectivity factor*) é importante na replicação viral e virulência, , vpu (*vírus protein "u"*) auxilia na secreção novo vírus formados e nef (*negative regulatory factor*) possui múltiplas funções e responsável pela virulência. O vetor foi reduzido aos genes gag, pol, tat e rev[29]. Gag (*group-specific antigen*) codifica para a poliproteína gag, um precursor que será processado pela protease viral durante a maturação de MA (proteína da matriz, p17), CA (proteína da capsídeo, p24), SP1 (peptídeo espaçador 1, p1), NC (proteína nucleocapsídeo, P7), SP2 (peptídeo espaçador 2, p2) e proteína P6. Pol codifica as enzimas virais transcriptase reversa (RT), ribonuclease H, integrase (IN) e protease do HIV (PR). Tat (*HIV trans-activator*) desempenha um papel importante na regulação da transcrição reversa do genoma de RNA viral. Rev (*regulator of expression of virion proteins*) se liga a um motivo de ligação de RNA rico em arginina do genoma viral, que atua como sinal de localização nuclear (NLS) e é necessária para o transporte de rev para o núcleo do citoplasma durante a replicação viral (Figura 8.3). Os vetores chamados de terceira geração possuem apenas três dos nove genes presentes no genoma do HIV-1 (gag, pol e rev) para aumentar a segurança desse sistema viral e diminuir a probabilidade dos vetores formarem vírus competentes em replicação[29]. Por razões de segurança, vetores lentivirais nunca devem levar os genes necessários para a sua replicação. Para produzir partículas lentivirais, a técnica mais comum é a utilização de três plasmídeos (um contendo o gene de interesse, um para as proteínas do capsídeo e o terceiro para o envelope) para transfectar a linhagem HEK 293 que secretará os vírus no sobrenadante da cultura (Figura 8.4). No plasmídeo que contém o gene de interesse, é importante

que na região 5' do gene possua a sequência ψ (psi). Esta sequência é utilizada para empacotar o genoma no vírus recombinante.

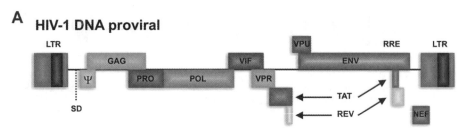

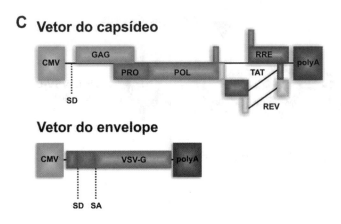

Figura 8.3 A) Representação esquemática do provírus do HIV-1. B) Vetor lentiviral de terceira geração e C) Plasmídeos auxiliares para as proteínas do capsídeo e envelope.

Adenovírus

Ao contrário do lentivírus, o vetor adenoviral possui DNA como material genético e não se integra no genoma, não é replicado durante a divisão

celular. Isso limita a sua utilização na produção de proteínas recombinantes. Suas principais aplicações estão em terapia gênica e na produção de vacinas.

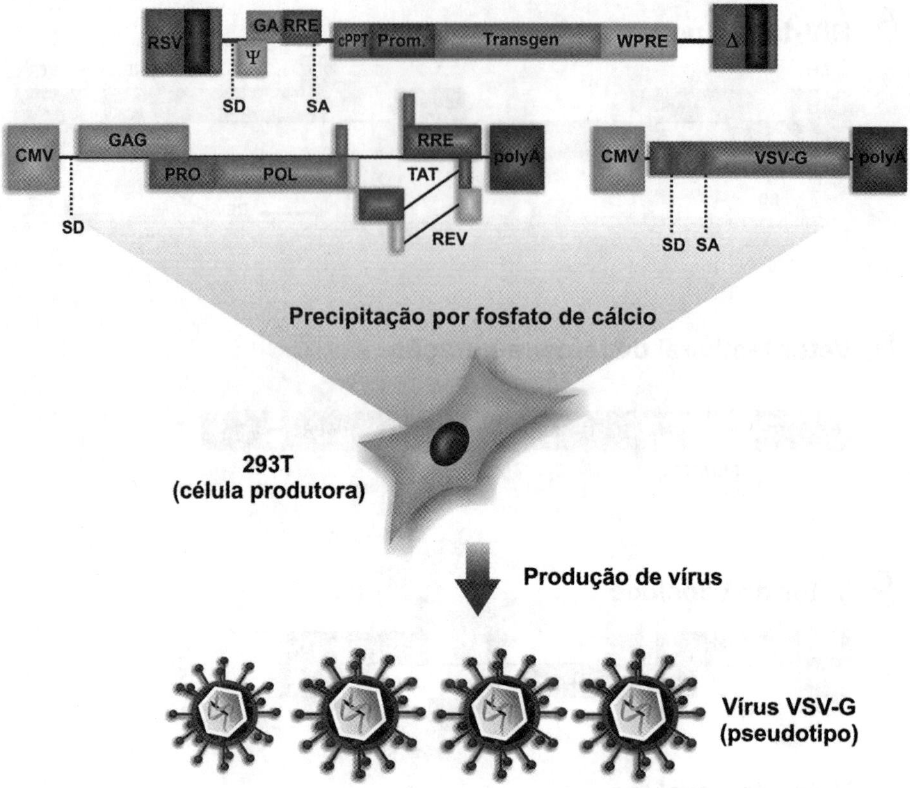

Figura 8.4 Produção de partículas lentivirais pelo sistema de tripla co-transfecção em uma célula produtora.

Os adenovírus compreendem uma ampla família de vírus não envelopados que contêm uma dupla fita de DNA genômico de aproximadamente 36 Kpb. Os adenovírus humanos, hoje com cinquenta diferentes sorotipos identificados, são os vírus mais bem caracterizados e compreendem um importante grupo de agentes etiológicos que apresentam capacidade de infectar diferentes tipos celulares. Os sintomas clínicos mais importantes associados aos adenovírus estão relacionados a doenças respiratórias, urinárias, oculares e gastrointestinais. Em geral, as infecções por adenovírus são de fácil tratamento, mas podem ser fatais em pacientes imunocomprometidos, nos quais podem causar infecções generalizadas[30].

Os vetores adenovirais carregam inserto de até 8 kb, possuem um alto nível de expressão, infectam um amplo espectro de células hospedeiras pósmitóticas e mitóticas e podem ser produzidos com altos títulos virais.

A estrutura genômica dos adenovírus é mais complexa do que a dos retrovírus. O genoma adenoviral codifica aproximadamente quinze proteínas. A expressão gênica viral ocorre de uma maneira ordenada e é dirigida, em grande parte, pelos genes E1A e E1B, localizados na porção 5' do genoma adenoviral. Esses genes possuem funções de transativação para a transcrição de vários genes virais e da célula hospedeira. Como esses genes da região E1 estão envolvidos na replicação do adenovírus, sua remoção torna o vírus incompetente para replicação ou defectivo. A remoção também cria espaço para a inserção de um gene de interesse terapêutico. A região E3, cujo produto está envolvido na habilidade do vírus em escapar do sistema imunológico do organismo hospedeiro, também pode ser substituída por um DNA exógeno. Para a produção de vetores adenovirais é necessário utilizar, a exemplo do que ocorre com vetores retrovirais defectivos, uma linhagem de células empacotadoras contendo genes virais que complementem o vetor defectivo a ser produzido.

Adeno-associados

Vírus adeno-associados (AAV) são vírus de tamanho pequeno que infectam os humanos e outras espécies de primatas. Os AAV não são atualmente conhecido por provocar doenças e, consequentemente, acarretam uma resposta imune muito leve. Os AAV podem infectar células em divisão e em não divisão e podem incorporar seu genoma ao da célula hospedeira. Essas características tornam o AAV um candidato muito atraente para a criação de vetores virais para terapia gênica. No entanto, este vetor possui uma capacidade para insertos de até 4,7 kb.

8.4 EXPRESSÃO REGULADA OU ESPECÍFICA (OU PROMOTORES REGULÁVEIS OU ESPECÍFICOS)

A expressão de um gene recombinante por um promotor constitutivo não é aconselhável se o produto recombinante for citotóxico ou afetar o crescimento celular. Nesses casos a expressão do transgene deve ser regulada. Para se obter um bom sistema de expressão induzível é necessário que o promotor

seja específico, ou seja, não deve responder a ativadores endógenos e/ou interferir nos mecanismos regulatórios da célula hospedeira. Além disso, o promotor, quando estiver não induzido, deve apresentar níveis muito baixos de expressão (de preferência nenhuma expressão) e deve apresentar uma resposta rápida quando adicionado o indutor ao meio de cultura. O promotor induzível deve permitir uma regulação homogênia dos níveis de expressão de acordo com a concentração do indutor utilizado (dose-dependente).

Diversas sequências (operadores) que regulam promotores positiva e negativamente estão sendo identificadas e incorporadas em vetores de expressão, como por exemplo, sequências específicas ativas em células de fígado podem ser utilizadas para aumentar a expressão de fator VIII recombinante da coagulação em células hepáticas em cultura[31].

Os elementos regulatórios mais conhecidos são os óperons da lactose (Lac), tetraciclina (Tet), estreptomicina (PIP) e eritromicina (E). Os óperons são formados por operadores que são sequências de DNA que se ligam às sequências específicas (proteínas, metabólitos etc.), promovendo a diminuição ou o aumento da afinidade da RNA polimerase com o promotor. Dessa forma, os operadores aumentam ou inibem a transcrição de um determinado gene (ou conjunto de genes). No óperon da lactose, o indutor IPTG (isopropil-β-D-tiogalactopiranosídeo) se liga a um repressor do óperon, liberando a região promotora que poderá ser ativada pela RNA polimerase. Dessa forma, IPTG induz a expressão dos genes ligados ao óperon Lac. Uma das desvantagens desse sistema é que em altas concentrações o IPTG é tóxico, o que restringe a sua aplicação em larga escala[32]. Um outro sistema de indução muito utilizado em células animais é o óperon Tet. Esse sistema induz a expressão da transcrição, chamado de Tet-On, ou reprime (Tet-Off) a expressão na presença do antibiótico tetraciclina ou de seus derivados (como a doxiciclina). Esse sistema tem como vantagem a baixa toxicidade. Efeitos pleiotrópicos são a maior desvantagem desse sistema e, além disso, pode ocorrer a perda da repressão evidenciada pela expressão basal da proteína recombinante mesmo na ausência do indutor[33].

8.5 EXPRESSÃO DE MÚLTIPLOS GENES

Em células animais, a maioria dos RNA mensageiros (RNAm) são monocistrônicos (codificam uma única proteína). Em alguns casos, é desejável a expressão coordenada de dois ou mais genes heterólogos. Em muitos sistemas de produção de proteínas recombinantes, é ideal que se tenha a

expressão da proteína desejada e também de um gene de seleção para selecionar as células produtoras de uma forma mais eficiente. Além disso, compostos proteicos como subunidades de anticorpos podem ser produzidos a partir de um único RNAm.

Para se obter duas proteínas a partir de um único RNAm, utilizamos uma sequência chamada de sítio de entrada ribossomal interno (*internal ribosome entry site* – IRES). Essas sequências foram descobertas em 1988 em poliovírus e no vírus da encefalomiocardite[34]. As regiões em questão são descritas como regiões distintas de moléculas de RNA que são capazes de atrair o ribossomo eucariótico à molécula de RNAm, e, portanto, permitem a iniciação da tradução. Esse processo ficou conhecido como a iniciação interna de tradução. Em vetores de expressão, o IRES é clonado à jusante à sequência de cada gene, formando o que chamamos de vetores biscistrônicos.

8.6 MÉTODOS DE MODIFICAÇÃO GÊNICA

Existem vários métodos de introdução de DNA exógeno em uma célula eucariótica. Alguns métodos utilizam tratamento físico (como, por exemplo, eletroporação e nanopartículas), outros, produtos químicos ou partículas biológicas (vírus).

8.6.1 Métodos químicos

A transfecção química pode utilizar diversos produtos, como ciclodextrina[35], os polímeros[36], lipossomas ou nanopartículas[1*].

8.6.1.1 Coprecipitação com fosfato de cálcio

Esse método é muito utilizado por se tratar de um método de baixo custo. Foi descoberto por Graham e van der Eb em 1973[37]. Para introduzir o vetor na linhagem celular, mistura-se o DNA com cloreto de cálcio em um tampão fosfato com pH neutro, resultando num precipitado fino e visível. Esse precipitado é adicionado às células, que incorporam o DNA por fagocitose.

---

* Ver <http://www.transfection.ws/nanoparticle_based_transfection_reagents>.

8.6.1.2 Lipossomas

Um método muito eficaz é a inserção do DNA a ser transfectado em lipossomas. Lipossomas são pequenos corpos de membrana limitados, que são, de certa forma, semelhantes à estrutura de uma célula e podem se fundir com a membrana celular, liberando o DNA no interior da célula. Para as células eucarióticas, a transfecção é mais bem alcançada usando lipossomas catiônicos (ou misturas), porque as células são mais sensíveis. A superfície dos lisossomas é carregada positivamente e se liga aos grupos fosfatos do DNA, formando um complexo que apresenta uma alta afinidade pelas cargas negativas expostas na superfície das membranas celulares. A incorporação e liberação dos complexos DNA-lisossoma no meio intracelular devem ocorrer por endocitose. Os agentes mais eficazes atualmente são a Lipofectamine (Invitrogen) e UptiFectin (Interchim). Apesar de eficiente, esse método possui um custo elevado.

8.6.1.3 Polímeros catiônicos

Outro método é o uso de polímeros catiônicos, tais como DEAE-dextran ou polietilenoimina. O DNA carregado negativamente se liga ao policátion, e o complexo é absorvido pela célula através de endocitose. O método DEAE-dextran pode aumentar a taxa de mutações porque expõe as células a pH extremos. Os agentes populares desse tipo são os Fugene (Roche) e LT-1 (Mirus Bio). Já o método que utiliza o PEI é um método eficiente para linhagens aderentes ou em suspensão, cultivadas com ou sem soro, além de ser de baixo custo e ideal para ser utilizado em larga escala. Em pH fisiológico, o PEI é protonado, o que o torna efetivo para se ligar ao DNA e transfectar células eucarióticas. Esse polímero é encontrado tanto na forma linear como na ramificada, sendo a linear é mais eficiente para transfecções transitórias em meio livre de soro. O mecanismo exato pelo qual o DNA entra na célula na presença de PEI ainda é desconhecido.

8.6.2 Métodos físicos

8.6.2.1 Eletroporação

A eletroporação é um método popular, apesar de exigir um instrumento e afetar a viabilidade de muitos tipos celulares. Nesse método, introduz-se a molécula de DNA na célula pela exposição destas a breves pulsos elétricos de alta voltagem. Esses impulsos elétricos induzem um diferencial de potencial na membrana que gera microporos, permitindo a entrada do DNA. É um método simples e reprodutível; no entanto, para cada linhagem celular é necessário determinar a duração do campo elétrico para obter a melhor eficiência de transfecção.

8.6.2.2 Gene gun

Nesta metodologia, a abordagem de inserção do gene dentro da célula é realizada através da utilização de uma arma. O DNA é acoplado a uma nanopartícula de um sólido inerte (geralmente de ouro), que é então "bombardeada" diretamente no núcleo da célula-alvo.

8.6.3 Métodos biológicos

8.6.3.1 Transdução viral

O DNA também pode ser introduzido em células usando vírus como um vetor. Nesses casos, a técnica é chamada de transdução viral e as células são transduzidas.

8.7 MÉTODOS DE SELEÇÃO E SCREENING

Para a obtenção de clones celulares que expressem a proteína recombinante, dois métodos são os mais utilizados:

1) A utilização de um vetor com resistência a um antibiótico: quando o vetor possui um gene de resistência a uma droga, é necessário, antes de utilizar tal droga (G418, higromicina, puromicina etc.), titulá-la, a fim de determinar a concentração ideal para selecionar os clones estáveis. Esse processo é chamado de curva de morte. Esse procedimento é muito importante porque existe uma grande variação de lote para lote na potência dessas drogas. Assim, é importante para cada lote do antibiótico determinar a concentração ideal da droga. É recomendada a realização de dois experimentos: (1) a titulação para determinar a concentração ideal da droga, e (2) um experimento para determinar a concentração ideal da densidade celular para que essas culturas permaneçam na placa de cultivo por até duas semanas. A quantidade de células dependerá o tamanho da célula. Para determinar a concentração ideal de um antibiótico a fim de selecionar células modificadas, é realizada uma curva com a utilização de diferentes concentrações da droga. A concentração que matar 100% da cultura em 10 a 14 dias de cultivo é a concentração ideal para selecionar o tipo celular testado com um vetor de expressão.

2) A utilização de um vetor com uma proteína fluorescente: no caso de vetores biscistrônicos que possuem um segundo gene para uma proteína fluorescente, como, por exemplo, a proteína fluorescente verde (*green fluorescent protein* – GFP). A seleção dos clones pode ser realizada por citometria de fluxo.

Após a obtenção de clones celulares que expressam a proteína recombinante de interesse, a detecção da mesma pode ser realizada através da medida da sua atividade biológica (como, por exemplo, fatores da coagulação, enzimas, hormônios) ou pela sua identificação imunoquímica (Elisa, Western blot, Dot blot). A quantificação da atividade da proteína irá mostrar a funcionalidade da mesma, já as quantificações imunoquímicas são úteis para a identificação das proteínas, independentemente de esta apresentar ou não atividade. As proteínas recombinantes podem também ser expressas fusionadas às caudas (tags) que irão auxiliar no processo de purificação.

8.8 PERSPECTIVAS

8.8.1 Expressão transiente de proteínas

A expressão transiente de proteínas ainda não encontrou grande aplicação nos processos industriais; no entanto, seu enorme potencial pode dar origem a novas alternativas para a produção de proteínas em larga escala[38]. Além disso, foi recentemente demonstrado que esta tecnologia possui também um grande potencial para a produção em larga escala de vetores virais adeno-associados[39,40]. Essa tecnologia também tem despertado interesse para a produção rápida de proteínas destinadas à pesquisa básica e estudos clínicos[41]. A transfecção transiente não requer a integração estável do DNA de interesse. Após a entrada do DNA no núcleo da célula, inicia-se a transcrição do transgene e, consequentemente, a síntese da proteína recombinante. Geralmente, a proteína recombinante pode ser detectada em apenas algumas horas após a transfecção. Apesar de a transfecção transiente ter sido utilizada originalmente para culturas aderentes, a demanda de altas quantidades de proteínas recombinantes levou ao desenvolvimento da transfecção transiente em larga escala[42]. Diversas técnicas de transfecção com vetores virais e não virais têm sido otimizadas para a cultura de células em suspensão.

8.8.2 Genômica e proteômica

As tecnologias em escala genômica, incluindo a genômica, transcriptômica e proteômica, têm potencial para contribuir no desenvolvimento de sistemas de expressão baseados em células de mamíferos[43]. Embora ferramentas *high-throughput* de genômica e proteômica já estejam disponíveis para linhagens hospedeiras como NS0 e Hek-293, a falta de informação em relação à sequência genômica da principal linhagem hospedeira, a célula CHO, tem limitado a aplicação dessa tecnologia na área de produção de proteínas recombinantes[41]. Com desenvolvimentos futuros, essas tecnologias podem vir a ajudar no entendimento da fisiologia da célula hospedeira e de suas linhagens recombinantes derivadas, podendo possibilitar a identificação de características que possibilitem predizer os níveis e a estabilidade da expressão gênica em escala industrial[44]. Essa identificação preditiva pode ser de extrema utilidade na detecção precoce de clones mais produtivos e na determinação de como a célula irá responder às mudanças das condições de

cultivo, contribuindo, assim, para a otimização do processo e definição de meio de cultura[41].

8.8.3 Engenharia de linhagem hospedeira

Muitos esforços têm sido direcionados à modificação genética da linhagem hospedeira com o objetivo de melhorar os níveis e a qualidade da produção de proteínas recombinantes[45,46]. Essas estratégias de modificação estão focadas nos seguintes pontos:

1) *Controle da proliferação celular.* Altas taxas de crescimento celular, embora vantajosas na obtenção de altas densidades celulares em um curto período de tempo, podem ser prejudiciais em muitos modos de operação, exceto na perfusão e cultura contínua. Esse crescimento descontrolado ultrapassa o limite do sistema de cultura, levando à morte celular como consequência da exaustão de nutrientes e oxigênio ou pelo acúmulo de subprodutos tóxicos. Numerosas estratégias de modificação genética da célula têm sido desenvolvidas com a intenção de se atingir um sistema de produção bifásico. Esse sistema se caracteriza por uma fase inicial de alto crescimento celular, no qual são geradas quantidades suficientes de células em um período curto, e uma extensa fase de produção, com pouco ou nenhum crescimento, no qual a produção da proteína de interesse pode ser maximizada pela ausência de competição pela energia disponível na célula. Estratégias para se obter esse tipo de produção bifásica frequentemente estão baseadas na indução química da expressão de determinados genes para ativar a expressão de moléculas que desempenhem funções de controle chaves na progressão do ciclo celular. Essa indução é realizada quando a densidade celular desejada é alcançada[47].

2) *Aumento da viabilidade celular.* As estratégias para o aumento da viabilidade celular em cultura estão relacionadas às tentativas para postergar a apoptose. Nesse sentido, a engenharia da célula pode ser dividida em duas categorias: sobre-expressão de genes antiapoptóticos e supressão de genes pró-apoptóticos[47]. Dentre as proteínas-alvo para a sobre-expressão encontram-se as proteínas Bcl-2 e Bcl-xL, bem como suas respectivas moléculas mutantes que tiveram parte de uma porção específica removida para evitar a clivagem mediada por caspases[48-50]. Proteínas que inibem caspases, como por exemplo a proteína inibidora da apoptose ligada ao X (X-*linked inhibitor of apoptosis protein* – XIAP) e o modificador A de

resposta à citocina (*cytokine response modifier* A – CrmA) também têm sido sobre-expressas com o intuito de postergar a apoptose[51,52]. As estratégias que envolvem a supressão de genes pró-apoptóticos estão focadas nas caspases[53] 3 e 7 e na proteína pró-apoptótica pertencente à família da Bcl-2, BAX[54].

3) *Redução da produção de subprodutos tóxicos (lactato e amônia).* Para reduzir a formação de lactato durante o cultivo de células CHO, Kim et al.[61] e Kim et al.[62] realizaram o "nocaute", ou a deleção, do mRNA da lactato desidrogenase subunidade A (LDH-A) por meio de oligonucleotídeos antisenso e RNA de interferência (RNAi), ou a sobre-expressão da enzima piruvato carboxilase. De maneira similar, a redução do acúmulo de amônia foi realizado através da sobre-expressão das enzimas do ciclo da ureia fosfatase sintetase I e ornitina transcarboxilase[55].

4) *Aumento da capacidade de secreção de proteínas.* Para reduzir o estresse do retículo endoplasmático durante a secreção de glicoproteínas complexas, fato que tem sido apontado como um dos causadores da secreção ineficiente de proteínas recombinantes, muitos trabalhos foram realizados com o objetivo de sobre-expressar proteínas como a proteína ligante de imunoglobulina (*binding immunoglobulin protein* – BiP), a proteína dissulfeto isomerase (*protein dissulfide isomerase* – PDI) e a proteína ligante da caixa X (*X-box binding protein* – XBP-I). Analisando esses estudos, pode-se perceber que não existe um consenso a respeito das vantagens de se expressar tais proteínas para otimizar a secreção da célula. O que se pode afirmar é que a efetividade dessa estratégia depende do tipo de proteína recombinante que está sendo expressa e da linhagem hospedeira[47].

5) *Modulação das modificações pós-traducionais (glicosilação).* A variação do conteúdo de glicanas de certas glicoproteínas pode afetar de maneira significativa a estabilidade, atividade, imunogenicidade e farmacocinética das proteínas recombinantes terapêuticas[56]. A engenharia da célula para otimizar a glicosilação, e com isso diminuir essa heterogeneidade, envolve modificações da sialilação da proteína recombinante, da glicosilação de anticorpos e das glicosilações O-ligadas[47].

8.9 CONCLUSÕES

Apesar dos progressos recentes, a tecnologia de expressão de proteínas recombinantes em células de mamíferos ainda está no seu início. Ainda há

muito a ser feito para melhorar a produtividade. A produção de proteínas recombinantes com finalidade terapêutica utilizando linhagens de mamíferos encontra-se em amplo crescimento e tem-se tornado a plataforma de produção dominante nos processos industriais. Atualmente, células de mamífero são responsáveis pela produção de mais da metade dos produtos biofarmacêuticos no mercado. Dentre as linhagens celulares de mamífero disponíveis, as de origem humanas têm emergido como a alternativa mais promissora frente à plataforma de produção baseada em células de roedores. Apesar da grande promessa em relação às células humanas, vale a pena ressaltar que não existe uma plataforma de produção universal. Um sistema de expressão optimizado deve ser desenvolvido para cada proteína recombinante, levando em consideração a estrutura da proteína a ser expressa, a linhagem celular e as propriedades do vetor de expressão.

REFERÊNCIAS

1. Gemmill TR, Trimble RB. Overview of N- and O-linked oligosaccharide structures found in various yeast species. Biochim Biophys Acta. 1999 Jan 6;1426(2):227-37.
2. Gomord V, Chamberlain P, Jefferis R, Faye L. Biopharmaceutical production in plants: problems, solutions and opportunities. Trends in Biotechnology. 2005 Nov;23(11):559-65.
3. Durocher Y, Butler M. Expression systems for therapeutic glycoprotein production. Current Opinion in Biotechnology. 2009 Dec;20(6):700-7.
4. Mei B, Chen Y, Chen J, Pan CQ, Murphy JE. Expression of human coagulation factor VIII in a human hybrid cell line, HKB11. Mol Biotechnol. 2006 Oct;34(2):165-78.
5. Bollati-Fogolín M., Comini M. Cloning and expression of heterologous proteins in animal cells. In: Animal Cell Technology: From Biopharmaceuticals to Gene Therapy, Castilho, Moraes, Augusto, Butler, editors. 2007;3:39-73.
6. Puck TT. Action of Radiation on Mammalian Cells Iii. Relationship between Reproductive Death and Induction of Chromosome Anomalies by X-Irradiation of Euploid Human Cells in Vitro. Proc Natl Acad Sci USA. 1958 Aug 15;44(8):772-80.
7. Hunt L, Hacker DL, Grosjean F, De Jesus M, Uebersax L, Jordan M, et al. Low-temperature pausing of cultivated mammalian cells. Biotechnology and Bioengineering. 2005 Jan 20;89(2):157-63.
8. Muller N, Girard P, Hacker DL, Jordan M, Wurm FM. Orbital shaker technology for the cultivation of mammalian cells in suspension. Biotechnology and Bioengineering. 2005 Feb 20;89(4):400-6.
9. Wurm FM, Hacker D. First CHO genome. Nature biotechnology. 2011 Aug;29(8):718-20.
10. Moraes AM, Castilho LR, Augusto EFP. Tecnologia do cultivo de células animais: de biofármacos a terapia gênica. São Paulo: Roca; 2007.
11. Soukharev S, Hammond D, Ananyeva NM, Anderson JA, Hauser CA, Pipe S, et al. Expression of factor VIII in recombinant and transgenic systems. Blood cells, Molecules & Diseases. 2002 Mar-Apr;28(2):234-48.
12. Barnes LM, Bentley CM, Dickson AJ. Advances in animal cell recombinant protein production: GS-NS0 expression system. Cytotechnology. 2000 Feb;32(2):109-23.
13. Graham FL, Smiley J, Russell WC, Nairn R. Characteristics of a human cell line transformed by DNA from human adenovirus type 5. J. Gen. Virol. 2007 Jul;36(1):59-74.
14. Suttie JW. Report of Workshop on expression of vitamin K-dependent proteins in bacterial and mammalian cells. Thrombosis Research. 1986 Oct 1;44(1):129-34.
15. Yallop C, Crowley J, Cote J, Hegmans-Brouwer K, Lagerwerf F, Gagne R, et al. PER. C6® Cells for the Manufacture of Biopharmaceutical Proteins. In: Knäblein J, editor.

Modern Biopharmaceuticals: Design, Development and Optimization. Weinheim: Wiley-VCH Verlag GmbH; 2005.

16. Jones D, Kroos N, Anema R, van Montfort B, Vooys A, van der Kraats S, et al. High-level expression of recombinant IgG in the human cell line per.c6. Biotechnology Progress. 2003 Jan-Feb;19(1):163-8.

17. Havenga MJ, Holterman L, Melis I, Smits S, Kaspers J, Heemskerk E, et al. Serum-free transient protein production system based on adenoviral vector and PER.C6 technology: high yield and preserved bioactivity. Biotechnology and Bioengineering. 2008 Jun 1;100(2):273-83.

18. Macdonald G. PER.C6 platform achieves highest ever yield. Pharma Technologist. 2008.

19. Goff SP, Berg P. Construction of hybrid viruses containing SV40 and lambda phage DNA segments and their propagation in cultured monkey cells. Cell. 1976 Dec;9(4 pt 2):695-705.

20. Hamer DH, Davoli D, Thomas CA, Jr., Fareed GC. Simian virus 40 carrying an Escherichia coli suppressor gene. Journal of Molecular Biology. 1977 May 15;112(2):155-82.

21. Cavazzana-Calvo M, Hacein-Bey S, de Saint Basile G, Gross F, Yvon E, Nusbaum P, et al. Gene therapy of human severe combined immunodeficiency (SCID)-X1 disease. Science. 2000 Apr 28;288(5466):669-72.

22. Daniel R, Smith JA. Integration site selection by retroviral vectors: molecular mechanism and clinical consequences. Human Gene Therapy. 2008 Jun;19(6):557-68.

23. Russo-Carbolante EM, Picanco-Castro V, Alves DC, Fernandes AC, Almeida-Porada G, Tonn T, et al. Integration pattern of HIV-1 based lentiviral vector carrying recombinant coagulation factor VIII in Sk-Hep and 293T cells. Biotechnology Letters. 2011 Jan;33(1):23-31.

24. Cattoglio C, Facchini G, Sartori D, Antonelli A, Miccio A, Cassani B, et al. Hot spots of retroviral integration in human CD34+ hematopoietic cells. Blood. 2007 Sep 15;110(6):1770-8.

25. Spencer HT, Denning G, Gautney RE, Dropulic B, Roy AJ, Baranyi L, et al. Lentiviral vector platform for production of bioengineered recombinant coagulation factor VIII. Molecular therapy : the journal of the American Society of Gene Therapy. 2011 Feb;19(2):302-9.

26. Coffin JM, Hughes SH, Varmus HE. The Interactions of Retroviruses and their Hosts. In: Coffin JM, Hughes SH, Varmus HE, editors. Retroviruses. New York: Cold Spring Harbor; 1997.

27. Vigna E, Naldini L. Lentiviral vectors: excellent tools for experimental gene transfer and promising candidates for gene therapy. The Journal of Gene Medicine. 2000 Sep-Oct;2(5):308-16.

28. Naldini L, Blomer U, Gallay P, Ory D, Mulligan R, Gage FH, et al. In vivo gene delivery and stable transduction of nondividing cells by a lentiviral vector. Science. 1996 Apr 12;272(5259):263-7.

29. Zufferey R, Nagy D, Mandel RJ, Naldini L, Trono D. Multiply attenuated lentiviral vector achieves efficient gene delivery in vivo. Nature Biotechnology. 1997 Sep;15(9):871-5.

30. Hierholzer JC. Adenoviruses in the immunocompromised host. Clinical Microbiology Reviews. 1992 Jul;5(3):262-74.

31. Picanco V, Heinz S, Bott D, Behrmann M, Covas DT, Seifried E, et al. Recombinant expression of coagulation factor VIII in hepatic and non-hepatic cell lines stably transduced with third generation lentiviral vectors comprising the minimal factor VIII promoter. Cytotherapy. 2007;9(8):785-94.

32. Makrides SC. Components of vectors for gene transfer and expression in mammalian cells. Protein expression and purification. 1999 Nov;17(2):183-202.

33. Blau HM, Rossi FM. Tet B or not tet B: advances in tetracycline-inducible gene expression. Proc Natl Acad Sci USA. 1999 Feb 2;96(3):797-9.

34. Pelletier J, Sonenberg N. Internal initiation of translation of eukaryotic mRNA directed by a sequence derived from poliovirus RNA. Nature. 1988 Jul 28;334(6180):320-5.

35. Menuel S, Fontanay S, Clarot I, Duval RE, Diez L, Marsura A. Synthesis and complexation ability of a novel bis- (guanidinium)-tetrakis-(beta-cyclodextrin) dendrimeric tetrapod as a potential gene delivery (DNA and siRNA) system. Study of cellular siRNA transfection. Bioconjugate Chemistry. 2008 Dec;19(12):2357-62.

36. Fischer D, von Harpe A, Kunath K, Petersen H, Li Y, Kissel T. Copolymers of ethylene imine and N-(2-hydroxyethyl)-ethylene imine as tools to study effects of polymer structure on physicochemical and biological properties of DNA complexes. Bioconjugate Chemistry. 2002 Sep-Oct;13(5):1124-33.

37. Graham FLaVdE, A. J. A new technique for the assay of infectivity of human adenovirus 5 DNA. Virology. 1973:456-67.

38. Geisse S, Henke M. Large-scale transient transfection of mammalian cells: a newly emerging attractive option for recombinant protein production. J Struct Funct Genomics. 2005;6(2-3):165-70.

39. Park JY, Lim BP, Lee K, Kim YG, Jo EC. Scalable production of adeno-associated virus type 2 vectors via suspension transfection. Biotechnology and Bioengineering. 2006 Jun 20;94(3):416-30.

40. Reed SE, Staley EM, Mayginnes JP, Pintel DJ, Tullis GE. Transfection of mammalian cells using linear polyethylenimine is a simple and effective means of producing recombinant adeno-associated virus vectors. Journal of Virological Methods. 2006 Dec;138(1-2):85-98.

41. Matasci MH, D.L.; Baldi, L. e Wurm, F.M. . Recombinant therapeutic protein production in cultivated mammalian cells: current status and future prospects. Drug Discovery Today: technologies 2008;5:37-42.

42. Wurm F, Bernard A. Large-scale transient expression in mammalian cells for recombinant protein production. Current Opinion in Biotechnology. 1999 Apr;10(2):156-9.

43. Griffin TJ, Seth G, Xie H, Bandhakavi S, Hu WS. Advancing mammalian cell culture engineering using genome-scale technologies. Trends in Biotechnology. 2007 Sep;25(9):401-8.

44. Seth G, Charaniya S, Wlaschin KF, Hu WS. In pursuit of a super producer-alternative paths to high producing recombinant mammalian cells. Current Opinion in Biotechnology. 2007 Dec;18(6):557-64.

45. Mohan C, Kim YG, Koo J, Lee GM. Assessment of cell engineering strategies for improved therapeutic protein production in CHO cells. Biotechnology Journal. 2008 May;3(5):624-30.

46. Seth G, Hossler P, Yee JC, Hu WS. Engineering cells for cell culture bioprocessing--physiological fundamentals. Advances in Biochemical engineering/biotechnology. 2006;101:119-64.

47. Lim Y, Wong NS, Lee YY, Ku SC, Wong DC, Yap MG. Engineering mammalian cells in bioprocessing – current achievements and future perspectives. Biotechnol Appl Biochem. 2010 Apr;55(4):175-89.

48. Chang BS, Minn AJ, Muchmore SW, Fesik SW, Thompson CB. Identification of a novel regulatory domain in Bcl-X(L) and Bcl-2. The EMBO Journal. 1997 Mar 3;16(5):968-77.

49. Arden N, Betenbaugh MJ. Life and death in mammalian cell culture: strategies for apoptosis inhibition. Trends in Biotechnology. 2004 Apr;22(4):174-80.

50. Youle RJ, Strasser A. The BCL-2 protein family: opposing activities that mediate cell death. Nature reviews Molecular Cell Biology. 2008 Jan;9(1):47-59.

51. Sauerwald TM, Betenbaugh MJ, Oyler GA. Inhibiting apoptosis in mammalian cell culture using the caspase inhibitor XIAP and deletion mutants. Biotechnology and Bioengineering. 2002 Mar 20;77(6):704-16.

52. Sauerwald TM, Oyler GA, Betenbaugh MJ. Study of caspase inhibitors for limiting death in mammalian cell culture. Biotechnology and Bioengineering. 2003 Feb 5;81(3):329-40.

53. Kumar S. Caspase function in programmed cell death. Cell death and Differentiation. 2007 Jan;14(1):32-43.

54. Lim SF, Chuan KH, Liu S, Loh SO, Chung BY, Ong CC, et al. RNAi suppression of Bax and Bak enhances viability in fed-batch cultures of CHO cells. Metab Eng. 2006 Nov;8(6):509-22.

55. Park H, Kim IH, Kim IY, Kim KH, Kim HJ. Expression of carbamoyl phosphate synthetase I and ornithine transcarbamoylase genes in Chinese hamster ovary dhfr-cells decreases accumulation of ammonium ion in culture media. Journal of Biotechnology. 2000 Aug 25;81(2-3):129-40.

56. Butler M. Optimisation of the cellular metabolism of glycosylation for recombinant proteins produced by Mammalian cell systems. Cytotechnology. 2006 Mar;50(1-3):57-76.

57. Zhu 2012: Zhu J. Mammalian cell protein expression for biopharmaceutical production. Biotechnol Adv. 2012 Sep-Oct;30(5):1158-70. doi: 10.1016/j.biotechadv.2011.08.022. Epub 2011 Sep 24.

58. Cox MM. Recombinant protein vaccines produced in insect cells. Vaccine. 2012 Feb 27;30(10):1759-66. doi: 10.1016/j.vaccine.2012.01.016. Epub 2012 Jan 17.

59. Ikonomou L, Schneider YJ, Agathos SN. Insect cell culture for industrial production of recombinant proteins. Appl Microbiol Biotechnol. 2003 Jul;62(1):1-20. Epub 2003 May 6.

60. Houdebine LM. Production of pharmaceutical proteins by transgenic animals. Comp Immunol Microbiol Infect Dis. 2009 Mar;32(2):107-21. doi: 10.1016/j.cimid.2007.11.005. Epub 2008 Feb 19.

61. Kim SH, Lee GM (2007a) Down-regulation of lactate dehydrogenaseA by siRNAs for reduced lactic acid formation of Chinese hamster ovary cells producing thrombopoietin. Appl Microbiol Biotechnol 74:152-159.

62. Kim SH, Lee GM (2007b) Functional expression of human pyruvate carboxylase for reduced lactic acid formation of Chinese hamster ovary.

AGRADECIMENTOS

Os autores agradecem o financiamento do projeto às agências de fomento Fapesp e Finep. Agradecemos também a Sandra Navarro pela elaboração das figuras.

CAPÍTULO 9

MUTAGÊNESE SÍTIO-DIRIGIDA EM BACTÉRIAS: FUNDAMENTOS BÁSICOS E APLICAÇÕES

Jacqueline Boldrin de Paiva
Livia Pilatti Mendes da Silva
Oliveiro Caetano de Freitas Neto
Wanderley Dias da Silveira

9.1 INTRODUÇÃO

A recombinação sítio específica que reorganiza segmentos de DNA é uma ferramenta biotecnológica poderosa e tem sido utilizada com inúmeras finalidades, tais como: engenharia genética envolvendo deleções gênicas condicionais, translocações cromossômicas, introdução de cassetes gênicos em locais específicos do genoma e controle da expressão gênica. Anteriormente ao advento das atuais técnicas de engenharia genética, a função gênica de bactérias era inferida através da associação de um fenótipo a um gene deletado randomicamente, ou transferido por meio dos mecanismos clássicos de recombinação genética bacteriana (conjugação, transdução, transformação). Partia-se, então, de uma alteração fenotípica para a inferência de qual gene

estaria envolvido naquele fenótipo. Testes adicionais para a identificação gênica se faziam necessários na maioria das vezes.

A obtenção de mutantes aleatórios, seja pela exposição a agentes mutagênicos químicos ou físicos, ou pela utilização de elementos genéticos móveis de inserção aleatória, conhecidos como transposons, foi largamente utilizada por décadas com o intuito de se obter informação gênica e, ainda, é indicada para os casos em que se busca um fenótipo específico a partir de genomas totalmente ou parcialmente desconhecidos (Figuras 9.1 e 9.2). No entanto, a busca de mutantes específicos dentro de uma coleção randômica é extremamente laboriosa, e deve-se considerar que, muitas vezes, o fenótipo que o gene de interesse afetará não se apresentará claramente.

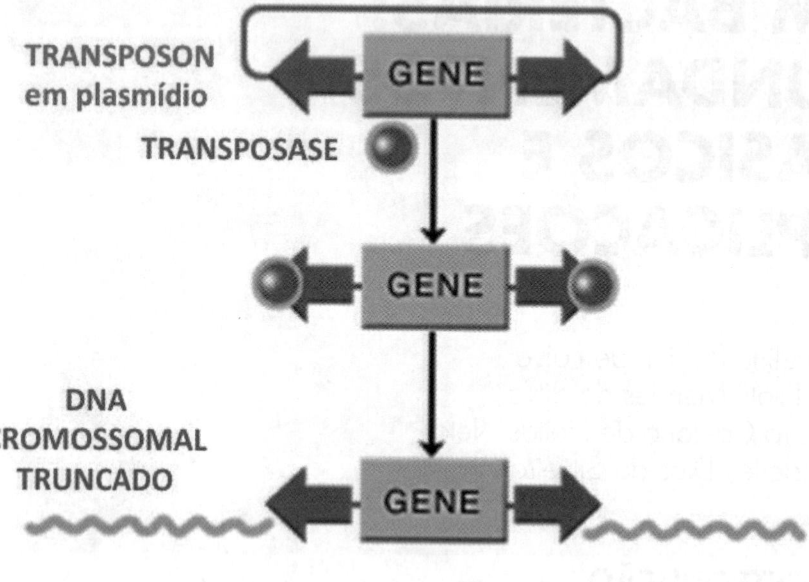

Figura 9.1 Esquema de criação de mutantes aleatórios utilizando transposons (adaptado de Hackett et al.[1]).

A mutagênese sítio-dirigida (MSD) é fruto do progresso das técnicas modernas de biologia molecular. Os avanços em sequenciamento de DNA e a disponibilização de genomas e transcriptomas, bem como as técnicas de proteômica, têm permitido abordagens mais precisas na elucidação da função gênica, na mesma velocidade em que têm gerado massivas informações às quais devem ser atribuídas funções.

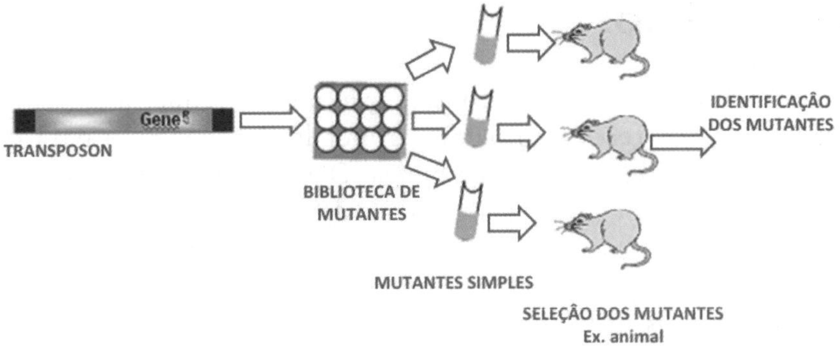

Figura 9.2 Esquema demonstrando a utilização de transposons para criação de mutantes aleatórios. Inferência da função gênica a partir da busca por um fenótipo conhecido (adaptado de Lamrabet; Drancourt[2]).

A MSD consiste na criação de uma mutação específica em uma região conhecida do DNA, com o intuito básico de atribuir a genes ou ORFs (*open reading frames*) de sequências conhecidas funções ainda não inferidas, preditas ou pobremente atribuídas. Avalia-se o mutante gerado aplicando-se um contexto fenotípico pertinente ao que se busca, como, por exemplo, virulência, divisão celular, metabolismo, formação de biofilme, entre muitos outros, comparando-o à linhagem selvagem original.

Iniciar uma avaliação genética a partir de uma mutação específica em um gene alvo, e não de um mutante fenotípico obtido, tem sido o procedimento mais aceito e mais utilizado por fornecer resultados altamente significativos. A maneira mais eficiente, e aceita, para a disrupção sítio dirigida de genes específicos em bactérias é a mutação por substituição alélica ou recombinação homóloga, na qual ocorre uma permuta espontânea entre o gene cromossômico selvagem e uma cópia truncada pela inserção de um marcador, a qual é apresentada clonada em um plasmídeo.

Inúmeras metodologias, baseadas em substituição alélica para inativação de genes cromossômicos, em bactérias gram-positivas e gram-negativas, estão disponíveis na literatura e têm sido aprimoradas com o passar dos anos[3-5]. A principal vantagem da substituição gênica é a geração de mutantes cromossômicos estáveis e a possibilidade de se gerar mutações não polares, ou seja, mutações nas quais apenas o gene deletado tem sua transcrição diretamente afetada, minimizando ou anulando os efeitos na transcrição de genes adjacentes, e, por consequência, minimizando quaisquer interferências.

9.2 FUNDAMENTOS

A maioria das técnicas de recombinação alélica requer a construção de vetores suicidas carreando um clone truncado do gene alvo para o passo posterior de recombinação cromossômica. O gene deletado é construído por pelo menos três passos de reações em cadeia de polimerase (*polymerase chain reaction* – PCR) e consiste de um gene marcador, geralmente um cassete de resistência a antibiótico (sendo o cloranfenicol, a tetraciclina e a canamicina os mais utilizados), flanqueado por sequências longas (aproximadamente 500 pb) e homólogas ao gene-alvo. Essa construção deve se apresentar clonada entre os sítios de restrição correspondentes às opções de corte disponíveis nos plasmídeos de clonagem a serem utilizados para a montagem do inserto. Depois de montado e clonado, o inserto é digerido por endonucleases de restrição e ligado ao plasmídeo suicida (Figura 9.3).

Figura 9.3 Esquema demostrando desde a construção do gene truncado até inserção no vetor de clonagem.

A chave do processo é a utilização de vetores suicidas, os quais não se replicam dentro de determinadas situações, que devem ser aplicadas no momento da seleção dos recombinantes (Figura 9.4). São exemplos de tais vetores de *E. coli*: ColE1 e derivados, os quais não se replicam em mutantes *pol*A; pSC101 e seus derivados, os quais são termossensíveis, e vetores dependentes do gene *pir*, os quais apresentam origem de replicação do plasmídeo R6K. Entre as gram-positivas, destaca-se a família de vetores dependentes do gene *rep*A, os quais são amplamente utilizados.

O plasmídeo suicida, carregando uma sequência clonada do gene truncado, é transferido para a célula-alvo da deleção por conjugação ou transformação. Em condições não permissivas para a replicação do vetor, a célula bacteriana alvo mantém uma resistência específica ao antibiótico usado para construção do gene deletado apenas se houve integração do gene truncado no cromossomo bacteriano, através de recombinação homóloga entre o gene clonado no vetor e o gene alvo no cromossomo bacteriano. O passo posterior é a excisão do vetor a qual pode ser selecionada pela sensibilidade ao antibiótico repórter do plasmídeo suicida (Figura 9.5).

Mutagênese Sítio-Dirigida em Bactérias: Fundamentos Básicos e Aplicações

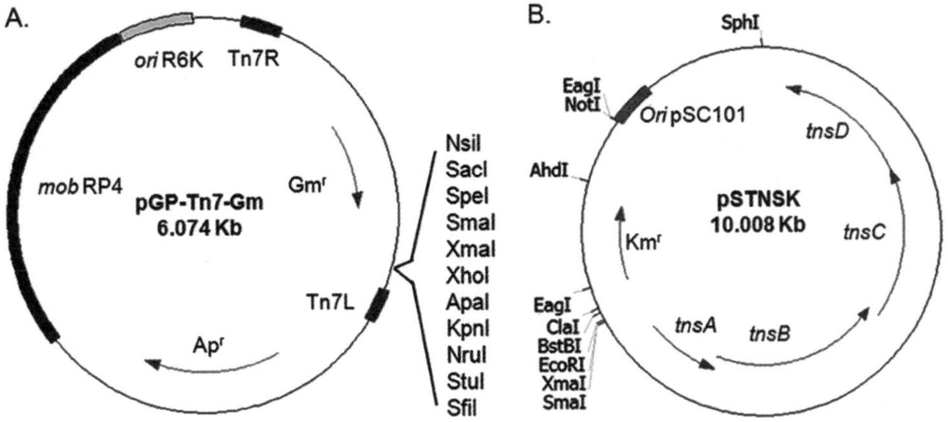

Figura 9.4 Exemplos de plasmídeo suicida com origem de replicação do plasmídeo R6K (A) e pCS 101 (B) (adaptado de Crépin[6]).

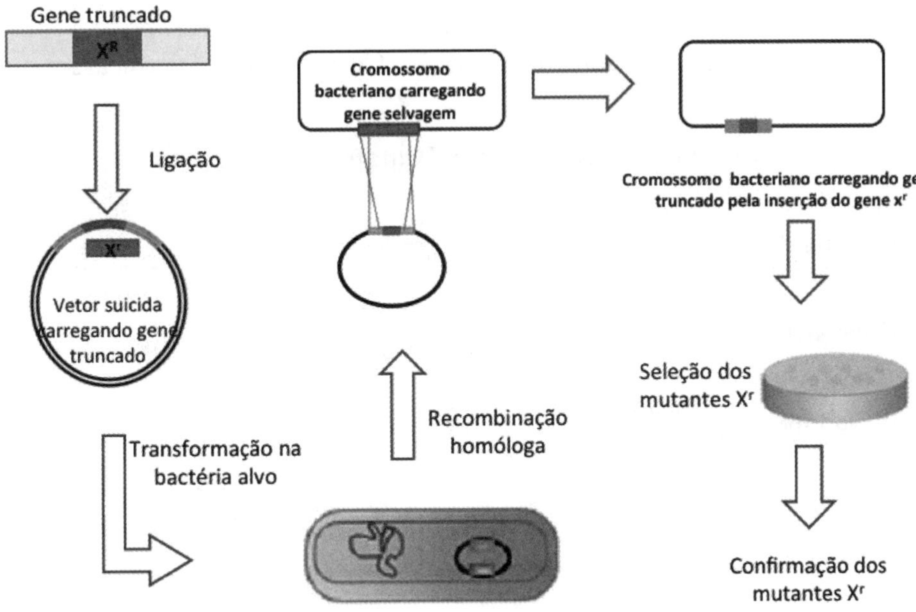

Figura 9.5 Esquema demonstrando a recombinação homologa com utilização de vetores suicidas para deleção de genes específicos (adaptado de Lamrabet; Drancourt[2]).

9.3 TÉCNICA LAMBDA RED

A técnica Lambda red (λ Red), descrita por Datsenko e Wanner, possibilita a deleção de genes cromossômicos em apenas um passo[7], através da substituição gênica direta de dois fragmentos curtos de DNA (aproximadamente 50 pb) que flanqueiam um gene de resistência a antibiótico amplificado por PCR (Figura 9.6). Essa técnica facilita enormemente a geração de mutantes específicos para análise genômica funcional e revolucionou as técnicas convencionais de deleção baseadas em clonagem e utilização de vetores suicidas. A técnica Lambda red tem sido aceita por muitos pesquisadores e amplamente utilizada para inúmeros propósitos em *E. coli*, em outras espécies de enterobactérias como *Salmonella* spp, *Shigella sp. Proteus sp, Citrobacter sp* e em outras inúmeras espécies de bactérias gram-negativas e gram-positivas, dispensando a utilização de plasmídeos suicidas carreadores de insertos e dispensando todas as etapas de clonagem.

Poucas bactérias são naturalmente competentes a serem transformadas com fragmentos lineares de DNA. Uma das razões para tanto, em *Escherichia coli*, é a presença de sistema de metilação e restrição. Cosloy e Oishi[9] verificaram que

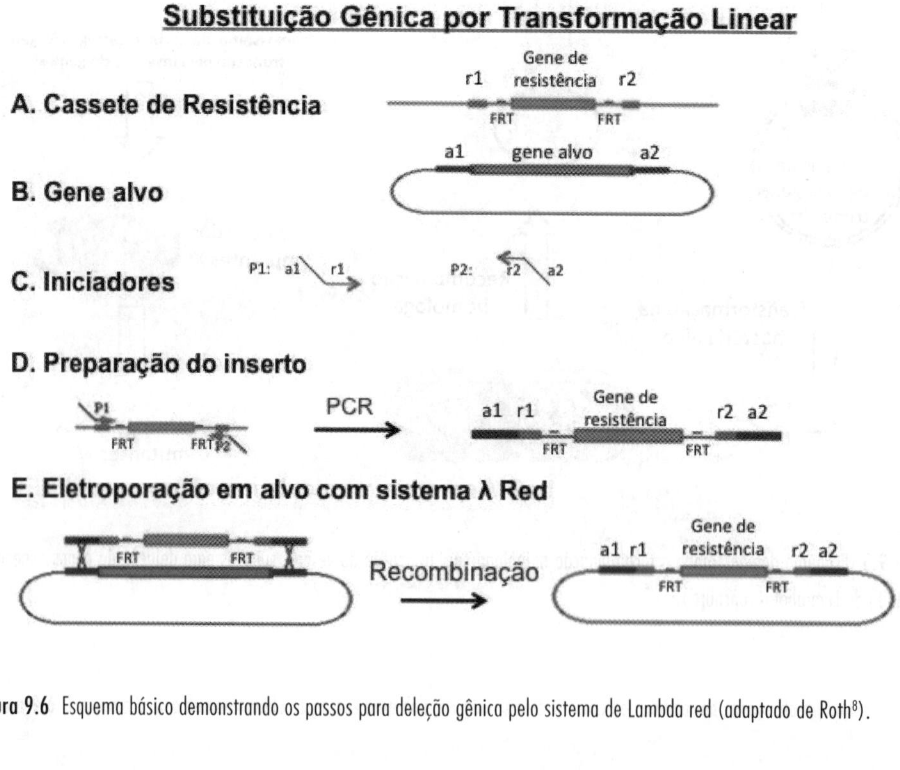

Figura 9.6 Esquema básico demonstrando os passos para deleção gênica pelo sistema de Lambda red (adaptado de Roth[8]).

mutantes de *E. coli* que carregavam o complexo de recombinação RecBCD e que eram deficientes na exonuclease V passavam a ser transformáveis por DNA linear e altamente eficientes em sofrer recombinação[9].

Muitos bacteriófagos codificam seus próprios sistemas de recombinação homóloga. Na última década, foi demonstrado que o complexo λ Red (γ, β e *exo*), derivado do fago λ, é capaz de promover recombinações homólogas muito mais eficientemente que os exibidos pelo complexo RecBCD, utilizando fragmentos lineares de DNA.

A chave da técnica Lambda red encontra-se no plasmídeo pKD46, construído a partir de genes derivado do fago lambda (λ), e baseia-se na transformação da linhagem a ser mutagenizada com este plasmídeo (Figura 9.7). O plasmídeo pKD46 possui uma origem de replicação sensível à temperatura derivada de um grupo de incompatibilidade plasmidial que permite que

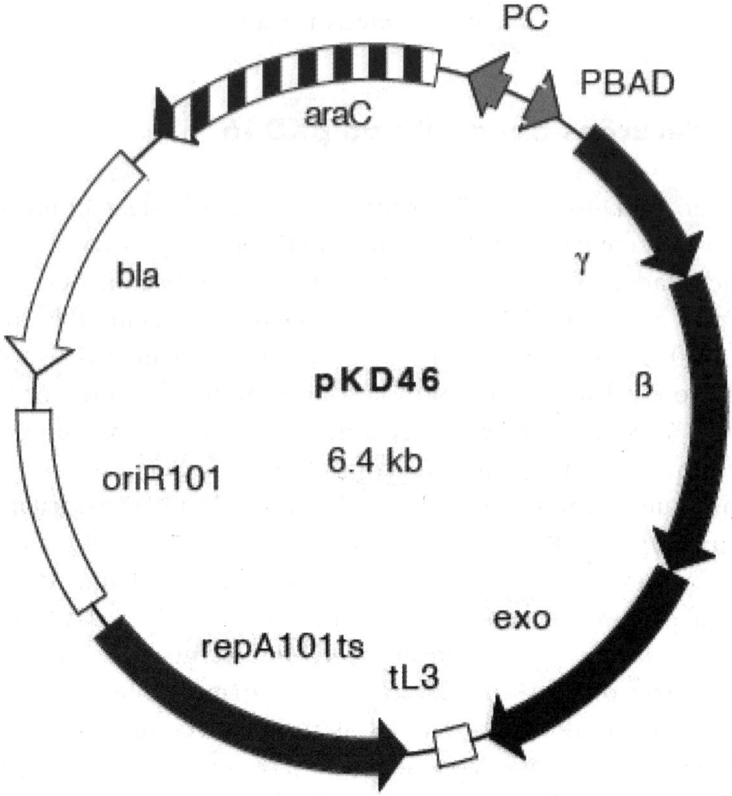

Figura 9.7 Esquema do plasmídeo pKD46 carregando o sistema de recombinase (adaptado de Datsenko; Wanner[7]).

ele seja aceito pela maioria das linhagens bacterianas, gram-negativas ou gram-positivas, independentemente dos plasmídeos nativos que estas alberguem, ao mesmo tempo que permite limitar sua multiplicação na bactéria hospedeira por meio da elevação da temperatura de incubação da amostra de 30 °C para 37 °C ou 41 °C[7]. O plasmídeo possui um gene repórter *beta lactamase activity* (*bla*) que confere resistência à ampicilina e atua como gene repórter; e genes para três proteínas derivadas do genoma do fago lambda: γ Gam, red β e red α também conhecida como exo. A tríade está sob o controle de um promotor de utilização de L-arabinose (pARA). Red α é uma exonuclease de dupla fita com atividade específica para o sentido 5'–3'. Red β medeia o anelamento entre as fitas do genoma e do inserto e a reação de troca do gene alvo pelo fragmento contendo o gene truncado a partir das extremidades do DNA com o auxílio de Red α. A proteína γ Gam atua inativando a exonuclease V de *E. coli*, o que garante a manutenção da integridade do inserto de DNA linear eletroporado[10].

9.3.1 Considerações a respeito do pKD46

O plasmídeo pKD46, o qual garante a habilidade de recombinação à linhagem a ser mutagenizada, é de difícil transformação. Poucos autores relatam essa dificuldade, embora, certamente, ela seja conhecida. Serra-Moreno et al.[11] testaram a eficiência na transformação da linhagem DH10β com os plasmídeos pKD46 e pBC-SK e verificaram que a eficiência de transformação do primeiro é ínfima se comparada a do segundo[11]. Outro problema a se considerar é a excisão de genes provenientes de profagos do genoma da bactéria-alvo após a transformação com o pKD46. Serra-Moreno et al.[11] demonstraram que de cada cem colônias de *E. coli* K-12 transformadas com pKD46, apenas seis mantinham o gene oriundo de profago *shiga like toxin* (*stx*) no genoma, ao passo que de cem colônias transformadas com o plasmídeo controle pBC-SK, todas mantinham *stx* no genoma[11]. Duas hipóteses podem explicar o fato: (1) a presença do pKD46 com genes oriundos do fago lambda despertaria o ciclo lítico de profagos dormentes no genoma da *E. coli*; (2) o estresse do preparo duplo da bactéria eletrocompetente, primeiro para eletroporação do plasmídeo e segundo para eletroporação do inserto, ativaria o sistema SOS da bactéria, que ativaria o ciclo lítico dos profagos. A deleção de genes oriundos de profagos do cromossomo bacteriano requer, portanto, atenção especial.

Outra característica importante a se considerar é que o pKD46 é um plasmídeo de baixo número de cópias, ocorrendo em aproximadamente quatro cópias por célula bacteriana, de forma que kits específicos para extração de plasmídeos de baixo número de cópias são indicados. Além disso, recomenda-se preparar um volume de 10 mL da cultura carreadora matriz do pKD46 concentrando todo o volume da cultura para apenas um evento de extração plasmidial para transformar a linhagem-alvo. A linhagem matriz do pKD46 para a extração plasmidial deve ser uma linhagem hábil a produzir boa quantidade do plasmídeo, mantendo-o íntegro e estável sempre que cultivada a 30°C, recomenda-se que esteja em uma *E. coli* K-12 linhagem DH10β. Devido às suas características de termossensibilidade, nenhuma cultura carreando este plasmídeo pode ser cultivada em temperatura superior a 30 °C, sob o risco de perdê-lo ou desestabilizá-lo.

Uma dificuldade comumente encontrada durante a transformação de linhagens de campo com o plasmídeo pKD46 é a atividade de DNAse da colicina produzida por muitos plasmídeos nativos presentes nestas linhagens. Para solucionar o problema, o preparo das células eletrocompetentes para o recebimento do pKD46 deve ocorrer a 30 °C, e não a 37 °C, como convencionado. A menor temperatura mantém a colicina subativa, favorecendo a entrada e manutenção do pKD46.

Seguidas as recomendações, o pKD46 é transformado com facilidade e, uma vez dentro da bactéria-alvo, este pode ser mantido por tempo indeterminado e deve ser induzido a cada procedimento de deleção gênica à qual a bactéria for submetida.

9.3.2 Indução das proteínas de recombinação presentes no pKD46

Quanto à indução, preconiza-se que a quantidade de ampicilina utilizada nesse momento seja de aproximadamente 20 µg/mL, e não 100 µg/mL, como ocorre na rotina laboratorial. Preconiza-se, também, que o volume de cultura preparado para a indução seja igual ou superior a 20 mL de caldo LB, TSB ou caldo nutriente. Serra-Moreno et al.[11] testaram volumes de cultura carreando o pKD46 de 5 mL a 50 mL e verificaram que uma maior obtenção de mutantes era conseguida utilizando-se o maior volume[11]. A indução das proteínas do fago lambda presentes no pKD46 por L-arabinose é necessária a cada protocolo de deleção gênica, pois essas proteínas não se mantêm após congelamento e descongelamento, de forma que não se pode guardar uma

cultura induzida. Assim sendo, a indução deve ser feita durante cada preparo de cultura eletrocompetente por adição de L-arabinose a 1 M. Datsenko e Wanner[7], quando descreveram a técnica, conseguiram a indução do sistema Lambda red com 1 mM de L-arabinose[7] e, embora o sistema de indução seja classificado como "tudo ou nada"[12], ou seja, a presença de arabinose em qualquer quantidade induziria o sistema, recomenda-se trabalhar com uma quantidade em torno de 200 mM de L-arabinose. Um gradiente de L-arabinose de 1 mM a 100 mM evidenciou maior obtenção de mutantes de K-12 quando se utilizou a maior concentração. A indução é feita até que a cultura atinja a OD_{600} 0,4, o que irá variar em tempo de acordo com a linhagem bacteriana e as condições de trabalho. Calvin e Hanawalt[13] verificaram que a eficiência de transformação e a sobrevivência das células são dependentes da fase de crescimento da cultura bacteriana[13]. Quando a cultura se encontra em crescimento exponencial, as células são mais sensíveis à morte por formação de poros, porém, as que sobrevivem são transformadas em uma taxa extremamente elevada. Nas culturas muito próximas à fase estacionária a sobrevivência aumenta, embora a eficiência de transformação diminua. Através de experimentos verificou-se que a OD_{600} 0,4 é considerada ótima, assim sendo, uma vez alcançada, iniciam-se as lavagens da linhagem bacteriana pKD46 induzida, ou seja, o preparo da célula eletrocompetente.

A preparação de células eletrocompetentes requer a remoção dos componentes iônicos do meio, com o objetivo de prevenir formação de corrente elétrica no interior da cubeta durante a eletroporação. Para isso, são necessárias lavagens do sedimento bacteriano, por meio de seguidas etapas de centrifugação e ressuspensão. Este processo é trabalhoso e demorado, resultando em perdas consideráveis, uma vez que ao final das lavagens as bactérias tornam-se mais difíceis de serem sedimentadas. Existem variações significativas na eficiência da eletroporação em cada amostra, o que ocorre devido às dificuldades inerentes à padronização do procedimento de lavagem, somado à qualidade do DNA utilizado. O sucesso na preparação das células eletrocompetentes depende da qualidade da cultura em termos da quantidade de bactérias e da pureza da água deionizada utilizada nas lavagens, além da eficiência de todas as operações realizadas do começo ao fim do processo.

9.3.2 Construção e eletroporação do inserto

A segunda transformação preconizada na técnica de lambda red é a eletroporação de um fragmento obtido por PCR, o qual é composto de um gene

de resistência ao antibiótico canamicina (Km) ou cloranfenicol (Cm), flanqueado por uma sequência curta de apenas 50 pb homóloga ao gene-alvo (Figura 9.6a).

Para a construção do inserto, pares de iniciadores de 70 bp são sintetizados (Figura 9.6c). Nesta sequência, 50pb devem ser exatamente idênticos ao gene a ser deletado, havendo, portanto, a necessidade do sequenciamento de DNA do gene a ser mutado, além de sequências adjacentes a montante e a jusante do mesmo (Figura 9.6b). Esses 50 pb devem, preferencialmente, ser imediatamente anterior ao códon iniciador (ATG, GTG ou TTG) da transcrição do gene alvo na sequência direta (*"forward"*) e imediatamente posterior ao códon de terminação (TAA, TAG ou TGA) da transcrição do gene-alvo na sequência reversa (*"reverse"*). Dessa maneira, garante-se uma mutação apolar, ou seja, o gene-alvo é removido totalmente sem modificar a expressão dos genes adjacentes, promovendo alterações fenotípicas exclusivamente devido à falta do gene-alvo. Os outros 20pb dos iniciadores são referentes à sequência para a amplificação do cassete de resistência ao antibiótico Km, caso seja utilizado como molde o plasmídeo pKD4, ou Cm, se o molde utilizado for o plasmídeo pKD3. Ambos os cassetes de resistência podem ser amplificados a partir do mesmo par de iniciadores, uma vez que a sequência FRT, contida em ambos os plasmídeos-moldes e que flanqueia o gene de resistência ao antibiótico, é a mesma. Esta sequência FRT é a mesma que permitirá a retirada do cassete de resistência ao final da técnica pela recombinase FLP. Os plasmídeos pKD3 e pKD4 são plasmídeos que se replicam apenas em linhagens lambda pir, pois têm origem de replicação do tipo rec6K, a qual necessita da proteína Pir codificada por suas linhagens hospedeiras para se replicar. Assim, controla-se o efeito fenotípico da entrada desses plasmídeos na bactéria-alvo, de forma que a resistência ao cloranfenicol ou à canamicina deva-se apenas à incorporação cromossômica do inserto. Esses plasmídeos possuem, ainda, um sítio para digestão pela endonuclease de restrição DpnI, de forma que uma simples digestão enzimática do inserto com esta enzima antes da eletroporação evita que a presença de resíduos do plasmídeo-molde no material eletroporado dê à linhagem-alvo a característica de falso mutante, uma vez que a resistência ao antibiótico seria dada pela presença do plasmídeo na bactéria, e não pela recombinação entre o inserto contendo o cassete de resistência ao antibiótico e o cromossomo selvagem.

O inserto contendo o cassete de resistência é gerado por uma reação comum de PCR, utilizando os iniciadores longos (70 pb) já citados (Figura 9.6d). Muitos pesquisadores optam por utilizar polimerases de alta

fidelidade, enquanto outros utilizam a Taq recombinante comum. A temperatura de anelamento pode ser optimizada por gradiente para cada fragmento a ser gerado, embora a temperatura de 50 °C tenha sido utilizado com sucesso.

A quantidade de inserto a ser eletroporado é um fator crítico, tal qual a pureza desse material. Testes têm sido feitos para relacionar a quantidade de DNA a ser eletroporado, e a influência deste na obtenção de mutantes. Os resultados apontam para uma maior obtenção de mutantes em linhagens de campo utilizando 0,5 µg de DNA. Dessa forma, preconiza-se trabalhar com uma quantidade igual ou superior a esta. Boa quantidade de inserto é obtida com cinco reações de PCR de 50 µL cada. Após a corrida eletroforética, que confirmará o tamanho do fragmento, sendo de 1,6 Kb para o pKD4:Kan, ou de 1,1 Kb para o pKD3:Cm, o DNA deve ser precipitado utilizando cloreto de sódio 5 M (200 mM de concentração final) ou acetato de sódio 3 M e etanol absoluto[14]. Técnicas alternativas de precipitação como a utilização de 2-butanol podem ser empregadas se a remoção do resíduo de sal for uma limitação para a eletroporação. No entanto, kits comercias de purificação de produto de PCR não são recomendados, pois suas colunas retêm quantidades significativas de DNA que acabam por serem limitantes à técnica. Outro parâmetro importante a se considerar é a quantidade de iniciadores que restam da reação de amplificação. O DNA de menor peso molecular tende a entrar mais facilmente nas células do que os de maior peso, de forma que os iniciadores e os dímeros de iniciadores podem competir com os insertos pelas proteínas do sistema Lambda red.

9.3.3 Seleção dos mutantes

Após a segunda eletroporação, a transformação com o inserto, a bactéria é recuperada por duas horas a 37 °C, ou durante a noite à temperatura ambiente para linhagens de campo consideradas recalcitrantes em deleção. Embora o plasmídeo pKD46 tenha origem de replicação termossensível e o plasmídeo seja eliminado da célula a 37 °C, as enzimas expressas durante o preparo das células eletrocompetentes têm atividade a 37 °C.

Decorrido o período de recuperação, a amostra é centrifugada para sedimentação das células bacterinas e concentradas para o plaqueamento em ágar LB contendo canamicina ou clorafenicol. Datsenko e Warner recomendam 30 µg/mL e 20 µg/mL dos antibióticos, respectivamente[7]. No entanto, a concentração de antibiótico também é um fator importante a ser considerado.

Sugerimos, em concordância com outros autores, a utilização de 20 µg/mL de canamicina e 5 µg/mL de cloranfenicol, pois não obtivemos êxito com concentrações superiores trabalhando com linhagens de campo recalcitrantes. As placas devem ser incubadas a 37 °C, e as colônias emergentes após 24 ou 48 horas podem ser replaqueadas em ágar LB contendo concentrações superiores de antibiótico. Colônias que não crescem em ágar LB com antibiótico no replaqueamento são mutantes falsos, ou seja, albergam o plasmídeo-molde (pKD3 ou pKD4), e não a deleção cromossômica, sendo estes facilmente selecionáveis por replaqueamento, já que tais plasmídeos não permanecem em linhagens que não produzem a proteína Pir, de forma que a colônia não crescerá novamente na presença do antibiótico (Figura 9.8).

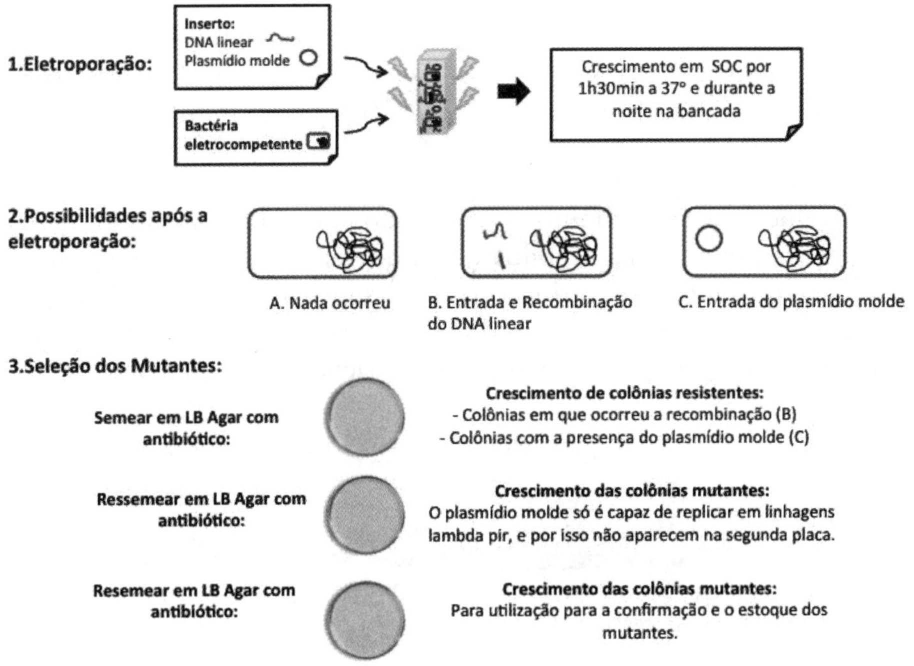

Figura 9.8 Esquema de seleção do mutante.

9.3.4 Confirmação da deleção

A confirmação da deleção pode ser realizada de duas formas: reação de amplificação por PCR ou sequenciamento. A confirmação por sequenciamento

determinará se houve a recombinação e se esta ocorreu no local correto. Os limitadores desta técnica são o tempo, o custo e a disponibilidade de equipamentos. A confirmação por PCR consiste na comparação do perfil eletroforético em gel de agarose entre a linhagem selvagem e a linhagem mutante. Para isto, existem duas possibilidades de amplificação: a utilização de oligonucleotídeos iniciadores internos ou imediatamente externos ao gene deletado (Figura 9.9). Ao se utilizarem iniciadores externos ao gene deletado, a linhagem selvagem apresentará no perfil eletroforético uma banda com tamanho similar ao tamanho do gene em questão, enquanto a linhagem mutante apresenta uma banda com tamanho similar ao tamanho do gene de resistência a antibiótico inserido no lugar do gene deletado. Os iniciadores devem ser desenhados de forma que sejam gerados produtos de tamanhos diferentes para mutantes e selvagens, diferença esta nítida em gel de agarose. A reação com iniciadores internos permite verificar a presença ou a ausência do gene nas linhagens, ou seja, a linhagem selvagem apresentará uma banda, mas a linhagem mutante, não. Aconselha-se a realização dos dois tipos de confirmações por PCR, pois o primeiro determina se a inserção do cassete de resistência ao antibiótico ocorreu no local correto, enquanto o segundo, além de confirmar a deleção, mostra que não existe uma segunda cópia do gene no genoma da linhagem. Combinar os iniciadores de verificação com os iniciadores de amplificação do cassete de resistência (o mesmo usado para construção do inserto truncado) agrega confiança à verificação em termos de orientação do cassete.

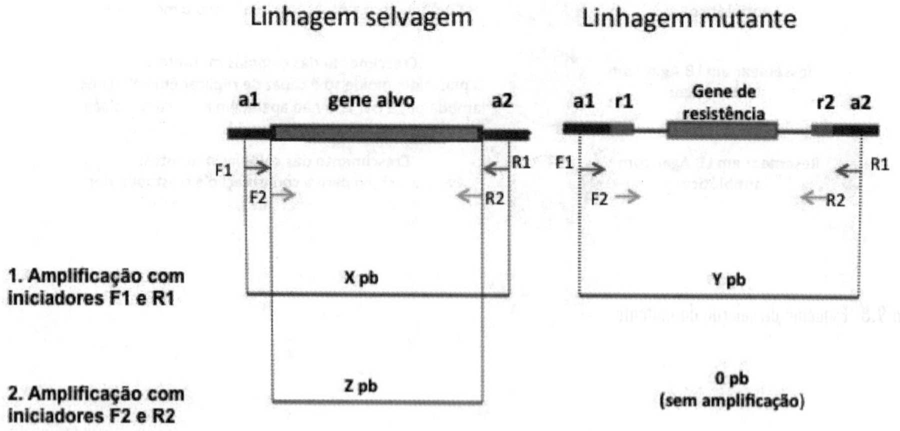

Figura 9.9 Esquema de confirmação da deleção gênica por reação de amplificação por PCR. Utilização de dois pares de iniciadores: (1) Um par externo ao gene (F1 e R1), resultando em amplificação na linhagem mutante e na selvagem, sendo dois fragmentos de tamanhos diferentes; (2) Um par interno ao gene (F2 e R2), resultando em amplificação apenas na linhagem selvagem.

9.3.5 Retirada do cassete de resistência

Esta etapa que é considerada optativa, pode ser necessária e fundamental para a produção de linhagens vacinais, as quais não podem possuir marcas de resistência a antibióticos; neste passo, um plasmídeo que expressa a enzima recombinase FLP (flipase) pode ser utilizado para remover o cassete de resistência a antibiótico. Esta enzima age diretamente nas sequências repetitivas FRT (sítio de reconhecimento da FLP), que flanqueiam o gene de resistência a antibiótico, de forma a removê-lo totalmente. Existem diversos plasmídeos construídos que expressam esta enzima. Dentre os mais utilizados para *Escherichia coli* está o pCP20, que confere resistência ao cloranfenicol e à ampicilina, apresenta replicação sensível à temperatura. Para a reação de remoção do cassete de resistência ocorrer, é necessário apenas que o plasmídeo seja transformado na linhagem mutante e que esta seja cultivada a 29 °C, para que a FLP seja produzida e a recombinação ocorra (Figura 9.10). Decorrido este passo, procede-se à seleção de recombinantes sensíveis ao cassete utilizado (canamicina ou cloranfenicol). Para a remoção do plasmídeo, basta cultivar as colônias Km^s ou Cm^s em temperatura igual

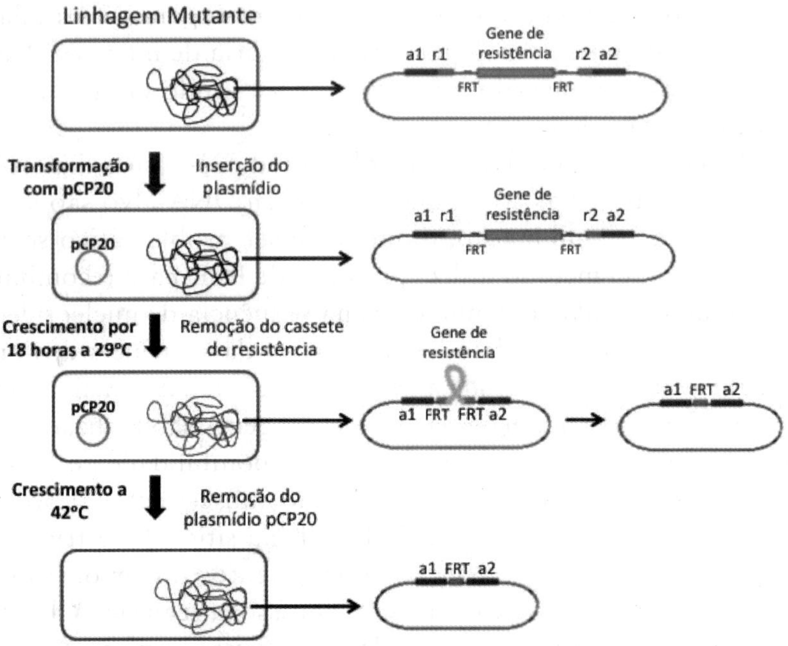

Figura 9.10 Esquema de remoção do gene de resistência a antibiótico utilizando o plasmídeo pCP20.

ou superior a 37 °C. Novamente, a retirada do cassete de resistência se faz importante quando existir a necessidade de restrição de bactérias resistentes a antibióticos no ambiente e quando se pretender utilizar a linhagem construída para fins vacinais.

9.4 TÉCNICA LAMBDA RED: APLICAÇÕES E LIMITAÇÕES

Desde sua criação, a técnica do λ red vem sofrendo modificações que têm permitido sua aplicação em diferentes tipos de estudo. Além de sua utilização para deleção de genes cromossomais, a qual foi objeto deste capítulo, o método λ red, com as devidas modificações, permite ainda a inserção de genes em regiões-alvo do cromossomo bacteriano e deleções/inserções de sequências de DNA em plasmídeos e cromossomos bacterianos artificiais. Com a técnica, é possível, por exemplo, restaurar sistemas, vias ou estruturas naturalmente defectivas em um micro-organismo, ou mesmo direcionar a produção de proteínas recombinantes. O método pode, ainda, ser empregado para inserção de *tags* em regiões alvo do genoma bacteriano, permitindo, por exemplo, estudos de expressão gênica bacteriana em ambientes complexos como o trato intestinal, o qual hospeda micro-organismos ainda desconhecidos contendo genes homólogos aos da bactéria de interesse. Devido às inúmeras aplicações, o método λ red continuará sendo muito utilizado na manipulação genética de micro-organismos.

Apesar de ser uma metodologia versátil, o λ red possui suas limitações. Por exemplo, sequências curtas com homologia a um DNA-alvo são suficientes para que ocorra a recombinação, o que pode ser problemático se a região-alvo for repetitiva. O método utiliza produtos de PCR para recombinação, e caso a região amplificada contenha erros na sequência de nucleotídeos, ocasionará mutações não esperadas. A confirmação da sequência dos produtos de PCR por sequenciamento ajuda a evitar o problema. A principal limitação da técnica se dá quando mutações em diferentes genes são realizadas em uma mesma estirpe bacteriana. Devido à falta de disponibilidade de cassetes, há a necessidade de removê-los antes da mutação subsequente. O processo de retirada dos cassetes com auxílio do pCP20 deixa sítios de restrição do tipo FRT, os quais podem levar à deleção de fragmentos do genoma quando o processo de remoção de cassete é repetido. Por isso, a realização de mutações múltiplas na mesma estirpe é desaconselhada por esta técnica.

9.5 PROTOCOLOS LAMBDA RED

Construção e preparação do inserto

- Reação de amplificação com enzima de alta fidelidade, seguindo as especificações do fabricante (variável de acordo com a enzima a ser utilizada), utilizando-se o plasmídeo pKD3 ou o pKD4 como DNA molde para a amplificação do cassete de cloranfenicol ou canamicina, respectivamente.
- Confirmação dos amplicons em gel de agarose 1% (aproximadamente 1,1 Kb para Cm e 1,6 Kb para Km).
- Concentração do inserto pela técnica do cloreto de sódio 5 M[14].

1) Acrescentar 10 µL de cloreto de sódio 5 M e 650 µL de etanol absoluto gelado a 200 µL de produto de PCR.
2) Homogeneizar, por inversão, e incubar a -20 °C por 20 minutos.
3) Centrifugar em microcentrífuga refrigerada a 4 °C, 12.000 rpm por 10 minutos.
4) Lavar o DNA precipitado 3 vezes em 1 mL de etanol 70% (12.000 rpm, 4 °C por 2 minutos)
5) Secar o sedimento por 5 minutos em estufa a 37 °C para evaporação do etanol.
6) Ressuspender o DNA em 10 µL de água ultrapura.

Eletroporação do inserto

Pré-inóculo:
1) Preparar cultura da linhagem carregando o plasmídeo pKD46 em caldo LB contendo 100 µg/µL de ampicilina.
2) Incubar a 29 °C por 18 horas (estático ou em agitação).

Indução das proteínas de recombinação presentes no pKD46

1) Inocular 500 µL do pré-inóculo em 20 mL de caldo LB fresco com 20 µg/mL de ampicilina e 5 mL de L-arabinose a 1 M.
2) Incubar a 29 °C em agitação (150 rpm) até a DO_{600} 0,4
3) Acrescer um volume adicional de 5 mL de L-arabinose a 1 M para super-expressão do sistema Lambda red em linhagens de campo.
4) Incubar por mais 40 minutos a 29 °C em agitação (150 rpm).

Lavagem e eletroporação

1) Centrifugar a 4.000 rpm por 15 minutos a 4 °C.
2) Descartar o sobrenadante
3) Lavar por três vezes o sedimento com água milli-Q autoclavada gelada (4.000 rpm por 15 minutos a 4 °C).
4) Após a última lavagem, ressuspender o sedimento em aproximadamente 80 µL de água gelada.
5) Adicionar os 10 µL do inserto concentrado nos 80 µL da bactéria e depositar em cubeta de 0,2 cm para eletroporação.
6) Eletroporação em calibração de 2,5 Kv de voltagem, 200 Ohms de resistência e 25 µFD de capacitância. Estes parâmetros, embora os mais utilizados, poderão ser modificados para a otimização dos resultados.
7) Imediatamente após o pulso elétrico adicionar 1,5 mL de meio SOB à cubeta.
8) Incubar a 37 °C por 1 hora e 30 minutos a 2 horas.
9) (Passo opcional) Crescer durante a noite à temperatura ambiente linhagens de campo.
10) Centrifugar a cultura a 12.000 g por 2 minutos.
11) Descartar o sobrenadante e eluir em 100 µL de PBS pH 7,4.
12) Semear em ágar LB contendo o antibiótico específico (5 µg/mL de Cm ou 20 µg/mL de Km) com a ajuda de alça de Drigalski.
13) Incubar a 37 °C por 24 horas.

Seleção e confirmação do mutante por PCR

1) Ressemear colônias resistentes em ágar LB contendo antibiótico específico (10 µg/mL de Cm ou 30 µg/mL de Km) e incubar a 37 °C por 24 horas.
2) Ressemear as colônias resistentes em ágar LB contendo antibiótico específico (20 µg/mL de Cm ou 40 µg/mL de Km) e incubar a 37 °C por 24 horas.
3) Realizar reações de amplificação por PCR, com iniciadores específicos internos e externos ao gene para a confirmação da recombinação homóloga entre o cassete de resistência ao antibiótico e o gene alvo, utilizando as colônias como molde.
4) Confirmar em gel de agarose 1%.

Remoção do gene de resistência ao antibiótico

1) Transformar a linhagem mutante com o plasmídeo pCP20 e crescer em SOB contendo de 50 a 100 ug/mL de ampicilina a 29 °C, durante a noite.
2) Diluir a cultura em LB na proporção 1:100, sem adição de antibióticos e crescer a 42 °C até a DO_{600} 1,0.
3) Semear 50 mL da cultura em placa de LB Ágar e incubar a 37°C.
4) Selecionar algumas colônias e semear em ágar LB com os antibióticos específicos para verificar se há sensibilidade ao cloranfenicol ou à canamicina e a ampicilina, dessa forma, ocorreu a remoção do gene de resistência e do plasmídeo pCP20.

REFERÊNCIAS

1. Hackett P, Ivics Z, Izsvak Z. DNA-based transposon system for the introduction of nucleic acid into DNA of a cell, inventors; Regents of the University of Minnesotta, assignee. United States patent 6489458. [Internet]. 2002 Dec 3 [cited 2013 Oct 22];2(12):53. Disponível em: <http://www.google.com/patents/US3198247>.
2. Lamrabet O, Drancourt M. Genetic engineering of Mycobacterium tuberculosis: a review. Tuberculosis. (Edinb). [Internet]. Elsevier Ltd; 2012 Sep [cited 2013 Oct 22];92(5):365-76. Disponível em: <http://www.ncbi.nlm.nih.gov/pubmed/22789498>.
3. Simon D, Ferretti JJ. Electrotransformation of Streptococcus pyogenes with plasmid and linear DNA. FEMS Microbiol. Lett. [Internet]. 1991 Aug 1;82(2):219-24. Disponível em: <http://www.sciencedirect.com/science/article/pii/0378109791903369>.
4. Russell CB, Thaler DS, Dahlquist FW. Chromosomal transformation of Escherichia coli recD strains with linearized plasmids. J. Bacteriol. [Internet]. 1989 May;171(5):2609-13. Disponível em: <http://www.pubmedcentral.nih.gov/articlerender.fcgi?artid=209941&tool=pmcentrez&rendertype=abstract>.
5. Turner AK, Barber LZ, Wigley P, Muhammad S, Jones MA, Lovell MA, et al. Contribution of Proton-Translocating Proteins to the Virulence of Salmonella enterica Serovars Typhimurium, Gallinarum, and Dublin in Chickens and Mice. Infection and Immunity. 2003;71(6):3392-401.
6. Crépin S, Harel J, Dozois CM. Chromosomal complementation using Tn7 transposon vectors in Enterobacteriaceae. Appl. Environ. Microbiol. [Internet]. 2012 Sep [cited 2013 Oct 22];78(17):6001-8. Disponível em: <http://www.pubmedcentral.nih.gov/articlerender.fcgi?artid=3416591&tool=pmcentrez&rendertype=abstract>.
7. Datsenko KA, Wanner BL. One-step inactivation of chromosomal genes in Escherichia coli K-12 using PCR products. Proc. Natl. Acad. Sci USA. [Internet]. 2000;97(12):6640-5. Disponível em: <http://www.pnas.org/content/97/12/6640.abstract>.
8. Roth J. Gene knockouts and exchanges by linear transformation [Internet]. 2003. Disponível em: <http://rothlab.ucdavis.edu/protocols/Lin.Transform.html>.
9. Cosloy S, Oishi M. The nature of the transformation process in Escherichia coli K12. Mol. Gen. Genet. MGG [Internet]. Springer-Verlag; 1973;124(1):1-10. Disponível em: <http://dx.doi.org/10.1007/BF00267159>.
10. Martinsohn JT, Radman M, Petit M-A. The lambda red proteins promote efficient recombination between diverged sequences: implications for bacteriophage genome mosaicism. PLoS Genet. [Internet]. 2008 May [cited 2013 Oct 22];4(5):e1000065. Disponível em: <http://www.pubmedcentral.nih.gov/articlerender.fcgi?artid=2327257&tool=pmcentrez&rendertype=abstract>.
11. Serra-Moreno R, Acosta S, Hernalsteens JP, Jofre J, Muniesa M. Use of the lambda Red recombinase system to produce recombinant prophages carrying

antibiotic resistance genes. BMC Mol. Biol. [Internet]. 2006 Jan [cited 2013 Oct 18];7:31. Disponível em: <http://www.pubmedcentral.nih.gov/articlerender.fcgi?artid=1626079&tool=pmcentrez&rendertype=abstract>.

12. Khlebnikov A, Risa O, Skaug T, Carrier TA, Keasling JD. Regulatable arabinose-inducible gene expression system with consistent control in all cells of a culture. J. Bacteriol. [Internet]. 2000 Dec;182(24):7029-34. Disponível em: <http://www.pubmedcentral.nih.gov/articlerender.fcgi?artid=94830&tool=pmcentrez&rendertype=abstract>.

13. Calvin NM, Hanawalt PC. High-efficiency transformation of bacterial cells by electroporation. J. Bacteriol. [Internet]. 1988 Jun;170(6):2796-801. Disponível em: <http://www.pubmedcentral.nih.gov/articlerender.fcgi?artid=211205&tool=pmcentrez&rendertype=abstract>.

14. Sambrook J, Fritsch EF, Maniatis T. Molecular cloning: a laboratory manual [Internet]. 2nd ed. Cold Spring Harbor: Cold Spring Harbor Laboratory Press; 1989. Disponível em: <http://books.google.com.br/books?id=G5RqAAA>.

CAPÍTULO 10

ANTICORPOS POLI E MONOCLONAIS COMO FERRAMENTA BIOTECNOLÓGICA: PRODUÇÃO E USOS

Lilian Rumi Tsuruta
Ana Maria Moro

10.1 INTRODUÇÃO

Os anticorpos, sintetizados pelas células B, constituem o braço humoral do sistema imune adaptativo. Substâncias neutralizantes presentes no soro de animais imunizados contra o tétano e a difteria, foram identificados em 1890 por Emil von Behring e Shibasaburo Kitasato[1], descoberta que rendeu o Prêmio Nobel de Fisiologia e Medicina a Behring em 1901[2]. Desde o início do século XX, a terapia com anticorpos – imunoterapia – se estabeleceu como uma ferramenta poderosa contra uma variedade de doenças infecciosas[3,4]. Ainda em 1900, Paul Ehrlich propôs a hipótese de que, na superfície celular de leucócitos, existem receptores que se ligam a um determinado patógeno. Ele especulou que essa interação induz a célula portadora do receptor a se multiplicar e produzir mais cópias do mesmo receptor. O conceito de seleção clonal elaborado por Ehrlich só pôde ser provado em 1959[5]. Coube a Ehrlich, contudo, usar o termo "anticorpo" e sua definição como "bala mágica"[6]. Outro conceito de Ehrlich para anticorpos, de "chave e fechadura", inerente à especificidade, foi

confirmado na década de 1940 por Linus Pauling, que mostrou que a interação entre anticorpos e antígenos é mais dependente da forma do que da composição química[7]. A síntese de anticorpos por células B, na forma de plasmócitos, foi descoberta por Fagreaus em 1948[8]. Seguiu-se uma série de trabalhos que terminaram por desvendar o detalhamento da estrutura primária e secundária dos anticorpos (ou imunoglobulinas), formados por cadeias pesada e leve, Fab e Fc, sequência de aminoácidos, levando Edelman e Porter a ganharem o prêmio Nobel de Fisiologia e Medicina em 1972[9]. Outro marco deveu-se à pesquisa liderada por Tonegawa[10], que clonou um gene de anticorpo pela primeira vez e desvendou, em 1976, como poucos genes são responsáveis por uma enorme variedade de anticorpos, propiciando a fina especificidade que os tornam "balas mágicas". Concomitantemente, Köhler e Milstein[11] lograram imortalizar células B – sem ainda conhecer os mecanismos de geração de diversidade – inaugurando o mundo dos anticorpos monoclonais, descoberta que lhes rendeu o Prêmio Nobel de Fisiologia e Medicina em 1984. Não demorou muito para que essa ferramenta fosse apreciada como fonte de novos agentes terapêuticos, o que se concretizou devido a uma sequência de desenvolvimento em outras áreas de pesquisa. A natureza heteróloga dos anticorpos monoclonais murinos, causando imunogenicidade, representou um impedimento imediato, resolvido por outra onda tecnológica, biologia molecular e engenharia genética, logrando ultrapassar essa limitação com a geração dos anticorpos recombinantes, quiméricos, em primeiro lugar, e, em seguida, humanizados ou humanos[12,13]. Curiosamente, o ciclo entre anticorpos policlonais e monoclonais se encontra pela possibilidade de mistura de vários anticorpos monoclonais recombinantes em um composto policlonal[14].

10.2 ESTRUTURA DE ANTICORPOS

Anticorpos pertencem à família das imunoglobulinas, glicoproteínas presentes no soro e em outros fluidos. Na maioria dos mamíferos, as imunoglobulinas existem em cinco classes denominadas de isotipos, IgM, IgG, IgA, IgD e IgE (Figura 10.1) que diferem entre si em propriedades físico-químicas e funcionais. Quatro cadeias polipeptídicas formam a unidade básica do anticorpo, sendo duas pesadas (*constant heavy domain* – CH) idênticas entre si e duas leves (*constant domain* – CL), também idênticas entre si. A cadeia pesada é constituída por um domínio variável N-terminal e três ou mais domínios constantes, dependendo do isotipo. A cadeia leve é constituída por um domínio variável N-terminal e um único domínio C-terminal constante, que pode ser

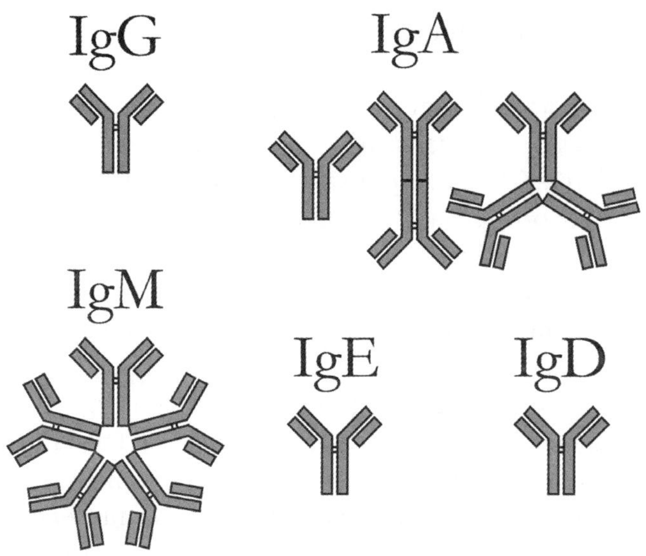

Figura 10.1 Formatos das cinco imunoglobulinas presentes no soro humano. Arquivo: Instituto Butantan.

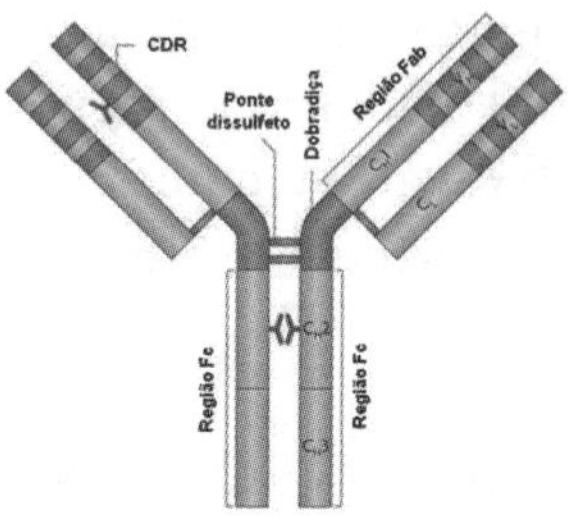

Figura 10.2 Estrutura de anticorpo com região constante (domínios CH1, CH2, CH3 e CL). Na estrutura tridimensional as sequências de aminoácidos dos CDRs dos domínios VL e VH se aproximam, voltadas para o exterior, disponíveis para contato com o antígeno. Segundo Beck e cols.[17], com licença de Nature Publishing Group.

de dois tipos: κ (kappa) ou λ (lambda). As regiões variáveis das cadeias pesada e leve (*heavy variable domain* – VH e *low variable domain* – VL) mais o primeiro domínio da CH (CH1) e o domínio constante leve (CL) formam a estrutura Fab, denominação referente ao fragmento que se liga ao antígeno (*antigen binding*). As regiões Fab existem em pares idênticos, formando o fragmento divalente F(ab')2, ligado ao fragmento constante, ou Fc (cristalizável) através de um segmento denominado de dobradiça, que confere flexibilidade

ao anticorpo. Cada um dos domínios variáveis, VH e VL, apresenta sequências com estrutura de folhas β pregueadas, formando o arcabouço (*framework*, ou FR) que sustentam e apresentam três regiões hipervariáveis diferentes entre si, denominadas regiões determinante de complementariedade (*complementarity determining region* – CDR), responsáveis pela especificidade da ligação do anticorpo ao antígeno (Figura 10.2). Os seis CDRs se apresentam espacialmente como alças, responsáveis pelos pontos de ligação molecular ao antígeno. O arcabouço apresenta rigidez estrutural comum, mesmo entre espécies diferentes, fato que tem impacto decisivo para a humanização de anticorpos monoclonais[15]. Os CDR são apresentados a partir do arcabouço, em configurações canônicas. Foram identificadas algumas poucas configurações canônicas (Figura 10.3) para cinco de seis CDRs[16], enquanto o CDR-H3 é o mais variável, apresentando diferenças tanto na sequência quanto no número de resíduos de aminoácidos. Os anticorpos diferem entre si pela presença das possíveis configurações canônicas dos CDRs em padrões combinatórios. Embora exista um número restrito de pregueamentos canônicos, há diferenças entre os aminoácidos que os formam.

A eficiência clínica de anticorpos terapêuticos depende de dois tipos de características funcionais: ligação específica ao antígeno conferida pela região Fab e funções imunes mediadas pela região constante (Fc), capazes de neutralização, opsonização, fixação de complemento e ligação a receptores de Fc presentes em vários tipos de células do sistema imune (Tabela 10.1).

10.3 DIVERSIDADE DE ANTICORPOS E SELEÇÃO CLONAL

As células B são geradas a partir de células-tronco hematopoiéticas na medula óssea, possuindo a capacidade de sintetizar, cada uma, um anticorpo específico. A maturação das células B passa por vários estágios sequenciais, sendo que o estágio final ocorre pelo encontro de células B com o antígeno, no sangue periférico, causando ativação e produção clonal de anticorpos pelos linfócitos B ativados, denominados plasmócitos. A diversidade das regiões variáveis dos anticorpos tem várias causas, existência de múltiplos segmentos gênicos codificando para as regiões variáveis, variedade de combinações dos segmentos VDJ e VJ, combinações de cadeias pesada e leve, diversidade nas junções e inserções entre os segmentos, hipermutação somática. Existem três segmentos gênicos separados para as duas cadeias, presentes em três cromossomos diferentes: um para a cadeia pesada e dois para a cadeia leve, kappa ou lambda. No genoma humano, a cadeia pesada está contida

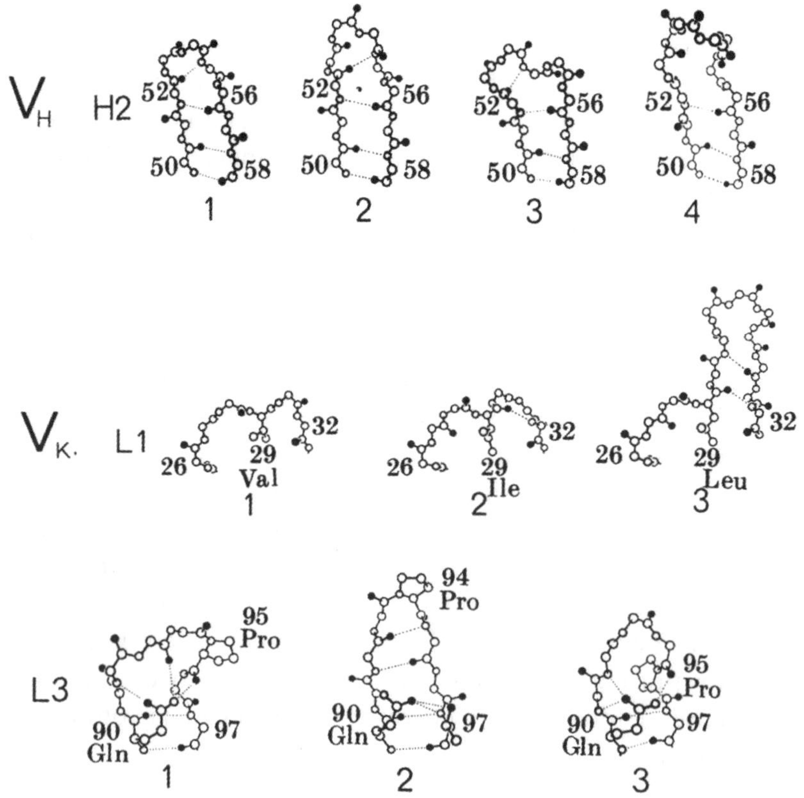

Figura 10.3 Algumas configurações canônicas dos CDRs, segundo Chothia et al.[16], com licença de Nature Publishing Group.

Tabela 10.1 Tipos de receptores da região Fc dos anticorpos, com funções específicas

RECEPTOR DE FC	DISTRIBUIÇÃO CELULAR	FUNÇÃO
FcγRI (CD64)	Macrófagos, neutrófilos, eosinófilos	Fagocitose, ativação dos fagócitos
FcγRIIA (CD32)	Macrófagos, neutrófilos, eosinófilos, plaquetas	Fagocitose
FcγRIIB (CD32)	Linfócitos B	Inibição das células B por retroalimentação
FcγRIIIA (CD16)	Células NK	Citotoxicidade celular dependente de anticorpo (*antibody-dependent cell-mediated cytotoxic* – ADCC)
FcεRI (CD64)	Mastócitos, basófilos, eosinófilos	Ativação celular (degranulação)

no cromossomo 14, a cadeia leve kappa no cromossomo 2 e a cadeia leve lambda no cromossomo 22. Cada um dos segmentos gênicos possui vários genes que são rearranjados de forma a gerar a diversidade dos anticorpos. Em um processo gênico único de geração de diversidade (existe somente nos linfócitos B e T), ocorre inicialmente recombinação somática da região variável da cadeia pesada, seguido pelo rearranjo dos genes da cadeia leve. Tonegawa e colaboradores descobriram que os genes que codificam para as regiões variáveis e constantes estão muito distantes nas células embrionárias, mas estão associados nas células B maduras[10]. A região VH contém três segmentos gênicos, denominados V (variável), D (diversidade) e J (junção). O genoma das células progenitoras contém várias famílias para cada um desses segmentos (Tabela 10.2), que se recombinam de modo aleatório. Inicialmente, recombina-se um gene do segmento V com um gene do segmento D, entre os vários disponíveis, fixando a sequência VD, que se segue pela recombinação com um gene do segmento J, formando a sequência VDJ, que codifica a região variável da cadeia pesada e contém três CDRs. Além das possibilidades combinatórias entre os genes de cada um dos segmentos, ainda ocorre imprecisão na união entre os elementos V, D e J, resultando em variabilidade adicional dos aminoácidos presentes em cada anticorpo. A seguir, ocorre a ligação com a região constante, sendo o gene μ, correspondente à cadeia com isotipo IgM, a primeira escolha.

Tabela 10.2 Número de segmentos gênicos para imunoglobulinas humanas

	CADEIA PESADA	CADEIA LEVE	
		kappa	lambda
Variabilidade (V)	65	40	30
Diversidade (D)	27	0	0
Junção (J)	5	5	4
Constante	9	1	1

Um processo de deleção elimina os genes não utilizados na recombinação somática, impedindo que determinado linfócito B possa sintetizar anticorpo com outra especificidade. A região VL contém famílias dos genes V e J; depois da recombinação, essa sequência também é ligada a uma região constante, kappa (primeira escolha) ou lambda, com um único domínio. Quando um alelo de dois cromossomos recombina, causa a inibição do rearranjo

no outro alelo (exclusão alélica), de forma que somente uma especificidade de ligação é gerada em cada célula B. A geração da diversidade prossegue pelo pareamento da cadeia pesada com cadeia leve, já que os eventos que ocorrem para cada uma das cadeias são independentes (Figura 10.4). Após a estimulação antigênica, ocorre outra forma importante de geração de diversidade, a hipermutação somática, com mutações pontuais ao longo da extensão das regiões variáveis. A taxa de mutação nas VH e VL é da ordem de 10 mil vezes mais alta que a taxa de mutação de base, sendo a única forma de diversidade possível após a ligação com o antígeno e resultando na maturação da afinidade, isto é, seleção de mutantes que apresentam a afinidade mais alta pelo antígeno, na resposta imune secundária. A estimulação antigênica provoca ainda a diversidade funcional, pela troca de isotipos, IgM para IgG (e subclasses) ou IgA ou IgE, causada pelo estímulo de citocinas produzidas pelos linfócitos T. O resultado é a síntese de anticorpos com a mesma especificidade e afinidade, porém exercendo funções efetoras distintas, provenientes dos isotipos. A primeira imunoglobulina expressa é do tipo IgM monomérica, que funciona, junto com IgD, como receptor de antígeno na membrana do linfócito B. Pelo contato com antígenos específicos nos órgãos linfoides, os linfócitos secretam anticorpos solúveis no sangue, aumentando a afinidade e a troca de isotipos.

A sequência de aminoácidos presentes em anticorpos foi extensamente estudada[18], com dados que, representados em gráfico (Figura 10.5), demonstram o grau de variabilidade encontrado nos CDRs, intercalados com regiões de menor variabilidade presentes no arcabouço.

10.4 HIBRIDOMAS E A GERAÇÃO DE ANTICORPOS MURINOS

O racional desenvolvido por Köhler e Milstein[11] para a obtenção de anticorpos com uma única especificidade e quantidades ilimitadas marcou de forma revolucionária a pesquisa e a clínica. Não se tratou de desvendar mecanismos elaborados e aperfeiçoados pela natureza, e sim de inovação, utilizando a capacidade da natureza, que, através de mecanismos muito sofisticados, produz, no homem, um repertório de mais de 10^9 diferentes anticorpos a partir de um pequeno número de genes[21]. Esses anticorpos são produzidos por linfócitos B, em sua forma final de maturação, plasmócitos, que não sobrevivem em cultura de células. A tecnologia de hibridomas dribla essa limitação ao promover a imortalização dos plasmócitos através da fusão de linfócitos B retirados de baço de camundongos com células de

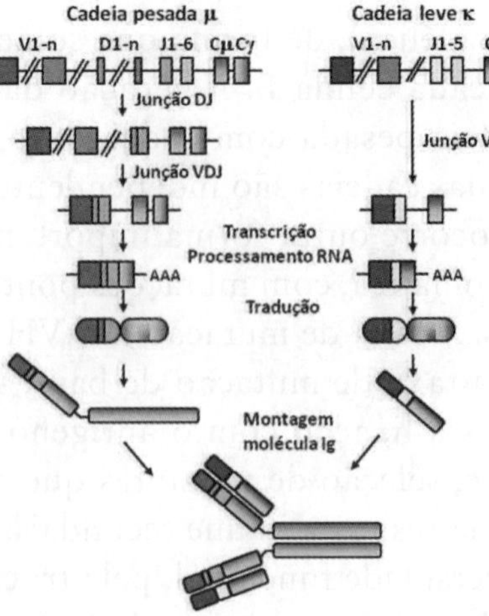

Figura 10.4 Esquema do processo de recombinação somática nas cadeias pesada e leve de imunoglobulinas. Desenho de L.R. Tsuruta, adaptado de Abbas e Lichtman[19].

mieloma murino deficientes na produção de anticorpos, numa associação em que os linfócitos carregam a informação genética para a síntese de anticorpo e as células de mieloma portam a capacidade de crescimento constante e ilimitado. Associado à fusão que dá origem às células híbridas, ou hibridomas, os autores utilizaram outro mecanismo para a seleção e clonagem dos híbridos de interesse. A seleção é realizada pela manipulação das vias de síntese de nucleotídeos, permitindo que somente os híbridos linfócito-mieloma sobrevivam no meio de cultura contendo elementos seletivos. A clonagem por meio de diluição limitante permitiu, ao isolar um híbrido em cada poço de uma placa de clonagem, a obtenção real de anticorpos monoclonais. Um anticorpo monoclonal é secretado por um só clone de linfócitos B. Os anticorpos secretados são todos idênticos, representados por uma classe única de imunoglobulinas reconhecendo um determinado epítopo de um determinado antígeno, com a mesma especificidade e afinidade.

A invenção não foi, contudo, patenteada. O órgão governamental encarregado das questões relativas aos direitos associados às contribuições do Medical Research Council, ao qual Milstein e Köhler estavam associados, considerou que a descoberta não continha elementos patenteáveis. É notável que os autores tenham obtido sucesso sem prévio conhecimento de genes separados para síntese das cadeias de anticorpos. Não foi percebido na época que se tratava de um dos pilares da biotecnologia. A obtenção de anticorpos

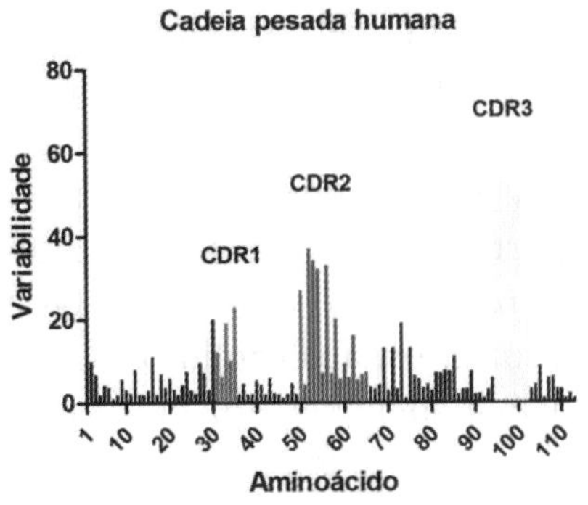

Figura 10.5 Gráfico dos dados de Wu-Kabat mostrando a variabilidade de aminoácidos na molécula da cadeia pesada humana (subgrupo I). A extensão da variabilidade é dada como o número de diferenças em cada aminoácido em várias cadeias pesadas sequenciadas de modo independente em relação ao número de aminoácido medido a partir da porção amino-terminal. Gráfico de L. R. Tsuruta, adaptado de Kabat e cols.[20].

monoclonais revolucionou a imunoquímica e as possibilidades diagnósticas, aperfeiçoando alguns métodos e tornando possíveis outros ainda inexistentes. A discriminação entre microrganismos e cepas se tornou possível de forma clara, auxiliando tratamentos mais rápidos pelo conhecimento da etiologia da doença. Os anticorpos monoclonais permitiram conhecer respostas do sistema imune, trazendo à luz os mecanismos aperfeiçoados pela natureza para a produção de anticorpos de alta afinidade. A descoberta de um grande número de determinantes de complementariedade (CD) presentes na membrana de diferentes tipos de células foi possível graças à geração e utilização de anticorpos monoclonais (*monoclonal antibodies*, mAbs). Anticorpos monoclonais têm sido extensivamente utilizados para identificação e mapeamento de proteínas, identificação de sorotipos de vírus e bactérias, identificação de receptores celulares, estudo da natureza dos sítios antigênicos que anticorpos neutralizantes reconhecem, conhecimento de reação cruzada entre sorotipos, como sondas para conhecimento da estrutura terciária de proteínas, estudo de proteínas virais associadas com transformação celular e câncer, ligantes de resinas para imunopurificação de moléculas, depleção de células para controle da rejeição de transplantes, diagnóstico *in vivo* pelo uso de anticorpos monoclonais radiomarcados, imunoterapia de câncer, doenças autoimunes e controle de outras doenças.

Anticorpos monoclonais são gerados, em sua forma mais convencional, pela imunização de camundongos com um antígeno de interesse, sejam células,

microrganismos, moléculas, fragmentos. Haptenos (do grego *haptien*, unir), termo proposto por Landestiner em 1920, são compostos por substância não proteica, de baixo peso molecular (menos de 10.000 daltons), que isoladamente não consegue induzir uma resposta imunológica. No entanto, se estiver ligada a uma substância transportadora (proteína) de maior peso molecular, adquire a capacidade de induzir a resposta do organismo. Os haptenos retêm, contudo, a capacidade de se ligar, sozinhos, aos produtos da resposta imunológica. Não imunogênicos ou peptídeos podem ser utilizados para imunização, desde que associados ou conjugados a moléculas carreadoras. Ainda que cientistas tenham promovido melhorias na tecnologia originalmente desenvolvida por Köhler e Milstein[11], algumas premissas permanecem fundamentais: eficiente imunização dos animais, linhagem de mieloma para fusão com características controladas, um método de triagem dos anticorpos eficiente e rápido, métodos de caracterização dos hibridomas obtidos.

Nos anos 1960, tornou-se conhecido como um tipo de câncer, o mieloma, resultava de um crescimento desordenado de um plasmócito, pela transformação tumoral. O efeito observado era uma produção massiva de uma imunoglobulina particular produzida pelo clone de plasmócitos que deu origem ao câncer. A descoberta dos mielomas, que consistem de células tumorais de linfócitos B, contribuiu fortemente para o avanço nas pesquisas de determinação da estrutura e da funcionalidade dos anticorpos[18]. Outros estudos de cancerogênese experimental conduzidos no National Institute of Health (NIH), nos Estados Unidos, concluíram que a injeção intraperitoneal de óleo mineral em algumas linhagens de camundongos induzia ao mesmo quadro de mieloma verificado em humanos[22]. A ideia inicial de usar mielomas para obter grandes quantidades de anticorpos esbarrou no problema de precisar programar as células de mieloma para a produção dos anticorpos de interesse. O sistema de plasmócitos murinos era vantajoso em vários aspectos, mas ainda precisava de algumas manipulações, como provocar e selecionar mutantes com perda da capacidade de síntese das cadeias de imunoglobulinas próprias a sua seleção clonal, tornando-se não secretor. Em meados da década de 1970, restavam dois problemas a resolver: como induzir células de mieloma de camundongo a produzir anticorpos de especificidade pré-definida e como seria determinada a exclusão alélica. A hibridização de mielomas produtores de classes diferentes de anticorpos resultava na produção de várias combinações de anticorpos.

Foi durante essa época que Köhler e Milstein[11] criaram as bases da tecnologia de hibridoma. Köhler, um jovem biologista, teve a ideia de hibridizar células de mieloma com células de camundongo imunizado com hemácias

de carneiro. Procurou Mistein, seu tutor, para discutir o assunto. Nessas conversas idealizaram a forma de conduzir o experimento, que resultou em êxito na obtenção dos anticorpos monoclonais e os levou a afirmar: "Essas culturas de hibridoma podem ser valiosas para usos médicos e industriais". Utilizaram células de mieloma de camundongo para a produção dos primeiros hibridomas, um que sintetizava um anticorpo monoclonal de especificidade desconhecida e outro mieloma que secretava somente a cadeia kappa de imunoglobulina e era deficiente na síntese de nucleotídeos por mutação na enzima hipoxantina fosforibosil transferase (HPGRT), responsável pela síntese de DNA pela via de salvação. Adicionando aminopterina ao meio de cultura para impedir a síntese de DNA pela via *de novo*, essas células não conseguiam crescer em cultura. Ao serem fundidas com as células de baço de camundongo imunizado com hemácias de carneiro, pela ação do vírus Sendai inativado, resultaram numa mistura de híbridos mieloma-células do baço, híbridos mieloma-mieloma, células de baço-células de baço e todos os tipos não fundidos. A aminopterina adicionada ao meio de cultura logrou selecionar de forma que somente os híbridos mieloma-células de baço pudessem se reproduzir. Células de baço não se mantêm em cultura, assim como células de mieloma não fundidas. Ao contrário, as células de mieloma fundidas com células de baço que sintetizam a enzima HPGRT puderam se manter reproduzindo em cultura, verificado uma semana após o plaqueamento. Mais interessante, havia anticorpos anti-hemácias de carneiro sendo produzidos.

Em linhas gerais, a metodologia descrita consiste na imunização de animais, principalmente camundongos, remoção do baço (ou outro órgão linfoide), recuperação dos linfócitos B, fusão dessas células com células de mieloma selecionadas, seleção dos híbridos, clonagem por diluição limitante para a obtenção de clones, caracterização do anticorpo produzido por cada clone para obter a especificidade desejada (Figura 10.6).

Ainda que a tecnologia de produção de hibridomas esteja firmemente estabelecida, cada passo pode ser conduzido de forma diferente. Em relação à imunização, o primeiro passo é escolher qual a espécie doadora dos linfócitos B, sendo que a barreira da espécie propicia a resposta imune. Inicialmente e, ainda frequentemente, os animais utilizados para a imunização são camundongos Balb/c, que podem ser imunizados com moléculas exógenas. Para a produção de anticorpos anticamundongo, a espécie doadora pode ser de outra natureza, rato por exemplo. Camundongos oferecem a vantagem da disponibilidade de células de mieloma aptas para fusão e são fáceis de criar e manipular. Embora a maioria dos anticorpos monoclonais

existentes tenha sido gerada em camundongos, mais recentemente se tornou possível gerar anticorpos monoclonais em coelhos, animais com longa história de produção de anticorpos policlonais. É reconhecido que coelhos podem gerar anticorpos com maior afinidade e reconhecer antígenos que não são imunogênicos em camundongos[23]. Havia, contudo, o problema da falta de células de mieloma adequadas, e, por algum tempo, tentou-se utilizar mielomas de camundongo, gerando hibridomas heterólogos, difíceis para a obtenção de linhagens secretoras estáveis. Uma linhagem de plasmocitoma de coelhos foi isolada, depois subclonada e selecionada como uma linhagem apta a desenvolver hibridomas estáveis[24,25]. Os protocolos de imunização variam, segundo a natureza do antígeno, bons ou maus imunógenos, tamanho, pureza, complexidade (células, microrganismos, moléculas, fragmentos) e uso de adjuvantes, sendo que é necessário esperar o tempo para o animal montar a resposta imune secundária para a obtenção de anticorpos com maior afinidade através da hipermutação somática e, também, mudança de classes. As imunoglobulinas da classe G (IgG) são as mais procuradas, em suas várias sub-classes (IgG_1, IgG_{2a}, IgG_{2b}, IgG_3). O esquema de imunização clássico consta de uma injeção inicial (subcutânea, intramuscular, intraperitoneal etc.) contendo adjuvante, geralmente Freund completo ou incompleto, e um ou dois reforços, contendo ou não adjuvante. O último reforço é dado de dois a quatro dias antes da fusão. A quantidade de antígeno administrada também pode variar, sendo que, no passado eram utilizadas doses altas de antígeno e experiências mais recentes mostram que doses menores podem ser adequadas e até mais efetivas. Uma vez imunizado, o animal é sangrado pelo plexo ocular ou cauda para verificação do nível de anticorpos produzidos, geralmente através do teste de *enzyme-linked immuno-sorbent assay* (ELISA) ou outro ensaio de interação antígeno-anticorpo disponível. Um esquema padrão de imunização consiste em injetar camundongos pela via intraperitoneal com 10 μg de antígeno emulsificado em adjuvante completo de Freund e aplicar reforços com a mesma dose em intervalos de três a quatro semanas, usando adjuvante de Freund incompleto ou salina tamponada com fosfato (*phosphate buffer saline* – PBS). Um terceiro reforço pode ser aplicado poucos dias, previamente à fusão. A imunização com células não necessita de adjuvante. As células, em número médio de 10^7, devem ser lavadas de três a quatro vezes em PBS e injetadas por via intraperitoneal, e os reforços são aplicados no intervalo de três a oito semanas, sendo o último deles aplicado de dois a quatro dias antes da fusão. Um intervalo de quatro a oito semanas de descanso entre o penúltimo e o último reforço pode ser mais eficiente[26].

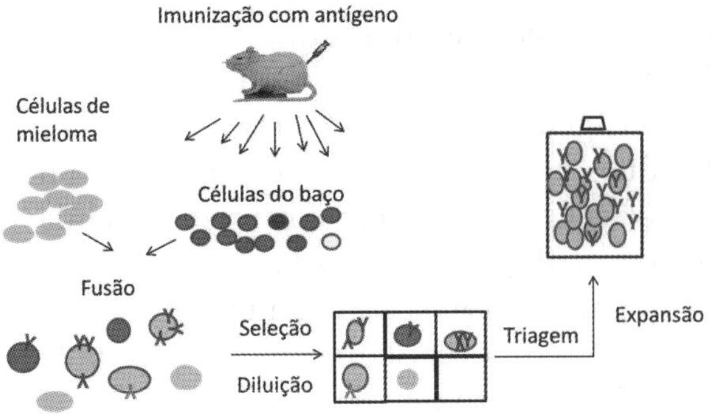

Figura 10.6 Esquema geral para obtenção de anticorpos monoclonais pela tecnologia de hibridomas. Desenho A. M. Moro.

Enquanto o animal é imunizado, são colocadas em cultura, em meio apropriado (DME ou RPMI contendo 10% de soro fetal bovino – *fetal calf serum*, FCS), as células do mieloma escolhido. As mais comuns são as linhagens de camundongo Sp2/0-Ag14 (Sp2) e X63-Ag8.653 ou NS0/1[27]. Sp2 e NS0/1 são completamente não secretoras de cadeias pesada ou leve de imunoglobulinas e são ambas derivadas da linhagem MOPC-21, selecionada para sensibilidade ao meio hipoxantina-aminopterina-timidina (HAT). Para ratos, estão disponíveis as linhagens não secretoras de imunoglobulinas IR983F[28,29] e YB2/0[30,31], ambas derivadas da linhagem LOU/C[32]. Em relação a coelhos, foi desenvolvida a linhagem 240E-W[25].

Anteriormente à fusão, as células de mieloma devem estar em fase de crescimento exponencial, e os meios de seleção HAT e HT (hipoxantina-timidina), preparados segundo os protocolos dos fabricantes. É conveniente testar previamente a ação e toxicidade dos meios de seleção sobre as células de mieloma em cultura. Aminopterina é extremamente sensível à luz, podendo perder o poder de seleção facilmente. A solução de PEG (polietileno glicol) como agente de fusão[33] deve estar preparada a 50% em 10% de DMSO. Em microplacas de 96 poços devem estar semeadas em densidade de 10^5 células/poço, 48 horas antes da fusão, uma camada de macrófagos como células alimentadoras (*feeder layer*) coletados da cavidade peritoneal de camundongos saudáveis. As células alimentadoras funcionam como suporte físico para o crescimento de células isoladas (clones) e como suprimento de interleucina-6 (IL-6) e outros fatores de crescimento.

Para a fusão, as células B são retiradas do animal imunizado, principalmente do baço ou linfonodos. Após morte do animal por método aceito

pelos comitês de ética, a parede abdominal é aberta e o baço é retirado assepticamente. Para preparar uma suspensão de células isoladas, as células do baço são separadas gentilmente, passadas através de uma peneira, centrifugadas, lavadas duas vezes e contadas. Geralmente, um baço de camundongo resulta em 10^8 células. Simultaneamente, as células de mieloma em cultura também são centrifugadas e lavadas, após o que as células de mieloma e as células de baço são misturadas num mesmo tubo de centrífuga para a lavagem final. A proporção entre as duas populações pode ser de células do baço em número aproximado de cinco vezes maior que as células de mieloma. Contudo, a contagem absoluta não é tão crítica. Se o tamanho dos sedimentos celulares das duas populações, quando lavadas em separado, for semelhante, a proporção está adequada, já que os linfócitos são menores que as células de mieloma. Após a lavagem da mistura, o líquido deve ser bem drenado e o sedimento ressuspenso com batidas do dedo no fundo do tubo cônico de 50 mL, ao qual se acrescenta lentamente 1 mL da solução de PEG-DMSO, deixando o líquido escorrer pela parede interna do tubo e entrar em contato com as células entre um minuto e 2,5 minutos. É conveniente manter as células a 37 °C durante o procedimento de fusão. Pode-se misturar levemente com a pipeta para aumentar as possibilidades de contato, sem, contudo, pipetar as células. A seguir, é adicionado, mais lentamente a princípio, meio de cultura sem FCS ou PBS, até completar 50 mL. Novamente, a suspensão pode ser misturada com a pipeta, para tentar desmanchar os grumos maiores. Após cinco minutos as células são lavadas por centrifugação, uma ou duas vezes, batendo no fundo do tubo com os dedos para dissolver os grumos, e ressuspensas em meio de seleção HAT contendo 20% de FCS. As células são semeadas sobre a camada alimentadora, em volume de 100 µL/poço. As placas são incubadas por seis a oito dias em estufa com ambiente de 5% de CO_2 e temperatura de 37 °C, com umidade, para evitar evaporação nos poços. Numa fusão bem-sucedida, as colônias podem ser observadas, sendo conveniente trocar parte do meio metabolizado por meio HAT fresco. As amostras de sobrenadante retiradas podem ser avaliadas quanto à produtividade de anticorpo por um método de ligação ao antígeno, previamente definido e que depende da natureza do antígeno, se presente na membrana celular, se antígeno solúvel. Após uma semana de cultura, é esperado que as células de mieloma não fusionadas não sobrevivam, quando se pode substituir o meio HAT por meio HT, eliminando a aminopterina e mantendo os nucleotídeos. É conveniente cultivar os hibridomas em meio HT por algum tempo antes de voltar ao meio de base.

Existem várias modificações do protocolo de fusão, algumas sugerindo que o procedimento seja feito a temperatura ambiente, outros com concentração menor de PEG. A fusão pode ser mediada por eletrofusão, através de pulsos elétricos rápidos e intensos. A fusão mediada por PEG é mais fácil de ser utilizada em qualquer laboratório de cultura de células. Quantas células são incubadas por poço e o tamanho dos poços também é alvo de variação. A taxa de formação de hibridomas é variável, mas não alta, em média um clone a cada milhão de células semeadas. Um poço pode conter um, vários ou nenhum clone. A semeadura com menor número de células pode ser uma vantagem para tentar obter um único clone por poço desde o início. A triagem da produção de anticorpos durante a primeira semana pode resultar em detecção de anticorpo produzido por linfócitos B não fusionados, ainda vivos na cultura. Essas células, que não dependem da seleção do meio HAT e vão morrer naturalmente, sobrevivem por alguns dias e podem consumir nutrientes do meio de cultura. Portanto, a observação periódica das microplacas é conveniente para checar se o meio está metabolizado, o que é facilitado pela presença de indicador de pH no meio de cultura.

Nos poços nos quais há síntese de anticorpos de interesse, é conveniente proceder rapidamente à clonagem por diluição limitante antes que as colônias se tornem grandes e seja necessário o uso de muitas placas. Existe variação entre a velocidade de crescimento entre os clones. Alguns clones, uma vez que iniciam a divisão celular, o fazem com bastante eficiência e crescem rapidamente. A tecnologia de hibridomas pode resultar num grande número de amostras para detecção de anticorpo, sendo considerado um procedimento em larga escala (*high-throughput* – HTP). Clonagem e detecção caminham juntos; dessa forma, é importante haver o estabelecimento prévio do método de detecção, que possa ser aplicado a um grande número de clones, sob pena de falha na triagem. Se o procedimento não estiver estabelecido *a priori*, não haverá tempo de fazê-lo quando os clones começarem a crescer. O método escolhido depende das facilidades do laboratório, da natureza do antígeno e da especificidade que se deseja. Também é conveniente que seja definido o valor de corte que vai diferenciar o positivo do negativo. Um bom anticorpo pode ter um sinal fraco a princípio, porque se encontra diluído no sobrenadante ou porque o hibridoma produtor esteja no mesmo poço com outros hibridomas não produtores, ou sem interesse. Pode haver o objetivo de gerar anticorpo monoclonal para um determinado epitopo com um tipo de função efetora, por exemplo, neutralizante, ou ainda gerar vários anticorpos monoclonais para o mesmo antígeno. Se for possível utilizar um método que discrimine a função desejada para o anticorpo, isto evita que

sejam cultivados por longos períodos clones não desejados. É preciso ter em mente que o procedimento todo é laborioso e planejar as ações desde o início se faz necessário.

O método de clonagem mais utilizado, disponível em qualquer laboratório de cultivo de células, é a clonagem por diluição limitante, cujo princípio é diluir as células a ponto de uma célula ser distribuída em cada um dos 96 poços da microplaca. Como as células estarão isoladas, a presença de camada alimentadora é crítica nessa fase, podendo ser irradiada, quando possível, para evitar crescimento de qualquer tipo celular que possa mascarar o crescimento do clone de hibridoma. Como a eficiência da clonagem por diluição limitante é baixa, um artifício possível é distribuir as células no formato de densidade seriada, começando com dez em uma coluna, três na seguinte e uma nas subsequentes. Para não haver um número exagerado de microplacas, é importante que a diluição limitante ocorra assim que o clone inicie o crescimento na fase anterior, desde que o sobrenadante resulte positivo para o anticorpo de interesse. Após duas a três semanas, os clones passam a ser visíveis, ao microscópio ou por inspeção visual no fundo da placa contra a luz. Havendo segurança que o clone seja realmente monoclonal, pode-se esperar um crescimento maior para realizar o ensaio de detecção de anticorpo, com o objetivo de garantir uma maior produtividade. Por outro lado, a reclonagem por diluição limitante é quase sempre uma necessidade, para garantia de monoclonalidade. Um clone único tem a forma perfeitamente redonda, sem deformações. Os hibridomas saudáveis apresentam o aspecto de células refringentes (Figura 10.7). Estão disponíveis modos automatizados para clonagem e seleção por tamanho e produtividade, eliminando a necessidade de diluição limitante, através de equipamentos ultrassofisticados e caros. No caso do ClonePix FL, as células podem ser plaqueadas após a fusão ou após a seleção por HAT, em meio semissólido, que mantém as células que se multiplicam ao redor da célula-mãe, e o anticorpo produzido permanece ao redor do clone. O meio de cultura semissólido contém anti-anticorpo de camundongo conjugado à fluoresceína (*fluorescein isothiocyanate* – FITC), que se liga aos anticorpos produzidos ao redor do clone, formando halo fluorescente que se observa no visor do equipamento, sob luz UV. Vários critérios podem ser adotados para a seleção de clones, como tamanho, intensidade da fluorescência, distância dos clones vizinhos, formato etc. Os clones selecionados pelos critérios escolhidos podem ser capturados por ponteiras finas, que distribuem as células em placas de 96 poços.

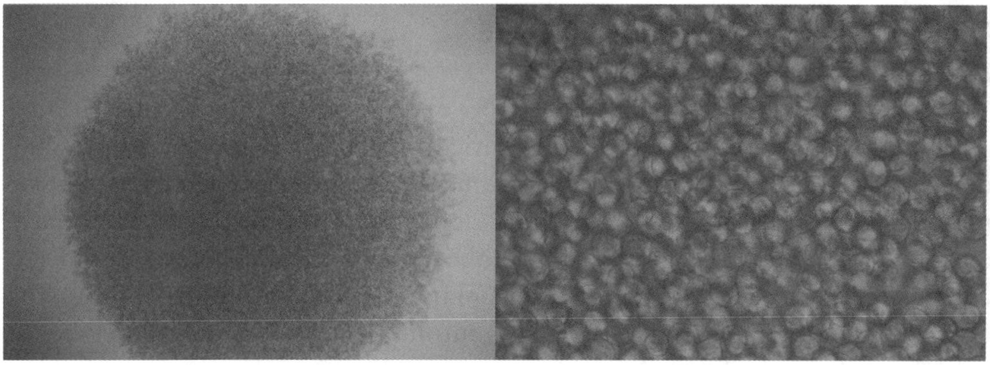

Figura 10.7 À esquerda, aspecto de clone verdadeiro em diluição limitante, à direita, aspecto das células crescendo no interior do clone. Foto: A. M. Moro.

Uma fusão pode gerar vários clones, cujos sobrenadantes devem ser caracterizados, primeiramente em relação à classe e sub-classe da região constante pesada e qual região constante leve carrega, kappa ou lambda. Existem kits comerciais de alguns fabricantes, os quais, através de um ensaio ELISA, permite a caracterização de vários clones ao mesmo tempo. A caracterização inclui aspectos do hibridoma, como capacidade de crescimento e estabilidade. O hibridoma é uma célula com cariótipo entre triploide e tetraploide, sendo comum a perda de cromossomos na divisão celular. Se for perdido um dos dois cromossomos responsáveis pela síntese de anticorpo, o clone perde a produtividade. A caracterização contínua pela análise do anticorpo produzido por cada clone, capacidade de ligação ao antígeno, avaliação do epitopo ao qual se liga, quando possível, avaliação de reação cruzada (principalmente, quando anticorpos monoclonais são gerados contra microrganismos), avaliação da função efetora. A partir do sucesso dos mAbs produzidos por camundongos, muito trabalho foi devotado ao estabelecimento de mielomas humanos para fusão. Algumas linhagens que foram descritas como capazes de crescer indefinidamente em cultura: tratava-se realmente de linhagens linfoblastoides derivadas de células B normais infectadas com vírus Epstein-Barr (EBV). Células transformadas por EBV crescem em grandes agregados e possuem o antígeno nuclear EBV[34]. Duas linhagens foram descritas como mielomas humanos verdadeiros, com perda da secreção da cadeia pesada de imunoglobulina e sensíveis ao meio de seleção HAT, SK-007[35] e Karpas 707[36,37], mas foram usadas raramente.

10.5 MÉTODOS DE DETECÇÃO DE ANTICORPOS MONOCLONAIS

Métodos eficientes de detecção de anticorpos monoclonais são imprescindíveis para o sucesso de sua obtenção com as características desejadas. Vários métodos estão disponíveis e a escolha depende de fatores como facilidade de uso, equipamentos disponíveis nos laboratórios, confiabilidade, rapidez e custo. Alguns métodos são laboriosos e manuais, enquanto outros são métodos HTP de alta capacidade, rapidez e automatizados. Um método eficiente deve estar disponível previamente à etapa de clonagem. Um fator crítico no estabelecimento de métodos de detecção e triagem é o limite entre o considerado positivo e negativo, para não haver a perda de anticorpos importantes e ao mesmo tempo não levar adiante clones não representativos. O corte de detecção depende de fatores intrínsecos da ligação antígeno-anticorpo e do uso pretendido para o anticorpo. Existem métodos mais indicados para antígenos solúveis e outros para antígenos de membranas celulares. No caso de anticorpos para uso terapêutico, que vão depender de produção em larga escala, pode ser importante selecionar não somente pelas características de cinética de ligação, mas também pela função efetora e produtividade específica, ou Qp. Alguns ensaios de detecção podem ser realizados com o sobrenadante bruto do cultivo, enquanto outros dependem de anticorpo purificado.

A isotipagem de anticorpos monoclonais depende da identificação da região constante, sendo a IgG a mais procurada para anticorpos monoclonais. Entre as IgGs, é importante determinar a sub-classe, entre as quatro possíveis, tanto para anticorpos murinos quanto humanos. Alguns antígenos, principalmente as glicoproteínas e polissacarídeos são propensos a elicitar resposta imune do tipo IgM. Para os anticorpos terapêuticos, o isotipo IgG_1 representa a maioria dos anticorpos monoclonais, ainda que, recentemente, anticorpos da classe IgM tenham tido sua importância reconhecida[38,39]. Para identificar a classe e subclasse de anticorpos monoclonais, existem kits comerciais.

ELISA

O imunoensaio ELISA é dos mais utilizados para a detecção de antígenos solúveis, sendo facilmente implantado em qualquer laboratório. Um anticorpo anti-Ig deve ser conjugado, previamente a uma enzima, geralmente peroxidase ou fosfatase alcalina, para possibilitar a detecção colorimétrica. A primeira etapa deste ensaio consiste na ligação do antígeno a uma superfície

plástica inerte, em forma de microplacas com 96 poços, denominada fase de sensibilização, durante aproximadamente dezoito horas. A microplaca é lavada para remoção das moléculas não ligadas, e a seguir os sítios disponíveis da superfície são bloqueados com solução de albumina bovina ou leite em pó desnatado. As amostras de anticorpos são adicionadas, uma em cada poço, ou a mesma amostra pode ser adicionada em diluições seriadas. Após a incubação e lavagens, é adicionado o anticorpo conjugado anti-Ig relativo à espécie de anticorpo que se quer detectar, murino ou humanizado. Depois de incubação e lavagens, é adicionado o substrato adequado para a enzima conjugada ao anticorpo anti-Ig, havendo a formação de cor nos poços onde a reação antígeno-anticorpo ocorreu. A leitura da absorbância é realizada em leitor de placas utilizando o filtro de comprimento de onda adequado à cor da reação. O ensaio não é muito rápido, mas várias amostras podem ser testadas simultaneamente. Alguns antígenos podem ser acoplados às placas previamente, armazenadas à temperatura de -20 °C, que poderão ser utilizadas diretamente no momento do ensaio. O mesmo princípio é utilizado para o ensaio de radioimunoensaio, somente que o anticorpo anti-Ig é acoplado a um radioisótopo e a detecção é realizada por contador gama ou contador de cintilação, conforme o isótopo. O ensaio de ELISA detecta ligação antígeno-anticorpo, mas não necessariamente detecta capacidade de neutralização.

Western-blotting

No caso de antígenos presentes em uma mistura, pode-se utilizar a técnica de imuno-*blotting*. Em primeiro lugar a mistura contendo o antígeno é resolvida por SDS-PAGE. Após a separação eletroforética, o gel é colocado em contato com uma membrana de nitrocelulose ou *nylon*, e as proteínas são transferidas do gel para a membrana por meio de corrente elétrica. A membrana é então incubada com os anticorpos teste e novamente incubada com um anticorpo anti-Ig conjugado a uma enzima, como no teste de ELISA. A diferença está no substrato, não solúvel, para se depositar e formar a mancha característica do *blotting* no local onde o anticorpo se ligou ao antígeno. Trata-se de método qualitativo, para número limitado de amostras.

Imunofluorescência

Ensaio para a detecção de antígenos presentes em membranas celulares. A célula portadora do antígeno pode estar aderida à superfície utilizada para o seu cultivo (caso de células tumorais) ou pode se tratar de célula em suspensão, por exemplo, para antígenos presentes em células do sangue, incluindo tumores. O ensaio pode ser realizado em microplacas para células aderidas ou em tubos para células em suspensão. Seguem-se os mesmos princípios de incubação e lavagens, com amostra de anticorpo e depois anticorpo conjugado, dessa vez com algum fluoróforo, como fluoresceína (FITC), ou rodamina, DAPI, Texas Red, entre outros, que vão resultar em cores diferentes de detecção. O método é qualitativo, mas é possível identificar a distribuição do antígeno na membrana celular (Figura 10.8). O princípio da fluorescência é utilizado pelo robô ClonePix-FL em forma HTP[40].

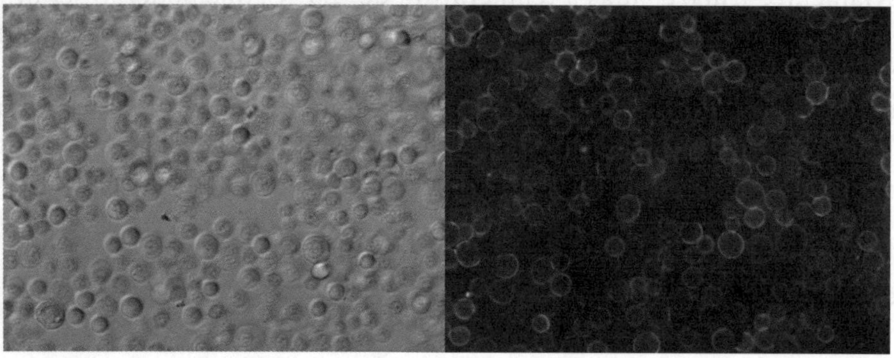

Figura 10.8 Células tumorais em cultura (esquerda), marcadas com anticorpo fluorescente (direita). Foto: M. Lopes dos Santos.

Citometria de fluxo

Baseada no mesmo princípio da imunofluorescência, a detecção é realizada através do equipamento citômetro de fluxo, no qual um feixe de luz, geralmente *laser*, analisa uma célula por vez pela captura do sinal do fluoróforo. Vários detectores são apontados ao local onde o fluxo passa através do feixe de luz; um na linha do feixe de luz (*forward scatter* –FSC) e vários perpendiculares a este (*side scatter* – SSC). Os citômetros de fluxo modernos são bastante sofisticados, com possiblidade de muitas cores e alguns analisam em tempo real, porém para a detecção de anticorpos pode ser utilizado um

equipamento simples. São visualizados gráficos contendo o grau de intensidade da fluorescência e a mediana da fluorescência do anticorpo em questão. É bastante útil para analisar quais tipos celulares o anticorpo reconhece. No caso de anticorpos para câncer, uma etapa da caracterização inclui um painel de reconhecimento de tumores de vários órgãos para avaliação da abrangência potencial do uso terapêutico e também verificação da presença do antígeno em células sadias[41].

Ressonância plasmônica de superfície (surface plasmon resonance – SPR)

Trata-se de um método de análise de interação biomolecular, com detecção em tempo real e monitoramento de ligação entre moléculas. Além da identificação da ligação entre anticorpo e o seu alvo molecular, a metodologia pode ser usada para avaliar especificidade, afinidade, concentração e cinética. É uma metodologia quantitativa em forma HTP, podendo analisar muitas amostras de forma rápida. É necessário imobilizar o antígeno na superfície de um *chip* sensor, considerado o coração da tecnologia. A detecção pode ocorrer em uma mistura complexa, sendo muito útil para realizar triagem de clones para identificar aqueles produtores de anticorpos e em qual produtividade. Podem ser usados como alvos outros que proteínas, como carboidratos, lipídeos, ácidos nucleicos. O *chip* sensor consiste de uma superfície de vidro recoberta com uma fina camada de ouro criando as condições físicas para a ressonância plasmônica de superfície, que detecta mudanças de massa na camada aquosa próxima à superfície do *chip* sensor por meio do índice de refração. A diferença entre o feixe de *laser* incidente e o reflexivo cria o ângulo de ressonância plasmônica. Os resultados são apresentados em formato de sensorgramas[42], podendo ser visualizadas as etapas de ligação e desligamento do anticorpo com o antígeno (Figura 10.9). Para realizar este método é necessário dispor de equipamento de valor elevado, Biacore sendo o mais conhecido.

Citotoxicidade dependente de complemento (CDC)

Analisa a função efetora de anticorpos capazes de fixar complemento IgG_3, IgG_1, IgG_2 e IgM. Dependente da região Fc, é um método conveniente de detecção de anticorpos quando essa característica é desejada, principalmente para antígenos presentes em membranas de células tumorais.

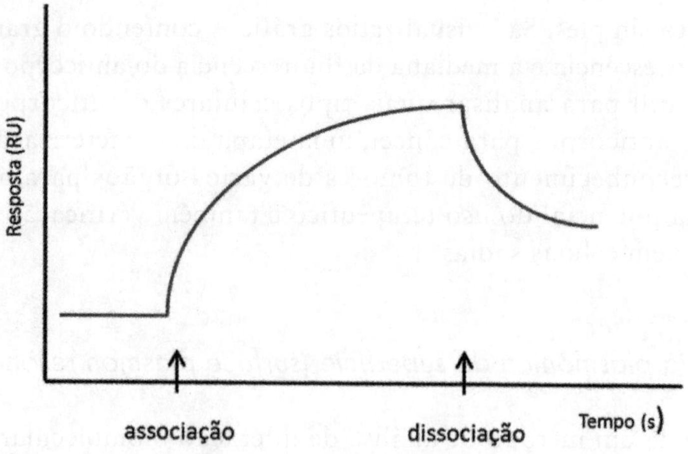

Figura 10.9 Sensorgrama de ligação e desligamento de anticorpo ao antígeno. Desenho: L. R. Tsuruta.

Anticorpos recombinantes que dependem de função efetora específica podem ser projetados para tal finalidade utilizando na sequência gênica a região Fc mais apropriada. Por ser mais trabalhosa e manual, a metodologia para detectar citotoxicidade é geralmente utilizada em fase mais adiantada da seleção de clones, quando o seu número se encontra reduzido. Necessita de uma fonte de complemento do soro, de células tumorais sobre as quais se quer avaliar a capacidade do anticorpo agir de forma citotóxica e de amostras do anticorpo-teste purificado. Ao se ligar ao alvo na membrana celular através dos CDRs e fixar complemento através da região Fc, a cascata do sistema complemento é ativada, em uma cadeia de eventos até a formação de um complexo molecular que perfura a superfície celular, levando a célula tumoral à morte (Figura 10.10). A detecção se baseia na liberação de algum componente intracelular como medida de lise da célula, sendo a liberação de ^{51}Cr, previamente incubado com as células tumorais, o método clássico.

Citotoxicidade celular dependente de anticorpo (antibody-dependent cell-mediated cytotoxic – ADCC)

Método baseado na capacidade do domínio CH2 da região Fc, principalmente de IgG_1 humano, em lisar células tumorais através de sua ligação

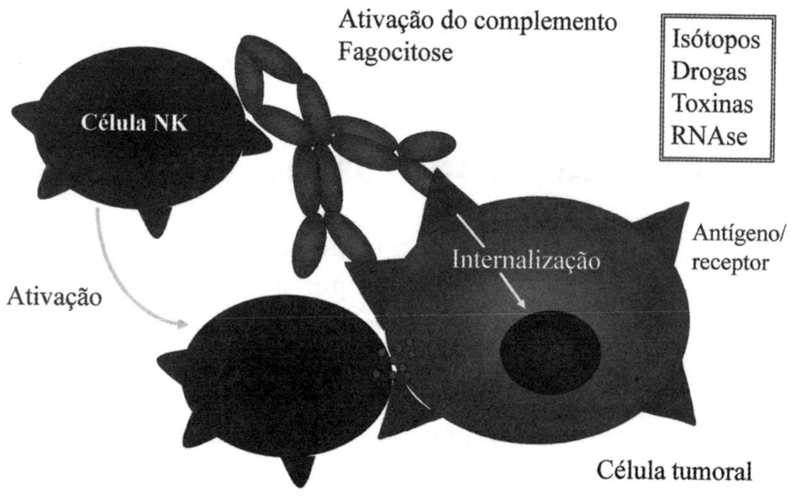

Figura 10.10 Mecanismos de Morte Tumoral mediada por Anticorpo Monoclonal (terapia alvo), por meio de função imune-efetora (ADCC e CDC). Arquivo: A. M. Moro.

com receptor FcγRIII presente na superfície de células *natural killer* (NK). Anticorpos da classe IgE também são capazes de lisar helmintos através de ADCC pela sua ligação com receptor Fc presente na superfície de eosinófilos. Para a realização são necessárias células alvo, uma fonte de células citotóxicas, como células mononucleares do sangue periférico e dos anticorpos em teste purificados (Figura 10.10). O método clássico é o da liberação de ^{51}Cr. Para evitar uso da radioatividade, alguns kits com outras marcações estão disponíveis, sem, contudo, se igualarem ao método radioativo.

Detecção de neutralização

No caso da necessidade de anticorpos com capacidade neutralizante, para uso no controle de infecções por microrganismos ou como antídotos para controle de *overdose* de drogas, a triagem de clones pode incluir a detecção de anticorpos com capacidade neutralizante. Os ensaios são específicos para cada situação e podem se basear em algum dos métodos citados anteriormente, como um ensaio de ELISA modificado, por exemplo[43]. A região Fc exerce

papel importante na neutralização de toxinas bacterianas[44], tornando essencial a isotipagem dos clones quando este for o objetivo.

10.6 HUMANIZAÇÃO DE ANTICORPOS

Com o sucesso da tecnologia de hibridomas e a produção de anticorpos monoclonais, logo se tornou evidente o potencial de utilização clínica destes, em diagnóstico e terapia. Em 1986, foi aprovada a primeira utilização terapêutica de um anticorpo monoclonal, o Orthoclone OKT3 ou Muromonab (Tabela 10.3) que tem como alvo o receptor CD3 de linfócitos T e atua modulando a resposta imune, de forma a controlar a rejeição celular aguda nos transplantes renais[45]. Um mAb anti-CD3 foi também produzido no Instituto Butantan[46], tendo alcançado os resultados esperados em ensaio clínico[47]. Mesmo sendo de origem murina, este anticorpo monoclonal obteve sucesso por se tratar de uso pontual durante alguns dias, suficiente para a reversão do processo de rejeição celular aguda. Várias outras tentativas de ensaios clínicos com outros anticorpos monoclonais murinos não obtiveram o mesmo êxito, e logo se tornou evidente que anticorpos heterólogos não poderiam ser utilizados em situações clínicas que requerem uso de grandes quantidades e doses múltiplas da droga. Anticorpos monoclonais murinos podem induzir uma resposta anti-idiotípica diminuindo a eficácia terapêutica[48] e causar efeitos adversos[49]. A avaliação da imunogenicidade é muito importante e crítica durante o estudo clínico dos anticorpos monoclonais[50,51]. A imunogenicidade refere-se, geralmente, à habilidade de agentes biológicos gerarem resposta imune anti-droga, afetando a segurança e a eficácia dos produtos. Aproximadamente 84% dos pacientes tratados com anticorpos monoclonais murinos desenvolveram anticorpos anticamundongo de origem humana (*human anti-mouse antibodies* – HAMA)[50,52]. Houve tentativas de obtenção de anticorpos monoclonais humanos, encontrando vários obstáculos: a impossibilidade de imunizar pessoas com antígenos não vacinais, a impossibilidade de retirada de órgãos linfoides para obtenção de linfócitos B, a ausência de mielomas humanos para fusão. Os procedimentos de imunização *in vitro* não se mostraram satisfatórios. A imortalização de linfócitos B humanos separados do sangue periférico por infecção com vírus Epstein-Barr foi alvo de trabalho de alguns grupos, porém a produção de anticorpos é baixa[13,53] e instável, com a tendência das células infectadas formarem grandes agregados (Figura 10.11).

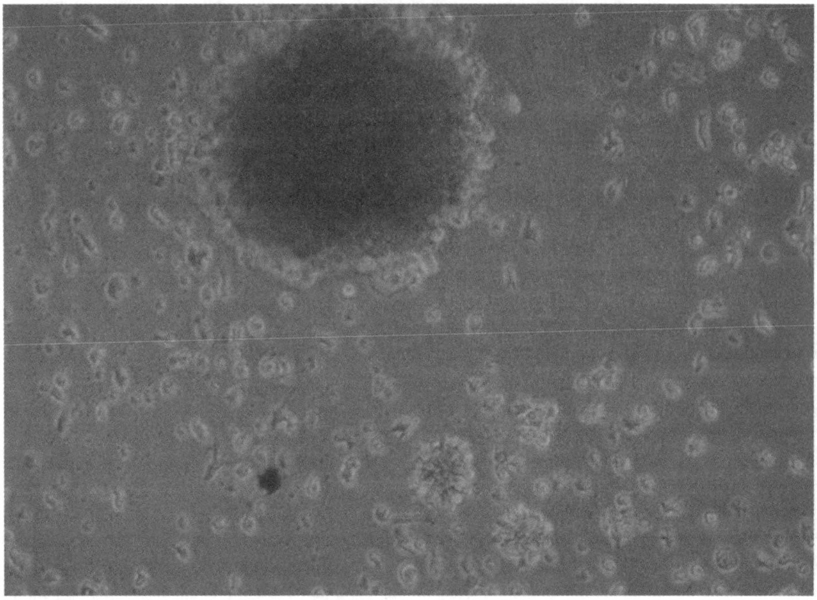

Figura 10.11 Clone de linfócitos B isolados de baço humano removido por esplenectomia, transformados com vírus Epstein-Barr. Foto: A. M. Moro.

As técnicas de humanização de anticorpos surgiram com a finalidade de produzir anticorpos com imunogenicidade mínima quando administrados em humanos, ao mesmo tempo retendo a afinidade e especificidade do anticorpo parental de origem não humana. Essas técnicas utilizam a engenharia dos anticorpos que surgiu com os avanços em relação à compreensão da estrutura do anticorpo e das técnicas de biologia molecular, sendo aplicada para reduzir as propriedades indesejáveis dos anticorpos como a imunogenicidade. A primeira técnica de humanização dos anticorpos resultou na geração de anticorpos quiméricos[12]. Essa técnica consiste na combinação dos domínios variáveis dos anticorpos murinos com os domínios constantes humanos, gerando anticorpos com aproximadamente 70% de conteúdo humano (Figura 10.12). Os anticorpos quiméricos gerados mantiveram a especificidade do anticorpo parental murino e diminuíram a imunogenicidade, mas geraram anticorpos antiquiméricos de origem humana (*human anti-chimeric antibody* – HACA) em aproximadamente 40% dos pacientes[50].

Tabela 10.3 Anticorpos monoclonais terapêuticos com ano de aprovação, natureza e indicação clínica. Nomenclatura de mAbs: momab (murino), ximab (quimérico), zumab (humanizado), umab (humano)

MAB	MARCA	ANO	NATUREZA	INDICAÇÃO
Muromonab-CD3	Orthoclone OKT3	1986	Murino	Transplante renal
Abciximab	ReoPro	1994	Quimérico	Cardiologia
Daclizumab	Zenapax	1997	Humanizado	Transplante
Rituximab	Rituxan, Mabthera	1997	Quimérico	Câncer
Basiliximab	Simulect	1998	Quimérico	Transplante
Infliximab	Remicade	1998	Quimérico	Autoimune
Palivizumab	Synagis	1998	Humanizado	Infecção viral
Trastuzumab	Herceptin	1998	Humanizado	Câncer
Gemtuzumab	Mylotarg	2000	Humanizado	Câncer
Alemtuzumab	Campath	2001	Humanizado	Câncer
Adalimumab	Humira	2002	Humano	Autoimune
Ibritumomab tiutexan	Zevalin	2002	Murino	Câncer
Efalizumab	Raptiva	2003	Humanizado	Autoimune
Omalizumab	Xolair	2003	Humanizado	Alergia
Tositumomab	Bexxar	2003	Murino	Câncer
Bevacizumab	Avastin	2004	Humanizado	Câncer
Cetuximab	Erbitux	2004	quimérico	Câncer
Natalizumab	Tysabri	2004	Humanizado	Autoimune
Panitumumab	Vectibix	2006	Humano	Câncer
Ranibizumab	Lucentis	2006	Humanizado	Degeneração macular
Eculizumab	Soliris	2007	Humanizado	Hemoglobinúria
Certolizumab pegol	Cimzia	2008	Humanizado	Autoimune
Canakinumab	Ilaris	2009	Humano	Autoimune
Golimumab	Simponi	2009	Humano	Autoimune

MAB	MARCA	ANO	NATUREZA	INDICAÇÃO
Ofatumumab	Arzerra	2009	Humano	Câncer
Ustekinumab	Stelara	2009	Humano	Autoimune
Tocilizumab	Actemra, RoActemra	2009	Humanizado	Autoimune
Catumaxomab	Removab	2009	Murino	Câncer
Denosumab	Prolia, Xgeva	2010	Humano	Osteoporose, câncer
Belimumab	Benlysta	2011	Humano	Autoimune
Brentuximab vedotin	Adcetris	2011	Quimérico	Câncer
Ipilimumab	Yervoy	2011	Humano	Câncer
Pertuzumab	Perjeta	2012	Humanizado	Câncer
Raxibacumab	Raxibacumab	2012	Humano	Profilaxia do antrax inalado
Obinutuzumab	Gazyva	2013	Humanizado	Câncer
Ado-trastuzumab emtansine	Kadcyla	2013	Humanizado	
Blinatumomab	Blincyto	2014	Murino	Câncer
Ramucirumab	Cyramza	2014	Humano	Câncer
Vedolizumab	Entyvio	2014	Humanizado	Auto-imune
Pembrolizumab	Keytruda	2014	Humanizado	Câncer
Siltuximab	Sylvant	2014	Quimérico (camundongo/humano)	Câncer
Secukinumab	Cosentyx	2015	Humano	Auto-imune
Ado-trastuzumab emtansine	Opdivo	2015	Humanizado	Câncer
Dinutuximab	Unituxin	2015	Quimérico	Câncer

Para a obtenção de mAbs com imunogenicidade mínima, em 1986 foi publicada a técnica de transplante de CDR[15], na qual os sítios CDRs foram transplantados para um FR humano. Nesse trabalho, os CDRs da cadeia pesada (HC) da proteína de mieloma humano NEWM foram substituídos pelos CDRs murinos do anticorpo anti-hapteno B1-8. O produto híbrido resultante foi combinado com a cadeia leve (LC) do B1-8 murino e manteve a afinidade existente no anticorpo murino. O mesmo procedimento foi utilizado para humanizar o anticorpo anti-lisozima D1.3, comprovando a aplicação dessa técnica

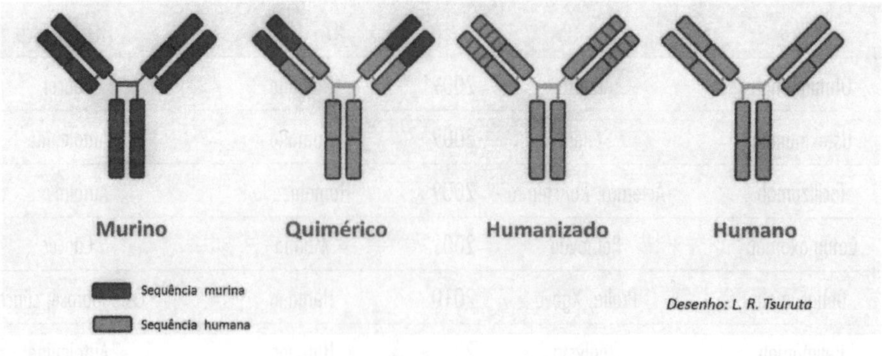

Figura 10.12 IgG em transformação do murino ao humano.

para anticorpos que reconhecem proteína[54]. O transplante de CDR das duas cadeias do anticorpo (HC e LC), que vem a ser o procedimento padrão dessa técnica, foi publicado pela primeira vez em 1988 para um anticorpo terapêutico, comercializado como CamPath® (alemtuzumab) (Tabela 10.3), usado no tratamento de leucemia linfocítica crônica de células B[13].

Apesar do sucesso inicial do transplante de CDR, foi observado que a maioria dos anticorpos obtidos por esta técnica não reteve a afinidade de ligação ao antígeno do anticorpo parental murino. Isto ocorreu devido à interação de certos resíduos do arcabouço murino com os resíduos dos CDRs, o que está relacionado com a estrutura do sítio de ligação do antígeno[55,56]. Através da modelagem tridimensional dos domínios variáveis de anti-Tac gerados por computador, o grupo de Queen identificou resíduos-chaves do arcabouço murino que interagem com os CDRs e o antígeno, importantes para a integridade do sítio de ligação do antígeno. Estes resíduos e os CDRs foram transferidos para a sequência do arcabouço humano com maior homologia à sequência murina, obtendo-se anticorpos com afinidade próxima à do anticorpo parental murino. Esse trabalho deu origem ao Zenapax® (daclizumab) (Tabela 10.3), representando o primeiro anticorpo monoclonal humanizado aprovado pela Food and Drug Administration (FDA) em 1997 para uso terapêutico nos Estados Unidos, indicado para a prevenção de rejeição no transplante renal[57]. Essa técnica de humanização do anticorpo tornou viável o uso clínico dos anticorpos monoclonais de origem murina.

Durante a década de 1990 e até o presente, outros métodos de humanização de anticorpos foram desenvolvidos. Eles podem ser classificados tecnicamente em métodos racionais e empíricos. Os métodos racionais se baseiam na construção de variantes pela análise da estrutura e sequência

dos anticorpos, e os métodos empíricos se baseiam na seleção de clones após a construção de uma biblioteca combinatória[58,59]. Com relação à imunogenicidade, aproximadamente 9% dos anticorpos humanizados induziram resposta *human anti-humanized antibodies* (HAHA) em diferentes estudos clínicos[50].

10.6.1 Métodos racionais para humanizar anticorpos

Os métodos racionais são formados por um ciclo de construção de pequeno número de variantes, que são montadas com base na informação da estrutura do anticorpo e no conhecimento da sequência do anticorpo murino. As variantes são testadas por simulação computacional – *in silico* – pela análise da afinidade e comparadas com o anticorpo murino ou parental. A vantagem desses métodos é verificada pela geração de variantes de anticorpos no formato IgG. São exemplos de métodos racionais:

- Transplante de CDR.
- Remodelagem da superfície (*resurfacing*).
- Transplante de resíduos determinantes de especificidade (*specificity determining residues* – SDR).
- Super-humanização.
- Otimização do conteúdo da sequência humana (*human string content optimization*).

10.6.1.1 Transplante de CDR

É a técnica de humanização de anticorpos monoclonais mais utilizada, e consiste na transferência para um arcabouço humano (aceptor) das sequências dos CDRs murinos e dos resíduos de aminoácidos do arcabouço murino que interagem com os CDRs e o antígeno[55]. Em seguida, as variantes humanizadas são sintetizadas, expressas e caracterizadas. Não há até o momento um procedimento universal e eficiente de transplante de CDR. A identificação dos resíduos do arcabouço que afetam a ligação ao antígeno é a parte mais desafiadora da técnica. A modelagem molecular dos anticorpos, murino e humanizado, auxilia nessa etapa; entretanto, a combinação apropriada de mutações deve ser determinada experimentalmente. Nesta técnica,

há três itens importantes que precisam ser definidos para a construção das variantes humanizadas:

1) as regiões determinantes da especificidade do anticorpo murino;
2) a origem da sequência humana que será usada como arcabouço do anticorpo humanizado;
3) a seleção dos resíduos de aminoácidos do arcabouço murino que serão alvo da mutação reversa para recuperar ou melhorar a afinidade do anticorpo humanizado.

A estrutura tridimensional do anticorpo murino em complexo com o antígeno fornece em detalhes os resíduos de aminoácidos que fazem contato com o antígeno e aqueles responsáveis pela determinação da especificidade do antígeno. Infelizmente, estão disponíveis apenas algumas estruturas tridimensionais do complexo antígeno-anticorpo, e na maioria dos casos os CDRs são considerados como regiões determinantes da especificidade[18].

Nos trabalhos iniciais[13,15] foram utilizados arcabouços fixos de anticorpos humanos de estrutura conhecida, sem levar em consideração a homologia com a sequência do anticorpo murino. Posteriormente, foram usadas sequências humanas com maior homologia em relação ao anticorpo murino, sendo o método chamado de melhor encaixe[55,60,61]. Essa estratégia reduz o número de desalinhamentos entre os resíduos de aminoácidos do arcabouço humano e murino, ocorrendo menor troca de resíduos de aminoácidos do arcabouço humano, o que pode ser uma vantagem em relação à imunogenicidade. Uma comparação das duas estratégias usando diferentes arcabouços da HC resultou na verificação de que anticorpos humanizados obtidos pelo método de melhor encaixe apresentaram maior afinidade[62]. Outra estratégia de seleção de arcabouços humanos é a humanização com apenas um único arcabouço humano derivado de sequências consenso, sem levar em conta a sequência do anticorpo murino[63-65]. As sequências consenso são das subclasses humanas mais abundantes, chamadas VL_k subgrupo I e VH subgrupo III[20]. Essa estratégia reduz a imunogenicidade dos anticorpos humanizados que pode ocorrer quando se usa um determinado arcabouço humano. Além disso, as sequências consenso demonstraram produção de bom rendimento de anticorpo quando expressas em E. coli ou sistema de expressão de eucariotos. O arcabouço humano, geralmente é escolhido entre as sequências da região variável expressas em células B, isto é, sequências maduras baseadas no cDNA e derivadas das proteínas. Entretanto, com a disponibilidade de bancos de dados e a publicação do sequenciamento do genoma humano, regiões

variáveis das sequências germinais também podem ser escolhidas para esse propósito, com a vantagem de evitar resíduos imunogênicos associados com hipermutação somática. Além disso, a comparação das estruturas de raios X dos anticorpos gerados a partir da sequência germinal ou anticorpo maduro, na forma ligada e livre de energia, mostrou que o primeiro é mais flexível[66]. Essa plasticidade tem a vantagem de acomodar várias sequências de CDR com necessidade de poucas mutações do arcabouço humano para obter a afinidade do anticorpo parental. Devido a essas características, houve um aumento do uso das sequências germinais humanas[56,67-71].

Geralmente, a afinidade do anticorpo diminui após a transferência dos CDRs murinos para um arcabouço humano devido às incompatibilidades entre eles. Portanto, é necessário definir os resíduos de aminoácidos do arcabouço murino que serão reintroduzidos no anticorpo humanizado, a fim de restabelecer ou evitar perda da afinidade. Esses resíduos do arcabouço estão normalmente envolvidos no suporte da conformação dos CDRs[16,72] ou estão diretamente em contato com o antígeno[73]. Foote e Winter[74] conduziram um estudo detalhado de todos os resíduos do arcabouço que afetam a ligação ao antígeno, obtendo uma lista de trinta resíduos "Vernier" que contribuem potencialmente para a estrutura do CDR. O número de resíduos do anticorpo que serão trocados é particular para cada caso e é baseado na estrutura tridimensional ou modelagem molecular da região variável do anticorpo murino. O repertório de estruturas tridimensionais pode ser acessado pela página do The International ImMunoGeneTics (IMGT)*[75]. A modelagem molecular da região variável do anticorpo foi facilitada pela descoberta de estruturas canônicas[72], que são conformações principais da região hipervariável, e pela disponibilidade de grande número de estruturas de anticorpo no banco de dados de proteínas. Após definir as construções das sequências humanizadas, são realizados estudos de modelagem das regiões variáveis desses anticorpos. O resultado obtido é submetido a alguns ciclos de otimização de energia. A síntese dos genes variáveis do anticorpo humanizado pode ser obtida de duas formas. Um método padrão para sintetizar os genes variáveis é a amplificação por reação em cadeia da polimerase (PCR) utilizando vários oligonucleotídeos sobrepostos[76]. Outra forma para obter esses genes é através da encomenda a empresas especializadas na síntese de genes. Em seguida, é necessário definir a estratégia de expressão desses anticorpos. Isso depende de vários fatores, como a forma do anticorpo que será expresso (IgG, fragmento Fab ou Fv de cadeia simples – *single chain Fv*, scFv), o

---

* Disponível em: http://www.imgt.org/.

organismo hospedeiro para expressão (células de mamíferos, levedura ou *E. coli*), a quantidade requerida e o uso esperado. Após a expressão e purificação dos anticorpos humanizados, são realizados ensaios para confirmar as propriedades de ligação e a atividade biológica desses anticorpos.

10.6.1.2 Remodelagem da superfície (resurfacing ou veneering)

Essa técnica surgiu no início da década de 1990 como alternativa ao transplante de CDR. O grupo de Padlan[77] propôs a redução da imunogenicidade dos domínios variáveis do anticorpo murino aliada à retenção das propriedades de ligação do anticorpo pela substituição dos resíduos de aminoácidos do arcabouço murino presentes na superfície e, portanto, expostos ao solvente, por resíduos humanos. Esses resíduos expostos não são considerados importantes para a ligação direta com o antígeno, mas, provavelmente, contribuem para a imunogenicidade do anticorpo. Por outro lado, os resíduos não expostos ao solvente são mantidos, eliminando praticamente a probabilidade de afetar a estrutura do anticorpo e, consequentemente, a ligação ao antígeno. Esses resíduos apresentam baixa imunogenicidade por estarem escondidos do sistema imune. Na técnica de remodelagem de superfície não ocorre mudança dos resíduos de aminoácidos importantes na manutenção da estrutura dos domínios variáveis. Dessa forma, espera-se eliminar o potencial de ativar células B e a redução da quantidade de resíduos alterados e que são determinantes para a especificidade do anticorpo[59]. O primeiro método de remodelagem da superfície foi desenvolvido pelo grupo de Pedersen[78], que analisou doze anticorpos de estrutura conhecida, identificando resíduos representando ≥ 30% de área superficial acessível ao solvente nos arcabouços. Em seguida, as sequências murinas e humanas foram comparadas, e os resíduos do anticorpo murino, acessíveis ao solvente e diferentes dos resíduos humanos, foram marcados para substituição. O anticorpo N901 foi humanizado por dois métodos, por transplante de CDR e remodelagem da superfície, sendo que ambos apresentaram a mesma afinidade ao antígeno. Em 2006, esse método foi modificado por Staelens e colaboradores[79], sendo que os autores propuseram um método pela identificação dos resíduos de aminoácidos superficiais do arcabouço murino e modelagem pelo uso de sequências com maior identidade para ambos os anticorpos murino e humano. Foram encontradas várias discrepâncias em relação ao trabalho do grupo de Pedersen, mostrando que esse método é mais preciso.

Outros anticorpos monoclonais foram humanizados utilizando o método de remodelagem de superfície[41,80-84]. A afinidade dos anticorpos obtidos por esse método não mudou em relação ao anticorpo parental. Entretanto, há poucos dados clínicos desses anticorpos, e, portanto, uma análise detalhada da imunogenicidade não está disponível. Um anticorpo conjugado, humanizado pela remodelagem de superfície, huC242-DM1 (Cantuzumab mertansine), mostrou, em estudo clínico, que não houve geração de anticorpos anti-idiotipo em nenhum paciente[85].

10.6.1.3 Transplante de SDR

SDR são resíduos de aminoácidos internos do CDRs que estão diretamente envolvidos no contato com o antígeno e apresentam a maior variabilidade[77]. O estudo desse grupo indicou que apenas um terço dos resíduos do CDR está envolvido na interação com o antígeno. Os SDR são identificados com base no banco de dados das estruturas tridimensionais do complexo antígeno-anticorpo. O transplante de SDR surgiu para reduzir o número de resíduos de aminoácidos murinos transplantados para o arcabouço humano. Os resíduos de aminoácidos que não fazem parte do SDR são substituídos pelos resíduos presentes nas sequências humanas. O protocolo é semelhante ao utilizado no transplante de CDR[86]. O primeiro trabalho a utilizar essa técnica[87,88] humanizou inicialmente o anticorpo monoclonal anti-CC49, contra uma glicoproteína-72 associada a tumor, por transplante de CDR e, em seguida, aplicou a técnica de transplante de SDR. Foi observado que variantes do anticorpo humanizado retiveram a ligação do anticorpo humanizado parental, e um clone com afinidade comparável ao parental foi selecionado. Esse estudo mostrou que é possível reter a ligação ao antígeno, transplantando, ao anticorpo humano, apenas resíduos de SDR e resíduos do arcabouço murino essenciais à preservação da estrutura do sítio de combinação do anticorpo.

Outra variação dessa técnica é o transplante de CDR abreviado (aCDR), região que contém todos os SDRs[89]. O anticorpo murino COL-1, contra um antígeno expresso em carcinomas humanos, foi humanizado inicialmente por transplante de CDR, e depois foi obtida uma variante por transplante de aCDR. Essa variante apresentou ligação ao antígeno e uma pequena diminuição da afinidade em relação ao anticorpo humanizado parental, sendo o trabalho um protótipo para o desenvolvimento de anticorpos menos imunogênicos.

10.6.1.4 Super-humanização

É um método de comparação da homologia dos resíduos de CDR de origem murina e humana utilizando o repertório das sequências germinais humanas para selecionar sequências do arcabouço humano baseado na similaridade estrutural dos CDRs humanos, e não na homologia da sequência de aminoácidos do arcabouço. A similaridade estrutural é avaliada por meio de uma pontuação da homologia resíduo a resíduo dos CDRs murinos com os candidatos humanos que apresentam a mesma estrutura canônica. Essa estratégia foi usada para humanizar anti-CD28 humano de origem murina[90]. O anticorpo humanizado perdeu a afinidade na ordem de trinta vezes, mas ainda reteve a sua atividade biológica. Uma descrição detalhada do método de super-humanização foi publicada para o anticorpo antilisozima D1.3, sendo que a perda da afinidade foi de seis vezes em comparação ao anticorpo parental[69]. Essa técnica também foi usada para humanizar o mAb murino 1A4A1, um anticorpo neutralizante contra o vírus da encefalite equina venezuelana (VEEV), e foi demonstrada a retenção da especificidade de ligação ao antígeno e da atividade neutralizante[71].

10.6.1.5 Otimização do conteúdo de sequência humana (human string content optimization*)

Esse método é baseado em uma medida imunológica de "humanidade" de anticorpos chamada *human string content* (HSC), que quantifica potenciais epítopos das células T/MHC em uma sequência[91]. É conhecido que a remoção de epítopos que podem ativar células T reduz a imunogenicidade das proteínas[92]. A medida de "humanidade" é determinada pela proporção de peptídeos de um anticorpo encontrados em uma série de sequências humanas, sugerindo que o índice de HSC tem impacto na reatividade da molécula com o sistema imune humano. Com base nessa hipótese, foram desenvolvidos métodos computacionais que avaliam a influência das substituições nas sequências de LC e HC em relação ao aumento do índice HSC. O grupo de Lazar[91] aplicou esse método para quatro anticorpos com especificidades diferentes, comparando a sequência murina com o repertório de genes das sequências germinais humanas. Os anticorpos humanizados apresentaram alto índice HSC, e a afinidade resultou equivalente ou mais alta do que a do anticorpo parental.

10.6.2 Métodos empíricos para humanizar anticorpos

Os métodos empíricos são baseados na geração de grandes bibliotecas combinatórias e subsequente seleção para identificar as variantes desejadas por técnicas como biblioteca apresentada por fagos (*phage display*), biblioteca apresentada por leveduras (*yeast display*) ou biblioteca apresentada por ribossomos (*ribosome display*), ou por outras técnicas de triagem de grande escala. As etapas críticas desses métodos são a construção da biblioteca e a estratégia de seleção utilizada. Uma vantagem é a retenção ou a melhoria da afinidade do anticorpo, sendo possível a combinação com a maturação da afinidade. Uma desvantagem é que as variantes de anticorpo estão, geralmente, no formato scFv ou fragmento Fab, sendo necessária a conversão ao formato IgG após a seleção. São exemplos de métodos empíricos:

- Bibliotecas de arcabouço (FR).
- Seleção guiada.
- Embaralhamento de arcabouço (*framework shuffling*).
- Humano-engenharia (*humaneering*).

10.6.2.1 Bibliotecas de arcabouço (FR)

Nesse método é construída uma biblioteca combinatória que contém várias sequências de arcabouços de LC e HC, mais os CDRs que são de origem murina. As variantes humanizadas são selecionadas através da afinidade ao antígeno. Apresenta vantagem em relação ao método de mutação sítio-dirigida para obtenção de variantes em função da seleção pela afinidade e obtenção de um grupo maior de variantes que podem ser avaliadas simultaneamente. O primeiro trabalho com esse método foi publicado pelo grupo de Rosok[67], que humanizou um mAb anti-Lewis^Y, BR96. O arcabouço humano foi escolhido entre as sequências germinais com base na homologia com a sequência murina. Os resíduos superficiais do arcabouço expostos ao solvente e que não participam do sítio de ligação ao antígeno foram trocados por resíduos humanos. Em relação aos resíduos de aminoácidos internos do arcabouço, foram incluídos tanto o resíduo murino quanto o humano para a construção da biblioteca em vetor de fago M13. Os variantes humanizados com afinidade ao antígeno foram selecionados e apresentaram afinidade duas vezes mais alta do que a verificada com anticorpo murino. O grupo de Baca[93] observou que onze resíduos do arcabouço têm maior

influência na ligação com o antígeno, e usou essa informação para realizar mutação randômica na humanização do anticorpo. A biblioteca de anticorpos foi construída usando como molde o arcabouço humano consenso[20], e os resíduos de aminoácidos-alvo para randomização foram baseados nos dados da literatura de humanização que utiliza essa sequência consenso[63-65]. Sequências ótimas de arcabouços foram identificadas pela seleção, com base na afinidade determinada pelo método de *phage display*. Uma variante com afinidade 125 vezes mais alta em relação ao anticorpo humanizado inicial foi selecionada. Uma mutação adicional dessa variante melhorou a afinidade na ordem de seis vezes. Usando a técnica de *phage display*, o grupo de Rader[94] humanizou anticorpo de coelho. O melhor clone selecionado apresentou afinidade semelhante ao anticorpo parental gerado em coelho.

10.6.2.2 Seleção guiada

Essa técnica permite o isolamento de anticorpo humano a partir do anticorpo murino ou de outra espécie[95], não sendo analisada a estrutura do anticorpo. Humira (adalimumab), o primeiro anticorpo humano aprovado pela FDA, foi selecionado usando esse método[96]. Trata-se de mAb anti-TNF-α, obtido pela tecnologia de *phage display* com a geração de bibliotecas combinatórias formadas pelo domínio variável de HC do anticorpo de roedor Mab32 e biblioteca de domínios variáveis de LC humanos. A biblioteca quimérica foi apresentada por fagos e os mesmos foram selecionados contra TNF-α. O domínio variável de LC selecionado foi clonado na biblioteca contendo domínios variáveis de HC humano. Essa nova biblioteca foi apresentada por fagos e estes foram selecionados contra TNF-α. Como resultado, um anticorpo monoclonal humano com afinidade similar ao anticorpo do roedor foi isolado e aprovado pelo FDA, em 2002, com indicação para o tratamento de artrite reumatóide e doença de Crohn (Tabela 10.3).

Uma desvantagem dessa técnica é que trocas de uma cadeia do anticorpo, mantendo a outra constante, pode resultar na modificação da posição do epítopo que o anticorpo reconhece, isto é, mudança da especificidade fina do anticorpo[97-99]. Foram reportados estudos que isolaram anticorpos humanizados pela técnica de seleção guiada com mudança na especificidade fina do anticorpo[100,101]. Uma variação dessa técnica é a combinação do domínio variável de HC do anticorpo murino com a biblioteca de domínio variável LC humano em paralelo com a combinação do domínio variável de LC murino com a biblioteca de domínio variável HC humano[102].

As duas bibliotecas quiméricas recombinadas foram selecionadas contra o antígeno para selecionar os clones mais específicos de cada biblioteca. Os genes humanos selecionados de cada biblioteca foram combinados e testados. Tanto a especificidade como a funcionalidade do anticorpo humano resultante foi semelhante ao anticorpo murino. Para que o epítopo do anticorpo humanizado seja o mesmo do anticorpo murino, uma variação dessa técnica foi aplicada com a retenção da sequência do CDR3 de HC murino no anticorpo humanizado[103,104].

10.6.2.3 Embaralhamento do arcabouço (framework shuffling)

Nesse método, o anticorpo monoclonal murino é humanizado através da síntese de uma biblioteca combinatória formada pelos seis CDRs do anticorpo murino em fusão com todas as sequências do arcabouço germinal humano. A triagem dos clones é feita pela ligação com o antígeno de interesse, sendo um método simples por não requerer conhecimento prévio da estrutura do anticorpo, análise dos CDRs e construção de arcabouços[70]. O grupo humanizou o anticorpo murino B233, que se liga ao receptor tirosina-quinase EphA2, alvo em vários tipos de câncer. As bibliotecas foram triadas pela ligação ao antígeno num processo de seleção de duas etapas, em que, primeiramente, houve a humanização do domínio variável de LC e depois do domínio variável de HC. Em outro estudo, foi apresentado o processo de embaralhamento de arcabouço em uma só etapa, que se mostrou mais eficiente que a triagem de duas etapas, resultando em anticorpos com propriedades físico-químicas e bioquímicas melhoradas, o que inclui aumento da expressão, maior afinidade e estabilidade térmica[105].

10.6.2.4 Humano-engenharia de anticorpos (humaneering)

É um método desenvolvido pela empresa Kalobios para produzir anticorpos similares à sequência germinal humana, com retenção da especificidade e afinidade do anticorpo parental. O método identifica deteminantes de especificidade mínima (*minimum specificity determinants* – MSD) que definem a especificidade de ligação ao antígeno. Os MSD são sequências curtas do CDR3 de HC e LC, que são transferidas para uma biblioteca humana com sequências parciais dos genes germinais humanos da região variável.

A biblioteca combinatória é expressa na forma de fragmento Fab em *E.coli* para isolar anticorpos humanos[106]. Por essa técnica foi obtido anticorpo contra a proteína PcrV de *Pseudomas aeruginosa*, que apresentou atividade biológica semelhante ao anticorpo parental.

10.7 TECNOLOGIA DE ANTICORPOS MONOCLONAIS RECOMBINANTES - TÉCNICAS DE DISPLAY

As várias tecnologias de apresentação de fragmentos de anticorpos, como *phage display*, *yeast display* e *ribosome display*, são plataformas de seleção *in vitro* da diversidade molecular presente numa determinada biblioteca. A tecnologia de *phage display* é uma das principais ferramentas para gerar anticorpos humanos terapêuticos, juntamente com as técnicas de uso de camundongos transgênicos imunizados e humanização de anticorpos[107]. O *phage display* tem como vantagem uma plataforma robusta, simples, com processo de seleção altamente versátil. Dois mAbs (adalimumab e belimumab) obtidos pela tecnologia de *phage display* foram aprovados para uso terapêutico pela FDA (Tabela 10.3)[58]. Outros mAbs derivados dessa tecnologia foram submetidos a diferentes fases de ensaios clínicos[108], sendo oito mAbs humanos para a terapia do câncer[109].

As plataformas de seleção *in vitro* mimetizam o processo *in vivo* e têm quatro etapas-chave, como ocorre na geração de anticorpo *in vivo* pelo sistema imune: a geração (ou clonagem) da diversidade genotípica, o acoplamento do genótipo ao fenótipo, a aplicação da pressão seletiva e a amplificação. Esse processo conduz, inicialmente, à coleção dos genes de anticorpos recombinantes, como os linfócitos B de animais imunizados. Essa coleção de genes é, em seguida, clonada num vetor para fornecer a ligação entre o fenótipo de cada anticorpo (o ambiente da ligação com o antígeno) e o genótipo codificado. Em vez de selecionar clones pela ligação ao antígeno, as bibliotecas de anticorpo são enriquecidas por rodada de seleção com antígeno-alvo e amplificação e, após algumas rodadas de seleção, os clones individuais são caracterizados para verificar a afinidade ao antígeno e outras propriedades[107].

A primeira tecnologia que surgiu foi o *phage display* com a apresentação de fragmentos exógenos (peptídeos) na superfície do bacteriófago (fago) filamentoso[110] (Figura 10.13). Nesse trabalho, o peptídeo foi inserido na região entre dois domínios da proteína p3 do fago, obtendo-se uma proteína de fusão. A proteína p3 é expressa na superfície externa do fago, está presente

em três a cinco cópias e está envolvida na infecção bacteriana através da ligação do F *pilus* bacteriano com a região N-terminal da proteína p3[111-113]. O trabalho de Smith mostrou que os peptídeos foram expressos pelo fago e purificados por afinidade de ligação dos peptídeos ao anticorpo, e os fagos enriquecidos foram ampliados em bactéria. Outra estratégia para a obtenção da proteína de fusão p3 deveu-se à inserção de fragmentos de DNA próximo à região N-terminal[114] ou na região N-terminal de p3[115]. No trabalho de Parmley e Smith, fragmentos de β-galactosidase foram apresentados pelo fago e selecionados por um processo de *biopanning*, que é o procedimento clássico de seleção da técnica de *phage display* utilizado para a seleção de fagos que apresentam fragmentos exógenos. A aplicação dessa tecnologia para a seleção de mAbs ocorreu pelo desenvolvimento de duas técnicas. Primeiro, houve a expressão de fragmentos scFv e Fab de forma funcional no periplasma de *E. coli*[116-117]. A PCR representou a segunda técnica desenvolvida, permitindo a clonagem dos genes de anticorpos a partir de hibridomas, de populações mistas de células transfectadas, de sangue ou outro órgão rico em células B[118-120].

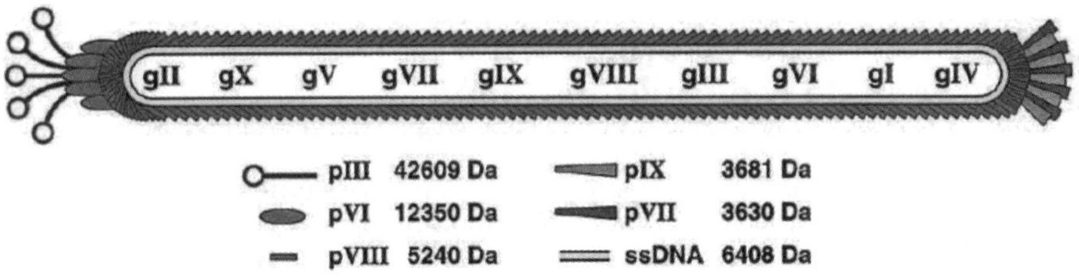

Figura 10.13 Estrutura do bacteriófago filamentoso com genoma de DNA simples fita e proteínas ao redor do capsídeo. (g: gene; p: proteína). Segundo Gao e cols.[121], com licença de National Academy of Science, EUA.

A primeira biblioteca combinatória de anticorpos[122] foi construída no vetor de bacteriófago λ lítico que liberou fragmentos Fab do periplasma através de lise. A triagem dos fragmentos Fab ocorreu pela sua transferência para filtros de nitrocelulose seguida pela ligação de antígenos marcados com radioisótopo. Duzentos clones foram identificados pela análise de 10^6 fragmentos Fab. A mesma metodologia foi usada para a clonagem de anticorpos humanos[123]. A biblioteca foi construída a partir de genes de anticorpo dos linfócitos periféricos do sangue de indivíduos que haviam recebido recentemente o toxoide tetânico. Os anticorpos selecionados apresentaram

diversidade na sequência e afinidade de 10^7-10^9 M^{-1}. Aplicando-se a mesma metodologia, autoanticorpos humanos foram gerados[124,125]. Entretanto, o procedimento de triagem com filtros limitou o tamanho da biblioteca que poderia ser analisado, uma vez que requer grande número de filtros e antígenos puros marcados com radioisótopos ou enzimas.

O método da seleção dos fragmentos de DNA apresentados pelo fago conhecido por *biopanning* é mais eficiente do que a triagem pelo isolamento de clones, com uma determinada especificidade e afinidade, presentes numa biblioteca. As bibliotecas de *phage display* foram, inicialmente, estabelecidas pela construção de bibliotecas de peptídeos em fagos filamentosos[115,126,127]. Os fagos filamentosos não lisam a bactéria e são liberados conforme são montados na membrana bacteriana. Em seguida, foi descrita a expressão de fragmentos scFv na superfície de fagos filamentosos, o que permitiu a seleção rápida de Abs presentes numa biblioteca através da ligação ao seu antígeno[128,129]. Os anticorpos também podem ser apresentados como fragmentos Fab quando uma cadeia é fusionada à proteína p3 e a outra é secretada no perisplasma[130-132].

10.7.1 Sistemas de vetores para a apresentação de molécula exógena

O fago serve como vetor de clonagem, com os genes exógenos inseridos no seu genoma. Este sistema leva à apresentação múltipla de peptídeos exógenos em fusão com a proteína do fago, o que pode dificultar a seleção de anticorpos específicos devido ao efeito da avidez. O primeiro vetor de fago, fd-tet[110], apresenta como desvantagem a dificuldade de preparar DNA dupla fita necessário para a clonagem. Os fragmentos de anticorpos são fundidos no domínio N-terminal da proteína p3, sendo que o fago é infectivo[128,130].

O sistema de fagomídeos (Figura 10.14) é uma alternativa à clonagem direta no genoma do fago. São plasmídeos que carregam a região intergênica (IR) do fago filamentoso. IR permite a replicação mediada por fago auxiliador e empacotamento do DNA cópia simples do fagomídeo. Apresentam algumas vantagens em relação à clonagem no genoma do fago: facilidade na obtenção do DNA dupla fita para a construção da biblioteca; o controle da valência da proteína apresentada pelo fago; facilidade na produção de proteínas solúveis, se um códon de parada âmbar é inserido entre a proteína recombinante e a proteína p3[130], e maior estabilidade devido à resistência a deleções do material exógeno apresentado pelo fago[133]. Os fagomídeos

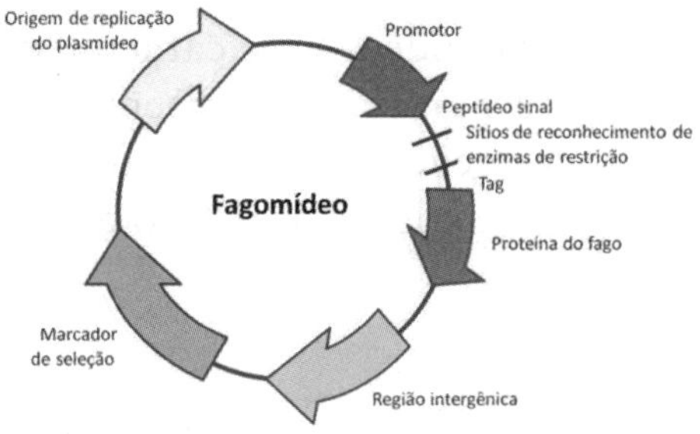

Figura 10.14 Esquema do vetor fagomídeo. Desenho de L.R.Tsuruta, adaptado de Qi e cols.[142].

podem apresentar proteínas de fusão com proteínas p3 e p8 e carregam o gene g3 ou g8 próximo à região de clonagem da proteína exógena. Eles expressam bem a proteína recombinante, mas não amplificam fagos, ao menos que a bactéria contendo o fagomídeo seja infectada por um fago auxiliador, que sintetiza todas as proteínas do fago. Os fagos auxiliadores são essencialmente fagos filamentosos cujo sinal de empacotamento está inativo, e geralmente carregam genes de resistência a antibióticos. A superinfecção do fago auxiliador conduz à expressão tanto da forma selvagem quanto da proteína de fusão na superfície do fago. Durante a montagem do fago ocorre a competição entre as duas formas da proteína para a incorporação no vírion. Os fagomídeos são, preferencialmente, empacotados pelo fago auxiliador devido à origem defeituosa do fago auxiliador[134]. A proteína p8 do fago é a principal proteína de superfície e apresenta 2.700 cópias por fago. Essa proteína foi usada para apresentar peptídeos[135-137] e fragmentos de anticorpos[138-140]. A população de fagos é multivalente, sendo apresentados aproximadamente 900 peptídeos[136] e 24 fragmentos Fab[140] por uma partícula de fago. No caso de apresentação de fragmentos de anticorpo, foi verificado que o efeito de avidez das cópias múltiplas na superfície do fago não permitiu a seleção de anticorpos com alta afinidade. A proteína de fusão formada pelo fragmento de anticorpo com a proteína p3 é apresentada, em geral, na forma monovalente quando se usa fagomídeos. O fago incorpora no vírion a proteína p3 em fusão com fragmento Fab, e p3 selvagem é produzido pelo fago auxiliador. A presença da proteína p3 selvagem é necessária para a infecção da bactéria. Foi observado que quando o domínio N-terminal da proteína p3 se liga ao F' *pilli* da bactéria, a célula infectada com fago tem imunidade para a superinfecção de outros fagos filamentosos como o fago auxiliador. Dessa forma, o domínio N-terminal de p3 deve ser deletado

da proteína de fusão do fagomídeo. Essa característica foi incorporada ao primeiro vetor para a apresentação de fragmento Fab, pComb3[131] e outros vetores que apresentam fragmento Fab como pDH188[132] e pEXmide3[141]. Os tipos de sistema de *phage display* são apresentados na Figura 10.15.

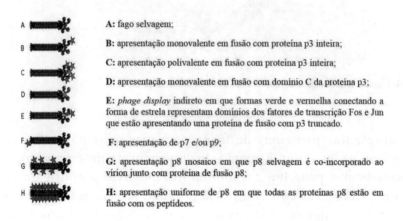

Figura 10.15 Tipos de phage display. Segundo Rakonjac e cols.[163], com licença do autor.

10.7.2 Construção de bibliotecas de anticorpos recombinantes

Dois tipos de bibliotecas podem ser usados para a seleção de anticorpos recombinantes: biblioteca derivada de fonte que não foi ativada pelo sistema imune para reconhecimento de um antígeno (*naïve*), e biblioteca imune, derivada de animal ou indivíduo imunizado. As bibliotecas *naïve* podem ser bibliotecas pré-imunes derivadas de genes variáveis humanos rearranjados naturalmente[124,143-147] ou de origem murina[148], genes variáveis humanos sintéticos[149-154] e genes variáveis que passaram por processo de embaralhamento[155,156]. As bibliotecas imunes são constituídas de genes variáveis de humanos imunizados[97,131,157-160] ou camundongos imunizados[161,162]. Nessas bibliotecas, são selecionados anticorpos específicos para o antígeno usado na imunização, e também é possível selecionar anticorpos contra outros antígenos[157]. A fonte dessas bibliotecas são, geralmente, o baço ou linfócitos periféricos do sangue. No caso humano, alguns baços podem ser utilizados após necessidade de remoção por esplenectomia.

Para a construção da biblioteca de anticorpos, deve-se inicialmente definir a fonte do mRNA que será usado como molde para a amplificação dos genes

LC e HC por PCR. Os genes são amplificados usando oligonucleotídeos que reconhecem extremidade 5' dos genes V (variáveis) e extremidade 3' dos genes J, ou extremidade 5' da região constante de LC ou CH1. Oligonucleotídeos degenerativos[119,120] e famílias diferentes de genes V[164] também podem ser utilizados. As sequências das regiões variáveis sintéticas foram sintetizadas por PCR e são baseadas em sequências encontradas naturalmente com adição randômica de sequências de CDR3 e FR4, usando oligonucleotídeos longos[150,151,154,165]. Outra estratégia obteve repertórios da região variável de HC com todas as diversidades de sequências com foco na sequência de CDR-H3[149]. No início, as bibliotecas sintéticas selecionaram anticorpos com baixa afinidade em comparação com as bibliotecas naturais de tamanho similar. Entretanto, nas bibliotecas construídas posteriormente[154,165,166], foram usadas seleções prévias para garantir que as regiões variáveis eram funcionais, e foram obtidos anticorpos de alta afinidade. Após a amplificação dos genes LC e HC, os produtos de PCR são ligados ao vetor para a construção da biblioteca de anticorpos.

10.7.3 Seleção de mAbs das bibliotecas de fago

A seleção de fagos que apresentam anticorpos de uma biblioteca ocorre pela ligação específica ao antígeno. Apenas os fagos que expressam peptídeos ou proteínas funcionais na sua superfície são propagados através de um procedimento chamado *panning*, ocorrendo o enriquecimento da biblioteca (Figura 10.16). Em princípio, uma rodada de seleção seria suficiente, mas a ligação específica do anticorpo apresentado pelo fago limita o enriquecimento e, na prática, duas a cinco rodadas são necessárias para selecionar os mAbs. Os fagos enriquecidos na primeira rodada de seleção podem ser ampliados em cultura bacteriana e submetidos a outras rodadas de seleção.

Uma série de metodologias foi usada para separar os clones ligantes dos clones não ligantes. Fagos apresentando anticorpo podem ser selecionados pela ligação ao antígeno sensibilizado em placas[131,147], em matriz de resina[128], em solução com antígenos biotinilados[167] ou antígeno presente na superfície de células[168]. Os fagos que se ligam ao antígeno são lavados e, em seguida, eluídos por hapteno solúvel[169], ácido[131] ou álcali[147].

A eficiência da seleção de anticorpos depende de muitos fatores, como a cinética de dissociação durante a lavagem e se múltiplos fragmentos de anticorpo são apresentados por um fago e se ligam simultaneamente ao antígeno[170]. Anticorpos com cinética de dissociação rápida (e afinidade de

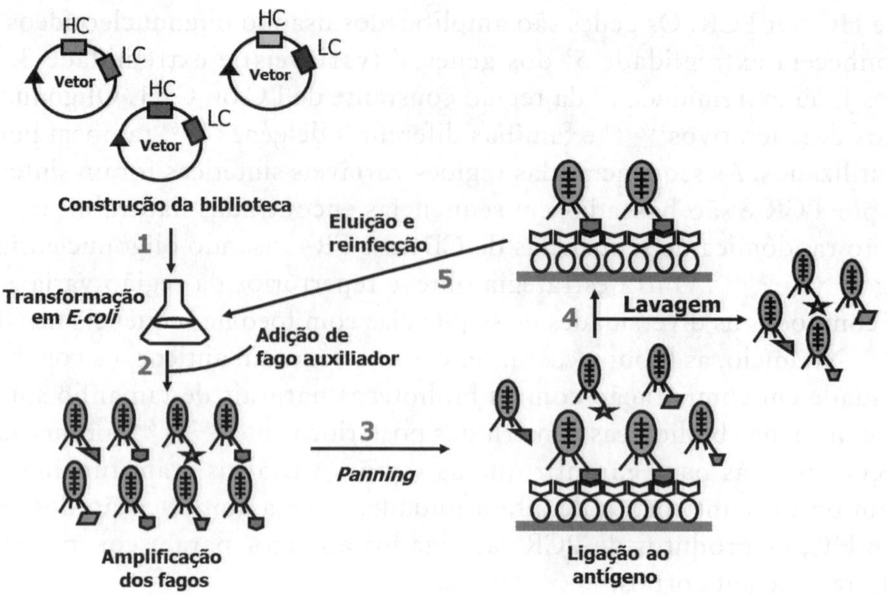

Figura 10.16 Esquema geral da tecnologia de biblioteca de apresentação por fagos para expressão do fragmento Fab. Desenho: L. R. Tsuruta.

ligação fraca) são retidos pelo uso de lavagens curtas, uso de *display* multivalente e alta densidade de antígeno na superfície sólida. A seleção de anticorpos com cinética de dissociação lenta (e boa afinidade de ligação) ocorre pelo uso de lavagens longas, fagos monovalentes[171] e baixa densidade de sensibilização do antígeno[155].

Após a seleção de clones, estes devem ser expressos e caracterizados individualmente para se analisar as suas características de ligação. Os vetores fagomídeos podem apresentar ou secretar fragmentos de anticorpos através da incorporação de códon de parada âmbar entre o fragmento de anticorpo e p3. Os fragmentos de anticorpo são fundidos a p3 e apresentados pelo fago quando uma linhagem supressora de *E.coli* é usada. Os anticorpos são secretados quando se usa linhagem não supressora de *E. coli* que lê o códon âmbar como códon de parada[130]. Outra opção seria a reclonagem dos genes que codificam fragmentos de anticorpo para a secreção de anticorpos solúveis[131,169]. Em geral, a afinidade dos anticorpos selecionados é proporcional ao tamanho da biblioteca, com K_D na faixa de 10^{-6} a 10^{-7} M para bibliotecas menores[147,152], 10^{-9} M para as bibliotecas maiores[143-146, 151].

10.7.4 Maturação da afinidade de anticorpos

A afinidade dos anticorpos selecionados a partir de bibliotecas de *phage display* é, geralmente, suficiente para uso como reagentes de pesquisa, mas estes apresentam baixa afinidade para algumas aplicações terapêuticas. Nesses casos, os clones selecionados devem passar por maturação da afinidade para aumentar a sua ligação específica ao antígeno[133]. A tecnologia de *phage display* permite a construção de uma segunda biblioteca a partir do clone selecionado, e essa característica facilitou a seleção de anticorpos humanos para uso terapêutico.

As estratégias de mutagênese descritas abaixo para a produção de novos mAbs podem ser utilizadas para melhorar as propriedades dos existentes, sendo que muitas estratégias foram aplicadas para aumentar a afinidade dos fragmentos de anticorpo[172]. As bibliotecas de mutações pontuais foram construídas utilizando condições de tendência ao erro em PCR[148]. Essa estratégia mimetiza mutações pontuais randômicas geradas pela mutação somática natural. Fragmento scFv anti-progesterona de camundongo de baixa afinidade, selecionado de uma biblioteca pré-imune, foi submetido a essa estratégia, sendo que a afinidade do anticorpo aumentou trinta vezes (10^6 M^{-1}). A mesma estratégia foi usada para aumentar a afinidade do fragmento scFv anti-NIP de camundongo, selecionado pelo sistema de apresentação multivalente fd-tet-DOG1[167]. Nesse caso, usou-se antígeno biotinilado, seleção em solução, resultando no isolamento de um clone com afinidade quatro vezes mais alta (10^8 M^{-1}). Para selecionar fragmento scFv antilisozima de camundongo, com alta afinidade, usou-se a mesma estratégia e o mesmo vetor[173]. A biblioteca foi selecionada de duas formas: captura com antígeno biotinilado e seleção competitiva entre lisozima biotinilada e não biotinilada. Dois clones com afinidade três vezes mais alta foram selecionados, tendo sido encontrados dois sítios de mutação nesses clones. Estas mutações foram combinadas por mutação sítio-dirigida, o que resultou em um anticorpo com afinidade 2×10^9 M^{-1}, um aumento considerável de cinco vezes. Um dos problemas do uso da mutação randômica é que muitas mutações ocorrem fora dos CDRs e podem gerar anticorpos imunogênicos[172].

A estratégia de embaralhamento de cadeias pode funcionar quando se inicia com um clone de baixa afinidade[155]. O embaralhamento de uma biblioteca de LC selecionou um clone com afinidade aumentada em vinte vezes. Esse clone foi combinado com a biblioteca da região variável de HC, obtendo-se um clone anti-phOX com aumento de afinidade de quinze vezes (10^9 M^{-1}).

A estratégia de CDR *walking*[174] é uma variação da estratégia de obtenção de genes sintéticos de anticorpo, com a diferença de que a randomização é limitada a seis resíduos ou menos. O método pode ser aplicado de forma sequencial, em cujo caso um CDR é mutado para a construção da biblioteca e os clones são selecionados. Em seguida, outro CDR é mutado para a construção de outra biblioteca tendo como base as sequências selecionadas da primeira biblioteca. O método também pode ser aplicado de forma paralela. Bibliotecas com mutações em um dos CDRs são construídas em paralelo e, após a seleção dos clones, esses CDRs são combinados para construir o melhor anticorpo[175].

10.7.5 Outras técnicas de display

Apresentação por leveduras (*yeast display*) é uma técnica de apresentação de moléculas exógenas no receptor de adesão aglutinina-a da superfície de leveduras *Saccharomyces cerevisiae*, com a possibilidade de triar repertórios de células por citometria de fluxo[176]. O receptor de aglutinina-a age como molécula de adesão para estabilizar interações celulares e facilitar a fusão entre células haploides "a" e α para formar o diploide. Esse receptor é formado por duas proteínas Aga1 e Aga2. Aga1 é secretada pela célula e se liga covalentemente à b-glicana da parede celular. Aga2 se liga à Aga1 por duas pontes de hidrogênio[177]. *Yeast display* é uma ferramenta para aumentar a afinidade dos ligantes, como os fragmentos scFv e a estabilidade térmica das proteínas[178-180] (Figura 10.17). A técnica tem como vantagem a caracterização das propriedades de ligação como a afinidade de um clone apresentado na superfície da levedura, sem a necessidade de subclonagem, expressão e purificação de fragmento scFv[177]. O nível de apresentação na célula é variável, e a avidez desse sistema é reduzida pelo grande potencial do *cell sorting* (isolamento de células únicas por citometria de fluxo). As células de levedura podem ser isoladas de acordo com o nível de ligação ao antígeno e a expressão do anticorpo na superfície celular pela marcação das células com antígeno conjugado a um fluoróforo e um reagente para identificação antiepítopo[107]. O grupo de Boder[181] usou a triagem cinética das bibliotecas de *yeast display* com mutação randômica e isolou mutantes scFv de alta afinidade (48 fM). Uma biblioteca de scFv humano não imune com mais de 10^9 clones foi construída[182], selecionada através de partículas magnéticas e, em seguida, isolada por citometria de fluxo, obtendo-se clones de afinidade da ordem de nM. As técnicas de *phage display* e *yeast display*

foram combinadas para a apresentação de fragmento Fab e maturação da sua afinidade[183]. As técnicas de *yeast display* e de *mammalian cell display* (apresentação na superfície de células de mamíferos) são sistemas que usam células eucarióticas, que oferecem a vantagem de enovelar os anticorpos no retículo endoplasmático e apresentar modificações pós-traducionais[184]. A técnica *mammalian cell display* foi descrita pela expressão de fragmentos scFv selvagem e mutante em células humanas HEK 293T[185], sendo que os anticorpos foram ancorados na superfície celular via domínio de transmembrana do receptor PDGFR. Células expressando mutantes foram enriquecidas 240 vezes após um *cell sorting* com CD22 marcado com fluoresceína. Uma biblioteca de anticorpos não imune foi usada nesta técnica, sendo possível selecionar fragmento scFv humano para mesotelina[186].

Ribosome display foi usado inicialmente para selecionar peptídeos curtos de uma biblioteca utilizando o sistema de tradução *in vitro* da *E. coli* S30[187]. O uso dessa técnica para proteínas começou com fragmentos scFv[188] (Figura 10.18). O método foi logo melhorado com modificações do sistema para aumentar a eficiência e permitir o enovelamento de scFv durante a tradução *in vitro*[189]. Anticorpos com maturação de afinidade foram selecionados após mutação randômica da biblioteca[190]. Em seguida, foram selecionados de biblioteca humana sintética fragmentos scFv que se ligam à insulina com afinidade na ordem de pM[191]. A combinação do *ribosome display* com outras técnicas como *phage display* foi descrita, sendo que o *ribosome display* foi usado como etapa de maturação da afinidade[192]. O uso da técnica de mRNA *display* é mais recente e foi aplicado na seleção de fragmentos scFv para fluoresceína com diferentes constantes de dissociação[193] e também para fragmentos Fab[194].

10.7.6 Construção da biblioteca de anticorpos murinos – Protocolo

Amplificação dos genes Fd e cadeia leve (LC) do anticorpo murino

Materiais

- Camundongos imunizados
- Trizol reagent (Life Technologies)
- Clorofórmio
- Isopropanol

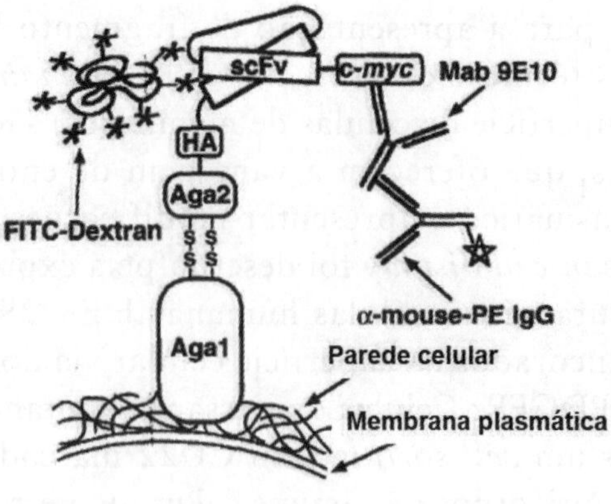

Figura 10.17 Esquema da superfície de apresentação por levedura da técnica de *yeast display*. O receptor de aglutinina a é formado por Aga1 e Aga2. O *tag* hemaglutinina (HA) é fusionado à porção C-terminal de Aga2, seguido do fragmento scFv anti-fluoresceína (FITC) e do *tag c-myc* que foi fundido à porção C-terminal de scFv, permitindo a quantificação da apresentação da fusão pelos 2 *tags* independente da ligação ao antígeno. Segundo Boder e Wittrup[176], com licença de Nature Publishing Group.

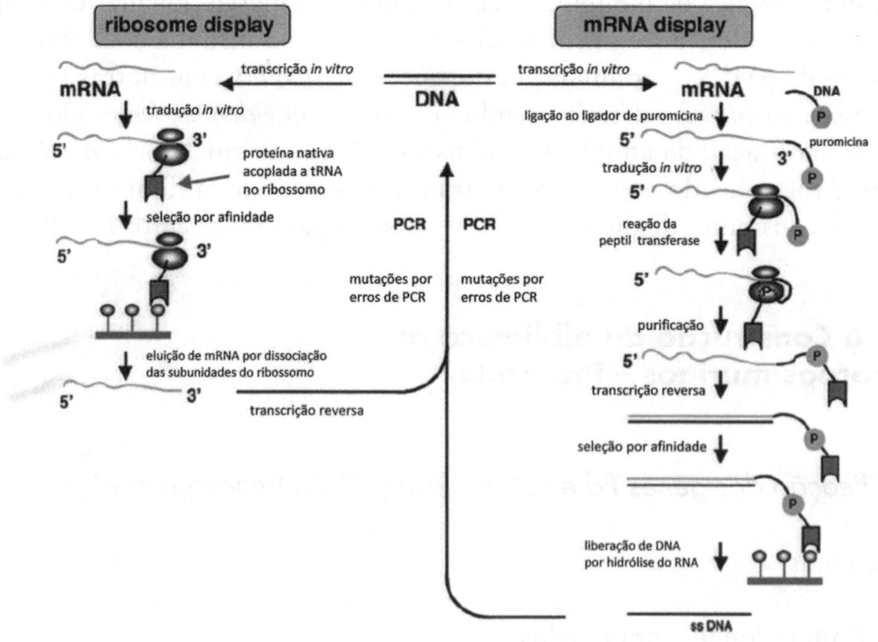

Figura 10.18 Comparação entre as técnicas de *ribosome display* e *mRNA display*. Desenho de L. R. Tsuruta, adaptado de Pluckthun[195].

- Etanol 75% e 70%
- Água livre de RNase
- SuperScript III First-Strand Synthesis for RT- PCR (Life Technologies)
- *Taq* DNA polimerase com tampão de PCR 10x e cloreto de magnésio 50 mM (Life Technologies)
- dNTP mix 2,5 mM (dATP/dCTP/dGTP/dTTP set 100 mM, Life Technologies)
- Tampão de amostra de DNA: azul de bromofenol 0,5%, EDTA 100 mM (pH 8,0), glicerol 50%
- Agarose (Life Technologies)
- Tampão TAE: Tris-acetato 40 mM, EDTA 1 mM (pH 8,0)
- SYBR® Safe DNA gel stain (Life Technologies)
- Padrão de peso molecular de 100 pb
- Safe Imager™ Blue Light Transilluminator (Life Technologies)

Procedimento

1) Camundongos Balb/c são previamente imunizados com um antígeno de acordo com um esquema de imunização predefinido. O título do anticorpo é verificado após a imunização pela análise do soro dos animais imunizados por ensaio de ELISA. Quando é atingido um título adequado, os animais são desafiados com o antígeno. Alguns dias depois, são sacrificados e o baço é isolado. O baço é transferido para um tubo contendo de 1 mL a 2 mL de Trizol Reagent (Life Technologies), homogeneizado, e o RNA total é extraído conforme manual do fabricante. Na etapa final, dissolver o sedimento em água livre de RNase e estocar a -80 °C.

2) Fazer uma diluição da alíquota do RNA total para determinar a concentração pela leitura da absorbância (Abs) a 260 nm (Abs = 1 corresponde a 40 ng/µL) em espectrofotômetro. Determinar o grau de pureza do RNA através da relação entre as absorbâncias a 260 e 280 nm (Abs260/Abs280), que deve ficar entre 1,6 a 1,9.

3) Proceder à síntese de cDNA usando o kit SuperScript III First-Strand Synthesis for RT- PCR (Life Technologies) de acordo com manual do fabricante. O cDNA de fita simples é estável quando estocado a -20 °C.

4) Amplificar os genes Fd e LC usando as combinações de oligonucleotídeos conforme o protocolo a seguir:

- 2 µL cDNA
- 20 pmol oligonucleotídeo 5'

- 20 pmol oligonucleotídeo 3'
- 5 µL 10x tampão de PCR
- 1,5 µL cloreto de magnésio 50 mM
- 4 µL dNTPmix 2,5 mM
- 0,25 µL *Taq* DNA polimerase (5U/µL)
- Adicionar água para volume final de 50 µL.

Condições do PCR:
- 94 °C por 1 minuto
- 40 ciclos de :
    - 94 °C por 1 minuto
    - 57 °C por 1 minuto
    - 72 °C por 1 minuto
- Seguidos de 72 °C por 5 minutos[196].
- Oligonucleotídeos para a amplificação de Fab[197,198]

5) Analisar 10 µL de cada amostra, juntamente com tampão de amostra de DNA e um padrão de peso molecular, por eletroforese em gel de agarose 1,5% com tampão TAE e corante SYBR® Safe DNA gel stain (Life Technologies). Os produtos de PCR são visualizados no transiluminador de luz azul (Safe Imager™ Blue Light Transilluminator – Life Technologies) e tem aproximadamente 700 pb.
6) Juntar os produtos de PCR dos genes Fd e LC em tubos distintos, concentrar as amostras por precipitação com etanol e determinar a concentração pela medida da absorbância a 260 nm (Abs = 1 corresponde a 50 ng/µL).

Clonagem das cadeias leve e pesada no vetor pComb3X[42]

Materiais

- Vetor fagomídeo pComb3XTT (laboratório do dr. Carlos Barbas)
- Enzimas de restrição SacI, XbaI, SpeI, XhoI e BstNI (New England Biolabs)
- Wizard® SV Gel and PCR clean-up system (Promega)
- Quanti-iT™ dsDNA BR Assay (Life Technologies)
- T4 DNA ligase com tampão de DNA ligase 5x (Life Technologies)
- Bactéria *E. coli* XL1 – Blue eletrocompetente (Stratagene)

- Meio SOC: triptona 2%; extrato de levedura 0,5%; NaCl 0,05%; KCl 2,5 mM; MgCl$_2$ 10 mM; glicose 20 mM
- Placas LB com 100 µg/mL de ampicilina
- Meio de cultura SB: triptona 3%, extrato de levedura 2%, MOPS 1% (pH 7)
- Wizard® Plus SV Minipreps DNA Purification (Promega)

Procedimento

1) Inicialmente, clonar os fragmentos da cadeia leve no vetor pComb3XTT. Fazer a dupla digestão de 15 µg do vetor e da cadeia leve com as enzimas de restrição SacI (10 U/µg) e XbaI (13U/µg), ambos da New England Biolabs, a 37 °C durante uma noite. No dia seguinte, precipitar as amostras com etanol e ressuspender em 20 µL de água milli-Q autoclavada e 4 µL de tampão de amostra de DNA. As bandas do vetor e da cadeia leve são purificadas do gel de agarose *low melting* a 1% após eletroforese utilizando o kit Wizard® SV Gel and PCR clean-up system (Promega) de acordo com o manual do fabricante. Precipitar as amostras purificadas com etanol e ressuspender com 10 µL de água Milli-Q autoclavada. Determinar a concentração das amostras pela leitura no Qubit™ Fluorometer (Life Technologies) usando o kit Quanti-iT™ dsDNA BR Assay (Life Technologies). Preparar a reação de ligação (V = 20 µL), incubando 500 ng de fragmento da cadeia leve e 100 ng de vetor pComb3X com 2 U de T4 DNA ligase (Life Technologies) durante uma noite a 23 °C. Incluir um controle negativo da reação de ligação sem a adição do inserto.

2) Eletroporar um décimo do volume da reação de ligação (2 µL) com 70 µL de *E. coli* XL1-Blue eletrocompetente com o equipamento Multiporator (Eppendorf). Adicionar 3 mL de meio SOC e incubar a cultura por uma hora a 37 °C. Plaquear uma alíquota de 100 e 200 µL da cultura em placa LB-ágar contendo 100 µg/mL de ampicilina e incubar as placas durante a noite a 37 °C.

3) Estimar o tamanho da biblioteca de cadeia leve através da contagem do número de colônias formadas. Escolher aleatoriamente cerca de 10 colônias para inocular individualmente em 5 mL de meio SB contendo ampicilina (100 µg/mL) e incubadas durante uma noite a 37 °C. No dia seguinte, centrifugar os inóculos, descartar o sobrenadante e fazer a extração do DNA plasmidial com o kit Wizard® Plus SV Minipreps DNA Purification (Promega), conforme instruções do fabricante. Digerir os clones com as

enzimas de restrição SacI e XbaI e submetê-los à eletroforese em gel de agarose 1% para verificar a presença do fragmento da cadeia leve.

4) Ampliar a biblioteca de cadeia leve através da eletroporação de uma alíquota da reação de ligação em *E. coli* XL1-Blue. Após incubar por uma hora a 37 °C, adicionar 20 mL de meio SB com 100 µg/mL de ampicilina e incubar a 37 °C durante a noite. Fazer a extração do DNA plasmidial e determinar a concentração do DNA pela leitura da absorbância a 260 nm.

5) Para a construção da biblioteca combinatória de fragmentos Fab, clonar o fragmento da cadeia pesada no vetor pComb3X contendo a cadeia leve de acordo com descrição dos passos 1, 2 e 3 com algumas modificações. Fazer a dupla digestão de 10 µg de cada amostra com as enzimas de restrição SpeI (3U/µg) e XhoI (6U/µg), ambas da empresa New England Biolabs, durante 3 horas a 37 °C. Na reação de ligação (V = 20 µL) incubar 300 ng do fragmento da cadeia pesada com 100 ng do vetor com 2 U de T4 DNA ligase (Life Technologies) durante uma noite a 23 °C. Analisar a biblioteca conforme está descrito nos passos 2 e 3. Confirmar a presença de cadeia leve e pesada dos clones selecionados através da digestão com enzimas de restrição seguida de eletroforese. Além disso, podem ser realizadas análises de genotipagem molecular (*fingerprinting*) pela digestão com a enzima de restrição BstNI (New England Biolabs) e sequenciamento de DNA de ambas as cadeias utilizando oligonucleotídeos contendo sequências do peptídeo-sinal de cada cadeia do anticorpo.

10.8 ANTICORPOS HUMANOS

A busca de anticorpos humanos, que não obteve sucesso inicial a partir da metodologia de hibridomas ou transformação de linfócitos B, encontrou fortes possibilidades mais tarde, pela utilização da mesma metodologia de hibridomas, mas utilizando então camundongos transgênicos, e também com anticorpos recombinantes obtidos por *phage display*. Camundongos transgênicos, como XenoMouse® e UltiMab™, foram obtidos pelo nocaute dos genes responsáveis pela síntese de suas próprias imunoglobulinas, com substituição por genes contendo o repertório de anticorpos humanos[199,200]. Essa técnica apresenta a vantagem de não haver necessidade de gerar anticorpos monoclonais murinos como material de partida; porém, os camundongos são imunizados seguindo a metodologia de hibridomas. Através de cruzamentos e seleção, linhagens estáveis de camundongos transgênicos foram obtidas[201]. Os camundongos podem ser imunizados com o antígeno

de interesse segundo a metodologia desenvolvida por Köhler e Milstein[11]. Existem vários anticorpos monoclonais aprovados para uso terapêutico (Tabela 10.3) com sequências completamente humanas a partir de camundongos transgênicos ou de bibliotecas associadas a alguma tecnologia de *display*[202,203]. Os anticorpos monoclonais comerciais derivados de tecnologia de *phage diplay* são adalimumab e belimumab. Vários foram gerados por camundongos transgênicos: panitumumab, ipilimumab, canakimumab, ofatumumab, golimumab, ustekimumab, e denosumumab. Esses anticorpos são denominados "completamente humanos" em relação às sequências, contudo ainda podem conter modificações pós-traducionais originadas na célula hospedeira na qual são sintetizados e que poderiam induzir imunogenicidade[204]. A célula mais amplamente utilizada para a produção de anticorpos monoclonais terapêuticos é a célula CHO (ovário de *hamster* chinês), sendo que alguns mais antigos são produzidos em células NSO e SP2/0, também de origem murina. Estão disponíveis células hospedeiras de origem humana, como a HEK293 e a PerC.6, capazes de glicosilar anticorpos em forma humana, reduzindo a imunogenicidade associada a esse fator, que exerce importantes funções efetoras, principalmente as relacionadas com a ligação aos receptores de Fc[205, 206].

Outra abordagem para a obtenção de anticorpos humanos foi desenvolvida recentemente, pela captura de linfócitos B de memória através de marcação com fluoróforo e isolamento de células únicas (*cell sorting*). Anticorpos HIV neutralizantes foram obtidos e deverão entrar em ensaio clínico[207].

10.9 ANTICORPOS POLICLONAIS

Desde o final do século XIX, existe interesse clínico pelas imunoglobulinas para neutralizar toxinas, sendo plenamente conhecido que o sangue de animais hiperimunizados é capaz de produzir anticorpos de alta afinidade. Foi Vital Brazil que iniciou a produção de imunoglobulinas terapêuticas no Instituto Butantan, em São Paulo, e hoje o Brasil é referência mundial na produção de soros antipeçonhentos[208]. A administração passiva de soros animais pré-imunizados era a única forma de controle de infecções como tétano, difteria, escarlatina, pneumonia pneumocócica e meningites, até a época da descoberta dos antibióticos[3, 4], quando seu uso diminuiu. A utilização de soroterapia continua sendo realidade para o controle de envenenamento por animais peçonhentos e para controle de algumas infecções graves, pela necessidade de neutralização concomitante de várias ações farmacológicas[209].

Passados cinquenta anos do uso de antibióticos, surgiram situações de resistência a drogas antimicrobianas, junto com a necessidade de tratamento de indivíduos imunocomprometidos. Nessa mesma época, estava disponível a possibilidade de gerar anticorpos monoclonais pela metodologia de hibridomas e também tecnologias para a humanização de anticorpos murinos. Anticorpos monoclonais oferecem vantagens extremamente úteis, como alta especificidade e reprodutibilidade para o controle de doenças como câncer e autoimunes, que necessitam de tratamentos longos. Por outro lado, existe a necessidade de anticorpos com espectro mais amplo de especificidade e modo de ação rápido, características de anticorpos policlonais, para o controle pontual de potenciais armas biológicas. Através da tecnologia de anticorpos recombinantes, foi iniciada uma nova era para o uso de anticorpos policlonais, destinado a essa e outras finalidades[14,210].

A possibilidade de obtenção de anticorpos policlonais com misturas controladas alivia desvantagens declaradas para esses produtos, como variabilidade de lote a lote, mantendo especificidade, afinidade e ligação a vários epítopos simultaneamente. A identificação de anticorpos de interesse, a partir de bibliotecas geradas principalmente por técnicas de *display*, levou alguns grupos a vislumbrarem o uso de misturas desses anticorpos para o uso terapêutico em câncer[211,212]. Ainda que não haja aprovação para uso clínico de mistura policlonal de anticorpos, alguns estão em fase de ensaio clínico para câncer[213] e trombocitopenia imune primária[214]. Essa realidade gerou a necessidade de desenvolver tecnologias tanto para a produção consistente de misturas equivalentes de anticorpos, obtida pela utilização de transfecção sítio-dirigida e inserção de cópia única de sequência de cada anticorpo[215], como para o controle de qualidade, pela identificação das misturas que compõem anticorpos policlonais[216].

10.10 ANTICORPOS TERAPÊUTICOS

Anticorpos monoclonais podem ser utilizados clinicamente como moléculas únicas (*naked antibodies*). Alguns se ligam a antígenos que são fatores de crescimento celular ou vascular, atuando como interruptores das vias de ativação intracelular. Outros se ligam a antígenos presentes de forma predominante em células tumorais, marcando essas células para ataque pelo sistema imune: são os anticorpos com função citotóxica. Anticorpos podem ser conjugados a outros elementos, como radioisótopos e toxinas, sendo conhecidos como anticorpos radiomarcados e anticorpos conjugados a drogas (*antibody*

drug conjugates, ADC), respectivamente. Anticorpos são também associados a quimioterápicos, numa associação sinergística. Algumas drogas são muito tóxicas para ser utilizadas isoladas, e são administradas em associação com anticorpos monoclonais, que as carregam ao alvo, evitando um dano sistêmico. Como moléculas bivalentes, anticorpos podem ser manipulados para reconhecerem dois alvos simultaneamente, quando um Fab reconhece um alvo enquanto o outro Fab reconhece alvo distinto. O anticorpo atua como ponte, colocando próximos dois alvos para a obtenção de uma resposta clínica efetiva[217]. A área de anticorpos conjugados e biespecíficos está em grande expansão, e novas possibilidades terapêuticas poderão surgir em breve.

Anticorpos também possuem a flexibilidade de serem administrados em sua forma íntegra, como uma molécula completa de imunoglobulinas, ou em seus fragmentos. Enzimas como papaína e pepsina quebram anticorpos em fragmentos, F(ab')$_2$ ou Fab, que também podem ser obtidos por engenharia de anticorpos. São exemplos de fragmentos Fab aprovados para uso humano: CroFab (antídoto para veneno de cobra), DigiBind (controle de overdose de digoxina), ReoPro (inibe agregação plaquetária), CEA (para imagem de câncer colorretal), nofetumomab (para imagem de câncer de pulmão). Vários outros formatos podem ser obtidos por engenharia genética, gerando scFvs, dímeros, trímeros etc.[218] As possibilidades tecnologicamente possíveis são muitas. O tempo dirá se terão utilidade clínica, mas certamente são de interesse para pesquisa.

10.11 GERAÇÃO DE LINHAGENS RECOMBINANTES E PRODUÇÃO DE ANTICORPOS MONOCLONAIS

Sequências gênicas de anticorpos, humanizados, humanos, sintéticos, são utilizadas para gerar linhagens recombinantes produtoras dos anticorpos. Podem ser utilizados vetores únicos bi ou tricistrônicos, contendo as duas cadeias, pesada e leve, ou vetores separados. A transfecção pode gerar células com cópias únicas em locais predeterminados (sítio-dirigida) ou, mais comumente, gera variabilidade de sequências inseridas em diferentes números de cópias e localizações ao longo do genoma, algumas melhores que as outras. A população estável mista produz anticorpos com a mesma especificidade, situação muito diferente da população pós-hibridização obtida pela tecnologia de hibridomas. A mistura de clones presente na população estável mista pode ser utilizada para os ensaios iniciais e precisa ser adequadamente separada por clonagem por diluição limitante ou por método

automatizado[40,41] em processo de geração de linhagens. Os clones depositados em microplacas de 96 poços precisam ser averiguados pela capacidade de crescimento celular e título de anticorpo, através de alguma técnica de detecção previamente estabelecida. Usualmente ocorrem passagens subsequentes, para microplacas de 24 e 6 poços, garrafas de cultivo e frascos agitados. Em cada uma dessas passagens ocorre seleção progressiva de clones. Com a diminuição do número, os sobrenadantes são purificados por proteína A e outros ensaios mais sofisticados, incluindo ensaios de função efetora, são realizados. Como uma plataforma mínima, devem ser avaliadas as características físico-químicas em ensaios de SDS-PAGE reduzido e não reduzido, focalização isoelétrica, afinidade, cinética de ligação ao antígeno, perfil de carboidratos. Ensaios de função efetora são específicos para cada anticorpo, dependendo do alvo e do uso pretendido. Todos os dados coletados podem ser utilizados em uma matriz para a seleção dos melhores clones (Figura 10.19).

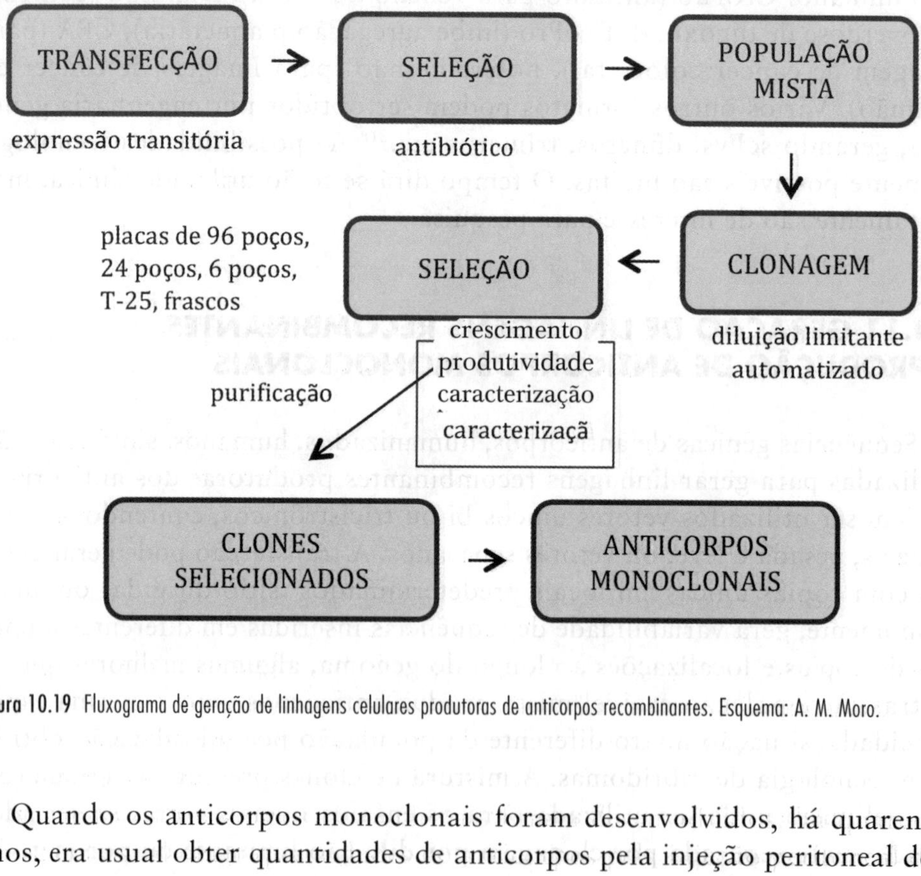

Figura 10.19 Fluxograma de geração de linhagens celulares produtoras de anticorpos recombinantes. Esquema: A. M. Moro.

Quando os anticorpos monoclonais foram desenvolvidos, há quarenta anos, era usual obter quantidades de anticorpos pela injeção peritoneal dos

hibridomas em camundongos para gerar o líquido ascítico rico em anticorpos. Esse método conviveu com os modos de cultivo *in vitro* e, hoje, está praticamente em desuso. Hibridomas são células em suspensão, que podem ser cultivadas em garrafas de cultivo, em frascos agitados, *spinner* ou *shaker*, e em biorreatores. Linhagens recombinantes expressas em mielomas também portam características de células em suspensão. As células CHO, HEK, PerC.6 são células originalmente aderentes, dependentes de superfície para crescimento e meio de cultura complementado com soro fetal bovino (*fetal calf serum* – FCS). Para adequação ao modo de cultivo em biorreatores de tanque agitado e obtenção de melhores produtividades, essas células foram adaptadas para cultivo em suspensão em meios de cultura livres de soro, adicionados de hidrolisados ou quimicamente definidos. O modo mais utilizado para produção comercial de anticorpos monoclonais é o cultivo em batelada alimentada (*fed-batch*) em biorreatores de tanque agitado de grande volume[219]. As tecnologias de expressão e o desenvolvimento de processos de cultivo permitem hoje a obtenção de produtividades elevadas aliviando a necessidade de tanques de maiores volumes. Empresas modernas e empresas que estão desenvolvendo biossimilares de anticorpos monoclonais fazem uso de biorreatores de uso único (*single use*), opção que está se tornando uma tendência[220].

REFERÊNCIAS

1. Grundbacher FJ. Behring's discovery of diphtheria and tetanus antitoxins. Immunology today. 1992;13(5):188-90.
2. Nobel Prize [cited 2013 August 8th]. Available from: www.nobelprize.org/nobel_prizes/medicine.
3. Casadevall A, Scharff MD. Serum therapy revisited: animal models of infection and development of passive antibody therapy. Antimicrobial agents and chemotherapy. 1994;38(8):1695-702.
4. Casadevall A, Scharff MD. Return to the past: the case for antibody-based therapies in infectious diseases. Clinical infectious diseases : an official publication of the Infectious Diseases Society of America. 1995;21(1):150-61.
5. Burnet FM. The Clonal Selection Theory of Acquired Immunity. United Kingdom: Nashville, Vanderbilt University Press; 1959.
6. Strebhardt KU, A. Paul Ehrlich's magic bullet concept. Nat Rev Cancer. 2008;8.
7. The Linus Pauling Papers: How antibodies and enzymes work [cited 2013 August 8th]. Available from: http://profiles.nlm.nih.gov/ps/retrieve/Narrative/MM/p-nid/55/p-docs/true.
8. Silverstein AM. Labeled antigens and antibodies. Nat Immunol. 2004;5.
9. Raju TN. The Nobel chronicles. 1972: Gerald M Edelman (b1929) and Rodney R Porter (1917-85). Lancet. 1999;354.
10. Hozumi N, Tonegawa S. Evidence for somatic rearrangement of immunoglobulin genes coding for variable and constant regions. Proceedings of the National Academy of Sciences of the United States of America. 1976;73:5.
11. Kohler G, Milstein C. Continuous cultures of fused cells secreting antibody of predefined specificity. Nature. 1975;256(5517):495-7.
12. Morrison SL, Johnson MJ, Herzenberg LA, Oi VT. Chimeric human antibody molecules: mouse antigen-binding domains with human constant region domains. Proceedings of the National Academy of Sciences of the United States of America. 1984;81(21):6851-5.
13. Riechmann L, Clark M, Waldmann H, Winter G. Reshaping human antibodies for therapy. Nature. 1988;332(6162):323-7.
14. Bregenholt S, Haurum J. Pathogen-specific recombinant human polyclonal antibodies: biodefence applications. Expert Opinion on Biological Therapy. 2004;4:11.
15. Jones PT, Dear PH, Foote J, Neuberger MS, Winter G. Replacing the complementarity-determining regions in a human antibody with those from a mouse. Nature. 1986;321(6069):522-5.
16. Chothia C, Lesk AM, Tramontano A, Levitt M, Smith-Gill SJ, Air G, et al. Conformations of immunoglobulin hypervariable regions. Nature. 1989;342(6252):877-83.

17. Beck A, Wurch T, Bailly C, Corvaia N. Strategies and challenges for the next generation of therapeutic antibodies. Nature reviews Immunology. 2010;10(5):345-52.
18. Wu TT, Kabat EA. An analysis of the sequences of the variable regions of Bence Jones proteins and myeloma light chains and their implications for antibody complementarity. The Journal of experimental medicine. 1970;132(2):211-50.
19. Abbas AK, Lichtman AH. Imunologia celular e molecular. Rio de Janeiro: Elsevier; 2005.
20. Kabat EA, Wu TT, Perry HM, Gottesman KS, Foeller C. Sequences of Proteins of Immunological Interest. 5th ed. ed: Public Health Service, National Institutes of Health, Bethesda, MD; 1991.
21. Di Noia JM, Neuberger MS. Molecular mechanisms of antibody somatic hypermutation. Annu Rev Biochem. 2007;76:22.
22. Potter M. Immunoglobulin-producing tumors and myeloma proteins of mice. Physiol Rev. 1972;52:89.
23. Raybould TJ, Takahashi M. Production of stable rabbit-mouse hybridomas that secrete rabbit mAb of defined specificity. Science. 1988;240:3.
24. Spieker-Polet H, Sethupathi P, Yam PC, Knight KL. Rabbit monoclonal antibodies: generating a fusion partner to produce rabbit-rabbit hybridomas. Proceedings of the National Academy of Sciences of the United States of America. 1995;26:5.
25. Ligouri MJ, Hoff-Velk JA, Ostrow DH. Recombinant human interleukin-6 enhances the immunoglobulin secretion of a rabbit-rabbit hybridoma. Hybridoma. 2001;20:10.
26. Oi VT, Herzenberg LA. Immunoglobulin-producing hybrid cell lines. In: Mishell BB, Shiigi SM, editors. Selected methods in cellular immunology: Freeman San Francisco; 1980.
27. Kearney JF, Radbruch A, ., Liesegang B, Rajewsky K. A new mouse myeloma cell line that has lost immunoglobulin expression but permits the construction of antibody-secreting hybrid cell lines. Journal of immunology. 1979;123:3.
28. Bazin H. Production of rat monoclonal antibodies with the LOU rat nonsecreting IR983F myeloma cell line. In: Peeters H, editor. Protides of the Biological Fluids: Pergamom Press, Oxford; 1982. p. 615-8.
29. Bazin H. Rat Hybridomas and Rat Monoclonal Antibodies: CRC Press, Boca Raton; 1990.
30. Galfrè G, Milstein C. Preparation of monoclonal antibodies: strategies and procedures. Methods in enzymology. 1981;73:44.
31. Kilmartin JV, Wright B, Milstein C. Rat monoclonal antitubulin antibodies derived by using a new nonsecreting rat cell line. J Cell Biol. 1982;93:7.
32. Bazin H, Beckers A, Deckers C, Moriamé M. Brief communication: Transplantable immunoglobulin-secreting tumors in rats. V. Monoclonal immunoglobulins secreted by 250 ileocecal immunocytomas in LOU-Wsl rats. J Nat Cancer Inst. 1973;51:3.

33. Galfre G, Howe SC, Milstein C, Butcher GW, Howard JC. Antibodies to major histocompatibility antigens produced by hybrid cell lines. Nature. 1977;266(5602):550-2.
34. Reedman BM, Klein G. Cellular localization of an Epstein-Barr virus (EBV)-associated complement-fixing antigen in producer and non-producer lymphoblastoid cell lines. Int J Cancer. 1973;11:21.
35. Olsson L, Kaplan HS. Human-human hybridomas producing monoclonal antibodies of predefined antigenic specificity. Proceedings of the National Academy of Sciences of the United States of America. 1980;77:3.
36. Karpas A, Fischer P, Swirsky D. Human myeloma cell line carrying a Philadelphia chromosome. Science. 1982;216:3.
37. Karpas A, Fisher P, Swirsky D. Human plasmacytoma with an unusual karyotype growing in vitro and producing light-chain immunoglobulin. Lancet. 1982;1(8278):3.
38. Vollmers HP, Brändlein S. Natural IgM antibodies: from parias to parvenus. Histol Histopathol. 2006;21:12.
39. Hanala S. The new ParaDIgm: IgM from bench to clinic. mAbs. 2012;4:7.
40. Serpieri F, Inocencio A, Oliveira JM, Pimenta Jr AA, Garbuio A, Kalil J, et al. Comparison of humanized IgG and FvFc anti-CD3 monoclonal antibodies expressed in CHO cells. Molecular biotechnology. 2010;45:8.
41. Lopes dos Santos ML, Yeda FP, Tsuruta LR, Horta BB, Pimenta AA, Jr., Degaki TL, et al. Rebmab200, a humanized monoclonal antibody targeting the sodium phosphate transporter NaPi2b displays strong immune mediated cytotoxicity against cancer: a novel reagent for targeted antibody therapy of cancer. PLoS One. 2013;8(7):e70332.
42. Murata VM, Schmidt MC, Kalil J, Tsuruta LR, Moro AM. Anti-digoxin Fab variants generated by phage display. Mol Biotechnol. 2013;54(2):269-77.
43. Sonobe MH, Trezena AG, F.B. G, V.L. T, Fratelli F, Sakauchi D. Determination of low tetanus or diphtheria antitoxin titers in sera by a toxin neutralization assay and a modified toxin-binding inhibition test. Braz J Med Biol Sci. 2007;40:8.
44. Abboud N, Chow S-K, C. S, Janda A, Ravetch JV, Scharff MD, et al. A requirement for FcγR in antibody-mediated bacterial toxin neutralization. The Journal of experimental medicine. 2010;207:11.
45. Norman DJ, Shield CFr, Barry J, Henell K, Funnell MB, Lemon J. A U.S. clinical study of Orthoclone OKT3 in renal transplantation. Transplant Proc. 1987;19:7.
46. Moro AM, Rodrigues MTA, Gouvea MN, Silvestri ML, Kalil J, Raw I. Multiparametric analyses of hybridoma growth on glass cylinders in a packed-bed bioreactor system with internal aeration. Serum-supplemented and serum-free media comparison for MAb production. Journal of immunological methods. 1984;176:11.
47. Lemos F, Moro AM, Rodrigues MTA, Garbuio A, Monteiro SM, Marques F, et al. Use of the Butantan's anti-CD3 in renal transplantation. J Bras Transp. 2006;9:7.

48. Cabilly S, Riggs AD, Pande H, Shively JE, Holmes WE, Rey M, et al. Generation of antibody activity from immunoglobulin polypeptide chains produced in Escherichia coli. Proceedings of the National Academy of Sciences of the United States of America. 1984;81(11):3273-7.

49. Mirick GR, Bradt BM, Denardo SJ, Denardo GL. A review of human anti-globulin antibody (HAGA, HAMA, HACA, HAHA) responses to monoclonal antibodies. Not four letter words. The quarterly journal of nuclear medicine and molecular imaging : official publication of the Italian Association of Nuclear Medicine. 2004;48(4):251-7.

50. Hwang WY, Foote J. Immunogenicity of engineered antibodies. Methods. 2005;36(1):3-10.

51. Gilliland LK, Walsh LA, Frewin MR, Wise MP, Tone M, Hale G, et al. Elimination of the immunogenicity of therapeutic antibodies. Journal of immunology. 1999;162(6):3663-71.

52. Presta LG. Molecular engineering and design of therapeutic antibodies. Curr Opin Immunol. 2008;20(4):460-70.

53. Winter G, Milstein C. Man-made antibodies. Nature. 1991;349(6307):293-9.

54. Verhoeyen M, Milstein C, Winter G. Reshaping human antibodies: grafting an antilysozyme activity. Science. 1988;239(4847):1534-6.

55. Queen C, Schneider WP, Selick HE, Payne PW, Landolfi NF, Duncan JF, et al. A humanized antibody that binds to the interleukin 2 receptor. Proceedings of the National Academy of Sciences of the United States of America. 1989;86(24):10029-33.

56. Caldas C, Coelho V, Kalil J, Moro AM, Maranhao AQ, Brigido MM. Humanization of the anti-CD18 antibody 6.7: an unexpected effect of a framework residue in binding to antigen. Molecular immunology. 2003;39(15):941-52.

57. Tsurushita N, Hinton PR, Kumar S. Design of humanized antibodies: from anti-Tac to Zenapax. Methods. 2005;36(1):69-83.

58. Lu ZJ, Deng SJ, Huang DG, He Y, Lei M, Zhou L, et al. Frontier of therapeutic antibody discovery: The challenges and how to face them. World J Biol Chem. 2012;3(12):187-96.

59. Almagro JC, Fransson J. Humanization of antibodies. Front Biosci. 2008;13:1619-33.

60. Tempest PR, Bremner P, Lambert M, Taylor G, Furze JM, Carr FJ, et al. Reshaping a human monoclonal antibody to inhibit human respiratory syncytial virus infection in vivo. Biotechnology (N Y). 1991;9(3):266-71.

61. Kettleborough CA, Saldanha J, Heath VJ, Morrison CJ, Bendig MM. Humanization of a mouse monoclonal antibody by CDR-grafting: the importance of framework residues on loop conformation. Protein Eng. 1991;4(7):773-83.

62. Graziano RF, Tempest PR, White P, Keler T, Deo Y, Ghebremariam H, et al. Construction and characterization of a humanized anti-gamma-Ig receptor type I (Fc gamma RI) monoclonal antibody. Journal of immunology. 1995;155(10):4996-5002.

63. Carter P, Presta L, Gorman CM, Ridgway JB, Henner D, Wong WL, et al. Humanization of an anti-p185HER2 antibody for human cancer therapy. Proceedings of the National Academy of Sciences of the United States of America. 1992;89(10):4285-9.
64. Shalaby MR, Shepard HM, Presta L, Rodrigues ML, Beverley PC, Feldmann M, et al. Development of humanized bispecific antibodies reactive with cytotoxic lymphocytes and tumor cells overexpressing the HER2 protooncogene. The Journal of experimental medicine. 1992;175(1):217-25.
65. Presta LG, Lahr SJ, Shields RL, Porter JP, Gorman CM, Fendly BM, et al. Humanization of an antibody directed against IgE. Journal of immunology. 1993;151(5):2623-32.
66. Zimmermann J, Oakman EL, Thorpe IF, Shi X, Abbyad P, Brooks CL, 3rd, et al. Antibody evolution constrains conformational heterogeneity by tailoring protein dynamics. Proceedings of the National Academy of Sciences of the United States of America. 2006;103(37):13722-7.
67. Rosok MJ, Yelton DE, Harris LJ, Bajorath J, Hellstrom KE, Hellstrom I, et al. A combinatorial library strategy for the rapid humanization of anticarcinoma BR96 Fab. The Journal of biological chemistry. 1996;271(37):22611-8.
68. Mazor Y, Keydar I, Benhar I. Humanization and epitope mapping of the H23 anti-MUC1 monoclonal antibody reveals a dual epitope specificity. Mol Immunol. 2005;42(1):55-69.
69. Hwang WY, Almagro JC, Buss TN, Tan P, Foote J. Use of human germline genes in a CDR homology-based approach to antibody humanization. Methods. 2005;36(1):35-42.
70. Dall'Acqua WF, Damschroder MM, Zhang J, Woods RM, Widjaja L, Yu J, et al. Antibody humanization by framework shuffling. Methods. 2005;36(1):43-60.
71. Hu WG, Chau D, Wu J, Jager S, Nagata LP. Humanization and mammalian expression of a murine monoclonal antibody against Venezuelan equine encephalitis virus. Vaccine. 2007;25(16):3210-4.
72. Chothia C, Lesk AM. Canonical structures for the hypervariable regions of immunoglobulins. Journal of molecular biology. 1987;196(4):901-17.
73. Mian IS, Bradwell AR, Olson AJ. Structure, function and properties of antibody binding sites. Journal of molecular biology. 1991;217(1):133-51.
74. Foote J, Winter G. Antibody framework residues affecting the conformation of the hypervariable loops. Journal of molecular biology. 1992;224(2):487-99.
75. Kaas Q, Ruiz M, Lefranc MP. IMGT/3Dstructure-DB and IMGT/StructuralQuery, a database and a tool for immunoglobulin, T cell receptor and MHC structural data. Nucleic Acids Res. 2004;32(Database issue):D208-10.
76. He XY, Xu Z, Melrose J, Mullowney A, Vasquez M, Queen C, et al. Humanization and pharmacokinetics of a monoclonal antibody with specificity for both E- and P-selectin. Journal of immunology. 1998;160(2):1029-35.

77. Padlan EA, Abergel C, Tipper JP. Identification of specificity-determining residues in antibodies. FASEB J. 1995;9(1):133-9.
78. Pedersen JT, Henry AH, Searle SJ, Guild BC, Roguska M, Rees AR. Comparison of surface accessible residues in human and murine immunoglobulin Fv domains. Implication for humanization of murine antibodies. Journal of molecular biology. 1994;235(3):959-73.
79. Staelens S, Desmet J, Ngo TH, Vauterin S, Pareyn I, Barbeaux P, et al. Humanization by variable domain resurfacing and grafting on a human IgG4, using a new approach for determination of non-human like surface accessible framework residues based on homology modelling of variable domains. Mol Immunol. 2006;43(8):1243-57.
80. Roguska MA, Pedersen JT, Keddy CA, Henry AH, Searle SJ, Lambert JM, et al. Humanization of murine monoclonal antibodies through variable domain resurfacing. Proceedings of the National Academy of Sciences of the United States of America. 1994;91(3):969-73.
81. Roguska MA, Pedersen JT, Henry AH, Searle SM, Roja CM, Avery B, et al. A comparison of two murine monoclonal antibodies humanized by CDR-grafting and variable domain resurfacing. Protein Eng. 1996;9(10):895-904.
82. O'Connor SJ, Meng YG, Rezaie AR, Presta LG. Humanization of an antibody against human protein C and calcium-dependence involving framework residues. Protein Eng. 1998;11(4):321-8.
83. Delagrave S, Catalan J, Sweet C, Drabik G, Henry A, Rees A, et al. Effects of humanization by variable domain resurfacing on the antiviral activity of a single-chain antibody against respiratory syncytial virus. Protein Eng. 1999;12(4):357-62.
84. Fontayne A, Vanhoorelbeke K, Pareyn I, Van Rompaey I, Meiring M, Lamprecht S, et al. Rational humanization of the powerful antithrombotic anti-GPIbalpha antibody: 6B4. Thrombosis and haemostasis. 2006;96(5):671-84.
85. Rodon J, Garrison M, Hammond LA, de Bono J, Smith L, Forero L, et al. Cantuzumab mertansine in a three-times a week schedule: a phase I and pharmacokinetic study. Cancer Chemother Pharmacol. 2008;62(5):911-9.
86. Kashmiri SV, De Pascalis R, Gonzales NR, Schlom J. SDR grafting--a new approach to antibody humanization. Methods. 2005;36(1):25-34.
87. Tamura M, Milenic DE, Iwahashi M, Padlan E, Schlom J, Kashmiri SV. Structural correlates of an anticarcinoma antibody: identification of specificity-determining residues (SDRs) and development of a minimally immunogenic antibody variant by retention of SDRs only. Journal of immunology. 2000;164(3):1432-41.
88. Kashmiri SV, Iwahashi M, Tamura M, Padlan EA, Milenic DE, Schlom J. Development of a minimally immunogenic variant of humanized anti-carcinoma monoclonal antibody CC49. Crit Rev Oncol Hematol. 2001;38(1):3-16.

89. De Pascalis R, Iwahashi M, Tamura M, Padlan EA, Gonzales NR, Santos AD, et al. Grafting of "abbreviated" complementarity-determining regions containing specificity-determining residues essential for ligand contact to engineer a less immunogenic humanized monoclonal antibody. Journal of immunology. 2002;169(6):3076-84.

90. Tan P, Mitchell DA, Buss TN, Holmes MA, Anasetti C, Foote J. "Superhumanized" antibodies: reduction of immunogenic potential by complementarity-determining region grafting with human germline sequences: application to an anti-CD28. Journal of immunology. 2002;169(2):1119-25.

91. Lazar GA, Desjarlais JR, Jacinto J, Karki S, Hammond PW. A molecular immunology approach to antibody humanization and functional optimization. Mol Immunol. 2007;44(8):1986-98.

92. Chirino AJ, Ary ML, Marshall SA. Minimizing the immunogenicity of protein therapeutics. Drug Discov Today. 2004;9(2):82-90.

93. Baca M, Presta LG, O'Connor SJ, Wells JA. Antibody humanization using monovalent phage display. The Journal of biological chemistry. 1997;272(16):10678-84.

94. Rader C, Ritter G, Nathan S, Elia M, Gout I, Jungbluth AA, et al. The rabbit antibody repertoire as a novel source for the generation of therapeutic human antibodies. The Journal of biological chemistry. 2000;275(18):13668-76.

95. Jespers LS, Roberts A, Mahler SM, Winter G, Hoogenboom HR. Guiding the selection of human antibodies from phage display repertoires to a single epitope of an antigen. Biotechnology (N Y). 1994;12(9):899-903.

96. Osbourn J, Groves M, Vaughan T. From rodent reagents to human therapeutics using antibody guided selection. Methods. 2005;36(1):61-8.

97. Zebedee SL, Barbas CF, 3rd, Hom YL, Caothien RH, Graff R, DeGraw J, et al. Human combinatorial antibody libraries to hepatitis B surface antigen. Proceedings of the National Academy of Sciences of the United States of America. 1992;89(8):3175-9.

98. Ohlin M, Owman H, Mach M, Borrebaeck CA. Light chain shuffling of a high affinity antibody results in a drift in epitope recognition. Mol Immunol. 1996;33(1):47-56.

99. Kang AS, Jones TM, Burton DR. Antibody redesign by chain shuffling from random combinatorial immunoglobulin libraries. Proceedings of the National Academy of Sciences of the United States of America. 1991;88(24):11120-3.

100. Watzka H, Pfizenmaier K, Moosmayer D. Guided selection of antibody fragments specific for human interferon gamma receptor 1 from a human VH- and VL-gene repertoire. Immunotechnology. 1998;3(4):279-91.

101. Kuepper MB, Huhn M, Spiegel H, Ma JK, Barth S, Fischer R, et al. Generation of human antibody fragments against Streptococcus mutans using a phage display chain shuffling approach. BMC Biotechnol. 2005;5:4.

102. Wang Z, Wang Y, Li Z, Li J, Dong Z. Humanization of a mouse monoclonal antibody neutralizing TNF-alpha by guided selection. Journal of immunological methods. 2000;241(1-2):171-84.

103. Beiboer SH, Reurs A, Roovers RC, Arends JW, Whitelegg NR, Rees AR, et al. Guided selection of a pan carcinoma specific antibody reveals similar binding characteristics yet structural divergence between the original murine antibody and its human equivalent. Journal of molecular biology. 2000;296(3):833-49.

104. Klimka A, Matthey B, Roovers RC, Barth S, Arends JW, Engert A, et al. Human anti-CD30 recombinant antibodies by guided phage antibody selection using cell panning. British journal of cancer. 2000;83(2):252-60.

105. Damschroder MM, Widjaja L, Gill PS, Krasnoperov V, Jiang W, Dall'Acqua WF, et al. Framework shuffling of antibodies to reduce immunogenicity and manipulate functional and biophysical properties. Mol Immunol. 2007;44(11):3049-60.

106. Baer M, Sawa T, Flynn P, Luehrsen K, Martinez D, Wiener-Kronish JP, et al. An engineered human antibody fab fragment specific for Pseudomonas aeruginosa PcrV antigen has potent antibacterial activity. Infect Immun. 2009;77(3):1083-90.

107. Hoogenboom HR. Selecting and screening recombinant antibody libraries. Nature biotechnology. 2005;23(9):1105-16.

108. Thie H, Meyer T, Schirrmann T, Hust M, Dubel S. Phage display derived therapeutic antibodies. Curr Pharm Biotechnol. 2008;9(6):439-46.

109. Dantas-Barbosa C, de Macedo Brigido M, Maranhao AQ. Antibody phage display libraries: contributions to oncology. International journal of molecular sciences. 2012;13(5):5420-40.

110. Smith GP. Filamentous fusion phage: novel expression vectors that display cloned antigens on the virion surface. Science. 1985;228(4705):1315-7.

111. Holliger P, Riechmann L. A conserved infection pathway for filamentous bacteriophages is suggested by the structure of the membrane penetration domain of the minor coat protein g3p from phage fd. Structure. 1997;5(2):265-75.

112. Lubkowski J, Hennecke F, Pluckthun A, Wlodawer A. The structural basis of phage display elucidated by the crystal structure of the N-terminal domains of g3p. Nat Struct Biol. 1998;5(2):140-7.

113. Lubkowski J, Hennecke F, Pluckthun A, Wlodawer A. Filamentous phage infection: crystal structure of g3p in complex with its coreceptor, the C-terminal domain of TolA. Structure. 1999;7(6):711-22.

114. Parmley SF, Smith GP. Antibody-selectable filamentous fd phage vectors: affinity purification of target genes. Gene. 1988;73(2):305-18.

115. Cwirla SE, Peters EA, Barrett RW, Dower WJ. Peptides on phage: a vast library of peptides for identifying ligands. Proceedings of the National Academy of Sciences of the United States of America. 1990;87(16):6378-82.

116. Skerra A, Pluckthun A. Assembly of a functional immunoglobulin Fv fragment in Escherichia coli. Science. 1988;240(4855):1038-41.

117. Better M, Chang CP, Robinson RR, Horwitz AH. Escherichia coli secretion of an active chimeric antibody fragment. Science. 1988;240(4855):1041-3.

118. Larrick JW, Danielsson L, Brenner CA, Abrahamson M, Fry KE, Borrebaeck CA. Rapid cloning of rearranged immunoglobulin genes from human hybridoma cells using mixed primers and the polymerase chain reaction. Biochemical and biophysical research communications. 1989;160(3):1250-6.

119. Orlandi R, Gussow DH, Jones PT, Winter G. Cloning immunoglobulin variable domains for expression by the polymerase chain reaction. Proceedings of the National Academy of Sciences of the United States of America. 1989;86(10):3833-7.

120. Sastry L, Alting-Mees M, Huse WD, Short JM, Sorge JA, Hay BN, et al. Cloning of the immunological repertoire in Escherichia coli for generation of monoclonal catalytic antibodies: construction of a heavy chain variable region-specific cDNA library. Proceedings of the National Academy of Sciences of the United States of America. 1989;86(15):5728-32.

121. Gao C, Mao S, Lo CH, Wirsching P, Lerner RA, Janda KD. Making artificial antibodies: a format for phage display of combinatorial heterodimeric arrays. Proceedings of the National Academy of Sciences of the United States of America. 1999;96(11):6025-30.

122. Huse WD, Sastry L, Iverson SA, Kang AS, Alting-Mees M, Burton DR, et al. Generation of a large combinatorial library of the immunoglobulin repertoire in phage lambda. Science. 1989;246(4935):1275-81.

123. Persson MA, Caothien RH, Burton DR. Generation of diverse high-affinity human monoclonal antibodies by repertoire cloning. Proceedings of the National Academy of Sciences of the United States of America. 1991;88(6):2432-6.

124. Burton DR, Barbas CF, 3rd, Persson MA, Koenig S, Chanock RM, Lerner RA. A large array of human monoclonal antibodies to type 1 human immunodeficiency virus from combinatorial libraries of asymptomatic seropositive individuals. Proceedings of the National Academy of Sciences of the United States of America. 1991;88(22):10134-7.

125. Hexham JM, Persson MA, Pegg C, Burton DR, Furmaniak J, Rees Smith B. Cloning and expression of a human thyroglobulin autoantibody. Autoimmunity. 1991;11(1):69-70.

126. Scott JK, Smith GP. Searching for peptide ligands with an epitope library. Science. 1990;249(4967):386-90.

127. Devlin JJ, Panganiban LC, Devlin PE. Random peptide libraries: a source of specific protein binding molecules. Science. 1990;249(4967):404-6.

128. McCafferty J, Griffiths AD, Winter G, Chiswell DJ. Phage antibodies: filamentous phage displaying antibody variable domains. Nature. 1990;348(6301):552-4.

129. Breitling F, Dubel S, Seehaus T, Klewinghaus I, Little M. A surface expression vector for antibody screening. Gene. 1991;104(2):147-53.

130. Hoogenboom HR, Griffiths AD, Johnson KS, Chiswell DJ, Hudson P, Winter G. Multi-subunit proteins on the surface of filamentous phage: methodologies for displaying antibody (Fab) heavy and light chains. Nucleic Acids Res. 1991;19(15):4133-7.

131. Barbas CF, 3rd, Kang AS, Lerner RA, Benkovic SJ. Assembly of combinatorial antibody libraries on phage surfaces: the gene III site. Proceedings of the National Academy of Sciences of the United States of America. 1991;88(18):7978-82.

132. Garrard LJ, Yang M, O'Connell MP, Kelley RF, Henner DJ. Fab assembly and enrichment in a monovalent phage display system. Biotechnology (N Y). 1991;9(12):1373-7.

133. Bradbury AR, Marks JD. Antibodies from phage antibody libraries. Journal of immunological methods. 2004;290(1-2):29-49.

134. Vieira J, Messing J. Production of single-stranded plasmid DNA. Methods Enzymol. 1987;153:3-11.

135. Il'ichev AA, Minenkova OO, Tat'kov SI, Karpyshev NN, Eroshkin AM, Ofitserov VI, et al. [The use of filamentous phage M13 in protein engineering]. Mol Biol (Mosk). 1990;24(2):530-5.

136. Greenwood J, Willis AE, Perham RN. Multiple display of foreign peptides on a filamentous bacteriophage. Peptides from Plasmodium falciparum circumsporozoite protein as antigens. Journal of molecular biology. 1991;220(4):821-7.

137. Felici F, Castagnoli L, Musacchio A, Jappelli R, Cesareni G. Selection of antibody ligands from a large library of oligopeptides expressed on a multivalent exposition vector. Journal of molecular biology. 1991;222(2):301-10.

138. Chang CN, Landolfi NF, Queen C. Expression of antibody Fab domains on bacteriophage surfaces. Potential use for antibody selection. Journal of immunology. 1991;147(10):3610-4.

139. Huse WD, Stinchcombe TJ, Glaser SM, Starr L, MacLean M, Hellstrom KE, et al. Application of a filamentous phage pVIII fusion protein system suitable for efficient production, screening, and mutagenesis of F(ab) antibody fragments. Journal of immunology. 1992;149(12):3914-20.

140. Kang AS, Barbas CF, Janda KD, Benkovic SJ, Lerner RA. Linkage of recognition and replication functions by assembling combinatorial antibody Fab libraries along phage surfaces. Proceedings of the National Academy of Sciences of the United States of America. 1991;88(10):4363-6.

141. Soderlind E, Simonsson AC, Borrebaeck CA. Phage display technology in antibody engineering: design of phagemid vectors and in vitro maturation systems. Immunological reviews. 1992;130:109-24.

142. Qi H, Lu H, Qui HJ, Petrenko V, Liu A. Phagemid vectors for phage display: properties, characteristics and construction. J Mol Biol. 2012;417:15.

143. Vaughan TJ, Williams AJ, Pritchard K, Osbourn JK, Pope AR, Earnshaw JC, et al. Human antibodies with sub-nanomolar affinities isolated from a large non-immunized phage display library. Nature biotechnology. 1996;14(3):309-14.

144. Sheets MD, Amersdorfer P, Finnern R, Sargent P, Lindquist E, Schier R, et al. Efficient construction of a large nonimmune phage antibody library: the production of high-affinity human single-chain antibodies to protein antigens. Proceedings of the National Academy of Sciences of the United States of America. 1998;95(11):6157-62.

145. de Haard HJ, van Neer N, Reurs A, Hufton SE, Roovers RC, Henderikx P, et al. A large non-immunized human Fab fragment phage library that permits rapid isolation and kinetic analysis of high affinity antibodies. The Journal of biological chemistry. 1999;274(26):18218-30.

146. Sblattero D, Bradbury A. Exploiting recombination in single bacteria to make large phage antibody libraries. Nature biotechnology. 2000;18(1):75-80.

147. Marks JD, Hoogenboom HR, Bonnert TP, McCafferty J, Griffiths AD, Winter G. By-passing immunization. Human antibodies from V-gene libraries displayed on phage. Journal of molecular biology. 1991;222(3):581-97.

148. Gram H, Marconi LA, Barbas CF, 3rd, Collet TA, Lerner RA, Kang AS. In vitro selection and affinity maturation of antibodies from a naive combinatorial immunoglobulin library. Proceedings of the National Academy of Sciences of the United States of America. 1992;89(8):3576-80.

149. Barbas CF, 3rd, Bain JD, Hoekstra DM, Lerner RA. Semisynthetic combinatorial antibody libraries: a chemical solution to the diversity problem. Proceedings of the National Academy of Sciences of the United States of America. 1992;89(10):4457-61.

150. Hoogenboom HR, Winter G. By-passing immunisation. Human antibodies from synthetic repertoires of germline VH gene segments rearranged in vitro. Journal of molecular biology. 1992;227(2):381-8.

151. Griffiths AD, Williams SC, Hartley O, Tomlinson IM, Waterhouse P, Crosby WL, et al. Isolation of high affinity human antibodies directly from large synthetic repertoires. EMBO J. 1994;13(14):3245-60.

152. Nissim A, Hoogenboom HR, Tomlinson IM, Flynn G, Midgley C, Lane D, et al. Antibody fragments from a 'single pot' phage display library as immunochemical reagents. EMBO J. 1994;13(3):692-8.

153. de Kruif J, Terstappen L, Boel E, Logtenberg T. Rapid selection of cell subpopulation-specific human monoclonal antibodies from a synthetic phage antibody library. Proceedings of the National Academy of Sciences of the United States of America. 1995;92(9):3938-42.

154. Knappik A, Ge L, Honegger A, Pack P, Fischer M, Wellnhofer G, et al. Fully synthetic human combinatorial antibody libraries (HuCAL) based on modular consensus

frameworks and CDRs randomized with trinucleotides. Journal of molecular biology. 2000;296(1):57-86.
155. Marks JD, Griffiths AD, Malmqvist M, Clackson TP, Bye JM, Winter G. By-passing immunization: building high affinity human antibodies by chain shuffling. Biotechnology (N Y). 1992;10(7):779-83.
156. Soderlind E, Strandberg L, Jirholt P, Kobayashi N, Alexeiva V, Aberg AM, et al. Recombining germline-derived CDR sequences for creating diverse single-framework antibody libraries. Nature biotechnology. 2000;18(8):852-6.
157. Williamson RA, Burioni R, Sanna PP, Partridge LJ, Barbas CF, 3rd, Burton DR. Human monoclonal antibodies against a plethora of viral pathogens from single combinatorial libraries. Proceedings of the National Academy of Sciences of the United States of America. 1993;90(9):4141-5.
158. Bender E, Pilkington GR, Burton DR. Human monoclonal Fab fragments from a combinatorial library prepared from an individual with a low serum titer to a virus. Hum Antibodies Hybridomas. 1994;5(1-2):3-8.
159. Amersdorfer P, Marks JD. Phage libraries for generation of anti-botulinum scFv antibodies. Methods in molecular biology. 2000;145:219-40.
160. Amersdorfer P, Wong C, Smith T, Chen S, Deshpande S, Sheridan R, et al. Genetic and immunological comparison of anti-botulinum type A antibodies from immune and non-immune human phage libraries. Vaccine. 2002;20(11-12):1640-8.
161. Orum H, Andersen PS, Oster A, Johansen LK, Riise E, Bjornvad M, et al. Efficient method for constructing comprehensive murine Fab antibody libraries displayed on phage. Nucleic Acids Res. 1993;21(19):4491-8.
162. Ames RS, Tornetta MA, Jones CS, Tsui P. Isolation of neutralizing anti-C5a monoclonal antibodies from a filamentous phage monovalent Fab display library. Journal of immunology. 1994;152(9):4572-81.
163. Rakonjac J, Bennett NJ, Spagnuolo J, Gagic D, Russel M. Filamentous bacteriophage: biology, phage display and nanotechnology applications. Current issues in molecular biology. 2011;13(2):51-76.
164. Marks JD, Tristem M, Karpas A, Winter G. Oligonucleotide primers for polymerase chain reaction amplification of human immunoglobulin variable genes and design of family-specific oligonucleotide probes. Eur J Immunol. 1991;21(4):985-91.
165. Krebs B, Rauchenberger R, Reiffert S, Rothe C, Tesar M, Thomassen E, et al. High-throughput generation and engineering of recombinant human antibodies. Journal of immunological methods. 2001;254(1-2):67-84.
166. de Wildt RM, Mundy CR, Gorick BD, Tomlinson IM. Antibody arrays for high-throughput screening of antibody-antigen interactions. Nature biotechnology. 2000;18(9):989-94.

167. Hawkins RE, Russell SJ, Winter G. Selection of phage antibodies by binding affinity. Mimicking affinity maturation. Journal of molecular biology. 1992;226(3):889-96.
168. Marks JD, Ouwehand WH, Bye JM, Finnern R, Gorick BD, Voak D, et al. Human antibody fragments specific for human blood group antigens from a phage display library. Biotechnology (N Y). 1993;11(10):1145-9.
169. Clackson T, Hoogenboom HR, Griffiths AD, Winter G. Making antibody fragments using phage display libraries. Nature. 1991;352(6336):624-8.
170. Winter G, Griffiths AD, Hawkins RE, Hoogenboom HR. Making antibodies by phage display technology. Annu Rev Immunol. 1994;12:433-55.
171. Bass S, Greene R, Wells JA. Hormone phage: an enrichment method for variant proteins with altered binding properties. Proteins. 1990;8(4):309-14.
172. Burton DR, Barbas CF, 3rd. Human antibodies from combinatorial libraries. Adv Immunol. 1994;57:191-280.
173. Hawkins RE, Russell SJ, Baier M, Winter G. The contribution of contact and non-contact residues of antibody in the affinity of binding to antigen. The interaction of mutant D1.3 antibodies with lysozyme. Journal of molecular biology. 1993;234(4):958-64.
174. Barbas CF, 3rd, Hu D, Dunlop N, Sawyer L, Cababa D, Hendry RM, et al. In vitro evolution of a neutralizing human antibody to human immunodeficiency virus type 1 to enhance affinity and broaden strain cross-reactivity. Proceedings of the National Academy of Sciences of the United States of America. 1994;91(9):3809-13.
175. Yang WP, Green K, Pinz-Sweeney S, Briones AT, Burton DR, Barbas CF, 3rd. CDR walking mutagenesis for the affinity maturation of a potent human anti-HIV-1 antibody into the picomolar range. Journal of molecular biology. 1995;254(3):392-403.
176. Boder ET, Wittrup KD. Yeast surface display for screening combinatorial polypeptide libraries. Nature biotechnology. 1997;15(6):553-7.
177. Feldhaus MJ, Siegel RW. Yeast display of antibody fragments: a discovery and characterization platform. Journal of immunological methods. 2004;290(1-2):69-80.
178. Shusta EV, Kieke MC, Parke E, Kranz DM, Wittrup KD. Yeast polypeptide fusion surface display levels predict thermal stability and soluble secretion efficiency. Journal of molecular biology. 1999;292(5):949-56.
179. Shusta EV, Holler PD, Kieke MC, Kranz DM, Wittrup KD. Directed evolution of a stable scaffold for T-cell receptor engineering. Nature biotechnology. 2000;18(7):754-9.
180. Orr BA, Carr LM, Wittrup KD, Roy EJ, Kranz DM. Rapid method for measuring ScFv thermal stability by yeast surface display. Biotechnol Prog. 2003;19(2):631-8.
181. Boder ET, Midelfort KS, Wittrup KD. Directed evolution of antibody fragments with monovalent femtomolar antigen-binding affinity. Proceedings of the National Academy of Sciences of the United States of America. 2000;97(20):10701-5.

182. Feldhaus MJ, Siegel RW, Opresko LK, Coleman JR, Feldhaus JM, Yeung YA, et al. Flow-cytometric isolation of human antibodies from a nonimmune Saccharomyces cerevisiae surface display library. Nature biotechnology. 2003;21(2):163-70.

183. van den Beucken T, Pieters H, Steukers M, van der Vaart M, Ladner RC, Hoogenboom HR, et al. Affinity maturation of Fab antibody fragments by fluorescent-activated cell sorting of yeast-displayed libraries. FEBS letters. 2003;546(2-3):288-94.

184. Zhou H, Zhang YL, Lu G, Ji H, Rodi CP. Recombinant antibody libraries and selection technologies. N Biotechnol. 2011;28(5):448-52.

185. Ho M, Nagata S, Pastan I. Isolation of anti-CD22 Fv with high affinity by Fv display on human cells. Proceedings of the National Academy of Sciences of the United States of America. 2006;103(25):9637-42.

186. Ho M, Pastan I. Display and selection of scFv antibodies on HEK-293T cells. Methods in molecular biology. 2009;562:99-113.

187. Mattheakis LC, Bhatt RR, Dower WJ. An in vitro polysome display system for identifying ligands from very large peptide libraries. Proceedings of the National Academy of Sciences of the United States of America. 1994;91(19):9022-6.

188. Hanes J, Pluckthun A. In vitro selection and evolution of functional proteins by using ribosome display. Proceedings of the National Academy of Sciences of the United States of America. 1997;94(10):4937-42.

189. Ryabova LA, Desplancq D, Spirin AS, Pluckthun A. Functional antibody production using cell-free translation: effects of protein disulfide isomerase and chaperones. Nature biotechnology. 1997;15(1):79-84.

190. Hanes J, Jermutus L, Weber-Bornhauser S, Bosshard HR, Pluckthun A. Ribosome display efficiently selects and evolves high-affinity antibodies in vitro from immune libraries. Proceedings of the National Academy of Sciences of the United States of America. 1998;95(24):14130-5.

191. Hanes J, Schaffitzel C, Knappik A, Pluckthun A. Picomolar affinity antibodies from a fully synthetic naive library selected and evolved by ribosome display. Nature biotechnology. 2000;18(12):1287-92.

192. Groves M, Lane S, Douthwaite J, Lowne D, Rees DG, Edwards B, et al. Affinity maturation of phage display antibody populations using ribosome display. Journal of immunological methods. 2006;313(1-2):129-39.

193. Fukuda I, Kojoh K, Tabata N, Doi N, Takashima H, Miyamoto-Sato E, et al. In vitro evolution of single-chain antibodies using mRNA display. Nucleic Acids Res. 2006;34(19):e127.

194. Sumida T, Yanagawa H, Doi N. In vitro selection of fab fragments by mRNA display and gene-linking emulsion PCR. J Nucleic Acids. 2012;2012:371379.

195. Pluckthun A. Ribosome display: a perspective. Methods in molecular biology. 2012;805:3-28.

196. Tsuruta LR, Tomioka Y, Hishinuma T, Kato Y, Itoh K, Suzuki T, et al. Characterization of 11-dehydro-thromboxane B2 recombinant antibody obtained by phage display technology. Prostaglandins Leukot Essent Fatty Acids. 2003;68(4):273-84.
197. Barbas CFI, Burton DR, Scott JK, Silverman GJ. Phage display: a laboratory manual: Cold Spring Harbor Laboratory Press, Cold Spring Harbor, Nova York; 2001.
198. Itoh K, Nakagomi O, Suzuki K, Inoue K, Tada H, Suzuki T. Recombinant human monoclonal Fab fragments against rotavirus from phage display combinatorial libraries. Journal of biochemistry. 1999;125(1):123-9.
199. Green LL, Hardy MC, Maynard-Currie CE, Tsuda H, Louie DM, Mendez MJ, et al. Antigen-specific human monoclonal antibodies from mice engineered with human Ig heavy and light chain YACs. Nature genetics. 1994;7(1):13-21.
200. Lonberg N, Taylor LD, Harding FA, Trounstine M, Higgins KM, Schramm SR, et al. Antigen-specific human antibodies from mice comprising four distinct genetic modifications. Nature. 1994;368(6474):856-9.
201. Little M, Kipriyanov SM, Le Gall F, Moldenhauer G. Of mice and men: hybridoma and recombinant antibodies. Immunology today. 2000;21(8):364-70.
202. Lonberg N. Fully human antibodies from transgenic mouse and phage display platforms. Current opinion in immunology. 2008;20(4):450-9.
203. Nelson AL, Dhimolea E, Reichert JM. Development trends for human monoclonal antibody therapeutics. Nature reviews Drug discovery. 2010;9(10):767-74.
204. Waldmann H. Human monoclonal antibodies: the residual challenge of antibody immunogenicity. Methods in molecular biology. 2014;1060:1-8.
205. Swiech K, Picanco-Castro V, Covas DT. Human cells: new platform for recombinant therapeutic protein production. Protein expression and purification. 2012;84(1):147-53.
206. Ghaderi D, Zhang M, Hurtado-Ziola N, Varki A. Production platforms for biotherapeutic glycoproteins. Occurrence, impact, and challenges of non-human sialylation. Biotechnology & genetic engineering reviews. 2012;28:147-75.
207. Klein F, Mouquet H, Dosenovic P, Scheid JF, Scharf L, Nussenzweig MC. Antibodies in HIV-1 vaccine development and therapy. Science. 2013;341(6151):1199-204.
208. Bogarin G, Morais JF, Yamaguchi IK, Stephano MA, Marcelino JR, Nishikawa AK, et al. Neutralization of crotaline snake venoms from Central and South America by antivenoms produced in Brazil and Costa Rica. Toxicon : official journal of the International Society on Toxinology. 2000;38(10):1429-41.
209. Higashi HG, Guidolin R, Caricati CP, Fernandes I, Marcelino JR, Morais JF, et al. Antigenic cross-reactivity among components of Brazilian Elapidae snake venoms. Brazilian journal of medical and biological research = Revista brasileira de pesquisas medicas e biologicas / Sociedade Brasileira de Biofisica [et al]. 1995;28(7):767-71.

210. Bregenholt S, Jensen A, Lantto J, Hyldig S, Haurum JS. Recombinant human polyclonal antibodies: A new class of therapeutic antibodies against viral infections. Current pharmaceutical design. 2006;12(16):2007-15.

211. Chen L, Liebman MA, Teodorescu-Frumosu S, Schnitzler AC, Sharon J. Expression of a prototypic anti-colorectal cancer polyclonal antibody library in mammalian cells. Immunology letters. 2003;88(2):135-40.

212. Sharon J, Liebman MA, Williams BR. Recombinant polyclonal antibodies for cancer therapy. Journal of cellular biochemistry. 2005;96(2):305-13.

213. Koefoed K, Steinaa L, Soderberg JN, Kjaer I, Jacobsen HJ, Meijer PJ, et al. Rational identification of an optimal antibody mixture for targeting the epidermal growth factor receptor. MAbs. 2011;3(6):584-95.

214. Robak T, Windyga J, Trelinski J, von Depka Prondzinski M, Giagounidis A, Doyen C, et al. Rozrolimupab, a mixture of 25 recombinant human monoclonal RhD antibodies, in the treatment of primary immune thrombocytopenia. Blood. 2012;120(18):3670-6.

215. Frandsen TP, Naested H, Rasmussen SK, Hauptig P, Wiberg FC, Rasmussen LK, et al. Consistent manufacturing and quality control of a highly complex recombinant polyclonal antibody product for human therapeutic use. Biotechnology and bioengineering. 2011;108(9):2171-81.

216. Persson P, Engstrom A, Rasmussen LK, Holmberg E, Frandsen TP. Development of mass spectrometry based techniques for the identification and determination of compositional variability in recombinant polyclonal antibody products. Analytical chemistry. 2010;82(17):7274-82.

217. Davico Bonino L, De Monte LB, Spagnoli GC, Vola R, Mariani M, Barone D, et al. Bispecific monoclonal antibody anti-CD3 x anti-tenascin: an immunotherapeutic agent for human glioma. Int J Cancer. 1995;61(4):509-15.

218. Carter PJ. Potent antibody therapeutics by design. Nature reviews Immunology. 2006;6(5):343-57.

219. Kelley B. Industrialization of mAb production technology: the bioprocessing industry at a crossroads. MAbs. 2009;1(5):443-52.

220. Li F, Vijayasankaran N, Shen AY, Kiss R, Amanullah A. Cell culture processes for monoclonal antibody production. MAbs. 2010;2(5):466-79.

CAPÍTULO 11

CLONAGEM E EXPRESSÃO DE GENES DE ANTICORPOS: MÉTODOS E APLICAÇÕES

Andréa Queiroz Maranhão
Kelly Cristina Rodrigues Simi
Rafael Trindade Burtet
Marcelo de Macedo Brígido

11.1 INTRODUÇÃO

Anticorpos são utilizados na clínica médica desde o fim do século XIX, quando Behringer e Kitasato[1] administraram um soro antitoxina diftérica, salvando um garoto que padecia da doença. Eles utilizaram soro de animais imunizados com a toxina diftérica, criando, assim, a soroterapia. Apesar de representar um grande avanço na medicina, a soroterapia sempre esteve vinculada a diversos efeitos colaterais, basicamente associados à natureza heteróloga do soro. A reação do paciente às proteínas estranhas podia ser até fatal, e foi caracterizada como a doença do soro. A utilização da soroterapia se difundiu, e até hoje ela é utilizada para a neutralização de toxinas, como a toxina tetânica e as de peçonhas de vários animais, como as serpentes

e artrópodes. A capacidade de salvar vidas neutralizando o veneno continua a ser mais relevante do que os efeitos colaterais da soroterapia. No entanto, apesar de promissores desde a época de Behringer, que considerava os anticorpos como balas mágicas que poderiam ser manipuladas para atingir alvos específicos, os anticorpos só se tornaram relevantes na medicina com o advento dos anticorpos monoclonais, na década de 1970, e mais tarde pela manipulação genética desses anticorpos, criando novos medicamentos muito mais seguros e específicos, assim como Behringer sonhava. Neste capítulo, vamos discutir como produzir anticorpos de nova geração, anticorpos recombinantes, obtidos pela engenharia genética, a nova geração de biofármacos que vem revolucionando a medicina.

11.2 HISTÓRICO: A TECNOLOGIA DE HIBRIDOMAS E OS ANTICORPOS MONOCLONAIS

O sistema imunológico dos vertebrados é um sistema responsável pela homeostase dos indivíduos. A resposta imune é por sua natureza policlonal, o que significa que a resposta imune tanto celular como humoral gera diferentes clones de linfócitos T e B, respectivamente, capazes de reconhecerem um dado antígeno. Assim, falando especificamente de anticorpos, um soro antiofídico, por exemplo, constitui-se de um conjunto de anticorpos capazes de reconhecer diferentes componentes dessa peçonha. Mesmo quando esse antígeno é menos complexo, como, por exemplo, o toxoide tetânico (uma única proteína), é gerado mais de um clone capaz de reconhecê-la. Tendo isso em mente, a grande descoberta que possibilitou a utilização terapêutica dos anticorpos como biofármacos mais específicos se deu a partir do estabelecimento da tecnologia de hibridomas. Em 1975, dois cientistas publicaram na revista *Nature* o artigo intitulado "Continuous cultures of fused cells secreting antibody of predefined specificity"[2], no qual descreviam a técnica para se obter clones imortais de células híbridas produtoras de anticorpos. Cada clone produzia um único tipo de anticorpo com uma dada especificidade, um anticorpo monoclonal. Esse trabalho rendeu a César Milstein e George Köhler o prêmio Nobel de Medicina em 1984, em associação a Niels Kaj Jerne, que foi agraciado devido às suas contribuições para a área de imunologia.

Com o advento da tecnologia de hibridomas, mais uma vez o conceito de "bala mágica" ressurgiu. Diversos experimentos utilizando protocolos de imunização de camundongos com diferentes antígenos foram realizados,

e esta se tornou, hoje em dia, uma metodologia rotineira em diferentes laboratórios de pesquisa. Considerando que passou a ser possível gerar moléculas com uma única especificidade a um dado antígeno, acreditava-se que também seria possível a criação de uma nova geração de biofármacos, bastando para isso ter o alvo. No entanto, essa previsão ainda esbarrava no caráter heterólogo da molécula de anticorpo gerada. Apesar de monoespecíficos, os anticorpos monoclonais eram de origem murina, sendo produzidos a partir de clones derivados de esplenócitos de camundongos. Portanto, quando administrados em pacientes humanos, geravam ainda os efeitos do soro policlonal: a doença do soro, ou a chamada resposta *Human Anti-Mouse Antibodies* (HAMA). Isso significava que, além dos efeitos adversos já relatados para o caso da soroterapia, o desenvolvimento desses anticorpos no paciente ainda tinha como consequência a progressiva neutralização do anticorpo monoclonal administrado, resultando em perda de função. O fato é que o primeiro anticorpo monoclonal obteve a sua aprovação como fármaco em 1985, exatos dez anos após o desenvolvimento da técnica de anticorpos. Esse fármaco era o Orthoclone, anticorpo monoclonal anti-CD3 humano (cujo nome oficial é muromonabe-CD3), produzido pela Centocor Ortho Biotech Products, L.P.* Esse anticorpo, utilizado até recentemente na prevenção de rejeição aguda a transplantes renais, cardíacos e hepáticos, tem sua administração limitada a um curto período de tempo, e em sua bula constam vários avisos de precauções quanto à síndrome de produção exacerbada de citocinas (*cytokine storm*). Ele consegue prevenir esses eventos de rejeição pois depleta linfócitos T (CD4+ e CD8+) dos pacientes, diminuindo a resposta ao enxerto, mas também causando uma imunossupressão.

Mesmo com os gargalos mencionados, sabemos hoje que os anticorpos monoclonais são uma realidade na utilização terapêutica. De fato, o trabalho de César Milstein e George Köhler[2] estabeleceu a base para a obtenção de clones produtores de anticorpos monoclonais, tendo sido, portanto, fundamental para o estado atual da utilização dessas moléculas. No entanto, o estabelecimento e a difusão do uso de anticorpos como biofármacos se deu fundamentalmente com o advento da tecnologia do DNA recombinante e dos conhecimentos de genômica, que possibilitaram a obtenção, clonagem e manipulação dos genes codificadores de imunoglobulinas de uma maneira geral, e especificamente dos anticorpos monoclonais com potencial terapêutico. Em especial, merecem destaque as técnicas de humanização de anticorpos e as de obtenção de anticorpos monoclonais humanos, bem como

---

* Para maiores informações, ver o site <http://www.drugs.com>.

os sistemas de expressão heterólogos desses genes, que serão abordadas nas seções seguintes.

11.3 ORGANIZAÇÃO DOS GENES DE IMUNOGLOBULINA: VARIABILIDADE E A GERAÇÃO DA DIVERSIDADE

Durante a ontogenia do linfócito B na medula óssea, ocorre o processo que gera a grande diversidade dos anticorpos. Esse processo, denominado de rearranjo gênico, ocorre em nível cromossomal, em etapas hoje bem definidas, e resulta, no final, na expressão na membrana plasmática do linfócito B maduro, mas *naïve* (isto é, capaz de reconhecer um antígeno, mas ainda não ativado), de um receptor, chamado de B *Cell Receptor* (BCR). O BCR nada mais é do que uma IgM de membrana que já apresenta a sua especificidade de reconhecimento montada. Quando esta célula madura migra para os órgãos linfoides secundários (baço e linfonodos), pode encontrar o antígeno que será reconhecido pelo BCR, iniciando o processo de ativação da célula B que resulta na secreção de anticorpos e na diferenciação dessas células em plasmócitos. No caso de antígenos T dependentes (proteicos), essa ativação pode ainda levar à geração de maior variabilidade no BCR, por meio de um processo denominado hipermutação somática; à mudança de classe (isto é, o linfócito pode mudar o seu receptor de IgM para IgG, IgA ou IgE); à geração de plasmócitos de longa duração (que migram de volta para a medula óssea e secretam esses anticorpos por um longo tempo); e ao desenvolvimento de células B de memória que carregam o novo BCR (hipermutado e de classe distinta) em sua superfície. Esses anticorpos hipermutados são aqueles que se ligam ao antígeno com alta afinidade e, portanto, são os seus genes que devem ser clonados, expressos e até modificados com fins terapêuticos. Assim, é fundamental uma breve explicação sobre a organização dos genes codificadores dos anticorpos e sobre a forma como os mesmos se rearranjam, para a compreensão da estrutura da molécula de anticorpo e também dos métodos de clonagem e expressão utilizados.

Os anticorpos surgiram na evolução há cerca de 500 milhões de anos, com o aparecimento dos peixes cartilaginosos. Desde então, todos os vertebrados apresentam esses genes em seu genoma, bem como aqueles que codificam a maquinaria enzimática associada à recombinação, mudança de isotipo e de hipermutação somática[3]. Neste capítulo, restringiremos a nossa descrição à organização gênica e geração de variabilidade de anticorpos de

mamíferos, em especial de camundongos e humanos, já que estes são os tipos de anticorpos mais visados como biofármacos.

Os três *loci* que codificam as cadeias de imunoglobulinas (um para a cadeia pesada e dois para a leve) são distribuídos em três pares de alelos murinos. A organização do *locus* da cadeia pesada em sua configuração pré-rearranjada e o rearranjo são mostrados na Figura 11.1. Brevemente, a recombinação gênica acontece de forma a juntar segmentos gênicos V_H, D e J_H (para a cadeia pesada) e V_L e J_L para a cadeia leve. Nesse processo, o alelo rearranjado perde DNA, e nas junções ocorrem ainda inserções e retiradas de nucleotídeos. O processo de rearranjo é o grande responsável pela variabilidade dos receptores de célula B. A junção do exon VDJ com as cadeias constantes ocorre por processamento do pré-mRNA (*splicing*), tanto para a formação do receptor quanto na mudança inicial de isotipo (IgM e IgD, ambas presentes na superfície do linfócito B *naïve*). Durante a seleção clonal, nos órgãos linfoides secundários, mais variabilidade é gerada pelo processo de hipermutação somática, que ocorre nas regiões variáveis das imunoglobulinas, posterior ao reconhecimento antigênico[4]. Para a mudança de classe, novo evento de recombinação gênica ocorre com perda definitiva de DNA codificador dos genes das regiões constantes μ e δ (de IgM e IgD).

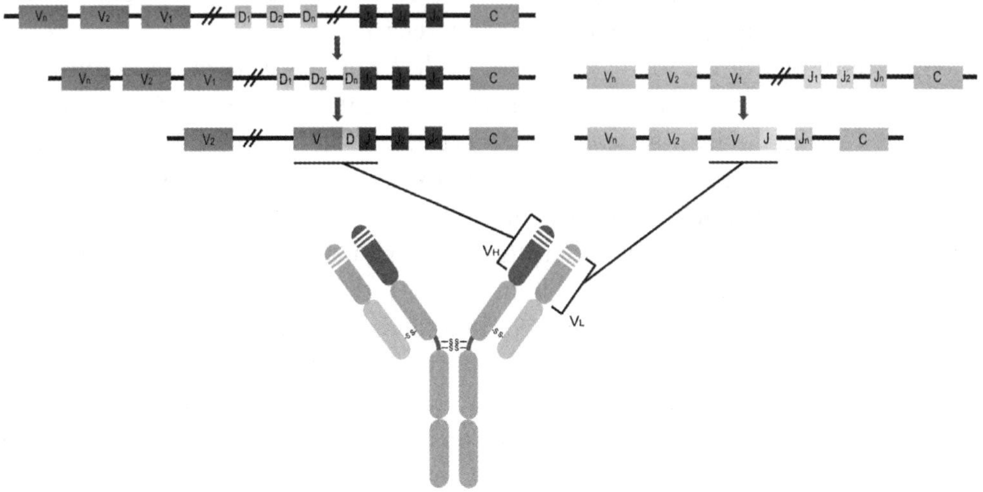

Figura 11.1 Representação esquemática do rearranjo gênico, que resulta na formação de genes de cadeias leves e pesadas de imunoglobulinas. Cada domínio variável pesado, o mais aminoterminal é constituído pela junção inicial de um segmento D a um JH, e em seguida ocorre a junção do segmento VH ao DJH já rearranjado. Para a formação do domínio variável leve, há um evento de recombinação unindo um segmento gênico VL a um dos cerca de seis JL disponíveis.

A diversidade de segmentos gênicos que compõem os *loci* de imunoglobulinas foi gerada, ao longo da evolução, por meio de duplicação gênica e posterior mutação. Assim, mesmo codificando diferentes domínios variáveis, os segmentos gênicos guardam certa homologia entre si, possibilitando a amplificação de todo o repertório murino por reação em cadeia da polimerase (PCR) a partir de cerca de uma dezena de pares de iniciadores[5].

Os segmentos gênicos V_H murinos são divididos em três subgrupos (ou clãs), baseando-se na homologia da sequência de aminoácidos por eles codificados. Os subgrupos são subdivididos em quatorze famílias de acordo com a composição de nucleotídeos e com a análise de homologia com os segmentos V_H humanos. Os subgrupos ou clãs murinos I, II e III são relacionados aos clãs humanos II, I e III, respectivamente[6].

O mapeamento do *locus* de cadeia pesada humana mostra que a cada 10 kb a 20 kb encontra-se um único segmento V; assim, diferentes padrões de restrição evidenciam diferentes números de segmentos para cada família. Vale ressaltar que cada região V individual apresenta, além do segmento codificador em si, promotor, introns que apresentam sequências sinalizadoras de recombinação (RSS) e sequência líder que codifica o peptídeo-sinal, dirigindo a síntese da cadeia pesada para o compartimento do retículo endoplasmático e, consequentemente, para secreção[7].

Diferentemente do locus humano, onde há uma mistura, os segmentos murinos de uma mesma família majoritariamente se localizam no cromossoma na forma de grupos de genes (*cluster*). Um ou outro segmento se intercala nos *clusters* de outras famílias. Estudos apontam que a posição relativa das famílias no cromossoma influencia na sua utilização em rearranjos. Apesar de existirem anticorpos isolados e caracterizados das diversas famílias murinas, esse número não é semelhante para todos. As diferenças no número de sequências depositadas em banco de dados certamente refletem a utilização preferencial de algumas famílias em detrimento de outras e também do número de genes germinais (um a cem) que cada família apresenta[7].

Os segmentos D e J_H localizam-se posteriormente aos segmentos V_H, e a aproximadamente 7 kb do gene constante µ, no cromossoma 12 murino. Camundongos apresentam quatro segmentos J_H e algumas dezenas de segmentos D. Devido aos processos de recombinação que, por vezes, reúnem inclusive dois ou três segmentos D ou ainda segmentos D invertidos[8], normalmente é difícil caracterizar o segmento D utilizado por um determinado anticorpo.

A cadeia leve de um anticorpo murino é codificada por um dos dois *loci* existentes κ ou λ, sendo o locus κ localizado no cromossomo 6 e o λ no cromossoma 16. O exon $V_L J_L$ da cadeia leve (que não possui segmentos gênicos

D) também é formado por eventos de rearranjo. Existem diferenças entre as espécies na utilização dos dois tipos de cadeia leve. Enquanto em humanos aparentemente não se observa qualquer preferência, os camundongos apresentam 97% de suas cadeias leves do tipo κ[9]. Como o repertório de cadeias pesadas é maior do que o de leves, muitos estudos apontam para uma dominância das primeiras em relação às últimas quanto ao reconhecimento antigênico[10,11], que são também as mais diversa, devido principalmente à presença dos segmentos gênicos D. No entanto, esses mesmos trabalhos e outros mostram que a cadeia leve participa da atividade ligante, sendo associada a essa cadeia papel importante na montagem do receptor de célula B[12] e na modulação da ligação ao antígeno[13,14].

11.4 ESTRUTURA DE IMUNOGLOBULINAS

As imunoglobulinas são proteínas multidomínios baseadas num desenho estrutural típico, conhecido como dobramento de imunoglobulina (Figura 11.2). Trata-se de um arranjo estrutural que apareceu com os metazoários e é recorrente em inúmeras proteínas modernas envolvidas em reconhecimento celular. Um domínio tipo dobra de imunoglobulina está normalmente associado a um segundo domínio homólogo por meio de uma extensa superfície de interface, tornando-os domínios diméricos. Uma imunoglobulina do tipo G, a mais comum, tem dezesseis desses domínios, quatro na cadeia pesada (*heavy* – H) e dois na cadeia leve (*light* – L), formando uma estrutura oligomérica H_2L_2. Cada cadeia pesada possui quatro desses domínios, sendo que o primeiro deles, o mais aminoterminal, é diferenciado e polimórfico, conhecido como domínio variável. Cada cadeia pesada possui quatro desses domínios sendo que o primeiro deles, o mais amino terminal, é diferenciado e polimórfico, conhecido como domínio variável, V_H para o domínio variável da cadeia pesada e V_L para aquele da cadeia leve. Estruturalmente, os domínios variáveis possuem um par de fitas beta adicional, que distorce o desenho convencional da dobra da imunoglobulina colocando toda a superfície que seria externa para dentro, e vice-versa. Juntos, os dois domínios variáveis formam um grande núcleo hidrofóbico, criando uma fenda ou sulco ladeados por fitas β, o sítio ligante ao antígeno, ou paratopo.

As extremidades aminoterminais das cadeias L e H contêm domínios variáveis que formam uma estrutura heterodimérica responsável por abrigar o paratopo. A partir do eixo imaginário do cilindro formado pelo barril beta resultante da interface V_H-V_L, temos o núcleo hidrofóbico flanqueado

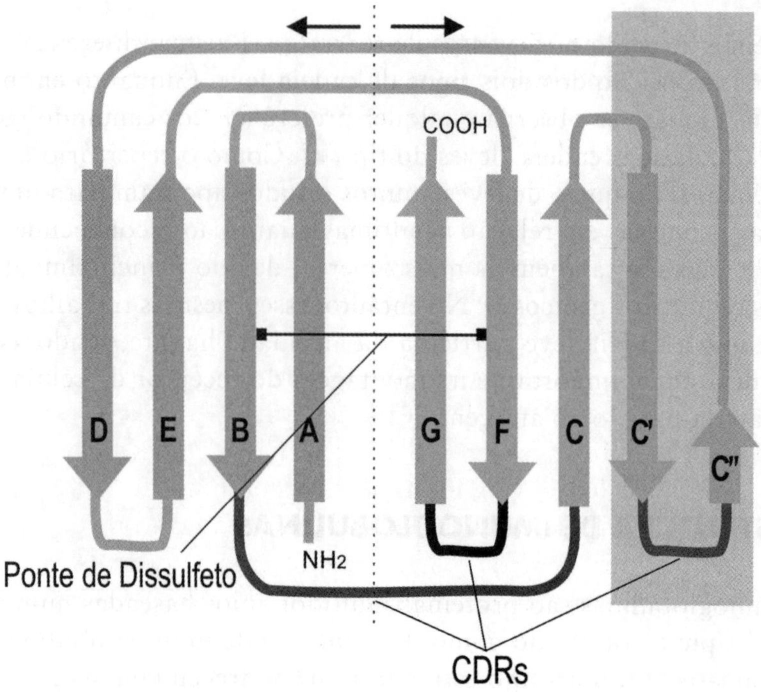

Figura 11.2 Dobramento de imunoglobulina. Cada domínio de imunoglobulina apresenta sete folhas beta antiparalelas. O esquema em questão mostra a fita C" extra encontrada nos domínios variáveis leve e pesado. Estão mostradas as voltas (loops), que correspondem à quase totalidade das CDR. Além disso, cada um desses domínios apresenta uma ponte dissulfeto intracadeia.

por fitas beta antiparalelas dispostas paralelamente ao eixo do dímero e conectadas por meio de *loops*, que se projetam na porção mais terminal da molécula, formando as paredes do paratopo, como numa praça mística, por exemplo Stonehenge em Wiltshire, Inglaterra. Esses *loops* que se projetam no paratopo, três em cada domínio variável, correlacionam-se com as três regiões experimentalmente mostradas como hipervariáveis, as regiões determinantes de complementaridade, ou CDR. Seis *loops* hipervariáveis circundando um bolsão hidrofóbico caracterizam o sítio ligante ao antígeno, o paratopo.

O paratopo formado pela associação de V_H e V_L deve seu polimorfismo a três fatores. O primeiro é a escolha de um único fragmento de gene variável pela maquinaria de recombinação VDJ. O número de sequências variáveis é muito grande. Em camundongos temos pelo menos 144 genes variáveis pesados e 92 genes variáveis leve tipo κ e 3 leves do tipo λ. Duas das regiões determinantes de complementaridade (CDR1 e CDR2) estão dentro desses

genes variáveis, ou seja, são oriundas da variabilidade evolutiva. Elas representam as regiões hipervariáveis quando comparadas diferentes sequências germinais. Como vimos acima, essas regiões estão associadas aos *loops* que flanqueiam o paratopo, de forma que impactam diretamente no formato e especificidade do anticorpo. O segundo fator determinante advém diretamente da recombinação VDJ: é a formação da junção do gene variável com o fragmento gênico D e o J_H. O fragmento J_H garante a formação da região de arcabouço 4 (ou *framework* 4 – FRW4), a última fita beta que conecta o domínio variável ao primeiro domínio constante. A junção desses três fragmentos gênicos cria a terceira e mais hipervariável região determinante de complementaridade, a HCDR3. No caso da cadeia leve, a ausência de um segmento D reduz a variabilidade do LCDR3, tornando o HCDR3 o sítio mais polimórfico dessas moléculas. A combinação das duas cadeias rearranjadas, leve e pesada, forma assim um paratopo único, um idiotipo, ou identidade de um clone de linfócito B. O terceiro fator de variabilidade ocorre tardiamente na vida do linfócito, quando ele migra para um centro germinal e sofre hipermutação somática, um processo de maturação de afinidade baseado em uma competição pelo antígeno[15]. A hipermutação somática transforma um anticorpo de baixa afinidade em anticorpos de alta afinidade pelo antígeno mediante a introdução de mutações pontuais em V_H e V_L. Um anticorpo de alta afinidade normalmente passou por um processo de hipermutação somática, com a introdução de poucas mutações que alteram a cinética e a termodinâmica da formação do complexo antígeno anticorpo.

11.5 ANTICORPO, UMA MOLÉCULA MODULAR

O V_H e o primeiro domínio pesado (C_H1) formam uma interface contígua com a cadeia leve, que é composta por dois domínios apenas, o V_L e o C_L (domínio constante leve). Essa porção da molécula é relativamente autônoma e estável, sendo obtida facilmente por digestão enzimática de qualquer dos tipos de imunoglobulina, IgA, IgG, IgM, IgE e IgD. Essa porção da molécula é funcionalmente conhecida como fração ou fragmento ligante ao antígeno (Fab) e é estável. Quando isolado, o Fab se liga ao antígeno de forma monovalente. Cada molécula de IgG possui dois Fabs conectados a uma porção constante, o fragmento cristalizável (Fc), composta pelos dois outros domínios constantes pesados dois e três (C_H2, C_H3), localizados na extremidade carboxiterminal da molécula, na forma de homodímeros (Figura 11.3). O Fc tem uma função adaptadora, associando o Fab polimórfico a um

domínio constante, que é reconhecido pelo sistema imune por uma coleção de receptores celulares presentes em células efetoras do sistema imune, como por exemplo macrófagos, mastócitos, basófilos e eosinófilos além de fatores solúveis, como o complemento.

Os Fabs se ligam ao Fc por meio de uma região flexível (dobradiça ou *hinge*, em inglês). Isso cria certa independência do Fab em relação ao Fc. Essa maior ou menor flexibilidade implica a diferença na capacidade de reconhecimento de epítopos próximos espacialmente, como antígenos de membrana e antígenos virais. O *hinge* permite uma flexibilidade e uma independência estrutural entre o Fab e o Fc. Nos poucos modelos de imunoglobulina completa conhecidos, a molécula se apresenta na forma de T. Nesses modelos, a região do *hinge* aparece exposta ao solvente na forma de *random coil*, sugerindo uma grande flexibilidade que dita uma estrutura Fab$_2$-Fc com três módulos independentes. Essa independência não é absoluta, pois se sabe que alguns receptores de Fc só se ligam a moléculas de anticorpos associados ao antígeno.

Utilizando-se técnicas de manipulação de DNA, é possível construir moléculas inovadoras contento o paratopo do anticorpo monoclonal dentro de uma estrutura de imunoglobulina humana. Trata-se da engenharia de anticorpos. Os anticorpos recombinantes são produzidos normalmente em cultura de células animais transfectadas com um gene sintético codificador do anticorpo, em um vetor de expressão (ver mais detalhes na Seção "Sistemas de expressão de anticorpos"). Nesse modo de produção, a estrutura do anticorpo pode ser alterada geneticamente para reduzir sua antigenicidade e melhorar as propriedades da porção Fc. A porção constante do anticorpo baseada em sequências humanas é, normalmente, fixa no vetor, e praticamente todos os anticorpos no mercado são do isotipo humano IgG1/κ, mesmo que outras opções de Fc também sejam exploradas, como a IgG4 e a IgA. Definido o isotipo, é trabalhada a atividade efetora dos anticorpos. A porção Fc participa diretamente de uma série de respostas biológicas, entre elas a opsonização por fagócitos do patógeno associado ao anticorpo. Além disso, temos a citotoxidade associada a anticorpos (*Antibody Dependent Cellular Cytotoxicity* – ADCC), que é induzida por linfócitos que reconhecem o anticorpo por meio de receptores específicos, os receptores de Fc (*Fc receptors* – FcR), e citotoxidade dependente de complemento (CDC), que depende da ligação do Fc ao fator C1q da cascada do complemento. Em determinadas situações é importante termos um Fc que induza fortemente o ADCC e/ou o CDC, como no caso de anticorpos dirigidos contra células hiperplásicas para combate ao câncer, mas em outras situações o anticorpo

não deve induzir resposta celular associada, quando se pretende, por exemplo, apenas neutralizar um fator de crescimento ou uma citocina. Portanto, com o redesenho do Fc por engenharia de anticorpos, podem-se criar moléculas mais elaboradas e específicas em seu modo de atuação.

Praticamente todo o mercado farmacêutico está dominado pelos anticorpos intactos na configuração H_2L_2. No entanto, cada vez mais são propostos formatos mais compactos e especializados para uma determinada atividade. Anticorpos intactos são funcionais, principalmente quando a atividade efetora é fundamental para a atividade biológica, como o Rituximabe, que destrói eficientemente células CD20+. Sua incrível eficiência farmacológica se dá por uma forte atividade indutora de ADCC e CDC, que redundam na eficiente redução de linfomas causados pela proliferação de linfócitos B CD20+. No entanto, em outras situações, como no caso do Infliximabe (ou Remicade), a capacidade única de neutralizar o fator de necrose tumoral (TNF) é suficiente para o sucesso deste anticorpo no tratamento de doenças autoimunes, como artrite reumatoide e doença de Crohn. Nesse caso, outros formatos como o Fab podem ser considerados.

Atualmente, uma grande diversidade de formatos foi proposta (Figura 11.3). Alguns desses formatos trabalham a valência do anticorpo, a capacidade de neutralização, e muitos deles propõem anticorpos híbridos, capazes de ligar a dois antígenos ao mesmo tempo, uma abordagem interessante se houver interesse de aproximar tipos celulares diferentes. O formato mais simples é o Fv de cadeia única, ou scFv (*single chain Fv*), no qual apenas os domínios V_H e V_L são produzidos na forma de uma única cadeia de proteína. Em uma única cadeia polipeptídica se encontram os dois domínios fusionados por meio de um peptídeo conector (*linker*) de quinze resíduos de aminoácidos, que garante a flexibilidade necessária para ambas as cadeias se dobrarem e formarem o heterodímero e, assim, resgatar o paratopo. Esse desenho básico do scFv foi utilizado por diversos grupos que propuseram uma diversidade de combinações e formatos de fragmentos recombinantes de anticorpos, como pode ser visto na Figura 11.3[18].

Um formato derivado do scFv ganha destaque por conter um Fc intacto. O FvFc (também chamado por alguns autores de scFvFc, de *minibodies* ou de *compact antibobies*) é também uma construção monocistrônica com uma única cadeia polipetídica contendo o um scFv fusionado à região de dobradiça e aos domínios constantes C_H2 e C_H3[16,19-21]. Essa cadeia única pode se dobrar recriando o Fv, que fica conectado via *hinge* a um Fc homodimérico com as atividades efetoras preservadas. Apesar de ser menor que uma IgG e monocistrônica, o Fc reconstituído preserva a capacidade de dimerização

Anticorpo Inteiro

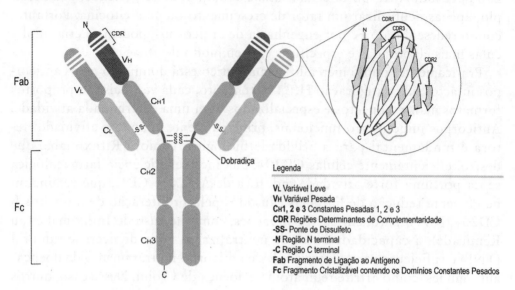

Fragmentos de Anticorpo

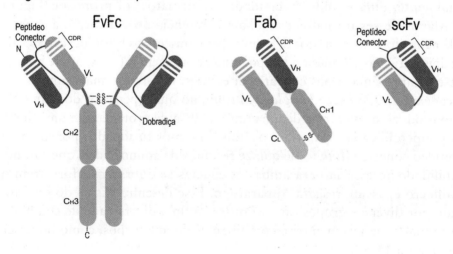

Figura 11.3 Esquematização de uma molécula de anticorpo e seus fragmentos. O caráter modular da molécula de anticorpo pode ser notada na representação esquemática da molécula inteira, na qual estão ressaltados os fragmentos Fab e Fc. Por engenharia genética, é possível ainda obter os fragmentos FvFc[16]; Fab[17] e scFv[18].

dependente das cisteínas do *hinge* e a capacidade efetora. Pela facilidade de produção e por conseguir reproduzir a atividade ligante e a efetora de

imunoglobulinas, o formato de FvFc tem um futuro promissor na indústria de biofármacos inovadores.

11.6 ANTICORPOS RECOMBINANTES E A TECNOLOGIA DE HUMANIZAÇÃO

Os anticorpos gerados pela tecnologia do hibridoma são murinos e possuem todas as cadeias com sequências peptídicas de camundongos. Como já foi dito anteriormente, esses anticorpos desencadeiam uma resposta imunológica conhecida como *Human Anti-Mouse Antibodies* (HAMA), que gera diversos efeitos colaterais para o paciente[22]. Entre 1997 e 2012 foram registrados 189 relatos de eventos adversos sérios, em que o OKT3 (muromonab-CD3) foi identificado como suspeito primário. Os efeitos relatados foram pirexia (estado febril, na maioria dos casos), dor de cabeça, convulsão e vômito. Em 2010, o OKT3 foi substituído por outros tratamentos similares e com menos efeitos colaterais. Com o advento da tecnologia do DNA recombinante, tornou-se possível a síntese de anticorpos por meio de recombinação gênica *in vitro*. Manipulando os genes codificadores para cada uma das cadeias do anticorpo, é possível alterar a estrutura e a função, e, inclusive, incluir um caráter humano no anticorpo murino. Essa técnica ficou conhecida como tecnologia de humanização de anticorpos.

As primeiras tentativas de minimizar o potencial imunogênico de anticorpos murinos resultaram na construção de um anticorpo humano contendo somente as regiões variáveis (Fv) murinas. As regiões constantes desse anticorpo eram humanas, e por esse motivo ele ficou conhecido como anticorpo quimérico[23]. Embora anticorpos quiméricos sejam menos imunogênicos que os murinos, os efeitos colaterais provocados pela resposta *Human Anti-Chimeric Antibodies* (HACA, similares aos HAMA) ainda foram observados.

No intuito de diminuir essas respostas, foram desenvolvidas técnicas que visavam gerar anticorpos praticamente humanos. Esses anticorpos, conhecidos como humanizados, possuem apenas as regiões CDR murinas. Todos os domínios leves e pesados de anticorpos humanizados são humanos[24]. Essa tecnologia está sendo utilizada para diferentes anticorpos com importância terapêutica, por diversos grupos no mundo inteiro, no intuito de minimizar os efeitos colaterais promovidos pelo uso de anticorpos murinos ou quiméricos na clínica. O principal objetivo dessa tecnologia é manter a afinidade original do anticorpo a ser manipulado, diminuindo a sua imunogenicidade.

Para a construção de um anticorpo totalmente humanizado, uma porção constante é fusionada a uma Fv desenhada de forma que sua sequência seja a mais próxima possível de uma Fv de anticorpo humano. Nesse caso, os domínios variáveis das cadeias, leve e pesada, são redesenhados, tomando por base regiões variáveis, leve e pesada de imunoglobulina humana homóloga à imunoglobulina de camundongo. Uma Fv humanizada, com atividade preservada, é conseguida pelo transplante das CDR do anticorpo murino para o anticorpo humano, obtendo-se, assim, uma molécula humanizada que preserva a capacidade de interação com o antígeno[25]. A Figura 11.4 ilustra as etapas para a humanização de anticorpos. As sequências codificadoras das cadeias leve e pesada do anticorpo monoclonal murino são obtidas a partir de um hibridoma produtor do anticorpo monoclonal de interesse (ver o passo a passo). Essas sequências são comparadas com sequências germinais humanas utilizando-se o programa Fasta. É fundamental a identificação das CDR em ambas as sequências. De posse desses dados, se desenha um novo gene codificador para cada um dos domínios variáveis. Nesta proposta, as regiões de arcabouço (framework 1, 2, 3 e 4) são idênticas àquelas humanas, enquanto as CDR são idênticas às do anticorpo monoclonal murino. Antes da síntese dos genes humanizados é ainda aconselhável realizar análises estruturais por meio de modelagem molecular. Essa análise é realizada com o intuito de se verificar eventuais impedimentos espaciais na montagem do paratopo e até no estabelecimento do par V_H-V_L por resíduos de aminoácidos localizados fora das CDR. Essa sequência proposta é retrotraduzida, e o gene obtido é sintetizado quimicamente. Os novos genes são clonados em vetor de expressão apropriado e expressos em sistema heterólogo (ver Seção "Sistemas de expressão de anticorpos").

Uma etapa importante na técnica de humanização consiste na localização das CDR dos domínios variáveis leve e pesado nas sequências obtidas a partir dos fragmentos de PCR gerados pela transcrição reversa do mRNA extraído do hibridoma. Apesar de variáveis, esses domínios guardam algumas características conservadas em suas sequências que permitem a localização dessas regiões hipervariáveis. As figuras 11.5 e 11.6 mostram o alinhamento de sequências germinais codificadoras de domínios variáveis pesados e leves murinos e a localização das CDR 1, 2 e 3. Essas características podem ser consideradas "assinaturas de imunoglobulinas".

As assinaturas de imunoglobulinas podem ser utilizadas para delimitar as CDR, tanto nos domínios V_H, quanto nos domínios V_L. A Figura 11.5 mostra o alinhamento de diversas sequências germinais representando cada uma das famílias de V_H de camundongo. A partir desse alinhamento é possível mostrar a conservação na estrutura primária nesse domínio. A linha Cons,

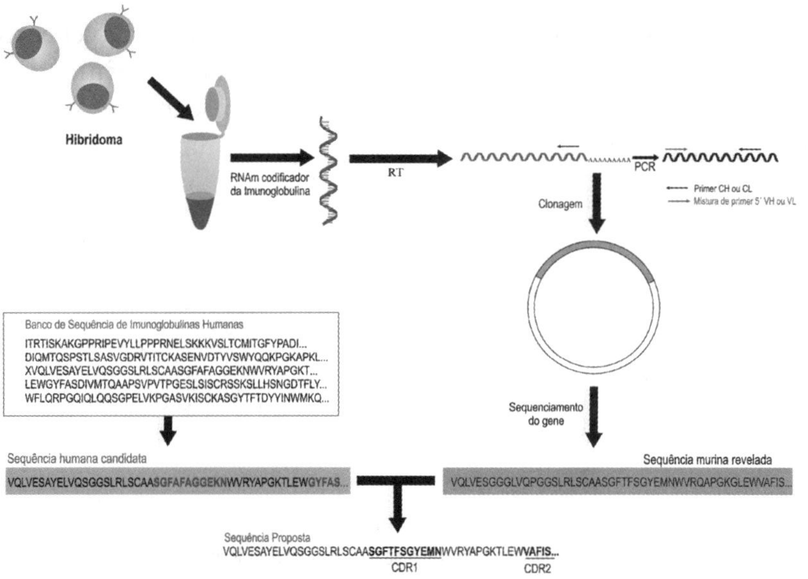

Figura 11.4 Esquema para humanização de anticorpos.

mostra os resíduos conservados utilizados para definir as CDR, isto é as assinaturas de imunoglobulinas. As sequências em caixa baixa representam sequências pouco conservadas. O início da CDR1 é flanqueado por uma Cisteína (C) seguida de três resíduos quaisquer (C-X-X-X); e o seu final é marcado pela presença de um Triptofano (W), seguido de Valina (V), Isoleucina (I) ou Alanina (A) (W-V/I/A). Existem duas definições mais usuais de CDR aceitas, aquela definida por Kabat, em estudos baseados na variabilidade de resíduos em cada posição dos domínios variáveis e a de Chotia, que leva ainda em consideração a estrutura secundária desses polipetídeos. A CDR1 conforme definido por Kabat é menor, e começa 5 resíduos depois da definição de Chothia. A CDR2 está a 15 resíduos da CDR1 e é precedida de variações da sequência LEWIG (leucina-glutamato-triptofano-isoleucina-glicina). No final da CDR2 ocorre sempre (K/R-L/I/V/F-T/S/I/A), isto é: uma lisina (K) ou uma arginina (R), seguido por um dos quatro resíduos: L, I, V ou F (leucina, isoleucina, valina ou fenilalanina), e na terceira posição T, S, I ou A (treonina, serina, isoleucina ou alanina). Pela definição de Chothia, a CDR2 tem 7 resíduos a menos. A CDR3 é sempre precedida pelo segundo resíduo de Cisteína (C) presente na sequência primária do domínio VH e um dipeptídeo, sendo AR relativamente conservado, mas outras variações

são possíveis. A CDR3 apresenta um tamanho bastante variável entre 3 a 25 resíduos principalmente devido à presença do segmento gênico D. Após A CDR3 sempre aparece um WGXG, codificado pelo segmento gênico J_H^*. As definições acima valem para anticorpos murinos e humanos.

```
                    10        20         30         40        50         60         70         80         90        100
             ....|....|....|....|....|....|....|....|....|....|....|....|....|....|....|....|....|....|....|....|.
J558         QVQLQQSGAELVKTGASVKMSCKASGYTFT-SYTMHWVKQRPGQGLEWIGYIN--PSSGYTNYNQKFKDKATLTADKSSSTAYMQLSSLTSEDSAVYYCAR.YWYFDVWGAGTTVTVS  J_H1
Q52          QVQLKESGPGLVAPSQSLSITCTVSGFSLT-SYGVHWVRQPPGKGLEWLGVIW---AGGSTNYNSALMSRLSISKDNSKSQVFLKMNSLQTDDTAMYYCAR...YFDYWGQGTTLTVS  J_H2
VH36-60      EVQLQESGPSLVKPSQTLSLTCSVTGDSIT-SDYMNWIRKFPGNKLEYMGYIS---YSGSTYYNPSLKSRISITRDTSKNQYYLQLNSVTSEDTATYYCAR..AWFAYWGQGTLVTVS  J_H3
X24          EVKLLESGGGLVQPGGSLNLSCAASGFDFS-RYWMSWARQAPGKGQEWIGEIN--PGSSTINYTPSLKDKFIISRDNAKNTLYLQMSKVRSEDTALYYCAR.YYAMDYWGQGTSVTVS  J_H4
7183         EVKLVESGEGLVKPGGSLKLSCAASGFTFS-SYAMSWVRQTPEKRLEWVAYIS--SGGDYIYYADTVKGRFTISRDNARNTLYLQMSSLKSEDTAMYYCAR.
J606         EVKLEESGGGLVQPGGSMKLSCVASGFTFS-NYWMSWVRQSPEKGLEWVAQIRLKSDNYATHYAESVKGRFTISRDDSKSSVYLQMNNLRAEDTGIYYCTG.
S107         MKKLVESGGGLVQPGGSLRLSCATSGFTFS-DFYMEWVRQPPGKRLEWIAASRNKANDYTTEYSASVKGRFIVSRDTSQSILYLQMNALRAEDTAIYYCAR.
VGAM3.8      QIQLVQSGPELKKPGETVKISCKASGYTFT-NYGMNWVKQAPGKGLKWMGWIN--TYTGEPTYADDFKGRFAFSLETSASTAYLQINNLKNEDTATYFCAR.
DNA4         EVQLVETGGGLVQPKGSLKLSCPASGFSFN-TNAMMWVRQAPGKGLEWVARIRSKSNNYATYYADSVKDRFTISRDDSQSMLYLQMNNLKTEDTAMYYCVR.
VH11         EVQLLETGGGLVQPGGSRGLSCEGSGFTFS-GSWMSWVRQTPGKTLEWIGDIN--SDGSAINYAPSIKDRFTIFRDNDKSTLYLQMSNVRSEDTATYFCMR.
3609N        QVQLVETGGGLVRPGNSLKLSCVTSGFTFS-NYRMHWLRQPPGKRLEWIAVITVKSDNYGANYAESVKGRFAISRDDSKSSVYLQMDRLREEDTATYYCSR.
SM7          EVQLQQSGAEVVP-GASVKLSCTASGFNIK-DDYMHWAKQRPDQGLEWIGRID--PAIDDTDYAPKFQDKATMITDTSSNIAYLQSSSLTSEDTAVYYCPY.
VH15         QVHLQQSGSELRSPGSSVKLSCKDFDSEVFPIAYMSWVRQKPGHGFEWIGDIL--PSIGRTIYGEKFEDKATLDADTVSNTAYLELNSLTSEDSAIYYCAR.
Cons                           C                 WV          lewig                          KLT                             Car       WGXG
Definição de Kabat                           |---| I            |------------------|RIS                              |--//--|
Definição de Chothia                         |---------| A      |-----------|       VI                                |--//--|
                                                CDR1                     CDR2          FA                                     CDR3  (junção VDJ)
```

Figura 11.5 Determinação das CDR em sequências de VH (baseado em <http://www.bioinf.org.uk/abs/>).

Diversas sequências germinais de Vκ de camundongo estão alinhadas na Figura 11.6 para mostrar a conservação na estrutura primária nesse domínio. Esse alinhamento mostra a conservação existente na estrutura primária nesse domínio. Os resíduos que definem as assinaturas do domínio variável leve são mostrados na linha Cons. São esses resíduos aqueles utilizados para definir as CDR, A CDR1 se inicia a partir da primeira cisteína (C) e termina quando surge um triptofano (W), que é seguido de YQ, LQ, FQ ou FL. A CDR2 é sempre precedida por um dos quatro dipeptídeos IY, VY, IK ou IF, e possui sempre sete resíduos, seguidos por um resíduo de glicina (G). A CDR3 é sempre precedida pelo segundo resíduo de cisteína (C) e segue com um tamanho varável até a sequência conservada FGXG, codificado pelo segmento gênico Jκ,** que marca o fim desta região. As definições acima valem tanto para anticorpos murinos quanto para humanos.

Pouco a pouco, os anticorpos murinos ou quiméricos utilizados na clínica foram substituídos por suas versões humanizadas. A vantagem da humanização é a preservação da capacidade ligante do anticorpo murino, diminuindo sua imunogenicidade. Um dos primeiros anticorpos humanizados aprovados para utilização terapêutica foi o Zenapax (Daclizumabe). Aprovado em 1998, foi comercializado pela Roche até 2009, quando foi descontinuado completamente. Esse anticorpo era indicado para a prevenção de processos de

---

* Baseado em: <http://www.bioinf.org.uk/abs/>.
** Baseado em: <http://www.bioinf.org.uk/abs/>.

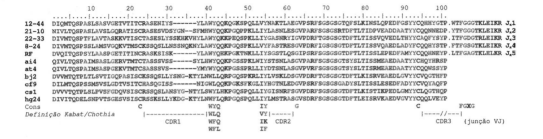

Figura 11.6 Determinação dos CDR em sequências de VL tipo κ (baseado em <http://www.bioinf.org.uk/abs/>).

rejeição aguda de órgãos transplantados, esclerose múltipla e outras doenças autoimunes. Os anticorpos humanizados possuem imunogenicidade menor que dos anticorpos murinos e quiméricos; contudo, eles também apresentam alguns efeitos colaterais por induzir a resposta *human anti-humanized antibodies* (Haha). No intuito de eliminar essas respostas, foram propostas técnicas que visavam desenvolver um anticorpo completamente humano.

11.7 ANTICORPOS HUMANOS

Os anticorpos humanos podem ser obtidos de três formas diferentes: linfócitos B isolados de indivíduos imunizados, linfócitos B isolados de camundongos transgênicos e por meio de bibliotecas sintéticas. Cada uma das técnicas tem suas vantagens e desvantagens. Por exemplo, os anticorpos isolados de linfócitos B de indivíduos imunizados são apenas direcionados aos patógenos, não sendo possível isolar anticorpos contra antígenos próprios, tais como, citocinas e receptores celulares, uma vez que o sistema imunológico tolera esses antígenos. A seguir, apresentamos o princípio básico das três técnicas para desenvolvimento de anticorpos humanos:

- *Linfócitos B isolados de indivíduos imunizados*: as células B de memória de indivíduos imunizados são isoladas e imortalizadas por meio do vírus Epstein-Barr (EBV). Essas células possuem uma imunoglobulina de superfície específica para o antígeno utilizado no processo de imunização. Dessa forma, é possível selecionar apenas as células ligantes ao antígeno. Após a seleção, essas células são cultivadas e os anticorpos são produzidos em pequena, média ou larga escala.

Além disso, é possível obter os genes codificadores das cadeias, leve e pesada, humanas utilizando-se metodologias semelhantes àquelas utilizadas para a clonagem de genes murinos a partir de hibridomas (ver o passo a passo). A utilização dessa metodologia já possibilitou a obtenção de anticorpos neutralizantes de diferentes tipos de HIV[26].

- *Linfócitos B isolados de camundongos transgênicos*: essa metodologia foi introduzida pela primeira vez por Alt e colaboradores[27]. A partir daí, vários grupos vêm aperfeiçoando essa técnica. O método consiste na geração de camundongo transgênico contendo genes de imunoglobulinas humanas não rearranjadas, em vez dos *loci* de imunoglobulinas murinas. Atualmente, existem diversos modelos de camundongos transgênicos contendo linhagem germinativa dos segmentos gênicos de cadeias pesadas, cadeias leves do tipo kappa, cadeias constantes pesadas µ e ɣ1. Esses camundongos podem ser imunizados para o antígeno de interesse e, a partir daí, geram-se hibridomas por meio das técnicas convencionais. A diferença é que essas células secretarão anticorpos constituídos por cadeias polipeptídicas humanas, em vez de murinas. O primeiro camundongo transgênico construído para esse fim foi o XenoMouse™ (lançado pela companhia Abgenix). Esse camundongo continha cromossomos artificiais contendo os *loci* de IgH e IgK humanos, além de serem deficientes na produção de anticorpos murinos[28]. O primeiro anticorpo humano terapêutico gerado nesse camundongo e aprovado em testes clínicos foi o Panitumomabe (da Amgen), um anticorpo antirreceptor do fator de crescimento epidermal (*epidermal growth fator receptor* – EGFR), aprovado para o tratamento de câncer colorretal em 2006.

- *Biblioteca sintética*: Bibliotecas sintéticas de imunoglobulinas podem ser geradas por meio da técnica de apresentação de polipeptídeos na superfície de bacteriófagos filamentosos (*Phage Display*). Essa técnica foi inicialmente descrita por Smith, em 1985[29], quando foi demonstrado que a fusão de peptídeos exógenos à porção aminoterminal da proteína III de bacteriófagos filamentosos não impedia a montagem da partícula viral e ainda possibilitava a incorporação do peptídeo exógeno ao seu capsídeo de maneira acessível ao reconhecimento por um ligante. As bibliotecas construídas em fagos podem ser selecionadas com maior ou menor afinidade para um ligante-alvo imobilizado em um suporte fixo. A técnica de *phage display* é um método importante para a exploração do repertório de anticorpos. A apresentação dessas proteínas na superfície de fagos torna possível mimetizar a

seleção que ocorre naturalmente no sistema imune, realizando-se em ciclos, sendo que a cada ciclo subpopulações de ligantes com maior afinidade são obtidas. Dessa forma, é possível clonar o repertório imune de pacientes previamente imunizados ou em contato com o antígeno, ou, ainda, a partir de genes germinais, construir bibliotecas combinatórias de genes codificadores de domínios variáveis leves e pesados. Empregando-se esta abordagem, já foi possível obter a maturação da afinidade, totalmente *in vitro,* de genes precursores de V_H contra haptenos[30,31], ou ainda transformar a afinidade de fragmentos de Ac por um determinado antígeno em afinidade contra outro antígeno não correlato[13,32]. O primeiro anticorpo humano aprovado para uso clínico obtido a partir de bibliotecas apresentadas em fagos foi o Humira (Adalimumabe). Este anticorpo anti-TNF-α, comercializado pela Abbot, teve seu uso terapêutico aprovado em 2002 para o tratamento de artrite reumatoide e doença de Crohn.

Até hoje, cerca de quarenta anticorpos já foram aprovados para uso clínico. A Tabela 11.1 mostra esses anticorpos, seu caráter (murino, quimérico, humanizado ou humano), seus alvos, doenças em que são usados, qual companhia os comercializa e o ano de aprovação. Uma breve análise temporal dessa tabela mostra que há uma nítida tendência atual de domínio no mercado dos anticorpos humanos e humanizados. Esse fato pode ainda ser comprovado nos testes clínicos em andamento com novas moléculas[*].

Tabela 11.1 Anticorpos monoclonais aprovados para uso terapêutico (até fev. 2015)

ANTICORPO	MOLÉCULA ALVO	TIPO	INDICAÇÃO	EMPRESA	ANO
OKT3 (MUROMONABE-CD3)*	CD3	Murino	Rejeição a transplantes	Johnson & Johnson	1986
REOPRO (ABCIXIMABE)	CA17-1ª	Quimérico	PTCA**	Centocor	1994
PANOREX (EDRECOLOMABE)	GPIIb/IIIa	Quimérico	Câncer Colorectal	Centocor	1995
RITUXAN (RITUXIMABE)	CD20	Quimérico	Linfoma Non-Hodgkin	Biogen, IDEC	1997
ZENAPAX (DACLIZUMABE)*	IL2R	Humanizado	Rejeição a transplantes	Prot Design Labs	1997
SIMULECT (BASILIXIMABE)	IL2R	Quimérico	Rejeição a transplantes	Novarts	1998
SYNAGIS (PALIVIZUMABE)	RSV F	Humanizado	Profilaxia de RSV	MedImmune	1998
REMICADE (INFLIXIMABE)	TNF-α	Quimérico	Artrite reumatoide e Doença de Crohn	Centocor	1998

* Ver <http://www.clinicaltrials.org>.

ANTICORPO	MOLÉCULA ALVO	TIPO	INDICAÇÃO	EMPRESA	ANO
HERCEPTIN (TRASTUZUMABE)	Her2/neu	Humanizado	Câncer de mama metastático	Genentech	1998
MYLOTARG (GEMTUZUMABE)*	CD33	Humanizado	Leucemia mieloide	Wyeth	2000
CAMPATH (ALEMTUZUMABE)	CD52	Humanizado	Leucemia linfocítica	Millennium/ILEX	2001
ZEVALIN (IBRITUMOMABE)	CD20	Murino	Linfoma Non-Hodgkins	Biogen, IDEC	2002
HUMIRA (ADALIMUMABE)	TNF-α	Humano	Artrite reumatoide e Doença de Crohn	Abbott	2002
XOLAIR (ORLALIZUMABE)	IgE	Humanizado	Asma	Genentech	2003
BEXXAR (TOSITUMOMABE-I131)	CD20	Murino	Linfoma Non-Hodgkins	Corixa	2003
RAPTIVA (EFALIZUMABE)*	CD11a	Humanizado	Psoríase	Genentech	2003
ERBITUX (CETUXIMABE)	EGFR	Quimérico	Câncer colo-retal	Imclone Systems	2004
AVASTIN (BEVACIZUMABE)	VEGF	Humanizado	Câncer colo-retal, renal	Genentech	2004
TYSABRI (NATALIZUMABE)	Integrina A4	Humanizado	Doença de Crohn, esclerose	Biogen, IDEC	2004
LUCENTIS (RENIBIZUMABE)	VEGF-A	Humanizado	Degeneração macular	Genentech	2006
VECTIBIX (PANITUMOMABE)	EGFR	Humano	Câncer colo-retal	Amgen	2006
SOLIRIS (ECULIZUMABE)	C5	Humanizado	Hemoglobinúria (PNH)	Alexion Pharm	2007
MILATUZUMABE	CD74	Humanizado	Mieloma múltiplo, Linfoma Non-Hodgkin	Immunomedics	2008
CIMZIA (CERTOLIZUMABE)	Integrina	Humanizado	Doença de Crohn	Biogen, IDEC	2008
SIMPONI (GOLIMUMABE)	TNF-α	Humano	Artrite reumatoide	Johnson & Johnson	2009
ILARIS (CANAKINUMABE)	IL-1β	Humano	CAPS***	Novartis	2009
STELARA (USTEKINUMABE)	IL-12 e IL-23	Humano	Psoríase	Johnson &Johnson	2009
ARZERRA (OFATUMUMABE)	CD20	Humano	Leucemia linfocítica crônica	Genmab	2010
PROLIA (DENOSUMABE)	RANKL	Humano	Osteoporose	Amgen	2010
BENLYSTA (BELIMUMABE)	BLys	Humano	Lupus eritematoso sistêmico	GlaxoSmithKline	2011
VEDOTIN (BRENTUXIMABE)	CD30	Quimérico	Linfoma Hodgkin	Seatle Genetics	2011
IPI (IPILIMUMABE)	CTLA-4	Humano	Melanoma metastático	Bristol	2011
POTELIGEO (MOGAMULIZUMABE)	CCR4	Humanizado	Leucemina-linfoma de células T	Kyowa Hakko Kirin	2012
KADCYLA (ADO-TRASTUZUMABE)	Her2	Humanizado	Câncer de mama metastático	Genentech/Roche	2013
GAZYVA (OBNUTUZUMABE)	CD20	Humanizado e Glicoengenheirado	Leucemia Linfocítica Crônica	Biogen Idec/Chugai Pharmaceutical Co./Hoffmann-La Roche Inc.	2013
KEYTRUDA (PEMBROLIZUMABE)	PD1	Humanizado	Melanoma	Merck	2014
CYRAMZA (RAMACIRUMABE)	VEGFR2	Humano	Câncer Gástrico	Lilly	2014

ANTICORPO	MOLÉCULA ALVO	TIPO	INDICAÇÃO	EMPRESA	ANO
ENTYVIO (VEDOLIZUMABE)	Integrina α4β7	Humanizado	Doença de Crohn e Colite Ulcerativa	Takeda Pharmaceutical	2014
SYLVANT (SILTUXIMABE)	IL-6	Quimérico	Doença de Castleman	Janssen Biotech	2014
BLINCYTO (BLINATOMOMABE)	CD19 e CD3	Murino (scFv biespecífico)	Leucemia Linfoblástica Aguda	Amgen	2014
OPDIVO (NIVOLUMABE)	PD1	Humano	Câncer de Pulmão	Bristol-Myers Squibb	2014
COSENTYX (SECUKINUMABE)	IL-17a	Humano	Psoríase	Novartis	2015
UNITUXIN (DINOTUXIMABE)	GD2	Quimérico	Neuroblastoma	Silver Spring	2015

* Anticorpos que foram descontinuados.
** PTCA: Angioplastia coronária transluminal percutânea.
*** CAPS: Síndromes periódicas associadas à criopirina.

11.8 SISTEMAS DE EXPRESSÃO DE ANTICORPOS

A escolha de um determinado sistema para a expressão de genes de anticorpos depende da sua aplicação clínica e/ou biotecnológica, e também da complexidade dos fragmentos de anticorpo recombinantes a serem produzidos, ou seja, o tipo de molécula a ser expresso (anticorpo inteiro, Fab, scFv ou FvFc). Igualmente, vários fatores devem ser levados em consideração, principalmente devido ao complexo processo de produção, sendo os principais: montagem correta da estrutura da molécula, incluindo a formação de pontes dissulfeto, adição pós-traducional de carboidratos (glicosilação), facilidade de expressão heteróloga, produtividade, metodologias de purificação e custo total do processo[33].

Para alcançar um nível de produção aceitável, o gene clonado tem que ser transcrito e traduzido de forma eficiente. Vale lembrar que o rendimento e a atividade biológica das proteínas recombinantes podem variar muito, e dependem de um grande número de fatores intrínsecos da molécula expressa, tais como, a solubilidade, estabilidade e o tamanho da proteína[34].

Devido à sua sequência única de aminoácidos, cada proteína tende a apresentar problemas únicos durante sua expressão, ou seja, embora possamos utilizar protocolos padrão para iniciar a produção de determinada molécula, a expressão tem que ser otimizada para cada nova proteína produzida. Mesmo se tratando dessa classe específica de proteínas, os anticorpos, cada imunoglobulina tem uma sequência diferente. Assim, a expressão de

cada um dos anticorpos ou seus fragmentos apresenta seus próprios desafios. Por isso, determinado sistema de expressão que pode ser adequado para a produção de um anticorpo pode às vezes não se adequar a outro. Assim, uma série de sistemas de expressão tem sido descrita[35]. Dentre eles, os mais utilizados são bactérias, leveduras, células de insetos, plantas e células de mamíferos.

11.8.1 Sistema de expressão em células de bactéria

Bactérias, como, por exemplo, a *Escherichia coli*, são organismos procariotos e apresentam uma série de vantagens na expressão de proteínas heterólogas, dentre elas a capacidade de produzir proteínas recombinantes em alta quantidade, grande capacidade replicativa, condições de cultivo e fermentação simplificadas, facilidade na manipulação genética e na conversão de bioprocessos para larga escala, técnicas de transformação com DNA exógeno bem estabelecidas, além de requerer quantidades mínimas de DNA. Por outro lado, é um sistema que apresenta limitações nos processos de modificações pós-traducionais, causando problemas de enovelamento com consequente precipitação das proteínas recombinantes na forma de corpúsculos de inclusão intracelulares. Esses problemas estão, principalmente, associados à formação ineficiente das pontes dissulfeto e à lenta isomerização *cis-trans* das ligações peptídicas envolvendo prolinas. Alternativamente, os anticorpos podem ser produzidos na forma de proteína secretada no espaço periplasmático, o que melhora a produção de proteína nativa solúvel. Associados a isso, problemas de degradação do produto recombinante acabam por limitar o tipo de proteína recombinante produzido pelo sistema bacteriano[36].

Fragmentos de anticorpos, menos complexos que os anticorpos inteiros, são frequentemente expressos em *E. coli*, já que a bactéria tem a capacidade de crescer em um ritmo mais rápido e de forma mais econômica se comparada a células de mamíferos, acelerando, assim, o uso da proteína produzida nos processos de purificação e análise. A engenharia de anticorpos que utiliza esse sistema de expressão tende a ser de baixo custo, o que explica a popularidade dos sistemas bacterianos. No entanto, como esses organismos não apresentam a maquinaria de glicosilação, caso seja necessária a produção da molécula de anticorpo em sua forma inteira, que é glicosilada no domínio C_H2, a utilização de outro sistema de expressão se faz necessária.

Para que a expressão seja bem-sucedida, o gene que codifica para a molécula do anticorpo deve ser colocado no contexto de sequência adequado,

permitindo a correta transcrição e tradução da proteína. Normalmente, são utilizados promotores indutíveis para controlar a expressão, o que é essencial para prevenir a perda ou acúmulo de mutações no gene em situações em que sua produção apresente uma citotoxicidade para a célula bacteriana. Dentre esses promotores, estão incluídos o promotor *lac*, o promotor *trp* e seu híbrido, o promotor *tac*, que é regulado pelo repressor lac e induzido por isopropil-β-D-tiogalactopiranosídeo (IPTG). O promotor do bacteriófago T7 também pode ser utilizado em expressões de grandes quantidades de proteínas recombinantes. Esse promotor é bem controlado e pode ser utilizado apenas quando linhagens de *E. coli DE3* são as hospedeiras[37]. Essas linhagens mutantes apresentam, em seu cromossoma, o gene da RNA polimerase do fago T7 sob controle do promotor *lac*. Assim, quando IPTG é adicionado à cultura, ocorre a expressão da RNA polimerase viral, que por sua vez realizará a transcrição do gene da proteína de interesse, sob controle do promotor T7. Esse sistema é talvez aquele que gera os mais altos níveis de produção de proteínas recombinantes em *Escherichia coli*[38]. Outro fator importante para uma eficiente tradução em *E. coli* é a existência do sítio de ligação ribossomal procariótico, ou sequência de Shine-Dalgarno (SD). Essa região aparece localizada de três a onze pares de bases a montante do códon de iniciação (ATG) e é formada por três a nove nucleotídeos. O último elemento de controle importante é o sítio terminador da transcrição, que impede que a transcrição vá além do gene desejado e aumenta a estabilidade do vetor plasmidial[34].

A produção dos fragmentos de anticorpos recombinantes no ambiente redutor do citoplasma bacteriano leva à formação de corpos de inclusão insolúveis, que contêm a proteína desnaturada. Para recuperar a proteína na sua forma nativa, se faz necessário o uso de protocolos de reenovelamento. Várias estratégias podem ser utilizadas, e elas tendem a ser otimizadas para cada molécula. A maioria das estratégias inclui o isolamento dos corpos de inclusão, a solubilização das proteínas recombinantes e sua renaturação em um ambiente que promove a correta formação das pontes dissulfeto, assim como o enovelamento na forma tridimensional apropriada.

Uma abordagem alternativa é a utilização de um peptídeo-sinal que direcione a secreção do anticorpo para o espaço periplasmático, que é um ambiente oxidante situado entre a membrana plasmática e a membrana externa de bactérias gram-negativas. Além disso, nessa região existem algumas moléculas que podem auxiliar no reenovelamento do anticorpo recombinante, como algumas proteínas similares às chaperoninas e dissulfeto isomerases. Em alguns casos, o anticorpo recombinante pode escapar para o

meio de cultura através da membrana externa. Isso depende da linhagem bacteriana, das condições de indução e da sequência de aminoácidos do anticorpo, e pode ser vantajoso, pois permite rastreamento rápido dos anticorpos secretados. Se o rendimento for alto, pode permitir a purificação direta de material a partir do sobrenadante. No entanto, deve ser salientado que nem todos os anticorpos são secretados dessa maneira. Se a proteína recombinante não for encontrada no sobrenadante, é necessário seu isolamento do extrato periplásmico, normalmente obtido por choque osmótico. Essa metodologia tem a vantagem de a proteína poder estar presente em uma concentração elevada, e razoavelmente pura.

Portanto, a expressão bacteriana tem um papel importante a desempenhar na produção de anticorpos recombinantes, em particular para os fragmentos que não necessitam de glicosilação.

11.8.2 Sistema de expressão em células de levedura

O uso das leveduras tem sido uma alternativa bastante eficaz na produção de anticorpos e várias outras proteínas heterólogas, o que se deve ao fato de esses microrganismos possuírem uma maquinaria celular mais complexa para a expressão de produtos que precisam de modificações pós-traducionais, como os anticorpos. A popularização do uso de leveduras também está relacionada à simplicidade no cultivo e nos processos de fermentação, quando comparados às células animais[39]. Além disso, a disponibilidade de kits de expressão comerciais e a facilidade técnica da manipulação genética tornam as leveduras excelentes candidatas para a produção de proteínas de interesse comercial[40].

Dentre as espécies de leveduras, as que já estão bem estabelecidas para a produção industrial são *Saccharomyces cerevisiae* e *Pichia pastoris* (*Komagataella pastoris*). Dessas duas, *S. cerevisiae* é o microrganismo eucariótico melhor caracterizado geneticamente e prevalece entre as espécies de levedura mais utilizadas na indústria alimentícia e farmacêutica[41]. Já a levedura metilotrófica *P. pastoris* é a espécie de levedura mais apropriada para a expressão heteróloga de uma forma geral, graças à alta eficiência dos seus sistemas de expressão e secreção[42], tendo sido reportada, por exemplo, uma produção de 10 g/L de albumina sérica humana[43], enquanto em *S. cerevisiae* a produção é de 150 mg/L[44]. Esses altos níveis de expressão em *P. pastoris* estão relacionados ao forte promotor usado para transcrever genes heterólogos, derivado do gene da álcool oxidase 1 (AOX1), regulado por metanol, um

indutor relativamente barato. Existem dois genes que codificam para a álcool oxidase, AOX1 e AOX2; entretanto, o gene AOX1 é responsável pela maior parte da expressão em células crescidas na presença do indutor. O mecanismo de ativação do gene AOX1 envolve tanto a indução do seu promotor por metanol quanto a desrepressão pela ausência de outras fontes de carbono[45].

O sistema de expressão em levedura tem uma série de vantagens frente ao sistema bacteriano, como a capacidade de fazer diversas modificações pós-traducionais tipicamente associadas com eucariotos superiores, incluindo o processamento de peptídeo-sinal, a formação de pontes dissulfeto, o dobramento correto da proteína recombinante, a adição de lipídeos e uma glicosilação (O- e/ou N- ligadas) mais próxima à humana[45,46]. No entanto, essa glicosilação não é a mesma vista em hibridomas e mielomas, uma vez que as ramificações de carboidratos adicionadas são ricas em D-manose[47].

Outra vantagem do sistema de expressão em *P. pastoris* é a presença da protease Kex2 que pode ser utilizada tanto para o processamento do peptídeo-sinal quanto da proteína heteróloga expressa. Normalmente é utilizado o peptídeo-sinal do fator alfa de *Saccharomyces cerevisae* no vetor de interesse, que consiste em uma sequência de dezenove aminoácidos (pré-peptídeo) seguidos de uma sequência de sessenta aminoácidos hidrofóbicos (pró-peptídeo). A proteína é sintetizada na forma de pré-pró-peptídeo. O pré-peptídeo é responsável pela transferência da pró-proteína para o retículo endoplasmático. A pró-proteína é transportada pelo aparato de Golgi onde o pró-sinal é clivado pela Kex2 liberando a proteína madura[46] (Figura 11.7). Burtet e colaboradores, em 2007, demonstraram que um sítio de clivagem similar ao da endopeptidase kex2 pode ser utilizado entre as cadeias, L e Fd, de um Fab, permitindo a clivagem e o processamento correto da molécula, resgatando as duas cadeias na forma de heterodímero com atividade ligante[17]. Isso facilita a engenharia do vetor de expressão utilizado, já que se trata de uma construção monocistrônica, em que ambas as cadeias estão sob o controle do mesmo promotor, permitindo a expressão estequiométrica das moléculas e o seu direcionamento para o retículo endoplasmático da levedura. Esse ambiente redutor é propício para a formação de pontes dissulfeto, para a montagem correta das cadeias leve e pesada do fragmento Fab.

Burtet e colaboradores desenvolveram um cassete para expressar as duas cadeias polipeptídicas que compõem o Fab como um peptídeo único constituído pelo peptídeo-sinal, o Fd (V_H-C_H1), separado da cadeia leve ($V_L C_L$) por uma sequência de resíduos de aminoácidos que é reconhecida pela protease Kex2 presente no aparato de Golgi[17]. A sequência de processamento do peptídeo único é a seguinte: inicialmente ocorre a remoção do peptídeo-sinal

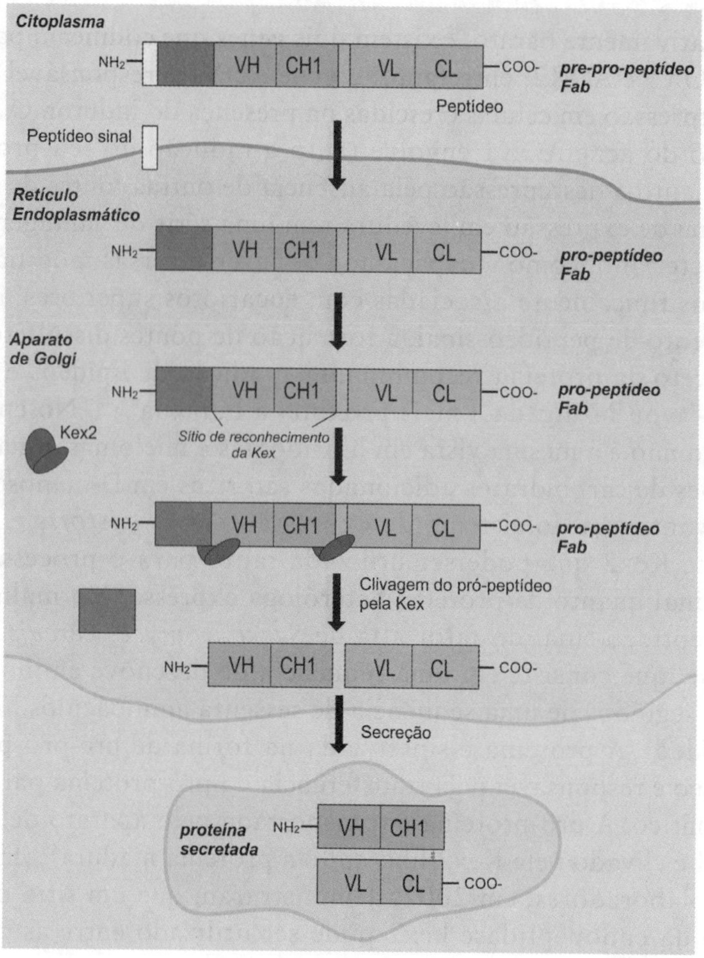

Figura 11.7 Síntese do Fab de cadeia única (scFab) utilizando vetores de expressão em Pichia pastoris.

aminoterminal e o direcionamento do peptídeo scFab para o retículo endoplasmático. Quando este chega às cisternas de Golgi, a protease Kex2 remove tanto pro-peptídeo quanto realiza a clivagem do scFab separando as duas cadeias. O ambiente redutor desses dois compartimentos possibilita ainda a formação de pontes dissulfeto intercadeias, a partir de resíduos de cisteína presentes nos dois domínios constantes. A proteína secretada equivale ao Fab obtido a partir da digestão proteolítica de moléculas inteiras de anticorpos (Figura 11.7).

As leveduras são mais adequadas para a produção heteróloga de proteínas recombinantes, facilitando a obtenção de proteína solúvel mesmo para aquelas que normalmente se acumulam como corpos de inclusão insolúveis em *E. Coli*[48]. Além disso, a degradação de proteínas heterólogas, frequentemente um problema em *E. coli*, é normalmente reduzida em leveduras. Mesmo assim, uma das desvantagens do sistema de expressão em leveduras é a proteólise de peptídeos secretados devido à secreção de proteases no sobrenadante de cultura. Para sanar este problema, sugere-se a utilização de linhagens protease-deficientes, o que tem se mostrado eficaz na redução da degradação das proteínas heterólogas. As linhagens mais comuns são: SMD1163 (his4, pep4, prb1), SMD1165 (his4, prb1), SMD1168 (his4, pep4). Contudo, a viabilidade dessas linhagens é comprometida, apresentando um crescimento mais lento. Além disso, são mais difíceis de serem transformadas em relação às linhagens selvagens[49].

Ao contrário dos sistemas de expressão em células de mamíferos, as leveduras podem ser cultivadas em meios de crescimento rápido e simples, o que torna este sistema uma opção atraente para proteínas importantes na clínica e na indústria, onde a metodologia de fermentação em larga escala é necessária. Anticorpos inteiros e seus fragmentos (Fab, scFv e FvFc) foram expressos com sucesso utilizando esse sistema[16,17,50,51].

11.8.3 Outros sistemas de expressão, animais e plantas geneticamente modificadas

Uma técnica promissora para desenvolver novos anticorpos pode ser o uso de animais geneticamente modificados. Animais como cabras e vacas transgênicas têm sido propostos como fábricas de proteínas recombinantes de uso terapêutico. Nesse caso, o principal alvo é a produção da proteína recombinante no leite desses animais.

Outra técnica utilizando células de animais são as células de inseto transformadas via baculovírus. Esse sistema tem alcançado níveis compatíveis com os encontrados em sistemas de expressão em leveduras, devido a essas células serem mais resistentes ao estresse metabólico, além de serem mais produtivas que células de mamíferos, sendo empregadas em produções em larga escala de proteínas recombinantes. Contudo, os sistemas que se valem de células de inseto apresentam algumas limitações devido à infecção pelo baculovírus, sendo reportados problemas de secreção e dobramento correto das proteínas[52] e problemas de degradação devido a proteases expressas,

além de diferenças nos padrões de glicosilação e problemas na adição de ácido siálico à proteína heteróloga produzida[53].

Experiências com plantas modificadas também têm surgido, e a produção de anticorpos em plantas oferece algumas vantagens, como a facilidade de produção em larga escala, o baixo custo, quando comparado com outros sistemas, e a ausência de patógenos humanos. Entretanto, muitas são as objeções ao uso desse sistema: as plantas apresentam modificações pós-traducionais nas proteínas diferentes de mamíferos, além de possuir um tempo de produção muito longo[54].

11.8.4 Sistema de expressão em células de mamíferos

A tecnologia de expressão gênica em células de mamíferos é a mais utilizada na produção comercial de anticorpos terapêuticos, já que nesse sistema os sinais para síntese e secreção das proteínas são extremamente similares aos do sistema humano. As células de mamífero são capazes de adicionar todas as modificações pós-traducionais necessárias para a produção e utilização de proteínas recombinantes como fármacos, como acetilação, metilação, fosforilação, prenilação, sulfonação e glicosilação, especialmente a N-glicosilação, presente no domínio C_H2 dos anticorpos. Dessa forma, elas têm a capacidade de mimetizar os padrões humanos de modificações, promovendo um correto dobramento e processamento da molécula de interesse[55]. Entretanto, vale ressaltar que existem algumas diferenças significativas entre as espécies utilizadas. Por exemplo, células murinas podem adicionar epítopos xenorreativos reconhecidos por anticorpos naturais em humanos[34].

Dentre as células de mamíferos, a mais utilizada na produção em grande escala é a linhagem de células de ovário de *hamster* chinês (CHO). A sublinhagem CHO-K1 é derivada da linhagem celular parental de CHO que foi estabelecida do material da biópsia do ovário de um *hamster* chinês adulto[56] e é caracterizada como uma célula epitelial, fibroblastoide e aderente ao polímero onde é cultivada. Dentre suas principais vantagens estão os altos níveis de expressão de proteínas em comparação a outras células de mamíferos e a possibilidade de produção em larga escala com a utilização de meios livres de soro e crescimento em suspensão[57]. Além disso, o fato de produzirem uma molécula extremamente parecida com a que é gerada em células humanas, principalmente no que se refere à glicosilação, torna esse sistema de expressão a principal opção para aprovação rápida por parte dos órgão de autorização e agências reguladoras, como a norte-americana Food

and Drug Administration (FDA) e a Agência Nacional de Vigilância Sanitária (Anvisa), no uso clínico.

Entretanto, uma das grandes limitações na utilização de anticorpos terapêuticos é o complexo processo de produção. As limitações se encontram, principalmente, na quantidade reduzida de proteína produzida e em seu alto custo, o que de certa forma dificulta o acesso ao medicamento de boa parte da população em geral. Mesmo as células de mamífero que apresentam características fisiológicas semelhantes às células humanas apresentam baixos níveis de expressão em comparação com outros sistemas de expressão, como leveduras e bactérias. Para isso, métodos para melhorar a produção de biofármacos vêm sendo estudados, de modo a se atingir os níveis da produção industrial. Dentre os métodos descritos estão a mudança de temperatura no cultivo das células[58], adição de compostos químicos no meio de cultura[59] e a engenharia dos vetores de expressão[60].

A escolha do vetor de expressão depende do método para a introdução do gene recombinante e os elementos de controle que serão utilizados para a expressão do mRNA e síntese proteica. Basicamente, existem dois métodos para a introdução do DNA exógeno em células de mamíferos, um mediado por infecção viral e outro pela transferência direta do DNA para dentro das células, empregando métodos químicos (lipossomos, fosfato de cálcio, DEAE-dextran e polibreno, por exemplo) e físicos (eletroporação e microinjeção). No que diz respeito aos elementos de controle transcricional, tais como os promotores e *enhancers*, sua eficiência pode variar consideravelmente de acordo com as diferentes linhagens celulares.

O promotor eucariótico é bastante complexo e contém uma série de elementos de sequência ligantes de fatores nucleares envolvidos na montagem do complexo de iniciação de transcrição. Dentre os elementos encontrados, a região TATA box, localizada de 25 a 30 pares de bases a montante ao sítio de iniciação da transcrição, é a mais comum em promotores do tipo II – aqueles que produzem o mRNA. A TATA box é reconhecida pela proteína ligante da região TATA de promotores (*TATA box binding protein* – TBP), que é um fator transcricional essencial para a montagem do complexo de iniciação da transcrição e posicionar a RNA polimerase na região de início de transcrição.

Os promotores eucarióticos são, ao mesmo tempo, complexos e bem estruturados no que se refere à sua regulação e atividade. Existem estudos que buscam o melhoramento da atividade dos diversos promotores conhecidos por meio da adição ou remoção de elementos ou motivos no promotor[60].

Um dos promotores mais comumente utilizados em construções de vetores de expressão em células de mamífero é o promotor do citomegalovírus (CMV). O promotor CMV e seu *enhancer* dirigem a expressão do gene imediatamente precoce de CMV, que codifica proteínas que participam das vias de replicação do vírus. O gene sofre *splicing* alternativo, originando diversas proteínas que fazem parte do ciclo de replicação viral. Ele é constituído por quatro exons e três introns, sendo que o maior dos introns é o intron A, localizado na região não traduzida 5' (*5'untranslated region* – 5' UTR). O promotor CMV é bastante compacto e possui a montante um *enhancer*. Os *enhancers* podem ser utilizados para aumentar o nível de expressão, muitos deles são restritos a determinados tipos celulares[61, 62], e, portanto, a escolha do promotor e do *enhancer* em um sistema de expressão determinará o tipo de célula em que o gene de interesse será expresso. O *enhancer* do CMV é bastante promíscuo, estimulando a expressão pelo promotor a jusante em diversos tipos celulares, e forma junto com o promotor CMV um par *enhancer/promotor* com um tamanho bastante reduzido para os padrões eucarióticos, cerca de 1 kbp, bastante apropriado para um vetor de expressão.

11.9 VETORES PARA A EXPRESSÃO DE ANTICORPOS – FRAGMENTOS E ANTICORPOS INTEIROS

A produção de anticorpos em células de mamíferos pode ser realizada a partir de dois vetores de expressão independentes, cada um codificando uma das cadeias, leve ou pesada, do anticorpo ou na forma dicistrônica, na qual as duas cadeias estão contidas no mesmo vetor, contendo dois promotores, um para cada cadeia. A transfecção dessas células com duas construções independentes é o modo menos eficiente para a expressão balanceada das duas cadeias. Isso porque, geralmente, o sítio de integração desses vetores no DNA da célula hospedeira tem grande efeito na expressão do gene recombinante. Quando se utiliza dois vetores em uma transfecção, eles podem se integrar a regiões com perfis transcricionais diferentes. Desse modo, quando há integração em regiões de heterocromatina, pode ocorrer pouca ou nenhuma expressão, enquanto a integração em regiões de eucromatina normalmente possibilita a expressão do gene[55].

Um dos principais exemplos de um elemento que possibilita a construção de um vetor de expressão policistrônico em células de mamífero é o sítio de entrada ribossomal interno (*Internal Ribosome Entry Site* – IRES), sequências encontradas na região 5' UTR de alguns vírus de RNA. Ao ser

adicionado entre as duas cadeias do anticorpo, o IRES possibilita a tradução dos dois genes, devido à geração de um sítio interno para a entrada de ribossomos sem a necessidade de todo o aparato de iniciação da tradução presente em eucariotos. Outro exemplo da utilização do IRES é entre um gene de interesse e uma marca seletiva[21]. A adição de uma marca seletiva no vetor durante uma transfecção é importante quando se pretende selecionar um clone altamente produtor e estável, sendo esse um parâmetro essencial para a produção em larga escala de proteínas recombinantes.

11.9.1 Marcas seletivas

A presença de uma marca seletiva facilita o isolamento de linhagens transgênicas produtoras, como uma atividade enzimática que confere resistência a um antibiótico ou outra droga. O gene de interesse e o gene que codifica a marca seletiva podem estar juntos em um único vetor ou cotransfectados em vetores separados. As principais marcas seletivas encontradas em vetores para expressão em mamíferos são:

- *Diidrofolato redutase (DHFR)*: é uma enzima que reduz o ácido diidrofólico para ácido tetraidrofólico, usando NADPH como doador de elétrons, sendo essencial para a biossíntese de aminoácidos e nucleotídeos em células eucarióticas. As linhagens *dhfr-* quando transfectadas com um vetor contendo o gene funcional são capazes de crescer em meios sem adição de glicina, hipoxantina e timina. O metotrexato (MTX) é uma droga análoga de folato que inibe irreversivelmente a enzima, resultando na morte celular exacerbada ao efeito deletério do fenótipo *dhfr-* (Figura 11.8). Para desenvolver resistência contra o metotrexato, as células transfectadas precisam amplificar a marca seletiva DHFR, o que ocorre concomitantemente com a amplificação do gene de interesse clonado adjacente ao gene de resistência[63].
- *Neomicina*: um antibiótico aminoglicosídico de amplo espectro, atuando sobre microrganismos gram-positivos e gram-negativos. A resistência à neomicina é conferida por qualquer um dos dois genes da aminoglicosídeo fosfotransferase. Normalmente, o gene *NeoR* é utilizado para a obtenção de linhagens resistentes. Células não transfectadas morrem quando a cultura é tratada com neomicina ou algum antibiótico similar. Neomicina ou canamicina podem ser utilizadas

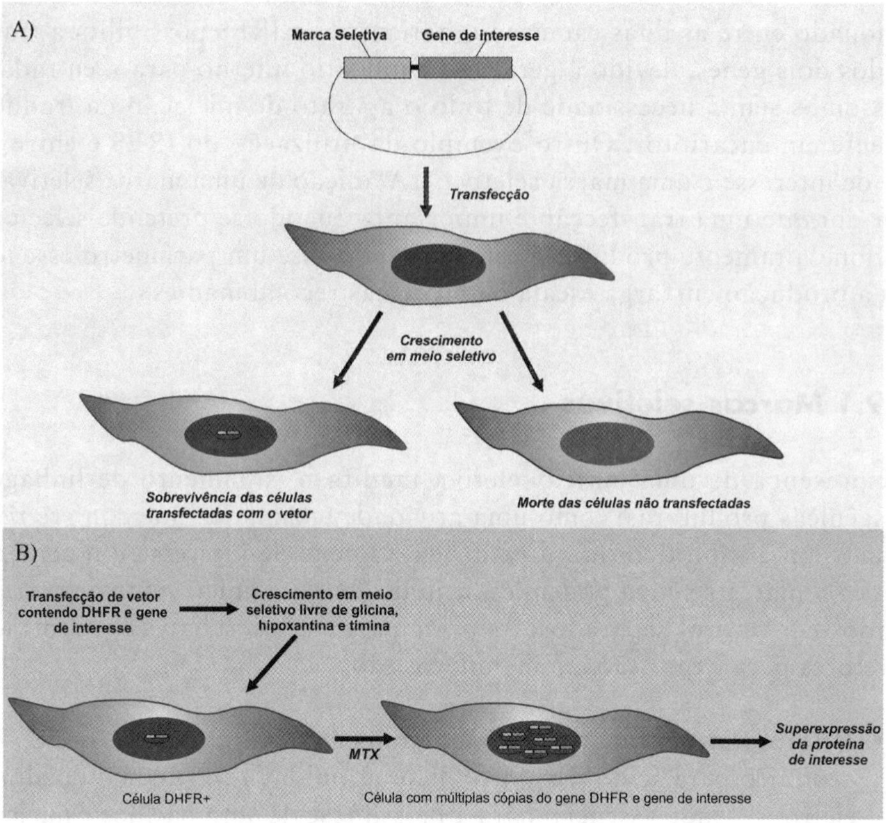

Figura 11.8 Principais marcas seletivas utilizadas em vetores para expressão em células de mamíferos.

em culturas de procariotos, mas para cultura de eucariotos, geralmente, é utilizada a geneticina (G418)*.

- *Glutamina sintetase (GS)*: enzima fundamental no metabolismo do nitrogênio, catalizando a síntese de glutamina a partir de glutamato e amônia. Algumas linhagens de células de mamífero não expressam GS suficiente, por exemplo, as células de mieloma NS0. Nessas linhagens a transfecção do gene GS funciona como uma marca seletiva, permitindo o crescimento em meios de cultura sem a adição do aminoácido glutamina. Outras linhagens, como a CHO, expressam GS suficiente para a sobrevivência sem a glutamina exógena. Nesses casos, inibidores específicos, como a metionina sulfoximina (MSX),

---

* Ver <http://www.bio.net/bionet/mm/methods/1999-March/074165.html>.

podem ser usados para inibir a atividade endógena da GS de tal modo que somente as linhagens transfectadas com a atividade adicional (exógena) conseguem sobreviver.

A existência de marcas seletivas facilita a obtenção de clones estáveis transfectados com vetores de expressão em células de mamíferos. (a) A pressão seletiva normalmente é exercida durante o crescimento das células transfectadas na presença de meios seletivos. No caso da marca NeoR, gene que codifica a enzima aminoglicosídeo fosfotransferase, o meio seletivo é adicionado de concentrações Geneticina, variando de 400 μg/mL a 800 μg/mL. Apenas as células capazes de degradar o antibiótico são capazes de crescer na presença deste. No caso das marcas seletivas de glutamina sintase (GS) e de diiidrofolato redutase (DHFR) os meios seletivos são depletados do aminoácido glutamina e de purinas e pirimidinas, respectivamente. Nesses casos utilizam-se linhagens celulares cujo gene selvagem está ausente ou ainda inibidor para a enzima endógena. (b) A marca seletiva DHFR ainda possibilita a amplificação do vetor de expressão em múltiplas cópias. Esse fenômeno ocorre devido à presença de uma origem de replicação de DNA presente no gene dhfr. A adição de metotrexato (MTX), um antimetabólito da via de síntese do ácido fólico, essencial para a síntese de purinas e pirimidinas, força ainda mais a seleção de clones com maior número de cópias (Figura 11.8).

A Figura 11.9 mostra um painel de cassetes de expressão de construções monocistrônicas utilizadas nos vetores desenvolvidos pelo grupo de

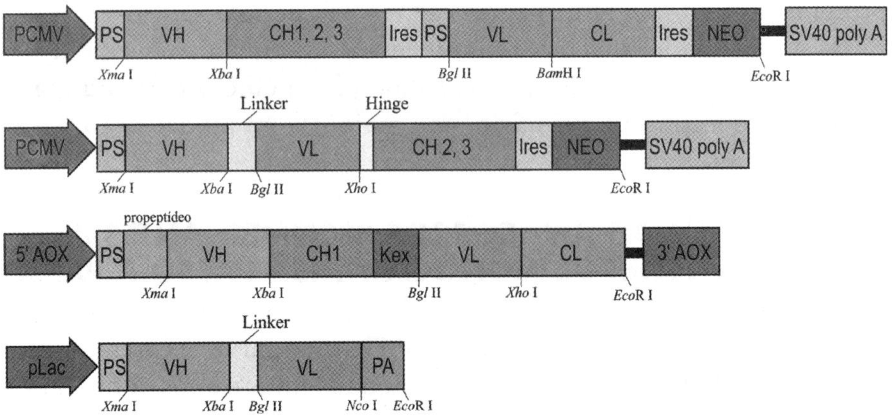

Figura 11.9 Organização gênica de cassetes de expressão monocistrônicos de IgG, FvFc, Fab e scFv nos vetores de expressão em célula de mamífero (IgG e FvFc), em *Pichia pastoris* (Fab) e em *E. coli* (scFv).

Imunologia Molecular da Universidade de Brasília (UnB). Os vetores são utilizados para a expressão de anticorpos murinos, quiméricos, humanos ou humanizados na forma de moléculas inteiras (IgG1/k) e seus fragmentos (scFv, Fab ou FvFc). O vetor pCO HIL expressa o gene de imunoglobulinas inteiras em células de mamíferos. Para tanto possui o promotor de CMV quimicamente sintetizado, sequencia codificadora de peptídeo sinal de imunoglobulina de camundongo (PS), o gene codificador da cadeia pesada ($V_H C_H 123$) separado do gene codificador da cadeia leve ($V_L C_L$) por um elemento do tipo IRES forte, desenhado a partir do genoma de enterovírus humano. Apresenta ainda outro elemento IRES (fraco) separando o gene de cadeia leve e o da marca seletiva de resistência a Neomicina. Este vetor expressa diferentes anticorpos do tipo γ1/k. Os genes codificadores dos domínios constantes são humanos e dependendo do domínio V_H e V_L os anticorpos produzidos são quiméricos, humanizados ou humanos. O vetor pCO[60] expressa um FvFc, isto é, um fragmento vaiável de cadeia única (scFv: V_H-peptídeo conector-V_L) sob controle do promotor de CMV quimicamente sintetizado e também apresenta a marca seletiva para resistência a neomicina em arranjo monocistrônico. O vetor pPIgFab[17] expressa fragmentos de ligação ao antígeno (Fab) na forma de uma única cadeia polipeptídica (scFab), sob controle do promotor aox1. Essa construção apresenta um sítio de clivagem reconhecido pela protease Kex2 da levedura Pichia pastoris. Os vetores da série pIg[18] foram desenhados para expressão em bactérias e apresentam o promotor T7 e expressão scFvs fusionados a um domínio de proteína A de *Staphylococcus aureus* (PA). A presença desse domínio permite a purificação da proteína recombinante utilizando-se resinas de IgG sefarose em cromatografias de afinidade. A detecção também é facilitada a partir da utilização de preparações de imunoglobulinas totais (de coelho e camundongo, por exemplo) como anticorpo primário em ensaios de imunodetecção.

11.10 PRODUZINDO ANTICORPOS RECOMBINANTES A PARTIR DE ANTICORPOS MONOCLONAIS – PASSO A PASSO

O protocolo descrito a seguir aborda a estratégia de expressão de anticorpo partindo de hibridomas de camundongos imunizados com o antígeno de interesse.

Extração de RNA total de hibridoma

O protocolo a seguir é baseado no método de extração de RNA total com trizol. Todos os materiais e reagentes devem ser livres de qualquer atividade de ribonuclease (RNase *free*).

Procedimento

1) Lavar cerca de 1 a 5 x 10^6 células do hibridoma com PBS (do inglês, *phosphate buffer saline*, tampão fosfato salina) para retirar completamente o meio de cultura. Centrifugar as células por 10 minutos a 1.800 x *g* à temperatura ambiente.
2) Desprezar o sobrenadante e ressuspender o sedimento com 1 mL de trizol. As células devem ser completamente lisadas. A essa suspensão adicionar 0,2 mL de clorofórmio e agitar vigorosamente por 15 segundos.
3) Incubar a suspensão por 2 minutos à temperatura ambiente e centrifugar por 15 minutos a 12.000 x *g* a 4 °C.
4) Coletar a fase aquosa cuidadosamente em um tubo novo. Nessa etapa, deve-se evitar coletar a interfase e a fase do trizol para que não haja contaminação com DNA genômico e proteases que poderiam degradar a amostra. Por ser tóxico, o trizol deve ser manipulado com cuidado e descartado de forma apropriada.
5) À fase aquosa coletada, adicionar 0,9 mL de isopropanol gelado e incubar a -20 °C durante duas horas ou, alternativamente, por dezoito horas.
6) Após a incubação, centrifugar a amostra por 45 minutos a 12.000 x *g* a 4 °C. Desprezar o sobrenadante.
7) Lavar o sedimento cuidadosamente sem ressuspendê-lo com 0,2 mL de etanol 70% gelado RNase *free*.
8) Centrifugar novamente nas mesmas condições por 15 minutos. Desprezar o sobrenadante e secar a amostra em temperatura ambiente.
9) Ressuspender o sedimento com 30 µL a 50 µL de água RNase *free*.
10) Quantificar o RNA e avaliar a integridade por meio de eletroforese em gel de agarose. Em caso de contaminação com DNA na amostra é necessário o tratamento com DNase (utilizando o procedimento recomendado pelo fabricante).

Notas importantes

A qualidade do RNA é importante para a preservação da informação da sequência durante a síntese de DNA complementar (cDNA). Normalmente, a maior fonte de contaminação com ribonucleases (RNases) exógenas está no material usado para a purificação de RNA. RNases endógenas podem ser inativada rapidamente durante a lise das células usando desnaturantes de proteínas, tais como o fenol (contido no reagente trizol) e clorofórmio. O rigor nas condições utilizadas para a extração de RNA previne a degradação deste.

Síntese de cDNA a partir do RNA total

A síntese de cDNA deve seguir as instruções do fabricante da transcriptase reversa.

Procedimento

Para a síntese do cDNA, é utilizado de 10 ηg a 5 μg de RNA total obtido de cerca de 10^6 células do hibridoma. A primeira fita do cDNA pode ser sintetizada utilizando oligo-dT ou kits que se valem de pequenos oligonucleotídeos aleatórios (*random primers*) comercialmente disponíveis, ou ainda utilizando oligonucleotídeos para a região constante, dependendo do tipo de subtipo de imunoglobulina, como observado na Tabela 11.2.

Amplificação por PCR dos segmentos gênicos codificadores dos domínios V_H e V_L e isolamento dos amplicons para clonagem.

A amplificação por PCR deve utilizar como DNA molde o cDNA sintetizado a partir do RNA de hibridoma. Como iniciadores, utilizar os oligonucleotídeos descritos na Tabela 11.2.

São montados onze sistemas visando à amplificação do gene codificador para o domínio V_H e nove sistemas para o domínio V_L. Nesses sistemas, o iniciador 3' é sempre o mesmo, γ1 e κ18, para V_H e V_L, respectivamente. Os iniciadores 5' são diferentes e apresentam algumas degenerações. Eles foram desenhados de modo a cobrir toda a variabilidade de segmentos gênicos V_H e V_k.

Procedimento

1) O sistema de amplificação deve ser montado como descrito a seguir:
   - DNA molde 10 ηg a 20 ηg
   - Oligonucleotídeos 5' 30 pmol a 50 pmol
   - Oligonucleotídeos 3' 30 pmol a 50 pmol
   - dNTPs 50 µM
   - Cloreto de magnésio 1,5 mM a 2,5 mM
   - *Taq* DNA polimerase 1U a 2U
   - Tampão da *Taq* DNA polimerase 1x
   - Água pura para o volume final de 50 µL a 100 µL
2) A amplificação deve ser executada em termociclador. As amostras devem ser pré-aquecidas a 99 °C por 3 minutos antes da adição da enzima *Taq* DNA polimerase. No caso da utilização de *Taq* DNA polimerase Platinum™ (Invitrogen®) ou similar, a enzima pode ser adicionada desde o início da reação de amplificação e a etapa de preaquecimento deve ser de 5 minutos a 95 °C. Após a adição da enzima, o programa deve conter as seguintes etapas: 25 a 30 ciclos térmicos em que o DNA deve ser desnaturado a 94 °C por 30 segundos, anelado a temperatura de 57 °C por 40 segundos (dependendo do Tm do oligonucleotídeo utilizado como iniciador) e elongado a 72 °C por 2 minutos.
3) Após a amplificação, 10 µL a 15 µL do sistema de reação deve ser analisado em gel de agarose para verificação do tamanho dos amplicons.
4) Após a confirmação, os fragmentos devem ser purificados para a clonagem. A purificação dos amplicons pode ser feita em colunas comerciais disponíveis ou através de eletroeluição.

Notas importantes

A região codificadora para V_H possui cerca de 120 códons, e a região codificadora para V_L, 110, que variam conforme o tamanho do CDR3, principalmente para V_H. Os amplicons resultantes do PCR podem ser observados por eletroforese em gel de agarose. Os amplicons devem estar entre 330 pares de base (pb) (domínio leve) e 380 pb (domínio pesado). É comum o aparecimento de mais de um amplicon tanto para V_H como para V_L. O motivo mais trivial é a proximidade entre as sequências dos iniciadores 5', e os amplicons são portanto idênticos, com diferenças que remontam à incorporação desses iniciadores na porção 5' do amplicon.

Tabela 11.2 Oligonucleotídeos sintéticos para síntese de cDNA ou sequenciamento

NOME	SEQUÊNCIA	UTILIZAÇÃO
γ1	5' TGGACAGGGATCCAGAGTTCCAGGTCACT 3'	Síntese do cDNA e amplificação por PCR do V_H murino a partir da extremidade 3'
κ18	5' TACAGTTGGTGCAGCATC 3'	Síntese do cDNA e amplificação por PCR do V_L murino a partir da extremidade 3'
307	5' ATG(GA)A(GC)TT(GC)(TG)GG(TC)T(AG)CT(GT)G(GA)TT 3'	
308	5' ATG(GA)AATG(GC)A(GC)CTGGGT(CT)(TA)T(TC)T(TC)CTCT 3'	
309	5' GATGTGAAGCTTCAGGAGTC 3'	
310	5' CAGGTGCAGCTGAAGGAGTC 3'	
311	5' CAGGTGCAGCTGAAGCAGTC 3'	
312	5' CAGGTTACTCTGAAAGAGTC 3'	Amplificação por PCR do domínio V_H a partir da extremidade 5'
319	5' GAGGTCCAGCTGCAACACTCT 3'	
320	5' GAGGTCCAGCTGCAGCAGTC 3'	
321	5' CAGGTCCAGCTGCAGCCGTC 3'	
322	5' GAGGTGAAGCTGGTGGAGTC 3'	
324	5' GATGTGAACTTGGAAGTGTC 3'	
353	5' GACATTGTGATGACCCAGTCT 3'	
362	5' GATGTTTTGATGACCCAAACT 3'	
364	5' GATATTGTGATAACCCAG 3'	
365	5' GACATTGTGCTGACCCAATCT 3'	
390	5' GATATTGTGCTAACTCAGTCT 3'	Amplificação por PCR do domínio V_L a partir da extremidade 5'
391	5' GATATCCAGATGACACAGACT 3'	
392	5' GACATCCAGCTGACTCAGTCT 3'	
393	5' CAAATTGTTCTCACCCAGTCT 3'	
394	5' CAGGCTGTTGTGACTCAGGAA 3'	

Clonagem dos segmentos gênicos codificadores dos domínios V_H e V_L em vetor pGEM T e sequenciamento

Os amplicons resultantes da PCR devem ser sequenciados. A melhor forma de fazer isso é cloná-los em vetores comerciais como o pGEM-T (Promega) ou o sistema Topo (Invitrogen). O vetor pGEM T é um vetor linear que possui uma deoxitimidina (T) em cada uma das extremidades 3' e que permite a inserção direta de produtos de PCR adenilados. Para que a ligação dos fragmentos de PCR nesse vetor ocorra de forma eficiente, é necessária a introdução de uma Adenina (A) nas extremidades 3' terminais dos amplicons por meio da reação de "adenilação". Nessa reação, os substratos são o produto da PCR e utiliza-se a enzima *Taq* DNA polimerase e deoxiadenosina tri-fosfato (dATP), conforme descrito a seguir.

Procedimento

1) A reação deve conter 6 µL do produto de PCR purificado, tampão da enzima *Taq* DNA polimerase (1x), 2 µL de dATP a 1 mM e 1 µL da enzima. A reação deve ser executada em um termociclador por 30 minutos a 72 °C.
2) Após a adenilação, as sequência codificadoras dos genes de imunoglobulinas devem ser inseridas no vetor pGEM-T por meio de reação de ligação, conforme instruções do fabricante (Promega). Essa reação deve ser mantida a 16 °C por 16 a 18 horas para que ocorra a ligação. Após esse tempo, o vetor é circularizado pela introdução do produto de PCR adenilado, formando o plasmídeo recombinante.
3) O plasmídeo resultante da ligação deve ser transformado em bactéria *E. coli* que deverá ser crescida em cultura para propagação do DNA plasmidial. Após o crescimento das bactérias contendo o plasmídeo recombinante, este é extraído por meio de lise bacteriana e purificação de DNA plasmidial. Os procedimentos de transformação e purificação de DNA plasmidial podem ser realizados conforme descrito em Maranhão[64] e Maranhão e Moraes[65].
4) O DNA plasmidial dos clones recombinantes deverá ser preparado para sequenciamento pelo método de Sanger. As sequências obtidas devem ser comparadas com sequências padrão para imunoglobulina. Comparar as sequências com o banco de dados de proteínas através do programa Blast é rápido e objetivo. O National Center for Biotechnological Information (NCBI) possui um Blast especializado em caracterizar sequências de

anticorpos, o IgBLAST*. A sequência correspondente ao anticorpo original secretado pelo hibridoma deve conter uma fase de leitura intacta com as características estruturais de imunoglobulinas. Pode-se ainda localizar as CDR por meio das indicações contidas no *site* do Bioinformatics Group**. As sequências dentro deste critério devem ser expressas em vetor de expressão de anticorpos para testar a atividade ligante contra o antígeno original.

Notas importantes

Para a clonagem dos segmentos gênicos em vetor de expressão para anticorpos, esses devem ser manipulados de modo a circunscrever apenas os códons componentes do V_H, ou V_L. Isso acontece, pois os iniciadores invariantes 3´ *(γ1 e κ18)* encontram-se a alguns códons dentro do C_H1, ou C_L, e esses códons a mais podem interferir na estruturação do anticorpo recombinante. Além disso, alguns dos iniciadores 5' contêm códons do peptídeo-sinal, e também devem ser removidos. A forma mais simples de fazer esse recorte nos domínios variáveis é desenhando oligonucleotídeos delimitadores contendo sítios para as enzimas de restrição utilizados no vetor de expressão. No caso dos vetores exemplificados neste capítulo (Figura 11.9), os sítios são *Xma* I e *Xba* I para o V_H e *Bgl* II e *Xho* I para o V_L, descritos no sentido 5'e 3'. É importante notar a importância de se introduzir esses sítios de modo que mantenham a fase de leitura imposta pelo vetor.

11.11 CONCLUSÕES E PERSPECTIVAS FUTURAS

Quando César Milstein e George Köhler descreveram a técnica de geração de hibridomas, o conceito de que seria possível gerar anticorpos contra qualquer tipo de antígeno ganhou força. Àquela época, postulava-se que essas moléculas seriam as "balas mágicas" a serem utilizadas visando a alvos específicos dentro do corpo de pacientes. Poderiam ser utilizadas, por exemplo, para atacar precisamente apenas as células malignas, preservando as células sadias, no caso da terapia para câncer. Isso foi predito em 1975 no editorial da revista *Nature*, na qual Milstein e Köhler publicaram o seu trabalho. Tal predição demorou mais de vinte anos para virar realidade, principalmente porque as moléculas geradas tinham o caráter murino e geravam

---

* Disponível em: <http://www.ncbi.nlm.nih.gov/igblast/>.
** Disponível em: <http://www.bioinf.org.uk/abs/>.

mais efeitos adversos do que benefícios aos pacientes aos quais eram administradas. Foram precisos avanços científicos e a contribuição de diversas áreas do conhecimento: biologia molecular, imunologia, biologia estrutural e engenharia genética. Hoje, as metodologias empregadas são capazes de gerar anticorpos muito mais seguros, que permitem a sua administração em doses repetidas e contra diversos tipos de doenças, em especial aquelas associadas a distúrbios do sistema imune e a neoplasias. De fato, assistimos cada vez mais ao surgimento de novos fármacos a partir de anticorpos humanos e humanizados. Começamos a ver também a proposição da utilização de fragmentos desses anticorpos como fármacos. Há ainda a tendência de utilização dessa molécula "armada", isto é, ligada covalentemente a toxinas celulares e a isótopos radioativos, ou ainda revestindo nanopartículas. Nesses casos, o conceito de "bala mágica" ganha cada vez mais força, uma vez que o anticorpo direcionaria o alvo, fazendo a entrega específica da toxina, do radioisótopo ou da droga nanoencapsulada. Os anticorpos aprovados para uso clínico representam uma gorda fatia no mercado de biofármacos. Só o Rituximabe, em conjunto com o Remicade, movimenta cerca de 10 bilhões de dólares ao ano. E esses são ainda anticorpos quiméricos. Muito mais se espera das novas moléculas menos imunogênicas (anticorpos humanos e humanizados), que começam a ser mais frequentes nas últimas aprovações para uso clínico. Além disso, dado o alto custo da produção dessas moléculas, esforços continuados no sentido da otimização de seus processos de produção vêm sendo realizados. Nesse contexto, a validação de algumas formas compactas da molécula como os fragmentos do tipo FvFc é uma outra tendência nessa área. Em conclusão podemos afirmar que esses biofármacos vieram para ficar e certamente podemos afirmar que muito mais versões deles chegarão às prateleiras das farmácias.

REFERÊNCIAS

1. Llewelyn MB, Hawkins RE, Russell SJ. Discovery of antibodies. BMJ. 1992;305:1269-72.
2. Köhler G, Milstein C: Continuous cultures of fused cells secreting antibody of predefined specificity. Nature. 1975;256:495-7.
3. Sitnikova T, Su C. Coevolution of immunoglobulin heavy- and light-chain variable-region gene families. Mol Biol Evol. 1998;15:617-25.
4. Winter G, Milstein C. Man-made antibodies. Nature. 1991;349:293-9.
5. de Bono B, Madera M, Chothia C. VH gene segments in the mouse and human genomes. J Mol Biol. 2004;342:131-43.
6. Tomlinson IM, Walter G, Marks JD, Llewelyn MB, Winter G. The repertoire of human germline VH sequences reveals about fifty groups of VH segments with different hypervariable loops. J Mol Biol. 1992;227:776-98
7. Matsuda F, Honjo T. Organization of the human immunoglobulin heavy-chain locus. AdvImmunol. 1996;62:1-29.
8. Klonowski KD, Primiano LL, Monestier M. Atypical VH-D-JH rearrangements in newborn autoimmune MRL mice. J Immunol. 1999;162:1566-72.
9. Zocher I, Röschenthaler F, Kirschbaum T, Schäble KF, Hörlein R, Fleischmann B, Kofler R, Geley S, Hameister H, Zachau HG. Clustered and interspersed gene families in the mouse immunoglobulin kappa locus. Eur J Immunol. 1995;25:3326-31.
10. Chen Y, Stollar BD. DNA binding by the VH domain of anti-Z-DNA antibody and its modulation by association of the VL domain. J Immunol. 1999;162:4663-70.
11. Jang YJ, Lecerf JM, Stollar BD. Heavy chain dominance in the binding of DNA by a lupus mouse monoclonal autoantibody. Mol Immunol. 1996;33:197-210.
12. WörnA, Plückthun A. Stability engineering of antibody single-chain Fv fragments. J Mol Biol. 2001;305:989-1010.
13. Ward ES. VH shuffling can be used to convert an Fv fragment of anti-hen egg lysozyme specificity to one that recognizes a T cell receptor V alpha. Mol Immunol. 1995;32:147-56.
14. Spatz L, Saenko V, Iliev A, Jones L, Geskin L, Diamond B. Light chain usage in anti-double-stranded DNA B cell subsets: role in cell fate determination. J Exp Med. 1997;185:1317-26.
15. French DL, Laskov R, Scharff MD.The role of somatic hypermutation in the generation of antibody diversity. Science. 1989;244:1152-1157.
16. Andrade EV, Albuquerque FC, Moraes LM, Brígido MM, Santos-Silva MA. Single-chain Fv with Fc fragment of the human IgG1 tag: construction, Pichiapastoris expression and antigen binding characterization. J Biochem. 2000;128:891-5.

17. Burtet RT, Santos-Silva MA, Buss GA, Moraes LM, Maranhão AQ, Brigido MM. Production of a recombinant Fab in Pichiapastoris from a Monocistronic expression vector.J Biochem. 2007;142:665-9.
18. Brigido MM, Polymenis M, Stollar BD. Role of mouse VH10 and VL gene segments in the specific binding of antibody to Z-DNA, analyzed with recombinant single chain Fv molecules. J Immunol. 1993;150:469-79.
19. Lund J, Takahashi N, Popplewell A, Goodall M, Pound JD, Tyler R, King DJ, Jefferis R. Expression and characterization of truncated forms of humanized L243 IgG1. Architectural features can influence synthesis of its oligosaccharide chains and affect superoxide production triggered through human Fcgamma receptor I. Eur J Biochem. 2000;267:7246-57.
20. Vaz de Andrade E, Freitas SM, Ventura MM, Maranhão AQ, Brigido MM. Thermodynamic basis for antibody binding to Z-DNA: comparison of a monoclonal antibody and its recombinant derivatives. Biochim Biophys Acta. 2005;1726:293-301.
21. Silva HM, Vieira PM, Costa PL, Pimentel BM, Moro AM, Kalil J, Maranhão AQ, Coelho V, Brigido MM. Novel humanized anti-CD3 antibodies induce a predominantly immunoregulatory profile in human peripheral blood mononuclear cells. Immunol Lett. 2009;125:129-36.
22. Kimball JA, Norman DJ, Shield CF, Schroeder TJ, Lisi P, Garovoy M, et al. The OKT3 Antibody Response Study: amulticentre study of human anti-mouse antibody (HAMA) production following OKT3 use in solid organ transplantation. Transpl Immunol. 1995;3:212-21.
23. Morrison, SL, Johnson, MJ, Herzenberg, LA, Oi, VT: Chimeric human antibodymolecules: mouse antigen-binding domains with human constant region domains. Proc. Natl. Acad. Sci USA 1984;81:6851-5.
24. Jones, PT, Dear, PH, Foote, J, Neuberger, MS, Winter, G: Replacing thecomplementarity-determining regions in a human antibody with those from amouse. Nature. 1986;321:522-525.
25. Maranhão AQ, Brigido MM.Anticorpos humanizados: Humanização de anticorpos de interesse clínico. Biotecnologia Ciência e Desenvolvimento. 2001 Nov/Dez;23:38-43.
26. Mouquet H, Klein F, Scheid JF, Warncke M, Pietzsch J, Oliveira TYK, Velinzon K, Seaman MS, Nussenzweig MC.Memory B Cell Antibodies to HIV-1 gp140 Cloned from Individuals Infected with Clade A and B Viruses. Plos One 2011;6(9):259-272.
27. Alt, FW, Blackwell, TK &Yancopoulos, GD: Immunoglobulin genes in transgenic mice. Trends Genet 1985;1:231–236.
28. Green LL. Antibody engineering via genetic engineering of the mouse: XenoMouse strains are a vehicle for the facile generation of therapeutic human monoclonal antibodies. J Immunol Methods. 1999;231:11-23..

29. Smith GP. Filamentous fusion phage: novel expression vectors that display cloned antigens on the virion surface. Science. 1985;228:1315-7.

30. Hoogenboom HR, Winter G. By-passing immunisation. Human antibodies from synthetic repertoires of germline VH gene segments rearranged in vitro. J Mol Biol. 1992;227:381-8.

31. Hawkins RE, Russell SJ, Winter G. Selection of phage antibodies by binding affinity. Mimicking affinity maturation. J Mol Biol. 1992;226:889-96.

32. Garrard LJ, Henner DJ.Selection of an anti-IGF-1 Fab from a Fab phage library created by mutagenesis of multiple CDR loops. Gene. 1993;128:103-9.

33. Chadd HE, Chamow SM. Therapeutic antibody expression technology. Curr Opin Biotechnol. 2001;2:188-94.

34. Verma R, Boleti E, George AJ. Antibody engineering: comparison of bacterial, yeast, insect and mammalian expression systems. J Immunol Methods. 1998;216:165-81.

35. Kipriyanov SM, Le Gall F. Generation and production of engineered antibodies. Mol Biotechnol. 2004;26:39-60.

36. Arbabi-Ghahroudi M, Tanha J, MacKenzie R. Prokaryotic expression of antibodies. Cancer Metastasis Rev. 2005;4:501-19.

37. Studier, FW, MoffattBA.Use of bacteriophage T7 RNA polymerase to direct selective high-level expression of cloned genes. J. Mol. Biol 1986;189:113-130.

38. Studier, FW, Rosenberg AH, Dunn JJ, Dubendorff, JW. Use of T7 RNA polymerase to direct expression of cloned genes. Methods Enzymol 1990;185:60-89.

39. Gerngross TU. Advances in the production of human therapeutic proteins in yeasts and filamentous fungi. Nat Biotechnol. 2004;22:1409-14.

40. Hollenberg CP, Gellissen G. Production of recombinant proteins by methylotrophic yeasts. Curr Opin Biotechnol. 1997;5:554-60.

41. Walsh G. Biopharmaceutical benchmarks--2003. Nat Biotechnol. 2003, 21:865-70.

42. Schmidt FR. Recombinant expression systems in the pharmaceutical industry. Appl Microbiol Biotechnol. 2004;65:363-72.

43. Kobayashi K, Kuwae S, Ohya T, Ohda T, Ohyama M, Ohi H, Tomomitsu K, Ohmura T. High-level expression of recombinant human serum albumin from the methylotrophic yeast Pichiapastoris with minimal protease production and activation. J Biosci Bioeng. 2000;89:55-61.

44. Sleep D, Belfield GP, Ballance DJ, Steven J, Jones S, Evans LR, Moir PD, Goodey AR. Saccharomyces cerevisiae strains that overexpress heterologous proteins. Biotechnology. 1991;9:183-7.

45. Cereghino JL, Cregg JM. Heterologous protein expression in the methylotrophic yeast Pichiapastoris. FEMS Microbiol Rev. 2000;24:45-66.

46. Daly R, Hearn MT. Expression of heterologous proteins in Pichiapastoris: a useful experimental tool in protein engineering and production. J Mol Recognit. 2005;18:119-38.
47. Kukuruzinska MA, Bergh ML, Jackson BJ. Protein glycosylation in yeast. Annu Rev Biochem. 1987;56:915-44.
48. Ridder R, Schmitz R, Legay F, Gram H. Generation of rabbit monoclonal antibody fragments from a combinatorial phage display library and their production in the yeast Pichiapastoris. Biotechnology. 1995;13:255-60.
49. Cregg JM, Vedvick TS, Raschke WC. Recent advances in the expression of foreign genes in Pichiapastoris. Biotechnology. 1993;11:905-10.
50. Caldas C, Coelho VP, Rigden DJ, Neschich G, Moro AM, Brígido MM. Design and synthesis of germline-based hemi-humanized single-chain Fv against the CD18 surface antigen. Protein Eng. 2000;13:353-60.
51. Caldas C, Coelho V, Kalil J, Moro AM, Maranhão AQ, Brígido MM. Humanization of the anti-CD18 antibody 6.7: an unexpected effect of a framework residue in binding to antigen. Mol Immunol. 2003;39:941-52.
52. McCarroll L, King LA. Stable insect cell cultures for recombinant protein production. Curr Opin Biotechnol. 1997,8:590-4.
53. Ikonomou L, Schneider YJ, Agathos SN. Insect cell culture for industrial production of recombinant proteins. Appl Microbiol Biotechnol. 2003;62:1-20.
54. Hood EE, Woodard SL, Horn ME. Monoclonal antibody manufacturing in transgenic plants--myths and realities.CurrOpinBiotechnol. 2002;13:630-5.
55. Wurm FM. Production of recombinant protein therapeutics in cultivated mammalian cells. Nat Biotechnol. 2004;22:1393-8.
56. Puck, T. T.; Cieciura, S. J. e Robinson, A. Genetics of somatic mammalian cells. III. Long-term cultivation of euploid cells from human and animal subjects. J Exp Med. 1958;108:945-56.
57. Derouazi M, Girard P, Van Tilborgh F, Iglesias K, Muller N, Bertschinger M, Wurm FM. Serum-free large-scale transient transfection of CHO cells. Biotechnol Bioeng. 2004;87:537-45.
58. Shi M, Xie Z, Yu M, Shen B, Guo N. Controlled growth of Chinese hamster ovary cells and high expression of antibody-IL-2 fusion proteins by temperature manipulation. Biotechnol Lett. 2005;27:1879-84.
59. Sung YH, Lee GM. Enhanced human thrombopoietin production by sodium butyrate addition to serum-free suspension culture of bcl-2-overexpressing CHO cells. Biotechnol Prog. 2005;21:50-7.
60. Quilici LS, Silva-Pereira I, Andrade AC, Albuquerque FC, Brigido MM, Maranhão AQ. A minimal cytomegalovirus intron A variant can improve transgene expression in different mammalian cell lines. Biotechnol Lett. 2013;35:21-7.

61. Voss, S.D., Schlokat, U., Gruss, P., The role of enhancers in the regulation of cell-type-specific transcription control. Trends Biochem Sci. 1986;11:287.
62. Maniatis T, Goodbourn S, Fischer JA. Regulation of inducible and tissue-specific gene expression. Science. 1987;236:1237.
63. Asselbergs FA, Widmer R. Use of the Escherichia coli chromosomal DHFR gene as selection marker in mammalian cells. J Biotechnol. 1995;43:133-8.
63. Eisenberg D, Gill HS, Pfluegl GM, Rotstein SH. Structure-function relationships of glutamine synthetases. Biochim Biophys Acta. 2000;1477:122-45.
64. Maranhão AQ. Capítulo VIII: Transformação Bacteriana. In: Azevedo MO, Felipe MSS, Brigido MM, Maranhão AQ, De-Souza MT, editores. Técnicas básicas em Biologia Molecular. 1. ed. Brasília: Editora Universidade de Brasília; 2003. p. 129-142
65. Maranhão AQ, Moraes LMP. Capítulo IV: Extração e purificação de DNA. In: Azevedo MO, Felipe MSS, Brigido MM, Maranhão AQ, De-Souza MT, editores. Técnicas básicas em Biologia Molecular. Brasília: Editora da Universidade de Brasília; 2003. p. 49-72

Sites consultados

http://www.drugs.com
http://www.bio.net/bionet/mm/methods/1999-March/074165.html
http://www.ncbi.nlm.nih.gov/igblast/
http://www.bioinf.org.uk/abs/

CAPÍTULO 12

ANTICORPOS HUMANIZADOS

Wilmar Dias da Silva
Angela Alice Amadeu Megale

12.1 INTRODUÇÃO

Este capítulo tem como objetivo introduzir interessados em Biotecnologia, estudantes e biotecnólogos, no tema "Anticorpos Humanizados" (AcHm). Certos aspectos celulares ou moleculares referentes aos anticorpos (Ac) estão descritos com detalhes porque os julgamos necessários à compreensão dos processos de geração de AcHm, motivo deste capítulo. Fundamentos e perspectivas foram realçados. Dados essenciais para o entendimento e reprodução de processos biotecnológicos foram indicados em referências colocadas on-line. Certas informações ilustrativas sobre os eventos acontecidos ao longo da história dos Ac, que ocupariam espaço no corpo do texto, foram disponibilizadas aos eventuais interessados como Suplementos I e II.

12.2 ANTICORPOS (AC) OU IMUNOGLOBULINAS (IG)

Estrutura molecular: Ig são proteínas de massa molecular de 150-190 kDa produzidas pelo sistema imune (SI). Ig são formadas por dois tipos de cadeias polipeptídicas, uma de massa molecular 55-77 kDa, cadeia H (do inglês, *heavy*), e outra de massa molecular 25kDa, cadeia L (do inglês, *light*). Na cadeia L há uma região em que a sequência de aminoácidos varia de Ac para Ac, denominada V_L, e uma região em que a sequência de aminoácidos

é constante em todos os Ac, denominada C_L. Na cadeia H, há também uma região em que a sequência de aminoácidos varia de Ac para Ac, denominada V_H, e três regiões denominadas C_H1, C_H2 e C_H3, em que as sequências de aminoácidos são constantes em todos os Ac (Figura 12.1A).

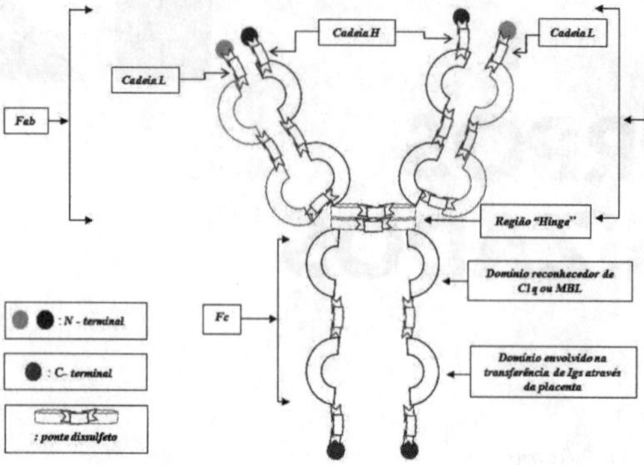

Figura 12.1A Estrutura da molécula de Ig.

Duas cadeias L e duas H se associam por meio de pontes dissulfeto, ligando: (a) uma cadeia H e uma cadeia L entre os domínios moleculares C_L e C_H1; o polipeptídeo resultante é denominado Fab; (b) duas cadeias H entre os correspondentes domínios C_H2 e C_H3; o polipeptídeo resultante é denominado Fc. Entre os dois polipeptídeos Fab e um Fc há duas pontes dissulfeto formando a *hinge region*. Essa região confere flexibilidade aos dois Fab em relação ao Fc. Tal flexibilidade permite acomodação dos Fab de uma mesma molécula de Ig a epítopos iguais, porém, dispostos em diferentes regiões da molécula de Antígeno (Ag). Assim, cada molécula tetramérica de Ig consta de 12 a 14 domínios: 4V ($2V_L$ e $2C_L$) e de 8 a 10 domínios V_H ($2V_H$ e $6-8C_H$). A clivagem de IgG com pepsina resulta em um fragmento bivalente contendo dois fragmentos Fab, e com papaína, em três fragmentos, dois Fab e um Fc (Figura 12.1B).

As cadeias L e H são codificadas por *loci* genéticos separados; as sequências de pares de base de L que codificam V ou C nunca são encontradas em uma H e vice-versa. Moléculas purificadas de Ig mostraram que os polipeptídeos H e L são alinhados de tal maneira que os domínios V e C na cadeia L posicionam-se diretamente opostos aos correspondentes da cadeia H. Assim, na molécula Ig cada um dos dois sítios de combinação com o Ag é formado

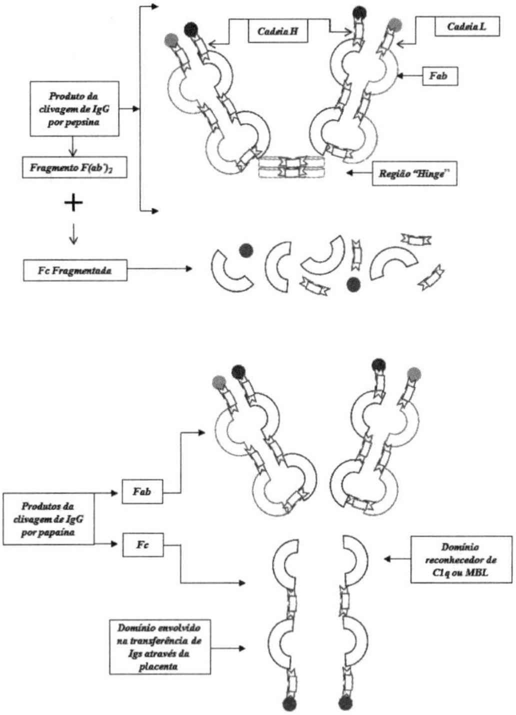

Figura 12.1B Produtos de clivagem da molécula de Ig por enzimas proteolíticas. Pepsina: cliva a molécula de IgG depois da região do hinge, resultando no fragmento F(ab')2 e em pequenos peptídeos do Fc. Papaína: cliva a molécula de Ig antes da região do hinge, resultando em dois fragmentos de Fab e no Fc íntegro.

pelo emparelhamento de um domínio V_L de uma cadeia L e um domínio H_L da cadeia H. O posicionamento da ligação dissulfeto unindo as cadeias H a L fora dos domínios V permite esse emparelhamento.

Os domínios V e C nas cadeias polipeptídicas de Ig possuem uma estrutura básica comum *domínio Ig*. Cada domínio Ig consta de 70 a 110 aminoácidos (± 12 kDa). Contêm um resíduo Cys em cada extremo que formam uma ponte dissulfeto. Conquanto a sequência de aminoácidos não seja idêntica nos diferentes domínio Ig, exibem semelhanças suficientes para que organizem estruturas cilíndricas conhecidas como *Immuniglobulin barrel* ou *Immuniglobulin fold*.

Nos Fab há uma sub-região em que a sequência de aminoácidos varia de Ig para Ig, referida como *sub-região hipervariável*. Dentro das regiões variáveis das cadeias H e L há três segmentos curtos responsáveis pela

hipervariabilidade. Cada segmento consta de cinco a sete aminoácidos que conferem a estrutura tridimensional que acomoda rigidamente a imagem especular fornecida pelo epítopo para o qual foi selecionada. Para cada configuração de epítopo, foi ou será selecionada no processo de indução da resposta imune a sequência de pares de bases que codifica ou codificará o segmento hipervariável. Esse processo, origem da diversidade dos Ac, atende ao vasto repertório de diversidades das Ig necessário para reconhecer qualquer molécula no universo de antígeno. Pelo fato de essas estruturas serem complementares às estruturas dos epítopos, foram designadas *complementarity-determing regions*, abreviadamente CDR. Os três CDR (CDR1, CDR2 e CDR3) representam juntos apenas 15% a 20% da região hipervariável; os restantes 80% a 85% distribuem-se não uniformemente em quatro regiões intercaladas entre CDR, denominadas *frame-work regions*, abreviadamente FR (FR1, FR2, FR3 e FR4) (Figura 12.2)*.

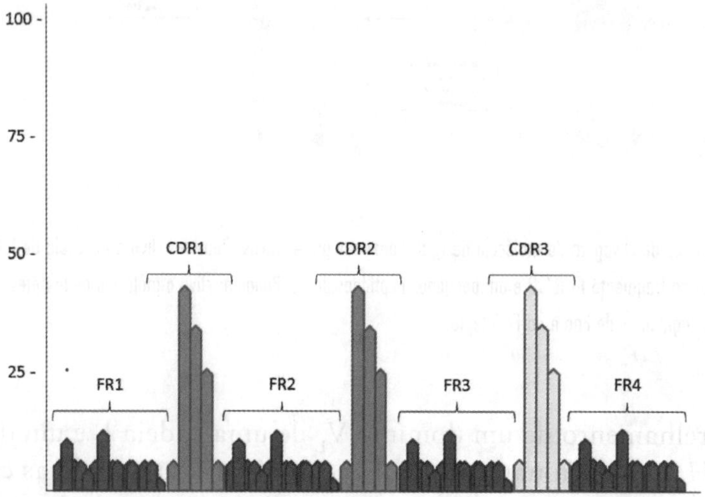

Figura 12.2 Regiões hipervariáveis da molécula de Igs. As sequências de aminoácidos obtidas de diferentes Igs purificadas foram comparadas. Depois de alinhadas, sequências contendo resíduos repetivos e diferentes apareceram ao longo da molécula. Três regiões hipervariáveis intercaladas entre quatro regiões bem conservadas emergiram. Essas regiões localizavam-se nas porções V das cadeias L e H. As regiões hipervariáveis responsáveis pela combinação com os epitiopos do Ag indutor da resposta imune foram designadas "complementarity-determinig regions" (CDR). As regiões intercaladas de sequência conservada foram designadas "framework regions" (FR). Parte desta figura foi adaptada da figura correspondente publicada por Wu e Kabat[1].

---

* Informações originalmente obtidas com o sequenciamento de aminoácidos das regiões variáveis de proteínas Bence Jones e de cadeias L de mieloma alinhadas e confrontadas[1], posteriormente confirmadas e ampliadas em diversos modelos experimentais.

12.3 ORIGEM DA DIVERSIDADE DAS IGS

12.3.1 Um pouco do passado

Informações acumuladas até a metade do século XX indicavam que o sistema imune poderia desenvolver Ac para *quase* todos os Ag existentes na natureza e que a produção de Ac seria uma atividade exclusiva de plasmócitos. Os componentes deste vasto *repertório de Ac* seriam produzidos por qualquer plasmócito que ao acaso entrasse em contato com determinado Ag. Para explicar como as moléculas de Ag eram reconhecidas pelos plasmócitos e como a enorme diversidade de Ac seria gerada, quatro teorias foram elaboradas:

1) *"Teoria instrutiva"*, propondo que a presença do Ag no ato da geração da resposta imune modelaria a conformação estrutural da molécula do Ac como sua imagem especular. A demonstração de moléculas de Ac prontas, fixas na superfície de plasmócitos antes do contato com o Ag, invalidou a teoria.
2) Teoria da *"variação na linhagem germinativa"*, propondo que as sequências de pares de base necessárias para codificar moléculas de Ac específicas para cada Ag individualmente estariam no DNA de cada plasmócito. O papel do Ag seria selecionar a sequência de DNA adequada para codificar o Ac específico. Informações subsequentes mostraram que o número de especificidades de Ac seria da ordem de 10^9 a 10^{11} sequências diferentes de DNA. Para codificar a especificidade de uma única molécula de Ig seriam necessários cerca de 3 bilhões de pares de base, correspondentes a 1 bilhão de códons. Esse número é superior ao existente em uma célula.
3) Teoria da *"mutação somática"*, propondo a existência no DNA dos plasmócitos maduros de sequências susceptíveis a sofrer mutações induzidas pelo Ag. As sequências mutantes codificariam as regiões do Ac específicas para o Ag indutor da mutação somática. A região de DNA suscetível a uma mutação somática seria pequena, não interferindo com as demais atividades da célula.
4) Teoria da *"geração somática da diversidade dos Ac"*, idealizada em 1965 por William Dreyer e J. Claude Bennett. Propunha que múltiplos genes que codificam as regiões V tanto da cadeia L como da cadeia H estariam presentes como cópias únicas no DNA dos precursores de plasmócitos imunologicamente virgens. Propunha, ainda, que os genes que

codificam os domínios de C, L e H estariam fisicamente separados dos genes da região V. Esse aditivo à teoria explicaria o escape da região C aos processos de geração da diversidade e da mutação somática. Essa teoria associava, portanto, o implicitamente mais razoável nas teorias da *"variação na linhagem germinativa"* e da *"mutação somática"*. A demonstração de sua validade aguardou a emergência de conhecimentos fundamentais na área da biologia molecular, destacando-se:

- Os genes que codificam as sequências de aminoácidos na estrutura das proteínas incluem blocos de DNA denominados éxons.
- Os éxons dispõem-se linearmente e estão separados um do outro por sequências de DNA denominadas íntrons.
- Os íntrons podem conter sequências que regulam a expressão dos genes contidos nos éxons.
- Cada éxon codifica uma região discreta da molécula de proteína.
- As informações contidas nos éxons se juntam durante o processo de montagem final da molécula de RNAm conforme descrito a seguir. Essa maleabilidade de organização estrutural da molécula de proteína permitiria a criação de membros ligeiramente diferentes de uma mesma família de proteínas.
- Durante o processo de transcrição da informação gênica forma-se uma longa molécula de RNA denominada *"transcrito primário"* que inclui as sequências de éxons e íntrons.
- Durante a maturação, o *"transcrito primário"* se liga com várias moléculas de adenina.
- Ainda no núcleo, os íntrons dos *"transcritos primários"* são cortados e eliminados.
- A secção da molécula de RNA para esse corte é feita pelos *"splyceosomes"*, um complexo de vários componentes que reconhecem especificamente sequências de nucleotídeos curtas denominadas *"splice donor"* e *"splice receptor"*, posicionadas respectivamente nos extremos 5' e 3' dos íntrons.
- Uma enzima do *"splyceosome"* realiza a junção entre dois éxons eliminando o íntron situado entre eles e juntando os dois éxons antes separados pelo íntron, agora aproximados por meio das *"splice junctions"*.
- Os éxons se juntam linearmente um em seguida ao outro e resultam nas moléculas de RNAm maduro.
- As moléculas de RNAm maduro deixam o núcleo e passam para o citoplasma, onde podem ser reguladas por microRNAs.

- Um microRNA contém 22 nucleotídeos.
- Cada microRNA se liga com sequências preferencialmente da porção 3' da molécula de RNAm para a qual é específico, bloqueando suas atividades.
- Os RNAm não bloqueados entram nos poliribossomas para serem traduzidos.
- Descoberta das endonucleases de restrição. Essas enzimas clivam DNA de fita dupla. Agem sobre sequências curtas, com 4 a 8 pares de bases, chamadas sítios de restrição. Cada enzima reconhece e cliva um sítio de restrição distinto. Os produtos de clivagem podem ser fragmentos de tamanhos e padrões diferentes. O padrão de clivagem varia de enzima para enzima e é reprodutível. Os fragmentos resultantes podem ser analisados pelo método de *Southern blotting*, descrito por E. Southern. As etapas desse procedimento são descritas a seguir.

12.3.2 Análise de fragmentos de DNA por *Southern blotting*

1) Separar os segmentos de DNA em eletroforese em gel de agarose.
2) Separar as duas fitas do DNA de fita dupla, tratando o gel com solução de hidróxido de sódio (desnaturação).
3) Transferir o DNA para membrana de nitrocelulose.
4) Tratar a membrana contendo os fragmentos de DNA de fita única com sonda hibridizadora, que é uma molécula de DNA isolada de sequência conhecida complementar à que foi transferida, previamente marcada com isótopo radiativo, radicais fluorescentes ou cromogênicos. Observação: como as duas fitas da dupla hélice do DNA são complementares uma a outra, tanto faz escolher uma sonda que seja idêntica ou complementar à sequência procurada. Essa sonda irá parear apenas com segmentos de DNA que exibam sequências que lhe sejam complementares.

12.3.3 Teoria da geração somática da diversidade dos Ac

A teoria da *geração somática da diversidade dos Ac* não foi aceita com entusiasmo. Era incompatível com certos dogmas então vigentes, tais como *"um gene, um RNAm, uma proteína"* e *"todas as células de um organismo contêm exatamente a mesma sequência de DNA"*. Conhecimentos importantes cristalizados no início dos anos 1970 permitiram que Susumo Tonegawa

e colaboradores demonstrassem em 1976 que o genoma, de fato, não contém genes intactos de Igs. Esses pesquisadores compararam as sequências que codificam Ig presentes em preparações de DNA de embrião inteiro (representando a sequência completa da "linhagem germinativa" mantida em células não B) com células de mieloma (representando células de linhagem B). Como resultado da comparação, demonstraram que os genes que codificam as regiões V e C de Ig estavam nitidamente separados na sequência da "linhagem germinativa" mantida em células não B, mas haviam trocado de posição nas células de mieloma representando células de linhagem B.

Trabalhos subsequentes realizados por esses e outros autores mostraram que a região V de Ig é codificada por um éxon V intrinsecamente organizado pelo assentamento de pequenos fragmentos de DNA denominados *gene segments*. Os gene segments que compreendem o éxon V são colocados juntos no genoma de cada um dos precursores de células B. Nessa fase do processo, os gene segments são colocados juntos ao acaso em cada precursor de célula B por um mecanismo denominado *recombinação somática*, ou recombinação V(D)J. O resultado é a geração dentro do precursor de uma população de células B de enorme variedade de éxons V. As sequências dos éxons V são, em seguida, ligadas nas sequências do éxon C de uma única Ig. Os mecanismos enzimáticos envolvidos na recombinação somática só estão ativos em linfócitos em desenvolvimento; não agem sobre o DNA de células não linfocitárias. O sistema enzimático usado nos precursores de células B para rearranjar os genes que codificam Ig são os mesmos que funcionam no rearranjo dos genes que codificam os receptores presentes em células B (BCR) e em células T (TCR).

12.3.4 Essência do estabelecido no presente

As Ig da maioria das espécies de mamíferos, incluindo o ser humano, são codificadas por sequências de nucleotídeos que residem em três grandes *loci* genéticos: *Igh* (locus para cadeia H), *Igk* (locus para cadeia L kapa), e *igλ* (locus para cadeia L lambda). Em humanos, cada locus está localizado em cromossomos diferentes: *igh* no cromossomo 12, *Igk* no cromossomo 2 e *igλ* no cromossomo 22. Os loci *Igk* e *igλ* contêm dois tipos de segmentos gênicos, V (de variável) e J (de *joining*), enquanto o locus *igh* contém, além dos segmentos V e J, o segmento D (de *diversity*) (Figura 12.3). Cada segmento gênico contribui com informações para sequências particulares de aminoácidos na região variável de uma, e somente uma, molécula de Ig. Na linhagem celular germinativa são feitas múltiplas cópias de segmentos

Anticorpos Humanizados

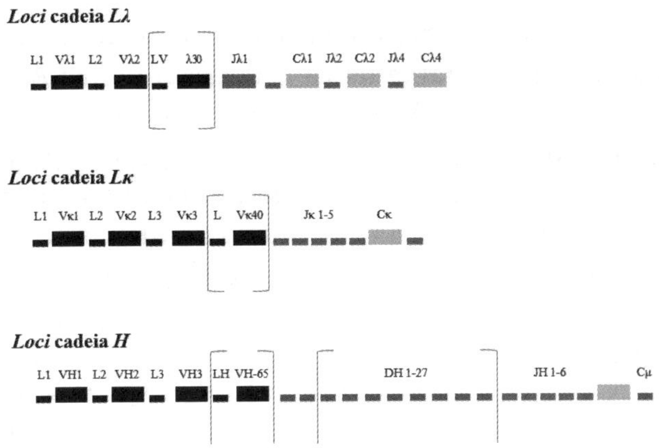

Figura 12.3 Representação esquemática dos *loci* das cadeias Lλ, Lκ e H.

de nucleotídeos para cada segmento. Esses segmentos de nucleotídeos ou éxons estão alinhados e separados do anterior e do seguinte por blocos de nucleotídeos, os íntrons. Na extremidade 5' de cada locus V há um agrupamento de V-éxons também separados um do outro por íntrons. O número de V-éxons varia consideravelmente entre os diferentes *loci* de Ig e entre as espécies animais. Na espécie humana, por exemplo, há aproximadamente 45 éxons para a cadeia H, 35 para a cadeia K e 2 para a cadeia λ. Os segmentos V para os *loci* estão alinhados em um longo segmento de DNA com cerca de 2 mil pares de bases.

Em seguida ao último locus-V, em direção à extremidade 3', encontram-se os *loci*-C: 1 para cadeia LK, 4 para a cadeia Lλ e 9 para a cadeia H. Os 9 *loci*-C para a cadeia H estão alinhados cada um codificando determinado isótipo de Ig: IgA1, IgA2, IgD, IgE, IgG1, IgG2, IgG3, IgG4 e IgM.

12.3.4.1 Remodelação dos segmentos gênicos que geram a diversidade dos Ac

A remodelação dos múltiplos segmentos gênicos de DNA inseridos nos blocos V(D)J só ocorre na linhagem germinativa de Igs. Células de linhagens não linfocitárias não realizam essa remodelação. O processo de remodelação aproxima e une éxons V e C, de modo a permitir que a transcrição se processe no nível de DNA antes da transcrição completa do gene para a molécula inteira de

Ig. Enzimas recombinases específicas reúnem e combinam os segmentos gênicos V, D e J selecionados em uma faixa única e alinhada do DNA. Por meio desse processo, os demais segmentos V, D e J, além de outros segmentos intervenientes não selecionados, são excluídos. A recombinação V(D)J é estritamente controlada. Além disso, as etapas de excisão e colagem de segmentos gênicos ocorrem de maneira precisa em sequências de pares de bases.

No processo de organização dos genes das cadeias H, o primeiro passo é a seleção aleatória de segmentos gênicos D e J. No exemplo, um dos segmentos D, D_H4, se une a um dos segmentos J, segmento J_H4, resultando D_H4J_H4. A seguir, um dos segmentos V_H, por exemplo V_H12, é selecionado e unido a D_H4J_H4 resultando no segmento $V_H12D_H4J_H4$. Após a recombinação $V_H12D_H4J_H4$ completar-se, a transcrição do resultante gene organizado procede-se, e transcritos do RNA primário são produzidos. Nesses transcritos primários, apenas os éxons Cµ e Cδ se unem ao segmento $V_H12D_H4J_H4$. Os RNAs dos transcritos primários $V_H12D_H4J_H4$ sofrem cortes diferenciais, resultando em RNAms que codificam regiões ligadas alternativamente a Cµ ou a Cδ. A tradução desses RNAms produz $V_H12D_H4J_H4$ Cµ e $V_H12D_H4J_H4$ Cδ.

O rearranjo de éxons das cadeias H (Figura 12.4A) e das cadeias L: Igκ (Figura 12.4B) e Igλ (Figura 12.4C), envolve ligação de segmentos V e J, como descrito nos respectivos esquemas.

12.3.4.2 Alguns valores teóricos

Múltiplos segmentos gênicos "*germline*":
- Éxons H: 100-200
- Éxons D:15
- Éxons J: 4 para cadeia H; 4 para cadeia Lκ; 0 para cadeia Lγ
- Éxons Lκ: 250-300
- Éxons Lγ: 3

Possibilidades combinatoriais de junções V-D-J ou VJ:
- **Cadeia H:** 100 x 15 x 4 = 6,0 x 10^3.
- **Cadeia Lκ:** 250 x 4 = 1 x 10^3.
- **Cadeia Lγ:** (3 x 3) -1 = 8

A maior parte da diversidade no repertório de Ac deriva-se, como descrito nos esquemas apresentados anteriormente, da integração de quatro fontes de variabilidade: presença no genoma de células B imaturas de múltiplos

Anticorpos Humanizados

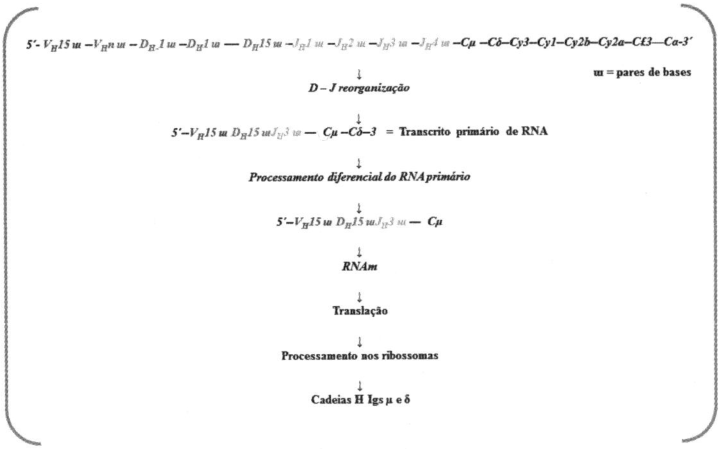

Figura 12.4A Cadeia H: Recombinação aleatória de segmentos V, D e J presentes na linhagem germinativa do DNA de linfócitos B para organizar um segmento gênico V-D-J. Durante a organização gênica da cadeia H de Ig, primeiro ocorre a ligação de D em J, formando D_J. No esquema, D_H15 se uniu com ωJ_H3 ω ao acaso, resultando em D_H15 ωJ_H3 ω. Este segmento, também ao acaso, se une a um segmento VH, no exemplo, V_H15 ω, resultando no segmento V_H15 ω D_H15 ωJ_H3 ω. Em seguida, procede-se a transcrição do gene rearranjado e transcritos de RNA primário são produzidos. Apenas éxons referentes a Cμ e Cδ são incluídos. Os demais íntrons Cγ3, Cγ1, Cγ2b, Cγ2a, C£3 e Cα serão incluídos mais tarde na evolução de uma resposta imune após encontro com o antígeno, processo de "switching". Este processo é canônico: ocorre depois que os íntrons são eliminados, é independente da ocorrência ou não de hipermutação somática, preserva a especificidade para o Ag criada originalmente durante o rearranjo gênico que é integralmente transferida para o isotipo seguinte que for gerado. Os transcritos de RNA criados são processados resultando na produção de RNAm que codificam regiões V ligadas a regiões C, Cμ e Cδ durante o processo de translação em proteínas.

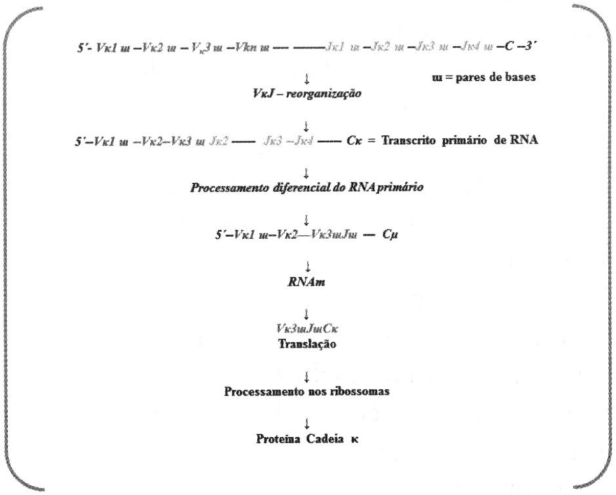

Figura 12.4B Cadeia Lκ: O rearranjo do gene para cadeia envolve a junção aleatória de um segmento de gene V a um segmento de gene J. No esquema, o locus Vκ3ɯ, em um primeiro instante, junta-se a ao locus ɯ, formando Vκ3ɯJɯCκ, que por sua vez, se liga a um éxon Cμ. O RNAm Vκ3ɯJɯCκ é transladado para a proteína da cadeia μ.

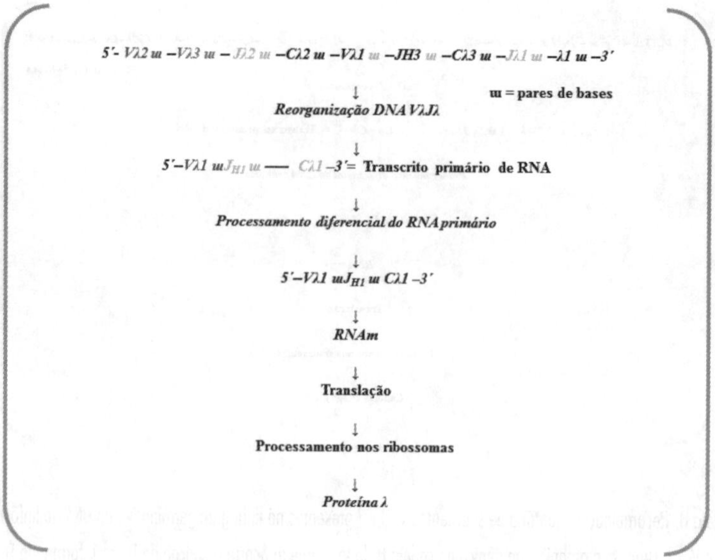

Figura 12.4C Cadeia Lλ: O rearranjo do gene para a cadeia envolve a junção aleatória de um segmento de gene V a um segmento de gene J. No esquema, o locus Vλ1ɯ, em um primeiro instante, junta-se a ao loci ɯ, formando Vλ1 ɯJH1 ɯ, que, por sua vez, se liga a um éxon Cλ. O RNAm Vλ1 ɯJH1 ɯ Cλ1 é transladado para a proteína da cadeia Cλ.

segmentos gênicos (linhagem germinativa), ligação combinatória, junção de diversidades e emparelhamento entre cadeias L e H. Estas fontes de diversidades criam uma única sequência BCR para cada célula B antes de sua liberação na periferia. Essa diversidade resulta do rearranjo de segmentos gênicos do genoma de células B imaturas. Os valores obtidos em cada etapa antecipam 6 milhões de sítios combinatórios ou parátopos diferentes.

Sabendo-se que um número apreciável de células B degenera e morre antes de expressar atividade de Ac, o número de diversidades oferecido aos determinantes antigênicos ou epítopos dos Ag disponíveis na natureza seria ainda menor. Mecanismos compensatórios concorrem para suprir diversidades adicionais. Um deles seria pelo processo de hipermutação somática que ocorre após o encontro de uma célula B virgem contendo sua única diversidade já organizada com o Ag contendo o epítopo que reconhece. Pontos de mutação na progênie da célula B são gerados e aumentam a diversidade. Um mecanismo adicional para potencializar as ações de uma diversidade já gerada é pelo "*switching*" de isotipos de Igs. Diferentes isotipos, cada um explorando suas particularidades efetoras, expandiriam as ações de uma mesma diversidade.

12.4 PERSPECTIVAS

A utilização das informações coligidas na construção de Ac com especificidades planejadas destinada à pesquisa de novos conhecimentos e aplicações.

Observação: A pergunta: "Como o sistema imune organiza e comporta tão vasto repertório de regiões variáveis que cobre igualmente vasto repertório de Ag?" foi respondida com experimentos criativos de biologia molecular[2]. Pela importância da colaboração, S. Tonegawa foi laureado com o prêmio Nobel em Fisiologia ou Medicina, em 1987.

- **Isotipos de Ig:** são conhecidos cinco isotipos: IgG com quatro subisotipos (IgG_1, IgG_2, IgG_3 e IgG_4), IgD, IgM, IgA com dois subisotipos (IgA_1, IgA_2), e IgE. Isotipos específicos para o mesmo epítopo conservam parte considerável da sequência de aminoácidos na região que interage com o epítopo, mas possuem sequências de aminoácidos distintas entre as diversas classes e subclasses de Igs.
- **Ac policlonais (AcP):** são uma mistura de Ac dirigidos individualmente para regiões restritas dispostas na molécula de Ag. Como os patógenos, ao longo de sua evolução desenvolveram múltiplos domínios moleculares nos componentes das várias estruturas que formam suas moléculas e/ou células. São valiosos na defesa do organismo nas infecções naturais. Continuam sendo reagentes valiosos tanto como meios de diagnóstico na identificação de patógenos como recursos de imunoterapia direcionada.
- **Ac monoclonais (AcM)**[4,5]: em 1975, Cesar Milstein e Georges Köller uniram fisicamente uma célula de mieloma expressando a característica básica de células tumorais, que intrinsicamente se reproduzem indefinidamente, com uma célula B cujos receptores BCR já diferenciados expressam as características fundamentais de Ac de reconhecer e se combinar especificamente com o Ag que estimulou sua produção, resultando em uma célula híbrida, o hibridoma. Células de hibridomas retêm em si mesmas a capacidade de reprodução da célula mieloma e produção de Ac de especificidade única. Hibridomas no sentido funcional são células imortalizadas. Estava desenvolvido um método de produção de Ac monoclonais[3]. Os dois cientistas foram laureados com o Prêmio Nobel para Fisiologia ou Medicina em 1984. AcMs tornaram-se ferramentas notáveis de investigação e esclarecimento de

pormenores essenciais da resposta imune. O mais emblemático: estabelecer, de forma definitiva, que cada clone de linfócitos expressa uma e apenas uma região hipervariável de Ac. Mais que emblemático: Cesar Milstein e Georges Köller disponibilizaram esta soberba contribuição, através da Organização Mundial de Saúde (OMS), ao uso universal. Exemplo de positivação de "internacionalização" de conhecimento.

Progressos em biotecnologia transformaram AcM, por sua característica de especificidade de reconhecimento, em moléculas transportadoras que levam até alvos específicos vasto repertório de moléculas efetoras: enzimas para tratamentos pró-drogas, toxinas para tratamento de tumores, vírus para terapia gênica, lipossomas, biossensores etc.

a) Isotipos: são epítopos distribuídos nos domínios C_L, C_{H1}, C_{H2} e C_{H3}. Ac anti-isotipos são produzidos imunizando animal de uma espécie (coelho, por exemplo) com Ig de outra espécie (camundongo, por exemplo). Há subpopulações de anti-isotipos cada uma específica para um isotipo. Cada população de anti-isotipo pode ser purificada por imunoadsorções programadas.

b) Alotipos: alelos são formas múltiplas de um mesmo gene. São epítopos de distribuição restrita aos domínios C_{H1}, C_{H2} e C_{H3}. Resultam de modificações pequenas em certos nucleotídeos. Expressam-se em certos indivíduos de uma mesma espécie. Polimorfismo designa a ocorrência de múltiplos alelos em uma população. Ac antialotipos são produzidos imunizando animal de uma linhagem isogênica (camundongo BALB/c, por exemplo) com Ig de outra linhagem (camundongo C57Bl/6, por exemplo).

c) Idiotipos: são epítopos exclusivos às regiões V_H e V_L. Estão localizados nas duas regiões hipervariáveis da Ig. Ac anti-idiotipos são produzidos usando como Ag, IgG-Ac monoclonal, e como produtor de anti-idiotipo animal da mesma linhagem. A identidade genética entre fornecedor de IgG e produtor de anti-idiotipo garante que estes Ac sejam dirigidos exclusivamente aos domínios da região hipervariável. O uso de Ac monoclonal garante como antígeno a produção de Ac para um único idiotipo.

12.5 FUNÇÕES DOS AC

Os fragmentos Fab das Ig reconhecem o Ag livre ou apenso a patógenos, células infectadas ou cancerosas e através da região Fc promovem a eliminação

e/ou destruição do Ag. A ação neutralizante-destruidora do Ac ligado ao Ag organizando complexos Ac/Ag ligados na molécula-partícula-célula-alvo pode ser processada por quatro mecanismos: neutralização, opsonização, citoxicidade mediada por células e Ac ou ativação do sistema complemento (SC).

12.5.1 Neutralização

Certos vírus, toxinas bacterianas e venenos animais causam doença ligando-se com proteínas constitutivas presentes na superfície da célula-alvo. Penetram a célula através de receptores. Uma vez dentro da célula-alvo, dependendo do resultado competitivo dos mecanismos acionados, sobrevivem, multiplicam-se e promovem destruição da célula-alvo, ou não se multiplicam e são destruídos. Em cada um desses eventos, diferentes plataformas intracelulares são ativadas.

O reconhecimento de patógenos infecciosos (vírus, bactérias, fungos, protozoários) e não infecciosos (β-amiloide, ATP, glicose, hialuronas, cristais de ácido úrico, cristais de colesterol), denominados em conjunto PAMP (*pathogen-associated molecular patterns*), é mediado por receptores expressos em moléculas ou células do hospedeiro denominados PRR (*pattern-recognition receptors*) ou por Ac específicos.

Entre os PRRs incluem-se "*Toll-like receptors*" (TLR) e os "*cytoplasmic nucleic-acid receptors*"[6,7] RIG-I e Mda5. A proteína paracaspase MALTL1 se combina com a ubiquitina E3 TRAF6 que se auto-ubiquitina e ubiquitina MALT1 e Bcl-10. Cria-se uma plataforma que ativa[8,9] IKKγ. IKK ativada fosforila a parte IκBα do complexo IκBα-NFκB, tornando este bloqueador susceptível à degradação por proteosoma, liberando NFκB que se desloca para o núcleo da célula hospedeira onde irá ativar e/ou reprimir genes que ativam ou reprimem expressão de mediadores envolvidos na multiplicação e destruição de patógenos. Portadores de PAMP reconhecidos por PRR são transferidos em vesículas para o citoplasma da célula hospedeira. Ligantes endógenos particulados formados por sensores citoplasmáticos, como NLRP3, pertencente ao complexo molecular inflamasoma, reconhecem e processam no citosol patógenos inteiros ou seus produtos transferidos por Ac. Este complexo, através da interação molecular entre diversos componentes, regula a ativação de caspase-1, que catalisa a clivagem dos precursores das citocinas pro-IL-1β e pro-IL-18 nas formas maduras ativas IL-1β e IL-18[10]. PRR e os mecanismos que os modulam encaixam-se na imunidade inata. PRR reconhecem panoramas.

12.5.2 Opsonização

Ac reconhecem detalhes. O encontro de Ac com Ag ligados na superfície de patógenos opsoniza, isto é, favorece em cerca de 4 mil vezes o encontro do Fc ligado ao Ac com receptores FcγRs de fagócitos. A fagocitose-endocitose do patógeno opsonizado estimula vias intracelulares que inibem seu crescimento ou promovem sua destruição. Componentes menores da estrutura de patógenos, Ags, induzem a produção de Ac. Ag exibidos pelos patógenos infecciosos e não infecciosos interagem com os Ac que induziram. Imunecomplexos Ags-Ac ativam diferentes plataformas efetoras. Interagem com o sistema complemento (SC) e geram os peptídeos anafilatoxinas que medeiam inflamação e os fragmentos C3b, C4b, e C5b que fazem pontes entre os patógenos e/ou suas moléculas com receptores de fagócitos, monócitos, macrófagos, apresentadoras de Ags, células dendríticas, ou fontes de mediadores inflamatórios, mastócitos, eosinófilos, neutrófilos. C5b, adicionalmente, porém de modo não menos importante, inicia e integra o complexo C5b, C6, C7, C8, C9 (complexo lítico), que se insere irreversivelmente na membrana celular do patógeno e promove sua lise (Figura 12.5).

Patógenos endocitados-fagocitados em vesículas citoplasmáticas ativam vários mecanismos que bloqueiam a multiplicação do patógeno e induzem sua destruição. Produção de citocinas e radicais ativos de O_2 fazem parte desse processo. A manifestação de alguns desses eventos foi recentemente explorada em experimentos de opsonização de bacilos BCG com Ac desenvolvidos em camundongos. BCG opsonizados são mais avidamente fagocitados *in vitro* por macrófagos em comparação com bacilos não opsonizados. Nos macrófagos infectados com bacilos opsonizados o número de bacilos reduz-se progressivamente com o tempo de incubação coincidindo com aumento significativo da expressão da enzima *nitric oxide synthase* e de óxido nítrico[11]. Há observações semelhantes com outros patógenos.

12.5.3 Citoxicidade mediada por células e Ac (ADCC)

Quando um Ag é muito grande para ser fagocitado, a opsonização pode favorecer ligação do Fc do Ac ligado com certos tipos celulares potencialmente citolíticos. Células NK, eosinófilos e em menor extensão neutrófilos, monócitos e macrófagos aderem ao patógeno opsonizado e promovem sua destruição. A destruição do patógeno aderido decorre de aumento do

Anticorpos Humanizados

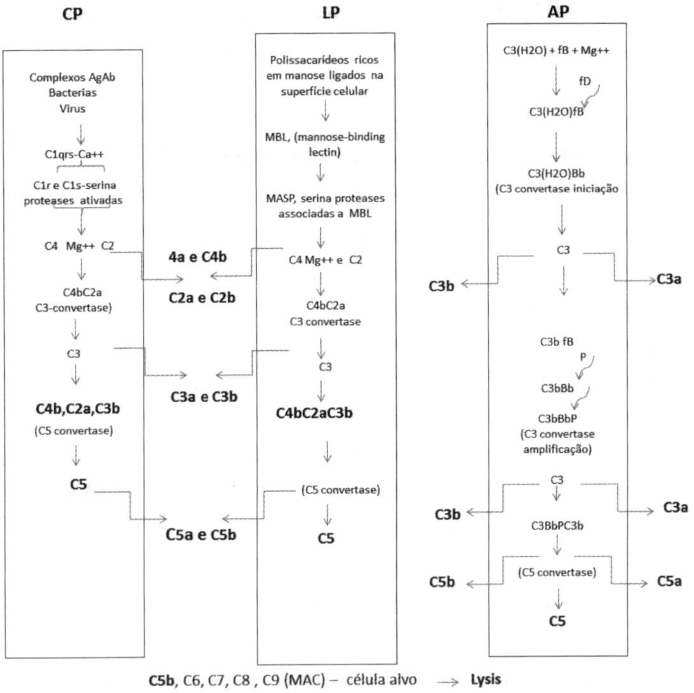

Figura 12.5 Vias de ativação do sistema complemento salientando ativadores, complexos moleculares organizados e a emergência dos efetores anafilatoxinas, opsoninas e complexo lítico. A ativação do sistema complemento inicia-se e estabelece-se através de três cascatas moleculares: via clássica (VC), via das lectinas (VL) e via alternativa (VA), resultando na organização de dois complexos enzimáticos, C3 convertases e C5 convertases. Das ações dessas enzimas resultam produtos de clivagem, anafilatoxinas C3a, C4a e C5a, de opsonina C3b e de complexo molecular [C5b1-C61-C71-C81-C94]2 potencialmente citolítico. Sutil, porém importantes interconexões ocorrem ao longo da ativação com utilização de determinados componentes já ativados em uma via por outra em paralelo. Imunocomplexos, algumas bactérias e vírus interagem com o componente C1 via o subcomponete C1q, resultando na ativação do subcomponente C1s que cliva e ativa os componentes C4 em C4b e C4a e C2 em C2a e C2b. Polissacarídeos ricos em manose interagem com a proteína MBL (manose-binding lectin), o complexo resultante MBL-polissacarídeo rico em manose ativa as pré-proteases MASPs. MASPs ativadas clivam C4 e C2 de maneira similar a C1s. A VA inicia-se espontaneamente após hidrólise do grupo tioéster presente na cadeia alfa da molécula de C3, fenômeno designado "tickover". Formam-se, sucessivamente, os complexos enzimáticos C3 convertase de ativação e C3 convertase de amplificação. A adição de molécula adicional de C3b às enzimas C3 convertases C4bC2b e C3bBbP resulta na organização das C5 convertases C4bC2bC3b e C3bBbC3bP, que clivam C5 em C5a e C5b. C5b inicia a construção do complexo molecular [C5b1-C61-C71-C81-C94]2.
Baseada em Dias da Silva (2012, Figura 2)[44].

metabolismo celular com síntese de enzimas hidrolíticas e, às vezes, extrusão de granulações pré-formadas sobre o patógeno.

12.5.4 Ativação do sistema complemento (SC)

Imunocomplexos ativam a via clássica do SC, opsonizando o patógeno com fragmentos C3b do componente C3, preparando-o para ser fagocitado, liberando fragmentos mediadores dos eventos iniciais da inflamação, C3a, C4a e C5a produtos de clivagem dos componentes C3, C4 e C5 e formando complexos macromoleculares C5b-C9 mediadores da lise do patógeno.

O sistema complemento (SC) inclui cerca de três dezenas de proteínas, a maioria circula solúvel no sangue, na linfa e em outros fluidos interteciduais, e algumas presas na superfície de certos tipos de células. Quanto às funções gerais que desempenham durante o processo de ativação do SC, essas proteínas poderiam ser distribuídas em seis grupos:

1) proteínas que servem para estabelecer o primeiro contato entre SC e patógenos, como os componentes C1q, "*mannose-binding lectin*" (MBL) e C3;
2) pró-enzimas que se ativam em seguida ao contato entre patógenos e SC, como os componentes C1r, C1s, *MBL-associated serine proteases* 1 e 2 (MASP1 e MASP-2), C2, fator B, além de enzimas que circulam ativas como os fatores D e I;
3) proteínas organizadoras de complexos para suporte de enzimas, como C3 e C4;
4) proteína estabilizadora de complexos enzimáticos ativados, a properdina (P);
5) proteínas que regulam a ativação do SC, como inibidor de C1 (C1in), B1H, "*decay-accelewrating factor*" (CD55)(DAF), CR1, "*membrane cofactor protein*" (MCP) (CD46), vitronectina ou proteína S, "*membrane inhibitor of reactive lysis protein*" (CD59)(MIRL), e "*homologous restriction factor*" (HRF), também chamado "*C8 binding protein, 65kDa*"; e
6) proteínas que se agregam para formar complexos de ataque à membrana do patógeno, C5, C6, C7, C8 e C9.

O SC é ativado por três vias: via alternativa (VA), via das "*mannose binding lectins*" (VMBL) e via clássica (VC). As enzimas resultantes da ativação dessas vias convergem para uma via comum, a via lítica (VL) (Figura 12.4). A VL envolve os componentes C3, fB, fD, e P. Íons de Mg^{++} são necessários para sua

ativação. O componente C3 é uma glicoproteína de 195 kDa encontrada no sangue e nas secreções. É constituída de duas cadeias polipeptídicas, cadeia-α (125 kDa) e cadeia-β (75 kDa), ligadas por uma ponte dissulfeto. Na porção N-terminal da cadeia-α da molécula de C3 localizam-se dois sítios de importância fundamental para a expressão de suas atividades biológicas: a ligação peptídica Arg 726-Ser 727, suscetível à clivagem pelas enzimas C3 convertases, e a sequência de aminoácidos hidrofóbicos Cys998 e Gln991, que formam um grupamento tioéster. fB é uma pró-serina protease de cadeia única de 93 kDa. fD circula aparentemente como enzima ativa. P é uma proteína de 56 kDa. Pode circular como monômero, dímero, trímero ou tetrâmero.

12.5.4.1 Mecanismos de ativação da VA

A ligação tioéster da molécula de C3 como fonte de energia química utilizável é o alvo das vias de ativação do SC. Apesar de protegida dentro da alça hidrofóbica da cadeia-α que incorpora os resíduos Cys998 e Gln991, cerca de 0,005% das moléculas de C3 espontaneamente incorporam uma molécula de H_2O por minuto, na proporção de uma molécula de água por molécula de C3. No processo de incorporação de água, C3 é designado $C3(H_2O)$. A ligação tioéster é hidrolizada. Libera-se, durante o processo de hidrólise, a energia que estava armazenada. As moléculas de $C3(H_2O)$ podem utilizar a energia química liberada para construir ligações covalentes, éster ou amida, desde que estruturas contendo grupos –OH ou –NH estejam disponíveis e suficientemente próximas. C3 neste estágio com sua cadeia-α intacta é designado C3 reativo, abreviadamente C3*. Depois de um curto espaço de tempo, da ordem de milésimos de segundos, a energia química é liberada, perde-se e $C3(H_2O)$ se inativa. Nesse estágio, por analogia, a molécula de C3 é designada C3 inativo, abreviadamente C3i. De acordo com a *ticking-over hypothesis*, C3*, na presença de ions de Mg^{++} associa-se reversivelmente com fB. Nessa situação, fB é clivado por fD em dois fragmentos, um peptídeo pequeno, Ba, que se solta na fase fluida, e um fragmento maior, Bb, que contém o sítio enzimático de serina protease e que permanece ligado a C3*. Organiza-se a enzima C3*Bb, denominada C3 convertase de ativação da VA, de vida média bastante curta. O complexo se desfaz em frações de segundos a não ser que se ligue através de ligações éster ou amida com grupamentos –OH ou $–NH_2$ estrategicamente dispostos em estruturas da superfície celular.

Células de mamíferos e mesmo de certos patógenos desenvolveram mecanismos estratégicos de escape que eliminam ou inativam C3* e impedem a

organização do complexo C3*Bb. C3*Bb cliva C3* em C3a e C3b. Moléculas de C3b, de maneira análoga à C3*, interagem com moléculas de fB para formar C3bBb, outro complexo com atividade enzimática. Esta enzima, conquanto de meia-vida mais longa do que C3*Bb, torna-se ainda mais estável, quando a ela se liga uma molécula de properdina (P). A enzima C3BbP, vida média da ordem de 10 a 12 minutos, é denominada C3 convertase de amplificação da VA. A amplificação, isto é, organização de C3BbP, favorece o hospedeiro, enquanto a inativação dessa enzima favorece o patógeno. Da clivagem de C3 entre os resíduos Arg 726 e Ser 727 da cadeia-α por essas enzimas resultam dois fragmentos, C3a e C3b, respectivamente de 9 kDa e 186 kDa. C3a induz contração de músculo liso, aumento de permeabilidade vascular, desgranulação de mastócitos e quimiotaxia para leucócitos, sobretudo eosinófilos. É mediador dos eventos iniciais do processo inflamatório agudo. Quando se liga covalentemente na superfície de patógenos ou de imunoglobulinas combinadas com antígenos, C3b é reconhecido por receptores CR1 (CD35) dispostos na membrana celular de fagócitos e de eritrócitos. No primeiro caso funciona como opsonina mediando fagocitose de patógenos e, no segundo, na remoção de imunocomplexos circulantes favorece a multiplicação do patógeno. A inativação requer a intervenção de quatro proteínas distintas denominadas proteínas controladoras da ativação do SC: fator I, fator H, CR1 e MBP (CD46). Essas proteínas atuam colaborativamente entre si. Fator H, CR1 e MBP funcionam como cofatores, facilitando a remoção de um peptídeo, C3f, da cadeia-α de C3b pela enzima fator I. Na superfície das células do hospedeiro que expressam certos poliânions como ácido siálico, fator H liga-se a C3b com maior afinidade que fator B. Aborta-se a organização de C3bBb; protege-se a célula de eventual fagocitose ou lise. Na superfície de patógenos que não expressam poliânions, fator B liga-se com maior afinidade que fator H; favorece-se a formação de C3bBb; expõe o patógeno à fagocitose ou à lise. Amplificação leva à destruição do patógeno e controle da infecção; inativação permite sua sobrevivência e multiplicação.

12.5.4.2 Via de ativação VMBL

VMBL envolve os componentes "*Lectin-Binding Protein*", (MBL) e as proenzimas associadas MASP-1 e MASP-2 (*MBL-associated serine proteases 1 ou 2*) e uma proteína de baixo peso molecular sem atividade enzimática cuja função precisa ainda é desconhecida, denominada MAP-19 ou sMAP (*small MBL-associated protein*). Os componentes da VC, C4 e C2 são os

alvos das MASP ativadas. O reconhecimento na VMBL é feito pela proteína MBL pertencente á família das colectinas. VMBL é produzida pelos hepatócitos e é encontrada no sangue circulante e em outros fluidos orgânicos. Sua produção aumenta em resposta a infecções e a outras injúrias comportando-se como proteína de fase aguda.

A molécula de MBL, como as demais colectinas, possui dois domínios distintos, um em forma de haste de estrutura semelhante à molécula de colágeno (colágeno) e outro, multimérico de forma globular que contém a região lectina (lectina) que reconhece carboidratos. Íons de Ca^{++} são absolutamente necessários para que MBL reconheça e se combine com carboidratos. O domínio lectina, como nos demais membros da família das colectinas, reconhece e interage com carboidratos dispostos de maneira particular sobre a superfície dos patógenos. A sequência de aminoácidos nesse domínio define a conformação e, portanto, o repertório da estrutura do carboidrato que reconhece. Esse detalhe de reconhecimento é importante porque os carboidratos da parede da célula microbiana são claramente distintos dos encontrados na superfície das células eucariotas. Por exemplo, as glicoproteínas presentes em células de mamíferos exibem cadeias laterais contendo galactose e ácido siálico como resíduos mais distais na estrutura da molécula, estruturas que não são reconhecidas por MBL. Portanto, MBL ignora carboidratos de células de mamíferos, isto é, o que é "*self*" mas identifica carboidratos de células de microrganismos, isto é, o que é "*nonself*". MBL é lectina do tipo-C, isto é, íons de Ca^{++} são necessários para que interaja com o ligante.

As formas ativas de MBL são homomultímeros de massa molecular da ordem de 200-600 kDa. Os homomultímeros são constituídos de 2 a 6 subunidades. Na estrutura da cadeia polipeptídica (31 kDa), distinguem-se três regiões: uma região N-terminal rica em resíduos do aminoácido Cys, uma região intermediária semelhante à molécula de colágeno e uma região –COOH terminal que aloja o sítio para reconhecimento de carboidratos, "*carbohydrate-recognition domain*" ou CRD. Para formar uma subunidade, três cadeias polipeptídicas se acoplam, seus resíduos de Cys da região N-terminal se unem para ligar as cadeias através de pontes dissulfeto e as regiões semelhantes a colágeno se enovelam em tríplice-hélice para formar a haste da qual emergem os três CRD. Para formar homopolímeros, duas ou mais subunidades se ligam também região N-terminal, os mais comuns sendo com dois, três, quatro, cinco e seis subunidades. CRD reconhece um largo espectro de carboidratos ricos em hexoses, tanto não modificadas como manose, fucose, glicose e galactose, como modificadas, entre elas, N-acetilmanosamina e N-acetilglicosamina, expressas em vários micróbios, por exemplo, *Pneumocystis carini*, *Listeria*

monocytogenes, *Neisseria meningitidis*, vírus da influenza vírus do herpes etc. A baixa afinidade dos CRD para seus ligantes é compensada pela grande quantidade de carboidratos expressos na superfície dos microrganismos, o que permite o envolvimento simultâneo de múltiplos CRD.

Microrganismos que expressam carboidratos reconhecíveis por MBL, uma vez adequadamente contendo MBL na superfície, podem ser opsonizados ou lisados. O complexo MBL-ligantes, em presença de íons de Ca^{++}, ativa C4 e C2 e organiza a enzima C4bC2b, a enzima C3 convertase da VC. Para realizar esses eventos, utiliza como substitutos de C1 as proenzimas MASP-1 e MASP-2 (*MBL-associated serine proteases 1 ou 2*) e uma proteína sem atividade enzimática de baixo peso molecular cuja função precisa ainda é desconhecida, denominada MAP-19 ou sMAP (*small MBL-associated protein*). Íons de Ca^{++} são absolutamente necessários para que MBL, MASP1 e MASP-2 e sMAP se mantenham associados. O complexo MB-MASP-1-MASP-2 só exibe atividade de serina protease depois que MBL interage com seu ligante. O domínio enzimático de MASP-1 é homólogo ao de C1r, enquanto o correspondente de MASP-2 é idêntico ao de C1s. Após a interação entre MBL e ligantes, provavelmente por autoativação, um dos MASP se ativa e cliva o outro. Em seguida, MASP-2, como C1s ativado, que exibe atividade de serina-esterase, cliva C4 e C2 por processos semelhantes aos que se passam durante a ativação da VC, descrita a seguir. C envolve os componentes C1, C2 e C4. Íons de Ca^{++} e de Mg^{++} são necessários para que sejam ativados.

12.5.4.3 Ativadores de VC

a) *Imunoglobulinas (Ig)*: Ig livres, não combinadas com o antígeno não ativam a VC. Domínios que se ligam a C1q, C_H2 de IgG ou C_H3 de IgM estão recolhidos na estrutura terciária do Fc das moléculas de Igs; expõem-se em seguida à interação do anticorpo com o antígeno, tanto em imunocomplexos (ImC) livres como ligados a células. A eficiência dos ImC na ativação do SC depende da relação molecular Ac/Ag. ImC formados nas zonas de excesso de Ac com quatro ou mais moléculas de Ac por molécula de Ag são mais eficientes, enquanto ImC solúveis formados na zona de excesso de Ag praticamente não ativam.

b) Proteína A de *Staphylococcus aureus*: trata-se de proteína de cadeia polipeptídica única com duas partes distintasna região N-terminal há quatro regiões cada uma podendo ligar-se a uma molécula de IgG humana e a parte COOH terminal que ancora a proteína na parede da bactéria.

Esta proteína tem afinidade para o Fc de imunoglobulinas tanto humanas (IgG1 > IgG2 > IgG) como murinas (IgG2a > IgG2b > IgG3). Complexos formados por duas moléculas de imunoglobulinas e uma de proteína A, como ImC, ativam a VC.

c) Proteína-C reativa (PCR): trata-se de uma β-globulina presente em quantidades traços no soro de indivíduos normais que aumenta durante infecções ou doenças inflamatórias (como artrite reumatoide), infarto do miocárdio, injúria do músculo esquelético por reperfusão sanguínea e outras. É sintetizada pelos hepatócitos. Consiste de cinco subunidades idênticas de 20 kDa a 30 kDa não covalentemente associadas e dispostas como pentâmero cíclico. Pertence à família de proteínas denominadas *"pentraxin"*. Cada uma de suas unidades expressa um sítio de ligação que reconhece sítios de ligação na molécula de fosfatidilcolina, componente do polissacarídio C encontrado em várias espécies de pneumococos. Reconhece também estruturas semelhantes de membranas e de componentes nucleares derivados de células lesadas do hospedeiro. PCR, como os demais ativadores da VC, ativa C1 e organiza C3 convertase; todavia, interfere na subsequente organização da C5 convertase. PCR prepara patógenos para fagocitose, opsonisando-os com C3b, porém não organiza o complexo citolítico C5b-C9 sobre sua superfície.

d) Proteína amiloide P do soro e fibrilas da proteína β-amiloide: essa proteína ativa C1 de maneira semelhante à proteína C reativa.

e) Certos retrovírus e micoplasmas: esses patógenos ativam C1 *in vitro*, porém ainda não se sabe a importância desse fenômeno *in vivo*. VC é iniciada pela interação entre ativadores e C1. O componente C1 inclui os subcomponentes C1q, C1r e C1s, que se associam na forma de um pentâmero, C1q1C1r2C1s2, cujas unidades são mantidas associadas por meio de íons de Ca^{++}, circula livre, potencialmente ativo (menos de 1%) ou inativo (99%) associado a uma molécula do inibidor de C1 (C1in). C1q é a unidade de reconhecimento, enquanto C1r (85kDa) e C1s (85kDa) funcionam como unidades catalíticas. C1q (462 kDa) é constituído de seis subunidades idênticas. Cada subunidade é formada por três cadeias polipeptídicas diferentes, A, B e C, contendo, respectivamente, 223-, 226- e 217- resíduos de aminoácidos. As seis subunidades enovelam-se para formar uma haste semelhante ao colágeno. Da haste projetam-se seis domínios de forma globular, cada um contendo as sequências que se ligam aos ativadores da VC. A molécula de C1 só se ativa quando o subcomponente C1q interage simultaneamente com Fc em dois sítios de ligação vizinhos. Esse fato explica por que ImC

formados de IgM e de certos isotipos de IgG são mais eficientes para ativar a VC que outros. Nos ImC em que o anticorpo é IgM, mesmo quando com relação Ac/Ag = 1, esta única molécula de IgM poderá fornecer cinco sítios Fc suficientemente próximos para ativar C1. Já nos ImC em que o anticorpo for IgG, a relação Ac/Ag deverá ser no mínimo igual a 2 para que tal ImC interaja com dois sítios globulares de C1q. Dois domínios de forma globular de C1q, no mínimo, têm de se ligar simultaneamente à molécula do ativador para que haja ressonância na molécula de C1q e ocorram as modificações estruturais que levam à ativação autocatalítica de uma das moléculas C1r do complexo C1. Por este processo C1r é clivado, e o fragmento ativo de 28 kDa que retém o sítio de serina-protease cliva e ativa a outra molécula de C1r. As duas moléculas de C1r, agora expressando atividade enzimática de serina-protease, clivam C1s, liberando seu fragmento ativo C1s (28 kDa), também com atividade de serina-esterase. C1In, uma glicoproteína de cadeia única altamente glicosilada de 105 kDa, pertence à família de proteínas que inibem serina-proteases, denominada *"serpins"*, de *"serine proteinases inhibitors"*. Contém cerca de 35% de carboidratos ligados na cadeia polipeptídica por ligações N- e O-. A molécula de C1In consiste em uma região globular terminal e de uma haste N-terminal rígida, rica em carboidratos ligados a seis ou sete domínios formados pela sequência Glu(Gln)-Pro-Thr-Thr. No domínio COOH terminal encontra-se uma alça, que contém o centro reativo, muito sensível à proteólise. O centro reativo assemelha-se aos centros reativos encontrados em outras proteínas. O centro ativo, enquanto íntegro, mantém inativos C1r2 e C1s2 ligados a C1q. Nesta situação, suas regiões globulares estão não covalentemente ligadas ao sítio ativo de C1r. C1In tem afinidade para o domínio catalítico de C1r. Duas moléculas de C1 ligam-se a um dímero de C1r e impedem sua ativação. A presença de C1In no sítio ativo de C1r impede a ativação do componente C1. C1In e C1r estão em permanente equilíbrio: continuamente se associam e se dissociam. Em condições normais, apenas 1% de C1In encontra-se livre no plasma. Na presença de ativadores da VC, o complexo C1-C1In se dissocia, C1q liga-se aos domínios adequados do ativador e previne a reassociação C1-C1In. C1 é ativado como já descrito e C1s ativado cliva C4 e C2. Os componentes C4 e C2 são os substratos naturais das enzimas ativadas C1s e MASP-2, que, como vimos, são as enzimas efetoras das vias VA e VMBL. CI e MASP-2, como já vimos, são serina-esterases. C4 é uma glicoproteína de 210

kDa encontrada no soro na concentração de 200 mg/mL a 600 mg/mL. Uma ligação tioéster similar à encontrada em C3 encontra-se na sequência Cys 991-Gly-Glu-Glu-994-Gln. Há, na população humana, duas isoformas de C4, C4A e C4B. O grupo tioéster de C4A forma ligação amida com grupos -NH$_2$ de proteínas; é a isoforma que se liga, preferencialmente, com moléculas de anticorpo em IMCs. C4B, ao contrário, forma ligação éster com grupos –OH de carboidratos; é a isoforma que se liga preferencialmente, na superfície de microrganismos. A diferença funcional entre as duas isoformas de C4 é influenciada pelo resíduo X- 1106, situado em sequência: Asp, isoforma A, orienta para ligação amida; His, isoforma B, orienta para ligação éster. A formação de amida ou de éster previne a hidrólise e estabiliza C4b na superfície do patógeno. Parece ser o mecanismo que orienta o restante da cascata do SC para a superfície do patógeno, lugar onde o anticorpo deveria estar exercendo sua ação. C1 ativado em presença de íons de Mg^{++} cliva C4 na sequência Arg 76 - Ala 77 da cadeia-a e libera dois fragmentos, C4a e C4b. C4a (8,6 kDa), o segmento N-terminal da cadeia-a, é uma das três anafilatoxinas, difunde-se na fase fluida e exerce suas atividades inflamatórias. C4b (± 201 kDa) retém a maior parte da cadeia-a e as cadeias b e g íntegras. Com a remoção de C4a, a ligação tioéster de C4b expõe-se ao ataque por grupos nucleofílicos. Inativa-se por dois mecanismos: (a) por hidrólise (o produto inativo é referido como iC4b); e (b) pelo fator I, uma serina-protease normalmente ativa que, em conjunção com os cofatores C4bp *"C4 binding protein"* ou CR1, subcliva C4b e libera o fragmento maior C4c. O fragmento C4d de 380 resíduos de aminoácidos permanece na superfície do patógeno ou do ImC. As moléculas de C4b que sobreviverem, se suficientemente próximas entre si nos ImC livres ou apensos na superfície de patógenos, podem formar ligações covalentes éster ou amida.

12.5.4.4 Via lítica (VL)

VL envolve os componentes C5, C6, C7, C8 e C9. Estima-se que as enzimas, C3(H$_2$O)Bb (C3 convertase de iniciação da VA), C3bBbP (C3 convertase de amplificação da VA) e C4bC2b (C3 convertase da VC) produzam e depositem 2 x 10^6 moléculas de C3b a cada cinco minutos sobre a superfície do patógeno. Essa vasta e rápida saturação da superfície com moléculas de C3b prepara o patógeno para destinos diferentes: moléculas de C3b ligadas,

porém isoladas, são reconhecidas pelos receptores CR1 (CD35) e fagocitadas; moléculas de C3b que se incorporam nas C3 convertases reorientam os sítios ativos dessas enzimas para clivar C5 e construir o complexo de ataque à membrana (*membrane attack complex* – MAC). Na construção de MAC, participam as enzimas C3bBbPC3b (C5 convertase da VA) e C4bC2b C3b (C5 convertase da VC) e os componentes C5, C6, C7, C8 e C9.

- **C5:** Proteína de 190 kDa encontrada no soro na concentração de 80 mg/mL. É formada por duas cadeias polipeptídicas, cadeia-a (115 kDa) e cadeia b (75 kDa), ligadas por uma ponte dissulfeto. Compartilha certas regiões de homologia com C3 e C4, mas não possui ligação tioéster. As C5 convertases C3bBbPC3b (da VA) e C4bC2b C3b (da VC) clivam a molécula de C5 na porção N-terminal da cadeia-a e liberam um fragmento de 11 kDa com potente atividade de anafilatoxina, denominado C5a. O restante da molécula, C5b (180 kDa), é constituído pelo fragmento que sobrou da cadeia-a e pela cadeia-b íntegra. O restante da cadeia-a e a cadeia-b permanecem ligados entre si pela ponte dissulfeto. O rearranjo na estrutura tridimensional causado pela clivagem na cadeia-a permite que a molécula de C5b se acomode, sem se ligar, sobre a membrana celular do patógeno. Cada molécula de C5b depositada na membrana celular do patógeno servirá de plataforma para a organização de MAC.
- **C6 e C7:** C5b associado com qualquer das duas C3 convertases na superfície celular do patógeno é lábil. Seus sítios de ligação para o componente seguinte, C6, na sequência de organização de MAC, inacessíveis na molécula íntegra de C5, inativam-se em dois minutos. A ligação com C6 estabiliza esses sítios. C6 é uma proteína de cadeia única de 128 kDa encontrada no soro na concentração de 45 mg/mL. O complexo C5bC6 não possui atividade enzimática. Sua função é ligar C7, outra proteína de cadeia única de 121 kDa presente no soro na concentração de 90mg/mL. Com a ligação de C7 ocorrem modificações estruturais no complexo C5bC6C7, exposição de varias regiões hidrofóbicas antes recolhidas e protegidas de contato com água da fase fluida fisiológica nas moléculas dissociadas. O complexo C5bC6C7 passa a ser lipofílico e se insere na dupla camada de fosfolipídios da membrana celular ou do envelope viral. O complexo C5bC6C7 que se ligar com imunocomplexos livres não depositados na membrana celular de patógenos ou no envelope viral rapidamente é desligado e se dispersa na fase fluida. Nessa situação, conquanto

sejam instáveis com meia-vida da ordem de 0,1 segundo, podem, caso encontrem patógenos disponíveis, inespecificamente se incorpor na sua membrana e provocar lise.
- **C8 e C9:** após inserir-se na dupla camada lipídica da membrana celular, o complexo C5bC6C7 funciona como receptor para o componente C8. C8, proteína de 155 kDa, ao contrário das demais proteínas da via comum, é um heterodímero composto de três cadeias, a (64 kDa), b (64 kDa) e g (22 kDa). As cadeias g e a são unidas por uma ponte dissulfeto. A molécula de C8, quando se associa ao complexo C5bC6C7, passa por modificações estruturais que permitem a inserção de sua cadeia-g na membrana celular. De imediato, ocorrem duas consequências: o complexo C5bC6C7 se estabiliza e se formam poros com cerca de 10 Å de diâmetro nos sítios de inserção do novo complexo C5bC6C7C8. Células contendo o complexo C5bC6C7C8 e que expressam esses pequenos poros já são ligeiramente suscetíveis à lise. Lise explosiva só se manifesta depois que moléculas de C9, uma proteína "perforina-símile" de 79 kDa encontrada no soro na concentração de 60 µg/mL, se agregam ao complexo C5bC6C7C8. Moléculas de C9, variando de 4 a 9, polimerizam-se logo que contatam o complexo e completam a estrutura final de MAC, C5bC6C7C8C9$_{(n)}$. Esse complexo se dimeriza e dá origem a um microtubo cilíndrico com cerca de 100 Å de diâmetro que atravessa a bicamada de fosfolipídios da membrana celular e estabelece comunicação entre o meio externo e o citosol. Tal microtubo permite o tráfico de água e de íons, particularmente Ca^{++}, em direção ao citosol, de modo que a célula se intumesce e explode. Determinações feitas por Manfred Mayer (1964)[45] demonstraram que a efetiva inserção de uma única molécula de MAC na membrana celular é suficiente para causar lise da célula. Tal verificação permitiu a elaboração da *"one-hit theory"*. De acordo com essa teoria, a inserção efetiva de apenas um complexo MAC na membrana celular do patógeno ou de células eucariotas é suficiente para provocar lise e morte celular.

12.5.5 Regulação das vias de ativação

As várias etapas da cascata de ativação do SC são reguladas e rigidamente controladas por proteínas reguladoras, ou solúveis na fase fluida ou imobilizadas na membrana da célula-alvo. As proteínas reguladoras agem

em pontos estratégicos da ativação do componente C1, das C3 e C5 convertases e na organização do complexo lítico C5b-C9.

- **Regulação da ativação de C1:** a ativação do complexo C1 é monitorada pelo inibidor de C1, C1In, uma glicoproteína de cadeia única altamente glicosilada de 105 kDa. Mais informações sobre a estrutura de C1In e sobre como funciona podem ser encontradas na seção sobre ativação de C1 deste capítulo. A organização, ativação e atividade enzimática das enzimas C3 e C5 convertases são monitoradas pelas proteínas C4bp (*C4 binding protein*), DAF (decay-accelerating factor), CR1 (C3b receptor) e MCP (*membrane cofactor protein*). À exceção de C4bp, que é envolvida somente no controle de ativação da VC, as demais funcionam nas duas vias. A dissociação espontânea das C3 convertases é potencializada pelas proteínas C4bp, DAF e MCP. As proteínas C4bp e C1R facilitam a degradação por clivagem de C3b e C4b dissociados dos complexos C4bC2b ou C3bBb por fator I, uma serina-protease de duas cadeias polipeptídicas glicosiladas unidas por ponte dissulfeto, encontrada no soro ou plasma na sua forma ativa. A alta especificidade de fator I para C4b ou C3B explica a resistência de outras proteínas plasmáticas à sua ação enzimática; a concentração plasmática normal de C4bp no soro é bem mais elevada do que C4b resultante da dissociação de um único sítio de interação entre C4bp-C4b. Assim, na maioria das situações a concentração de C4bp excede significativamente as pequenas quantidades de C4b geradas durante a ativação da VC0, permitindo que C4b seja inativado. A proteína DAF está ligada na membrana dos eritrócitos por uma âncora de glicosilfosfatidilinositol. A única atividade expressa por DAF é dirigida para as enzimas C3 convertases. DAF age, de um lado, facilitando a dissociação das subunidades das enzimas C3bBb e C4bC2b e, de outro, prevenindo a organização dessas enzimas. DAF não possui atividade de cofator para fator I e não exerce funções de receptor, embora possua expressiva afinidade para C3b e C4b. MCP possui potente atividade de cofator, quase que exclusiva, para fator I sobre C3b na fase fluida, ou C3b aderido a moléculas solubilizadas. O fator H humano é sintetizado como cadeia polipeptídica de 1.231 resíduos de aminoácidos; peptidases removem de tal cadeia dois pepetídios, um de 18 resíduos na região -NH_2-terminal e outro de 2 aminoácidos na região –COOH terminal, resultando na proteína nativa com 1.211 resíduos de aminoácidos. A molécula de fator H nativa contém 9

sítios potenciais de glicosilação, é organizada em 20 domínios CCPR e funciona como cofator na clivagem de C3b das C3 convertases da VA pelo fator I. A regulação do complexo citolítico C5b-C9 é realizada essencialmente nos níveis da associação de C8 e C9 a C5b-C7. Uma das proteínas ativas nessa regulação, denominada *homologous restriction factor* (HRF), foi isolada de eritrócitos humanos. HRF é uma proteína de 65 kDa, que, como DAF, está ligada na membrana dos eritrócitos por uma âncora de glicana fosfatidilinositol. Tal proteína está presente também na superfície de plaquetas, neutrófilos e monócitos e possui elevada afinidade para C9. HRF inibe a formação de canais pelo complexo C5b-C8, C5b-C9 e a polimerização de C9. Anticorpos anti-HRF aumentam em cerca de 20 vezes a lise de eritrócitos humanos pelo complexo C5b-6,7,8,9, porém não interfere com a adesão de C5b6-7 aos eritrócitos. Uma outra proteína que inibe a formação de canais na lise causada por ativação do SC, denominada *membrane inhibitor of reactive lysis* (MIRL), restringe a organização do complexo citolítico C5b-C9 no nível da membrana da célula-alvo. MIRL é uma proteína de 18 kDa a 20 kDa, idêntica ao antígeno CD59, e é encontrada em leucócitos e em células endoteliais

12.5.6 Atividades biológicas derivadas de componentes do sistema complemento

Fragmentos mediadores da inflamação e promotores de fagocitose são liberados dos componentes C3, C4 e C5 por enzimas ativadas na cascata de ativação do SC.

- **Peptídeos mediadores da inflamação:** peptídeos com atividade inflamatória são liberados por clivagem enzimática dos componentes C3, C4 e C5, denominados, respectivamente, C3a, C4a e C5a. Esses peptídios reproduzem, *in vitro*, fenômenos típicos da reação anafilática, como contração espasmódica do músculo liso, seguida de taquifilaxia depois de algumas aplicações da mesma dose; aumento da permeabilidade vascular, quimiotaxia para leucócitos e ativação de certas células particularmente mastócitos com liberação de mediadores como histamina e leucotrienes. Os peptídeos C3a, C4a e C5a são coletivamente designados pelo termo de significação ambígua "anafilatoxinas", introduzido por Friedberger em 1910 para designar a "toxina

anafilática" formada no soro por imunocomplexos e que reproduzia alguns sintomas da reação anafilática. C3a é produzido por clivagem de C3 pelas enzimas C3bBbP e C4bC2(C2a-C2b), tripsina e plasmina. Produz edema na pele humana na concentração de 10^{-10} a 10^{-12} M. Consta de 78 resíduos de aminoácidos, tendo Ser na porção NH_2 terminal e Arg na porção -CooH terminal. A expressão de suas atividades biológicas depende da integridade do oligopeptídio -COOH terminal Leu-Gli-Leu-Ala-Arg. Há no plasma uma carboxipeptidase N, com massa molecular de 300 kDa, que remove o resíduo -COOH terminal Arg de C3a e abole suas propriedades biológicas. Como veremos adiante, no item sobre receptores para fragmentos ativos do SC, esse resíduo de Arg deve participar na ligação de C3a com seus receptores celulares C3a/C4a-R, encontrados em mastócitos, basófilos e fibra muscular lisa. C4a é produzido por clivagem de C4 pela enzima C1s, possui estrutura semelhante ao C3a, mas sua afinidade para receptores celulares é bem inferior à de C3a. C5a resulta da clivagem de C5 pelas enzimas C3bBbP e C4bC2(C2a-C2b), tripsina e plasmina. Além das atividades que exercem C3a e C4a, C5a é um potente fator quimiotático para polimorfonucleares, para basófilos e para macrófagos. Conquanto as atividades biológicas de C3a/C4a e C5a sejam redundantes, C5a se distingue estruturalmente pela presença de um oligossacarídio complexo de mais ou menos 3 kDa contendo de 3 a 4 manoses, 2 galactoses, de 3 a 4 galactosaminas e de 3 a 4 resíduos de ácido siálico apensos ao resíduo de Asp, posição 4 de sua sequência de aminoácidos. Difere, ainda, das duas outras anafilatoxinas pelo fato de preservar sua atividade quimiotática, porém não suas atividades anafilotóxicas após remoção do resíduo Arg-COOH terminal (C5-des Arg). C5a interage com receptores C5a-R.

- **Opsoninas:** moléculas de C3b covalentemente ligadas na superfície de patógenos ou de imunocomplexos livres interagem com receptores da superfície de fagócitos, CR1, CR2, CR3 e Cr4.

12.6 RECEPTORES CELULARES PARA FRAGMENTOS DE COMPONENTES DO SISTEMA COMPLEMENTO

Como vimos, da ativação do SC resultam produtos de clivagem biologicamente ativos, alguns maiores outros menores, principalmente dos componentes C3, C4 e C5. Esses produtos, para expressar suas atividades, interagem

com receptores dispostos na superfície de diferentes tipos celulares. Das interações resultam sinais dirigidos ao citoplasma onde são acionadas diferentes e complexas vias de ativação. Algumas promovem reorganização do citoesqueleto celular que se manifestam na forma de extrusão de grânulos, secreção de produtos, emissão de pseudópodos e movimentação da célula; outras, na ativação em cascatas de enzimas e de mensageiros intermediários que ativam certos genes e produzem mediadores. Os seguintes receptores serão analisados: CR1, CR2, CR3, C1q-R, C3a-R e C5a-R.

- *CR1 (CD35)*: este receptor é uma glicoproteína de cadeia única, massa molecular 165 kDa a 280 kDa, com as três regiões, extracelular, transmembrânica e intracelular. Possui alta afinidade para C3b e C4b e, em menor extensão, para iC3b. Os quatro alótipos mais comuns, tipo A (190 kDa), tipo B (220 kDa), tipo C (160 kDa) e tipo D (250 kDa) são codificados por genes localizados em alelos de um único locus. Essas formas de CR1 são difusíveis e espalhadas na membrana celular de fagócitos e eritrócitos. A região extracelular, que interage com os fragmentos C3b e C4b consistem de uma série de *complement control protein repeats* (CCPR) dispostos em quatro domínios: A, B, C, D (Figura 12.15). Os quatro alótipos de CR1 são identificados pela ausência de determinados CCPR. O número de CR1 varia de 300 a 1.000 nos eritrócitos e de 5.000 a 30.000 nos leucócitos. Como no sangue circulante o número de eritrócitos é cerca de mil vezes maior que o número de leucócitos, mais de 90% do total de CR1 encontram-se nos eritrócitos. CR1 exerce quatro funções: (A) *Regulação das C3 convertases:* CR1 ao ligar-se com C4b, na C3 convertase da VC, ou com C3b, na C3 convertase da VA, acelera a desativação dessas duas enzimas; funciona como co-fator para o fator I (consultar Seção "Regulação da ativação do SC"). (B) *Fagocitose ou endocitose:* CR1 é encontrado nos fagócitos macrófagos e neutrófilos; habilita essas células a reconhecer e fagocitar micróbios patogênicos ou endocitar imunocomplexos, opsonisados com iC3b, C3b e C4b (consultar Seção "Fagocitose"); as moléculas de CR1 liberam a partícula fagocitada ou endocitada no fagolissosoma e retornam à superfície do fagócito, prontas para reconhecer novas partículas opsonisadas com fragmentos de C3 ou de C4. (C) *Remoção de imunocomplexos do sangue circulante:* anticorpos são continuamente produzidos e liberados no sangue circulante, principalmente durante processos infecciosos e doenças autoimunes. Esses anticorpos se combinam com

os antígenos formando imunocomplexos de diferentes tamanhos e relação molecular antígeno-anticorpo. Imunocomplexos nas zonas de excesso de anticorpo ou de equivalência, ao contrário dos imunocomplexos na zona de excesso de antígeno, ativam eficientemente o SC. Moléculas de C3b agregadas nos fragmentos Fab do anticorpo, participam na eliminação dos imunocomplexos do sangue circulante por dois mecanismos distintos: solubilização dos imunocomplexos dispersos na fase líquida do sangue ou sua adesão nas moléculas de CR1 de eritrócitos. Imunocomplexos menores e quando em pequenas quantidades são eficientemente solubilizados; imunocomplexos maiores e em grandes quantidades são transportados pelos eritrócitos e entregues para macrófagos residentes principalmente dos capilares sinusoides do fígado e baço onde são removidos e destruídos. Nas situações em que há excesso de produção de anticorpos, deficiências de componentes do SC ou do receptor CR1, os imunocomplexos que se formam no sangue circulante depositam-se nos tecidos e causam inflamação. (D) *Potencialização do processamento de antígenos:* CR1 expresso em linfócitos B e células dendríticas pode participar no processamento e apresentação de antígenos. Esse efeito seria consequência direta da fagocitose e digestão no fagolissosoma de imunocomplexos e micróbios contendo C4bC3b, C3dg, C3d na superfície. Peptídeos microbianos inseridos patógeno ou livres ambos ligados a anticorpos e opsonisados com fragmentos de C3b ou C4b, resultantes da digestão, seriam apresentados sobre produtos de MHC a linfócitos T.

- *CR2(CD21)*. Este receptor é uma glicoproteína integral de membrana de cadeia única, massa molecular 140kDa com as três regiões, extracelular, transmembrânica e intracelular. CR2 reconhece C3dg e C3g, produtos resultantes da clivagem de C3b. As funções primárias de CR2 são essencialmente as mesmas de CR1: opsonisação, remoção de imunocomplexos da circulação e apresentação de antígenos a linfócitos T. CR2 é encontrado na superfície de linfócitos B e de células epiteliais. Nos linfócitos B participa ativamente no reconhecimento de sinais para estimulação do ciclo celular e da diferenciação. O vírus Episten-Barr (VEB), causador da mononucleose infecciosa aguda, infecta os linfócitos B através de CR2. A proteína gp350/220 deste vírus possui a sequência **–EDPGFFNVE-**, homóloga à sequência **–EDPGKSLYNVE-** encontrada nos fragmentos C3dg e C3d de C3. C3dg, C3d e VEB provavelmente interagem com CR2 através dessa sequência. CR2 é expresso nos linfócitos B associado com a proteína CD19 formando o

correceptor *CR2/CD19*. Este correceptor coopera com o receptor BCR (Ig monomérica ligada à membrana mais o complexo acessório Igα/Igβ requerido para a sinalização intracelular) na indução da resposta do linfócito B. Quando os receptores BCR dos linfócitos B são estimulados pelo antígeno e o CR2 do correceptor está com fragmentos de C3 ligados, a resposta do linfócito B é mais vigorosa.
- *CR3 (Mac-1; CD 11c/CD18)*. Este receptor é um heterodímero formado de duas subunidades, as cadeias polipeptídicas a (150 kDa) e b (95 kDa), associadas não covalentemente. Reconhece o fragmento iC3b resultante da clivagem de C3. É encontrado na superfície de leucócitos polimorfonucleares, monócitos e linfócitos.
- *C1q-R*. Este receptor é uma proteína de cadeia única de 65 kDa, encontrada na superfície de linfócitos B, neutrófilos, monócitos, fibroblastos e em plaquetas. Reconhece e interage com domínios situados na porção colágeno-símile de C1q.C3a/C4a-R e C5-R. São encontrados em número elevado em mastócitos, basófilos, eosinófilos e fibras musculares lisas, e em número reduzido em monócitos e neutrófilos. Esses receptores são constituídos de uma cadeia polipeptídica única, caracterizada pela presença de sete domínios hidrofóbicos cada um interposto entre duas regiões hidrofílicas adjacentes. Os sete domínios hidrofóbicos estão inseridos na membrana celular e as regiões hidrofílicas formam seis alças, sendo três na face extracelular e três na intracelular da membrana celular. Na região NH_2 extracelular encontra-se o domínio que reconhece os ligantes C3a/C4a ou C5a. Na face intracitosólica, na alça hidrofílica vizinha da porção COOH terminal encontra-se o sítio de agregação do receptor com a proteína G. A proteína G é formada de três subunidades, α, β e γ. No estado não ativado, as subunidades α, β e γ acham-se unidas entre si; a subunidade α está ligada a uma molécula de GDP (guanosina difosfato). Quando os ligantes C3a/C4a ou C5a interagem com os receptores, a molécula de GDP é fosforilada, transforma-se em GTP e a porção G-α(GTP) se desloca do complexo G-α(GDP)βγ. O complexo G-α(GTP) pode ativar três importantes grupos de proteínas associados à membrana celular: adenilciclase, certas fosfolipases γ e canais de íons. O resultado da ativação da proteína G depende da célula onde houve a interação receptor-ligante: extrusão de grânulos e liberação de mediadores como histamina, produtos derivados do ácido aracdônico, enzimas (mastócitos e basófilos), contração (fibras musculares lisas), ou quimiotaxia, emissão de pseudópodos, movimentação e fagocitose (neutrófilos, eosinófilos e

macrófagos) A Figura 12.5 resume os principais eventos que ocorrem na ativação do SC*.

12.7 IG IGY

A galinha (*Gallus gallus*), como as aves em geral, produz anticorpos conhecidos como IgM, IgA e IgY. Esses anticorpos, produzidos pelo sistema imune e liberados no sangue circulante, são ativamente transferidos para o ovo. IgM e IgA se concentram na clara e IgY na gema, onde atinge concentrações de 10 mg/L a 20 mg/L. O tempo de transferência de anticorpos IgY do sangue circulante para a gema varia entre 3 a 7 dias. IgY, massa molecular de 167,2 kDa, possui estrutura molecular semelhante a IgG de mamíferos: duas cadeias leves (L) associadas a duas cadeias pesadas (H). Como em mamíferos, cada cadeia L (massa molecular, 18kDa) possui um domínio variável e um constante, enquanto cada cadeia H (massa molecular, 65,1 kDa) possui um domínio variável e quatro constantes. As regiões variáveis (V) das cadeias L e H como em IgG de mamíferos estão justapostas de modo a criar parátopos que reconhecem e se combinam com a região do epítopos do antígeno. A molécula de IgY está esquematicamente representada na Figura 12.6.

Como em mamíferos, cerca de 10^{11} configurações diferentes, bem acima do necessário para cobrir o número de epítopos existentes na natureza, são teoricamente possíveis. Nas aves, a cadeia L das Ig é codificada pelos genes V_L (região variável), J_L (região de junção) e C_L (região constante), enquanto a cadeia H é codificada pelos genes V_H, (região variável), J_H (região de junção) e D_H (região de diversidade). Os genes completos que codificam Ig funcionais se organizam acoplando-se linearmente um em seguida ao outro após eliminação das regiões não codificantes que os separam. As cópias únicas dos genes V_L e V_H amplificam-se para gerar a diversidade dos anticorpos existentes na natureza por mutação somática pontual, e, em maior extensão, graças a grupos de pseudogenes associados a esses genes. Logo que genes V_L e V_H se acomodam, os pseudogenes contendo as diferentes variantes substituem as sequências dos genes que codificam V_L e V_H, processo denominado conversão gênica.

---

* A importância do sistema complemento como fonte de mediadores da inflamação e de envolvimento na destruição de patógenos tanto na imunidade natural como na adquirida justifica sua inclusão neste capítulo.

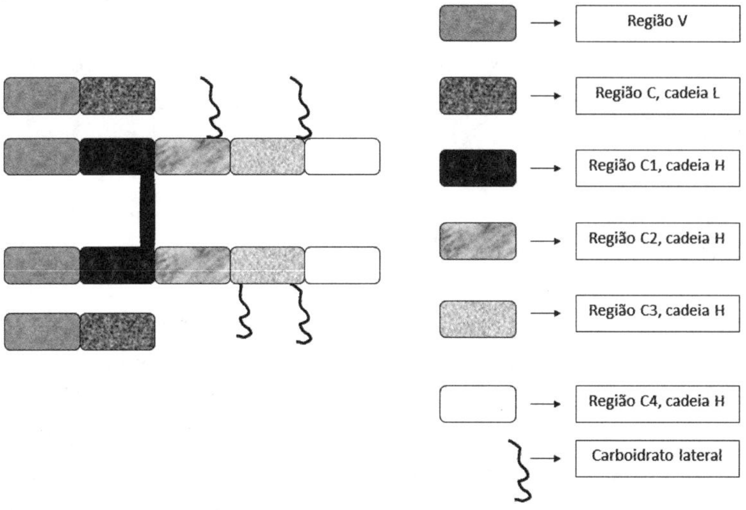

Figura 12.6 Esquema da molécula da imunoglobulina IgY.

Dados quantitativos
Com 150 genes V, 5 genes J e até 10 possíveis uniões VJ juntos, o número total de cadeias leves (L) κ possíveis é de 7.500. Com 80 genes V, 50 genes D e até 100 maneiras diferentes de produtivamente obter-se V-D e D-J, há 2,4 milhões de cadeias pesadas (H) possíveis. Assim, há 7,5 mil x 2,4 milhões, ou 18 bilhões de anticorpos diferentes possíveis, que se acrescem por mutações somáticas, podendo chegar a 10^{11} recombinações diferentes. Informações detalhadas encontram-se nas referências[12-16].

Concentração de anticorpos IgY na gema
A concentração de IgY na gema varia de acordo com a raça ou linhagem genética: Single Comb White Leghorn 2,21 ± 0,44 [SD] mg/mL; SLU-1329 1,95 ± 0,48 mg/mL; Rhode Island Red 1,68 ± 0,50 mg/mL (14,0).

Parâmetros físico-químicos dos Ac de galinha
O ponto isoelétrico da IgY é da ordem de 5,7 a 7,6. Anticorpos IgY são sensíveis a pH ácido da ordem de 3,0 a 4,0 e ao armazenamento por tempos longos a -20 °C, porém são estáveis a -70 °C. Tal como anticorpos IgG de mamíferos, anticorpos IgY expressam especificidade, afinidade e avidez

para o antígeno. A região Fc de IgY, mais longa que a correspondente de IgG de mamíferos é bastante hidrofóbica. Esta propriedade favorece a adsorção de IgY em partículas de látex sem perda apreciável de seu poder de combinar com o antígeno, condição importante para o desenvolvimento de kits de diagnóstico*.

12.8 ANTÍGENOS E IMUNÓGENOS

Antígenos (Ag) são substâncias reconhecidas especificamente por receptores dispostos na superfície de Lt, Lb e de Ig. Imunógenos são antígenos que, além de serem reconhecidos, estimulam linfócitos e induzem resposta imune adaptativa. Portanto, todos os imunógenos são antígenos, mas nem todos os antígenos são imunógenos. Ig, Lt e Lb interagem especificamente com o Ag através de receptores. Receptores são proteínas que contêm domínios moleculares que reconhecem e se combinam com domínios específicos na molécula do Ag. Para cada domínio do Ag há um receptor. As moléculas de Ig possuem um (IgG), dois (IgA) ou cinco (IgM) receptores. Os Lt e Lb expressam milhares de receptores na superfície. Cada molécula de Ig, bem como cada clone de Lt e Lb, está equipado com receptores com uma e somente uma configuração molecular, isto é, especificidade.

Receptores TCR
São proteínas dispostas na superfície de Lts. Constam de duas cadeias, cadeia α e cadeia ß unidas por uma ponte dissulfeto, porém, individualmente inseridas na membrana celular por regiões transmembrânicas, cada uma com o segmento C-terminal curto intracitoplasmático. A cadeia α consta de dois domínios, Vα e Cα intercalados por segmentos retilíneos. A cadeia ß consta de dois domínios, Vß e Cß, também intercalados por segmentos retilíneos. Os quatro domínios são extracelulares. Cinco grupos carboidratos estão ligados nas regiões constantes, três na cadeia ß e dois na cadeia α. O sítio de reconhecimento e combinação com Ag é formado pelo espaço delimitado pelos domínios variáveis Vα e Vß. A periferia desse espaço acomoda parte da molécula do *complexo principal de histocompatibilidade* (CPH) que

---

* Imunocomplexos formados com anticorpos IgY não ativam o sistema complemento de mamíferos. O Fc de IgY não interage com receptores celulares para IgG ou IgE dispostos na superfície de células de mamíferos. Esses dois fatos reduzem a incidência de reações falso-positivas quando IgY é usada como imunorreagente. Há mais duas vantagens da IgY sobre Ig de mamíferos como reagente imunobiológico: os processos de produção são comparativamente menos elaborados e o produto final é mais barato.

está apresentando o peptídeo, e na região central acomoda-se o peptídeo que está sendo apresentado. A combinação entre Ag e TCR não é suficiente para sinalizar a ativação celular. Duas proteínas invariantes, CD3 e ξ, não covalentemente associadas ao TCR formando o complexo TCR, acionam os sinais bioquímicos que induzem a ativação celular. Diferenciação celular e produção de citocinas são os eventos decorrentes da combinação Ag e TCR.

Complexo principal de histocompatibilidade (**CPH**)

Este complexo macromolecular é produto de extenso locus genético contendo número enorme de genes cujos produtos foram inicialmente implicados na rejeição de transplantes, mais tarde também como apresentador de Ag aos Lts. Há dois produtos principais do locus CPH: moléculas CPH classe I e classe II. Moléculas classe I recolhem e apresentam peptídeos resultantes da digestão de proteínas de patógenos parasitos intracelulares a Lts CD8[+] citolíticos. Moléculas classe II, ao contrário, recolhem e apresentam peptídeos resultantes da digestão de proteínas de patógenos parasitos extracelulares, a Lts CD4[+] *"helper"*.

- CPH classe I consiste de duas cadeias polipeptídicas, α (44-47kDa) e ß$_2$ microglobulina (12kDa), unidas não covalentemente. A cadeia α é codificada por genes pertencentes ao locus genético CPH. A cadeia ß$_2$ microglobulina é codificada por genes não pertencentes ao locus genético CPH. Cerca de três quartos da α estendem-se extracelularmente. Contém os domínios α1, α2 e α3 cada um com cerca de 90 resíduos de aminoácidos. Os domínios α1 e α2 formam a plataforma onde se localiza a fenda que acomoda peptídeos de 8 a 11 aminoácidos resultantes da digestão das moléculas de Ag. O domínio α3, está situado mais próximo da membrana celular em paralelo com a ß$_2$ microglobulina. Em sua alça acomoda-se o sítio de ligação de Lts CD8[+] citolíticos. O terço restante compreende as regiões transmembrânica e citosólica C-terminal.

- CPH classe II consiste também de duas cadeias polipeptídicas, α (32 kDa a 34 kDa) e de uma cadeia ß (29 kDa a 32kDa) unidas não covalentemente. Ambas as cadeias são codificadas por genes pertencentes ao locus genético CPH. Como para CPH classe I, três quartos da proteína estão no lado externo da membrana celular, seguindo-se uma porção transmembrânica e o segmento contendo a região C-terminal no citosol. Os quatro domínios moleculares dispõem-se dois a dois e face a face: α1-ß1 e α2-ß2. A interação α1-ß1 constrói a fenda onde se alojam os peptídeos resultantes da digestão de Ag nas células apresentadoras. Como na fenda em CPH classe I, essa fenda apresenta

também enorme variabilidade na sequência de aminoácidos. A cadeia ß2, como em $ß_2$ microglobulina de CPH classe I, não é polimórfica e contém o sítio de ligação para Lts CD4⁺ *helper*.

Reconhecimento do Ag e ativação de Lts

Peptídeos derivados da digestão do antígeno macromolecular seguem destinos diversos se expressos na superfície das CAA acoplados em produtos CPH classe I ou II. Peptídeos apresentados por produtos classe I interagem com receptor TCR: o peptídeo é reconhecido especificamente pela porção central e as variantes do produto classe I pelas regiões periféricas da fenda do receptor. A combinação entre o complexo peptídeo-produto classe I com o receptor TCR classe I não basta para traduzir os sinais intracelulares de ativação e mediar adesão celular. Esses dois eventos são mediados por moléculas acessórias inseridas na membrana celular de Lts. As proteínas, LFA-1, CD8, CD3, CD2, ξ e CD28 funcionam na transdução de sinais que levam a ativação, resultando na diferenciação de Lt citolítico CD8⁺.

Peptídeos apresentados por produtos classe II interagem com receptor TCR de maneira semelhante à interação receptor TCR classe I. Moléculas de CD3 são substituídas por moléculas CD2. O resultado da ativação é a diferenciação de Lt *helper* CD4⁺. Nos dois casos a adesão célula-célula é mediada pela proteína integrina.

Ativação de Lb e produção de anticorpos ou Igs

Distinguem-se, esquematicamente, várias fases nos processos de ativação de Lb e produção de anticorpos.

Lb virgens através de receptores IgM e IgD expressando sítios combinatórios já organizados reconhecem especificamente moléculas de Ag. O processo de ativação só continua com a cooperação de linfócitos T CD4⁺ Th que expressam receptores específicos para o mesmo antígeno. Os Lb se multiplicam, diferenciam-se, expandem o clone original e sintetizam Igs. Alguns membros do clone sintetizam IgG, outros realizam mudanças de isotipos de IgG, (IgG1, IgG2, IgG3, IgG4) e de classe (IgG, IgA1 e IgA2 IgE), evidentemente específicos para o mesmo Ag. Membros do mesmo clone adquirem vida longa; são os linfócitos B de "memória". Ao longo desse processo os anticorpos além de manter a especificidade de reconhecimento do Ag, produzem anticorpos de maior avidez e afinidade. Essas fases de reconhecimento, ativação, diferenciação e maturação dos Lb refletem-se na predominância do isotipo ou classe de Ig e, na quantidade, avidez e afinidade dos anticorpos.

Combinação entre Ag e Ac

Os Ac reconhecem regiões da molécula de Ag através das regiões hipervariáveis localizadas nos fragmentos Fab da molécula de Ig. A ligação Ac-Ag resulta da interação de várias forças não covalentes: *pontes de hidrogênio, forças de Wan der Waals, ligações hidrofóbicas* e *ligações electrostáticas ou iônicas*. Ac bivalentes (IgG), isto é, com dois Fabs, colocados em presença do Ag específico que expresse pelo menos dois determinantes antigênicos, formam imunocomplexos cujo tamanho e conformação vão depender da proporção em que Ac e Ag foram confrontados. Na predominância Ac cada uma de suas moléculas se combina com uma molécula de Ag. Formam-se imunocomplexos pequenos com predominância de moléculas de Ac. Quando moléculas de Ac e Ag estão em proporções equivalentes, cada molécula de Ac pode se combinar com duas moléculas de Ag. Como a mesma molécula de Ag pode se ligar com Fab de uma mesma molécula de Ac, os imunocomplexos resultantes se interligam na forma de rede. Os imunocomplexos resultantes são grandes e se precipitam. Na predominância de Ag cada duas de suas moléculas se combinam com uma molécula de Ac. Formam-se imunocomplexos pequenos com predominância de moléculas de Ag.

Esses dados podem, teoricamente, ser obtidos para qualquer sistema de Ac e Ag. O método experimental consiste, basicamente, em incubar sob condições de pH (de 7,2 a 7,5), força iônica (0,15), e tempo, (de 30 a 60 minutos) que permitam a combinação Ac-Ag, quantidades variáveis de Ag com uma concentração fixa de Ac. Os imunocomplexos precipitados são dosados, as quantidades de Ac são calculadas e as relações Ac/Ag determinadas. Na zona de excesso de Ac todas as moléculas de Ag são precipitadas, sempre restando moléculas de Ac livres. Na zona de equivalência todas as moléculas de Ac e de Ag são precipitadas. Na zona de excesso de Ag todas as moléculas de Ac são precipitadas, sempre restando moléculas de Ag livres. Essa reação de precipitação permitiu conhecer os princípios básicos que regem o reconhecimento e combinação entre moléculas de Ac e Ag. As variantes, reações clássicas de imunodifusão, imunoeletroforese, fixação de complemento, bem como variantes modernas que usam sinalizadores quantificáveis como radioisótopos, o sistema biotina-avidina, enzimas como *"horseradish peroxidase"*, fosfatase alcalina, e b-galactosidase, e fluorocromos como fluoresceína, *rhodamina*, e *phycoerythrina*, primeiro permitem que Ac e Ag se combinem para depois quantificar indiretamente o imunocomplexo já formado.

12.9 PRODUÇÃO DE AC

Ac são parte importante do arsenal de reagentes rotineiramente usados no diagnóstico, e, em menor escala, no tratamento de doenças. Dois métodos já padronizados permitem obter Ac em larga escala: tradicional para produção de Ac policlonais e de hibridomas para produção de Ac monoclonais.

12.9.1 Método tradicional

Consiste em imunizar animais com misturas do Ag para o qual se deseja obter Ac, coletar o soro depois da imunização e em seguida purificar os anticorpos. Os Ag devem ser preferencialmente purificados e incorporados em misturas de adjuvantes imunológicos. O animal de escolha para produzir os Ac, o esquema de imunização, as quantidades de Ag, o número de imunizações, as vias de inoculação e os intervalos entre duas imunizações consecutivas dependem do objetivo do projeto. Ag purificados focalizam a resposta imune na produção dos Ac desejáveis. Adjuvantes imunológicos potencializam a resposta imune favorecendo a produção de maiores quantidades de Ac. Este método permite obter grandes quantidades de Ac. Os Ac obtidos são policlonais.

Vantagens e desvantagens de AcP

Na imunização de animais produtores de Ac com molécula integral de Ag, numerosos clones de células B respondem, cada clone específico para um epítopo, a coleção total de epítopos produzem anticorpos com diferentes especificidades. A mistura final, complexa, contém enorme população de Ac com distintas sequências de aminoácidos, cada Ac em quantidades relativamente pequenas. Essa mistura é vantajosa quando se deseja controlar infecções *in vivo* pelas múltiplas possibilidades de ataque ao patógeno. Permite também identificar *in vitro* moléculas de Ag como um todo, por não ser restrita a um ou outro epítopo. Mutações pontuais que eliminem ou modifiquem determinados epítopos não impedem o reconhecimento dos demais não afetados. O uso de Ac policlonais é limitante quando o propósito é identificar determinado epítopo disperso na molécula de Ag. O reconhecimento simultâneo de outros epítopos falseia o resultado final. A remoção de Ac indesejáveis além de não garantir completa remoção, demanda tempo e é onerosa. Além disso, os títulos de Ac obtidos variam mesmo quando se usa animal geneticamente idêntico na imunização.

12.9.2 Método de hibridomas

Milstein e Köhler[3] uniram uma célula de mieloma murino com um Lb cuja especificidade da Ig produzida era conhecida. Em uma mesma célula híbrida a eventual ilimitada capacidade produtora de Ig da célula de mieloma foi associada com a especificidade de um Lb obtido de animal imunizado com o Ag desejado. A célula híbrida foi batizada como hibridoma. Com o sucesso, obtiveram o prêmio Nobel em 1984.

As várias linhagens de mielomas foram obtidas a partir de um tumor induzido por injeção de óleo mineral via intraperitoneal em camundongos BALB/c, o qual foi chamado de MOPC-1 (do inglês, *mineral oil-induced plasmacytoma*, plasmocitomas induzidos por óleo mineral). Essas células tumorais foram então adaptadas a meios de cultura onde puderam se dividir de maneira intensa, recebendo o nome de MOPC-21. Atualmente, existem várias linhagens de plasmocitomas derivadas deste tumor inicial, com especificações particulares de sobrevivência conferidos pelos defeitos nas vias de síntese de nucleotídeos que lhes foram induzidas. A partir destes defeitos, é realizada a seleção do plasmocitoma que se fundiu com sucesso ao linfócito B de interesse, sobrevivendo assim aos meios e seleção, onde a sobrevida é fornecida pelas células normais, de modo que somente os híbridos podem continuar crescendo. Além disso, os genes das células de mieloma tornam esses híbridos imortais[17].

Camundongos foram imunizados com duas doses do Ag selecionado. Cinco a sete dias depois da segunda imunização, época em que os Lbs estariam ativados, os baços foram recolhidos e os Lbs foram isolados. Estas células, como toda célula normal, usam tanto a *"via síntese de novo"* que constrói nucleotídeos como a *"via síntese de salvação"* que utiliza fragmentos resultantes de degradação normal de moléculas de DNA na construção de novos nucleotídeos. Assim, na presença de inibidores estratégicos como *aminopterina* que bloqueia a *via síntese de novo*, a célula sobrevive usando a *via síntese de salvação* para sintetizar seus nucleotídeos. A *via síntese de salvação* depende da atividade das enzimas *hipoxantina-guanina fosforibosil transferase* (HGPRT) que utiliza *hipoxantina* exógena para a geração de *guanosina monofosfato* (GMP), da *adenosina monofosfato* (AMP) e de *timidina quinase* (TK), que utiliza *timidina* para gerar *timidilato*. Se as células são incubadas em meio contendo *aminopterina*, inibidor da *via síntese de novo*, mas suplementado com *hipoxantina* e *timidina*, somente as células capazes de expressar as duas enzimas HGPRT e TK irão sobreviver. Ao contrário, células deficientes nessas enzimas irão morrer na presença de

aminopterina, uma vez que tanto a *via síntese de novo* como a via *síntese de salvação* para síntese de nucleotídeos não estarão funcionando. Como resumido a seguir, a escolha judiciosa dos parceiros de fusão celular assegurará a sobrevida das células híbridas desejadas.

O método de produção de AcsMs consiste nas eguinte etapas: (a) Imunizar camundongo com o Ag-X. (b) Isolar células *Lbs* ativadas (HGPRT$^+$, Ig$^+$ e TK$^+$) do baço. (c) Isolar células de mieloma (HGPRT$^-$, Ig$^-$ e TK$^-$, imortalizadas). (d) Fazer a fusão entre Lbs e células de mieloma por meio de *polietilenoglicol* ou *vírus Sendai*. (e) Identificar os clones sobreviventes que expressem simultaneamente HGPRT$^+$, Ig$^+$ e TK$^+$, imortalizadas, e que secretem Ig. (f) Selecionar os hibridoma que secretam a Ig específica para o Ag-X. (g) Reclonar e expandir os hibridomas selecionados cultivando as células de hibridoma *in vitro* e coletando os AcsMs secretados no meio de cultura. Alternativamente, as células de hibridoma podem ser injetadas na cavidade peritoneal de camundongo geneticamente compatível, e os AcsMs podem ser recolhidos no líquido ascítico. Os AcsMs são purificados usualmente por cromatografia de afinidade.

Vantagens e desvantagens de AcsMs

Hibridomas em cultura de células podem produzir cerca de 10 μg a 100 μg de Ac/mL de cultura. Hibridomas injetados na cavidade peritoneal de camundongos geneticamente compatíveis produzem líquido ascítico contendo cerca de 1 mg a 25 mg de Ac/mL. Os hibridomas podem ser expandidos e mantidos por tempo quase ilimitado garantindo permanente fonte do mesmo Ac. Os Ac monoclonais permitem identificar epítopos específicos em moléculas de Ag solúveis ou ligadas em células ou tecidos. Essa propriedade, aliada à grande quantidade que o método permite obter, facilita a construção de reagentes para purificar Ac, Ag ou imunocomplexos Ag-Ac.

Uma qualidade adicional dos *AcsMs* emergiu com o desenvolvimento de estratégias de inserir segmentos V_H e V_L de suas regiões hipervariáveis pelo método *CDR-grafting* nos segmentos C_H e C_L de Ig humana para obter anticorpos humanizados.

12.10 MÉTODOS PARA DETECTAR E QUANTIFICAR AC

Os métodos clássicos de imunoprecipitação, aglutinação e de fixação de complemento desenvolvidos e usados durante a evolução da imunologia serviram de base para o desenvolvimento de métodos modernos que ocuparam

o espaço tanto em pesquisa como em imunologia clínica: *Enzyme-linked Immunosorbent Assay* (ELISA), *Western blotting* (WB), *immunofluerescence assays* (IFA), *radioimmunoassays* (RIA), *antibody-dependent cell cytotoxicity* (ADCC), *immunoelectrophresis* (IE), equlíbrio por diálise (EpD), entre outros menos usados. Decidimos, em função dos propósitos deste capítulo, descrever com certos detalhes três deles: Imunoprecipitação, equilíbrio por diálise e cromatografia de afinidade. O primeiro por ser a base molecular da interação entre Ac e Ags; o segundo, por sua aplicabilidade na tecnologia de hibridomas.

12.10.1 Imunoprecipitação (RP)

Estudos quantitativos da reação de precipitação foram iniciados e desenvolvidos por Michel Heidelberger e Kendall[18], em 1936. Esses pesquisadores usaram como Ag, polissacarídeos de *Pneumococos* e Ac produzidos em coelho. Como na época a dosagem de proteínas era feita pelo método trabalhoso, mas preciso, de dosagem de N total, a restrição de proteínas nos imunoprecipitados facilitava, e sobretudo precisava, a quantificação da relação Ag/Ac nos imunoprocipitados. Operacionalmente, a reação de RP é feita adicionando-se a um volume de Ac diferentes quantidades de Ag. Após incubação por tempo e em temperatura desejáveis, os imunocomplexos são lavados e os teores de proteínas em cada precipitado são dosados. Com os valores de proteínas totais obtidos quatro parâmetros são identificados em cada amostra ensaiada: (1) quantidades de imunoprecipitados (Ag + Ac) em proteínas totais; (2) quantidades de Ac (por subtração do valor total de Ac-Ag os valores conhecidos do Ag); (3) a relação em massa molecular Ac/Ag (Ag, variável de Ag para Ag e Ac, em torno de 160 mil para a maioria das espécies); e (4) as relações molecular Ac/Ag dividindo-se a relação em massa pelo quociente obtido da divisão do peso molecular de Ac pelo peso molecular do Ag.

Projetando-se em coordenadas os valores obtidos de cada relação Ag/Ac, Ac em ordenada e Ag em abscissa, na curva de precipitinas obtida, distinguem-se três regiões: excesso de Ac, equivalência e excesso de Ag[18] (Tabela 12.1 e Figura 12.7). Com a publicação dos dados e conceitos recolhidos da reação quantitativa de precipitinas, a interação entre moléculas de Ac e Ag fundamentou a imunologia como ciência. O reconhecimento de Ag, que antes era referido em termos frouxos de "maior diluição", passou a ser referido em termos de unidades precisas. A imunologia deixou de ser "sorologia".

Tabela 12.1 Dados da reação de imunoprecipitação

AG	PRECIPITADO (AG-AC)	AC	RELAÇÃO AC/ AG PONDERAL	RELAÇÃO AC/ AG MOLAR	TESTE DOS SOBRENADANTES
9	156	147	16,2	4	Excesso de Ac
40	526	486	12,2	3	Excesso de Ac
50	632	582	11,6	2,9	Excesso de Ac
74	794	720	9,7	2,4	Nem Ag nem Ac
82	830	748	9,1	2,3	Traços de Ag
90	826	739	8,5	2,1	Excesso de Ag
98	820	731	8,2	2	Excesso de Ag
124	730	643	7,4	1,8	Excesso de Ag
307	106				Excesso de Ag
490	42				Excesso de Ag

A Tabela 12.1 exibe reação de imunoprecipitação usando o sistema Ag (ovalbumina) e Ac (soro de coelho imunizado com ovalbumina). Diferentes quantidades de Ag foram individualmente adicionadas a tubos contendo 1,0 mL de Ac. Após incubação a 4 °C durante 24 horas, os tubos foram centrifugados e os sobrenadantes e precipitados foram recolhidos. Os precipitados foram lavados com solução de NaCl a 0,15 M por três vezes e resuspensos em 1,0 mL de NaCl a 0,15 M. O conteúdo de nitrogênio proteico em cada amostra foi determinado pelo método de micro-Kjeldahl convertido em proteínas e os valores obtidos indicados na coluna "Precipitado (Ag-Ac)". Ag e imunoprecipitados são referidos em μg de proteínas. De cada valor da coluna "Precipitado (Ag-Ac)" foram subtraídos os valores de Ag correspondentes obtendo-se os valores de Ac. A coluna "Relação Ac/Ag ponderal" em cada amostra-teste foi calculada dividindo-se os valores de Ac pelos correspondentes valores de Ag. A relação molar e Ac/Ag foi obtida dividindo-se a relação ponderal pelo quociente dos pesos moleculares do anticorpo e do antígeno (160.000/40.000 = 4). Ag e Ac não precipitados foram pesquisados nos sobrenadantes e indicados na coluna "Teste dos sobrenadantes"[18].

Essa técnica permite isolar ou detectar Ag presentes em baixa concentração em misturas complexas de proteínas. Ac específico, preferencialmente Ac monoclonal por conter Ac exclusivo para o Ag que se deseja identificar, é

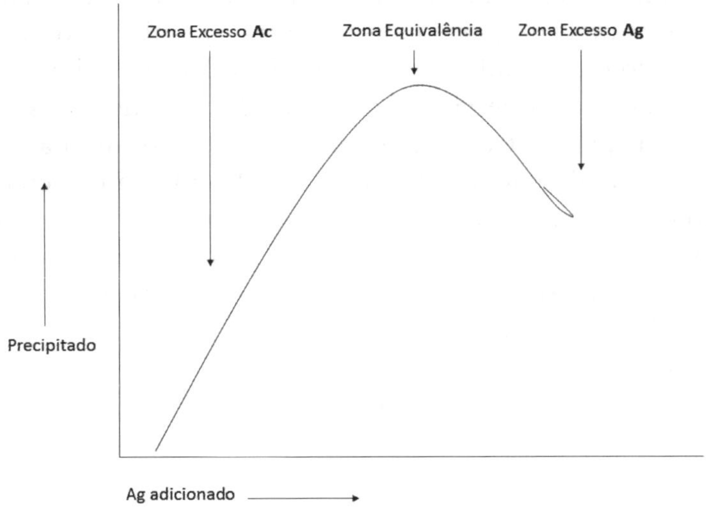

Figura 12.7 Curva da reação de recipitinas.

adicionado na mistura de proteínas. Em seguida, os imunocomplexos formados são removidos da solução adicionando à mistura reagente imobilizado em partículas insolúveis ao qual o imunocomplexo irá ligar. Esse reagente poderá ser proteína A (reconhece Fc do isotipo IgG) ou G (reconhece Fc de outros isotipos de Ig) de *Staphylococcus*, ou Ac de outras espécies que reconhecem Fc do Ac ligado aos imunocomplexos. As partículas são isoladas por centrifugação, lavadas e o Ag ligado aos imunocomplexos é liberado com substâncias que rompem a ligação Ag-Ac, como guanidina-HCl, tiocianato de sódio ou dietilamina, que abaixam drasticamente o pH para 3,0 ou o elevam para 11,5, ou elevam a força iônica[*].

12.10.2 Equilíbrio por diálise

Este método permite avaliar quantitativamente a interação Ag-Ac em que Ag é de baixo peso molecular classicamente referido como hapteno (H). Um

---

[*] O poderoso e vasto arsenal de recursos atualmente disponíveis que usam Ac como ferramenta identificadora de moléculas fundamenta-se em dados e conceitos recuperados e definidos da reação de precipitação.

mililitro da fonte de Ac (soro, Ig purificada, Acm etc.) é colocada em um tubo de diálise e colocado para dialisar contra 1,0 mL de solução 0,15 M de NaCl contendo quantidade cnhecida de H. A diálise é feita sob agitação até que as concentrações de H dentro e fora do tubo de diálise atinjam o equlíbrio. A operação controle é feita em paralelo, trocando a fonte de Ac por equivalente usando com Ac dirigido para Ag diferente. Determina-se a concentração de H livre não agregado ao Ac. Subtraindo-se a concentração de H livre após a diálise da concentração de H inicial, obtém-se a concentração de H combinado ao Ac. Conhecendo-se as massas moleculares do reagente fonte de Ac e de H, calcula-se o número de moles de H combinado com um mole de Ac.

Com esses dados realiza-se estudo da reação H-Ac.

Ac+H ⟵⟶ AcH,

cuja constante de associação pode ser calculada pela lei de ação das massas:

K= AcH/(Ac)(H).

Se a valência de Ac for representada por n, o número de moléculas H ligadas, e c a concentração de Ac:

K= r/(n-r)c,

usando-se esses dados, constrói-se a equação de Scatchard,

r/c=K_n-K_r,

cuja projeção em gráfico permitirá determinar a constante intrínseca de associação Ko da interação H-Ac.

12.10.3 Cromatografia de afinidade

Moléculas de Ac ou Ag podem ser covalentemente ligadas a uma partícula sólida, usualmente agarose. As partículas de agarose contendo Ac ou Ag designadas *adsorventes* são colocadas em uma coluna de cromatografia. As moléculas alvo do isolamento, Ag ou Ac designadas *ligantes* são adicionadas

na coluna em fluxo suficientemente lento para otimizar a adsorção. Ao *"adsorvente"* Ac adiciona-se o *ligante* Ag e vice-versa. Após lavagem para remover substâncias não adsorvidas, procede-se a liberação do *"ligante"* com tampão em pH 3,0 ou 11,5. Essa técnica é usada para purificar Ac tanto AcsPs como AcsMs.

12.11 HUMANIZAÇÃO DE AC

O objetivo é produzir Ig que retenha as qualidades de especificidade e afinidade da Ig murina original obtida pela técnica de AcM, com redução, e se possível abolição, da imunogenicidade para o sistema imune humano. Métodos anteriores substituíam os domínios constantes da molécula murina doadora de AcM por correspondentes humanas resultando numa quimera com cerca de 70% de sequências humanas[19]. O aprimoramento seguinte foi a substituição de domínios das regiões C e H murinas pelas correspondentes humanas, conseguindo-se reduzir, em média, 90% da imunogenicidade do AcM murino para o sistema imune humano[20,21].

12.11.1 Método de *Phage Display* (PD)

Fundamentos
PD é uma técnica que usa informações genéticas aleatoriamente embutidas no genoma de bacteriófagos para identificar proteínas, peptídeos ou DNA. Bacteriófago é o componente-chave da técnica. A identificação baseia-se em interações configuracionais entre imagem real da molécula-alvo e imagem especular disposta em uma das milhões de moléculas-identificadoras. Moléculas-alvo são proteínas, peptídeos ou DNA motivo do estudo, que se deseja detectar, isolar e multiplicar; moléculas-identificadoras são proteínas e/ou DNA naturalmente expressas no genoma do fago. Essa técnica foi descrita em 1985[22].
A superfície de bacteriófagos possui um sistema para expressar (poli) peptídeos (fenótipo) que estão fisicamente ligados ao segmento de DNA de seu correspondente gene (genótipo). Esta ligação é conseguida por clonagem do gene estranho em fusão com a proteína do fago usualmente pIII e pVIII. O fago tem forma cilíndrica, 2.000 nm de comprimento e 6 nm de diâmetro e um *coat* de proteína revestindo o genoma. As proteínas *coat* dispõem-se da seguinte maneira: moléculas de pIII, em uma das extremidades entremeadas

com moléculas de pVI; moléculas de pVII e pIX entremeadas na outra extremidade; e moléculas de pVIII dispostas em paralelo revestindo o restante do corpo do fago. pIII é composta dos domínios N1, N2 e CT conectadas entre si por peptídeos ligantes ricos em glicina[23]. As moléculas alvo dentro desta proteína são usualmente inseridas na posição 249 de pIII na região do peptídeo ligante entre CT e N2, posição 198 dentro de N2 e na posição N-terminal de pVIII, que é a principal proteína do fago. pVIII é o principal ligante de alvos peptídeos. pVI é a fonte de de cDNA na biblioteca do fago PIII[23].

Protocolo geral
A tecnologia de PD empregada na identificação de polipeptídeos que se ligam com alta afinidade em uma desejada molécula-alvo de outra proteína ou de DNA obedece a seguinte ordem:
1) A biblioteca de *phage-display* é submetida à adesão na superfície interna de poços de microplacas. Populações de biblioteca de *phage-display* não aderidas são removidas por lavagens.
2) *Phage-display* aderidas podem ser retiradas e usadas para infectar bactérias hospedeiras adequadas visando obter mais *phage-display*. Os novos fagos formam uma nova população de fagos mais pura.
3) Os DNA desses fagos são isolados, sequenciados e as sequências obtidas emparelhadas com as respectivas sequências do DNA recuperado do genoma que codifica as proteínas ou peptídeos (fenótipo) que aderiram ao fago.

Para assegurar que os fragmentos estão inseridos em todos os três *reading frames*, de modo que o fragmento de cDNA seja transladado no próprio *frame*, múltiplos sítios de inserção são em geral ligados. O gene do fago e o segmento de DNA híbrido são a seguir inseridos, processo referido como transdução, em cepas de *Escherichia coli* (*E. coli*), comumente usada nesse processo, tais com TG1, SS320, ER2738, ou XL1-Blue *E. coli*. Se o vetor *phagemid* for usado, partículas de fago não serão liberadas das células de *E. coli* até que sejam infectadas com *helper phage*. Esta infecção adicional auxilia no empacotamento do *phage DNA* e subsequente organização dos virions maduros contendo fragmentos da proteína de interesse como parte da proteína do *coat* do fago ligada a pIII ou pVIII.

Essas operações são facilitadas imobilizando os alvos DNA ou proteína na superfície de uma *microtiter plate*. Fagos que exibem a proteína que se liga a um desses alvos em sua superfície são retidos, enquanto os demais serão removidos por lavagens. Fagos retidos são recuperados e usados para

produzir mais fagos infectando bactérias com *helper phage*. Ciclos repetidos dessas etapas são referidos como *panning*, (em referência à purificação de ouro por remoção de impurezas). Fagos recuperados na etapa final podem se usados para infectar bactérias hospedeiras adequadas que servirão de fonte de *phagemids*. Amostras de DNA relevante podem ser obtidas de *phagemids*e sequenciadas para identificação das proteínas ou peptídeos que se interagem. A etapa em que se usa *helper phage* pode ser eliminada pela tecnologia de *bacterial packaging cell line technology* [24].

Aplicações da técnica de PD
Identificação das moléculas parceiras, proteína ou DNA, que interagem. A molécula da proteína-alvo de identificação é imobilizada em superfície insolúvel. A molécula de DNA faz parte da biblioteca vasta do fago[25].

Recursos de bioinformática utilizados em PD
Bases de dados e programas "*mimotopes*" são recursos importantes usados em PD[26-28].

12.12 ESTRATÉGIA PARA A PRODUÇÃO DE AC MONOCLONAIS HUMANOS (ACSMSH)

Como visto em tópicos iniciais deste capítulo, as estruturas da porção variável da molécula de Ig origina-se da combinação aleatória de segmentos gênicos que codificam as regiões variáveis V_H, diversidade D_H e ligação J_H da cadeia pesada (H) e V_L e J_L da cadeia leve (L). Essas combinações ocorrem durante as fases iniciais de maturação de linfócitos B[2,42]. Considerando-se apenas o número estimado destes segmentos, mais de 10^7 sítios diferentes de ligação de antígenos poderia ser gerado. Esses valores crescem com a adição ao processo de outras fontes de geração de diversidade, como a resultante da própria inserção espacial e de mutações somáticas.

Importantes informações sobre a expressão das diferentes diversidades do repertório de regiões variáveis de Ig humanas ao longo da maturação de linfócitos B foram obtidas de análises de bibliotecas de cDNA construídadas a partir RNAm total preparado de linfócitos B individuais[26-28].

A associação dessas informações permitiu desenvolver estratégia para clonar e expressar Ac produzidos por linfócitos B oriundos de um único clone original[32].

12.12.1 Método de hibridoma e imortalização celular

Conquanto as tecnologias de hibridomas e de imortalização de células B humanas com EBV sejam as mais usadas para gerar AcMH, ambas apresentam inconvenientes operacionais. A eficiência de transformação é baixa, da ordem de 1% a 3%, necessita de estimulação prévia e depende do estado de maturação da célula[29,30]. O aprimoramento mais recente foi o desenvolvimento da tecnologia de clonagem de genes de Ig de uma única célula B humana[31]. Esse método é de alta eficiência para produzir AcMH derivados de células B individuais em qualquer estágio de desenvolvimento. Informações detalhadas sobre este processo de clonagem das regiões V e C de Ig humana foram obtidas. A expressão de genes IgH e IgL é feita em vetores distintos, permitindo substituições de cadeias IgH e IgL quando for necessário determinar a detecção e a comparação nos ensaios de reatividade com os epítopos antigênicos. A eficiência das células HEK 293 transfectadas para produzir Ac é alta, da ordem de 1 μg/mL a 20 μg/mL de Ac liberado no sobrenadante de cultura celular e de 10 μg/mL a 80 μg/mL por lipossoma. Esses dados são comparáveis usando dados obtidos com linhagens de células B estáveis e com contribuição relativa de cada uma na expressão nos níveis de reatividade do Ac resultante[32].

Os procedimentos orientados para produção de *AcsMsH* obedecem à seguinte ordem.

(A) Obtenção de populações de células B que expressem BCR com especificidade de reconhecimento para um único epítopo

Amostras enriquecidas de células mononucleares (CM) são isoladas do sangue ou da medula óssea e purificadas pelo método de Ficoll-Paque em gradiente de centrifugação. O enriquecimento das amostras de CM é feito pelo método *RosetteSep human B cell enrichment antibody cocktail* (Stemcell Technologies Inc.). Esta técnica favorece a interligação entre células não-B com componentes expressos na superfície de eritrócitos (Er), formando "imunorrosetas". Em seguida, as células são depositadas na superfície de um gradiente de concentração e centrifugadas. Durante o processo de centrifugação, as imunorrosetas e Er livres vencem a resistência do gradiente e se depositam, enquanto as células B livres, menos densas, permanecem isoladas livres acima do gradiente. Podem ser recuperadas em suspensões *quase* homogêneas. No caso de as amostras de células conterem baixo número de células B, a população dessas células pode ser enriquecida tratando a suspensão celular original com *anti-CD19 magnetic beads* (Miltenyi Biotech). Subpopulações de células B são identificadas corando amostras das

células B purificadas com *anti-human antibodies* (Becton Dickinson), diretamente conjugados alternativamente com *fluorescein-isothiocyanate* (FITC), *phycoerythrin* (PE), *allophycocyanin* (APC) ou *biotin*. As células B isoladas expressam os seguintes fenótipos:

Células B da medula óssea
Pré-imaturas: CD19 + CD34 − CD10 + IgM−.
Imaturas: CD19 + CD34 − CD10 + IgM+.

Células do sangue
Recém-migradas: CD19 + CD10 + CD27 − IgM+.
Maturas virgens: CD19 + CD10 − CD27 − IgM+.
Memória-IgM: CD19 + CD10 − CD27 + IgM+.
Memória IgG+: CD19 + CD10 − CD27 + IgG+.

(B) Clonagem e expressão de AcMH
Os genes das cadeias IgH e IgL são amplificados por *Real-Time-Polymerase Chain Reaction* (RT-PCR). RNA total de células B individuais é extraído em água livre de nucleases, misturado com quantidades adequadas de "*hexamers primers*" *(pd(N)6* selecionados ao acaso, de cada nucleotídeo dNTP-Mix, de DTT, de RNAsin, de inibidor de sonda de RNase e de transcriptase reversa de Superscript III. A transcrição reversa é feita sucessivamente a 42 °C durante 10 minutos, 25 °C durante 10 minutos, 50 °C durante 60 minutos e 94 °C durante 5 minutos. Amostras do cDNA obtido são armazenadas a -20 °C. Os transcritos gênicos IgH, Igλ e Igκ são amplificados independentemente por *Polymerase Chain Reaction* (PCR), começando com cDNA servindo de molde. Todas as reações de PCR são realizadas na presença de cada *primer* isolado ou de misturas delineadas de *primers*, e de dNTP Taq DNA polimerase. Cada PCR é feita em 50 ciclos a 94 °C/30 segundos, 58 °C/30 segundos (quando IgH ou gκ) ou 60 °C/30 segundos (quando Igλ). A Tabela 12.2 inclui as sondas usadas, e a Figura 12.8 resume a estratégia usada na clonagem e expressão de Ac monoclonais humanos.

Tabela 12.2 Sequência dos *primers* utilizados na produção de AcMH

FORWARD PRIMER	SEQUÊNCIA 5' - 3'
5' AgeI VH1	CTGCAACCGGTGTACATTCCCAGGTGCAGCTGGTGCAG
5' AgeI VH1/5	CTGCAACCGGTGTACATTCCGAGGTGCAGCTGGTGCAG

FORWARD PRIMER	SEQUÊNCIA 5' - 3'
5' Agel VH3	CTGCAACCGGTGTACATTCTGAGGTGCAGCTGGTGGAG
5' Agel VH3-23	CTGCAACCGGTGTACATTCTGAGGTGCAGCTGTTGGAG
5' Agel VH4	CTGCAACCGGTGTACATTCCCAGGTGCAGCTGCAGGAG
5' Agel VH 1-18	CTGCAACCGGTGTACATTCCCAGGTTCAGCTGGTGCAG
5' Agel VH 1-24	CTGCAACCGGTGTACATTCCCAGGTCCAGCTGGTACAG
5' Agel VH3-33	CTGCAACCGGTGTACATTCTCAGGTGCAGCTGGTGGAG
5' Agel VH4-3-9	CTGCAACCGGTGTACATTCCCAGCTGCAGCTGCAGGAG
5' Agel VH6-1	CTGCAACCGGTGTACATTCCCAGGTACAGCTGCAGCAG
5' Agel Vκ 1-5	CTGCAACCGGTGTACATTCTGACATCCAGATGACCCAGTC
5' Agel Vκ 1D-43	CTGCAACCGGTGTACATTGTGCCATCCGGATGACCCAGTC
5' Agel Vκ 2-24	CTGCAACCGGTGTACATGGGGATATTGTGATGACCCAGAC
5' Agel Vκ 2-28	CTGCAACCGGTGTACATGGGGATATTGTGATGACTCAGTC
5' Agel Vκ 2-30	CTGCAACCGGTGTACATGGGGATGTTGTGATGACTCAGTC
5' Age Vκ 3-11	TTGTGCTGCAACCGGTGTACATTCAGAAATTGTGTTGACACAGTC
5' Age Vκ 3-15	CTGCAACCGGTGTACATTCAGAAATAGTGATGACGCAGTC
5' Age Vκ 3-20	TTGTGCTGCAACCGGTGTACATTCAGAAATTGTGTTGACGCAGTCT
5' Age Vκ 4-1	CTGCAACCGGTGTACATTCGGACATCGTGATGACCCAGTC
5' Agel Vλ 1	CTGCTACCGGTTCCTGGGCCCAGTCTGTGCTGACKCAG
5' Agel Vλ 2	CTGCTACCGGTTCCTGGGCCCAGTCTGCCCTGACTCAG
5' Agel Vλ 3	CTGCTACCGGTTCTGTGACCTCCTATGAGCTGACWCAG
5' Agel Vλ 4/5	CTGCTACCGGTTCTCTCTCSCAGCYTGTGCTGACTCA
5' Agel Vλ 6	CTGCTACCGGTTCTTGGGCCAATTTTATGCTGACTCAG
5' Agel Vλ 7/8	CTGCTACCGGTTCCAATTCYCAGRCTGTGGTGACYCAG

REVERSE PRIMER	SEQUÊNCIA 5' - 3'
3' SalI JH 1/2/4/5	TGCGAAGTCGACGCTGAGGAGACGGTGACCAG
3' SalI JH 3	TGCGAAGTCGACGCTGAAGAGACGGTGACCATTG

FORWARD PRIMER	SEQUÊNCIA 5' - 3'
3' Sall JH 6	TGCGAAGTCGACGCTGAGGAGACGGTGACCGTG
3' BsiWI Jκ 1/4	GCCACCGTACGTTTGATYTCCACCTTGGTC
3' BsiWI Jκ 2	GCCACCGTACGTTTGATCTCCAGCTTGGTC
3' BsiWI Jκ 3	GCCACCGTACGTTTGATATCCACTTTGGTC
3' BsiWI Jκ 5	GCCACCGTACGTTTAATCTCCAGTCGTGTC
3' XhoI Cλ	CTCCTCACTCGAGGGYGGGAACAGAGTG

Nota: as sequências sublinhadas referem-se aos sítios de restrição.
Tabela elaborada com base na Figura 2 de Tiller, et al. (2008)[31].

(C) Análise por RT-PCR de uma única célula B e amplificação de gene de Ig

Usando RNA total de uma única célula foi sintetizado o cDNA. Amostras desse RNA total são obtidas por metodologia usual simplifidamente na seguinte ordem: transcrição em solução aquosa livre de nucleases usando uma mistura contendo 150µg de sondas examéricas (pd(N)6, 10 mM de cada um nucleotídeo dNTP – Mix, 1 mM de DTT, 0,5% de Igepal CA-630 4 URNAsin, 6 U do inibidor *primer* RNAse e 50 U de transcriptase reversa Superscript III. A reação de transcriptase reversa (RT) é realizada por incubações sucessivas a 42 °C e 25 °C por 10 minutos, 50 °C por 60 minutos e 94 °C por 5 minutos. Amostras de cDNA sintetizado são armazenadas a -20 °C. Transcritos de genes de IgH, Igλ e Igκ são amplificados independentemente por PCR, usando amostras do cDNA sintetizado em presença de sondas individuais ou misturas, dNTP e Taq DNA polimerase. As sondas usadas estão incluídas na Tabela 12.2. A Figura 12.8 esquematiza as operações envolvidas na clonagem e expressão de Ac monoclonais humanos.

(D) Análise da sequência do gene Ig

Cadeias V_H, Vκ e Vλ resultantes do segundo PCR são purificadas com ExoSAP-IT (USB) e sequenciadas com os respectivos *primers*reversos. As sequências são analisadas pelo método comparativo IgBlast e comparadas com dados armazenados no GenBank (para identificação dos segmentos gênicos "*germlineV(D)J*" que expressem maior identidade).

As regiões CDR de IgH são obtidas como indicado no IgBlast por duas alternativas: contando os resíduos de aminoácidos dispostos na região *framewor*k (FWR3) até o motivo conservado *tryptophan-glycine* presente

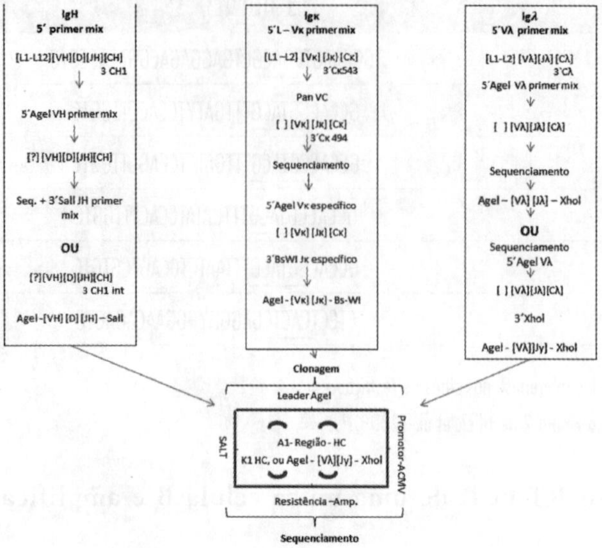

Figura 12.8 Estratégia geral de produção de anticorpos monoclonais humanos (AcmH).

em todos segmentos JH, ou até o motivo conservado *"phenylalanin-glycine"* presente nos segmentos JL, como originalmente indicado[33].

O número de resíduos de aminoácidos positivamente carregados, Histidine (H), Arginine (R) e Lysine (K), ou negativamente carregados, Aspartate (D) e Glutamate (E), é determinado para cada CDR3 nas regiões IgH e IgL. As sequências de aminoácidos de cada *reading frames* (RF) podem ser identificadas seguindo critérios definidos[34].

(E) Expressão de genes Ig em vetores: todos os produtos da reação de PCR são purificados usando o kit Qia-Quick 96 PCR-Purification Kit (Qiagen) e QIAvac96. Amostras dos produtos da reação de PCR são eluídas com 50 µL de água livre de nucleases (Eppendorf) e transferidas para poços de placas de 96 poços. As enzimas de restrição AgeI, SalI e XhoI (todas fornecidas por NEB) são adicionadas aos mesmos poços contendo os produtos de PCR, e os produtos da digestão são purificados como descrito antes da ligação nos vetores de expressão. Igγ1, Igκ e Igλ humanos, contendo o gene que codifica a sequência de um peptídeo-sinal de Ig murina* e um sítio *upstream*

---

* GenBank, accession nº DQ407610.

múltiplo que codifica as regiões constantes de Ig humana Igγ1, Igκ ou Igλ. A transcrição se processa sob a influência do promotor citomegalovírus humano (do inglês, *human cytomegalovirus* – HCMV). Os clones resultantes são selecionados na base de sua resistência a ampicilina. A ligação é feita em um volume total de 10 µL com 1 U de T4-Ligase (Invitrogen), 7,5 µL de produto PCR purificado e 25 ng de vetor linearizado. Bactérias *E. coli* DH10B (Clontech) competentes são depositadas em placas de 96 poços e transformadas a 42 °C com 3 µL do produto de ligação. Após o cultivo, colônias bacterianas são analisadas para a presença de segmentos gênicos de Ig human usando 5'*Absense as forward primer* e *3'IgG internal*, *3'Cκ494* ou *3'Cλ as reverse primer* (ver Tabela 12.2). Para confirmar a identidade dos produtos de PCR obtidos com os originais (650 bp para Igγ1, 700 bp para Igκ e 590 bp para Igλ), os produtos de PCR obtidos são sequenciados. O plasmídeo DNA é isolado de 3 mL de bactérias transformadas em cultura por 16 horas a 37 °C em meio *Terrific Broth* (Difco Laboratories) contendo 75 µg/mL de ampicillina (Sigma) usando *QIAprep Spin columns* (Qiagen). Em média, 35 µg de plasmídeos de DNA podem ser recuperados de 1,5 mL bactérias em cultura usando 75 µL do tampão de eluição EB (Qiagen).

(F) **Produção de Ac recombinantes**

Ig recombinante humana é produzida usando células renais humanas de linhagem contínua (HEK) 293 (ATCC, nº CRL-1573) ou 293T (ATCC, nº CRL-11268) cultivadas em placas (Falcon, Becton Dickinson) contendo meio de Eagle modificado por Dulbecco (DMEM; GibcoBRL) suplementado com 10% soro bovino fetal pobre em IgG (FCS) (Invitrogen), 1 mM piruvato de sódio (GibcoBRL), 100 µg/mL de estreptomicina, 100 U/mL de penicillina G e 0,25 µg de anfotericina (GibcoBRL). As células em cultura são transfectadas com plasmídeos IgH (12,5 µg) ou IgL (20 µg), ambos em meio contendo 0,25 µg de anfotericina (GibcoBRL). Após 8 a 12 horas de cultivo, os sobrenadantes são recolhidos e a presença de Ig recombinante é analisada pelo método Elisa.

(G) **Purificação do Ac recombinante**

Os sobrenadantes das culturas de células são recuperados e fragmentos de células removidos por centrifugação a 800 × *g* por 10 minutos. Azida sódica (0,05%) é adicionada, e os sobrenadantes, armazenados a 4 °C. Os Ac recombinantes são purificados tratando a solução com proteína G aderida em *beads* (GE Healthcare). Alíquotas de 25 µL de *Protein G beads* são misturadas com 25 mL de sobrenadante de cultura, e a mistura é incubada por

14 horas a 4 °C. Os sobrenadantes são removidos por centrifugação a 800 × g por 10 minutos, e os *"beads"* são transferidos para uma *chromatography spin column* (BioRad) equilibrada com PBS. Após lavagem da coluna com 1 mL de tampão PBS, os Ac são recuperados com 200 µL de solução de 0,1 M glicina, pH 3,0. A operação é repetida por 3 a 4 vezes. Os eluatos são coletados em tubos contendo 20 µL do tampão 1 M Tris pH 8,0 e 0,5% de azida sódica. Os Acsão titulados por ELISA.

12.13 CONCLUSÕES

A estratégia descrita resultou no delineamento de método altamente eficiente de produzir AcMH derivados de um único clone de células B humanas. Esse método, adequado ao estudo de repertórios de Ac humanos, parece ser também a melhor alternativa para a produção de AcMH, com evidente futuro em aplicação imunoterápica.

Potencialidades práticas dessa estratégia
Obtenção de Ac para terapia em câncer: a efetiva terapia em câncer teve início em 1948 com o uso de antimetábolitos derivados de folato no tratamento de leucemia infantil. Nos últimos dezesseis anos, drogas inibidoras de proteínas oncogênicas seletivamente expressas por células tumorais têm sido continuamente desenvolvidas. Com o objetivo de direcionar drogas para células tumorais, Ac passaram a ser usados como transportadores. Ac *CD20-rituximab* e *HER2 antagonists trastuzumab* foram os primeiros introduzidos. Como tais Ac eram monoclonais murinos indução prevista de resposta imune em humanos com produção de Ac humanos anti-Ac murinos foi antecipada e comprovada. A descoberta que Ac murinos expressando regiões hipervariáveis desejáveis poderiam ser inseridas em esqueletos de C_H de Ig humanas pelo método de CDR-Grafting ampliou a perspectiva do uso de "mísseis" CDR transportando "ogivas" contendo drogas anticancerígenas. A molécula de Ig manufaturada resultante deste processo, além de preservar a especificidade de reconhecimento do epítopo, recupera ou potencializa a afinidade de interação entre Acm e epítopo[35-37]. Essa abordagem estimulou o desenvolvimento de Ac terapêuticos dirigidos para o tratamento de câncer e de outras doenças[38]. A estratégia de clonar e expressar Ac monclonais humanos dirigidos para epítopos exclusivos de proteínas expressas em células tumorais certamente é mais promissora.

Obtenção de informações estruturais de antígenos/epítopos encobertos em moléculas de patógenos: dados epidemiológicos recolhidos até 2002 indicam que amostras de vírus HIV-1 pertencentes ao mesmo subtipo diferem em até 20% em suas proteínas do envelope e em subtipos distantes em até 30%[39]. Além de apresentar ao sistema imune um diverso e móvel conjunto de epítopos, o HIV-1 possui um número pequeno de *spikes* funcionais por virion revestidos de glicanas que encobrem sítios potencialmente vulneráveis[40]. Uma vacina anti-HIV-1 eficiente deveria induzir Ac que reconhecessem epítopos presentes nos *spikes* de amostras de vírus contemporaneamente emergindo. Publicação recente contém resultados mostrando que AcsMsH obtidos de células humanas isoladas e clonadas de pacientes infectados com HIV-1 permitem a identificação de epítopos "ocultos" nos *spikes* virais e que suprimem infecções por HIV-1 em modelos animais[41].

A produção de AcsMsH representa produtiva associação de conhecimentos básicos sobre a imunoquímica da molécula de Ac e a inclusão de informações adquiridas em diferentes áreas correlatas da imunologia e de outras ciências. Horizontes amplos foram e estão sendo abertos em biotecnologia. A identificação de domínios estrategicamente encobertos na estrutura de patógenos alvos potenciais para identificar modos de infecção, epítopos apensos a esses domínios alvos que se tornam visíveis para o desenvolvimento de vacinas e de regiões moleculares para desenho de drogas terapêuticas são apenas alguns dos focos que já estão sendo explorados[38].

REFERÊNCIAS

1. Wu TT, Kabat EA. An analysis of the sequences of the variable regions of Bence Jones proteins and myeloma light chains and their implications for antibody complementarity. J Exp Med. 1970;132(2):211-50.
2. Tonegawa S. Somatic generation of antibody diversity. Nature. 1983;302(5909):575-81.
3. Kohler G, Milstein C. Continuous cultures of fused cells secreting antibody of predefined specificity. Nature. 1975;256(5517):495-7.
4. Davies DR, Metzger H. Structural basis of antibody function. Annu Rev Immunol. 1983;1:87-117.
5. Bengten E, et al. Immunoglobulin isotypes: structure, function, and genetics. Curr Top Microbiol Immunol. 2000;248:189-219.
6. Yoneyama M, et al. The RNA helicase RIG-I has an essential function in double-stranded RNA-induced innate antiviral responses. Nat Immunol. 2004;5(7):730-7.
7. Kato H, et al. Differential roles of MDA5 and RIG-I helicases in the recognition of RNA viruses. Nature. 2006;441(7089):101-105.
8. Oeckinghaus A, et al. Malt1 ubiquitination triggers NF-kappaB signaling upon T-cell activation. EMBO J. 2007;26(22):4634-45.
9. Sun L, et al. The TRAF6 ubiquitin ligase and TAK1 kinase mediate IKK activation by BCL10 and MALT1 in T lymphocytes. Mol Cell. 2004;14(3):289-301.
10. Sheedy FJ, et al. CD36 coordinates NLRP3 inflammasome activation by facilitating intracellular nucleation of soluble ligands into particulate ligands in sterile inflammation. Nat Immunol. 2013;14(8):812-20.
11. Elena BL. Repeated inoculations of Mycobacterium bovis Bacille Calmette-Guérin (BCG) are needed to induce a strong humoral immune response against antigens expressed by the bacteria. Open Journal of Immunology. 2013;3:71.
12. Carlander D. Avian IgY antibody: In vitro and in vivo. Uppsala: Uppsala University, 2002.
13. Chacana PA, et al. Tecnología IgY o Aplicaciones de los Anticuerpos de yema de huevo de gallina. Rev Med Vet. 2004;85(5):179-89.
14. Davison TF. The immunologists' debt to the chicken. Br Poult Sci. 2003;44(1):6-21.
15. Janeway CA, Travers P, Hausser-Siller I. Immunologie. Heidelberg/Berlin/Oxford: Spektrum Akademischer Verlag; 1995.
16. Tizard I. The phylogeny of the immune system. In: Veterinary immunology. An introduction. Philadelphia: WB Saunders Co.; 1992. p.465-6.
17. Harlow E; Lane D. Antibodies: A Laboratory Manual. Cold Spring Harbor: Cold Spring Harbor Laboratory; 1988. p.139:238.

18. Heidelberger M; Kendall FE. Quantitative Studies on Antibody Purification: I. The Dissociation of Precipitates Formed by Pneumococcus Specific Polysaccharides and Homologous Antibodies. J Exp Med. 1936;64(2):161-72.

19. Morrison SL, et al. Chimeric human antibody molecules: mouse antigen-binding domains with human constant region domains. Proc Natl Acad Sci USA. 1984;81(21):6851-5.

20. Jones PT, et al. Replacing the complementarity-determining regions in a human antibody with those from a mouse. Nature. 1986;321(6069):522-5.

21. Verhoeyen M, Milstein C, Winter G. Reshaping human antibodies: grafting an antilysozyme activity. Science. 1988;239(4847):1534-6.

22. Smith GP. Filamentous fusion phage: novel expression vectors that display cloned antigens on the virion surface. Science. 1985;228(4705):1315-7.

23. Clackson T, Lowman HB. Phage display: a practical approach. Oxford: Oxford University Press; 2004.

24. Chasteen L, et al. Eliminating helper phage from phage display. Nucleic Acids Res. 2006;34(21):e145.

25. Wellcome Trust. The Human Genome. Explanation of "Protein interaction mapping". [cited 2013]. Disponível em: http://http://genome.wellcome.ac.uk/doc%5Fwtd020763.html.

26. Huang J, Ru B, Dai P. Bioinformatics resources and tools for phage display. Molecules. 2011;16(1):694-709.

27. Huang J, et al. MimoDB 2.0: a mimotope database and beyond. Nucleic Acids Res. 2012;40(Database issue):D271-7.

28. Huang J, et al. SAROTUP: scanner and reporter of target-unrelated peptides. J Biomed Biotechnol. 2010;2010:101932.

29. Stahli C, et al. High frequencies of antigen-specific hybridomas: dependence on immunization parameters and prediction by spleen cell analysis. J Immunol Methods. 1980;32(3):297-304.

30. Aman P, Ehlin-Henriksson B, Klein G. Epstein-Barr virus susceptibility of normal human B lymphocyte populations. J Exp Med. 1984;159(1):208-20.

31. Tiller T, et al. Efficient generation of monoclonal antibodies from single human B cells by single cell RT-PCR and expression vector cloning. J Immunol Methods. 2008;329(1-2):112-24.

32. Wardemann H, Hammersen J, Nussenzweig MC. Human autoantibody silencing by immunoglobulin light chains. J Exp Med. 2004;200(2):191-9.

33. Kabat EA, et al. Sequences of proteins of immunological interest. Vol. 1. Darby: Diane Publishing; 1992.

34. Corbett SJ, et al. Sequence of the human immunoglobulin diversity (D) segment locus: a systematic analysis provides no evidence for the use of DIR segments, inverted D segments, "minor" D segments or D-D recombination. J Mol Biol. 1997;270(4):587-97.
35. Queen C, et al. A humanized antibody that binds to the interleukin 2 receptor. Proc Natl Acad Sci USA. 1989;86(24):10029-33.
36. Tan P, et al. "Superhumanized" antibodies: reduction of immunogenic potential by complementarity-determining region grafting with human germline sequences: application to an anti-CD28. J Immunol. 2002;169(2):1119-25.
37. Lazar GA, et al. A molecular immunology approach to antibody humanization and functional optimization. Mol Immunol. 2007;44(8):1986-98.
38. Chan AC, Carter PJ. Therapeutic antibodies for autoimmunity and inflammation. Nat Rev Immunol. 2010;10(5):301-16.
39. Gaschen B, et al. Diversity considerations in HIV-1 vaccine selection. Science. 2002;296(5577):2354-60.
40. Sanders RW, et al. A next-generation cleaved, soluble HIV-1 Env trimer, BG505 SOSIP. 664 gp140, expresses multiple epitopes for broadly neutralizing but not non-neutralizing antibodies. PLoS pathogens. 2013;9(9):e1003618.
41. Klein F, et al. Antibodies in HIV-1 vaccine development and therapy. Science 2013. 341(6151):1199-204. 42. Alt FW, Blackwell TK, Yancouplos GD. Development of the primary antibody repertoire. Science. 1987;238:1079-1087.
42. Nisonoff A; Markus G; Wissler FC. Separation of univalent fragments from bivalent rabbit antibody by reduction of a single, labile, disulphide bond. Nature. 1961;189:293.
43. Porter RR. The hydrolysis of rabbit gamma globulin and antibodies with crystalline papain. Biochem J. 1959;73:119-127.
44. Dias da Silva, W. Anaphylatoxins: from the early suppose anaphylactic toxins to effective mediators of inflammation. Open J. Vet. Med. 2012;2:266-280.
45. Mayer, M. M. 1961Complement and complement fixation. In: Kabat EA, Mayer MM, Eds: Experimental Immunochemistry, 1961.Thomas, Springfield.

Suplemento n° 1: Fragmentação da molécula de IgG

Porter submeteu IgG de coelho à digestão pela papaína em presença de cisteína e verificou que a constante de sedimentação do material dirigido baixava de 7 S a 3,5 S, indicando uma clivagem em fragmentos de aproximadamente 50 mil43. Quando o material digerido era dialisado contra tampão de fosfato pH7 e passado através de uma coluna de carboximetilcelulose, pH 5,2, separavam-se três picos, que foram designados, pela ordem de eluição (usando um gradiente de tampão de acetato, pH 5,2), fragmentos I, II e III. O material correspondente aos picos I e II possuía atividade de

anticorpo monovalente, pois inibia a precipitação pelo anticorpo completo, ao passo que o material do pico II era biologicamente inativo. Ao dialisar-se o produto digerido contra o tampão de baixa força iônica, o fragmento III cristalizava. Sabemos hoje que os fragmentos I e II são antigenicamente idênticos e provêm de moléculas de IgG de mobilidades diferentes, razão pela qual aparecem em picos separados. Os fragmentos I e II são denominados Fab (fragment antigen binding) pelo fato de se combinarem ao antígeno. O fragmento III é designado Fc (crystalized fragment) pelo fato de cristalizar-se uma vez liberado íntegro dos Fabs. Nisonoff, Markus e Wissler submeteram IgG de coelho a digestão com pepsina em vez de papaína, na ausência de Cys42. Mostraram que o peso molecular do produto digerido reduzia-se para 100 kDa (5 S), porém conservava o poder de precipitação do Ag; conservava a propriedade de anticorpo bivalente. Em uma segunda fase adicionava-se Cys, o peso molecular baixava para 50 kDa e não havia mais precipitação, mas apenas inibição da precipitação (fragmento monovalente).

Suplemento nº 2: Evolução dos conhecimentos sobre anticorpos, antígenos e reações antígeno-anticorpo.

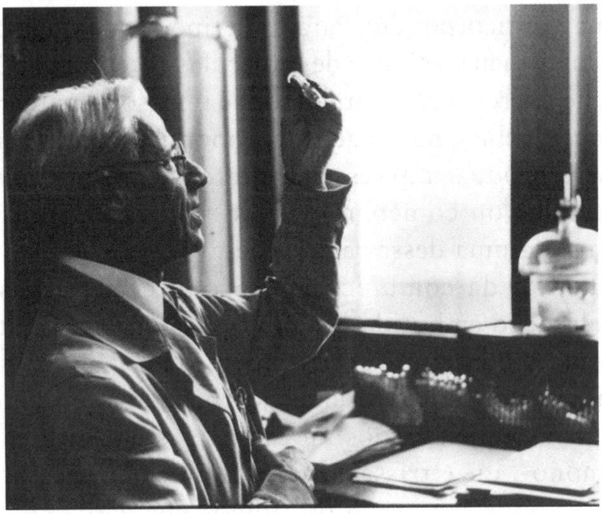

Fotografia de M. Heidelberger, professor emérito de imunoquímica do College of Physicians and Surgeons, Columbia University, Nova York, Estados Unidos.

Crédito: "Michael Heidelberger 1954". Fotografia de Harold Low, "Gift. Dr. Heidelberger". Imagem da History of Medicine (NLM), Order No.:

B014461. Licensed under Public Domain via Wikimedia Commons. Disponível em: <http://commons.wikimedia.org/wiki/File:Michael_Heidelberger_1954.jpg#/media/File:Michael_Heidelberger_1954.jpg>.

O professor M. Heidelberger (químico orgânico, formação da qual se orgulhava) e Oswald Avery descobriram que os principais antígenos de pneumococos são polissacarídeos. A consequência dessa descoberta foi a demonstração que anticorpos são proteínas. Esses dois fatos, fundamentais para o desenvolvimento da imunologia e, por extensão, da medicina, permitiram estudos refinados das reações de interações entre moléculas de anticorpos e de antígenos. Os aspectos quantitativos da reação de precipitinas foram firmemente determinados. Como consequência, tornou-se possível quantificar, em bases ponderais, o conteúdo de anticorpos nos soros. Estava encerrada a época da sorologia. Nascia, formalmente, a imunologia.

As células se comunicam com o meio ambiente e entre si através de moléculas que produzem e expõem, estrategicamente, na sua superfície. Moléculas que levam mensagens são referidas como mensageiras ou ligantes e as que recebem mensagens, como receptores. As moléculas fazem parte de grandes grupos ou famílias, como hormônios, mediadores, fatores de crescimento, citocinas, enzimas, anticorpos etc. Para cada tipo de mensagem há pares específicos de moléculas mensageiras e de moléculas receptoras. Como o número de mensagens que exercem essas atividades é imenso, o número de moléculas que transmitem e recebem mensagens é proporcionalmente enorme.

As células se reproduzem, crescem, diferenciam-se, locomovem-se, destroem outras células ou cometem suicídio sob o comando de mensagens específicas para cada uma dessas atividades.

As células, no ato da comunicação, reconhecem formas. A linguagem usada é a configuração embutida nas moléculas que transmitem e que recebem a mensagem. A configuração tridimensional mais grosseira de moléculas como ácidos nucleicos, proteínas, carboidratos e lipídeos complexos é determinada pela sequência dos blocos que as constituem, nucleotídeos, aminoácidos, mono-, di- e trissacarídeos, lipídeos. Esses blocos fornecem o substrato maior onde repousam os átomos que dão a configuração mais delicada final. Para configurações extensas, imprecisas, há receptores panorâmicos; para pormenores, precisos, há receptores de ajuste fino.

As mensagens recebidas pelos receptores são transmitidas, também, via moléculas especiais de proteínas para o interior da célula. No citoplasma, entram numa rede de difusão, própria para cada tipo de mensagem, de onde são orientadas para as organelas encarregadas de dar a resposta.

Há mensagens que permitem que as células distingam material produzido na sua própria comunidade de material importado do meio externo. Ambas são iniciadas por três famílias de moléculas: receptores de linfócitos T (RCR), anticorpos e proteínas do complexo principal de histocompatibilidade (pCPH), dispostas, respectivamente, na superfície de linfócitos T, linfócitos B e de quase todas as células.

Anticorpos são singulares: funcionam tanto como mensageiros quanto como receptores e executores de mensagens. Quando sua existência não passava de uma hipótese, eram referidos pelo termo vago de entidades; depois que uma de suas funções, talvez a que lhe confere identidade, foi descoberta, foram denominados anticorpos e, finalmente, quando a anatomia funcional de sua molécula foi conhecida, foram denominados imunoglobulinas (Ig). A evolução dos conhecimentos sobre essa fascinante molécula é parte do motivo das aulas de anticorpos humanizados.

A história da evolução do conhecimento, na Antiguidade, está entremeada de mito e realidade. Observações isoladas já indicavam que certas doenças passavam de pessoa a pessoa: eram contagiosas. Certas pessoas, talvez a maior parte, que tivessem tido certa doença raramente tornavam a adquirir a mesma doença: tornavam-se imunes. As ordenhadeiras, por exemplo, eram resistentes à varíola bovina. Essas senhoras, no início de suas atividades profissionais, em geral adquiriam uma forma branda da varíola bovina restrita às mãos. Depois de curadas, não adquiriam mais essa doença, apesar de continuarem a ordenhar vacas com varíola. Além disso, as manchas cutâneas típicas que caracterizavam pessoas sobreviventes de epidemias de varíola raramente eram encontradas em ordenhadeiras. As ordenhadeiras eram resistentes tanto à varíola bovina como à humana.

A humanidade estava ansiosa por medidas que prevenissem ou curassem a varíola. O índice de mortalidade da varíola era da ordem de 20% a 30%! Os circassianos, para impedir que suas jovens tivessem manchas de varíola e, assim, proteger seu comércio de escravas com os reis da Turquia e da Pérsia, inoculavam seus filhos com pus obtido de pústulas de varíolas brandas.

Com base nessas observações, Edward Jenner, em 1796, realizou sua famosa heroica e "antiética" experiência em seres humanos: injetou pus obtido de pústulas da varíola bovina em crianças. As crianças que foram inoculadas com o pus, da mesma forma que as ordenhadeiras, durante as epidemias de varíola não tinham a doença. Tornavam-se imunes.

Estava descoberta, oficialmente, a primeira vacina, termo proveniente do latim *vacca*, "vaca". Curiosamente, essa vacina grosseira testada sem obedecer os princípios rigorosos da ética médica, foi a primeira vacina a erradicar

uma doença. O último relato oficial de um caso de varíola aconteceu na Somália, em 1970!

Essa descoberta esperou 150 anos para ser estendida a outras doenças: Robert Koch, von Bhering, Paul Eherlich e Louis Pasteur, no século XIX, foram os responsáveis.

Supunha-se, com base apenas em observações cientificamente frágeis, que as pessoas que se recuperavam de uma doença infecciosa e se tornavam resistentes àquela doença produziam entidades de resistência que circulavam em seu sangue. Essa suposição foi cientificamente comprovada, no século XIX, com a realização de experimentos bastante simples. A adição de quantidades seriadas de amostras desses soros a uma série de tubos contendo igual volume de uma suspensão da bactéria causadora da infecção para a qual o doador do sangue estava resistente produzia aglutinação das bactérias. Esse fenômeno, observado com lentes de aumento, mostrava que as bactérias, isto é, pequenos "corpúsculos", juntavam-se uns aos outros na presença daquele soro. O soro continha entidades que reconheciam aqueles corpúsculos, isto é, "anticorpúsculos". Essas entidades foram denominadas anticorpos. Quando, em lugar de bactérias íntegras, vivas, extrato solúvel da bactéria era adicionado a uma série de tubos contendo igual volume do soro, observava-se a formação de flóculos mais grossos ou de precipitados mais finos. As entidades que aglutinavam as bactérias foram denominadas anticorpos aglutinantes, e as que as precipitavam, anticorpos precipitantes ou precipitinas. As entidades presentes na superfície da bactéria e nos extratos bacterianos foram denominadas antígenos.

Se, em lugar de soro obtido de pessoa convalescente, fosse utilizado soro de pessoa que ainda não tinha tido a doença, não havia nem aglutinação e nem floculação ou precipitação. Estava descoberta a característica distintiva dos anticorpos: a especificidade.

Arrhenius e Madsen repetiram os experimentos descritos acima usando soro de convalescentes de difteria como fonte de anticorpos, toxina diftérica como antígeno, porém testando a toxicidade residual da toxina em animais, e verificaram que os anticorpos neutralizavam a toxina. Estava descoberta a atividade antitóxica dos anticorpos. Esses anticorpos foram denominados anticorpos neutralizantes.

Conquanto a estrutura das proteínas como cadeias de polipeptídeos já tivesse sido, naquela época, demonstrada por Emil Fischer, a natureza dos anticorpos, dos antígenos e dos fenômenos da aglutinação, precipitação e neutralização ainda não podia ser estudada. Os conhecimentos de física e de química ainda eram insuficientes. Surgiram, todavia, algumas sugestões

curiosas. Arrhenius e Madsen, por exemplo, propuseram que na neutralização de toxinas anticorpos e antígenos se combinariam à maneira da neutralização de ácidos fracos por bases fracas; Kraus interpretou a reação de precipitinas como modificações induzidas pelo antígeno no estado coloidal do soro, de modo a desnaturar suas proteínas, e que os anticorpos estavam associados à fração do soro denominada globulinas. Apenas esta última sugestão sobreviveu.

Restava saber se o antígeno, de fato, incorporava-se nos precipitados durante a reação de precipitinas. Apesar das dificuldades operacionais com os métodos disponíveis na época, essa importante questão foi elegantemente resolvida por von Dungern, em 1902. Esse arguto pesquisador escolheu como antígeno sangue de caranguejo. Injetou coelhos com esse soro e, depois de algumas semanas, tempo suficiente para a formação de anticorpos antissoro de caranguejo, colheu sangue dos coelhos e usou o soro na reação de precipitação com sangue de caranguejo como antígeno. Os precipitados resultantes quando agitados com ar tornavam-se azuis. Radicais de cobre associados à molécula de hemocianina do sangue de caranguejo adquirem cor azul ao serem oxidados. Assim, elegantemente, Von Dungern demonstrou que, de fato, o antígeno incorpora-se nos imunoprecipitados. Resumindo: na virada do século XX, estava cientificamente demonstrado que o organismo produz substâncias que o protegem contra infecções; que essas substâncias interagem tanto com bactérias vivas como com seus extratos; que induzir produção de anticorpos não é "privilégio" de bactérias, pois substâncias de origem não bacteriana também induzem a produção de anticorpos; e que tanto a indução como a interação dos anticorpos com os antígenos são fenômenos específicos.

Duas décadas depois, portanto nos anos 1920, foram feitas três importantes descobertas:

- Avery e Dochez observaram que formas virulentas de pneumococos excretam substâncias no meio de cultura. As substâncias excretadas formam precipitados com anticorpos específicos para o tipo de pneumococo do qual a substância foi derivada;
- Bial descobriu as "agressinas", substâncias excretadas no meio de cultura que tornam a bactéria mais virulenta quando adicionada à suspensão bacteriana; e
- Ascoli observou que o *Bacillus anthracis* pode ser reconhecido por reações de precipitação.

Coube, todavia, a Oswald T. Avery entender a enorme importância dessas descobertas. Antecipou que nos polissacarídeos grupo-específicos, geralmente livres de nitrogênio e resistentes à ação de enzimas do organismo do hospedeiro, presentes nas suas culturas de pneumococos (*Streptococcus peneumoniae*), encontrava-se o segredo da especificidade bacteriana.

Admitindo a enorme possibilidade de configurações distintas que os polissacarídeos podem originar, estava aberta a possibilidade de se usar, pela primeira vez, uma substância diferente de proteínas nas reações imunológicas.

Naquela época, eram conhecidas três formas "fixas" de pneumococos, tipo I, tipo II e tipo III, e uma quarta, tipo IV, na qual eram colocadas as demais que não se enquadravam entre as três primeiras. Essas formas excretavam no meio de cultura polissacarídeos absolutamente específicos nas reações de precipitação frente a soros contendo os correspondentes anticorpos.

Demonstrou-se, a seguir, que nos microrganismos encapsulados sua especificidade se deve aos carboidratos aí presentes. A exceção foi encontrada no *Bacillus anthracis*, cuja cápsula, ao contrário, é um polipeptídeo que consiste exclusivamente de D(-) ácido glutâmico. D(-) ácido glutâmico é o enanciomórfico, o oposto espacial L(+) ácido glutâmico, sendo o que existe na maioria das proteínas. Os polissacarídeos de penumococos, de outros microrganismos encapsulados e a proteína da cápsula de *Bacillus anthracis* injetadas em cavalos induziam a produção de anticorpos específicos.

Com tais descobertas, estava aberto o caminho para estudos mais seguros da especificidade das reações de precipitação. Uma adição importante foi feita por Felt: misturando-se soro de cavalo contendo anticorpos antipneumococos com água acidulada, 90% dos anticorpos são precipitados sem desnaturação, enquanto 90% das demais proteínas permanecem na fração solúvel. Foi a primeira tentativa bem-sucedida de isolar anticorpos de outras proteínas do soro.

Os caminhos para se conhecer a natureza dos anticorpos, das reações de precipitação e aglutinação estavam abertos:
- polissacarídeos de pneumococo solúveis tipo III, S-III, constituídos de ácido policelobiurônico, isto é, ácido glucurônico-4-b-glucose, injetados em cavalo, coelho e seres humanos, produzem grandes quantidades de anticorpos;
- o método descrito por Felton para isolar anticorpos;
- um método rigorosamente preciso para dosar nitrogênio com um mínimo de erro experimental: método de micro-Kjeldahl;
- um método altamente sensível para dosar polissacarídeos de pneumococos.

Michael Heidelberger e colaboradores, entre os anos 1930 e 1940, dedicaram-se a percorrer aqueles caminhos. À série de tubos contendo igual volume de soro de cavalo (Ac) que havia sido injetada com polissacarídeo S-III (S), adicionaram 0,05 mg, 0,10 mg, 0,15 mg, 0,20 mg ou 0,25 mg de S. Controles contendo apenas S ou Ac foram incluídos. Uma série de tubos foi incubada a 37 °C e outra similar a 0 °C por algumas horas. Após centrifugação, dosava-se o nitrogênio total nos precipitados e os polissacarídeos residuais nos sobrenadantes. Estes últimos eram submetidos, novamente, à reação de precipitação para titular anticorpos residuais.

1. Imunoglobulinas em animais inferiores

Imunoglobulinas têm sido encontradas em todas as classes de vertebrados mandibulados: peixes de esqueleto cartilaginoso e ósseo, dipnoanos, crossopterigianos, anfíbios, répteis, aves e mamíferos. Nestes animais encontram-se imunoglobulinas de estrutura tetramérica com duas cadeias H e duas L, tanto na forma secretada como ligada à membrana celular. São exceção a essa regra as imunoglobulinas de camelídeos, que não possuem cadeias L, e as imunoglobulinas-símiles de tubarão.

As imunoglobulinas-símiles de tubarão, denominadas *"nurse shark antigen receptor"* (NAR), são proteínas diméricas em que cada cadeia consiste em cinco domínios, o domínio N-terminal semelhante à região V e quatro domínios semelhantes à região constante das imunoglobulinas. Parece que os genes para NAR se rearranjam somaticamente e que os aminoácidos substituídos agrupam-se em três regiões correspondentes aos CDR. Admite-se que NAR situe-se filogeneticamente entre imunoglobulinas e TCR.

Nos peixes cartilaginosos (*chondrichthyanos*), a molécula de imunoglobulina possui dois tipos de cadeias H e um tipo de cadeia L. Uma das cadeias H é relacionada à cadeia m de mamíferos, enquanto a outra é distinta. A cadeia L é, também, relacionada à cadeia k de mamíferos. Nesses animais há, portanto, duas classes de imunoglobulinas notadas: IgM e IgX.

A organização dos segmentos gênicos que codificam para as cadeias H e L nos peixes cartilaginosos é diferente da das demais classes de vertebrados. Os peixes cartilaginosos possuem múltiplos *loci* para ambas as cadeias H e L, localizados em diferentes cromossomas. Cada locus consta de regiões únicas para os segmentos V, J e C. Em algumas sequências que codificam para as cadeias H e L todos os segmentos estão separados por sequências de mais ou menos 400 pb; em outras, o segmento de 400 pb foi removido, permitindo que as regiões se liguem, o que resulta nas seguintes associações: (VD)-J-C, (VDJ)-C e (VD)-(DJ)-C para os *loci* das cadeias H, e (VJ)-C para

os *loci* das cadeias L. Os parênteses indicam segmentos unidos. As recombinações ocorrem dentro de um locus, e jamais entre *loci* diferentes. Parece que em cada linfócito B há apenas um locus.

Há duas famílias de *loci* para a cadeia H: uma engloba *loci* que codificam para D1 ou D1 mais D2, porém não para D2 sozinho; e a outra engloba *loci* que codificam alternativamente para D2 ou D1 e D2, mas não para D1 sozinho.

Há três famílias de *loci* que codificam para a cadeia L: uma relacionada aos genes da cadeia k de mamíferos; as outras duas diferem tanto da cadeia k como da l de mamíferos.

Os genes para essas famílias de genes para as cadeia H e L de peixes cartilaginosos provavelmente divergiram antes da bifurcação dos peixes cartilaginosos e ósseos, há mais de 450 milhões de anos.

Todos os outros vertebrados mandibulados (peixes ósseos, dipnoanos, crossopterygianos, anfíbios, répteis, aves e mamíferos) possuem um número limitado de *loci* para as cadeias H e L, cada locus consistindo em múltiplos segmentos V, (D) e J alinhados, seguidos dos éxons para C.

Os crossopterygianos, representados pelo coelacanto (*Latimeria chalumnae*), possuem seus genes para a cadeia H arranjados, como nos peixes ósseos, na sequência V-D-V-D.

Os dipnoanos, pouco estudados, possuem os isotipos m e n de cadeias H.

Os anfíbios, representados pela rã-de-unhas-africana (*Xenopus laevis*), expressam três isotipos de cadeias H, m, u e c, e as correspondentes classes de imunoglobulinas, IgM, IgY e IgX.

Os répteis expressam três isotipos de cadeias H, m, u e n, e as correspondentes classes de imunoglobulinas, IgM, IgY e IgN. Suas cadeias L ainda não foram caracterizadas.

Nas aves, as imunoglobulinas contêm cadeias H m, a e u e apenas cadeias L tipol. As cadeias H expressam-se nas correspondentes classes IgM, IgA e IgY. As cadeias m, a e l são homólogas às de mamíferos. Já a cadeia u é homóloga à de anfíbios e répteis. A cadeia u é encontrada em diferentes formas: a forma Cu1, Cu2, Cu3 e Cu4, comuns na maioria das aves, e a forma em que Vu se acha combinada com duas regiões C, Cu1 e Cu2. Esta última tem sido detectada em palmípedes. As aves possuem também IgM e IgA.

A IgY do *Gallus gallus* corresponde à IgG de mamíferos. Consiste de duas cadeias H e de duas L. A cadeia Hu tem peso molecular de 66 kDa, e a Ll, de 22 kDa. A molécula inteira tem em torno de 188 kDa. IgY possui atividades biológicas tanto de IgG como de IgE de mamíferos. IgY, à medida que vai

sendo sintetizada, acumula-se na gema dos ovos. É a reserva de anticorpos que a mãe lega à sua prole.

1.1 Produção de Ac

Ac são produzidos por plasmócitos, células derivadas de linfócitos B. Linfócitos B, após uma série de diferenciações, passam a expressar na superfície da membrana celular receptores para Ag designados BCR. Esses receptores resultam da associação não covalente de uma molécula de Ig com o heterodímero transmembrânico Igα\Igβ. Os dois Fab da Ig acham-se livres e expostos na superfície, e a região Fc acha-se inserida na membrana da célula sem chegar ao citoplasma. As regiões extracelulares das proteínas Igα (42 kDa) e Igβ (37 kDa) estabelecem contato entre o heterodímero Igα\Igβ e a molécula de Ig. As regiões citoplasmáticas do heterodímero Igα\Igβ contendo motivo de ativação do imunorreceptor baseado em tirosina (immunoreceptor tyrosine-based activation motive – ITAM) servem de pontes para o estímulo resultante da interação Ag-Ac na molécula de Ig e a ativação de quinases e de outras moléculas tanto citoplasmáticas como nucleares. Transcrição de genes, ativação celular e expressão de funções efetoras são os resultados imediatos. Linfócitos T, após uma série diferenciações, passam a expressar na superfície da membrana celular receptores para Ag designados TCRαβ ou TCRγδ. TCRs são glicoproteínas heterodiméricas com um único sítio de combinação para o Ag. A molécula de TCRαβ possui uma cadeia TCRα (49 kDa) ligada via ponte dissulfeto a uma cadeia TCRβ (43 kDa). Da mesma maneira, a molécula de TCRγδ possui uma cadeia TCRγ (40-55 kDa) unida também por ponte dissulfeto a uma cadeia TCRδ (45 kDa). Cada cadeia TCR é constituída de um domínio V e um domínio C, um resíduo de Cys conectando as sequências Vα e Cα e Vβ e Cβ em TCRαβ, assim como Vγ e Cγ e Vδ e Cδ em TCRγδ. Os domínios C e V, estabilizados por ligações internas de dissulfeto, estão estruturalmente organizados como na molécula de Ig. As regiões V situadas nas regiões N-terminais dos dois polipetídeos do TCR formam um único sítio de combinação para o Ag. Estabelecem contato simultâneo com o epítopo antigênico e com a molécula adequada de MHC. Diferentemente de BCR, que pode originar isotipos, TCR expressa região C original ao longo de toda a vida celular e nem está envolvida na ativação de mecanismos efetores. As moléculas de TCRs atravessam a membrana celular do linfócito T, mas atingem o citoplasma com porções muito curtas, insuficientes para a transferência de estímulos de sinalização intracelular. Essa transferência é realizada pelo complexo CD3. O complexo CD3 contém combinações heterodiméricas variáveis de cinco cadeias de proteínas

designadas CD3γ, CD3δ, CD3ε, CD3ζ e CD3η. As moléculas de CD3 como Igα\Igβ também usam ITAMs no processo subsequente de sinalização intracelular. As moléculas de Ig de Ig-símile expressas, respectivamente, na superfície de cada clone de linfócitos B ou T reconhecem um, e apenas um, epítopo antigênico. O processo de origem da diversidade dos Ac responsável pelo vasto repertório de regiões hipervariáveis dos Fab aconteceu em fases determinadas do desenvolvimento embrionário. Esse vasto repertório, da ordem de 10^8 a 10^{11} sequências diferentes, cada uma potencialmente expressa nos CDR das futuras regiões hipervariáveis, aparentemente inclui especificidades para todos Ag. A estratégia de gerar mensagens antes de células preserva espaços nos tecidos linfoides.

CAPÍTULO 13

PLANTAS COMO BIORREATORES: FUNDAMENTOS, MÉTODOS E APLICAÇÕES

Diego Grando Módolo
Marcelo Menossi

13.1 INTRODUÇÃO

O uso de plantas na obtenção de produtos medicinais é amplamente conhecido desde os primórdios da humanidade. Com o avanço da biologia molecular e da manipulação de ácido desoxirribonucleico (*deoxyribonucleic acid* – DNA) pela engenharia genética, tornou-se possível a utilização de plantas para a obtenção de diversos produtos farmacêuticos e industriais que não eram encontrados naturalmente em células vegetais. O desenvolvimento de plantas transgênicas visando à produção de proteínas recombinantes é usualmente denominado "plantas como biorreatores", "agricultura molecular" (tradução direta de *molecular farming*), ou "fármacos produzidos em plantas" (tradução direta de *plant-made pharmaceutical*).

As primeiras plantas transgênicas foram obtidas na década de 1980 e um dos primeiros casos de sucesso foi a obtenção de plantas resistentes ao cloranfenicol, um antibiótico de amplo espectro eficaz contra bactérias gram-negativas e gram-positivas. Ele bloqueia a síntese proteica bacteriana, por inibição

da unidade ribossômica 50S (unidade sem a qual a bactéria não consegue sintetizar proteínas vitais para a sua multiplicação e sobrevivência). Nesse trabalho, pela primeira vez foram inseridas no genoma vegetal sequências de DNA quiméricas (gene recombinante que contém sequências de mais de uma fonte de material genético, por exemplo, o promotor de um gene com a sequência gênica para a proteína/enzima de interesse) (Figura 13.1). Isso possibilitou a expressão da enzima cloranfenicol acetiltransferase[1]. Na mesma década, surgiu um dos trabalhos pioneiros descrevendo a produção em plantas de uma proteína recombinante de interesse farmacêutico. Nesse caso, foi feita a expressão do hormônio de crescimento humano em tabaco e calos de girassol[2]. Desde então, diversos produtos de interesse farmacêutico e industrial foram obtidos através da expressão recombinante em plantas, cabendo destacar vacinas, anticorpos, enzimas, hormônios, suplementos nutricionais e plásticos biodegradáveis, como discutido a seguir.

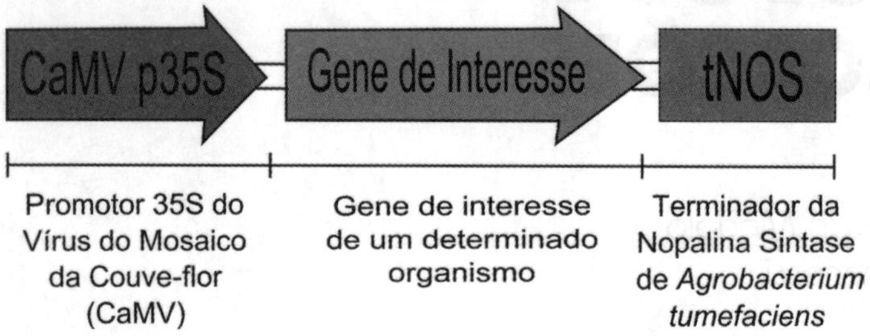

Figura 13.1 Estrutura de uma sequência de DNA quimérica. O DNA representado contém uma fusão do promotor 35S obtido do vírus do mosaico da couve-flor (CaMV) com uma sequência codificante de uma proteína de interesse (que pode ser de diversos organismos), ligada ao terminador da nopalina sintase da bactéria A. tumefaciens.

O interesse na geração de plantas transgênicas que produzam proteínas de uso farmacêutico ocorre devido a uma série de fatores, tais como a capacidade das células vegetais de promover modificações pós-traducionais semelhantes às encontradas em seres humanos e micro-organismos[3]. Há também a possibilidade mínima de contaminação do produto por patógenos humanos e animais, como, por exemplo, a transmissão de vírus ou príons. As plantas contam com órgãos de estocagem naturais, como frutas e sementes, para facilitar a acumulação estável das proteínas recombinantes, existindo também protocolos estabelecidos para colheita, transporte, estocagem, processamento do material vegetal, além da produção em larga escala a um custo reduzido[4].

De modo geral, para a obtenção do produto final, a purificação da proteína recombinante é necessária, existindo diversas metodologias para esse processo, que variam de acordo com as características da proteína e do local de expressão na planta. Entretanto, existe a possibilidade de produção de vacinas comestíveis, que não necessitam de etapas de purificação prévias, já que a imunização ocorre com a ingestão de material vegetal sem o seu processamento (Figura 13.2). Atualmente, vacinas comestíveis estão sendo produzidas e testadas para várias doenças humanas, como a vacina contra a hepatite B produzida em batata[5], e para animais, como a vacina contra a pasteurelose pneumônica bovina expressa em alfafa[6].

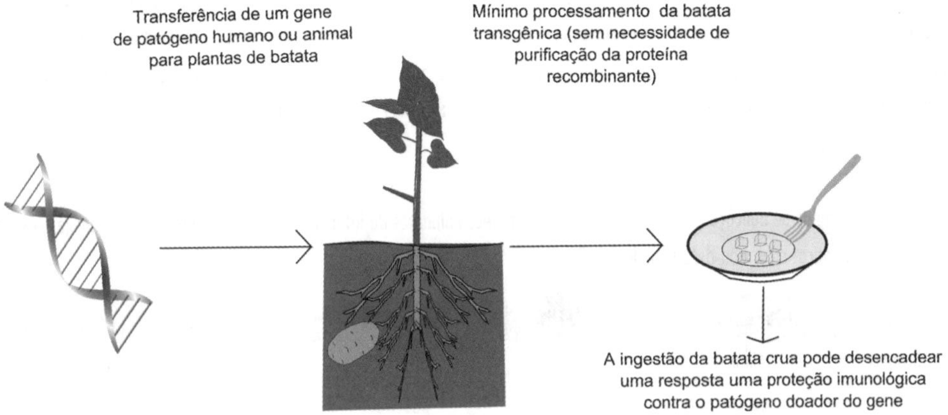

Figura 13.2 Produção de vacinas comestíveis. Através da transferência de um gene codificante de um antígeno de organismos patogênicos, é possível produzir plantas transgênicas. Um exemplo são plantas que produzem batatas, cuja ingestão pode desencadear proteção imunológica contra uma determinada doença.

Neste capítulo, serão abordados os principais pontos no desenvolvimento de uma planta transgênica com vistas à produção de proteínas de interesse farmacêutico: (a) organismos hospedeiros; (b) otimização dos níveis de expressão; (c) compartimentos subcelulares; (d) métodos de transformação genética; (e) modificações pós-traducionais; (f) processos *downstream*; (g) biossegurança; (h) propriedade intelectual. Também será discutida uma técnica passo a passo de transformação genética de tabaco, considerada uma das principais plantas utilizadas como biorreatores para a produção de proteínas heterólogas. Além disso, descreveremos diversos produtos já obtidos em plantas transgênicas e as perspectivas futuras em relação a essa tecnologia.

13.2 ORGANISMOS HOSPEDEIROS

A escolha da espécie hospedeira é muito importante para a produção de proteínas recombinantes e está associada ao tipo de proteína que será expressa e a sua finalidade. Apesar de existirem várias espécies vegetais comprovadamente eficientes na expressão de proteínas heterólogas, nenhuma delas pode ser considerada ideal para todos os tipos de produtos. Diversos fatores são levados em consideração na escolha do hospedeiro, tais como: ciclo de vida, quantidade de biomassa, facilidade de manipulação genética e custos de produção em larga escala[7]. Em especial, para vacinas comestíveis, o ideal é a produção em alimentos que não necessitem de cozimento para o consumo, evitando a desnaturação da proteína recombinante e a consequente queda da eficácia do princípio ativo[8]. Na Tabela 13.1, temos vários exemplos de organismos hospedeiros que foram utilizados na expressão de proteínas recombinantes.

Tabela 13.1 Exemplos de aplicações na produção de proteínas recombinantes de interesse farmacêutico em plantas transgênicas. RE: retículo endoplasmático; n/d: não determinado

APLICAÇÃO	HOSPEDEIRO	PROTEÍNA	PROMOTOR	COMPARTIMENTO	REFERÊNCIA
Anticorpos	Milho	2G12	gt-1	RE	Rademacher, et al.[103]
	Tabaco	SIgA	p35S	RE e Apoplasto	Ma, et al.[102,117]
	Tabaco	scFv idiotipos	pSP	Secretada	McCormick, et al.[11]
	Tomate	hIgA_2A1	35S	n/d	Juarez, et al.[105]
	Tabaco	mAbP S057	35S	RE	Lee, et al.[106]
	N. benthamiana	2G12	35S	n/d	Strasser, et al.[77]
Anti-hemorrágico	Milho	Aprotinina	Ubiquitina de milho	n/d	Zhong, et al.[37]
Citocinas	Tabaco	IL-10	35S	RE, Apoplasto, Citosol	Bortesi, et al.[109]
	Células de arroz	hGM-CSF	Ramy3D	Secretada	Biemelt, et al.[18]
	A. thaliana	hIGF-1 Humano	Oleosin	Corpúsculos Oleosos	Li, et al.[64]
	Tabaco	INF-b	35S	n/d	Edelbaum, et al.[108]
	Tabaco	IL-13	2x 35S	RE	Wang, et al.[110]
	Arroz	hIGF-1	GT13a	RE	Xie, et al.[111]
Diversas	Arroz	Lactoferrina	Gt1	RE	Nandi, et al.[115, 116]
Enzima	Células de cenoura	prGDC	35S	Vacúolo	Shaaltiel, et al.[17], Aviezer, et al.[114]
Hormônios	Tabaco e alface	Pró-Insulina	pLD	Cloroplasto	Boyhan e Daniel[112]

APLICAÇÃO	HOSPEDEIRO	PROTEÍNA	PROMOTOR	COMPARTIMENTO	REFERÊNCIA
	Soja	hGH	β-conglycinin	Vacúolo	Cunha, et al.[19]
	Tabaco	hGH	γ-kafirina	RE	Leite, et al.[43]
Vacinas	Tabaco	PfMSP1 de *P. falciparum*	35S	n/d	Ghosh, et al.[100]
	Tabaco	OsoA de *B. burgdorferi*	35S	Cloroplasto	Glenz, et al.[80]
	Batata	HBsAG de Hepatite B	35S	n/d	Kong, et al.[5]
	Alfafa	GS60 de *M. haemolytica*	35S	RE	Lee, et al.[6]
	Tabaco e batata	L1 de HPV-16	35S	n/d	Biemelt, et al.[118]
	Alface	S-HBsAg	35S	RE e Envelope Nuclear	Pniewski, et al.[33]
	Tomate	RSV-F	E8	n/d	Sandhu, et al.[45]
	Tabaco	L1 de HPV-16	p*RM*	Cloroplastos	Lenzi, et al.[84]
	Tabaco e alface	M- e L-HBsAg de HB	35S	n/d	Pniewski, et al.[92]
	Espinafre	TAT de HIV-1	CP sgRNA	n/d	Karasev, et al.[97]
	Milho	CT-B de *Vibrio cholerae*	γ-zein	n/d	Karaman, et al.[98]
	Banana	HBsAg de HB	ubq3 e EFE	ER	Kumar, et al.[94]
	Tabaco e alface	ESAT-6 de *M. tuberculosis*	psbA	Cloroplasto	Lakshmi, et al.[99]

O tabaco é considerado planta modelo na produção de proteínas recombinantes devido à sua versatilidade em cultura de células e tecidos, avançada tecnologia em manipulação genética, ciclo de vida curto (germinação da semente até a produção de novas sementes em três meses) e alta produção de biomassa, proporcionando um grande potencial para uma rápida produção em larga escala[9,10].

As primeiras plantas transgênicas foram produzidas a partir da transformação do tabaco e, atualmente, existem diversas proteínas de interesse farmacêutico sendo expressas nessa cultura. Em tabaco, foi possível a obtenção de vacinas baseadas em anticorpos idiótipos específicos para cada paciente no tratamento contra o linfoma folicular de células B, com uma rápida produção de anticorpos de cadeia simples em plantas. Em testes pré-clínicos, foi demonstrado que esta vacina é segura e que os pacientes desenvolveram uma resposta imunológica contra a doença[11]. O idiótipo de um anticorpo é a porção deste característico do clone de linfócitos B que o produziu, sendo formado pelo primeiro domínio conformacional (a contar da extremidade

amino) de um par de cadeias H e L em conjunto. É ao nível do idiótipo que se define a especificidade do anticorpo por um determinado antígeno, pois atua na interação daquele com uma determinada conformação à superfície do mesmo, o epítopo (Figura 13.3).

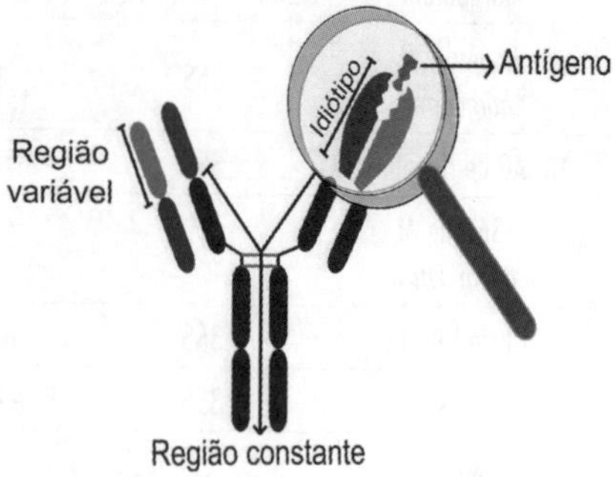

Figura 13.3 Estrutura do anticorpo IgG. O anticorpo IgG é constituído por uma região constante e uma variável. Em destaque está a região do idiótipo, responsável pela especificidade do anticorpo por um determinado antígeno.

A expressão de proteínas em sementes de cereais é atrativa, pois essas culturas geralmente produzem uma grande quantidade de grãos, com alto conteúdo proteico e, no caso do milho, existe uma metodologia avançada de transformação genética[12, 13]. A primeira proteína recombinante comercial expressa em cereais foi produzida em plantas transgênicas de milho, que acumulavam a glicoproteína avidina em sementes. Um alto nível de expressão foi observado (2% de proteína total solúvel). Os autores estimaram que seriam necessários aproximadamente 100 kg de sementes de milho para a obtenção de 20 g dessa proteína, uma quantidade muito menor de material em comparação com o método de extração da proteína nativa em ovos de galinha, que necessitaria de 900 kg para chegar à mesma quantidade de avidina[14].

É possível utilizar cultura de células vegetais na expressão de proteínas recombinantes, através do cultivo de calos indiferenciados ou células em suspensão. Nesse sistema, as proteínas de interesse podem ser retidas no interior da célula ou secretadas para o meio de cultura, sendo que neste último caso o processo de purificação proteica é simplificado. Outrossim, como o cultivo é feito em tanques de contenção (como biorreatores), existem vantagens em relação a sua biossegurança[15-16]. Células de tabaco BY-2 (*bright yellow*) e NT-1 são as células hospedeiras mais utilizadas nesse processo,

pois possuem um crescimento rápido e ciclo celular sincronizado[15], ainda que diversas outras espécies venham sendo utilizadas, como a cenoura e o arroz[17-18].

Outras culturas têm sido utilizadas para a produção de proteínas recombinantes, dentre as quais vale destacar a soja, que, por ser uma leguminosa, possui uma alta quantidade de proteínas em sua semente. Nela, foi possível a obtenção do hormônio de crescimento humano (*human growth hormone* – hGH) ativo em altos níveis (mais de 2% de proteína total solúvel)[19]. Outro aspecto interessante de espécies que produzem altas taxas de óleo é o endereçamento da proteína recombinante para corpúsculos oleosos, através da fusão do gene de interesse a um gene de uma oleosina (Figura 13.4). Dessa forma, é possível obter boas quantidades de proteínas recombinantes sem a necessidade de etapas complexas de purificação[20].

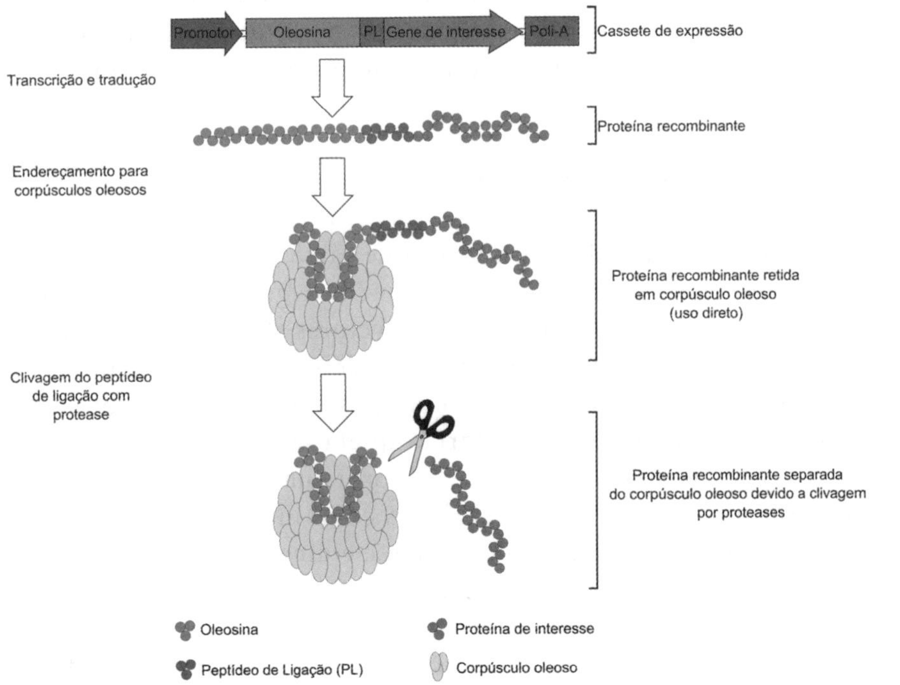

Figura 13.4 Expressão e endereçamento de proteínas recombinantes para corpúsculo oleoso. O gene da proteína de interesse é fusionado ao gene de uma oleosina, podendo conter uma região intermediária de DNA que será traduzido em aminoácidos específicos (peptídeo de ligação), alvo para uma posterior clivagem por proteases. Após a transcrição e tradução, a proteína recombinante é endereçada para o corpúsculo oleoso e sua estrutura fica exposta na superfície. Após mínimas etapas de purificação, a proteína de interesse pode ser utilizada quando ainda ligada ao corpúsculo ou separada através da clivagem do peptídeo de ligação.

A batata tem sido amplamente utilizada em testes para produção de vacinas comestíveis[21], mesmo havendo a necessidade de seu cozimento para se tornar palatável. Alternativamente, podem ser utilizados o tomate, a banana e a alface, pois podem ser consumidos crus, evitando, assim, a degradação do medicamento[8].

13.3 OTIMIZAÇÃO DOS NÍVEIS DE EXPRESSÃO

A obtenção de altos níveis de expressão de proteínas recombinantes em plantas transgênicas é essencial para viabilizar o seu uso comercial, pois baixos níveis de expressão, consequentemente, elevarão muito o custo do produto final.

Diversos fatores podem influenciar os níveis de expressão de uma proteína recombinante. Por isso, estratégias devem ser utilizadas com o objetivo de otimizar a expressão de um determinado gene em células vegetais.

13.3.1 Vetores de expressão

Vetores de expressão são plasmídeos que carregam o cassete de expressão do gene de interesse, permitindo assim, que este gene possa ser transcrito e traduzido em proteína. Usualmente, esses vetores são constituídos por diversos componentes que auxiliam a obtenção de plantas transgênicas. Através de diversos métodos, detalhados adiante, os vetores são introduzidos nas células da planta hospedeira, de forma que a maquinaria celular utilize a informação genética para a produção da proteína recombinante.

O cassete de expressão da proteína recombinante é basicamente composto por um promotor, o gene de interesse e um terminador. Normalmente esse vetor também possui um segundo cassete de expressão, contendo um gene que confere à planta resistência a um determinado antibiótico ou herbicida. Esse segundo cassete é importante no processo de produção das células geneticamente modificadas, pois as metodologias de transferência de DNA para a célula hospedeira são, geralmente, muito pouco eficientes (apenas uma fração das células é modificada geneticamente). Com o segundo cassete de expressão, geralmente denominado de gene de resistência, as células geneticamente modificadas podem ser selecionadas frente às não modificadas (Figura 13.5). Isso, normalmente, é feito pelo cultivo das células em meio de cultura com agente seletivo (antibiótico ou herbicida), que mata as células

que não foram modificadas geneticamente. Além da expressão dos genes de interesse e de resistência, os vetores podem incluir genes repórteres, cuja expressão permite identificar visualmente células transformadas.

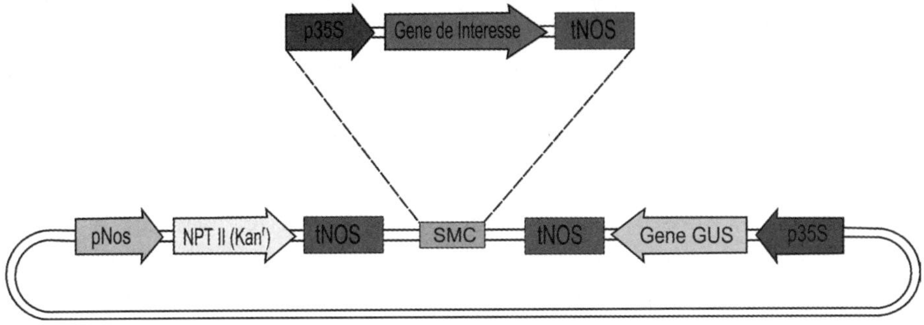

Figura 13.5 Estrutura básica de um vetor de expressão. O vetor de transformação de plantas contendo o cassete de expressão do gene de interesse usualmente contém adicionalmente um cassete de expressão que conferirá resistência a planta a antibióticos ou herbicidas, possibilitando a seleção de células transformadas. Também poderá conter um cassete de expressão de uma proteína repórter, possibilitando a identificação visual de plantas transformadas, como a proteína β-glucuronidase. pNos: promotor da nopalina sintase; NPT II Kan[R]: gene da neomicina fosfotransferase, que confere resistência ao antibiótico canamicina; tNOS: terminador da nopalina sintase; SMC: sítio múltiplo de clonagem; p35S: promotor 35S; Gene GUS: gene repórter da β-glucuronidase.

Em técnicas de transformação via Agrobactéria é necessário que o vetor contenha uma região de DNA de transferência (T-DNA, detalhada a seguir), que é transferida para o genoma da planta e na qual os cassetes de expressão são inseridos.

Usualmente, um vetor de expressão contém sítios múltiplos de clonagem, que são locais onde enzimas de restrição podem cortar o DNA permitindo a inserção do cassete de expressão do gene de interesse. O vetor de expressão contém diversas outras regiões importantes para outros aspectos, como replicação, seleção das bactérias, mas que extrapolam os objetivos deste capítulo.

13.3.2 Otimização de códons

O código genético é redundante, uma vez que a maioria dos aminoácidos pode ser traduzida por mais de um códon (códons sinônimos). A frequência relativa de códons utilizados na transcrição do DNA em ácido ribonucleico

mensageiro (*messenger ribonucleic acid* – mRNA) varia entre organismos e mesmo entre os diferentes genes de um mesmo organismo. Para um mesmo aminoácido, alguns códons permitem maiores velocidades de tradução, menores taxas de erro durante a tradução, bem como menor formação de estruturas que terciárias que inibem a tradução.

O mecanismo de utilização de códons preferenciais é complexo, e ainda não existe um modelo bem caracterizado. Entretanto, o aperfeiçoamento da sequência de códons de um gene usualmente é realizado com a obtenção de um gene sintético ou por mutagênese sítio-dirigida, de forma que os códons se assemelhem aos mais utilizados pela espécie hospedeira. É importante não incluir na sequência otimizada sempre o mesmo códon para um mesmo aminoácido, pois esse gene pode gerar uma demanda do mesmo RNA transportador (tRNA) muito maior do que a população normal desse tRNA na célula hospedeira. Isso leva a erros, como a troca de aminoácido durante a tradução proteica, como também pode diminuir a velocidade de tradução[22, 23]. Além disso, a flexibilidade na escolha de códons é essencial para se evitar sequências repetitivas e estruturas secundárias que desestabilizam o mRNA e impedem seu processamento pelo ribossomo[24]. O banco de dados de utilização de códons* é uma excelente fonte de informação nesse sentido, pois descreve os códons preferenciais de mais de 35 mil organismos. Adicionalmente, diversas empresas comercializam *softwares* que facilitam a obtenção dessa sequência otimizada.

O processo de otimização de códons refere-se às modificações na sequência de DNA, sempre utilizando códons sinônimos, com o qual a sequência da proteína não é alterada. Assim, é possível reduzir o número de códons raros e motivos que desestabilizam o mRNA, auxiliando no aumento da expressão de proteínas recombinantes em diversos sistemas[25]. O uso de um gene otimizado pode promover um aumento na expressão proteica, como observado com o gene que codifica a proteína L1 de papilomavírus bovino em *Nicotiana benthamiana*: a otimização do gene promoveu um grande aumento da expressão da proteína recombinante quando comparado com o uso do gene nativo[26]. No caso do gene humano que codifica a enzima acetilcolinesterase (AChE), a versão otimizada teve uma produção de cinco a dez vezes maior que o gene nativo de humanos, quando expressa em em *N. benthamiana*[27].

Na expressão de genes em organelas, como o cloroplasto, a otimização geralmente é essencial. Isso se deve ao fato de existirem diversas diferenças entre a utilização de códons em cloroplastos e genoma nuclear, mesmo

---

* Disponível em: <http://www.kazusa.or.jp/codon/>.

dentro de uma mesma espécie. As organelas possuem genoma e mecanismos de tradução próprios, além de um padrão de utilização de códons similar ao encontrado em bactérias[28]. No caso de algumas angiospermas, cloroplastos têm preferência por nucleotídeos A e/ou U no fim do códon, enquanto o genoma nuclear tem por G e/ou C. Além disso, os códons mais utilizados em genes de cloroplastos são os mais encontrados em genes menos expressos codificados pelo genoma nuclear[29].

Apesar dos diversos trabalhos que demonstram resultados positivos em relação a essa otimização, as estratégias de otimização ainda não são 100% seguras, podendo até reduzir os níveis de expressão. Esse foi o caso da expressão do antígeno SAG1 de *Toxoplasma gondii* em tabaco: o gene otimizado teve uma expressão cinco vezes menor em relação ao gene nativo[30]. Por isso, um melhor entendimento dos mecanismos moleculares envolvidos na utilização de códons preferenciais ainda é necessário.

13.3.3 Escolha de promotores

Promotores são sequências de DNA regulatórios adjacentes ao gene e possuem sítios de ligação da RNA polimerase necessários para ocorrer o início da transcrição de DNA em mRNA, além de sítios de ligação de fatores de transcrição que poderão ativar ou inibir a transcrição. O promotor possui um papel essencial para modular a expressão do gene e, consequentemente, para a obtenção de uma alta produção da proteína recombinante. A escolha do promotor utilizado na produção de plantas transgênicas deve ser feita levando em consideração as características da proteína a ser expressa e a espécie do hospedeiro. Por exemplo, não se devem utilizar promotores constitutivos na expressão de proteínas que interfiram no desenvolvimento vegetal. Nesse caso, é preferível um promotor que dirija a expressão somente em alguma parte da planta, como é o caso de promotores específicos de sementes, ou utilizar um promotor induzido por agentes químicos. A Tabela 13.1 identifica os promotores utilizados nos trabalhos citados neste capítulo.

Existem vários promotores funcionais descritos na literatura, possibilitando diversas estratégias de produção de proteínas recombinantes, de modo que se faz necessário o entendimento de seus componentes e de sua modulação da expressão gênica. Os promotores são caracterizados de acordo com sua atividade, podendo ser promotores constitutivos, induzidos, sintéticos e específicos de tecidos ou estágio de desenvolvimento (Figura 13.6).

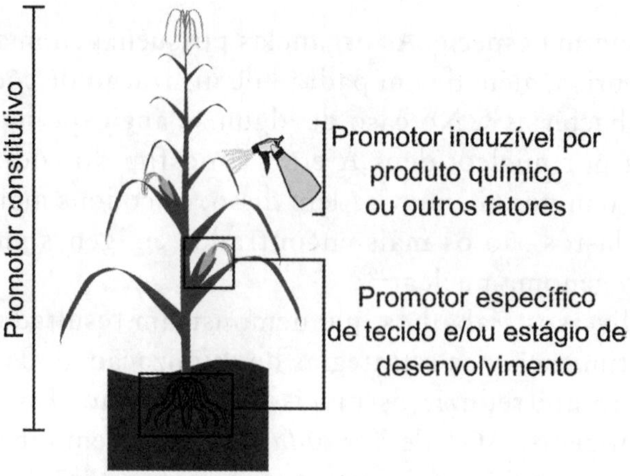

Figura 13.6 Tipos de promotores. Promotores constitutivos promovem a expressão da proteína recombinante em todos os tecidos vegetais e em qualquer fase do desenvolvimento. Promotores específicos de tecido e/ou estágio de desenvolvimento promovem a expressão somente em determinadas regiões da planta ou em um determinado estágio. Já o promotor induzido promove a expressão apenas na presença de um produto químico ou outros fatores de natureza física ou biológica.

13.3.3.1 Promotores constitutivos

Habitualmente, um promotor é denominado constitutivo quando induz a expressão de um gene em praticamente todas as fases de desenvolvimento e em todos os tecidos de uma planta (ou seja, também é ubíquo), sem necessitar de ativação por fatores externos. Geralmente, esses promotores são utilizados para se obter uma alta expressão recombinante em todos os tecidos vegetais.

Um dos promotores constitutivos mais utilizados na produção de plantas transgênicas é o promotor 35S, do vírus do mosaico da couve-flor[31]. Esse promotor é amplamente utilizado por não possuir especificidade por tecido e promover uma expressão alta do transgene[32]. Diversos tipos de proteínas recombinantes de interesse farmacêutico foram obtidos através da utilização desse promotor, como vacinas e anticorpos[33, 34].

Entretanto, o promotor 35S não possui uma atividade eficiente em monocotiledôneas. O promotor do gene da ubiquitina de milho é amplamente utilizado em monocotiledôneas, nas quais possui altos níveis de expressão[35, 36]. Um exemplo de sucesso da utilização desse promotor foi a produção correta e em altas quantidades da proteína terapêutica aprotinina em milho[37].

Outros promotores constitutivos podem ser utilizados para diferentes espécies de hospedeiros, como os de opinas sintetases encontrados em

agrobactérias, a exemplo da nopalina sintetase (*nos*) e da manopina sintetase (*mas*). No entanto, apesar desses promotores serem considerados constitutivos, sua atividade pode ser alterada por lesões na célula vegetal[38, 39].

13.3.3.2 Promotores induzíveis

Promotores induzíveis são ativados somente na presença ou ausência de fatores bióticos (contato com patógenos, estresse etc.) ou abióticos (produtos químicos, temperatura etc.). A utilização desses tipos de promotores possui algumas vantagens, pois sua atividade pode ser iniciada ou interrompida de acordo com a fase de desenvolvimento da planta e período de tempo em que se deseja que a proteína seja expressa. Esse tipo de promotor cumpre papel essencial na expressão recombinante de proteínas que possam interferir no desenvolvimento vegetal.

A proteína humana fator de estimulação de colônias granulócito-macrófago humano (*human granulocyte-macrophage colony-stimulating factor* – hGM-CSF) degrada rapidamente quando expressa em cultura de tabaco ao passar do tempo, devido à atividade de proteases encontradas no meio de cultivo. Para que essa questão seja contornada, a proteína foi expressa em arroz, utilizando o promotor Ramy3D, que é ativado na ausência de sacarose: com isso, a expressão pode ser ativada apenas em uma fase de crescimento, na qual a atividade de proteases é menor, possibilitando a obtenção de altas quantidades da proteína recombinante[18].

Outro sistema de ativação por indução utilizado é o sistema de indução química por etanol (*alc*). Esse sistema é composto por dois cassetes de expressão: no primeiro, o fator de transcrição ALCR é expresso constitutivamente pelo promotor 35S, mas só é ativo na presença de etanol. O etanol ativa a proteína ALCR, que se liga ao promotor *alcA* do segundo cassete de expressão (Figura 13.7). O promotor *alcA* controla a expressão do gene de interesse. Assim, a indução da expressão se dá através da pulverização de álcool no tecido vegetal[40].

13.3.3.3 Promotor específico de tecido e/ou estágio de desenvolvimento

Esses promotores são utilizados quando é desejável que a proteína recombinante acumule-se apenas em um tecido vegetal ou em um determinado

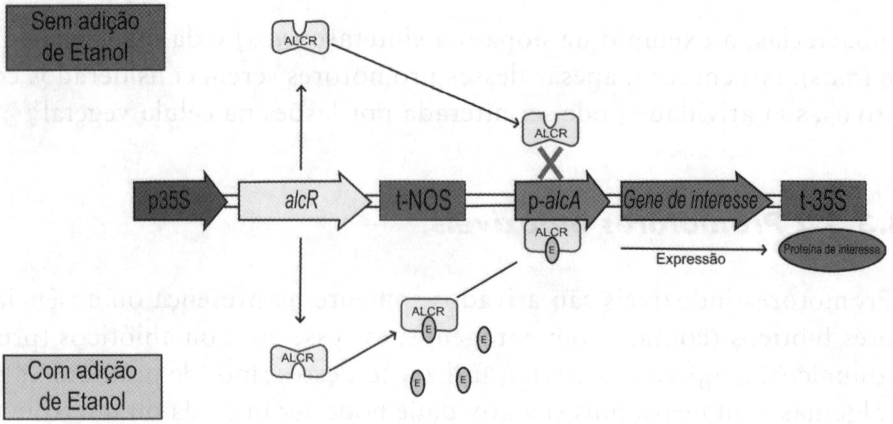

Figura 13.7 Sistema do promotor induzível alcR/ALCR. O sistema alcR/alcA é constituído por dois cassetes de expressão, um responsável pela expressão do fator de transcrição ALCR e outro pela expressão da proteína de interesse. O fator de transcrição ALCR é expresso constitutivamente pelo promotor 35S, porém não possui atividade e é incapaz de se ligar ao promotor alcA. Quando a planta é pulverizada com etanol, o fator ALCR interage com o etanol, levando a uma mudança conformacional que o torna ativo. Assim, ele consegue se ligar ao promotor alcA, induzindo a expressão da proteína de interesse. p35S: promotor 35S; alcR: gene codificante da proteína ALCR; ALCR: fator de transcrição ALCR; t-NOS: terminados da nopalina sintase; E: etanol; p-alcA: promotor alcA; t-35S: terminador 35S.

estágio do desenvolvimento. Dessa forma, a expressão do transgene pode ser restrita, impedindo que ocorra a expressão da proteína recombinante em todos os outros tecidos.

Um bom exemplo dessa estratégia é a restrição da expressão do transgene às sementes. Isso permite uma série de vantagens, como o aumento da estabilidade da proteína, devido à queda da atividade de proteases, bem como a prevenção da acumulação da proteína em órgãos vegetativos, que pode causar toxicidade para a planta hospedeira[41]. A acumulação da proteína recombinante, somente no tecido que será utilizado no processamento, também evita gasto energético desnecessário pela planta, decorrente da expressão em tecidos que serão descartados. A expressão somente em sementes geralmente é realizada em cereais e leguminosas, devido às altas taxas de acúmulo de proteínas de reserva. Para isso, utilizam-se promotores como o do gene que codifica a proteína de reserva de sorgo, denominada γ-kafirina[42], utilizado na expressão do hormônio de crescimento humano funcional (hGH) em sementes de tabaco[43].

O acúmulo de proteínas recombinantes em tubérculos pode ser restringido com a utilização de promotor específico para raiz, estratégia bastante utilizada na produção de vacinas comestíveis. O promotor *SRD1*, proveniente

de batata doce, demonstrou altos níveis de expressão heteróloga em tubérculos de batata e em raiz de cenoura, sendo utilizado na produção de proteínas de interesse farmacêutico[44].

Promotores específicos para a expressão em frutos também são utilizados na produção de vacinas comestíveis. No entanto, apesar de frutas serem mais palatáveis para a ingestão, geralmente seus níveis de acumulação de proteínas recombinantes são baixos. Em frutos de tomate, foi possível a obtenção de antígenos do vírus sincicial respiratório (*respiratory syncytial virus* – RSV) através do uso do promotor *E8*, específico de frutos. Após a ingestão do fruto por camundongos, foi verificada uma resposta imunológica significativa, com a produção de anticorpos IgG e IgA anti-RSV, indicando a possibilidade de produzir vacinas comestíveis contra essa doença[45].

13.3.3.4 Promotores sintéticos

Promotores sintéticos ou híbridos são desenvolvidos para obter um controle mais fino sobre o nível e localização da expressão. Os elementos (sequências de DNA) usados nesses promotores podem ser retirados de diversos organismos e inseridos em um determinado arranjo, formando um promotor que não é encontrado naturalmente. O promotor sintético deve conter requerimentos universais necessários para que ocorra a transcrição de um gene, como o cerne do promotor (*core promoter*) que possui a região do TATA box (TATAAA) necessária para o recrutamento de complexos proteicos, que por sua vez atraem a RNA polimerase II. Usualmente, à montante do cerne do promotor existem sequências que podem ser potencializadoras e ativadoras, às quais se ligam fatores de transcrição, que promovem e intensificam a formação do complexo de iniciação da transcrição[46] (Figura 13.8).

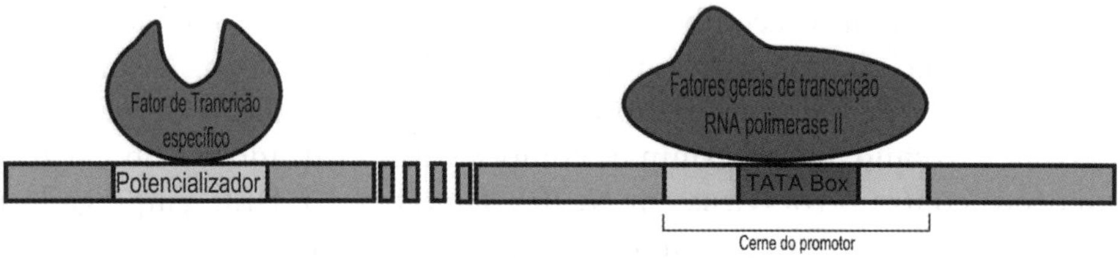

Figura 13.8 Estrutura de um promotor. No cerne do promotor está a região do TATA box necessária para o recrutamento de complexos proteicos que atraem a RNA polimerase II. O promotor pode conter na sua região à montante um potencializador no qual fatores de transcrição específicos ligam-se, ativando e potencializando a transcrição e consequentemente a expressão de uma proteína.

Um promotor sintético, contendo duas cópias da sequência montante do cerne do promotor 35S, apresentou um aumento em dez vezes da expressão de proteínas recombinantes em plantas, quando comparado com o promotor nativo 35S[47]. Já a utilização de um promotor híbrido contendo uma região altamente ativa dos promotores Mas e 35S proporcionou aumentos dos níveis de expressão de proteína recombinante de três a cinco vezes em raízes e de dez a quinze vezes em folhas, quando comparada à versão duplicada do 35S[48].

13.4 COMPARTIMENTOS SUBCELULARES

Proteínas podem ser expressas e acumuladas em diferentes compartimentos subcelulares. Ao contrário de cloroplastos e mitocôndrias, que possuem uma maquinaria de expressão própria, a maioria das proteínas é sintetizada no citosol ou em ribossomos ligados à membrana do retículo endoplasmático (RE). Neste último caso, o RE é considerado o ponto de entrada da maioria das proteínas secretadas e de membrana[49]. O sistema secretório celular inicia com a síntese de proteínas no RE, que podem ser retidas no próprio RE, formar corpúsculos oleosos ou serem transportadas para o complexo de Golgi. A partir do complexo de Golgi, as proteínas podem ser secretadas ou direcionadas para o vacúolo. A retenção ou endereçamento de proteínas para compartimentos específicos do sistema secretório ocorre devido à presença de sinais específicos presentes na sequência de peptídeos ou na estrutura da proteína[49, 50]. A seguir, discutiremos os compartimentos cujas propriedades são mais vantajosas para a acumulação de proteínas recombinantes.

O RE é considerado um lugar favorável para o acúmulo de proteínas recombinantes, pois pode armazenar altos níveis de proteína sem interferir no desenvolvimento celular, tem baixa atividade hidrolítica (permite a conservação de proteínas recombinantes em longo prazo) e promove modificações pós-traducionais importantes, como a glicosilação[49, 51]. A sinalização de retenção da proteína no RE pode ocorrer com a adição de peptídeos-sinais na extremidade N-terminal, como KDEL, utilizado na obtenção de anticorpos contra o rotavírus em *N. Benthamiana*[52], HDEL, empregado na produção de anticorpos contra a gastroenterite suína em feijão-de-corda[53], bem como a sequência do peptídeo-sinal da α-coixina, usada na expressão do hormônio de crescimento humano em sementes de tabaco[43, 54]. A proteína de interesse pode ser fusionada a outras proteínas, como a γ-zeína de milho, levando à acumulação em corpúsculos proteicos insolúveis, que são

facilmente purificados em centrifugação por gradiente[55]. Um segundo exemplo é a fusão do antígeno de superfície da hepatite B (HBsAG) com o peptídeo-sinal VSPaL da proteína de estocagem vspA de soja, o que possibilitou a retenção protéica no RE. Isto permitiu uma alta expressão desse antígeno, ocasionando a formação de partículas virais com maior imunogenicidade, quando comparadas com a versão não modificada da proteína[56].

Vacúolos podem armazenar metabólitos celulares e proteínas, sendo um compartimento subcelular muito utilizado na produção de proteínas recombinantes. Os vacúolos possuem funções físicas e metabólicas no desenvolvimento celular de vegetais, armazenando de forma dinâmica metabólitos celulares e proteínas. A determinação do endereçamento da proteína para o vacúolo ocorre devido à presença de sequências-sinais de aminoácidos N-terminal, C-terminal e sinais internos expostos na estrutura terciária da proteína[57, 58]. Um exemplo de sequência-sinal é um peptídeo-sinal da proteína inibidora de protease de batata I, que pode ser ligado na região N-terminal da proteína de interesse[59]. É importante atentar, também, ao fato de que proteínas recombinantes tóxicas para a planta, quando direcionadas para o vacúolo, têm reduzidas chances de alterar o desenvolvimento vegetal[59].

Apesar de a sinalização para o vacúolo ainda não ser bem definida, a utilização de peptídeos-sinais para a retenção no RE, como o HDEL e α-coixina, permite que algumas proteínas sejam acumuladas em vacúolos de armazenamento de proteínas, como no caso da expressão do hormônio de crescimento humano em sementes de soja[19].

Os cloroplastos possuem um sistema de expressão de proteínas próprio, sendo necessária a transformação de seu genoma com sequências regulatórias que garantem a expressão apenas nessa organela, além da otimização de códons como descrito anteriormente. A expressão em cloroplastos possui vantagens como a obtenção de altos níveis de proteínas recombinantes, devido ao fato de cada célula vegetal possuir de dez a cem cloroplastos, e a possibilidade de transformação multigênica, utilizando óperons, com apenas um evento de transformação[60]. Um dos maiores níveis de expressão em plantas foi observado na produção da proteína cry2Aa2 de *Bacillus thuringiensis* (Bt) em cloroplastos de tabaco: aproximadamente 46% de proteína total recombinante[61].

Diversas proteínas de interesse farmacêutico foram obtidas utilizando este sistema, como é o caso da somatropina humana, expressa de forma solúvel, ativa e similar à nativa encontrada em humanos. Nesse caso, o nível de expressão chegou a 7% de proteínas totais solúveis, sendo trezentas vezes mais expressa nesse sistema em comparação com outros métodos[62].

Plantas frequentemente acumulam corpúsculos oleosos em suas sementes. O endereçamento da proteína recombinante para essas estruturas celulares pode ser feito através de sua fusão com uma proteína estrutural denominada oleosina ou pela adição de uma cauda hidrofóbica ancorada na região C-terminal (Figura 13.4). O envio de proteínas recombinantes para esses corpúsculos apresenta algumas características interessantes na obtenção de produtos de interesse farmacêutico, pois facilita a purificação de proteínas, permite a emulsificação protéica e auxilia na obtenção de um produto mais palatável[63].

Em *Arabidopsis*, com a utilização desse sistema de expressão, a citocina, fator de crescimento semelhante à insulina humana tipo 1 (*human insulin like growth factor 1* – hIGF-1), foi fusionada a uma oleosina, sendo obtida em sua forma ativa. Sua purificação pode ser feita através de sucessivas etapas de centrifugação em tampão aquoso. A separação da proteína-alvo da oleosina pode ser realizada através da digestão por uma protease sítio-específica, liberando a proteína de interesse[64].

13.5 MÉTODOS DE TRANSFORMAÇÃO GENÉTICA DE PLANTAS

Para a transformação genética de plantas, é necessário que o transgene seja inserido na célula hospedeira empregando diversos métodos biológicos ou físicos, que podem ser caracterizados como indiretos e diretos. Dentro dos métodos indiretos, os mais utilizados são a infecção por agrobactéria ou vírus. Os métodos diretos mais comuns estão baseados na biobalística ou canhão de genes, eletroporação de protoplastos e infiltração a vácuo de tecidos com solução contendo agrobactéria. A escolha do método utilizado depende, principalmente, da espécie de hospedeiro, mas também deve levar em conta alguns requerimentos necessários, tais como: baixo custo, facilidade no procedimento/redução de mão de obra extensiva, capacidade de regenerar plantas transgênicas a partir de apenas uma célula hospedeira e eficiência de transformação[65].

Basicamente, existem duas diferentes estratégias que podem ser utilizadas para a produção de proteínas recombinantes em plantas: a expressão transiente e a expressão permanente. Na expressão transiente, a produção da proteína de interesse ocorre de maneira rápida: poucos dias após a infecção do tecido vegetal por agrobactéria ou vírus contendo o vetor de expressão, ocorre a expressão do gene de interesse e a proteína recombinante é processada para a extração, purificação e caracterização. Esse é um método

utilizado quando há o interesse em se obter uma proteína de uma maneira rápida, pois alguns passos como a regeneração e a seleção de plantas transformadas não são necessários. Porém, toda vez que a produção da proteína é desejada, é necessário repetir as infecções, pois não é gerada uma planta com o transgene estavelmente integrado no seu genoma.

Já a expressão permanente consiste em inserir o gene de interesse no genoma da planta hospedeira. A integração é estável, permite sua expressão permanente e proporciona a transferência do gene para a progênie da planta transformada, possibilitando, assim, a multiplicação de plantas que expressam a proteína de interesse. Como desvantagem com relação à expressão transitória, é um processo que leva meses para ser concluído.

13.5.1 Métodos indiretos

Um dos métodos de transformação genética de plantas mais utilizados é a transformação por agrobactéria (*Agrobacterium tumefaciens*), uma bactéria patogênica que infecta diversos tipos de vegetais causando tumores conhecidos como galha-da-coroa. A multiplicação descontrolada de células vegetais ocorre após a transferência de material genético extracromossomal do plasmídeo indutor de tumor (*tumour inducing* – Ti) da bactéria para a planta. Esse plasmídeo Ti possui uma região de genes de virulência (*vir*) e uma região de transferência de DNA (T-DNA), que é mobilizada para a célula vegetal. O T-DNA possui genes de enzimas que sintetizam opinas, compostos derivados de aminoácidos utilizados como fonte de energia, nitrogênio e carbono pela agrobactéria. A ligação da bactéria à planta ocorre através da ativação de genes *vir* por compostos fenólicos liberados pela célula vegetal quando machucada. As proteínas *vir* e o T-DNA são transferidos para a célula hospedeira e formam um complexo que permite a integração do T-DNA no genoma vegetal[66] (Figura 13.9).

A retirada de genes oncogênicos do T-DNA tornou possível a produção de bactérias desarmadas (que transfere o mínimo de T-DNA para célula vegetal sem inibir a regeneração da planta), permitindo a expressão de diversas proteínas de interesse no genoma vegetal. A adição de genes marcadores seletivos, que conferem resistência a herbicidas ou antibióticos, foi a estratégia encontrada para permitir a seleção das células contendo o T-DNA integrado no genoma. O uso de um vetor binário é a estratégia de transformação de agrobactéria mais empregada. Esse vetor consiste em um plasmídeo capaz de se replicar tanto em *E.coli* quanto em agrobactéria. Além de

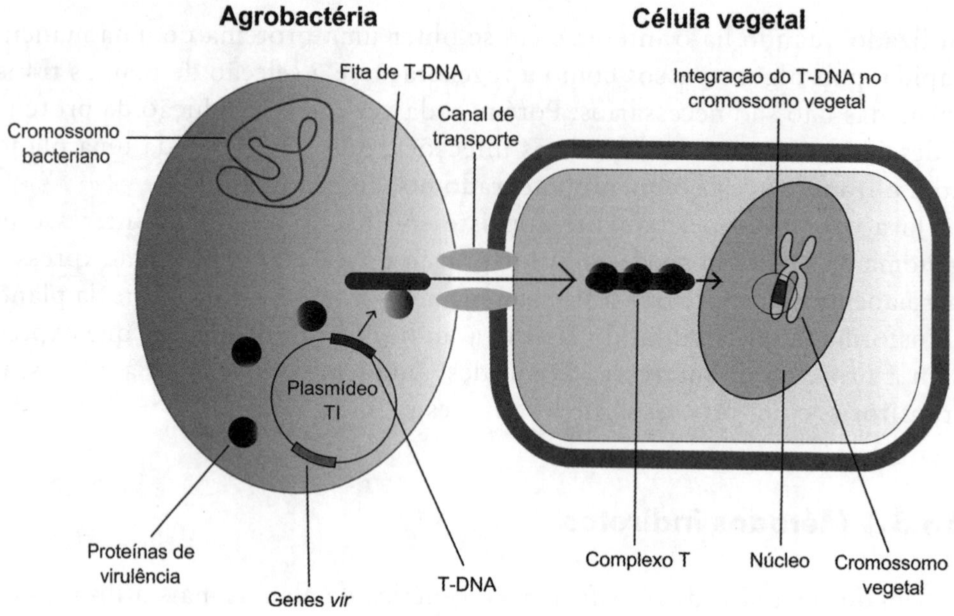

Figura 13.9 Infecção e transferência do T-DNA da agrobactéria para uma célula vegetal. Quando machucada, a célula vegetal libera compostos fenólicos que ativam a expressão de proteínas de virulência da agrobactéria. Essas proteínas auxiliam na transferência de uma fita de T-DNA da bactéria para a célula vegetal através do canal de transporte. Quando a fita de T-DNA entra no núcleo celular ocorre a integração no genoma vegetal.

ser mais versátil, o vetor binário pode ser inserido em cepas de agrobactéria cujo plasmídeo Ti não possui a região do T-DNA, contendo apenas os genes de virulência[67] (Figura 13.10). Assim, é possível tanto a obtenção de plantas que produzem essas proteínas de forma transiente, quando se faz a inoculação da agrobactéria em folhas, ou através da transformação genética de uma única célula vegetal, que poderá ser regenerada por técnicas de culturas de tecidos em uma planta transgênica de expressão permanente.

Outro método indireto de expressão transiente é baseado em vetores virais, que podem alcançar altos níveis de expressão de proteínas heterólogas. Nessa metodologia, o gene de interesse é inserido entre elementos de replicação viral, amplificado e traduzido pela célula hospedeira, podendo causar uma infecção local ou sistêmica na planta[68]. A infecção viral pode ocorrer basicamente através da inoculação mecânica das partículas virais no tecido vegetal ou pelo uso de agrobactéria contendo construções de cDNA

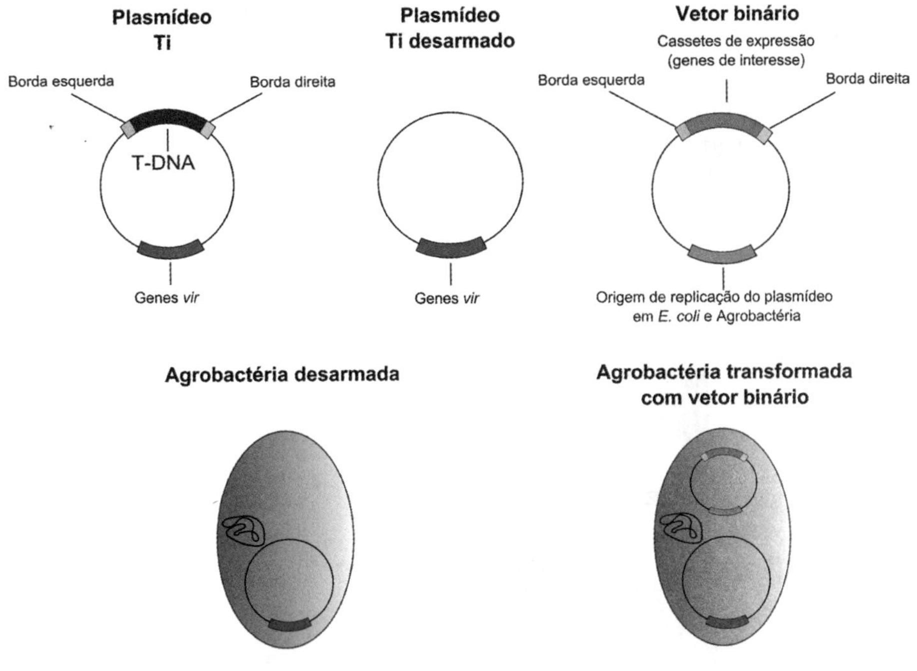

Figura 13.10 Exemplos de plasmídeos. O plasmídeo Ti possui uma região que expressa proteínas de virulência (genes *vir*) e uma região de T-DNA contendo genes de enzimas que sintetizam opinas. A região T-DNA possui duas bordas (esquerda e direita) com sequências repetidas de nucleotídeos, delineando a região do plasmídeo a ser processada pelas proteínas de virulência. O plasmídeo Ti cujos genes contidos no T-DNA foram retirados é chamado de plasmídeo Ti desarmado. Um vetor binário possui usualmente o cassete de expressão da proteína de interesse e um segundo cassete de expressão de um gene de resistência (podendo conter também um terceiro cassete, com um gene repórter) inserido entre as duas bordas características do T-DNA, além de uma sequência de DNA, denominada origem de replicação, que permite a multiplicação do plasmídeo em *E. coli* e agrobactéria. Quando uma agrobactéria desarmada (contendo o plasmídeo Ti desarmado) é transformada com o vetor binário, temos uma células apta para proceder à transferência do T-DNA para a célula vegetal.

virais com o gene de interesse, possibilitando a utilização de vírus que não infectam naturalmente a planta de forma mecânica[68].

13.5.2 Métodos diretos

O método de biobalística, também conhecido como canhão de genes, permite a entrada do DNA exógeno em células vegetais sem a ajuda de micro-organismos como a agrobactéria. A biobalística consiste em cobrir partículas de tungstênio ou ouro, menores que a célula vegetal, com o vetor

de expressão contendo o DNA de interesse (Figura 13.11). A transformação genética ocorre com a aceleração dessas partículas por gás hélio em direção à célula vegetal, em uma câmara à vácuo. Quando aceleradas, essas partículas conseguem atravessar a parede celular e os transgenes são liberados das partículas podendo ser integrados ao genoma vegetal. Essa técnica é bastante utilizada, pois pode ser empregada em diversas espécies vegetais, e também por ser considerada um processo rápido de transformação[65].

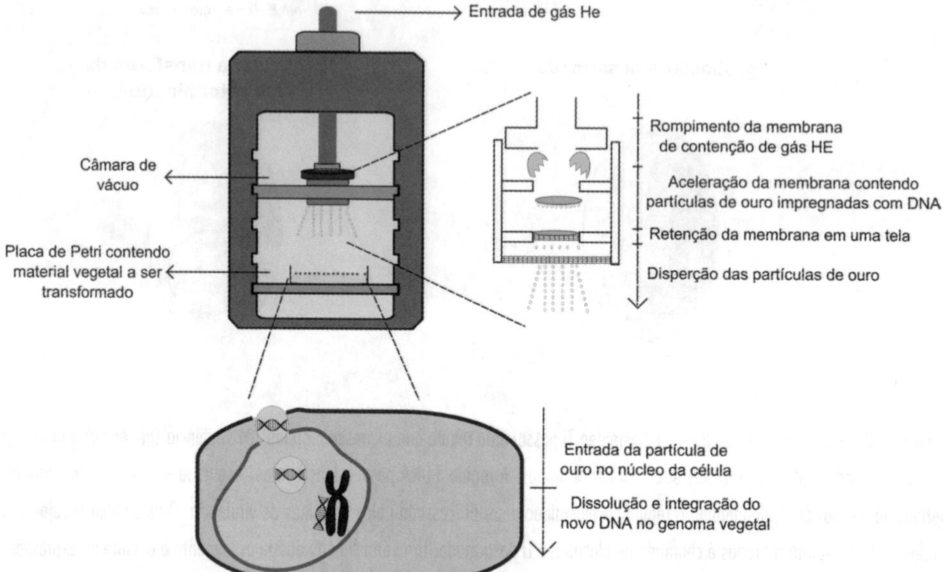

Figura 13.11 Método de biobalística. Esta técnica de transformação genética utiliza jatos de gás hélio para acelerar partículas de ouro ou tungstênio impregnadas com o DNA exógeno. As partículas são aceleradas a velocidades supersônicas, sendo capazes de romper as barreiras celulares e entrar no núcleo celular. Após a entrada, o DNA é dissolvido e integrado no genoma vegetal.

A eletroporação é utilizada na transformação genética de protoplastos (célula vegetal sem parede celular). Na eletroporação, os protoplastos são imersos em solução com o material genético contendo o transgene, sendo aplicadas altas voltagens para permeabilizar a membrana celular (Figura 13.12). Com isso, ocorre a passagem do DNA exógeno para o interior da célula, permitindo a sua integração no genoma vegetal. A proteína pode ser recuperada de 24 a 48 horas após a transfecção do DNA (expressão transitória), ou os protoplastos podem ser cultivados *in vitro*, originando plantas geneticamente modificadas. No entanto, a produção de protoplastos

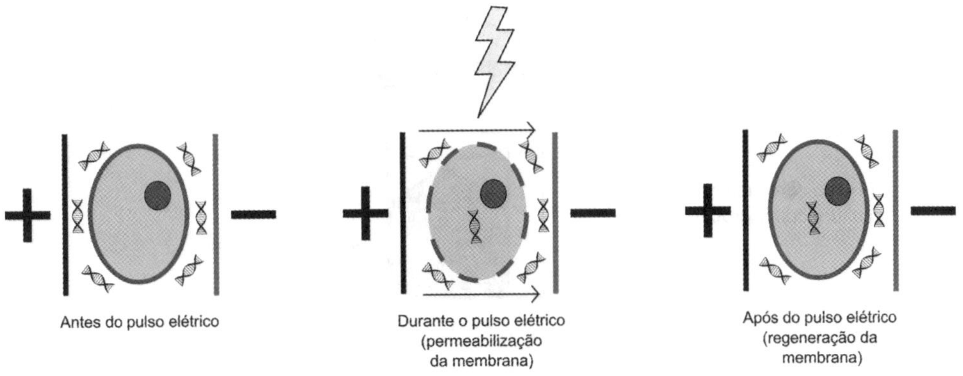

Figura 13.12 Eletroporação de protoplastos. Quando é aplicado um choque elétrico ocorre permeabilização da membrana dos protoplastos, que estão imersos em uma solução contendo DNA. Como isso ocorre a entrada do DNA na célula, que posteriormente é integrado ao genoma vegetal.

e a posterior regeneração de plantas envolvem metodologias laboriosas, cuja eficiência ainda é avaliada como baixa[69].

Um método que une a transformação mediada por bactéria com a física é a agroinfiltração a vácuo. Nessa técnica, a infiltração da agrobactéria no tecido vegetal ocorre com a aplicação de vácuo em um sistema que contém a planta hospedeira em meio de cultura de agrobactérias, transformadas com o vetor de expressão (Figura 13.13). Com a aplicação do vácuo, a pressão negativa faz com que o ar entre as células vegetais diminua, permitindo a entrada das bactérias nessa região. Esse sistema, normalmente é utilizado para expressão transiente, pois é um método muito rápido de produção de proteínas recombinantes, apesar de ter uma eficiência de transformação média em relação aos outros métodos[65].

Os métodos discutidos anteriormente são os mais utilizados e que reproduzem os melhores resultados. Entretanto, existem diversas outras técnicas de transformação genética de plantas que são menos utilizadas devido à complexidade dos processos, altos custos e baixa eficiência na regeneração de plantas a partir da cultura de tecidos. Dentre estes, podemos citar a microinjeção[70], a eletroforese[71] e os microfeixes de laser[72].

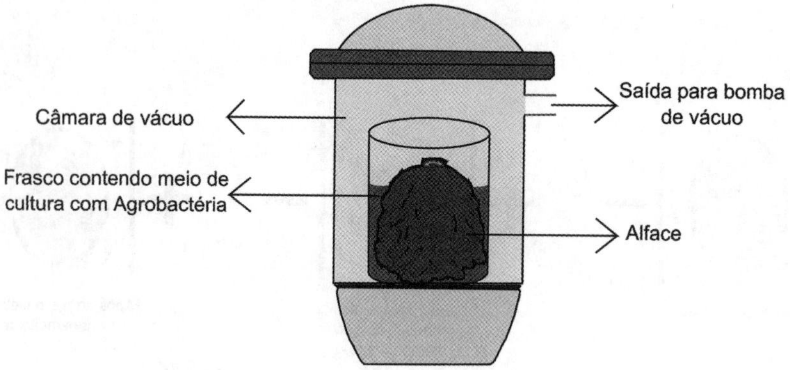

Figura 13.13 Agroinfiltração a vácuo. Em uma câmara de vácuo é colocado um recipiente com meio de cultura com agrobactéria contendo um vetor que expressa a proteína de interesse. Com a aplicação de vácuo, a pressão negativa faz com que o ar contido entre as células diminua, permitindo a entrada da bactéria nesses espaços. Posteriormente, a bactéria transfere seu DNA para as células, nas quais o gene de interesse será expresso, produzindo a proteína recombinante.

13.6 MODIFICAÇÕES PÓS-TRADUCIONAIS

As modificações pós-traducionais são um aspecto de grande importância no que concerne à produção de proteínas recombinantes em plantas. A glicosilação e a lipidação, que atuam diretamente na estrutura, função, estabilidade e na interação da proteína com outras moléculas são exemplos dessas modificações.

Dentre elas, a glicosilação é a mais estudada, consistindo no padrão de adição de moléculas de açúcares às proteínas. A glicosilação de proteínas tem diversas funções, dentre as quais a manutenção da estrutura tridimensional e o aumento da estabilidade[73].

Os organismos apresentam dois principais mecanismos de glicosilação: N-glicosilação, quando há a adição de açúcares em resíduos de asparagina ou arginina, ou O-glicosilação, quando a adição de açúcares ocorre em resíduos de hidroxilisina, hidroxiprolina, serina, tirosina e treonina. As plantas possuem uma ampla gama de enzimas envolvidas no processo de glicosilação[74]. O padrão de glicosilação de proteínas realizado pelas células vegetais difere ligeiramente daquele observado em células humanas (Figura 13.14). A adição de $\beta(1,2)$ xilose e $\alpha(1,3)$ fucose, que ocorre no complexo de Golgi em plantas, pode, potencialmente, desencadear respostas imunes indesejadas (alergias)[75]. No entanto, diversos estudos indicam que essas diferenças

Plantas como Biorreatores: Fundamentos, Métodos e Aplicações

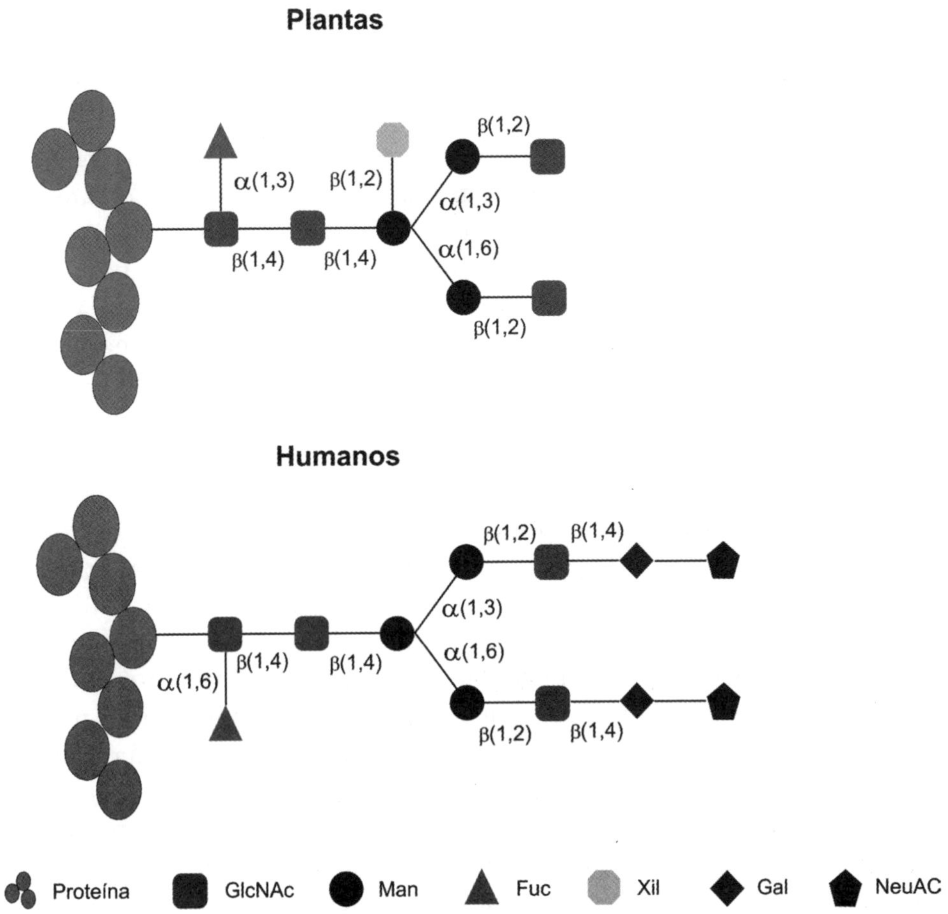

Figura 13.14 Padrão de glicosilação em plantas e humanos. Em plantas ocorre a adição de α(1,3) fucose e β(1,2) xilose na estrutura do glicoconjugado. Já em humanos ocorre a adição de α(1,6) fucose, β(1,4) galactose e de ácido N-acetilneuramínico na estrutura. O cerne do glicoconjugado é composto por N-acetilglicosamina e manose, sendo igual em plantas e humanos. Legenda: GlcNAc: N-acetilglicosamina; Man: manose; Fuc: fucose; Xil: xilose; Gal: galactose; NeuAC: ácido N-acetilneuramínico.

têm impacto mínimo ou nulo na atividade ou alergenicidade das proteínas recombinantes[75, 76].

A glicoengenharia é uma estratégia que emprega modificações do genoma do hospedeiro, de forma a inserir, nocautear ou reprimir genes que atuam na glicosilação de proteínas. Isso permite que a proteína recombinante tenha um padrão de glicosilação parecido ao observado no organismo doador do gene de interesse. Por exemplo, em *Nicotiana benthamiana* foi possível produzir

um transgênico em que a expressão dos genes *FucT* e *XylT* foi reprimida por técnica de RNA de interferência (RNAi), possibilitando a obtenção de anticorpos monoclonais 2G12 anti-HIV, que não possuíam β(1,2) xilose e α(1,3) fucose em sua estrutura[77]. Por outro lado, as plantas não têm algumas enzimas que são encontradas em mamíferos: β-Galactosiltransferase (betaGalT), responsável pela adição de β(1,4) galactose, enzimas necessárias para a síntese do ácido siálico N-acetilneuramínico (NeuAC) e para mediar sua ligação em β(1,4) galactose da estrutura do glicoconjugado[75] (Figura 13.14). Consequentemente, a glicosilação de proteínas recombinantes pode diferir daquela observada em mamíferos, gerando problemas como a queda da eficácia do produto terapêutico. Entretanto, é possível a coexpressão da enzima betaGalT com outras proteínas de interesse. A expressão de anticorpos monoclonais de camundongo em células de tabaco que expressam a GalT humana permitiu a produção de anticorpos com padrões de adição de galactose semelhantes à encontrada em humanos em sua estrutura[78]. Uma segunda aplicação da glicoengenharia está relacionada à adição de novos sítios de glicosilação em uma determinada proteína, pois padrões de glicosilação de proteínas distintos do observado naturalmente podem ter consequências positivas quanto ao uso de proteínas recombinantes na saúde humana. A adição de novos sítios de glicosilação N-terminal na sequência da proteína eritropoetina humana (*recombinant human erythropoietin* – rHuEPO) permitiu obter uma proteína recombinante expressa em células de mamíferos com glicosilações adicionais às encontradas na proteína nativa. Dessa maneira, a proteína recombinante apresentou tanto um aumento em sua atividade *in vivo* quanto no tempo de duração de sua ação[79].

Proteínas podem ser covalentemente ligadas a lipídios, incluindo ácidos graxos e colesterol. Essas modificações pós-traducionais ocorrem geralmente em resíduos de cisteína e glicina, possuindo funções importantes na atividade e na localização da proteína. A proteína de superfície celular A (*outer surface protein A* – OspA) de *Borrelia burgdorferi*, agente causador da doença de Lyme ou borreliose, é imunogênica somente quando ocorre a ligação do ácido graxo palmitato em sua região N-terminal. A utilidade da adição de lipídios a proteínas em plantas pode ser comprovada com a expressão da OspA em cloroplastos de tabaco. Nesse caso, a proteína recombinante foi modificada com a adição de lipídeos e apresentou uma resposta imunológica aceitável, podendo ser utilizada para promover proteção contra a borreliose[80].

13.6.1 Produção de partículas virais (*virus like particle* – VLPs)

VLPs são partículas virais montadas através do arranjo de proteínas estruturais do capsídeo viral. Elas não possuem material genético e são, usualmente, muito imunogênicas e não infecciosas, semelhantes aos vírions (partícula viral completa que está fora da célula hospedeira, sendo constituída por DNA ou RNA cercado por proteínas). Essas características permitem a produção de vacinas recombinantes mais seguras do que as que têm como base a utilização de vírus atenuados ou inativados. A produção de VLPs em células vegetais é uma alternativa promissora, pois plantas oferecem um ambiente favorável para a formação correta de VLPs recombinantes.

O antígeno HBsAg do vírus da hepatite B, quando expresso em folhas de tabaco, forma VLPs semelhantes às encontradas em sua forma nativa[81]. A produção desse antígeno também foi feita em batata, sendo que camundongos imunizados através da ingestão do tubérculo desenvolveram uma resposta imunológica primária que pode ser ampliada com uma subsequente imunização com um antígeno comercial. Apesar da baixa expressão do HbsAg, foi possível verificar em testes pré-clínicos, em animais, a eficácia da vacina[82]. Testes posteriores em humanos demonstraram que aproximadamente 60% dos voluntários que ingeriram a batata transgênica desenvolveram uma resposta sistemática por anticorpo contra o antígeno HBsAg, indicando uma possível viabilidade em se utilizar vacinas comestíveis em humanos[21].

Outras VLPs podem ser obtidas através da transgenia de plantas como, por exemplo, a VLP do vírus Norwalk, causador da gastroenterite humana, em frutos de tomate[83], e a VLP do papilomavírus humano (HPV), através da expressão da proteína L1 em cloroplasto de folhas de tabaco[84]. Esses trabalhos demonstram a capacidade e a versatilidade de células vegetais em produzir partículas virais através da expressão de proteínas estruturais recombinantes.

13.7 PROCESSOS *DOWNSTREAM*

O desenvolvimento de uma estratégia eficiente de concentração e purificação de proteínas recombinantes em plantas é essencial na produção de produtos farmacêuticos, devido à necessidade de se obter purezas maiores que 99% para proteínas de uso terapêutico, e maiores que 90% para a

utilização de tais proteínas em diagnósticos. Os processos *downstream* são necessários para a obtenção de um produto de alta qualidade e elevada pureza, sendo divididos em várias etapas: liberação do produto ou extração de proteínas totais através da quebra da célula vegetal por métodos físicos ou químicos, separação da fase sólida e líquida através de técnicas de centrifugação, microfiltração ou filtração de profundidade, pré-tratamento para diminuir a quantidade de impurezas e de proteínas endógenas da planta, como a técnica de precipitação por sulfato de amônio de umas das proteínas mais abundantes em plantas, a RuBisCo[85] e, por fim, as etapas de captura e polimento através de técnicas cromatográficas ou não cromatográficas (Figura 13.15).

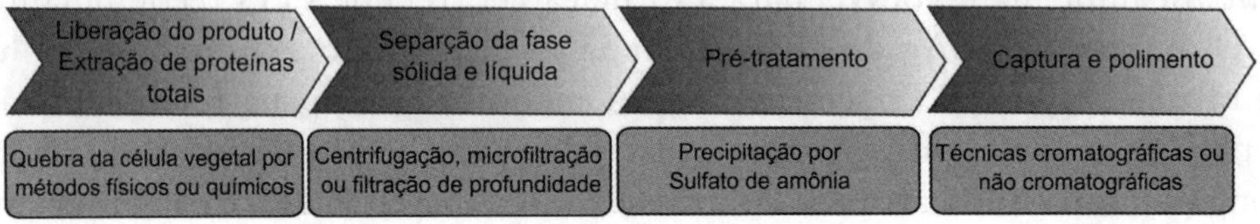

Figura 13.15 Processos de purificação de proteínas recombinantes expressas em plantas.

A eficiência de cada etapa é determinada por diversas variáveis, como a concentração e as características da proteína recombinante, nível de complexidade do extrato proteico vegetal e o nível de pureza que deve ser alcançado. Assim, a estratégia de purificação adotada deve ser estudada especificamente para cada caso[86]. Como os processos de purificação utilizados em plantas são semelhantes aos encontrados em outros organismos, eles serão discutidos detalhadamente em outro capítulo deste livro.

13.8 BIOSSEGURANÇA

A utilização de plantas transgênicas na produção de fármacos e na alimentação humana ou animal gera diversas preocupações em relação aos efeitos dessas culturas na saúde humana e sobre o meio ambiente. A primeira geração de plantas geneticamente modificadas esteve focada na produção de proteínas que conferiam resistência a patógenos e a herbicidas. Já as plantas transgênicas voltadas à produção de fármacos expressam proteínas que têm atividade biológica em animais e humanos. O fato de a produção ser

otimizada para se obter o máximo de expressão heteróloga é um fator que aumenta os riscos em relação à exposição humana e ao meio ambiente[87].

Como pequenas doses dessas proteínas recombinantes podem causar efeitos indesejados em humanos e animais, um dos principais focos da avaliação de biossegurança dessas culturas é evitar a possibilidade de ocorrer uma ingestão acidental desses vegetais e/ou a entrada errônea dessas plantas, ou parte delas, na cadeia produtiva de alimentos. Um cuidado especial deve ser observado durante o processamento do material e o descarte da biomassa após os processos de extração. Adicionalmente, deve-se avaliar o impacto ambiental dessas culturas quando cultivadas em ambiente aberto (não em contenção), devido ao fluxo gênico entre plantas geneticamente modificadas e não modificadas[87, 88].

Algumas estratégias de biossegurança podem ser utilizadas para impedir que essas culturas transgênicas sejam consumidas inapropriadamente por humanos e animais, ou evitar o cruzamento com plantas não transgênicas. Dentre essas estratégias está a escolha de um organismo hospedeiro que não seja utilizado na alimentação, como o tabaco. Como alternativa, técnicas de contenção física ou biológica podem ser aplicadas para evitar a disseminação do transgene para plantas cultivadas com finalidade alimentar[88, 89].

A contenção física pode ser feita através do cultivo de plantas em estufas ou câmaras de crescimento, ou em tanques de contenção. É neste último que ocorre o cultivo de células vegetais em suspensão. Já na produção em campo aberto, duas estratégias são as mais utilizadas para conter o fluxo gênico. Uma delas é manter uma distância entre os cultivares transgênicos das plantas não geneticamente modificadas (GM) da mesma espécie, sendo que essa distância varia de espécie para espécie. Isso é feito normalmente empregando-se o cultivo de plantas selvagens da mesma espécie nas bordas da plantação, que são posteriormente descartadas (Figura 13.16). A segunda opção é limitar a produção de organismos geneticamente modificados (OGM) a regiões nas quais não existam plantas selvagens e/ou cultivadas da mesma espécie[88, 89].

Técnicas biológicas também podem ser empregadas para o mesmo fim. Dentre diversas opções, temos a produção de semente estéril, o que impede a propagação de plantas GM, ou mesmo a macho-esterilidade, que não permite a disseminação do transgene pelo pólen. A transformação genética de cloroplastos também é eficiente, pois impede a disseminação dos transgenes pelo pólen devido à herança maternal do genoma da organela na maioria das espécies de plantas. A expressão transiente em tecidos vegetais usualmente é realizada antes da produção de pólen, e a possibilidade de integração do

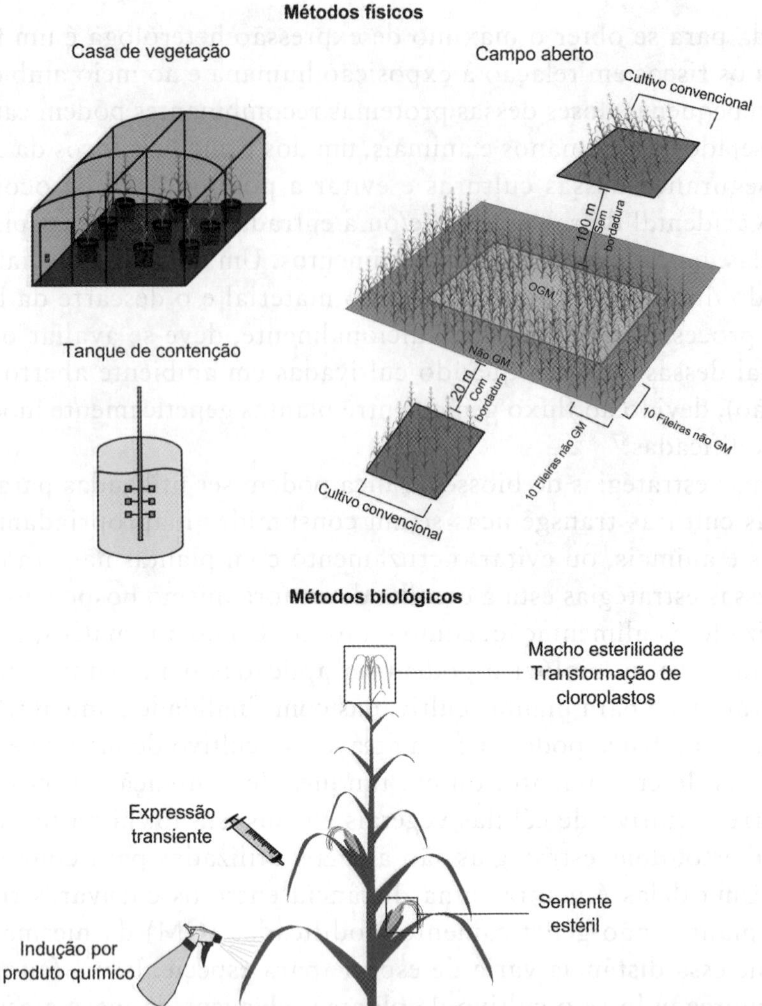

Figura 13.16 Métodos de contenção de plantas GM. Plantas podem ser cultivadas em casas de vegetação, impedindo que plantas GM polinizem outras culturas. A expressão de proteínas recombinantes em culturas de células em suspensão ocorre em tanques de contenção, o que garante um maior controle da disseminação destas células. Já na produção em campo aberto, a Resolução Normativa 4 da CTNBio (Comissão Técnica Nacional de Biossegurança) determina que uma plantação de OGM deve estar a 100 metros de distância de uma plantação convencional da mesma espécie. Alternativamente, a distância pode ser de 20 metros, desde que sejam plantadas em suas bordas dez fileiras de plantas convencionais da mesma espécie, cujo desenvolvimento seja parecido com a GM. Métodos biológicos de contenção também podem ser utilizados, como exemplo a macho-esterilidade e a transformação de cloroplastos, que impedem a disseminação do transgene pelo pólen. Já a produção de sementes estéreis evita que ocorra a multiplicação de plantas GM, pois elas não germinam. Pode-se realizar a expressão de forma transiente, já que o transgene não é repassado para a progênie da planta. Por fim, a utilização de promotores induzíveis por produtos químicos é uma alternativa, pois promovem a expressão do transgene de uma forma controlada.

transgene no genoma hospedeiro é muito reduzida, de modo que o transgene não é repassado para a progênie da planta. Por fim, existe a possibilidade da utilização de promotores induzidos por produtos químicos, que promovem a expressão de uma forma controlada. Assim, mesmo que houvesse a transferência de material genético, não haveria produção da proteína em condições naturais[88,89] (Figura 13.16).

No Brasil, está em vigor a Lei de Biossegurança (Lei n. 11.105/2005), que estabelece normas de segurança e fiscalização sobre diversas etapas de manipulação de OGMs e seus derivados, tanto para fins de pesquisa quanto para comercialização. A Comissão Técnica Nacional de Biossegurança (CTNBio) tem uma série de exigências para atividades envolvendo OGMs. Somente após criteriosa análise é permitida a realização de pesquisas, cabendo destacar que as exigências para a comercialização são muito mais complexas. As normas de biossegurança nacionais são extensas e podem ser encontradas na página da web da CTNBio*.

13.9 PROPRIEDADE INTELECTUAL

A produção de proteínas recombinantes com a finalidade de uso farmacêutico e industrial, geralmente é realizada com o intuito de se obter um produto comercial. Consequentemente, os pesquisadores em universidades ou centros de pesquisa públicos e aqueles em empresas, especialmente, devem tomar conhecimento dos aspectos legais em relação à propriedade intelectual. Essa preocupação visa não só proteger as próprias pesquisas, mas também evitar infringir patentes que possam estar relacionadas ao desenvolvimento de plantas transgênicas. Um equívoco muito comum é postergar os assuntos relacionados à propriedade intelectual para o momento em que o produto estiver pronto, como, por exemplo, quando após anos de experimentos chega-se a uma planta que produz uma proteína humana de alto valor agregado. Via de regra, esse é o pior momento para negociar com terceiros o uso de tecnologias que foram usadas para se chegar ao produto.

Kowalski e colaboradores[90] discutem de forma clara o que cientistas devem saber sobre direitos de propriedade intelectual na biotecnologia de cultivares transgênicos. Diversos componentes e processos comumente utilizados em biotecnologia têm direitos de propriedade e/ou termos de

---

* Ver <http://www.ctnbio.gov.br/>.

transferência de tecnologia (MTA), como é o caso do gene *nptII*, que confere às plantas a resistência à canamicina, e do promotor 35S.

Uma primeira etapa, a ser realizada ainda na fase de planejamento, já deve mapear as tecnologias e insumos que podem ser propriedade de terceiros. Para facilitar o processo de análise de patentes envolvidas e verificar se o produto final pode ou não estar livre para comercialização, é necessário desconstruir o produto, verificando seus componentes e processos. Uma vez identificadas as partes (processos, sequências de DNA etc.), a existência de propriedade industrial de cada item deve ser analisada em bancos de dados de patentes. Diversos bancos de patentes estão disponíveis na internet. Entre eles, há bancos gratuitos*, como o do Instituto Nacional de Propriedade Industrial (INPI), para patentes depositadas no Brasil; o do escritório de patentes dos Estados Unidos, USPTO, para patentes depositadas nos Estados Unidos; e o Espacenet, especializado em patentes europeias; e os bancos pagos**, como o Derwent, da Thomson Reuters. Sequências de DNA protegidas por patentes podem ser analisadas por bancos de dados*** como o do National Center for Biotechnology Information (NCBI) e o do Cambia, sendo que neste último é possível verificar sequências contidas somente nas reivindicações das patentes. Nesse ponto, cabe uma ressalva importante: a maioria das patentes envolvendo genes contém listas muito longas, com centenas de sequências gênicas. No entanto, em geral apenas uma delas é de fato o objeto da patente e que consta nas reivindicações. O banco de dados do NCBI faz comparações de uma determinada sequência do usuário contra todas as sequências que constam nas patentes, mas não é capaz de fazer somente contra aquelas que de fato são protegidas nas patentes. Isso gera uma quantidade enorme de falsos positivos, ou seja, o pesquisador observa que a sua sequência é muito similar a outra que consta em uma determinada patente. No entanto, como mencionado anteriormente, somente se aquela sequência do banco de dados estiver mencionada nas reivindicações é que o pesquisador terá conflito real.

Outro ponto relevante diz respeito aos termos de transferência de tecnologia, comumente exigidos por universidades e empresas dos Estados Unidos e Europa, como condição para o envio de sequências de genes, vetores etc. É muito comum que o pesquisador assine esses termos para obter o material desejado, porém, sem a devida atenção às cláusulas do termo. Normalmente,

---

* INPI: <http://www.inpi.gov.br/>; USPTO: <http://www.uspto.gov/>; Espacenet: <http://worldwide.espacenet.com/>.
** Derwent: <http://thomsonreuters.com/derwent-innovations-index/>.
*** NCBI: <http://www.ncbi.nlm.nih.gov/>; Cambia: <http://www.patentlens.net/>.

esses documentos delimitam o uso do material exclusivamente para fins de pesquisa, possuindo severas restrições em relação à comercialização de produtos contendo o material em questão. Enquanto patentes expiram usualmente após vinte anos, os acordos de transferência de materiais não costumam ter prazo de validade, o que é um complicador a mais. A síntese de sequências de DNA que não sejam disponibilizadas gratuitamente, mas que estão disponíveis em bancos de dados públicos é uma alternativa simples e que pode eliminar a necessidade de assinar termos de transferência de material. Porém, sempre que houver a intenção de comercializar um produto, qualquer decisão precisa ser muito bem planejada, para se encontrar a melhor estratégia, evitando, assim, problemas futuros.

13.10 EXEMPLOS DE PRODUTOS FARMACÊUTICOS PRODUZIDOS EM PLANTAS

Diversos produtos farmacêuticos podem ser obtidos através de utilização de plantas transgênicas (Tabela 13.1). Embora a grande maioria ainda esteja em fase de desenvolvimento e em testes pré-clínicos, vários já estão aprovados para comercialização por agências regulatórias ou, inclusive, já disponíveis no mercado. A seguir, serão discutidas algumas aplicações de plantas transgênicas na produção de vacinas, anticorpos, citocinas, hormônios e outras proteínas de interesse farmacêutico.

13.10.1 Vacinas

Antígenos de diversos patógenos humanos ou animais têm sido produzidos em plantas e testados em relação à sua eficácia em conferir imunidade a uma determinada doença. Ainda que vacinas produzidas em plantas possam ser administradas por via parenteral, uma das principais vantagens em expressar antígenos em plantas é a possibilidade de produzir vacinas comestíveis, já que a administração oral desses vegetais pode promover uma proteção imunogênica humoral e celular contra infecções gastrointestinais ou não[91].

Adicionalmente, como antes citado, é possível produzir VLPs altamente imunogênicos em plantas, que podem ser utilizados como vacinas. Por exemplo, a produção de VLPs obtidas através da expressão em alface de um antígeno de superfície do vírus da hepatite B (S-HBsAg). Nesse caso, foi possível

imunizar camundongos por via oral com pequenas doses desse antígeno (100 ng/dose). Os camundongos imunizados apresentaram uma resposta imune contra HB na mucosa e humoral de forma sistêmica. Os autores descreveram que o pó liofilizado dessa planta, quando convertido em tabletes, pode apresentar alta durabilidade e preservar os antígenos por, no mínimo, um ano[33]. De maneira alternativa, vacinas contra HB também podem ser expressas em tabaco, como no caso dos antígenos de superfície médio e grande (M/L-HBsAg) [92], também em tomate, como é o caso do antígeno L-HbsAG[93] ou em banana, como no caso do antígeno S-HbsAg[94].

A primeira vacina produzida de forma recombinante em plantas que obteve aprovação regulatória nos Estados Unidos protege galinhas contra o vírus de Newcastle. Ela é obtida através da expressão de antígenos desse patógeno em suspensão de células de tabaco[95].

Existem diversos tipos de vacinas para humanos e animais sendo produzidas em escala laboratorial, e a variedade de plantas hospedeiras, técnicas e tipos de patógenos são extensos. Resumidamente, podemos citar alguns antígenos expressos com o intuito de promover proteção contra patógenos virais: a expressão da proteína L1 do papilomavírus humano (HPV) em tabaco[96] e da proteína TAT do vírus HIV, obtida em espinafre[97]. Para patógenos bacterianos: a produção da toxina B de *Vibrio cholerae* em milho[98] e da proteína ESAT-6 de *Mycobacterium tuberculosis*, expressa em cloroplastos de tabaco ou de alface[99] e, finalmente, contra o protozoário causador da malária, o antígeno PfMSP119 de *Plasmodium falciparum* em folhas de tabaco[100].

13.10.2 Anticorpos

Anticorpos são glicoproteínas produzidas pelo sistema imune de vertebrados, que reconhecem e se ligam à antígenos com grande especificidade e afinidade. Devido a essas características, anticorpos podem ser utilizados de diversas maneiras, como na prevenção, diagnóstico e tratamento de doenças que atingem humanos e animais.

A capacidade de plantas em produzir e montar corretamente anticorpos foi comprovada pela expressão de IgGs completos e funcionais em folhas de tabaco[101]. Após esse trabalho pioneiro, diversos anticorpos ou fragmentos foram produzidos em plantas. Anticorpos mais complexos como IgAs, encontrado em superfícies de mucosas, também podem ser obtidos em plantas, como no caso do produto CaroRx. Esse produto possui um anticorpo

de secreção IgA, produzido em folhas de tabaco transgênico que se liga à bactéria *Streptococcus mutans,* impedindo sua colonização nos dentes, auxiliando no tratamento e na prevenção de cáries dentárias[102].

Outro anticorpo de alto interesse farmacêutico produzido em plantas é o 2G12, que foi expresso em *N. benthamiana* e em milho[77, 103]. Testes *in vitro* demonstraram que esse anticorpo é capaz de neutralizar o vírus HIV de uma forma melhor quando comparado com o produzido em células de mamíferos. Atualmente, o produto está em fase de testes em humanos pelo Consórcio Pharma-Planta*, e seu processo de produção já foi aprovado de acordo com as boas práticas industriais[104].

Dentre diversos anticorpos que estão sendo produzidos em plantas, podemos destacar a obtenção da imunoglobulina A (hIgA_2A1), que se liga ao peptídeo VP8 de rotavírus em plantas de tomate. Em testes *in vitro*, esse anticorpo demonstrou ser eficaz para inibir a infecção viral. Além disso, os autores cruzaram linhagens de plantas expressando hIgA_2A1 com plantas que expressam genes responsáveis pela biossíntese de antocianinas em tomate, conferindo a cor roxa para os frutos, tornando possível a distinção visual das plantas transgênicas e das selvagens[105].

O vírus da raiva causa uma doença neuro-invasiva letal. A estratégia de tratamento e intervenção é a neutralização do agente infeccioso com anticorpos logo após a exposição ao vírus, antes da entrada no sistema nervoso. Plantas podem ser úteis para o desenvolvimento de anticorpos para o tratamento dessa enfermidade, pois foi possível expressar em tabaco anticorpos que neutralizam o vírus da raiva de uma maneira semelhante aos anticorpos produzidos em hibridomas[105].

13.10.3 Citocinas

Citocinas são pequenas proteínas secretadas, glicosiladas ou não, cuja função é a sinalização entre células, incluindo processos de proliferação, diferenciação e apoptose celular. Citocinas são diversas e abrangem hematopoietinas, interleucinas, interferons, fatores de crescimento, fatores de necrose tumoral e quimiocinas. Elas podem ser utilizadas no tratamento contra o câncer, distúrbios no sistema imune e diversas outras doenças. Devido ao seu alto custo de produção, o uso clínico de citocinas é limitado,

---

* Ver <http://www.pharma-planta.net>.

tornando a produção em plantas desejável por ser um sistema considerado mais barato de fabricação[107].

Diversas citocinas foram expressas em plantas visando à redução de custo de produção, como o IFN-b, produzido em tabaco[108] e as interleucinas IL-10 e IL-13, também produzidas em tabaco[109, 110]. Em sementes de arroz foi possível obter o fator de crescimento humano semelhante à insulina (hIGF-1) utilizada no tratamento da diabetes, em concentrações maiores de 6% de proteína total em sementes. Ademais, camundongos diabéticos que receberam doses dessa proteína por via oral tiveram taxas de glicose sanguínea reduzidas, sugerindo a possibilidade de tratamento dessa doença através da ingestão de vegetais contendo esses peptídeos[111]. Citocinas expressas em plantas já são encontradas comercialmente: a empresa ORF Genetics comercializa cerca de trinta fatores de crescimento para uso em pesquisa (ISO-Kine™). A obtenção desses peptídeos ocorre através da utilização de um sistema chamado Orfeus™, que consiste na clonagem rápida e eficiente de genes contidos em um cassete de expressão, sendo que a produção ocorre em sementes de cevada hidropônica mantidas em um ambiente altamente controlado para otimizar a expressão.

13.10.4 Hormônios

Hormônios humanos importantes, como a insulina, também podem ser produzidos de forma recombinante em plantas. Altas quantidades da proinsulina (precursor da insulina) foram obtidas em cloroplastos de tabaco e alface (47% e 53%, respectivamente). Assumindo que a produção dessa proteína é de 3 mg/g de folha, os autores estimaram que seria possível obter em um acre de plantação (40 toneladas de tabaco ou 11 toneladas de alface) em torno de 20 milhões de doses de insulina, mesmo levando em consideração uma perda de 50% desse hormônio durante as etapas de purificação. É importante mencionar que a administração via oral ou injetável da proinsulina recombinante em camundongos foi capaz de promover uma redução nos níveis de glicose sanguínea similar à insulina comercial[112].

Outro hormônio de importância farmacêutica é o hormônio de crescimento humano, que estimula o crescimento e a reprodução celular. Através da expressão em sementes de soja, foi possível obter aproximadamente 9 g de hGH por quilo de semente. Os autores relataram que, devido ao acúmulo dessa proteína em vacúolos de estocagem, a estabilidade é mantida por longos períodos de tempo[19]. Já a expressão desse hormônio em cultura

de células de arroz alcançou 57 mg por litro de meio de cultura, quando foi utilizado o promotor Ramy 3D[113].

13.10.5 Outros produtos de interesse farmacêutico

Indivíduos com quadro clínico de Gaucher possuem mutações no gene que codifica a enzima glicocerebrosidase (GDC), cuja falta no organismo leva a uma disfunção de múltiplos órgãos. O tratamento para essa doença é a reposição intravenosa da enzima GDC, considerada uma das drogas mais caras no mercado. A produção dessa enzima foi realizada pela expressão em vacúolos de células de cenoura em suspensão, de uma forma industrial e menos custosa. A GDC recombinante foi testada em camundongos e humanos sadios, e a empresa Protalix passou a elaborá-la sob o nome de Elelyso™ (Taliglucerase Alfa)[17, 114].

A expressão de proteínas presentes no leite materno empregando plantas é uma alternativa que beneficia a produção de formulações de alimentos infantis, tornando esses alimentos mais saudáveis. A lactoferrina humana (HLF) é uma proteína encontrada em alta quantidade no leite materno e atua na proteção contra patógenos, modulação do sistema imunológico, absorção de ferro e no crescimento celular. A expressão da HLF de forma recombinante em arroz foi realizada através da expressão de um gene sintético codificante de HLF controlado por um promotor da glutelina de arroz (*Gt1*). A proteína recombinante HLF inibiu o crescimento de patógenos humanos e se mostrou resistente à digestão por proteases *in vitro*, indicando que ela pode resistir à degradação durante a digestão. Ademais, sementes transgênicas de arroz apresentaram quantidades de ferro duas vezes maiores que a encontrada em sementes não GM, sugerindo que esse arroz pode ser utilizado não só em fórmulas alimentares para crianças, mas também auxiliar pessoas com deficiências nutricionais sérias devido à falta de ferro[115, 116].

13.11 PERSPECTIVAS FUTURAS

A tecnologia de produção recombinante de proteínas de interesse farmacêutico tem se aprimorado constantemente e a cada ano surgem novas estratégias com o intuito de desenvolver proteínas com características semelhantes às encontradas naturalmente, sempre visando também ao uso de plataformas de baixo custo. Avanços futuros na produção dessas plantas

transgênicas podem incluir o desenvolvimento e escolha de espécies hospedeiras que se adaptem a diferentes climas, permitindo o cultivo em várias regiões do planeta. Isso abre perspectivas de atender a demanda em países que mais necessitam de um determinado produto. O desenvolvimento de plantas cujos padrões de glicosilação são semelhantes aos encontrados em humanos pode também colaborar com a melhoria da qualidade dos produtos provenientes dessa tecnologia.

A pesquisa de novos elementos controladores, como promotores e potencializadores da transcrição, junto com um melhor entendimento dos mecanismos moleculares envolvidos na utilização de códons preferenciais, certamente irá colaborar para o aumento da expressão proteica. Esse componente é essencial, pois afeta diretamente os custos de produção.

O aperfeiçoamento de técnicas de extração e purificação de proteínas recombinantes também é um foco muito investigado. Isso se deve ao fato de o maior custo de produção ocorrer nessa etapa da produção e também devido à alta porcentagem de pureza que deve ser alcançada para uma molécula poder ser utilizada como fármaco. Para isso, novas metodologias, como a produção de corpúsculos oleosos e a secreção em meio de cultura, são necessárias, pois estas permitem que algumas etapas de purificação e processamento sejam eliminadas.

Já a expressão de forma transiente pode ser uma alternativa na produção de vacinas contra patógenos que mutam rapidamente, uma vez que a expressão de antígenos vacinais pode ser realizada em um curto período de tempo. É o caso das vacinas contra o vírus influenza, causador da gripe, que podem ser obtida de uma forma mais rápida em plantas em comparação com a produção em ovos. Um exemplo é a vacina contra H5N1, produzida em plantas pela empresa Medicago.

13.12 CONCLUSÕES

Neste capítulo, discutimos diferentes aspectos em relação à produção de plantas transgênicas para a obtenção de proteínas recombinantes de interesse farmacêutico. Plantas possuem algumas vantagens em relação a outros organismos hospedeiros em questões de qualidade, escalabilidade e segurança.

Na escolha da espécie hospedeira devem ser consideradas algumas características vegetais, como a possibilidade de transformação genética, cultivo e colheita, processamento do material vegetal, transporte, complexidade de metabólitos e proteínas endógenas, níveis de produção de massa e a

possibilidade de escalonamento da produção. Diversas espécies podem ser utilizadas, algumas com metodologias de transformação já bem desenvolvidas, e outras, não. Porém, diversos grupos de pesquisadores vêm trabalhando tanto no desenvolvimento dessas técnicas quanto na identificação de novos hospedeiros vegetais para a produção recombinante de proteínas.

Uma alta expressão proteica é elemento chave na produção de fármacos em vegetais. Apesar de ainda não existir um modelo definitivo sobre a utilização de códons em organismos, a otimização dos códons do gene exógeno, de acordo com os mais utilizados pelo hospedeiro, tem promovido bons resultados. Na literatura, existem diversos promotores e sequências regulatórias descritas, e constantemente o número tem aumentado. Neste capítulo, citamos os tipos mais utilizados e que apresentaram resultados positivos consistentes. A escolha dessas sequências deve levar em consideração diversos aspectos, como mencionado anteriormente.

A produção, endereçamento e retenção da proteína de interesse para uma determinada organela pode influenciar tanto na estabilidade proteica quanto nos níveis de acúmulo. Em cloroplastos é possível obter altos níveis de expressão, devido à presença de várias organelas em uma única célula. No entanto, por possuírem características bacterianas, não promovem uma modificação pós-traducional característica de algumas proteínas, como a glicosilação. Já a retenção em organelas do sistema secretório demonstra-se eficiente em promover essa modificação, além de prover um ambiente favorável para o acúmulo protéico, geralmente com baixa possibilidade de degradação proteica. Portanto, a seleção por essas opções deve considerar as características de cada proteína recombinante.

Métodos de transformação genética têm por função romper barreiras físicas da célula para que ocorra a entrada do DNA heterólogo. Diversos métodos foram aqui apresentados, sendo alguns mais utilizados para uma determinada espécie hospedeira em relação a outras. Porém, é importante estar atento aos vários estudos que vêm sendo realizados para adaptar técnicas mais simples e mais eficazes para uma maior variabilidade de hospedeiros, permitindo aperfeiçoar processos de transformação e aumentar os níveis de células transformadas.

Diversas proteínas possuem modificações pós-traducionais essenciais para sua atividade e estabilidade. Plantas promovem algumas modificações pós-traducionais de forma semelhante a mamíferos. Apesar da glicosilação vegetal ser diferente em alguns aspectos da observada em humanos, já existe a possibilidade de "humanização" dessas plantas. Isso é possível através da inserção ou repressão de genes responsáveis pela expressão de enzimas

envolvidas no processo de glicosilação, permitindo a obtenção de produtos cada vez mais semelhantes aos encontrados naturalmente. Entretanto, algumas dessas diferenças podem não ser prejudiciais e, ocasionalmente, podem ser benéficas para determinadas proteínas.

Células vegetais possuem um ambiente propício para a formação de partículas virais, permitindo a produção de vacinas de uma forma mais segura que o uso de vírus inativados ou mortos. Isso ocorre devido à capacidade de algumas proteínas do capsídeo viral conseguirem formar estruturas vazias (sem material genético), muito semelhantes às encontradas naturalmente, caracterizando-as como altamente imunogênicas e não virulentas.

Aspectos de biossegurança devem ser levados em consideração na produção de fármacos em plantas transgênicas. Existem diversas técnicas para evitar a contaminação acidental humana e/ou animal por moléculas recombinantes. É aconselhável o uso de plantas que não estão envolvidas diretamente na alimentação humana. O conjunto de tecnologias atuais e os procedimentos de biossegurança da legislação brasileira permitem produzir plantas transgênicas de uma forma segura para o meio ambiente e para a população.

A propriedade intelectual é um aspecto usualmente desconhecido da maioria dos pesquisadores e de novos empreendedores. Considerando a possibilidade de que os produtos de um projeto de pesquisa cheguem ao mercado, é essencial que haja uma preocupação extrema com a possibilidade de infração de propriedade de terceiros, principalmente na forma de patentes de sequências de DNA e de metodologias. Os Núcleos de Inovação Tecnológica (NITs) das universidades e centros de pesquisa podem orientar os pesquisadores e alunos.

Diversos tipos de proteínas têm sido produzidos em plantas em nível laboratorial. Enquanto a maioria está em processo de testes em animais e humanos, algumas já foram aprovadas para comercialização. Apesar de um número relativamente pequeno de produtos no mercado, a expectativa é de que, com o aumento e refinamento das técnicas de transformação, produção e purificação dessas moléculas, diversos produtos com variadas aplicações estarão disponíveis para a sociedade.

13.13 MÉTODO DE TRANSFORMAÇÃO

Neste capítulo, apresentaremos um método de transformação genética de tabaco mediada por agrobactéria para expressão permanente em folhas. Esta metodologia foi escolhida devido à facilidade da manipulação genética

dessa espécie vegetal e está dividida em cinco etapas: (1) construção do vetor de expressão; (2) obtenção de material vegetal; (3) transformação de agrobactéria; (4) infecção de fragmentos foliares e (5) regeneração de plantas transgênicas. O material e equipamentos necessários para essa técnica estão descritos na Tabela 13.2.

Tabela 13.2 Material e equipamentos utilizados no protocolo de transformação genética de tabaco

MATERIAL		EQUIPAMENTOS
Acetato de Potássio	Hormônios: ANA e BAP	Autoclave
Acetosiringona	Inositol	Câmara de crescimento vegetal
Ácido Hidroclorídrico (HCl)	Kit de extração in gel de DNA	Câmara dissecadora tipo Bell Jar
Ácido Acético Glacial (CH3COOH)	Lâminas de bisturi	Capela de exaustão
Agar	Lisozima	Casa de vegetação
Agarose	Material Plástico (Placas, ponteiras, tubos, etc)	Cuba e fonte de eletroforese
Agrobactéria termocompetente (Ex. GV3101)	Nitrogênio líquido	Fluxo laminar
Água destilada e Ultra Pura	Phytagel	Fotodocumentador de DNA
Água sanitária	Potes de vidro de 300 mL	Microcentrífuga
Álcool etílico 70%,	Reagentes PCR (DNA polimerase, tampão, etc)	Micropipetas
Álcool Isoamílico	Sacarose	Shaker
Álcool Isopropílico	Sacos de papel e plástico	Termociclador
Antibióticos: Canamicina, cefotaxima, vancomicina	Sementes de tabaco SRI	Vórtex
Dodecil sulfato de sódio (SDS)	Sais MS	
EDTA	Solo	
Cloreto de Sódio (NaCl)	Triptona	
Clorofórmio	Tris	
Enzimas de restrição	Vasos de 12 L	

MATERIAL	EQUIPAMENTOS
Extrato de levedura	Vermiculita
Fenol	Vetores (clonagem, passagem e binário/expressão)
Glicose	Vitamina MS
Hidróxido de Sódio (NaOH): 1 N e 5 N	

Meios de cultura

1) LB (Luria-Bertani) 1 L: em 900 mL de água destilada adicionar 10 g de triptona, 5 g de NaCl e 10 g de extrato de levedura. Ajustar o pH para 7,0 com NaOH 5 M e autoclavar. Para meio sólido, adicionar 15 g de ágar antes de autoclavar.

2) MS 1 L: em 900 mL de água destilada adicionar 4,33 g de sais MS[119], 1 mL de vitamina MS, 30 g de sacarose e 0,1 g de Inositol. Agitar até dissolver, ajustar o volume para 1 L, ajustar o pH para 5,8 com NaOH 1 M e autoclavar. Para meio sólido adicionar 2,5 g de Phytagel antes de autoclavar.

3) MS-I 1L: em 900 mL de água destilada adicionar 4,33 g de sais MS, 1 mL de vitamina MS, 30 g de sacarose, 0,1 g de Inositol e 2,5 g de Phytagel. Agitar até dissolver, ajustar o volume para 1 L, ajustar o pH para 5,8 com NaOH 1 M e autoclavar. Esperar a temperatura do meio diminuir até aproximadamente 40 °C e adicionar BAP (1 mg/L), ANA (0,1 mg/L) e acetoseringona (20 mg/L). Distribuir o meio em placas de Petri.

4) MS-R1 1L: Em 900 mL de água destilada adicionar 4,33 g de sais MS, 1 mL de vitamina MS, 30 g de sacarose, 0,1 g de Inositol e 2,5 g de Phytagel. Agitar até dissolver, ajustar o volume para 1 L, ajustar o pH para 5,8 com NaOH 1M e autoclavar. Esperar a temperatura do meio diminuir até aproximadamente 40 °C e adicionar BAP (1 mg/L), ANA (0,1 mg/L), cefotaxima (250 mg/L) e vancomicina (200 mg/L), para evitar o crescimento das bactérias remanescentes e canamicina (100 mg/L) para seleção de células transformadas. Alternativamente, pode-se usar o antibiótico Timentin (300 mg/L) no lugar de cefotaxima e vancomicina. O antibiótico de seleção em plantas deve ser escolhido de acordo com o gene de resistência encontrado no vetor de expressão.

5) MS-R2: em 900 mL de água destilada adicionar 4,33 g de sais MS, 1 mL de vitamina MS, 30 g de sacarose, 0,1 g de Inositol e 2,5 g de Phytagel. Agitar até dissolver, ajustar o volume para 1 L, ajustar o pH para 5,8 com

NaOH 1 M e autoclavar. Esperar a temperatura do meio diminuir até aproximadamente 40 °C e adicionar cefotaxima (250 mg/L), vancomicina (200 mg/L) e canamicina (100 mg/L). As mesmas alterações de antibióticos podem ser feitas como descrito anteriormente.

Soluções e tampões
1) MPA-1: em 40 mL de água ultra pura adicionar 0,450 g de glicose, 0,146 g de EDTA, 0,151 g de Tris. Ajustar o pH para 8,0 com HCl e completar o volume para 50 mL com água ultrapura.
2) MPA-2: em 8 mL de água ultra pura adicionar 200 µL de NaOH 10 M, 0,1 g de SDS. Completar o volume para 10 mL com água ultra pura.
3) MPA-3: em 60 mL de água ultra pura adicionar 29,45 g de acetato de potássio, 11,25 mL de ácido acético glacial. Completar o volume para 100 mL com água ultra pura.

1. Construção do vetor de expressão

Nesta etapa, são utilizadas técnicas rotineiras de biologia molecular[120].

a) Amplificação por PCR do gene de interesse e purificação da banda *in* gel utilizando kits de extração (como QIAquick, da Quiagen).
b) Ligação do produto de PCR a vetores de clonagem (como pGEM-TEasy, da Promega) e clonagem em bactérias. Recuperar o plasmídeo por técnica de minipreparação de DNA plasmidial (miniprep).
c) Digestão do vetor contendo o gene de interesse utilizando enzimas de restrição (utilizar enzimas que flanqueiem o gene e não cortem no seu interior).
d) Digestão do vetor de passagem que contém o promotor e terminador com as mesmas enzimas compatíveis com as utilizadas para recuperar o gene de interesse. Diversos vetores podem ser utilizados, por exemplo, o vetor pRT104 que possui o promotor 35S e sítio de poliadenilação de CaMV[121] (Figura 13.17).
e) Ligação do vetor de passagem ao gene de interesse, clonagem em bactéria.
f) Preparação do vetor de passagem contendo o gene de interesse por miniprep, seguida de digestão com enzimas de restrição para recuperar o cassete de expressão (Promotor – Gene de interesse – Terminador). Utilizar enzimas compatíveis com a região múltipla de clonagem do vetor de destino.

g) Digestão do vetor de destino com enzimas de restrição compatíveis com as utilizadas para recuperação do cassete de expressão anterior. Diversos vetores podem ser utilizados, por exemplo, vetores binários pCAMBIA*, que possuem extremidades de T-DNA, entre as quais o cassete de expressão será inserido. Esses vetores geralmente possuem regiões que expressam genes de resistência para seleção em bactérias e plantas (resistência a antibióticos ou herbicidas), podendo conter genes repórteres para identificação visual de plantas transformadas, como por exemplo, o gene *gus*[122] ou *gfp*[123].

h) Ligação do cassete de expressão no vetor de destino, clonagem em bactérias e recuperação do vetor final (vetor de expressão) por miniprep.

i) Verificar a integridade do vetor por restrição enzimática e sequenciamento de DNA.

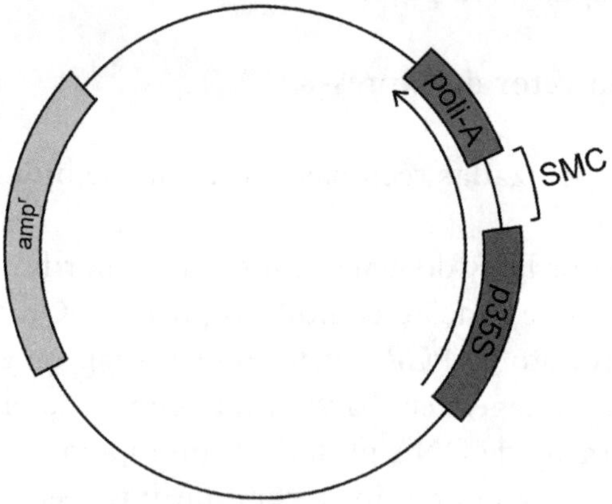

Figura 13.17 pRT104, um típico vetor para construção de cassetes de expressão. O vetor pRT104 contém o sítio múltiplo de clonagem inserido entre o promotor 35S (p35S) e o sítio de poliadenilação (poli-A). Também possui uma região codificante de um gene de resistência a ampicilina (*ampR*), necessária para a seleção de bactéria transformadas durante a clonagem do vetor.

2. Obtenção de material vegetal

a) Desinfetar sementes de tabaco da variedade SR-1. Todo o processo deve ser realizado em uma capela de exaustão devido à toxidez da fumaça proveniente da reação da água sanitária e HCl.

---

* Ver <www.cambia.org>.

- Colocar aproximadamente 100 sementes de tabaco SR-1 em um microtubo de 1,5 mL.
- Acomodar este tubo em uma câmara dissecadora tipo *bell jar*, contendo um becker com 70 mL de água sanitária comercial.
- Adicionar 1 mL de HCl concentrado à água sanitária e fechar rapidamente a tampa da câmara dissecadora. Manter por aproximadamente 4 horas.
- Retirar o tubo com as sementes da câmara e manter a câmara aberta na capela de exaustão por 24 horas para eliminação da fumaça tóxica.

b) Obtenção de material vegetal para transformação. Todo o processo deve ser realizado em um fluxo laminar, com extremo cuidado para não contaminar os meios de cultura.

- Semear aproximadamente 25 sementes em uma placa de Petri contendo meio de cultura MS sólido. Manter em câmara de crescimento a 25 °C e fotoperíodo de 16 horas por 1 a 2 semanas.
- Transferir as plântulas germinadas para potes de 300 mL contendo 30 mL de MS sólido. Manter em câmara de crescimento a 25° C e fotoperíodo de 16 horas por 2 a 4 semanas. Essas plantas serão utilizadas para a transformação genética.

3. Transformação de agrobactéria

Todo o processo deve ser realizado em um fluxo laminar, com extremo cuidado para não contaminar os meios de cultura.

a) Incubar Agrobactérias termocompetentes em um tubo de 1,5 mL contendo 1 µg de vetor de expressão em água ultrapura durante 30 minutos no gelo.
b) Congelar o tubo com DNA e bactérias em nitrogênio líquido, em seguida transferir para banho-maria a 37 °C por 5 minutos.
c) Adicionar 1 mL de meio de cultura LB. Incubar por 2 horas a 28 °C com agitação de 250 rpm.
d) Plaquear as bactérias em meio LB sólido contendo antibióticos de seleção bacteriana e plasmidial. Incubar por 48 a 72 horas a 28 °C no escuro.
e) Selecionar colônias transformada e inocular em 6 mL de meio LB contendo antibióticos de seleção. Incubar por 24 horas a 28 °C no escuro.
f) Transferir 1,5 ml de inoculo para tubo de 1,5 mL, centrifugar a 14.000 rpm por 1 minuto e descartar o sobrenadante. Repetir este passo.

g) Adicionar 100 µL de tampão MPA-1, ressuspender as células com a ajuda de um vórtex e incubar à temperatura ambiente por 5 minutos.
h) Adicionar 4 mL de solução aquosa de lisozima (100 mg/mL), agitar levemente e incubar por 15 minutos a 37 °C.
i) Adicionar 200 µL de solução MPA-2, misturar levemente invertendo o tubo 4 vezes e incubar no gelo por 5 minutos.
j) Adicionar 150 µL de solução MPA-3, agitar em um vórtex por 10 segundos e incubar por 5 minutos no gelo.
k) Centrifugar por 5 minutos a 14.000 rpm a 4 °C. Transferir o sobrenadante para novo tubo;
l) Adicionar ao sobrenadante 400 µL de fenol/clorofórmio/álcool isoamílico (25:24:1), agitar no vórtex e centrifugar por 5 minutos a 14.000 rpm a 4 °C. Transferir o sobrenadante para novos tubos. Repetir este passo apenas com clorofórmio;
m) Adicionar 300 µL de isopropanol e incubar por 10 minutos no gelo. Centrifugar por 10 minutos a 14.000 rpm a 4 °C.
n) Descartar o sobrenadante e adicionar vagarosamente ao precipitado 500 µL de álcool etílico 70%, centrifugar por 5 minutos a 14.000 rpm a 4 °C. Descartar o sobrenadante.
o) Ressuspender o precipitado em 20 µL de água ultrapura.
p) Montar uma reação de PCR para cada amostra de DNA representativo de uma colônia de agrobactéria, empregando *primers* específicos do cassete de expressão contendo o gene de interesse. Em geral, é desejável que um dos *primers* corresponda ao gene de interesse e o outro a uma região do promotor ou do terminador que flanqueiam o gene. Os resultados da amplificação podem ser observados em uma eletroforese em gel de agarose.

4. Infecção de fragmentos foliares

Todo o processo deve ser realizado em um fluxo laminar, com extremo cuidado para não contaminar os meios de cultura.

a) Incubar colônias de agrobactérias selecionadas por PCR em 20 mL de meio LB contendo antibióticos a 28 °C, 250 RPM no escuro até atingir a fase exponencial de crescimento (OD_{600} entre 0,6 e 0,8).
b) Centrifugar a suspensão bacteriana a 5.000 rpm por 5 minutos e descartar o sobrenadante.

c) Adicionar meio MS ao precipitado bacteriano de forma a se obter uma OD_{600} de 0,1. Manter a temperatura ambiente.
d) Cortar 100 fragmentos foliares de tabaco (explantes) com aproximadamente 1 cm² com ajuda de uma lâmina de bisturi e colocar em dois tubos falcon de 50 mL (50 explantes cada) contendo 29 mL de meio MS e 1 mL de MS contendo a suspensão bacteriana. Manter por 10 minutos a temperatura ambiente. Evitar cortar regiões das folhas que possuem nervuras ou que estejam cloróticas.
e) Transferir aproximadamente 10 explantes por placa contendo meio MS-I sólido. Manter a região adaxial da folha em contato com o meio. Incubar por 48 horas à temperatura de 25 °C no escuro.

5. Regeneração de plantas transgênicas

Todo o processo deve ser realizado em um fluxo laminar, com extremo cuidado para não contaminar os meios de cultura.

a) Transferir os explantes para placas contendo meio de cultura MS-R1 para a indução de brotos e antibióticos para controle de crescimento de bactérias remanescentes e seleção de célula vegetal transformadas. Manter à 25 °C por 2 semanas com fotoperíodo de 16 horas.
b) Repetir o passo anterior cortando e descartando regiões foliares que estiverem necrosadas. Brotos resistentes podem surgir durante a as primeiras duas semanas, mas a maioria geralmente aparece após este tempo. Neste caso, transferi-los de acordo com a próxima etapa.
c) Transferir brotos com aproximadamente 1 cm a 2 cm para potes contendo MS-R2 e manter à 25 °C com fotoperíodo de 16 horas até o desenvolvimento de raízes. Brotos transgênicos desenvolverão raízes, enquanto os não transgênicos não desenvolverão (podendo ficar necrosados).
d) Quando as plantas enraizadas alcançarem em torno de 10 cm a 15 cm, elas devem ser aclimatadas. Transferir as plantas isoladamente para potes (100 mL) contendo solo e vermiculita estéreis (3:1 v/v). Lavar bem as raízes com água destilada antes da transferência. Adicionalmente, deve-se cobrir as plantas com saco plástico com pequenos furos durante 1 semana para garantir uma alta umidade. Manter as plantas em casa de vegetação na sombra (debaixo de uma tela sombrite).
e) Após a aclimatação, transferir as plantas para vasos de aproximadamente 12 L contendo solo adubado. Manter em casa de vegetação durante a análise dos eventos transgênicos e até a produção de semente. Embora a

fecundação cruzada seja rara em tabaco, deve-se cobrir as flores com um saco de papel, para evitar ao máximo a dispersão de pólen, garantindo a autofecundação.

f) Analisar a expressão da proteína de interesse por técnicas de SDS-PAGE, *western blot*, ELISA etc.

g) Quando as sementes estiverem maduras e secas, deverão ser coletadas, estocadas ou desinfetadas e semeadas em meio MS contendo antibióticos ou herbicidas de seleção.

h) Contar o número de plântulas germinadas resistentes após duas semanas e aplicar uma análise estatística (teste X^2), usando como hipótese uma segregação mendeliana (3:1). Repetir autofecundação das plantas positivas até a obtenção de homozigose.

REFERÊNCIAS

1. Herrera-Estella L, Depicker A, Vanmontagu M, Schell J. Expression of chimaeric genes into plant-cells using a TI-plasmid-derived vector. Nature. 1983;303(5914):209-13.
2. Barta A, Sommergruber K, Thompson D, Hartmuth K, Matzke MA, Matzke AJM. The expression of a nopaline synthase – Human growth-hormone chimeric gene in transformed tobacco and sunflower callus-tissue. Plant Molecular Biology. 1986;6(5):347-57.
3. Kermode AR. Plants as factories for production of biopharmaceutical and bioindustrial proteins: lessons from cell biology. Can J Bot. 2006 Apr;84(4):679-94.
4. Fischer R, Stoger E, Schillberg S, Christou P, Twyman RM. Plant-based production of biopharmaceuticals. Curr Opin Plant Biol. 2004 Apr;7(2):152-8.
5. Kong QX, Richter L, Yang YF, Arntzen CJ, Mason HS, Thanavala Y. Oral immunization with hepatitis B surface antigen expressed in transgenic plants. P Natl Acad Sci USA. 2001 Sep 25;98(20):11539-44.
6. Lee RWH, Cornelisse M, Ziauddin A, Slack PJ, Hodgins DC, Strommer JN, et al. Expression of a modified Mannheimia haemolytica GS60 outer membrane lipoprotein in transgenic alfalfa for the development of an edible vaccine against bovine pneumonic pasteurellosis. J Biotechnol. 2008 Jun 1;135(2):224-31.
7. Sharma AK, Sharma MK. Plants as bioreactors: Recent developments and emerging opportunities. Biotechnol Adv. 2009 Nov-Dec;27(6):811-32.
8. Mishra N, Gupta PN, Khatri K, Goyal AK, Vyas SP. Edible vaccines: A new approach to oral immunization. Indian J Biotechnol. 2008 Jul;7(3):283-94.
9. Ma JK, Drake PM, Christou P. The production of recombinant pharmaceutical proteins in plants. Nat Rev Genet. 2003 Oct;4(10):794-805.
10. Ganapathi TR, Suprasanna P, Rao PS, Bapat VA. Tobacco (Nicotiana tabacum L.)-A model system for tissue culture interventions and genetic engineering. Indian J Biotechnol. 2004;03(Apr-2004):171-84.
11. McCormick AA, Reddy S, Reinl SJ, Cameron TI, Czerwinkski DK, Vojdani F, et al. Plant-produced idiotype vaccines for the treatment of non-Hodgkin's lymphoma: safety and immunogenicity in a phase I clinical study. Proc Natl Acad Sci USA. 2008 Jul 22;105(29):10131-6.
12. Lau OS, Sun SSM. Plant seeds as bioreactors for recombinant protein production. Biotechnol Adv. 2009 Nov-Dec;27(6):1015-22.
13. Ramessar K, Sabalza M, Capell T, Christou P. Maize plants: An ideal production platform for effective and safe molecular pharming. Plant Sci. 2008 Apr;174(4):409-19.
14. Hood EE, Witcher DR, Maddock S, Meyer T, Baszczynski C, Bailey M, et al. Commercial production of avidin from transgenic maize: characterization of transformant, production, processing, extraction and purification. Mol Breeding. 1997;3(4):291-306.

15. Xu JF, Ge XM, Dolan MC. Towards high-yield production of pharmaceutical proteins with plant cell suspension cultures. Biotechnol Adv. 2011 May-Jun;29(3):278-99.
16. Hellwig S, Drossard J, Twyman RM, Fischer R. Plant cell cultures for the production of recombinant proteins. Nat Biotechnol. 2004 Nov;22(11):1415-22.
17. Shaaltiel Y, Bartfeld D, Hashmueli S, Baum G, Brill-Almon E, Galili G, et al. Production of glucocerebrosidase with terminal mannose glycans for enzyme replacement therapy of Gaucher's disease using a plant cell system. Plant Biotechnol J. 2007 Sep;5(5):579-90.
18. Shin YJ, Hong SY, Kwon TH, Jang YS, Yang MS. High level of expression of recombinant human granulocyte-macrophage colony stimulating factor in transgenic rice cell suspension culture. Biotechnol Bioeng. 2003 Jun 30;82(7):778-83.
19. Cunha NB, Murad AM, Cipriano TM, Araujo AC, Aragao FJ, Leite A, et al. Expression of functional recombinant human growth hormone in transgenic soybean seeds. Transgenic Res. 2011 Aug;20(4):811-26.
20. Vanrooijen GJH, Moloney MM. Plant Seed Oil-Bodies as Carriers for Foreign Proteins. Bio-Technol. 1995 Jan;13(1):72-7.
21. Thanavala Y, Mahoney M, Pal S, Scott A, Richter L, Natarajan N, et al. Immunogenicity in humans of an edible vaccine for hepatitis B. Proc Natl Acad Sci USA. 2005 Mar 1;102(9):3378-82.
22. Kurland C, Gallant J. Errors of heterologous protein expression. Curr Opin Biotechnol. 1996 Oct;7(5):489-93.
23. Qian WF, Yang JR, Pearson NM, Maclean C, Zhang JZ. Balanced Codon Usage Optimizes Eukaryotic Translational Efficiency. Plos Genet. 2012 Mar;8(3).
24. Gustafsson C, Govindarajan S, Minshull J. Codon bias and heterologous protein expression. Trends Biotechnol. 2004 Jul;22(7):346-53.
25. Kalwy S, Rance J, Young R. Toward more efficient protein expression: keep the message simple. Mol Biotechnol. 2006 Oct;34(2):151-6.
26. Love AJ, Chapman SN, Matic S, Noris E, Lomonossoff GP, Taliansky M. In planta production of a candidate vaccine against bovine papillomavirus type 1. Planta. 2012 Oct;236(4):1305-13.
27. Geyer BC, Fletcher SP, Griffin TA, Lopker MJ, Soreq H, Mor TS. Translational control of recombinant human acetylcholinesterase accumulation in plants. Bmc Biotechnol. 2007 May 30;7.
28. Sugiura M. The Chloroplast Genome. Plant Mol Biol. 1992 May;19(1):149-68.
29. Liu QP, Xue QZ. Comparative studies on codon usage pattern of chloroplasts and their host nuclear genes in four plant species. J Genet. 2005 Apr;84(1):55-62.
30. Laguia-Becher M, Martin V, Kraemer M, Corigliano M, Yacono ML, Goldman A, et al. Effect of codon optimization and subcellular targeting on Toxoplasma gondii antigen

SAG1 expression in tobacco leaves to use in subcutaneous and oral immunization in mice. Bmc Biotechnol. 2010 Jul 15;10.

31.Guilley H, Dudley RK, Jonard G, Balazs E, Richards KE. Transcription of Cauliflower mosaic virus DNA: detection of promoter sequences, and characterization of transcripts. Cell. 1982 Oct;30(3):763-73.

32.Odell JT, Nagy F, Chua NH. Identification of DNA sequences required for activity of the cauliflower mosaic virus 35S promoter. Nature. 1985 Feb 28-Mar 6;313(6005):810-2.

33.Pniewski T, Kapusta J, Bociag P, Wojciechowicz J, Kostrzak A, Gdula M, et al. Low-dose oral immunization with lyophilized tissue of herbicide-resistant lettuce expressing hepatitis B surface antigen for prototype plant-derived vaccine tablet formulation. J Appl Genet. 2011 May;52(2):125-36.

34.Schouten A, Roosien J, van Engelen FA, de Jong GA, Borst-Vrenssen AW, Zilverentant JF, et al. The C-terminal KDEL sequence increases the expression level of a single-chain antibody designed to be targeted to both the cytosol and the secretory pathway in transgenic tobacco. Plant Mol Biol. 1996 Feb;30(4):781-93.

35.Christensen AH, Sharrock RA, Quail PH. Maize Polyubiquitin Genes - Structure, Thermal Perturbation of Expression and Transcript Splicing, and Promoter Activity Following Transfer to Protoplasts by Electroporation. Plant Molecular Biology. 1992 Feb;18(4):675-89.

36.Christensen AH, Quail PH. Ubiquitin promoter-based vectors for high-level expression of selectable and/or screenable marker genes in monocotyledonous plants. Transgenic Res. 1996 May;5(3):213-8.

37.Zhong GY, Peterson D, Delaney DE, Bailey M, Witcher DR, Register III JC, et al. Commercial production of aprotinin in transgenic maize seeds. Mol Breeding. 1999 Aug;5(4):345-56.

38.An GH, Costa MA, Ha SB. Nopaline Synthase Promoter Is Wound Inducible and Auxin Inducible. Plant Cell. 1990 Mar;2(3):225-33.

39.DiRita VJ, Gelvin SB. Deletion analysis of the mannopine synthase gene promoter in sunflower crown gall tumors and *Agrobacterium tumefaciens*. Mol Gen Genet. 1987 May;207(2-3):233-41.

40.Li RZ, Jia XY, Mao X. Ethanol-inducible gene expression system and its applications in plant functional genomics. Plant Sci. 2005 Sep;169(3):463-9.

41.Stoger E, Vaquero C, Torres E, Sack M, Nicholson L, Drossard J, et al. Cereal crops as viable production and storage systems for pharmaceutical scFv antibodies. Plant Molecular Biology. 2000 Mar;42(4):583-90.

42.Defreitas FA, Yunes JA, Dasilva MJ, Arruda P, Leite A. Structural Characterization and Promoter Activity Analysis of the Gamma-Kafirin Gene from Sorghum. Mol Gen Genet. 1994 Oct 28;245(2):177-86.

43. Leite A, Kemper EL, da Silva MJ, Luchessi AD, Siloto RMP, Bonaccorsi ED, et al. Expression of correctly processed human growth hormone in seeds of transgenic tobacco plants. Mol Breeding. 2000 Feb;6(1):47-53.
44. Noh SA, Lee HS, Huh GH, Oh MJ, Paek KH, Shin JS, et al. A sweetpotato SRD1 promoter confers strong root-, taproot-, and tuber-specific expression in Arabidopsis, carrot, and potato. Transgenic Research. 2012 Apr;21(2):265-78.
45. Sandhu JS, Krasnyanski SF, Domier LL, Korban SS, Osadjan MD, Buetow DE. Oral immunization of mice with transgenic tomato fruit expressing respiratory syncytial virus-F protein induces a systemic immune response. Transgenic Research. 2000 Apr;9(2):127-35.
46. Venter M. Synthetic promoters: genetic control through cis engineering. Trends Plant Sci. 2007 Mar;12(3):118-24.
47. Kay R, Chan A, Daly M, Mcpherson J. Duplication of Camv-35s Promoter Sequences Creates a Strong Enhancer for Plant Genes. Science. 1987 Jun 5;236(4806):1299-302.
48. Comai L, Moran P, Maslyar D. Novel and useful properties of a chimeric plant promoter combining CaMV 35S and MAS elements. Plant Mol Biol. 1990 Sep;15(3):373-81.
49. Bednarek SY, Raikhel NV. Intracellular Trafficking of Secretory Proteins. Plant Molecular Biology. 1992 Oct;20(1):133-50.
50. Okita TW, Rogers JC. Compartmentation of Proteins in the Endomembrane System of Plant Cells. Annu Rev Plant Physiol Plant Mol Biol. 1996 Jun;47:327-50.
51. Conrad U, Fiedler U, Artsaenko O, Phillips J. High-level and stable accumulation of single-chain Fv antibodies in plant storage organs. J Plant Physiol. 1998 Jun;152(6):708-11.
52. Juarez P, Huet-Trujillo E, Sarrion-Perdigones A, Falconi EE, Granell A, Orzaez D. Combinatorial Analysis of Secretory Immunoglobulin A (sIgA) Expression in Plants. Int J Mol Sci. 2013 Mar;14(3):6205-22.
53. Monger W, Alamillo JM, Sola I, Perrin Y, Bestagno M, Burrone OR, et al. An antibody derivative expressed from viral vectors passively immunizes pigs against transmissible gastroenteritis virus infection when supplied orally in crude plant extracts. Plant Biotechnol J. 2006 Nov;4(6):623-31.
54. Ottoboni LMM, Leite A, Yunes JA, Targon MLPN, Arruda P. Sequence-Analysis of 22 Kda-Like Alpha-Coixin Genes and Their Comparison with Homologous Zein and Kafirin Genes Reveals Highly Conserved Protein-Structure and Regulatory Elements. Plant Molecular Biology. 1993 Mar;21(5):765-78.
55. Mainieri D, Rossi M, Archinti M, Bellucci M, De Marchis F, Vavassori S, et al. Zeolin. A new recombinant storage protein constructed using maize gamma-zein and bean phaseolin. Plant Physiol. 2004 Nov;136(3):3447-56.

56. Sojikul P, Buehner N, Mason HS. A plant signal peptide-hepatitis B surface antigen fusion protein with enhanced stability and immunogenicity expressed in plant cells. P Natl Acad Sci USA. 2003 Mar 4;100(5):2209-14.

57. Marty F. Plant vacuoles. Plant Cell. 1999 Apr;11(4):587-99.

58. Jauh GY, Fischer AM, Grimes HD, Ryan CA, Jr., Rogers JC. delta-Tonoplast intrinsic protein defines unique plant vacuole functions. Proc Natl Acad Sci USA. 1998 Oct 27;95(22):12995-9.

59. Murray C, Sutherland PW, Phung MM, Lester MT, Marshall RK, Christeller JT. Expression of biotin-binding proteins, avidin and streptavidin, in plant tissues using plant vacuolar targeting sequences. Transgenic Res. 2002 Apr;11(2):199-214.

60. Chebolu S, Daniell H. Chloroplast-derived vaccine antigens and biopharmaceuticals: expression, folding, assembly and functionality. Curr Top Microbiol Immunol. 2009;332:33-54.

61. De Cosa B, Moar W, Lee SB, Miller M, Daniell H. Overexpression of the Bt cry2Aa2 operon in chloroplasts leads to formation of insecticidal crystals. Nat Biotechnol. 2001 Jan;19(1):71-4.

62. Staub JM, Garcia B, Graves J, Hajdukiewicz PTJ, Hunter P, Nehra N, et al. High-yield production of a human therapeutic protein in tobacco chloroplasts. Nat Biotechnol. 2000 Mar;18(3):333-8.

63. Bhatla SC, Kaushik V, Yadav MK. Use of oil bodies and oleosins in recombinant protein production and other biotechnological applications. Biotechnol Adv. 2010 May-Jun;28(3):293-300.

64. Li W, Li L, Li K, Lin J, Sun X, Tang K. Expression of biologically active human insulin-like growth factor 1 in Arabidopsis thaliana seeds via oleosin fusion technology. Biotechnol Appl Biochem. 2011 May;58(3):139-46.

65. Rivera AL, Gomez-Lim M, Fernandez F, Loske AM. Physical methods for genetic plant transformation. Phys Life Rev. 2012 Sep;9(3):308-45.

66. Gelvin SB. Agrobacterium-mediated plant transformation: the biology behind the "gene-jockeying" tool. Microbiol Mol Biol Rev. 2003 Mar;67(1):16-37, table of contents.

67. Komori T, Komari T, editors. Current State and Perspective of Binary Vectors and Superbinary Vectors. Oxford: Blackwell Publishing Ltd; 2011.

68. Lico C, Chen Q, Santi L. Viral vectors for production of recombinant proteins in plants. J Cell Physiol. 2008 Aug;216(2):366-77.

69. Fisk HJ, Dandekar AM. Electroporation: introduction and expression of transgenes in plant protoplasts. Methods Mol Biol. 2005;286:79-90.

70. Neuhaus G, Spangenberg G. Plant Transformation by Microinjection Techniques. Physiol Plantarum. 1990 May;79(1):213-7.

71. Griesbach RJ. An Improved Method for Transforming Plants through Electrophoresis. Plant Sci. 1994;102(1):81-9.

72. Badr YA, Kereim MA, Yehia MA, Fouad OO, Bahieldin A. Production of fertile transgenic wheat plants by laser micropuncture. Photochem Photobiol Sci. 2005 Oct;4(10):803-7.

73. Benz I, Schmidt MA. Never say never again: protein glycosylation in pathogenic bacteria. Mol Microbiol. 2002 Jul;45(2):267-76.

74. Faye L, Boulaflous A, Benchabane M, Gomord V, Michaud D. Protein modifications in the plant secretory pathway: current status and practical implications in molecular pharming. Vaccine. 2005 Mar 7;23(15):1770-8.

75. Gomord V, Faye L. Posttranslational modification of therapeutic proteins in plants. Curr Opin Plant Biol. 2004 Apr;7(2):171-81.

76. Streatfield SJ, Howard JA. Plant-based vaccines. Int J Parasitol. 2003 May;33(5-6):479-93.

77. Strasser R, Stadlmann J, Schahs M, Stiegler G, Quendler H, Mach L, et al. Generation of glyco-engineered Nicotiana benthamiana for the production of monoclonal antibodies with a homogeneous human-like N-glycan structure. Plant Biotechnol J. 2008 May;6(4):392-402.

78. Fujiyama K, Furukawa A, Katsura A, Misaki R, Omasa T, Seki T. Production of mouse monoclonal antibody with galactose-extended sugar chain by suspension cultured tobacco BY2 cells expressing human beta(1,4)-galactosyltransferase. Biochem Biophys Res Commun. 2007 Jun 22;358(1):85-91.

79. Elliott S, Lorenzini T, Asher S, Aoki K, Brankow D, Buck L, et al. Enhancement of therapeutic protein in vivo activities through glycoengineering. Nat Biotechnol. 2003 Apr;21(4):414-21.

80. Glenz K, Bouchon B, Stehle T, Wallich R, Simon MM, Warzecha H. Production of a recombinant bacterial lipoprotein in higher plant chloroplasts. Nat Biotechnol. 2006 Jan;24(1):76-7.

81. Mason HS, Lam DM, Arntzen CJ. Expression of hepatitis B surface antigen in transgenic plants. Proc Natl Acad Sci USA. 1992 Dec 15;89(24):11745-9.

82. Richter LJ, Thanavala Y, Arntzen CJ, Mason HS. Production of hepatitis B surface antigen in transgenic plants for oral immunization. Nat Biotechnol. 2000 Nov;18(11):1167-71.

83. Huang Z, Elkin G, Maloney BJ, Beuhner N, Arntzen CJ, Thanavala Y, et al. Virus-like particle expression and assembly in plants: hepatitis B and Norwalk viruses. Vaccine. 2005 Mar 7;23(15):1851-8.

84. Lenzi P, Scotti N, Alagna F, Tornesello ML, Pompa A, Vitale A, et al. Translational fusion of chloroplast-expressed human papillomavirus type 16 L1 capsid protein enhances antigen accumulation in transplastomic tobacco. Transgenic Res. 2008 Dec;17(6):1091-102.

85.Lai H, Engle M, Fuchs A, Keller T, Johnson S, Gorlatov S, et al. Monoclonal antibody produced in plants efficiently treats West Nile virus infection in mice. Proc Natl Acad Sci USA. 2010 Feb 9;107(6):2419-24.

86.Wilken LR, Nikolov ZL. Recovery and purification of plant-made recombinant proteins. Biotechnol Adv. 2012 Mar-Apr;30(2):419-33.

87.Spok A. Molecular farming on the rise--GMO regulators still walking a tightrope. Trends Biotechnol. 2007 Feb;25(2):74-82.

88.Breyer D, De Schrijver A, Goossens M, Pauwels K, Herman P. Biosafety of Molecular Farming in Genetically Modified Plants. Molecular Farming in Plants: Recent Advances and Future Prospects. 2012:259-74.

89.Murphy DJ. Improving containment strategies in biopharming. Plant Biotechnol J. 2007 Sep;5(5):555-69.

90.Kowalski SP, Ebora RV, Kryder RD, Potter RH. Transgenic crops, biotechnology and ownership rights: what scientists need to know. Plant J. 2002 Aug;31(4):407-21.

91.Ogra PL, Faden H, Welliver RC. Vaccination strategies for mucosal immune responses. Clin Microbiol Rev. 2001 Apr;14(2):430-45.

92.Pniewski T, Kapusta J, Bociag P, Kostrzak A, Fedorowicz-Stronska O, Czyz M, et al. Plant expression, lyophilisation and storage of HBV medium and large surface antigens for a prototype oral vaccine formulation. Plant Cell Rep. 2012 Mar;31(3):585-95.

93.Lou XM, Yao QH, Zhang Z, Peng RH, Xiong AS, Wang HK. Expression of the human hepatitis B virus large surface antigen gene in transgenic tomato plants. Clin Vaccine Immunol. 2007 Apr;14(4):464-9.

94.Kumar GB, Ganapathi TR, Revathi CJ, Srinivas L, Bapat VA. Expression of hepatitis B surface antigen in transgenic banana plants. Planta. 2005 Oct;222(3):484-93.

95.Cardineau GA, Mason HS, Vaneck JM, Kirk DD, Walmsley AM, Cardineau G, et al., inventors; Boyce Thompson Inst Plant Res Inc (Boyc-Non-standard) Boyce Thompson Inst (Boyc-Non-standard) Dow Agrosciences LLC (Dowc) Boyce Thompson Inst Plant Res (Boyc-Non-standard) CardineauAR G A (Card-Individual), assignee. New plant optimized nucleotide sequence encoding the HN antigen of Newcastle Disease Virus (NDV), useful for eliciting an immune response or for protecting an animal against NDV. Patents WO2004098533-A2; US2005048074-A1; EP1620550-A2; BR200410340-A; AU2004235813-A1; KR2006035596-A; CN1788077-A; US7132291-B2; ZA200508930-A; US2008076177-A1; US7407802-B2; CN100393870-C; US2009017065-A1; NZ543348-A; EP1620550-B1; AU2004235813-B2; DE602004028004-E; WO2004098533-A3.

96.Liu HL, Li XK, Lei T, Li WS, Si LS, Zheng J. Transgenic tobacco expressed HPV16-L1 and LT-B combined immunization induces strong mucosal and systemic immune responses in mice. Human Vaccines & Immunotherapeutics. 2013 Jan;9(1):89-95.

97. Karasev AV, Foulke S, Wellens C, Rich A, Shon KJ, Zwierzynski I, et al. Plant based HIV-1 vaccine candidate: Tat protein produced in spinach. Vaccine. 2005 Mar 7;23(15):1875-80.

98. Karaman S, Cunnick J, Wang K. Expression of the cholera toxin B subunit (CT-B) in maize seeds and a combined mucosal treatment against cholera and traveler's diarrhea. Plant Cell Rep. 2012 Mar;31(3):527-37.

99. Lakshmi PS, Verma D, Yang XD, Lloyd B, Daniell H. Low Cost Tuberculosis Vaccine Antigens in Capsules: Expression in Chloroplasts, Bio-Encapsulation, Stability and Functional Evaluation In Vitro. Plos One. 2013 Jan 23;8(1).

100. Ghosh S, Malhotra P, Lalitha PV, Guha-Mukherjee S, Chauhan VS. Expression of Plasmodium falciparum C-terminal region of merozoite surface protein (PfMSP1(19)), a potential malaria vaccine candidate, in tobacco. Plant Sci. 2002 Mar;162(3):335-43.

101. Hiatt A, Cafferkey R, Bowdish K. Production of antibodies in transgenic plants. Nature. 1989 Nov 2;342(6245):76-8.

102. Ma JKC, Hikmat BY, Wycoff K, Vine ND, Chargelegue D, Yu L, et al. Characterization of a recombinant plant monoclonal secretory antibody and preventive immunotherapy in humans. Nat Med. 1998 May;4(5):601-6.

103. Rademacher T, Sack M, Arcalis E, Stadlmann J, Balzer S, Altmann F, et al. Recombinant antibody 2G12 produced in maize endosperm efficiently neutralizes HIV-1 and contains predominantly single-GlcNAc N-glycans. Plant Biotechnol J. 2008 Feb;6(2):189-201.

104. Fischer R, Schillberg S, Hellwig S, Twyman RM, Drossard J. GMP issues for recombinant plant-derived pharmaceutical proteins. Biotechnol Adv. 2012 Mar-Apr;30(2):434-9.

105. Juarez P, Presa S, Espi J, Pineda B, Anton MT, Moreno V, et al. Neutralizing antibodies against rotavirus produced in transgenically labelled purple tomatoes. Plant Biotechnol J. 2012 Apr;10(3):341-52.

106. Lee JH, Park DY, Lee KJ, Kim YK, So YK, Ryu JS, et al. Intracellular reprogramming of expression, glycosylation, and function of a plant-derived antiviral therapeutic monoclonal antibody. Plos One. 2013;8(8):e68772.

107. Sirko A, Vanek T, Gora-Sochacka A, Redkiewicz P. Recombinant cytokines from plants. Int J Mol Sci. 2011;12(6):3536-52.

108. Edelbaum O, Stein D, Holland N, Gafni Y, Livneh O, Novick D, et al. Expression of active human interferon-beta in transgenic plants. J Interferon Res. 1992 Dec;12(6):449-53.

109. Bortesi L, Rossato M, Schuster F, Raven N, Stadlmann J, Avesani L, et al. Viral and murine interleukin-10 are correctly processed and retain their biological activity when produced in tobacco. Bmc Biotechnol. 2009 Mar 19;9.

110. Wang DJ, Brandsma M, Yin Z, Wang A, Jevnikar AM, Ma S. A novel platform for biologically active recombinant human interleukin-13 production. Plant Biotechnol J. 2008 Jun;6(5):504-15.

111. Xie TT, Qiu QC, Zhang W, Ning TT, Yang W, Zheng CY, et al. A biologically active rhIGF-1 fusion accumulated in transgenic rice seeds can reduce blood glucose in diabetic mice via oral delivery. Peptides. 2008 Nov;29(11):1862-70.

112. Boyhan D, Daniell H. Low-cost production of proinsulin in tobacco and lettuce chloroplasts for injectable or oral delivery of functional insulin and C-peptide. Plant Biotechnol J. 2011 Jun;9(5):585-98.

113. Kim TG, Baek MY, Lee EK, Kwon TH, Yang MS. Expression of human growth hormone in transgenic rice cell suspension culture. Plant Cell Reports. 2008 May;27(5):885-91.

114. Aviezer D, Brill-Almon E, Shaaltiel Y, Hashmueli S, Bartfeld D, Mizrachi S, et al. A Plant-Derived Recombinant Human Glucocerebrosidase Enzyme-A Preclinical and Phase I Investigation. Plos One. 2009 Mar 11;4(3).

115. Nandi S, Suzuki YA, Huang JM, Yalda D, Pham P, Wu LY, et al. Expression of human lactoferrin in transgenic rice grains for the application in infant formula. Plant Sci. 2002 Oct;163(4):713-22.

116. Nandi S, Yalda D, Lu S, Nikolov Z, Misaki R, Fujiyama K, et al. Process development and economic evaluation of recombinant human lactoferrin expressed in rice grain. Transgenic Res. 2005 Jun;14(3):237-49.

117. Ma JK, Hiatt A, Hein M, Vine ND, Wang F, Stabila P, et al. Generation and assembly of secretory antibodies in plants. Science. 1995 May 5;268(5211):716-9.

118. Biemelt S, Sonnewald U, Galmbacher P, Willmitzer L, Muller M. Production of human papillomavirus type 16 virus-like particles in transgenic plants. J Virol. 2003 Sep;77(17):9211-20.

119. Murashige T, Skoog F. A Revised Medium for Rapid Growth and Bio Assays with Tobacco Tissue Cultures. Physiol Plantarum. 1962;15(3):473-97.

120. Green MR, Sambrook J. Molecular Cloning: a Laboratory Manual. 4th Ed. Cold Spring Harbor: Cold Spring Harbor Laboratory Press; 2012. 2028 p.

121. Topfer R, Matzeit V, Gronenborn B, Schell J, Steinbiss HH. A set of plant expression vectors for transcriptional and translational fusions. Nucleic Acids Res. 1987 Jul 24;15(14):5890.

122. Jefferson RA, Kavanagh TA, Bevan MW. Gus Fusions - Beta-Glucuronidase as a Sensitive and Versatile Gene Fusion Marker in Higher-Plants. Embo J. 1987 Dec;6(13):3901-7.

123. Harper BK, Mabon SA, Leffel SM, Halfhill MD, Richards HA, Moyer KA, et al. Green fluorescent protein as a marker for expression of a second gene in transgenic plants. Nat Biotechnol. 1999 Nov;17(11):1125-9.

A – Adenina
CNTBio – Comissão Técnica Nacional de Biossegurança
C – Citosina
DNA – Ácido desoxirribonucleico
G – Guanina
RNA – Ácido ribonucleico
TI – Indutor de tumor
U – Uracila

CAPÍTULO 14

ANIMAIS DOMÉSTICOS COMO BIORREATORES: PRODUÇÃO E USOS

Luiz Sergio de Almeida Camargo
Vicente José de Figueirêdo Freitas
Luciana Magalhães Melo
Humberto de Mello Brandão
João Henrique Moreira Viana

14.1 INTRODUÇÃO

As aplicações e consequente demanda global por proteínas recombinantes farmacêuticas têm aumentado constantemente[1], e seu mercado para a saúde humana já atingiu 99 bilhões de dólares em 2009[2]. Os sistemas atuais de produção dessas proteínas estão baseados no cultivo *in vitro* de células eucariontes ou procariontes geneticamente modificadas em biorreatores. Embora estes sistemas de biorreatores sejam o de eleição para a produção de proteínas recombinantes, ainda possuem limitações. A produção de proteínas recombinantes[3], apesar de poder atingir até 5 g/L, geralmente está limitada a miligramas por litro devido à baixa densidade de células possíveis no cultivo[4], limitando o aumento da produção por área. Além disso, o custo para se estabelecer uma estrutura física completa pode ultrapassar 1 bilhão de dólares[5], requerendo equipamentos especializados de valor elevado e alto

consumo de energia. Existe também certa dificuldade em estabelecer linhagens de células com expressão estável[6], requerendo renovação constante.

Uma alternativa ao cultivo *in vitro* de células eucariontes é o uso de animais domésticos geneticamente modificados como biorreatores. As proteínas recombinantes produzidas nesses animais sofrem glicosilação e montagem semelhante àquelas produzidas pelas células mamíferas mantidas em cultivo *in vitro*, e podem favorecer a expressão de proteínas complexas que têm sido difíceis de serem produzidas em linhagens celulares[5,7]. Proteínas recombinantes podem ser produzidas na glândula mamária, urina, sangue e clara de ovos. A glândula mamária tem sido o órgão preferencial[8,9], de onde o leite com grandes quantidades de proteínas é facilmente removido pela ordenha, com menos estresse ao animal. As espécies domésticas de preferência para atuarem como biorreatores são caprinos, ovinos e bovinos pelo fato de produzirem grandes quantidades de leite, terem um manejo nutricional e sanitário conhecido e possuírem tecnologias reprodutivas que permitem acelerar os processos reprodutivos, facilitando a geração de descendentes. Coelhos também têm sido considerados uma opção devido à facilidade de manutenção, alta prolificidade e curta duração da gestação[10,11], assim como galinhas para a produção de ovos contendo proteínas recombinantes[12]. Neste contexto, está em uso o termo *gene pharming* para traduzir a utilização de animais domésticos geneticamente modificados para a produção de medicamentos, com o argumento de que esses animais transgênicos são capazes de atender à demanda industrial de medicamentos quando comparados aos equipamentos complexos e dispendiosos do cultivo celular tradicional em biorreatores.

Estima-se que o custo para se produzir uma proteína recombinante por meio de um animal biorreator possa ser um décimo do custo das estruturas comerciais de cultivo de células[7]. No Brasil, um estudo da Universidade Estadual do Ceará (UECE) gerou cabras (Figura 14.1) para o fator estimulante de colônias de granulócitos humano (*human granulocyte colony stimulating factor* – hG-CSF)[13], com produção de 0,63 g/L de leite, enquanto, na Argentina, estudo de Salamone e colaboradores[14] produziu bovinos que secretam até 5 g/L de hormônio do crescimento humano no leite. Com a estimativa de produção de 1 g/L de proteína recombinante no leite, poder-se-ia atender a importação brasileira de 2010, de duas toneladas de imunoglobulinas no valor de 162 milhões de dólares[15], com 334 vacas produzindo 6.000 kg de leite por lactação. Considerando o valor do litro de leite convencional (0,70 centavos de dólar), o valor total do custo para as 334 vacas seria de 1,4 milhão de dólares. Outras estimativas, baseadas na produção de anticorpos

monoclonais, calculam que, para a produção de 100 kg por ano, os custos de produção por grama são entre três e trinta vezes menores com o uso de um modelo com caprinos transgênicos quando comparado ao modelo utilizando células eucariontes[16].

Obviamente, animais domésticos biorreatores devem ser mantidos em instalações ou estábulos controlados, com elevados níveis de exigência sanitária e higiênica e respeitando-se as diretrizes de biossegurança, o que aumenta o custo de produção do litro de leite. Deve-se considerar também que esta é uma ferramenta que ainda exige investimento em pesquisa e desenvolvimento para a geração de animais domésticos geneticamente modificados, purificação da proteína recombinante do leite do animal e avaliações pré-clínicas e clínicas da ação das drogas produzidas, o que agrega mais custos à produção. Entretanto, pela capacidade de produção em alta escala, geração de descendentes e o custo de instalação e manutenção dos animais, é uma alternativa aos biorreatores convencionais de cultivo celular. Neste capítulo, será apresentado um histórico da evolução da produção de animais domésticos geneticamente modificados e as principais técnicas utilizadas, com algumas aplicações de animais biorreatores para a saúde humana.

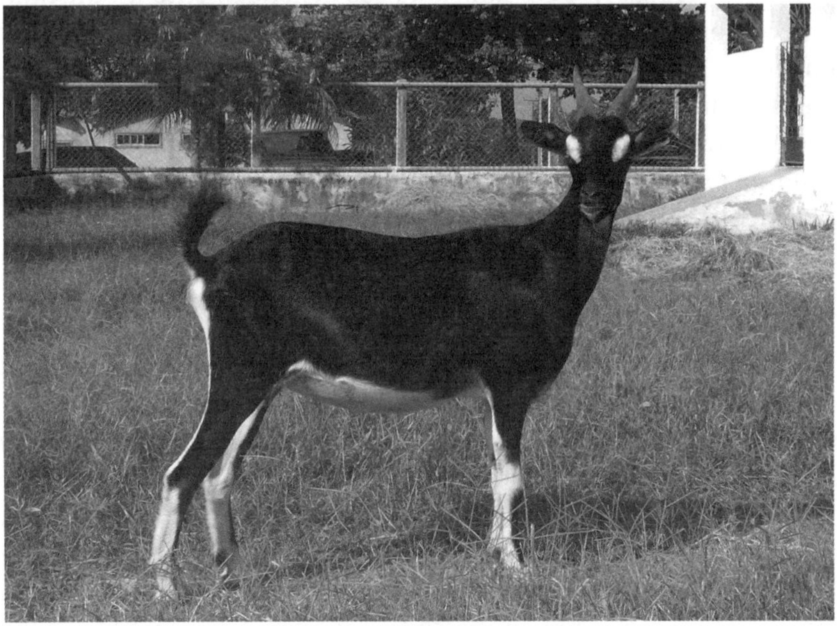

Figura 14.1 Camilla, cabra biorreatora que secreta o fator estimulante de colônias de granulócitos humano no leite, gerada na Universidade Estadual do Ceará.

14.2 HISTÓRICO

Apesar do uso de animais domésticos como biorreatores ser ainda um conceito inovador, estudos com modificações genéticas de embriões de mamíferos ocorrem desde a década de 1960, quando o professor Lin[17] microinjetou DNA em zigotos de camundongos. Na década de 1970, foi possível produzir camundongos saudáveis carreando sequências de DNA do gene do vírus Simian 40 microinjetadas na blastocele[18]. Em 1980, houve o relato do método mais comum para se produzir embriões camundongos transgênicos: a microinjeção pronuclear de DNA[19]. Em 1982, foram publicados estudos com camundongos transgênicos gerados por este método e portando o gene do hormônio de crescimento de ratos[20]. Com uma eficiência de aproximadamente 30%[21], a microinjeção pronuclear permitiu o avanço da transgenia em camundongos e ratos, de modo que, atualmente, tem sido possível gerar linhagens modificadas geneticamente para estudos de diversas doenças humanas e que podem ser encontradas comercialmente, produzidas por laboratórios especializados.

Outra maneira importante para a geração de camundongos transgênicos é com o uso de células-tronco embrionárias geneticamente modificadas por meio de recombinação homóloga. No início da década de 1980, foi relatado o isolamento de células-tronco de embriões em fase pré-implantação[22], e que tais células podiam colonizar as células germinativas após serem injetadas na blastocele, formando um embrião quimera[23]. Em seguida, demonstrou-se que um gene poderia ser modificado via recombinação homóloga nas células-tronco embrionárias. Após transferir as células-tronco modificadas geneticamente para a blastocele de um embrião, obteve-se camundongos quimeras aptos a transmitirem a modificação gênica para seus descendentes e gerar animais geneticamente modificados[24]. A grande vantagem do uso das células-tronco embrionárias é a manutenção de sua pluripotência e autorrenovação, mesmo após a transfecção para introdução da modificação gênica, permitindo a seleção e estabelecimento de linhagens geneticamente modificadas. Além disso, a recombinação homóloga nas células-tronco embrionárias permite a integração controlada, sítio-específica da modificação gênica no genoma hospedeiro, evitando-se efeitos indesejáveis que podem ser causados por integrações aleatórias. Desde então, células-tronco de camundongos com recombinação homóloga têm sido usada para produzir animais com mutações, substituições, deleções e inversões gênicas[25] para servir de modelos para estudos de função gênica e de doenças.

O avanço ocorrido com o uso de microinjeção pronuclear ou de células-tronco para gerar camundongos geneticamente modificados não foi observado para espécies domésticas. Apesar de muitos estudos com células-tronco de bovinos, caprinos e ovinos, linhagens verdadeiramente embrionárias, com capacidade de autorrenovação e longo tempo em cultivo, ainda não foram estabelecidas[26-28] e, portanto, ainda não têm sido usado para a modificação gênica. Apesar do primeiro relato de ovinos e suínos transgênicos gerados pela microinjeção pronuclear ter ocorrido em 1985[29], este método apresenta uma eficiência muito menor para espécies domésticas do que para camundongos, entre 0,8% a 10%[21,30,31], o que limita a produção em escala de embriões e animais transgênicos. Ainda assim, é uma opção para a produção de animais como biorreatores. O primeiro relato de proteínas recombinantes produzidas em espécies mamíferas domésticas biorreatores (fator IX de coagulação humana em ovelhas) aconteceu em 1988, com o uso da microinjeção pronuclear[32]. Em 2006, o Brasil gerou, em Fortaleza, cabras que secretavam hG-CSF, também por esse método[33].

Em 1971, houve a comunicação de que DNA exógeno poderia ser transferido por um espermatozoide para um oócito após a fertilização[34], mas somente em 1989 foi relatado o nascimento de animais (camundongos) com espermatozoides fazendo a transferência gênica[35], e, ainda assim, de maneira controversa[36]. Animais de outras espécies foram em seguida gerados pela transferência gênica mediada por espermatozoides (*sperm-mediated gene transfer* – SMGT). Em 1995, demonstrou-se que espermatozoides de bovinos poderiam carrear um gene exógeno para o oócito, apesar de os cientistas terem obtido apenas um animal positivo de 45 nascimentos[37]. Em 1996 suínos transgênicos foram produzidos por meio da inseminação artificial de porcas com espermatozoides carreando um transgene repórter[38], e, em 2002, foi relatada a produção de porcos com um gene humano para uma proteína de membrana que protege as células da ativação de complementos autólogos[39]. A SMGT apresenta a vantagem de ser um método aparentemente simples, no qual os espermatozoides são expostos à construção gênica e, em seguida, usados para fertilizar os oócitos. Entretanto, os resultados de diferentes experimentos e em diferentes espécies nem sempre são reprodutíveis[21,36,40], podendo requerer uso de biotecnologias reprodutivas mais avançadas, como a injeção espermática intracitoplasmática (*intracytoplasmic sperm injection* – ICSI) para favorecer a entrada do espermatozoide contendo o transgene, mesmo que com baixa eficiência[41,41].

Um grande estímulo para estudos com transgenia em animais domésticos foi o advento da transferência nuclear com células somáticas (TNCS), relatado em

1997 com o nascimento da ovelha Dolly[42]. Com este método, tornou-se possível modificar geneticamente as células e selecionar aquelas com a modificação desejada durante o período de cultivo *in vitro*. As células selecionadas são então usadas para produzir um embrião transgênico, com aproximadamente 100% de garantia de obtenção da modificação gênica no animal nascido[43]. O primeiro relato do uso de TNCS para este fim foi de Schnieke e colaboradores em 1997 em ovinos, para secreção do fator IX de coagulação humana[44]. No ano seguinte, foi relatado o uso do método para bovinos, gerando o animal clone transgênico com o gene da beta-galactosidase como marcador[45]. A partir de então, animais transgênicos de diversas espécies domésticas foram gerados[14,46-48]. Contudo, a TNCS enfrenta diversos problemas para gerar animais vivos saudáveis, independentemente de modificação gênica. A técnica é caracterizada por uma grande incidência de abortos, hidropsias (acumulação anormal de fluido nas cavidades naturais do corpo) e morte nos primeiros meses de vida, gerando uma perda de até 99% dos embriões gerados[49-51]. Suspeita-se de que boa parte das perdas deva-se a falhas na reprogramação do genoma das células somáticas[52-54], cujo padrão de expressão deve ser reprogramado para uma célula embrionária. Essas perdas causam um problema: apesar de a transferência nuclear com células somáticas modificadas geneticamente garantirem que o animal nascido será transgênico, é difícil produzir muitos animais saudáveis devido à grande incidência de perdas.

Vetores retrovirais também têm sido usados para gerar animais domésticos geneticamente modificados, aproveitando a habilidade desses vírus em se integrar ao genoma hospedeiro. Em 1998, Chan e colaboradores injetaram vetores retrovirais defectivos no espaço perivitelino de oócitos maturados de bovinos e, após a fecundação, conseguiram gerar embriões e animais nascidos saudáveis[55]. Antes disso, vetores retrovirais já haviam sido usados para gerar camundongos[56]. Porém, um dos problemas com vetores retrovirais é o silenciamento, reprimindo a expressão do transgene[57], e a incapacidade de transduzir células em quiescência[58], o que limita seu uso para a geração de animais geneticamente modificados. Para resolver esses problemas, vetores lentivirais foram desenvolvidos a partir de retrovírus mais complexos, como o vírus da imunodeficiência humana-1 (HIV-1). Em 2002, um estudo relatou que o uso de vetores lentivirais em embriões de camundongos permitiu a transferência de genes sem causar o seu silenciamento nos animais nascidos[59]. Nos anos seguintes, o mesmo grupo relatou altas taxas de produção de suínos e bovinos geneticamente modificados para a proteína verde fluorescente (*green fluorescent protein* – GFP) usando tais vetores[60,61]. O avanço científico permitiu o aprimoramento dos vetores lentivirais, como a autoinativação de

promotor viral, deleção de genes associados com infecção e menores chances de gerar vírus competentes por recombinação e ativação de oncogenes[62], tornando-os mais seguros para aplicações em animais[63]. A eficiência dos vetores lentivirais em gerar animais domésticos geneticamente modificados fica clara na carta de Simon Lillico e colaboradores do Roslin Institute do Reino Unido, o mesmo instituto que produziu Dolly, quando afirmam que em uma única estação (2008/2009) produziram 32 animais fundadores para seis transgenes, uma quantidade maior do que a soma de todos os 25 anos de pesquisa da instituição[64]. Tal eficiência aponta para os vetores lentivirais entre os procedimentos preferidos para a geração de animais biorreatores.

14.3 APLICAÇÕES DE ANIMAIS BIORREATORES

Em princípio, animais biorreatores podem produzir proteínas recombinantes com aplicação semelhante àquelas produzidas por células mantidas em biorreatores de cultivo. Animais biorreatores têm sido considerados de grande potencial para a produção de proteínas recombinantes em escala a menores custos do que os disponíveis atualmente[5,7,8,65], mas ainda de forma controversa, uma vez que os custos reais que envolvem a produção do animal geneticamente modificado, a espera para o animal alcançar a maturidade, a obtenção e purificação da proteína são estimativas e irão competir com uma capacidade já instalada de biorreatores de cultivo celular. Contudo, algumas situações podem favorecer o uso de animais biorreatores. O aumento da demanda de proteínas recombinantes tem sido constante e pode ultrapassar a capacidade atual de produção[1,7], criando a necessidade de novos sistemas para produção em larga escala. Além disso, muitos biofármacos deverão perder a proteção de patentes por volta de 2016[2,3] e, assim, abrir um maior espaço para animais biorreatores.

Proteínas mais complexas podem ter sua síntese mais favorecida em animais do que em cultivo celular, possibilitando alguns nichos específicos para animais biorreatores, como é o caso da antitrombina, de expressão difícil em células em cultivo, mas com produção eficiente em leite de cabras geneticamente modificadas[7]. Esta proteína é um anticoagulante e é a primeira droga recombinante originada de um ruminante doméstico biorreator aprovada para uso médico pelas agências reguladoras americana (Food and Drug Administration – FDA) e europeia (European Medicine Agency – EMA). Comercialmente denominada Atryn®, é indicada na prevenção de tromboembolia em pacientes com deficiência hereditária de antitrombina. A estimativa

é de que a companhia que a desenvolveu (antiga GTC Biotherapeutics, renomeada rEVOBiologics após aquisição pela LFB Biotechonologies S.A.S.) possa alcançar um mercado anual de 40 a 50 milhões de dólares nos Estados Unidos da América[66].

A proteína recombinante inibidora da C1 esterase (nome comercial Ruconest™ na Europa) foi aprovada para uso farmacêutico pela agência europeia de medicamentos em 2010 e é produzida pela Pharming Group*. Esta é a segunda proteína recombinante produzida por animais biorreatores aprovada pela European Medicines Agency e é indicada para o tratamento de pacientes com angioedema hereditário, uma desordem genética que leva à deficiência do inibidor de protease plasmática C1, causando episódios de angioedemas na pele e mucosa[67].

Animais biorreatores já foram produzidos para diversas outras proteínas recombinantes, e algumas se encontram em estágios de avaliação pré-clínicos. Alguns exemplos de proteínas recombinantes já secretadas por animais biorreatores e ainda em estudo são mostrados na Tabela 14.1.

Tabela 14.1 Exemplos de proteínas recombinantes farmacêuticas produzidas por animais biorreatores que estão em estudo[8,33,68,69]

PROTEÍNAS	ANIMAL
Fibrinogênio	Coelhos
Antígeno para produção de vacina contra malária	Cabras
Alfa-1 antitripsina	Cabras
Hormônio do crescimento	Vacas
Fator VIII de coagulação	Coelhos
Fator IX de coagulação	Cabras
Fator estimulante de colônias de granulócitos humano	Cabras
Albumina	Vacas
Eritropoetina	Coelhos

Entre as proteínas recombinantes, os anticorpos têm tido a maior demanda[2] e têm diversas aplicações, desde pesquisa e diagnóstico até terapias. Anticorpos monoclonais atuam em epítopo específico dos antígenos,

* Ver <http://www.pharming.com>.

enquanto os policlonais possuem afinidade a diferentes epítopos. Atualmente, em torno de 95% dos anticorpos monoclonais aprovados são produzidos em linhagens de células de mamíferos em cultivo *in vitro*, que permitem a produção de anticorpos semelhantes àqueles produzidos pelo corpo humano[70]. Porém, camundongos modificados geneticamente com sequências para a produção de anticorpos humanos têm sido validados como uma nova plataforma de produção, com a aprovação comercial de anticorpo monoclonal para tratamento de certos tipos de câncer nos Estados Unidos em 2006[71]. A alta demanda por anticorpos monoclonais para combater doenças específicas pode favorecer o uso de animais biorreatores devido à possibilidade de escala e processamento da proteína. Vacas e coelhos secretando anticorpos monoclonais na glândula mamária já foram produzidos[72] e demonstraram a viabilidade do uso de animais biorreatores para atender a demanda. De modo semelhante, animais biorreatores secretando anticorpos policlonais já foram gerados. Kuroiwa e colaboradores produziram bezerros capazes de secretar imunoglobulinas humanas na circulação[73] e, em 2009, relataram a geração de animais com capacidade de secreção de grandes quantidades de anticorpos policlonais humanos (acima de 2 g/L IgG humana) na circulação sanguínea[74]. Anticorpos policlonais podem ser desejados quando se requer a neutralização de diversos epítopos, em patógenos com diversidades de cepas e/ou que sofrem rápida mutação e em pacientes em condições de septicemia[5,75]. Anticorpos policlonais podem ser úteis também contra o bioterrorismo, em situações de terapias para contaminações provocadas por disseminação de agentes infecciosos responsáveis por doenças como antraz, botulismo, tularemia, febre hemorrágica viral, entre outras[76].

14.4 TÉCNICAS DISPONÍVEIS PARA A PRODUÇÃO DE ANIMAIS DOMÉSTICOS GENETICAMENTE MODIFICADOS

A obtenção de animais domésticos transgênicos, como bovinos, caprinos e ovinos, é um trabalho que depende do domínio de diversas técnicas, tais como: biologia molecular, cultivo celular, embriologia e biotécnicas da reprodução. A microinjeção pronuclear de DNA é a técnica mais comum para a geração de camundongos geneticamente modificados, mas com pouco sucesso em ruminantes. Apesar disso, este método já gerou vários animais transgênicos em diferentes espécies domésticas e com diversas aplicações em pecuária e medicina[19,56].

Vários métodos alternativos à microinjeção pronuclear têm sido desenvolvidos nos últimos anos a fim de melhorar a eficiência e reduzir os custos da geração de animais transgênicos. Entre estes métodos, encontram-se os seguintes: (a) transferência gênica mediada por espermatozoides (*sperm mediated gene transfer* – SMGT)[38], (b) transdução de oócitos e/ou zigotos por vetores retro ou lentivirais[61] e (c) TNCS[44]. A TNCS é a técnica com maior adoção para geração de animais domésticos transgênicos, e sua taxa de sucesso típica, ou seja, animais nascidos vivos e saudáveis, é baixa, geralmente apenas 1% a 3% dos embriões transferidos[76]. De uma maneira geral, a microinjeção pronuclear e a TNCS são os métodos mais utilizados para a obtenção de animais transgênicos de produção (Figura 14.2).

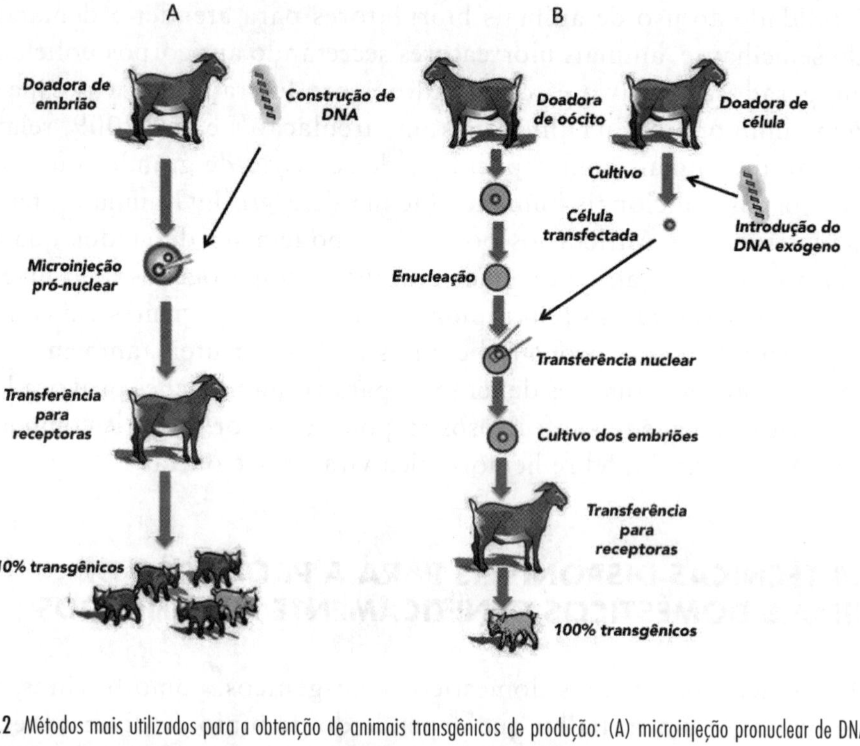

Figura 14.2 Métodos mais utilizados para a obtenção de animais transgênicos de produção: (A) microinjeção pronuclear de DNA em zigotos e (B) transferência nuclear de células somáticas (TNCS).

A seguir, são apresentados com um pouco mais de detalhes os métodos utilizados com sucesso em diferentes espécies domésticas para a obtenção de animais transgênicos. A TNCS será abordada mais adiante, com detalhes de procedimentos, em parte posterior deste capítulo.

14.4.1 Microinjeção pronuclear de DNA

Esta técnica envolve a injeção direta de uma construção de DNA exógeno em um dos pronúcleos de embriões recém-fecundados, seguido da transferência para o oviduto de fêmeas receptoras previamente preparadas. Assim, a transferência de genes por este método já foi descrita em muitas espécies domésticas, como: leporinos (lebres), suínos, ovinos, caprinos e bovinos[29,77-79]. As principais características deste método são a visualização do pronúcleo (Figura 14.3) por um operador qualificado e uso de sequências de DNA com algumas centenas de quilobases (kb). No entanto, a técnica possui uma baixa eficiência na produção de transgênicos fundadores, com a integração aleatória do transgene e formação de mosaicismo[30,80].

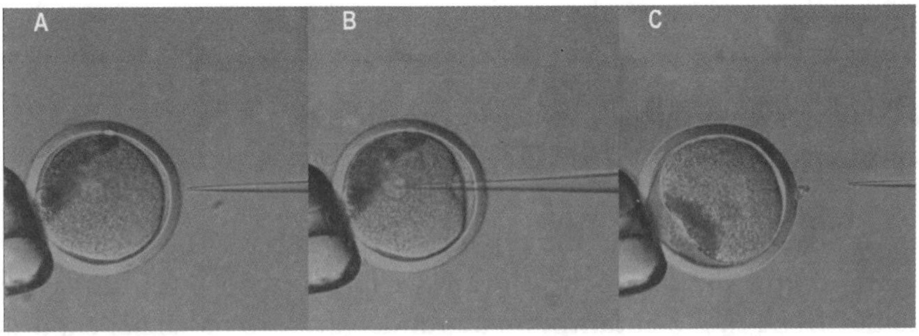

Figura 14.3 Sequência da microinjeção de DNA em pronúcleo de zigoto caprino: (A) O embrião é apreendido pela micropipeta *holding* (à esquerda do zigoto), enquanto a microagulha de injeção se aproxima (à direita do zigoto), (B) microinjeção em um dos pronúcleos e (C) a pipeta de microinjeção é afastada. Fotomicrografias realizadas no Laboratório de Fisiologia e Controle da Reprodução pela dra. Lyudmila Andreeva.

14.4.2 Vetores retrovirais

Este método utiliza a capacidade do retrovírus de realizar a integração estável de seu material genético nos cromossomos das células transduzidas. As principais características são a sua eficácia e simplicidade para a integração de uma cópia. Porém, uma vez que a transdução retroviral não ocorre na fase de zigoto, os animais resultantes são mosaicos, ou seja, nem todas as suas células possuem o transgene, e ainda pode ocorrer o silenciamento do transgene. Além disso, somente sequências de DNA menores do que 8 kb podem ser integradas e, portanto, em geral, apenas construções de DNA complementar (cDNA) podem ser usadas. Para superar as limitações do

uso de vetores retrovirais para transduzir células que não estão em divisão, vetores alternativos foram desenvolvidos, a exemplo dos adenovírus[81] e lentivírus[59]. Devido à sua capacidade de transduzir um largo espectro de células hospedeiras, alcançando o núcleo em diferentes fases do ciclo celular[82], o uso de vetores lentivirais tem sido adotado para a obtenção de animais domésticos transgênicos em diversas espécies, como bovinos, ovinos e suínos[61, 64]. Os vetores lentivirais carreando o gene de interesse são microinjetados no espaço perivitelino, sob a zona pelúcida, de um oócito maturado ou recém-fertilizado, de onde são capazes de penetrar na membrana plasmática e entregar o material genético às células. Apesar das vantagens na utilização desses vetores, esta abordagem tem limitação do tamanho do genoma lentiviral em torno de 8 kb[83], não muito maior do que os vetores retrovirais convencionais.

14.4.3 Transferência de genes mediada por espermatozoides (SMGT)

Com a demonstração de que espermatozoides podem carrear DNA exógeno para dentro de um oócito durante a fertilização[34], foi desenvolvida a técnica de SMGT[39]. No entanto, uma grande variação na eficiência desta técnica tem sido observada entre as espécies de produção[21,40]. Uma taxa de transferência de DNA muito eficiente (até 80% da descendência) foi obtida em suínos[39], enquanto o método teve um sucesso limitado na produção de bovinos transgênicos[37]. A injeção intracitoplasmática de espermatozoides (ICSI) pode também ser utilizada para a SMGT. Porém, a maioria dos embriões de animais domésticos não se desenvolve adequadamente após ICSI. Uma etapa adicional no protocolo, a ativação química haploide, permitiu a utilização de transferência de genes mediada por ICSI e gerou em embriões pré-implantacionais transgênicos ovinos, suínos, felinos, equinos e bovinos[84].

14.4.4 Novas tecnologias em transgênese animal

O avanço dos estudos científicos e tecnológicos tem permitido que novas metodologias sejam propostas para a geração de animais geneticamente modificados, envolvendo diferentes áreas da ciência. A seguir, serão apresentados alguns dos métodos emergentes nesta área.

14.4.4.1 RNA de interferência

O RNA de interferência (RNAi) é um mecanismo biológico conservado que inibe especificamente a expressão em nível de pós-transcrição de genes e é encontrado na maioria dos sistemas biológicos, incluindo fungos, plantas e animais. O elemento comum é RNA de cadeia dupla que provém da própria célula (micro RNA, ou miRNA) ou de seu exterior (pequenos RNAs de interferência, ou siRNA). Bovinos expressando RNAi para inibição pós-transcricional de beta-lactoglobulina, uma proteína alergênica do leite bovino, foram gerados recentemente por meio da TNCS[85]. Outra possibilidade é a combinação das tecnologias de siRNA e vetores lentivirais para silenciamento de genes associados a doenças[86] e que poderiam ser aplicados a animais de produção.

14.4.4.2 Nucleases

A inserção controlada de um DNA exógeno no genoma tende a ser extremamente rara em células somáticas, e várias estratégias têm sido desenvolvidas para melhorar sua eficiência. Em vez de esperar pelo acontecimento espontâneo e raro, a frequência de recombinação homóloga pode ser consideravelmente aumentada com a introdução de uma quebra na fita dupla de DNA no local desejado. Enzimas endonucleolíticas, altamente específicas, têm sido desenvolvidas para alcançar este objetivo. A enzima FokI, uma endonuclease, é associada a proteínas com domínio específico à sequência-alvo do DNA[87], criando moléculas híbridas que podem ser usadas para clivar uma sequência específica do genoma e, assim, causar o silenciamento do gene ou permitir a introdução de uma modificação gênica por recombinação homóloga[88,89]. Nucleases dedos de zinco (*zinc-finger nucleases* – ZFNs) e nucleases efetoras tipo ativador de transcrição (*transcription activator-like effector nucleases* – Talens) têm sido as moléculas híbridas utilizadas para modificar geneticamente o genoma de ratos, camundongos[89-91] e, mais recentemente, de suínos e bovinos[92].

14.4.4.3 Transposons

Transposons são sequências de DNA móveis que podem se autorreplicar em um determinado genoma e estão sendo utilizados como importante ferramenta para transgênese em moscas, peixes, sapos, camundongos e

ratos. Muitas das desvantagens dos métodos clássicos para obtenção de animais transgênicos podem ser superadas pela transferência de genes mediada por transposição, o que aumenta a eficiência da integração cromossômica e facilita a inserção de uma única cópia, mas a principal vantagem da transgênese mediada por transposons é que a integração do DNA exógeno é direcionada para as regiões eucromáticas acessíveis, nas quais o silenciamento do transgene é evitado. O uso de transposons combinado com a TNCS[93] já permitiu a obtenção de animais nascidos.

14.4.4.4 Nanopartículas

Nanopartículas podem ser uma alternativa para carrear genes para dentro de uma célula. Nanotubos de carbono são nanopartículas capazes de carrear vetores plasmidias e RNAi para dentro das células, promovendo uma expressão ou silenciamento gênico[94-96]. Nanopolímeros, associados à SMGT, foram capazes de transfectar oócitos durante a fertilização *in vitro* em bovinos[97]. Estudos com nanopartículas para geração de animais domésticos geneticamente modificados são ainda iniciais, mas abrem uma nova possibilidade na geração de biorreatores.

14.5 PROCEDIMENTO DE TRANSFERÊNCIA NUCLEAR COM CÉLULAS SOMÁTICAS (TNCS) PARA A PRODUÇÃO DE BOVINOS GENETICAMENTE MODIFICADOS

A TNCS, ou clonagem, é o método desenvolvido para a geração de clones de animais a partir de células diferenciadas[42]. Desde sua descrição, a TNCS vem sendo usada para gerar embriões a partir de células geneticamente modificadas durante o cultivo *in vitro*, produzindo ao final um animal clone transgênico. Apesar das dificuldades em gerar eficientemente um animal sadio, esse método ainda tem sido o mais utilizado.

Basicamente, esse método consiste em enuclear um oócito maturado (oócito receptor), removendo totalmente seu material genético, e introduzir um novo genoma por meio da eletrofusão da membrana plasmática do oócito com a de uma célula somática que está doando o novo genoma (célula doadora). Na transgenia para a produção de um animal biorreator, as células somáticas são transfectadas para receberem o gene (transgene) da proteína de interesse, quando ainda estão em cultivo *in vitro* e, depois

de selecionadas, tais células são usadas como doadoras de núcleos (Figura 14.4). Neste capítulo será descrito um procedimento da TNCS para gerar bovinos clones, geneticamente modificados ou não. Deve-se ter em mente que existem muitas variações e adaptações disponíveis na literatura que não estão citadas no procedimento abaixo, mas que podem ser avaliadas ao se estabelecer uma rotina de produção de embriões clones em um laboratório. Soluções bases mais comumente utilizadas na TNCS são:

- os meios de maturação *in vitro*: meio de cultivo de tecido 199 (TCM 199) enriquecido com hormônios, fatores de crescimento e soro fetal bovino[98];
- o meio de cultivo embrionário: meio Charles Rosenkrans 1 enriquecido com aminoácidos (CR1aa) ou fluido sintético do oviduto enriquecido com aminoácidos (SOFaa)[99,100]; e
- a solução tamponada: meio de Tyrode com albumina, lactato de sódio e piruvato tamponado com HEPES (TALP HEPES)[98] ou meio de Dulbecco tamponado com fosfato (DPBS).

14.5.1 Preparo das células doadoras

Diversos tipos de células somáticas podem ser usadas como doadoras de núcleos e podem ser obtidas de fetos, animais jovens ou adultos. As células são mantidas *in vitro* em meio de cultivo por diversas passagens, quando então podem ser transfectadas com a construção contendo o gene de interesse e um gene repórter que será usado para selecionar as células geneticamente modificadas. Para a TCNS, a célula deve estar preferencialmente em quiescência (estágio G0 do ciclo celular), o que pode ser alcançado com a privação do soro, isto é, o cultivo das células com 0,5% de soro fetal bovino (SFB) por dois a cinco dias, ou permitindo que o cultivo celular atinja mais de 80% de confluência, ambos antes do uso na TCNS. Alternativamente, podem ser usados agentes químicos que induzam a quiescência, como a roscovitina (um inibidor seletivo reversível e permeável à célula das cinases dependentes de ciclinas 1, 2 e 5 – *cyclin-dependent kinases*, CDK1 (cdc2), CDK2 e CDK5)[101]. Para o uso na TCNS as células são destacadas do fundo da placa de cultivo com solução a 0,25% a 0,5% de tripsina por dois a cinco minutos, em temperatura de 37 °C. Após se destacarem, a tripsina é inativada com meio de cultivo com 10% de SFB e as células são lavadas por centrifugação em meio de cultivo de duas a três vezes, antes de seguirem para a reconstrução do novo embrião.

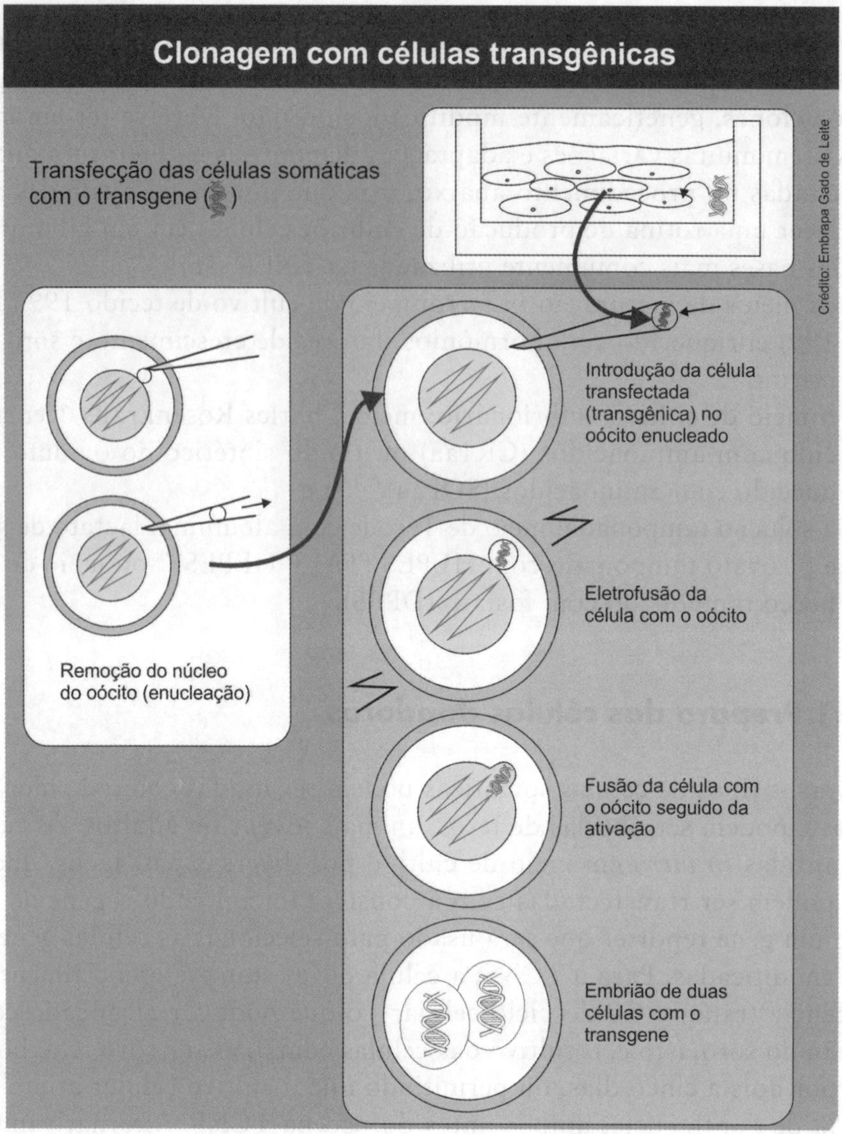

Figura 14.4 Esquema mostrando a transfecção das células somáticas com um transgene e posterior introdução no espaço perivitelino de um oócito enucleado para se produzir um embrião clone transgênico.

14.5.2 Preparo do oócito (citoplasma) receptor

Os oócitos receptores são produzidos por meio do cultivo de oócitos imaturos em meio de maturação. Oócitos imaturos envoltos por células do

cumulus são aspirados de folículos ovarianos e são cultivados por 18 a 22 horas em incubadoras com 38,5 °C, 5% CO_2 em ar atmosférico e umidade, até alcançarem a metáfase II da meiose, quando então possuem o primeiro corpúsculo polar (CP) visível no espaço perivitelino, entre a membrana do oócito e a zona pelúcida. As células *cumulus* que estão em volta do oócito têm papel fundamental no controle do crescimento oocitário, maturação, fertilização e habilidade de suportar a embriogênese. Elas mantêm o metabolismo em cooperação com os oócitos, interação crucial para a regulação da maturação oocitária e remodelamento da cromatina em oócitos bovinos e para a total competência de suportar a embriogênese. Para a visualização do CP e posterior manipulação do oócito, é necessário remover as células do *cumulus* que estão em volta do gameta. Isto é feito expondo os oócitos com as células do *cumulus* a uma solução tamponada contendo 0,5% a 1,0% de hialuronidase dentro de um tubo cônico e levando a amostra ao agitador de tubo por cinco a seis minutos. Após a agitação, os oócitos são recuperados pela visualização em um microscópio estereoscópio (lupa), e aqueles com CP são selecionados para a enucleação. Os que não tiverem CP visível podem retornar ao cultivo da maturação para uma nova avaliação da extrusão do CP.

14.5.3 Enucleação

A enucleação dos oócitos, assim como a reconstrução de um novo embrião com as células doadoras, é um procedimento realizado em microscópio invertido com epifluorescência, montado com sistema de micromanipulação que permita manobrar o oócito e as células por meio de micromanipuladores ou *joysticks*. Antes da enucleação, os oócitos com CP são expostos por quinze a vinte minutos a 37 °C a uma solução tamponada contendo Hoeschst 33342 (5 µg/mL) e citocalasina B (7,5 µg/mL) para coloração do núcleo e para relaxar a contração de microfilamentos, respectivamente, evitando assim danos ao citoplasma durante a micromanipulação. Em seguida são lavados e mantidos em solução tamponada.

Para a enucleação, os oócitos com CP são mantidos em microgotas (15 µL a 30 µL) de solução tamponada e cobertas com óleo mineral em uma placa de Petri estéril. Usando os braços direito e esquerdo do micromanipulador, o oócito é posicionado de forma que o CP torne-se visível, geralmente na posição entre 2 e 4 horas. A posição do CP é usada como guia para orientar a localização da placa metafásica do oócito maturado. Em geral, a placa metafásica está próxima do CP; assim, ao se remover o CP e o citoplasma

adjacente remove-se também a placa metafásica. A enucleação é feita segurando o oócito pelo lado oposto de onde se encontra o CP com uma micropipeta (*holding*) com diâmetro interno de 20 a 30 micras e externo de 70 a 100 micras. Com uma microagulha com diâmetro interno de 20 a 25 micras e externo de 30 a 35 micras e com bisel de 35 a 45 graus de ângulo é feita a penetração na zona pelúcida e a aspiração do CP e do citoplasma adjacente, onde se deve encontrar a placa metafásica. A certificação da remoção da placa metafásica é feita pela exposição do material aspirado, ainda dentro da microagulha, à luz ultravioleta e com o filtro adequado no microscópio invertido com epifluorescência. Por estar corada com Hoeschst 33342, a placa metafásica emite fluorescência, confirmando a enucleação do oócito. Após a enucleação, os oócitos retornam ao meio de cultivo usado para a maturação *in vitro* a fim de se recuperarem por 30 a 60 minutos, antes de seguirem para a reconstrução do novo embrião.

14.5.4 Reconstrução, eletrofusão e ativação do embrião

Os oócitos enucleados e as células somáticas em quiescência são transferidos para microgotas de solução tamponada cobertas com óleo mineral em placas de Petri. O oócito enucleado é segurado firmemente com a micropipeta *holding*, enquanto a mesma microagulha usada na enucleação seleciona uma ou mais células doadoras, de preferência com aspecto redondo e bordas bem delimitadas. A microagulha é inserida pela zona pelúcida e uma célula doadora é deixada no espaço perivitelino, assegurando-se que tenha contato com a membrana plasmática do oócito. Após a ação em um conjunto de oócitos, a dupla oócito enucleado: célula doadora é transferida para a solução de eletrofusão, constituída de 0,26 M a 0,3 M de manitol e 0,1 mM de sulfato de magnésio (MgSO$_4$) em água ultrapura, onde são lavados duas ou três vezes. Em seguida, são transferidos para a placa de eletrofusão contendo dois eletrodos com espaço de 0,5 mm entre eles e o mesmo meio de eletrofusão. A dupla é posicionada entre os eletrodos, de modo que o oócito enucleado e a célula doadora fiquem perpendiculares aos eletrodos (Figura 14.5). Após o posicionamento, dois a três micropulsos elétricos (DC) de 2,0 KV/cm a 2,5 KV/cm de duração entre 40 a 80 microssegundos são liberados para induzir a eletrofusão das membranas plasmáticas e, assim, introduzir o núcleo da célula no citoplasma do oócito enucleado. Após a fusão, a dupla oócito:célula é lavada em meio de cultivo embrionário e cultivada por uma a

duas horas antes de seguirem para a ativação. Somente as duplas fusionadas após uma a duas horas serão submetidas à ativação.

A ativação é feita por quatro a cinco minutos em meio embrionário contendo 5 μM de ionomicina de cálcio dentro de incubadora a 38,5 °C, com 5% CO_2 em ar atmosférico e umidade. Após a ativação, os zigotos reconstruídos são lavados em meio embrionário e transferidos para novo meio contendo 2 μM de 6-dimetilaminopurina (6-DMAP), onde serão cultivados por quatro horas a fim de evitar a extrusão de material nuclear introduzido no citoplasma do oócito receptor. Outros agentes também podem ser usados para a mesma função, como ciclohexímida (inibidor da síntese proteica em eucariotas, produzida pela bactéria *Streptomyces griseus*, apresenta efeito inibitório da síntese de proteínas porque interfere com o passo de translocação – deslocação de duas moléculas de tRNA e do mRNA em relação ao ribossoma –, interferindo com a fase de elongação na tradução)[102]. Ao final, os zigotos reconstruídos são lavados duas ou três vezes e transferidos para o meio de cultivo embrionário.

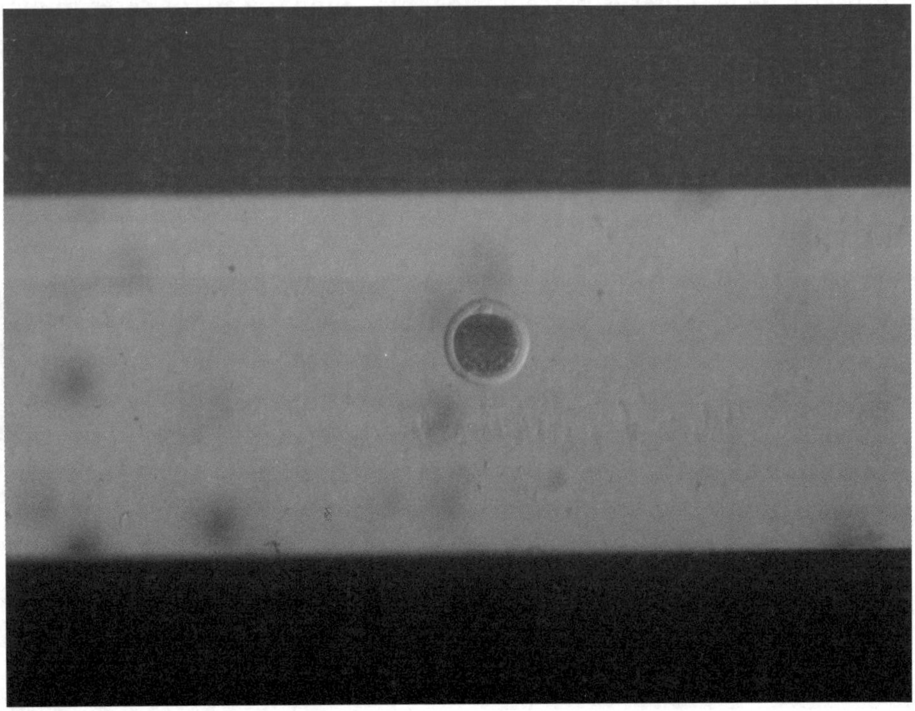

Figura 14.5 Foto de oócito com célula somática no espaço perivitelino na posição 12 horas, orientadas perpendicularmente aos eletrodos (faixas escuras acima e abaixo na horizontal).

14.5.5 Cultivo embrionário

Os zigotos reconstruídos são cultivados por sete a oito dias em meio de cultivo embrionário dentro de incubadoras a 38,5 °C e umidade com proporção de gases 5% CO_2, 5% O_2 e 90% N_2. Alternativamente, podem ser cultivados em incubadoras com somente 5% CO_2 em ar atmosférico, na mesma temperatura e umidade. No segundo ou terceiro dia após a ativação, avalia-se as primeiras divisões celulares (clivagem) e, no sétimo ou oitavo dia, a produção de blastocistos. Se os embriões foram reconstruídos com um gene repórter fluorescente, será possível avaliar a fluorescência expondo os embriões rapidamente à luz UV em um microscópio invertido com epifluorescência, certificando-se da expressão do gene repórter (Figura 14.6). Os blastocistos gerados e com a expressão do gene repórter podem ser então transferidos para o útero de uma receptora no sétimo ou oitavo dia do ciclo estral. O ciclo estral, derivado do latim *oestrus*, consiste nas mudanças fisiológicas recorrentes induzidas pelos hormônios reprodutivos na maioria das espécies de mamíferos placentários. Em comparação, os seres humanos passam por um ciclo menstrual. Ciclos estrais começam depois da puberdade em fêmeas sexualmente maduras. Aos 25 dias pode ser feito o primeiro exame ultrassonográfico para diagnosticar a gestação.

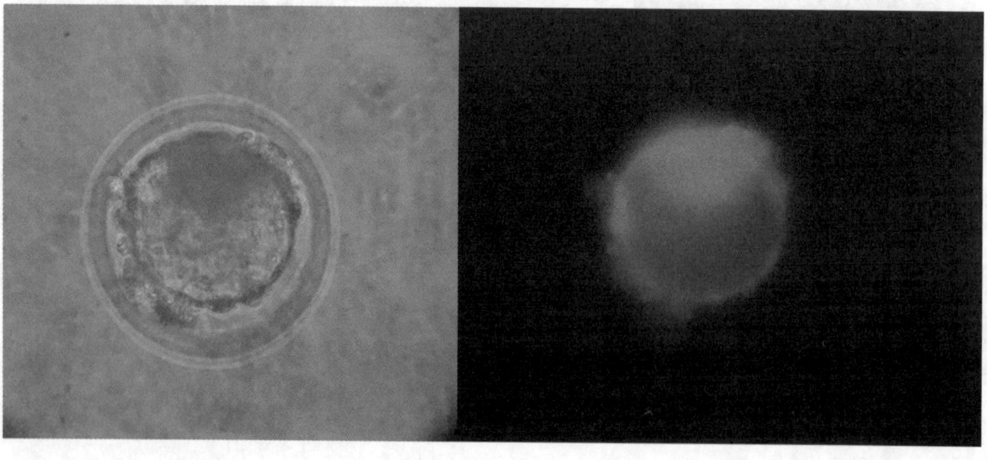

Figura 14.6 Fotos de um blastocisto clone bovino expressando a proteína verde fluorescente (GFP) do gene repórter antes (esquerda) e após (direita) a exposição à luz UV em microscópio invertido.

14.6 CONCLUSÕES

Animais domésticos biorreatores são uma alternativa para a produção de proteínas recombinantes, com dois produtos já disponíveis comercialmente. Diferentes espécies podem ser usadas, tais como coelhos, cabras, ovelhas e vacas, sendo que a principal via de secreção é a glândula mamária. Ruminantes, pela maior capacidade de produção de leite, têm sido as espécies com maior potencial para a produção em escala de proteínas recombinantes.

14.7 PERSPECTIVAS FUTURAS

O aumento da demanda por proteínas recombinantes, a queda de diversas patentes de bioprodutos e a aprovação recente pelas agências reguladoras americanas e europeias de produtos farmacêuticos recombinantes gerados por animais domésticos transgênicos devem estimular o uso desses animais como biorreatores. A melhoria dos procedimentos existentes e o surgimento de novas e mais eficientes alternativas para a geração de embriões e animais geneticamente modificados de médio e grande porte devem contribuir para a formação de rebanhos que produzam proteínas recombinantes em larga escala a custos menores, favorecendo o acesso da sociedade aos biofármacos.

REFERÊNCIAS

1. Butler M, Meneses-Acosta A. Recent advances in technology supporting biopharmaceutical production from mammalian cells. Appl Microbiol Biotechnol. 2012 Nov;96(4):885-94.
2. Walsh G. Biopharmaceutical benchmarks 2010. Nat Biotechnol. 2010 Sep;28(9):917-24.
3. Carinhas N, Oliveira R, Alves PM, Carrondo MJ, Teixeira AP. Systems biotechnology of animal cells: the road to prediction. Trends Biotechnol. 2012 Jul;30(7):377-85.
4. Pham PL, Kamen A, Durocher Y. Large-scale transfection of mammalian cells for the fast production of recombinant protein. Mol Biotechnol. 2006 Oct;34(2):225-37.
5. Kind A, Schnieke A. Animal pharming, two decades on. Transgenic Res. 2008 Dec;17(6):1025-33.
6. Aydin H, Azimi FC, Cook JD, Lee JE. A convenient and general expression platform for the production of secreted proteins from human cells. J Vis Exp. 2012;(65).
7. Thiel KA. Biomanufacturing, from bust to boom... to bubble? Nat Biotechnol. 2004 Nov;22(11):1365-72.
8. Houdebine LM. Production of pharmaceutical proteins by transgenic animals. Comp Immunol Microbiol Infect Dis. 2009 Mar;32(2):107-21.
9. Hennighausen L. The mammary gland as a bioreactor: production of foreign proteins in milk. Protein Expr Purif. 1990 Sep;1(1):3-8.
10. Wells DJ. Genetically modified animals and pharmacological research. Handb Exp Pharmacol. 2010;(199):213-26.
11. Wang Y, Zhao S, Bai L, Fan J, Liu E. Expression systems and species used for transgenic animal bioreactors. Biomed Res Int. 2013;2013:580463.
12. Lillico SG, McGrew MJ, Sherman A, Sang HM. Transgenic chickens as bioreactors for protein-based drugs. Drug Discov Today. 2005 Feb 1;10(3):191-6.
13. Freitas VJF, Serova IA, Moura RR, Andreeva LE, Melo LM, Teixeira DI, et al. The establishment of two transgenic goat lines for mammary gland hG-CSF expression. Small Ruminant Research. 2012;105(1-3):105-13.
14. Salamone D, Baranao L, Santos C, Bussmann L, Artuso J, Werning C, et al. High level expression of bioactive recombinant human growth hormone in the milk of a cloned transgenic cow. J Biotechnol. 2006 Jul 13;124(2):469-72.
15. Hemobras. Plano anual de atividades de auditoria interna. Exercício de 2012. 2012.
16. Farid SS. Process economics of industrial monoclonal antibody manufacture. J Chromatogr B Analyt Technol Biomed Life Sci. 2007 Mar 15;848(1):8-18.
17. Lin TP. Microinjection of mouse eggs. Science. 1966 Jan 21;151(3708):333-7.

18. Jaenisch R, Mintz B. Simian virus 40 DNA sequences in DNA of healthy adult mice derived from preimplantation blastocysts injected with viral DNA. Proc Natl Acad Sci USA. 1974 Apr;71(4):1250-4.

19. Gordon JW, Scangos GA, Plotkin DJ, Barbosa JA, Ruddle FH. Genetic transformation of mouse embryos by microinjection of purified DNA. Proc Natl Acad Sci USA. 1980 Dec;77(12):7380-4.

20. Palmiter RD, Brinster RL, Hammer RE, Trumbauer ME, Rosenfeld MG, Birnberg NC, et al. Dramatic growth of mice that develop from eggs microinjected with metallothionein-growth hormone fusion genes. Nature. 1982 Dec 16;300(5893):611-5.

21. Wheeler MB, Walters EM. Transgenic technology and applications in swine. Theriogenology. 2001 Nov 1;56(8):1345-69.

22. Evans MJ, Kaufman MH. Establishment in culture of pluripotential cells from mouse embryos. Nature. 1981 Jul 9;292(5819):154-6.

23. Bradley A, Evans M, Kaufman MH, Robertson E. Formation of germ-line chimaeras from embryo-derived teratocarcinoma cell lines. Nature. 1984 May 17;309(5965):255-6.

24. Koller BH, Hagemann LJ, Doetschman T, Hagaman JR, Huang S, Williams PJ, et al. Germ-line transmission of a planned alteration made in a hypoxanthine phosphoribosyltransferase gene by homologous recombination in embryonic stem cells. Proc Natl Acad Sci USA. 1989 Nov;86(22):8927-31.

25. Ledermann B. Embryonic stem cells and gene targeting. Exp Physiol. 2000 Nov;85(6):603-13.

26. Gandolfi F, Pennarossa G, Maffei S, Brevini T. Why is it so difficult to derive pluripotent stem cells in domestic ungulates? Reprod Domest Anim. 2012 Aug;47 Suppl 5:11-7.

27. Keefer CL, Pant D, Blomberg L, Talbot NC. Challenges and prospects for the establishment of embryonic stem cell lines of domesticated ungulates. Anim Reprod Sci. 2007 Mar;98(1-2):147-68.

28. Prelle K, Zink N, Wolf E. Pluripotent stem cells--model of embryonic development, tool for gene targeting, and basis of cell therapy. Anat Histol Embryol. 2002 Jun;31(3):169-86.

29. Hammer RE, Pursel VG, Rexroad CE, Jr., Wall RJ, Bolt DJ, Ebert KM, et al. Production of transgenic rabbits, sheep and pigs by microinjection. Nature. 1985 Jun 20;315(6021):680-3.

30. Niemann H, Kues WA. Application of transgenesis in livestock for agriculture and biomedicine. Anim Reprod Sci. 2003 Dec 15;79(3-4):291-317.

31. Pursel VG, Rexroad CE, Jr. Status of research with transgenic farm animals. J Anim Sci. 1993;71 Suppl 3:10-9.

32. Clark AJ, Ali S, Archibald AL, Bessos H, Brown P, Harris S, et al. The molecular manipulation of milk composition. Genome. 1989;31(2):950-5.

33. Freitas VJ, Serova IA, Andreeva LE, Dvoryanchikov GA, Lopes ES, Jr., Teixeira DI, et al. Production of transgenic goat (Capra hircus) with human Granulocyte Colony Stimulating Factor (hG-CSF) gene in Brazil. An Acad Bras Cienc. 2007 Dec;79(4):585-92.

34. Brackett BG, Baranska W, Sawicki W, Koprowski H. Uptake of heterologous genome by mammalian spermatozoa and its transfer to ova through fertilization. Proc Natl Acad Sci USA. 1971 Feb;68(2):353-7.

35. Lavitrano M, Camaioni A, Fazio VM, Dolci S, Farace MG, Spadafora C. Sperm cells as vectors for introducing foreign DNA into eggs: genetic transformation of mice. Cell. 1989 Jun 2;57(5):717-23.

36. Brinster RL, Sandgren EP, Behringer RR, Palmiter RD. No simple solution for making transgenic mice. Cell. 1989 Oct 20;59(2):239-41.

37. Schellander K, Pleo J, Schmoll F, Brem G. Artificial inseminaton in cattle with DNA-treated sperm. Animal Biotechnology. 1995;6:41-50.

38. Sperandio S, Lulli V, Bacci ML, Forni M, Maione B, Spadafora C, et al. Sperm-mediated DNA transfer in bovine and swine species. Animal Biotechnology. 1996;7(1):59-77.

39. Lavitrano M, Bacci ML, Forni M, Lazzereschi D, Di SC, Fioretti D, et al. Efficient production by sperm-mediated gene transfer of human decay accelerating factor (hDAF) transgenic pigs for xenotransplantation. Proc Natl Acad Sci USA. 2002 Oct 29;99(22):14230-5.

40. Eghbalsaied S, Ghaedi K, Laible G, Hosseini SM, Forouzanfar M, Hajian M, et al. Exposure to DNA is insufficient for in vitro transgenesis of live bovine sperm and embryos. Reproduction. 2013 Jan;145(1):97-108.

41. Shadanloo F, Najafi MH, Hosseini SM, Hajian M, Forouzanfar M, Ghaedi K, et al. Sperm status and DNA dose play key roles in sperm/ICSI-mediated gene transfer in caprine. Mol Reprod Dev. 2010 Oct;77(10):868-75.

42. Wilmut I, Schnieke AE, McWhir J, Kind AJ, Campbell KH. Viable offspring derived from fetal and adult mammalian cells. Nature. 1997 Feb 27;385(6619):810-3.

43. Bordignon V, Keyston R, Lazaris A, Bilodeau AS, Pontes JH, Arnold D, et al. Transgene expression of green fluorescent protein and germ line transmission in cloned calves derived from in vitro-transfected somatic cells. Biol Reprod. 2003 Jun;68(6):2013-23.

44. Schnieke AE, Kind AJ, Ritchie WA, Mycock K, Scott AR, Ritchie M, et al. Human factor IX transgenic sheep produced by transfer of nuclei from transfected fetal fibroblasts. Science. 1997 Dec 19;278(5346):2130-3.

45. Cibelli JB, Stice SL, Golueke PJ, Kane JJ, Jerry J, Blackwell C, et al. Transgenic bovine chimeric offspring produced from somatic cell-derived stem-like cells. Nat Biotechnol. 1998 Jul;16(7):642-6.

46. Wall RJ, Powell AM, Paape MJ, Kerr DE, Bannerman DD, Pursel VG, et al. Genetically enhanced cows resist intramammary Staphylococcus aureus infection. Nat Biotechnol. 2005 Apr;23(4):445-51.

47. Wheeler MB. Production of transgenic livestock: promise fulfilled. J Anim Sci. 2003;81 Suppl 3:32-7.
48. Galli C, Lagutina I, Perota A, Colleoni S, Duchi R, Lucchini F, et al. Somatic cell nuclear transfer and transgenesis in large animals: current and future insights. Reprod Domest Anim. 2012 Jun;47 Suppl 3:2-11.
49. Powell AM, Talbot NC, Wells KD, Kerr DE, Pursel VG, Wall RJ. Cell donor influences success of producing cattle by somatic cell nuclear transfer. Biol Reprod. 2004 Jul;71(1):210-6.
50. Watanabe S, Nagai T. Survival of embryos and calves derived from somatic cell nuclear transfer in cattle: a nationwide survey in Japan. Anim Sci J. 2011 Apr;82(2):360-5.
51. Chavatte-Palmer P, Camous S, Jammes H, Le CN, Guillomot M, Lee RS. Review: Placental perturbations induce the developmental abnormalities often observed in bovine somatic cell nuclear transfer. Placenta. 2012 Feb;33 Suppl:S99-S104.
52. Camargo L, Powell AM, do Vale Filho VR, Wall RJ. Comparison of gene expression in individual preimplantation bovine embryos produced by in vitro fertilisation or somatic cell nuclear transfer. Reprod Fertil Dev. 2005;17(5):487-96.
53. Han YM, Kang YK, Koo DB, Lee KK. Nuclear reprogramming of cloned embryos produced in vitro. Theriogenology. 2003 Jan 1;59(1):33-44.
54. Niemann H, Tian XC, King WA, Lee RS. Epigenetic reprogramming in embryonic and foetal development upon somatic cell nuclear transfer cloning. Reproduction. 2008 Feb;135(2):151-63.
55. Chan AW, Homan EJ, Ballou LU, Burns JC, Bremel RD. Transgenic cattle produced by reverse-transcribed gene transfer in oocytes. Proc Natl Acad Sci USA. 1998 Nov 24;95(24):14028-33.
56. Palmiter RD, Brinster RL. Transgenic mice. Cell. 1985 Jun;41(2):343-5.
57. Cherry SR, Biniszkiewicz D, van PL, Baltimore D, Jaenisch R. Retroviral expression in embryonic stem cells and hematopoietic stem cells. Mol Cell Biol. 2000 Oct;20(20):7419-26.
58. Kurian KM, Watson CJ, Wyllie AH. Retroviral vectors. Mol Pathol. 2000 Aug;53(4):173-6.
59. Pfeifer A, Ikawa M, Dayn Y, Verma IM. Transgenesis by lentiviral vectors: lack of gene silencing in mammalian embryonic stem cells and preimplantation embryos. Proc Natl Acad Sci USA. 2002 Feb 19;99(4):2140-5.
60. Hofmann A, Zakhartchenko V, Weppert M, Sebald H, Wenigerkind H, Brem G, et al. Generation of transgenic cattle by lentiviral gene transfer into oocytes. Biol Reprod. 2004 Aug;71(2):405-9.
61. Hofmann A, Kessler B, Ewerling S, Weppert M, Vogg B, Ludwig H, et al. Efficient transgenesis in farm animals by lentiviral vectors. EMBO Rep. 2003 Nov;4(11):1054-60.

62. Pauwels K, Gijsbers R, Toelen J, Schambach A, Willard-Gallo K, Verheust C, et al. State-of-the-art lentiviral vectors for research use: risk assessment and biosafety recommendations. Curr Gene Ther. 2009 Dec;9(6):459-74.

63. Cornetta K, Tessanne K, Long C, Yao J, Satterfield C, Westhusin M. Transgenic sheep generated by lentiviral vectors: safety and integration analysis of surrogates and their offspring. Transgenic Res. 2013 Aug;22(4):737-45.

64. Lillico S, Vasey D, King T, Whitelaw B. Lentiviral transgenesis in livestock. Transgenic Res 2011 Jun;20(3):441-2.

65. Dyck MK, Lacroix D, Pothier F, Sirard MA. Making recombinant proteins in animals--different systems, different applications. Trends Biotechnol. 2003 Sep;21(9):394-9.

66. Kling J. First US approval for a transgenic animal drug. Nat Biotechnol. 2009 Apr;27(4):302-4.

67. Davis AE, III. The pathophysiology of hereditary angioedema. Clin Immunol. 2005 Jan;114(1):3-9.

68. Niemann H, Kues WA. Transgenic farm animals: an update. Reprod Fertil Dev. 2007;19(6):762-70.

69. Maksimenko OG, Deykin AV, Khodarovich YM, Georgiev PG. Use of transgenic animals in biotechnology: prospects and problems. Acta Naturae. 2013 Jan;5(1):33-46.

70. Frenzel A, Hust M, Schirrmann T. Expression of recombinant antibodies. Front Immunol. 2013;4:217.

71. Lonberg N. Human monoclonal antibodies from transgenic mice. Handb Exp Pharmacol. 2008;(181):69-97.

72. Grosse-Hovest L, Muller S, Minoia R, Wolf E, Zakhartchenko V, Wenigerkind H, et al. Cloned transgenic farm animals produce a bispecific antibody for T cell-mediated tumor cell killing. Proc Natl Acad Sci USA. 2004 May 4;101(18):6858-63.

73. Kuroiwa Y, Kasinathan P, Choi YJ, Naeem R, Tomizuka K, Sullivan EJ, et al. Cloned transchromosomic calves producing human immunoglobulin. Nat Biotechnol. 2002 Sep;20(9):889-94.

74. Kuroiwa Y, Kasinathan P, Sathiyaseelan T, Jiao JA, Matsushita H, Sathiyaseelan J, et al. Antigen-specific human polyclonal antibodies from hyperimmunized cattle. Nat Biotechnol. 2009 Feb;27(2):173-81.

75. Rasmussen SK, Rasmussen LK, Weilguny D, Tolstrup AB. Manufacture of recombinant polyclonal antibodies. Biotechnol Lett. 2007 Jun;29(6):845-52.

76. Froude JW, Stiles B, Pelat T, Thullier P. Antibodies for biodefense. Mabs. 2011 Nov;3(6):517-27.

77. Buhler TA, Bruyere T, Went DF, Stranzinger G, Burki K. Rabbit beta-casein promoter directs secretion of human interleukin-2 into the milk of transgenic rabbits. Biotechnology. 1990 Feb;8(2):140-3.

78. Ebert KM, Selgrath JP, DiTullio P, Denman J, Smith TE, Memon MA, et al. Transgenic production of a variant of human tissue-type plasminogen activator in goat milk: generation of transgenic goats and analysis of expression. Biotechnology. 1991 Sep;9(9):835-8.

79. Krimpenfort P, Rademakers A, Eyestone W, van der Schans A, van den Broek S, Kooiman P, et al. Generation of transgenic dairy cattle using 'in vitro' embryo production. Biotechnology. 1991 Sep;9(9):844-7.

80. Bosze Z, Baranyi M, Whitelaw CB. Producing recombinant human milk proteins in the milk of livestock species. Adv Exp Med Biol. 2008;606:357-93.

81. Kubisch HM, Larson MA, Eichen PA, Wilson JM, Roberts RM. Adenovirus-mediated gene transfer by perivitelline microinjection of mouse, rat, and cow embryos. Biol Reprod. 1997 Jan;56(1):119-24.

82. Durand S, Cimarelli A. The inside out of lentiviral vectors. Viruses. 2011 Feb;3(2):132-59.

83. Fassler R. Lentiviral transgene vectors. EMBO Rep. 2004 Jan;5(1):28-9.

84. Pereyra-Bonnet F, Fernandez-Martin R, Olivera R, Jarazo J, Vichera G, Gibbons A, et al. A unique method to produce transgenic embryos in ovine, porcine, feline, bovine and equine species. Reprod Fertil Dev. 2008;20(7):741-9.

85. Jabed A, Wagner S, McCracken J, Wells DN, Laible G. Targeted microRNA expression in dairy cattle directs production of beta-lactoglobulin-free, high-casein milk. Proc Natl Acad Sci USA. 2012 Oct 16;109(42):16811-6.

86. Pfeifer A, Eigenbrod S, Al-Khadra S, Hofmann A, Mitteregger G, Moser M, et al. Lentivector-mediated RNAi efficiently suppresses prion protein and prolongs survival of scrapie-infected mice. J Clin Invest. 2006 Dec;116(12):3204-10.

87. Urnov FD, Rebar EJ, Holmes MC, Zhang HS, Gregory PD. Genome editing with engineered zinc finger nucleases. Nat Rev Genet. 2010 Sep;11(9):636-46.

88. Remy S, Tesson L, Menoret S, Usal C, Scharenberg AM, Anegon I. Zinc-finger nucleases: a powerful tool for genetic engineering of animals. Transgenic Res 2010 Jun;19(3):363-71.

89. Tesson L, Usal C, Menoret S, Leung E, Niles BJ, Remy S, et al. Knockout rats generated by embryo microinjection of TALENs. Nat Biotechnol. 2011 Aug;29(8):695-6.

90. Geurts AM, Cost GJ, Remy S, Cui X, Tesson L, Usal C, et al. Generation of gene-specific mutated rats using zinc-finger nucleases. Methods Mol Biol. 2010;597:211-25.

91. Cui X, Ji D, Fisher DA, Wu Y, Briner DM, Weinstein EJ. Targeted integration in rat and mouse embryos with zinc-finger nucleases. Nat Biotechnol. 2011 Jan;29(1):64-7.

92. Carlson DF, Tan W, Lillico SG, Stverakova D, Proudfoot C, Christian M, et al. Efficient TALEN-mediated gene knockout in livestock. Proc Natl Acad Sci USA. 2012 Oct 23;109(43):17382-7.

93. Jakobsen JE, Li J, Kragh PM, Moldt B, Lin L, Liu Y, et al. Pig transgenesis by Sleeping Beauty DNA transposition. Transgenic Res. 2011 Jun;20(3):533-45.
94. Singh R, Pantarotto D, McCarthy D, Chaloin O, Hoebeke J, Partidos CD, et al. Binding and condensation of plasmid DNA onto functionalized carbon nanotubes: toward the construction of nanotube-based gene delivery vectors. J Am Chem Soc. 2005 Mar 30;127(12):4388-96.
95. Kam NW, Liu Z, Dai H. Functionalization of carbon nanotubes via cleavable disulfide bonds for efficient intracellular delivery of siRNA and potent gene silencing. J Am Chem Soc. 2005 Sep 14;127(36):12492-3.
96. Ahmed M, Jiang X, Deng Z, Narain R. Cationic glyco-functionalized single-walled carbon nanotubes as efficient gene delivery vehicles. Bioconjug Chem. 2009 Nov;20(11):2017-22.
97. Campos VF, Komninou ER, Urtiaga G, de Leon PM, Seixas FK, Dellagostin OA, et al. NanoSMGT: transfection of exogenous DNA on sex-sorted bovine sperm using nanopolymer. Theriogenology. 2011 May;75(8):1476-81.
98. Gordon IR. Laboratory production of cattle embryos. 2nd ed. Wallingford: CABI Publishing; 2003.
99. Rosenkrans CF, Jr., Zeng GQ, MCNamara GT, Schoff PK, First NL. Development of bovine embryos in vitro as affected by energy substrates. Biol Reprod. 1993 Sep;49(3):459-62.
100. Holm P, Booth PJ, Schmidt MH, Greve T, Callesen H. High bovine blastocyst development in a static in vitro production system using SOFaa medium supplemented with sodium citrate and myo-inositol with or without serum-proteins. Theriogenology. 1999 Sep;52(4):683-700.
101. Miyoshi K, Arat S, Stice SL. Production of cloned calves using roscovitine-treated adult somatic cells as donors. Methods Mol Biol. 2006;348:125-34.
102. Booth PJ, Holm P, Vajta G, Greve T, Callesen H. Effect of two activation treatments and age of blastomere karyoplasts on in vitro development of bovine nuclear transfer embryos. Mol Reprod Dev. 2001 Nov;60(3):377-83.

AGRADECIMENTOS

À Fapemig, Funcap e CNPq pelo apoio as pesquisas envolvendo a produção de embriões e animais geneticamente modificados nos laboratórios de reprodução e embriologia da Embrapa Gado de Leite e da Universidade Estadual do Ceará.

CAPÍTULO 15

PLANTA *BIOFARMING*: PERSPECTIVAS INOVADORAS PARA A EXPRESSÃO DE PEPTÍDEOS EM SISTEMAS HETERÓLOGOS

Patrícia Barbosa Pelegrini
Maria Fátima Grossi-de-Sa

15.1 INTRODUÇÃO

Desde a década de 1980, pesquisadores vêm utilizando a tecnologia de DNA recombinante e estudos de controle da expressão gênica, no intuito de direcionar sistemas heterólogos para a produção de proteínas de interesse. Estudos sobre promotores virais e a possibilidade de cloná-los, visando ao aumento da expressão de proteínas heterólogas, permitiu uma abertura no campo da produção de proteínas recombinantes[1-3]. Desde então, diversos organismos – de bactérias a plantas superiores – têm sido estudados com o objetivo de se entender suas propriedades genômicas específicas e sua

maquinaria celular para melhor aproveitamento de seu perfil de expressão para cada proteína de interesse. Assim, devido ao vasto conhecimento de suas características genéticas e em biologia molecular, a bactéria *Escherichia coli* foi, inicialmente, o organismo mais utilizado como célula hospedeira para a expressão proteica. Essa bactéria também foi o primeiro organismo utilizado para escalonamento da expressão de proteínas em sistema heterólogo[2-5]. Todavia, a aplicação deste sistema para determinadas proteínas eucarióticas é problemática, já que esse organismo não apresenta ferramentas complexas para processos pós-traducionais, nem uma via que permita o transporte e secreção de proteínas da célula para o meio extracelular. Portanto, com o objetivo de se obter proteínas que necessitam de processos de enovelamento e modificações pós-traducionais específicas, estudos com outros sistemas e linhagens celulares foram realizados. Assim, o uso de diferentes organismos, tais como leveduras, células de mamíferos e, posteriormente, plantas[6-10], trouxe alternativas para a produção de proteínas recombinantes eucarióticas em larga escala, permitindo a expressão de macromoléculas com enovelamento correto e apresentando modificações complexas, incluindo o alto conteúdo de ligações dissulfeto, glicosilações e padrões de fosforilação.

Durante as últimas três décadas, a produção de proteínas e peptídeos em sistemas heterólogos tem sido objeto de intensos estudos, que permitiram grandes avanços na área. No entanto, esses progressos têm produzido pouco em termos de uma nova escolha de um organismo hospedeiro para expressão proteica, que permanecem basicamente os mesmos desde a década de 1980. A grande mudança ocorrida foi o aumento na concentração de proteína produzida, que se elevou exponencialmente devido à introdução de biorreatores no mercado[11,12]. Outra alternativa observada foi a modificação no conteúdo de meios de cultura e a aplicação de diferentes estratégias de alimentação de células/tecidos, os quais permitem uma produção constitutiva de proteínas recombinantes por longos períodos, com a manutenção da saúde e o vigor das células.

Estudos recentes evidenciaram o uso de biorreatores como o processo de melhor custo-eficiência na produção de grandes concentrações de proteínas recombinantes. Biorreatores podem ser aplicados para diferentes tipos de células e organismos[12-16], especialmente para produtos biofarmacêuticos[13,15,17-19], os quais são de grande interesse para a indústria e saúde pública. Nesse contexto, plantas inferiores e superiores ocupam a primeira posição de preferência de uso, principalmente para a produção de proteínas de uso humano[20-22].

Portanto, este capítulo faz uma revisão dos sistemas de plantas utilizados na expressão de proteínas heterólogas, suas principais utilizações, vantagens e desvantagens. O uso de biorreatores como nova ferramenta na produção em larga escala de proteínas será também discutido.

15.2 HISTÓRICO

A primeira demonstração de cultivo de células de plantas num sistema artificial foi realizada por Haberlandt em 1902 e publicada no trabalho intitulado *Attempts of cultivation with isolated plant cells*. Investigações posteriores sedimentaram o desenvolvimento do cultivo de plantas *in vitro*, as quais envolviam o estabelecimento de temperatura, aeração e condições de agitação, soluções e nutrientes para meios de cultura. Assim, a primeira patente em cultivo de tecidos de plantas foi dada a Routien e Nickell (1956), em associação com a Pfizer and Co. Inc. (Nova York, EUA). Com os avanços no uso da engenharia genética e biotecnologia vegetal, além da demonstração da aplicação da bactéria *Agrobacterium tumefaciens*, em 1983[23-26], para a transferência de genes em outros organismos, foi observado um substancial aumento de sistemas de cultura de células de planta em atividade. Consequentemente, novas estratégias para cultivo de células foram sendo introduzidas para a produção de diferentes compostos em larga escala, tais como proteínas recombinantes, metabólitos derivados de plantas e polissacarídeos[22]. O desenvolvimento de biorreatores permitiu a produção em larga escala e de alta qualidade de moléculas relevantes para o mercado farmacêutico[27].

Atualmente, é possível induzir culturas de calos de um grande número de variedades de plantas, especialmente as dicotiledônias. Um exemplo é a coleção de micro-organismos e culturas de células na Alemanha, que possui cerca de 700 linhagens de células de plantas de oitenta espécies diferentes em estoque*. Nesse contexto, uma metodologia interessante para a produção biotecnológica de moléculas é a transferência de processos biossintéticos de frascos para biorreatores. Apesar dessa transferência ser capaz de preservar o potencial biossintético das culturas de células de plantas, esta poderá ser dependente de diversos fatores inter-relacionados, tais como o método de cultivo e características fisiológicas da planta.

Para que a expressão possa ser controlada de forma ótima em sistemas em que não há a adição de indutores de expressão proteica, todos os sistemas

---

* Ver <www.dsmz.de>.

existentes dependem da expressão dirigida por um promotor constitutivo modificado. No entanto, até o momento, todos os promotores, já descritos, ainda não são capazes de manter altos níveis de indução da expressão proteica, mesmos os induzíveis[20].

Dessa forma, uma das metodologias mais aplicadas no desenvolvimento de plantas transgênicas é a utilização de vetores de expressão baseados em vírus. Esses vetores permitem maior rapidez na expressão, bem como maior capacidade de elevar os níveis de produção proteica em toda a planta[28-30]. Atualmente, existem diversos vírus usados como vetores de expressão, porém, vetores baseados no vírus do mosaico do tabaco (*tobacco mosaic virus* – TMV) vêm sendo os que permitem maior rendimento de expressão de proteínas em plantas[31,32]. Esse vetor tem sido aplicado na expressão de diversas proteínas em plantas, incluindo anticorpos[33], fragmentos de anticorpos[34], moléculas alergênicas[35,36] e candidatos a vacinas[37,38].

Dentre as técnicas existentes para a transformação de plantas está a utilização da bactéria *A. tumefasciens* e o bombardeamento de partículas contendo o DNA de interesse[39]. Esta última, também conhecida como biobalística, envolve o revestimento de partículas de ouro ou tungstênico, as quais são posteriormente bombardeadas em células ou calos de plantas[40]. Essa metodologia pode ser utilizada para introduzir o DNA de interesse tanto no genoma nuclear da planta quanto no genoma de cloroplastos[39]. A vantagem em relação ao método por *A. tumefasciens* é a ausência de vetores necessários para a transformação.

No entanto, a técnica da *A. tumefasciens* é a mais escolhida na produção de proteínas com potencial farmacêutico, devido à sua maior capacidade de manter quantidades relevantes de biomassa, além de causar danos menores aos tecidos da planta[30]. Nos últimos vinte anos, diversas técnicas têm sido desenvolvidas com o objetivo de se otimizar a expressão transiente de proteínas em plantas[41]. Recentemente, o surgimento da metodologia denominada "agroinfiltração" tem chamado a atenção por sua facilidade de manipulação, custo-benefício e eficiência[42]. Há duas vertentes dessa nova técnica: a agroinfiltração a vácuo e por meio do uso de seringa (Figura 15.1). A primeira demonstrou ser mais eficiente para escalonamento de proteínas com potencial farmacêutico e aplicação industrial. Este método também mostrou ser mais eficaz na agroinfiltração de plantas para as quais a seringa não havia funcionado, tais como alface e *Arabidopsis*[30,39]. Já a técnica de agroinfiltração por seringa é mais simples e de menor custo, quando comparada à técnica a vácuo. Além disso, a agroinfiltração por seringa permite uma maior flexibilidade de infiltração, uma vez que é possível adicionar um único

gene-alvo ou múltiplos genes-alvos numa mesma localização da planta[42-46]. Recentemente, a combinação das duas técnicas mostrou unir as vantagens da agroinfiltração por seringa e a vácuo, garantindo a simplicidade, eficiência e robustez da metodologia na expressão proteica[47].

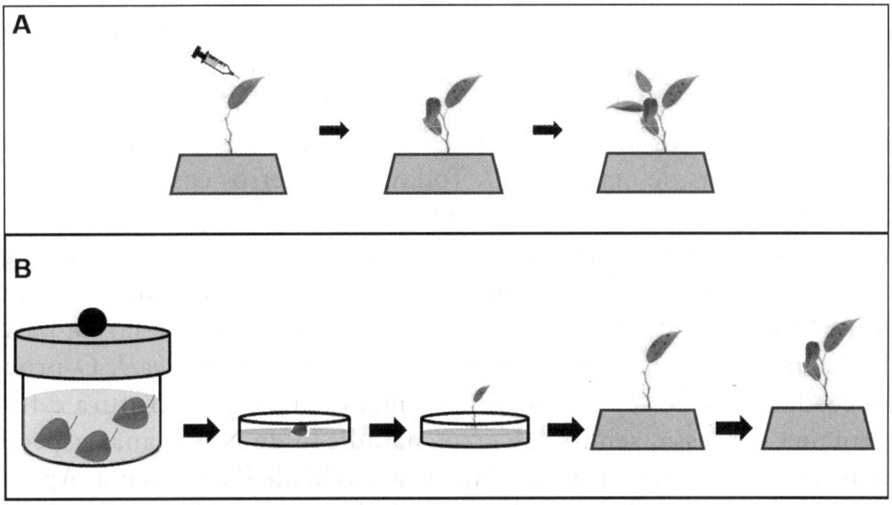

Figura 15.1 Métodos de agroinfiltração: A) utilizando seringa; B) pelo método a vácuo.

Diversos são os sistemas de expressão que garantem a produção de grandes quantidades de proteínas. Todavia, cada um desses sistemas pode proporcionar somente parte das soluções necessárias para se obter um sistema de expressão em escala industrial. Estudos anteriores relataram que transgenes nucleares em sementes eram capazes de produzir até 10 g de proteínas recombinantes por quilo de sementes[48]. Contudo, nesse caso, o rendimento é relativamente baixo, quando comparado à biomassa verde das plantas, a qual é muito maior do que a de sementes colhidas. Nesse contexto, uma alternativa em plantas é a expressão de proteínas em cloroplastos, o que pode aumentar até 50% na concentração de material solúvel final[49].

Outro fator limitante dentro dos sistemas de plantas é o fato de que algumas proteínas sintetizadas nos plastídeos poderiam não ser glicosiladas, impedindo sua aplicação e utilidade, principalmente no caso de biofármacos. Assim, devido a sua complexidade, proteínas recombinantes utilizadas como biofármacos – na sua maioria moléculas humanas – são geralmente produzidas em células de mamíferos[21,50,51]. Esse sistema permite que os processos

pós-traducionais de glicosilação ocorram de forma semelhante ao que acontece no organismo humano[52,53]. Entretanto, os sistemas de expressão em plantas também podem ser considerados métodos alternativos de produção de glicoproteínas recombinantes[54]. Da mesma forma que outros organismos eucariontes superiores, as plantas são capazes de sintetizar complexos proteicos multiméricos e a maquinaria necessária para promover modificações pós-traducionais de forma muito similar ao que ocorre em mamíferos. Atualmente, os sistemas de produção em plantas ainda apresentam a vantagem de serem livres de agentes infecciosos humanos, o que não ocorre em sistemas de células de mamíferos[17]. Todavia, em certos casos, há ainda dificuldade em se estabelecer uma espécie de planta ótima para a expressão de determinadas glicoproteínas humanas recombinantes. Um exemplo está na glicosilação pós-traducional de proteínas ligadas a asparagina. Essa característica é encontrada na maioria das proteínas do sangue e fazem parte de 70% das moléculas utilizadas na indústria biofarmacêutica[53]. O processo de glicosilação pode ser essencial para manutenção da estrutura e função da proteína expressa, sendo que erros na adição de N-glucanas específicas podem ser o suficiente para inviabilizar a atividade da molécula. Apesar de serem altamente semelhantes, algumas N-glucanas de planta apresentaram caráter imunogênico, sendo potenciais alergênicos para uso humano[55,56]. Assim, técnicas de RNA interferente foram aplicadas a diversas espécies de plantas, com o intuito de minimizar a adição de possíveis glicosilações errôneas. Estudos de engenharia genética foram também feitos em outras plantas, na tentativa de se obter glicosilações mutantes que mais se aproximassem às modificações nativas em humanos. Dentre essas plantas, destacam-se o tabaco, a alfafa, a lentilha e a *A. thaliana*[57-60].

Nos últimos dez anos, o musgo *Physcomitrella patens* foi introduzido como uma nova alternativa na produção de proteínas de uso biofarmacêutico devido à sua facilidade de cultivo e adaptação como biorreator[13,18,51]. De forma semelhante ao ocorrido em plantas superiores, técnicas de engenharia genética aplicadas ao musgo proporcionaram a remoção de glicosilações indesejadas e a adição de moléculas de N-glucanas similares às de humanos, permitindo a utilização desse sistema para expressão de qualquer proteína de uso terapêutico[61,62].

Como observado na Figura 15.2, o sistema de glicosilação em musgo é semelhante ao de plantas superiores[63]. A estrutura dominante de oligossacarídeos em musgo é formada por moléculas de N-acetilglicosamina (NAcGlc) e manose na sua região central, com duas moléculas de galactose ligadas na extremidade de dois resíduos de NAcGlc. Essa estrutura também é comum

em plantas superiores e mamíferos. O diferencial está na presença de uma ligação β-1,2 entre uma molécula de xilose e uma de manose, duas ligações do tipo α-1,4 entre uma molécula de NAcGlc e uma de fucose, além de mais duas ligações β-1,3 entre uma molécula da NAcGlc e uma de galactose[63]. Em mamíferos, além da ausência de moléculas de xilose, as ligações entre NAcGLc e fucose são do tipo α-1,6 e as ligações entre NAcGlc e galactose são do tipo β-1,4[64]. Essa diferença é primordial para gerar respostas alergênicas em proteínas contendo esse perfil[65,66].

Desse modo, para que sistemas de musgo fossem capazes de produzir moléculas biofarmacêuticas, algumas estruturas de glicosilação em *P. patens* foram modificadas[67]. Devido à sua alta frequência de recombinação homóloga no genoma nuclear, foi possível a identificação e o isolamento de genes de glicosiltransferase e fucosiltransferase, responsáveis por etapas-chave na glicosilação[63]. Os genes-alvos foram inibidos, gerando novas linhagens de musgo capazes de produzirem glicoproteínas sem xilose e ligações α-1,3 entre fucose e NAcGlc[61,62] (Figura 15.2). Dentre as moléculas já produzidas dentro deste sistema, encontram-se a eritropoietina, anticorpos IgG, fator H humano e o fator de crescimento endotelial humano (VEGF)[61,68-71].

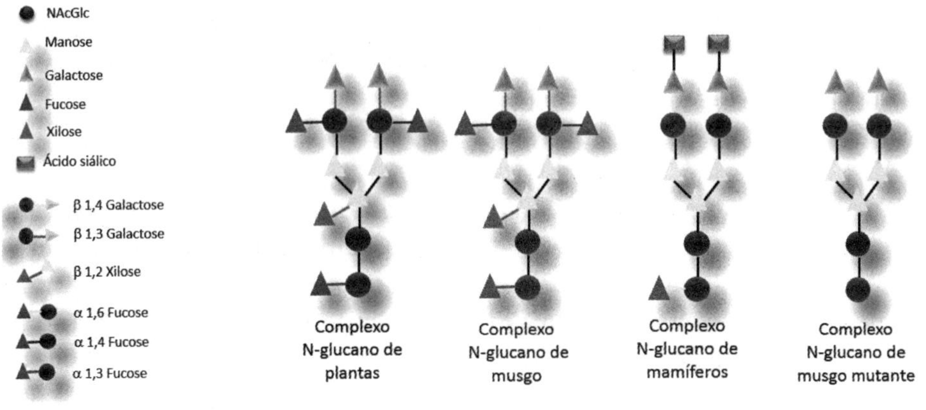

Figura 15.2 Processo de glicosilação de proteínas em plantas e mamíferos.

15.3 BIORREATORES

Os biorreatores de plantas já são otimizados de tecnologias anteriores, originalmente usadas para microorganismos[27,72]. Recentemente, diversas configurações de biorreatores têm sido utilizadas, incluindo as tradicionais

– reatores em tanque, transporte aéreo ou colunas de bolhas – e novas técnicas, que utilizam uma cascata de reatores ou uma combinação de diversos reatores[73,74]. Além disso, com o objetivo de otimizar a produção dos compostos desejados, validar os resultados e reduzir custos, novos biorreatores de culturas de células de planta foram desenvolvidos. Incluem-se nessa categoria os reatores *life*, os biorreatores de fluxo e refluxo, os biorreatores do tipo *wave* e do tipo *bolha* (*slug bubble*), os biorreatores *plate inclined* e os biorreatores *undertow*[75-77] (Figuras 15.3 e 15.4).

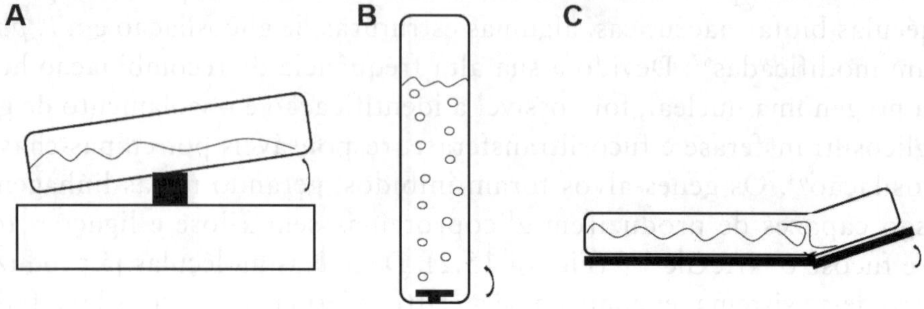

Figura 15.3 Biorreatores: (A) biorreator do tipo *wave*, em que o movimento de ondas ocorre pela movimentação de toda a base; (B) biorreator cilíndrico do tipo slug bubble. Os círculos indicam a movimentação de bolhas; e (C) biorreator do tipo undertow, em que o movimento de ondas no meio é feito pelo levantamento da lateral da base que sustenta as *bags* contendo meio de cultura e células em expressão proteica.

Já os biorreatores de musgo surgiram como uma nova alternativa para a produção em larga escala de proteínas recombinantes, principalmente as utilizadas para o desenvolvimento de produtos biofarmacêuticos. O musgo contém um pequeno genoma de 511 Mbp, sendo mais fácil para manipulação do que sistemas de plantas superiores. Além disso, o risco de contaminação com patógenos humanos e de plantas é reduzido, quando comparado com culturas de células de bactérias e mamíferos.

O musgo *Physcomitrella patens* é a espécie mais utilizada em sistemas de biorreatores, nos quais as células de protoplastos são transformadas mediadas por polietilenoglicol (PEG). Uma vez que são fotoautotróficas, são capazes de crescer em meio contendo somente sais inorgânicos, sem a necessidade de adição de carboidratos complexos ou fontes de aminoácidos[13]. As vantagens de *P. patens* em relação a outros sistemas de plantas é a alta taxa de recombinação em seu DNA nuclear[74,78,79], permitindo nocautes de genes específicos, o que é extremamente importante no desenvolvimento

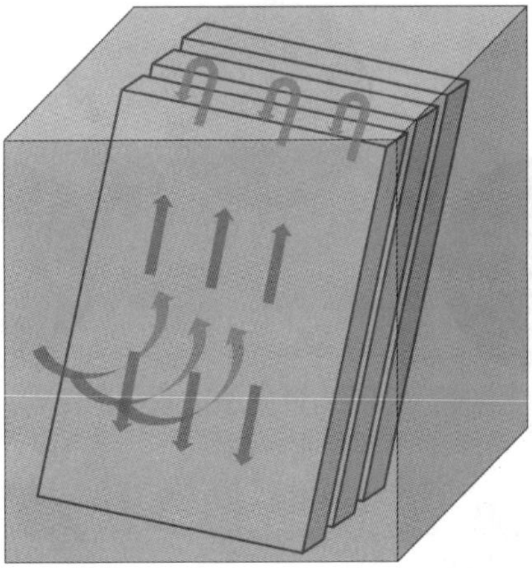

Figura 15.4 Biorreator do tipo plate inclined. Setas indicam a direção e movimentação do meio líquido dentro (setas verticais) e fora (setas curvas) das plataformas retangulares.

de novas linhagens celulares[80,81]. Outra vantagem é que musgos da espécie *P. patens* são organismos-modelos para estudos fisiológicos, por isso, seus estágios de crescimento já são bem conhecidos, o que permite a possibilidade de análises para suas condições de desenvolvimento no meio ambiente[82]. Há também o fato de que o estágio de desenvolvimento maior dos musgos é a forma de gametófito haploide. Isso torna os procedimentos de glicosilação mais fáceis, em comparação a outras culturas de células[79,83]. Biorreatores de musgo apresentam vantagem em relação a outros sistemas pela não necessidade de se utilizar *codon usage*, permitindo a adaptabilidade de produção de qualquer proteína[18].

O cultivo de *P. patens* também é relativamente simples e de baixo custo. Cultivos *in vitro* de tecidos são a melhor opção para musgos e envolvem a germinação do esporo haploide, produzindo protonemas que se proliferam por meio da divisão celular apical. Assim, divisões subsequentes do protonema estimularão o desenvolvimento de brotos ou ramos/galhos, os quais se transformarão em gametófoto e, finalmente, na planta adulta[13]. A formação dos órgãos sexuais pode levar à autofertilização e ao crescimento de um esporo encapsulado no topo do gametófoto. Esses esporos são, depois, liberados, completando o ciclo de vida do organismo[13] (Figura 15.5).

O meio de cultura para musgo é feito essencialmente de água e sais inorgânicos e, apesar de muitos compostos terem sido testados para o seu crescimento, não há necessidade de adição de hormônios ou complexos aditivos

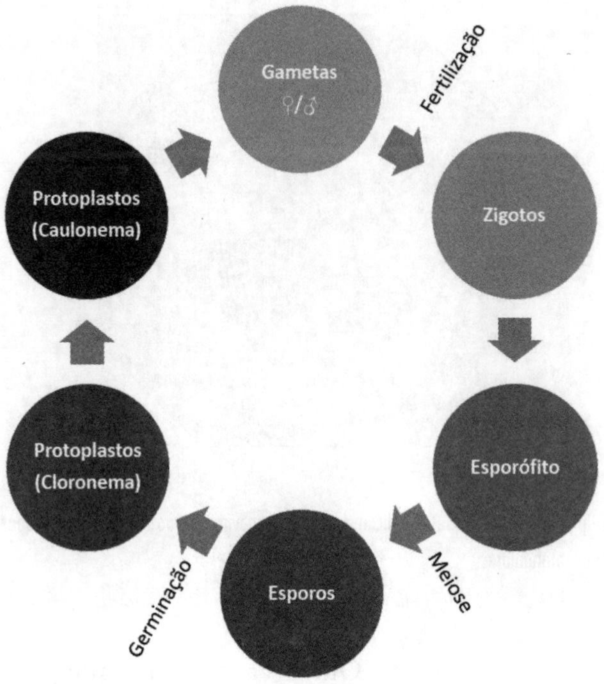

Figura 15.5 Esquema do ciclo de vida do musgo *Physcomitrella patens*.

ao meio[84]. A luz e o gás carbônico são as únicas fontes de energia e carbono necessárias. Ademais, esse organismo pode crescer sob uma grande variação de pH e temperatura[84,85]. O cultivo de musgo em biorreatores de vidro já foi estabelecido e, comparado com sistemas de células animais, é mais facilmente adaptável ao desenvolvimento de tecnologias de processos em larga escala[86].

O uso de culturas de *P. patens* foi iniciado em biorreatores devido à sua capacidade de produzir diferentes compostos heterólogos, se mantido no estágio de protonema para isolamento de protoplastos e transformação em larga escala[87]. O fato de o musgo ser capaz de realizar processamentos pós-traducionais, incluindo glicosilação e formação de pontes dissulfeto, fez desse sistema uma excelente ferramenta para a produção de biofármacos e outros produtos de interesse biotecnológico[88]. Dentre os promotores testados para plantas, animais, e mesmo para *P. patens*, foi mostrado que sequências *upstream* do homólogo de actina de musgo PpAct5 era capaz de causar uma forte ativação transcricional, assim como os sistemas promotores GH3 (promotor de soja contendo elementos indutores de auxina) e DR5

(promotor sintético de resposta a auxina, construído a partir do promotor GH3)[86]. Além disso, os sinais de secreção são ferramentas úteis para direcionar proteínas-alvos para o espaço extracelular, especialmente quando se produz macromoléculas complexas modificadas.

Estudos anteriores demonstraram que não somente sinalizações de plantas e musgos são bem interpretadas, mas a sinalização de humanos pode ser usada para a secreção de produtos recombinantes[89,90]. Portanto, o uso de engenharia genética e a otimização das condições de cultura permitiram avanços com sucesso no rendimento de produtos dentro de sistemas de musgo. O desenvolvimento de métodos para a substituição de genes-alvos e o uso de anticorpos melhorados que funcionam via sistemas de otimização de glucanos tornaram os biorreatores de musgo a melhor alternativa para a expressão de proteínas biofarmacêuticas.

15.4 APLICAÇÕES TERAPÊUTICAS

Desde a primeira descrição da produção de anticorpos em tabaco[91], as plantas têm se mostrado como alternativas interessantes para a reprodução de proteínas complexas, tais como anticorpos, os quais dependem de diversas pontes dissulfeto para obterem a conformação apropriada à sua atividade ideal[91,92]. Essa peculiaridade tornou as plantas uma fonte essencial de produção de proteínas recombinantes. Entretanto, todas as espécies de plantas adicionam uma molécula de β(1,2)-xilose e uma de α(1,3)-fucose à região N-ligada às glucanas, e esses açúcares específicos de planta podem apresentar alto potencial imunogênico[93,94].

Há ainda poucas estratégias de glicoengenharia para contornar o problema da adição desses açúcares alergênicos. Algumas adaptações em sistemas heterólogos de plantas têm sido feitas na tentativa de diminuir esses fatores: (a) eliminação de sítios de glicosilação por meio de mutagênese sítio-específica, removendo resíduos de asparagina ou serina/treonina, os quais são os mais reconhecidos pela maquinaria de glicosilação no retículo endoplasmático. Essa metodologia é mais drástica e pode causar deformação na estrutura da proteína e, consequentemente, problemas na atividade e longevidade do produto; (b) inibição das glicosiltransferases presentes no complexo de Golgi[95,96]; (c) adição de sinais de retenção no retículo endoplasmático (H/KDEL), a fim de prevenir que proteínas cheguem ao complexo de Golgi, onde os açúcares serão adicionados[97]; (d) superexpressão de glicosiltransferases humanas em plantas, usadas como plataformas de *biofarming*; e

(e) expressão de enzimas responsáveis pela adição do terminal β(1,4) galactose e subsequente adição de um ácido siálico nesse resíduo de galactose localizado na N-glucana, uma vez que o ácido siálico é essencial para biofármacos intravenosos, devido à sua importância na meia-vida das proteínas[56].

Os sistemas atuais disponíveis para a produção comercial de vacinas recombinantes, anticorpos e proteínas para uso na fabricação de biofármacos incluem bactérias, leveduras, insetos e culturas de células de mamíferos. Cada um desses sistemas apresenta seus benefícios particulares, mas, de modo geral, suas aplicações são limitadas pelos seguintes fatores: alto custo, segurança e ineficiência para escalonamento[98]. As plataformas de produção em plantas destacam-se por sua alta capacidade para escalonamento, custo-benefício e segurança. Além disso, as plantas permitem a produção de proteínas recombinantes complexas, mantendo sua conformação e atividade[21,98].

A possibilidade de se obter vacinas recombinantes em plantas e sua aplicação via oral, de forma segura e simples, sempre foi um projeto desejado por diversos pesquisadores e cientistas. Além da facilidade de administração, vacinas produzidas em plantas apresentam a vantagem de escalonamento permitida por esse sistema, gerando um processo final alto e com baixíssimo custo[99]. Nesse contexto, uma variedade de moléculas candidatas têm sido produzidas em diferentes espécies de plantas, incluindo alface, batata, cenoura, espinafre, milho e tomate. Dentre os avanços obtidos, já há cultivares transgênicos expressando vacinas contra diarreia, hepatite B e raiva na fase de testes clínicos I[21].

Não somente vacinas para administração via oral estão sendo transformadas em plantas: moléculas desenvolvidas para uso injetável também estão sendo produzidas em diversas espécies de plantas. Dentre elas, destacam-se: a vacina VLC produzida em plantas de tabaco para utilização contra o vírus H1N1 pela empresa canadense Medicago Inc.[100,101]; o anticorpo Anti-CD20 produzido em plantas da espécie *Lemna minor* pela empresa norte-americana Biolex Therapeutics Inc., com o intuito de ser utilizado para o tratamento de linfomas do tipo não Hodgkin e artrite reumatoide[57]; e a insulina recombinante produzida pela empresa SemBioSys Genetics (Canadá) em cártamo para tratamento de diabetes[21] (Tabela 15.1).

Além das vacinas, outras moléculas de valor terapêutico e dietético estão sendo transformadas em plantas para expressão em larga escala[102]. Algumas destas também já se encontram em fase de testes clínicos I e II, tais como a lipase gástrica de caninos produzida em milho e desenvolvida pela Meristem Therapeutics (França), a qual tem como objetivo substituir a enzima lipase em pacientes com fibrose cística e pancreatite[103].

A Tabela 15.1 mostra outras moléculas de valor terapêutico e dietético produzidas em biorreatores de plantas e que se encontram em fase de testes clínicos.

Apesar de ser uma tecnologia recente em relação aos sistemas de expressão em bactérias, leveduras e células de mamíferos, o musgo *P. patens* já tem sido utilizado com sucesso na produção de diversas proteínas de uso terapêutico. Dentre estas, destaca-se o fator H humano, molécula de alta demanda no mercado biofarmacêutico, uma vez que pode ser usada no tratamento de diversas doenças, incluindo degeneração macular relacionada à idade (DMI), desordens severas nos rins e na retina, glomerulonefrite membranoproliferativa II (GNMP II) e síndrome urêmica hemolítica (SUH)[71] (Tabela 15.1). Do mesmo modo, o peptídeo glicosilado eritropoietina (EPO), o qual apresenta um papel chave na regulação da maturação de eritrócitos, foi produzido na linhagem mutante de *P. patens* Delta-fuc-t Delta-xil-t[70]. Além disso, estudos anteriores mostraram que células em suspensão do musgo *P. patens* já eram um excelente hospedeiro para expressão do fator de crescimento endotelial 121 (rhVEGF), importante no tratamento de lesões obtidas por pacientes diabéticos[104]. Anticorpos monoclonais do tipo IgG também já foram testados em sistema de musgo, incluindo o anticorpo IGN311, específico para antígenos tumorais[69].

Tabela 15.1 Moléculas produzidas em plantas para fins terapêuticos e dietéticos (em ordem alfabética da planta transformada)

NOME DA MOLÉCULA	PLANTA TRANSFORMADA	INDICAÇÃO	EMPRESA/INSTITUIÇÃO DE PESQUISA	ESTÁGIO DE DESENVOLVIMENTO	REFERÊNCIA
Fator intrínseco humano	*Arabidopsis thaliana*	Deficiência de vitamina B12	Cobento Biotech AS (Dinamarca)	Fase 2	105
Lisozima humana	Suspensão de células de arroz	Diarreia infantil	Academia Chinesa de Ciências	-	106
HBsAg	Batata Tabaco	Hepatite B	Academia Polonesa de Ciências e Universidade Thomas Jefferson (EUA)	Fase 1	107-108
Proteína do capsídeo do vírus Norwalk	Batata	Diarreia	Universidade Texas A&M (EUA)	Fase 1	109
Insulina	Cártamo	Diabetes	SemBioSys Genetics (Canadá)	Fase 1-2	110
Glicocerebrosidase	Suspensão de células de cenoura Musgo	Doença de Gaucher	Protalix BioTherapeutics (Israel) Greenovation Biotechn GmbH (Alemanha)	Fase 3 Pré-clínica	111-112
Proteínas do vírus da raiva	Espinafre	Raiva	Universidade Thomas Jefferson (EUA)	Fase 1	113

NOME DA MOLÉCULA	PLANTA TRANSFORMADA	INDICAÇÃO	EMPRESA/INSTITUIÇÃO DE PESQUISA	ESTÁGIO DE DESENVOLVIMENTO	REFERÊNCIA
Anti-CD20	Lentilha	Linfoma do tipo não Hodgkin, artrite reumatoides	Biolex Therapeutics Inc. (EUA)	Pré-clínica	57
Lactoferrina humana	Arroz Milho	Infecção gastrointestinal	Ventria Bioscience (EUA) Meristem Therapeutics (França)	Fase clínica	114
LT-B de *Escherichia coli*	Batata Milho	Diarreia	Boyce Thompson Institute for Plant Research (EUA) Escola de Medicina da Universidade de Maryland (EUA)	Fase 1 Fase 1	115-116
Lipase gástrica	Milho	Fibrose cística Pancreatite	Meristem Therapeutics (França)	Fase clínica	
Lipase gástrica	Milho	Fibrose cística Pancreatite	Meristem Therapeutics (França)	Fase clínica	
Anti-HIV gp120	Milho Tabaco	HIV	Consórcio Pharma-Planta (Europa e África do Sul)	Pré-clínica	117-118
Fator de crescimento endotelial 121 (rhVEGF)	Musgo	Lesões em pacientes diabéticos	Greenovation Biotech GmbH (Alemanha)	Pré-clínica	104
Anticorpo monoclonal IGN311	Musgo	Antitumoral	Igeneon AG (Áustria)	-	69
Fator H humano	Musgo	Desordens severas nos rins e na retina	Universidade de Freiburg (Alemanha)	-	71
Fator de crescimento de queratinócitos humano recombinante (FGF7/KGF)	Musgo	Mucosite	Greenovation Biotech GmbH (Alemanha)	Mercado	112
Alfa-galactosidase	Musgo	Doença de Fabry	Greenovation Biotech GmbH (Alemanha)	Pré-clínica	112
Eritropoietina humana	Musgo Suspensão de células de tabaco	Regulação da maturação de eritrócitos	Greenovation Biotech GmbH (Alemanha) Universidade de Kyoto (Japão)	Pré-clínica -	70 119-120
NH do vírus da doença de Newcastle	Suspensão de células de tabaco	Doença de Newcastle (galináceos)	Dow AgroSciences LLC (EUA)	Aprovado pelo USDA	121
Albumina humana	Suspensão de células de tabaco	Reposição volêmica	Mogen International NV (Holanda) Greenovation Biotechnologie GmbH (Alemanha)	-	122-123
Interleucina-2 e Interleucina-4	Suspensão de células de tabaco	Câncer e melanoma	Universidade do Estado de Washington (EUA)	-	124

NOME DA MOLÉCULA	PLANTA TRANSFORMADA	INDICAÇÃO	EMPRESA/INSTITUIÇÃO DE PESQUISA	ESTÁGIO DE DESENVOLVIMENTO	REFERÊNCIA
Ricina recombinante	Suspensão de células de tabaco	Tumores e câncer	Universidade da Flórida (EUA)	-	125
Fator estimulante de macrófrago-granulócito (hGM-CSF)	Suspensão de células de tabaco Tabaco	Leucemia mieloide aguda Acelera a recuperação de células sanguíneas após quimioterapia e transplantes	Universidade do Estado de Washington (EUA) Universidade Nacional de Chonbuk (Coreia do Sul)	-	126-127
scFV anti-idiopático personalizado	Tabaco	Linfoma do tipo não Hodgkin	Large Scale Biology Corp. (EUA)	Fase 1	34
VLP H5N1 influenza HA	Tabaco	Gripe aviária H5N1	Medicago Inc. (Canadá)	Fase 1	101
HAC1 influenza H1N1	Tabaco	Gripe suína H1N1	Fraunhofer USA Center for Molecular Biotechnology (EUA)	Fase 1	128
Antígeno de superfície I/II anti-Streptococcus	Tabaco	Cáries dentárias	Planet Biotechnology Inc. (EUA)	Fase 2, aprovada pela UE	129
Anti-αCCR5	Tabaco	HIV	Universidade do Estado do Arizona e Mapp Biopharmaceutical Inc. (EUA)	Pré-clínica	33

Atualmente, a empresa alemã Greenovation Biotech GmbH vem se destacando na produção de proteínas humanas em biorreatores de musgo *P. patens**. Recentemente, ela lançou no mercado o medicamento Briokine™ FGF7, composto pelo fator de crescimento de queratinócitos humano recombinante (FGF7/KGF) e utilizado no tratamento de mucosite. Além dessa molécula, a empresa possui duas outras proteínas recombinantes na fase de testes pré-clínicos: a alfa-galactosidase, utilizada no tratamento da doença de Fabry, e a glucocerebrosidase, usada no tratamento da doença de Gaucher (Tabela 15.1).

15.5 TÉCNICA PASSO A PASSO

A técnica de expressão de proteínas em plantas é bastante extensa e depende de diversas variáveis, como: (a) a escolha da variedade de planta que será a hospedeira; (b) características da proteína a ser produzida; (c)

---

* Ver <www.greenovation.com>.

detalhes na construção do plasmídeo (tipo de vetor, promotor, peptídeo-sinal etc.); (d) método de transformação e regeneração a ser escolhido; (e) estabilização da geração para produção comercial; e (f) métodos de purificação e caracterização da proteína recombinante.

O organismo escolhido para demonstração da expressão de proteínas será o musgo *P. patens*. O conhecimento sobre seu potencial como *plant biofarming* é recente, porém, este vem demonstrando ser altamente produtivo na expressão de diversas proteínas, principalmente de origem humana. Tal como nas plantas superiores, diferentes técnicas estão sendo testadas, a fim de se otimizar a produção de moléculas proteicas nesse organismo.

Uma relevante vantagem em se escolher o musgo *P. patens* como planta hospedeira na expressão de moléculas heterólogas está na simplicidade do meio de cultura utilizado para seu cultivo, uma vez que crescem em meios inorgânicos, não necessitam de hormônios ou vitaminas para seu desenvolvimento e podem crescer tanto em meio sólido quanto líquido. Geralmente, o crescimento do musgo ocorre em meio sólido, mas a expressão da proteína é feita por cultivo do *P. patens* em meio líquido.

Abordaremos, de maneira geral, os principais passos a serem seguidos para o desenvolvimento da respectiva técnica. Toda a metodologia descrita abaixo foi desenvolvida pela equipe de Magdalena Bezanilla, pesquisadora do Departamento de Biologia da Universidade de Massachusetts (Amherst, Estados Unidos) e apresenta algumas alterações e adaptações realizadas pela equipe do Laboratório de Interação Planta-Praga, da Embrapa – Recursos Genéticos e Biotecnologia (Brasília – DF).

15.5.1 Passo 1 – Cultivo do musgo

O musgo *P. patens* apresenta um ciclo de vida caracterizado por duas fases: uma haploide e uma diploide. O ciclo inicia-se com a germinação do esporo haploide sob condições suficientes de luz e água, resultando no desenvolvimento de uma estrutura celular filamentosa, denominada protonema, a qual se prolifera a partir de divisões das células apicais. A divisão das células subapicais dará origem a apêndices e, posteriormente, à planta adulta. Sob condições adequadas, o musgo adulto pode desenvolver órgãos sexuais e autofecundar-se. Após a fecundação, haverá a produção de esporos haploides, recomeçando o seu ciclo de vida[13,130] (Figura 15.5).

A manutenção de *P. patens* é feita com o cultivo em meio sólido (placas de Petri) das formas diploides do organismo. Já a expressão proteica,

principalmente em biorreatores, é realizada com a forma haploide (protonema), em meio de cultura líquido. Além disso, o musgo pode ser cultivado para utilização imediata na transformação e expressão proteica, como pode ser cultivado para manutenção, a longo prazo, das cultivares selvagens, ou mesmo transformadas.

15.5.1.1 Cultivo de musgo para propagação do tecido

Antes de começar, lembre-se de realizar todo o procedimento em fluxo laminar, de preferência utilizando jaleco, máscaras e luvas para evitar a contaminação de seu material.

1) O meio PpNH4 (meio de cultura para crescimento de *Physcomitrella patens* contendo amônio) ou meio Knop sólidos devem ser previamente preparados e distribuídos em placas de Petri (Tabela 15.2). As placas devem ter sido preparadas há não mais do que 7 dias.
2) Cobrir cada placa com papel celofane (previamente autoclavado). Manter o papel celofane bem fixado no meio de cultura. Caso necessário, usar uma espátula para eliminar possíveis bolhas entre o papel celofane e o meio sólido.
3) Num tubo de vidro, adicionar 4 mL de água destilada. Adicionar uma ou mais colônias de *P. patens* adultas.
4) Use um homogeneizador para triturar o tecido na água, até que esta fique com uma coloração esverdeada. O processo deve levar de 10 a 30 segundos.
5) Distribua 0,5 mL da mistura líquida em cada placa de Petri contendo papel celofane.
6) Selar a placa com micropore, para evitar possível desidratação do meio.
7) Incubar as placas em ambiente a 25 °C com condições de luminosidade claro/escuro de 16h/8h.

Caso haja suspeita de contaminações por bactérias, recomenda-se inocular uma placa contendo antibiótico com 0,5 mL do material triturado e incubá-lo a temperatura ambiente por uma semana.

Para autoclavar o papel celofane, empilhá-lo junto a papel almaço, alternando uma folha de papel celofane para uma folha de papel almaço. Colocá-los numa placa de Petri de vidro e vede com papel alumínio. O papel almaço evita que as folhas de papel celofane grudem durante a autoclavagem. O papel celofane evita que o musgo enraíze-se para dentro do meio de

cultura, mas permite que o organismo consiga utilizar os nutrientes contidos no meio.

15.5.1.2 Geração e propagação de gametóforos para manutenção em longo prazo

Tanto o tecido da planta adulta quanto os protonemas utilizados para a cultura de rotina podem ser utilizados para geração e propagação de gametóforos em longo prazo, ou seja, para estoque. A diferença do método em relação ao descrito anteriormente encontra-se, simplesmente, na ausência da adição do papel celofane às placas de Petri. Para o crescimento do organismo ser mais lento, pode-se utilizar meio de cultura PpNO$_3$ (meio de cultura para crescimento de *Physcomitrella patens* contendo óxido nítrico) em vez de PpNH$_4$. *P. patens* deve crescer nas mesmas condições de temperatura e luz descritas anteriormente até atingir um tamanho de cerca de 2 cm de raio. Depois, é aconselhável que ele seja transferido para temperaturas de 4 °C a 6 °C, com condições luz/escuro 4h/20h.

15.5.2 Passo 2 – Preparo dos protoplastos

15.5.2.1 Geração de protoplastos para transformação e/ou expressão proteica

Para o preparo dos protoplastos, o seguinte protocolo deve ser seguido:
1) Utilizar de 2 a 4 placas contendo o musgo *P. patens* com 5 a 7 dias de incubação.
2) Adicionar 15 mL de manitol a 8,5% a uma placa de Petri nova, retirar o musgo e colocá-lo na placa contendo o manitol.
3) Adicionar 5 mL de driselase a 2%.
4) Incubar a solução por 1 hora e 15 minutos sob leve agitação.
5) Filtrar o musgo com filtro de 100 mm.
6) Centrifugar o filtrado a 250 x *g* por 5 minutos.
7) Lavar o *pellet* com 10 mL de manitol a 8,5%.
8) Centrifugar a 250 x *g* por 7 minutos.
9) Lavar o *pellet* novamente com 10 mL de manitol a 8,5%.
10) Contar os protoplastos.

A contagem de protoplastos deve ser feita da seguinte maneira:
1) Adicionar 10 µL da solução contendo protoplastos num hemocitômetro.
2) Contar o número de células nos quadrantes e obter o valor total de células por mililitro seguindo a fórmula abaixo:

Número de células/mL = $\dfrac{\text{número de células contadas} \times 10^4}{\text{número de quadrados grandes contados}}$

15.5.3 Passo 3 – Transformação dos protoplastos

A inserção de um vetor contendo o gene de interesse para a expressão de proteínas heterólogas em sistema de musgo pode ser feita por meio de bombardeamento de partículas ou mediada por PEG. A descrição a seguir é da técnica da mediação por PEG, pela facilidade e maior disponibilidade de execução.

1) Calcular o volume ideal de protoplastos para a transformação, sendo o ideal de 2×10^6/mL.
2) Centrifugar os protoplastos a 250 x *g* por 7 minutos.
3) Ressuspender os protoplastos em solução 3 M (4,55 g de manitol; 750 µL de cloreto de magnésio sexta-hidratado [$MgCl_2.6H_2O$] a 1 M; 5 mL de meio de cultura *Murine Embryonic Stem* [MES] a 1%, pH 5,6; q.s.p. 50 mL com água destilada).
4) Adicionar 300 µL de protoplastos a 15 µg do DNA a ser transformado. Agitar bastante.
5) Adicionar 300 mL de PEG (4 g de PEG 8000 [Sigma P-2139] em 50 mL de água destilada). Misturar bem.
6) Incubar à temperatura ambiente por 10 minutos.
7) Aquecer a 45 °C por 3 minutos.
8) Incubar à temperatura ambiente por 10 minutos.
9) Adicionar manitol até completar um volume de 5 mL.
10) Incubar a temperatura ambiente por 30 minutos.
11) Centrifugar a 250 x *g* por 7 minutos.
12) Ressuspender o *pellet* em 2 mL de meio top ágar *protoplast regeneration medium – top layer* (PRMT) (Tabela 15.2).
13) Adicionar 1 mL da amostra de protoplastos por placa contendo meio *protoplast regeneration – bottom layer* (PRMB) (Tabela 15.2).
14) Incubar as placas a 25 °C sob condições de luz claro/escuro 16h/8h.

Tabela 15.2 Meios de cultura utilizados no cultivo de *Physcomitrella patens* e expressão de proteínas recombinantes

REAGENTES	MEIO PPNH4	MEIO PPNO3	MEIO KNOP	MEIO PRMB	TOP ÁGAR PRMT
$CaCl_2 \cdot 2H_2O$	-	-	-	0,5 M	10 mM
$MgSO_4$	-	-	2 mM	-	-
$MgSO_4 \cdot 7H_2O$	2,1 mM	2,1 mM	-	2,1 mM	525 µM
KH_2PO_4	2,1 mM	1,84 mM	1,84 mM	2,1 mM	525 µM
$CaNO_3$	-	-	6 mM	-	-
$CaNO_3 \cdot 4H_2O$	3,3 mM	3,38 mM	-	3,3 mM	825 µM
$FeCl_3$	-	-	Traços	-	-
$FeSO_4 \cdot 7H_2O$	50 mg	12,5 mg	-	50 mg	12,5 mg
H_3BO_3	9,9 µM	9,9 µM	-	9,9 µM	2,48 µM
$CuSO_4 \cdot 5H_2O$	0,34 µM	0,34 µM	-	0,34 µM	85 nM
$MnCl_2 \cdot 4H_2O$	1,96 µM	1,96 µM	-	1,96 µM	490 nM
$CoCl_2 \cdot 6H_2O$	0,42 µM	0,42 µM	-	0,42 µM	105 nM
$ZnSO_4 \cdot 7H_2O$	0,34 µM	0,34 µM	-	0,34 µM	85 nM
KI	0,168 µM	0,168 µM	-	0,168 µM	42 nM
$Na_2MoO_4 \cdot 2H_2O$	0,1 µM	0,1 µM	-	0,1 µM	25 nM
Tartarato diamônio	2,7 mM	-	-	2,7 mM	675 µM
Manitol 8,5%	-	-	-	240 g	60 g
Ágar	28 g	7 g	20 g	32 g	3 g
Água destilada	q.s.p. 4 L	q.s.p. 1 L	q.s.p. 1 L	q.s.p. 4 L	q.s.p. 1 L
pH			5,8	5,5	

15.6 EXPRESSÃO DAS PROTEÍNAS RECOMBINANTES

A expressão proteica em sistema de musgo pode ser feita tanto em cultivo de meio sólido, quanto em meio líquido. Em biorreatores, a utilização de meio líquido é a mais recomendada, já que o cultivo em meio sólido requer grandes quantidades de *P. patens*, placas de Petri e espaço para incubação.

O musgo *P. patens*, previamente incubado em meio sólido PpNH$_4$, deve ser retirado e macerado, preferencialmente utilizando homogeneizador elétrico (por exemplo: Powergen 125 Homogenizer, da Fisher Scientific). Recomenda-se a utilização inicial de 30 mg de peso seco de *P. patens* para cada litro de meio utilizado na expressão proteica[131].

Alguns fatores são essenciais para a otimização do processo de expressão da proteína desejada:
- O meio líquido em que o musgo está inserido deve ter pH constante de 5,8, o qual deve ser checado diariamente. Em alguns casos, culturas com pH 4,5 mostraram ser mais eficientes para a expressão de proteínas humana[104].
- A expressão e secreção da proteína recombinante ocorre, pelo menos, 4 dias após inoculação do musgo em meio líquido, independentemente da expressão ser transiente ou constitutiva. Portanto, a primeira coleta de material e extração de proteínas deve ser feita somente após o sétimo dia de inoculação, podendo estender-se por até 12 dias[85, 131]. No entanto, o crescimento celular deve ser constantemente avaliado por meio da medida do peso seco do musgo (50 mL por litro de meio de cultura), após incubação a 105 °C por 2 horas.
- Independentemente do biorreator utilizado, as condições de iluminação devem ser mantidas iguais às observadas durante o cultivo do musgo em placas de Petri (luz/escuro = 16h/8h).
- Apesar das condições de temperatura ideal ser de 25° C para o crescimento de *P. patens*, estudos anteriores mostraram que temperaturas a 22° C podem estimular a expressão proteica[132].
- Recomenda-se avaliar a presença da proteína recombinante tanto no meio de cultura quanto no próprio musgo, uma vez que ela pode estar presente em ambos.

Fatores alternativos:
- A inserção de oxigênio (O$_2$) e/ou gás carbônico (CO$_2$) não é obrigatória. Em alguns casos, pode estimular o aumento de massa celular, mas, no geral, a adição de 1 ppm de ar atmosférico é suficiente para manter o musgo em condições ótimas de sobrevivência e crescimento. No entanto, para biorreatores cilíndricos, é recomendada a adição de 0,3 vvm de O$_2$ e 2% de CO$_2$ nas culturas em meio líquido sob agitação média de 100 rpm[131].

15.7 CONCLUSÕES

A utilização de diferentes tecnologias baseadas na produção de proteínas em plantas depende do objetivo final do produto. É imprescindível que as plataformas escolhidas estejam também ligadas a escalonamento para produção industrial e comercialização. De maneira idêntica, o sistema de expressão deve ser compatível com as exigências estruturais e de atividade da proteína desejada, de modo que as modificações pós-traducionais em eucarióticos devam ser consideradas. O rendimento da produção final deve ser também planejado, assim como a aplicação terapêutica da proteína recombinante.

Nos últimos anos, diferentes empresas produtoras de biofarmacêuticos estão deixando de investir em sistemas de expressão bacterianos, de leveduras e células de mamíferos para instalar sistemas de produção em plantas. Atualmente, as tecnologias existentes venceram os desafios exigidos para a expressão de proteínas em plantas e já começam a lançar no mercado produtos recombinantes derivados desse sistema. A posterior introdução de sistemas de musgo permitiu unir a facilidade de sistemas de organismos inferiores com as vantagens de sistemas mais complexos na expressão de proteínas humanas.

Outra consideração para programas de produção de moléculas de uso terapêutico está na via de administração do produto. Nesse caso, sistemas de expressão que ofereçam maior segurança contra infecções por agentes patogênicos são mais atrativos, assim como os que permitem maior facilidade de purificação das proteínas recombinantes.

15.8 PERSPECTIVAS FUTURAS

Atualmente, as empresas produtoras de biofarmacêuticos estão familiarizadas com os padrões de controle de qualidade da Food and Drug Administration (FDA), da European Medicines Agency (EMA) e da norma ISO 9001. Do mesmo modo, tendem a manter-se atualizadas quanto às regulamentações do Departamento de Agricultura dos Estados Unidos (United States Department of Agriculture – USDA), uma vez que este órgão poderá exigir novos processos de aprovação para que produtos biológicos de sistemas de plantas possam vir a se tornar medicamentos comerciais.

Com relação às permissões para a produção em campo, o USDA, em parceria com as empresas que optaram por utilizar sistemas de plantas,

desenvolveram procedimentos operacionais que permitem uma produção comercial em larga escala de produtos farmacêuticos em plantas. Assim, nos Estados Unidos é necessário que as empresas farmacêuticas tenham licença do USDA para a produção de biorreatores de planta em campo, importação de produtos e transporte de qualquer material recombinante viável produzido em sistema de plantas. A otimização de sistemas de produção fechados – projetados para evitar fluxo gênico de plantas transformadas para plantações não transformadas e a consequente mistura de cultivares – tem facilitado os processos regulatórios, já que incentiva a autopolinização das plantas e o distanciamento de culturas semelhantes usadas para outros fins.

Em termos de custo-benefício, muitos empreendedores veem a produção de moléculas terapêuticas em biorreatores de plantas como uma forma de baratear o sistema de produção e, consequentemente, o valor final de medicamentos. Os primeiros biofármacos produzidos em células de mamíferos, ou mesmo em células bacterianas, apresentavam alto custo de manutenção, com baixa produção de massa celular e rendimento proteico. Esses fatores contribuíram para o elevado custo de muitos medicamentos à base de biomoléculas. No entanto, com a entrada dos biorreatores de plantas como produtores em larga escala de diversas proteínas humanas, uma queda significativa no valor final dos biomedicamentos poderá ser observada nos próximos anos. Com o mercado aberto para as indústrias de biofarmacêuticos e o constante surgimento de novas tecnologias, espera-se que, num futuro próximo, a expressão de proteínas em sistemas heterólogos deixe de ser um desafio e torne-se um mecanismo facilitador de produção de moléculas para usos diversos.

REFERÊNCIAS

1. Ho YS, Wulff DL, Rosenberg M. Bacteriophage lambda protein cII binds promoters on the opposite face of the DNA helix from RNA polymerase. Nature. 1983;304(5928):703-8.
2. Young JF, Desselberger U, Palese P, Ferguson B, Shatzman AR, Rosenberg M. Efficient expression of influenza virus NS1 nonstructural proteins in *Escherichia coli*. Proc Natl Acad Sci USA. 1983;80(19):6105-9.
3. Cheng SC, Kim R, King K, Kim SH, Modrich PJ. Positive-selection cloning vehicle useful for overproduction of hybrid proteins. Biological Chemistry. 1984;21-59:5.
4. Shatzman AR, Rosenberg M. Efficient expression of heterologous genes in *Escherichia coli*. The pAS vector system and its applications. Annals of the New York Academy of Sciences. 1986;478:233-48.
5. Shatzman AR, Rosenberg M. Expression, identification, and characterization of recombinant gene products in *Escherichia coli*. Methods in Enzymology. 1987;152:661-73.
6. Chevallier MR, Aigle M. Qualitative detection of penicillinase produced by yeast strains carrying chimeric yeast-coli plasmids. FEBS letters. 1979;108(1):179-80.
7. Chevallier MR, Bloch JC, Lacroute F. Transcriptional and translational expression of a chimeric bacterial-yeast plasmid in yeasts. Gene. 1980;11(1-2):11-9.
8. Cohen JD, Eccleshall TR, Needleman RB, Federoff H, Buchferer BA, Marmur J. Functional expression in yeast of the *Escherichia coli* plasmid gene coding for chloramphenicol acetyltransferase. Proc Natl Acad Sci USA 1980;77(2):1078-82.
9. Dickson RC. Expression of a foreign eukaryotic gene in *Saccharomyces cerevisiae*: beta-galactosidase from Kluyveromyces lactis. Gene. 1980;10(4):347-56.
10. Gunge N. Yeast DNA plasmids. Annual Review of Microbiology. 1983;37:253-76.
11. Wurm FM. Production of recombinant protein therapeutics in cultivated mammalian cells. Nature Biotechnology. 2004;22(11):1393-8.
12. Hacker DL, De Jesus M, Wurm FM. 25 years of recombinant proteins from reactor-grown cells – where do we go from here? Biotechnology Advances. 2009;27(6):1023-7.
13. Decker EL, Reski R. Current achievements in the production of complex biopharmaceuticals with moss bioreactors. Bioprocess and Biosystems Engineering. 2008;31(1):3-9.
14. Potvin G, Zhang Z. Strategies for high-level recombinant protein expression in transgenic microalgae: a review. Biotechnology Advances. 2010;28(6):910-8.
15. Avesani L, Bortesi L, Santi L, Falorni A, Pezzotti M. Plant-made pharmaceuticals for the prevention and treatment of autoimmune diseases: where are we? Expert Review of Vaccines. 2010;9(8):957-69.
16. Zhou Y, Chen H, Li X, Wang Y, Chen K, Zhang S, et al. Production of recombinant human DNA polymerase delta in a Bombyx mori bioreactor. PloS One. 2011;6(7):e22224.

17. Fischer R, Stoger E, Schillberg S, Christou P, Twyman RM. Plant-based production of biopharmaceuticals. Current Opinion in Plant Biology. 2004;7(2):152-8.
18. Decker EL, Reski R. Moss bioreactors producing improved biopharmaceuticals. Current Opinion in Biotechnology. 2007;18(5):393-8.
19. Ahmad A, Pereira EO, Conley AJ, Richman AS, Menassa R. Green Biofactories: Recombinant Protein Production in Plants. Recent Patents on Biotechnology. 2010.
20. Hellwig S, Drossard J, Twyman RM, Fischer R. Plant cell cultures for the production of recombinant proteins. Nature Biotechnology. 2004;22(11):1415-22.
21. Yusibov V, Streatfield SJ, Kushnir N. Clinical development of plant-produced recombinant pharmaceuticals: vaccines, antibodies and beyond. Human Vaccines. 2011;7(3):313-21.
22. Huang TK, McDonald KA. Bioreactor systems for in vitro production of foreign proteins using plant cell cultures. Biotechnology Advances. 2012;30(2):398-409.
23. Bevan MW, Flavell RB, Chilton M-D. A chimaeric antibiotic resistance gene as a selectable marker for plant cell transformation. Nature. 1983;304:4.
24. Fraley RT, Rogers SG, Horsch RB, Sanders PR, Flick JS, Adams SP, et al. Expression of bacterial genes in plant cells. Proc Natl Acad Sci USA. 1983;80(15):4803-7.
25. Herrera-Estrella L, Block MD, Messens E, Hernalsteens JP, Montagu MV, Schell J. Chimeric genes as dominant selectable markers in plant cells. The EMBO Journal. 1983;2(6):987-95.
26. Caplan A, Herrera-Estrella L, Inze D, Van Haute E, Van Montagu M, Schell J, et al. Introduction of genetic material into plant cells. Science. 1983;222(4625):815-21.
27. Vasil IK. A history of plant biotechnology: from the Cell Theory of Schleiden and Schwann to biotech crops. Plant Cell Reports. 2008;27(9):1423-40.
28. Scholthof KB, Mirkov TE, Scholthof HB. Plant virus gene vectors: biotechnology applications in agriculture and medicine. Genetic Engineering. 2002;24:67-85.
29. Pogue GP, Lindbo JA, Garger SJ, Fitzmaurice WP. Making an ally from an enemy: plant virology and the new agriculture. Annual Review of Phytopathology. 2002;40:45-74.
30. Chen Q, Lai H, Hurtado J, Stahnke J, Leuzinger K, Dent M. Agroinfiltration as an effective and scalable strategy of gene delivery for production of pharmaceutical proteins. Advanced Techniques in Biology & Medicine 2013;1:9.
31. Pogue GP, Linbdo JA, Dawson WO, Turpen TH. Tobamovirus transient expression vectors: Tools for plant biology and high-level expression of foreign proteins in plants. In: Gelvin SB, Schilperoot RA, editors. Plant Molecular Biology Manual. Dordrecht: Kluwer Academic Publishers; 1998.
32. Yusibov V, Shivprasad S, Turpen TH, Dawson W, Koprowski H. Plant viral vectors based on tobamoviruses. Current Topics in Microbiology and Immunology. 1999;240:81-94.

33. Giritch A, Marillonnet S, Engler C, van Eldik G, Botterman J, Klimyuk V, et al. Rapid high-yield expression of full-size IgG antibodies in plants coinfected with noncompeting viral vectors. Proc Natl Acad Sci USA. 2006;103(40):14701-6.

34. McCormick AA, Kumagai MH, Hanley K, Turpen TH, Hakim I, Grill LK, et al. Rapid production of specific vaccines for lymphoma by expression of the tumor-derived single-chain Fv epitopes in tobacco plants. Proc Natl Acad Sci USA. 1999;96(2):703-8.

35. Krebitz M, Wiedermann U, Essl D, Steinkellner H, Wagner B, Turpen TH, et al. Rapid production of the major birch pollen allergen Bet v 1 in *Nicotiana benthamiana* plants and its immunological in vitro and in vivo characterization. FASEB journal : official publication of the Federation of American Societies for Experimental Biology. 2000;14(10):1279-88. Epub 2000/07/06.

36. Breiteneder H, Krebitz M, Wiedermann U, Wagner B, Essl D, Steinkellner H, et al. Rapid production of recombinant allergens in *Nicotiana benthamiana* and their impact on diagnosis and therapy. International Archives of Allergy and Immunology. 2001;124(1-3):48-50.

37. Turpen TH, Reinl SJ, Charoenvit Y, Hoffman SL, Fallarme V, Grill LK. Malarial epitopes expressed on the surface of recombinant tobacco mosaic virus. Biotechnology. 1995;13(1):53-7.

38. Gleba Y, Klimyuk V, Marillonnet S. Magnifection--a new platform for expressing recombinant vaccines in plants. Vaccine. 2005;23(17-18):2042-8.

39. Rivera AL, Gomez-Lim M, Fernandez F, Loske AM. Physical methods for genetic plant transformation. Physics of Life Reviews. 2012;9(3):308-45.

40. Sanford JC. Biolistic plant transformation. Plant Physiology. 1990;79:4.

41. Klee H, Horsch RB, Rogers S. Agrobacterium-mediated plant transformation and its further applications to plant biology. Annual Review in Plant Physiology. 1987;38:19.

42. Vaghchhipawala Z, Rojas CM, Senthil-Kumar M, Mysore KS. Agroinoculation and agroinfiltration: simple tools for complex gene function analyses. Methods Mol Biol. 2011;678:65-76.

43. Santi L, Batchelor L, Huang Z, Hjelm B, Kilbourne J, Arntzen CJ, et al. An efficient plant viral expression system generating orally immunogenic Norwalk virus-like particles. Vaccine. 2008;26(15):1846-54.

44. Huang Z, Chen Q, Hjelm B, Arntzen C, Mason H. A DNA replicon system for rapid high-level production of virus-like particles in plants. Biotechnology and Bioengineering. 2009;103(4):706-14.

45. Huang Z, Phoolcharoen W, Lai H, Piensook K, Cardineau G, Zeitlin L, et al. High-level rapid production of full-size monoclonal antibodies in plants by a single-vector DNA replicon system. Biotechnology and Bioengineering. 2010;106(1):9-17.

46. Qiang C. Expression and manufacture of pharmaceutical proteins in genetically engineered horticultural plants. Transgenic Horticultural Crops: Challenges, and Opportunities-Essays USA: Experts, Boca Raton: Taylor & Francis; 2011.
47. Leuzinger K, Dent M, Hurtado J, Stahnke J, Lai H, Zhou X, et al. Efficient agroinfiltration of plants for high-level transient expression of recombinant proteins. Journal of visualized experiments: JoVE. 2013(77).
48. Watkins S, Huang N, Guo F, Huang J, Yang D, Wu L. Improvement of human lysozyme expression in transgenic rice grain by combining wheat *(Triticum aestivum)* puroindoline b and rice (Oryza sativa) Gt1 promoters and signal peptides. Transgenic Research. 2005;14:10.
49. Chebolu S, Daniell H. Chloroplast-derived vaccine antigens and biopharmaceuticals: expression, folding, assembly and functionality. Current Topics in Microbiology and Immunology. 2009;332:33-54.
50. Beck A, Wagner-Rousset E, Bussat MC, Lokteff M, Klinguer-Hamour C, Haeuw JF, et al. Trends in glycosylation, glycoanalysis and glycoengineering of therapeutic antibodies and Fc-fusion proteins. Current Pharmaceutical Biotechnology. 2008;9(6):482-501.
51. Decker EL, Reski R. Glycoprotein production in moss bioreactors. Plant Cell Reports. 2012;31(3):453-60.
52. Walsh G, Jefferis R. Post-translational modifications in the context of therapeutic proteins. Nature Biotechnology. 2006;24(10):1241-52.
53. Durocher Y, Butler M. Expression systems for therapeutic glycoprotein production. Current Opinion in Biotechnology. 2009;20(6):700-7.
54. Karg SR, Kallio PT. The production of biopharmaceuticals in plant systems. Biotechnology Advances. 2009;27(6):879-94.
55. Mari A. IgE to cross-reactive carbohydrate determinants: analysis of the distribution and appraisal of the in vivo and in vitro reactivity. International Archives of Allergy and Immunology. 2002;129(4):286-95.
56. Gomord V, Chamberlain P, Jefferis R, Faye L. Biopharmaceutical production in plants: problems, solutions and opportunities. Trends in Biotechnology. 2005;23(11):559-65.
57. Cox KM, Sterling JD, Regan JT, Gasdaska JR, Frantz KK, Peele CG, et al. Glycan optimization of a human monoclonal antibody in the aquatic plant Lemna minor. Nature Biotechnology. 2006;24(12):1591-7.
58. Sourrouille C, Marquet-Blouin E, D'Aoust MA, Kiefer-Meyer MC, Seveno M, Pagny-Salehabadi S, et al. Down-regulated expression of plant-specific glycoepitopes in alfalfa. Plant Biotechnology Journal. 2008;6(7):702-21.
59. Strasser R, Altmann F, Mach L, Glossl J, Steinkellner H. Generation of *Arabidopsis thaliana* plants with complex N-glycans lacking beta1,2-linked xylose and core alpha1,-3-linked fucose. FEBS Letters. 2004;561(1-3):132-6.

60. Strasser R, Stadlmann J, Schahs M, Stiegler G, Quendler H, Mach L, et al. Generation of glyco-engineered *Nicotiana benthamiana* for the production of monoclonal antibodies with a homogeneous human-like N-glycan structure. Plant Biotechnology Journal. 2008;6(4):392-402.
61. Koprivova A, Stemmer C, Altmann F, Hoffmann A, Kopriva S, Gorr G, et al. Targeted knockouts of Physcomitrella lacking plant-specific immunogenic N-glycans. Plant Biotechnology Journal. 2004;2(6):517-23.
62. Huether CM, Lienhart O, Baur A, Stemmer C, Gorr G, Reski R, et al. Glyco-engineering of moss lacking plant-specific sugar residues. Plant Biol. 2005;7(3):292-9.
63. Koprivova A, Altmann F, Gorr G, Kopriva S, Reski R, Decker EL. N-Glycosylation in the moss *Physcomitrella patens* is organized similarly to higher plants. Plant Biol. 2003;5:9.
64. Lerouge P, Cabanes-Macheteau M, Rayon C, Fischette-Laine AC, Gomord V, Faye L. N-glycoprotein biosynthesis in plants: recent developments and future trends. Plant Molecular Biology. 1998;38(1-2):31-48.
65. Bencurova M, Hemmer W, Focke-Tejkl M, Wilson IB, Altmann F. Specificity of IgG and IgE antibodies against plant and insect glycoprotein glycans determined with artificial glycoforms of human transferrin. Glycobiology. 2004;14(5):457-66.
66. Jin C, Altmann F, Strasser R, Mach L, Schahs M, Kunert R, et al. A plant-derived human monoclonal antibody induces an anti-carbohydrate immune response in rabbits. Glycobiology. 2008;18(3):235-41.
67. Gomord V, Fitchette AC, Menu-Bouaouiche L, Saint-Jore-Dupas C, Plasson C, Michaud D, et al. Plant-specific glycosylation patterns in the context of therapeutic protein production. Plant biotechnology journal. 2010;8(5):564-87.
68. Gorr G, Jost W. Glycosylation design in transgenic moss for better product efficacy. Bioprocesses Journal. 2005;4:5.
69. Schuster M, Jost W, Mudde GC, Wiederkum S, Schwager C, Janzek E, et al. In vivo glyco-engineered antibody with improved lytic potential produced by an innovative non-mammalian expression system. Biotechnology Journal. 2007;2(6):700-8.
70. Weise A, Altmann F, Rodriguez-Franco M, Sjoberg ER, Baumer W, Launhardt H, et al. High-level expression of secreted complex glycosylated recombinant human erythropoietin in the Physcomitrella Delta-fuc-t Delta-xyl-t mutant. Plant Biotechnology Journal. 2007;5(3):389-401.
71. Buttner-Mainik A, Parsons J, Jerome H, Hartmann A, Lamer S, Schaaf A, et al. Production of biologically active recombinant human factor H in Physcomitrella. Plant Biotechnology Journal. 2011;9(3):373-83.
72. Georgiev MI, Weber J, Maciuk A. Bioprocessing of plant cell cultures for mass production of targeted compounds. Applied Microbiology and Biotechnology. 2009;83(5):809-23.

73. Wang SJ, Zhong JJ. A novel centrifugal impeller bioreactor. II. Oxygen transfer and power consumption. Biotechnology and Bioengineering. 1996;51(5):520-7.
74. Terrier B, Courtois D, Henault N, Cuvier A, Bastin M, Aknin A, et al. Two new disposable bioreactors for plant cell culture: The wave and undertow bioreactor and the slug bubble bioreactor. Biotechnology and Bioengineering. 2007;96(5):914-23.
75. Eibl R, Kaiser S, Lombriser R, Eibl D. Disposable bioreactors: the current state-of-the-art and recommended applications in biotechnology. Applied Microbiology and Biotechnology. 2010;86(1):41-9.
76. Eibl R, Werner S, Eibl D. Bag bioreactor based on wave-induced motion: characteristics and applications. Advances in Biochemical Engineering/Biotechnology. 2010;115:55-87.
77. Viana AA, Pelegrini PB, Grossi-de-Sa MF. Plant biofarming: novel insights for peptide expression in heterologous systems. Biopolymers. 2012;98(4):416-27.
78. Schaefer DG. Gene targeting in *Physcomitrella patens*. Current Opinion in Plant Biology. 2001;4(2):143-50.
79. Lorenz S, Tintelnot S, Reski R, Decker EL. Cyclin D-knockout uncouples developmental progression from sugar availability. Plant Molecular Biology. 2003;53(1-2):227-36.
80. Koprivova A, Meyer AJ, Schween G, Herschbach C, Reski R, Kopriva S. Functional knockout of the adenosine 5'-phosphosulfate reductase gene in *Physcomitrella patens* revives an old route of sulfate assimilation. The Journal of Biological Chemistry. 2002;277(35):32195-201.
81. Girke T, Schmidt H, Zahringer U, Reski R, Heinz E. Identification of a novel delta 6-acyl-group desaturase by targeted gene disruption in *Physcomitrella patens*. The Plant Journal: for Cell and Molecular Biology. 1998;15(1):39-48.
82. Bhatla SC, Kiessling J, Reski R. Observation of polarity induction by cytochemical localization of phenylalkylamine-binding sites in regenerating protoplasts of the moss *Physcomitrella patens*. Protoplasma. 2002;219(1-2):99-105.
83. Chinnasamy S, Bhatnagar A, Claxton R, Das KC. Biomass and bioenergy production potential of microalgae consortium in open and closed bioreactors using untreated carpet industry effluent as growth medium. Bioresource Technology. 2010;101(17):6751-60.
84. Egener T, Granado J, Guitton MC, Hohe A, Holtorf H, Lucht JM, et al. High frequency of phenotypic deviations in *Physcomitrella patens* plants transformed with a gene-disruption library. BMC Plant Biology. 2002;2:6.
85. Reski R, Abel WO. Induction of budding on chloronemata and caulonemata of the moss, *Physcomitrella patens*, using isopentenyladenine. Planta. 1985;165(3):354-8.
86. Bierfreund NM, Reski R, Decker EL. Use of an inducible reporter gene system for the analysis of auxin distribution in the moss *Physcomitrella patens*. Plant Cell Reports. 2003;21(12):1143-52.

87. Hohe A, Reski R. A tool for understanding homologous recombination in plants. Plant Cell Reports. 2003;21(12):1135-42.
88. Larrick JW, Thomas DW. Producing proteins in transgenic plants and animals. Current Opinion in Biotechnology. 2001;12(4):411-8.
89. Schaaf A, Tintelnot S, Baur A, Reski R, Gorr G, Decker EL. A novel aspartic proteinase is targeted to the secretory pathway and to the vacuole in the moss, *Physcomitrella patens*. BMC Biotechnology. 2005;5:1.
90. Weise A, Rodriguez-Franco M, Timm B, Hermann M, Link S, Jost W, et al. Use of *Physcomitrella patens* actin 5' regions for high transgene expression: importance of 5' introns. Applied Microbiology and Biotechnology. 2006;70(3):337-45.
91. Hiatt A, Cafferkey R, Bowdish K. Production of antibodies in transgenic plants. Nature. 1989;342(6245):76-8.
92. Ma JK, Hiatt A, Hein M, Vine ND, Wang F, Stabila P, et al. Generation and assembly of secretory antibodies in plants. Science. 1995;268(5211):716-9.
93. Garcia-Casado G, Sanchez-Monge R, Chrispeels MJ, Armentia A, Salcedo G, Gomez L. Role of complex asparagine-linked glycans in the allergenicity of plant glycoproteins. Glycobiology. 1996;6(4):471-7.
94. van Ree R, Cabanes-Macheteau M, Akkerdaas J, Milazzo JP, Loutelier-Bourhis C, Rayon C, et al. Beta(1,2)-xylose and alpha(1,3)-fucose residues have a strong contribution in IgE binding to plant glycoallergens. The Journal of Biological Chemistry. 2000;275(15):11451-8.
95. von Schaewen A, Sturm A, O'Neill J, Chrispeels MJ. Isolation of a mutant Arabidopsis plant that lacks N-acetyl glucosaminyl transferase I and is unable to synthesize Golgi-modified complex N-linked glycans. Plant Physiology. 1993;102(4):1109-18.
96. Wenderoth I, von Schaewen A. Isolation and characterization of plant N-acetyl glucosaminyltransferase I (GntI) cDNA sequences. Functional analyses in the Arabidopsis cgl mutant and in antisense plants. Plant Physiology. 2000;123(3):1097-108.
97. Pagny S, Bouissonnie F, Sarkar M, Follet-Gueye ML, Driouich A, Schachter H, et al. Structural requirements for Arabidopsis beta1,2-xylosyltransferase activity and targeting to the Golgi. The Plant Journal: for Cell and Molecular Biology. 2003;33(1):189-203.
98. Yusibov V, Rabindran S. Recent progress in the development of plant derived vaccines. Expert Review of Vaccines. 2008;7(8):1173-83.
99. Streatfield SJ. Mucosal immunization using recombinant plant-based oral vaccines. Methods. 2006;38(2):150-7.
100. D'Aoust MA, Couture MM, Charland N, Trepanier S, Landry N, Ors F, et al. The production of hemagglutinin-based virus-like particles in plants: a rapid, efficient and safe response to pandemic influenza. Plant Biotechnology Journal. 2010;8(5):607-19.
101. D'Aoust MA, Lavoie PO, Couture MM, Trepanier S, Guay JM, Dargis M, et al. Influenza virus-like particles produced by transient expression in

Nicotiana benthamiana induce a protective immune response against a lethal viral challenge in mice. Plant Biotechnology Journal. 2008;6(9):930-40.

102. Sharma AK, Sharma MK. Plants as bioreactors: Recent developments and emerging opportunities. Biotechnology Advances. 2009;27(6):811-32.

103. Roussel A, Miled N, Berti-Dupuis L, Riviere M, Spinelli S, Berna P, et al. Crystal structure of the open form of dog gastric lipase in complex with a phosphonate inhibitor. The Journal of Biological Chemistry. 2002;277(3):2266-74.

104. Jost W, Link S, Horstmann V, Decker EL, Reski R, Gorr G. Isolation and characterisation of three moss-derived beta-tubulin promoters suitable for recombinant expression. Current Genetics. 2005;47(2):111-20.

105. Fedosov SN, Laursen NB, Nexø E, Moestrup SK, Petersen TE, Jensen EØ, Berglund L. Human intrinsic factor expressed in the plant *Arabidopsis thaliana*. European Journal of Biochemistry. 2003; 270(16): 3362-7.

106. Huang J, Wu L, Yalda D, Adkins Y, Kelleher SL, Crane M, Lonnerdal B, Rodriguez RL, Huang N. Expression of functional recombinant human lysozyme in transgenic rice cell culture. Transgenic Research. 2002; 11(3): 229-39.

107. Mason HS, Lam DM, Arntzen CJ. Expression of hepatitis B surface antigen in transgenic plants. Proceeding of the National Academy of Scientes (USA). 1992; 89(24): 11745-9.

108. Richter LJ, Thanavala Y, Arntezen CJ, Mason HS. Production of hepatitis B surface antigen in transgenic plants for oral immunization. Nature America. 2000; 18: 1167-71.

109. Mason HS, Ball JM, Shi JJ, Jiang X, Estes MK, Arntzen CJ. Expression of Norwalk virus capsid protein in transgenic tobacco and potato and its roal immunogenicity in mice. Proceedings of the National Academy of Sciences (USA). 1996; 93: 5335-40.

110. Nykiforuk CL, Boothe JG, Murray EW, Keon RG, Goren HJ, Markley NA, Moloney MM. Trnasgenic expression and recovery of biologically active recombinant human insulin from Arabidopsis thaliana. Plant Biotechnology Journal; 2006; 4(1): 77-85. Disponível em: <www.sembiosys.com/products/diabetes.aspx>.

111. Shaaltiel Y, Bartfeld D, Hashmueli S, Baum G, Brill-Almon E, Galili G, Dym O, Boldin-Adamsky SA, Silman I, Sussman JL, Futerman AH, Aviezer D. Production of glucocerebrosidase with terminal mannose glycans for enzyme replacement therapy of Gaucher's disease using a plant cell system. Plant Biotechnology Journal. 2007; 5(5): 579-90.

112. Greenovation Biotech GmbH. Disponível em: <www.greenovation.com>.

113. Modelska A, Dietzschold B, Sleysh N, Fu ZF, Steplewski K, Hooper DC, Koprowski H, Yusibov V. Immunization against rabies with plant-derived antigen. Proceedings of the National Academy of Sciences (USA). 1998; 95(5): 2481-5.

114. Samyn-Petit B, Gruber V, Flahaut C, Wajda-Dubos J-P, Farrer S, Pns A, Desmaizieres G, Slomianny M-C, Theisen M, Delannoy P. N-glycosylation potential of maize: the human lactoferrin used as a model. Glycoconjugate Journal. 2001; 18(7): 519-27.

115. Mason HS, Haq TA, Clements JD, Arntzen CJ. Edible vaccine protects mice against *Escheria coli* heat-labile enterotoxin (LT): potatoes expressing a synthetic LT-B gene. Vaccine. 1998; 16: 1336-43.

116. Tacket CO, Pasetti MF, Edelman R, Howard JA, Streatfield S. Immunogenicity of recombinant LT-B delivered orally to humans in transgenic corn. Vaccine. 2004; 22(31-32): 4385-9.

117. Rademacher T, Sack M, Arcalis E, Stadlmann J, Balzer S, Altmann F, Quendler H, Stiegler G, Kunert R, Fischer R, Stoger E. Recombinant antibody 2G12 produced in maize endosperm efficiently neutralizes HIV-1 and contains predominantly single-GlcNAc N-glycans. Plant Biotechnology Journal. 2008; 6: 189-201.

118. Schähs M, Strasser R, Stadlmann J, Kunert R, Rademacher T, Steinkellner H. Production of a monoclonal antibody in plants with a humanized N-glycosylation pattern. Plant Biotechnology Journal. 2007. 5:657-63.

119. Matsumoto S, Ishii A, Ikura K, Ueda M, Sasaki R. Expression of human erythropoietin in cultured tobacco cells. Biosciences, Biotechnology, Biochemistry. 1993; 57(8): 1249-52.

120. Matsumoto S, Ikura K, Ueda M, Sasaki R. Characterization of a human glycoprotein (erythropoietin) produced in cultured tobacco cells. Plant Molecular Biology. 1995; 27(6): 1163-72.

121. Mihaliak CA, Webb SR, Miller T. Development of plant cell produced vaccines for animal health applications. In: Proceedings of US Animal Health Association. Greensboro, NC, USA. 2005, 158-63.

122. Sijmons PC, Dekker BM, Schrammeijer B, Verwoerd TC, van den Elzen PJ, Hoekema A. Production of correctly processed human serum albumin in transgenic plants. Biotechnology (NY). 1990; 8(3): 217-21.

123. Baur A, Reski R, Gorr G. Enhanced recovery of a secreted recombinant human growth factor using stabilizing additives and by co-expression of human serum albumin in the moss *Physcomitrella patens*. Plant Biotechnology Journal. 2005; 3(3): 331-40.

124. Magnuson NS, Linzmaier PM, Reeves R, An G, HayGlass K, Lee JM. Secretion of biologically active human interleukin-2 and interleukin-4 from genetically modified tobacco cells in suspension culture. Protein Expression and Purification. 1998; 13(1): 45-52.

125. Sehnke PC, Ferl RJ. Processing of preproricin in transgenic tobacco. Protein Expression and Purification. 1999; 15(2): 188-95.

126. James EA, Wang C, Wang Z, Reeves R, Shin JH, Magnuson NS, Lee JM. Production and characterization of biologically active human GM-CSF secreted by genetically modified plant cells. Protein Expression and Purification. 2000; 19(1): 131-8.

127. Lee JH, Kim NS, Kwon TH, Jang YS, Yang MS. Increased production of human granulocyte-macrophage colony stimulating factor (hGM-CSF) by the addition of

stabilizing polymer in plant suspension cultures. Journal of Biotechnology. 2002; 96(3): 205-11.

128. Shoji Y, Farrance CE, Bi H, Shamloul M, Green B, Manceva S, et al. Immunogenicity of hemagglutinin from A/Bar-headed Goose/Qinghai/1A/05 and A/ Anhui/1/05 strains of H5N1 influenza viruses produced in Nicotiana benthamiana plants. Vaccine. 2009;27:3467-70

129. Ma JK, Hunjan M, Smith R, Lehner T. Specificity of monoclonal antibodies in local passive immunization against Streptococcus mutans. Clinical and Experimental Immunology. 1989; 77(3): 331-37.

130. Cove D, Bezanilla M, Harries P, Quatrano R. Mosses as model systems for the study of metabolism and development. Annual Review of Plant Biology. 2006;57:497-520.

131. Hohe A, Reski R. Control of growth and differentiation of bioreactor cultures of Physcomitrella by environmental parameters. Plant Cell. 2005;81:5.

132. Lucumi A, Posten C. Establishment of long-term perfusion cultures of recombinant moss in a pilot tubular photobioreactor. Processes in Biochemistry. 2006;41:8.

TERAPIA GÊNICA

CAPÍTULO 16

DERIVAÇÃO DE NOVAS LINHAGENS DE CÉLULAS-TRONCO EMBRIONÁRIAS: EVOLUÇÃO DA METODOLOGIA

Ana Maria Fraga
Naja Vergani
Simone Aparecida Siqueira da Fonseca
Lygia V. Pereira

16.1 INTRODUÇÃO

As primeiras linhagens de células-tronco embrionárias (ESC) pluripotentes foram derivadas no início dos anos 1980 a partir de embriões de camundongos em estágio pré-implantacional[1]. Desde então, centenas de linhagens murinas de ESC foram estabelecidas ao redor do mundo, a grande maioria através da utilização de um mesmo protocolo básico, que consiste no plaqueamento de embriões inteiros, livres de zona pelúcida, sobre uma camada de fibroblastos embrionários murinos (*mouse embryonic fibroblasts* – MEF) mitóticamente inativados, na presença de meio de cultura contendo o fator

de inibição da leucemia (*leukemia inhibitory factor* – LIF), usado para a manutenção do estado pluripotente dessas células em cultura (revisado em Guasch e Fuchs[2]).

Em relação às linhagens de ESC humanas, o quadro é bem diferente. Foi só em 1998, após mais de uma década de grandes e contínuos esforços por parte de diversos laboratórios, que se obteve sucesso na derivação das primeiras linhagens de hESC[3]. Depois dessas primeiras publicações, diversos outros grupos relataram o estabelecimento de novas linhagens de hESC, e o número de linhagens registradas nos bancos de dados rapidamente aumentou.

As condições descritas para a derivação das primeiras linhagens de hESC[3,4] eram essencialmente as mesmas usualmente utilizadas durante a derivação de linhagens murinas[1]. Entretanto, depois do estabelecimento dessas primeiras linhagens de hESC, novas vias de sinalização envolvidas no controle do estado pluripotente dessas células foram identificadas, o que, juntamente com o desenvolvimento de novos reagentes, permitiu a implementação de estratégias mais eficientes para a derivação de novas linhagens de hESC[5]. Neste capítulo, fazemos o levantamento e análise dos diferentes protocolos empregados durante o processo de derivação de linhagens de hESC registradas em dois grandes bancos de dados internacionais nos últimos dezesseis anos, e procuramos delinear tendências metodológicas em cada um dos passos envolvidos durante o estabelecimento dessas linhagens.

Os dados foram coletados a partir de dois importantes bancos de registro internacionais – o European Human Embryonic Stem Cell Registry* e o University of Massachusetts' International Stem Cell Registry** – e atualizados no dia 3 de outubro de 2013. Apenas as linhagens de hESC com pluripotência comprovada *in vivo*, ou seja, linhagens capazes de gerar teratomas quando injetadas em camundongos imunodeficientes, foram incluídas na análise. As sublinhagens de hESC também foram excluídas da análise pois o método para obtenção das mesmas não se trata de derivação propriamente dita.

Analisamos parâmetros relacionados ao meio de obtenção do embrião (fonte – se o embrião foi gerado para fins reprodutivos ou de pesquisa –, frescos ou congelados, estágio de desenvolvimento, qualidade, método de remoção da zona pelúcida, método de isolamento da massa celular interna), assim como parâmetros relacionados às condições de cultura (meio básico, fonte de proteínas, fatores utilizados para manutenção da pluripotência, tipo de suporte). Detalhes específicos relacionados aos diferentes aspectos do

---

* Ver <www.hescreg.eu>.
** Ver <www.umassmed.edu/iscr>.

processo de derivação foram também obtidos das publicações correspondentes, quando disponíveis. Sempre que os dados descritos nos bancos de dados diferiram daqueles descritos na publicação correspondente, consideramos os dados descritos na publicação.

16.2 ASPECTOS HISTÓRICOS DAS DERIVAÇÕES DE hESC

16.2.1 Número de derivações de hESC ao longo dos anos

Dentre as muitas diferentes linhagens de hESC registradas nos dois bancos de registro de células-tronco consultados (hESCReg e UMass ISCR), 460 linhagens foram descritas como sendo capazes de formar teratomas quando injetadas em camundongos imunodeficientes. As informações relacionadas aos diferentes parâmetros utilizados durante a derivação dessas 460 linhagens foram listadas, sendo que essas informações foram extraídas tanto do banco de dados quanto da publicação correspondente à linhagem, sempre que disponíveis[6]. Sete linhagens registradas não possuíam a informação quanto ao ano em que foram derivadas e, por este motivo, foram excluídas da análise.

A Figura 16.1 mostra o aumento no número total de linhagens de hESC derivadas de 1998 até 2013. Nenhuma linhagem foi registrada em 2013. É interessante notar que levou dois a quatro anos, desde as primeiras derivações pelos grupos de Thomson e colaboradores[3] e de Reubinoff e colaboradores[4], até que outros grupos relatassem o estabelecimento de novas linhagens de hESC. Esses dois primeiros grupos relataram a utilização de fator inibidor de leucemia humano (*human leukemia inhibitory factor* – hLIF) e MEF como fatores utilizados na manutenção do estado pluripotente durante o processo de derivação de hESC. Entretanto, em 2000, o uso de fator de crescimento de fibroblasto (*basic fibroblast growth factor* – bFGF) foi descrito como requisito importante durante o cultivo prolongado de hESC em meio de cultura livre de soro[7], e, a partir daí, esse fator de crescimento foi consolidado como sendo o fator principal para a manutenção do estado de pluripotência de hESC em cultura. Essa constatação, provavelmente, teve um grande papel no aumento do número de derivações obtidas desde então. De fato, o número de novas linhagens de hESC, assim como o número de grupos de pesquisa e laboratórios engajados no estabelecimento dessas novas linhagens, cresceu de maneira considerável de 2004 até 2010. De 2011 a 2013,

uma redução no número de novas derivações foi observada (Figura 16.1), provavelmente influenciado pela tendência em se obter células pluripotentes pelo método da reprogramação celular, as chamadas células-tronco pluripotentes induzidas (*induced pluripotent stem cells* – iPSC).

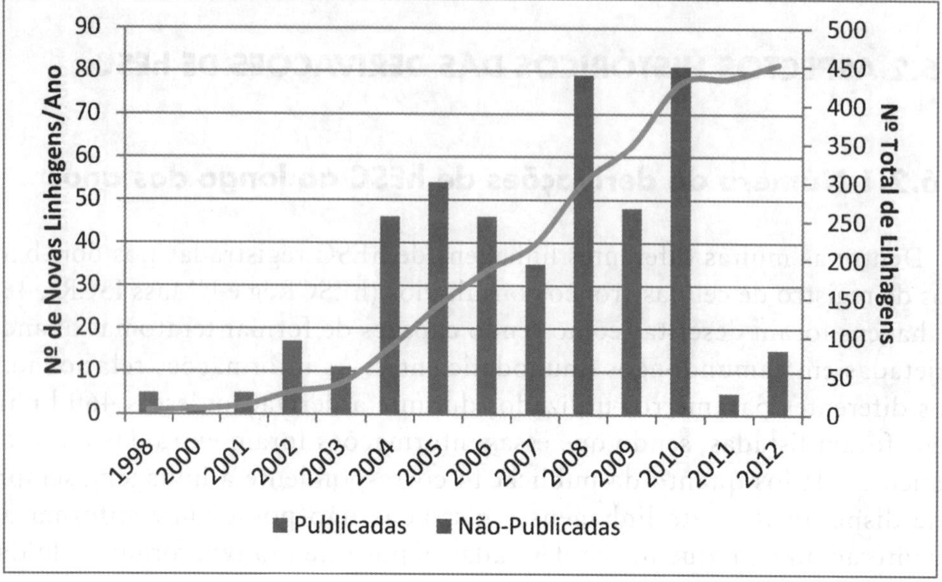

Figura 16.1 Número total acumulado de novas linhagens de hESC derivadas desde 1998 (linha verde) e número de linhagens de hESC estabelecidas em cada ano, publicadas e não publicadas (barras).

A maior parte das derivações de linhagens de hESC avaliadas foi descrita em artigos científicos, mesmo aquelas derivadas nos últimos anos (Figura 16.1). Entretanto, nos artigos publicados mais recentemente, o relato da derivação de novas linhagens de hESC geralmente constitui uma pequena porção dessas publicações, nas quais a derivação de linhagens de hESC serviram de base para o estudo de outras questões científica, o que demonstra uma menor disponibilidade de publicação de estudos relatando apenas novas derivações sem que haja um outro aspecto científico original relevante. Isso também poderia explicar a diminuição no número de linhagens derivadas entre 2011 e 2013, observada em nossa análise. Ainda assim, já que existe um grande interesse na comunidade científica para que novas linhagens sejam derivadas, aumentando a diversidade de linhagens de hESC disponíveis, é importante que haja também um veículo disponível para a divulgação

de novas linhagens com descrições de suas características específicas assim como das metodologias aplicadas para a obtenção das mesmas, um papel que pode ser desempenhado pelos bancos de registro de células-tronco.

16.3 MÉTODOS DE DERIVAÇÃO DE LINHAGENS DE hESC

16.3.1 Fonte de obtenção de embrião

A grande maioria (433, ou 98,2% das linhagens informativas) dos embriões utilizados para a derivação de linhagens de hESC consiste em embriões extra-numerários obtidos em ciclos de reprodução assistida (Tabela 16.1). Apenas oito linhagens de hESC (1,8%) foram derivadas a partir de embriões gerados exclusivamente para a pesquisa – seis na China e duas na Bélgica (Tabela 16.1), países com legislações mais permissivas em relação à pesquisa com células-tronco e transferência nuclear de célula somática para fins terapêuticos[8]. Embora outros países, como Estados Unidos e Inglaterra, também permitam a geração de embriões com a finalidade de pesquisa, não há registro de nenhuma linhagem celular derivada a partir de embriões gerados exclusivamente para pesquisa nesses países. Além disso, todas as linhagens de hESC estabelecidas entre 2008 e 2013 foram derivadas a partir de embriões excedentes gerados com finalidade reprodutiva (Tabela 16.1). Dessa forma, podemos observar que a criação de embriões gerados exclusivamente para a pesquisa não constitui prática comum, provavelmente devido à dificuldade de obtenção de doadores de oócitos humanos.

Uma importante implicação do uso de embriões extranumerários no estabelecimento de novas linhagens de hESC é a possível limitação de diversidade genética dos embriões. Uma vez que a grande maioria desses embriões é gerada em clínicas particulares de reprodução assistida em procedimentos caros, não abrangem toda a miscigenação étnica compreendida dentro de uma determinada população[9]. De fato, estudos recentes relataram que a maioria das linhagens de hESC derivadas ao redor do mundo são de etnicidade europeia ou leste-asiática[10-12]. Com base nessas observações, torna-se claro que um maior esforço deve ser realizado no sentido de se obter embriões etnicamente diversificados para a derivação de novas linhagens de hESC que possuam perfis genéticos distintos e tipagem HLA diversificadas.

Embriões congelados (186 linhagens) e frescos (148 linhagens) têm sido igualmente utilizados nos processos de derivação, uma tendência que não

Tabela 16.1 Principais características dos embriões e procedimentos utilizados na derivação de linhagens de hESC

		NÚMERO DE LINHAGENS 1998 A 2013 (%*)	NÚMERO DE LINHAGENS 2008 A 2013 (%*)
Finalidade do embrião	Reprodução	433 (98,2)	222 (100)
	Pesquisa	8 (1,8)	0
	NA	12	10
Fresco/congelado	Fresco	148 (44,3)	76 (45,5)
	Congelado	186 (55,7)	91 (54,5)
	NA	119	65
Estágio de desenvolvimento	Blastocisto	424 (95,7)	210 (94,6)
	Pré-blastocisto	7 (1,6)	4 (1,8)
	Blastômero	12 (2,7)	8 (3,6)
	NA	10	0
Qualidade do embrião	Boa	81 (49,7)	34 (40,0)
	Intermediária	21 (12,9)	5 (6,0)
	Ruim	61 (37,4)	46 (54,0)
	NA	290	147
Método de remoção da zona pelúcida	Químico	129 (35,5)	49 (28,0)
	Enzimático	137 (37,7)	55 (31,4)
	Mecânico	68 (18,7)	58 (33,1)
	Hatching espontâneo	24 (6,6)	9 (5,1)
	Laser	5 (1,4)	4 (2,3)
	NA	90	57
Método de isolamento da ICM	Imunocirurgia	169 (43,0)	31 (16,8)
	Mecânico	139 (34,6)	99 (53,8)
	Embrião inteiro	70 (17,8)	42 (22,8)
	Laser	17 (3,3)	11 (6,0)
	Lise hipotônica	5 (1,3)	1 (0,5)
	NA/NAp	60	32

* Porcentagem de linhagens celulares informativas. NA = informação não disponível, NAp = não se aplica.

sofreu modificações nos últimos anos (Tabela 16.1, Figura 16.2A). Enquanto embriões frescos, quando excedentes dos ciclos de reprodução, tendem a estar disponíveis em menor número e sob curto tempo de aviso de disponibilidade para cada experimento de derivação, o uso de embriões congelados permite trabalhar com grandes quantidades de embriões ao mesmo tempo e de forma mais programada. Ainda assim, alguns pesquisadores relatam melhores taxas de eficiência de derivação a partir de embriões frescos, se comparadas ao uso de embriões congelados[13].

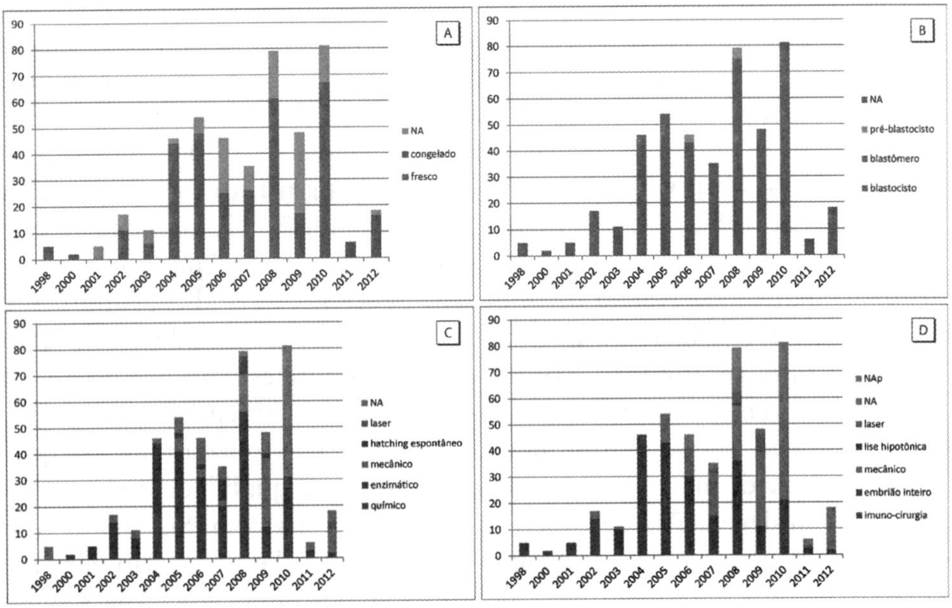

Figura 16.2 Embriões utilizados no estabelecimento de linhagens de hESC. Número de linhagens de hESC derivadas ao longo dos anos de acordo com (A) embriões frescos ou congelados, (B) estágio do embrião, (C) método de remoção da zona pelúcida e (D) método de isolamento da ICM utilizado. NA = informação não disponível, NAp = não se aplica.

16.3.2 Qualidade do embrião

A qualidade do embrião é um importante parâmetro na eficiência de derivação de linhagens de hESC. Publicações mais antigas sugerem que o uso de embriões de boa qualidade em estágio de blastocisto é essencial para o sucesso da derivação. Das 453 linhagens celulares avaliadas nesse capítulo, apenas 163 (36,0%) foram informativas quanto à qualidade do embrião a partir dos quais essas linhagens foram geradas (Tabela 16.1).

Uma vez que diversas metodologias para avaliação da qualidade do embrião foram utilizadas pelos diferentes laboratórios nos quais as linhagens de hESC foram derivadas, optamos por utilizar em nossa análise a classificação adotada pelos bancos de dados consultados (ou nas publicações correspondentes), na qual a qualidade do embrião foi simplesmente definida como "boa", "intermediária" ou "ruim". Para algumas das linhagens celulares, ajustamos a informação fornecida pelos autores para esse formato. Das 163 linhagens celulares que concordaram com esse meio de classificação, 81 (49,7%) foram originadas a partir de embriões classificados como possuindo qualidade "boa", 21 (12,9%) foram originadas a partir de embriões classificados como possuindo qualidade "intermediária" e 61 (37,4%) foram originadas a partir de embriões classificados como possuindo qualidade "ruim" (Tabela 16.1). Se olharmos apenas para as linhagens derivadas mais recentemente, podemos observar que uma porcentagem significativamente mais alta de linhagens de hESC (54,0%) foi derivada de embriões de qualidade "ruim" (Tabela 16.1). Assim, embora embriões de qualidade "boa" pareçam ser mais adequados para a derivação de linhagens de hESC, uma alta proporção de linhagens foi estabelecida a partir de embriões de qualidade "ruim", não adequados para reprodução – o que provavelmente está associado ao fato de que a maioria dos embriões doados por clínicas de reprodução assistida para a pesquisa se enquadrem nessa categoria. É importante notar que a disponibilidade de mais informações relacionadas à qualidade dos embriões utilizados em derivações de cada uma das linhagens de hESC, assim como o estabelecimento consensual de um único método classificatório para avaliação da qualidade do embrião é de fundamental importância para que se possa definir o papel dessa variável na taxa de sucesso de geração de uma nova linhagem de hESC.

16.3.3 Estágio de desenvolvimento do embrião

A maioria (424, ou 95,7%) das linhagens informativas de hESC com potencial para a formação de teratomas foram originadas a partir de embriões no estágio de blastocisto, enquanto apenas 1,6% (7 linhagens) foram estabelecidas a partir de embriões em estágios mais precoces do desenvolvimento, e 2,7% (12 linhagens) foram derivadas a partir de um único blastômero, uma distribuição que não teve alteração significativa nos últimos anos (Tabela 16.1, Figura 16.2B). Vale notar que as derivações originadas de embriões em estágios precoces ou a partir de blastômeros únicos, embora não frequentes,

foram relatadas por grupos distintos e independentes[14-19], o que demonstra a aplicabilidade dessas estratégias, além de aumentar o número de embriões que se tornam adequados para a geração de linhagens de hESC. Além disso, mais do que ter o objetivo de obter uma melhor fonte de células para derivação de linhagens de hESC, a utilização de blastômeros únicos demonstrou ser geralmente executada com o intuito de evitar polêmicas e controvérsias associadas à questão da destruição de embriões humanos.

16.3.4 Métodos de remoção da zona pelúcida e isolamento da massa celular interna (*inner cell mass* – ICM)

Os métodos de remoção da zona pelúcida mais utilizados para a derivação da maioria das linhagens de hESC estabelecidas entre 1998 e 2013 foram a remoção enzimática, geralmente por uso de pronase (137, ou 37,7% das linhagens informativas), remoção química, geralmente por utilização do ácido de Tyrode (129 ou 35,5% das linhagens informativas), ou remoção mecânica (68 ou 18,7% das linhagens informativas). Entretanto, de 2008 a 2013, houve um aumento no uso da técnica de remoção mecânica (33,1%) e pequena diminuição da utilização dos métodos de remoção enzimática (31,4%) e química (28,0%) da zona pelúcida (Tabela 16.1, Figura 16.2C), demonstrando que esses três métodos são utilizados de maneira similar quando não há eclosão (*hatching*) espontânea do embrião.

As linhagens de ESC de camundongo são estabelecidas a partir do plaqueamento de blastocistos inteiros, seguido do isolamento mecânico das células da massa celular interna (ICM) do trofoectoderma que as envolve após alguns dias. Em contraste, os procedimentos adotados até 2004 para a derivação de linhagens de hESC geralmente incluíam o isolamento da ICM antes do plaqueamento do embrião (Figura 16.2D). É verdade que, quanto menor a manipulação do embrião, menor a chance de danos às células que o compõem. Porém, como as células do trofoectoderma proliferam-se de maneira extremamente rápida, há um risco de que essas células possam suprimir o crescimento da ICM, o que pode acarretar no surgimento de uma linhagem celular trofoectodérmica embrionária[20].

Desde 1998 até 2013, a técnica mais utilizada para o isolamento da ICM foi a imunocirurgia (Tabela 16.1, Figura 16.2D), que consiste em um procedimento não específico baseado na susceptibilidade do embrião à citotoxidade aos anticorpos de maneira dependente de complemento[21]. A maior desvantagem desse método é o risco de danificar as células da ICM[22] diminuindo,

assim, as chances de essas células poderem originar uma nova linhagem de hESC. Além disso, essa metodologia envolve o uso de componentes derivados de animais, o que pode tornar a linhagem de hESC não adequada a certas aplicações. Dessa forma, métodos alternativos de isolamento da ICM, como dissecção mecânica ou assistida por laser, foram desenvolvidos. De fato, desde 2008 até 2013, a dissecção mecânica da ICM foi a estratégia mais comumente utilizada (Tabela 16.1, Figura 16.2D). Adicionalmente, uma grande proporção das linhagens de hESC foram estabelecidas a partir do plaqueamento do embrião inteiro livre da zona pelúcida (Tabela 16.1, Figura 16.2D), procedimento empregado especialmente para embriões de qualidade pobre, sem ICM distinta, embora tenha sido utilizado também para embriões de boa qualidade.

Em conclusão, o nosso levantamento permitiu identificar uma tendência a não se empregar a imunocirurgia e a adotar a dissecção mecânica no isolamento da ICM. Todavia, a melhor metodologia para o isolamento da ICM a partir de embriões humanos ainda não foi consolidada. Dessa forma, a morfologia e a qualidade do embrião, juntamente com a disponibilidade laboratorial de equipamentos de dissecção a laser ou de micromanipulação, desempenham papéis centrais na escolha do método a ser utilizado. Além disso, uma vez que uma grande quantidade de linhagens de hESC têm sido estabelecidas a partir de embriões plaqueados inteiros, principalmente nos últimos anos, a grande novidade nesse passo do procedimento é a falta de necessidade de isolamento da ICM para a derivação de uma nova linhagem de hESC, o que simplifica consideravelmente o procedimento de derivação.

16.3.5 Condições de cultura

Para realizar nossa análise, dividimos os componentes presentes no meio de cultura para a derivação de linhagens de hESC em quatro principais componentes: (1) meio básico, por exemplo, *Dulbecco's modified eagle medium* (DMEM), DMEM-F12, KO-DMEM (*knockout*-DMEM); (2) fonte de proteínas, por exemplo soro fetal bovino (*fetal bovine serum* – FBS), *KnockOut™ serum replacement* (KSR); (3) fator(es) usados para manter a pluripotência celular, por exemplo, bFGF, LIF; e (4) tipo de matriz/suporte celular, por exemplo, MEF, fibroblastos de prepúcio humano (*human foreskin fibroblasts* – HFF), Matrigel™. Dezenas de combinações dos diversos tipos desses quatro componentes demonstraram ser capazes de manter as hESC em estado pluripotente em cultura (revisado em Fernandes *et al.*[23]), e nossa

análise demonstrou que muitas dessas combinações são também apropriadas para a geração de novas linhagens celulares (Tabela 16.2).

KO-DMEM e KSR têm sido respectivamente o tipo de meio básico e o tipo de fonte de proteínas mais utilizados durante a derivação de linhagens de hESC (Tabela 16.2, Figura 16.3A e 16.3B). De fato, 262 (57,8%) de todas as linhagens de hESC consideradas em nossa análise foram cultivadas nesses dois componentes pelo menos durante algum dos estágios envolvidos no processo de derivação. Portanto, KO-DMEM e KSR compreendem a base de cultivo mais empregada, não apenas durante a manutenção das hESC em cultura[23], mas também durante o processo de derivação de uma nova linhagem de hESC.

Tabela 16.2 Condições de cultura para a derivação de linhagens de hESC

		NÚMERO DE LINHAGENS 1998 A 2013 (%*)	NÚMERO DE LINHAGENS 2008 A 2013 (%*)
Meio de cultura	KO-DMEM	277 (64,3)	134 (62,0)
	DMEM-F12	99 (23,0)	58 (26,9)
	DMEM	35 (8,1)	9 (4,2)
	DMEM-F12/KO-DMEM	12 (2,8)	12 (5,6)
	TeSR1 ou mTeSR1	4 (0,9)	2 (0,9)
	DMEM/KO-DMEM	3 (0,7)	0
	E8	1 (0,2)	1 (0,5)
	NA	22	16
Fonte de proteínas	KSR	291 (68,2)	150 (69,8)
	FBS/KSR	86 (20,2)	56 (26,0)
	FBS	45 (10,5)	8 (3,7)
	HS	4 (0,9)	1 (0,5)
	RHP	1 (0,2)	0
	NA/NAp	26	16

		NÚMERO DE LINHAGENS 1998 A 2013 (%*)	NÚMERO DE LINHAGENS 2008 A 2013 (%*)
Fatores de crescimento	FGF	324 (75,3)	170 (78,3)
	LIF/FGF	84 (19,5)	45 (20,7)
	LIF	20 (4,7)	2 (0,9)
	Nenhum	2 (0,5)	0
	NA	24	17
Tipo de suporte/Matriz	Murino	289 (64,4)	129 (56,6)
	Humano	147 (32,7)	91 (39,9)
	Acelular	10 (2,2)	7 (3,1)
	Mix	3 (0,7)	1 (0,4)
	NA	4	0

* Porcentagem de linhagens celulares informativas. KO-DMEM = *knockout* DMEM, KSR = *knockout serum replacement*, FBS = soro fetal bovino, HS = soro humano, RHP = proteínas recombinantes humanas, FGF = fator de crescimento de fibroblasto, LIF = fator inibidor de leucemia, NA = informação não disponível, NAp = não se aplica.

O KO-DMEM é um meio "baseado em DMEM" que possui osmolaridade reduzida, o que favorece o crescimento de ESC indiferenciadas, enquanto o KSR, desenvolvido em 1998, é mais adequado para o cultivo de ESC do que o soro fetal bovino (FBS) porque contém fatores promotores de crescimento e diferenciação definidos[24]. Além disso, embora contenha componentes de origem animal, o KSR é um suplemento de composição definida, o que evita a variação entre diferentes lotes observada no FBS[25]. Ainda assim, até mesmo nos últimos anos, um número significante de linhagens de hESC (56 linhagens, ou 26,0% das linhagens informativas) foi estabelecido em combinação de KSR/FBS – o que aparentemente melhora o potencial de adesão e crescimento iniciais da ICM[26] – e foram subsequentemente transferidas para meio contendo somente KSR para cultivo a longo prazo. Em contraste, o uso de FBS como única fonte de proteína durante a derivação diminuiu significantemente nos últimos anos (Tabela 16.2, Figura 16.3B).

Outra preocupação em relação ao uso de componentes de origem animal durante o cultivo de hESC foi a identificação, em 2005, de ácido siálico não humano (Neu5Gc) potencialmente imunogênico em linhagens de hESC cultivadas sobre células não humanas ou em produtos derivados de soro

Derivação de Novas Linhagens de Células-Tronco Embrionárias: Evolução da Metodologia

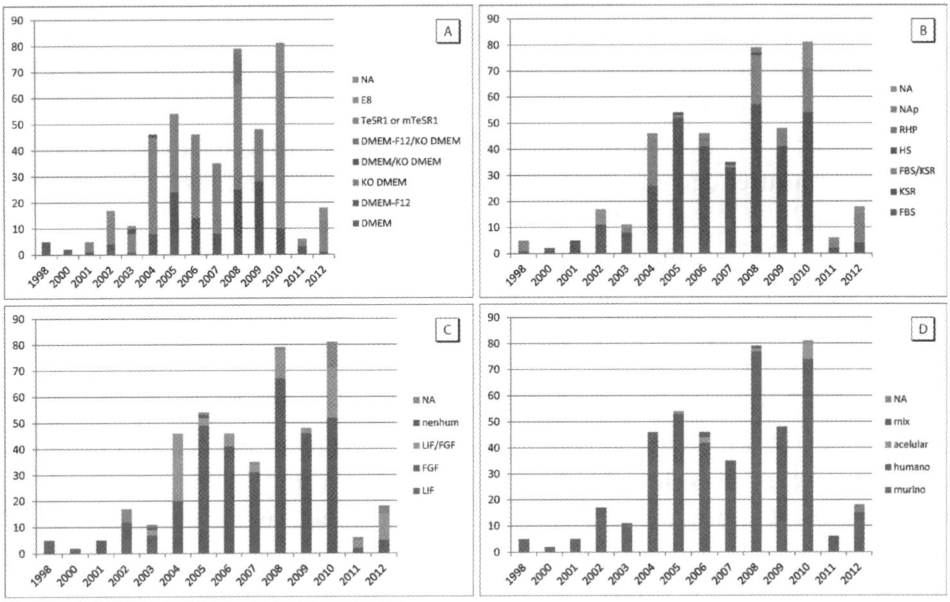

Figura 16.3 Composição do meio de cultura. Número de linhagens de hESC derivadas ao longo dos anos de acordo com (A) meio básico de cultura – KO-DMEM = *knockout* DMEM; (B) fonte de proteínas – KSR = *knockout serum replacement*, FBS = soro fetal bovino, HS = soro humano, RHP = proteínas recombinantes humanas; (C) fator para manutenção da pluripotência – FGF = fator de crescimento de fibroblasto, LIF = fator inibidor de leucemia; e (D) tipo de suporte celular. NA = informação não disponível, NAp = não se aplica.

animal[22]. Embora essa preocupação não seja uma limitação ao estabelecimento de linhagens de hESC voltadas para o uso em pesquisa científica, diferentes grupos interessados na derivação de linhagens de hESC com propósito de utilização em terapia celular optaram por trabalhar em condições livres de componentes de origem animal, e adotaram o uso de meios de cultura *xeno-free* – TeSR1™ e TeSR™-E8™ ou Essential 8™ – e o uso de proteínas humanas recombinantes como substitutos do soro animal durante o processo de derivação de suas linhagens (Tabela 16.2, Figuras 16.3A e 16.3B).

Ambos o fator inibidor de leucemia (LIF) e as camadas de fibroblastos embrionários murinos (MEF) constituem os componentes responsáveis para a manutenção de estado de pluripotência de ESC de camundongos. Embora o LIF humano (hLIF) tenha sido empregado durante o estabelecimento das primeiras linhagens de hESC[3,4], estudos posteriores demonstraram que esse componente não é capaz de promover a manutenção do estado indiferenciado das hESC durante um período de tempo prolongado em cultura[27]. Por esse motivo, o uso de apenas hLIF no meio de cultura utilizado para a

derivação de linhagens de hESC diminuiu ao longo dos anos, ao passo que o uso de bFGF, seja sozinho ou em combinação com hLIF, foi consolidado como sendo o principal fator de manutenção de pluripotência de hESC, tanto durante o processo de derivação de novas linhagens, como também durante a manutenção prolongada em cultura dessas células[23] (Tabela 16.2, Figura 16.3C).

Embora os MEF constituam o tipo de suporte mais comumente utilizado para o estabelecimento de linhagens de hESC (289, ou 64,4% das linhagens informativas), já a partir de 2002 pode-se observar o início do uso no processo de derivação, tanto de tipos alternativos de suporte celular de origem humana (147 linhagens, ou 32,7% das linhagens informativas), como de tipos de matrizes proteicas acelulares (10 linhagens, ou 2,2% das linhagens informativas), provavelmente com o intuito de evitar a contaminação dessas culturas por componentes de origem animal (Tabela 16.2, Figura 16.3D). De 2008 até 2013, observa-se uma redução na utilização de MEF e um aumento no uso de camadas celulares de suporte de origem humana (Tabela 16.2, Figura 16.3D). Por outro lado, uma grande porcentagem (56,6%) de linhagens de hESC continua a ser derivada na presença de MEF, um indício de que esse tipo de suporte celular possa apresentar maior capacidade de manutenção do estado de pluripotência de hESC e/ou de que a fácil disponibilidade e custo mais baixo dos MEF os tornem um tipo de suporte mais vantajoso para o processo de derivação do que os outros tipos de suporte alternativos.

Outros parâmetros relacionados ao processo de derivação de hESC, como momento da primeira passagem, frequências das passagens, frequência de troca de meio de cultura e taxa de eficiência da derivação foram também avaliados durante o nosso trabalho de levantamento de dados. Entretanto, esses parâmetros apresentaram grande variação entre as linhagens de hESC consideradas em nosso estudo não sendo portanto conclusivos. Informações como, por exemplo, número de linhagens de hESC obtidas por número de embriões manipulados, seriam de fundamental importância para se avaliar a taxa de eficiência de cada tipo de metodologia empregada durante a derivação das linhagens de hESC. Infelizmente, além desses dados frequentemente não estarem descritos de maneira clara em diversas publicações, o número relativamente pequeno de linhagens celulares estabelecidas em cada condição metodológica específica torna difícil a execução de uma análise estatística significante em relação à taxa de eficiência de derivação associada aos diferentes protocolos laboratoriais aplicados para o estabelecimento de linhagens de hESC.

16.4 POSSIBILIDADES E IMPLICAÇÕES TERAPÊUTICAS DAS hESC

Células doadoras geradas a partir de células pluripotentes podem ser utilizadas como uma fonte de obtenção de tecidos em medicina regenerativa e, portanto, representam uma possível solução para o número limitado de doadores de órgãos, assim como para a regeneração de tecido nervoso e reposição de tecido danificado. Em contraste às células-tronco adultas que geralmente apresentam um potencial de diferenciação em tipos celulares distintos limitado (revisado em Kerkis *et al.*[28] e Fonseca *et al.*[29]), as hESC são pluripotentes, ou seja, possuem um inquestionável potencial de diferenciação e, portanto, são capazes de ser diferenciadas em uma grande variedade de tipos celulares distintos, o que as tornam uma fonte de células para terapia mais abrangente. O interesse constante nessas células é claramente evidenciado pelo fato de que, desde a derivação em 1998 da primeira linhagem de hESC, o número de linhagens registradas nos bancos de dados rapidamente aumentou. Além disso, estudos pré-clínicos e clínicos realizados até o momento, sugerem que as hESC possuem tanto atividade biológica relevante, como baixo risco de toxicidade a curto ou longo prazo para o receptor.

Entretanto, para que essas células sejam adequadas para uso em terapia celular, condições rigorosas devem ser adotadas durante a derivação e manutenção em cultura das hESC. Como vimos, até agora o método mais efetivo de derivação de uma nova linhagem de hESC ainda não está bem estabelecido. Ainda assim, se considerarmos uma futura aplicação das hESC em terapia celular, o consenso é de que as condições de cultura de hESC devam, preferencialmente, ser definidas e livre de contaminantes de origem animal. Por esse motivo, existe um esforço contínuo em estabelecer suportes celulares de origem não animal (matrizes), meios de cultura completamente definidos e procedimentos de cultivo adequados para as hESC utilizadas em terapia celular[30]. Entretanto, a maioria das linhagens de hESC disponíveis não foram derivadas ou mantidas sob essas condições ótimas, já que a metodologia utilizada durante o estabelecimento dessas linhagens foi baseada em protocolos de derivação de ESC murinas (mESC). Ainda assim, é importante notar que o primeiro estudo clínico na qual hESC são utilizadas para o tratamento de lesões da medula espinhal está sendo conduzido através do uso de uma linhagem de hESC que foi derivada na presença de componentes animais em cultura[3] e que foi, posteriormente, adaptada para condições livres de componentes animais antes de serem transplantadas nos pacientes. Mesmo assim, este tratamento ainda deve ser considerado como xenotransplante.

A propagação contínua de hESC no laboratório pode levar à geração de populações de células anormais, uma vez que as células melhores adaptadas às condições de cultura podem ser progressivamente selecionadas[31]. Já está bem documentado que as alterações cromossômicas mais frequentemente observadas em hESC cultivadas por longos períodos são os ganhos de cromossomos 12 e 17[31-33]. Outros autores também descreveram ganhos de um ou mais cromossomos X extras nessas populações celulares[34,35]. Além disso, uma análise de 125 linhagens de hESC publicada pela International Stem Cell Initiative mostrou que a amplificação da região cromossômica 20q11.21 foi encontrada em mais de 20% dessas linhagens[36]. Os mesmos achados haviam sido anteriormente relatados por Lefort e colaboradores[37]. A região cromossômica 20q11.21 contém o gene *BCL2L1*, cujo produto é um inibidor de apoptose e, portanto, um forte candidato para estar envolvido na adaptação de hESC às condições de cultura[36].

Talvez a maior preocupação do uso de hESC em terapia celular esteja relacionada à segurança clínica do uso dessas células, mais especificamente o potencial intrínseco que as células pluripotentes possuem para originar teratomas ou teratocarcinomas quando injetadas no paciente. Esse efeito adverso do uso de terapia baseada em células pluripotentes poderia ser evitado através do pré-diferenciamento dessas células *in vitro* antes do uso destas em procedimentos de terapia celular. Entretanto, a aquisição de uma população homogênea de células diferenciadas não é tarefa fácil, e a presença de apenas uma pequena porção de células não diferenciadas no material utilizado para transplante poderia levar à formação de teratomas ou teratocarcinomas no paciente. Ainda assim, estudos pré-clínicos demonstraram que células diferenciadas derivadas de hESC poderiam ser seguramente injetadas em organismos-modelo alogênicos como ratos, camundongos e porcos-da-índia sem que acarretassem na formação de teratomas. Por outro lado, Erdö e colaboradores[38] relataram que, em animais-modelo para acidente vascular cerebral, ratos que receberam mESC – tanto indiferenciadas como diferenciadas – não desenvolveram teratomas, enquanto os camundongos que as receberam desenvolveram tumor. Isso demonstra que diferentes consequências podem ser observadas entre xenotransplantes e transplantes homólogos. Sendo assim, estudos clínicos rígidos devem ser realizados com hESC a fim de excluir a possibilidade de formação tumoral em humanos.

Em relação ao potencial de diferenciação das hESC, diversos protocolos distintos estão disponíveis na literatura para a geração de tipos celulares específicos a partir de hESC indiferenciadas. A maioria desses protocolos requer extensa manipulação em cultura e uso de diversos reagentes[39], o que

torna a pré-diferenciação das hESC *in vitro* um procedimento laborioso e de custo relativamente elevado. Além disso, muitos dos protocolos disponíveis não são sempre facilmente reproduzidos e diferenças significantes podem ser observadas de cultura para cultura, mesmo quando protocolos e condições idênticas de cultivo são empregados. Sendo assim, muitos grupos de pesquisa estão atualmente trabalhando para desenvolver protocolos de diferenciação de baixo custo, robustos e escalonáveis com o intuito de produzir populações de células pré-diferenciadas derivadas de hESC que sejam altamente homogêneas. Entretanto, alguns tipos celulares são ainda difíceis de obter através de diferenciação *in vitro*, como, por exemplo, células pancreáticas e células germinativas funcionais, e mais estudos tornam-se necessários nesse sentido.

Finalmente, uma implicação do uso de embriões excedentes de ciclos de reprodução assistida para o estabelecimento de novas linhagens de hESC é a possível limitação de diversidade genética desses embriões, que pode não atender à miscigenação étnica de uma dada população. Assim como em transplante de órgãos, é possível que haja necessidade de que as células-tronco sejam HLA-compatíveis com seus receptores. Alguns trabalhos demonstraram uma restrição no perfil de HLA e *background* genético nas linhagens de hESC estabelecidas ao redor do mundo, mostrando que a etnicidade dessas linhagens eram principalmente europeia e leste-asiática[10-12]. Sendo assim, será importante obter embriões etnicamente distintos para a derivação de novas linhagens de hESC com diferentes *backgrounds* genéticos e diferentes tipagem de HLA. Por outro lado, as hESC podem originar potentes células apresentadoras de antígenos (células dendríticas – DC) (revisado em Senju *et al.*[40] e Silk *et al.*[41]). Vacinas baseadas em DC já estão sendo testadas em terapia do câncer, na qual as células cancerosas se tornam alvos para o sistema imune[42, 43]. No contexto de compatibilidade de HLA, DC derivadas de hESC poderiam persuadir o sistema imunológico dos pacientes submetidos à terapia celular a tolerar tecidos alogênicos diferenciados a partir da mesma linhagem de hESC[41]. Isso poderia prolongar a aceitação de derivativos de hESC pelo sistema imunológico do paciente com uma utilização mínima de drogas imunossupressoras[44].

Em resumo, embora as hESC constituam uma fonte promissora de células para uso em medicina regenerativa, alguns fatores impedem a ampla aceitação do uso de células pluripotentes, em geral, para terapia celular e, portanto, devem ser considerados, o mais crítico deles sendo o potencial que essas células apresentam de formar teratomas e teratocarcinomas quando transplantadas no paciente. Outras fontes de células para terapia já são

conhecidas – entre elas células-tronco adultas, iPSC e células diretamente convertidas – mas, em cada caso, os benefícios associados são contrabalanceados pelas suas desvantagens. Sendo assim, atualmente não é possível afirmar que exista um tipo celular perfeito para o tratamento de todos os problemas de saúde, uma vez que isso irá depender, principalmente, do tipo de doença a ser tratada. Portanto, antes que todas as muitas promessas associadas à terapia celular possam ser concretizadas, pesquisas básicas e translacionais envolvendo todos esses tipos celulares como fonte de material para a terapia celular devem continuar a ser desenvolvidas.

16.5 CONCLUSÕES

Frente ao início de um projeto envolvendo derivações de novas linhagens de hESC, a escolha da melhor estratégia metodológica irá depender principalmente de fatores como a qualidade dos embriões disponíveis e da finalidade pela qual tais linhagens serão geradas. Para linhagens de hESC cuja finalidade seja a de aplicação em pesquisa básica, pode-se não haver a preocupação em se utilizar produtos contendo componentes de origem animal. Por outro lado, se as linhagens de hESC forem geradas com o propósito de utilização em terapia celular, o emprego de condições definidas e livre de componentes de origem animal se faz mais adequado. Ainda assim, é importante ressaltar que este não é um requisito indispensável – linhagens de hESC estabelecidas na presença de produtos de origem animal podem ser transferidas às condições de cultura adequadas ao uso clínico. De fato, esse é o caso da primeira linhagem de hESC gerada no mundo, a linhagem H1, que foi posteriormente utilizada para gerar oligodendrócitos empregados no tratamento de lesões da medula espinhal – o primeiro produto no mundo derivado de hESC a ser injetado em humanos[*].

Em resumo, a grande heterogeneidade de metodologias aplicadas a derivação de linhagens de hESC descrita nesse capítulo indica que as condições ótimas associadas a esse tipo de procedimento ainda não foram identificadas. Ainda assim, podemos identificar melhoras significativas nos protocolos de derivação empregados desde 1998: embora a derivação em suporte acelular ou suporte celular de origem humana tenha demonstrado ser eficiente, os MEF são ainda o tipo de suporte celular mais utilizado e a combinação de KO-DMEM/KSR com bFGF foi consolidada como sendo o tipo de meio de

---

[*] Ver <www.geron.com>.

cultura e fonte proteica mais adequados. Além disso, o isolamento da ICM pode ser dispensado e linhagens de hESC podem também ser estabelecidas a partir de embriões de baixa qualidade plaqueados inteiros após *hatching* espontâneo ou remoção da zona pelúcida. Porém, todas as metodologias listadas ainda geram linhagens de hESC que diferem significantemente das linhagens de ESC murinas em morfologia, estabilidade epigenética e cinética de crescimento, entre outras características[45].

Mais recentemente, os efeitos positivos do uso de níveis fisiológicos de oxigênio durante a cultura e manutenção das linhagens de hESC foi relatado[46]. Além disso, células-tronco pluripotentes induzidas humanas (hiPSC) derivadas na presença de inibidores de quinases e hLIF demonstraram ser mais similares a mESC[45]. Esses achados ainda precisam ser confirmados por outros grupos de pesquisa para serem consolidados, mas possuem o potencial de promover grandes mudanças nesse campo de estudo. Finalmente, temos que levar em consideração a heterogeneidade genética humana, fator que adiciona mais um nível de complexidade às hESC se comparadas às suas correspondentes murinas - geralmente derivadas de animais isogênicos, em sua grande maioria pertencentes à linhagem 129/Sv. Podemos, para os próximos anos, antecipar melhoras importantes nas condições metodológicas empregadas durante o estabelecimento e cultivo de novas linhagens de hESC, o que tornará essas células ainda mais adequadas, tanto para a utilização em pesquisa básica, quanto para o uso em terapia celular.

16.6 PROTOCOLO PARA DERIVAÇÃO DE LINHAGENS DE hESC

16.6.1 Preparo da camada de células de suporte (*feeder cells*)

Podem ser utilizados como *feeders* fibroblastos de origem humana – dentre eles os mais utilizados são os fibroblastos de prepúcio humano (HFF) – ou fibroblastos de origem murina, como os fibroblastos embrionários de camundongos (MEF), amplamente utilizados em protocolos de derivação. Descreveremos aqui o protocolo de preparo e cultivo de MEF.

16.6.2 Isolamento, preparação e cultivo inicial de MEF

Material
- 1XDPBS (tampão fosfato salino de Dulbecco) livre de Ca^{2+} e Mg^{2+} (*Dulbecco's Phosphate-Buffered Saline, no calcium, no magnesium*, Life Technologies™ – Gibco®, Cat# 14190-144)
- 0,05% Tripsina/EDTA (Life Technologies™ – Gibco®, Cat# 25300-054)
- 0,25% Tripsina/EDTA (Life Technologies™ – Gibco®, Cat# 25200-056)
- Álcool 70%
- Solução de gelatina 0,01% em água (StemCell Technologies™, Cat# 07903)
- Tubos de centrífuga de 50 mL
- Placas de Petri estéreis com 100 mm de diâmetro
- Placas de Petri estéreis com 60 mm de diâmetro
- Garrafas de cultura de T75 estéreis e aderentes
- Tesouras e pinças estéreis
- Meio MEF (ver a seguir)
- DNAse I (opcional)

Meio MEF

- 1X DMEM High Glucose (Life Technologies™ – Gibco®, Cat# 11960-044)
- 10% FBS ES-Qualified (Life Technologies™ – Gibco®, Cat# 16141-079)
- 2 mM GlutaMAX™ Supplement (Life Technologies™ – Gibco®, Cat# 35050-061)
- 100 U/mL penicilina / 100 µg/mL estreptomicina (Life Technologies™ – Gibco®, Cat# 15140-122)
- 1 X (0,1 mM) aminoácidos não essenciais (Life Technologies™ – Gibco®, Cat# 11140-050)
- 1 mM piruvato de sódio (Life Technologies™ – Gibco®, Cat# 11360-070)
- 10 mM HEPES (Life Technologies™ – Gibco®, Cat # 15630-080)
- 0,055 mM 2-mercaptoetanol (Life Technologies™ – Gibco®, Cat# 21985-023)

- Preparar o meio e filtrar (filtro de 22 uM). O meio deve ser guardado em geladeira e pode ser utilizado por até duas semanas.

Procedimento

1) O tempo de gestação de camundongos para obter as células deve ser de 12,5 a 14,5 dias pós-coito. As fêmeas grávidas devem ser sacrificadas por deslocamento cervical.
2) Esterilizar a região abdominal das fêmeas antes do procedimento com álcool 70%.
3) Abrir a cavidade abdominal com o auxílio de tesouras e pinças esterilizadas.
4) Retirar o útero e colocar imediatamente os cornos uterinos em uma placa de Petri (100 mm) contendo DPBS. Retirar os fetos com o auxílio de tesouras.
5) Transferir os fetos para nova placa de Petri (100 mm) contendo DPBS.
6) Repetir o processo pelo menos três vezes até que o DPBS esteja livre de sangue.
7) Com o auxílio de uma lupa, remover a cabeça e as vísceras (áreas vermelhas) dos fetos, preservando as demais partes. Os membros e cauda também podem ser retirados, preservando-se apenas o tronco.
8) Recomenda-se que a partir de agora todo o processo seja realizado em ambiente estéril. Transferir os tecidos para nova placa de Petri (60 mm) contendo cerca de 2 mL de DPBS. Lavar os tecidos até que eles estejam totalmente livres de sangue, transferindo-os para novas placas de Petri (60 mm) contendo DPBS.
9) Transferir os tecidos para uma nova placa de Petri (60 mm) contendo cerca de 1 mL de tripsina 0,05% para cada dois fetos. O ideal é trabalhar com até cinco fetos por vez.
10) Com o auxílio de uma tesoura, cortar rapidamente todo o feto em pequenos pedaços (1 mm a 2 mm).
11) Transferir os fragmentos e a tripsina para um tubo de centrífuga e incubar por 10 minutos a 37 °C, 5% CO_2, 95% umidade. Não deixar os tecidos durante muito tempo na tripsina para evitar a morte celular.
12) Após o período de incubação, neutralizar a tripsina com meio MEF (o volume de meio MEF adicionado deve ser pelo menos duas vezes o volume utilizado de tripsina).
13) Com o auxílio de uma pipeta sorológica de 5 mL ou 10 mL, pipetar vigorosamente para se obter células isoladas em suspensão. Neste momento,

pode-se formar um gel devido ao DNA proveniente do rompimento de células. Para evitar isso, pode-se adicionar DNAse I (1 µg/mL) à preparação, que deve ser novamente incubada a 37 °C, 5% CO_2, 95% umidade por cerca de 5 minutos.
14) Centrifugar a 230 g por 5 minutos em temperatura ambiente.
15) Retirar o sobrenadante e ressuspender as células em meio MEF aquecido (use cerca de 25 mL de meio por feto).
16) Plaquear as células em um frasco de cultivo de 75 cm² (utilizar um frasco por feto) tratado previamente com gelatina. O pré-tratamento com gelatina é realizado adicionando-se 10 mL da solução 0,01% de gelatina ao frasco que deve ser deixado à temperatura ambiente por pelo menos 20 minutos. Após esse período, a solução de gelatina deve ser descartada e as células em meio MEF imediatamente plaqueadas.
17) No dia seguinte ao plaqueamento, trocar o meio de cultura para retirar células que não aderiram e as células mortas e adicionar meio MEF fresco mantido à temperatura ambiente.
18) As células deverão ser passadas cerca de 3 a 5 dias após plaqueamento – quando cobrirem aproximadamente 90% da placa (90% confluente) – na proporção de 1:3.
19) Congelar as células em passagens baixas (segunda ou terceira passagem) em meio de congelamento (70% meio MEF, 20% FBS, 10% DMSO) para que futuramente possam ser expandidas, inativadas e empregadas como *feeders* nos procedimentos de derivação e cultivo de hESC.

16.6.3 Passagem dos MEF

Material
- 1XDPBS livre de Ca^{2+} e Mg^{2+} (Life Technologies™ – Gibco®, Cat# 14190-144)
- Solução de gelatina 0,01% em água (StemCell Technologies™, Cat# 07903)
- 0,25% Tripsina/EDTA (Life Technologies™ – Gibco®, Cat# 25200-056)
- Tubos de centrífuga de 15 mL ou 50 mL
- Garrafas de cultura de T75 estéreis e aderentes
- Meio MEF (ver item 16.6.2)

Procedimento

1) Retirar o meio das garrafas e lavar as células delicadamente com 10 mL de DPBS por duas vezes.
2) Aspirar o DPBS e adicionar à garrafa de cultura contendo MEF cerca de 5 mL de tripsina/EDTA 0,25% agitando gentilmente para garantir que todas as células estejam cobertas com a tripsina.
3) Incubar 3 a 5 minutos a 37 °C, 5% CO_2, 95% umidade (ou até que as células se soltem do frasco).
4) Após esse período, observar ao microscópio se as células estão em suspensão. Em caso negativo, incubar por mais três minutos, certificar novamente que as células estão em suspensão e isoladas.
5) Neutralizar a tripsina adicionando cerca de 10 mL a 15 mL de meio MEF ao frasco de cultura.
6) Transferir para tubos de centrífuga e centrifugar 5 minutos a 230 g, temperatura ambiente.
7) Retirar o sobrenadante e ressuspender as células em 15 mL de meio MEF.
8) Dividir as células para 3 frascos de T75 pré-tratados com gelatina contendo 10 mL de meio MEF. Alternativamente, os MEF podem ser congelados para uso futuro.

16.6.4 Inativação dos MEF com mitomicina-C

A inativação dos MEF é um passo importante no protocolo de derivação e cultivo de hESC. Esse procedimento tem como objetivo bloquear a multiplicação dos MEF para que essas células não concorram com as hESC cultivadas sobre eles, impedindo o crescimento das colônias de hESC. O procedimento de inativação dos MEF pode ser realizado através do uso de radiação gama ou da droga mitomicina-C (um antibiótico antitumoral que promove a ligação cruzada entre as cadeias complementares do DNA, prevenindo a separação dessas cadeias e, portanto, a replicação do DNA, o que impede a progressão no ciclo de divisão celular). Os MEF inativados podem ser congelados para uso futuro ou utilizados logo após o tratamento de inativação. Descreveremos a seguir o protocolo de inativação de MEF por tratamento com mitomicina-C. É importante ressaltar que, sendo a mitomicina-C um reagente tóxico, deve-se adotar cuidado especial durante sua manipulação e descarte. Todo o material utilizado durante a inativação dos MEF por mitomicina-C deve ser descartado de acordo com as regras de descarte de lixo tóxico/químico em recipientes e com coleta apropriados.

Material

- Frasco T75 contendo MEF ativos
- 1XDPBS livre de Ca^{2+} e Mg^{2+} (Life Technologies™ – Gibco®, Cat# 14190-144)
- Solução de gelatina 0,01% em água (StemCell Technologies™, Cat# 07903)
- 0,25% Tripsina/EDTA (Life Technologies™ – Gibco®, Cat# 25200-056)
- Mitomicina-C (Sigma-Aldrich®, Cat# M4287)
- Tubos de centrífuga de 50 mL
- Para contagem das células: tubos plásticos estéreis de 1,5 mL, *Trypan Blue*, câmara de Neubauer
- Meio MEF (ver item 16.6.2)

Procedimento

1) A solução de tratamento por mitomicina é preparada adicionando-se 180 µL de solução estoque de mitomicina C (C = 0,5 µg/ul em PBS) em 9 mL de meio MEF (concentração final = 10 µg/mL).
2) Retirar o meio de cultura de um frasco T75 contendo MEF ainda ativos, adicionar a solução de tratamento por mitomicina ao frasco e retornar as células para a incubadora a 37 °C, 5% CO_2, 95% umidade por 3 horas.
3) Retirar a solução de tratamento por mitomicina cuidadosamente do frasco (essa solução deve ser descartada em lixo tóxico/químico) e lavar as células duas vezes em DPBS (25 mL de DPBS para cada lavagem). O DPBS utilizado durante a lavagem dos MEF também deve ser descartado em lixo tóxico/químico.
4) Adicionar 3 mL a 5 mL de tripsina 0,25% ao frasco e incubar as células a 37 °C, 5% CO_2, 95% umidade, por 5 minutos até que se soltem do frasco.
5) Neutralizar a tripsina adicionando 15 mL de meio MEF ao frasco, transferir as células em suspensão para um tubo de centrífuga.
6) Centrifugar a 230 g por 5 minutos à temperatura ambiente.
7) Descartar o sobrenadante e ressuspender as células em 6 mL de meio MEF.
8) Coletar 10 µL da suspensão de células e misturar a 10 µL de Trypan Blue em um eppendorf. Após 2 minutos, 10 µL dessa mistura são aplicados à câmara de Neubauer para contagem do número de células viáveis.

9) As MEF tratadas com mitomicina podem ser imediatamente plaqueadas em placas de cultura previamente tratadas com 0,01% gelatina e retornadas à incubadora a 37 °C, 5% CO_2, 95% umidade, ou, alternativamente, centrifugadas novamente a 230 g por 5 minutos à temperatura ambiente, ressuspendidas em volume apropriado de meio MEF de congelamento e congeladas para uso futuro.

16.6.5 Plaqueamento de MEF inativados para uso em derivações e cultivo de hESC

Material
- MEF inativados
- Solução de gelatina 0,01% em água (StemCell Technologies™, Cat# 07903)
- Placas aderentes de poço central (*Falcon® 60mm Center Well Organ Culture Dish*, Corning© Cat#353037, para utilização em derivações de hESC) ou placas aderentes de 35 mm (para utilização em derivação e cultivo de hESC)
- Meio MEF (ver item 16.6.2)

Procedimento
1) Pré-tratar as placas com solução de gelatina 0,01% (500 µL para placas de poço central ou 1 mL para placas de 35 mm) por pelo menos 20 minutos a temperatura ambiente. A solução de gelatina deve ser retirada imediatamente antes do plaqueamento dos MEF.
2) Para cada poço, plaquear aproximadamente 10^5 MEF inativados/cm² em meio MEF (800 µL de meio MEF para placas de poço central ou 2 mL para placas de 35 mm).
3) Incubar a 37 °C, 5% CO_2, 95% umidade.
4) Cerca de 24 horas após o plaqueamento, verificar se as células estão corretamente plaqueadas (bem distribuídas e com confluência adequada, que deve ser de cerca de 90%). A placa contendo MEF inativados está pronta para ser utilizada nos procedimentos de derivação ou cultivo de hESC. Uma vez que os MEF inativos tem período de viabilidade curto, MEF plaqueados há mais do que três dias não devem ser utilizados para derivação ou cultivo de hESC.

16.7 DERIVAÇÃO E CULTIVO DE NOVAS LINHAGENS DE hESC

16.7.1 Derivação de novas linhagens de hESC

A derivação de novas linhagens de hESC no Brasil é realizada a partir de embriões excedentes de clínicas de reprodução humana, procedentes de tratamentos para infertilidade e considerados inviáveis para transferência. De acordo com a Lei de Biossegurança nº 11.105, de 24 de março de 2005, são requisitos para o uso de embriões humanos em pesquisa: os embriões devem ser considerados inviáveis para transferência (apresentar baixa qualidade embrionária) e devem ter sido congelados há pelo menos três anos ou considerados inviáveis pelo resultado anormal obtido através de diagnóstico genético pré-implantacional (PGD) e devem ser doados para pesquisa com consentimento informado do casal. Em geral, deve haver um trabalho colaborativo entre o centro de pesquisa que irá estabelecer as novas linhagens e as clínicas de reprodução assistidas envolvidas.

Os embriões utilizados para derivações de linhagens de hESC devem estar em estágio de blastocisto (dia cinco ou dia seis), de preferência com boa visualização da ICM e trofoectoderma. Quando não ocorre o *hatching* espontâneo, é necessária a remoção da zona pelúcida do embrião que, em geral, pode ser feita de forma química (com a utilização do ácido de Tyrode), enzimática (com o uso de pronase), manualmente, ou ainda com a utilização de equipamentos apropriados para dissecção mecânica (micromanipulador) ou a laser. Uma vez que o embrião apresente-se livre da zona pelúcida pode ser plaqueado inteiro sobre a camada de *feeders* inativados, mas o ideal é que seja feita a separação da ICM do blastocisto de modo que a ICM possa ser plaqueada isoladamente do trofoectoderma. Esse procedimento pode ser realizado através de imunocirurgia, lise hipotônica, isolamento manual da ICM ou, ainda, com a utilização de micromanipulador ou equipamento de dissecção a laser. Além disso, diferentes meios de cultura podem ser utilizados para derivação e cultivo de linhagens de hESC. Descreveremos a seguir o processo de derivação através de remoção manual da zona pelúcida e isolamento manual da ICM e com o uso de meio de cultura baseado em KO-DMEM, KSR e bFGF.

Material
- Embrião humano qualificado para uso em pesquisa de acordo com a Lei de Biossegurança nº 11.105, de 24 de março de 2005

- Placas aderentes contendo MEF inativados já plaqueados
- Placas de cultivo não aderentes de 35 mm para lavagem do embrião, remoção da zona pelúcida e isolamento da ICM
- Meio de cultivo de embrião (observação: diferentes meios podem ser utilizados, como o *Modified HTF Medium with Gentamicine – HEPES*, Irvine Scientific©, Cat# 90126, utilizado também para transporte do embrião da clínica de reprodução assistida para o laboratório. Em geral, recomenda-se utilizar o mesmo meio de cultura para embrião usado pela clínica de reprodução onde o embrião foi gerado)
- 1XDPBS livre de Ca^{2+} e Mg^{2+} (Life Technologies™ – Gibco®, Cat# 14190-144)
- *Stripper® micropipetter* (Mid Atlantic, Cat# MXL3-STR)
- *Stripper® tips* (150 um, 175 um e 200 um, MidAtlantic Inc., Cat# MXL3-150, MXL3-175, MXL3-200)
- Lâminas *ultra sharp splitting blades* (Bioniche Animal Health USA©, Cat# ESE020)
- Meio hESC (ver a seguir)

Meio hESC
- 1 X KO-DMEM (*Knockout*™-DMEM, Life Technologies™ – Gibco®, Cat# 10829-018)
- 20% *KnockOut*™ *Serum Replacement* (Life Technologies™ – Gibco®, Cat# 10828-028)
- 1 X (ou 0,1 mM) aminoácidos não essenciais (Life Technologies™ – Gibco®, Cat# 11140-050)
- 50 U/mL penicilina/ 50 µg/mL estreptomicina (Life Technologies™ – Gibco®, Cat# 15140-122)
- 2 mM GlutaMAX™ Supplement (Life Technologies™ – Gibco®, Cat# 35050-061)
- 0,055 mM 2-mercaptoetanol (Life Technologies™ – Gibco®, Cat# 21985-023)
- 8 ng/ml bFGF (EMD Millipore©, Cat# GF003)
- Observação: O bFGF deve ser adicionado ao meio imediatamente antes do uso para evitar degradação. Preparar o meio sem bFGF e filtrar (filtro de 22 um). O meio hESC pode ser mantido em geladeira por até 10 dias. Antes de utilizar, aliquotar o volume que irá utilizar, aquecer a alíquota a 37 °C e adicionar o bFGF imediatamente antes de colocar o meio de cultura em contato com as células.

Procedimento

1) Preparar as placas contendo os MEF inativados no dia anterior ao plaqueamento do embrião (ou no máximo três dias antes), de acordo com o protocolo descrito acima.
2) No dia do processamento do embrião, retirar o meio antigo da placa contendo o MEF e lavar uma ou duas vezes com DPBS para retirar o FBS contido no meio MEF. Adicionar meio hESC à placa e deixar em incubadora até o momento de plaqueamento do embrião/ICM.
3) Verificar a qualidade do embrião. Para blastocistos de boa qualidade com fácil visualização da ICM e trofoectoderma, a ICM pode ser isolada. Blastocistos de qualidade não muito boa podem ser plaqueados inteiros após remoção da zona pelúcida (ZP).
4) Se o blastocisto já apresentar *hatching* espontâneo, transferi-lo diretamente para uma placa de cultura de 35 mm contendo meio de embrião (2 mL) para isolamento da ICM. Se o blastocisto não apresentar *hatching* espontâneo, a zona pelúcida deve ser retirada. A remoção mecânica da ZP deve ser realizada com o uso de lâminas (*ultra sharp splitting blades*) previamente tratadas com álcool 70%, secas ao ar e lavadas em meio de embrião. Para remoção da ZP, transferir o embrião para uma placa de poço central contendo meio de embrião. Visualizar o blastocisto sob estereomicroscópio para se certificar da localização da ZP de maneira que se possa fazer um corte com a lâmina no polo oposto à ICM. A ZP pode ser bastante elástica, o que pode dificultar sua abertura. Fazer uma pequena pressão sobre o embrião, de maneira delicada, e tentar fazer a abertura com a ponta da lâmina. Após a abertura, o embrião pode ser isolado da ZP com a própria lâmina ou com o auxílio de uma *Stripper® micropipetter* (175 um ou 200 um) (Figura 16.4). Evitar cortar o plástico da placa. Neste momento, o blastocisto pode colapsar e tornar impossível a visualização do trofoectoderma. Nesse caso, deve ser plaqueado inteiro.

1) Caso seja possível visualizar a ICM após a remoção da ZP, a ICM pode ser mecanicamente separada do trofoectoderma adjacente com o auxílio da lâmina ou de uma *Stripper® micropipetter* (150 um ou 175 um) e plaqueada já livre de trofoectoderma. O blastocisto livre da ZP apresenta uma menor resistência e elasticidade, sendo possível cortá-lo facilmente com o auxílio da lâmina. Após ter certeza da localização da ICM, deve-se fazer um corte bem próximo da ICM, deixando a menor quantidade possível de trofoectoderma. Nesse momento, o blastocisto pode ficar aderido à placa. Para não causar muito dano à ICM, deixar a placa parada por

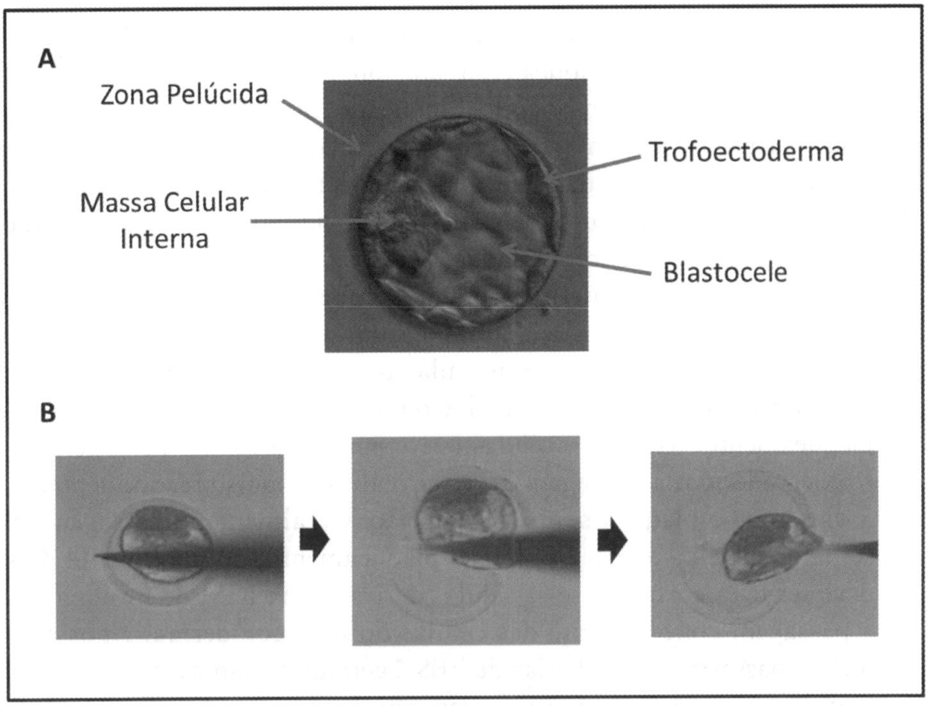

Figura 16.4 (A) Fotografia de blastocisto humano evidenciando as estruturas que o compõem; e (B) sequência de fotografias demonstrando o procedimento de remoção manual da zona pelúcida.

alguns minutos para que a ICM se solte, ou tentar soltá-la com o auxílio da *Stripper® micropipetter* ou da própria lâmina. Importante: proteger a ICM o máximo possível. Caso isso não seja viável, dar preferência ao plaqueamento do embrião inteiro.

2) Com o auxílio de uma *Stripper® micropipetter*, transferir o blastocisto inteiro livre de ZP ou ICM para gotas de 50 µL contendo meio hESC preaquecido para lavagem. Repetir a lavagem mais duas vezes (se transferir a ICM, tomar muito cuidado durante a lavagem ou transferir a ICM diretamente para a placa contendo MEF em meio hESC).

3) Transferir o embrião inteiro ou ICM para a placa contendo o MEF e meio hESC e incubar a 37 °C, 5% CO_2, 95% umidade. A placa não deve ser movida ou manipulada por 48 horas, a fim de permitir que o embrião/ICM possa aderir à placa.

4) Após esse período, trocar o meio diariamente e acompanhar o desenvolvimento das hESC. O critério para escolha do momento certo para primeira

passagem vai depender em parte se o embrião foi plaqueado inteiro ou se apenas a ICM foi plaqueada, assim como da quantidade de trofoectoderma presente. Se o embrião foi plaqueado inteiro ou com grande quantidade de trofoectoderma, deve-se observar o crescimento das células epiblásticas-*like* (ICM) e das células do trofoectoderma. Esses dois tipos de células apresentam morfologia diferente – enquanto as células derivadas ICM são menores, arredondadas e crescem bastante juntas, as células derivadas do trofoectoderma são maiores e tendem a crescer mais achatadas e de forma mais afastada umas das outras (Figura 16.5). Se as células derivadas da ICM estiverem isoladas das células do trofoectoderma, a primeira passagem pode ser realizada após 10 ou mais dias a partir do plaqueamento. Mas se as células estiverem comprimidas pelas células do trofoectoderma, a passagem deve ser realizada mais precocemente, 4 ou 5 dias após o plaqueamento do embrião. Geralmente, a passagem pode ser feita entre os dias 5 e 8 após o plaqueamento, no máximo 14 dias, e deve ser feita cortando-se as células derivadas da ICM de forma a evitar a passagem concomitante das células do trofoectoderma. Após as primeiras passagens, as colônias de hESC geralmente apresentam superfície mais homogênea e suas margens são mais facilmente identificadas (Figura 16.6). O protocolo de passagem de hESC está descrito a seguir.

16.7.2 Passagem manual e cultivo de hESC

Durante o cultivo de hESC, vários parâmetros devem ser levados em consideração para a manutenção das células em estado indiferenciado. As células podem ser cultivadas sob uma camada de *feeder* (murino ou humano) e meio hESC, ou cultivadas sob suportes acelulares (matrizes proteicas) como por exemplo Matrigel™ (BD Biosciences™), Geltrex® (Life Technologies™ – Gibco®), vitronectina ou laminina. Nesses casos, o meio utilizado deve ser um meio comercial, definido, como, por exemplo, mTeSR1™ (StemCell Technologies™), TeSR™-E8™ ou Essential 8™ (StemCell Technologies™ ou Life Technologies™ – Gibco®) ou outro equivalente.

Diversos métodos de passagem podem ser empregados durante o cultivo de hESC, incluindo métodos enzimáticos (colagenase, dispase, Accutase®), químicos (baseados em EDTA), ou passagem manual.

Descreveremos aqui o método de passagem manual para células cultivadas sobre *feeders*. O mesmo procedimento pode ser adaptado para células cultivadas sobre Matrigel™ ou Geltrex™, que constituem os tipos mais

Derivação de Novas Linhagens de Células-Tronco Embrionárias: Evolução da Metodologia

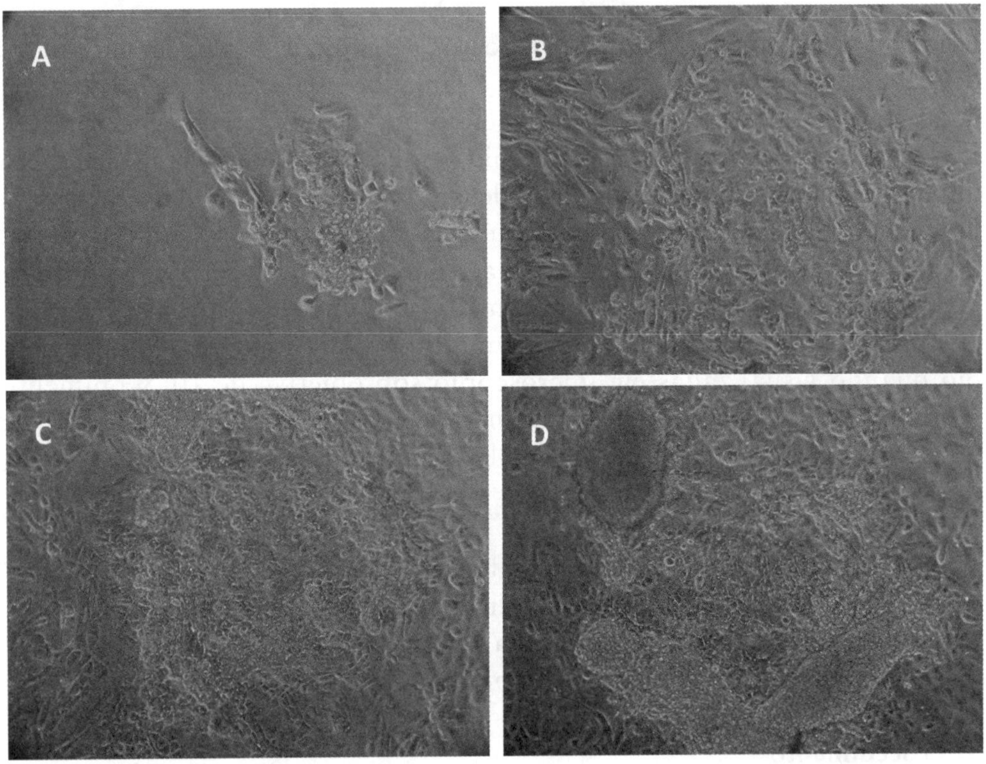

Figura 16.5 Derivação da linhagem de hESC BR-1. Imagem das células nos dias 5 (A), 8 (B), 10 (C) e 12 (D) após o plaqueamento do embrião. O embrião livre de zona pelúcida foi primeiramente plaqueado em placa revestida com Matrigel™. A partir do sexto dia foram acrescentadas MEF à cultura. Aumento de 100 X.

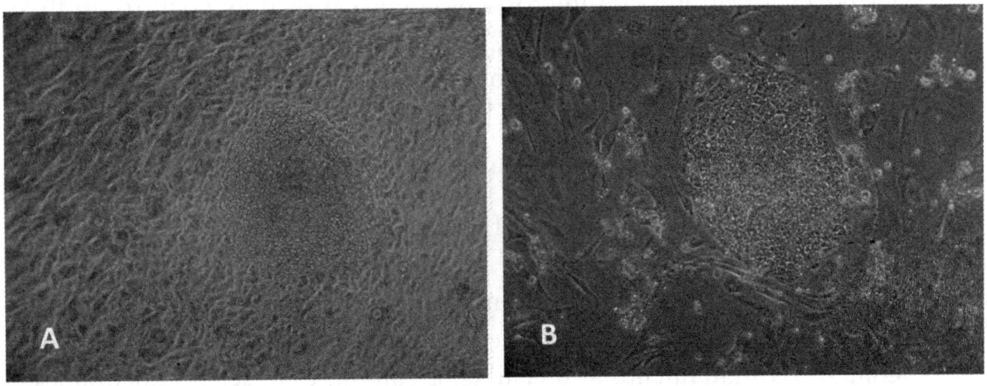

Figura 16.6 Colônias de hESC da linhagem BR-1 em MEF após a primeira (A) e terceira (B) passagens. Aumento de 100 X.

utilizados de suporte acelular. Nesses casos, o tempo de passagem para hESC deve ser determinado pela densidade e tamanho estimado das colônias e é, geralmente, de cerca de 4 a 6 dias, sendo que algumas linhagens apresentam taxa de crescimento bastante rápida e outras um pouco mais lenta. No momento da passagem, as colônias devem conter aproximadamente 300 a 500 células, independentemente do número de colônias presentes na placa. Porém, a densidade das colônias na placa não deve nunca ser alta a ponto de que as colônias formem uma monocamada ou toquem nas colônias vizinhas. Colônias muito grandes – que ocupam todo o espaço da área do microscópio quando visualizadas em microscópio sob objetiva de 10 X (aumento total de 100 X) – ou placas apresentando densidades muito altas de colônias podem resultar em diferenciação celular espontânea.

Material
- Placas aderentes de 35 mm contendo MEF inativados já plaqueados
- Meio hESC contendo bFGF (ver item 16.7.1)
- Seringa de insulina com agulha estéril
- Ponteiras plásticas para micropipeta P200 estéreis ou *cell scraper*

Procedimento
1) Preparar as placas contendo MEF inativados no dia anterior à passagem (ou no máximo três dias antes), de acordo com o protocolo descrito anteriormente.
2) Antes da passagem manual, verificar se as colônias de hESC apresentam algum tipo de diferenciação. Em caso afirmativo, retirar as porções de colônia diferenciadas com o auxílio de uma ponteira de micropipeta sob visualização em lupa ou microscópio de luz invertido e dentro do fluxo laminar.
3) Retirar o meio de cultura antigo contendo os fragmentos diferenciados em suspensão e adicionar meio hESC fresco (2 mL de meio hESC por placa de 35 mm).
4) Sob a lupa ou microscópio de luz invertido, cortar as colônias com o auxílio de uma seringa de insulina, fazendo riscos na colônia do tipo "jogo da velha". Um fator importante na passagem manual é o tamanho dos fragmentos. Eles não devem ser muito grandes nem muito pequenos. Os fragmentos devem conter cerca de 50 a 100 células, ou seja, numa colônia com aproximadamente 300 células, a colônia deve ser fragmentada em seis pedaços, cada um com aproximadamente 50 células.

5) Com o auxílio do *cell scraper* ou ponteira de micropipeta, levantar gentilmente os fragmentos de colônias cortados para evitar que se quebrem ainda mais ou que as células se danifiquem.
6) Após todos os fragmentos de colônia estarem descolados da placa, transferir com o auxílio de uma pipeta sorológica de 2 mL os fragmentos de colônia em suspensão para placas de cultivo novas contendo MEF inativados e previamente lavadas com meio hESC (para remoção do meio MEF residual). Divida os fragmentos na proporção de 1:2 ou 1:3. Se uma placa estiver com densidade alta e colônias grandes, pode-se aumentar a taxa de divisão. Vale notar que densidades de plaqueamento muito altas ou muito baixas podem resultar em diferenciação das colônias.
7) Transferir as células para incubadora a 37 °C, 5% CO_2, 95% umidade.
8) Deixar as placas na incubadora por 48 horas antes de trocar o meio novamente, sem movê-las ou manipulá-las. Esse tempo é necessário para que os fragmentos possam aderir à nova placa e iniciar o crescimento.
9) Após 48 horas, remover o meio de cultura das placas, adicionar cuidadosamente meio hESC fresco preaquecido e retornar as placas à incubadora a 37 °C, 5% CO_2, 95% umidade.
10) A partir daí, trocar o meio de cultura diariamente até o momento da próxima passagem.

16.7.3 Congelamento e descongelamento de hESC

As hESC são extremamente frágeis ao processo de congelamento e descongelamento, e por isso devem ser sempre manuseadas de forma delicada e com muito cuidado. Para o congelamento, o tamanho dos fragmentos deve ser duas vezes maior que o tamanho de passagem para subcultivo. Vale notar que a taxa de recuperação dos fragmentos de colônia congelados é muito baixa e, por isso, geralmente, os fragmentos obtidos a partir de uma a três placas de cultura (dependendo da densidade) devem ser congelados em um único criotubo e descongelados e plaqueados na mesma área de uma placa original.

16.7.3.1 Congelamento

Material
- Meio hESC (ver item 16.7.1)

- Meio hESC de congelamento (ver a seguir)
- Seringa de insulina com agulha estéril
- Ponteiras plásticas para micropipeta P200 estéreis ou *cell scraper*
- Tubo de centrífuga de 15 mL
- Criotubo de 2 mL
- Container para congelamento (como *Mr. Frosty freezing container*, Thermo-Scientific™ – Nalgene®, Cat# 5100-001)
- Isopropanol

Meio de congelamento para hESC
- 50% meio hESC
- 40% FBS ES-Qualified (Life Technologies™ – Gibco®, Cat# 16141-079)
- 10% DMSO (*dimethyl sulfoxide*, Sigma-Aldrich®, Cat# D2650)

Procedimento
1) Remover o meio de cultura da placa de 35 mm contendo as colônias a serem congeladas e adicionar à placa 2 mL de meio hESC fresco aquecido.
2) Sob a lupa ou microscópio de luz invertido, cortar as colônias com o auxílio de uma seringa de insulina, fazendo riscos na colônia do tipo "jogo da velha". Os fragmentos de colônia devem conter cerca de 100 a 200 células).
3) Com o auxílio do *cell scraper* ou ponteira de micropipeta, levantar gentilmente os fragmentos de colônias cortados para evitar que se quebrem ainda mais ou que as células se danifiquem.
4) Após todos os fragmentos de colônia estarem descoladas da placa, transferir com o auxílio de uma pipeta sorológica de 2 mL o meio de cultura contendo os fragmentos de colônia em suspensão para um tubo de centrífuga e centrifugar a 230 g por 5 minutos à temperatura ambiente.
5) Remover o sobrenadante e ressuspender gentilmente os fragmentos de colônias em 1 mL de meio de congelamento para hESC gelado.
6) Transferir as células em meio de congelamento para hESC para um criotubo de 2 mL de capacidade, transferir o criotubo para um container tipo *Mr. Frosty* contendo isoprapanol e imediatamente transferir o container tipo *Mr. Frosty* para o freezer a -80 °C.
7) Após pelo menos 24 horas a -80 °C, os criotubos devem ser transferidos rapidamente para o nitrogênio líquido para estocagem.

16.7.3.2 Descongelamento de hESC

Material
- Placas aderentes contendo MEF inativados já plaqueados
- Meio hESC contendo bFGF (ver item 16.7.1)
- Tubo de centrífuga de 15 mL

Procedimento

1) Preparar as placas contendo MEF inativados no dia anterior ao descongelamento (ou no máximo três dias antes), de acordo com o protocolo descrito anteriormente.
2) Preparar um tubo de centrífuga de 15 mL contendo cerca de 8 mL de meio hESC preaquecido a 37 °C.
3) Descongelar a alíquotas estocadas em nitrogênio líquido em banho-maria a 37 °C por 2 a 3 minutos.
4) Transferir rapidamente o criotubo contendo os fragmentos de colônia descongelados para o fluxo laminar, adicionar cuidadosamente 1 mL de meio hESC preaquecido a 37 °C ao criotubo e ressuspender gentilmente as células no criotubo pipetando apenas uma vez com o auxílio de pipeta sorológica de 2 mL.
5) Transferir o conteúdo do criotubo para o tubo de centrífuga contendo meio hESC e centrifugar os fragmentos de colônia a 130 g por 5 minutos.
6) Descartar o sobrenadante e ressuspender gentilmente os fragmentos de colônia em volume apropriado de meio hESC, pipetando lentamente para cima e para baixo por poucas vezes.
7) Transferir os fragmentos de colônia para placas contendo MEF inativados e previamente lavadas com meio hESC (para remoção do meio MEF residual) e incubar a 37 °C, 5% CO_2, 95% umidade por 48 horas, sem mexer ou manipular a placa, antes da primeira troca de meio de cultura. Esse tempo é necessário para que os fragmentos possam aderir à nova placa e iniciar o crescimento.
8) Após 48 horas, remover o meio de cultura das placas, adicionar cuidadosamente meio hESC fresco preaquecido e retornar as placas a incubadora a 37 °C, 5% CO_2, 95% umidade.
9) A partir daí, trocar o meio de cultura diariamente até o momento da próxima passagem.

REFERÊNCIAS

1. Evans MJ, Kaufman MH. Establishment in culture of pluripotential cells from mouse embryos. Nature. 1981;292:154-6.
2. Guasch G, Fuchs E. Mice in the world of stem cell biology. Nat Genet. 2005;37:1201-6.
3. Thomson JA, Itskovitz-Eldor J, Shapiro SS, Waknitz MA, Swiergiel J, Marshall VS, Jones JM. Embryonic stem cell lines derived from human blastocysts. Science. 1998;282:1145-7.
4. Reubinoff BE, Pera MF, Fong CY, Trounson A, Bongso A. Embryonic stem cell lines from human blastocysts: somatic differentiation in vitro. Nat Biotechnol. 2000;18:399-404.
5. Hasegawa K, Pomeroy J E, Pera MF. Current technology for the derivation of pluripotent stem cell lines from human embryos. Cell Stem Cell. 2010;6:521-31.
6. Fraga AM, de Araújo ESS, Stabellini R, Vergani N, Pereira LV. A Survey of Parameters Involved in the Establishment of New Lines of Human Embryonic Stem Cells. Stem Cell Rev. 2011;7(4):775-81.
7. Amit M, Carpenter MK, Inokuma MS, Chiu CP, Harris CP, Waknitz MA, et al. Clonally derived human embryonic stem cell lines maintain pluripotency and proliferative potential for prolonged periods of culture. Dev Biol. 2000;227:271-8.
8. Pennings G. New Belgian Law on Research on Human Embryos: trust in progress through medical science. J Assist Reprod Genet. 2003;20(8):343-6.
9. Fraga AM, Sukoyan M, Rajan P, Braga DP, Iaconelli A Jr, Franco JG Jr, et al. Establishment of a Brazilian line of human embryonic stem cells in defined medium: implications for cell therapy in an ethnically diverse population. Cell Transplant. 2011;20(3):431-40.
10. Snyder EY, Loring JF. Beyond fraud – stem-cell research continues. N Engl J Med. 2006;354:321-4.
11. Laurent LC, Nievergelt CM, Lynch C, Fakunle E, Harness JV, Schmidt U, et al. Restricted ethnic diversity in human embryonic stem cell lines. Nat Methods. 2010;7:6-7.
12. Mosher JT, Pemberton TJ, Harter K, Wang C, Buzbas EO, Dvorak P, et al. Lack of population diversity in commonly used human embryonic stem-cell lines. N Engl J Med. 2010;362:183-5.
13. Greely HT. Moving human embryonic stem cells from legislature to lab: remaining legal and ethical questions. PLoS Medicine. 2006;3(5):e143.
14. Klimanskaya I, Chung Y, Becker S, Lu SJ, Lanza R. Human embryonic stem cell lines derived from single blastomeres. Nature. 2006;444:481-5.
15. Feki A, Bosman A, Dubuisson JB, Irion O, Dahoun S, Pelte MF, et al. Derivation of the first Swiss human embryonic stem cell line form a single blastomere of an arrested four-cell stage embryo. Swiss Med Wkly. 2008;138:540-50.

16. Chung Y, Klimanskaya I, Becker S, Li T, Maserati M, Lu SJ, et al. Human embryonic stem cell lines generated without embryo destruction. Cell Stem Cell. 2008;2(2):113-7.
17. Geens M, Mateizel I, Sermon K, De Rycke M, Spits C, Cauffman G, et al. Human embryonic stem cell lines derived from single blastomeres of two 4-cell stage embryos. Hum Reprod. 2009;24(11):2709-17.
18. Giritharan G, Ilic D, Gormley M, Krtolica A. Human embryonic stem cells derived from embryos at different stages of development share similar transcription profiles. PLoS One. 2011;6(10):e26570.
19. Galan A, Diaz-Gimeno P, Poo ME, Valbuena D, Sanchez E, Ruiz V, et al. Defining the genomic signature of totipotency and pluripotency during early human development. PLoS One. 2013;8(4):e62135.
20. Heins N, Englund MC, Sjöblom C, Dahl U, Tonning A, Bergh C, et al. Derivation, characterization, and differentiation of human embryonic stem cells. Stem Cells. 2004;22:367-76.
21. Solter D, Knowles BB. Immunosurgery of mouse blastocyst. Proc Natl Acad Sci USA. 1975;72:5099-102.
22. Martin MJ, Muotri A, Gage F, Varki A. Human embryonic stem cells express an immunogenic nonhuman sialic acid. Nat Med. 2005;11:228-32.
23. Fernandes AM, Meletti T, Guimarães R, Stelling MP, Marinho PAN, Valladão AS, Rehen SK. Worldwide survey of published procedures to culture human embryonic stem cells. Cell Transplant. 2010;19:509-23.
24. Horii T, Nagao Y, Tokunaga T, Imai H. Serum-free culture of murine primordial germ cells and embryonic germ cells. Theriogenology. 2003;59:1257-64.
25. Skottman H, Hovatta O. Culture conditions for human embryonic stem cells. Reproduction. 2006;132:691-8.
26. Chen AE, Egli D, Niakan K, Deng J, Akutsu H, Yamaki M, et al. Optimal timing of inner cell mass isolation increases the efficiency of human embryonic stem cell derivation and allows generation of sibling cell lines. Cell Stem Cell. 2009;4:103-6.
27. Dahéron L, Opitz SL, Zaehres H, Lensch MW, Andrews PW, Itskovitz-Eldor J, Daley GQ. LIF/STAT3 signaling fails to maintain self-renewal of human embryonic stem cells. Stem Cells. 2004;22:770-8.
28. Kerkis I, Kerkis A, Dozortsev D, Stukart-Parsons GC, Gomes Massironi SM, Pereira LV, et al. Isolation and characterization of a population of immature dental pulp stem cells expressing OCT-4 and other embryonic stem cell markers. Cells Tissues Organs. 2006;184(3-4):105-16.
29. Fonseca SAS, Abdelmassih S, de Mello Cintra Lavagnolli T, Serafim RC, Clemente Santos EJ, Mota Mendes C, et al. Human immature dental pulp stem cells' contribution to developing mouse embryos: production of human/mouse preterm chimaeras. Cell Prolif 2009;42(2):132-40.

30. Unger C, Skottman H, Blomberg P, Dilber MS, Hovatta O. Good manufacturing practice and clinical-grade human embryonic stem cell lines. Hum Mol Genet. 2008;17(1):R48-R53.

31. Baker DE, Harrison NJ, Maltby E, Smith K, Moore HD, Shaw PJ, et al. Adaptation to culture of human embryonic stem cells and oncogenesis in vivo. Nat Biotechnol. 2007;25(2):207-15.

32. Draper JS, Smith K, Gokhale P, Moore HD, Maltby E, Johnson J, et al. Recurrent gain of chromosomes 17q and 12 in cultured human embryonic stem cells. Nat Biotechnol. 2003;22:53-4.

33. Brimble SN, Zeng X, Weiler DA, Luo Y, Liu Y, Lyons IG, et al. Karyotypic stability, genotyping, differentiation, feeder-free maintenance, and gene expression sampling in three human embryonic stem cell lines derived prior to August 9, 2001. Stem Cells Dev. 2004;13:585-97.

34. Mitalipova MM, Rao RR, Hoyer DM, Johnson JA, Meisner LF, Jones KL, et al. Preserving the genetic integrity of human embryonic stem cells. Nat Biotechnol. 2005;23:19-20.

35. Ludwig TE, Levenstein ME, Jones JM, Berggren WT, Mitchen ER, Frane JL, et al. Derivation of human embryonic stem cells in defined conditions. Nat Biotechnol. 2006;24:185-7.

36. International Stem Cell Initiative. Screening ethnically diverse human embryonic stem cells identifies a chromosome 20 minimal amplicon conferring growth advantage. Nat Biotechnol. 2011;29(12):1132-44.

37. Lefort N, Feyeux M, Bas C, Féraud O, Bennaceur-Griscelli A, Tachdjian G, et al. Human embryonic stem cells reveal recurrent genomic instability at 20q11.21. Nat Biotechnol. 2008;26:1364-6.

38. Erdö F, Bührle C, Blunk J, Hoehn M, Xia Y, Fleischmann B, et al. Host-dependent tumorigenesis of embryonic stem cell transplantation in experimental stroke. J Cereb Blood Flow Metab. 2003;23(7):780-5.

39. Ramirez JM, Bai Q, Dijon-Grinand M, Assou S, Gerbal-Chaloin S, Hamamah S, De Vos J. Human pluripotent stem cells: from biology to cell therapy. World J Stem Cells. 2010;2(2):24-33.

40. Senju S, Hirata S, Motomura Y, Fukuma D, Matsunaga Y, Fukushima S, et al. Pluripotent stem cells as source of dendritic cells for immune therapy. Int J Hematol. 2010;91(3):392-400.

41. Silk KM, Tseng SY, Nishimoto KP, Lebkowski J, Reddy A, Fairchild PJ. Differentiation of dendritic cells from human embryonic stem cells. Methods Mol Biol. 2011;767:449-61.

42. Su Z, Dannull J, Yang BK, Dahm P, Coleman D, Yancey D, et al. Telomerase mRNA-Transfected Dendritic Cells Stimulate Antigen-Specific CD8+ and CD4+ T Cell Responses in Patients with Metastatic Prostate Cancer. J Immunol. 2005;174:3798-807.
43. Nishimoto KP, Tseng SY, Lebkowski JS, Reddy A. Modification of human embryonic stem cell-derived dendritic cells with mRNA for efficient antigen presentation and enhanced potency. Regen Med. 2011;6(3):303-18.
44. Lui KO, Waldmann H, Fairchild PJ. Embryonic stem cells: overcoming the immunological barriers to cell replacement therapy. Curr Stem Cell Res Ther. 2009;4(1):70-80.
45. Hanna J, Cheng AW, Saha K, Kim J, Lengner C J, Soldner F, et al. Human embryonic stem cells with biological and epigenetic characteristics similar to those of mouse ESCs. Proc Natl Acad Sci USA. 2010;107:9222-7.
46. Lengner CJ, Gimelbrant AA, Erwin JA, Cheng AW, Guenther MG, Welstead GG, et al. Derivation of pre-X inactivation human embryonic stem cells under physiological oxygen concentrations. Cell. 2010;141:872-83.

CAPÍTULO 17

PROTEÍNA *PRION*: BIOLOGIA MOLECULAR, ASPECTOS FISIOLÓGICOS E PATOLÓGICOS, DIAGNÓSTICO E INTERESSE SANITÁRIO

Michele Christine Landemberger
Bruno Lobão Soares
Cleiton Fagundes Machado
Norberto Cysne Coimbra

17.1 INTRODUÇÃO

As encefalopatias espongiformes transmissíveis (EET) são um grupo de doenças neurodegenerativas fatais que afetam tanto animais quanto seres humanos (Figura 17.1), podendo apresentar-se na forma esporádica, com determinantes genéticos ou de caráter adquirido.

A principal característica das EET é a formação de espongiose no encéfalo com intensa perda neuronial e formação de placas amiloides, levando a um quadro clínico de demência rapidamente progressiva[1]. Essas mudanças estão associadas com o acúmulo de uma proteína resistente a proteases conhecidas como *proteinaceous infections only (prion)*[2] (Figura 17.2). Pela primeira vez na história, uma proteína foi descrita como agente etiológico responsável por uma doença transmissível, e essa teoria foi recebida com grande ceticismo pela maior parte da comunidade científica, já que contradizia a ideia de que patógenos deveriam conter DNA ou RNA. No entanto, o conceito acabou prevalecendo e rendeu o Prêmio Nobel de Medicina de 1997 a Stanley B. Prusiner, autor da ideia[2-5].

Dentre as patologias causadas pelos *prions* que atingem os animais estão: o *scrapie* em ovinos, a doença crônica debilitante em cervídeos e a encefalopatia espongiforme bovina (EEB) em gado. Dentre as formas humanas estão a síndrome de Gerstmann-Sträussler-Scheinker (GSS), a insônia familiar fatal (IFF) e a doença de Creutzfeldt-Jakob (DCJ), a doença humana causada por *prions* mais comum.

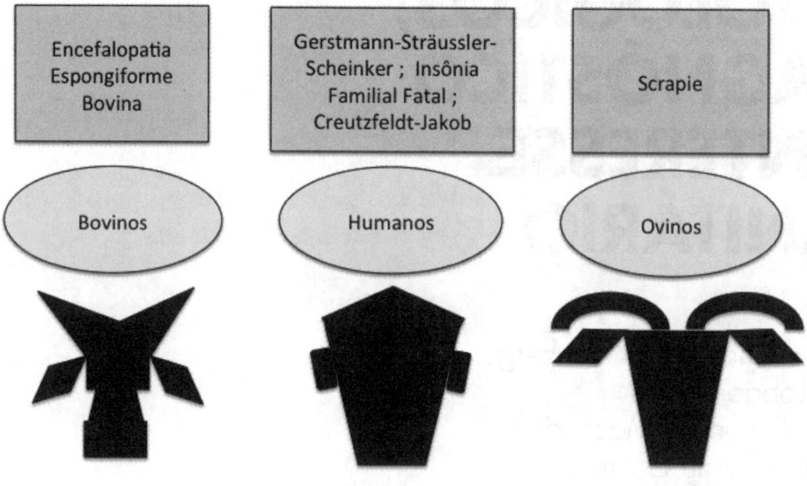

Figura 17.1 Formas mais comuns de encefalopatias espongiformes e respectivas espécies acometidas.

A EEB foi uma doença alarmante durante a década de 1990, atingindo grande parte do gado do Reino Unido e de outros países da Europa, e foi responsável pela transmissão da encefalopatia bovina para humanos causando a nova variante da doença de Creutzfeldt-Jakob (vDCJ).

A mais surpreendente das descobertas da área de estudos com *prion* foi o fato de essa enfermidade nem sempre ser maléfica. De fato, todos os animais estudados, inclusive o homem, possuem um gene que codifica essa proteína. A forma normal da proteína, conhecida como proteína *prion* celular (sigla em inglês: PrP^C), aparece predominantemente no sistema nervoso central, e tem um papel crucial na manutenção do funcionamento do neurônio. Por outro lado, a proteína que pode causar a doença ficou conhecida como proteína *prion scrapie* (PrP^{Sc}), já que *scrapie* foi a primeira doença causada por *prion* descrita.

17.2 FUNÇÕES FISIOLÓGICAS DE PrP^C

A proteína PrP^C é sintetizada no retículo endoplasmático rugoso, encaminhada para o complexo de Golgi e transportada até a superfície celular[6]. No retículo endoplasmático rugoso, o peptídeo-sinal N-terminal (aminoácidos 1-22) e o segmento hidrofóbico C-terminal (aminoácidos 231-253) são clivados, seguindo-se a adição da âncora de glicosilfosfatidilinositol (GPI)[7]. Além disso, duas cadeias de oligossacarídeos são adicionadas nos aminoácidos Asn 181 e Asn 197, e uma ponte de dissulfeto é formada entre os aminoácidos Cys 179 e Cys 214[8,9]. A molécula de PrP^C madura (Figura 17.2) contém 207 aminoácidos, pode apresentar-se com duas, apenas uma ou mesmo nenhuma cadeia de oligossacarídeos associada e está ligada à face externa da membrana plasmática por uma âncora de GPI[8]. A região aminoterminal da molécula não apresenta estrutura definida (*randon coil*) e, durante a biossíntese e reciclagem da molécula, as PrP^C que não estão na superfície celular concentram-se no complexo de Golgi e em endossomos de reciclagem[10,11].

A PrP^C é abundantemente expressa no sistema nervoso central (SNC), mas também está presente em muitos outros tecidos não neurais, incluindo linfócitos sanguíneos, células gastroepiteliais, coração, rim e músculo[12-16]. É uma proteína conservada entre as espécies, e sua similaridade está entre 85% a 97% entre os mamíferos[13] e, em comparação entre primatas e o homem, sua similaridade está entre 92,9% a 99,6%[17].

Atualmente, grande número de trabalhos vem demonstrando uma relação entre PrP^C e Alzheimer. A doença de Alzheimer é uma doença neurodegenerativa que tem como característica a presença de placas fibrilares amiloides extracelulares, composta por um peptídeo conhecido por β-amiloide. Estes trabalhos mostram que a proteína PrP^C tem alta afinidade pelo peptídeo

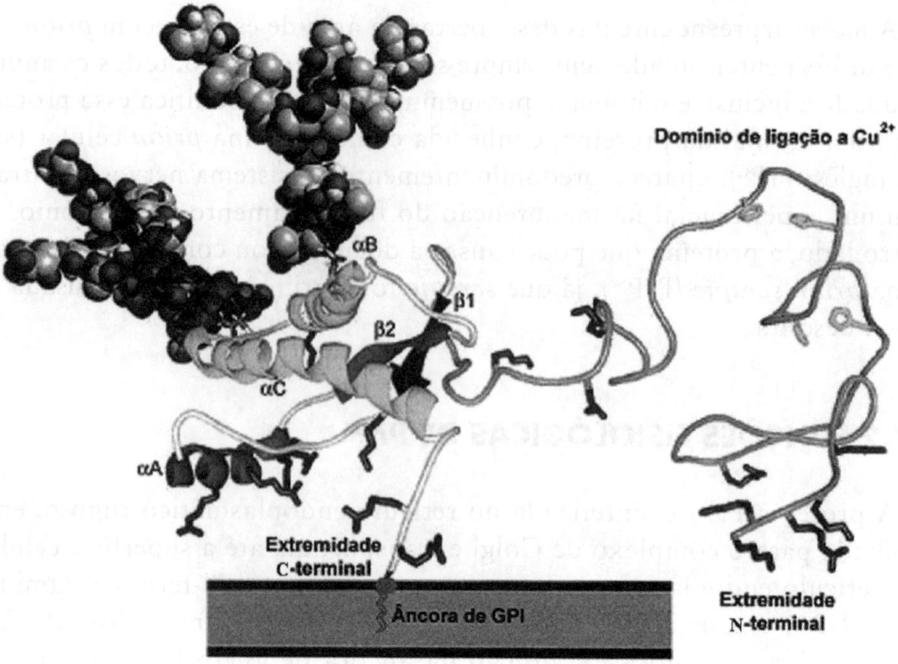

Figura 17.2 Aspectos moleculares da proteína PrP[c]. A porção N-terminal (resíduos 23-124) aparece como *random coil* (em amarelo) e a âncora de GPI em cinza. Estrutura secundária: hélice A (αA; resíduos 144-156; vermelho), hélice B (αB; resíduos 177-193; verde), hélice C (αC; resíduos 200-223; azul claro), folhas-b b1 (resíduos 128-131; vermelho) e b2 (resíduos 160-164; vermelho escuro). Cadeias laterais de histidina envolvidas com a ligação de cobre são mostradas em verde, na região *randon coil*. Resíduos de lisina e arginina representados em azul (Para visualizar as cores da imagem, acesse o site da Editora Blucher).

β-amiloide e, aparentemente, essa ligação é responsável por desencadear as sinalizações celulares responsáveis pela morte neuronal nessa doença[18,19].

A PrP[C], como dito anteriormente, é uma proteína acoplada à âncora de glicosilfosfatidilinositol (GPI); portanto, uma questão fundamental é como ela poderia estar envolvida na transdução de sinais através da membrana plasmática.

As proteínas ancoradas à GPI estão, preferencialmente, localizadas em domínios de membrana ricos em colesterol e esfingolipídios (conhecidos na literatura científica como "balsas" lipídicas)[20]. Esses domínios de membrana contêm moléculas que recrutam proteínas especializadas em transdução de sinal[21] (Figuras 17.2 e 17.3).

Algumas proteínas transmembranas com atividades neurotróficas mostraram-se moduladas por PrP[C], levando à ativação ou inibição de vias de

sinalização intracelulares. Assim, é possível que a PrP^C possa modular a atividade dessas proteínas tanto por interação direta quanto indireta. Dentre essas proteínas, temos a molécula de adesão neural (*neural cell adhesion molecule* – NCAM)[22], integrinas e vitronectina[23], receptores acoplados às proteínas G, como receptores metabotrópicos de glutamato do tipo I (mGluR1 e mGluR5)[24-28] e receptores ligados a canais iônicos, como receptores nicotínicos de acetilcolina do tipo α7 (α7 nAChR)[29-34].

Além de tais evidências, há inúmeros trabalhos mostrando que a PrP^C interage com algumas dezenas de proteínas encontradas em diferentes compartimentos celulares, como a proteína reguladora de liberação de vesículas sinápticas sinapsina Ib, a proteína de complexos pós-sinápticos PSD-95, a proteína antiapoptótica Bcl-2, o fator de transcrição nuclear Nrf2, a chaperonina Hsp60, o receptor de membrana plasmática LRP1, a proteína cinase CK2, a proteína ligante a receptor de fator de crescimento celular Gbr, glicosaminoglicanas, particularmente com sulfato de heparan, dentre outras[35,36].

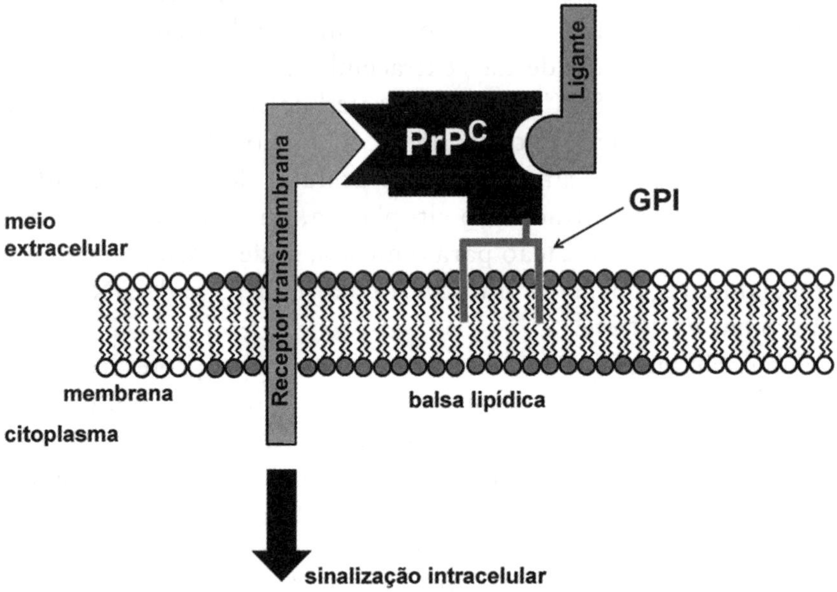

Figura 17.3 Plataforma multiproteica. A PrP^C pode mediar sinalização intracelular por se ligar a um ligante e a uma proteína transmembrana envolvida com transdução de sinal.

Algumas ligações já bem caracterizadas de PrP^C (Figura 17.3) são feitas com as proteínas laminina (Ln) e com a proteína do tipo 1 induzida por

estresse (*stress inducible protein 1* – STI1 em camundongo, *Hsp70/Hsp90 organizing protein* – Hop, seu homólogo humano)[37,38].

As lamininas compreendem uma família de macromoléculas multifuncionais e são os principais componentes não colagênicos de membranas basais. Elas regulam uma variedade de fenômenos biológicos, incluindo adesão, crescimento, morfologia e migração celular[39]. Também estão envolvidas em processos relacionados ao sistema nervoso, como o crescimento de processos neuroniais (neuritos), o direcionamento do cone de crescimento e a formação de sinapses[40,41].

Foi demonstrado que a interação PrP^C-Ln induz diferenciação neuronial[37] e consolidação da memória de longa duração[42]. Esses fenômenos podem ser explicados pelo fato dessa ligação estar envolvida com o desencadeamento de sinalizações intracelulares dependentes de cálcio. A interação PrP^C-Ln promove um aumento na atividade da fosfolipase C (*phospholipase C* – PLC), via receptores metabotrópicos de glutamato, liberação de inositol 3-fosfato (InsP3) que se liga a receptores específicos no retículo endoplasmático, promovendo mobilização de estoques intracelulares de Ca^{+2} que podem, ainda, promover a entrada de Ca^{+2} extracelular através da ativação de canais na membrana do tipo SOCs (*store operated calcium channels*), levando à ativação de proteína cinase dependente de cálcio (PKC) e à fosforilação de cinases reguladas por sinalização extracelular do tipo 1 e 2 (ERK1/2)[24]. As ERKs, que são encontradas no citoplasma, quando fosforiladas, podem sofrer uma rápida translocação para o núcleo, onde desempenham uma função essencial na regulação da transcrição, da replicação de DNA, remodelagem da cromatina[43,44] etc.

Já a interação entre PrP^C e STI1 induz sinais neuroprotetores, inibindo a morte celular programada (apoptose) e também induzindo a diferenciação neuronial[38,45,46]. Esses fenótipos parecem ocorrer devido ao desencadeamento de sinalizações intracelulares dependentes de cálcio e de Adenosina Monofosfato cíclica (AMPc)[46]. O aumento intracelular de Ca^{2+} parece ocorrer através de ativação de canais iônicos identificados como receptores nicotínicos de acetilcolina do tipo α7 (α7 nAChR)[29]. Já o aumento de AMPc no citoplasma pode ativar uma cascata de reações que resulta no aumento da atividade de enzimas, tais como a proteína cinase dependente de adenosina monofosfato cíclica (*protein kinase A* – PKA) o que, em última instância, pode levar à ativação de fatores de regulação gênica. Assim, o AMPc está relacionado com o controle da proliferação em diversos tipos celulares[47], além de diversos outros processos biológicos, desde a resistência bacteriana,

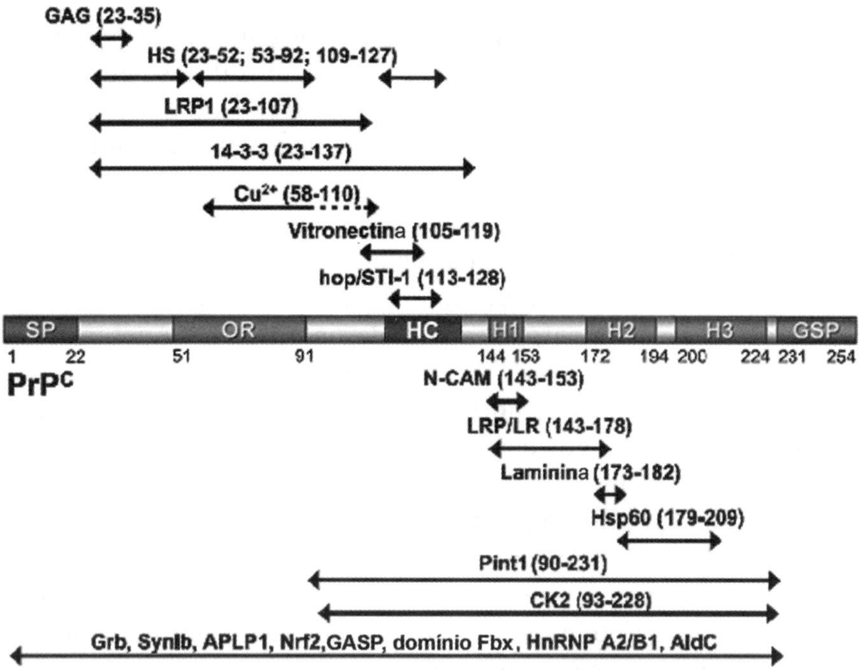

Figura 17.4 Ligantes da proteína *prion*-celular. A sequência de tradução da proteína *prion* está apresentada na forma de um bastão, com os domínios mais importantes mostrados em cores (números de resíduos de aminoácido relacionados à proteína *prion* de camundongo). SP: peptídeo sinalizador. OR: domínio octapeptídeo de repetição. HC: núcleo hidrofóbico. H1, H2, H3: domínios alfa-hélice. GSP: peptídeo sinalizador de ancoragem a GPI. Cada local de ligação molecular é indicado junto com o trecho do resíduo de aminoácido que contém o domínio de ligação na proteína *prion* de camundongos. GAC: Glicosaminoglicanos. HS: sulfato de heparan. LRP1: receptor de lipoproteína de baixa densidade 1. LRP/LR: receptor de laminina. SynIb: Sinapsina Ib. APLP1: proteína 1 similar ao precursor amiloide. Nrf2: fator de transcrição. GASP: receptor associado à proteína G. HnRNP: ribonucleoproteína nuclear heterogênea. AldC: aldolase c/zebrina. Figura reproduzida (com permissão) de R. Linden et al, Physiology of the *Prion* Protein, Physiological Reviews, 88: 673-728, 2008.

a percepção de odor, o aprendizado, a contração e o relaxamento do músculo cardíaco e a liberação de certos hormônios[48] (ver Figuras 17.4 e 17.5).

Além disso, a PrP^C também tem demonstrado possuir um possível papel na proteção celular contra o estresse oxidativo[49]. Há, também, evidências de que a PrP^C liga-se a íons de cobre[50]. O cobre é um importante cofator para várias enzimas. Entretanto, como o cobre é altamente reativo, existem vários mecanismos celulares para a sua absorção e transporte[51]. Quando isso não ocorre de maneira adequada, ele tem sido associado a patologias, incluindo várias doenças neurodegenerativas[52].

O acúmulo de PrP[Sc] pode resultar em neurodegeneração[53] pela formação de placas amiloides que podem causar lesão estrutural nos neurônios. Mas, a perda de função biológica de PrP[C], quando convertido a PrP[Sc], pode levar a um possível mecanismo de alteração de sinalização intracelular que contribuiria para o desenvolvimento da doença.

Como vimos anteriormente, numerosos estudos têm proposto várias funções para a PrP[C], incluindo papel em neuroproteção, inibição de apoptose, proteção contra estresse oxidativo, sinalização celular, adesão, mielinização, tráfego de íons e envolvimento na atividade sináptica[53-55]. Apesar dessas evidências, ainda há um debate na literatura quanto à função biológia da PrP[C], principalmente pela falta de fenótipos patológicos que sejam incompatíveis com a vida em camundongos deficientes em PrP[C]. Os fenótipos encontrados nesses animais foram descritos como alterações na transmissão neuronial e atividade elétrica, alterações na neurogênese, no ritmo circadiano e aumento da sensibilidade à isquemia, hipóxia e convulsões[55, 56], além de alterações na atenção defensiva, medo inato e ansiedade[57, 58]. Uma explicação para estes fenótipos pouco letais pode ser a existência de mecanismos compensatórios desempenhados por proteínas com funções redundantes em relação à PrP[C59]. Alguns mecanismos compensatórios já foram descritos nas vias de sinalização em células provenientes destes animais, dentre os quais, hiperativação da via de ERK[45, 46, 60] e maior atividade da integrina[23] $\alpha v \beta 3$. Classicamente, as integrinas são conhecidas por constituírem uma grande família de ligantes na superfície celular e estão envolvidas em diversas atividades biológicas, como proliferação e sobrevida celular[61].

É interessante ressaltar que os fenótipos mais relevantes relacionados a alterações em PrP[C] encontram-se em camundongos-PrP[C]-deletados onde a expressão de moléculas de PrP[C] deficientes em domínios específicos, por meio dos quais a PrP[C] liga-se com vários daqueles ligantes descritos anteriormente, foi reconstituída. Esses animais desenvolvem doenças neurodegenerativas severas logo nas primeiras semanas de vida[55]. Nesse sistema, não haveria mecanismos compensatórios para PrP[C], o que levaria esses animais a apresentarem fenótipos drásticos por falta de sinalizações celulares dependentes de PrP[C].

Com base em todos esses dados, fica claro que, além da participação da partícula infecciosa PrP[Sc], a proteína normal PrP[C] pode participar de outros fenômenos patológicos ligados a outras doenças neurodegenerativas, por exemplo, a doença de Alzheimer e a fenótipos importantes para a manutenção da vida da célula como proteína organizadora de plataformas de sinalização intracelular responsáveis por sobrevida de divisão celular.

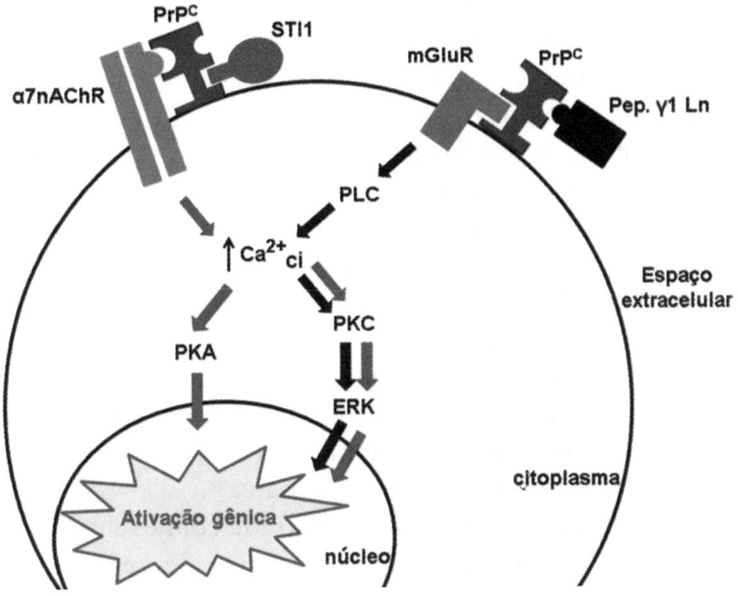

Figura 17.5 Rotas de sinalização intracelular acionadas pela proteína *prion* celular. Interações entre PrPC/STI1 e PrPC/peptídeo γ1 de laminina. As setas vermelhas indicam a sinalização disparada pela interação entre PrPC e STI1, enquanto as setas pretas indicam a sinalização disparada pela interação entre PrPC e peptídeo γ1 de laminina. Pep. γ1 Ln = peptídeo γ1 de laminina; mGluR = receptor metabotrópico de glutamato; α7nAChR = receptor nicotínico de acetilcolina do tipo α7; ↑ Ca2+ci = aumento da concentração de cálcio citoplasmático (Para visualizar as cores da imagem, acesse o site da Editora Blucher).

17.3 FISIOPATOLOGIA DAS DOENÇAS PRIÔNICAS

A ideia de que uma proteína pudesse ser o agente responsável por causar uma doença transmissível causou grande polêmica na comunidade científica, para a qual a replicação de um organismo dependia necessariamente de ácidos nucleicos. Entretanto, os *prions* apresentavam características físico-químicas incomuns aos patógenos até então conhecidos. Vários métodos utilizados para destruir patógenos eram ineficientes com os *prions*, que são altamente resistentes à alta concentração de sais e a alterações de pH[3,4,62]. Além disso, os *prions* são resistentes a processos convencionais de inativação de vírus, tais como radiação ultravioleta e ação de nucleases[63].

Entretanto, métodos utilizados para desnaturar proteínas, como altas temperaturas, ureia e detergentes catiônicos, como o dodecil sulfato de sódio

(*sodium dodecyl sulfate* – SDS), foram eficientes tanto na solubilização, quanto na diminuição da capacidade infectante dessas partículas[64].

A partir daí, Prusiner e seus colaboradores demonstraram que uma proteína era capaz de se replicar e causar doença[65,66]. Além disso, sendo esse agente uma proteína, a sua forma estrutural pôde ser estabelecida e um código genético foi a ela associado[67,68]. Essa proteína foi nomeada *prion* (do inglês *proteinaceous infectious particle*, ou PrP, de *prion protein*). Tal proteína, em sua forma tridimensional típica, não era encontrada em cérebros de animais saudáveis. No entanto, descobriu-se que a sequência de aminoácidos da PrP era a mesma que a de uma proteína encontrada em ambos os tecidos de animais infectados como de não infectados. Estavam sendo descobertas, àquela altura, duas formas de apresentação estrutural tridimensional de uma mesma proteína, uma com uma característica fisiológica e outra, bastante similar, com uma conotação patológica[69].

A proteína com forma patológica, encontrada com exclusividade nos animais infectados, foi chamada de PrP^{Sc} (o sufixo Sc vem de *scrapie*, uma doença típica em ovinos). Já a forma não infecciosa, encontrada tanto em animais infectados como saudáveis, foi nomeada PrP^C (o sufixo C indica celular, remetendo à forma fisiológica).

A principal evidência da participação de PrP^C no processo infeccioso de encefalopatias espongiformes transmissíveis surgiu com a construção de um camundongo transgênico, o qual teve o gene de PrP^C (*Prnp*) removido[70]. Esse animal mostrou-se completamente resistente à infecção por *prions*, o que pôde ser revertido quando o gene foi reintroduzido.

A PrP^C e a partícula infecciosa PrP^{Sc} têm a mesma composição de aminoácidos, embora a composição estrutural de PrP^C apresente cerca de 40% de conformação em α-hélice, com menos do que 10% de conformação em folhas β. Em contraste, a PrP^{Sc} mostra cerca de 50% da sua estrutura como folhas β. Por isso, propôs-se que o ganho de infectividade é uma consequência da modificação conformacional[69] de PrP^C em PrP^{Sc}.

Acredita-se que a PrP^{Sc} se propague pela ligação à PrP^C e à conversão da última em uma nova molécula de PrP^{Sc} por um processo que não está completamente compreendido[69,71]. Esta última estrutura é altamente amiloidogênica, ou seja, sua insolubilidade leva à agregação dessas proteínas, sendo a deposição de PrP^{Sc}, a vacuolização envolvendo o soma e os processos neuronais (neuritos) e a consequente morte neuronal observações típicas em análises histopatológicas de tecido cerebral afetado com encefalopatia espongiforme transmissível (EET)[72,73].

Em termos de fisiopatologia, acredita-se que o agente siga a rota de acumulação e replicação inicial nos linfonodos, provavelmente por transporte retrógrado de fibras nervosas de vísceras até que seja atingido o tecido neural[74].

No Brasil e no mundo, a forma mais crítica de afecção em animais, do ponto de vista da saúde publica, é a encefalopatia espongiforme bovina, ou EEB. Seu período de incubação (ausência de sintomas clínicos) pode levar de dois a oito anos. Estima-se que a EEB foi desenvolvida inicialmente na década de 1970 por uso de rações de farinha de carne ou de osso de bovinos e ovinos, previamente contaminadas pela proteína patológica, em uma forma esporádica que não havia sido até então percebida pela comunidade científica. Isso se deve ao fato de que a ingestão de menos de 1 g de um cérebro contaminado já é considerada suficiente para desenvolver as encefalopatias. Em geral, sinais típicos da infecção por PrP^{Sc} ocorrem com uma degeneração progressiva do tecido nervoso, com vacúolos em forma de esponja (de onde surgiu o termo "espongiforme"). Os principais sinais em animais são agressividade, perda de equilíbrio e tônus muscular, hiperssensibilidade à luz e ao som, perda de peso e um considerável decréscimo na produção de leite[75].

As pesquisas iniciais envolvendo as proteínas *prions*, bem como a maioria das pesquisas atuais, eram (e têm sido) voltadas à forma com que as proteínas *prions* tornam-se patológicas, à forma como elas se transmitem, com que se propagam pelo organismo e, principalmente, como a proteína anômala causa patologias neurodegenerativas. Apesar do avanço notável no estudo das patologias causadas por formas mutadas da proteína *prion* celular, nem tudo está esclarecido sobre o seu papel fisiológico, e ainda existem diversas lacunas no conhecimento sobre alterações do sistema *prion* nas mais diversas doenças neurológicas que não aquelas associadas às formas patológicas da proteína *prion*.

17.4 CONTROLE DAS INFECÇÕES PRIÔNICAS EM REBANHOS NO BRASIL: ASPECTOS LEGAIS, VETERINÁRIOS E AGROPECUÁRIOS

17.4.1 Aspectos legais

A regulamentação do controle de doenças priônicas no Brasil, no âmbito agropecuário, deu-se a partir de 1997, com o Programa Nacional

de Prevenção e Controle das Encefalopatias Espongiformes transmissíveis (Portaria número 516, de 9 de dezembro de 1997[76]). A partir daí, os detalhamentos do controle das EE vêm sendo promulgados no país através de portarias, instruções normativas e guias veterinários emitidos pelo Ministério da Agricultura, Pecuária e Abastecimento (MAPA).

A Portaria número 516 declara o Brasil livre de encefalopatia espongiforme bovina, e institui a EE bovina e o *scrapie* como doenças de notificação compulsória para a autoridade de defesa sanitária animal da jurisdição, associada ao sistema de vigilância da raiva. A partir daí, também o controle de entrada de animais, produtos e subprodutos de origem animal no Brasil passa a estabelecer critérios de entrada e de exame desses itens advindos de outros países com foco nas EET, com base no capítulo 3.2.13 do código zoossanitário internacional. Atualmente, considera-se como de risco países que tenham notificado caso autóctone ou os países com risco indeterminado ou desconhecido para as EET. Tais países não podem, atualmente, importar para o Brasil ruminantes ou seus produtos que sejam destinados à alimentação animal ou ao uso veterinário (Instrução Normativa número 49, de setembro de 2008).

Na Portaria número 519 (1997), também se tornou instituído que as rações de ruminantes não poderão conter quaisquer fontes de proteínas de outros ruminantes, salvo as proteínas lácteas.

Houve, também, publicações do MAPA especificamente sobre procedimentos relativos à identificação e condução de casos de *scrapie*. A Instrução Normativa número 15, de abril de 2008[77], tende a caracterizar o *scrapie* como um diagnóstico clínico de exclusão, após o descarte da possibilidade de outras doenças, como cenurose, raiva, pseudorraiva, intoxicação etc. Essa instrução considera o diagnóstico por meio de resultado positivo à prova de imuno-histoquímica em amostras de tecido nervoso ou linfoide, ou por meio de outras técnicas aprovadas pelo MAPA. Recomenda-se que as amostras suspeitas sejam encaminhadas aos laboratórios de diagnóstico das EE, pertencentes à Rede Nacional de Laboratórios Agropecuários do Sistema Unificado de Atenção à Sanidade Agropecuária. A instrução prevê que, em caso de diagnóstico positivo de EE, o estabelecimento pode ser interditado pelo Ministério e, posteriormente, desinterditado, após terem sido cumpridas as ações estabelecidas pelo órgão competente do governo.

17.4.2 Sinais clínicos dos animais

É essencial que o exame clínico e todas as fases da conduta em caso de suspeita de EE sejam conduzidos por um médico veterinário. O Ministério da Saúde dispõe de guias de conduta e de instruções normativas específicas que ajudam a conduzir o exame clínico em caso de suspeita de EE em bovinos e pequenos ruminantes[75,77,78].

17.4.2.1 Bovinos

A média de incubação da EEB é de cinco anos, mas existem registros de casos de até oito anos para o aparecimento de sinais clínicos. Após o início dos sintomas, a doença evolui para a morte em um intervalo de semanas a seis meses, havendo nesse ínterim perdas de peso e na produção de leite. Devido à degeneração do SNC, os bovinos podem apresentar, principalmente, alterações de temperamento, sensibilidade e de locomoção.

Distúrbios no comportamento incluem agressividade, postura anormal, descoordenação e dificuldade em levantar, bem como ranger de dentes e movimentos nervosos das orelhas. Os animais acometidos pela doença priônica também podem reagir exageradamente ao toque, ao som e à luz.

17.4.2.2 Caprinos e ovinos

Os caprinos e ovinos (pequenos ruminantes) podem apresentar sinais e sintomas quando da infecção por *prions* patológicos, tais como: automutilação, cegueira, decúbito prolongado, descoordenação motora, prurido intenso, perda de peso acentuada, perda de lã ou pelos, ranger de dentes, movimentação lateral da cabeça, reflexo de mordiscar ou tremor.

17.4.3 Tratamento e controle

Vale ressaltar que não há, atualmente, um tratamento para impedir a progressão da doença, ou qualquer tipo de vacinas para animais. As medidas profiláticas são aquelas recomendadas pelo MAPA, que incluem restrição de importação de animais de países de risco, assim como a suspensão de proteína animal na alimentação de ruminantes. Além disso, é recomendável

a remoção das carcaças de animais que eventualmente venham a óbito no campo.

17.4.4 Evidências histopatológicas

As evidências histopatológicas das EE constituem lesões extremamente específicas. Tratam-se de lesões degenerativas em que há morte celular abundante e, bilateralmente, abundante presença de vacúolos. Esses vacúolos lembram, grosso modo, o aspecto de esponja, de onde vem o nome de encefalites espongiformes. Localizam-se, preferencialmente, no tronco encefálico. Diagnósticos diferenciais se dão com achados semelhantes, como vacúolos no citoplasma de neurônios mesencefálicos, encontrados, normalmente, na maior parte dos encéfalos de bovinos, bem como inflamações purulentas não específicas.

17.4.5 Diagnóstico

Ainda não existe diagnóstico para as EET em animais vivos. Somente após a eutanásia dos animais e posterior remoção de tecido nervoso ou linfático pode-se proceder ao diagnóstico. As duas formas possíveis de diagnóstico são a detecção de encefalite espongiforme na histopatologia do SNC, ou a detecção da proteína priônica infecciosa (PrP^{Sc}) por imuno-histoquímica ou *western-blotting*. O procedimento padrão no Brasil é o exame histopatológico do tecido nervoso acometido, seguido de análise imuno-histoquímica do mesmo[75].

17.4.6 Conduta em caso de suspeita de EE

Para Bovinos, tais condutas estão detalhadas na descrição do documento intitulado: "Procedimentos para Diagnóstico das Doenças do Sistema Nervoso Central de Bovinos", emitido pelo MAPA[75]. A conduta para pequenos ruminantes, em caso de suspeita ou ocorrência de paraplexia enzoótica dos ovinos (*scrapie*) é detalhada na Instrução Normativa número 15 (de abril de 2008), e é semelhante à conduta adotada para os grandes ruminantes. Através desses critérios, já foram realizados mais de 25 mil exames laboratoriais no país.

Em resumo, a conduta em caso de suspeita por EE poderá constar das seguintes etapas[75,78]:
1) **Exame clínico dos animais acometidos e condução dos procedimentos.** Devem ser realizados por médico veterinário responsável.
2) **Suspeita diagnóstica.** Geralmente, por exclusão de outras patologias mais frequentes com sintomas neurológicos.
3) **Necrópsia dos animais suspeitos.** Efetuada com equipamentos de proteção individual, com relatório de necrópsia.
4) **Preparo dos tecidos nervosos e linfáticos.** Deve ser realizado com o uso de equipamentos de proteção individual adequados, como luvas, óculos, máscara etc. O material deve ser acondicionado em solução de formol a 10% (ou formol tamponado a 10%), cujo volume deve ser dez vezes superior ao da amostra. O material deve ser enviado em vasilhame não deformável de plástico duro e hermeticamente fechado.
5) **Envio do material às autoridades competentes governamentais.** Juntamente com o envio, o responsável enviará os documentos anexos preenchidos das instruções normativas pertinentes mencionadas anteriormente (para bovinos ou pequenos ruminantes), como também devidamente preenchido o Formulário Único de Requisição de Exame para Síndrome Neurológica, que pode ser encontrado no Anexo II do Manual Técnico para Controle da Raiva em Herbívoros, publicado pelo MAPA em 2009[79]. Paralelamente, no verso do formulário, deverão ser disponibilizadas informações referentes ao remetente da amostra, à propriedade e ao animal/rebanho suspeito de contaminação, além de dados da amostra e outras informações julgadas relevantes (também descritos no manual). Os locais de envio são os laboratórios do Sistema Unificado de Atenção à Sanidade Agropecuária. Os contatos dos principais laboratórios por região do país estão listados no *site* do MAPA[*].
6) **Análise da amostra pelo órgão competente.** Em caso de confirmação do diagnóstico, algumas atitudes adotadas pelos órgãos competentes são: visita à propriedade, interdição temporária do estabelecimento, aplicação do questionário de investigação epidemiológica, colheita de amostras de animais suspeitos, e separação dos mesmos para observação, bem como sacrifício sanitário (incineração de carcaças e/ou enterramento) de animais contaminados ou suspeitos de contaminação, sob supervisão do órgão competente. O órgão brasileiro também fica responsável pela comunicação do fato à Organização Mundial de Saúde Animal (OIE),

---

[*] Ver <http://www.agricultura.gov.br/animal/laboratorios>.

como também de solicitar exames complementares a órgãos internacionais, como a Animal Health and Veterinary Laboratories Agency, na Inglaterra.

Vale destacar que, com uma pequena probabilidade, quando da realização desses exames, pode também ser diagnosticada alguma ocorrência não clássica do agente das encefalites espongiformes, que pode ocorrer por mutação ou polimorfismo, espontaneamente em algum animal, e não necessariamente por contaminação. No caso da ocorrência destes casos atípicos, o procedimento também consiste em eutanásia e eliminação sanitária da carcaça, dentre outros procedimentos indicados pelo assessor do Ministério que elabora o parecer circunstanciado.

17.5 ASPECTOS CLÍNICOS E LABORATORIAIS DAS DOENÇAS PRIÔNICAS EM HUMANOS

17.5.1 Formas humanas das doenças por *prions*

As formas humanas das doenças priônicas conhecidas na atualidade encontram-se descritas a seguir:

Esporádica: a DCJ esporádica (DCJe) é a forma mais comum das doenças por *prions* e é responsável por 85% de todos os casos. Na DCJe não existe nenhuma evidência de contaminação iatrogênica e ausência de mutações que caracterizariam a forma hereditária da doença. Não se conhece até hoje o mecanismo pelo qual essas doenças se iniciam. Apesar da não haver evidências que comprovem o caráter infeccioso da forma esporádica, não se recomenda doação de córnea ou transfusão sanguínea em casos suspeitos de DCJe.

Hereditária/*familial*: a forma hereditária das doenças por *prions* é bastante rara e representa apenas 10% de todos os casos das doenças em todo o mundo. Ocorre em decorrência de mutações no gene que codifica a proteína *prion* celular e sua penetrância nos portadores é em geral maior que 90%. Entre as doenças familiares, encontram-se a DCJ *familial*, que ocorre principalmente pela mutação no códon 200 (E200K), e a síndrome de Gerstmann-Sträussler-Scheinker *familial* (GSSf), que ocorre, principalmente, pela mutação no códon 102 (P102L). Há, ainda, a insônia *familial* fatal (IFF),

que ocorre por uma mutação no códon 178 (D178N), associada ao polimorfismo metionina no códon 129. Essa é mais rara das doenças por *prions* já descritas, havendo apenas cem pessoas afetadas em quarenta famílias descritas em todo o mundo[80], além de um caso recentemente descrito no Brasil[81].

Iatrogênica: ocorre como consequência de procedimentos cirúrgicos (transplantes de *dura-mater* e córnea) ou através do uso de instrumentos neurocirúrgicos ou eletrodos intracerebrais contaminados. Foram descritos, ainda, alguns casos relacionados à transfusão sanguínea.

Kuru: esta foi a primeira doença descrita como encefalopatia espongiforme transmissível[82], e surgiu em consequência de rituais canibalísticos em tribos de Papua Nova Guiné. Sua principal característica são tremores de cabeça e membros e ataxia como consequência de comprometimento cerebelar. Com a proibição de rituais canibalísticos, a incidência da doença caiu consideravelmente e se considera a doença atualmente extinta.

Variante DCJ: a outra forma da doença está associada ao consumo de carne e subprodutos de bovinos contaminados com *prions* que causam a encefalopatia espongiforme bovina (doença da "vaca louca") e é conhecida como variante da doença de Creutzfeldt-Jakob (vDCJ). Os primeiros casos surgiram em 1996 no Reino Unido e, diferentemente da forma tradicional de DCJ, ela acomete predominantemente pessoas jovens, abaixo dos 30 anos.

17.5.2 Diagnóstico

O diagnóstico das doenças causadas por *prion* em seres humanos é baseado principalmente na avaliação clínica de sinais e sintomas. Os principais sinais clínicos que podem sugerir uma EET são: demência rapidamente progressiva, mioclonias e outros sinais neurológicos, tais como distúrbios visuais e ataxia. Exames de neuroimagem e marcadores liquóricos têm sido utilizados para aumentar a acurácia da suspeita diagnóstica dessas das EET. A identificação das mutações associadas a doenças humanas causadas por proteína *prion* patológica feita pelo sequenciamento do gene *PRNP* possibilita a confirmação da forma familiar. Quando existe a suspeita de DCJ, a primeira preocupação consiste em descartar outras formas possíveis e tratáveis de demência, tais como encefalites e meningites crônicas.

No entanto, não há diagnóstico confirmatório para as doenças esporádicas e iatrogênicas em vida. O diagnóstico só pode ser confirmado por biópsia ou necrópsia. As biópsias cerebrais em pacientes vivos não são eticamente recomendadas, já que não há tratamento eficaz para a doença, e esse procedimento só é realizado quando existem outras hipóteses diagnósticas tratáveis. A proteína alterada, PrP^{Sc}, é o marcador mais importante nas TSE, mas a sua detecção no soro é complicada pela sua similaridade com a proteína fisiológica (PrP^c). Muitos estudos, ainda sem sucesso, têm sido realizados para tentar detectar a PrP^{sc} fora do cérebro e desenvolver um método diagnóstico menos invasivo. Seguem-se, agora, em descrição individualizada, os principais métodos de diagnóstico de doenças priônicas utilizados no Brasil e no mundo. Torna-se sempre interessante utilizar mais de um método comprobatório, de preferência aliando-se métodos laboratoriais com métodos mais próximos à clínica neurológica, tais como anamnese clínica e eletroencefalograma (EEG).

17.5.2.1 Exame genético de PRNP

O sequenciamento de DNA do gene que codifica PrPc (*PRNP*) é realizado em todos os pacientes suspeitos de EET para a detecção das formas hereditárias das doenças de *prions* que são causadas por mutações pontuais nesse gene. Já foram descritas mais de cinquenta mutações patogênicas para o gene *PRNP*, sendo as mais comuns as mutações no códon 200 (E200K que causa DCJ) e no códon 102 (P102L que leva à GSS). Quando a mutação é detectada em um paciente, a doença por *prion* hereditária é confirmada e nenhum outro exame é necessário. No entanto, a ausência de mutação apenas descarta a possibilidade de doença genética por *prions*, mas não descarta a hipótese de doença esporádica ou iatrogênica, e o paciente deve continuar sendo investigado[83]. Há, ainda, a descrição de polimorfismos no gene que codifica a PrP^c. Foram descritos doze polimorfismos onde não há a substituição de aminoácido (polimorfismos silenciosos) e quatro que alteram a sequência de aminoácidos. Destes, o mais importante é o códon 129, com implicações clínicas importantes (Figura 17.6). Pacientes homozigotos para metionina nesse códon apresentam um fator de risco para o desenvolvimento da doença. Os pacientes com doença esporádica possuem metionina no códon 129 em sua maioria. Além disso, todos os indivíduos que desenvolveram a nova variante eram homozigotos para metionina no códon 129, indicando que a valina nesse códon representa um fator protetor para

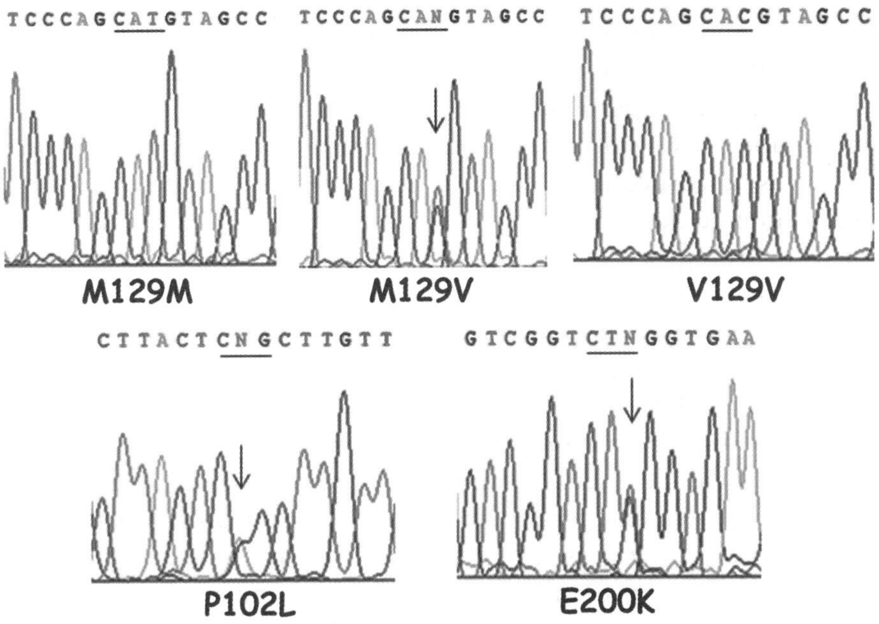

Figura 17.6 Eletroesferograma representativo do gene *PRNP*. Na parte de cima do painel pode-se verificar as 3 formas polimórficas de PRNP no códon 129, sendo que 50% da população caucasiana tem o códon 129 em heterozigose (M129V), 40% apresenta metionina em homozigose (M129M) e 10% da população normal apresenta valina em homozigose (V129V). Na parte de baixo da figura estão representadas duas mutações patogênicas: a P102L, que causa GSS *familial*, e a E200K, que leva ao acometimento de DCJ *familial*.

o desenvolvimento da doença. Além disso, esse polimorfismo tem sido relacionado a apresentações clínicas, bioquímicas e neuropatológicas diferentes nos indivíduos com doenças por *prions*[84].

17.5.2.2 Detecção de 14.3.3

As proteínas 14.3.3 são uma família de moléculas reguladoras conservadas expressas em todas as células eucarióticas. As proteínas 14.3.3 têm a capacidade de se ligarem funcionalmente a uma multiplicidade de proteínas de sinalização, incluindo cinases, fosfatases, e receptores transmembranas. Mais de duzentas proteínas de sinalização têm sido relatadas como ligantes da 14.3.3.

O nome 14.3.3 refere-se à eluição particular e ao padrão de migração destas proteínas por cromatografia em DEAE-celulose e eletroforese em gel de

amido. As proteínas 14.3.3 eluem na fração 14 do homogenado de cérebro bovino e foram encontradas nas posições 3.3 de eletroforese subsequente[85].

A proteína 14.3.3 pertence a um grupo de polipetídeos que está alterado no *liquor* (LCR) em várias condições patológicas, incluindo processos inflamatórios, lesões, convulsões, entre outras, e pode, ainda, ser um marcador importante de destruição rápida de neurônios, o que é característico de desordens neurológicas[86]. O uso da 14.3.3 no diagnóstico das doenças por *prions*[87] foi sugerido pela primeira vez em 1996 e, apesar de serem bastante questionadas a especificidade e a sensibilidade desta ferramenta diagnóstica, a OMS coloca a detecção da proteína 14.3.3 como exame recomendado no diagnóstico de DCJ, aumentando o grau de possibilidade quando essa proteína está presente no *liquor*. Na DCJ esporádica, a proteína 14.3.3 tem 90% de especificidade e sensibilidade. Está presente, ainda, em casos familiares da DCJ; porém, em geral, está ausente em pacientes com IFF e GSS[84]. Outras análises bioquímicas têm sido descritas para o diagnóstico da DCJ, como a proteína TAU (proteínas que estabilizam os microtúbulos), a enolase neuroespecífica (*neuronal specific enolase* – NSE), que é uma enzima glicolítica, cuja forma neuroespecífica é encontrada no tecido nervoso e em células do sistema neuroendócrino (detectam-se concentrações séricas elevadas em pacientes com carcinoma medular da tireoide, tumor endócrino pancreático, feocromocitoma, neuroblastoma e carcinoma pulmonar de pequenas células), e proteínas S100 (úteis como marcadores para certos tumores e na diferenciação da epiderme). As proteínas S100 podem ser encontradas em melanomas, em 50% dos tumores da bainha dos nervos periféricos, em células de Schwann, em células do estroma de paraganglioma, histiocitoma e em sarcomas de células claras. Além disso, as proteínas S100 são marcadores para doenças inflamatórias e podem mediar a inflamação e atuar como agentes antimicrobianos[88]. Porém, elas não estão incorporadas ao diagnóstico dessa doença, sendo apenas usadas de forma diferencial para descartar outras patologias.

17.5.2.3 Eletroencefalograma (EEG)

O eletroencefalograma (EEG) é um exame não invasivo que auxilia no diagnóstico das EET. Nos casos de DCJ esporádicos, 70% apresentam atividade periódica curta e, no início, podem não ser observadas mudanças, as quais surgem com o curso avançado da doença. Eletroencefalogramas devem

ser feitos durante a evolução do quadro até ser obtido o padrão característico, ou para descartar outras causas que geram esse padrão[89].

17.5.2.4 Imagem por ressonância magnética (IRM)

Recentemente incorporada ao diagnóstico dessas doenças recomendado pela OMS, a IRM é fundamental no diagnóstico na DCJ e pode auxiliar principalmente em fases iniciais da doença, quando o padrão de EEG apresenta-se normal ou com anormalidades inespecíficas. A IRM apresenta hipersinal característico em 80% dos pacientes já na fase inicial de sintomatologia da doença. Com a ressonância magnética, pode-se observar atrofia cerebral, o que pode aumentar ao longo da doença. Na variante, o exame mostra a distribuição característica de hiperintensidade simétrica do núcleo *pulvinar* do tálamo. Essas alterações denominadas de sinal *pulvinar* têm demonstrado alta sensibilidade e são consideradas como o melhor teste diagnóstico não invasivo da vDCJ. Uma amostra de encéfalo alterado pela doença priônica, visto em secções transversais, é mostrada na Figura 17.7.

17.5.2.5 Análise neuropatológica

O exame neuropatológico realizado pela necrópsia é a única maneira de confirmar a suspeita diagnóstica de DCJ esporádica ou variante. Por ser um exame invasivo, poder oferecer riscos aos pacientes e não trazer nenhum benefício adicional, a biópsia cerebral não é recomendada para os casos onde a única suspeita diagnóstica seja DCJ. A biópsia só deve ser realizada se houver outra causa suspeita tratável. As principais características das doenças por *prion* são a formação espongiforme, perda neuronial e a gliose, sendo a característica espongiose a mais importante, já que é a única presente apenas nas doenças por *prions*. Além disso, a característica fundamental para a confirmação das doenças por *prions* é o depósito de PrP^{Sc} no SNC. O tipo de depósito de PrP^{Sc} varia com a doença. Na forma iatrogênica, observam-se alterações espongiformes, vacúolos redondos e pequenos, astrocitose e uma importante perda neuronial. Na DCJ, ocorre a formação de placas unicêntricas e depósitos sinápticos de PrP^{Sc}. Já na GSS, ocorre a formação de placas multicêntricas e degeneração talâmica. Na vDCJ, ocorre um padrão bastante específico de depósito de PrP^{Sc}. Esses depósitos são compostos de

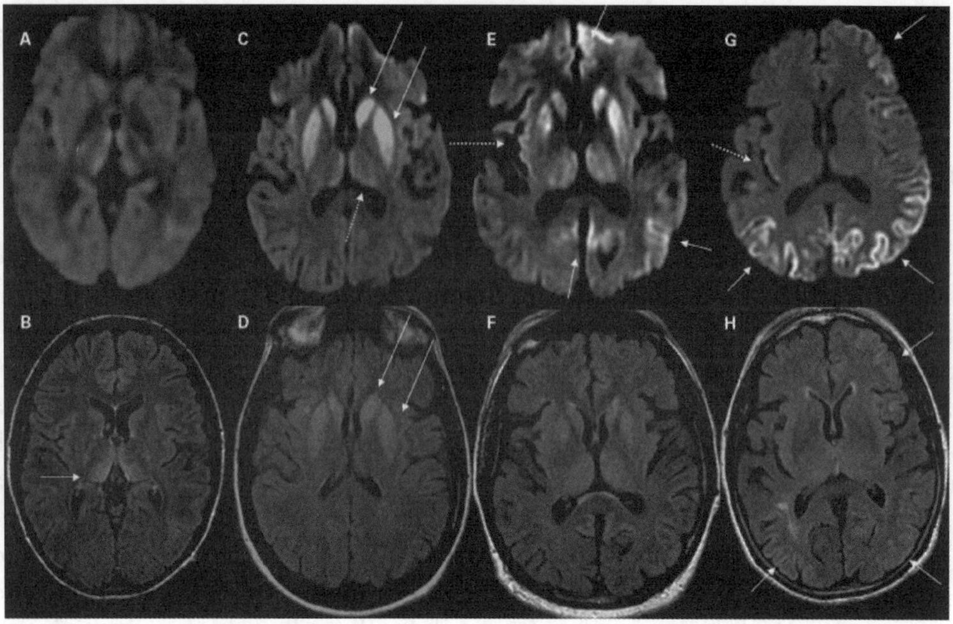

Figura 17.7 Imagem de ressonância magnética de paciente com doença de Creutzfeldt-Jakob (DCJ), a doença humana mais comum causada por *prions*. Notar a hiperintensidade de sinal no tálamo principalmente no núcleo dorsomedial e no pulvinar (B), em A. Notar, também, alterações predominantemente subcorticais (C e D), alterações tanto corticais como subcorticais (E-F) e predominantemente corticais (G e H).
Figura reproduzida com permissão de P. Vitali, et al.[90]

uma grande quantidade de placas fibrilares de PrP[Sc] circundadas por um halo de vacúolos espongiformes, conhecidos como placa florida[89,91,92].

17.5.3 Classificação das doenças de Creutzfeldt-Jakob (DCJ)

De acordo com a Organização Mundial de Saúde (OMS), as DCJ são classificadas de acordo com exames clínicos, laboratoriais e de imagem de acordo com os seguintes critérios:

1) **Possível DCJ:**
   - Curso da doença menor que dois anos.
   - Demência rapidamente progressiva.

- Pelo menos dois dos seguintes sintomas clínicos: mioclonias, distúrbios visuais ou cerebelares, mutismo acinético e disfunções piramidais e extrapiramidais.

2) **Provável DCJ:**
- Curso da doença menor que dois anos.
- Demência rapidamente progressiva.
- Pelo menos dois dos seguintes sintomas clínicos: mioclonias, distúrbios visuais ou cerebelares, mutismo acinético e disfunções piramidais e extrapiramidais.
- Resultado positivo nos testes 14.3.3, EEG típico ou IRM característicos.

3) **Confirmado DCJ:**
- Apresentar característica espongiforme na região do córtex cerebelar ou na substância cinzenta e imunorreatividade para PrP^{Sc}.

4) **Doença hereditária:**
- Presença de mutação descrita para as doenças por *prions*.

17.5.4 Diagnóstico da variante DCJ (vDCJ)

A vDCJ não pode ser diagnosticada somente com critérios clínicos. O diagnóstico requer a confirmação neuropatológica, sendo que o padrão de placas floridas é confirmatório para a forma variante. Os critérios de sinais e sintomas são classificados utilizando os seguintes critérios clínicos do quadro a seguir:

GRUPO I
Curso da doença maior que seis meses.
Desordem neuropsiquiátrica progressiva.
Exclusão de um diagnóstico alternativo.
Ausência de suspeita de exposição iatrogênica.
Ausência de mutações no gene *PRNP*.

GRUPO II
Demência.
Disestesias dolorosas e persistentes.
Ataxia.
Mioclonia.
Sintomas psiquiátricos precoces (depressão, ansiedade, apatia).

GRUPO III
EEG com padrão não típico de DCJ esporádica.
IRM com hipersinal *pulvinar* simétrico bilateral.

GRUPO IV
Biópsia de tonsila positiva (não recomendada de rotina por questões éticas).

1) **Possível vDCJ:**
   - Paciente apresenta os sinais do Grupo I e pelo menos quatro sinais do Grupo II.
   - EEG atípico para DCJ.

2) **Provável vDCJ:**
   - Paciente apresenta os sinais do Grupo I e pelo menos quatro sinais do Grupo II.
   - EEG atípico para DCJ.
   - Hipersinal *pulvinar* bilateral em IRM.
   - Ou paciente apresenta os sinais do Grupo I e biópsia de tonsila positiva.

3) **Confirmado DCJ:**
   - Paciente apresenta os sinais do Grupo I e neuropatológico confirmado com depósitos em placas floridas.

17.6 TRATAMENTO DAS DOENÇAS PRIÔNICAS

Até hoje, não existe nenhum tratamento efetivo para as doenças causadas por *prions*, nem mesmo para melhorar as funções cognitivas e motoras comprometidas pela doença. É uma doença de rápida progressão em que aproximadamente 90% dos indivíduos sintomáticos evoluem rapidamente para o óbito de seis meses a um ano. Nos últimos anos, vários estudos têm sido conduzidos na tentativa de encontrar uma forma de impedir a progressão da doença, seja pela redução da conversão de PrP^{Sc}, seja pelo bloqueio da proteína infecciosa, utilizando anticorpos monoclonais. Apesar de haver muitos estudos *in vitro*, poucos estudos clínicos têm sido conduzidos na área. Dentre os estudos em andamento estão investigações sobre a atividade da quinacrina e da tetraciclina no controle da doença priônica, por serem tais drogas capazes de ultrapassar a barreira hematoencefálica, e, em abordagens *in vitro*, foi demonstrado que o tratamento com essas drogas foi capaz de inibir a formação de depósitos proteicos[93]. O estudo criterioso dos mecanismos que levam à conversão de PrP^c em PrP^{Sc} é um caminho a ser trilhado na tentativa de encontrar alvos terapêuticos para tratar ou prevenir a doença.

17.7 CONCLUSÕES

As doenças por *prions* destacam-se como o único grupo de doenças já descrito que pode ser tanto genético quanto esporádico e ainda possuir um caráter infeccioso, atingindo diversas espécies animais e seres humanos.

A descoberta da natureza proteica dos agentes responsáveis por essas doenças representou uma quebra de paradigma referente aos conceitos tradicionais da biologia molecular, segundo os quais o fluxo de informação genética deveria ser mediado necessariamente por ácidos nucleicos.

O estudo das doenças por *prions* abriu, ainda, um novo campo de investigação, onde o mecanismo de muitas doenças tem sido atribuído a um mecanismo do tipo *prion*.

Diversas doenças já conhecidas são causadas pelo acúmulo de uma proteína anômala em consequência do mal dobramento dessas proteínas e seu consequente acúmulo. Entre as doenças envolvendo as desordens proteicas, podemos destacar a doença de Alzheimer, doença de Parkinson e doença de Huntington.

O diagnóstico das doenças por *prion* envolve uma etapa crucial de diagnóstico diferencial com diversas desordens neurológicas que podem se apresentar de forma semelhante.

Apesar dos critérios da OMS, todos os casos suspeitos de DCJ devem ser investigados. Estudos demonstram que os critérios clínicos não abrangem todos os casos, e 17% de todos os casos confirmados para DCJ não apresentavam critérios clínicos para possível ou provável DCJ[94,95].

O Brasil tem empenhado esforços para manter um rigoroso sistema de controle e diagnóstico das encefalopatias animais, mas também tem contribuído substancialmente na área de pesquisa envolvendo as funções celulares da proteína *prion*.

Devido ao potencial infeccioso dessas doenças, a OMS recomenda a vigilância da incidência de todas as doenças por *prion*, incluindo as formas familiares. No Brasil, as doenças humanas causadas por *prion* se tornaram de notificação compulsória em 2005 e, desde então, mais de quatrocentos casos suspeitos da forma esporádica foram notificados, além de casos familiares da doença. A forma variante da doença humana nunca foi encontrada no Brasil.

REFERÊNCIAS

1. Budka H, Aguzzi A, Brown P, Brucher J, Bugiani O, Gullotta F, et al. Neuropathological diagnostic criteria for Creutzfeldt-Jakob disease and other human spongiform encephalopathies. Brain Pathol. 1995;459-66.
2. Prusiner SB, Bolton DC, Groth DF, Bowman KA, Cochran SP, McKinley MP. Further purification and characterization of scrapie *prions*. Biochemistry. 1982;21:6942-50.
3. Bolton DC, McKinley MP, Prusiner SB. Molecular characteristics of the major scrapie *prion* protein. Biochemistry. 1984;23:5898-906.
4. McKinley MP, Bolton DC, Prusiner SB. A protease-resistant protein is a structural component of the scrapie *prion*. Cell. 1983;35:57-62.
5. Prusiner SB, McKinley MP, Groth DF, Bowman KA, Mock NI, Cochran SP, et al. Scrapie agent contains a hydrophobic protein. Proc Natl Acad Sci USA. 1981;78:6675-9
6. Harris DA. Cellular biology of *prion* diseases. Clin. Microbiol. Rev. 1999;12:429-44.
7. Stahl N, Borchelt DR, Hsiao K, Prusiner SB. Scrapie *prion* protein contains a phosphatidylinositol glycolipid. Cell. 1987;51:229-40.
8. Caughey B, Race RE, Ernst D, Buchmeier MJ, Chesebro B. *Prion* protein biosynthesis in scrapie-infected and uninfected neuroblastoma cells. J. Virol. 1989;63:175-81.
9. Rudd PM, Merry AH, Wormald MR, Dwek RA. Glycosylation and *prion* protein. Curr. Opin. Struct. Biol. 2002; 12:578-586.
10. Lee KS, Magalhães AC, Zanata SM, Brentani RR, Martins VR, Prado MA. Internalization of mammalian fluorescent cellular *prion* protein and N-terminal deletion mutants in living cells. J Neurochem. 2001;79:79-87.
11. Magalhães AC, Silva JA, Lee KS, Martins VR, Prado VF, Ferguson SS, et al. Endocytic intermediates involved with the intracellular trafficking of a fluorescent cellular *prion* protein. J Biol Chem. 2002;277:33311-8.
12. Prusiner SB. Molecular biology of *prion* diseases. Science. 1991;252:1515-22.
13. Gabriel JM, Oesch B, Kretzschmar H, Scott M, Prusiner SB. Molecular cloning of a candidate chicken *prion* protein. Proc Natl Acad Sci USA 1992; 89:9097-101.
14. Horiuchi M, Yamazaki N, Ikeda T, Ishiguro N, Shinagawa M. A cellular form of *prion* protein (PrPC) exists in many non-neuronal tissues of sheep. J Gen Virol 1995;76 (Pt 10):2583-2587.
15. Fournier JG, Escaig-Haye F, Billette V, Robain O, Lasmezas CI, Deslys JP, et al. Distribution and submicroscopic immunogold localization of cellular *prion* protein (PrPc) in extracerebral tissues. Cell Tissue Res. 1998;292:77-84.
16. Sales N, Hassig R, Rodolfo K, Di Giamberardino L, Traiffort E, Ruat M, et al. Developmental expression of the cellular *prion* protein in elongating axons. Eur J Neurosci. 2002;15:1163-77.

17. Schätzl HM, Da Costa M, Taylor L, Cohen FE, Prusiner SB. *Prion* protein gene variation among primates. J Mol Biol. 1995;245(4):362-74.

18. Laurén J, Gimbel DA, Nygaard HB, Gilbert JW, Strittmatter SM. Cellular *prion* protein mediates impairment of synaptic plasticity by amyloid-beta oligomers. Nature. 2009;457:1128-32.

19. Gimbel DA, Nygaard HB, Coffey EE, Gunther EC, Laurén J, Gimbel ZA, et al. Memory impairment in transgenic Alzheimer mice requires cellular *prion* protein. J Neurosci. 2010;30:6367-74.

20. Fivaz M, Vilbois F, Thurnheer S, Pasquali C, Abrami L, Bickel PE, et al. Differential sorting and fate of endocytosed GPI-anchored proteins. EMBO J. 2002;21:3989-4000.

21. Gorodinsky A, Harris DA. Glycolipid-anchored proteins in neuroblastoma cells form detergent-resistant complexes without caveolin. J Cell Biol. 1995;129:619-27.

22. Santuccione A, Sytnyk V, Leshchyns'ka I, Schachner M. *Prion* protein recruits its neuronal receptor NCAM to lipid rafts to activate p59fyn and to enhance neurite outgrowth. J Cell Biol. 2005;169:341-54.

23. Hajj GNM, Lopes MH, Mercadante AF, Veiga SS, da Silveira RB, Santos TG, et al. Cellular *prion* protein interaction with vitronectin supports axonal growth and is compensated by integrins. J Cell Sci. 2007;120:1915-26.

24. Beraldo FH, Arantes CP, Santos TG, Machado CF, Roffe M, Hajj GN, et al. Metabotropic glutamate receptors transduce signals for neurite outgrowth after binding of the *prion* protein to laminin gamma1 chain. FASEB J. 2011;25:265-79.

25. Kristensson K, Feuerstein B, Taraboulos A, Hyun WC, Prusiner SB, DeArmond SJ. Scrapie *prions* alter receptor-mediated calcium responses in cultured cells. Neurology. 1993;43:2335-41.

26. Wong K, Qiu Y, Hyun W, Nixon R, VanCleff J, Sanchez-Salazar J, et al. Decreased receptor-mediated calcium response in *prion*-infected cells correlates with decreased membrane fluidity and IP3 release. Neurology. 1996;47:741-50.

27. Mouillet-Richard S, Ermonval M, Chebassier C, Laplanche JL, Lehmann S, Launay JM, et al. Signal transduction through *prion* protein. Science. 2000;289:1925-8.

28. Brini M, Miuzzo M, Pierobon N, Negro A, Sorgato MC. The *prion* protein and its paralogue Doppel affect calcium signaling in Chinese hamster ovary cells. Mol Biol Cell. 2005;16:2799-808.

29. Beraldo FH, Arantes CP, Santos TG, Queiroz NG, Young K, Rylett RJ, et al. Role of alpha7 nicotinic acetylcholine receptor in calcium signaling induced by *prion* protein interaction with stress-inducible protein 1. J Biol Chem. 2010;285:36542-50.

30. Whatley SA, Powell JF, Politopoulou G, Campbell IC, Brammer MJ, Percy NS. Regulation of intracellular free calcium levels by the cellular *prion* protein. Neuroreport. 1995;6:2333-7.

31. Colling SB, Collinge J, Jefferys JG. Hippocampal slices from *prion* protein null mice: disrupted Ca^{++}-activated K$^+$ currents. Neurosci Lett. 1996;209:49-52.
32. Azzalin A, Ferrara V, Arias A, Cerri S, Avella D, Pisu MB, et al. Interaction between the cellular *prion* (PrPC) and the 2P domain K$^+$ channel TREK-1 protein. Biochem Biophys Res Commun. 2006;346:108-15.
33. Herms JW, Tings T, Dunker S, Kretzschmar HA. *Prion* protein affects Ca^{++}-activated K$^+$ currents in cerebellar purkinje cells. Neurobiol Dis. 2001;8:324-30.
34. Khosravani H, Zhang Y, Tsutsui S, Hameed S, Altier C, Hamid J, et al. *Prion* protein attenuates excitotoxicity by inhibiting NMDA receptors. J Cell Biol. 2008;181:551-65.
35. Linden R, Martins VR, Prado MA, Cammarota M, Izquierdo I, Brentani RR. Physiology of the *prion* protein. Physiol Rev. 2008;88:673-728.
36. Priola SA, Caughey B. Inhibition of scrapie-associated PrP accumulation. Probing the role of glycosaminoglycans in amyloidogenesis. Mol Neurobiol. 1994;8:113-20.
37. Graner E, Mercadante AF, Zanata SM, Forlenza OV, Cabral AL, Veiga SS, et al. Cellular *prion* protein binds laminin and mediates neuritogenesis. Brain Res Mol Brain Res. 2000;76:85-92.
38. Zanata SM, Lopes MH, Mercadante AF, Hajj GN, Chiarini LB, Nomizo R, et al. Stress-inducible protein 1 is a cell surface ligand for cellular *prion* that triggers neuroprotection. EMBO J. 2002;21:3307-16.
39. Oliveira MD, Souza LB, Pinto LP, Freitas RA. Immunohistochemical study of components of the basement membrane in odontogenic cysts. Pesqui Odontol Bras. 2002;16:157-62.
40. Luckenbill-Edds L. Laminin and the mechanism of neuronal outgrowth. Brain Res Brain Res Rev. 1997;23:1-27.
41. Venstrom KA e Reichardt LF. Extracellular matrix. 2: Role of extracellular matrix molecules and their receptors in the nervous system. FASEB J. 1993;7:996-1003.
42. Coitinho AS, Freitas AR, Lopes MH, Hajj GN, Roesler R, Walz R, et al. The interaction between *prion* protein and laminin modulates memory consolidation. Eur J Neurosci. 2006;24:3255-64.
43. Robinson MJ e Cobb MH. Mitogen-activated protein kinase pathways. Curr Opin Cell Biol. 1997;9:180-6.
44. Paroo Z, Ye X, Chen S, Liu Q. Phosphorylation of the human microRNA-generating complex mediates MAPK/Erk signaling. Cell. 2009;139:112-22.
45. Chiarini LB, Freitas AR, Zanata SM, Brentani RR, Martins VR, Linden R. Cellular *prion* protein transduces neuroprotective signals. EMBO J. 2002;21:3317-26.
46. Lopes MH, Hajj GN, Muras AG, Mancini GL, Castro RM, Ribeiro KC, et al. Interaction of cellular *prion* and stress-inducible protein 1 promotes neuritogenesis and neuroprotection by distinct signaling pathways. J Neurosci. 2005; 25:11330-9.

47. Vossler MR, Yao H, York RD, Pan MG, Rim CS, Stork PJ. cAMP activates MAP kinase and Elk-1 through a B-Raf- and Rap1-dependent pathway. Cell. 1997;89:73-82.
48. Zaccolo M e Pozzan T. CAMP and Ca^{++} interplay: a matter of oscillation patterns. Trends Neurosci. 2003;26:53-5.
49. Milhavet O, Lehmann S. Oxidative stress and the *prion* protein in transmissible spongiform encephalopathies. Brain Res Brain Res Rev. 2002;38:328-39.
50. Vassallo N, Herms J. Cellular *prion* protein function in copper homeostasis and redox signalling at the synapse. J Neurochem. 2003;86:538-44.
51. Puig S, Thiele DJ. Molecular mechanisms of copper uptake and distribution. Curr Opin Chem Biol. 2002;6:171-80.
52. Waggoner DJ, Bartnikas TB, Gitlin JD. The role of copper in neurodegenerative disease. Neurobiol Dis. 1999;6:221-30.
53. Hetz C, Maundrell K, Soto C. Is loss of function of the *prion* protein the cause of *prion* disorders? Trends Mol. Med. 2003;9:237-43.
54. Westergard L, Christensen HM, Harris DA. The cellular *prion* protein (PrP(C)): its physiological function and role in disease. Biochim. Biophys Acta. 2007;1772:629-44.
55. Martins VR, Beraldo FH, Hajj GN, Lopes MH, Lee KS, Prado MM, et al. *Prion* protein: orchestrating neurotrophic activities. Curr Issues Mol Biol. 2010;12:63-86.
56. Chiesa R, Harris DA. Fishing for *prion* protein function. PLoS Biol. 2009;7:75.
57. Lobão-Soares B, Walz R, Carlotti CG Jr, Sakamoto AC, Calvo F, Terzian AL, et al. Cellular *prion* protein regulates the motor behaviour performance and anxiety-induced responses in genetically modified mice. Behav Brain Res. 2007;183:87-94.
58. Lobão-Soares B, Walz R, Prediger RD, Freitas RL, Calvo F, Bianchin MM, et al. Cellular *prion* protein modulates defensive attention and innate fear-induced behaviour evoked in transgenic mice submitted to an agonistic encounter with the tropical coral snake *Oxyrhopus guibei*. Behav Brain Res. 2008;194:129-37.
59. Bueler H, Fischer M, Lang Y, Bluethmann H, Lipp HP, DeArmond SJ, et al. Normal development and behaviour of mice lacking the neuronal cell- surface PrP protein. Nature. 1992;356:577-82.
60. Brown DR, Nicholas RS, Canevari L. Lack of *prion* protein expression results in a neuronal phenotype sensitive to stress. J. Neurosci. Res. 2002; 67:211-224.
61. Hynes RO. Integrins: a family of cell surface receptors. Cell. 1987;48(4):549-54.
62. McKinley MP, Braunfeld MB, Bellinger CG, Prusiner SB. Molecular characteristics of prion rods purified from scrapie-infected hamster Brains J Infect Dis. 1986;154:110-20.
63. Prusiner, S. B. Molecular biology and pathogenesis of prion diseases, Trends Biochem Sci. 1996;21:482-7.
64. Prusiner SB. Prion diseases and the BSE crisis. Science. 1997;278:245-51.
65. Prusiner SB, Cochran SP, Alpers MP. Transmission of scrapie in hamsters. J Infect Dis. 1985;152:971-8.

66. Prusiner SB, Kingsbury DT. Prion-infectious pathogens causing the spongiform encephalopathies. CRC Crit Rev Clin Neurobiol. 1985;1:181-200.
67. Kretzschmar HA, Stowring LE, Westaway D, Stubblebine WH, Prusiner SB, DeArmond SJ. Molecular cloning of a human prion protein cDNA. DNA. 1986;5:315-24.
68. Root-Bernstein RS. Protein replication by amino acid pairing. J Theor Biol. 1983;100:99-106.
69. Prusiner SB. Prions. Proc Natl Acad Sci. USA 1998;95:13363-83.
70. Bueler H, Aguzzi A, Sailer A, Greiner RA, Autenried P, Aguet M, et al. Mice devoid of PrP are resistant to scrapie. Cell. 1993;73:1339-47.
71. Venneti S. Prion diseases. Clin Lab Med. 2010;30:293-309.
72. Jeffrey M, Martin S, González L. Cell-associated variants of disease-specific prion protein immunolabelling are found in different sources of sheep transmissible spongiform encephalopathy. J Gen Virol. 2003:1033-45.
73. Budka H. Neuropathology of prion diseases. Br Med Bull. 2003;66:121-30.
74. Zeidler M, Gibbs CJ, Meslin F. WHO Manual for Strengthening Diagnosis and Surveillance of Creutzfeldt-Jakob Disease. Genève: World Health Organization;1998. p. 39-40.
75. Barros, CSL, Marques GHF. Procedimentos para diagnóstico de doenças do sistema nervoso central de bovinos. Brasília: Lid Gráfica Editora; 2003.
76. Brasil. Ministério da Agricultura, Pecuária e Abastecimento. Portaria n° 516, de 9 de dezembro de 1997. Diário Oficial, Brasília, 9 dez. 1997.
77. Brasil. Instrução Normativa n° 15, de 2 de abril de 2008. Aprova os procedimentos para a atuação em caso de suspeita ou ocorrência de paraplexia enzoótica dos ovinos (scrapie). Diário Oficial, Brasília, 2 abr. 2008.
78. Brasil. Instrução normativa SDA n° 18, de 15 de fevereiro de 2002. Aprova as normas a serem adotadas, visando incrementar a vigilância epidemiológica para detecção de Encefalopatias Espongiformes Transmissíveis – EET em ruminantes. Diário Oficial, Brasília, 15 dez. 2003.
79. Brasil. Ministério da Agricultura, Pecuária e Abastecimento. Controle da raiva dos herbívoros : manual técnico 2009 / Ministério da Agricultura, Pecuária e Abastecimento. Secretaria de Defesa Agropecuária. – Brasília : Mapa/ACS, 2009. ISBN 978-85-99851-81-4.
80. Imran M, Mahmood S. An overview of human prion diseases. Virol J. 2011;8:559.
81. Pedroso JL, Pinto WB, Souza PV, Ricarte IF, Landemberger MC, Martins VR, et al. Complex movement disorders in fatal familial insomnia: A clinical and genetic discussion. Neurology. 2013;81:1098-9.
82. Gajdusek DC, Gibbs CJ, Alpers M. Experimental transmission of a Kuru-like syndrome to chimpanzees. Nature. 1996;209:794-6.

83. Gambetti P, Parchi P. Insomnia in prion diseases: sporadic and familial. N Engl J Med. 1999;340:1675-7.

84. Glatzel M, Mohajeri MH, Poirier R, Nitsch RM, Schwarz P, Lu B, et al. No influence of amyloid-beta-degrading neprilysin activity on prion pathogenesis. J Gen Virol. 2005;86:1861-7.

85. Moore & Perez (1967) "Specific acidic proteins of the nervous system", FD Carlson. ed. "Physiological and biochemical aspects of nervous integration", Prentice-Hall, Inc, The Marine Biological Laboratory, Woods Hole, MA. pp. 343 – 359.

86. Zanusso G, Fiorini M, Ferrari S, Gajofatto A, Cagnin A, Galassi A, et al. Cerebrospinal fluid markers in sporadic creutzfeldt-jakob disease. Int J Mol Sci. 2011;12:6281-92.

87. Hsich G, Kenney K, Gibbs CJ, Lee KH, Harrington MG. The 14-3-3 brain protein in cerebrospinal fluid as a marker for transmissible spongiform encephalopathies. N Engl J Med. 1996;335:924-30.

88. Otto M, Wiltfang J, Cepek L, Neumann M, Mollenhauer B, Steinacker P, et al. Tau protein and 14-3-3 protein in the differential diagnosis of Creutzfeldt-Jakob disease. Neurology. 2002;58:192-7.

89. Will RG. The transmission of prions to humans. Acta Paediatr Suppl. 1999;88:28-32.

90. Vitali P, Migliaccio R, Agosta F, Rosen HJ, Geschwind MD. Neuroimaging in dementia. Seminars in Neurology. 2008;28:467-483.

91. Minor P, Newham J, Jones N, Bergeron C, Gregori L, Asher D, et al. Standards for the assay of Creutzfeldt-Jakob disease specimens. J Gen Virol. 2004;85:1777-84.

92. Will RG, Ironside JW, Zeidler M, et al. A new variant of Creutzfeldt-Jacob disease in the UK. Lancet. 1996;347:921-5.

93. Rigter A, Langeveld JP, van Zijderveld FG, Bossers A. Prion protein self-interactions: a gateway to novel therapeutic strategies? Vaccine. 2010;28:7810-23.

94. Hainfellner JA, Jellinger K, Diringer H, Guentchev M, Kleinert R, Pilz P, Maier H, Budka H. Creutzfeldt-Jakob disease in Austria. J Neurol Neurosurg Psychiatry. 1996;61:139-42.

95. Radbauer C, Hainfellner JA, Jellinger K, Pilz P, Maier H, Kleinert R, Budka H. [Epidemiology of transmissible spongiform encephalopathies (prion diseases) in Austria]. Wien Med Wochenschr. 1998;148:101-6.

CAPÍTULO 18

CÉLULAS-TRONCO MESENQUIMAIS ADULTAS DE DIVERSAS ORIGENS: UMA VISÃO GERAL MULTIPARAMÉTRICA PARA APLICAÇÕES CLÍNICAS

Ricardo Cambraia Parreira
Katia Neves Gomes
Emerson Alberto da Fonseca
Bruna Raphaela Sousa
José Luiz da Costa
Luiz Orlando Ladeira
Alexandre Hiroaki Kihara
Rodrigo R Resende

18.1 INTRODUÇÃO

As Células-tronco (do inglês, *Stem Cells* - SCs) estão entre as mais intensas e atuais linhas de pesquisa e têm trazido à luz do conhecimento o

desenvolvimento celular, bem como perspectivas de tratamento para doenças e problemas de saúde diversos. Em um trabalho que data de 1961, J. E. Till trouxe-nos os primeiros conceitos de SC, que são a capacidade de autorrenovação (*self-renewal*), autogeração e a multipotência, ou seja, a capacidade de se diferenciar em várias linhagens celulares[1].

Desde o isolamento da primeira célula-tronco derivada de embrião de camundongo em 1981[2], a pesquisa com as SC tem sofrido considerável expansão. O primeiro trabalho com SC derivadas de embrião humano data de 1998[3]. Seguindo os conflitos éticos que o tema tocava, a pesquisa com SC ganhou outra dimensão após a descoberta das SC adultas[4]. Em 1999, Mark F. Pittenger e colaboradores demonstraram o potencial de células-tronco mesenquimais adultas humanas derivadas da medula óssea (do inglês, *bone marrow mesenchymal stem cell* – BM-MSC) de se diferenciarem em linhagens diversas, *in vitro*, constatando o potencial multipotente das SC adultas[5]. As células-tronco mesenquimais (*mesenchymal stem cell* – MSC) adultas são encontradas virtualmente em todos os tecidos[6] e têm um importante papel na manutenção da homeostasia em caso de injúria ou doença e pela renovação do repertório celular. As SC derivadas de embrião são capazes de proliferar/renovar indefinidamente porque, como as células tumorais, possuem a incrível capacidade de manterem íntegros seus telômeros (parte final dos cromossomos reconhecidos por manterem a capacidade proliferativa celular), impedindo o encurtamento desses nas sucessivas divisões celulares que as células-tronco sofrem. O mesmo não ocorre com as SC adultas[7-9]. Entretanto, as MSC são hoje a promessa da medicina regenerativa, pela sua facilidade de cultivo *in vitro*, alta taxa de proliferação e versatilidade em se diferenciar em vários tipos celulares, desde os mais bem estabelecidos, como osteoblastos, condrócitos e adipócitos[5], até hepatócitos[10], neurônios[11-14] e glia[15].

A população de células da medula óssea é heterogênea e, apenas uma minoria delas é multipotente. Acredita-se que uma parcela ainda menor seja totipotente[16]. A medula óssea contém pelo menos dois tipos principais de células-tronco: células-tronco hematopoiéticas (*hematopoietic stem cells* – HSC), que dão origem aos glóbulos brancos e vermelhos do sangue, e as MSC, que dão origem, *in vitro*, pelo menos aos três tipos celulares diferenciados, osteoblastos, adipócitos e condrócitos. A terapia com MSC é uma abordagem que se tem mostrado promissora para o tratamento de doenças neurodegenerativas, reparação tecidual e alguns tipos de cânceres.

A seguir, vamos discorrer sobre MSC derivadas de vários tecidos como medula óssea, cordão e sangue umbilical, tecido adiposo, sangue menstrual e tecido extraembrionário.

18.2 CÉLULAS-TRONCO HEMATOPOIÉTICAS E DERIVADAS DA MEDULA ÓSSEA E DO SANGUE DO CORDÃO UMBILICAL

18.2.1 Células-tronco hematopoéticas (*hematopoeitic stem cells* – HSC)

Há mais de cinquenta anos sabe-se que a medula óssea é fonte de células-tronco hematopoiéticas (HSC) responsáveis pela geração e manutenção de células sanguíneas[17]. J. E. Till e McCullough, em 1961, depletaram o sistema hematopoiético de camundongos após submetê-los a altas doses de irradiação. Após este procedimento, os animais receberam células da medula óssea e tiveram seu sistema hematopoiético reconstituído[1]. Esse trabalho mostrou que células presentes na medula óssea são responsáveis pela produção de células sanguíneas, embora argumentos contrários questionem esse modelo. Donald Metcalf salienta que, nesse modelo, temos uma condição extrema que pode não corresponder ao que se observa em condições fisiológicas normais. Não poderiam as células progenitoras maduras sustentar a hematopoiese em condições fisiológicas normais e as HSC serem ativadas apenas em condições extremas[18]? Mas o que são as HSC? São células capazes de promover a autorrenovação e de se diferenciarem em todo tipo de células sanguíneas especializadas. As HSC encontram-se no sangue circulante e na medula óssea, e são responsáveis pela manutenção das células sanguíneas, apresentando altas taxas de renovação. São produzidas bilhões de novas células sanguíneas por dia[19]. Acredita-se que uma em cada 10 mil a 15 mil células da medula óssea seja célula-tronco. No sangue, esse número muda para uma em cada 100 mil[95].

Pesquisas mostram que as HSC residem na região endósteal[20,21] e próximo aos vasos sanguíneos na medula[22]. Essa região é formada por osteoblastos[23], células reticulares (*Cxcl12-abundant reticular cells*)[24], células-tronco expressando marcador de células nervosas (*nestin-positive mesenchymal stem cells*)[25], células de Schwann[26] e células perivasculares[27]. Nilsson et al. mostraram que a *osteopontina,* uma proteína que é superexpressa por osteoblastos, é a molécula-chave na manutenção e regulação da proliferação e na localização física das HSC no nicho de células-tronco hematopoiéticas (*bone marrow hematopoietic stem cell niche*)[28,29]. Pelo menos três populações de células compõem a medula óssea: *long-term* (LT-HSC)*, short-term* (ST-HSC) e *multi-potent progenitor*[30]. Essas células-tronco deixam a medula continuamente, caem na circulação e retornam à medula. Assim, o sangue circulante é

fonte de MSC, e o transplante de medula pode ser aplicado para tratamento de doenças sanguíneas[31]. O transplante de HSC é também uma boa abordagem para diversas patologias. Centenas de pacientes de leucemia foram tratados com transplante de medula óssea na década de 1970, nos trabalhos pioneiros de Thomas e colegas[32], e outras tantas doenças são também tratadas com essa mesma abordagem[33]. Surpreendentemente, pesquisas mostram que as HSC podem se diferenciar também em hepatócitos, o que aumenta ainda mais seu potencial terapêutico[34,35].

18.2.2 Células-tronco da medula óssea (*bone marrow mesenchymal stem cells* – BM-MSC)

A medula óssea é fonte não somente de HSC, mas também das chamadas *mesenchymal stem cells* ou *multipotent mesenchymal stromal cells* (MSC). São também conhecidas como *bone marrow stem cells* (BM-MSC) ou *bone marrow stromal cells* (BMSC)[36-39]. Trata-se de nomes diferentes que denominam o mesmo tipo celular. Os primeiros relatos de BM-MSC foram de Friedenstein e colaborades em 1966, isoladas a partir da medula óssea de camundongos[36], quando se observou então a forma fibroblástica das BM-MSC[40]. O trabalho de 1974 foi definitivo para a constatação das BM-MSC denominadas de "células fibroblastoides" (*fibroblast-like cells*) pela semelhança com aquela célula[41,42]. As células-tronco mesenquimais humanas (hMSC) foram isoladas por Pittenger e colegas em 1999, a partir da crista ilíaca da pelve[5]. Murphy e colegas, em 2002, e D'Ippolito e colegas, no mesmo ano, isolaram hMSC da tíbia e da região femoral, respectivamente[43-35]. Assim como as HSC que correspondem a uma pequena fração de células aderentes, as BM-MSC, cultivadas *in vitro*, são prioritariamente aderentes e, por definição, capazes de se diferenciar em osteoblasto, condrócito e adipócito[46]. Entretanto, diversos estudos têm mostrado a capacidade das BM-MSC de se diferenciarem não somente nos tipos celulares de origem mesodermal, mas também do folheto germinativo ectodermal[12-14].

Pesquisadores já obtiveram células da glia, células musculares e hepáticas a partir de BMSC[34,47,48]. Sanchez-Ramos e colegas, além de nosso próprio grupo, promoveram a diferenciação de BMSC de camundongos em neurônios imaturos[13,14,49]. Bastante heterogênea, a população celular da medula óssea forma o nicho, ou "estroma", responsável pela manutenção das HSC, promovendo sua sobrevida e fatores de adesão para essas últimas[50]. Este "nicho" é formado pelas células estromais (*stromal cells*), fibroblastos reticulares,

osteoprogenitores e componentes celulares primários da medula óssea (respectivamente, *reticular cells, fibroblasts, osteoprogenitors, primary cellular components of the marrow stroma*)[51]. A cultura de BM-MSC é denominada de "unidade de formação de colônia de fibroblasto" (do inglês, *colony-forming units-fibroblastic* – CFU-F), uma mistura de células tri-, bi- e unipotentes. A taxa relativa dessas populações determina a multipotencialidade da cultura de BM-MSC, ou seja, o potencial de crescimento, senescência e diferenciação. Por ter uma população celular heterogênia, as BM-MSC apresentam, em diversos trabalhos, diferentes potenciais de diferenciação. Muraglia e grupo obtiveram 30% de "*Tri-lineage*", o restante "*bi-lineage*" e "*uni-lineage*" em uma cultura de BM-MSC[52]. Isso, provavelmente, porque a BM-MSC apresenta subpopulações de MSC em diferentes estágios de diferenciação e a homogeneidade da população é dependente do tecido de origem, método de isolamento e quanto aos números de passagens celulares, isto é, o número de vezes que uma cultura de células é passada entre garrafas de cultivo. Entretanto, uma miríade de estudos mostra a capacidade das MSC de se diferenciarem em tecido adiposo[42], tendão[53], músculo[48,54], cartilagem[55], osso[56] e células nervosas[13,14,49,57].

18.2.3 Células-tronco do sangue do cordão umbilical (*umbilical cord blood-stem cells* – UCB-MSC)

Outra importante fonte de MSC é o sangue do cordão umbilical (*umbilical cord blood-mesenchymal stem cells* – UCB-MSC, ou simplesmente UCB)[58]. É uma rotina comum a criopreservação das UCB com a intenção de servirem como alternativa para futuros tratamentos de transplantes autólogos. Embora haja argumentos contrários[59], estudos mostram que a população celular do UCB, assim como da medula óssea, abriga células estromais pluripotentes/multipotentes, capazes de se diferenciarem, por exemplo, em neurônios com sucesso de 87%[60], além de osteoblastos, condrócitos e adipócitos. Goodwin demonstrou o potencial *multilineage* de células (aderentes) isoladas do sangue de cordão umbilical que foram capazes de expressar marcadores de tecidos neuronal, ósseo e adiposo. Porém, o autor é bastante cauteloso para não tratar o que pode ser "plasticidade celular" como "pluripotência"[61] e aborda essas células como progenitoras não hematopoiéticas (do inglês *nonhematopoietic progenitors* - NHP), em vez de células-troncos. Essa mesma cautela deve ser atribuída às BM-MSC, já que elas compartilham marcadores de superfície com células especializadas, como proteínas

neuronais GFAP (*Glial fibrillary acidic protein*) e TuJ1 (β-tubulin)[62], dentre outras (ver Tabela 18.1)[63]. Células aderentes isoladas de UCB-MSC apresentaram duas populações: uma com inclinação ao fenótipo de osteoclasto e outra com fenótipo de célula mesenquimal (*mesenchymal-like phenotype*) (segundo estudo de Erices e grupo). Pelo menos 75% apresentaram morfologia e características de osteoclasto multinucleado, já 25% deram origem, inicialmente, a colônias individuais fibroblastoides com alta taxa de proliferação[64].

É importante salientar que a expressão "fenótipo" significa expressão de proteínas, tanto de superfície (marcador molecular) quanto proteínas intracelulares. Além do sangue do cordão, as células estromais do cordão têm sido exploradas como fonte de MSC. UC-MSC já apresentaram fenótipo de cardiomiócitos[65]. As UCB-MSC têm ainda uma interessante propriedade imunorregulatória. Suprimem a proliferação de linfócitos e reduzem níveis de citocinas proinflamatórias (*interferon*-γ, *tumor necrosis factor*-α – TNF-α; *tumor growth factor*-β – TGF-β). Modelos de isquemia cerebral, cirrose hepática e fibrose pulmonar apresentaram significativas melhoras e controle de inflamação, além do efeito antifibrótico pela diminuição do colágeno, dias após a infusão de UC-MSC[66].

Tabela 18.1 Marcadores de superfície celular

CÉLULAS HUMANAS	MARCADORES	REFERÊNCIAS
Células-tronco de cordão umbilical (UC-MSC)	CD29, CD44, CD49b, CD105 (SH2), CD166, HLA-ABC	Erices et al., 2000[64]; Wang et al., 2004[65]
Células-tronco derivadas da medula óssea (BM-MSC)	CD29, CD44, CD73 (SH3), CD90 (Thy-1), Stro-1, CD106 (VCAM-1) CD105, CD166, HLA-ABC,	Choong et al., 2007[234]; Gronthos et al., 2003[235]; Bhattacharya et al., 2000[236]
Células-tronco hematopoéticas (HSC)	CD34, CD38, CD59, CD133	Drake et al., 2011[237]
Osteoblastos	CD45, CD51/CD61	Wang et al., 2004[65]
Neurônios	GAP-43, NF-H, NeuN, TuJ-1	Fanarraga et al., 1999[238]

CD = grupo de diferenciação (*cluster of differentiation*); GAP-43 = proteína associada ao crescimento-43 (*growth associated protein-43*); HLA = antígeno leucocitário humano (*human leukocyte antigen*); SH2 = domínio de homologia Src 2 (*Src homology 2 domain*); NF-H = neurofilamento-H (*neurofilament-H*); NeuN = núcleos neuronais (*Neuronal Nuclei*); SH3 = domínio de homologia Src 3 (*Src homology 3 domain*); STRO-1 = antígeno precursor estromal (*stromal precursor antigen*-1); Thy-1 = antígeno timocitário (*thymocyte antigen*); TuJ-1 = classe III β-tubulina (*class-III β-tubulin*); VCAM-1 = molécula de adesão de célula vascular (*vascular cell adhesion molecule*-1).

18.2.4 Marcadores superficiais de células-tronco hematopoiéticas e derivadas da medula óssea e do cordão umbilical

Em 2006, o *Mesenchymal and Tissue Stem Cell Committee*, da International Society for Cellular Therapy, definiu os critérios mínimos que as MSC devem apresentar: serem aderentes em condição de cultura, expressar alguns marcadores de superfície como CD105, CD73 e CD90, não expressar CD45, CD34, CD14 ou CD11b, CD79a ou CD19 e HLA-DR[39]. Entretanto, alguns desses marcadores não são exclusivos de MSC[63,67,68]. Os diferentes tecidos de origem podem estar relacionados com essa diferença de expressão. Mas, para todos os casos, a norma geral dos marcadores positivos é CD73, CD90 e CD105, e os respectivos negativos conforme mencionamos acima, como critério mínimo de expressão para as MSC nas terapias (Tabela 18.1). Há uma variedade de protocolos para isolamento, cultivo e indução de MSC derivadas de sangue, medula óssea e cordão umbilical sumarizados nas Tabelas 18.2 a 18.3 (Figura 18.1).

18.2.5 Aplicações terapêuticas das células-tronco do sangue do cordão umbilical, da medula óssea e hematopoiéticas

Diversos trabalhos em modelos animais mostram o potencial terapêutico das SC: ratos que tiveram o disco intervertebral regenerado com implante de MSC[69], terapias que, em caninos, também foram bem-sucedidas[70]; infarto do miocárdio em ratos já apresentaram bons resultados após transplantes de BM-hMSC[71]; melhora no quadro de encefalomielite em camundongos diminuindo o infiltrado inflamatório e estimulando a oligodendrogênese[72]. A infusão de MSC também já promoveu benefícios na terapia para derrame em ratos[73].

A identificação *in vivo* das MSC transplantadas em modelos animais é feita, normalmente, por marcação histopatológica, também com auxílio da *fluorescence in situ hybridization* (FISH), método este extremamente evasivo[71]. Algumas metodologias de monitoramento *in vivo* da dinâmica, distribuição e localização das MSC transplantadas usam sondas (*probes*) fluorescentes ou inserem genes repórteres, como proteínas fluorescentes (*green fluorescent protein* – GFP)[74-76], marcação de 5-bromodeoxiuridina (BrdU)[77], ^{111}In-oxine[78]. Existem abordagens ainda mais sofisticadas que possibilitam a visualização e monitoramento *in vivo* da migração das MSC. A ressonância

Tabela 18.2 Isolamento, caracterização e diferenciação de células-tronco mesenquimais derivadas da medula óssea (Bone Marrow-derived Mesenchymal Stem Cells - BM-MSC) e hematopoiéticas humanas (Human Hematopoietic Stem Cell - hHSC)

CÉLULAS-TRONCO MESENQUIMAIS HUMANAS			
PROTOCOLO DE ISOLAMENTO	CARACTERIZAÇÃO	PROTOCOLO DE DIFERENCIAÇÃO	REFERÊNCIAS
BM é aspirada e diluída com EDTA-PBS. A fração MNC é então isolada por centrifugação em gradiente de densidade e semeada a uma densidade de 1 x 10^6 células por cm^2.	Marcadores de superfície celular positivos: CD44, CD71, CD73 (SH3), CD90 (Thy-1), CD105, CD29, HLA I, CD106 (VCAM-1) e CD166. Marcadores de superfície celular negativos: CD10, CD13, CD14, CD24, CD31, CD34, CD36, CD45, CD38, CD45, CD49d, CD117, CD133, SSEA-4 e HLA-DR. Marcadores de superfície celular positivos: CD29, CD44, CD73, CD90 e CD105. Marcadores de superfície celular negativos: CD13, CD34, CD45 e CD133.	Osteogênica: dexametasona, AsA, AsAP, βGP e FCS em meio basal osteogênico. Adipogênica: MSCGM ou DMEM, MSCGS, dexametasona, IBMX, insulina recombinante humana, indometacina e FCS. Condrogênica: DMEM-HG, dexametasona, ácido ascórbico, piruvato de sódio, prolina, TGF-β1 e ITS$^+$ premix. Hepática: meio IMDM sem soro, fator de crescimento epidermal e bFGF. Etapa 1 – IMDM, HGF, bFGF e nicotinamida. Etapa 2 – IMDM, oncostatina M, dexametasona e ITS$^+$ premix. Neurogênica: DMEM, FBS, β-mercaptoetanol. Meio de indução neuronal é composto de DMEM/BME. Posteriormente, DMEM/ DMSO e BHA.	Jaiswal et al., 1997[56] Kern et al., 2006[250] Lee et al., 2004[10] Lee et al., 2004[10] Woodbury et al., 2000[248]
CÉLULAS-TRONCO HEMATOPOIÉTICAS HUMANAS (hHSC)			
PROTOCOLO DE ISOLAMENTO	CARACTERIZAÇÃO	PROTOCOLO DE DIFERENCIAÇÃO	REFERÊNCIAS
Sangue periférico humano é separado por Ficoll-Paque. As células são retiradas e transferidas para um tubo e centrifugadas. Depois as células são lavadas com meio de cultura e centrifugadas. O sedimento de células é então ressuspenso e as células são semeadas em meio de cultura de 10% a 20% de FBS.	Marcadores de superfície celular positivos: CD29, CD71, CD38, CD90 (Thy-1), 105, CD166. Marcadores de superfície celular negativos: CD34, CD45 e CD38.	Osteogênica: dexametasona, ácido ascórbico and β-glicerofosfato. Condrogênica: DMEM sem soro, ácido ascórbico-2-fosfato, piruvato de sódio, prolina, dexametasona, ITS$^+$ premix , TGF-β3 e bFGF. Adipogênica: IBMX, dexametasona, insulina, indometacina. Células vermelhas do sangue: BSA deionizada, transferrina humana saturada com ferro, sulfato ferroso, nitrato ferroso, insulina, hidrocortisona, fator de célula-tronco, IL-3 e eritropoietina. Macrófaga: meio RPMI 1640, FBS, L-glutamina, M-CSF tratados com cultura de monócitos e LPS. T Linfócito: RPMI 1640, FBS, L-glutamina e IL-2. Epitelial: RPMI 1640, FBS, L-glutamina e EGF. Endotelial: RPMI 1640, FBS, L-glutamina e VEGF. Hepática: RPMI 1640, FBS e HGF. Neurogênica: RPMI 1640, FBS, L-glutamina e NGF.	Kassis et al., 2006[251] Chong et al., 2012[252] Kassis et al., 2006[251] Giarratana et al., 2005[253] Zhao et al., 2003[254]

AsA = ácido ascórbico (ascorbic acid); AsAP = ácido ascórbico 2-fosfato (ascorbic acid 2-phosphate); bFGF = fator de crescimento fibroblástico básico (basic fibroblast growth factor); βGP = β-glicerofosfato; BHA = hidroxianisol butilado (butylated hydroxyanisole); BME = β-mercaptoethanol; BSA = albumina de soro bovino (bovine serum albumin); CD = grupo de diferenciação (cluster of differentiation); DMEM = meio Eagle modificado por Dulbecco (Dulbecco's modified Eagle's medium); DMEM-HG = meio Eagle modificado por Dulbecco, alta glicose (Dulbecco's modified Eagle's medium high glucose); DMSO = dimetilsulfóxido (dimethyl sulfoxide); EDTA = ácido etilenodiaminotetracético (ethylenediaminetetraacetic acid); EGF = fator de crescimento epidérmico (epidermal growth factor); FBS = soro fetal bovino (fetal bovine serum); FCS = soro fetal de cabra (fetal calf serum); HGF = fator de crescimento humano (human growth factor); HLA = antígeno leucocitário humano (human leukocyte antigen); HLA-DR: antígeno leucocitário humano-DR (human leukocyte antigen-DR); IBMX = isobutil-metilxantina (isobutyl-methylxanthine); IL-3 = interleukin 3; IMDM = Iscove's modified Dulbecco's media; ITS = insulina-transferrina-selênio (insulin-transferrin-selenium); MSCGM = mesenchymal stem cell growth medium; MSCGS = mesenchymal stem cell growth supplement; NGF = fator de crescimento do nervo (nerve growth factor); PBS = solução salina tamponada com fosfato (phosphate buffered saline); RPMI = Roswell Park Memorial Institute; SH3 = domínio de homologia Src 3 (Src homology 3 domain); SSEA-4 = antígeno específico do estágio embrionário 4 (stage-specific embryonic antigen-4); TGF = fator de crescimento de transformação (transforming growth factor); Thy-1 = antígeno timocitário (thymocyte antigen); VCAM-1 = molécula de adesão de célula vascular (vascular cell adhesion molecule-1); VEGF = fator de crescimento endotelial vascular (vascular endothelial growth factor).

magnética por imagem (*Magnetic resonance imaging* – MRI) usa um nanocompósito de óxido de ferro superparamagnético (*superparamagnetic iron oxide nanocomposite*), que é internalizado pelas MSC[79-81]. Mais recentemente, nanotraçadores de ouro (*gold nanotracers*) foram utilizados para marcar MSC e monitorá-las por métodos de ultrassom e fotoacústicos[82].

Procedimentos clínicos em humanos têm sido feitos há décadas com transplantes de HSC autólogas. Kessinger e grupo infundiram pacientes que sofriam de doenças hematológicas com sangue periférico[83]. Thomas e colaboradores trataram cem pacientes de leucemia com transplantes de medula óssea até a década de 1970[32]. Estudos mais recentes mostram casos de sucesso da terapia celular das MSC. Pacientes com defeito na espessura da cartilagem articular da patela, quando transplantados com gel de colágeno contendo BM-MSC direto sobre a cartilagem articular, tiveram o defeito reparado[84]. Pacientes com injúria no cordão espinhal foram tratados com UC-MSC[85]. Pacientes com cirrose hepática receberam infusão de HSC na veia periférica, mas apresentaram resultados poucos satisfatórios[86]. Esse mesmo grupo procedeu a transplante de BM-MSC via artéria hepática e obtiveram resultados melhores, trazendo esperança para a terapia de regeneração hepática[87].

18.3 CÉLULAS-TRONCO MESENQUIMAIS DERIVADAS DE TECIDO ADIPOSO E SANGUE MENSTRUAL

18.3.1 Células-tronco derivadas de tecido adiposo (*Adipose-derived Stem Cells* – ASC)

O tecido adiposo é uma fonte abundante e acessível de células-tronco que possuem a capacidade de se diferenciarem em diversos tipos celulares. A International Fat Applied Technology Society adotou o termo "células-tronco derivadas de tecido adiposo" (do inglês *adipose-derived stem cells* – ASC) para identificar a população de células isoladas do tecido adiposo. Essa população é caracterizada por células aderentes ao plástico e multipotentes[88]. É digno de nota o fato de que diferentes nomenclaturas podem ser encontradas na literatura para designar essa específica população de células isoladas de tecido adiposo, como "células-tronco adultas derivadas de tecido adiposo" (do inglês *adipose-derived adult stem cells* – ADAS), "células adultas estromais derivadas de tecido adiposo" ou "células estromais derivadas

Tabela 18.3 Isolamento, caracterização e diferenciação de células-tronco humanas de sangue do cordão umbilical (*Umbilical Cord Blood Mesenchymal Stem Cell* - UCB-MSC)

PROTOCOLO DE ISOLAMENTO	CARACTERIZAÇÃO	PROTOCOLO DE DIFERENCIAÇÃO	REFERÊNCIA
O cordão umbilical é lavado com EBSS e preenchido com colagenase em meio 199. A amostra é centrifugada e o sedimento é ressuspenso em DMEM-LG. As células são cultivadas e depois de quatro dias as células são transferidas para uma placa de cultivo e expandidas.	Marcadores de superfície celular positivos: CD73/SH3, CD54 (ICAM-1), CD29 (β1 integrina), CD49e (α5 integrina), CD44, CD90 (Thy-1), ASMA, CD105/SH2/endoglina e CD13. Marcadores de superfície celular negativos: CD14, CD45 and CD34.	Adipogênica: IBMX, dexametasona, insulina e indometacina. Osteogênica: dexametasona, β-glicerofosfato e fosfato-ascorbato. Hepática: Etapa 1 – IMDM, HGF, bFGF e nicotinamida; Etapa-2 – IMDM, oncostatina M, dexametasona e ITS⁺ premix. Condrogênica: DMEM-HG, dexametasona, ácido ascórbico, piruvato de sódio, prolina, fator transformador de crescimento-β (*transforming growth factor-β*), ITS⁺ (insulina, transferrina, selênio), BSA e ácido linóico. Cardíaca: meio de cultura, soro de cavalo, dexametasona e hidrocortisona. Neurogênica: Etapa 1 – o meio consiste de IMDM, bFGF, ácido retinóico e BME. Etapa 2 – IMDM 1, cAMP e AsA. Etapa 3 – IMDM, hidrocortisona e cAMP. Etapa 4 – IMDM, aFGF, SHH, BDNF, NGF, vitronectina, AsA, IBMX, forscolina e PMA.	Romanov et al., 2003[247] Lee et al., 2004[10] Lee et al., 2004[10] Gang et al., 2004[219] Woodbury et al., 2000[248]

aFGF = fator de crescimento fibroblástico acídico (*acidic fibroblast growth factor*); AsA = ácido ascórbico (*ascorbic acid*); ASMA = *alpha-smooth muscle actin*; BDNF = fator neurotrófico derivado do cérebro (*brain-derived neurotrophic factor*); bFGF = fator de crescimento fibroblástico básico (*basic fibroblast growth factor*); BME = β-*mercaptoethanol*; BSA = albumina de soro bovino (*bovine serum albumin*); cAMP = adenosina monofosfato cíclica (*cyclic adenosine monophosphate*) CD = grupo de diferenciação (*cluster of differentiation*); DMEM-HG = meio Eagle modificado por Dulbecco, alta glicose (*Dulbecco's modified Eagle's medium high glucose*); DMEM-LG = meio Eagle modificado por Dulbecco, baixa glicose (*Dulbecco's modified Eagle's medium, low glucose*); EBSS = *Earle's balanced salt solution*; HGF = fator de crescimento humano (*human growth factor*); IBMX = isobutil-metilxantina (*isobutyl-methylxanthine*); ICAM-1 = *intercellular adhesion molecules-1*; IMDM = *Iscove's modified Dulbecco's medium*; ITS = insulina-transferrina-selênio (*insulin-transferrin-selenium*); NGF = *nerve growth factor*, PMA = *phorbol myristate acetate*; SH2 = domínio de homologia Src 2 (*Src homology 2 domain*); SH3 = domínio de homologia Src 3 (*Src homology 3 domain*); SHH = *sonic hedgehog*; Thy-1 = antígeno timocitário (*thymocyte antigen*).

de tecido adiposo" (do inglês *adipose-derived stromal cells* – ADSC), "células estromais do tecido adiposo" (do inglês *adipose stromal cells* – ASC), "células-tronco mesenquimais do tecido adiposo" (do inglês *adipose mesenchymal stem cells* – AdMSC), "preadipócitos", "células processadas de lipoaspirado" (do inglês *processed lipoaspirate cells* – PLA), e "células-tronco/estromais derivadas de tecido adiposo" (do inglês *adipose-derived stromal/stem cells* – ASC)[89-92]. ASC são células-tronco mesenquimais, assim, são progenitores de tipos celulares derivados da mesoderme e também são células estromais. Em passagens tardias, culturas de ASC são homogêneas e apresentam morfologia fibroblastoide[93] (Figura 18.1).

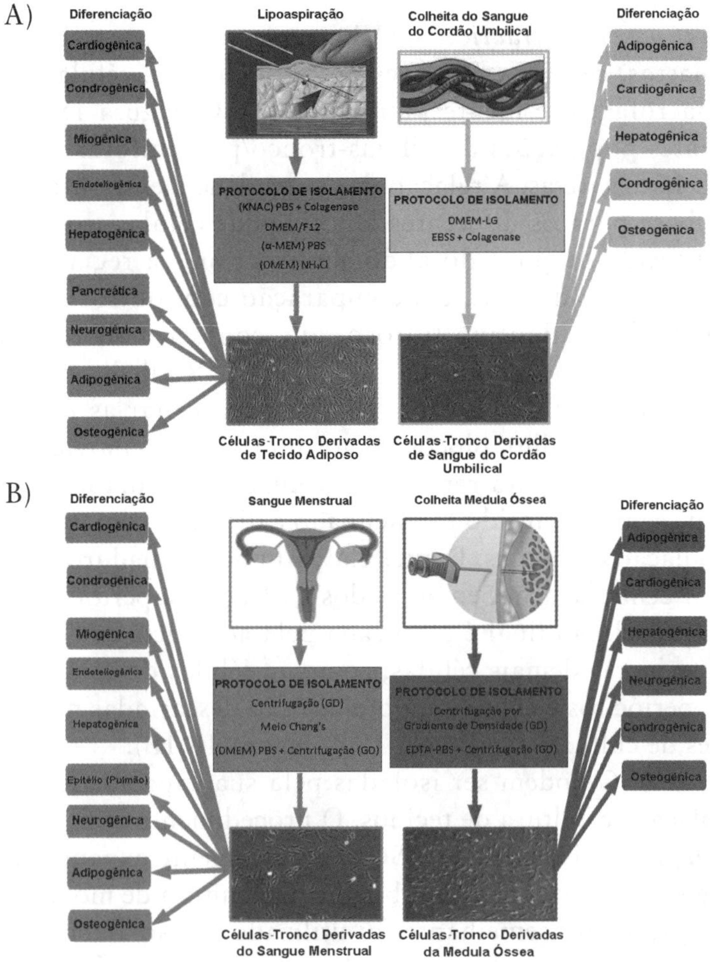

Figura 18.1 As células-tronco foram obtidas a partir de diversos tecidos e isoladas com protocolos diferentes. (A) células-tronco mesenquimais derivadas de tecido adiposo (do inglês, *adipose-derived stem cells* -ASC), do sangue do cordão umbilical (do inglês *umbilical cord blood mesenchymal stem cell* - UCB-MSC)) e (B) da medula óssea (do inglês *bone marrow-derived stem cell* - BMSC) e células-tronco mesenquimais do sangue menstrual (do inglês *menstrual blood mesenchymal stem cells* - MenSCs) podem se diferenciar em osteoblastos, condrócitos, cardiomiócitos, neurônios, adipócitos, miócitos, hepatócitos, pâncreas, células epiteliais e endoteliais (também relacionadas com a angiogênese). O processo de diferenciação é induzido por fatores de crescimento, hormônios e moléculas orgânicas (ver tabelas 18.2 a 18.5 para obter informações detalhadas).

O tecido adiposo é composto, principalmente por células de gordura organizadas em lóbulos, sendo composto por adipócitos maduros, em mais de 90% do volume do tecido, e por uma fração de estroma vascular (do

inglês *stromal vascular fraction* – SVF), onde são encontrados preadipócitos, fibroblastos, células vasculares do músculo liso, células endoteliais, monócitos/macrófagos residentes, linfócitos e ASC (Figura 18.1A)[94,95]. Portanto, diferentes populações de células-tronco/progenitoras multipotentes são todas CD45 negativas. A relação de descendência entre MSC e pericitos existe como base para os diferentes fenótipos de células-tronco do tecido adiposo[96]. O tecido adiposo do abdômen inferior é a região que contem a maior porcentagem de ASC, em comparação com outros sítios. Adicionalmente, o tecido conjuntivo fibroso, que contém mais tecido adiposo branco, tem um conteúdo mais elevado de ASC. Rodbell, em 1964, foi o primeiro pesquisador a descrever a técnica para isolar as ASC do tecido adiposo[97,98]. Nesse trabalho, blocos de gordura foram removidos de ratos e lavados sucessivamente para remover as células hematopoiéticas presentes no tecido. Em seguida, o tecido foi incubado e digerido com colagenase para liberar a população de células. Dentre elas, adipócitos maduros e ASC foram separados por centrifugação, encontrados na fração superior e inferior, respectivamente. A seleção final é alcançada pela aderência das células-tronco ao plástico, assim, as demais células, como as células do sangue periférico, fibroblastos, periócitos e células endoteliais são descartadas na manutenção das condições de cultura[97,98] (Tabela 18.4, Figura 18.1B).

Portanto, as ASC podem ser isoladas pela sua capacidade de aderir ao plástico de placas de cultura de tecidos. O procedimento com camundongos é similar[99]. Depois de isoladas, as ASC são tipicamente expandidas em meio mínimo contendo 10% de soro fetal bovino, em cultura de monocamadas em plástico. Um protocolo semelhante foi utilizado no isolamento de células-tronco humanas[100]. Blocos de gordura humanos também foram utilizados, mas avanços nos procedimentos cirúrgicos têm simplificado esse processo. O material aspirado retirado no processo de lipoaspiração é uma ótima fonte de células-tronco. Devido à infusão de solução salina e anestésica durante o procedimento cirúrgico, o material lipoaspirado é encontrado na forma fluida, o que facilita o processo de separação celular e possibilita a recuperação da maioria das células[97,98] (Tabela 18.4, Figura 18.1B). Essa metodologia permite a recuperação de $0,1 - 1 \times 10^9$ células nucleadas em 200 mL do material lipoaspirado, das quais 10% são ASC. *In vitro*, ASC exibem um tempo de duplicação de dois a quatro dias, dependendo do meio de cultura e do número de passagens[89]. Em relação à senescência há controvérsias sobre a conservação da atividade da telomerase durante as passagens. De acordo com vários estudos, a atividade desta enzima é reduzida com as sucessivas

passagens e as caraterísticas das células deixam de ser idênticas, revelando ainda mutações em ASC humanas[98].

Tabela 18.4 Isolamento, caracterização e diferenciação de células-tronco humanas derivadas de tecido adiposo (hASC)

PROTOCOLO DE ISOLAMENTO	CARACTERIZAÇÃO	PROTOCOLO DE DIFERENCIAÇÃO	REFERÊNCIA
ASC de lipoaspirado foram lavadas com PBS. A amostra foi digerida com colagenase. Meio de K-NAC foi adicionado ao sedimento de células. Suspensão celular foi remisturada, filtrada, plaqueada e incubada.	Marcadores de superfície celular positivos: CD106, CD13, CD49, CD44, CD90, CD105, CD29, e CD166. Marcadores de superfície celular negativos: HLA-DR, CD133, CD117, CD45, CD31, STRO-1, HLA-II e CD34.	Osteogênica: dexametasona, β-glicerofosfato e ascorbato 2-fosfato	Kuang-Hung Cheng et al., 2011[239]
O lipoaspirado foi lavado com PBS. As células foram plaqueadas em frascos de cultura. Após a segunda passagem, as células foram suspensas em meio de criopreservação.	Marcadores de superfície celular positivos: CD90, CD73 e CD166. Marcadores de superfície celular negativos: CD49, CD45 e CD34.	Condrogênica: DMEM/F12, e ascorbato 2-fosfato, L-prolina, dexametasona, piruvato de sódio, ITS, isolados ou combinações de TGF-β2, TGF-β2 e IGF-I.	Kim et al., 2009[240]
ASC de abdominoplastia foram lavadas com PBS, centrifugadas e ressuspensas em meio α-MEM. Em seguida, as células foram suspensas em meio de expansão.	Marcadores de superfície celular positivos: CD29, CD90, CD105 e CD44. Marcadores de superfície celular negativos: HLADR, CD14, CD45, e CD34.	Hepática: expansão em meio sem soro, rhOSM dimetilsulfóxido e rhHGF.	Seo et al., 2005[241]
ASC de lipoaspirado foram suspensas em DMEM. As células foram recolhidas e lavadas com meio DMEM/F12.	Marcadores de superfície celular positivos: c-kit e SCF. Marcadores de superfície celular negativos: ABCG2, nestina, Thy-1 e Isl-1	Pancreática: meio DMEM/F12 sem glicose, penicilina/estreptomicina, nicotinamida, fator de crescimento de hepatócito, pentagastrina, B-27ativina-A, exendina-4, suplemento livre de soro e suplemento N-2.	Timper et al., 2006[242]
hASC de lipoaspirado foram suspensas em DMEM e centrifugadas. O sedimento foi ressuspenso em NH$_4$Cl e filtrado. As células foram cultivadas em DMEM.	Marcadores de superfície celular positivos: MHC I, CD90, CD73, CD44, CD29 e CD105 (endoglina). Marcadores de superfície celular negativos: CD34, CD45, CD31 e CD14.	Neurogênica: meio livre de soro, hEGF, ßFGF, placa coberta com poli-L-lisina, BDNF, FBS e all-trans RA.	Anghileri et al., 2008[243]
ASC de lipoaspirado foram lavadas com PBS, suspensas em DMEM e centrifugadas. O sedimento foi ressuspenso em NH$_4$Cl e incubado em meio DMEM.	Marcadores de superfície celular positivos: CD105, CD90 e CD73. Marcadores de superfície celular negativos: CD34 e CD45.	Cardiogênica: DMEM-LG, insulina, transferrina, selenito de sódio, FCS, antibióticos, de albumina de soro bovino, ascorbato, dexametasona e ácido linoleico.	Choi et al., 2010[131]

PROTOCOLO DE ISOLAMENTO	CARACTERIZAÇÃO	PROTOCOLO DE DIFERENCIAÇÃO	REFERÊNCIA
hASC foram isoladas de lipoaspirado, lavadas com PBS, digeridas com colagenase, filtradas e centrifugadas. As hASC foram cultivadas em condições normais de incubação.	Marcadores de superfície celular positivos: CD9, CD29, CD49, CD54, CD105, CD166, CD44, CD71, CD10, CD13, CD73, CD90 e CD146. Marcadores de superfície celular negativos: CD11b, CD18, C50, D56, CD62, CD104, CD16, C14, CD31, CD45 e HLA-DR.	Adipogênica: dexametasona, isobutil metilxantina, indometacina, insulina e tiazolidinodiona. Cardiomiogênica: transferrina, IL-3, IL-6 e VEGF. Condrogênica: ácido ascórbico, proteína morfogenética óssea 6, dexametasona, insulina e fator de crescimento transformante-β. Endotelial: meio apropriado (EGM-2-MV), ascorbato, fator de crescimento epidérmico, fator de crescimento de fibroblastos básico e hidrocortisona. Miogênica: dexametasona e soro de cavalo. Neurogênica: hidroxianisole dutilado, ácido valproico e insulina. Osteogênico: ácido ascórbico, proteína morfogenética óssea 2, dexametasona e 1,25-di-hidroxivitamina D3.	Gimble et al., 200[798]
hASC foram isoladas a partir de lipoaspirado através de um tratamento com colagenase, seguida por centrifugação e técnica de plaqueamento diferencial.	Marcadores de superfície celular positivos: CD9, CD10, CD13, CD29, CD44, CD49e, CD51, CD55, CD59, CD90 e CD166. Marcadores de superfície celular negativos: CD11a, CD11b, CD11, CD14, CD16, CD18, CD31, CD45, CD50, CD56, CD104 e HLADR.	Adipogênica: fator de crescimento ligado a insulina-1 (IGF-1), hormônio de crescimento, glicocorticóides, insulina, ácidos graxos e adenosina cíclica monofosfato. Osteogênico: dexametasona, ácido ascórbico, β-glicerofosfato e fator de crescimento, proteína morfogenética óssea 2. Condrogênica: insulina, TGF-ß1 e ascorbato. Miogênica: meio completo com soro de cavalo e glicocorticoide, como hidrocortisona e/ou dexametasona.	Locke et al., 2009[245]
hASC foram isoladas a partir de lipoaspirado, digeridas com colagenase. As células obtidas foram separadas por meio de centrifugação por gradiente de densidade, recolhidas, lavadas e filtradas.	Marcadores de superfície celular positivos: CD34 e CD90. Marcadores de superfície celular negativos: CD31, CD45, CD105 e CD146.	Adipogênica: DMEM, isobutilmetilxantina, dexametasona, insulina e indometacina. Osteogênica: DMEM, FBS, a dexametasona, ascorbato-2-fosfato e β-glicerofosfato Condrogênica: DMEM, FBS, insulina, TGF-ß1 e ascorbato-2-fosfato.	Yoshimura et al., 2006[246]

ABCG2 = cassete membro da subfamília G de ligação a ATP f2 (*ATP-binding cassette sub-family G member 2*); ASC = células-tronco derivadas de tecido adiposo (*adipose-derived stem cells*); BDNF = fator neurotrófico derivado do cérebro (*brain-derived neurotrophic factor*); CD = grupo de diferenciação (*cluster of differentiation*); DMEM/F12 = meio Eagle modificado por Dulbecco/mistura nutriente F-12 (*Dulbecco's modified Eagle's medium/nutrient mixture F-12*); DMEM-LG = meio Eagle modificado por Dulbecco, baixa glicose (*Dulbecco's modified Eagle's medium, low glucose*); EGM-2-MV = meio de crescimento celular endotelial microvascular-2 (*microvascular endothelial cell growth medium-2*); FBS = soro fetal bovino (*fetal bovine serum*); FCS = soro fetal de cabra (*fetal calf serum*); hEGF = fator de crescimento epidérmico humano (*human epidermal growth factor*); HLA = antígeno leucocitário humano (*human leukocyte antigen*); HLA-DR = antígeno leucocitário humano-DR (*human leukocyte antigen-DR*); IGF = fator de crescimento ligado à insulina (*insulin-like growth factor*); Isl-1 = Islet-1; ITS = insulina-transferrina-selênio (*insulin-transferrin-selenium*); K-NAC = N-acetil-L-cisteína (NAC) e ácido L-ascórbico 2-fosfato; α-MEM = meio de Eagle α-modificado (α-modified Eagle's medium); MHC = complexo principal de histocompatibilidade (*major histocompatibility complex*); NH$_4$Cl = cloreto de amônio; PBS = solução salina tamponada com fosfato (*phosphate buffered saline*); RA = ácido retinoico (*retinoic acid*); rhHGF = fator de crescimento humano recombinante (*recombinant human growth factor*); rhOSM = oncostatina humana recombinante M (*recombinant human oncostatin M*); SCF = fator de células-tronco (*stem cell factor*); STRO-1 = precursor estromal de antígeno-1 (*stromal precursor antigen-1*); TGF = fator de crescimento de transformação (*transforming growth factor*); Thy-1 = antígeno timocitário (*Thymocyte antigen*); VEGF = fator de crescimento endotelial vascular (*vascular endothelial growth factor*); bFGF = fator de crescimento fibroblástico básico (*basic fibroblastic growth factor*); HLA-DR = antígeno leucocitário humano-DR (*human leukocyte antigen-DR*); DMEM = meio Eagle modificado por Dulbecco (*Dulbecco's modified Eagle's medium*).

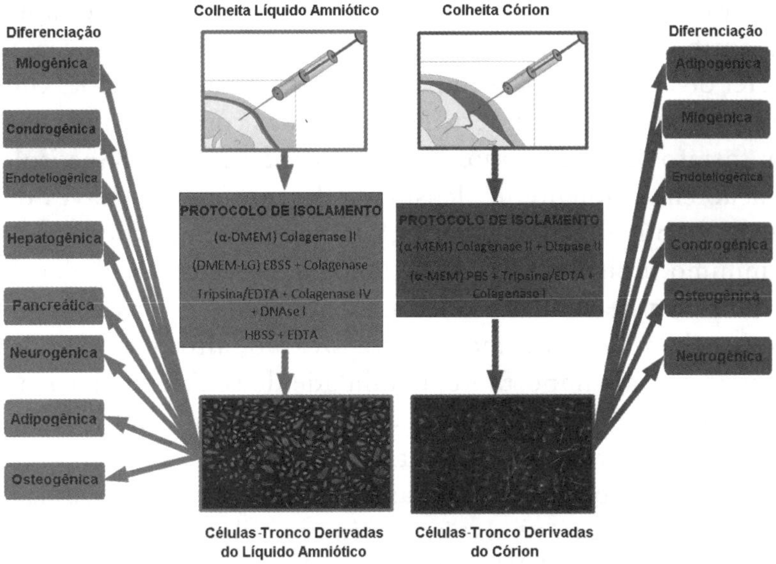

Figura 18.2 Células-tronco de diversas origens requerem diferentes protocolos de isolamento. Células-tronco derivadas de sangue menstrual (do inglês *menstrual blood-derived stem cells* – MenSC), líquido aminiótico (do inglês *amniotic-derived mesenchymal stem cells* – AmnSC) e córion (do inglês *chorionic mesenchymal stem cells* – ChSC) podem se diferenciar em osteoblastos, condrócitos, cardiomiócitos, neurônios, adipócitos, miócitos, hepatócitos, células pancreáticas, células epiteliais e endoteliais (também relacionadas com a angiogênese). A indução de diferenciação de células-tronco depende de fatores de crescimento, hormônios e moléculas orgânicas (para informações mais detalhadas, consultar Tabelas 18.7 a 18.10).

18.3.2 Células-tronco derivadas de sangue menstrual (*menstrual blood stem cells* – MBSC)

O endométrio humano é um tecido que sofre remodelagem dinâmica, onde ocorrem mais de 400 ciclos de regeneração, diferenciação e sangramento durante o período reprodutivo da mulher[101]. O sangue menstrual contém fragmentos do endométrio, que é eliminado durante a menstruação. O endométrio é composto por duas camadas: a funcional, que está sempre passando pelo processo de reestruturação, e a basal, composta principalmente por tecido conjuntivo fibroso frouxo[102].

As células-tronco mesenquimais podem ser obtidas do útero através de vários processos, incluindo histerectomia, curetagem diagnóstica e sangue menstrual[103]. Em 2007, Meng descreveu uma nova população de células-tronco extraídas de sangue menstrual[104]. O isolamento dessas células foi

realizado através da coleta de sangue menstrual em recipientes apropriados contendo antibióticos e heparina. As células foram então processadas com um coquetel de antibióticos/antimicóticos (vancomicina, cefotaxima sódio, amicacina, gentamicina e anfotericina B), lavadas com solução salina tamponada com fosfato (do inglês *phosphate buffered saline* – PBS) e isoladas por centrifugação em gradiente de densidade descontínuo e através da adesão ao plástico[104]. Após o isolamento, esta linhagem celular pode ser mantida em meio mínimo suplementado. A morfologia das células isoladas de sangue menstrual é típica de células-tronco mesenquimais[102]: elas possuem características de célula-tronco como autorrenovação, alto potencial de proliferação *in vitro* e, mais importante, habilidade de se diferenciar em diversas linhagens celulares em meios de indução. Essas células multipotentes têm a capacidade de se diferenciar em várias células funcionais incluindo cardiomiócitos, epitélio respiratório, células neuronais, miócitos, células endoteliais, células pancreáticas, células neurogênicas, células adiposas e osteócitos (ver Tabela 18.5, Figura 18.1B). Culturas de células aderentes obtidas de sangue menstrual expandem-se rapidamente; seu tempo de duplicação é de 18 a 36 horas[101], e podem ser mantidas *in vitro* por 68 duplicações, sem que seja perdida a expressão de marcadores de superfície ou apresentem anormalidades cariotípicas[104]. Khanjani e colaboradores exploraram a habilidade de diferenciação de MBSC em hepatócitos e demonstraram que, embora o grau de diferenciação seja extremamente dependente das concentrações de elementos específicos (fator de crescimento de hepatócitos e oncostatina M), as células diferenciadas expressam marcadores de hepatócitos maduros, como albumina, tirosina aminotransferase e citoqueratina-18 em nível de RNA mensageiro (mRNA) e proteínas. Elas também mostraram propriedades funcionais de hepatócitos, incluindo secreção de albumina, estoque de glicogênio e expressão de citocromo P450 7A1 (Tabela 18.5, Figura 18.1). Portanto, hepatócitos derivados de MBSCs podem ter potencial para dar um grande passo na aplicação de células-tronco como terapia, como por exemplo em doenças hepáticas crônicas[105].

Em geral, MBSC é a única população celular que pode ser isolada com segurança (procedimento não invasivo) e fornecer uma fonte expansível de células-tronco para engravidar mulheres com mais idade. Sem dúvida, o estudo das características de MBSC proporcionará uma nova visão sobre o futuro tratamento de várias doenças.

Tabela 18.5 Isolamento, caracterização e diferenciação de células-tronco mesenquimais derivadas de sangue menstrual (*Menstrual Blood-derived Mesenchymal Stem Cells* -MBSC)

PROTOCOLO DE ISOLAMENTO	CARACTERIZAÇÃO	PROTOCOLO DE DIFERENCIAÇÃO	REFERÊNCIA
As células mononucleares derivadas de sangue menstrual foram separadas através de centrifugação de gradiente de densidade e pré-cultivadas em meio comum. Subsequentemente, as células foram coletadas e repicadas.	Marcadores de superfície celular positivos: CD9, CD29, CD59, CD73, CD41a, CD44, CD90, CD105, hTERT e Oct4. Marcadores de superfície celular negativos: CD14, CD34, CD38, CD45, CD133, STRO-1, SSEA-4 e Nanog	Adipogênica: meios de indução adipogênica comerciais. Osteogênica: meios de indução osteogênica comerciais. Endotelial: meios de indução endoteliais comerciais. Neurogênica: meios de indução neuronal NPMM comerciais, penicilina/estreptomicina, e glutamax hFGF-4. Epitélio pulmonar: meio de indução SAGM Comercial. Hepática/pancreática: meio de indução comercial, fator de crescimento de hepatócitos, bFGF, hFGF-4 e SCF. Cardiogênica e miogênica: DMEM completo, 5-azacitidina, seguido pelo cultivo com meio de crescimento muscular esquelético e bFGF.	Lin et al., 2011[103]
Células derivadas do sangue menstrual foram lavadas em meio completo, semeadas em frascos de cultura e crescidas em meio completo de Chang	Marcadores de superfície celular positivos: SSEA-4, Oct4, CD117[reduzido], CD29, CD44, CD166, CD73 e CD90. Marcadores de superfície celular negativos: CD133, CD45, CD105 e CD34.	Osteogênica: kit de indução de diferenciação comercial. Adipogênica: kit de indução de diferenciação comercial. Condrogênica: kit de indução de diferenciação comercial. Cardiomiogênica: kit de indução de diferenciação comercial. Neurogênica: kit de indução de diferenciação comercial.	Schwab et al., 2005[256]
As células mononucleares derivadas de sangue menstrual foram separadas através de centrifugação por gradiente de densidade e lavadas com PBS. O sedimento celular foi suspenso em DMEM completo e -F12.	Marcadores de superfície celular positivos: CD105, CD73, CD146 e Oct4. Marcadores de superfície celular negativos: c-kit e CD45.	Osteogênica: DMEM, soro fetal bovino, dexametasona, β-glicerofosfato, ascorbato-2-fosfato. Adipogênica: DMEM, FBS, a dexametasona, insulina recombinante humana, isobutil-1-metil-xantina e indometacina. Condrogênica: meio contendo FBS, fator de crescimento transformador 3, proteína morfogenética óssea 6, dexametasona, 1 x ITS + 1 (ITS + ácido albumina de soro bovino e linoleico) e ácido ascórbico. Hepática: Commitment step: plaqueamento matriz extracelular gel com DMEM isento de soro suplementado com EGF e bFGF. Passo de diferenciação: meio isento de soro contendo dexametasona, 1% de ITS + 1, NTA e HGF. Passo maturação: meio isento de soro contendo dexametasona, 1% ITS + 1 e OSM.	Gargett et al., 2010[101]

CD = grupo de diferenciação (*cluster of differentiation*); DMEM = meio Eagle modificado por Dulbecco (*Dulbecco's modified Eagle's medium*); EGF = fator de crescimento epidérmico (*epidermal growth factor*); FBS = soro fetal bovino (*fetal bovine serum*); FGF = fator de crescimento fibroblástico (*fibroblast growth factor*); hFGF = fator de crescimento fibroblástico humano (*human fibroblast growth factor*); HGF = fator de crescimento humano (*human growth factor*); hTERT = telomerase transcriptase reversa humana (*human telomerase reverse transcriptase*); ITS = insulina-transferrina-selênio (*insulin-transferrin-selenium*); Nanog = NPMM = meio de manutenção de progenitores neurais (*neural progenitor maintenance medium*); NTA = ácido trisódico nitriloacético (*nitrilotriacetic acid trisodium*); Oct4 = fator de transcrição de ligação ao octâmero 4 (*octamer-binding transcription factor 4*); OSM = oncostatina M; PBS = solução salina tamponada com fosfato (*phosphate buffered saline*); SAGM = meio de crescimento das pequenas vias aéreas (*small airway growth medium*); SCF = fator de células-tronco (*stem cell factor*); SSEA-4 = antígeno específico do estágio embrionário 4 (*stage-specific embryonic antigen-4*); STRO-1 = antígeno precursor estromal-1 (*stromal precursor antigen-1*).

18.3.3 Marcadores de superfície de células-tronco derivadas do tecido adiposo e sangue menstrual

18.3.3.1 Células-tronco derivadas do tecido adiposo

Vários grupos de pesquisa independentes investigaram as ASC na tentativa de identificar marcadores específicos de superfície celular (Tabela 18.4, Figura 18.1A). Assim, a expressão das proteínas CD105/SH2, CD73 e CD90 e a falta de expressão das proteínas CD45, CD34, CD14 ou CD11b, CD79a ou CD19 e HLA-DR tem fornecido evidências para ASC[106]. CD73 é considerado um marcador característico de células mesenquimais e, em adição, tem sido relatado que CD29, CD44 e SH3 também são marcadores moleculares característicos de MSC.

A expressão do antígeno precursor estromal-1 (do inglês, *stromal-derived factor-1* – STRO-1), que é normalmente utilizado como marcador para células progenitoras de medula óssea, também tem sido encontrada em ASC. Em contraste, a expressão de marcadores de linhagens hematopoiéticas, como de CD31, CD34 e CD45 não foi detectada nessas células através de citometria de fluxo e imunofluorescência[106]. Alterações no perfil de expressão podem ser atribuídas ao tempo e número de passagens. Após duas ou mais sucessivas passagens em cultura, as características das moléculas de adesão, enzimas e receptores de superfície, matriz extracelular e proteínas do citoesqueleto, bem como proteínas associadas com o fenótipo das células-tronco, podem ser alteradas. No entanto, apesar das diferenças nos procedimentos de isolamento e cultura, o imunofenótipo de ASC é relativamente consistente entre diferentes estudos[93]. Sucessivas passagens de ASC podem levar a elevados níveis de expressão de CD117 (c-kit), antígeno leucocitário humano-DR (*human leukocyte antigen-DR* – HLA-DR), bem como marcadores de células-tronco, como CD34. Ao mesmo tempo, níveis reduzidos de expressão de marcadores de células-tronco tais como CD13, CD29 (integrina β1), CD44 (hialuronato), CD63, CD73, CD90, CD105 (endoglina) e CD166 têm sido demonstrados. Além disso, ligeira presença de CD106 foi avaliada em culturas de ASC[107]. Outro estudo mostrou que, após a terceira passagem, a expressão de OCT4, c-kit e CD34 em culturas de ASC é eliminada, enquanto a expressão de Sca-1 tem uma melhoria significativa. Essas células têm sido identificadas como positivas para CD29 e CD44, e negativas para expressão de CD45 e de CD31[99]. Finalmente, em adição aos marcadores de superfície mencionados acima, β-actina de músculo liso, fator de crescimento derivados

de plaquetas (*platelet-derived growth factor* – PDGF), receptor-β e neuroglial proteoglicano 2 têm sido identificados em células-tronco derivadas de tecido adiposo[99].

18.3.3.2 Células-tronco derivadas de sangue menstrual

As células-tronco isoladas de sangue menstrual expressam marcadores típicos de células-tronco mesenquimais, CD29, CD44, CD73, CD90 e CD105 (108), que também são expressos em outros tecidos, como medula óssea e tecido adiposo[101]. Entretanto, estas células não expressam STRO-1, CD31 (marcador de células epiteliais), CD34 (marcador de células-tronco hematopoiéticas e epiteliais), CD45 (marcador de leucócitos) ou HLA-DR[101]. Mais estudos demonstraram a expressão de outras proteínas superficiais nessa linhagem celular por citometria de fluxo, como CD9, CD41a, CD59 e a ausência de expressão de CD14, CD38 e CD133, além dos marcadores já descritos[104]. É importante ressaltar que alguns autores também relataram a expressão de marcadores de pluripotência em MBSC, como fator de transcrição de ligação ao octâmero 4 (Oct4), antígeno específico do estágio embrionário 4 (*stage specific embryonic antigen 4* – SSEA-4), Nanog e c-kit (CD117), em adição às proteínas de superfície[104,109].

18.4 APLICAÇÃO CLÍNICA

18.4.1 Células-tronco derivadas do tecido adiposo

No campo da medicina regenerativa, estudos de investigação básica e pré-clínicos foram conduzidos para superar as deficiências clínicas, com a utilização de células-tronco mesenquimais derivadas de tecido adiposo. Utilizando essa atrativa população de células, as pesquisas têm explorado a segurança e eficácia da implantação de ASC em diferentes modelos animais. Da mesma forma, os dados pré-clínicos e ensaios clínicos em estudo com ASC foram iniciados em uma variedade de áreas médicas (Tabela 18.6).

Sabe-se que as abordagens terapêuticas atuais para a perda de músculo não pode restaurar a função muscular efetivamente. Portanto, ASC podem ser induzidas a diferenciar-se em células do músculo esquelético e células de músculo liso *in vitro*, o que pode proporcionar uma fonte alternativa de

células acessíveis e expansíveis para a terapia celular de desordens musculares. De fato, Di Rocco e colaboradores demonstraram que ASC também têm demonstrado capacidade para diferenciação miogênica *in vivo*[110]. ASC alogênicas injetadas por via intravenosa ou diretamente no músculo afetado podem restaurar a função muscular em modelo de distrofia muscular murino sem quaisquer sinais de rejeição imunológica. Em outro estudo, a combinação de ASC induzidas para diferenciação miogênica e esferas injetáveis de ácido poli(láctico-co-glicólico) (*poly(lactic-co-glycolic) acid* – PLGA) ligadas às ASC induzidas a miogenicidade foram injetadas subcutaneamente nos pescoços de camundongos *nude* (camundongos imunodeficientes). Foi observada a formação de tecido muscular sob a pele de camundongos que receberam ASC induzidas à diferenciação miogênica ligadas ao PLGA, mas não naqueles que receberam apenas esperas de PLGA[111]. No entanto, ainda não está claro se ASC se diferenciam diretamente em linhagens celulares miogênicas ou se elas se tornam incorporadas às fibras musculares via fusão celular. De acordo com Di Rocco e colaboradores, é provável que ASC contenham diferentes subconjuntos de células capazes de qualquer outra função[110]. Aperfeiçoamento da capacidade de regeneração miogênica e muscular de células-tronco derivadas de tecido adiposo com expressão forçada de fator de diferenciação miogênica D (MyoD), através de transduções virais, foi também conseguido em camundongos[112].

ASC também podem formar células osteoides *in vivo*. Cultura de ASC com indução osteogênica dentro de suportes ou *scaffolds* atelocolágeno em forma de colmeia com membrana vedada (do inglês, *atelocollagen honeycomb-shaped scaffold with a membrane seal* – ACHMS), quando implantado por via subcutânea em camundongos *nude*, possuem alta capacidade de diferenciação em osteoblastos[113]. Dessa forma, ASC combinadas com diferentes tipos de biomateriais ou compostos biomiméticos foram empregues com sucesso em estudos *in vivo* para reparar defeitos ósseos críticos em modelos murinos e em coelhos[114-116]. Além disso, ASC humanas geneticamente modificadas pela transferência adenoviral para superexpressão de proteína morfogenética óssea-2 (*bone morphogenetic protein 2* – BMP-2, um fator osteoindutivo) poderiam induzir à formação óssea *in vivo* e curar um defeito crítico no tamanho femoral em ratos *nudes*[117]. Estudos em curto prazo *in vivo*, usando ASC por um modelo de fusão vertebral intercorpo, também foram avaliados[118]. Recentemente, Uysal e Mizuno demonstraram que injeções tópicas de ASC no sítio da injúria acelera a reparação de tendão em coelhos, como apresentado por um aumento significativo na

resistência à tração, diferenciação direta de ASC em tenócitos e células endoteliais, e aumento de fatores de crescimento angiogênicos[119].

ASC são promissoras candidatas para a regeneração do miocárdio, especialmente em contextos clínicos agudos. Estudos pré-clínicos em animais de grande porte indicam que as ASC podem ser uma potencial alternativa na terapia celular cardíaca, uma vez que elas são capazes de se diferenciar em células que apresentam fenótipos de cardiomiócitos ou de células endoteliais, e também expressam fatores de crescimento angiogênicos e fatores antiapoptóticos[120]. Assim, vários estudos *in vivo* mostraram que transplantes alogênicos e xenogênicos de ASC isoladas têm o potencial de melhorar a função cardíaca em experimentos com injúria miocardial induzida[121-129] (Tabela 18.6).

Tabela 18.6 Aplicações clínicas: estudos *in vivo*

V	CONDIÇÃO OU PATOLOGIA	ESPÉCIE	TIPO E VIA DE TRANSPLANTE	RESULTADOS	REFERÊNCIA
Células-tronco derivadas de tecido adiposo	Distrofia muscular	Camundongos com isquemia nos membros posteriores (camundongos mdx)	Injeção intramuscular. Alogênico.	Incorporação de ASC em fibras musculares, com restauração significativa da expressão de distrofina em camundongos mdx.	Di Rocco et al., 2006[110]
	Regeneração muscular	Camundongos nude	ASC são injetadas subcutaneamente. Autólogos.	Tecidos musculares recém-formados em ratos que receberam ASC ligadas a PLGA.	Kim et al., 2006[111]
	Distrofia muscular	Camundongos RAG2-/-γC-/-	hASC são injetadas intramuscularmente. Xenogênico.	Aumento no número de fibras derivadas de células hMADS.	Goudenege et al., 2009[112]
	Osteogênese	Camundongos nude	Scaffolds ACHMS são transplantados subcutaneamente. Xenogênico	Foram observadas formação de tecido fibroso, vascularização, calcificações e alta rádio-opacidade.	Hattori et al., 2004[113]
	Defeito de tamanho crítico do crânio	Coelho	Scaffolds de ASC são enxertados na calota craniana. Autólogo	Formação óssea avançada.	Di Bella et al., 2008[114]
	Defeito crítico na calota craniana	Ratos *nude*	ASC humanas osteoinduzidas em scaffold PLGA foram implantadas na calota craniana. Xenogênico.	Capacidade de regeneração óssea em defeitos esqueléticos de tamanho crítico.	Yoon et al., 2007[115]
	Defeito crítico no tamanho radial segmentar	Coelho	ASC encapsulados em gel de colágeno I com scaffolds PLGA-β-TCP foram implantadas em defeitos radiais. Autólogo.	Osteogênese em sítios ortotópicos com tamanho crítico.	Hao et al., 2010[116]
	Defeito femoral	Ratos *nude*	hASC geneticamente modificados em BMP-2 foram implantadas em defeitos femorais.	Indução da formação óssea *in vivo* e cicatrização de defeito femoral.	Peterson et al., 2005[117]
	Injúria no tendão	Coelho	Injeção tópica de ASC.	Aumento significativo na resistência à tração, diferenciação de ASC para tenócitos e células endoteliais e aumento de fatores de crescimento angiogênicos.	Uysal et al., 2011[119]
	Infarto do miocárdio	Ratos *nude*	ASC humanas intramiocárdicas foram injetadas. Xenogênico.	ASC humanas preservaram a função do coração, aumentando a angiogênese local e o brotamento do nervo cardíaco.	Cai et al., 2009[121]
	Infarto do miocárdio	Suíno	Células foram injetadas intracoronariamente. Autólologo.	Melhorias na função cardíaca e perfusão via angiogênese.	Valina et al., 2007[126]

V	CONDIÇÃO OU PATOLOGIA	ESPÉCIE	TIPO E VIA DE TRANSPLANTE	RESULTADOS	REFERÊNCIA
	Infarto do miocárdio	Rato Lewis	Intramiocardial. Autólogo	Melhorias na função cardíaca de corações de ratos infartados.	Wang et al., 2009[129]
	Infarto do miocárdio	Rato Lewis	Injeção na câmara ventricular esquerda de ratos GFP-ASC. Alogênico	Dimensão diastólica final do ventrículo esquerdo foi menos dilatada, a fração de ejeção e cardíaca foram significativamente melhoradas.	Schenke-Layland et al., 2009[125]
	Infarto do miocárdio	Camundongo C57Bl/6 N	Injeção intramiocardial GFP-ASC. Alogênico	As ASC foram capazes de promover a neovascularização no coração isquêmico	Leobon et al., 2009[123]
	Oclusão na artéria coronária	Macacos Rhesus	Área de infarto foi coberta com uma folha composta para abrigar tanto ASC quanto SSEA-1 + progenitores cardíacos. Autólogo.	As ASC aumentaram a angiogênese.	Bel et al., 2010[135]
	Isquemia cerebral	Ratos	Injeção intracerebral de ASC neural induzidas em ratos. Alogênicos.	Recuperação funcional e mais redução de atrofia hemisférica.	Yang et al., 2011[140]
	Injúria no nervo ciático	Ratos Sprague-Dawley	ASC diferenciadas em células de Schwann foram implantadas em extremidades secionadas do nervo. Alogênico.	Uma significante melhora na regeneração da distância do nervo	di Summa et al., 2010[141]
	Injúria na medula espinhal aguda	Cachorro	Injeção em sítios SCI. Alogênicos.	Melhorias da função neurológica e diferenciação neural.	Ryu et al., 2009[146]
	Injúria na medula espinhal	Ratos	Injeção em sítios SCI. Alogênicos.	Recuperação significativa de função dos membros posteriores. Fatores neurotróficos promoveram a recuperação funcional.	Ohta et al., 2008[144]
	Isquemia nos membros posteriores	Camundongos nude	Transplantação intramuscular de culturas de ASC humanos como esferoides. Xenogênico.	Melhorias na sobrevivência celular, secreção de fator angiogênico, neovascularização e sobrevivência dos membros.	Bhang et al., 2011[138]
	Injúria aguda no fígado	Camundongos nude	Injeção na veia de hepatócitos derivados de ASC humanos. Xenogênico.	Incorporação no parênquima do fígado.	Banas et al., 2007[148]
	Injúria no fígado e hepatectomia parcial	Ratos Sprague-Dawley	As células foram injetadas via veia portal hepática ou veia dorsal do pênis.	As células diminuíram, no soro, os níveis de enzimas do fígado, como aminotransferase, aspartato aminotransferase, de alanina e albumina.	Liang et al., 2009[149]
	Diabetes mellitus do tipo I	Camundongos C57BL/6J	PDX-1-ASC transfectadas foram injetadas por veia cauda. Alogênico.	PDX-1-ASC adquiriram fenótipo de células beta funcionais e função pancreática restaurada parcialmente in vivo.	Kajiyama et al., 2010[265]
	Deformidade no scleroderma linear "em golpe de sabre"	Humanos	Lipoinjeção facial em combinação com ASC. Autólogo.	Melhoria da aparência. Substancial melhora no resultado considerando uma sessão de tratamento.	Karaaltin et al., 2012[153]
	Lipoatrofia facial	Humanos	Lipoinjeção tópica em combinação com ASC. Autólogos.	Não houve diferença estatisticamente significativa na pontuação da melhora clínica em relação à lipoinjeção convencional.	Yoshimura et al., 2008[267]
	Reconstrução da mama	Humanos	Lipoinjeção tópica em combinação com ASC. Autólogas.	Melhoria no transplante de gordura com retenção de volume.	Yoshimura et al., 2008[267]
	Síndrome de Treacher Collins	Humanos	Enxerto ósseo esculpido. ASC, BMP-2 e enxertos de periósteo foram utilizados.	A tomografia computadorizada demonstrou reconstrução óssea completa dos zigomas bilaterais.	Taylor et al., 2010[269]
	Defeito ósseo craniano generalizado	Humanos	Injeção local associada à cola de fibrina. Autólogo.	Nova formação óssea e recuperação da calvária próxima da completa após três meses da reconstrução.	Lendeckel et al., 2004[154]
	Grande defeito ósseo craniano	Humanos	Implantação de ASC semeadas em scaffold β-TCP. Autólogo.	Não houve complicações, e o resultado foi satisfatório na ossificação.	Thesleff et al., 2011[156]
	Hemi-maxilectomia devido a um grande queratocisto	Humanos	Implante de titânio gaiola cheia de ASC, β-TCP e de BMP-2. Autólogo.	Integração de implantes ósseos, sem quaisquer efeitos adversos.	Mesimaki et al., 2009[155]

V	CONDIÇÃO OU PATOLOGIA	ESPÉCIE	TIPO E VIA DE TRANSPLANTE	RESULTADOS	REFERÊNCIA
	Osteonecrose da cabeça femoral	Humanos	Injeção local de ASC com cloreto de cálcio ativado, plasma rico em plaquetas e ácido hialurônico. Autólogos.	Regeneração do tecido ósseo medular e redução em longo prazo da dor no quadril.	Pak et al., 2012[157]
	Isquemia miocárdica aguda e comprometimento do ventrículo esquerdo	Humanos	Células foram injetadas intracoronariamente. Autólogo.	Melhora da função cardíaca, fração de ejeção e redução no tamanho do infarto no grupo tratado com ASC.	Duckers et al., 2010[272]
	Fase final da doença arterial coronária e disfunção ventricular esquerda grave	Humanos	Transendocardial. Autólogos.	Estudo em curso. Resultados não disponíveis	Duckers et al., 2010[272]
	Defeito do epitélio da córnea estéril persistente	Humanos	Injeção tópica. Autólogas.	A cicatrização completa do epitélio corneano foi observada um mês após o transplante.	Agorogiannis et al., 2012[159]
	Fístulas crônicas na doença de Crohn	Humanos	Injeção de fístulas enterocutâneas na parede do traçador associado à cola de fibrina. Injeções retovaginais e fístulas perianais na mucosa retal. Autólogo.	A proporção de pacientes que alcançaram a cura da fístula foi significativamente maior com ASC em comparação à cola de fibrina.	Garcia-Olmo et al., 2003[160]; Garcia-Olmo et al., 2005[161]; Garcia-Olmo et al., 2009[162]
Células-tronco derivadas de sangue menstrual	Distrofia muscular de Duchenne	Camundongos mdx-SCID	As células são injetadas intramuscularmente. Xenogênico.	Transplante de células derivadas do sangue menstrual humano melhorou a eficiência da regeneração muscular e entrega da distrofina para os músculos em camundongos mdx distrófica-SCID.	Cui et al., 2007[164]
	Infarto do miocárdio	Ratos nude F344	As células são injetadas no miocárdio. Xenogênico.	Cardiomiócitos derivados de MMCs transplantados restauraram significativamente a função cardíaca prejudicada, diminuindo a área de infarto do miocárdio no coração de ratos.	Hida et al., 2008[165]
	Esclerose múltipla	Humanos	As células são injetadas intravenosa e intratecalmente. Alogênico.	A progressão da doença não ocorre em pacientes tratados. Anormalidade, reações imunológicas ou efeitos adversos associados aos tratamentos aplicados não foram evidenciados.	Zhong et al., 2009[168]
	Isquemia cerebral	Ratos Sprague-Dawle	As células são injetadas intracerebral e intravenosamente. Xenogênico.	MBSC transplantadas reduziram significativamente anomalias comportamentais, melhorando disfunções motoras e neurológicas.	Borlongan et al., 2010[167]
	Isquemia crítica do membro	Humano	As células são injetadas intramuscularmente. Alogênicas.	Iniciando estudo clínico.	NCT01558908

ACHMS = scaffolds atelocolágeno em forma de colmeia com membrana vedada (*atelocollagen honeycomb-shaped scaffold*); ASC = células-tronco derivadas de tecido adiposo (*adipose derived stem cells*); β-TCP = fosfato β-tricálcio (β-tricalcium phosphate); BMP-2 = proteína óssea morfogenética-2 (*bone morphogenetic protein-2*); camundongos mdx = camundongos com distrofia ligada ao X (*mice with X-linked dystrophy*); GFP = proteína fluorescente verde (*green fluorescent protein*); hMADS = células tronco multipotentes derivadas de tecido adiposo humano (*human multipotent adipose-derived stem*); MBSC = células-tronco do sangue menstrual (*menstrual blood stem cells*); MMCs = células mesenquimais derivadas de sangue menstrual (*menstrual blood-derived mesenchymal cells*); PDX-1 = homeobox pancreático-duodenal 1 (*pancreatic-duodenal homeobox 1*); PLGA = poli(ácido láctico-co-glicólico) (*poly(lactic-co-glycolic acid)*); RAG2 = gene ativador de recombinação 2 (*recombination activating gene 2*); SCI = lesão medula espinhal (*spinal cord injury*); SCID = imunodeficiência combinada severa (*severe combined immunodeficiency*); SSEA-1 = antígeno específico do estágio embrionário-1 (*anti-stage-specific embryonic antigen-1*).

ASC humanas podem espontaneamente se diferenciar em cardiomiócitos *in vitro*, em que o fator de crescimento endotelial vascular (do inglês, *vascular endothelial growth factor* – VEGF) desempenha um papel fundamental na indução da diferenciação. Essas células expressam marcadores específicos cardíacos, troponina-I, miosina de cadeia leve 2, e apresentam contrações espontâneas[130-132]. No entanto, a diferenciação *in vivo* de ASC humanas em cardiomiócitos ainda é incerta. Cai e colaboradores descobriram que as ASC humanas injetadas intramiocardialmente em ratos se diferenciam em células do músculo liso, mas não em cardiomiócitos[121]. Observações semelhantes foram publicadas por Rigol e colaboradores[133]. Controversamente, Bai e colaboradores observaram que ASC humanas frescas e em cultura quando injetadas na região perienfarte do miocárdio de camundongos com imunodeficiência combinada severa (*severe combined immunodeficiency* – SCID) induzidos ao enfarte resultaram em significante função miocardial[134]. A densidade vascular foi significativamente aumentada, e poucas células apoptóticas estavam presentes na região da injeção de células. Ensaios de imunofluorescência também revelaram que ASC humanas transplantadas sofreram diferenciação cardiomiogênica.

Enquanto a maioria dos estudos tem transplantado ASC por injeção direta no tecido miocárdico, pesquisadores continuam a explorar o uso de entrega epicárdica através de folhas de células sem *scaffolds*. As vantagens dessas folhas de células é a ausência de material estranho, a preservação da coesividade celular, bem como a possibilidade de incorporação de diferentes populações de células[135,136]. Vários tipos de correções à base de folhas celulares têm melhorado a função do coração danificado em ratos, cães e modelos suínos[137]. Em estudos com macacos *Rhesus*, folhas de ASC autólogas proveram uma matriz para a entrega de células-tronco embrionárias alogênicas de *Rhesus* que foram diferenciadas ao longo da linhagem cardiomiogênica. Um total de dois meses após o enfarte do miocárdio (*myocardial infarction* – MI), a presença das ASC havia melhorado a angiogênese. Esse estudo confirmou a segurança da combinação de células-tronco embrionárias e ASC[135]. Além disso, muitos ensaios clínicos de terapia através da injeção de células ASC foram realizados, e os aspectos controversos quanto à sua propriedade serão resolvidos nos próximos anos, à medida que mais dados forem disponibilizados.

O potencial de células derivadas de tecido adiposo para tratar acidentes vasculares cerebrais (AVC) ou isquemia dos membros posteriores foi investigado em vários modelos. Transplante de ASC humanas cultivadas como esferoides e precondicionadas sob condições hipóxicas foram encontradas

em melhorar a recuperação de isquemia dos membros posteriores em modelos murinos[138]. Estudos adicionais têm determinado que ASC expostas à isquemia ou hipóxia secretam citocinas que podem melhorar a proliferação celular e vasculogênese diretamente, sem a presença das próprias ASC[139]. Finalmente, estudos recentes têm avaliado a eficácia de ASC autólogas em um modelo de isquemia cerebral em ratos[140]. Quando as ASC foram induzidas à diferenciação neuronal após transplante, os ratos exibiram melhoras na recuperação neurológica e redução do tamanho do AVC em relação aos controles[140].

O emprego de ASC está se expandindo tanto para linhagens ectodermais quanto endodermais. Um estudo testando os efeitos de ASC, no qual as células foram diferenciadas em um fenótipo similar às células de Schwann, sobre a cicatrização de nervos periféricos, foi descrito por Di Suma e colaboradores[141]. Contudo, mais dados experimentais devem ser obtidos utilizando modelos animais de grande porte para que esses métodos possam ser testados de forma segura clinicamente.

ASC podem ser usadas não só em lesões dos nervos periféricos, mas também em lesões do sistema nervoso central[142-146]. Ryu e colaboradores demonstraram a recuperação funcional e diferenciação neural após o transplante alogênico de ASC em modelo canino de lesão medular aguda[146]. Avaliações imuno-histoquímicas indicaram que as ASC implantadas diferenciaram-se em astrócitos e oligodendrócitos, assim como em células neuronais. Em outro estudo, as ASC foram usadas em lesões da medula espinhal em ratos após a diferenciação *in vitro* em células de Schwann[144]. Eles especulam que fatores neurotróficos derivados das células enxertadas podem ter contribuído para a promoção da recuperação funcional. Em resumo, tem sido bem estabelecido que ASC podem sobreviver no sistema nervoso após injeção e promover a cicatrização de nervos ou por uma diferenciação direta ou através da secreção de uma série de fatores parácrinos. Assim, ASC mostraram-se promissoras para o tratamento de injúrias no sistema nervoso central e injúrias relacionadas a lesões nos nervos periféricos em um futuro próximo.

A medicina regenerativa também é uma promessa para o desenvolvimento de terapia baseada em células-tronco para o fígado. De fato, a indução *in vitro* de diferenciação de ASC pode conduzir à realização de células modificadas semelhantes aos hepatócitos, os quais apresentam vários marcadores específicos de fígado e funções relacionadas, tais como a produção de albumina, lipoproteína de baixa absorção e desintoxicação de amoníaco[147]. Mais importante, hepatócitos derivados de ASC, após o transplante, foram capazes de se incorporar ao parênquima do fígado de camundongos receptores[148].

A reparação de lesões hepáticas também pode ser possível com o transplante de ASC de ratos, diminuindo os níveis de enzimas-chaves do fígado e aumentando a albumina do soro[149]. Um tema ainda controverso, discutido em uma revisão recente[96], é a existência de células-tronco hepáticas.

Mesmo a diabetes pode ser tratada por terapia com ASC. A transferência de ASC murinas reduziu a hiperglicemia em camundongos diabéticos[150,151]. Tendo como base pesquisas *in vitro* e *in vivo* em diferentes animais, o emprego de ASC em humanos teve abordagens diferentes em vários ensaios clínicos (Tabela 18.6).

Além disso, a reconstrução de mama e aumento de ensaios têm sido relatados por Yoshimura e colaboradores[151]. As células-tronco derivadas de tecido adiposo autólogas foram usadas em combinação com lipoinjeção em mais de cinquenta pacientes. Os resultados não mostraram nenhuma evidência de fibrose ou de adesão, nem melhoramento de enxerto de gordura por células da fração vascular do estroma (*stromal vascular fraction* – SVF) com retenção do volume de mais de doze meses. Além disso, um estudo clínico foi conduzido para a lipoatrofia facial usando a mesma técnica[152]. Os autores observaram melhoramento no contorno facial, embora não tenha havido diferença estatisticamente significativa na pontuação de melhora clínica em relação à lipoinjeção convencional. Recentemente, Karaaltin e colaboradores introduziram a aplicação de uma terapia com ASC bem-sucedida para uma deformidade linear escleroderma "em golpe de sabre"[153]. Pacientes com 1 ano de tratamento apresentaram melhora na aparência que exigia uma sessão refinada de enxerto de gordura autóloga, e a técnica de regeneração por enxerto de células de gordura autóloga proporcionou um melhoramento substancial do resultado em uma sessão de tratamento[153].

Além disso, existem algumas experiências clínicas com reconstrução óssea utilizando ASC expandidas. Recentemente, a restauração de grandes defeitos em ossos humanos utilizando ASC já foi relatada[154-156]. Defeito ósseo craniano generalizado foi reparado com sucesso após o transplante autólogo de SVF em combinação com cola de fibrina[154]. Implantação de cultura autóloga de ASC com beta tricálcio-fosfato granulado (β-TCP) também foi relatada em quatro pacientes que tiveram grandes defeitos na calota craniana de diferentes etiologias. Três meses após a operação, a tomografia computadorizada revelou resultado satisfatório de ossificação[156]. Mesimaki e colaboradores publicaram um relato de caso clínico de engenharia de tecido ósseo pré-fabricado utilizando cultura de ASC autólogas com β-TCP e BMP-2, que resultou no sucesso da reconstrução maxilar após transplante de retalho ósseo em um paciente submetido a uma hemimaxilectomia[155]. Uma pesquisa

de dois casos clínicos também demonstrou que o tratamento utilizando ASC, em associação com plasma rico em plaquetas ativadas por cloreto de cálcio e ácido hialurônico, leva à regeneração do tecido ósseo medular e redução, em longo prazo, da dor no quadril em pacientes com osteonecrose da cabeça femoral[157].

Além disso, as ASC são a grande promessa para o tratamento de doenças cardiovasculares humanas. Atualmente, têm sido relatados ensaios clínicos em curso utilizando ASC para o tratamento cardiovascular. O primeiro ensaio clínico foi realizado em 36 pacientes com estágio final da doença arterial coronária não passível de revascularização e com moderada a grave disfunção do ventrículo esquerdo (VE) para receber ASC recém-isoladas via transendocárdia. O segundo ensaio clínico é um estudo com o objetivo de investigar o efeito de ASC em 48 pacientes com isquemia miocárdica aguda e fração de ejeção de VE danificada, após o reparo adequado da artéria relacionada ao infarto com implante de *stent*. Neste estudo, ASC recém-isoladas são entregues através de uma infusão intracoronária dentro de 36 horas após o início de um ataque cardíaco. Os resultados de catorze pacientes mostram que as ASC foram capazes de melhorar a função cardíaca dos pacientes com isquemia. Aos seis meses, foi observado a melhoria da fração de ejeção do VE e da redução da dimensão do enfarte do grupo tratado com ASC[158]. Agora, um estudo Advance na fase II/III foi iniciado para avaliar a sua eficácia*. Uma série de questões, tais como tipo e número adequado de células, tempo e via de entrega celular e o mecanismo de ação detalhado devem ser otimizados para resultados clínicos mais consistentes[130].

Em um aspecto diferente, recentemente, Agorogiannis e colaboradores, em um relato de caso apresentando um paciente com defeito epitelial corneano estéril pós-traumático tratado com aplicação tópica de células-tronco mesenquimais derivadas de tecido adiposo autólogo[159], observaram a progressão da cicatrização do epitélio da córnea iniciada onze dias após a aplicação tópica de ASC autólogas. Um mês depois, foi observada uma cicatrização completa do epitélio corneano[159].

ASC foram também usadas para curar fístulas crônicas na doença de Crohn[160,161]. Essa doença é uma desordem inflamatória intestinal caracterizada por sangue nas fezes, diarreia, perda de peso e sintomas autoimune-relacionados. Em um ensaio de fase I em pacientes com fístulas que não respondem ao tratamento padrão, ASC cultivadas foram diretamente injetadas na mucosa retal, e 75% dos casos foram curados completamente. Num ensaio

---

* *Website* governamental dos Estados Unidos mantido pela Biblioteca Nacional de Medicina do National Institute of Health (NIH).Ver http://www.clinicaltrials.org/NCT01216995/.

de fase IIb, a proporção de pacientes que atingiram a cicatrização da fístula foi significativamente maior com ASC do que com apenas cola de fibrina[162].

Embora uma revisão publicada por Locke e colaboradores tenha enfatizado que a literatura revelou uma considerável incerteza sobre o verdadeiro potencial clínico de células-tronco derivadas de tecido adiposo[163], vários ensaios clínicos estão sendo repassados aos pacientes em todo o mundo[107]. Uma pesquisa realizada no *website* clinicaltrials, com o termo de busca "terapia de células-tronco adiposo", realizada em junho de 2013, revelou oitenta estudos abertos baseados em terapia com células-tronco derivadas de tecido adiposo, amplamente distribuídos em vários campos da medicina e da saúde, o que demonstra a evolução rápida e a expansão do uso clínico de células-tronco derivadas de tecido adiposo (Tabela S1).

18.4.2 Células-tronco derivadas de sangue menstrual

Como mencionado anteriormente, células-tronco derivadas do sangue menstrual são rapidamente expandidas e diferenciadas sob condições de laboratório. Essas células multipotentes têm a capacidade de se diferenciar em várias células funcionais, incluindo cardiomiócitos, epitélio respiratório, células neuronais, miócitos, células endoteliais, pancreáticas, hepatócitos, células adiposas e osteócitos[104]. Consequentemente, vários estudos recentes têm explorado o potencial regenerativo *in vivo* de MBSC para tratar uma série de doenças (Tabela 18.6).

A distrofia muscular de Duchenne (DMD), a mais comum doença genética letal em crianças, é uma doença muscular recessiva ligada ao cromossomo X, caracterizada pela ausência de distrofina no sarcolema das fibras musculares. Cui e colaboradores investigaram células derivadas de sangue menstrual para determinar se, principalmente, essas células não diferenciadas e cultivadas seriam capazes de reparar a degeneração muscular em um modelo murino com distrofia ligada ao X (mdx) de DMD[164]. Transplante de células derivadas de sangue menstrual diretamente em músculos distróficos de camundongos imunodeficientes mdx restauraram a expressão sarcolemal de distrofina. Eles também demonstraram que as células derivadas de sangue menstrual podem transferir distrofina em miócitos distrofinados através da fusão celular e transdiferenciação.

Hida e colaboradores demonstraram que a terapia com células-tronco extraídas de sangue menstrual pode ajudar a reparar tecidos danificados. Notavelmente, MBSC parecem ser um novo potencial, fonte facilmente

acessível de material para a terapia cardíaca baseada em células-tronco. Após a indução de diferenciação dessas células, observou-se que elas apresentam um potencial cardiomiogênico maior do que as já avaliadas células da medula óssea. Além disso, após o transplante, cardiomiócitos derivados de MBSC restauraram significativamente a função cardíaca prejudicada, diminuindo a área de infarto do miocárdio (*Myocardial Infarction* – MI) em um modelo de ratos *nude*. Ainda, cardiomiócitos transplantados podem ser observados *in vivo* na área de MI[165] (Tabela 18.6). Em um estudo posterior, do mesmo grupo, Ikegami e colaboradores alegaram que estabeleceram um ensaio *in vitro* de transdiferenciação cardiomiogênica livre de soro fetal bovino[166]. Eles confirmaram que a eficiência da indução foi significativamente melhorada e foi, surpreendentemente, aumentado o nível de diferenciação comparado ao meio contendo soro para gerar cardiomiócitos derivados de MBSC[165].

A fim de testar o potencial terapêutico de células-tronco derivadas de sangue menstrual, Borlongan e colaboradores utilizaram o modelo de acidente vascular cerebral *in vitro* de privação de oxigênio e glicose (*oxygen glicose deprivation* – OGD) e descobriram que os neurônios primários de ratos expostos à OGD, que foram cocultivados com células-tronco derivadas de sangue menstrual ou expostos aos meios coletados de cultura de sangue menstrual, exibiram redução significativa de morte de células[167]. Fatores tróficos, tais como VEGF, fator neurotrófico derivado do cérebro (*brain-derived neuropathic factor* – BDNF) e neurotrofina-3 (*neurotrophin*-3 – NT-3), foram regulados positivamente em meios de cultura expostas à OGD de células-tronco derivados de sangue menstrual. Além disso, o transplante de células-tronco derivadas de sangue menstrual seja por via intravenosa ou por via intracerebral e sem imunossupressão, em acidente vascular cerebral isquêmico induzido experimentalmente em ratos adultos, também reduziu significativamente as deficiências comportamentais e histológicas em comparação com veículos infundidos em ratos. Por conseguinte, esses benefícios neuroestruturais e comportamentais conferidos por células derivadas de sangue menstrual transplantadas, apoiam a sua utilização como uma fonte de células-tronco para terapia celular em acidentes cerebrovasculares (Tabela 18.6).

Embora estudos *in vivo* em seres humanos estejam em uma fase preliminar, as células regenerativas derivadas de sangue menstrual foram testadas em quatro pacientes diagnosticados com esclerose múltipla, através de injeção intravenosa e intratecal de células endometriais alogênicas. Nesta pesquisa, o caso com mais longo acompanhamento (mais de um ano) não revelou reações imunológicas ou efeitos adversos associados ao tratamento,

sugerindo a viabilidade de administração da célula regenerativa endometrial clínica e apoiando novos estudos com este novo tipo de células-tronco[168]. Neste contexto, a fase em curso I/II do ensaio clínico investiga a segurança e a viabilidade do uso de células endometriais regenerativas, derivadas de sangue menstrual, em pacientes com isquemia crítica do membro que não são elegíveis para cirurgias ou intervenções à base de cateter. A hipótese é que a administração de células regenerativas do endométrio será bem tolerada e, possivelmente, produzirá um benefício terapêutico*. Muito ainda precisa ser feito e investigado para identificar plenamente a superioridade de MBSC para a pesquisa básica e aplicações clínicas (Tabela 18.6).

18.4.3 Células-tronco derivadas do tecido extraembrionário

A principal fonte de estudo de células-tronco adultas são as células mesenquimais da medula óssea. Contudo, esse estudo apresenta algumas limitações. A aspiração das células-tronco da medula óssea é um procedimento invasivo e que causa desconforto ao doador, além do fato de o potencial dessas células diminuir com a idade[169] e a quantidade dessas células na medula adulta ser reduzida[5,170,171]. Uma fonte alternativa, livre dessas limitações e também de questões éticas, seria a placenta. Este tecido é de fácil acesso e de baixo custo, pois é descartado após o parto, e origina células-tronco mesenquimais semelhantes às da medula óssea, com capacidade de se expandir e expressar propriedades funcionais[172].

A placenta possui três camadas: a decídua, de origem materna, e o córion e o âmnion, de origem fetal[173]. Devido à complexidade da placenta, foi necessário um critério mínimo para definir suas células mesenquimais. Foram propostos cinco pontos: (1) deve ser de origem fetal, com uma contaminação materna de menos de 1%; (2) deve aderir à superfície plástica; (3) deve produzir unidades de colônias formadoras de fibroblastos; (4) de se diferenciar em um ou mais tipos de linhagem; (5) deve possuir um padrão de marcadores de superfície CD90, CD73, CD105, CD45, CD34, CD14 e HLA-DR[174,175].

Da placenta fetal é possível isolar as seguintes células de humanos: células amnióticas mesenquimais, células amnióticas epiteliais, células coriônicas mesenquimais e células coriônicas trofoblásticas[175]. Há vários protocolos para isolamento dessas células, como apresentado pelas Tabelas 18.7 a 18.10.

---

* Ver www.clinicaltrials.gov, identificador NCT01558908.

Outra fonte atrativa de células-tronco mesenquimais é o líquido amniótico[176]. Esse líquido encontra-se na cavidade amniótica, possui uma constituição aquosa e coloração clara, permite a troca de produtos químicos com a mãe, funciona como amortecedor de impactos protegendo o feto de lesões graves, além de possibilitar a movimentação e o crescimento livre do feto no interior da cavidade[177].

Até por volta da década de 1990, ainda não tinham sido relatadas células capazes de se proliferar e se diferenciar no líquido amniótico. No trabalho de Torricelli e Brizzi[178] utilizando líquido amniótico antes de doze semanas, foi constatada a presença de células progenitoras hematopoiéticas, enquanto o estudo de Streubel, Martucci-Ivessa[179] também provou a existência de precursores não hematopoiéticos, quando diferenciou as células do líquido em miócitos. Esses resultados sugerem uma fonte alternativa para aplicações terapêuticas[180].

As células provenientes do líquido amniótico podem ser uma esperança maior na medicina regenerativa, devido à maior facilidade de acesso em comparação com outros tecidos extraembrionários. Duas populações têm sido isoladas até agora: células-tronco mesenquimais do líquido amniótico e células-tronco do líquido amniótico[180]. Para isolar tais células, os protocolos utilizam basicamente a centrifugação das amostras e ressuspensão dos *pellets* em meio contendo soro fetal e antibióticos, com posterior análise do potencial adipogênico e osteogênico, como descrito nos trabalhos de In't Anker e Scherjon[176]; Cananzi e Atala[180]; You e Cai[181].

O perfil de antígenos de superfície das células tem sido determinado nos trabalhos por meio de citometria de fluxo. As células-tronco do líquido amniótico expressam marcadores tais como SSEA-4, CD73, CD90, CD105, CD29, CD44, MHC-I e são negativas para CD14, CD34, CD45, CD133, CD31, MHC-II[180,182,183]. Já as células-tronco mesenquimais do líquido amniótico são positivas para CD90, CD73, CD105, CD166, CD29, CD44, CD49e, CD54 e MHC-I e negativas para CD45, CD34, CD14, CD133 e CD31[176,180,184,185]. A Tabela 18.10 apresenta protocolos de isolamento, cultura e indução de células-tronco do líquido amniótico.

Tabela 18.7 Isolamento, caracterização e diferenciação de células-tronco epiteliais humanas do âmnion (*Human Amnion Epithelial Cells* - hAECs)

PROTOCOLO DE ISOLAMENTO	CARACTERIZAÇÃO	PROTOCOLO DE DIFERENCIAÇÃO	REFERÊNCIAS
Tratamento com dispase II, cultivação em meio DMEM (glutamina, glicose concentrada, soro fetal bovino inativado)	Marcadores de superfície celular positivos: CD166, CD105, CD90, CD73, CD49e, CD44, HLA-ABC, CD29 e CD13. Marcadores de superfície celular negativos: CD14, CD34, CD45 e MHC II.	Condrogênica: DMEM-H, FBS, insulina, TGF-b1 e ácido ascórbico fresco. Osteogênica: DMEM-H, FBS, ácido ascórbico, β-glicerofosfato, 1α25-hidroxivitamina D3 e dexametasona. Adipogênica: DMEM-H/FBS/dexametasona/ IBMX/ indometacina e insulina. Miogênica: DMEM-H/FBS/hidrocortisona/ dexametasona e soro de cavalo. Neurogênica: DMEM-H/FBS e todos os ácidos retinoicos trans.	Portmann-Lanz et al., 2006[279]
A camada de âmnion foi lavada com HBSS e incubada com tripsina contendo EDTA4Na. As células digeridas foram lavadas com HBSS.	Marcadores de superfície celular positivos: SSEA-4, TRA1-81, SSEA-3 e TRA1-60. Marcadores de superfície celular negativos: SSEA-1 e CD34	Cardiomiogênica: DMEM, FBS, 2-mercaptoetanol, piruvato de sódio e AsAP. Neurogênica: DMEM, FBS, 2-mercaptoetanol, piruvato de sódio, todos os ácidos retinoicos trans, e FGF-4. Pancreática: DMEM, FBS, 2-mercaptoetanol, piruvato de sódio e nicotinamida em placas revestidas de colágeno tipo I. Hepática: DMEM, FBS, 2-mercaptoetanol, piruvato de sódio, dexametasona, insulina e 1-fenobarbital em placas revestidas de colágeno tipo I.	Miki et al., 2005[173]

AsAP = ácido ascórbico 2-fosfato (*ascorbic acid 2-phosphate*); CD = grupo de diferenciação (*cluster of differentiation*); DMEM = meio Eagle modificado por Dulbecco (*Dulbecco's modified Eagle's medium*); DMEM-H = meio Eagle modificado por Dulbecco (*Dulbecco's modified Eagle's medium-high*); EDTA4Na = *tetrasodium ethylenediaminetetraacetic acid*; FBS = soro fetal bovino (*fetal bovine serum*); HBSS = solução salina balanceada de Hank (*Hanks' balanced salt solution*); HLA = antígeno leucocitário humano (*human leukocyte antigen*); IBMX = isobutil-metilxantina (*isobutyl-methylxanthine*); MHC = complexo principal de histocompatibilidade (*major histocompatibility complex*); SSEA-1 = antígeno específico do estágio embrionário-1 (*anti-stage-specific embryonic antigen-1*); SSEA-3 = antígeno específico do estágio embrionário-3 (*stage-specific embryonic antigen-3*); SSEA-4 = antígeno específico do estágio embrionário-4 (*stage-specific embryonic antigen-4*); TGF = fator de crescimento de transformação (*transforming growth factor*); TRA1-60 = *tumor rejection antigen 1-60*; TRA1-81 = *tumor rejection antigen 1-81*.

18.4.3.1 Aplicações terapêuticas das células-tronco derivadas do tecido extraembrionário

Com base nas características apresentadas acima das células-tronco adultas, pode-se sugerir que essas células seriam uma alternativa para aplicações terapêuticas. A situação real sobre a terapia regenerativa pode ser analisada no trabalho de Helmy e Patel[186], que demonstra o uso de transplante de células-tronco mesenquimais em 101 casos. A terapia pode ser por transplante autólogo ou alogênico através de infusão local ou sistêmica[187] e apresenta sucesso quando certos critérios são obedecidos: a célula deve sobreviver no hospedeiro após o transplante, integrar-se ao tecido que necessita de reparação, realizar função adequada, não sofrer reação de enxerto, ter

Tabela 18.8 Isolamento, caracterização e diferenciação de células-tronco mesenquimais humanas derivadas da membrana amniótica (*Human Amniotic Membrane-derived Mesenchymal Stem Cells* - hAMCs)

PROTOCOLO DE ISOLAMENTO	CARACTERIZAÇÃO	PROTOCOLO DE DIFERENCIAÇÃO	REFERÊNCIAS
As células foram digeridas com colagenase 2 e adicionadas em meio *minimum essential alpha* (α-MEM, FBS).	Marcadores de superfície celular positivos: CD13, CD49e, CD90, CD105, CD73, CD29, CD44, e CD166. Marcadores de superfície celular negativos: CD34, CD45 ou CD14.	Condrogênica: DMEM-H, FBS, insulina, TGF-β1 e ácido ascórbico fresco. Osteogênica: DMEM-H, FBS, ácido ascórbico, β-glicerofosfato, 1α25-hidroxivitamina D3 e dexametasona. Adipogênica: DMEM-H/FBS/dexametasona/IBMX/ indometacina e insulina. Miogênica: DMEM-H/FBS/hidrocortisona/dexametasona e soro de cavalo. Neurogênica: DMEM-H/FBS e os todos ácidos retinoicos trans.	Portmann-Lanz et al., 2006[279]
As células foram digeridas com solução de tripsina-EDTA, solução de colagenase IV e DNase I em DMEM. O sobrenadante foi neutralizado com FBS, centrifugado e resuspendido em DMEM, FBS, penicilina e estreptomicina.	Marcadores de superfície celular positivos: CD166, SH3, SH4, (anti-CD73), CD44, CD29 e SH2 (anti-CD105) Marcadores de superfície celular negativos: CD34, CD45 e CD14	Condrogênica: DMEM contendo L-AsAP, dexametasona, insulina, piruvato de sódio, transferrina, ácido selenoso, ácido linolênico, BSA, prolina e fator de crescimento transformante-3. Osteogênica: DMEM contendo FBS, dexametasona, glicerofosfato e ácido ascórbico. Adipogênica: DMEM suplementado com FBS, dexametasona, indometacina, insulina e IBMX. Miogênica: DMEM suplementado com FBS, dexametasona, βFGF, MCDB-201, ITSLA, BSA, fator de crescimento semelhante à insulina I, AsAP e VEGF. Angiogênica: DMEM com FBS e VEGF.	Alviano et al., 2007[280]

α-MEM = meio Eagle α-modificado (α-modified *Eagle's medium*); AsAP = ácido ascórbico 2-fosfato (*ascorbic acid 2-phosphate*); BSA = albumina de soro bovino (*bovine serum albumin*); CD = grupo de diferenciação (*cluster of differentiation*); DMEM = meio Eagle modificado por Dulbecco (*Dulbecco's modified Eagle's medium*); DMEM-H = meio Eagle modificado por Dulbecco, alto (*Dulbecco's modified Eagle's medium high*); FBS = soro fetal bovino (*fetal bovine serum*); βFGF = fator de crescimento fibroblástico (*fibroblast growth factor*); IBMX = isobutil-metilxantina (*isobutyl-methylxanthine*); ITSLA = insulina, transferrina, selênio e ácido linoleico (*insulin, transferrin, selenium and linoleic acid*); L-AsAP = L-ácido ascórbico 2-fosfato (*ascorbic acid 2-phosphate*); MCDB-201 = meio desenvolvido biologicamente com modificações moleculares e celulares (*molecular, cellular, and developmental biology medium*); TGF-β1 = fator de crescimento de transformação (*transforming growth factor*); SH2 = domínio de homologia Src 2 (*Src homology 2 domain*); SH3 = *Src homology 3 domain*; SH4 = domínio de homologia Src 4 (*Src homology 4 domain*); VEGF = fator de crescimento endotelial vascular (*vascular endothelial growth factor*).

potencial de proliferação suficiente para reparar o tecido e diferenciar-se na célula específica[188]. Porém, recentemente se tem mencionado o papel das moléculas biologicamente ativas produzidas pelas células-tronco mesenquimais sobre as células-alvo, mudando assim o paradigma da necessidade de diferenciação das células-tronco em células tecido-específicas[189]. Os autores de estudos envolvendo a doença de Parkinson e células-tronco amnióticas epiteliais humanas acreditam que os efeitos benéficos observados estão, provavelmente, mais relacionados a essas moléculas do que à diferenciação em células neurogênicas[190].

Em Meirelles e Fontes[191], pode-se verificar exemplos dessas moléculas ativas e a divisão dos seus efeitos parácrinos em quimioatrativos,

imunomoduladores, antiformadores de cicatrizes e tróficos, sendo este último efeito subdividido por mecanismos que impedem a morte da célula ou induzem a proliferação e diferenciação da célula precursora, além do efeito angiogênico.

Como se acreditava que a diferenciação das células seria necessária para a aplicação *in vivo*, diversos autores testaram células-tronco derivadas da placenta *in vitro* sob condições particulares de cultura e constataram a expressão de marcadores neuronais e gliais nessas células[173,192]. Estudos com ratos não imunossuprimidos constituem prova significativa de recuperação funcional da doença de Parkinson, como se observa nos trabalhos de Kakishita e Elwan[193], Okawa e Okuda[194].

Células-tronco amnióticas epiteliais humanas apresentam genes e funções hepáticas, sendo necessário, para ser utilizado como fonte de células, um método eficaz e capaz de induzir a diferenciação em células hepáticas[175]. Mutações nesses genes podem provocar doenças metabólicas; assim, hepatócitos derivados de células-tronco amnióticas epiteliais humanas podem ser uma terapia eficaz, já que essas células expressam os genes ausentes no fígado doente[175]. Essa terapia pode ser comprovada em trabalhos com fibrose hepática e fibrose biliar[195,196]. Para uma melhor compreensão, nas Tabelas 18.11, 18.12 e 18.13 são demonstrados estudos clínicos em doenças cardíacas, neurológicas e hepáticas envolvendo as células-tronco mesenquimais de placenta e líquido amniótico.

Tabela 18.9 Isolamento, caracterização e diferenciação de células-tronco mesenquimais humanas do córion (*Chorionic Plate-derived Mesenchymal Stem Cells* - CP-MSC)

PROTOCOLO DE ISOLAMENTO	CARACTERIZAÇÃO	PROTOCOLO DE DIFERENCIAÇÃO	REFERÊNCIAS
Córion foi degradado com colagenase 2 após remoção mecânica e enzimática (dispase II) das camadas. Células tronco mesenquimais foram adicionadas em α-MEM/20% FBS.	Marcadores de superfície celular positivos: CD13, CD49e, CD90, CD105, CD73, CD29, CD44 e CD166. Marcadores de superfície celular negativos: CD34, CD45 ou CD14.	Condrogênica: DMEM-H, insulina, FBS, ácido ascórbico fresco e TGF-b1; Osteogênica: DMEM-H, FBS, ácido ascórbico, 1α25-hidroxivitamina D3, β-glicerofosfato e dexametasona; Adipogênica; DMEM-H/FBS/dexametasona/indometacina/insulina/IBMX; Miogênica: DMEM-H/FBS/hidrocortisona/dexametasona e soro de cavalo Neurogênica: DMEM-H/FBS e todos ácidos retinóicos trans;	Portmann-Lanz et al., 2006[279]
As células foram lavadas em PBS, digeridas em solução de tripsina-EDTA/colagenase I e filtradas. Em seguida, foram centrifugadas, ressuspendidas em α-MEM e cultivadas em frascos.	Marcadores de superfície celular positivos: CD105, CD90 e CD73. Marcadores de superfície celular negativos: CD45, CD11b, CD79a, CD34 e HLADR.	Condrogênica: meio basal de diferenciação condrogênica contendo ácido ascórbico-2-fosfato e TGF-β1. Osteogênica: meio basal de diferenciação osteogênica contendo ácido ascórbico-2-fosfato, dexametasona e proteína morfogenética óssea recombinante humana.	Koo et al., 2012[281]

α-MEM = meio Eagle α-modificado (α-modified Eagle's medium); CD = grupo de diferenciação (*cluster of differentiation*); DMEM-H = *Dulbecco's modified Eagle's medium high*; EDTA = ácido etilenodiaminotetracético (*ethylenediaminetetraacetic acid*); FBS = soro fetal

bovino (*fetal bovine serum*); HLA = antígeno leucocitário humano (*human leukocyte antigen*); IBMX = isobutil-metilxantina (*isobutyl-methylxanthine*); PBS = solução salina tamponada com fosfato (*phosphate buffered saline*); TGF = fator de crescimento de transformação (*transforming growth factor*).

Tabela 18.10 Isolamento, caracterização e diferenciação de células-tronco mesenquimais humanas do líquido amnióico (*human Amniotic Fluid Mesenchymal Stem Cell* - AF-MSC)

PROTOCOLO DE ISOLAMENTO	CARACTERIZAÇÃO	PROTOCOLO DE DIFERENCIAÇÃO	REFERÊNCIAS
Amostras de células do líquido amniótico foram cultivadas em meio DMEM ou Amniomax. Em seguida, elas foram destacadas utilizando solução de tripsina/EDTA e cultivadas com meio Chang suplementado com Chang B e Chang C.	Marcadores de superfície celular positivos: c-kit, Oct4, SSEA-4, CD29, CD44, CD73, CD90, CD105, MHC Classe I (HLA-ABC) e alguns foram fracamente positivos para MHC Classe II (HLA-DR). Marcadores de superfície celular negativos: CD45, CD34 e CD133.	Adipogênica: DMEM pobre em glicose, FBS, dexametasona, insulina, indometacina e 3-isobutil-1-metilxantina. Miogênica: placas de plástico revestidas com matrigel, DMEM, soro de cavalo, extrato de embrião de galinha e penicilina/estreptomicina. Em seguida adicionar 5-aza-2'-desoxicitidina ao meio de cultura por 24 horas. Osteogênica: meio DMEM pobre em glicose, FBS, penicilina/estreptomicina, dexametasona, β-glicerofosfato e ácido ascórbico-2-fosfato. Endotelial: placas revestidas com gelatina, meio basal endotelial e bFGF adicionado a cultura por dois dias. Hepática: placas revestidas com matrigel, DMEM, FBS, monotioglicerol, HGF, oncostatina M, dexametasona, FGF4 e 1 x ITS. Neurogênica: Etapa 1 – Processo de diferenciação para células semelhantes a neurônio: DMEM pobre em glicose, penicilina/estreptomicina, DMSO, hidroxianisol butilado e NGF. Após dois dias, o meio foi substituído por meio Chang suplementado apenas com NGF. Etapa 2 – Processo de diferenciação para células dopaminérgicas específicas: placas revestidas com fibronectina, DMEM/F12, plus 1xN2 e bFGF.	Perin et al., 2008[282]

CD = grupo de diferenciação (*cluster of differentiation*); DMEM = *Dulbecco's modified Eagle's medium*; DMEM/F12 = meio Eagle modificado por Dulbecco/mistura nutriente F12 (*Dulbecco's modified eagle medium/nutrient mixture F12*); DMSO = dimetilsulfóxido (*dimethyl sulfoxide*); EDTA = ácido etilenodiaminotetracético (*ethylenediaminetetraacetic acid*); FBS = soro fetal bovino (*fetal bovine serum*); FGF = fator de crescimento fibroblástico (*fibroblastic growth factor*); HGF = hepatocytes growth fator; HLA = antígeno leucocitário humano (*human leukocyte antigen*); ITS = insulina-transferrina-selênio (*insulin-transferrin-selenium*); MHC = complexo principal de histocompatibilidade (*major histocompatibility complex*); NGF = *neurogenic growth factor*; Oct4 = fator de transcrição de ligação ao octâmero 4 (*octamer-binding transcription factor 4*); plus 1xN2 = *N-2 Supplement*; SSEA-4 = antígeno específico do estágio embrionário-4 (*stage-specific embryonic antigen-4*).

Tabela 18.11 Aplicações clínicas em doenças hepáticas

TIPO DE CÉLULA	MODELO DE ANIMAL	VIA DE APLICAÇÃO DAS CÉLULAS	RESULTADOS	REFERÊNCIAS
Células-tronco epiteliais humanas do âmnion (hAECs)	Camundongos machos C57/BL6 com 6 semanas de idade	Células foram injetadas intravenosamente em camundongos C57/BL6 imunocompetentes após exposição por CCl4	Redução no soro da transaminase alanina; redução da apoptose dos hepatócitos; diminuição da inflamação hepática; redução de TNF-α e IL-6; redução da área de fibrose hepática e conteúdo de TGF-β.	Manuelpillai et al., 2010[195]
Células-tronco mesenquimais humanas derivadas da membrana amniótica (hAMCs)	Camundongos C57Bl/6J com 4 a 6 semanas de idade	Células foram infundidas no baço de camundongos após quatro semanas de exposição a CCl4	Melhora da deterioração da função hepática induzida pelo CCl4; alívio da fibrose do fígado induzida pelo CCl4; redução da ativação das células estreladas hepáticas induzidas pelo CCl4; supressão da apoptose dos hepatócitos e promoção da regenração dos hepatócitos; supressão da senescência dos hepatócitos; implantação das hAMC no fígado afetado pelo CCl4.	Zhang et al., 2011[283]
Células mesenquimais do córion (CP-MSC)	Ratos machos Sprague-Dawley com 6 semanas de idade	CP-MSC foram transplantadas para o lobo direito do fígado de ratos expostos a CCl4	CP-MSC foram implantadas com sucesso e algumas se diferenciaram em hepatócitos. A expressão dos mRNA Col I e mRNA α-SMA foi significativamente menor em ratos tratados do que em não tratados, e a expressão do mRNA albumina foi significativamente maior em ratos tratados do que em não tratados. Maior acumulação de lipídios e forte infiltração de macrófagos em ratos não tratados do que em tratados. Deposição de colágeno menor em ratos tratados. Ratos tratados apresentaram redução global e melhora da fibrose entre a veia central e o sistema porta; menores *scores* de danos ao fígado em ratos tratados, assim como maior liberação de ICG e menores níveis de GOT, GPT e TBIL.	Lee et al., 2010[284]
Células-tronco mesenquimais humanas do líquido amnióico (AF-MSC)	Camundongos NOD-SCID	Células foram transplantadas intravenosamente em camundongos 24 horas após exposição a CCl4	AF-MSC têm a habilidade de se inserir em fígados tratados com CCl4 e melhorar a função hepática. Transplante de célula HPL foi mais efetivo do que tratamento com AF-MSC e diminuiu a inflamação sistêmica, como mostrado pela mensuração dos níveis de IL-10, IL-2, IFNg e TNF-α. Algumas citocinas foram secretadas somente pela HPL, incluindo IL-12p70 e IL-10, que induz à redução sistêmica dos mediadores proinflamatórios.	Zagoura et al., 2012[285]
Células-tronco do líquido amniótico (AFSC)	Camundongos machos *nude* com 8 semanas de idade	Células foram injetadas na veia da cauda dos camundongos	Transplante de AFSC restaura a histologia normal; mudanças patológicas causadas pelo CCl4 (necrose, infiltração de células inflamatórias e degenração) desaparecem mais rapidamente no grupo AFSC. O grupo CCl4+AFSC tem uma histologia normal após dez dias aos danos no fígado. Células transplantadas secretam fatores de crescimento ou agentes similares que regulam o metabolismo e proliferação dos hepatócitos hospedeiros.	Liu et al., 2011[286]

AF-MSC = células-tronco mesenquimais humanas do líquido amnióico (*human amniotic fluid mesenchymal stem cells*); AFSC = células-tronco do líquido amniótico (*amniotic fluid stem cells*); α-SMA = α-smooth muscle actin; CCl4 = *carbon tetrachloride*; Col I = *type I collagen*; CP-MSC = células mesenquimais do córion (*chorionic plate-derived mesenchymal stem cells*); GOT = *glutamate-oxaloacetate transaminase*; GPT = *glutamate-pyruvate transaminase*; hAECs = células-tronco epiteliais humanas do âmnion (*human amnion epithelial cells*); hAMCs = células-tronco mesenquimais humanas derivadas da membrana amniótica (*human amniotic membrane-derived mesenchymal stem cells*); HPL = *hepatic progenitor-like*; ICG = *indocyanine green*; IFN = *interferon*; IL = *interleukin*; mRNA = RNA mensageiro;

ratos NOD-SCID = *non-obese diabetes-severe combined immunodeficiency mice*; TBIL = *total bilirubin*; TGF = fator de crescimento de transformação (*transforming growth factor*); TNF = fator de necrose tumoral *(tumor necrosis factor)*.

Tabela 18.12 Aplicações clínicas em doenças cardíacas

TIPO DE CÉLULA	MODELO DE ANIMAL	VIA DE APLICAÇÃO DAS CÉLULAS	RESULTADOS	REFERÊNCIAS
Células-tronco epiteliais humanas do âmnion (hAEC)	Ratos machos rNU atímicos com 8 semanas de idade	Células foram injetadas no centro do miocárdio infartado	Atenuação da dilatação ventricular esquerda; melhoramento da função cardíaca; ganho na fração de ejeção ventricular esquerda; redução da área de infarto.	Fang et al., 2012[287]
Células-tronco mesenquimais humanas derivadas da membrana amniótica (hAMC)	Ratos Wistar (8 semanas de idade) e ratos rNU F344 (6 semanas de idade)	Células foram injetadas no miocárdio	Transdiferenciação de hAMC para cardiomiócitos; aumento significativo da fração de encurtamento do ventrículo esquerdo. A porcentagem de área de fibrose foi significativamente reduzida pelo transplante de hAMC. Evidência de tolerância.	Tsuji et al., 2010[288]
Células-tronco mesenquimais humanas derivadas da membrana amniótica (hAMC)	Ratos fêmeas SD com 12 semanas de idade	Suspensão de células foram injetadas em dois ou três locais da área infartada	Foi verificada diferenciação cardíaca no experimento *in vivo*; observação de uma massa de células recém-formada a partir de hAMC, sugerindo que seja uma fonte de células adequada para o tratamento do infarte do miocárdio; hAMC sobreviveram no tecido da cicatriz durante pelo menos dois meses e foram submetidas a diferenciação cardíaca; sobrevivência de hAMC em xenotransplantes sugere a baixa imunogenicidade das células.	Zhao et al., 2005[289]
Células-tronco do líquido amniótico (AFSC)	Ratos fêmeas Sprague-Dawley e rNU	As células foram injetadas em três locais diferentes na periferia da área danificada	Pequenas massas de células de diferentes tamanhos foram encontradas em regiões subendocárdicas ou intramiocárdicas do ventrículo esquerdo próximo aos locais de injeção; vestígios das AFCS originais foram encontrados na parede cardíaca; infiltração acentuada de células inflamatórias na área de enxerto das AFSC; na ausência de transplante de células AFS, os ratos não evidenciaram uma infiltração de linfócitos.	Chiavegato et al., 2007[290]

AFSC = células-tronco do líquido amniótico (*amniotic fluid stem cells*); hAEC = células-tronco epiteliais humanas do âmnion (*human amnion epithelial cells*); hAMC = células-tronco mesenquimais humanas derivadas da membrana amniótica (*human amniotic membrane-derived mesenchymal stem cells*); rNU = rato Rowett Nude.

Tabela 18.13 Aplicações clínicas em doenças neurológicas

TIPO DE CÉLULA	MODELO DE ANIMAL	VIA DE APLICAÇÃO DAS CÉLULAS	RESULTADOS	REFERÊNCIAS
Células-tronco epiteliais humanas do âmnion (hAEC)	Camundongos fêmeas C57BL/6 com 8 a 12 semanas de idade	Células foram administradas intravenosamente	Infusão de hAEC melhorou a encefalomielite autoimune; exame da medula espinhal não mostrou nenhuma ou mínima infiltração de células inflamatórias e perda de mielina; redução no número de células T CD3 e monócitos/macrófagos F4/80 na medula espinal de ratos tratados com hAEC. Os esplenócitos de ratos tratados com hAEC proliferaram significativamente menos do que nos ratos de controle de EAE após a estimulação peptídica com MOG. Produção menor de citocinas Th1, IFN-gama e citocinas inflamatórias GM-CSF e TNF-α; hAEC utilizam TGF-b e PGE2 para a imunossupressão.	Liu et al., 2012[291]
Células-tronco mesenquimais humanas derivadas da membrana amniótica (hAMC)	Ratos fêmeas Sprague-Dawley	Células foram injetadas no cérebro de ratos	Sobrevivência de hAMC transplantadas no cérebro isquêmico de ratos; migração e diferenciação das hAMC transplantadas no cérebro isquêmico de ratos; hAMC diminuíram o volume do infarto cerebral isquêmico no rato; recuperação comportamental; inibição da ativação de caspase-3 e iNOS no cérebro isquêmico de ratos.	Tao et al., 2012[292]
Células-tronco mesenquimais humanas do líquido amniótico	Ratos machos Sprague-Dawley adultos	Células foram transplantadas no corpo estriado	Sobrevivência e migração das células transplantadas para a fronteira da lesão isquêmica; células humanas comarcadas com o marcador de astrócitos GFAP foram detectadas nos cérebros de ratos, até noventa dias após o transplante. Algumas células foram marcadas para imaturidade com marcador de neurônio Dcx, principalmente nas adjacências do local da injeção, e foram detectadas dez dias após o transplante. Células humanas não foram positivas para o marcador neuronal β-tubulina III, em nenhum momento.	Cipriani et al., 2007[293]
Células-tronco do líquido amniótico (AFSC)	Camundongos Swiss albino de ambos sexos	Células-tronco foram transplantadas intracerebro ventricularmente três dias após procedimento cirúrgico	Efeito neuroprotetor comparável ao das células-tronco embrionárias neuronais; aumento da pontuação neurológica nos ensaios de testes motores, testes sensoriais, testes de equilíbrio, bem como nos ensaios de reflexo individual e também na forma de comparação com o grupo de controle, dependente da dose. Reperfusão e inversão da isquemia cerebral focal.	Rehni et al., 2007[294]

CD = grupo de diferenciação (*cluster of differentiation*); Dcx = duplacortina (*doublecortin*); EAE = encefalomielite autoimune experimental (*experimental autoimune encephalomyelitis*); GFAP = proteína glial fibrilar ácida (*glial fibrillary acid protein*); GM-CSF = Fator estimulante de colônias de granulócito e macrófago (*granulocyte macrophage colony-stimulating factor*) hAECs = células-tronco epiteliais humanas do âmnion (*human amnion epithelial cells*); hAMC = células-tronco mesenquimais humanas derivadas da membrana amniótica (*human amniotic membrane-derived mesenchymal stem cells*); IFN = interferon; iNOS = óxido nítrico-sintase induzível (*inducible nitric oxide synthase*); MOG = glicoproteína mielina de oligodendrócitos (*myelin oligodendrocyte glycoprotein*); PGE2 = prostaglandina E2 (*prostaglandin E2*); TGF = fator de crescimento transformante (*transforming growth factor*); Th1 = células T auxiliares 1 (*T helper 1 cells*); TNF = fator de necrose tumoral (*tumor necrosis factor*).

18.5 CÉLULAS-TRONCO PLURIPOTENTES INDUZÍVEIS

Células somáticas podem ser reprogramadas ao estado pluripotente através da expressão ectópica de fatores de transcrição com muitas possíveis aplicações terapêuticas para doenças humanas (revisado em Beltrao-Braga e colegas[197], 2013). A maioria dos estudos utilizaram fibroblastos como população de partida para a modificação, mas levam semanas para se conseguir a ideal expansão de células. Tal como visto na parte anterior deste capítulo, MSC são especialmente promissoras para abordagens terapêuticas, devido à sua ampla capacidade de diferenciação e, devido à sua multi ou mesmo pluripotência, portanto, células indiferenciadas formam a ferramenta perfeita para redefini-las em células embrionárias (revisado em Wakao e colegas[198], 2013).

Como um exemplo, ASC podem gerar células-tronco pluripotente induzíveis (iPS). ASC são facilmente isoladas, encontradas em grandes quantidades e facilmente mantidas em cultura[199]. Além disso, podem ser mantidas em condição isenta de alimentador, eliminando assim a potencial variabilidade provocada pela utilização de células alimentadoras[199,200]. Células-tronco derivadas de tecido adiposo expressam intrinsecamente elevados níveis de fatores de pluripotência, como FGF básico, fator de crescimento de transformação-p (TGFp), fibronectina e vitronectina, que podem servir como alimentadores para ambas as células pluripotentes autólogas e heterólogas[200]. ASC de humanos, ou camundongos, ou ratos apresentam alto potencial para reprogramação em células tronco induzíveis[199-201]. Embora o tecido adiposo seja uma ótima fonte de células-tronco expansíveis, o seu potencial para uso em medicina regenerativa não tem sido amplamente explorado[200].

Assim, com o objetivo de desenvolver uma fonte adequada para estudos com iPSC (células-tronco pluripotentes induzíveis, do inglês, *induced-pluripotent stem cells*), células estromais derivadas de sangue menstrual foram identificadas como ótimas candidatas. Descobriu-se que células-tronco derivadas de sangue menstrual (MenSC) podem ser reprogramadas para o estado pluripotente por transdução lentiviral induzida por doxiciclina de Oct4, Sox2, e KLF4. As células resultantes, MenSC-iPSC, mostraram as mesmas características de células-tronco embrionárias humanas; morfologia, marcadores de pluripotência, expressão gênica e o estado de epigenética. Essas células foram capazes de diferenciar-se em vários tipos de células de todas as três camadas germinativas tanto *in vitro* como *in vivo*, mas também podem ser utilizadas para a geração de iPSC[202,203].

18.5.1 Nanog como mediador do estado de pluripotência em células-tronco mesenquimais

Fatores de transcrição Oct4 (de ligação ao octâmero 4), Sox2 e Nanog apresentam um papel central na rede transcricional e na manutenção da pluripotência das células-tronco (revistas nos estudos de Barrero e colegas[204], de 2010, e de Chambers e Tomlinson[205], de 2009). Dois outros conjuntos distintos de fatores de crescimento representados por LIF e Bmp4 contra bFGF e Ativina A, que estão regulando positivamente a cascata de sinalização de Oct4, Sox2 e Nanog no estado de pluripotência, definem e mantêm dois discretos estados de pluripotência denominados células-tronco *naive* e *primed*. Em células-tronco de camundongos, há dois estados de pluripotêcia funcionalmente distintos: um estado de células-tronco pluripotentes PSC "*naive*" dependentes de LIF (*Pluripotent Stem Cells*, PSC), que é compatível com a pré-implantação a partir da massa celular interna (*inner cell mass*, ICM), e um estado de PSC "*primed*" dependente de bFGF, que é reminescente da pós-implantação epiblástica[206]. O estado pluripotente *naive* representa uma população de células-tronco mais primitivas do que as PSC *primed*, que são unicamente capazes de integrar-se com o blastocisto da ICM e contribuir para a formação de quimera. Entre os três fatores principais, apenas Nanog demonstrou ser um regulador negativo de ambos os conjuntos de LIF e Bmp4 contra as vias de bFGF e Ativina A, o que transforma Nanog em um atrativo candidato a regulador-chave do estado pluripotente de células-tronco (Figura 3).

Dois grupos independentes procurando genes que poderiam conferir o crescimento de células-tronco embrionárias de camundongo (*mouse Embryonic Stem Cells*, mESC) independente de LIF identificaram Nanog como o principal fator de transcrição envolvido[207,208]. Estudos silenciando Nanog mostraram que Nanog não é requerido para a manutenção de pluripotência; de fato, células-tronco embrionárias (ESC). *Nanog*[-/-] foram reveladas como sendo mais propensas à diferenciação[209]. Além disso, na ausência de Nanog, a derivação de PSC *naive* é prejudicada, o que está de acordo com a demonstração de que Nanog tem um papel importante no estabelecimento de um estado de pluripotencia[210]. Recentemente, demonstrou-se que várias vias de sinalização advindas de LIF e receptores de Ativina A/TGF-β regulam a expressão de Nanog. Niwa e colaboradores demonstraram que em mESC, a ativação de PI(3)K/AKT induzida por LIF leva à expressão de T-Box 3 (Tbx3), que por sua vez ativa a transcrição de Nanog (Figura 18.3)[211]. Além disso, a ativação da via paralela Jak/Stat3 induz a expressão de Klf4; em

adição, a ligação ao promotor Nanog simula a sua própria expressão[211,212]. Descobriu-se que o promotor Nanog humano tem sítios de ligação para SMAD2/3, o que sugere que a expressão de Nanog em ESC humanas é diretamente influenciada pela sinalização via Ativina A/TGF-β. Com efeito, a estimulação de Ativina A de ESC leva a um aumento da atividade do promotor Nanog, ao passo que que mutações dos sítios de ligação de SMAD2/3 anulam essa resposta (Figura 18.3)[94].

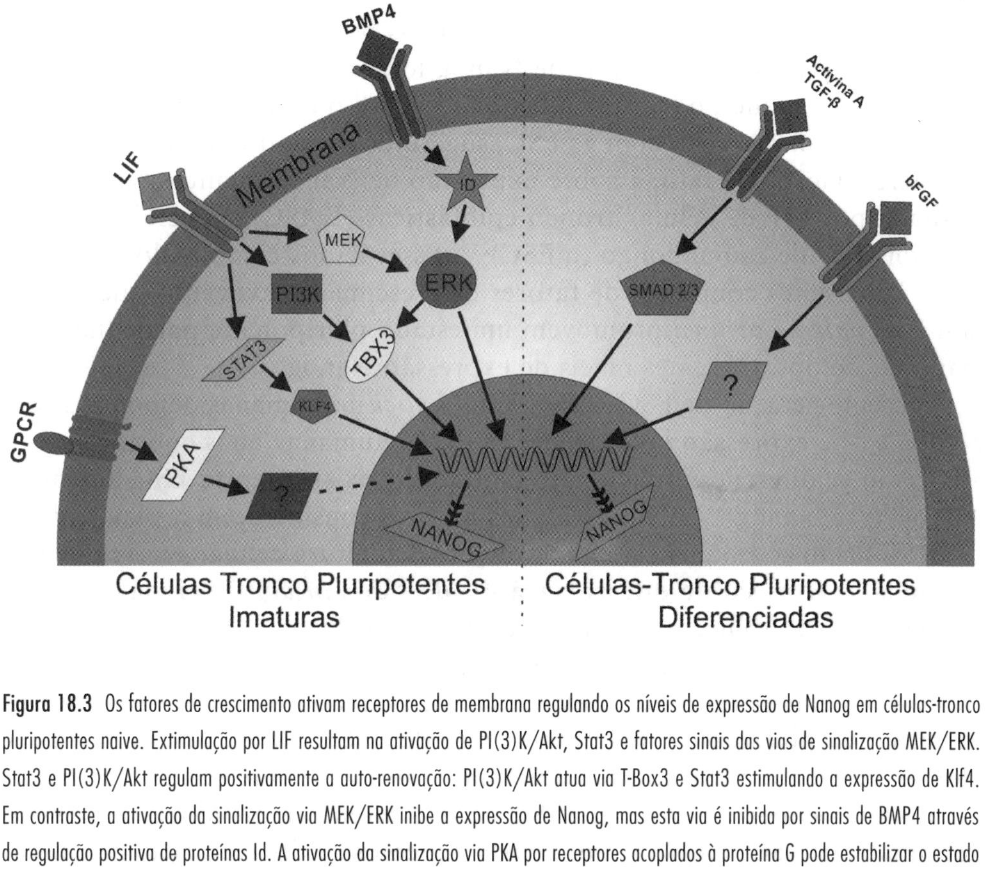

Figura 18.3 Os fatores de crescimento ativam receptores de membrana regulando os níveis de expressão de Nanog em células-tronco pluripotentes naive. Extimulação por LIF resultam na ativação de PI(3)K/Akt, Stat3 e fatores sinais das vias de sinalização MEK/ERK. Stat3 e PI(3)K/Akt regulam positivamente a auto-renovação: PI(3)K/Akt atua via T-Box3 e Stat3 estimulando a expressão de Klf4. Em contraste, a ativação da sinalização via MEK/ERK inibe a expressão de Nanog, mas esta via é inibida por sinais de BMP4 através de regulação positiva de proteínas Id. A ativação da sinalização via PKA por receptores acoplados à proteína G pode estabilizar o estado pluripotente *naive* por manter os níveis de expressão de Nanog através de um mecanismo de sinalização desconhecido. Em células-tronco pluripotentes *primed*, fatores de crescimento via sinalização Ativina A/TGF-β induz a expressão de Nanog via ligação de SMAD2/3 a um sítio encontrado no promotor Nanog. Ativação cooperativa adicional via bFGF foi mostrada em ESC humanas, mas não desempenham nenhum papel na expressão de Nanog em EpiSC murinos.

Interessantemente, é também possível distinguir duas populações de uma colônia mESC relacionada com os níveis de expressão de Nanog como

Nanog[alto] e Nanog[baixo]. Mesmo quando mESC Nanog-GFP são classificadas em subpopulações heterogêneas, Nanog[alto] e Nanog[baixo] são restabelecidas[209,213]. A porcentagem de células Nanog[alto] é muito maior sob ativação da supressão de quinases reguladas por sinal extracelular (ERK), o que é fundamental para o estabelecimento e manutenção de células-tronco embrionárias. Além disso, a inibição da glicogênio sintase-quinase 3 (GSK3) reforça esses efeitos, demonstrando que os altos níveis de expressão de Nanog estão intimamente ligados ao estado *naive* de ESC imposta pelo inibidor[214]. Em contraste, células Nanog[baixo] em cultura de ESC são mais propensas à diferenciação, o que sugere que os baixos níveis de Nanog levam a um estado pluripotente mais *primed*[209], que pode estar relacionado com o estado de pluripotência de MSC em comparação com as ESC, sugerindo a sua diferente capacidade de diferenciação. De fato, a sobre-expressão de Nanog facilita a conversão mediada por LIF de células-tronco epiblásticas (EpiSC) em células-tronco embrionárias de camundongo (mESC)[210]. Esses dados combinados sugerem que os diferentes conjuntos de fatores de crescimento exógenos que suportam PSC *naive* e *primed* promovem um estado pluripotente particular pela manutenção dos diferentes níveis de expressão Nanog.

A recente geração de ESC Nanog-GFP *knock-in* humanas demonstra que Nanog exibe expressão heterogênea em ESC humanas, mas continua a ser analisado se diferenças funcionais similares[215] existem entre ESC humanas Nanog[baixo] e Nanog[alto]. Além de alguns autores considerarem a plasticidade de MSC como consequência das condições da cultura celular, em vez de um potencial intrínseco de diferenciação[216] de MSC *in vivo* é razoável que a expressão heterogênea de Nanog e talvez outro fator de transcrição regulando negativamente a cascata de Nanog poderia controlar a plasticidade de MSC. Foi demonstrado que a expressão de marcadores padrão da camada germinativa poderiam apoiar o conceito de que as MSC possuem plasticidade, como foi mostrado por três marcadores coexpressos em linhagem germinativa e a capacidade de MSC de se diferenciarem em três linhagens germinativas (ver Tabela 18.4 para os protocolos de diferenciação de MSC).

Recentes pesquisas mundiais, conduzidas pela International Stem Cell Initiative, avaliaram o padrão de expressão de marcadores associados a células-tronco em culturas de células-tronco embrionárias humanas. Todas as linhagens de hES testadas exibiram um padrão comum de expressão para um conjunto específico de marcadores de antígenos e genes: antígenos glicolipídicos SSEA-3 e SSEA-4, os antígenos de sulfato de queratan TRA-1-60, TRA-1-81, GCTM2 e GCT343, e os antígenos de proteínas CD9, CD90, fosfatase alcalina de tecido não específico, bem como Nanog, Oct4, TDGF1,

DNMT3B, GABRB3 e GDF3[217]. Estudos em camundongos e células humanas indicam que Oct4 é um componente de uma rede de fatores de transcrição, incluindo a proteína de homeodomínio Nanog e fator de transcrição Sox2 HMGbox, que cooperativamente mantêm a pluripotência de ESC[218].

O marcador de superfície celular SSEA-4 é um bom indicador de células hES indiferenciadas, mas também tem sido usado para isolar o fenótipo de células-tronco embrionárias e tem sido estudado em pormenor com vários marcadores que têm sido relatados como antígenos específicos de células ESC, incluindo Oct4, Nanog, Sox2, SSEA-4, dentre outros[217]. Estudos recentes têm mostrado que as células-tronco adultas, incluindo as MSC, podem expressar marcadores de ESC: a expressão de SSEA-4 foi detectada em medula óssea[219] e recentemente mostrou-se que a expressão diferencial de outros marcadores de superfície de subpopulações de BM-MSC de camundongos tem distinto compromisso de linhagens. Além disso, a expressão de CD200 era característica para os clones com um potencial osteogênico, enquanto SSEA-4 marcava progenitores adipogênicos sem capacidade osteógica, e CD140a era expresso em células adipogênicas independentemente da sua eficácia para a osteogênese[220] em células-tronco da polpa dentária[221] e as células-tronco do ligamento periodontal de decíduos humanos[221,222]. A expressão de Oct4 foi reportada na medula óssea[223] e em ASC[224], células mononucleares do sangue periférico[225, 226], células-tronco da polpa dentária[227,228], células do coração e fígado[223]; no entanto, a expressão de Nanog foi encontrada em células-tronco mesenquimais da medula óssea, coração e fígado[229]. Além disso, o fator de transcrição Sox2 é expresso na medula óssea, tecidos neurais e epitélio sensorial desde os primeiros estágios de desenvolvimento[230-233].

18.6 CONCLUSÃO

Com o potencial para tratar uma ampla gama de doenças, de órgãos danificados a defeitos congênitos, HSC formam a base subjacente da medicina regenerativa. Estudos estimam que 250 bilhões de dólares por ano serão poupados só nos Estados Unidos com o emprego de terapias baseadas em células-tronco. O impacto será notado principalmente no custo de tratamento de doenças crônicas e neurodegenerativas como a doença de Parkinson, lesões da medula espinhal, doenças cardiovasculares, diabetes e acidentes neurovasculares.

Em particular, células-tronco e derivadas de tecidos de doentes adultos podem ser não só uma fonte de células para terapias regenerativas autólogas, mas também no estudo de mecanismos de doença, para rastreamento de drogas e ensaios de toxicidade que são cruciais no desenvolvimento de novas drogas. Além disso, a indústria de células-tronco está testemunhando avanços contínuos no mundo e, portanto, muitos produtos estão em andamento. A ampla disponibilidade de terapias com células-tronco não só irá ajudar a tornar o tratamento acessível nos próximos anos, mas também pavimentará o caminho para a medicina personalizada.

18.7 PERSPECTIVAS FUTURAS

O potencial das células-tronco adultas já foi amplamente descrito anteriormente. Além de driblar os questionamentos éticos, gerados pela utilização de células-tronco embrionárias, as células-tronco adultas têm grande potencial para aplicação na engenharia tecidual, seleção de drogas para tratamento de doenças, desvendamento dos mecanismos de sinalização celular, dentre outros.

Os avanços futuros, provavelmente, serão voltados para a obtenção cada vez mais eficiente e sem danos ao paciente de células-tronco dos diversos tecidos do organismo, além de mecanismos mais efetivos e precisos para a diferenciação dessas células em tecidos específicos. Na terapia celular, o desenvolvimento de biomateriais que favoreçam a proliferação, adesão, diferenciação e remodelação de tecidos danificados está cada vez mais no foco de pesquisadores.

Além disso, ao desvendar os mecanismos de diferenciação de células-tronco adultas, poderão ser propostos protocolos para transdiferenciação celular, ou seja, obtenção de células de interesse a partir de células já diferenciadas. Com isso, será eliminado um passo crítico na obtenção de células específicas.

Por fim, ainda serão necessários mais estudos para a aplicação eficiente de células-tronco adultas na clínica, mas o tema já apresenta potencial bastante promissor.

REFERÊNCIAS

1. Till JE, Mc CE. A direct measurement of the radiation sensitivity of normal mouse bone marrow cells. Radiat Res. 1961;14:213-22.
2. Evans MJ, Kaufman MH. Establishment in culture of pluripotential cells from mouse embryos. Nature. 1981;292(5819):154-6.
3. Thomson JA, Itskovitz-Eldor J, Shapiro SS, Waknitz MA, Swiergiel JJ, Marshall VS, et al. Embryonic stem cell lines derived from human blastocysts. Science. 1998;282(5391):1145-7.
4. Pelacho B, Mazo M, Gavira JJ, Prosper F. Adult stem cells: from new cell sources to changes in methodology. J Cardiovasc Transl Res. 2011;4(2):154-60.
5. Pittenger MF, Mackay AM, Beck SC, Jaiswal RK, Douglas R, Mosca JD, et al. Multilineage potential of adult human mesenchymal stem cells. Science. 1999;284(5411):143-7.
6. Tuan RS, Boland G, Tuli R. Adult mesenchymal stem cells and cell-based tissue engineering. Arthritis Res Ther. 2003;5(1):32-45.
7. Vaziri H, Dragowska W, Allsopp RC, Thomas TE, Harley CB, Lansdorp PM. Evidence for a mitotic clock in human hematopoietic stem cells: loss of telomeric DNA with age. Proc Natl Acad Sci USA. 1994;91(21):9857-60.
8. Allsopp RC, Chang E, Kashefiaazam M, Rogaev EI, Piatyszek MA, Shay JW, et al. Telomere Shortening Is Associated with Cell-Division in-Vitro and in-Vivo. Experimental cell research. 1995;220(1):194-200.
9. Zimmermann S, Voss M, Kaiser S, Kapp U, Waller CF, Martens UM. Lack of telomerase activity in human mesenchymal stem cells. Leukemia. 2003;17(6):1146-9.
10. Lee KD, Kuo TK, Whang-Peng J, Chung YF, Lin CT, Chou SH, et al. In vitro hepatic differentiation of human mesenchymal stem cells. Hepatology. 2004;40(6):1275-84.
11. Tropel P, Platet N, Platel JC, Noel D, Albrieux M, Benabid AL, et al. Functional neuronal differentiation of bone marrow-derived mesenchymal stem cells. Stem Cells. 2006;24(12):2868-76.
12. Black IB, Woodbury D. Adult rat and human bone marrow stromal stem cells differentiate into neurons. Blood Cell Mol Dis. 2001;27(3):632-6.
13. Resende RR, da Costa JL, Kihara AH, Adhikari A, Lorencon E. Intracellular Ca^{2+} regulation during neuronal differentiation of murine embryonal carcinoma and mesenchymal stem cells. stem cells and development. 2010;19(3):379-93.
14. Resende RR, Adhikarid A, da Costa JL, Lorençon E, Ladeira MS, Guatimosim S, et al. Influence of spontaneous calcium events on cell-cycle progression in embryonal carcinoma and adult stem cells. Biochimica et Biophysica Acta (BBA) – Molecular Cell Research. 2010;1803(2):246-60.

15. Tohill M, Mantovani C, Wiberg M, Terenghi G. Rat bone marrow mesenchymal stem cells express glial markers and stimulate nerve regeneration. Neurosci Lett. 2004;362(3):200-3.

16. Krause DS, Theise ND, Collector MI, Henegariu O, Hwang S, Gardner R, et al. Multi-organ, multi-lineage engraftment by a single bone marrow-derived stem cell. Cell. 2001;105(3):369-77.

17. Becker AJ, Mc CE, Till JE. Cytological demonstration of the clonal nature of spleen colonies derived from transplanted mouse marrow cells. Nature. 1963;197:452-4.

18. Metcalf D. Concise review: hematopoietic stem cells and tissue stem cells: current concepts and unanswered questions. Stem Cells. 2007;25(10):2390-5.

19. Ogawa M. Differentiation and proliferation of hematopoietic stem cells. Blood. 1993;81(11):2844-53.

20. Zhang JW, Niu C, Ye L, Huang HY, He X, Tong WG, et al. Identification of the haematopoietic stem cell niche and control of the niche size. Nature. 2003;425(6960):836-41.

21. Calvi LM, Adams GB, Weibrecht KW, Weber JM, Olson DP, Knight MC, et al. Osteoblastic cells regulate the haematopoietic stem cell niche. Nature. 2003;425(6960):841-6.

22. Kiel MJ, Yilmaz OH, Iwashita T, Yilmaz OH, Terhorst C, Morrison SJ. SLAM family receptors distinguish hematopoietic stem and progenitor cells and reveal endothelial niches for stem cells. Cell. 2005;121(7):1109-21.

23. Xie Y, Yin T, Wiegraebe W, He XC, Miller D, Stark D, et al. Detection of functional haematopoietic stem cell niche using real-time imaging. Nature. 2009;457(7225):97-101.

24. Sugiyama T, Kohara H, Noda M, Nagasawa T. Maintenance of the hematopoietic stem cell pool by CXCL12-CXCR4 chemokine signaling in bone marrow stromal cell niches. Immunity. 2006;25(6):977-88.

25. Mendez-Ferrer S, Michurina TV, Ferraro F, Mazloom AR, Macarthur BD, Lira SA, et al. Mesenchymal and haematopoietic stem cells form a unique bone marrow niche. Nature. 2010;466(7308):829-34.

26. Yamazaki S, Ema H, Karlsson G, Yamaguchi T, Miyoshi H, Shioda S, et al. Nonmyelinating Schwann cells maintain hematopoietic stem cell hibernation in the bone marrow niche. Cell. 2011;147(5):1146-58.

27. Ding L, Saunders TL, Enikolopov G, Morrison SJ. Endothelial and perivascular cells maintain haematopoietic stem cells. Nature. 2012;481(7382):457-62.

28. Nilsson SK, Johnston HM, Coverdale JA. Spatial localization of transplanted hemopoietic stem cells: inferences for the localization of stem cell niches. Blood. 2001;97(8):2293-9.

29. Nilsson SK, Johnston HM, Whitty GA, Williams B, Webb RJ, Denhardt DT, et al. Osteopontin, a key component of the hematopoietic stem cell niche and regulator of primitive hematopoietic progenitor cells. Blood. 2005;106(4):1232-9.

30. Morrison SJ, Weissman IL. The long-term repopulating subset of hematopoietic stem-cells is deterministic and isolatable by phenotype. Immunity. 1994;1(8):661-73.

31. Buckley RH, Schiff SE, Schiff RI, Markert L, Williams LW, Roberts JL, et al. Hematopoietic stem-cell transplantation for the treatment of severe combined immunodeficiency. N Engl J Med. 1999;340(7):508-16.

32. Thomas ED, Buckner CD, Banaji M, Clift RA, Fefer A, Flournoy N, et al. One hundred patients with acute leukemia treated by chemotherapy, total body irradiation, and allogeneic marrow transplantation. Blood. 1977;49(4):511-33.

33. Copelan EA. Hematopoietic Stem-Cell Transplantation. New Engl J Med. 2006;354(17):1813-26.

34. Petersen BE, Bowen WC, Patrene KD, Mars WM, Sullivan AK, Murase N, et al. Bone marrow as a potential source of hepatic oval cells. Science. 1999;284(5417):1168-70.

35. Lagasse E, Connors H, Al-Dhalimy M, Reitsma M, Dohse M, Osborne L, et al. Purified hematopoietic stem cells can differentiate into hepatocytes in vivo. Nature medicine. 2000;6(11):1229-34.

36. Friedens.Aj, Piatetzk.Ii, Petrakov.Kv. Osteogenesis in transplants of bone marrow cells. J Embryol Exp Morph. 1966;16:381-&.

37. Friedenstein AJ, Chailakhjan RK, Lalykina KS. The development of fibroblast colonies in monolayer cultures of guinea-pig bone marrow and spleen cells. Cell Tissue Kinet. 1970;3(4):393-403.

38. Owen M. Marrow stromal stem cells. Journal of Cell Science Supplement. 1988;10:63-76.

39. Dominici M, Le Blanc K, Mueller I, Slaper-Cortenbach I, Marini F, Krause D, et al. Minimal criteria for defining multipotent mesenchymal stromal cells. The International Society for Cellular Therapy position statement. Cytotherapy. 2006;8(4):315-7.

40. Friedenstein AJ, Gorskaja JF, Kulagina NN. Fibroblast precursors in normal and irradiated mouse hematopoietic organs. Exp Hematol. 1976;4(5):267-74.

41. Friedenstein AJ, Chailakhyan RK, Latsinik NV, Panasyuk AF, Keiliss-Borok IV. Stromal cells responsible for transferring the microenvironment of the hemopoietic tissues. Cloning in vitro and retransplantation in vivo. Transplantation. 1974;17(4):331-40.

42. Dennis JE, Merriam A, Awadallah A, Yoo JU, Johnstone B, Caplan AI. A quadripotential mesenchymal progenitor cell isolated from the marrow of an adult mouse. Journal of Bone and Mineral Research. 1999;14(5):700-9.

43. Digirolamo CM, Stokes D, Colter D, Phinney DG, Class R, Prockop DJ. Propagation and senescence of human marrow stromal cells in culture: a simple colony-forming assay identifies samples with the greatest potential to propagate and differentiate. Br J Haematol. 1999;107(2):275-81.

44. Murphy JM, Dixon K, Beck S, Fabian D, Feldman A, Barry F. Reduced chondrogenic and adipogenic activity of mesenchymal stem cells from patients with advanced osteoarthritis. Arthritis Rheum. 2002;46(3):704-13.
45. D'Ippolito G, Schiller PC, Perez-stable C, Balkan W, Roos BA, Howard GA. Cooperative actions of hepatocyte growth factor and 1,25-dihydroxyvitamin D3 in osteoblastic differentiation of human vertebral bone marrow stromal cells. Bone. 2002;31(2):269-75.
46. Phinney DG. Building a consensus regarding the nature and origin of mesenchymal stem cells. J Cell Biochem. 2002:7-12.
47. Azizi SA, Stokes D, Augelli BJ, DiGirolamo C, Prockop DJ. Engraftment and migration of human bone marrow stromal cells implanted in the brains of albino rats - similarities to astrocyte grafts. Proc Natl Acad Sci USA. 1998;95(7):3908-13.
48. Ferrari G, Cusella-De Angelis G, Coletta M, Paolucci E, Stornaiuolo A, Cossu G, et al. Muscle regeneration by bone marrow-derived myogenic progenitors. Science. 1998;279(5356):1528-30.
49. Sanchez-Ramos J, Song S, Cardozo-Pelaez F, Hazzi C, Stedeford T, Willing A, et al. Adult bone marrow stromal cells differentiate into neural cells in vitro. Experimental Neurology. 2000;164(2):247-56.
50. Janowska-Wieczorek A, Majka M, Ratajczak J, Ratajczak MZ. Autocrine/paracrine mechanisms in human hematopoiesis. Stem Cells. 2001;19(2):99-107.
51. Baksh D, Song L, Tuan RS. Adult mesenchymal stem cells: characterization, differentiation, and application in cell and gene therapy. J Cell Mol Med. 2004;8(3):301-16.
52. Muraglia A, Cancedda R, Quarto R. Clonal mesenchymal progenitors from human bone marrow differentiate in vitro according to a hierarchical model. J Cell Sci. 2000;113 (Pt 7):1161-6.
53. Young RG, Butler DL, Weber W, Caplan AI, Gordon SL, Fink DJ. Use of mesenchymal stem cells in a collagen matrix for achilles tendon repair. Journal of Orthopaedic Research. 1998;16(4):406-13.
54. Galmiche M, Koteliansky V, Briere J, Herve P, Charbord P. Stromal cells from human long-term marrow cultures are mesenchymal cells that differentiate following a vascular smooth muscle differentiation pathway. Blood. 1993;82(1):66-76.
55. Kadiyala S, Young RG, Thiede MA, Bruder SP. Culture expanded canine mesenchymal stem cells possess osteochondrogenic potential in vivo and in vitro. Cell Transplant. 1997;6(2):125-34.
56. Bruder SP, Jaiswal N, Haynesworth SE. Growth kinetics, self-renewal, and the osteogenic potential of purified human mesenchymal stem cells during extensive subcultivation and following cryopreservation. J Cell Biochem. 1997;64(2):278-94.
57. Montzka K, Lassonczyk N, Tschoke B, Neuss S, Fuhrmann T, Franzen R, et al. Neural differentiation potential of human bone marrow-derived mesenchymal stromal cells: misleading marker gene expression. Bmc Neurosci. 2009;10:16.

58. Broxmeyer HE, Douglas GW, Hangoc G, Cooper S, Bard J, English D, et al. Human umbilical-cord blood as a potential source of transplantable hematopoietic stem progenitor cells. Proc Natl Acad Sci USA. 1989;86(10):3828-32.
59. Wexler SA, Donaldson C, Denning-Kendall P, Rice C, Bradley B, Hows JM. Adult bone marrow is a rich source of human mesenchymal 'stem' cells but umbilical cord and mobilized adult blood are not. Br J Haematol. 2003;121(2):368-74.
60. Fu YS, Shih YT, Cheng YC, Min MY. Transformation of human umbilical mesenchymal cells into neurons in vitro. Journal of Biomedical Science. 2004;11(5):652-60.
61. Goodwin HS, Bicknese AR, Chien SN, Bogucki BD, Oliver DA, Quinn CO, et al. Multilineage differentiation activity by cells isolated from umbilical cord blood: Expression of bone, fat, and neural markers. Biol Blood Marrow Tr. 2001;7(11):581-8.
62. Tondreau T, Lagneaux L, Dejeneffe M, Massy M, Mortier C, Delforge A, et al. Bone marrow-derived mesenchymal stem cells already express specific neural proteins before any differentiation. Differentiation; Research in Biological Diversity. 2004;72(7):319-26.
63. Minguell JJ, Erices A, Conget P. Mesenchymal stem cells. Exp Biol Med. 2001;226(6):507-20.
64. Erices A, Conget P, Minguell JJ. Mesenchymal progenitor cells in human umbilical cord blood. Br J Haematol. 2000;109(1):235-42.
65. Wang HS, Hung SC, Peng ST, Huang CC, Wei HM, Guo YJ, et al. Mesenchymal stem cells in the Wharton's jelly of the human umbilical cord. Stem Cells. 2004;22(7):1330-7.
66. Kim JY, Jeon HB, Yang YS, Oh W, Chang JW. Application of human umbilical cord blood-derived mesenchymal stem cells in disease models. World Journal of Stem Cells. 2010;2(2):34-8.
67. Kemp KC, Hows J, Donaldson C. Bone marrow-derived mesenchymal stem cells. Leuk Lymphoma. 2005;46(11):1531-44.
68. Waller E, Olweus J, Lund-Johansen F, Huang S, Nguyen M, Guo G, et al. The "common stem cell" hypothesis reevaluated: human fetal bone marrow contains separate populations of hematopoietic and stromal progenitors. Blood. 1995;85(9):2422-35.
69. Crevensten G, Walsh AJ, Ananthakrishnan D, Page P, Wahba GM, Lotz JC, et al. Intervertebral disc cell therapy for regeneration: mesenchymal stem cell implantation in rat intervertebral discs. Ann Biomed Eng. 2004;32(3):430-4.
70. Arinzeh TL, Peter SJ, Archambault MP, van den Bos C, Gordon S, Kraus K, et al. Allogeneic mesenchymal stem cells regenerate bone in a critical-sized canine segmental defect. The Journal of Bone & Joint Surgery. 2003;85(10):1927-35.
71. Grinnemo KH, Månsson A, Dellgren G, Klingberg D, Wardell E, Drvota V, et al. Xenoreactivity and engraftment of human mesenchymal stem cells transplanted into infarcted rat myocardium. The Journal of Thoracic and Cardiovascular Surgery. 2004;127(5):1293-300.

72. Zhang J, Li Y, Chen J, Cui Y, Lu M, Elias SB, et al. Human bone marrow stromal cell treatment improves neurological functional recovery in EAE mice. Experimental Neurology. 2005;195(1):16-26.

73. Chen J, Li Y, Wang L, Zhang Z, Lu D, Lu M, et al. Therapeutic benefit of intravenous administration of bone marrow stromal cells after cerebral ischemia in rats. Stroke. 2001;32(4):1005-11.

74. Nakamizo A, Marini F, Amano T, Khan A, Studeny M, Gumin J, et al. Human bone marrow-derived mesenchymal stem cells in the treatment of gliomas. Cancer Research. 2005;65(8):3307-18.

75. Herrera MB, Bussolati B, Bruno S, Fonsato V, Romanazzi GM, Camussi G. Mesenchymal stem cells contribute to the renal repair of acute tubular epithelial injury. Int J Mol Med. 2004;14(6):1035-41.

76. Nakamura K, Ito Y, Kawano Y, Kurozumi K, Kobune M, Tsuda H, et al. Antitumor effect of genetically engineered mesenchymal stem cells in a rat glioma model. Gene Therapy. 2004;11(14):1155-64.

77. Magavi SS, Leavitt BR, Macklis JD. Induction of neurogenesis in the neocortex of adult mice. Nature. 2000;405(6789):951-5.

78. Gao J, Dennis JE, Muzic RF, Lundberg M, Caplan AI. The dynamic in vivo distribution of bone marrow-derived mesenchymal stem cells after infusion. Cells Tissues Organs. 2001;169(1):12-20.

79. Bulte JW, Douglas T, Witwer B, Zhang SC, Strable E, Lewis BK, et al. Magnetodendrimers allow endosomal magnetic labeling and in vivo tracking of stem cells. Nat Biotechnol. 2001;19(12):1141-7.

80. Hoehn M, Kustermann E, Blunk J, Wiedermann D, Trapp T, Wecker S, et al. Monitoring of implanted stem cell migration in vivo: a highly resolved in vivo magnetic resonance imaging investigation of experimental stroke in rat. Proc Natl Acad Sci USA. 2002;99(25):16267-72.

81. Bos C, Delmas Y, Desmoulière A, Solanilla A, Hauger O, Grosset C, et al. In vivo MR imaging of intravascularly injected magnetically labeled mesenchymal stem cells in rat kidney and liver. Radiology. 2004;233(3):781-9.

82. Nam SY, Ricles LM, Suggs LJ, Emelianov SY. In vivo ultrasound and photoacoustic monitoring of mesenchymal stem cells labeled with gold nanotracers. PLoS One. 2012;7(5):e37267.

83. Kessinger A, Armitage J, Landmark J, Smith D, Weisenburger D. Autologous peripheral hematopoietic stem cell transplantation restores hematopoietic function following marrow ablative therapy. Blood. 1988;71(3):723-7.

84. Wakitani S, Mitsuoka T, Nakamura N, Toritsuka Y, Nakamura Y, Horibe S. Autologous bone marrow stromal cell transplantation for repair of full-thickness articular cartilage defects in human patellae: two case reports. Cell Transplant. 2004;13(5):595-600.

85. Kang KS, Kim SW, Oh YH, Yu JW, Kim KY, Park HK, et al. A 37-year-old spinal cord--injured female patient, transplanted of multipotent stem cells from human UC blood, with improved sensory perception and mobility, both functionally and morphologically: a case study. Cytotherapy. 2005;7(4):368-73.
86. Mohamadnejad M, Namiri M, Bagheri M, Hashemi SM, Ghanaati H, Zare Mehrjardi N, et al. Phase 1 human trial of autologous bone marrow-hematopoietic stem cell transplantation in patients with decompensated cirrhosis. World J Gastroenterol. 2007;13(24):3359-63.
87. Mohamadnejad M, Alimoghaddam K, Mohyeddin-Bonab M, Bagheri M, Bashtar M, Ghanaati H, et al. Phase 1 trial of autologous bone marrow mesenchymal stem cell transplantation in patients with decompensated liver cirrhosis. Archives of Iranian medicine. 2007;10(4):459-66.
88. Konno M, Hamabe A, Hasegawa S, Ogawa H, Fukusumi T, Nishikawa S, et al. Adipose-derived mesenchymal stem cells and regenerative medicine. Development, Growth & Differentiation. 2013;55(3):309-18.
89. Baer PC, Geiger H. Adipose-derived mesenchymal stromal/stem cells: tissue localization, characterization, and heterogeneity. Stem Cells International. 2012;2012:812693.
90. Safford KM, Hicok KC, Safford SD, Halvorsen YD, Wilkison WO, Gimble JM, et al. Neurogenic differentiation of murine and human adipose-derived stromal cells. Biochem Biophys Res Commun. 2002;294(2):371-9.
91. Konno M, Hamabe A, Hasegawa S, Ogawa H, Fukusumi T, Nishikawa S, et al. Adipose-derived mesenchymal stem cells and regenerative medicine. Development, growth & differentiation. 2013;55(3):309-18.
92. Katz AJ, Tholpady A, Tholpady SS, Shang H, Ogle RC. Cell surface and transcriptional characterization of human adipose-derived adherent stromal (hADAS) cells. Stem Cells. 2005;23(3):412-23.
93. Levi B, Longaker MT. Concise review: adipose-derived stromal cells for skeletal regenerative medicine. Stem Cells. 2011;29(4):576-82.
94. Xu H, Barnes GT, Yang Q, Tan G, Yang D, Chou CJ, et al. Chronic inflammation in fat plays a crucial role in the development of obesity-related insulin resistance. The Journal of clinical investigation. 2003;112(12):1821-30.
95. Weisberg SP, McCann D, Desai M, Rosenbaum M, Leibel RL, Ferrante AW, Jr. Obesity is associated with macrophage accumulation in adipose tissue. J Clin Invest. 2003;112(12):1796-808.
96. Zimmerlin L, Donnenberg VS, Donnenberg AD. Pericytes: a universal adult tissue stem cell? Cytometry Part A : the journal of the International Society for Analytical Cytology. 2012;81(1):12-4.
97. Rodbell M. Metabolism of Isolated Fat Cells. I. Effects of hormones on glucose metabolism and lipolysis. The Journal of Biological Chemistry. 1964;239:375-80.

98. Gimble JM, Katz AJ, Bunnell BA. Adipose-derived stem cells for regenerative medicine. Circulation Research. 2007;100(9):1249-60.

99. Taha MF, Hedayati V. Isolation, identification and multipotential differentiation of mouse adipose tissue-derived stem cells. Tissue & Cell. 2010;42(4):211-6.

100. Zuk PA, Zhu M, Mizuno H, Huang J, Futrell JW, Katz AJ, et al. Multilineage cells from human adipose tissue: implications for cell-based therapies. Tissue Engineering. 2001;7(2):211-28.

101. Gargett CE, Masuda H. Adult stem cells in the endometrium. Molecular Human Reproduction. 2010;16(11):818-34.

102. Musina RA, Belyavski AV, Tarusova OV, Solovyova EV, Sukhikh GT. Endometrial mesenchymal stem cells isolated from the menstrual blood. Bulletin of Experimental Biology and Medicine. 2008;145(4):539-43.

103. Lin J, Xiang D, Zhang JL, Allickson J, Xiang C. Plasticity of human menstrual blood stem cells derived from the endometrium. Journal of Zhejiang University Science B. 2011;12(5):372-80.

104. Meng X, Ichim TE, Zhong J, Rogers A, Yin Z, Jackson J, et al. Endometrial regenerative cells: a novel stem cell population. Journal of Translational Medicine. 2007;5:57.

105. Khanjani S, Khanmohammadi M, Zarnani AH, Talebi S, Edalatkhah H, Eghtesad S, et al. Efficient generation of functional hepatocyte-like cells from menstrual blood-derived stem cells. Journal of Tissue Engineering and Regenerative Medicine. 2013.

106. Lindroos B, Suuronen R, Miettinen S. The potential of adipose stem cells in regenerative medicine. Stem Cell Reviews. 2011;7(2):269-91.

107. Mizuno H, Tobita M, Uysal AC. Concise Review: Adipose-Derived Stem Cells as a Novel Tool for Future Regenerative Medicine. Stem Cells. 2012;30(5):804-10.

108. Dominici M, Le Blanc K, Mueller I, Slaper-Cortenbach I, Marini F, Krause D, et al. Minimal criteria for defining multipotent mesenchymal stromal cells. The International Society for Cellular Therapy position statement. Cytotherapy. 2006;8(4):315-7.

109. Allickson JG, Sanchez A, Yefimenko N, Borlongan CV, Sanberg PR. Recent studies assessing the proliferative capability of a novel adult stem cell identified in menstrual blood. The Open Stem Cell Journal. 2011;3(2011):4-10.

110. Di Rocco G, Iachininoto MG, Tritarelli A, Straino S, Zacheo A, Germani A, et al. Myogenic potential of adipose-tissue-derived cells. Journal of Cell Science. 2006;119(Pt 14):2945-52.

111. Kim M, Choi YS, Yang SH, Hong HN, Cho SW, Cha SM, et al. Muscle regeneration by adipose tissue-derived adult stem cells attached to injectable PLGA spheres. Biochemical and Biophysical Research Communications. 2006;348(2):386-92.

112. Goudenege S, Pisani DF, Wdziekonski B, Di Santo JP, Bagnis C, Dani C, et al. Enhancement of myogenic and muscle repair capacities of human adipose-derived stem

cells with forced expression of MyoD. Molecular Therapy: the Journal of the American Society of Gene Therapy. 2009;17(6):1064-72.
113. Hattori H, Sato M, Masuoka K, Ishihara M, Kikuchi T, Matsui T, et al. Osteogenic potential of human adipose tissue-derived stromal cells as an alternative stem cell source. Cells, Tissues, Organs. 2004;178(1):2-12.
114. Di Bella C, Farlie P, Penington AJ. Bone regeneration in a rabbit critical-sized skull defect using autologous adipose-derived cells. Tissue Engineering Part A. 2008;14(4):483-90.
115. Yoon E, Dhar S, Chun DE, Gharibjanian NA, Evans GR. In vivo osteogenic potential of human adipose-derived stem cells/poly lactide-co-glycolic acid constructs for bone regeneration in a rat critical-sized calvarial defect model. Tissue Engineering. 2007;13(3):619-27.
116. Hao W, Pang L, Jiang M, Lv R, Xiong Z, Hu YY. Skeletal repair in rabbits using a novel biomimetic composite based on adipose-derived stem cells encapsulated in collagen I gel with PLGA-beta-TCP scaffold. Journal of orthopaedic research: official publication of the Orthopaedic Research Society. 2010;28(2):252-7.
117. Peterson B, Zhang J, Iglesias R, Kabo M, Hedrick M, Benhaim P, et al. Healing of critically sized femoral defects, using genetically modified mesenchymal stem cells from human adipose tissue. Tissue Engineering. 2005;11(1-2):120-9.
118. Hoogendoorn RJ, Lu ZF, Kroeze RJ, Bank RA, Wuisman PI, Helder MN. Adipose stem cells for intervertebral disc regeneration: current status and concepts for the future. Journal of Cellular and Molecular Medicine. 2008;12(6A):2205-16.
119. Uysal AC, Mizuno H. Differentiation of adipose-derived stem cells for tendon repair. Methods Mol Biol. 2011;702:443-51.
120. Fraser JK, Schreiber R, Strem B, Zhu M, Alfonso Z, Wulur I, et al. Plasticity of human adipose stem cells toward endothelial cells and cardiomyocytes. Nature Clinical Practice Cardiovascular Medicine. 2006;3 Suppl 1:S33-7.
121. Cai L, Johnstone BH, Cook TG, Tan J, Fishbein MC, Chen PS, et al. IFATS collection: Human adipose tissue-derived stem cells induce angiogenesis and nerve sprouting following myocardial infarction, in conjunction with potent preservation of cardiac function. Stem Cells. 2009;27(1):230-7.
122. Danoviz ME, Nakamuta JS, Marques FL, dos Santos L, Alvarenga EC, dos Santos AA, et al. Rat adipose tissue-derived stem cells transplantation attenuates cardiac dysfunction post infarction and biopolymers enhance cell retention. PloS One. 2010;5(8):e12077.
123. Leobon B, Roncalli J, Joffre C, Mazo M, Boisson M, Barreau C, et al. Adipose-derived cardiomyogenic cells: in vitro expansion and functional improvement in a mouse model of myocardial infarction. Cardiovascular Research. 2009;83(4):757-67.

124. Miyahara Y, Nagaya N, Kataoka M, Yanagawa B, Tanaka K, Hao H, et al. Monolayered mesenchymal stem cells repair scarred myocardium after myocardial infarction. Nature Medicine. 2006;12(4):459-65.

125. Schenke-Layland K, Strem BM, Jordan MC, Deemedio MT, Hedrick MH, Roos KP, et al. Adipose tissue-derived cells improve cardiac function following myocardial infarction. The Journal of Surgical Research. 2009;153(2):217-23.

126. Valina C, Pinkernell K, Song YH, Bai X, Sadat S, Campeau RJ, et al. Intracoronary administration of autologous adipose tissue-derived stem cells improves left ventricular function, perfusion, and remodelling after acute myocardial infarction. Eur Heart J. 2007;28(21):2667-77.

127. van der Bogt KE, Sheikh AY, Schrepfer S, Hoyt G, Cao F, Ransohoff KJ, et al. Comparison of different adult stem cell types for treatment of myocardial ischemia. Circulation. 2008;118(14 Suppl):S121-9.

128. Van't Hof W, Mal N, Huang Y, Zhang M, Popovic Z, Forudi F, et al. Direct delivery of syngeneic and allogeneic large-scale expanded multipotent adult progenitor cells improves cardiac function after myocardial infarct. Cytotherapy. 2007;9(5):477-87.

129. Wang L, Deng J, Tian W, Xiang B, Yang T, Li G, et al. Adipose-derived stem cells are an effective cell candidate for treatment of heart failure: an MR imaging study of rat hearts. American journal of physiology Heart and Circulatory Physiology. 2009;297(3):H1020-31.

130. Bai X, Alt E. Myocardial regeneration potential of adipose tissue-derived stem cells. Biochemical and Biophysical Research Communications. 2010;401(3):321-6.

131. Choi YS, Dusting GJ, Stubbs S, Arunothayaraj S, Han XL, Collas P, et al. Differentiation of human adipose-derived stem cells into beating cardiomyocytes. Journal of Cellular and Molecular Medicine. 2010;14(4):878-89.

132. Song YH, Gehmert S, Sadat S, Pinkernell K, Bai X, Matthias N, et al. VEGF is critical for spontaneous differentiation of stem cells into cardiomyocytes. Biochemical and Biophysical Research Communications. 2007;354(4):999-1003.

133. Rigol M, Solanes N, Farre J, Roura S, Roque M, Berruezo A, et al. Effects of adipose tissue-derived stem cell therapy after myocardial infarction: impact of the route of administration. Journal of Cardiac Failure. 2010;16(4):357-66.

134. Bai X, Pinkernell K, Song YH, Nabzdyk C, Reiser J, Alt E. Genetically selected stem cells from human adipose tissue express cardiac markers. Biochemical and Biophysical Research Communications. 2007;353(3):665-71.

135. Bel A, Planat-Bernard V, Saito A, Bonnevie L, Bellamy V, Sabbah L, et al. Composite cell sheets: a further step toward safe and effective myocardial regeneration by cardiac progenitors derived from embryonic stem cells. Circulation. 2010;122(11 Suppl):S118-23.

136. Shimizu S, Kitada M, Ishikawa H, Itokazu Y, Wakao S, Dezawa M. Peripheral nerve regeneration by the in vitro differentiated-human bone marrow stromal cells with Schwann cell property. Biochemical and Biophysical Research Communications. 2007;359(4):915-20.

137. Shimizu T, Sekine H, Yamato M, Okano T. Cell sheet-based myocardial tissue engineering: new hope for damaged heart rescue. Current Pharmaceutical Design. 2009;15(24):2807-14.

138. Bhang SH, Cho SW, La WG, Lee TJ, Yang HS, Sun AY, et al. Angiogenesis in ischemic tissue produced by spheroid grafting of human adipose-derived stromal cells. Biomaterials. 2011;32(11):2734-47.

139. Eto H, Suga H, Inoue K, Aoi N, Kato H, Araki J, et al. Adipose injury-associated factors mitigate hypoxia in ischemic tissues through activation of adipose-derived stem/progenitor/stromal cells and induction of angiogenesis. The American Journal of Pathology. 2011;178(5):2322-32.

140. Yang YC, Liu BS, Shen CC, Lin CH, Chiao MT, Cheng HC. Transplantation of adipose tissue-derived stem cells for treatment of focal cerebral ischemia. Current Neurovascular Research. 2011;8(1):1-13.

141. di Summa PG, Kingham PJ, Raffoul W, Wiberg M, Terenghi G, Kalbermatten DF. Adipose-derived stem cells enhance peripheral nerve regeneration. Journal of Plastic, Reconstructive & Aesthetic Surgery – JPRAS. 2010;63(9):1544-52.

142. Chi GF, Kim MR, Kim DW, Jiang MH, Son Y. Schwann cells differentiated from spheroid-forming cells of rat subcutaneous fat tissue myelinate axons in the spinal cord injury. Experimental Neurology. 2010;222(2):304-17.

143. Zhang HT, Cheng HY, Cai YQ, Ma X, Liu WP, Yan ZJ, et al. Comparison of adult neurospheres derived from different origins for treatment of rat spinal cord injury. Neuroscience Letters. 2009;458(3):116-21.

144. Ohta Y, Takenaga M, Tokura Y, Hamaguchi A, Matsumoto T, Kano K, et al. Mature adipocyte-derived cells, dedifferentiated fat cells (DFAT), promoted functional recovery from spinal cord injury-induced motor dysfunction in rats. Cell Transplantation. 2008;17(8):877-86.

145. Kang SK, Shin MJ, Jung JS, Kim YG, Kim CH. Autologous adipose tissue-derived stromal cells for treatment of spinal cord injury. Stem Cells and Development. 2006;15(4):583-94.

146. Ryu HH, Lim JH, Byeon YE, Park JR, Seo MS, Lee YW, et al. Functional recovery and neural differentiation after transplantation of allogenic adipose-derived stem cells in a canine model of acute spinal cord injury. Journal of Veterinary Science. 2009;10(4):273-84.

147. Hyder A, Ehnert S, Hinz H, Nussler AK, Fandrich F, Ungefroren H. EGF and HB-EGF enhance the proliferation of programmable cells of monocytic origin (PCMO)

through activation of MEK/ERK signaling and improve differentiation of PCMO-derived hepatocyte-like cells. Cell Communication and Signaling – CCS. 2012;10(1):23.

148. Banas A, Teratani T, Yamamoto Y, Tokuhara M, Takeshita F, Quinn G, et al. Adipose tissue-derived mesenchymal stem cells as a source of human hepatocytes. Hepatology. 2007;46(1):219-28.

149. Liang L, Ma T, Chen W, Hu J, Bai X, Li J, et al. Therapeutic potential and related signal pathway of adipose-derived stem cell transplantation for rat liver injury. Hepatology Research: the Official Journal of the Japan Society of Hepatology. 2009;39(8):822-32.

150. Lin G, Wang G, Liu G, Yang LJ, Chang LJ, Lue TF, et al. Treatment of type 1 diabetes with adipose tissue-derived stem cells expressing pancreatic duodenal homeobox 1. Stem Cells and Development. 2009;18(10):1399-406.

151. Yoshimura K, Asano Y, Aoi N, Kurita M, Oshima Y, Sato K, Inoue K, Suga H, Eto H, Kato H, et al. Progenitor-enriched adipose tissue transplantation as rescue for breast implant complications. Breast J 2010;16:169–175.

152. Yoshimura K, Sato K, Aoi N, Kurita M, Inoue K, Suga H, Eto H, Kato H, Hirohi T, Harii K. Cell-assisted lipotransfer for facial lipoatrophy: Efficacy of clinical use of adipose-derived stem cells. Dermatol Surg 2008;34:1178–1185.

153. Karaaltin MV, Akpinar AC, Baghaki S, Akpinar F. Treatment of "en coup de sabre" deformity with adipose-derived regenerative cell-enriched fat graft. The Journal of Craniofacial Surgery. 2012;23(2):e103-5.

154. Lendeckel S, Jodicke A, Christophis P, Heidinger K, Wolff J, Fraser JK, et al. Autologous stem cells (adipose) and fibrin glue used to treat widespread traumatic calvarial defects: case report. Journal of Cranio-maxillo-facial Surgery: Official Publication of the European Association for Cranio-Maxillo-Facial Surgery. 2004;32(6):370-3.

155. Mesimaki K, Lindroos B, Tornwall J, Mauno J, Lindqvist C, Kontio R, et al. Novel maxillary reconstruction with ectopic bone formation by GMP adipose stem cells. International Journal of Oral and Maxillofacial Surgery. 2009;38(3):201-9.

156. Thesleff T, Lehtimaki K, Niskakangas T, Mannerstrom B, Miettinen S, Suuronen R, et al. Cranioplasty with adipose-derived stem cells and biomaterial: a novel method for cranial reconstruction. Neurosurgery. 2011;68(6):1535-40.

157. Pak J. Autologous adipose tissue-derived stem cells induce persistent bone-like tissue in osteonecrotic femoral heads. Pain Physician. 2012;15(1):75-85.

158. Mazo M, Arana M, Pelacho B, Prosper F. Mesenchymal stem cells and cardiovascular disease: a bench to bedside roadmap. Stem Cells International. 2012;2012:175979.

159. Agorogiannis GI, Alexaki VI, Castana O, Kymionis GD. Topical application of autologous adipose-derived mesenchymal stem cells (MSCs) for persistent sterile corneal epithelial defect. Graefe's archive for clinical and experimental ophthalmology = Albrecht von Graefes Archiv fur klinische und experimentelle Ophthalmologie. 2012;250(3):455-7.

160. Garcia-Olmo D, Garcia-Arranz M, Garcia LG, Cuellar ES, Blanco IF, Prianes LA, et al. Autologous stem cell transplantation for treatment of rectovaginal fistula in perianal Crohn's disease: a new cell-based therapy. International Journal of Colorectal Disease. 2003;18(5):451-4.

161. Garcia-Olmo D, Garcia-Arranz M, Herreros D, Pascual I, Peiro C, Rodriguez-Montes JA. A phase I clinical trial of the treatment of Crohn's fistula by adipose mesenchymal stem cell transplantation. Diseases of the Colon and Rectum. 2005;48(7):1416-23.

162. Garcia-Olmo D, Herreros D, Pascual I, Pascual JA, Del-Valle E, Zorrilla J, et al. Expanded adipose-derived stem cells for the treatment of complex perianal fistula: a phase II clinical trial. Diseases of the Colon and Rectum. 2009;52(1):79-86.

163. Locke M, Feisst V, Dunbar PR. Concise review: human adipose-derived stem cells: separating promise from clinical need. Stem Cells. 2011;29(3):404-11.

164. Cui CH, Uyama T, Miyado K, Terai M, Kyo S, Kiyono T, et al. Menstrual blood-derived cells confer human dystrophin expression in the murine model of Duchenne muscular dystrophy via cell fusion and myogenic transdifferentiation. Molecular Biology of the Cell. 2007;18(5):1586-94.

165. Hida N, Nishiyama N, Miyoshi S, Kira S, Segawa K, Uyama T, et al. Novel cardiac precursor-like cells from human menstrual blood-derived mesenchymal cells. Stem Cells. 2008;26(7):1695-704.

166. Ikegami Y, Miyoshi S, Nishiyama N, Hida N, Okamoto K, Miyado K, et al. Serum-independent cardiomyogenic transdifferentiation in human endometrium-derived mesenchymal cells. Artificial Organs. 2010;34(4):280-8.

167. Borlongan CV, Kaneko Y, Maki M, Yu SJ, Ali M, Allickson JG, et al. Menstrual blood cells display stem cell-like phenotypic markers and exert neuroprotection following transplantation in experimental stroke. Stem Cells and Development. 2010;19(4):439-52.

168. Zhong Z, Patel AN, Ichim TE, Riordan NH, Wang H, Min WP, et al. Feasibility investigation of allogeneic endometrial regenerative cells. Journal of Translational Medicine. 2009;7:15-22.

169. D'Ippolito G, Schiller PC, Ricordi C, Roos BA, Howard GA. Age-related osteogenic potential of mesenchymal stromal stem cells from human vertebral bone marrow. J Bone Miner Res. 1999;14(7):1115-22.

170. Majumdar MK, Thiede MA, Haynesworth SE, Bruder SP, Gerson SL. Human marrow-derived mesenchymal stem cells (MSCs) express hematopoietic cytokines and support long-term hematopoiesis when differentiated toward stromal and osteogenic lineages. Journal of Hematotherapy & Stem Cell Research. 2000;9(6):841-8.

171. Rao MS, Mattson MP. Stem cells and aging: expanding the possibilities. Mech Ageing Dev. 2001;122(7):713-34.

172. Vellasamy S, Sandrasaigaran P, Vidyadaran S, George E, Ramasamy R. Isolation and characterisation of mesenchymal stem cells derived from human placenta tissue. World Journal of Stem Cells. 2012;4(6):53-61.

173. Miki T, Lehmann T, Cai H, Stolz DB, Strom SC. Stem cell characteristics of amniotic epithelial cells. Stem Cells. 2005;23(10):1549-59.

174. Bacenkova D, Rosocha J, Tothova T, Rosocha L, Sarissky M. Isolation and basic characterization of human term amnion and chorion mesenchymal stromal cells. Cytotherapy. 2011;13(9):1047-56.

175. Parolini O, Alviano F, Bagnara GP, Bilic G, Buhring HJ, Evangelista M, et al. Concise review: isolation and characterization of cells from human term placenta: outcome of the first international Workshop on Placenta Derived Stem Cells. Stem Cells. 2008;26(2):300-11.

176. In 't Anker PS, Scherjon SA, Kleijburg-van der Keur C, Noort WA, Claas FH, Willemze R, et al. Amniotic fluid as a novel source of mesenchymal stem cells for therapeutic transplantation. Blood. 2003;102(4):1548-9.

177. Underwood MA, Gilbert WM, Sherman MP. Amniotic fluid: not just fetal urine anymore. Journal of Perinatology: Official Journal of the California Perinatal Association. 2005;25(5):341-8.

178. Torricelli F, Brizzi L, Bernabei PA, Gheri G, Di Lollo S, Nutini L, et al. Identification of hematopoietic progenitor cells in human amniotic fluid before the 12th week of gestation. Italian Journal of Anatomy and Embryology = Archivio Italiano di Anatomia ed Embriologia. 1993;98(2):119-26.

179. Streubel B, Martucci-Ivessa G, Fleck T, Bittner RE. In vitro transformation of amniotic cells to muscle cells--background and outlook. Wiener Medizinische Wochenschrift. 1996;146(9-10):216-7.

180. Cananzi M, Atala A, De Coppi P. Stem cells derived from amniotic fluid: new potentials in regenerative medicine. Reprod Biomed Online. 2009;18 Suppl 1:17-27.

181. You Q, Cai L, Zheng J, Tong X, Zhang D, Zhang Y. Isolation of human mesenchymal stem cells from third-trimester amniotic fluid. International journal of gynaecology and obstetrics: the official organ of the International Federation of Gynaecology and Obstetrics. 2008;103(2):149-52.

182. De Coppi P, Bartsch G, Jr., Siddiqui MM, Xu T, Santos CC, Perin L, et al. Isolation of amniotic stem cell lines with potential for therapy. Nat Biotechnol. 2007;25(1):100-6.

183. Tsai MS, Hwang SM, Tsai YL, Cheng FC, Lee JL, Chang YJ. Clonal amniotic fluid-derived stem cells express characteristics of both mesenchymal and neural stem cells. Biol Reprod. 2006;74(3):545-51.

184. Tsai MS, Lee JL, Chang YJ, Hwang SM. Isolation of human multipotent mesenchymal stem cells from second-trimester amniotic fluid using a novel two-stage culture protocol. Hum Reprod. 2004;19(6):1450-6.

185. Roubelakis MG, Pappa KI, Bitsika V, Zagoura D, Vlahou A, Papadaki HA, et al. Molecular and proteomic characterization of human mesenchymal stem cells derived from amniotic fluid: comparison to bone marrow mesenchymal stem cells. Stem Cells and development. 2007;16(6):931-52.
186. Helmy KY, Patel SA, Silverio K, Pliner L, Rameshwar P. Stem cells and regenerative medicine: accomplishments to date and future promise. Therapeutic Delivery. 2010;1(5):693-705.
187. Barry FP, Murphy JM. Mesenchymal stem cells: clinical applications and biological characterization. Int J Biochem Cell Biol. 2004;36(4):568-84.
188. Fernandez Vallone VB, Romaniuk MA, Choi H, Labovsky V, Otaegui J, Chasseing NA. Mesenchymal stem cells and their use in therapy: What has been achieved? Differentiation; research in biological diversity. 2013;85(1-2):1-10.
189. Caplan AI, Dennis JE. Mesenchymal stem cells as trophic mediators. J Cell Biochem. 2006;98(5):1076-84.
190. Parolini O, Caruso M. Review: Preclinical studies on placenta-derived cells and amniotic membrane: an update. Placenta. 2011;32 Suppl 2:S186-95.
191. Meirelles L da S, Fontes AM, Covas DT, Caplan AI. Mechanisms involved in the therapeutic properties of mesenchymal stem cells. Cytokine Growth Factor Rev. 2009;20(5-6):419-27.
192. Chen L, He DM, Zhang Y. The differentiation of human placenta-derived mesenchymal stem cells into dopaminergic cells in vitro. Cellular & Molecular Biology Letters. 2009;14(3):528-36.
193. Kakishita K, Elwan MA, Nakao N, Itakura T, Sakuragawa N. Human amniotic epithelial cells produce dopamine and survive after implantation into the striatum of a rat model of Parkinson's disease: a potential source of donor for transplantation therapy. Exp Neurol. 2000;165(1):27-34.
194. Okawa H, Okuda O, Arai H, Sakuragawa N, Sato K. Amniotic epithelial cells transform into neuron-like cells in the ischemic brain. Neuroreport. 2001;12(18):4003-7.
195. Manuelpillai U, Tchongue J, Lourensz D, Vaghjiani V, Samuel CS, Liu A, et al. Transplantation of human amnion epithelial cells reduces hepatic fibrosis in immunocompetent CCl(4)-treated mice. Cell Transplant. 2010;19(9):1157-68.
196. Sant'Anna LB, Cargnoni A, Ressel L, Vanosi G, Parolini O. Amniotic membrane application reduces liver fibrosis in a bile duct ligation rat model. Cell Transplant. 2011;20(3):441-53.
197. Beltrao-Braga PC, Pignatari GC, Russo FB, Fernandes IR, Muotri AR. In-a-dish: induced pluripotent stem cells as a novel model for human diseases. Cytometry Part A: the journal of the International Society for Analytical Cytology. 2013;83(1):11-7.
198. Wakao S, Kitada M, Dezawa M. The elite and stochastic model for iPS cell generation: multilineage-differentiating stress enduring (Muse) cells are readily reprogrammable

into iPS cells. Cytometry Part A: the Journal of the International Society for Analytical Cytology. 2013;83(1):18-26.

199. Sun N, Panetta NJ, Gupta DM, Wilson KD, Lee A, Jia F, et al. Feeder-free derivation of induced pluripotent stem cells from adult human adipose stem cells. Proc Natl Acad Sci USA. 2009;106(37):15720-5.

200. Sugii S, Kida Y, Kawamura T, Suzuki J, Vassena R, Yin YQ, et al. Human and mouse adipose-derived cells support feeder-independent induction of pluripotent stem cells. Proc Natil Acad Sci USA. 2010;107(8):3558-63.

201. Tat PA, Sumer H, Jones KL, Upton K, Verma PJ. The efficient generation of induced pluripotent stem (iPS) cells from adult mouse adipose tissue-derived and neural stem cells. Cell Transplantation. 2010;19(5):525-36.

202. Li Y, Li X, Zhao H, Feng R, Zhang X, Tai D, et al. Efficient Induction of Pluripotent Stem Cells from Menstrual Blood. Stem Cells and Development. 2012.

203. de Carvalho Rodrigues D, Asensi KD, Vairo L, Azevedo-Pereira RL, Silva R, Rondinelli E, et al. Human menstrual blood-derived mesenchymal cells as a cell source of rapid and efficient nuclear reprogramming. Cell Transplantation. 2012;21(10):2215-24.

204. Barrero MJ, Boue S, Izpisua Belmonte JC. Epigenetic mechanisms that regulate cell identity. Cell Stem Cell. 2010;7(5):565-70.

205. Chambers I, Tomlinson SR. The transcriptional foundation of pluripotency. Development. 2009;136(14):2311-22.

206. Nichols J, Silva J, Roode M, Smith A. Suppression of Erk signalling promotes ground state pluripotency in the mouse embryo. Development. 2009;136(19):3215-22.

207. Chambers I, Colby D, Robertson M, Nichols J, Lee S, Tweedie S, et al. Functional expression cloning of Nanog, a pluripotency sustaining factor in embryonic stem cells. Cell. 2003;113(5):643-55.

208. Mitsui K, Tokuzawa Y, Itoh H, Segawa K, Murakami M, Takahashi K, et al. The homeoprotein Nanog is required for maintenance of pluripotency in mouse epiblast and ES cells. Cell. 2003;113(5):631-42.

209. Chambers I, Silva J, Colby D, Nichols J, Nijmeijer B, Robertson M, et al. Nanog safeguards pluripotency and mediates germline development. Nature. 2007;450(7173):1230-4.

210. Silva J, Nichols J, Theunissen TW, Guo G, van Oosten AL, Barrandon O, et al. Nanog is the gateway to the pluripotent ground state. Cell. 2009;138(4):722-37.

211. Niwa H, Ogawa K, Shimosato D, Adachi K. A parallel circuit of LIF signalling pathways maintains pluripotency of mouse ES cells. Nature. 2009;460(7251):118-22.

212. Zhang P, Andrianakos R, Yang Y, Liu C, Lu W. Kruppel-like factor 4 (Klf4) prevents embryonic stem (ES) cell differentiation by regulating Nanog gene expression. The Journal of Biological Chemistry. 2010;285(12):9180-9.

213. Kalmar T, Lim C, Hayward P, Munoz-Descalzo S, Nichols J, Garcia-Ojalvo J, et al. Regulated fluctuations in nanog expression mediate cell fate decisions in embryonic stem cells. PLoS Biology. 2009;7(7):e1000149.
214. Wray J, Kalkan T, Smith AG. The ground state of pluripotency. Biochemical Society Transactions. 2010;38(4):1027-32.
215. Fischer Y, Ganic E, Ameri J, Xian X, Johannesson M, Semb H. NANOG reporter cell lines generated by gene targeting in human embryonic stem cells. PloS One. 2010;5(9).
216. Benz K, Stippich C, Freudigmann C, Mollenhauer JA, Aicher WK. Maintenance of "stem cell" features of cartilage cell sub-populations during in vitro propagation. Journal of Translational Medicine. 2013;11:27.
217. International Stem Cell I, Adewumi O, Aflatoonian B, Ahrlund-Richter L, Amit M, Andrews PW, et al. Characterization of human embryonic stem cell lines by the International Stem Cell Initiative. Nature Biotechnology. 2007;25(7):803-16.
218. Babaie Y, Herwig R, Greber B, Brink TC, Wruck W, Groth D, et al. Analysis of Oct4-dependent transcriptional networks regulating self-renewal and pluripotency in human embryonic stem cells. Stem Cells. 2007;25(2):500-10.
219. Gang EJ, Jeong JA, Hong SH, Hwang SH, Kim SW, Yang IH, et al. Skeletal Myogenic Differentiation of Mesenchymal Stem Cells Isolated from Human Umbilical Cord Blood. Stem Cells. 2004;22(4):617-24.
220. Rostovskaya M, Anastassiadis K. Differential expression of surface markers in mouse bone marrow mesenchymal stromal cell subpopulations with distinct lineage commitment. PloS One. 2012;7(12):e51221.
221. Kawanabe N, Murata S, Fukushima H, Ishihara Y, Yanagita T, Yanagita E, et al. Stage-specific embryonic antigen-4 identifies human dental pulp stem cells. Experimental Cell Research. 2012;318(5):453-63.
222. Fukushima H, Kawanabe N, Murata S, Ishihara Y, Yanagita T, Balam TA, et al. SSEA-4 is a marker of human deciduous periodontal ligament stem cells. Journal of Dental Research. 2012;91(10):955-60.
223. Tai MH, Chang CC, Kiupel M, Webster JD, Olson LK, Trosko JE. Oct4 expression in adult human stem cells: evidence in support of the stem cell theory of carcinogenesis. Carcinogenesis. 2005;26(2):495-502.
224. Kim JH, Jee MK, Lee SY, Han TH, Kim BS, Kang KS, et al. Regulation of adipose tissue stromal cells behaviors by endogenic Oct4 expression control. PloS One. 2009;4(9):e7166.
225. Zangrossi S, Marabese M, Broggini M, Giordano R, D'Erasmo M, Montelatici E, et al. Oct-4 expression in adult human differentiated cells challenges its role as a pure stem cell marker. Stem Cells. 2007;25(7):1675-80.

226. Kotoula V, Papamichos SI, Lambropoulos AF. Revisiting OCT4 expression in peripheral blood mononuclear cells. Stem Cells. 2008;26(1):290-1.

227. Liu L, Wei X, Ling J, Wu L, Xiao Y. Expression pattern of Oct-4, Sox2, and c-Myc in the primary culture of human dental pulp derived cells. Journal of Endodontics. 2011;37(4):466-72.

228. Ferro F, Spelat R, D'Aurizio F, Puppato E, Pandolfi M, Beltrami AP, et al. Dental pulp stem cells differentiation reveals new insights in Oct4A dynamics. PloS One. 2012;7(7):e41774.

229. Riekstina U, Cakstina I, Parfejevs V, Hoogduijn M, Jankovskis G, Muiznieks I, et al. Embryonic stem cell marker expression pattern in human mesenchymal stem cells derived from bone marrow, adipose tissue, heart and dermis. Stem Cell Reviews. 2009;5(4):378-86.

230. Kishi M, Mizuseki K, Sasai N, Yamazaki H, Shiota K, Nakanishi S, et al. Requirement of Sox2-mediated signaling for differentiation of early Xenopus neuroectoderm. Development. 2000;127(4):791-800.

231. Ferri AL, Cavallaro M, Braida D, Di Cristofano A, Canta A, Vezzani A, et al. Sox2 deficiency causes neurodegeneration and impaired neurogenesis in the adult mouse brain. Development. 2004;131(15):3805-19.

232. Kiernan AE, Pelling AL, Leung KK, Tang AS, Bell DM, Tease C, et al. Sox2 is required for sensory organ development in the mammalian inner ear. Nature. 2005;434(7036):1031-5.

233. Puligilla C, Dabdoub A, Brenowitz SD, Kelley MW. Sox2 induces neuronal formation in the developing mammalian cochlea. The Journal of Neuroscience: the Official Journal of the Society for Neuroscience. 2010;30(2):714-22.

234. Choong PF, Mok PL, Cheong SK, Leong CF, Then KY. Generating neuron-like cells from BM-derived mesenchymal stromal cells in vitro. Cytotherapy. 2007;9(2):170-83.

235. Gronthos S, Zannettino AC, Hay SJ, Shi S, Graves SE, Kortesidis A, et al. Molecular and cellular characterisation of highly purified stromal stem cells derived from human bone marrow. J Cell Sci. 2003;116(Pt 9):1827-35.

236. Bhattacharya V, McSweeney PA, Shi Q, Bruno B, Ishida A, Nash R, et al. Enhanced endothelialization and microvessel formation in polyester grafts seeded with CD34(+) bone marrow cells. Blood. 2000;95(2):581-5.

237. Drake AC, Khoury M, Leskov I, Iliopoulou BP, Fragoso M, Lodish H, et al. Human CD34+ CD133+ Hematopoietic Stem Cells Cultured with Growth Factors Including Angptl5 Efficiently Engraft Adult NOD-SCID Il2r⊠- (NSG) Mice. PLoS One. 2011;6(4):e18382.

238. Fanarraga ML, Avila J, Zabala JC. Expression of unphosphorylated class III beta-tubulin isotype in neuroepithelial cells demonstrates neuroblast commitment and differentiation. Eur J Neurosci. 1999;11(2):517-27.

239. Kuang-Hung Cheng T-LK, Kung-Kai Kuo, Chang-Chun Hsiao. Human adipose-derived stem cells: Isolation, characterization and current application in regeneration medicine. Genomic Medicine, Biomarkers, and Health Sciences. 2011;3(2):53-62.

240. Kim HJ, Im GI. Chondrogenic differentiation of adipose tissue-derived mesenchymal stem cells: greater doses of growth factor are necessary. Journal of orthopaedic research : official publication of the Orthopaedic Research Society. 2009;27(5):612-9.

241. Seo MJ, Suh SY, Bae YC, Jung JS. Differentiation of human adipose stromal cells into hepatic lineage in vitro and in vivo. Biochemical and Biophysical Research Communications. 2005;328(1):258-64.

242. Timper K, Seboek D, Eberhardt M, Linscheid P, Christ-Crain M, Keller U, et al. Human adipose tissue-derived mesenchymal stem cells differentiate into insulin, somatostatin, and glucagon expressing cells. Biochemical and Biophysical Research Communications. 2006;341(4):1135-40.

243. Anghileri E, Marconi S, Pignatelli A, Cifelli P, Galie M, Sbarbati A, et al. Neuronal differentiation potential of human adipose-derived mesenchymal stem cells. Stem Cells and Development. 2008;17(5):909-16.

244. Gimble JM, Katz AJ, Bunnell BA. Adipose-derived stem cells for regenerative medicine. Circ Res. 2007;100(9):1249-60.

245. Locke M, Windsor J, Dunbar PR. Human adipose-derived stem cells: isolation, characterization and applications in surgery. ANZ J Surg. 2009;79(4):235-44.

246. Yoshimura K, Shigeura T, Matsumoto D, Sato T, Takaki Y, Aiba-Kojima E, et al. Characterization of freshly isolated and cultured cells derived from the fatty and fluid portions of liposuction aspirates. J Cell Physiol. 2006;208(1):64-76.

247. Romanov YA, Svintsitskaya VA, Smirnov VN. Searching for alternative sources of postnatal human mesenchymal stem cells: candidate MSC-like cells from umbilical cord. Stem Cells. 2003;21(1):105-10.

248. Woodbury D, Schwarz EJ, Prockop DJ, Black IB. Adult rat and human bone marrow stromal cells differentiate into neurons. Journal of Neuroscience Research. 2000;61(4):364-70.

249. Jaiswal N, Haynesworth SE, Caplan AI, Bruder SP. Osteogenic differentiation of purified, culture-expanded human mesenchymal stem cells in vitro. J Cell Biochem. 1997;64(2):295-312.

250. Kern S, Eichler H, Stoeve J, Klüter H, Bieback K. Comparative Analysis of Mesenchymal Stem Cells from Bone Marrow, Umbilical Cord Blood, or Adipose Tissue. Stem Cells. 2006;24(5):1294-301.

251. Kassis I, Zangi L, Rivkin R, Levdansky L, Samuel S, Marx G, et al. Isolation of mesenchymal stem cells from G-CSF-mobilized human peripheral blood using fibrin microbeads. Bone Marrow Transplantation. 2006;37(10):967-76.

252. Chong PP, Selvaratnam L, Abbas AA, Kamarul T. Human peripheral blood derived mesenchymal stem cells demonstrate similar characteristics and chondrogenic differentiation potential to bone marrow derived mesenchymal stem cells. J Orthop Res. 2012;30(4):634-42.

253. Giarratana MC, Kobari L, Lapillonne H, Chalmers D, Kiger L, Cynober T, et al. Ex vivo generation of fully mature human red blood cells from hematopoietic stem cells. Nat Biotechnol. 2005;23(1):69-74.

254. Zhao Y, Glesne D, Huberman E. A human peripheral blood monocyte-derived subset acts as pluripotent stem cells. Proc Natl Acad Sci USA. 2003;100(5):2426-31.

255. Lin J, Xiang D, Zhang JL, Allickson J, Xiang C. Plasticity of human menstrual blood stem cells derived from the endometrium. J Zhejiang Univ Sci B. 2011;12(5):372-80.

256. Schwab KE, Chan RW, Gargett CE. Putative stem cell activity of human endometrial epithelial and stromal cells during the menstrual cycle. Fertility and Sterility. 2005;84 Suppl 2:1124-30.

257. Gargett CE, Masuda H. Adult stem cells in the endometrium. Mol Hum Reprod. 2010;16(11):818-34.

258. Di Bella C, Farlie P, Penington AJ. Bone regeneration in a rabbit critical-sized skull defect using autologous adipose-derived cells. Tissue Eng Pt A. 2008;14(4):483-90.

259. Yoon E, Dhar S, Chun DE, Gharibjanian NA, Evans GRD. In vivo osteogenic potential of human adipose-derived stem cells/poly lactide-co-glycolic acid constructs for bone regeneration in a rat critical-sized calvarial defect model. Tissue Engineering. 2007;13(3):619-27.

260. Hao W, Pang L, Jiang M, Lv R, Xiong Z, Hu YY. Skeletal Repair in Rabbits Using a Novel Biomimetic Composite Based on Adipose-Derived Stem Cells Encapsulated in Collagen I Gel with PLGA-beta-TCP Scaffold. Journal of Orthopaedic Research. 2010;28(2):252-7.

261. Peterson B, Zhang J, Iglesias R, Kabo M, Hedrick M, Benhaim P, et al. Healing of critically sized femoral defects, using genetically modified mesenchymal stem cells from human adipose tissue. Tissue Engineering. 2005;11(1-2):120-9.

262. Bel A, Planat-Bernard V, Saito A, Bonnevie L, Bellamy V, Sabbah L, et al. Composite Cell Sheets A Further Step Toward Safe and Effective Myocardial Regeneration by Cardiac Progenitors Derived From Embryonic Stem Cells. Circulation. 2010;122(11):S118-S23.

263. Ryu HH, Lim JH, Byeon YE, Park JR, Seo MS, Lee YW, et al. Functional recovery and neural differentiation after transplantation of allogenic adipose-derived stem cells in a canine model of acute spinal cord injury. J Vet Sci. 2009;10(4):273-84.

264. Banas A, Teratani T, Yamamoto Y, Tokuhara M, Takeshita F, Quinn G, et al. Adipose tissue-derived mesenchymal stem cells as a source of human hepatocytes. Hepatology. 2007;46(1):219-28.

265. Kajiyama H, Hamazaki TS, Tokuhara M, Masui S, Okabayashi K, Ohnuma K, et al. Pdx1-transfected adipose tissue-derived stem cells differentiate into insulin-producing cells in vivo and reduce hyperglycemia in diabetic mice. International Journal of Developmental Biology. 2010;54(4):699-705.

266. Karaaltin MV, Akpinar AC, Baghaki S, Akpinar F. Treatment of "En Coup de Sabre" Deformity With Adipose-Derived Regenerative Cell-Enriched Fat Graft. J Craniofac Surg. 2012;23(2):E103-E5.

267. Yoshimura K, Sato K, Aoi N, Kurita M, Inoue K, Suga H, et al. Cell-assisted lipotransfer for facial lipoatrophy: Efficacy of clinical use of adipose-derived stem cells. Dermatol Surg. 2008;34(9):1178-85.

268. Yoshimura K, Asano Y, Aoi N, Kurita M, Oshima Y, Sato K, et al. Progenitor-enriched adipose tissue transplantation as rescue for breast implant complications. Breast J. 2010;16(2):169-75.

269. Taylor JA. Bilateral Orbitozygomatic reconstruction with tissue-engineered bone. J Craniofac Surg. 2010;21(5):1612-4.

270. Lendeckel S, Jodicke A, Christophis P, Heidinger K, Wolff J, Fraser JK, et al. Autologous stem cells (adipose) and fibrin glue used to treat widespread traumatic calvarial defects: case report. J Cranio Maxill Surg. 2004;32(6):370-3.

271. Mesimaki K, Lindroos B, Tornwall J, Mauno J, Lindqvist C, Kontio R, et al. Novel maxillary reconstruction with ectopic bone formation by GMP adipose stem cells. Int J Oral Max Surg. 2009;38(3):201-9.

272. Duckers HJ, Houtgraaf J, van Geuns RJ, van Dalen BD, Regar E, van der Giessen W, et al. First-in-man experience with intracoronary infusion of adipose-derived regenerative cells in the treatment of patients with ST-elevation myocardial infarction: The Apollo Trial. Circulation. 2010;122.

273. Agorogiannis GI, Alexaki VI, Castana O, Kymionis GD. Topical application of autologous adipose-derived mesenchymal stem cells (MSCs) for persistent sterile corneal epithelial defect. Graef Arch Clin Exp. 2012;250(3):455-7.

274. Garcia-Olmo D, Garcia-Arranz M, Garcia LG, Cuellar ES, Blanco IF, Prianes LA, et al. Autologous stem cell transplantation for treatment of rectovaginal fistula in perianal Crohn's disease: a new cell-based therapy. Int J Colorectal Dis. 2003;18(5):451-4.

275. Garcia-Olmo D, Garcia-Arranz M, Herreros D, Pascual I, Peiro C, Rodriguez-Montes JA. A phase I clinical trial of the treatment of Crohn's fistula by adipose mesenchymal stem cell transplantation. Dis Colon Rectum. 2005;48(7):1416-23.

276. Garcia-Olmo D, Herreros D, Pascual I, Pascual JA, Del-Valle E, Zorrilla J, et al. Expanded Adipose-Derived Stem Cells for the Treatment of Complex Perianal Fistula: a Phase II Clinical Trial. Dis Colon Rectum. 2009;52(1):79-86.

277. Hida N, Nishyama N, Miyoshi S, Kira S, Segawa K, Uyama T, et al. Novel Cardiac Precursor-Like Cells from Human Menstrual Blood-Derived Mesenchymal Cells. Stem Cells. 2008;26(7):1695-702.

278. Zhong Z, Patel AN, Ichim TE, Riordan NH, Wang H, Min WP, et al. Feasibility investigation of allogeneic endometrial regenerative cells. Journal of Translational Medicine 2009;7:15-22.

279. Portmann-Lanz CB, Schoeberlein A, Huber A, Sager R, Malek A, Holzgreve W, et al. Placental mesenchymal stem cells as potential autologous graft for pre- and perinatal neuroregeneration. Am J Obstet Gynecol. 2006;194(3):664-73.

280. Alviano F, Fossati V, Marchionni C, Arpinati M, Bonsi L, Franchina M, et al. Term Amniotic membrane is a high throughput source for multipotent Mesenchymal Stem Cells with the ability to differentiate into endothelial cells in vitro. BMC Dev Biol. 2007;7:11.

281. Koo BK, Park IY, Kim J, Kim JH, Kwon A, Kim M, et al. Isolation and characterization of chorionic mesenchymal stromal cells from human full term placenta. Journal of Korean Medical Science. 2012;27(8):857-63.

282. Perin L, Sedrakyan S, Da Sacco S, De Filippo R. Characterization of human amniotic fluid stem cells and their pluripotential capability. Methods Cell Biol. 2008;86:85-99.

283. Zhang D, Jiang M, Miao D. Transplanted human amniotic membrane-derived mesenchymal stem cells ameliorate carbon tetrachloride-induced liver cirrhosis in mouse. PLoS One. 2011;6(2):e16789.

284. Lee MJ, Jung J, Na KH, Moon JS, Lee HJ, Kim JH, et al. Anti-fibrotic effect of chorionic plate-derived mesenchymal stem cells isolated from human placenta in a rat model of CCl(4)-injured liver: potential application to the treatment of hepatic diseases. J Cell Biochem. 2010;111(6):1453-63.

285. Zagoura DS, Roubelakis MG, Bitsika V, Trohatou O, Pappa KI, Kapelouzou A, et al. Therapeutic potential of a distinct population of human amniotic fluid mesenchymal stem cells and their secreted molecules in mice with acute hepatic failure. Gut. 2012;61(6):894-906.

286. Liu H, Liu DQ, Li BW, Guan LD, Yan ZF, Li YL, et al. Human amniotic fluid-derived stem cells can differentiate into hepatocyte-like cells in vitro and in vivo. In Vitro Cellular & Developmental Biology Animal. 2011;47(9):601-8.

287. Fang CH, Jin J, Joe JH, Song YS, So BI, Lim SM, et al. In vivo differentiation of human amniotic epithelial cells into cardiomyocyte-like cells and cell transplantation effect on myocardial infarction in rats: comparison with cord blood and adipose tissue-derived mesenchymal stem cells. Cell Transplant. 2012;21(8):1687-96.

288. Tsuji H, Miyoshi S, Ikegami Y, Hida N, Asada H, Togashi I, et al. Xenografted human amniotic membrane-derived mesenchymal stem cells are immunologically tolerated and transdifferentiated into cardiomyocytes. Circ Res. 2010;106(10):1613-23.

289. Zhao P, Ise H, Hongo M, Ota M, Konishi I, Nikaido T. Human amniotic mesenchymal cells have some characteristics of cardiomyocytes. Transplantation. 2005;79(5):528-35.

290. Chiavegato A, Bollini S, Pozzobon M, Callegari A, Gasparotto L, Taiani J, et al. Human amniotic fluid-derived stem cells are rejected after transplantation in the myocardium of normal, ischemic, immuno-suppressed or immuno-deficient rat. J Mol Cell Cardiol. 2007;42(4):746-59.

291. Liu YH, Vaghjiani V, Tee JY, To K, Cui P, Oh DY, et al. Amniotic epithelial cells from the human placenta potently suppress a mouse model of multiple sclerosis. PLoS One. 2012;7(4):e35758.

292. Tao J, Ji F, Liu B, Wang F, Dong F, Zhu Y. Improvement of deficits by transplantation of lentiviral vector-modified human amniotic mesenchymal cells after cerebral ischemia in rats. Brain Research. 2012;1448:1-10.

293. Cipriani S, Bonini D, Marchina E, Balgkouranidou I, Caimi L, Grassi Zucconi G, et al. Mesenchymal cells from human amniotic fluid survive and migrate after transplantation into adult rat brain. Cell Biol Int. 2007;31(8):845-50.

294. Rehni AK, Singh N, Jaggi AS, Singh M. Amniotic fluid derived stem cells ameliorate focal cerebral ischaemia-reperfusion injury induced behavioural deficits in mice. Behav Brain Res. 2007;183(1):95-100.

APÊNDICE

Autorizações

Licença número 3658390506066. Este capítulo foi traduzido do original "Human adult stem cells from diverse origins: an overview from multiparametric immunophenotyping to clinical applications". Sousa BR, Parreira RC, Fonseca EA, Amaya MJ, Tonelli FM, Lacerda SM, Lalwani P, Santos AK, Gomes KN, Ulrich H, Kihara AH, Resende RR. Cytometry A. 2014 Jan;85(1):43-77. doi: 10.1002/cyto.a.22402. Epub 2013 Nov 25. Review.

Tabela S1 Estudos clínicos em andamento com base na terapia por células tronco derivadas do tecido adiposo de acordo com clinicaltrials.gov em junho de 2013

DISEASE CATEGORY	STUDIES Nº	DISEASE CATEGORY	STUDIES Nº	DISEASE CATEGORY	STUDIES Nº
Síndrome da imunodeficiência adquirida	1	Traumatismo cerebral	1	Diabetes *mellitus*	3
Leucemia linfoblástica aguda	1	Isquemia cerebral	2	Diabetes *mellitus*, Tipo 2	3

DISEASE CATEGORY	STUDIES Nº	DISEASE CATEGORY	STUDIES Nº	DISEASE CATEGORY	STUDIES Nº
Adenocarcinoma	1	Doença mamária	1	Doença do sistema digestivo	16
Adenocarcinoma, mucinous	1	Neoplasma mamário	1	Fístula do sistema digestivo	9
Doença anexial	5	Doença de Buerger	1	Discinesias	1
Esclerose lateral amiotrófica	1	Carcinoma	1	Enfisema	1
Anemia	1	Carcinoma de ducto	1	Doenças do sistema endócrino	8
Anemia, aplástica	1	Carcinoma mamário, ductual	1	Hemiatrofia Facial	1
Anoxia	1	Doença do sistema nervoso central	11	Doença do Nervo facial	1
Anemia aplástica	1	Ataxia cerebelar	1	Face	2
Traumatismos do braço	2	Doença cerebelar	1	Incontinência fecal	1
Doença da artéria oclusiva	4	Infarto cerebral	2	Necrose da cabeça do fêmur	1
Arterioscleros	2	Disordem cérebro-vascular	2	Fibrose	3
Artralgia	1	Transtornos globais do desenvolvimento infantil	1	Fístula	12
Artrite	5	Chronic Graft Versus Host Disease	1	Fratura do osso	1
Artrite reumatóide	1	Cicatriz	1	Ganglion Cysts	1
Ataxia	1	Anormalias congênitas	3	Gastroenterite	8
Aterosclerose	1	Connective Tissue Diseases	1	Gastrointestinal diseases	16
Atrofia	1	Constrição patológica	1	Doença genital feminina	7
Transtorno autista	2	Doença da artéria coronária	2	Doença genital masculina	1
Doença autoimmune	1	Doença da coronária	1	Nanismo genital	1
Doença autoimmune do sistema nervoso	1	Trauma craniocerebral	1	Neoplasma genital masculino	1
Avitaminosis	1	Doença de Crohn	9	Disordem de metabolismo da glicose	3
Doença da ganglia basal	1	Cisto	4	Disordem da gônoda	5
Sintomas comportamentais	1	Deficiency Diseases	1	Disgenesia gonadal	1
Peso corporal	2	Doenças autoimunes desmielinizantes do SNC	1	Doença hospedeiro-enxerto	1
Doença óssea	2	Doenças desmielinizantes	1	Doença cardíaca	5
Doenças da medula óssea	1	Depressão	1	Falha cardíaca	3
Doença do cérebro	7	Transtorno depressivo	1	Doença hematológica	1
Infarto cerebral	2	Deficiências do desenvolvimento	1	Infecção por HIV	1
Doença de Hodgkin	1	Malnutrição	1	Doenças vasculares periféricas	2
Linfoma de Hodgkin	1	Menopausa	1	Doença arterial periférica	2
Homologous Wasting Disease	1	Transtornos mentais	1	Síndrome do ovário policístico	4
Fraturas do úmero	1	Transtornos mentais diagnosticados na infância	1	Condições pré-cancerosas	1
Hipertensão	2	Doenças metabólicas	5	Precursor celular leucemia linfoblástica — Linfoma	1
Hipertensão renovascular	1	Doença neuromotora	1	Pré-leucemina	1
Síndromes de imunodeficiência	1	Doenças da boca	1	Insuficiência ovariana primária	1
Transtornos imunoproliferativos	2	Distúrbios do movimento	1	Atrofia hemifacial progressiva	1
Infarto	3	Esclerose múltipla	1	Doença da próstata	1
Doenças inflamatórias intestinais	8	Doenças músculo-esqueléticas	8	Neoplasma prostático	1
Degeneração do disco intervertebral	1	Síndromes mielodisplásicas	1	Transtornos psicóticos	1
Doenças intestinais	14	Infarto do miocárdio	1	Doença pulmonar pbstrutiva crônica	1
Fístula intestinal	9	Isquemia miocárdica	2	Enfisema pulmonar	1
Isquemia	12	Necroses	3	Doença do reto	9

DISEASE CATEGORY	STUDIES Nº	DISEASE CATEGORY	STUDIES Nº	DISEASE CATEGORY	STUDIES Nº
Artropatias	5	Neoplasias glandulares e epitelialias	1	Fístula retal	8
Doenças renais	2	Degeneração do nervo	1	Distúrbios urinários	3
Infecções por lentivírus	1	Doenças neurodegenerativas	2	Neoplasias urogenitais	1
Leucemia	2	Manifestações neurológicas	1	Manifestações urológicas	3
Leucemia linfóide	1	Doenças neuromusculares	1	Doenças vaginais	2
Transtornos do metabolismo de lipídios	1	Transtornos da nutrição	3	Fístula vaginal	2
Lipodistrofia	1	Osteoporose	1	Ferimentos e lesões	6
Cirrose hepática	2	Fraturas osteoporóticas	1		
Doenças do fígado	2	Cistos ovarianos	4		
Doenças pulmonares	2	Doenças do ovário	5		
Doenças pulmonares obstrutivas	1	Hipernutrição	2		
Doenças linfáticas	2	Excesso de peso	2		
Linfoma	2	Dor	2		
Linfoma não Hodgkin	1	Doença de Parkinson	1		
Linfoma, pequenas células clivadas difusa	1	Transtornos parkinsonianos	1		
Lymphoproliferative Disorders	2	Condições patológicas anatômicas	14		

CAPÍTULO 19

PRODUÇÃO E DIFERENCIAÇÃO DE CÉLULAS-TRONCO INDUZÍVEIS

Ricardo Cambraia Parreira
Fernanda Maria Policarpo Tonelli
Vânia Aparecida Mendes Goulart
José Luiz da Costa
Luiz Orlando Ladeira
Katia Neves Gomes
Alexandre Hiroaki Kihara
Rodrigo R. Resende

19.1 INTRODUÇÃO

No embrião de vertebrados, células totipotentes têm o potencial para se diferenciar e dar origem às células tecido-específicas, em última análise, formando um organismo inteiro, incluindo os tecidos extraembrionários, tais como a placenta. Esse processo de especificação celular é controlado pela interação de fatores endógenos e exógenos. As células totipotentes são encontradas desde o óvulo fecundado até o estágio inicial de mórula (estágio em que há 16 células). Na fase de blastocisto do embrião inicial, as células da massa celular interna (*inner cell mass* – ICM), a partir das quais as células-tronco embrionárias (*embryonic stem cells* – ESC) são derivadas[1,2], são pluripotentes: elas são capazes de formar cada um dos três folhetos

germinativos, endoderme, ectoderme e mesoderme. Eventualmente, as células que são determinadas para cada um destes folhetos germinativos especializam-se para dar origem aos tecidos do organismo adulto, tais como o cérebro, intestinos ou músculo cardíaco, entre outros. Essas células adultas diferenciadas geralmente não mudam seus destinos; por exemplo, os hepatócitos não se tornam espontaneamente cardiomiócitos.

Vários estudos clássicos, entretanto, sugerem que as células "comprometidas" do embrião são, na verdade, plásticas, porque o destino dessas células pode mudar quando são explantadas e expostas a um microambiente diferente. Em um desses estudos, as células dos discos imaginais de pupas de *Drosophila melanogaster* foram serialmente transplantadas para o abdômen de uma mosca adulta, e observou-se a "transdeterminação": as células que eram originalmente destinadas a formar as estruturas genitais deram origem a estruturas como perna e cabeça, e, eventualmente, em transplantes posteriores, a asas[3,4]. Embora essas mudanças no destino celular tenham ocorrido com uma frequência baixa, essas experiências realizadas por Hadorn e Gehring, respectivamente, forneceram evidências de que as células de explante são surpreendentemente plásticas.

Em outro elegante estudo[5], células foram transplantadas de codornas para galinhas: essas células eram suficientemente semelhantes para poder participar no desenvolvimento normal do transplante, mas eram histologicamente distintas, o que lhes permitia ser rastreadas. Usando essa propriedade, Le Lievre e Le Douarin[5] mostraram que as células da crista neural explantadas adotavam novos destinos (osso, cartilagem e tecido conjuntivo), que são ditados pela sua nova vizinhança celular, e não pela sua localização original no embrião de aves. Uma ressalva a esses resultados é que o destino das células individuais não pode ser seguido. Mas, já em meados dos anos 1960, tais experiências de transplante de células embrionárias sugeriram que o estado geral estável de uma célula especializada era plástico e podia ser alterado em resposta ao ambiente extracelular.

Por muito tempo se pensou que quando uma célula se diferencia ela perde cromossomos ou inativa permanentemente genes de que já não necessita. Por que uma célula especializada manteria o potencial para reativar genes típicos de um outro tipo celular? Este parece ser um mecanismo de risco, dada a possibilidade de que os genes poderiam ser inapropriadamente ativados. No entanto, três abordagens para a reprogramação nuclear – transferência nuclear, fusão celular, e de transdução de fatores de transcrição (descritos em detalhe abaixo) – demonstraram conclusivamente que um tipo de célula especializada definida (isto é, em uma célula que tenha sido cuidadosamente

Produção e Diferenciação de Células-Tronco Induzíveis

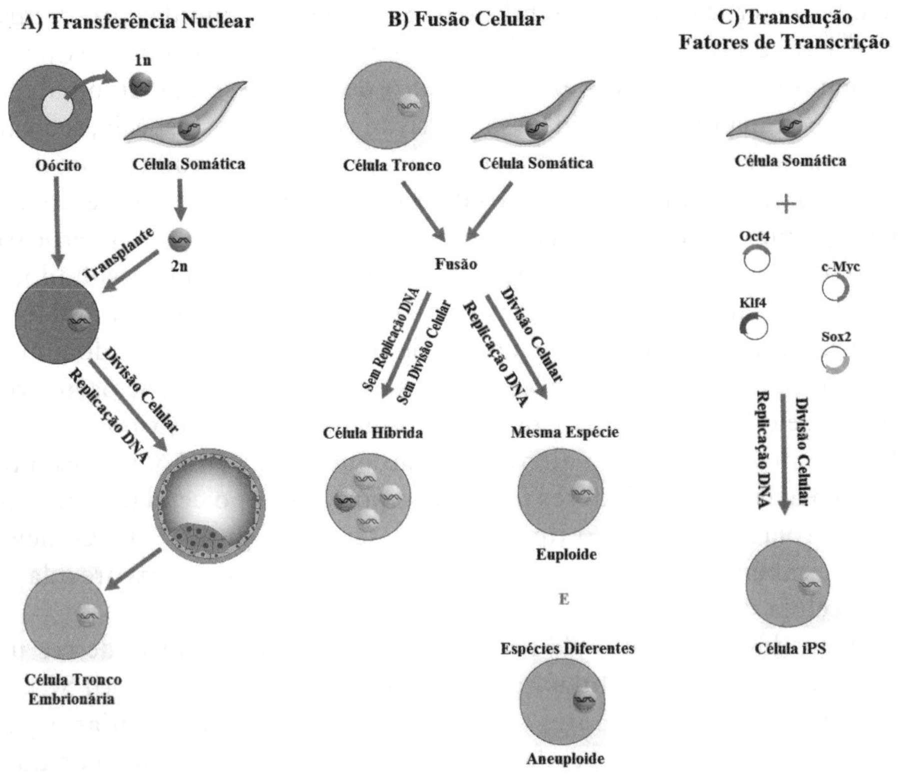

Figura 19.1 Três abordagens para a reprogramação nuclear: A) transferência nuclear; B) fusão celular; C) transdução de fatores de transcrição. Modificado de Nuclear reprogramming to a pluripotent state by three approaches..

determinada para ser diferenciada) pode ter seu destino invertido, voltando a célula para um estado de pluripotência (Figura 19.1).

A) Transferência nuclear: nesta abordagem, o núcleo de uma célula somática (que é diploide, 2n) é transplantado para um oócito enucleado, sem núcleo. No ambiente do ovócito, o núcleo de células somáticas é reprogramado de modo que as células derivadas são pluripotentes. Deste oócito, um blastocisto é gerado, a partir do qual linhagens de células-tronco embrionárias (*embryonic stem cells* – ESC) são derivadas em cultura de tecidos. Caso o progresso do desenvolvimento do blastocisto não seja interrompido, todo um organismo clonado é gerado.

B) Fusão celular: nesta abordagem, os dois tipos de células distintos são combinados para formar uma única entidade. As células fundidas resultantes

podem ser heterocariônicas ou híbridas. Se as células fundidas proliferarem, irão tornar-se híbridas, e, em divisão, os núcleos serão fundidos para se tornarem 4n (isto é, duas vezes o número de cromossomas de uma célula somática) ou maior. Se as células são derivadas da mesma espécie, seu cariótipo permanecerá euploide (isto é, elas terão conjuntos equilibrados de cromossomas), no entanto, se elas são de espécies diferentes, elas serão aneuploides, já que os cromossomas serão perdidos e rearranjados. Heterocários, pelo contrário, são de curta duração e não se dividem. Como resultado, eles são multinucleados: os núcleos das células originais permanecem intactos e distintos, e a influência de um genótipo de outro pode ser estudado num sistema estável, em que não há cromossomas que são perdidos. Se os heterocárions são de espécies distintas, os produtos gênicos dos dois tipos de células podem ser distinguidos. Ao alterar a razão nuclear na fusão, e, portanto, a estequiometria dos reguladores fornecidos por cada tipo celular, o heterocárion é reprogramado para o tipo celular desejado (Figura 19.1). O meio de cultura, também tem um papel e deve ter uma composição favorecida pelo tipo de célula desejada.

C) Transdução de fator de transcrição: esta abordagem pode ser utilizada para produzir as células-tronco pluripotentes induzidas (iPSC), que têm propriedades semelhantes às células ES e podem ser geradas a partir de quase qualquer tipo de célula do corpo, através da introdução de quatro genes (Oct4, Sox2, Klf4 e c-Myc), usando retrovírus. O estado pluripotente é hereditariamente mantido, e um grande número de células pode ser gerado, tornando esta abordagem vantajosa para aplicações clínicas.

Esses três modelos experimentais proporcionaram provas de que, com poucas exceções (como a recombinação homóloga em linfócitos), células somáticas altamente especializadas retêm toda a informação genética que é necessária para que se revertam em ESC, e que os genes das células somáticas não foram permanentemente inativados. Além disso, as três abordagens mostraram que, embora o estado diferenciado de uma célula possa ser, geralmente, estável, a "memória" celular é dinamicamente controlada e sujeita a alterações induzidas por perturbações na estequiometria dos reguladores de transcrição presentes na célula, em qualquer dado momento.

Estudos recentes mostram que células-tronco pluripotentes com propriedades semelhantes às células-tronco embrionárias (chamadas de células iPS) podem ser induzidas facilmente a partir de células somáticas diferenciadas. Esta constatação levou a grande excitação a respeito do potencial dessas células na melhora do entendimento e tratamento de doenças e destacou a necessidade de uma melhor compreensão mecanística do processo de

reprogramação. Uma melhor percepção é necessária para quais reguladores são necessários para gerar as células iPS de maneira confiável e eficiente, e induzidas a se diferenciarem para o destino da célula especializada de interesse. Para atingir este objetivo, as três abordagens para a reprogramação nuclear precisam ser listadas.

Este capítulo fornece uma perspectiva histórica sobre as principais conclusões (Figura 19.2) que levaram à descoberta da plasticidade celular e, por sua vez, discute estudos utilizando cada uma das três abordagens para a reprogramação nuclear.

Ele também indica as perguntas que devem ser respondidas antes que a reprogramação nuclear possa realizar o seu potencial em aplicações médicas, além de apresentar metodologias para o desenvolvimento de iPSC.

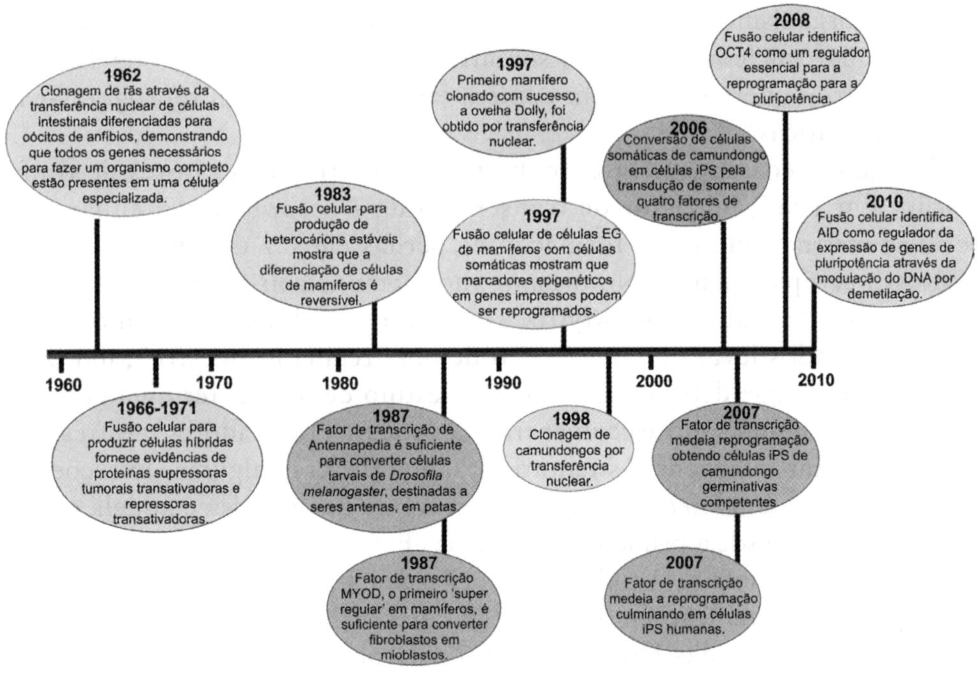

Figura 19.2 Linha do tempo das descobertas na reprogramação nuclear. Três abordagens para a reprogramação nuclear são descritas: transferência nuclear (1962, 1997 e 1998), fusão celular (1966-1971, 1983, 1997, 2008 e 2010), transdução de fator de transcrição (1987, 2006 e 2007). Essas abordagens complementares forneceram percepções sinérgicas por quase cinquenta anos e continuam a informar a compreensão da reprogramação nuclear e a influenciar os avanços da medicina. (*embryonic germ cells*, ou EG *cells*, são células germinativas embrionárias). Modificado de Nuclear reprogramming to a pluripotent state by three approaches.

19.2 A FUSÃO DE TRÊS FLUXOS CIENTÍFICOS LEVOU À PRODUÇÃO DE iPSC

Como qualquer outro avanço científico, a tecnologia iPSC foi estabelecida com base em inúmeros achados de cientistas do passado e atuais em áreas afins. Houve três grandes fluxos de pesquisas que levaram à produção de iPSC (Figura 19.2). O primeiro fluxo foi a reprogramação por transferência nuclear. Em 1962, John Gurdon informou que seu laboratório tinha gerado girinos a partir de ovos não fertilizados, que tinham recebido um núcleo de células intestinais de rãs adultas[6]. Mais de três décadas depois, Ian Wilmut e seus colegas relataram o nascimento de Dolly, o primeiro mamífero gerado por clonagem somática de células epiteliais mamárias[7]. Esses sucessos na clonagem somática demonstraram que, mesmo diferenciadas, as células contêm toda a informação genética necessária para o desenvolvimento de organismos inteiros, e que os oócitos contêm os fatores que podem reprogramar núcleos de células somáticas. Em 2001, o grupo de Takashi Tada mostrou que ESC também contêm fatores que podem reprogramar as células somáticas[8].

A segunda corrente foi a descoberta do "mestre" dos fatores de transcrição. Em 1987, um fator de transcrição da *Drosophila*, Antennapedia, foi demonstrado induzir a formação de pernas em vez de antenas quando expresso ectopicamente[9]. No mesmo ano, demonstrou-se que um fator de transcrição de mamíferos, MyoD, convertia fibroblastos em miócitos[10]. Esses resultados levaram ao conceito de um "regulador-mestre", um fator de transcrição que determina e induz o destino de uma determinada linhagem. Muitos pesquisadores começaram a procurar reguladores mestres únicos para várias linhagens. As tentativas falharam, com algumas exceções[11].

A terceira, e igualmente importante, corrente de pesquisa é aquela envolvendo as ESC. Desde a primeira geração das ESC de camundongo em 1981[1,2], Austin Smithe e outros já tinham estabelecidas as condições de cultura que permitem a manutenção em longo prazo de pluripotência[12]. O fator-chave para a manutenção das ESC de rato foi o fator inibitório de leucemia (do inglês, *leukemia inhibitory factor* – LIF). Da mesma forma, uma vez que a primeira geração de ESC de humanos foi produzida utilizando o LIF[13], ótimas condições de cultivo, desta vez usando o LIF com o fator de crescimento de fibroblastos básico (do inglês, *basic fibroblast growth factor* – bFGF) também foram estabelecidas.

Combinando as duas primeiras correntes de pesquisa, o grupo de Shinya Yamanaka foi levado a supor que fosse uma combinação de vários fatores

em oócitos ou em ESC os responsáveis pela reprogramação de células somáticas de volta para o estado de pluripotência, e passaram a desenhar experimentos para identificar essa combinação.

Utilizando informações sobre as condições de cultura que são necessárias para manter a cultura de células pluripotentes, eles foram capazes de identificar quatro fatores que podem gerar as iPSC.

19.3 A TRANSFERÊNCIA NUCLEAR

Quando um núcleo de uma célula somática diferenciada, como uma célula intestinal, é transplantado para um oócito enucleado, a reprogramação nuclear é iniciada, conduzindo à geração de um indivíduo inteiro, que é um clone geneticamente idêntico das células somáticas originais. Tais experiências de transferência nuclear, também conhecidas como clonagem (Figura 19.1), têm demonstrado definitivamente que todos os genes necessários para criar um organismo inteiro estão presentes no núcleo da célula especializada e podem ser ativados por exposição a fatores de reprogramação presentes no oócito. Em outras palavras, a especialização celular envolve uma mudança na expressão gênica, e não em seu conteúdo genético, e o processo de diferenciação pode ser totalmente revertido[14].

Nesta seção, apresentamos um panorama histórico dos resultados de estudos de transferência nuclear e a visão sobre a diferenciação celular e regulação gênica que os pesquisadores ganharam com essa abordagem (fatores estes ilustrados na Figura 19.1).

19.3.1 Em anfíbios

Elegantes estudos de clonagem em sapos forneceram a primeira evidência conclusiva de que os genes não são perdidos ou permanentemente silenciados durante a especialização celular.

Briggs e King foram os primeiros a demonstrar[15], em 1952, que a transferência de núcleos de blastocistos em oócitos enucleados resultou em clones, neste caso de girinos de natação. Mas eles tiveram dificuldade em reproduzir esse achado com células de tecidos mais especializados, que muitas vezes davam origem a tecidos anormais, e interpretaram essa limitação como evidência de uma perda de plasticidade, com a diferenciação das células. Gurdon realizou o mesmo experimento[6,16] com diferentes espécies de sapos

e conseguiu a transferência de núcleos de células intestinais de girino, altamente especializadas, em oócitos irradiados com luz ultravioleta, obtendo não só girinos, mas também rãs adultas normais. A escolha das espécies de rãs foi fundamental, mas também o foi a interpretação dos resultados. Embora a incidência tenha sido baixa, Gurdon interpretou suas descobertas como prova de que o processo de especialização celular não exigia alterações nucleares irreversíveis. Uma década após as descobertas de Briggs e King terem terem sido publicadas, os relatos de Gurdon[6,16] de que a diferenciação pode ser reversível atraiu a atenção imediata e excitação, mas também eram controversos. Em primeiro lugar, a baixa frequência (cerca de 1%) com que um adulto normal foi obtido após a transferência nuclear de células somáticas adultas em oócitos enucleados (em comparação com 30% para núcleos de células embrionárias ou após a transferência em série, ou seja, dois experimentos de transferência nuclear sequenciais) sugeriu que os clones poderiam ter surgido a partir de uma subpopulação de células contaminantes, possivelmente células-tronco intestinais residuais. Em segundo lugar, as experiências não podiam ser repetidas em outras espécies. Estes obstáculos foram superados.

19.3.2 Em mamíferos

Por que a clonagem de mamíferos não teve sucesso até 1997? Certamente não foi por falta de tentativa. O primeiro mamífero clonado com sucesso foi Dolly, a ovelha, feita por fusão de uma célula mamária com um oócito enucleado (usando um pulso elétrico fusogênico)[7]. Wilmut e seus colegas foram os primeiros a clonar um mamífero[7], devido, em parte, à sua estratégia. Usaram oócitos não fertilizados como receptores, em conjunto com células de doadores que tinham sido induzidas a sair do ciclo celular por privação de soro, em cultura, e postularam que a estrutura da cromatina mudaria de forma a conduzir à reprogramação nuclear. Um ano mais tarde, Wakayama e colaboradores, com persistência e perícia técnica, utilizando uma pipeta de enucleação projetada para entregar pulsos piezoelétricos, tiveram sucesso na clonagem de camundongos[17]. Esse instrumento permitiu ao núcleo ser removido do oócito do camundongo, que é mais sensível do que o da ovelha, e ser substituído pelo núcleo de uma célula somática. Esse processo de transferência nuclear de células somáticas (do inglês, *somatic-cell nuclear transfer* – SCNT) logo foi repetido em vários laboratórios. Importante, Jaenisch e colegas finalmente acabaram com o argumento de que a

"reprogramação" era resultante da presença de contaminação de células-tronco ou células progenitoras[18,19]. Eles obtiveram evidências definitivas de que o destino de núcleos de células altamente especializadas, os neurônios olfativos purificados, ou a partir de células B em que o locus da imunoglobulina tinha sido reorganizado, poderia ser revertido para produzir um clone de camundongo[18,19].

A SCNT é possível não só com oócitos, mas também com ovos fertilizados (ou zigotos), mostrando que os fatores de reprogramação ainda estão presentes nessa fase do desenvolvimento[20]. Notavelmente, os núcleos intactos não são removidos em nenhum dos métodos de transferência nuclear. Em vez disso, o complexo de cromossomas condensados e o fuso são cuidadosamente extraídos em fases do ciclo celular em que o envelope nuclear é desmontado (durante a meiose nos oócitos ou metáfase em zigotos submetidos à mitose), de modo que os fatores de reprogramação, que estão normalmente localizados no núcleo, são dispersos no citosol.

Em adição aos ovinos e camundongos, uma vasta gama de espécies já foi clonada com sucesso usando SCNT, desde animais domésticos (como cães e cabras), e híbridos (como mulas), até animais selvagens, como gatos selvagens e lobos africanos[21]. Além disso, os núcleos de tecidos congelados foram transplantados com sucesso em oócitos enucleados, uma década após o congelamento do tecido. Essas experiências foram realizadas com o objetivo de, eventualmente, usar células criopreservadas para fins terapêuticos ou de clonagem de animais extintos[22]. A baixa eficiência de clonagem nuclear (1% a 2%) ainda é típica de camundongos, que são o modelo de animais experimentais mais amplamente utilizados[21]. É notável que células-tronco embrionárias – células ES derivadas de transferência nuclear (*nuclear-transfer-derived ES cells* – células ntES) – possam ser geradas com eficiência muito maior (cerca de 20%) de blastocistos formados por SCNT[23]. E, embora primatas ainda não tenham sido clonados, células ntES foram geradas com sucesso a partir de primatas não humanos[24].

19.4 PERCEPÇÕES MECANÍSTICAS

Camundongos clonados com anatomia bruta aparentemente normal podem ter inúmeras anomalias, o que levanta preocupações sobre a fidelidade da SCNT para a geração de organismos clonados ou células sem defeitos fenotípicos.

As anormalidades mais comuns incluem a expressão aberrante de genes em embriões, o tamanho dos telômeros, a obesidade em adultos, comprometimento do sistema imune e, muitas vezes, o aumento da suscetibilidade ao câncer e morte prematura[21]. Para superar esses problemas, várias modificações técnicas foram testadas em camundongos, incluindo tentativas de ativação química de oócitos para torná-los mais sensíveis, alterando o tempo de enucleação, inibindo a citocinese e usando a fusão celular em vez de injeção nuclear, mas tais alterações levaram a apenas um aumento modesto (ou seja, ainda de 1% a 3%, na melhor das hipóteses) na frequência de animais clonados[21].

A eficiência na geração de camundongos clonados aumenta substancialmente (de 1% a cerca de 20%) quando a fonte de células para os núcleos são as células ntES o invés de células somáticas, uma eficácia equivalente à utilização de células ES normais para gerar um camundongo clonado[20]. Com efeito, a abordagem de utilização de células ntES permitiu aos investigadores clonar camundongos a partir de células T e B[18]. As células ntES são linhagens de células-tronco embrionárias derivadas de um animal clonado e, portanto, passaram por muitas rodadas de divisão celular em cultura. Esses resultados sugerem que o processo de reprogramação nuclear é substancialmente reforçado pela passagem através de um estado de células ES. Notavelmente, a eficiência de clonagem também difere dependendo do tipo celular, o estágio de desenvolvimento e a estirpe do camundongo doador nuclear.

Presume-se que os defeitos de desenvolvimento em animais clonados possam resultar, em parte, de problemas com a fidelidade de reprogramação genômica[25], devido a uma falha em apagar a "memória epigenética" completamente, um termo usado aqui para definir efeitos hereditários sobre a expressão gênica que não são devidas às diferenças na sequência de ácido desoxirribonucleico (do inglês *deoxyribonucleic acid* – DNA). Fatores epigenéticos que contribuem para a manutenção de padrões de expressão gênica incluem reguladores de metilação do DNA, modificações e substituições de histonas e remodeladores de cromatina dependentes de ATP. A maioria desses modificadores da estrutura da cromatina não reconhece sequências específicas de DNA.

Fatores específicos orientam esses modificadores para os seus alvos, e alças de retroalimentação (*feedback loops*) mantêm o equilíbrio necessário de tais fatores de modificação. Ambos os modificadores e fatores têm um papel crucial.

A potência da regulação epigenética é exemplificada pela constatação de que abelhas-rainhas e operárias são clones. Apesar do seu DNA idêntico,

rainhas e operárias têm diferentes comportamentos, morfologias e capacidades reprodutivas. Elas diferem, pois algumas larvas, as futuras rainhas, ingerem a geleia real. A composição da geleia real é desconhecida, mas seus efeitos podem ser largamente imitados diminuindo os níveis de um único regulador epigenético repressivo, a DNA metiltransferase (*DNA methyltransferase* – DNMT3)[25]. A frequência de anormalidades nos animais clonados que foram gerados por transferência nuclear sugere que a reprogramação nuclear é incompleta e que uma melhor compreensão dos mecanismos de regulação gênica, em particular aqueles de memória epigenética, é necessária.

O impacto combinado de diversas alterações epigenéticas e como elas se relacionam com alterações na expressão gênica e memória celular é um assunto de intensa investigação e interesse para o entendimento básico da plasticidade celular e para o potencial do uso de células-tronco embrionárias a partir de embriões derivados de SCNT para aplicações clínicas.

19.5 FUSÃO CELULAR

A fusão celular envolve a fusão de dois ou mais tipos celulares para formar uma única entidade.

Isso permite que o impacto de um genoma no outro possa ser estudado e, dessa maneira, a existência de repressores que atuam em trans e proteínas supressoras tumorais foi demonstrada em 1960 (Figuras 19.1 e 19.2). Cerca de uma década depois, estudos de fusão celular forneceram a primeira evidência de que o estado diferenciado de células somáticas de mamíferos não é fixo e irreversível, mas, ao contrário, é ditado pelo equilíbrio dos reguladores e requer uma regulação contínua[26-28]. Tais estudos não poderiam ser levados adiante até que as tecnologias moleculares recentes fossem desenvolvidas, a tal ponto que experimentos de fusão celular demonstraram que o estado pluripotente pode dominar sobre o estado diferenciado, sob certas condições, levando genes previamente silenciados a tornarem-se ativos. Esta abordagem está sendo revivida como uma potente forma de elucidar os mecanismos de regulação, como a desmetilação do DNA, que são necessários para a reprogramação nuclear. Nesta seção, discutiremos a conversão de um tipo de célula somática diferenciada para outro tipo e, em seguida, a conversão de células somáticas diferenciadas em células pluripotentes.

19.5.1 A indução de genes típicos de uma célula somática específica

A fusão celular pode gerar híbridos ou heterocariontes (Figura 19.1b). Híbridos proliferam, fazendo com que os núcleos das células originais se fundam, enquanto heterocárions não proliferam e, portanto, contêm múltiplos núcleos distintos. Há pouco mais de quatro décadas, experimentos de fusão demostraram que, quando um fibroblasto de camundongo é fundido com um melanócito de *hamster* (porco-da-índia) ou hepatócitos de rato, a melanina e a tirosina aminotransferase, respectivamente, deixam de ser sintetizadas[29,30]. Esses estudos pioneiros proporcionaram novas evidências de que a expressão gênica não é regulada apenas por elementos de DNA de ação *cis*, mas também por repressores ativados em *trans*.

Alguns anos mais tarde, células híbridas também forneceram evidências convincentes de que existem proteínas supressoras de tumores de ação trans, porque em alguns casos em que as células não cancerosas e células tumorais foram fundidas, o estado "normal" dominou sobre o estado transformado, impedindo a formação de tumor.

Tal supressão de malignidade não resultou da perda de oncogene, e por causa da proliferação prolongada o fenótipo transformado reemergiu[31]. Em alguns estudos, os genes que eram silenciados em um tipo de célula foram ativados em outros[32,33]; no entanto, para selecionar para os híbridos, estes devem se dividir, o que leva a fusão nuclear, perda e rearranjo dos cromossomas e aneuploidia, se os híbridos são de espécies diferentes. Como resultado, não ficou claro a partir de experimentos com esses híbridos de células proliferativas se a ativação do gene observado foi causada pela perda de um gene que codifica um repressor ou pela ação de um ativador.

Em 1983, a primeira evidência definitiva de que os genes anteriormente silenciosos podem ser ativados em células de mamíferos foi obtido por Blau e colegas, produzindo heterocárions[26], que são de vida curta, não se dividem e são produtos de fusão multinucleada de dois tipos de células distintas. Se os tipos celulares são de espécies diferentes, seus produtos gênicos podem ser distinguidos e a reprogramação nuclear pode ser avaliada. Essa demonstração de reprogramação nuclear foi vista, primeiramente, com incredulidade, porque o dogma prevalecente considerava que o estado diferenciado de células de mamíferos era fixo e irreversível. Usando heterocárions, os problemas de perda e rearranjo de cromossomas, que são típicos dos híbridos, foram superados, porque, na ausência de proliferação, os núcleos dos dois tipos de células distintos permanecem intactos.

Os primeiros estudos de heterocárions mostraram um aumento no DNA nuclear e síntese de RNA e DNA, mas genes silenciosos não tinham sidos ativados[34], presumivelmente, como resultado do tipo celular escolhido. Esses estudos envolveram eritrócitos de galinha, que têm um núcleo, mas estão entre as células mais especializadas e difíceis de reprogramarem. A ativação de genes previamente silenciosos foi detectada pela primeira vez em heterocárions de células musculares e células amnióticas[26].

Nesse estudo, para aumentar a dosagem gênica e evitar a divisão celular, as células musculares de camundongo foram selecionadas como o parceiro de fusão, uma vez que são naturalmente multinucleadas e pós-mitóticas. Células amnióticas humanas foram escolhidas como o outro parceiro de fusão, pois sua origem embrionária indicaria que estas células poderiam ser mais plásticas do que outros tipos celulares. Nos heterocárions resultantes, observou-se a diferenciação dirigida, e várias proteínas musculares humanas foram expressas, indicando que os genes musculares tinham sido ativados em células não musculares[26,27].

Subsequentemente, heterocárions formados a partir de sincícios de células musculares e diversos tipos de células de camundongos, incluindo fibroblastos humanos (que surgem a partir da mesoderme), hepatócitos (da endoderme) e queratinócitos (da ectoderme), demonstraram que os genes musculares, anteriormente silenciosos, podem ser ativados em células representativas de todos os três folhetos embrionários[26,27].

A proporção relativa dos núcleos, ou a dosagem gênica, provenientes dos dois tipos de células ditam a direção da reprogramação[27,35]. A replicação do DNA não era necessária, e o *status* da metilação do DNA foi fundamental para os resultados na pesquisa com heterocárions[35,37]. A frequência e a cinética de reprogramação também diferem entre tipos celulares[27]. Outros pesquisadores confirmaram que os genes anteriormente silenciosos podiam ser ativados em heterocárions contidos em células musculares, assim como também com outros tipos de células[38]. E este também provou ser o caso de outros tipos celulares. Por exemplo, genes específicos de hepatócitos e de eritrócitos foram ativados em núcleos derivados de fibroblasto presentes em heterocárions sem capacidade de se dividirem e de espécies distintas[39,40]. Em conjunto, essas experiências de heterocárions mostraram que a expressão de genes, previamente silenciosos, típicos de diversos tipos de células diferenciadas de mamíferos podia ser induzida em outros tipos de células diferenciadas, mesmo *in vivo*[41,42]. Além disso, eles demonstraram que o estado diferenciado não era fixo e irreversível, mas, em vez disso, é continuamente regulado pelo

balanço de reguladores presentes em qualquer dado tempo[14,27,28], proporcionando forte evidência para a plasticidade nuclear.

19.5.2 A indução de genes de pluripotência em células somáticas

Com o advento de ferramentas moleculares melhoradas, foi então renovado o interesse em usar a fusão celular como uma abordagem para estudar a pluripotência e os mecanismos de regulação nela envolvidos. Para evitar os problemas de aneuploidia, todos os estudos de híbridos citados abaixo fundiram células de uma mesma espécie.

Tada, Surani e colegas foram os primeiros a mostrar a reprogramação nuclear de células somáticas em híbridos proliferativos. Eles fundiram células germinativas embrionárias femininas, que são células-tronco pluripotentes derivadas de células germinativas primordiais, com timócitos de camundongos adultos[43]. Em seguida, investigaram quais sequências de DNA haviam sido desmetiladas, usando enzimas de restrição sensíveis à metilação de DNA, e se certos genes marcados e não marcados a partir do genoma somático tinham sido ativados. Além disso, eles mostraram que as células tetraploides fundidas eram pluripotentes: as células podiam contribuir para os três folhetos germinativos em embriões quiméricos.

Tada e seus colaboradores, em seguida, mostraram que as células somáticas podiam adquirir um fenótipo pluripotente depois de ser fundidas com células ES[8]. Eles fundiram células-tronco embrionárias de camundongos machos com timócitos de camundongos fêmea que continham um transgene repórter GFP (do inglês, *green fluorescent protein*) dirigido pelo promotor de Oct4 (também conhecido como Pou5f1) de camundongo, e descobriram que os genes no cromossomo X inativo e a construção do repórter Oct4-GFP dos timócitos foram reativados.

Com células-tronco embrionárias como um parceiro de fusão, em contraste com as células germinativas (descritas acima), genes marcados nas células tetraploides fundidas não eram desmetilados.

Posteriormente, o mesmo grupo de pesquisa gerou células híbridas de intersubspécies com células ES de *Mus musculus domesticus* e timócitos de *M. musculus molossinus*[44]. São frequentes os polimorfismos de sequência de DNA entre os genomas das duas subespécies, o que permitiu aos investigadores monitorizar a origem do RNA e DNA de clones híbridos. Usando essa elegante abordagem, eles mostraram que o genoma somático

reprogramado em híbridos com células-tronco embrionárias torna-se hiperacetilado em histonas H3 e H4, enquanto o resíduo de lisina na posição 4 da H3 torna-se globalmente hiperdimetilado e hipertrimetilado, uma indicação de que o epigenoma foi convertido para um estado pluripotente.

Cowan e colegas estenderam tal trabalho mostrando que a reprogramação nuclear de células somáticas humanas podia ser conseguida através de sua fusão com células embrionárias humanas em híbridos tetraploides[45] em uma razão 1:1. Smith e colaboradores demonstraram posteriormente que, em camundongos, a superexpressão de Nanog, que codifica um fator de transcrição de pluripotência, melhorou substancialmente a reprogramação nuclear baseada em fusão[46]. Embora, em geral, tais análises de reprogramação nuclear sejam limitadas (com algumas notáveis exceções[44]) porque apenas um pequeno número de produtos gênicos podem ser distinguidos, essas experiências mostraram claramente que, após proliferação e seleção em cultura, os reguladores de pluripotência podem substituir os reguladores de diferenciação celular.

Heterocárions de espécies distintas permitem estudos mais abrangentes de reprogramação nuclear do que a fusão de células de mesmas espécies, como todas as alterações de expressão gênica podem ser monitoradas com base nas diferenças específicas de cada espécie. Além disso, em heterocárions de espécies mistas a perda de cromossomos, rearranjo e aneuploidia, que confundem a interpretação dos resultados obtidos com espécies distintas (híbridos proliferativos), não ocorrem. No entanto, parecia um contrassenso usar heterocárions para estudar a indução de pluripotência em células somáticas, já que células ES dividem-se rápida e extensivamente. Portanto, parecia provável que a indução da parada do crescimento que resulta da fusão celular em heterocárions, que não se dividem, conduziria a uma perda de pluripotência e diferenciação.

Em contraste com as expectativas, resultados de dois laboratórios utilizando heterocárions de espécies mistas mostraram que genes de pluripotência, como Oct4 e Nanog, são ativados e seus promotores desmetilados no prazo de um dia de fusão, quando as células ES de camundongos são fundidas com células B humanas ou com fibroblastos humanos[47,48].

Heterocárions são ideais para análises dos primeiros eventos moleculares que estão na base da reprogramação. A chave para tais análises de expressão gênica é a capacidade de purificar a pequena proporção de heterocárions na população (cerca de 1%) imediatamente após a fusão, que pode ser conseguida por citometria de fluxo. Em contraste, nas experiências que foram realizadas até agora, os híbridos têm proliferado extensivamente e têm sido

selecionados com drogas antes de ser analisados, por isso não foi possível avaliar as primeiras mudanças na expressão gênica. A eficiência na indução da pluripotência depende dos tipos celulares usados para formar os heterocárions (no exemplo acima, 16% para as células B e 70% para os fibroblastos)[47,48], e as diferenças no tempo de ativação gênica e desmetilação do DNA são observadas. Presumivelmente, essas diferenças surgem por causa da proporção de núcleos a partir das células originais, e o equilíbrio de reguladores da transcrição que estão presentes ditam a extensão com que as células podem ser reprogramadas para a pluripotência (como visto anteriormente para a ativação gênica em células somáticas usando heterocárions[26-28,36]).

A rápida taxa de reprogramação detectada em heterocárions, ao contrário de híbridos, torna-os úteis para elucidar os mecanismos moleculares que são necessários para iniciar a reprogramação para o estado pluripotente, usando abordagens de perda e ganho de função (Figura 19.3). Por exemplo, quando as células ES de camundongo que perderam a expressão de Oct4 são fundidas para formarem heterocárions com células B humanas, as células B não são reprogramadas, mostrando que Oct4 é necessário para reprogramar para um estado pluripotente[47]. Em outro exemplo, utilizando heterocárions, Blau e colegas elucidaram um novo papel para AID, uma enzima conhecida por desaminar resíduos de citosina. Eles descobriram um mecanismo ativo que é essencial para a desmetilação do DNA e para a indução de reprogramação nuclear de fibroblastos para a pluripotência[48].

Esses novos dados sugerem que, em vez de um mecanismo de reparo do DNA que possa operar em mamíferos, em que uma base metilada ou nucleotídeo é trocado por um não metilado, há uma enzima que promove a desmetilação do DNA. Esses estudos exemplificam o potencial da fusão de células em fornecer *insights* mecanísticos para os obstáculos, tais como desmetilação do DNA, o sucesso para a reprogramação de células somáticas por SCNT ou a transdução de fatores de transcrição.

A fusão de células leva a reprogramação nuclear para um fenótipo específico, o qual é ditado pela razão nuclear dos tipos de células fundidas em heterocárions, que não se dividem. Quando, por exemplo, as células de humanos e de ratos são fundidas numa relação inclinada (tal como 1:3), (a) as células de humanos serão, geralmente, reprogramadas para o fenótipo de células de rato (três exemplos são mostrados). Para descobrir quais os genes estão envolvidos neste processo, no início da reprogramação, Figura 19.1b, (b) o perfil da expressão gênica de todo o genoma específico da espécie pode ser realizado dentro dos três tipos de heterocárions mostrados. Assim, as transcrições de genes humanos que são induzidas logo após a fusão podem ser

Produção e Diferenciação de Células-Tronco Induzíveis **831**

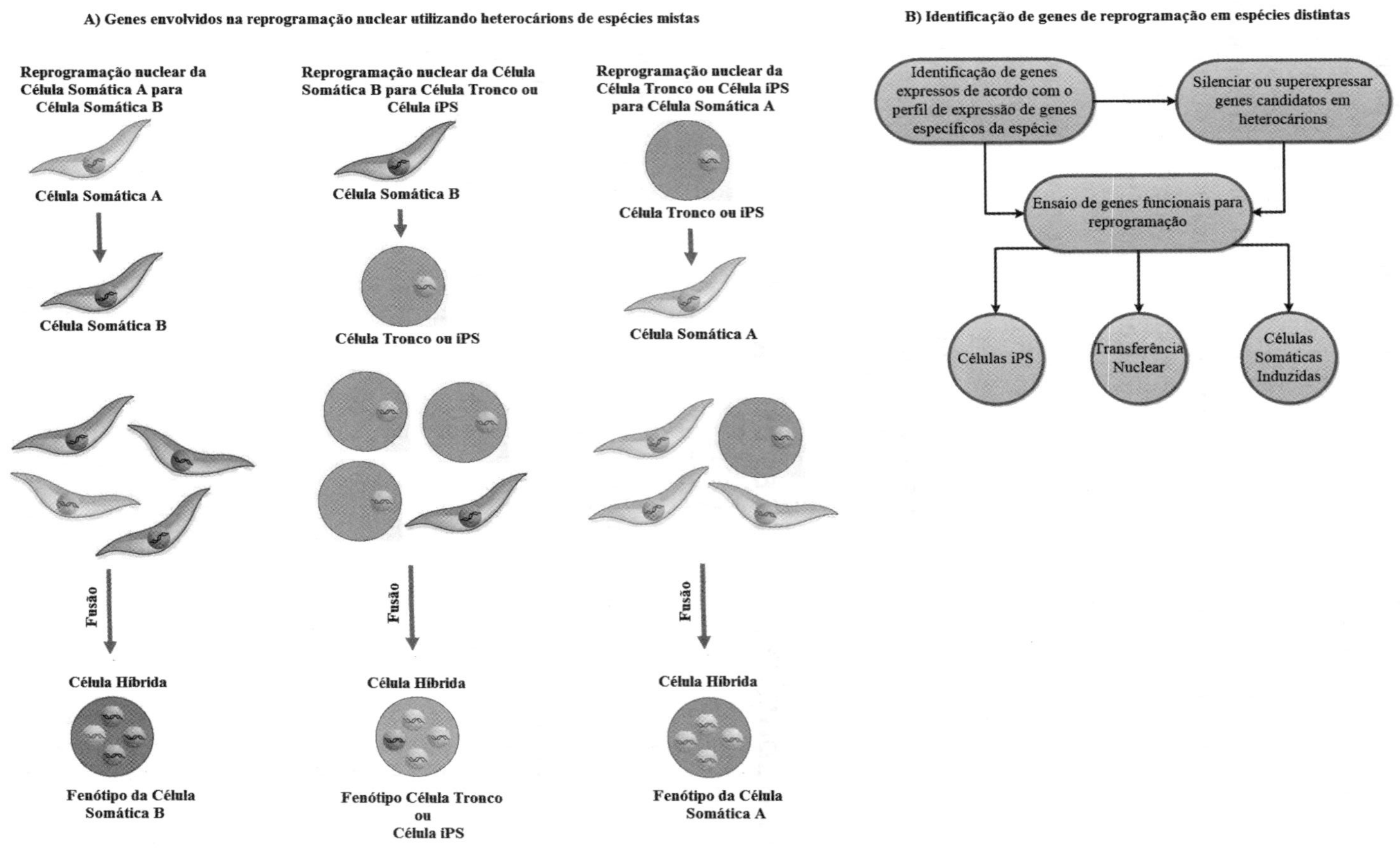

Figura 19.3 Estratégias de investigação dos genes envolvidos na reprogramação nuclear, utilizando heterocárions de espécies mistas. Modificado de Nuclear reprogramming to a pluripotent state by three approaches

identificadas, e os efeitos de silenciar esses genes candidatos (perda de função) ou superexpressá-los (ganho de função) também podem ser testados[48].

A função desses genes pode, então, ser validada por ensaios que avaliam se eles são necessários para a transferência nuclear ou para a geração de células iPS, ou células somáticas induzidas. Por exemplo, os ensaios podem testar se a expressão dos genes identificados nos heterocárions com células ES ou fenótipo iPSC de células – (a), centro – aumenta, ou é necessário para a geração de células iPS ou de reprogramação por transferência nuclear. Os genes identificados nos heterocárions com um fenótipo de células somáticas – (a), superior e inferior – podem ser testados para detectar se aumentam, ou são necessários para, a conversão de células iPS ou células ES para um tipo de célula somática em particular, ou a conversão de um tipo de célula somática em outro tipo. Tais experimentos irão aumentar a compreensão dos reguladores moleculares de reprogramação nuclear e, portanto, melhorar a segurança e eficácia das células produzidas para fins terapêuticos.

19.6 TRANSDUÇÃO DE FATORES DE TRANSCRIÇÃO

A superexpressão de um único fator de transcrição em células somáticas induziu, de maneira inesperada para a época, ativação de genes que eram típicos de outros tipos de células somáticas em D. Melanogaster[9,49] e, posteriormente, em células de mamíferos[10]. Esta ativação de genes próprios de outros tipos celulares levou a mudanças notáveis no destino das células em análise.

Mais surpreendentemente, descobriu-se que a pluripotência pode ser recuperada por vários tipos de células somáticas diferenciadas através da superexpressão de apenas quatro genes codificadores de fator de transcrição. Essas células, conhecidas como células iPS, são o exemplo mais forte da medida da plasticidade das células em resposta a uma ruptura na estequiometria de seus reguladores transcricionais. Células iPS humanas podem ser usadas para gerar células para o reparo do tecido ou substituição, evitando as questões éticas e imunológicas que são inerentes à utilização de células ES (Figura 19.5). Além disso, porque tais células podem ser derivadas de células do próprio paciente, fornecem aos pesquisadores a capacidade de modelar doenças humanas e de se fazer uma vasta procura ou *screenning* de candidatos a drogas *in vitro*, de uma maneira sem precedentes. Nesta seção, nós fornecemos uma perspectiva histórica sobre os resultados de experiências de transdução de fator de transcrição, que primeiramente envolveu fatores individuais e, em seguida, grupos de fatores. Na última década, tem sido

demonstrado que o aumento da expressão de quatro proteínas pode reprogramar uma célula somática diferenciada para se tornar célula pluripotente, potencialmente revolucionando a medicina e destacando a importância da reprogramação nuclear.

19.6.1 Conversão de células somáticas de um destino para outro

O destino de uma célula pode ser alterado pela expressão forçada de fatores de transcrição específicos de tecidos individuais. Gehring e colaboradores foram os primeiros a demonstrar isso[9] em 1987: em larvas de *D. melanogaster*, a superexpressão ectópica de um gene homeótico, Antennapedia, sob o controle de um promotor de gene de choque térmico, levou a uma mudança no plano do corpo, com um conjunto adicional de pernas sendo formado em vez de antenas. Ainda mais surpreendente foi a descoberta por Gehring[49], quase uma década depois, de que a expressão ectópica de sem olhos (conhecido como Pax6 em camundongos), um controlador principal de uma cascata de mais de 2.500 genes, levou ao desenvolvimento de olhos funcionais sobre as pernas, asas e antenas de *D. melanogaster*. Em camundongos, o primeiro fator de transcrição regulador-mestre tecido-específico foi identificado por Weintraub e colaboradores[10] em 1987. Eles descobriram que era possível induzir a conversão fenotípica da linhagem miogênica, expressando uma única proteína muscular hélice-alça-hélice MYOD49. A clonagem de Myod foi seguida de observações astutas por Taylor e Jones[50], em 1979, que perceberam que as estruturas filamentosas em culturas de fibroblastos tratados com 5-azacitidina, um agente anticancerígeno de desmetilação, não eram contaminações por fungos, mas, em vez disso, miotubos sinciciais. Além disso, foi demonstrado por Graf e colegas em 2004 que a família de fatores de transcrição de C/EBP de camundongos tem um papel chave na conversão de um tipo de célula de sangue para o outro (de linfócitos para macrófagos)[51], e que quando o gene que codifica para o fator de transcrição PAX5 era removido de células B, essas células revertiam para um fenótipo de progenitores menos especializados[52]*. Deve-se observar que, em mamíferos, a alteração da expressão de um único fator de transcrição geralmente resulta no fenótipo de células somáticas mudando apenas para tipos

---

* Para uma revisão abrangente de tais transdiferenciações induzidas por fatores de transcrição, ver Graf e Enver (2009)[53].

de células estreitamente relacionadas, de modo que os efeitos de fatores de transcrição são altamente dependentes do contexto[54,55] (Tabela 19.1).

Tabela 19.1 Fatores de reprogramação (diferentes de Oct4, Klf4, Sox2, c-Myc) e outras moléculas que podem aumentar a eficiência da reprogramação ou promovê-la

MOLÉCULA UTILIZADA	REFERÊNCIA
Ácido ascórbico (ou vitamina C)	Stadtfeld et al., 2012[122]
Nanog	Silva et al., 2009[123]
Receptor nuclear órfão Nr5a2 (também chamado Lrh-1)	Heng et al., 2010[124]
Receptor nuclear órfão Esrrb	Feng et al., 2009[125]
Butirato	Mali et al., 2010[126]
POU5F1	Choi et al., 2009[101]
LIN28	Choi et al., 2009[101]
Tbx3	Han et al., 2010[127]
Grande antígeno T do vírus símio 40	Mali et al., 2008[128]
ZSCAN4	Jiang et al., 2012[129]
Sall4	Tsubooka et al., 2009[130]
Rem2 GTPase	Edel et al., 2010[131]
Inibidores da histona metiltransferase G9a (p. ex. BIX-01294)	Shi et al., 2008[132]
Inibição da família let-7 de Mirna	Melton et al., 2010[133]
miR-291-3p, miR-294 e miR-295	Judson et al., 2009[134]
Família miR-200, miR-141, miR-200, e miR-429	Samavarchi-Tehrani et al., 2010[135]
miR-130/301/721	Pfaff et al., 2011[136]
miR302/367	Anokye-Danso et al., 2011[137]
miR-302b e miR-372	Subramanyam et al., 2011[138]
Famílias miR-200c, miR-302, miR-369	Miyoshi et al., 2011[139]
Ativação da sinalização Wnt	Marson et al., 2008[140]
Inibidores da histona deacetilase (p. ex. ácido valproico)	Huangfu et al., 2008[141]

MOLÉCULA UTILIZADA	REFERÊNCIA
Inibidores da GSK3 (p. ex. CHIR99021)	Li et al., 2009[142]; Valamehr et al., 2012[143]
Proteína C/EBPα	Hanna et al., 2008[144]
Inibidor da via de TGFβ (p. ex. SB431542)	Valamehr et al., 2012[143]
Inibidor da via de MEK (p. ex. PD0325901)	Valamehr et al., 2012[143]
Inibidor de ROCK (p. ex. Tiazovivina)	Valamehr et al., 2012[143]
Knockdown do fator de transcrição Pax5 quando se utiliza células B	Hanna et al., 2008[144]
Antagonistas de receptores da via de sinalização de TGFβ (conjuntamente com inibição da via MEK-ERK em células de humanos)	Lin et al., 2009[145]

19.6.2 Conversão de células somáticas em células pluripotentes

Embora as elegantes experiências de fusão de Tada, Surani e colaboradores[43] tenham mostrado claramente que células-tronco embrionárias e células germinativas embrionárias contêm fatores que podem induzir a reprogramação e pluripotência em células somáticas, as tentativas por muitos pesquisadores para identificar os reguladores-mestres do estado de células ES falharam. Como resultado, a visão predominante até 2006 era a de que a reprogramação nuclear para um estado pluripotente é um processo altamente complexo que podia implicar a colaboração de até cem fatores. Consequentemente, quando Shinya Yamanaka e colegas demonstraram[56,57] que uma combinação de apenas quatro fatores de transcrição podia gerar células pluripotentes do tipo ES a partir de fibroblastos de camundongos, os resultados provocaram tanto excitação quanto ceticismo. Eles usaram vetores retrovirais para introduzir em fibroblastos embrionários e adultos de camundongos uma minibiblioteca de DNA complementar de 24 genes expressos por células ES, e estes genes foram então testados quanto à sua capacidade de induzir a pluripotência coletiva. A pluripotência foi determinada pelo teste para a ativação de uma construção de gene repórter contendo o promotor de Fbx15 (também conhecido como Fbxo15)[58], um gene previamente identificado como sendo específico para células ES. Os clones em que o promotor Fbx15 foi ativado produziram uma proteína repórter que os tornaram resistentes ao antibiótico neomicina, e esses clones resistentes ao antibiótico

tiveram morfologia, propriedades de crescimento e expressão gênica características de células ES. Mais importante, após a injeção em camundongos, eles foram capazes de formar teratomas (tumores que incluem células de todos os três folhetos germinativos), indicando a sua pluripotência.

Em vez de determinar a contribuição de cada fator isoladamente ou em subgrupos, os fatores foram progressivamente retirados do *pool* ou do conjunto, um de cada vez. Como resultado, os autores identificaram quatro fatores-chaves que foram suficientes para induzir a pluripotência em fibroblastos – Oct4, Sox2, KLF4 e c-MYC –, e nomearam essas células pluripotentes como células-tronco pluripotentes induzidas (do inglês *induced pluripotent stem cells* – iPSC)[56].

Devido à simplicidade do método, e porque as células iPS inicialmente não conseguiram produzir camundongos quiméricos adultos, muitos pesquisadores tinham dúvidas sobre sua validade como células-tronco com propriedades semelhantes às células ES.

No entanto, no prazo de um ano, dois grupos independentes de pesquisa mostraram que a superexpressão dos quatro fatores geraram células capazes de formar quimeras adultas e células germinativas funcionais[59,60]. Estudos posteriores mostraram que as células iPS podem ser geradas sem a superexpressão de c-MYC[61,62]. Células iPS humanas foram obtidas dentro de um ano, induzindo a superexpressão da mesma combinação de fatores[63,64], ou diferentes, mas sobrepondo os coquetéis dos fatores (Oct4, Sox2, Nanog, e Lin28)[65]. Surpreendentemente, os transgenes que codificam para os quatro fatores precisam estar presentes somente quando as células iPS são geradas.

Quando estas células tornam-se estabelecidas, os transgenes retrovirais são silenciados, e os genes endógenos que codificam para os quatro fatores tornam-se ativos. Assim, a autorrenovação das células iPS e a manutenção de sua pluripotência resultam inteiramente na expressão endógena dos genes que codificam para Oct4, Sox2, Klf4 e c-MYC, sugerindo que as células iPS foram sujeitas à reprogramação quase completa.

19.7 OS AVANÇOS TÉCNICOS NA GERAÇÃO DE CÉLULAS iPS

Os quatro fatores que foram inicialmente identificados podem agora ser substituídos por diferentes fatores ou por certas pequenas moléculas. Mas a conclusão inicial – de que um conjunto de fatores é necessário – é válida, e alguns fatores-chave, como Oct4, não podem ser omitidos. Um estado de células-tronco pluripotentes já foi induzido em uma infinidade de

tipos de células diferenciadas, incluindo células β pancreáticas, queratinócitos, hepatócitos e células do estômago[66].

Muitos grupos utilizam adenovírus e lentivírus para a geração de iPSC humanas e de camundongos. Lentivírus é um ótimo vetor para a entrega de fatores de transcrição na reprogramação de células somáticas, devido à sua capacidade de infectar sem se dividir e manter a proliferação celular[67]. Para que não haja incorporação de sequência do vetor lentiviral ao genoma das iPSC, construções foram criadas em que cada um dos fatores inseridos foram separados por sequências com sinal de autoclivagem[68]. Além disso, a tecnologia Cre-*Lox* também foi utilizada para que a sequência integrada ao genoma fosse retirada através da expressão da recombinase Cre, que reconhece sítios específicos (*Lox*P)[68] (Tabela 19.2).

Tabela 19.2 Métodos de delivery dos fatores de reprogramação

MÉTODO	EXEMPLO DE TRABALHO QUE UTILIZA O MÉTODO
Lentivírus	Sommer et al., 2009[146]
mRNA	Mandal Rossi, 2013[147]
Vírus sendai (RNA vírus)	Fusaki et al., 2009[148]
Camundongo reprogramável	Haenebalcke et al., 2013[149]
Retrovírus	Mali et al., 2010[126]
Plasmídeo com transposon (p. ex. *piggyBac*)	Mali et al., 2010[126]
RNA autorreplicativo sintético	Yoshioka et al., 2013[150]
Entrega dos fatores na forma de proteínas	Kim et al., 2009[151]

Outro excelente veículo para a entrega de fatores de transcrição é o adenovírus, pois ele não integra sua sequência ao genoma da célula infectada. Mas a eficiência de reprogramação das células infectadas ainda é baixa, o que abre caminhos para mais pesquisas em busca do aperfeiçoamento do processo[67].

A utilização de vetores não virais como microRNA (miRNA), RNA mensageiro (mRNA) e proteínas para regular os processos celulares como ciclo celular, a transição epitélio mesenquimal, regulação epigenética e transporte vesicular também tem sido pesquisada. mRNAs foram descritos por facilitar

a reprogramação de fibroblastos de camundongos. Pesquisadores utilizam miR-302 and miR-372 para regular negativamente inibidores do ciclo celular e aumentar a eficiência da desdiferenciação[69]. A transfecção com plasmídeos também é descrita, mas é uma transfecção transiente, ou seja, a expressão não se mantém por longos períodos para que possa reprogramar as células. Com isso, a porcentagem de células modificadas é baixa. Contudo, a vantagem da utilização de plasmídeos se dá pela não integração no genoma e por ser considerado mais seguro que a utilização de vetores virais, o que facilitaria a sua inserção na medicina regenerativa[70].

Uma alternativa para se agregar maior eficiência na reprogramação por fatores de transcrição é a utilização de pequenas moléculas que vão interferir dos processos celulares[71]. Pequenas moléculas podem causar modificações epigenéticas, como por exemplo inibir histonas deacetilases ou DNA metiltransferases, promovendo alterações na sinalização celular e levando à reprogramação de células somáticas de humanos e camundongos[71-73]. Utilizando células progenitoras neurais, foram descobertas pequenas moléculas como BIX-01294, que inibe a ação da G9a, uma histona metiltranferase, levando à redução da expressão de Oct4 e, por consequência, facilitando a reprogramação celular[74].

Os vários tipos celulares são, no entanto, convertidos em um estado pluripotente com diferentes frequências (geralmente baixa), indicando que (como é o caso da transferência nuclear, heterocárion e experimentos de fator de transcrição único) a reprogramação é dependente do contexto, e o tipo de célula afeta a capacidade de se tornar uma célula iPS. Esforços têm sido direcionados para a melhoria da proporção de células transduzidas com vetores retrovirais. Por exemplo, a exposição a um ambiente hipóxico ou à vitamina C tem demonstrado um aumento na frequência de geração de células iPS[75,76].

Além disso, interromper as vias de sinalização mediadas pelaproteína p53, um supressor de tumor, ou o regulador do ciclo celular INK4A, remove pontos de controle do ciclo celular, e as células iPS são então geradas mais rapidamente[77-80]. Certos microRNA também têm sido descritos como capazes de aumentar a eficiência de reprogramação[81]. Além disso, as células-tronco ou células progenitoras parecem ser mais facilmente reprogramadas de modo a tornarem-se células iPS do que células mais especializados de uma determinada linhagem, tal como tem sido demonstrado para células hematopoiéticas[82]. Apesar desses avanços em nossa capacidade de gerar células iPS, todas as células transduzidas não se tornam células iPS. Isto é particularmente evidente em um estudo realizado por Wernig, Jaenisch e colaboradores[83], que produziu camundongos transgênicos a partir de células

iPS estabelecidas pelo uso de vetores induzidos por doxiciclina. Quando os fibroblastos de camundongo foram isolados desses camundongos transgênicos regulados pela doxiciclina, a frequência de células iPS geradas a partir deles era cem vezes maior do que a frequência com que as células iPS originais eram geradas, mas ainda assim era inesperadamente baixa[83]. Uma descoberta semelhante foi relatada com um sistema excisível de transposon *piggyBac*, que codifica para todos os quatro fatores inicialmente identificados e é induzível pela doxiciclina[84]. Com base nesses resultados, muitos pesquisadores acreditam agora que a reprogramação durante a geração de células iPS implica um evento estocástico (isto é, aleatório)[85,86].

No entanto, em 2013 observou-se que é possível a obtenção de aproximadamente 100% de iPSC a partir de células somáticas de seres humanos e de camundongos. Logo, a aleatoriedade do processo tornou-se questionável, visto que a partir da depleção de Mbd3 – proteína membro do complexo repressor Mbd3/NuRD (complexo cuja função é de deacetilação e remodelagem de nucleossomas) – conjugada à transdução das células com os fatores de reprogramação Oct4, Sox2, Klf4 e Myc, foi possível obter-se rendimento quase total de obtenção de células iPS de maneira sincronizada[87].

19.8 MUDANDO A ABORDAGEM

A abordagem de múltiplos fatores para a reprogramação que é utilizada para gerar células iPS levou a um deslocamento da tentativa de identificar e utilizar um único fator de transcrição de regulação "mestre" para a utilização de vários fatores na reprogramação de destino de células de mamífero. Usando os princípios e abordagem experimental que Shinya Yamanaka e seus colaboradores determinaram para a geração de células iPS, dois grupos de pesquisa (liderados por Melton e por Wernig) têm decifrado as contribuições individuais de uma panóplia de fatores de transcrição, identificando três que podem converter um tipo de celula em outro (fatores que podem converter, por exemplo, células exócrinas em células endócrinas produtoras de insulina *in vivo* e fibroblastos em neurônios excitatórios *in vitro*)[88,89].

Muitos grupos, incluindo o nosso, já estão tentando resolver um grande número de fatores de transcrição e identificar conjuntos que podem ser utilizados para converter um tipo de célula somática para outro tipo ou para uma célula progenitora ou célula-tronco que possa ser usada para regenerar um tecido. Além disso, a análise de heterocárions de espécies mistas pode ajudar a descobrir genes e mecanismos envolvidos não esperados ou

não identificados envolvidos na reprogramação a partir de estados estáveis diferenciados para um estado pluripotente ou na direção contrária[90,91] (Figura 19.3).

Ganhar uma melhor compreensão do processo de reprogramação e como a memória epigenética é estabelecida poderia reduzir as chances de geração de células tumorais e, portanto, aumentar a utilidade das células iPS, proporcionando fontes mais seguras para a terapia celular no futuro.

19.9 UMA QUESTÃO DE ÉTICA: ESTÍMULOS EXTERNOS FORAM REFUTADOS COMO REPROGRAMADORES DE CÉLULAS DIFERENCIADAS PARA A PLURIPOTÊNCIA

Em 2006, Takahashi e Yamanaka, da Universidade de Kyoto, Japão, induziram células-tronco pluripotentes (células indiferenciadas com propriedade de autorrenovação e potencial de diferenciação em todos os tipos celulares do corpo de mamíferos) a partir de cultura de fibroblastos (células estruturais do tecido) por meio da adição de fatores de transcrição Klf4, c-MYC, Oct4 e Sox2 (proteínas que se ligam ao material genético da célula e estimulam a expressão ou ativação da produção de genes). Até recentemente, além dessa metodologia, a reversão do estado de células diferenciadas de animais para pluripotentes baseava-se na transferência ou manipulação genética/física do núcleo.

Entretanto, as células diferenciadas de plantas, quando expostas a estímulos externos, sem nenhum tipo de intervenção ou reprogramação do núcleo, eram capazes de se tornarem células com potencial de formarem toda a estrutura da planta, incluindo caules e raízes. Observando tal fato, Obokata e colaboradores, pesquisadores das Universidades de Kobe, no Japão, e de Massachusetts, Estados Unidos, decidiram avaliar se células diferenciadas de animais também adquiriam tal potencial quando expostas a condições especiais. Para tal abordagem, os autores do artigo utilizaram células (que eram os linfócitos do baço) positivas para o marcador fenotípico CD45 (proteína de superfície da célula) e avaliaram se essas células adquiriam pluripotência ao sofrerem perturbações químicas simples em seu ambiente externo, tão simples como a mudança de pH, isto é, de um meio neutro, básico, para um meio ácido.

Os pesquisadores batizaram a técnica de reprogramação de STAP (do inglês *stimulus-triggered acquisition of pluripotency*), ou seja, aquisição de pluripotência induzida por estímulos.

Produção e Diferenciação de Células-Tronco Induzíveis

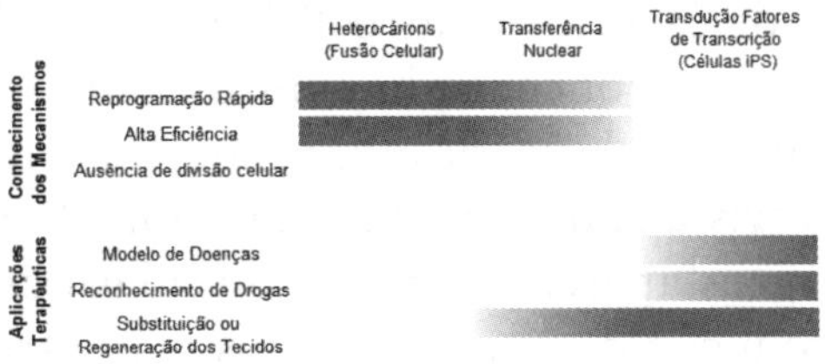

Figura 19.4 Permanência de pluripotência de células-tronco embrionárias. Modificado de *Nuclear reprogramming to a pluripotent state by three approaches*.

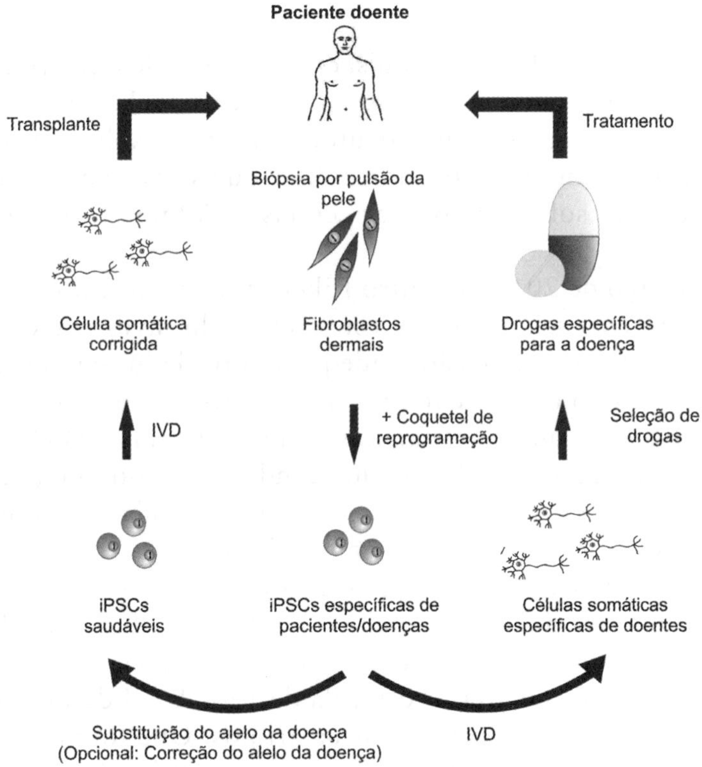

Figura 19.5 Potencial terapêutico de iPSC. Fibroblastos da derme de pacientes com uma determinada doença podem ser usados para derivar iPSC. iPSC derivadas de doenças específicas que posteriormente são diferenciadas em um tipo celular desejado podem ser usadas como uma ferramenta para modelar doenças e terapias. Adicionalmente, iPSC específicas de pacientes com doenças genéticas causadas por mutações desconhecidas podem ser corrigidas através de uma modificação prévia no gene mutado. Depois, as iPSC corrigidas para o gene defeituoso são induzidas a se diferenciarem na célula desejada *in vitro* e, posteriormente, podem ser usadas para transplante no paciente.

Em 15 de fevereiro de 2014, o Centro Riken, onde Obokata conduzia seus estudos sobre células-tronco, anunciou que uma investigação fora aberta para se averiguar irregularidades supostamente encontradas nos dois artigos publicados na revista *Nature* no mês anterior[92,93]. As alegações questionaram o uso de imagens aparentemente duplicadas nos jornais, e denunciaram a falta de reprodução de seus resultados em outros laboratórios de células-tronco de destaque. A revista *Nature* também anunciou que estava investigando o caso. Vários cientistas de células-tronco defenderam Obokata ou reservaram sua opinião enquanto a investigação estava em curso[94]. Para resolver o problema da reprodutibilidade em outros laboratórios, Obokata publicou algumas "dicas" técnicas sobre os protocolos em 5 de março, prometendo que o procedimento detalhado seria publicado oportunamente[95]. No entanto, em 11 de março, Teruhiko Wakayama, um dos coautores dos dois artigos, pediu a todos os pesquisadores envolvidos que retirassem os artigos, citando muitos pontos questionáveis[96]. Charles Vacanti, da Harvard Medical School, norte-americano coautor dos artigos sobre pesquisas com células STAP, supostamente inovadoras disse que se opõe a sua retratação. Ele postou detalhes sobre como criar células STAP no próprio *website* de seu laboratório[*].

Em 14 de março de 2014, o Centro Riken lançou um relatório intercalar da investigação. Dos seis itens que estavam sendo investigados, o comitê concluiu que houve manipulação inadequada dos dados em dois, mas não julgou o mau uso como má conduta de pesquisa. A investigação continuava para os outros quatro elementos[**]. Em 1º de abril, RIKEN concluiu que Obokata havia se envolvido em "má conduta de pesquisa", falsificando dados em duas ocasiões. Os co-autores não foram declarados como tendo, também, má conduta, mas foram responsabilizados por "grave responsabilidade" por não verificar os dados por si mesmos. RIKEN anunciou também que um grupo interno tinha sido estabelecido para verificar se a "aquisição de pluripotência ativada por estímulos" era reprodutível. Obokata manteve a sua inocência e disse que iria recorrer da decisão. Em 4 de Junho de 2014, Obokata concordou em retirar ambos os artigos. Que foram oficialmente retratados em 2 de julho de 2014. Um artigo analisando a controvérsia concluiu que, embora as questões de manipulação de imagens, duplicação e plágio eram potencialmente detectáveis, os revisores não teriam podido

---

* Ver https://research.bwhanesthesia.org/site_assets/51520d191eea6679ce000001/cterm/Refined_STAP_protocol-9a685fc86fec5ca857ad58ae75462d07.pdf.
** Ver http://www.riken.jp/en/pr/press/2014/20140314_1/.

concluir que o artigo era o produto de má conduta acadêmica antes de seu aceite.

Na esteira da controvérsia, observadores, jornalistas e ex-membros do RIKEN afirmaram que a organização está repleta de rigor científico e profissional inadequados e com falta de consistência, e que este é o reflexo de problemas sérios com a pesquisa científica no Japão em geral.

RIKEN encomendou uma equipe de cientistas para tentar verificar os resultados originais de Obokata e pediu Obokata a participar no esforço. Em 5 de agosto de 2014, o orientador e co-autor do artigo original de Obokata, Yoshiki Sasai, foi encontrado morto por aparente suicídio por enforcamento em um edifício na instalação RIKEN em Kobe, Japão.

19.10 iPSC E ESC SÃO CÉLULAS DIFERENTES?

Do ano de 2006, quando Takahashi e Yamanaka obtiveram iPSC a partir de fibroblastos de camundongos[97], até o ano de 2009, vários trabalhos científicos relataram a semelhança existente entre iPSC e ESC (ver Quadro 19.1).

Porém, em 2009, vários trabalhos foram publicados relatando as diferenças entre essas células. Uma assinatura de expressão gênica recorrente em iPSC, independentemente de sua origem ou método de geração, foi identificada por Chin e colaboradores. Essa diferente expressão manifesta-se inclusive em regiões não codificantes do DNA, resultando em expressão diferenciada de miRNAs. Comparando-se iPSC e ESC humanas (células-tronco de pluripotência induzida humanas – hiPSC e células-tronco embrionárias humanas – hESC) relatou-se, por exemplo, que o gene hsa-miR-371-5p está 3,85 vezes mais expresso em hESC, e que o hsa-miR-100 está 2,38 vezes mais expresso nas hiPSC. Após cultura prolongada, no entanto, observou-se que essas células vão progressivamente se assemelhando mais, o que levou Chin e colaboradores a proporem que essas sejam subtipos de células pluripotentes[98]. Marchetto e colaboradores também relataram em 2009 que iPSC geradas a partir de células-tronco neurais de camundongos, por plasmídeos episomais como carreadores das sequências dos fatores de reprogramação, também diferem das ESC obtidas da mesma espécie. Existem diferenças significativas entre os perfis transcricionais de ambas, que não se devem à inserção randômica de sequências no genoma por vetores virais (visto que estes não foram usados neste trabalho); as iPSC retêm consigo memória em expressão de genes relativa à sua célula de origem[99]. Essa expressão gênica persistente de genes da célula doadora (da qual se obteve a iPSC) em iPSC

foi também observada por Ghosh e colegas. Segundo eles, há similaridade entre os níveis de expressão de genes entre a célula doadora e sua iPSC, e a geração desta por reprogramação não desdiferencia a célula somática completamente a um estado de célula ES[100].

No mesmo ano, Choi e colegas demonstraram que o potencial de diferenciação de hESC e hiPSC em células hematopoiéticas e endoteliais, apesar de similar, não é o mesmo[101]. Karumbayaram e colaboradores, que conseguiram pela primeira vez demonstrar que neurônios motores derivados de hiPSC apresentam atividade elétrica, também fizeram menção às diferenças existentes entre essas células e as hESC no que tange à capacidade de diferenciação em neurônios motores, sendo que hiPSC apresentam menor eficiência ao fazê-lo[102].

Com relação à metilação do DNA, Deng e colaboradores, pioneiramente, identificaram diferença na metilação entre iPSC e suas células doadoras (fibroblastos), e entre iPSC e ESC. Em relação à célula doadora, encontraram-se 288 regiões diferentemente metiladas, e a metilação em citosinas foi mais prevalente em iPSC. Com relação às ESC, iPSC apresentaram-se mais metiladas[103]. No mesmo ano, Doi e colaboradores também relataram diferença em metilação de genes entre iPSC e ESC[104].

Em 2010, Hu e colaboradores testaram o potencial de diferenciação neural de diferentes clones de iPSC e ESC. Perceberam, então, que iPSC exibiam eficácia mais baixa de diferenciação (eficácia máxima de cerca de 50%, contra os cerca de 90% das ESC)[105].

No ano seguinte a tal publicação, Lister e colegas, analisando cinco clones de iPSC humanas, relataram que essas células possuem variabilidade significativa na reprogramação, a memória somática, previamente relatada e acima mencionada, e reprogramação aberrante de metilação (principalmente próximo aos centrômeros e telômeros), além de diferenças em modificações nas histonas[106].

Em 2012, Sepac e colaboradores compararam a capacidade de hESC e hiPSC de se diferenciarem em cardiomiócitos capazes de contração rítmica por um mesmo protocolo de cultura em meio definido com activina-A e BMP4. Apesar de ambos os tipos celulares terem sido capazes de expressar marcadores de cardiomiócitos, iPSC apresentaram menor formação de estrias e contratibilidade rítmica, exibindo, assim, pobre diferenciação terminal[107].

Em 2013, Huang e colaboradores publicaram um estudo da capacidade de endereçamento (ou *homing*) de hiPSC obtidas a partir de células endoteliais. Diferentemente de células endoteliais obtidas a partir de ESC de

camundongos, as obtidas de hiPSC não foram capazes de se direcionar à região de isquemia nos membros superiores de camundongos. No entanto, os autores não atribuíram essa diferença diretamente ao fato de se utilizar iPSC ou ESC como fonte de diferenciação de células endoteliais. Mencionaram que, embora isso seja possível, também pode ter sido causado por dificuldades de comunicação celular interespecífica, visto que as ESC eram de murinos, que foram utilizados como animais de experimentação no trabalho, diferentemente das iPSC, que eram de origem humana[108].

Outros trabalhos também já foram publicados sugerindo que as consideradas diferenças apontadas por pesquisadores entre iPSC e ESC possam se dever, na verdade, a, por exemplo, diferenças de protocolo utilizado (diferenças na indução de diferenciação ou condições de cultura, por exemplo) ou à utilização de pouco número de clones celulares para avaliação. No que tange ao protocolo, por exemplo, as diferenças no contexto microambiental *in vitro* durante os experimentos foram analisadas por Newman e Cooper, através dos resultados de microarranjo de sete laboratórios diferentes. Encontrou-se correlação forte entre assinaturas de expressão gênica e um determinado laboratório; cerca de 33% dos genes com expressão laboratório-específica eram diferentemente expressos entre ESC e iPSC[109]. Com relação ao número de clones, a tendência observada por Yamanaka é a de que autores tendem a descrever diferenças notáveis entre iPSC e ESC quando trabalham com um baixo número de clones dessas células (entre 2 e12); no entanto, quando se elevam esses valores para cerca de 12 a 68 clones, relata-se a dificuldade de se distinguir esses tipos celulares – visto que existem, inclusive, variações entre clones de um mesmo tipo celular (entre iPSC ou entre ESC)[110].

Boulting e colaboradores, utilizando dezesseis clones de iPSC, obtidas de sete indivíduos diferentes, observaram, em dois laboratórios independentes, a diferenciação destas em neurônios motores funcionais (similarmente ao que ocorre com as ESC induzidas à diferenciação)[111].

Logo, existem clones de iPSC que são indistinguíveis de alguns clones de ESC, e outros que se diferenciam destes. Essa diferença pode ser induzida, por exemplo, por perda de marcação (*imprinting*) em grupo (*cluster*) gênico. Em células de camundongos, a perda de *imprinting* do *cluster* Dlk1-Dio3 no cromossomo 12 acarretou prejuízo nas propriedades de iPSC durante os estudos de Stadtfeld e colaboradores[112]. Essa perda de *imprinting*, por sua vez, pode ser acarretada por diferente ordem dos fatores de reprogramação no cassete de expressão (que conduz a diferentes níveis de expressão dos

fatores), assim como pelas condições de cultura das células durante a reprogramação, dentre outras variáveis durante a execução do protocolo.

Quadro 19.1 Por que iPSC e ESC são tão semelhantes?

Shinya Yamanaka, que participou da geração pioneira de iPSC a partir de células somáticas, respondeu a esta pergunta de maneira bastante interessante. Em seu artigo intitulado "Induced Pluripotent Stem Cells: Past, Present, and Future", o ganhador do Prêmio Nobel de Fisiologia ou Medicina de 2012 fez uma reflexão e sugeriu que talvez ao comparar ESC com iPSC não se estivesse comparando uma célula que naturalmente existe no organismo e uma célula feita por humanos, respectivamente. É possível que o estado celular em que se reconhece uma célula como ESC seja uma consequência das condições específicas das células da massa celular interna (*inner cell mass* – ICM) do blastocisto. Ou seja, é possível que as ESC também sejam células feitas por seres humanos e não existam como tal em condições fisiológicas no organismo. Logo, ao compará-las com as iPSC, estaríamos comparando duas células feitas por humanos em condições padronizadas de cultura semelhantes – o que contribuiria para a similaridade encontrada entre elas[110].

19.11 A BARREIRA DA REPROGRAMAÇÃO INCOMPLETA: UMA AMEAÇA À UTILIZAÇÃO DE iPSC?

Como mencionado acima, a reprogramação de células somáticas em iPSC pode resultar em um processo incompleto, acarretando como resultado célula com, por exemplo, variações na expressão de genes e padrão de metilação diferente das ESC.

Soma-se a isso o fato de ser ainda possível a ocorrência de mutações, conhecidas como mutações associadas à reprogramação. Ou seja, iPSC não apresentam mutações apenas quando as mantêm de uma célula de origem já mutada. Mutações podem ocorrer tanto durante a reprogramação quando após esta, quando as células iniciam sua proliferação. Gore e colaboradores analisaram 22 clones de hiPSC de diferentes laboratórios (ao todo, cinco diferentes métodos de reprogramação) e reportaram que estas continham mutações resultando em diferentes sequências de aminoácidos nas proteínas (mutações não sinônimas); tais mutações se apresentavam em maior número em genes relacionados ao câncer[113].

Relatou-se, ainda em 2011, que a variação em número de cópias (*copy number variation* – CNV) das iPSC é distinta da observada em seus fibroblastos de origem e em ESC. Mais CNVs ocorrem em iPSC em passagens iniciais, gerando mosaicismo nestas[114]. Análises de polimorfismo de nucleotídeo único (*single nucleotide polymorphism* – SNP) indicou alta frequência de CNV subcromossomal. Enquanto em hESC havia alto número de duplicações, mas em poucas amostras, em hiPSC encontrou-se número moderado de deleções, porém em várias amostras. As deleções em hiPSC, em grande

parte de genes supressores tumorais, foram associadas então ao processo de reprogramação[115].

Quanto à reação do organismo às iPSC, também existem na literatura trabalhos que demonstram imunogenicidade a estas. Camundongos B6, quando receberam iPSCs produzidas por meio de retrovírus, obtidas a partir de fibroblastos embriônicos deste mesmo camundongo, rejeitaram os teratomas formados por estas iPSCs, diferentemente dos gerados a partir de ESC, que não foram rejeitados. As iPSC geradas de maneira epissomal (não integrativa no genoma) tiveram a maioria de seus teratomas rejeitados com infiltração de células T e dano tecidual. Análises de expressão gênica apontaram expressão anormal de genes responsáveis pela imunogenicidade observada[116]. Seriam então esses relatos uma ameaça à utilização das iPSC em aplicações clínicas?

Ao contrário dos relatos mencionados, existem outros trabalhos que apontam para uma possível aplicação segura das iPSC, sem a ocorrência dos problemas relatados. No próprio trabalho de Hussein e colaboradores, inclusive, já havia indícios de que iPSC, apesar de apresentarem as CNV devido à reprogramação, tendiam a selecionar seu crescimento em cultura contra essas células mutadas. Quando foram comparados os resultados de células em passagens iniciais com células em passagens intermediárias, percebeu-se que as células não mutadas prevaleciam, ficando a cultura cada vez mais semelhante à de ESC[114].

Abyzov e colaboradores desenvolveram um importante trabalho em 2012 com análise de genoma completo e transcriptoma de vinte clones de iPSC oriundas de sete diferentes indivíduos. Relataram que, em média, duas CNV estavam presentes por clone de iPSC, metade delas variantes genômicas (de mosaicismo somático em pele humana), já previamente presentes nos fibroblastos (não originadas com CNV *de novo* durante a reprogramação)[117].

Araki e colaboradores avaliaram a imunogenicidade de tecidos de medula óssea e pele diferenciados a partir de dez clones de iPSC de camundongos, comparando-os com os oriundos de sete clones de ESC. Não foram encontradas diferenças na taxa de sucesso dos transplantes, com resposta imune limitada ou ausente para ambas as células[118].

Thanasegaran e colaboradores observaram que a injeção de iPSC de camundongos em animais C57BL/6 foi capaz de produzir teratoma e não houve rejeição. As iPSC e células mieloides delas diferenciadas inseridas em *scaffold* poroso 3D, quando transplantadas em camundongos C57BL/6, foram capazes de rápida proliferação, aumentando a densidade de células e sem imunogenicidade detectada[119].

Liu e colaboradores observaram imunogenicidade baixa ao inserir células progenitoras neurais derivadas de iPSC, que, por sua vez, eram derivadas de fibroblastos de pele e células mesenquimais do cordão umbilical, em cultura com células mononucleares de sangue periférico. Essa baixa imunogenicidade foi ainda menor para células diferenciadas de iPSC de células mesenquimais do cordão umbilical[120].

Rais e colaboradores, por sua vez, obtiveram reprogramação sincronizada e determinista de células somáticas de camundongos e humanos em iPSC, em 2013. Além de utilizar transdução com fatores de reprogramação, também depletaram a proteína Mbd3 (como previamente mencionado neste capítulo), e apresentaram em seu trabalho uma nova metodologia para se evitar a reprogramação incompleta e com baixa taxa de sucesso[87].

Logo, os trabalhos que vêm sendo recentemente publicados acerca de características das iPSC são um convite à reavaliação dos trabalhos anteriormente publicados apontando diferenças entre iPSC e ESC capazes de impossibilitar aplicações clínicas das primeiras[121]. Os novos resultados sugerem que iPSC possam vir, sim, a ser futuramente utilizadas em medicina regenerativa. No entanto, é necessário que sejam previamente mais profundamente estudadas e avaliadas para tal fim.

19.12 CONDIÇÕES DE CULTURA DE CÉLULAS PARA REPROGRAMAÇÃO CELULAR

As condições de culturas das células para realização da reprogramação são de extrema importância para a obtenção de sucesso. As condições ótimas para a realização da técnica variam de acordo com o método escolhido para reprogramação, sendo a composição do meio de cultura a principal variável a se ajustar.

Inicialmente, os ajustes das condições de cultura para obtenção de iPSC e sua posterior proliferação eram realizados de acordo com o que se observava para as ESC; diferentes protocolos de propagação das ESC foram, inclusive, comparados por iniciativa do The International Stem Cell Initiative Consortium em busca das condições otimizadas[152]. Posteriormente, trabalhos foram publicados buscando otimizar as condições para iPSC oriundas de diferentes fontes por diferentes metodologias (ver Tabela 19.1 na qual estão listadas algumas moléculas úteis, que, quando adicionadas durante a cultura, podem aumentar a eficiência da reprogramação, auxiliando sua promoção).

Chen e colaboradores obtiveram iPSC por meio do uso de retrovírus em meio de cultura otimizado. Este consistia em meio de Eagle modificado por Dulbecco (DMEM) com alta percentagem de glicose suplementado com 10% do reagente comercial *KnockOut*™ Serum Replacement, N2, L-glutamina, aminoácidos não essenciais, penicilina/estreptomicina, LIF e FGF[153].

Sun e colaboradores reprogramaram células-tronco adiposas de humanos adultos utilizando lentivírus e cultivaram e mantiveram as iPSC geradas de duas maneiras eficientes[154]: em camada alimentadora de fibroblasto de embrião de camundongo e em frascos de cultura revestidos de Matrigel usando-se o meio comercial mTESR-1.

Koide e colaboradores, por sua vez, estabeleceram condições ótimas de cultura para geração de iPSC via células HEK293, utilizando-se a transfecção de vetor de expressão do microRNA-302s. Para isso, fez-se uso de camada alimentadora de fibroblasto de embrião de camundongo irradiada e meio comercial N2B27 sem soro fetal bovino[155].

Zhao e colaboradores, utilizando meio comercial *KnockOut*™ DMEM suplementado com 20% de *KnockOut*™ Serum Replacement (também comercial), foram capazes de gerar iPSC de alta pluripotência (utilizando retrovírus), capazes de originar posteriormente camundongos[156].

Chen e colaboradores divulgaram condições quimicamente definidas para obter-se iPSC de maneira epissomal (livre de vetores virais e de integração no genoma celular). Propuseram o meio E8 e cultura e superfícies revestidas de vitronectina. Esse meio é isento de albumina sérica bovina (*bovine serum albumin* – BSA) e β-mercaptoetanol (BME), sendo composto de DMEM/F12, magnésio, L-ácido ascórbico-2-fosfato, seleneto de sódio, FGF2, insulina, $NaHCO_3$ e transferrina, TGFβ12 ou NODAL, com pH 7,4[157].

Valamehr e colaboradores, utilizaram, além de DMEM com 10% de soro fetal bovino, glutamax e aminoácidos não essenciais, um coquetel chamado SMC4, com quatro inibidores (um para MEK, um para GSK, um para ROCK e outro para TGFβ), que foi adicionado após confluência (quatro a seis dias)[143] (ver Tabela 19.1 para mais exemplos de trabalhos que utilizaram, junto ao meio de cultura, outras moléculas para atuarem auxiliando a reprogramação nuclear).

Além da composição de meios de cultura, a tensão de oxigênio também influencia a eficiência de geração das iPSC. Legner e colaboradores demonstraram que a hipóxia favorece a geração dessas células em cultura[158].

19.13 COMO IDENTIFICAR CÉLULAS REPROGRAMADAS?

A identificação de células reprogramadas com sucesso na cultura, é passo crucial na obtenção de iPSC. Uma das metodologias utilizadas para tanto é a marcação de células vivas com o anticorpo TRA-1-60 (que também marca hESC)[159]. Os anticorpos, primário e secundário, são misturados e colocados sobre as células após remoção do meio de cultura. Após incubação por cerca de uma hora a 37 °C e 5% de CO_2, a solução é removida, e após lavagem das células com PBS, adiciona-se meio de cultura fresco. Segue-se a análise em microscópio de fluorescência, na qual as células aparecem fluorescentes. Dessa maneira, as colônias fluorescentes podem ser selecionadas para um novo cultivo a fim de serem submetidas a análises por outros marcadores de pluripotência[159].

A marcação de pluripotência pode ser feita utilizando outros marcadores, como TRA-1-81[143], SSEA4[160], SSEA3[160], DNMT3B[161], REX1[161], CD326[160], CD30[162], NANOG[143] e OCT4[143] em células fixadas e, em geral, combinando-se mais de um marcador por vez (p. ex. SSEA4 e TRA-1-81[143], CD30, SSEA4 e TRA-1-81[162] e SSEA4 e TRA-1-60[160]). É ainda comum a realização de cariótipo das células obtidas[143,159], análise de expressão gênica via RNA extraído das células[160], análise de integração genômica[143], determinação de número de cópias no DNA extraído por PCR[143,159], realização de *Southern Blot* com sondas para fatores de reprogramação[160], análise de metilação dos promotores OCT4 e NANOG[161], formação de corpo embrioide[159] e de teratoma[143,159,161].

A formação de corpo embrioide é avaliada após cerca de duas semanas por meio da geração de estruturas císticas na cultura. Estes são então dispersados e transferidos à placa recoberta de gelatina por cerca de dois dias, depois dos quais é possível fixar e corar as células típicas dos três folhetos embrionários e do trofoectoderma. Para isso, podem-se utilizar anticorpos primários, como para α-fetoproteína, actina de musculatura lisa, Alexa Fluor 555-conjugado à β-tubulina classe III[159].

A formação de teratoma é avaliada após a injeção das células de forma intramuscular na pata traseira de camundongos imunodeficientes. Em cerca de dois a três meses, em média, costuma ser possível a detecção de tumores apalpáveis[159]. Pode-se ainda introduzir as células na cápsula renal e testículo de camundongos Beige SCID[143], ou injetá-las de forma subcutânea em camundongos NOD-SCID *Il2rg*-null[160].

Logo, a caracterização de iPSC é uma etapa demorada que pode durar meses; porém, é essencial que seja realizada para que se obtenha células

com reprogramação completa, distinguindo-as de clones com reprogramação parcial.

19.14 EXPANSÃO DAS iPSC

Os processos de expansão utilizados para a produção de uma colônia de iPSC são semelhantes aos de células-tronco embrionárias e, por mais que as ferramentas moleculares tenham evoluído para a geração dessas células, os métodos de expansão não acompanharam esse avanço[163-165].

Os protocolos atuais dependem que as células em reprogramação façam sua adesão para propagarem, além do fato de ainda serem utilizados microambientes que possuem componentes de origem animal, aumentando, assim, o risco de contaminação das células em indução[166,167]. As iPSC derivadas de células somáticas necessitam de componentes de matriz extracelular para se aderirem e de células alimentadoras para seu processo de expansão. Assim, as células-tronco ficam mais propensas à variabilidade, além do fato de exigirem uma etapa de separação das células induzidas e das células alimentadoras[165,167].

Nas culturas de células iPS, o processo de expansão ocorre por meio de passagens seriadas. Em camundongos, as colônias conseguem resistir a partir de uma única célula e possuem rápida proliferação, pois o processo de passagem se dá por meio enzimático. Entretanto, em humanos as primeiras passagens devem ser realizadas por processos mecânicos, e só após várias passagens pode-se utilizar o processo enzimático, além do fato de tais colônias não resistirem a partir de uma única célula[163]. Em ambas as culturas deve-se remover continuamente estruturas diferenciadas, visto que tais células são propensas a se diferenciarem nas primeiras passagens[165].

Uma alternativa ao tipo de cultura mencionado acima seria a cultura suspensa, em que as células que seriam expandidas e mantidas flutuariam na ausência de células alimentadoras. Pesquisadores têm demonstrado que células-tronco embrionárias humanas e de camundongos foram ampliadas e mantidas com seus estados de pluripotência nesse tipo de cultura[168,169]; entretanto, as culturas em suspensão requerem uma série maior de dissociações e agregações que limitam o processo de eficiência e rendimento das células[167].

Fluri e colaboradores realizaram um trabalho no qual derivaram células-tronco pluripotentes induzidas a partir de células somáticas de camundongos utilizando cultura em suspensão livre de substratos de tecido, soro ou camadas de suporte com células alimentadoras. Compararam as características

das células induzidas em suspensão com uma cultura convencional, dependente de aderência, e observaram que as características funcionais, os marcadores de pluripotência e o perfil de expressão genética geral foram semelhantes nos dois tipos de cultura[167]. Esse trabalho exemplifica um avanço na metodologia de expansão das células iPS, contribuindo para contornar as limitações que restringem o potencial dessas células a favor da ciência e da sociedade.

19.15 CARACTERIZAÇÃO E EFICIÊNCIA DE INDUÇÃO DAS CÉLULAS iPS

Durante e após o processo de expansão das células-tronco induzidas, é necessário verificar se tais células apresentam características funcionais, morfológicas e moleculares semelhantes às células-tronco, pois a derivação das células por meio de uma reprogramação mal sucedida pode produzir estruturas que não correspondem ao perfil de uma iPSC.

Entretanto, com a possibilidade de inúmeros ensaios disponibilizados para a demonstração de pluripotência, há uma quantidade mínima de critérios a serem alcançados para se certificar que a derivação de uma iPSC foi concluída com sucesso. O primeiro consiste na independência do transgene, ou seja, a célula induzida deve ser capaz de produzir os produtos dos genes de pluripotência, manter sua capacidade proliferativa e de diferenciação independente da necessidade de mais transgenes serem entregues às células. Além disso, como segunda condição, a célula deve expressar em maior quantidade esses genes de pluripotência, ao mesmo tempo que regula para um nível menor de expressão os genes específicos da linhagem da célula de origem. O terceiro critério consiste em apresentar todos os atributos morfológicos, incluindo a capacidade ilimitada de autorrenovação. A quarta condição compreende um teste de rigor aceitável para averiguar a diferenciação funcional[165].

Como condição do critério de diferenciação funcional, as iPSC devem apresentar a capacidade de se diferenciar em linhagens derivadas dos três tipos de folhetos embrionários. Entretanto, o teste de rigor para utilização com células humanas ou de camundongos é diferente. Neste último, as células devem ser capazes de formar células germinais que, quando transferidas, podem originar descendentes por um processo conhecido como transmissão germinal[165]. Já em humanos, uma análise histológica e imuno-histoquímica

confirmaria as estruturas derivadas das camadas germinativas, por meio de uma técnica que utiliza formação de teratomas[170].

Outra importante questão envolve a possibilidade das células cultivadas por um longo período de tempo adquirirem cariótipos anormais, sendo interessante testar as células com relação a lesões genéticas[165,171].

Em nível molecular, as iPSC devem apresentar reativação do cromossomo X feminino, conter modificações opostas sobrepostas de histonas em genes com domínios bivalentes, conter antígenos específicos de células-tronco embrionárias, expressar telomerase; os promotores dos genes de pluripotência devem estar desmetilados e deve ocorrer aumento da expressão de proteínas de genes de pluripotência de forma independente da expressão do transgene[165,172-174].

A criação de uma padronização dos métodos de avaliação da eficiência em produzir células-tronco pluripotentes induzidas permitiria uma comparação e interpretação dos experimentos diversos. Maherali e colaboradores propuseram em seu trabalho medidas que evitariam as discrepâncias encontradas nas medidas de eficiência dos artigos. Os autores defendem a quantificação do número de células que expressam todos os fatores em vez do número de células que incorporaram os fatores (porém, sem expressão destes), a elaboração de um método de identificação e quantificação de colônias de iPSC, a inclusão de uma contagem de células ou revestimento de uma única célula e eliminação da contagem de clones irmãs de placas de única célula[165].

Esses procedimentos executados e todas as abordagens envolvendo o estudo das células induzidas permitiria a interpretação dos procedimentos para otimização das técnicas de reprogramação e derivação.

19.16 POSSIBILIDADES TERAPÊUTICAS E/OU INDUSTRIAIS

Uma grande dificuldade da pesquisa é a possibilidade de criar modelos animais para reproduzirem doenças que acometem seres humanos, devido às diferenças genômicas entre esses animais e a restrição fisiopatológica humana[175,176]. Porém, o estudo com células iPS proporcionaria a oportunidade do estudo da patogênese *in vitro*, visto que as células-tronco pluripotentes induzidas são produzidas a partir de células somáticas paciente-específicas e, por isso, possuem o mesmo material genético do doador, e com isso, tais células representariam a patologia do paciente[177].

Essa ferramenta, denominada "modelagem de doença em placa"[177], é importante também para a investigação dos mecanismos envolvidos na

Tabela 19.3 Caracterização das iPSC de camundongos e humanos

	CAMUNDONGOS		HUMANOS	
	ENSAIOS MOLECULARES	CARACTERIZAÇÃO FUNCIONAL	ENSAIOS MOLECULARES	CARACTERIZAÇÃO FUNCIONAL
Colônia de iPSC primárias	Intervalo para produção das iPSC primárias: aproximadamente 2 semanas		Intervalo para produção das iPSC primárias: aproximadamente entre 3 e 4 semanas	
1 a 2 semanas	- Imunocoloração e RT-PCR para análise da expressão de genes de pluripotência - Determinação do padrão de metilação do DNA por tratamento deste com bissulfito	- Ensaio de combinação tetraploide e injeções de blastocisto - Início da diferenciação *in vitro*		
2 a 3 semanas	- Cariótipo e perfil transcricional - Perfil de modificação das histonas e reativação cromossomo X	- Análise da diferenciação *in vitro*	- Imunocoloração e RT-PCR para análise da expressão de genes de pluripotência - Determinação do padrão de metilação do DNA por tratamento deste com bissulfito	- Início da diferenciação *in vitro*
4 a 6 semanas				- Análise da diferenciação *in vitro*
6 a 8 semanas		- Análise da diferenciação *in vitro* (quimeras, teratomas e complementação tetraploide)	- Cariótipo e perfil transcricional - Perfil de modificação das histonas e reativação do cromossomo X	- Injeções de blastocisto
10 a 12 semanas		- Teste da transmissão germinal		
14 a 16 semanas		- Determinação da transmissão germinal		
16 a 20 semanas		- Análise da autorrenovação		- Análises de teratomas e autorrenovação

Fonte: Modificado de *Guidelines and Techniques for the Generation of Induced Pluripotent Stem Cells*[165].

formação de tecidos no âmbito fisiológico e patológico, além de tais células funcionarem para ensaios toxicológicos[178]. Tal abordagem de modelagem de doença tem sido utilizada nos estudos executados por Park e colaboradores, que derivaram iPSC a partir de células somáticas de pacientes com doenças genéticas variadas ou de herança mendeliana, incluindo distrofia muscular de Duchenne, distrofia muscular de Becker, doença de Parkinson, doença de Huntington, diabetes *mellitus* juvenil, trissomia do cromossomo 21, síndrome de Lesch-Nyhan, síndrome de Shwachman-Bodian-Diamond (SBDS) e imunodeficiência combinada severa relacionada à deficiência de desaminase adenosina[175]. Pacientes que apresentam distúrbios de único gene, como leucemia de células falciformes, recebem reparo do gene danificado *ex vivo*, e tais células corrigidas são transplantadas para o hospedeiro. Entretanto, doenças que apresentam uma base genética indefinida, tais como Parkinson e diabetes *mellitus* juvenil, não possuem um gene específico para a patologia, sendo assim, são difíceis de serem reparadas[175].

Outro campo para o qual a pesquisa com iPSC contribuiu foi a descoberta de medicamentos, com a avaliação das respostas da célula aos efeitos farmacológicos da droga e verificação da ação desta sobre tal unidade morfológica[179]. Essa forma de estudo é comprovada pela pesquisa de Lee e seus colaboradores, na qual os precursores da crista neural derivadas de iPSC de indivíduos com disautonomia familiar tratados com cinetina apresentaram reparação da mutação do gene IKBKAP. O efeito da droga nesse estudo está ligado a uma compensação da falha do mecanismo celular, e tal pesquisa também demonstra a viabilidade da iPSC como estudo de modelos para utilização de medicamentos[179,180].

A aplicação na medicina regenerativa seria o objetivo mais promissor da utilização das iPSC. A intenção era transplantar células progenitoras a partir de iPSC específicas de cada paciente a fim de recuperar todo o tecido danificado, sem, no entanto, promover formação de tumor e/ou desencadear resposta imunológica[179]. Esse feito foi comprovado por Hanna e seus colaboradores, que corrigiram o alelo da hemoglobina falciforme das células de paciente, diferenciaram estas em iPSC progenitoras hematopoéticas e transplantaram tais células nos ratos, resgatando o fenótipo das células do sangue[181]. Em outro estudo, foi demonstrado que células progenitoras cardiovasculares humanas transplantadas em camundongos foram capazes de recuperar danos no coração, pois tais células progenitoras foram capazes de migrar, proliferar e diferenciar em cardiomiócitos, células musculares lisas e células endoteliais[177,182].

19.17 PROTOCOLOS PARA A PRODUÇÃO DE iPSC

19.17.1 Meios de cultura

Meio completo de fibroblastos
- 450 mL DMEM
- 50 mL soro fetal bovino
- 5 mL penicilina/estreptomicina
- 5 mL glutamina 100x
- 5 mL de aminoácidos não essenciais 100x
- 0,5 mL de β-mercaptoetanol

Meio completo de células-tronco embrionárias de camundongos (mESC)
- 425 mL de DMEM *KnockOut*
- 75 mL de soro fetal bovino
- 5 mL penicilina/estreptomicina
- 5 mL glutamina 100x
- 5 mL de aminoácidos não essenciais 100x
- 0,5 mL de β-mercaptoetanol
- 0,5 mL de LIF 1.000x (comercial ou recombinante)

Meio completo de células-tronco embrionárias humanas (huES)
- 400 mL de DMEM/F12 1:1
- 100 mL de soro de substituição *KnockOut*
- 5 mL penicilina/estreptomicina
- 5 mL glutamina
- 5 mL de aminoácidos não essenciais
- 0,5 mL de β-mercaptoetanol
- 10 ng/mL bFGF

Meio de diferenciação de corpos embrioides de camundongos (mEB)
- 425 mL de IMDM
- 75 mL de soro fetal bovino
- 5 mL penicilina/estreptomicina
- 5 mL glutamax
- 18,9 µL de monotioglicerol
- 2 mL de transferrina saturada com Fe
- 250 µL de ácido ascórbico (50 mg/mL)

- 5 mL de aminoácidos não essenciais
- 5 mL de piruvato de sódio (100 mM)

19.17.2 Preparação de fibroblastos embrionários de camundongos (mEFs) para reprogramação

1) Entre os dias 12,5 e 15,5 do embrião, sacrificar a fêmea grávida.
2) Colocar o camundongo de costas e cortar o abdômen.
3) Localizar os cornos uterinos onde os embriões são visíveis. Para dissecar o útero, cortar abaixo do colo do útero e através do oviduto.
4) Mergulhar o útero em Wescodyne diluído em PBS (proporção de 1:200) por 30 segundos a 1 minuto, para evitar contaminação com micoplasma. Em seguida, lavar por 3 vezes em PBS.
5) Em um placa de cultura de 10 centímetros, utilizar um par de fórceps e tesouras para retirar o embrião do útero.
6) Retirar a cabeça e órgãos internos do embrião e colocar, o embrião sem a cabeça e seus órgãos internos, em uma nova placa de 10 cm com uma gota de tripsina. Observação: há risco de contaminação da cultura com células progenitoras neurais e células hematopoiéticas caso a cabeça e o fígado fetal não sejam completamente removidos.
7) Cortar completamente o embrião com bisturi, triturando-o em pedaços finos.
8) Adicionar meio completo mEFs e suspender o embrião triturado com pipetagens repetitivas.
9) Cultivar as mEFs a 37 °C com 4% de O_2. Não perturbar a placa durante as primeiras 48 horas, para que os fibroblastos cresçam. As mEFs podem ser mantidas por várias passagens em condição de normoxia (21% de O_2), entretanto sua capacidade de reprogramação diminui com o tempo devido à senescência provocada pelo estresse oxidativo. Caso utilize a condição de normoxia, utilize antes da quarta passagem para obtenção de melhores resultados.

19.17.3 Derivação de iPSC a partir de fibroblastos humanos ou de camundongos

Há inúmeros métodos de derivação completa de iPSC (Tabela 19.4), entretanto é mais comum a utilização de células de camundongos reprogramáveis ou lentivírus.

Tabela 19.4 Métodos de derivação completa de iPSC

SISTEMA DE REPROGRAMAÇÃO	MÉTODO DE ENTREGA DO FATOR	FORNECEDOR
STEMCCA	Lentivírus	EMD Millipore
Stemgent 4F2A&4F2A-loxP	Lentivírus	Stemgent; Sigma
Stemgent mRNA Reprogramming Factors	mRNA	Stemgent
CytoTune-iPS	Vírus sendai	Invitrogen
Col1a1tm(tetO-Pou5f1,-Klf4,-Sox2,-Myc)Hoch/J	*Reprogrammable Mouse*	Jackson Laboratory
Col1a1tm(tetO-Pou5f1,-Klf4,-Sox2,-Myc)Jae/J	*Reprogrammable Mouse*	Jackson Laboratory

19.17.4 Protocolo geral de derivação de iPSC de fibroblastos em placas de 6 poços

1) Plaquear em placas de 6 poços contendo meio de fibroblastos cerca de 100.000 a 200.000 fibroblastos de passagem inicial e deixar *"overnight"* (pular para a etapa 3 se utilizar infecção viral).
2) Entrega dos fatores de reprogramação por exposição a intervalos de 12 a 24 horas com altos títulos de vírus. Observação: o protocolo/tempo de infecção depende do título viral/eficiência de infecção, portanto, o protocolo deve ser ajustado de acordo com essas características.
3) Cobrir com gelatina 0,2% os 6 poços da placa por 30 minutos a uma temperatura de 37 °C durante a infecção. Retirar a gelatina e plaquear células irradiadas CF-1 ou DR4 MEFs a uma concentração de 250.000 a 500.000 células por poço.
4) Trocar o meio por outro contendo 3 mL de células embrionárias humanas ou de camundongos. Antes do processo de repique dos fibroblastos

infectados. Adicionar ao meio doxiciclina na concentração de 1 µg/mL em sistemas induzíveis.
5) Tripsinizar os fibroblastos infectados. Em poços contendo gelatina e meio com células embrionárias humanas ou de camundongos, plaquear essas células na concentração de 1.000 a 10.000 células por poço. Adicionar ao meio doxiciclina na concentração de 1 µg/mL em sistemas induzíveis. Observação: a eficiência da reprogramação determinará a quantidade de células que serão plaqueadas por poço.
6) Monitorar as colônias emergentes e trocar o meio diariamente. As células que estão se reprogramando proliferarão rapidamente, sofrerão transição morfológica de células epiteliais para células mesenquimais e formarão agrupamentos de colônias semelhantes aos de células-tronco embrionárias. Linhagens de camundongos com Oct-4 e Nanog marcados com GFP podem ser monitoradas devido à ativação promovida no *loci* de pluripotência ao redor do 9º dia de reprogramação.
7) Remover a doxiciclina entre os dias 14 e 21 da reprogramação de fibroblastos humanos ou entre os dias 12 e 15 da reprogramação de fibroblastos de camundongo, no caso de sistemas induzíveis. Em seguida à lavagem de doxiciclina, deixar por 5 dias para regressão das colônias dependentes de fatores exógenos e, após este passo, analisar e colher as iPSC.

19.17.5 Crescimento e expansão de iPSC de camundongos

1) Clones de iPSC podem ser colhidos 5 dias depois da remoção da doxiciclina no caso de reprogramação de sistemas induzidos, ou cerca de 20 dias no caso de sistemas de reprogramação com lentivírus constitutivos retrovirais. Ao escolher as colônias, elas devem se assemelhar as de células-tronco embrionárias, entretanto pode haver células diferenciadas ao redor das colônias antes da primeira expansão.
2) Para escolha dos clones, preparar uma placa de 96 poços em V com 60 µL de PBS por poço, sem $MgCl_2$ ou $CaCl_2$.
3) Em um microscópio de luz invertida, utilizar ponta de ponteira P10 ou P20 para cortar as colônias individuais.
4) Transferir a colônia para placa de 96 poços e dissociar a colônia com pipetagens repetitivas.
5) Adicionar em cada poço 30 µL de tripsina 0,25% e incubar a 37 °C por 10 minutos.

6) Transferir os clones para uma placa gelatinada de 24 poços contendo alimentadores irradiados para expansão.
7) Trocar o meio a cada dois dias e utilizar divisões regulares 1:50 para evitar a superlotação e diferenciação das células.

19.17.6 Crescimento e expansão de iPSC humanas

1) Escolher as colônias que se assemelharem às de células-tronco embrionárias humanas e utilizar ponta de ponteira P10 ou P20 para cortar as colônias individuais.
2) Transferir os clones para uma placa gelatinada de 6 poços contendo alimentadores irradiados para expansão. Observação: iPSC e ESC não toleram ser individualizadas em um poço. Para as passagens, não utilizar digestão enzimática.
3) Trocar o meio diariamente para evitar a diferenciação e utilizar as pipetas P10 ou P20 para as passagens. Caso ocorra diferenciação durante as passagens, adicionar inibidor ROCK ao meio seguinte para reduzir esse processo.

19.17.7 Análise das iPSC: imunofluorescência

A imunofluorescência é útil para verificar a expressão dos fatores de transcrição ao longo da reprogramação e geração das iPSC. Os marcadores mais conhecidos que indicam o potencial de pluripotência das células tronco induzidas são Oct-4, Nanog e Sox-2. Caso ocorra perda da expressão desses fatores, as células perderam sua pluripotência ou se diferenciaram. É recomendável também detectar os antígenos (por meio de anticorpos específicos) que se encontram na superfície das células-tronco pluripotentes, tais como TRA-1-60, TRA-1-81 e SSEA4. Esses marcadores funcionarão como controle da pluripotência da cultura, juntamente com os fatores de transcrição mencionados acima. No caso de células iPS de camundongos, a expressão de SSEA1 na superfície da célula pode funcionar como indicador de pluripotência.

19.17.8 Diferenciação *in vivo* de iPSC por meio da formação de teratoma

Um ensaio *in vivo* para avaliar a pluripotência das células iPS consiste na formação de teratomas em modelo experimental. Esta técnica consiste na injeção por via subcutânea de iPSC em camundongos imunodeficientes, e o potencial de pluripotência das células é avaliado por meio da capacidade de tais células originarem derivados dos três tipos de folhetos embrionários: endoderma, mesoderma e ectoderma.

1) Crescer iPSC em placas de 6 poços contendo gelatina e alimentadores para células iPS de camundongo até atingirem confluência maior de 60%. Para iPSC humanas, transferir antes para placas de 10 cm contendo matrigel livre de alimentadores, a fim de evitar contaminação com fibroblastos. Utilizar a placa depois de atingir mais de 80% de confluência. Tratar as células iPS humanas com 1 mg/mL de colagenase IV (em DMEM/F12) por 5 minutos a 37 °C. Para iPSC de camundongo, tripsinizar e transferir para frasco T-25 sem gelatina e contendo meio completo mES. Incubar por 30 minutos a 1 hora em 37 °C e depois recolher os agregados de células. Este agregado corresponde a fibroblastos, pois eles se anexam mais rapidamente do que as células induzidas, o que permite o enriquecimento das iPSC.
2) Ressuspender as células em PBS com $MgCl_2$ e $CaCl_2$ e diluir 0,5-1x10^6 células por 300 µL.
3) Anestesiar o animal SCID ou NOD/SCID com isoflurano. Depois, puxar a pele do flanco traseiro do camundongo para longe do peritônio e inserir a agulha de calibre 23 (contendo 300 µL de células ressuspensas) neste espaço, tomando cuidado para não atingir o peritônio. Deve-se sentir uma bolha abaixo da pele do camundongo e verificar se a solução injetada não escoará para fora.
4) O teratoma deve crescer por 3 a 6 semanas, e em seguida deve-se dissecá-lo para histologia. Por meio da coloração HE, deve-se constatar os derivados do endoderma, mesoderma e ectoderma.

19.17.9 Diferenciação de iPSC de camundongos por meio da formação de corpos embrioides

1) Crescer iPSC em placas de 6 poços contendo gelatina e alimentadores para células iPS de camundongo até atingirem confluência maior de 60%. Certificar-se de que a cultura não apresenta sinais de diferenciação.
2) Tripsinizar e transferir as iPSC de camundongo para frasco T-25 sem gelatina e contendo meio completo mES. Incubar por 30 minutos a 1 hora a 37 °C e depois recolher os agregados de células.
3) Ressuspender as iPSC em meio de diferenciação EB na proporção de 400 células por 30 μL.
4) Na tampa de uma placa de Petri de 15 cm, fazer gotas de 30 μL com uma multicanal. Em seguida, colocar a tampa sobre a placa cuidadosamente, de modo que as gotas fiquem penduradas na tampa.
5) Incubar a 37 °C durante 3 a 4 dias. Na mesma direção de cada gota, devem se formar corpos embrioides no fundo da placa.
6) Para coletar os EB, inverter a tampa e lavar com PBS. Em seguida, transferir para tubo cônico. Esperar os EBs colonizarem e aspirar o PBS.
7) Transferir os EB para placas de Petri de 10 cm contendo meio de diferenciação EB e colocar a placa sobre um agitador com velocidade baixa e temperatura de 37 °C. Trocar o meio todos os dias. Os EB podem ser recolhidos no centro da placa após movimento circular e podem ser conduzidos a diferenciar em vários tipos de células das 3 camadas germinais.

19.17.10 Diferenciação de iPSC de humanos por meio da formação de corpos embrioides

1) Transferir as células para placas contendo matrigel livre de alimentadores, a fim de evitar contaminação com fibroblastos. Tratar as células em placas de 10 cm com 1 mg/mL de colagenase IV por 5 minutos a 37 °C.
2) Coletar as células, dar *spin* e ressuspender em 4 mL de meio de células-tronco embrionárias sem bFGF. Plaquear as células em placas de 6 poços de baixa fixação.
3) Para evitar aglutinação das células, incubar em agitador a 37 °C. Trocar o meio a cada dois dias, girando a placa em movimento circular e aspirando o meio da borda.
4) Esperar os EBs por 16 dias para diferenciar, antes de dissociá-los para análise ou para mais diferenciação.

19.17.11 Solução de problemas – Razões comuns

Falha da reprogramação

Baixa eficiência da infecção viral ou título viral: a população de células expressando os fatores de reprogramação deve ser máxima, pois a reprogramação é relativamente ineficiente. A escolha da célula a ser reprogramada, assim como a forma de infecção, são importantes para a eficiência da metodologia. Por exemplo, se as células possuem capacidade divisória lenta, a forma de infecção por lentivírus seria mais adequada, visto que os retrovírus só infectam células em divisão. Fatores de reprogramação marcados são utilizados para quantificar a porcentagem de células com expressão desses fatores, por meio de imunofluorescência. Os fatores exógenos de reprogramação podem também ser verificados em nível populacional por meio de RT-qPCR.

Morte na população inicial ou durante a reprogramação e senescência celular elevada

A morte de células pode ser causada por infecção viral tóxica, devido ao alto título viral ou tempo de infecção prolongado, provocando, assim, redução na eficiência da reprogramação. A ativação das vias de senescência se deve ao estresse oxidativo, por isso é recomendado que as células sejam mantidas, desde a população inicial, em atmosfera com 4% de O_2.

Condições inibitórias no meio

A qualidade do soro pode variar entre os diferentes lotes, e isso pode exercer efeito na eficiência de reprogramação das células. Sugere-se fazer um piloto de reprogramação com todos os lotes disponíveis de soro ou mesmo utilizar soro nocaute para reprogramação. Adicionalmente, pode se utilizar aditivos para aumentar a reprogramação, tais como ácido ascórbico, TGF-b e inibidores de HDAC.

Infrequência nas trocas do meio ou elevada densidade de células

O meio sofre alteração durante o processo de reprogramação das células, por isso deve-se manter as culturas de reprogramação em meios frescos. Essa condição pode provocar reprogramação inconsistente ou mesmo falha completa da reprogramação. Outra condição que interfere na eficiência da reprogramação consiste em sobrecarregar a cultura com muitas células, de modo que os recursos são consumidos muito rapidamente e o contato inibe o crescimento das células.

19.18 PERSPECTIVAS FUTURAS

Para o progresso da pesquisa com iPSC em ensaios clínicos é necessário uma colaboração bem coordenada entre os laboratórios responsáveis pela reprogramação dessas células e os departamentos de clínica cirúrgica e transplante[183]. Entretanto, a tecnologia ainda suscita preocupações de segurança que limitam sua aplicabilidade. Isso se deve ao fato de a metodologia para obtenção dessas células utilizar transgenes para reprogramação entregues por retrovírus, que podem se integrar ao genoma do hospedeiro promovendo instabilidade genômica[61,70].

Para a medicina regenerativa e terapia celular, as células-tronco pluripotentes induzidas são uma ferramenta revolucionária, pois permitem o estudo e a compreensão das patologias dos indivíduos afetados, proporcionando quantidades suficientes de células para terapia de reposição celular, além do estudo das ações dos agentes terapêuticos sobre essas células[184]. O diferencial da utilização das iPSC em comparação ao desenvolvimento de células embrionárias humanas deve-se ao fato de as células induzidas serem produzidas a partir de células somáticas paciente-específicas e se diferenciarem em diferentes tipos de células sendo, portanto, livres de questões éticas e incompatibilidade imunológica[177,184].

Asgari e colaboradores destacaram em seu trabalho alguns obstáculos que devem ser superados para que a terapia envolvendo as iPSC sejam realidade. O primeiro desafio é gerar iPSC sem integração viral, evitando assim a possibilidade de instabilidade genômica. Em segundo lugar, as células iPS devem ser submetidas a triagem e avaliação da qualidade, e, para tanto, deve-se aumentar a eficácia da produção dessas células. Em terceiro, uma compatibilidade entre as células diferenciadas deveria ser avaliada por meio das células-tronco e das células somáticas específicas *in vivo*. O quarto

obstáculo seria obter culturas de células puras, sem qualquer tipo de contaminação que comprometesse a segurança delas. O último desafio, citado no artigo, seria a garantia de função das células iPS após o transplante, sem problemas também de rejeição imunológica[185].

19.19 CONCLUSÃO

As iPSC são derivadas da reprogramação de células diferenciadas ou somáticas por meio de fatores de reprogramação, retornando, assim, ao estado de pluripotência semelhante ao de uma célula-tronco embrionária. Portanto, as células induzidas apresentam a capacidade indefinida de divisão e diferenciação nos três tipos de folhetos embrionários humanos. A vantagem em relação às células embrionárias está em evitar as questões éticas envolvendo a utilização de embriões humanos, além do fato destas últimas serem oriundas de indivíduos diferentes do paciente, possibilitando respostas imunológicas de rejeição.

Vários processos para a geração, expansão e caracterização das iPSC têm apresentado grandes progressos, a fim de proporcionar culturas mais puras e com garantias de segurança para aplicação em várias áreas da ciência, visto que as técnicas atuais são utilizadas para células-tronco embrionárias, mas diferem na questão de eficiência e rendimento dessas células em comparação com as induzidas.

Dentre as várias contribuições que o uso das células iPS podem trazer para a ciência e a sociedade, podemos mencionar a utilização na terapia celular associada ao transplante, na medicina regenerativa, no estudo dos efeitos de medicamentos e drogas sobre as células diferenciadas a partir das induzidas, além de contribuir para uma maior compreensão acerca dos mecanismos celulares envolvidos nas patologias que atingem os pacientes.

Percebe-se também que a pesquisa sobre as iPSC apresenta algumas limitações que, com o progresso da ciência, poderão ser contornadas. Tais obstáculos concentram-se no processo envolvido para derivação dessas células induzidas, tais como a forma de entrega dos fatores de reprogramação, a integração viral no genoma dessas células, a compatibilidade das células diferenciadas oriundas de iPSC e as células somáticas *in vivo* e a garantia de função e eficácia em transplantes sem problemas de rejeição. A resolução de tais impedimentos permitiria que todo o potencial dessas células fosse, então, utilizado em benefício da sociedade.

REFERÊNCIAS

1. Evans MJ, Kaufman MH. Establishment in culture of pluripotential cells from mouse embryos. Nature. 1981 Jul 9;292(5819):154-6.
2. Martin GR. Isolation of a pluripotent cell line from early mouse embryos cultured in medium conditioned by teratocarcinoma stem cells. Proc Natl Acad Sci USA. 1981 Dec;78(12):7634-8.
3. Hadorn E. Konstanz, Wechsel und Typus der Determination und Differenzierung in Zellen aus mannlichen Genitalanlagen von Drosophila melanogaster nach Dauerkultur in vivo. ger.[Constancy, variation and type of determination and differentiation in cells from male genitalia rudiments of Drosophila melanogaster in permanent culture in vivo]. Dev Biol. 1966 Jun;13(3):424-509.
4. Gehring W. Clonal analysis of determination dynamics in cultures of imaginal disks in Drosophila melanogaster. Dev Biol. 1967 Nov;16(5):438-56.
5. Le Lievre CS, Le Douarin NM. Mesenchymal derivatives of the neural crest: analysis of chimaeric quail and chick embryos. J Embryol Exp Morphol. 1975 Aug;34(1):125-54.
6. Gurdon JB. The developmental capacity of nuclei taken from intestinal epithelium cells of feeding tadpoles. J Embryol Exp Morphol. 1962 Dec;10:622-40.
7. Wilmut I, Schnieke AE, McWhir J, Kind AJ, Campbell KH. Viable offspring derived from fetal and adult mammalian cells. Nature. 1997 Feb 27;385(6619):810-3.
8. Tada M, Takahama Y, Abe K, Nakatsuji N, Tada T. Nuclear reprogramming of somatic cells by in vitro hybridization with ES cells. Curr Biol. 2001 Oct 2;11(19):1553-8.
9. Schneuwly S, Klemenz R, Gehring WJ. Redesigning the body plan of Drosophila by ectopic expression of the homoeotic gene Antennapedia. Nature. 1987 Feb 26-Mar 4;325(6107):816-8.
10. Davis RL, Weintraub H, Lassar AB. Expression of a single transfected cDNA converts fibroblasts to myoblasts. Cell. 1987 Dec 24;51(6):987-1000. PubMed PMID: 3690668.
11. Yamanaka S, Blau HM. Nuclear reprogramming to a pluripotent state by three approaches. Nature. 2010 Jun 10;465(7299):704-12.
12. Smith AG, Heath JK, Donaldson DD, Wong GG, Moreau J, Stahl M, et al. Inhibition of pluripotential embryonic stem cell differentiation by purified polypeptides. Nature. 1988 Dec 15;336(6200):688-90.
13. Thomson JA, Itskovitz-Eldor J, Shapiro SS, Waknitz MA, Swiergiel JJ, Marshall VS, et al. Embryonic stem cell lines derived from human blastocysts. Science. 1998 Nov 6;282(5391):1145-7.
14. Tonelli FMP, Santos AK, Silva SL, Gomes KN, Ladeira LO, Resende RR. Stem cells and Calcium Signaling. In: Islam MS, editor. Advances in Experimental Medicine and Biology 740. 1st ed. Springer; 2012. 1012 p.

15. Briggs R, King TJ. Transplantation of living nuclei from blastula cells into enucleated frogs' eggs. Proc Natl Acad Sci USA. 1952;38:455–63.
16. Gurdon JB. Adult frogs derived from the nuclei of single somatic cells. Dev Biol. 1962 Apr;4:256-73.
17. Wakayama T, Perry AC, Zuccotti M, Johnson KR, Yanagimachi R. Full-term development of mice from enucleated oocytes injected with cumulus cell nuclei. Nature. 1998 Jul 23;394(6691):369-74.
18. Hochedlinger K, Jaenisch R. Monoclonal mice generated by nuclear transfer from mature B and T donor cells. Nature. 2002 Feb 28;415(6875):1035-8.
19. Eggan K, Baldwin K, Tackett M, Osborne J, Gogos J, Chess A, et al. Mice cloned from olfactory sensory neurons. Nature. 2004 Mar 4;428(6978):44-9.
20. Egli D, Rosains J, Birkhoff G, Eggan K. Developmental reprogramming after chromosome transfer into mitotic mouse zygotes. Nature. 2007 Jun 7;447(7145):679-U8.
21. Van Thuan N, Kishigam S, Wakayama T. How to Improve the Success Rate of Mouse Cloning Technology. J Reprod Develop. 2010 Feb;56(1):20-30.
22. Wakayama S, Ohta H, Hikichi T, Mizutani E, Iwaki T, Kanagawa O, et al. Production of healthy cloned mice from bodies frozen at -20 degrees C for 16 years. Proc Natl Acad Sci USA. 2008 Nov 11;105(45):17318-22.
23. Yang X, Smith SL, Tian XC, Lewin HA, Renard JP, Wakayama T. Nuclear reprogramming of cloned embryos and its implications for therapeutic cloning. Nat Genet. 2007 Mar;39(3):295-302.
24. Byrne JA, Pedersen DA, Clepper LL, Nelson M, Sanger WG, Gokhale S, et al. Producing primate embryonic stem cells by somatic cell nuclear transfer. Nature. 2007 Nov 22;450(7169):497-502.
25. Simonsson S, Gurdon J. DNA demethylation is necessary for the epigenetic reprogramming of somatic cell nuclei. Nature Cell Biology. 2004 Oct;6(10):984-90.
26. Blau HM, Chiu CP, Webster C. Cytoplasmic Activation of Human Nuclear Genes in Stable Heterocaryons. Cell. 1983;32(4):1171-80.
27. Blau HM, Pavlath GK, Hardeman EC, Chiu CP, Silberstein L, Webster SG, et al. Plasticity of the Differentiated State. Science. 1985;230(4727):758-66.
28. Blau HM, Baltimore D. Differentiation Requires Continuous Regulation. Journal of Cell Biology. 1991 Mar;112(5):781-3.
29. Davidson RL, Ephrussi B, Yamamoto K. Regulation of Pigment Synthesis in Mammalian Cells as Studied by Somatic Hybridization. P Natl Acad Sci USA. 1966;56(5):1437-&.
30. Weiss MC, Chaplain M. Expression of Differentiated Functions in Hepatoma Cell Hybrids .3. Reappearance of Tyrosine Aminotransferase Inducibility after Loss of Chromosomms. P Natl Acad Sci USA. 1971;68(12):3026-&.
31. Harris H, Miller OJ, Klein G, Worst P, Tachiban.T. Suppression of Malignancy by Cell Fusion. Nature. 1969;223(5204):363-&.

32. Petersen JA, Weiss MC. Expression of Differentiated Functions in Hepatoma Cell Hybrids - Induction of Mouse Albumin Production in Rat Hepatoma Mouse Fibroblast Hybrids. P Natl Acad Sci USA. 1972;69(3):571-&.
33. Davidson RL. Regulation of malanin synthesis in mammalian cells: effect of gene dosage on the expression of differentiation. Proc Natl Acad Sci USA. 1972 Apr;69(4):951-5.
34. Harris H, Watkins JF, Ford CE, Schoefl GI. Artificial heterokaryons of animal cells from different species. J Cell Sci. 1966 Mar;1(1):1-30.
35. Pavlath GK, Blau HM. Expression of muscle genes in heterokaryons depends on gene dosage. J Cell Biol. 1986 Jan;102(1):124-30.
36. Miller SC, Pavlath GK, Blakely BT, Blau HM. Muscle cell components dictate hepatocyte gene expression and the distribution of the Golgi apparatus in heterokaryons. Genes Dev. 1988 Mar;2(3):330-40.
37. Chiu CP, Blau HM. 5-Azacytidine permits gene activation in a previously noninducible cell type. Cell. 1985 Feb;40(2):417-24.
38. Wright WE. Induction of muscle genes in neural cells. J Cell Biol. 1984 Feb;98(2):427-35.
39. Baron MH, Maniatis T. Rapid reprogramming of globin gene expression in transient heterokáryons. Cell. 1986 Aug 15;46(4):591-602.
40. Spear BT, Tilghman SM. Role of alpha-fetoprotein regulatory elements in transcriptional activation in transient heterokaryons. Mol Cell Biol. 1990 Oct;10(10):5047-54.
41. Johansson CB, Youssef S, Koleckar K, Holbrook C, Doyonnas R, Corbel SY, et al. Extensive fusion of haematopoietic cells with Purkinje neurons in response to chronic inflammation. Nat Cell Biol. 2008 May;10(5):575-83.
42. Weimann JM, Charlton CA, Brazelton TR, Hackman RC, Blau HM. Contribution of transplanted bone marrow cells to Purkinje neurons in human adult brains. Proc Natl Acad Sci USA. 2003 Feb 18;100(4):2088-93.
43. Tada M, Tada T, Lefebvre L, Barton SC, Surani MA. Embryonic germ cells induce epigenetic reprogramming of somatic nucleus in hybrid cells. EMBO J. 1997 Nov 3;16(21):6510-20.
44. Kimura H, Tada M, Nakatsuji N, Tada T. Histone code modifications on pluripotential nuclei of reprogrammed somatic cells. Mol Cell Biol. 2004 Jul;24(13):5710-20.
45. Cowan CA, Atienza J, Melton DA, Eggan K. Nuclear reprogramming of somatic cells after fusion with human embryonic stem cells. Science. 2005 Aug 26;309(5739):1369-73.
46. Silva J, Chambers I, Pollard S, Smith A. Nanog promotes transfer of pluripotency after cell fusion. Nature. 2006 Jun 22;441(7096):997-1001.
47. Pereira CF, Terranova R, Ryan NK, Santos J, Morris KJ, Cui W, et al. Heterokaryon-Based Reprogramming of Human B Lymphocytes for Pluripotency Requires Oct4 but Not Sox2. Plos Genet. 2008 Sep;4(9).

48. Bhutani N, Brady JJ, Damian M, Sacco A, Corbel SY, Blau HM. Reprogramming towards pluripotency requires AID-dependent DNA demethylation. Nature. 2010 Feb 25;463(7284):1042-7.

49. Gehring WJ. The master control gene for morphogenesis and evolution of the eye. Genes Cells. 1996 Jan;1(1):11-5.

50. Taylor SM, Jones PA. Multiple new phenotypes induced in 10T1/2 and 3T3 cells treated with 5-azacytidine. Cell. 1979 Aug;17(4):771-9.

51. Xie H, Ye M, Feng R, Graf T. Stepwise reprogramming of B cells into macrophages. Cell. 2004 May 28;117(5):663-76.

52. Cobaleda C, Jochum W, Busslinger M. Conversion of mature B cells into T cells by dedifferentiation to uncommitted progenitors. Nature. 2007 Sep 27;449(7161):473-7.

53. Graf T, Enver T. Forcing cells to change lineages. Nature. 2009 Dec 3;462(7273):587-94.

54. Farah MH, Olson JM, Sucic HB, Hume RI, Tapscott SJ, Turner DL. Generation of neurons by transient expression of neural bHLH proteins in mammalian cells. Development. 2000 Feb;127(4):693-702.

55. Schafer BW, Blakely BT, Darlington GJ, Blau HM. Effect of cell history on response to helix-loop-helix family of myogenic regulators. Nature. 1990 Mar 29;344(6265):454-8.

56. Takahashi K, Yamanaka S. Induction of pluripotent stem cells from mouse embryonic and adult fibroblast cultures by defined factors. Cell. 2006 Aug 25;126(4):663-76.

57. Yamanaka S. Strategies and new developments in the generation of patient-specific pluripotent stem cells. Cell Stem Cell. 2007 Jun 7;1(1):39-49.

58. Tokuzawa Y, Kaiho E, Maruyama M, Takahashi K, Mitsui K, Maeda M, et al. Fbx15 is a novel target of Oct3/4 but is dispensable for embryonic stem cell self-renewal and mouse development. Mol Cell Biol. 2003 Apr;23(8):2699-708.

59. Wernig M, Meissner A, Foreman R, Brambrink T, Ku M, Hochedlinger K, et al. In vitro reprogramming of fibroblasts into a pluripotent ES-cell-like state. Nature. 2007 Jul 19;448(7151):318-24.

60. Okita K, Ichisaka T, Yamanaka S. Generation of germline-competent induced pluripotent stem cells. Nature. 2007 Jul 19;448(7151):313-7.

61. Nakagawa M, Koyanagi M, Tanabe K, Takahashi K, Ichisaka T, Aoi T, et al. Generation of induced pluripotent stem cells without Myc from mouse and human fibroblasts. Nat Biotechnol. 2008 Jan;26(1):101-6.

62. Wernig M, Meissner A, Cassady JP, Jaenisch R. c-Myc is dispensable for direct reprogramming of mouse fibroblasts. Cell Stem Cell. 2008 Jan 10;2(1):10-2.

63. Takahashi K, Tanabe K, Ohnuki M, Narita M, Ichisaka T, Tomoda K, et al. Induction of pluripotent stem cells from adult human fibroblasts by defined factors. Cell. 2007 Nov 30;131(5):861-72.

64. Park IH, Zhao R, West JA, Yabuuchi A, Huo H, Ince TA, et al. Reprogramming of human somatic cells to pluripotency with defined factors. Nature. 2008 Jan 10;451(7175):141-6.

65. Yu J, Vodyanik MA, Smuga-Otto K, Antosiewicz-Bourget J, Frane JL, Tian S, et al. Induced pluripotent stem cell lines derived from human somatic cells. Science. 2007 Dec 21;318(5858):1917-20.

66. Yamanaka S. A fresh look at iPS cells. Cell. 2009 Apr 3;137(1):13-7.

67. Malik N, Rao MS. A review of the methods for human iPSC derivation. Methods Mol Biol. 2013;997:23-33.

68. Sommer CA, Stadtfeld M, Murphy GJ, Hochedlinger K, Kotton DN, Mostoslavsky G. Induced pluripotent stem cell generation using a single lentiviral stem cell cassette. Stem Cells. 2009 Mar;27(3):543-9.

69. Subramanyam D, Lamouille S, Judson RL, Liu JY, Bucay N, Derynck R, et al. Multiple targets of miR-302 and miR-372 promote reprogramming of human fibroblasts to induced pluripotent stem cells. Nat Biotechnol. 2011 May;29(5):443-8.

70. Okita K, Nakagawa M, Hyenjong H, Ichisaka T, Yamanaka S. Generation of mouse induced pluripotent stem cells without viral vectors. Science. 2008 Nov 7;322(5903):949-53.

71. Li W, Ding S. Small molecules that modulate embryonic stem cell fate and somatic cell reprogramming. Trends Pharmacol Sci. 2010 Jan;31(1):36-45.

72. Desponts C, Ding S. Using small molecules to improve generation of induced pluripotent stem cells from somatic cells. Methods Mol Biol. 2010;636:207-18.

73. Huangfu D, Maehr R, Guo W, Eijkelenboom A, Snitow M, Chen AE, et al. Induction of pluripotent stem cells by defined factors is greatly improved by small-molecule compounds. Nat Biotechnol. 2008 Jul;26(7):795-7.

74. Shi Y, Do JT, Desponts C, Hahm HS, Scholer HR, Ding S. A combined chemical and genetic approach for the generation of induced pluripotent stem cells. Cell Stem Cell. 2008 Jun 5;2(6):525-8.

75. Yoshida Y, Takahashi K, Okita K, Ichisaka T, Yamanaka S. Hypoxia enhances the generation of induced pluripotent stem cells. Cell Stem Cell. 2009 Sep 4;5(3):237-41.

76. Esteban MA, Wang T, Qin B, Yang J, Qin D, Cai J, et al. Vitamin C enhances the generation of mouse and human induced pluripotent stem cells. Cell Stem Cell. 2010 Jan 8;6(1):71-9.

77. Li H, Collado M, Villasante A, Strati K, Ortega S, Canamero M, et al. The Ink4/Arf locus is a barrier for iPS cell reprogramming. Nature. 2009 Aug 27;460(7259):1136-9.

78. Marion RM, Strati K, Li H, Murga M, Blanco R, Ortega S, et al. A p53-mediated DNA damage response limits reprogramming to ensure iPS cell genomic integrity. Nature. 2009 Aug 27;460(7259):1149-53.

79. Utikal J, Polo JM, Stadtfeld M, Maherali N, Kulalert W, Walsh RM, et al. Immortalization eliminates a roadblock during cellular reprogramming into iPS cells. Nature. 2009 Aug 27;460(7259):1145-8.
80. Kawamura T, Suzuki J, Wang YV, Menendez S, Morera LB, Raya A, et al. Linking the p53 tumour suppressor pathway to somatic cell reprogramming. Nature. 2009 Aug 27;460(7259):1140-4.
81. Judson RL, Babiarz JE, Venere M, Blelloch R. Embryonic stem cell-specific microRNAs promote induced pluripotency. Nat Biotechnol. 2009 May;27(5):459-61.
82. Eminli S, Foudi A, Stadtfeld M, Maherali N, Ahfeldt T, Mostoslavsky G, et al. Differentiation stage determines potential of hematopoietic cells for reprogramming into induced pluripotent stem cells. Nat Genet. 2009 Sep;41(9):968-76.
83. Wernig M, Lengner CJ, Hanna J, Lodato MA, Steine E, Foreman R, et al. A drug-inducible transgenic system for direct reprogramming of multiple somatic cell types. Nat Biotechnol. 2008 Aug;26(8):916-24.
84. Woltjen K, Michael IP, Mohseni P, Desai R, Mileikovsky M, Hamalainen R, et al. piggyBac transposition reprograms fibroblasts to induced pluripotent stem cells. Nature. 2009 Apr 9;458(7239):766-70.
85. Hanna J, Saha K, Pando B, van Zon J, Lengner CJ, Creyghton MP, et al. Direct cell reprogramming is a stochastic process amenable to acceleration. Nature. 2009 Dec 3;462(7273):595-601.
86. Yamanaka S. Elite and stochastic models for induced pluripotent stem cell generation. Nature. 2009 Jul 2;460(7251):49-52.
87. Rais Y, Zviran A, Geula S, Gafni O, Chomsky E, Viukov S, et al. Deterministic direct reprogramming of somatic cells to pluripotency. Nature. 2013 Oct 3;502(7469):65-70.
88. Zhou Q, Brown J, Kanarek A, Rajagopal J, Melton DA. In vivo reprogramming of adult pancreatic exocrine cells to beta-cells. Nature. 2008 Oct 2;455(7213):627-32.
89. Vierbuchen T, Ostermeier A, Pang ZP, Kokubu Y, Sudhof TC, Wernig M. Direct conversion of fibroblasts to functional neurons by defined factors. Nature. 2010 Feb 25;463(7284):1035-41.
90. Palermo A, Doyonnas R, Bhutani N, Pomerantz J, Alkan O, Blau HM. Nuclear reprogramming in heterokaryons is rapid, extensive, and bidirectional. FASEB J. 2009 May;23(5):1431-40.
91. Zhang F, Pomerantz JH, Sen G, Palermo AT, Blau HM. Active tissue-specific DNA demethylation conferred by somatic cell nuclei in stable heterokaryons. Proc Natl Acad Sci USA. 2007 Mar 13;104(11):4395-400.
92. Obokata H, Wakayama T, Sasai Y, Kojima K, Vacanti MP, Niwa H, et al. Stimulus-triggered fate conversion of somatic cells into pluripotency. Nature. 2014 Jan 30;505(7485):641-7.

93. Obokata H, Sasai Y, Niwa H, Kadota M, Andrabi M, Takata N, et al. Bidirectional developmental potential in reprogrammed cells with acquired pluripotency. Nature. 2014 Jan 30;505(7485):676-80.

94. Cyranoski D. Acid bath offers easy path to stem cells. Nature. 2014 Jan 30;505(7485):596.

95. Obokata H, Sasai Y, Niwa H. Essential technical tips for STAP cell conversion culture from somatic cells. Nature Protocols Discussion Forum. March 2014.

96. Wakayama T. "Prof. wants STAP findings withdrawn". The Yomiuri Shimbun. 2014;11 March 2014.

97. Takahashi K, Yamanaka S. Induction of pluripotent stem cells from mouse embryonic and adult fibroblast cultures by defined factors. Cell. 2006;126:663-76.

98. Chin MH, Mason MJ, Xie W, Volinia S, Singer M, Peterson C, et al. Induced pluripotent stem cells and embryonic stem cells are distinguished by gene expression signatures. Cell Stem Cell. 2009;5:111-23.

99. Marchetto MC, Yeo GW, Kainohana O, Marsala M, Gage FH, Muotri AR. Transcriptional signature and memory retention of human-induced pluripotent stem cells. PLoS ONE. 2009;4:e7076.

100. Ghosh Z, Wilson KD, Wu Y, Hu S, Quertermous T, Wu JC. Persistent donor cell gene expression among human induced pluripotent stem cells contributes to differences with human embryonic stem cells. PLoS ONE. 2010;5:e8975.

101. Choi KD, Yu J, Smuga-Otto K, Salvagiotto G, Rehrauer W, Vodyanik M, et al. Hematopoietic and endothelial differentiation of human induced pluripotent stem cells. Stem Cells. 2009;27:559-67.

102. Karumbayaram S, Novitch BG, Patterson M, Umbach JA, Richter L, Lindgren A, et al. Directed differentiation of human induced-pluripotent stem cells generates active motor neurons. Stem Cells. 2009;27:806-11.

103. Deng J, Shoemaker R, Xie B, Gore A, LeProust EM, Antosiewicz-Bourget J, et al. Targeted bisulfite sequencing reveals changes in DNA methylation associated with nuclear reprogramming. Nat Biotechnol. 2009;27:353-60.

104. Doi A, Park IH, Wen B, Murakami P, Aryee MJ, Irizarry R, et al. Differential methylation of tissue- and cancer-specific CpG island shores distinguishes human inducedpluripotent stem cells, embryonic stem cells and fibroblasts. Nat Genet. 2009;41:1350-3.

105. Hu BY, Weick JP, Yu J, Ma LX, Zhang XQ, Thomson JA, et al. Neural differentiation of human induced pluripotent stem cells follows developmental principles but with variable potency. Proc Natl Acad Sci USA. 2010;107:4335-40.

106. Lister R, Pelizzola M, Kida YS, Hawkins RD, Nery JR, Hon G, et al. Hotspots of aberrant epigenomic reprogramming in human induced pluripotent stem cells. Nature. 2011;471:68-73.

107. Sepac A, Si-Tayeb K, Sedlic F, Barrett S, Canfield S, Duncan SA, et al. Comparison of cardiomyogenic potential among human ESC and iPSC lines. Cell Transplant. 2012;21(11):2523-30.

108. Huang NF, Dewi RE, Okogbaa J, Lee JC, Rufaihah A, Heilshorn SC, et al. Chemotaxis of human induced pluripotent stem cell-derived endothelial cells. Am J Transl Res. 2013;5(5):510-20.

109. Newman AM, Cooper JB. Lab-specific gene expression signatures in pluripotent stem cells. Cell Stem Cell. 2010;7:258-62.

110. Yamanaka S. Induced Pluripotent Stem Cells: Past, Present, and Future. Cell Stem Cell. 2012;10:678-84.

111. Boulting GL, Kiskinis E, Croft GF, Amoroso MW, Oakley DH, Wainger BJ, et al. A functionally characterized test set of human induced pluripotent stem cells. Nat Biotechnol. 2011;29:279-86.

112. Stadtfeld M, Apostolou E, Akutsu H, Fukuda A, Follett P, Natesan S, et al. Aberrant silencing of imprinted genes on chromosome 12qF1 in mouse induced pluripotent stem cells. Nature. 2010;465:175-81.

113. Gore A, Li Z, Fung HL, Young JE, Agarwal S, Antosiewicz-Bourget J, et al. Somatic coding mutations in human induced pluripotent stem cells. Nature. 2011;471:63-7.

114. Hussein SM, Batada NN, Vuoristo S, Ching RW, Autio R, Närvä E, et al. Copy number variation and selection during reprogramming to pluripotency. Nature. 2011;471:58-62.

115. Laurent LC, Ulitsky I, Slavin I, Tran H, Schork A, Morey R, et al. Dynamic changes in the copy number of pluripotency and cell proliferation genes in human ESCs and iPSCs during reprogramming and time in culture. Cell Stem Cell. 2011;8(1):106-18.

116. Zhao T, Zhang ZN, Rong Z, Xu Y. Immunogenicity of induced pluripotent stem cells. Nature. 2011;474:212-5.

117. Abyzov A, Mariani J, Palejev D, Zhang Y, Haney MS, Tomasini L, et al. Somatic copy number mosaicism in human skin revealed by induced pluripotent stem cells. Nature. 2012;492(7429):438-42.

118. Araki R, Uda M, Hoki Y, Sunayama M, Nakamura M, Ando S, et al. Negligible immunogenicity of terminally differentiated cells derived from induced pluripotent or embryonic stem cells. Nature. 2013;494(7435):100-4.

119. Thanasegaran S, Cheng Z, Ito S, Nishio N, Isobe K. Immunogenicity of IPS Cells in Syngeneic Host Studied by *in vivo* Injection and 3D Scaffold Experiments. BioMed Research International Volume. 2013;2013:21-7.

120. Liu P, Chen S, Li X, Qin L, Huang K, Wang L, et al. Low Immunogenicity of Neural Progenitor Cells Differentiated from Induced Pluripotent Stem Cells Derived from Less Immunogenic Somatic Cells. PLoS ONE. 2013;8(7):e69617.

121. Liu W, Li M, Qu J, Yi F, Liu GH. Reevaluation of the safety of induced pluripotent stem cells: a call from somatic mosaicism. Protein & Cell. 2013;4(2):83-5.

122. Stadtfeld M, Apostolou E, Ferrari F, Choi J, Walsh RM, Chen T, et al. Ascorbic acid prevents loss of Dlk1-Dio3 imprinting and facilitates generation of all-iPS cell mice from terminally differentiated B cells. Nat Genet. 2012;44:398-405.

123. Silva J, Nichols J, Theunissen TW, Guo G, van Oosten AL, Barrandon O, et al. Nanog is the gateway to the pluripotent ground state. Cell. 2009;138:722-37.

124. Heng JC, Feng B, Han J, Jiang J, Kraus P, Ng JH, et al. The nuclear receptor Nr5a2 can replace Oct4 in the reprogramming of murine somatic cells to pluripotent cells. Cell Stem Cell. 2010;6:167-74.

125. Feng B, Jiang J, Kraus P, Ng JH, Heng JC, Chan YS, et al. Reprogramming of fibroblasts into induced pluripotent stem cells with orphan nuclear receptor Esrrb. Nat Cell Biol. 2009;11:197-203.

126. Mali P, Chou BK, Yen J, Ye Z, Zou J, Dowey S, et al. Butyrate greatly enhances derivation of human induced pluripotent stem cells by promoting epigenetic remodeling and the expression of pluripotency-associated genes. Stem Cells. 2010;28:713- 20.

127. Han J, Yuan P, Yang H, Zhang J, Soh BS, Li P, et al. Tbx3 improves the germ-line competency of induced pluripotent stem cells. Nature. 2010;463:1096-100.

128. Mali P, Ye Z, Hommond HH, Yu X, Lin J, Chen G, et al. Improved efficiency and pace of generating induced pluripotent stem cells from human adult and fetal fibroblasts. Stem Cells. 2008;26:1998-2005.

129. Jiang J, Lv W, Ye X, Wang L, Zhang M, Yang H, et al. Zscan4 promotes genomic stability during reprogramming and dramatically improves the quality of iPS cells as demonstrated by tetraploid complementation. Cell Res. 2012;23:92-106.

130. Tsubooka N, Ichisaka T, Okita K, Takahashi K, Nakagawa M, Yamanaka S. Roles of Sall4 in the generation of pluripotent stem cells from blastocysts and fibroblasts. Genes Cells. 2009;14:683-94.

131. Edel MJ, Menchon C, S. M, Consiglio A, Raya A, Izpisua Belmonte JC. Rem2 GTPase maintains survival of human embryonic stem cells as well as enhancing reprogramming by regulating p53 and cyclin D1. Genes Dev. 2010;24:561-73.

132. Shi Y, Do JT, Desponts C, Hahm HS, Scholer HR, Ding S. A combined chemical and genetic approach for the generation of induced pluripotent stem cells. Cell Stem Cell. 2008;2:525-8.

133. Melton C, Judson RL, Blelloch R. Opposing microRNA families regulate self-renewal in mouse embryonic stem cells. Nature. 2010;463:621-6.

134. Judson RL, Babiarz JE, Venere M, Blelloch R. Embryonic stem cell-specific microRNAs promote induced pluripotency. Nat Biotechnol. 2009;27:459-61.

135. Samavarchi-Tehrani P, Golipour A, David L, Sung HK, Beyer TA, Datti A, et al. Functional genomics reveals a BMP-driven mesenchymal-to-epithelial transition in the initiation of somatic cell reprogramming. Cell Stem Cell. 2010;7:64-77.

136. Pfaff N, Fiedler J, Holzmann A, Schambach A, Moritz T, Cantz T, et al. miRNA screening reveals a new miRNA family stimulating iPS cell generation via regulation of Meox2. EMBO Rep. 2011;12(11):1153-9.

137. Anokye-Danso F, Trivedi CM, Juhr D, Gupta M, Cui Z, Tian Y, et al. Highly Efficient miRNA-Mediated Reprogramming of Mouse and Human Somatic Cells to Pluripotency. Cell Stem Cell. 2011;8(4):376-88.

138. Subramanyam D, Lamouille S, Judson RL, Liu JY, Bucay N, Derynck R, et al. Multiple targets of miR-302 and miR-372 promote reprogramming of human fibroblasts to induced pluripotent stem cells. Nat Biotechnol. 2011;29(5):443-8.

139. Miyoshi N, Ishii H, Nagano H, Haraguchi N, Dewi DL, Kano Y, et al. Reprogramming of mouse and human cells to pluripotency using mature microRNAs. Cell Stem Cell. 2011;8(6):633-8.

140. Marson A, Foreman R, Chevalier B, Bilodeau S, Kahn M, Young RA, et al. Wnt signaling promotes reprogramming of somatic cells to pluripotency. Cell Stem Cell. 2008;3:132-5.

141. Huangfu D, Osafune K, Maehr R, Guo W, Eijkelenboom A, Chen S, et al. Induction of pluripotent stem cells from primary human fibroblasts with only Oct4 and Sox2. Nat Biotechnol. 2008;26:1269-75.

142. Li W, Zhou H, Abujarour R, Zhu S, Young Joo J, Lin T, et al. Generation of human induced pluripotent stem cells in the absence of exogenous Sox2. Stem Cells. 2009;27:2992-3000.

143. Valamehr B, Abujarour R, Robinson M, Le T, Shoemaker D, Flynn P. A novel platform to enable the high-throughput derivation and characterization of feeder-free human iPSCs. Scientific Reports. 2012;2:213-9.

144. Hanna J, Markoulaki S, Schorderet P, Carey BW, Beard C, Wernig M, et al. Direct reprogramming of terminally differentiated mature B lymphocytes to pluripotency. Cell. 2008;133:250-64.

145. Lin T, Ambasudhan R, Yuan X, Li W, Hilcove S, Abujarour R, et al. A chemical platform for improved induction of human iPSCs. Nat Methods. 2009;6:805-8.

146. Sommer CAS, Murphy M, Hochedlinger GJ, Kotton K, Mostoslavsky DN. Induced pluripotent stem cell generation using a single lentiviral stem cell cassette. Stem Cells. 2009;27(3):543-9.

147. Mandal PK, Rossi DJ. Reprogramming human fibroblasts to pluripotency using modified mRNA. Nature Protocols. 2013;8:568-82.

148. Fusaki N, Ban H, Nishiyama A, Saeki K, Hasegawa M. Efficient induction of transgene-free human pluripotent stem cells using a vector based on Sendai virus, an RNA

virus that does not integrate into the host genome. Proc Jpn Acad Ser B Phys Biol Sci. 2009;85(8):348-62.

149. Haenebalcke L, Goossens S, Dierickx P, Bartunkova S, D'Hont J, Haigh K, et al. The ROSA26-iPSC Mouse: A Conditional, Inducible, and Exchangeable Resource for Studying Cellular (De)Differentiation. Cell reports. 2013;3(2):335-41.

150. Yoshioka N, Gros E, Li HR, Kumar S, Deacon DC, Maron C, et al. Efficient Generation of Human iPSCs by a Synthetic Self-Replicative RNA. Cell Stem Cell. 2013;13(2):246-54.

151. Kim D, Kim CH, Moon JI, Chung YG, Chang MY, Han BS, et al. Generation of human induced pluripotent stem cells by direct delivery of reprogramming proteins. Cell Stem Cell. 2009;4(6):472-6.

152. Akopian V, Andrews PW, Beil S, Benvenisty N, Brehm J, Christie M, et al. Comparison of defined culture systems for feeder cell free propagation of human embryonic stem cells. In Vitro Cell Dev Biol Anim. 2010;46(3-4):247-58.

153. Chen J, Liu J, Han Q, Qin D, Xu J, Chen Y, et al. Towards an Optimized Culture Medium for the Generation of Mouse Induced Pluripotent Stem Cells. Journal of Biological Chemistry. 2010;285:31066-72.

154. Sun N, Panetta NJ, Gupta DM, Wilson KD, Lee A, Jia F, et al. Feeder-free derivation of induced pluripotent stem cells from adult human adipose stem cells. PNAS. 2009;231:324-32.

155. Koide N, Yasuda K, Kadomatsu K, Takei Y. Establishment and optimal culture conditions of microRNA-induced pluripotent stem cells generated from HEK293 cells via transfection of microRNA-302s expression vector. Nagoya J Med Sci. 2012;74:157-65.

156. Zhao XY, Lv Z, Li W, Zeng F, Zhou Q. Production of mice using iPS cells and tetraploid complementation. Nature Protoc. 2010;5:963-71.

157. Chen G, Gulbranson DR, Hou Z, Bolin JM, Ruotti V, Probasco MD, et al. Chemically defined conditions for human iPS cell derivation and culture. Nat Methods. 2011;8(5):424-9.

158. Lengner CJ, Gimelbrant AA, Erwin JA, Cheng AW, Guenther MG, Welstead G, et al. Derivation of pre-X inactivation human embryonic stem cells under physiological oxygen concentrations. Cell. 2010;141:872-83.

159. Merling RK, Sweeney CL, Choi U, De Ravin SS, Myers TG, Otaizo-Carrasquero F, et al. Transgene-free iPSCs generated from small volume peripheral blood non-mobilized CD34+ cells. Blood. 2013;121(14):98-107.

160. Kahler DJ, Ahmad FS, Ritz A, Hua H, Moroziewicz DN, Sproul AA, et al. Improved Methods for Reprogramming Human Dermal Fibroblasts Using Fluorescence Activated Cell Sorting. PLoS ONE. 2013;8(3):e59867.

161. Chan EM, Ratanasirintrawoot S, Park IH, Manos PD, Loh YH, Huo H, et al. Live cell imaging distinguishes bona fide human iPS cells from partially reprogrammed cells. Nat Biotechnol. 2009;27(11):1033-7.

162. Abujarour R, Valamehr B, Robinson M, Rezner B, Vranceanu F, Flynn P. Optimized surface markers for the prospective isolation of high-quality hiPSCs using flow cytometry selection. Sci Rep. 2013;3:1179-85.

163. Lerou PH, Yabuuchi A, Huo H, Miller JD, Boyer LF, Schlaeger TM, et al. Derivation and maintenance of human embryonic stem cells from poor-quality in vitro fertilization embryos. Nature Protocols. 2008;3(5):923-33.

164. Akutsu H, Cowan CA, Melton D. Human embryonic stem cells. Methods Enzymol. 2006;418:78-92.

165. Maherali N, Hochedlinger K. Guidelines and techniques for the generation of induced pluripotent stem cells. Cell Stem Cell. 2008 Dec 4;3(6):595-605.

166. Zhou H, Wu S, Joo JY, Zhu S, Han DW, Lin T, et al. Generation of induced pluripotent stem cells using recombinant proteins. Cell Stem Cell. 2009 May 8;4(5):381-4.

167. Fluri DA, Tonge PD, Song H, Baptista RP, Shakiba N, Shukla S, et al. Derivation, expansion and differentiation of induced pluripotent stem cells in continuous suspension cultures. Nat Methods. 2012 May;9(5):509-16.

168. Fok EY, Zandstra PW. Shear-controlled single-step mouse embryonic stem cell expansion and embryoid body-based differentiation. Stem Cells. 2005 Oct;23(9):1333-42. PubMed PMID: 16081660.

169. Andang M, Moliner A, Doege CA, Ibanez CF, Ernfors P. Optimized mouse ES cell culture system by suspension growth in a fully defined medium. Nature Protocols. 2008;3(6):1013-7.

170. Gertow K, Przyborski S, Loring JF, Auerbach JM, Epifano O, Otonkoski T, et al. Isolation of human embryonic stem cell-derived teratomas for the assessment of pluripotency. Current Protocols in Stem Cell Biology. 2007 Oct;Chapter 1:Unit1B4.

171. Draper JS, Smith K, Gokhale P, Moore HD, Maltby E, Johnson J, et al. Recurrent gain of chromosomes 17q and 12 in cultured human embryonic stem cells. Nat Biotechnol. 2004 Jan;22(1):53-4.

172. Wolf D, Goff SP. TRIM28 mediates primer binding site-targeted silencing of murine leukemia virus in embryonic cells. Cell. 2007 Oct 5;131(1):46-57.

173. Bernstein BE, Mikkelsen TS, Xie X, Kamal M, Huebert DJ, Cuff J, et al. A bivalent chromatin structure marks key developmental genes in embryonic stem cells. Cell. 2006 Apr 21;125(2):315-26.

174. Rideout WM, 3rd, Eggan K, Jaenisch R. Nuclear cloning and epigenetic reprogramming of the genome. Science. 2001 Aug 10;293(5532):1093-8.

175. Park IH, Arora N, Huo H, Maherali N, Ahfeldt T, Shimamura A, et al. Disease-specific induced pluripotent stem cells. Cell. 2008 Sep 5;134(5):877-86.

176. Saha K, Jaenisch R. Technical challenges in using human induced pluripotent stem cells to model disease. Cell Stem Cell. 2009 Dec 4;5(6):584-95.
177. Lu X, Zhao T. Clinical Therapy Using iPSCs: Hopes and Challenges. Genomics, Proteomics & Bioinformatics. 2013 Sep 21.
178. Huang GT. Induced Pluripotent Stem Cells-A New Foundation in Medicine. Journal of Experimental and Clinical Medicine. 2010 Oct 22;2(5):202-17.
179. Vitale AM, Wolvetang E, Mackay-Sim A. Induced pluripotent stem cells: a new technology to study human diseases. Int J Biochem Cell Biol. 2011 Jun;43(6):843-6.
180. Lee G, Papapetrou EP, Kim H, Chambers SM, Tomishima MJ, Fasano CA, et al. Modelling pathogenesis and treatment of familial dysautonomia using patient-specific iPSCs. Nature. 2009 Sep 17;461(7262):402-6.
181. Hanna J, Wernig M, Markoulaki S, Sun CW, Meissner A, Cassady JP, et al. Treatment of sickle cell anemia mouse model with iPS cells generated from autologous skin. Science. 2007 Dec 21;318(5858):1920-3.
182. Lu TY, Lin B, Kim J, Sullivan M, Tobita K, Salama G, et al. Repopulation of decellularized mouse heart with human induced pluripotent stem cell-derived cardiovascular progenitor cells. Nat Commun. 2013 Aug 14;4:2307.
183. Kang L, Kou Z, Zhang Y, Gao S. Induced pluripotent stem cells (iPSCs) – a new era of reprogramming. Journal of genetics and genomics. Yi Chuan Xue Bao. 2010 Jul;37(7):415-21.
184. Gao A, Peng Y, Deng Y, Qing H. Potential therapeutic applications of differentiated induced pluripotent stem cells (iPSCs) in the treatment of neurodegenerative diseases. Neuroscience. 2013 Jan 3;228:47-59.
185. Asgari S, Pournasr B, Salekdeh GH, Ghodsizadeh A, Ott M, Baharvand H. Induced pluripotent stem cells: a new era for hepatology. J Hepatol. 2010 Oct;53(4):738-51.

CAPÍTULO 20
REPROGRAMAÇÃO NUCLEAR DE CÉLULAS PARA UM ESTADO PLURIPOTENTE USANDO TRÊS ESTRATÉGIAS

Vânia Aparecida Mendes Goulart
Fernanda Maria Policarpo Tonelli
José Luiz da Costa
Luiz Orlando Ladeira
Katia N. Gomes
Alexandre Hiroaki Kihara
Rodrigo R. Resende

20.1 INTRODUÇÃO

20.1.1 O que são células pluripotentes?

As células pluripotentes possuem a capacidade de se diferenciarem para dar origem a células dos três folhetos embrionários (ectoderme, mesoderme e endoderme) (Figura 20.1)[1,2].

Durante o desenvolvimento embrionário, por exemplo, pode-se identificar no estágio de blastocisto um arranjo celular conhecido como massa celular interna[3,4]. É deste arranjo que se originam as células-tronco embrionárias, que são pluripotentes (Figura 20.1)[5,6].

A partir de embriões de camundongos, podem-se obter duas outras células pluripotentes: as células-tronco epiblásticas e as células embriônicas germinativas, obtidas, respectivamente do epiblasto nos estágios iniciais pós-implantação e da cultura de células germinativas primordiais (Figura 20.1)[3].

Uma outra fonte de obtenção de células pluripotentes, e que independe do embrião, é o foco principal do presente capítulo: a reprogramação nuclear de células já diferenciadas.

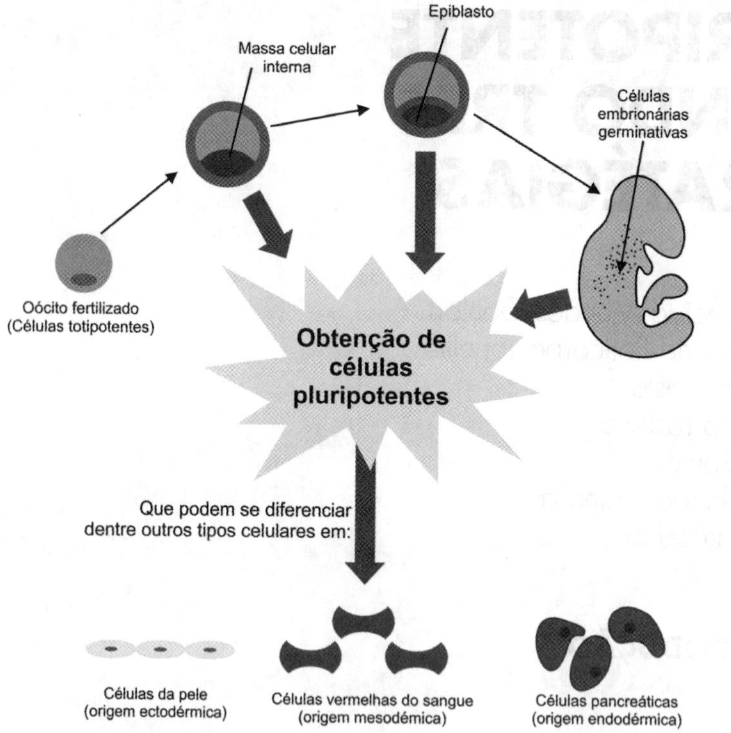

Figura 20.1 Células pluripotentes podem ser obtidas a partir da massa celular interna do blastocisto, epiblasto do blastocisto tardio, do embrião (células embriônicas germinativas). Essas células pluripotentes podem, ao se diferenciar, dar origem a células derivadas dos três folhetos embrionários (ectoderme, mesoderme e endoderme).

20.1.2 O que são células terminalmente diferenciadas?

As células ditas terminalmente diferenciadas originam-se durante o desenvolvimento embrionário dos três folhetos embrionários existentes no estágio de gástrula[7].

As células desses três folhetos originam linhagens de células somáticas com funções bem definidas, como, por exemplo, células do músculo cardíaco (mesoderme), células da pele (ectoderme) e células pancreáticas (endoderme)[8,9].

O processo de geração dessas células envolve uma série de etapas e mudanças profundas na expressão gênica que faz com que estas não possam se transdiferenciar, ou seja, converter-se de um tipo celular em outro[10] espontaneamente[1]. Por essa razão, até a década de 1960, não se acreditava que seria possível remover uma célula diferenciada de um microambiente e inseri-la em outro, induzindo assim que esta exibisse plasticidade e passasse a se comportar como as células do novo local. Também não havia evidências de que seria possível a obtenção de estágio de pluripotência a partir de células já diferenciadas.

20.2 HISTÓRICO: A TRANSDIFERENCIAÇÃO E A REPROGRAMAÇÃO NUCLEAR

No ano de 1962, anunciou-se a primeira das três estratégias de obtenção de células pluripotentes a partir de células já diferenciadas. John Gurdon publicou um trabalho no qual relatava a reprogramação nuclear de oócitos de *Xenopus laevis laevis* através de transferência nuclear. Essa estratégia envolve a remoção do núcleo da célula receptora, no caso o oócito, e a transferência do núcleo da célula doadora para esta anucleada. As células doadoras utilizadas por Gurdon foram células diferenciadas da base do intestino de girinos. As células resultantes do procedimento foram capazes de sofrer sucessivas divisões celulares, retornando a um estágio de pluripotência, e originar indivíduos adultos (Figura 20.2).

Em 1966, a transdiferenciação foi observada por Hadorn, trabalhando com *Drosophila melanogaster*. Ele mostrou ser possível que células destinadas a formar estruturas genitais pudessem originar estruturas de patas e cabeça após serem inseridas no abdômen do inseto adulto[11].

Dessa forma, pode-se constatar, novamente, que células já diferenciadas, ainda guardam o potencial de ativar genes característicos de outro tipo

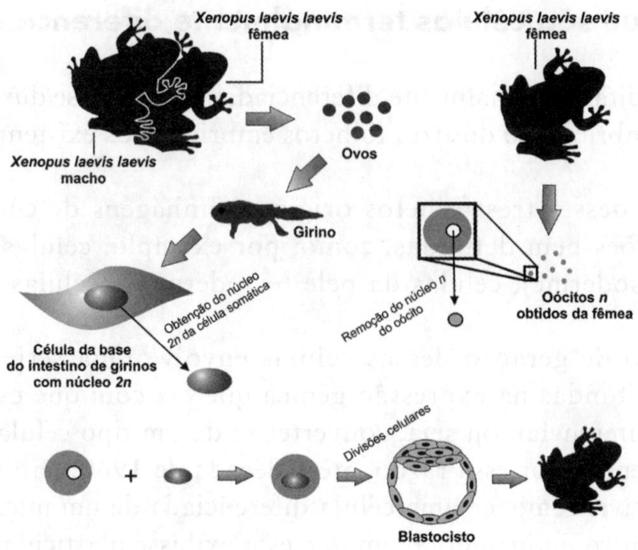

Figura 20.2 A transferência nuclear na obtenção de pluripotência. A primeira estratégia, transferência nuclear, descrita por Gurdon em 1962, tem o objetivo de obter células pluripotentes a partir de células já diferenciadas. Atualmente, além dessa estratégia há outras duas, a saber, fusão celular e indução de pluripotência por meio de fatores de transcrição.

celular e se comportar como tal. A transdiferenciação pode ocorrer desde que haja um ambiente que a induza.

No ano seguinte à publicação de Hardon, Gehring realizou um experimento com *Drosophila melanogaster* no qual se marcou geneticamente (induzindo-se com choques elétricos *crossing over* e/ou mutações) células do disco antenal de larvas de tal organismo. Depois de cultivá-las em hospedeiro adulto e transplantá-las para larvas, observou-se que células que normalmente originariam estruturas do palpo maxilar originavam estruturas de asas, a depender do local onde eram transplantadas[12].

Em 1974, Selman e Kafatos utilizaram pela primeira vez a palavra transdiferenciação para descrever a conversão de células produtoras de cutícula em células secretoras de sal no bicho-da-seda, durante a metamorfose de larva à mariposa adulta[13].

Um ano após a publicação desse trabalho, Le Lievre e Le Douarin demonstraram que, com células de um organismo sendo inseridas em outro de diferente espécie, a transdiferenciação também ocorre. Células da crista

neural de codorna foram capazes de originar, por exemplo, células de tecido conjuntivo em galinha[14].

Esses experimentos, já nas décadas de 1960 e 1970, apresentaram evidências de que as células especializadas, consideradas como terminalmente diferenciadas, apresentavam plasticidade, podendo ter seu destino alterado segundo influências do ambiente em seu entorno.

Em 1996, um trabalho de Campbell e colaboradores, utilizando a transferência nuclear, foi publicado e anunciava um feito revolucionário para o momento: a clonagem de ovelha. Foi o primeiro relato de organismo gerado por transferência nuclear de núcleos de células de mamíferos derivados de embriões, sendo cultivados por 6 a 13 passagens e induzidas à quiescência, para oócitos com núcleo removido[15].

Em 1998, núcleos de células do *cumulus* de camundongos foram transferidos para oócitos enucleados de indivíduos da mesma espécie, originando o primeiro clone de camundongo[16].

Em 2001, Tada e colaboradores, valendo-se de uma técnica já utilizada em trabalhos desde a década de 1960, apresentaram uma segunda maneira de se obter a pluripotência a partir de células somáticas: a fusão celular. Essa técnica já havia sido utilizada, por exemplo, por Davidson e colaboradores em 1966, a fim de se investigar o controle de expressão gênica[17], e forneceu evidência da existência de proteínas supressoras tumorais de ação trans[18] e repressores trans[19]. Tada e colegas realizaram a fusão de célula germinativa embrionária de camundongo fêmea com timócito, obtendo célula híbrida e pluripotente, capaz de se diferenciar em diferentes tipos celulares para originar embrião quimérico[20].

Cinco anos mais tarde, Takahashi e Yamanaka apresentaram a terceira estratégia de obtenção de célula pluripotente a partir de células não pluripotentes. Eles conseguiram induzir pluripotência em fibroblastos de camundongos, utilizando um retrovírus. Este carregava em seu material genético sequências codificadoras de quatro fatores de transcrição relacionados à manutenção do estado de pluripotência em células-tronco: *Oct4, Sox2, c-Myc* e *Klf4*. Dessa maneira, geraram-se as células-tronco pluripotentes induzidas (do inglês *induced pluripotent stem cells* – iPSC) – que apresentam propriedades similares às das células-tronco embrionárias[21].

No ano seguinte, obtiveram-se iPSC humanas a partir de fibroblastos, porém por meio de conjuntos diferentes de fatores de transcrição. Takahashi e colaboradores utilizaram os fatores já descritos no estudo, (*Oct3/4, Sox2, Klf4* e *c-Myc*)[22] empregando células de camundongos. Já Yu

e colaboradores utilizaram *Oct4, Sox2, Nanog* e *Lin28*: também capazes de promover a indução de pluripotência[23].

Em 2010, Bhutani e colegas publicaram um estudo indicando e fornecendo informações sobre o mecanismo de promoção de pluripotência. Eles observaram que a citidina deaminase de ativação induzida (*activation-induced cytidine deaminase* – AID ou AICDA) é necessária para a promoção de desmetilação do promotor dos genes *Oct4* e *Nanog*, e sua consequente expressão em fibroblastos de mamíferos que estão sendo reprogramados[24].

Em 2013, Nemes e colaboradores, na tentativa de se contornar o problema enfrentado com a utilização de retrovírus para integração de sequências exógenas no genoma celular, obtiveram sucesso na geração de iPSC estáveis a partir de fibroblastos por meio de transdução das proteínas recombinantes KLF4, OCT4, SOX2 e C-MYC. Estas foram sintetizadas fusionadas a uma calda de glutationa S-transferase (*glutathione S-transferase* – GST tag) para posterior purificação em cromatografia de afinidade e a um peptídeo de localização nuclear: o TAT-NLS. As células obtidas possuíam morfologia semelhante a fibroblastos e propriedades de células-tronco embrionárias (mantendo-se indiferenciadas por mais de vinte passagens)[25].

20.3 POSSIBILIDADES TERAPÊUTICAS

A reprogramação nuclear oferece uma ampla gama de possibilidades para aplicações terapêuticas. Células humanas podem, por exemplo, ser reprogramadas para reparar lesões em tecidos ou substituir regiões lesadas, inclusive oriundas de falhas genéticas. Por exemplo, a partir de células somáticas de um paciente pode-se realizar sua reprogramação nuclear a um estado de pluripotência e, posteriormente conduzir sua diferenciação em um tipo celular diferente para se repor uma região lesada. Existem, inclusive, estratégias de interconversão direta de um tipo celular em outro, sem a necessidade de se passar pelo estágio de pluripotência. Trata-se de uma das linhas de pesquisa de nosso laboratório. Vierbuchen e colaboradores, por exemplo, foram capazes de converter fibroblastos de pele de camundongos em neurônios por transdução da célula com três genes: *Ascl1, Brn2* e *Mytl1* (BAM) [26].

O trabalho de Kobayashi e colaboradores, publicado em 2010, apresenta, inclusive, uma possível futura fonte de obtenção de órgãos para serem usados em transplantes humanos. Eles mostraram ser possível a geração de pâncreas de rato em camundongo a partir da microinjeção de iPSC de ratos

no blastocisto de camundongos deficientes para o gene essencial no desenvolvimento do pâncreas[27].

Além disso, a geração de iPSC apresenta como vantagem a possibilidade de se evitar os entraves éticos/religiosos e imunológicos. Quanto aos imunológicos, células do próprio paciente podem ser usadas para terapias em seu próprio organismo, evitando-se, assim, por exemplo, reações imunes de rejeição. Thanasegaran e colegas não observaram rejeição ao injetarem iPSC derivadas de camundongos de diferentes idades em camundongos C57BL/6. Utilizando *scaffold* 3D, observaram o rápido aumento de densidade celular no interior do suporte após transplante, mas não rejeições ao compósito; o que é uma esperança para o campo da medicina regenerativa[28].

Quanto a questões éticas, as iPSC podem vir a substituir as células-tronco de origem embrionária humana, de obtenção tão polêmica, em várias aplicações das últimas, visto que, diferentemente destas, não são obtidas a partir do embrião[1]. A obtenção das iPSC, diferentemente da obtenção de células-tronco embrionárias humanas, não envolve a destruição controversa de embriões em estágios de pré-implantação[23], mas células derivadas do próprio indivíduo adulto.

Pode-se ainda, *in vitro*, utilizar-se células de um determinado paciente para que se realize um *screening* de drogas específico, a fim de se tratar uma determinada doença; é ainda possível utilizar as iPSC para modelar doenças. Israel e colaboradores, visando oferecer uma alternativa ao gargalo existente no estudo da doença de Alzheimer (obter neurônios vivos de pacientes), reprogramaram fibroblastos de pacientes com a forma da doença causada por duplicação do gene da proteína precursora β-amiloide, e diferenciaram em neurônios as iPSC obtidas. Assim, puderam observar fenômenos no nível celular, relacionados ao fenótipo da doença[29]. Logo, essas células oferecem, por exemplo, novas oportunidades para testes farmacológicos e toxicológicos, e identificação de novos alvos terapêuticos *in vitro*[30].

20.4 TÉCNICAS DE REPROGRAMAÇÃO

20.4.1 Transferência nuclear

A transferência nuclear de células somáticas (do inglês *somatic cells nuclear transfer* – SCNT) é uma técnica que permite reprogramar o genoma de uma célula somática de volta para um estado embrionário indiferenciado. As células

produzidas através dessa técnica poderão ser utilizadas como progenitoras para dar origem a novos indivíduos com genótipos idênticos ao do indivíduo doador do núcleo (clonagem) ou para a produção de iPSC[31]. Essa técnica baseia-se, basicamente, na transferência de um núcleo de uma célula somática (célula doadora) para um oócito não fertilizado enucleado (célula receptora)[32].

Nessa técnica, o DNA da célula somática é incorporado pelo citoplasma da célula receptora, que é estimulada a se reconstituir e iniciar o desenvolvimento de um embrião. Essa estimulação pode ser realizada pelo aumento transitório da concentração de cálcio livre dentro da célula, por estímulo elétrico, ou alternativamente por agentes químicos (Figura 20.3)[32,33]. Os oócitos, quando estabilizados na metáfase II do ciclo celular, possuem uma capacidade intrínseca de reprogramar núcleos sem a necessidade de permanentes alterações genéticas no núcleo transplantado ou nas células reprogramadas resultantes[32,34,35].

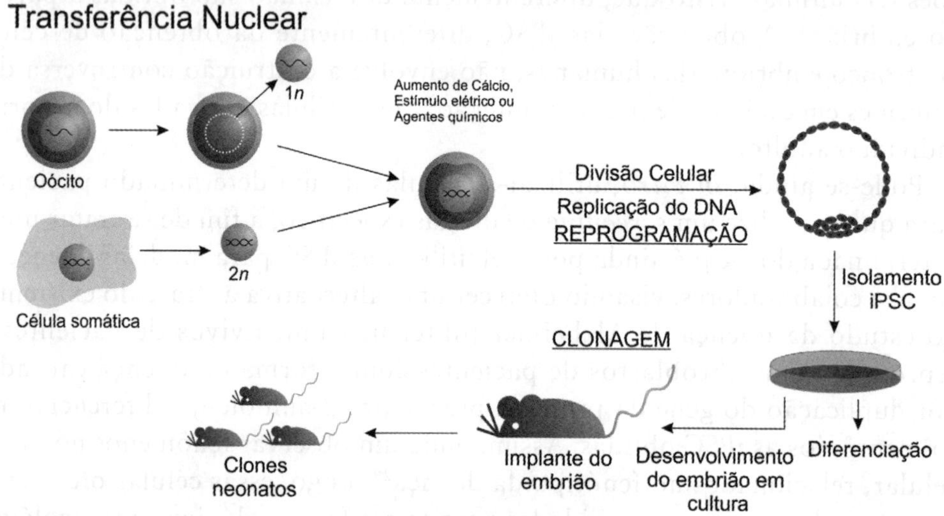

Figura 20.3 Transferência nuclear. Nesta técnica, o núcleo de uma célula somática (diploide, 2n) é transplantado para um oócito sem núcleo. Dentro do oócito, o núcleo da célula somática é reprogramado e as células derivadas dele são pluripotentes. Deste oócito é gerado um blastocisto, a partir do qual iPSCs podem ser isoladas e cultivadas. As iPSCs podem ser cultivadas até a formação de um embrião que pode ser implantado em uma mãe hospedeira, resultando em clones neonatos. As iPSCs também podem ser estimuladas a diferenciar em vários tipos celulares.

Descreveremos aqui, resumidamente, um exemplo de protocolo bem sucedido para essa técnica, que foi desenvolvido por Byrne e colaboradores[36]. O primeiro passo do protocolo foi estabelecer uma cultura primária

de fibroblastos retirados da pele de um macaco *Rhesus*, que, posteriormente foi utilizada como fonte doadora de núcleo para a introdução em oócitos de fêmeas da mesma espécie. Esses fibroblastos foram cultivados durante quatro dias em um meio de cultura capaz de promover a estabilização das células na fase G0/G1 do ciclo celular. O segundo passo consistiu na enucleação dos oócitos, que foi realizada por meio de um sistema de imagem cuja luz polarizada permitiu a visualização e a subsequente retirada do fuso meiótico por aspiração. O terceiro passo foi a inserção dos fibroblastos doadores de núcleo para dentro dos oócitos. A inserção foi realizada utilizando uma micropipeta e a fusão foi induzida por eletrofusão. Em seguida, os embriões reconstruídos foram incubados durante duas horas para permitir a remodelação nuclear e, subsequentemente, foram quimicamente ativados e cultivados até a fase de blastocisto. Usando esse protocolo, além de conseguirem produzir com sucesso embriões de primatas *in vitro*, Byrne e colaboradores também conseguiram isolar com sucesso duas linhagens de células-tronco embrionárias a partir de tais embriões.

20.4.2 Fusão celular

A fusão celular é um fenômeno natural *in vivo*, altamente regulado e necessário para o desenvolvimento e a homeostase. Em algumas patologias, a fusão celular também pode ocorrer, como nos casos de fusão induzida por vírus ou tumorigênese[37,38]. Na prática laboratorial, essa técnica foi desenvolvida *in vitro* e vem sendo utilizada para a reprogramação nuclear de células somáticas para um estado pluripotente[39]. Vários tipos de células pluripotentes, tais como células de carcinoma embrionário, células embrionárias germinativas e células-tronco embrionárias, têm demonstrado capacidade de restaurar propriedades de pluripotência quando fundidas com células somáticas, sugerindo que estas possuem componentes de reprogramação semelhantes aos encontrados em oócitos[40,41].

Os métodos mais frequentemente usados para promover a fusão celular são através do uso de polietilenoglicol (PEG), que é um agente químico fusogênico; ou por pulsos elétricos, técnica conhecida como eletrofusão[42]. O processo de fusão celular pode envolver dois ou mais tipos celulares, que são fusionados em uma única entidade. A fusão celular pode gerar células híbridas ou heterocárions, sendo que as células híbridas são resultantes da fusão entre os núcleos de dois tipos celulares e possuem a capacidade de

proliferar, enquanto os heterocárions contêm múltiplos núcleos distintos e não são capazes de proliferar (Figura 20.4)[43].

Após a fusão, é possível realizar o monitoramento da eficiência de reprogramação do genoma das células somáticas. Uma das formas de monitoramento é através da utilização de células somáticas, portando um gene repórter, como, por exemplo, o *Oct4-GFP* (proteína GFP, verde-fluorescente – do inglês *green fluorescent protein* – sob o controle do promotor *Oct4*). O gene *Oct4* é considerado um marcador de pluripotência e está presente na forma ativa em células-tronco e em células germinativas, porém é reprimido em células somáticas. Desse modo, se houver eficiência na fusão da célula somática portadora do gene repórter com a célula-tronco, a expressão deste gene será reativada, podendo ser considerado que houve a reprogramação genômica[44,45].

O trabalho realizado por Cowan e colaboradores (2005) é um exemplo bem-sucedido de aplicação da técnica de reprogramação por fusão celular. Nesse trabalho, foram estabelecidas culturas de linhagens celulares de fibroblastos humanos (FH) e de células-tronco embrionárias humanas (*human embryonic stem cells* – hESC). Nas hESC foi introduzido um DNA linear que codifica para a proteína GFP e um gene de resistência a um tipo de antibiótico (puromicina, higromicina ou neomicina). Os FH também receberam um gene de resistência a antibiótico, através de transdução retroviral de um vetor carreador de um gene de resistência à puromicina. Para a indução da fusão celular e geração de células híbridas, as hESC foram mixadas com FH na presença de polietilenoglicol. Durante dez dias, as colônias formadas foram sendo selecionadas pelo uso de dois antibióticos simultaneamente. Duas colônias individuais selecionadas foram expandidas e cultivadas sob condições padrão para a propagação de hESC. Para confirmar que estas células resistentes a antibióticos surgiram através da fusão, foi realizado um ensaio para determinar marcadores genéticos transportados pelos dois tipos celulares submetidos à fusão. Através da análise das células resistentes por citometria de fluxo (do inglês *fluorescence-activated cell sorting* – FACS), verificou-se que elas expressavam a proteína GFP introduzida previamente nas hESC. Utilizando a técnica de reação em cadeia da polimerase (*polymerase chain reaction* – PCR) foi possível verificar que essas células também possuíam o vetor viral inserido previamente nos FH. Desse modo, ficou comprovado que houve a fusão celular. Para verificar a presença de marcadores característicos de hESC e confirmar a reprogramação, as células fusionadas foram submetidas à imuno-histoquímica e analisadas por microscopia confocal. Através desta técnica foi possível observar a presença do

fator de transcrição OCT4 e a presença de antígenos embrionários específicos, tais como SSEA4, TRA1-61 e TRA1-80. Os resultados encontrados por Cowan e colabores nesse estudo comprovam que hESC podem reprogramar cromossomos de células somáticas e que as iPSCs produzidas podem ser uma alternativa útil nos estudos bioquímicos e genéticos para a compreensão de mecanismos de reprogramação de células diferenciadas[46].

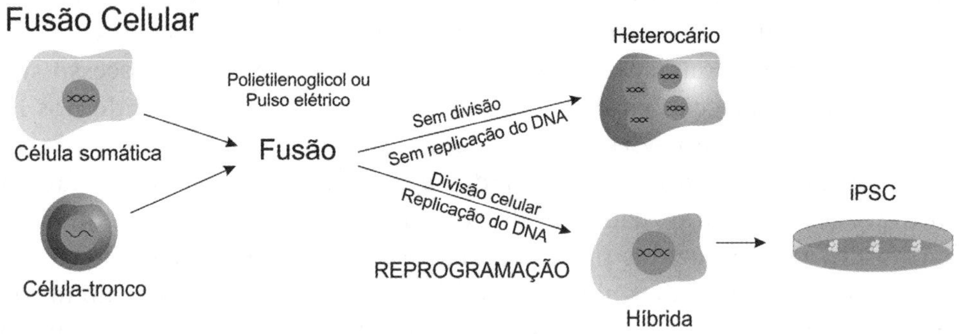

Figura 20.4 Fusão celular. Nesta técnica, dois tipos de células distintas são combinadas para formar uma única entidade. As células fundidas resultantes podem ser heterocárions ou híbridas. Se as células fundidas proliferarem, irão se tornar híbridas com núcleo tetraploide (4n), isto é, com duas vezes o número de cromossomos de uma célula somática ou mais (dependendo do número de células fundidas). Os heterocárions não se proliferam, e os núcleos das células originais permanecem intactos e distintos. O citoplasma das células-tronco possuem fatores de reprogramação que podem alterar o estado epigenético de uma célula somática, transformando-a em uma iPSC.

20.4.3 Transdução de fatores de transcrição

Os fatores de transcrição (*transcription factors* – TF) desempenham um papel central no destino da célula, sua especificação ao longo do desenvolvimento embrionário e na manutenção da identidade da célula em vários tecidos adultos. Eles apresentam um reconhecimento sequência-específico de elementos do DNA e, ao exercer suas funções de ativação transcricional ou repressão, regulam a expressão de centenas de genes-alvo[32,47].

O uso de fatores de transcrição para a reprogramação de células somáticas para um estado pluripotente já é bem descrito na literatura para vários tipos de células humanas e de rato, tais como fibroblastos, queratinócitos e células sanguíneas[32,48]. Vários fatores de transcrição são capazes de induzir células somáticas a apresentarem um estado de pluripotência, dentre eles *Oct3/4, Sox2, Klf4, c-Myc, Fbx15* e *Nanog*. Estes fatores normalmente são

introduzidos nas células somáticas em grupos ou isoladamente, através de vetores virais ou não virais (Figura 20.5)[47,49].

Para exemplificar a técnica de reprogramação usando fatores de transcrição, descreveremos brevemente um protocolo desenvolvido por Takahashi e colaboradores para a produção de iPSC a partir de fibroblastos humanos adultos (FH)[50]. Nesse trabalho, foram produzidas iPSC pela transdução retroviral de quatro fatores de transcrição: *Oct4, Sox2, Klf4* e *c-Myc*.

Primeiramente, foi estabelecida uma cultura de uma linhagem de fibroblastos de derme humana (FH). Para garantir a eficiência no processo subsequente de transfecção viral, usando um lentivírus, foi introduzido nos FH um receptor para retrovírus de rato denominado *Slc7a1*. Os FH expressando o gene *Slc7a1* foram selecionados e semeados em uma nova placa de cultura. Após 24 horas, cada um dos quatro retrovírus portando um fator de transcrição, produzidos previamente, foi adicionado na placa de cultura contendo os FH. Sete dias após a inserção desses fatores reprogramadores, o meio de cultura que até então estava sendo utilizado (meio de Eagle modificado por Dulbecco – DMEM – contendo 10% de soro fetal bovino) foi substituído por um meio de cultura para células-tronco de primata, suplementado com fator de crescimento para fibroblastos. Desde então, a cultura continuou sendo monitorada diariamente e, por volta do vigésimo quinto dia, foram observadas colônias de células com morfologia semelhante à de células-tronco embrionárias humanas. Para confirmar se houve reprogramação, essas colônias foram expandidas e as células foram submetidas a transcrição reversa seguida por reação em cadeia da polimerase (RT-PCR) para verificar a expressão de genes marcadores de células-tronco embrionárias e pluripotência. Foi comprovada a expressão de vários genes, dentre eles *Oct3/4, Sox2, Nanog*, fator 3 de crescimento e diferenciação, *Rex1, Fgf4* e *Esg1*. Também foram comparados os níveis proteicos entre as células-tronco embrionárias humanas e as iPSC recém-produzidas utilizando a técnica de *western blotting*. Os níveis proteicos foram similares para OCT3/4, SOX2, NANOG, SALL4, caderina E e hTERT. Através da técnica de microarranjo de DNA foi analisada a expressão de 32.266 genes, e verificou-se que o padrão de expressão global de genes entre as células-tronco embrionárias humanas e as iPSC foi similar, e não idêntico. As iPSCs produzidas nesse trabalho foram capazes de diferenciar, *in vitro*, nos tipos celulares das três camadas germinativas e em teratoma. Estes resultados demonstraram que iPSCs podem ser obtidas a partir de fibroblastos humanos adultos.

Transdução de fatores de transcrição

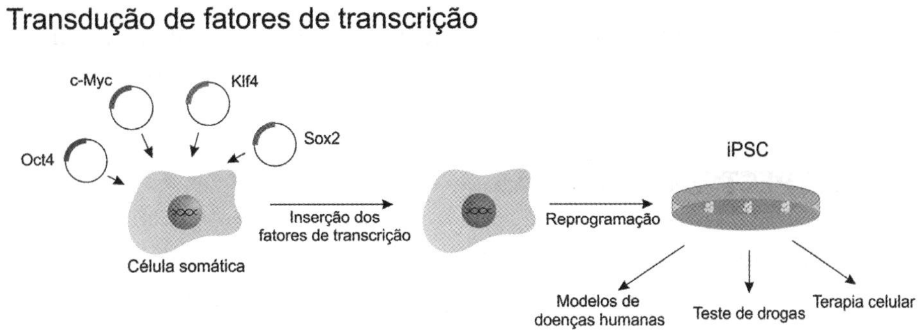

Figura 20.5 Transdução de fatores de transcrição. Esta técnica de reprogramação direta pode ser usada para formar iPSC com propriedades semelhantes às das células-tronco. Vários tipos de células somáticas podem ser induzidas pela introdução de fatores de transcrição (*Oct4, Sox2, Klf4* e *c-Myc*) usando retrovírus. Nesta técnica, o estado pluripotente é hereditariamente mantido e pode ser produzido um grande número de células, tornando esta abordagem vantajosa para aplicações clínicas.

20.5 CONCLUSÃO

Há mais de cinquenta anos a história das pesquisas em reprogramação nuclear vem sendo traçada. Desde 1962, quando J. Gurdon[57] publicou o primeiro trabalho nesse sentido, várias ferramentas sofisticadas para a pesquisa foram desenvolvidas e permitiram que fossem alcançados os resultados atuais. Embora existam três principais abordagens distintas para a reprogramação celular, os resultados obtidos em cada técnica são úteis e complementares às demais, indicando uma sinergia entre elas. Cada um dos três tipos de técnica apresenta vantagens e limitações inerentes. A transferência nuclear tem como característica ser um processo rápido de reprogramação, adequado para elucidar os princípios fundamentais do início do desenvolvimento embrionário e da biologia reprodutiva, além de proporcionar uma grande variedade de iPSC para aplicações terapêuticas[43, 58]. No entanto, a pesquisa usando oócitos humanos é limitada por considerações de ordem jurídica e social[35]. Já a fusão celular é tecnicamente simples, mas apresenta baixo rendimento e sua eficiência é dependente do tipo de célula somática usada para a fusão[40]. A reprogramação direta de células diferenciadas por fatores de transcrição tem se destacado pela produção de uma ampla variedade de iPSC, mas o uso dessas células na terapia celular ainda é limitado devido ao uso de vetores virais e de fatores de transcrição com propriedades oncogênicas[59]. De modo geral, a facilidade com que as iPSCs estão sendo produzidas em abundância nos laboratórios ao redor do mundo, seu potencial para o estudo dos mecanismos

subjacentes às doenças humanas e sua utilidade para a pesquisa de drogas e no uso como terapia celular são atualmente incomparáveis e promissores[43].

20.6 PERSPECTIVAS FUTURAS

Em comparação com os estudos de plasticidade de células-tronco adultas, as pesquisas de reprogramação em linhagens celulares têm feito grandes progressos. Muitas fontes de iPSC diferentes estão sendo estudadas para aplicações clínicas em modelos de doenças, para o desenvolvimento de drogas e como fonte de células autólogas para a reparação de tecidos. Porém, acredita-se que será necessária mais de uma década para a plena caracterização dessas células reprogramadas, de modo que possam ser aplicadas na utilização terapêutica em seres humanos[32,60].

As iPSCs, no futuro, terão grande valor se dois objetivos principais forem alcançados: o primeiro é o de criar linhagens celulares de longa duração a partir de doenças genéticas, a fim de testar drogas potencialmente úteis ou outros tratamentos[61]. O segundo é fornecer células-tronco autólogas para o tratamento de pacientes. Para serem terapeuticamente benéficas, as iPSCs precisam ser fornecidas em números suficientes, realizar a função esperada no tecido do paciente e ser capazes de produzir a quantidade correta de seus metabólitos[34].

Embora a técnica de reprogramação forneça uma alternativa para o uso eticamente problemático de células-tronco embrionárias humanas, não será possível realizar a validação do uso de iPSCs sem usar células-tronco embrionárias humanas[62]. Além disso, as células-tronco embrionárias ainda se encontram em processo de caracterização, de modo que será difícil confirmar funcionalmente se iPSC são realmente semelhantes às células-tronco embrionárias humanas[32]. Além dos estudos para terapia celular, os estudos futuros devem se concentrar na capacidade de iPSC para a formação de novos tecidos, órgãos e organismos-modelo, como um fluxo que existe em paralelo com as pesquisas em células-tronco embrionárias humanas[63].

20.7 TÉCNICA PASSO A PASSO PARA A PRODUÇÃO DE iPSCS ATRAVÉS DE FUSÃO CELULAR USANDO POLIETILENOGLICOL (PEG)

O polietilenoglicol (PEG) é um polímero altamente hidratado, e sua capacidade de induzir a fusão celular foi demonstrada na década de 1970[64].

Desde então, este polímero tem sido amplamente utilizado para mediar a fusão de células a fim de formar híbridos de células somáticas, que são ferramentas importantes para os estudos de mapeamento genético, expressão gênica, análise da função de genes e também para a produção de vacinas e anticorpos[65]. PEG induz a aglutinação celular, aumentando o contato célula a célula, levando à subsequente fusão celular. Aqui, descreveremos o protocolo de fusão celular usando células somáticas publicado em 2006, pelos pesquisadores Yang e Shen[66] e que, até o momento, vem sendo utilizado com sucesso em inúmeros trabalhos, tanto para a fusão entre células somáticas quanto para a fusão entre células somáticas e células-tronco. A fusão celular através desta técnica pode ser realizada por meio de células inteiras ou microcélulas como doadoras para a fusão com as células receptoras. Geralmente, a fusão utilizando microcélulas é empregada para a transferência de um único cromossomo, ou um limitado número deles, entre diferentes tipos de células. Os principais procedimentos desse protocolo incluem a preparação de células doadoras e receptoras, a fusão entre células, a seleção de híbridos e caracterização de células híbridas (Figura 20.6). A técnica descrita aqui pode ser adaptada para o uso na fusão entre diversos tipos celulares, fornecendo diretrizes para o desenvolvimento da técnica de fusão celular mediada por PEG.

Materiais
1) Linhagens celulares: células de rato LA9 contendo um minicromossomo de mamífero, denominadas células LA9$^{hprt-hgy+}$, e células de galinha denominadas DT40$^{hprt+hgy-}$.
2) Meios e suplementos: DMEM (meio de Eagle modificado por Dulbecco, Life Technologies), β-mercaptoetanol (Sigma), soro fetal bovino (SFB, Sigma), soro de galinha (Gibco-BRL), glutamina (Sigma), higromicina B (Roche), colcemida (demecolcina, Sigma) e hipoxantina-aminopterina-timidina (HAT, Sigma).
3) Compostos químicos e bioquímicos:
- Tampão fosfato-salino (PBS, pH 7,3): 137 mM NaCl; 2,7 mM KCl; 10 mM Na_2HPO_4; 2 mM KH_2PO_4
- Solução de 0,2% de tripsina em Versene
- Citocalasina B (Sigma)
- PEG 1500 (Roche)
- Percoll (Sigma)
- DNA satélite alfoide da região centromérica do cromossomo Y humano, marcado com biotina ou ^{32}P

- *Primers*:
  P1 (5'-AACTTCATCAGTGTTACATCAAGG-3'
  5'-TGTGGCATTTTGTTATGTGG-3')
  P2 (5'-AGGAGATGTCAGGACTATCAGC-3'
  5'-TCCATCCAGCTGGTCATATT-3');
- Estreptavidina Alexa Fluor 488 (Life Technologies);
- Anti-estreptavidina biotinilado (Vector Laboratories).
4) Plásticos e equipamentos: frascos de cultura de tecidos, placas de Petri, placas de múltiplos poços, tubos de teste, tubos de policarbonato (40 mL, Fisher), centrífuga, sistema de eletroforese em gel e termociclador.

Métodos

As células LA9 de rato que são HPRT negativas e contêm um minicromossomo de mamífero marcado com higromicina B fosfotransferase (LA9$^{hprt\text{-}hgy+}$) são utilizadas como doadoras, enquanto as células de galinha DT40 que são HPRT positivas (DT40$^{hprt+hgy\text{-}}$) são utilizadas como células receptoras. Os genótipos das células doadoras e receptoras permitem uma dupla seleção positiva usando o HAT e a higromicina, que irão matar as células doadoras e receptoras, selecionando, dessa forma, apenas as células híbridas. As células LA9$^{hprt\text{-}hgy+}$ são aderentes, já as células DT40$^{hprt+hgy\text{-}}$ crescem em suspensão. Essa diferença facilita a seleção das células híbridas de interesse. Neste caso, o objetivo será a transferência de um minicromossomo das células LA9$^{hprt\text{-}hgy+}$ (doadoras) para as células DT40$^{hprt+hgy\text{-}}$ (receptoras). Portanto, após os procedimentos para a fusão, as células em suspensão são mantidas para posterior seleção, enquanto as células aderidas são descartadas. Os principais passos deste protocolo estão apresentados na Figura 20.6. Primeiramente, células doadoras e receptoras são preparadas e fundidas com PEG. Em seguida, HAT e higromicina B são usadas para a seleção das células híbridas. As células híbridas, então, são clonadas e caracterizadas por análises moleculares e citológicas.

Preparação de células doadoras e receptoras
Células doadoras inteiras:
1) As células LA9$^{hprt\text{-}hgy+}$ devem ser cultivadas em meio DMEM suplementado com 200 µM de glutamina, 10% de soro fetal bovino e 0,5 mg/mL de higromicina B. Uma placa de Petri de 15 cm deve ser preparada para a fusão de células inteiras.
2) As células deverão ser alimentadas com 30 mL do meio fresco 16 a 20 horas antes da fusão.

3) Cultivar as células até aproximadamente 70% de confluência.
4) Remover o meio de cultura.
5) Enxaguar a cultura com 10 mL de PBS e em seguida remover o PBS.
6) Adicionar 2 mL de tripsina 0,2% e deixar incubar durante 5 a 10 minutos.
7) Transferir o conteúdo da placa para um tubo e centrifugar a 400 g por 5 minutos e descartar o sobrenadante.
8) Acrescentar 10 mL de PBS, ressuspender as células e centrifugar novamente sob as mesmas condições descritas acima. Ao final, descartar o PBS.
9) Ressuspender as células em 5 mL de meio de cultura DMEM livre de soro e preaquecido.

Microcélulas
1) As células LA9$^{hprt-hgy+}$ devem ser cultivadas em meio DMEM suplementado com 200 µM de glutamina, 10% de soro fetal bovino e 0,5 mg/mL de higromicina B. Quatro placas de Petri de 15 cm devem ser preparadas para a fusão de microcélulas.
2) As células deverão ser alimentadas com 30 mL do meio fresco 16 a 20 horas antes do tratamento com colcemida.
3) Quando a cultura alcançar cerca de 70% de confluência, adicionar 0,1 µg/mL de colcemida.
4) Incubar as células durante 24 horas à temperatura de 37 °C.
5) Remover o meio de cultura.
6) Enxaguar a cultura com 10 mL de PBS e remover o PBS.
7) Adicionar 2 mL de tripsina 0,2% e deixar incubar durante 5 minutos.
8) Transferir o conteúdo da placa para um tubo e centrifugar a 400 g por 5 minutos e descartar o sobrenadante.
9) Acrescentar 10 mL de meio DMEM livre de soro preaquecido, ressuspender as células e centrifugar novamente sob as mesmas condições descritas acima. Ao final descartar o sobrenadante.
10) Ressuspender as células obtidas de cada placa de Petri em 40 mL de uma solução contendo percoll+ DMEM livre de soro preaquecido (1/1) e 10 µg/mL de citocalasina B.
11) Transferir a solução contendo as células para um tubo de policarbonato com capacidade para 40 mL.

Fusão mediada por PEG
12) Centrifugar as amostras de células a 19,000 rpm a 37 °C durante 75 minutos.

13) Recolher aproximadamente 15 mL do sobrenadante contendo as micro-células sem tocar no gel formado no fundo do tubo.
14) Misturar 15 mL de microcélulas com 35 mL de meio DMEM livre de soro preaquecido.
15) Centrifugar a 500 g por 10 minutos.
16) Juntar os *pellets* de microcélulas e divida-o em dois tubos de teste com capacidade para 50 mL.
17) Para lavar as microcélulas, acrescentar em cada tubo 50 mL de meio DMEM livre de soro preaquecido, e centrifugar a 400 g por 5 minutos.
18) Repetir o passo 17.
19) Ressuspender as microcélulas em 5 mL de meio DMEM livre de soro preaquecido.

Células receptoras
1) As células DT40$^{hprt+hgy-}$ devem ser cultivadas em meio DMEM suplementado com 200 µM de glutamina, 10 µM β-mercaptoetanol, 10% de soro fetal bovino e 1% de soro de galinha.
2) Adicionar igual volume de meio fresco na cultura de células 16 a 20 horas antes da fusão.
3) Deixar as células crescerem até uma densidade de aproximadamente 10^6 células por mililitro.
4) Coletar 30 mL de células inteiras para a fusão celular ou aproximadamente 60 a 80 mL de microcélulas.
5) Centrifugar a 400 g por 5 minutos e descartar o sobrenadante.
6) Para lavar as células ou microcélulas, acrescentar 10 mL de meio DMEM livre de soro preaquecido.
7) Centrifugar novamente conforme as condições acima e conservar o *pellet*.

Fusão das células doadoras e receptoras
1) Misturar os *pellets* das células receptoras (DT40$^{hprt+hgy-}$) com 5 mL de células doadoras (LA9$^{hprt-hgy+}$) ou com o mesmo volume das microcélulas derivadas de LA9$^{hprt-hgy+}$.
2) Centrifugar a mistura de células a 400 g por 5 minutos. Descartar o sobrenadante.
3) Ressuspender as células com 1 mL de meio DMEM livre de soro e incubar por 10 minutos em temperatura ambiente.
4) Centrifugar novamente a 400 g por 5 minutos.
5) Adicionar 1 mL de PEG 1500 (50%) ao *pellet* suavemente dentro de 30 segundos e incube por 2 minutos em temperatura ambiente.

6) Adicionar 10 mL de meio DMEM livre de soro lentamente e deixe ocorrer a fusão em temperatura ambiente durante 30 minutos.
7) Lavar a amostra fundida duas vezes usando 50 mL de meio DMEM livre de soro.
8) Ressuspender o *pellet* de células em 100 mL (para células inteiras) ou 200 mL (para microcélulas) de DMEM suplementado com 200 µM de glutamina, 10 µM β-mercaptoetanol, 10% de soro fetal bovino e 1% de soro de galinha em um frasco com 180 cm².
9) Incubar durante 2 horas a 37 °C.
10) Transferir a suspensão de células para um novo frasco (180 cm²) e descartar o frasco anterior com as células aderidas.
11) Incubar a suspensão de células durante no mínimo 24 horas a 37 °C.

Seleção de híbridos, clonagem e caracterização
1) 1. Aplicar dupla seleção positiva na cultura com uma concentração final de HAT(1x) e 2 mg/mL de higromicina B.
2) Dividir a suspensão de células em cinco placas de 96 poços para as células inteiras fusionadas ou dez placas de 96 poços para as microcélulas fusionadas, colocando 200 µL de suspensão em cada poço.
3) Incubar a cultura por aproximadamente 10 a 15 dias a 37 °C.
4) Escolher colônias híbridas de poços de placas individuais.
5) Dividir cada colônia em duas porções.
6) Usar uma porção para a análise através da PCR. Os *primers* para PCR P1 e P2 são usados para detectar a região da sequência marcada no minicromossomo das células híbridas.
7) Transferir a segunda porção para uma placa de 24 poços para expandir a cultura.
8) Transferir a cultura para um frasco de 25 cm² após aproximadamente 3 a 5 dias e incubar por aproximadamente 5 a 7 dias.
9) Usar aproximadamente 10⁷ células para as análises de eletroforese em campo pulsado e hibridização fluorescente *in situ*, usando os métodos convencionais. O DNA satélite alfoide da região centromérica do cromossomo Y humano marcado com ³²P é usado para detectar o minicromossomo em células híbridas através de eletroforese em campo pulsado. O DNA satélite alfoide da região centromérica do cromossomo Y humano marcado com biotina é usado para detectar o minicromossomo em células híbridas através de hibridização fluorescente *in situ*. A estreptavidina Alexa Fluor 488 e o anti-estreptavidina biotinilado são usados no sistema

de detecção da hibridização fluorescente *in situ* conforme especificações do fabricante.

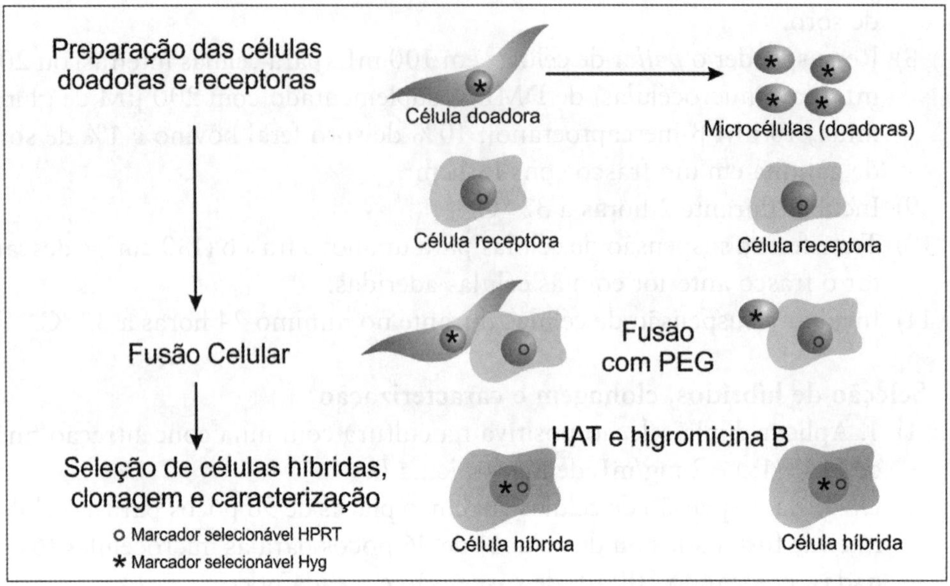

Figura 20.6 Técnica de fusão celular usando Polietilenoglicol (PEG).

REFERÊNCIAS

1. Yamanaka S, Blau HM. Nuclear reprogramming to a pluripotent state by three approaches. Nature. 2010;465:704-712.
2. Bradley A, et al. Formation of germ-line chimaeras from embryo-derived teratocarcinoma cell lines. Nature. 1984;309:255-256.
3. Rossant, J. The Impact of Developmental Biology on Pluripotent Stem Cell Research: Successes and Challenges. Developmental Cell. 2011;21(1):20-23.
4. Nichols J, Smith A. The origin and identity of embryonic stem cells. Development. 2011;138:3-8.
5. Evans MJ, Kaufman M. Establishment in culture of pluripotential cells from mouse embryos. Nature. 1981;292:154-156.
6. Martin GR. Isolation of a pluripotent cell line from early mouse embryos cultured in medium conditioned by teratocarcinoma stem cells. Proc. Natl. Acad. Sci. USA. 1981;78:7634-7638.
7. Niwa H. How is pluripotency determined and maintained? Development. 2007;134:635-646.
8. Tonelli FMP, et al. Stem cells and Calcium Signaling. In: Islam MS, Editor. Advances in Experimental Medicine and Biology. Springer; 2012.
9. Blitz IL, Andelfinger G, Horb ME. Germ layers to organs: Using Xenopusto study "later" development. Seminars in Cell & Developmental Biology. 2006;17:133-145.
10. Shen CN, Burke ZD, Tosh D. Transdifferentiation, Metaplasia and Tissue Regeneration. Organogenesis. 2004;1(2):36-44.
11. Hadorn E. Constancy, variation and type of determination and differentiation in cells from male genitalia rudiments of Drosophila melanogaster in permanent culture in vivo. Dev Biol. 1966;13(3):424-509.
12. Gehring W. Clonal analysis of determination dynamics in cultures of imaginal disks in Drosophila melanogaster. Developmental Biology. 1967;16(5):438-456.
13. Selman K, Kafatos FC. Transdifferentiation in the labial gland of silk moths: is DNA required for cellular metamorphosis? Cell Differ. 1974;3(2):81-94.
14. Le Lievre CS, Le Douarin NM. Mesenchymal derivatives of the neural crest: analysis of chimaeric quail and chick embryos. J. Embryol. Exp. Morphol. 1975;34:125-154.
15. Campbell KHS, et al. Sheep cloned by nuclear transfer from a cultured cell line. Nature. 1996;380:64-66.
16. Wakayama T, et al. Full-term development of mice from enucleated oocytes injected with cumulus cell nuclei. Nature. 1998;394:369-374.
17. Davidson RL, Ephrussi B, Yamamoto K. Regulation of pigment synthesis in mammalian cells, as studied by somatic hybridization. Proc Natl Acad Sci USA. 1966;56:1437-1440.

18. Weiss MC, Chaplain M. Expression of differentiated functions in hepatoma cell hybrids: reappearance of tyrosine aminotransferase inducibility after the loss of chromosomes. Proc Natl Acad Sci. USA. 1971;68:3026-3030.
19. Harris H, et al. Suppression of malignancy by cell fusion. Nature. 1969;223:363-368.
20. Tada M, et al. Nuclear reprogramming of somatic cells by in vitro hybridization with ES cells. Curr Biol. 2001;11:1553-1558.
21. Takahashi K, Yamanaka S. Induction of pluripotent stem cells from mouse embryonic and adult fibroblast cultures by defined factors. Cell. 2006;126:663-676.
22. Takahashi K, et al. Induction of pluripotent stem cells from adult human fibroblasts by defined factors. Cell. 2007;131:861-872.
23. Yu J, et al. Induced pluripotent stem cell lines derived from human somatic cells. Science. 2007;318:1917-1920.
24. Bhutani N, et al. Reprogramming towards pluripotency requires AID-dependent DNA demethylation. Nature. 2010;463:1042-1047.
25. Nemes C, et al. Generation of mouse induced pluripotent stem cells by protein transduction. Tissue Eng Part C Methods. 2013.
26. Vierbuchen T, et al. Direct conversion of fibroblasts to functional neurons by defined factors. Nature. 2010;463:1035-1041.
27. Kobayashi T, et al. Generation of rat pancreas in mouse by interspecific blastocyst injection of pluripotent stem cells. Cell. 2010;142:787-799.
28. Thanasegaran S, et al. Immunogenicity of IPS Cells in Syngeneic Host Studied by in vivo Injection and 3D Scaffold Experiments. BioMed Research International Volume. 2013;2013:21-27.
29. Israel MA, et al. Probing sporadic and familial Alzheimer's disease using induced pluripotent stem cells. Nature. 2012;482:216-220.
30. Yamanaka S. Induced Pluripotent Stem Cells: Past, Present, and Future. Cell Stem Cell. 2012;10:678-684.
31. Wernig M, et al. In vitro reprogramming of fibroblasts into a pluripotent ES-cell-like state. Nature. 2007;448(7151):318-324.
32. Patel M, Yang S. Advances in reprogramming somatic cells to induced pluripotent stem cells. Stem Cell Rev. 2010;6(3):367-380.
33. Tesarik J, et al. Chemically and mechanically induced membrane fusion: non-activating methods for nuclear transfer in mature human oocytes. Human Reproduction. 2000;15(5):1149-1154.
34. Gurdon JB, Melton DA. Nuclear Reprogramming in Cells. Science. 2008;322(5909):1811-1815.
35. Noggle S, et al. Human oocytes reprogram somatic cells to a pluripotent state. Nature. 2011;478(7367):70-5.

36. Byrne JA, et al. Producing primate embryonic stem cells by somatic cell nuclear transfer. Nature. 2007;450(7169):497-502.
37. Quintana-Bustamante O, et al. Cell Fusion Reprogramming Leads to a Specific Hepatic Expression Pattern during Mouse Bone Marrow Derived Hepatocyte Formation In Vivo. Plos One. 2012;7(3):e33945.
38. Hurtley SM. Cell-Cell Fusion. Science. 2012;336(6084):962.
39. Tat PA, et al. The efficiency of cell fusion-based reprogramming is affected by the somatic cell type and the in vitro age of somatic cells. Cell Reprogram. 2011;13(4):331-344.
40. Pralong D, Trounson A, Verma P. Cell fusion for reprogramming pluripotency. Stem Cell Rev. 2006;2(4):331-340.
41. Dejosez, M. and T.P. Zwaka, Pluripotency and nuclear reprogramming. Annu Rev Biochem. 2012;81:737-765.
42. Soza-Ried J, Fisher AG. Reprogramming somatic cells towards pluripotency by cellular fusion. Curr Opin Genet Dev. 2012;22(5):459-465.
43. Yamanaka S, Blau HM. Nuclear reprogramming to a pluripotent state by three approaches. Nature. 2010;465(7299):704-712.
44. Boiani M, Kehler J, Schöler H. Activity of the Germline-Specific Oct4-GFP Transgene in Normal and Clone Mouse Embryos. In: H. Schatten, Editor. Germ Cell Protocols. Totowa: Humana Press, 2004. p.1-34.
45. Pesce M, Scholer HR. Oct-4: gatekeeper in the beginnings of mammalian development. Stem Cells. 2001;19(4):271-278.
46. Cowan CA, et al. Nuclear Reprogramming of Somatic Cells After Fusion with Human Embryonic Stem Cells. Science. 2005;309(5739):1369-1373.
47. Adachi K, Scholer HR. Directing reprogramming to pluripotency by transcription factors. Curr Opin Genet Dev. 2012;22(5):416-422.
48. Loh YH, et al. Generation of induced pluripotent stem cells from human blood. Blood. 2009;113(22):5476-5479.
49. Yu J, et al. Induced pluripotent stem cell lines derived from human somatic cells. Science. 2007;318(5858):1917-1920.
50. Takahashi K, et al. Induction of pluripotent stem cells from adult human fibroblasts by defined factors. Cell. 2007;131(5):861-872.
51. Thorpe TA. History of plant tissue culture. Mol Biotechnol. 2007;37(2):169-80.
52. Obokata H, et al. Stimulus-triggered fate conversion of somatic cells into pluripotency. Nature. 2014;505(7485):641-647.
53. Byrnes WM. Ernest Everett Just, Johannes Holtfreter, and the origin of certain concepts in embryo morphogenesis. Mol Reprod Dev. 2009;76(10):912-921.
54. Cyranoski D. Acid bath offers easy path to stem cells. Nature. 2014;505(7485):596.

55. Obokata H, Sasai Y, Niwa H. Essential technical tips for STAP cell conversion culture from somatic cells. Nature Protocols Discussion Forum. 2014 March.
56. Wakayama, T. "Prof. wants STAP findings withdrawn". The Yomiuri Shimbun, 11 March 2014.
57. Gurdon JB. The developmental capacity of nuclei taken from intestinal epithelium cells of feeding tadpoles. J Embryol Exp Morphol. 1962;10:622-640.
58. Simonsson S, Gurdon J. DNA demethylation is necessary for the epigenetic reprogramming of somatic cell nuclei. Nat Cell Biol. 2004;6(10):984-990.
59. Miyazaki S, et al. Emerging methods for preparing iPS cells. Jpn J Clin Oncol. 2012;42(9):773-779.
60. Zhou J, Yue W, Pei X. Advances in cell lineage reprogramming. Sci China Life Sci. 2013;56(3):228-233.
61. Park IH, et al. Disease-specific induced pluripotent stem cells. Cell. 2008;134(5):877-886.
62. Rao M, Condic ML. Alternative sources of pluripotent stem cells: scientific solutions to an ethical dilemma. Stem Cells Dev. 2008;17(1):1-10.
63. Yamanaka S. Induced pluripotent stem cells: past, present, and future. Cell Stem Cell. 2012;10(6):678-684.
64. Ahkong QF, et al., Mechanisms of cell fusion. Nature, 1975. 253(5488):194-195.
65. Cho MS, Yee H, Chan S. Establishment of a human somatic hybrid cell line for recombinant protein production. J Biomed Sci. 2002;9(6 Pt 2):631-638.
66. Yang J, Shen M. Polyethylene Glycol-Mediated Cell Fusion. In: Pells S, Editor. Nuclear Reprogramming. Totowa: Humana Press; 2006. p.59-66.

CAPÍTULO 21

MECANISMOS DE ENTRADA DOS VÍRUS NA CÉLULA: MÉTODOS DE ESTUDO E APLICAÇÕES

Jaila Dias Borges Lalwani
Pritesh J. Lalwani

21.1 INTRODUÇÃO

Há vários fatores que podem influenciar a eficiência da adsorção viral, a saber: quantidade de ligantes sobre a superfície viral, o número de partículas virais e de células. Temperatura, pH e a presença ou não de íons específicos também podem interferir na eficiência da adsorção.

O primeiro passo para a entrada dos vírus na célula é a interação destes com um receptor na superfície da célula alvo. Estes receptores são moléculas utilizadas pela célula para outros fins, e os vírus se adaptaram a eles para entrar na célula.

Após a ligação dos vírus a seus receptores, podem ocorrer:
1) mudanças conformacionais nas proteínas da partícula viral que conduz a uma associação com outros receptores, fusão da membrana e entrada do vírus;

2) transdução de sinal através da membrana plasmática que conduz à entrada do vírus ou;
3) entrada do vírus na célula por meio de várias vias endocíticas.

Muitos vírus utilizam vários tipos de receptores para entrar na célula. Eles interagem com seus receptores simultaneamente ou em série, e também podem utilizar receptores diferentes para entrar em diferentes células. Quando múltiplos receptores são necessários para que haja uma infecção produtiva, por convenção a primeira molécula a que o vírus se liga é denominada receptor e as demais são correceptores. Um exemplo é o vírus HIV, que tem como receptor CD4 e correceptores CXCR4/CCR5[1,2]. Atualmente um número expressivo de receptores virais estão descritos. Para a identificação de receptores virais pode-se utilizar expressão gênica, métodos bioquímicos e imunológicos.

As células dispõem de uma variedade de mecanismos de internalização de moléculas, e os vírus, por sua vez, desenvolveram estratégias para utilizar das vias de endocitose celular para alcançar o citoplasma ou o núcleo da célula, dependendo do ciclo de replicação da partícula viral. A entrada dos vírus na célula pode ocorrer por penetração direta (vírus não envelopados) ou fusão com a membrana plasmática (vírus envelopados) e por endocitose (vírus envelopados e não envelopados) (Figura 21.1).

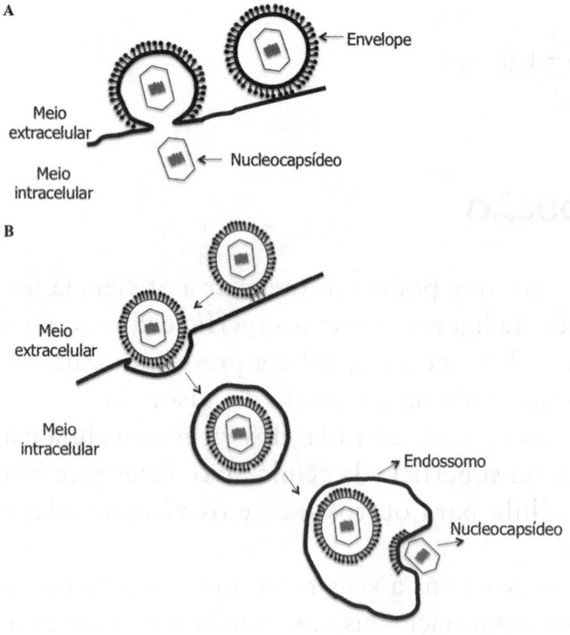

Figura 21.1 Entrada dos vírus na célula: (A) entrada por fusão; (B) entrada por endocitose.

A fusão do envelope de vírus envelopados com a membrana celular ocorre de dois modos: fusão mediada por ligantes do vírus e entrada mediada por endocitose. No primeiro modo, após adsorção o vírus se funde à membrana, o nucleocapsídeo é liberado no interior da célula e o seu envelope permanece sobre a membrana celular. Esse processo de fusão independe de pH. No segundo modo, após adsorção do vírus via receptor, a célula é estimulada a internalizar a partícula viral por meio de vesículas endocíticas. Estas vesículas se fundem com lisossomos, que possuem pH interno ácido. Devido ao baixo pH, mudanças conformacionais em proteínas do envelope viral facilitam a fusão da membrana do envelope com a membrana da vesícula endocítica. Este processo é dependente de pH.

A maioria dos vírus não envelopados entram na célula via endocitose mediada por receptor. Endocitose é um processo celular utilizado para internalizar diferentes moléculas. Há diferentes tipos de endocitose descritos, que diferem quanto ao mecanismo pelo qual a vesícula é formada e quanto ao tamanho da vesícula endocítica e da carga, a saber: fagocitose, macropinocitose, endocitose mediada por clatrina, endocitose mediada por caveolina e endocitose independente de clatrina e caveolina. Endocitose independente de clatrina e caveolina pode ocorrer através das CLIC (do inglês, *Clathrin and dynamin independent carriers*), que é uma vesícula independente de clatrina e dinamina, derivada da membrana plasmática[3] (Figura 21.2).

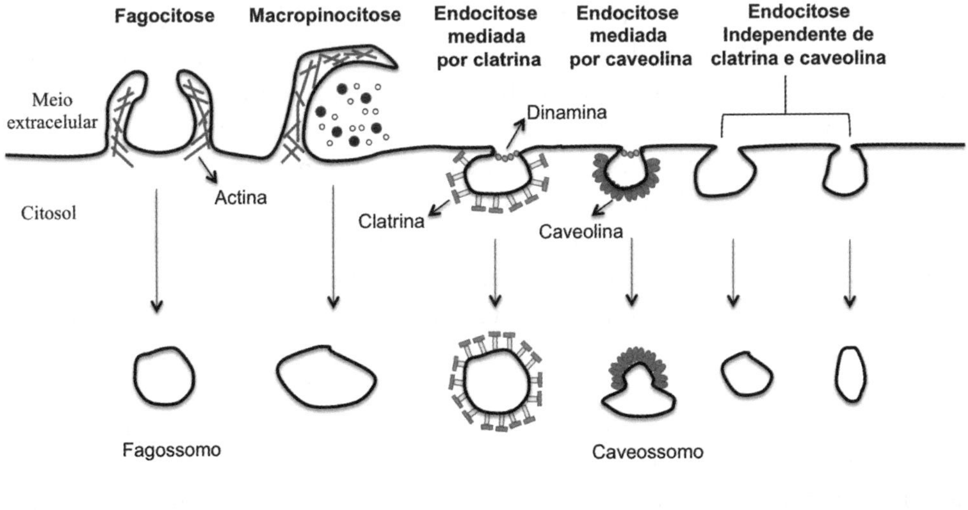

Figura 21.2 Vias de endocitose. Partículas grandes podem ser englobadas por fagocitose, e macromoléculas fluidas, por macropinocitose. Diversas moléculas podem ser internalizadas por diferentes vias endocíticas. As vesículas endocíticas podem ser revestidas por proteínas, e desse modo tem-se a endocitose dependente de clatrina, dependente de caveolina e independente de clatrina e caveolina.

A entrada dos vírus por endocitose é um processo complexo envolvendo centenas de proteínas celulares. E a entrada por esta via oferece muitas vantagens, como por exemplo: permitir que os vírus de animais consigam vencer barreiras como a membrana plasmática e o microambiente do citoplasma celular. Alguns estudos indicam que herpesvírus humano tipo 1 e mimivírus podem entrar na célula por fagocitose[4, 5]. Entre os vírus que entram na célula por macropinocitose estão[6-8]: vírus da vaccínia, HHV-8 e HIV-1. Além dessa via, o HIV também entra na célula por endocitose[9].

A endocitose mediada por clatrina é a via mais utilizada pelos vírus e é, geralmente, rápida e eficiente. Por esta via, os vírus são expostos ao meio ácido do endossoma e em poucos minutos, após a internalização e devido ao baixo pH, muitos vírus sofrem alterações que conduzem à liberação do seu genoma no interior da célula. Dependendo do pH, o local da penetração será o endossomo precoce (pH 6,5 a 6,0) ou tardio (pH 6,0 a 5,5)[10]. Os vírus Influenza utilizam, principalmente, esta via para infectar as células.

Na via de endocitose dependente de caveolina, a formação da vesícula endocítica primária é dependente de colesterol, *rafts* lipidícos e uma complexa via de sinalização envolvendo tirosina-quinases e fosfatases. Os vírus mais bem estudados que utilizam esta via para entrar na célula são os poliomavírus[11]: SV40, vírus BK e JC.

Entre os vírus que utilizam vias independentes de clatrina e caveolina, estão o HPV-16, rotavírus, LCMV e Influenza A. No caso do Influenza, este processo acontece em paralelo com a endocitose mediada por clatrina[12,13].

Dependendo do vírus, do tipo de célula e do microambiante, os vírus são capazes de explorar uma gama de diferentes vias de endocitose para entrar na célula. Apesar dos avanços na compreensão dos mecanismos de entrada dos vírus na célula, ainda há muitas lacunas a serem preenchidas.

Investigar os mecanismos de entrada do vírus na célula é um grande desafio por causa das diversas vias de entrada e da complexidade envolvida no processo. Cada via envolve inúmeras interações físicas e químicas entre o vírus e a célula hospedeira. Os avanços em técnicas experimentais em diferentes áreas têm contribuído para melhorar o conhecimento sobre este importante processo.

A compreensão sobre o modo como os vírus conseguem infectar uma célula é de grande relevância não somente para a pesquisa de drogas antivirais. É importante, também, para a produção de vacinas. Além disso, vírus de plantas, animas e bacteriófagos têm aplicações biomédicas e nanotecnológicas, como a distribuição de fármacos e a terapia dirigida[14]. Moléculas seletivas, como peptídeos ou anticorpos, podem ser adicionadas à superfície

do capsídeo viral por métodos químicos ou genéticos e conferir à partícula viral seletividade e afinidade ao local de interesse terapêutico. Vetores virais também podem ser utilizados para o tratamento de câncer[15].

21.2 HISTÓRICO

Como parte da luta contra os vírus, os cientistas têm tentado compreender tudo sobre estes minúsculos, mas complexos, inimigos. Aprendemos muito sobre eles nas últimas décadas. Por exemplo, com a ajuda de potentes microscópios, métodos genéticos e bioquímicos, os cientistas descobriram que os vírus contêm somente as informações necessárias para o reconhecimento de células hospedeiras e replicação de seu genoma no interior destas. Dada a sua simplicidade, os vírus são dependentes da maquinaria biossintética da célula hospedeira. Um exemplo é o fato de os vírus utilizarem a via endocítica celular para a entrada na célula. A ironia é que, ao estudar os mecanismos de entrada dos vírus, os cientistas obtiveram uma maior compreensão da maquinaria endocítica celular.

A nossa compreensão atual sobre endocitose provém de duas importantes observações feitas na década de 1970. Primeiro, Ralph Steinman e colaboradores utilizaram bioquímica quantitativa e de microscopia eletrônica para demonstrar que as células de mamíferos em cultura eram capazes de internalizar grande quantidade de membrana plasmática. Esses cientistas observaram que a maior parte da membrana internalizada depois era regenerada pela membrana plasmática[16].

Segundo, Michael Brown, Joseph Goldstein e colaboradores, ao estudar a regulação do metabolismo do colesterol, pretendiam encontrar um tratamento para doenças causadas por níveis altos de colesterol sérico. Ao estudar a absorção de lipoproteínas de baixa densidade (*low density lypoprotein* – LDL) pelos fibroblastos da pele, eles observaram que a internalização de LDL é mediada por um receptor específico, presente na superfície das células. Eles criaram o termo "endocitose mediada por receptor" para descrever a entrada de LDL nas células[17]. Em outra série de experimentos, Brown e Goldstein utilizaram o microscópio eletrônico para estudar a endocitose de LDL e vários outros ligantes. Eles observaram que as vesículas responsáveis pela endocitose dessas moléculas eram "vesículas revestidas". Brown e Goldstein ganharam o Prêmio Nobel por suas contribuições relevantes para o estudo do metabolismo do colesterol, incluindo a descoberta de endocitose mediada por receptores.

Ainda nos anos 1970, Ari Helenius começou a trabalhar com o vírus Semliki Forest (SFV), um vírus isolado pela primeira vez a partir de mosquitos em Uganda e capaz de causar doenças nos seres humanos e animais. Helenius e colaboradores, utilizando microscopia e estudos bioquímicos, descobriram que SFV após adsorção à membrana celular entrava nas células utilizando a via endocítica mediada por clatrina[18]. O trabalho de Helenius liga a história dos vírus à história da endocitose.

Passado um razoável tempo após essas descobertas, novas vias de entrada dos vírus nas células foram descobertas, e são clatrina/caveolina independentes.

Os principais artigos que contribuíram para um melhor entendimento dos mecanismos de entrada dos vírus nas células são:

- **1980:** Detecção de partículas de vírus individuais marcadas por fluorescência em células de mamíferos fixadas[18].
- **1981:** Primeiro experimento de rastreamento de partícula individual em células vivas: rastreamento do complexo LDL-receptor[19].
- **A partir de 1985:** Desenvolvimento de técnicas de imagem e algoritmos para rastreamento de partícula individual em 2D[20,21].
- **1990-1992:** Detecção precoce de vírus individuais em células vivas por meio de microscopia de fluorescência com imagem em vídeo[22,23].
- **A partir de 1991:** Desenvolvimento de proteínas fluorescentes para imagem celular[24,25].
- **1995:** Primeira imagem multicolorida do egresso viral[26].
- **1998:** CD4 é o receptor para a entrada do HIV[27].
- **A partir de 1998:** Estudos sistemáticos dos mecanismos de entrada viral através da membrana plasmática[28,31].
- **A partir de 2001:** Estudos sistemáticos de egresso viral pela membrana plasmática[32,33].
- **2005:** Estudo de mecanismos de entrada viral por análises de imagens automatizadas em larga escala[34].
- **2005:** Primeiros experimentos em animais para o rastreamento de vírus marcados com fluorescência[35].
- **A partir de 2005:** Rastreamento quantitativo de partículas individuais em 3D[36,37].
- **A partir de 2005:** *High-throughput screening* de inibidores de entrada virais[38].
- **A partir de 2008:** Por meio da triagem de siRNA para genes que afetam a entrada do vírus Junin, canais de cálcio voltagem-dependentes foram identificados como um bom alvo terapêutico para este vírus[39].

- **A partir de 2010:** Utilizando RNAi, foi possível identificar uma ubiquitina ligase como sendo essencial para a liberação do vírus influenza A do endossoma durante a sua entrada na célula[40].

21.3 POSSIBILIDADES TERAPÊUTICAS

A entrada do vírus na célula hospedeira é o primeiro passo para o estabelecimento de uma infecção produtiva para ambos os tipos de vírus, envelopados e não envelopados. Os mecanismos de entrada do vírus na célula são extensivamente estudados e têm contribuído para o desenvolvimento de agentes terapêuticos de combate às infecções virais. Além disso, a especificidade dos vírus aos seu receptores é utilizada como alvo em estudos para o tratamento do câncer e a correção de doenças genéticas.

21.3.1 Inibidor da entrada dos vírus na célula

Várias drogas que bloqueiam a ligação do vírus a um receptor ou correceptores estão sendo desenvolvidas. A entrada do vírus da imunodeficiência humana tipo 1 (*human immunodeficiency virus-1* – HIV-1) em células TCD4 é mediada pela ligação da glicoproteína do envelope, gp120 e gp41, ao receptor CD4 e a receptores de quimiocinas (CCR5 ou CXCR4), com subsequente fusão do envelope viral à membrana celular. Os alvos terapêuticos podem ser direcionados aos vários estágios da entrada do vírus. Receptores antagonistas podem impedir a adsorção viral, e inibidores de fusão podem bloquear as alterações conformacionais necessárias para a fusão da membrana. Maraviroc e Enfuvirtide são duas drogas antirretrovirais, já aprovadas pela FDA, que atuam inibindo a entrada do HIV na célula. Inúmeras outras moléculas derivadas de produtos naturais ou sintéticos têm sido testadas em fase experimental e demonstram resultados promissores (Tabela 21.1).

Comparados ao HIV, os mecanismos de entrada de outros vírus de importância clínica não estão bem elucidados. Porém, atualmente tem crescido o número de estudos que investigam o bloqueio da entrada viral de diversos vírus de importância médica.

Tabela 21.1 Inibidores da entrada do vírus HIV na célula

DROGA	MECANISMO DE AÇÃO
Maraviroc	Liga-se a CCR5, impedindo uma interação com gp120. "Antagonista do receptor da quimiocina" ou "inibidor de CCR5".
Enfuvirtide	Liga-se a gp41 e interfere em sua capacidade de aproximar as duas membranas. É também conhecido como um inibidor de fusão.
Vicriviroc	Semelhante ao Maraviroc. É um inibidor de CCR5.
Cenicriviroc	Inibidor dos receptores CCR2 e CCR5.
Enfuvirtide	Liga-se ao gp41 e interfere em sua habilidade de aproximar as duas membranas, viral e celular.
BMS-626529	Uma pequena molécula que interfere na interação de células T CD4 e gp120.
Galato de epigalocatequina	Um polifenol, uma substância encontrada no chá verde, parece interagir com gp120, como fazem várias outras flavinas de chá.
VIR-576	É um peptídeo sintetizado, que se liga a gp41, evitando a fusão do vírus com a membrana celular.
Griffithsin	Lectina ligante de carboidrato, uma substância derivada de algas, parece ter propriedades inibidoras de entrada.
Scytovirin	Cianobactéria, atua como um potente inibidor da entrada do HIV-1.
PRO 140	Anticorpo monoclonal que se liga a CCR5.
Ibalizumab/ TNX-355	Anticorpo monoclonal que se liga a CD4 e inibe a ligação de gp120.
VRC01, PGT121-145 etc.	Proteínas de superfície do HIV capazes de induzir a produção de anticorpos neutralizantes que se ligarão ao vírus e impedirão a sua ligação ao receptor.

21.3.2 Viroterapia

Viroterapia não é um conceito novo, mas os avanços técnicos recentes no campo da biotecnologia melhoraram sua especificidade, levando ao desenvolvimento de novos alvos no tratamento do câncer, na terapia gênica para corrigir defeitos genéticos e na imunoterapia contra patógenos. Entretanto, muitos desafios ainda precisam ser superados até que a viroterapia esteja disponível como uma opção de tratamento segura e eficaz. Vários vírus de RNA e DNA são utilizados, porém, os retrovírus e os adenovírus estão entre os vetores virais mais comumente utilizados nos ensaios. Os adenovírus, ao contrário dos retrovírus, não incorporam o seu material genético ao genoma da célula-alvo. Outros vetores virais, tais como, vírus adeno-associados,

vírus do sarampo e herpes simplex, também são utilizados. O uso de cada vetor viral apresenta vantagens e desvantagens.

No contexto da utilização dos receptores virais, estes são específicos para o tipo de células que infectam. No entanto, o tropismo celular pode ser geneticamente alterado, de modo a direcionar o vírus para um determinado tipo celular de escolha. Esta especificidade é essencial para a utilização dos vírus como agentes terapêuticos, somado à vantagem da ausência de resistência, observada no uso de drogas. Essas terapias ainda são incipientes, e mais estudos são necessários para avaliar sua segurança. A seguir, são apresentados alguns exemplos de como os vírus podem ser geneticamente modificados e se tornarem específicos para um determinado tipo celular.

Seleção de cepas virais naturais que infectam células com ambiente celular modificado ou expressando receptores específicos sobre as células alvo. Exemplos: O vírus da doença de Newcastle (NDV), um paramixovírus aviário, é tumor-seletivo e intrinsicamente onocolítico por causa de sua potente habilidade em induzir apoptose. Vários estudos comprovam que o NDV é seletivamente citotóxico às células tumorais, mas não às células normais, devido aos defeitos existentes na resposta antiviral via interferon (IFN) em células tumorais. Assim, vetores NDV podem ser utilizados seletivamente na terapia do câncer[41]. Cepas do vírus do sarampo utilizadas na vacina possuem, naturalmente, propriedades antitumorais *in vitro* em vários tipos de câncer e em modelo murino. Este vírus utiliza moléculas CD46 como principal receptor de entrada na célula. Tais moléculas regulam negativamente o sistema complemento e são, geralmente, superexpressas em células cancerígenas para escapar da lise mediada por complemento[42].

Alteração no domínio de proteínas virais para se ligar a diferente receptor celular.

O glioblastoma é um tumor cerebral resistente às terapias convencionais e a segunda causa mais comum de morte por doença neurológica. A ausência de terapia efetiva para tumores cerebrais tem gerado intensas investigações de novas abordagens terapêuticas para estes tipos de tumores. O adenovírus sorotipo-5 (AdV-5) somente se replica em células defectivas para via de sinalização do supressor de tumor Rb/p16 e apresenta atividade oncolítica. O AdV-5-Delta 24RGD (DNX-2401) é um vírus oncolítico geneticamente modificado que contém o domínio arginina-glicina-ácido aspártico-4 cisteína (RGD-4C) que se liga à integrina, permitindo a infecção de células tumorais independente da presença do receptor CAR. Testes em animais demonstram que estes vírus parecem não infectar células normais, não foi

observada citotoxicidade e 60% dos animais tratados sobreviveram por longo tempo[43].

Vírus modificados para expressar novas proteínas na superfície da célula e alterar o tropismo celular. Exemplos: o vírus do sarampo utiliza uma proteína presente no envelope, a hemaglutinina (H), para se ligar a um de seus dois receptores, CD46 ou CD150, e à proteína de fusão (F) para mediar a entrada do vírus e subsequente distribuição viral célula a célula por fusão. A interação do vírus do sarampo com seus receptores naturais foi ablada, e um anticorpo de cadeia simples (scFv), específico para um receptor de folato A (do inglês *folate receptor A* – FRA), um alvo superexpresso em 90% dos cânceres de ovário não mucinosos, foi inserido ao vírus. Vírus de sarampo modificados para se ligar ao FRA podem infectar e destruir tumores positivos para FRA, como observado em experimentos em modelo murino[44].

Proteínas fusogênicas virais modificadas O exemplo mais bem conhecido sobre a entrada dos vírus na célula é por fusão. Muitas proteínas do envelope viral envolvidas no processo de fusão entre as membranas celular e viral dependem de ativação proteolítica. A clivagem das proteínas de fusão é essencial para a infectividade do vírus. Esta atividade proteolítica é específica para cada tipo de célula e define o tropismo celular. Vetores do vírus sendai, deficientes do gene M, foram produzidos e codificam para a proteína F modificada, sendo que o local de clivagem dessa proteína é alterado e esta pode ser clivada por diferentes proteases. Em células transfectadas com esse vetor, o RNA genômico presente no vetor é replicado, a infecção via proteína fusogênica é distribuída às células vizinhas dependendo da presença de outras proteases e não há liberação das partículas virais. Esses vetores que codificam proteínas F que são clivadas por proteases, cuja atividade é aumentada no câncer, demonstram efeito supressor do crescimento de tumores *in vivo*[45,46].

Pseudotipagem de vírus. Exemplo: Vetores lentivirais pseudotipados consistem em partículas de vetores portadores de glicoproteínas (GP) derivados de outros vírus envelopados. Tais partículas possuem o mesmo tropismo do vírus a partir do qual foi derivada a GP. Por exemplo, para explorar o tropismo neural natural do vírus da raiva, vetores projetados para atacar o sistema nervoso central têm sido pseudotipados usando GP derivadas deste vírus. Entre as primeiras e ainda as mais amplamente utilizadas GP para a produção de vetores lentivirais pseudotipados estão as GP do vírus da estomatite vesicular (VSV-G), devido ao amplo tropismo e estabilidade dos pseudotipos resultantes[47].

Controle do tropismo celular através de microRNA. Exemplo: vírus oncolítico do sarampo derivado de cepa vivo-atenuada atualmente tem sido investigado em ensaios clínicos, incluindo um estudo de fase I para glioblastoma multiforme. Estudos pré-clínicos recentes demonstraram que o tropismo celular de vários tipos de vírus pode ser controlado através da inserção de sequências de microRNA-alvo nos seus genomas, inibindo assim a proliferação de tecidos que expressam microRNA cognatos. MicroRNA-7 específico de neurônios é subregulado em gliomas, mas altamente expresso em tecido cerebral normal. Um vírus sensível a microRNA foi construído, e na presença de microRNA-7 tal modificação inibe a tradução de proteínas do envelope, restringe a produção e propagação de progênies virais. Embora altamente atenuado na presença de microRNA-7, este vírus mantém a sua eficácia contra xenoenxertos de glioblastoma. Além disso, a inibição mediada pelo microRNA protege camundongos suscetíveis à infecção pelo vírus oncolítico do sarampo[48].

21.4 MÉTODOS UTILIZADOS PARA ESTUDAR OS MECANISMOS DE ENTRADA DOS VÍRUS NA CÉLULAS

Estudar os mecanismos de entrada dos vírus na células é um grande desafio, pois há diversas vias de entrada e inúmeras etapas em cada uma delas. Cada via envolve numerosas interações físicas e químicas entre o vírus e a célula hospedeira. Métodos de imagem celular *in vivo,* que incorporam sondas fluorescentes em componentes virais, contribuem para o estudo da expressão de RNAm, interação, movimento e localização viral.

Outros eventos da replicação viral no interior de uma célula hospedeira podem ser investigados por detecção não invasiva, como o rastreamento de um vírus individualmente, o que não inibe a infectividade viral ou função celular. Além disso, novas tecnologias, tais como varredura ou *screening* com pequenos RNA de interferência (*small interfering* RNA – siRNA), contribuem para a identificação de moléculas que participam de vários mecanismos envolvidos na adsorção e entrada do vírus na célula. Quando aplicada no contexto de infecções virais, validada e acompanhada, as informações obtidas através dessa abordagem de triagem fornecerá uma nova e mais completa compreensão das bases celulares de doenças infecciosas[4].

Além disso, para avançar é importante usufruir das novas tecnologias, incluindo o rastreamento individual de vírus, métodos quantitativos de imagem celular *in vivo* e técnicas avançadas em microscopia eletrônica,

atreladas à melhoria dos ensaios para acompanhar passo a passo as etapas que os vírus precisam alcançar para infectar uma célula.

21.4.1 Microscópio de fluorescência

Existem duas estratégias gerais para a marcação dos vírus: a fusão de uma proteína viral-alvo com uma proteína fluorescente (PF), ou a marcação química direta com pequenas moléculas de corante. Para fundir uma PF às estruturas virais, a sequência de DNA da PF deve ser geneticamente modificada na matriz de leitura aberta (do inglês *open reading frame* – ORF) da proteína viral. As proteínas do capsídeo ou do tegumento são alvos para a marcação[49].

Diferentemente da marcação com PF, marcadores químicos (MQ) podem ser ligados a estruturas virais em diferentes estágios do ciclo de replicação viral. Um aumento do número de MQ com características diferentes pode se ligar covalentemente ou não às diferentes moléculas-alvo. Por exemplo, o capsídeo de vírus não envelopado pode ser covalentemente marcado com corantes aminorreativos (os vermelhos Cy5, Alexa 647 e a também vermelha proteína mCherry, por exemplo)[50], e a membrana externa purificada de vírus envelopados podem ser marcadas por incorporação de corantes lipofílicos (DiD, DlI e análogos)[51]. Marcações de genomas virais podem ser feitas através da infecção de células, na presença de nucleotídeos marcados com fluorescência ou corantes que se ligam a ácidos nucleicos. Os anticorpos não são, geralmente, utilizados para a marcação de vírus em experimentos de rastreamento em células vivas, porque eles podem bloquear a função de proteínas virais após a ligação.

21.4.2 Microscopia eletrônica

A microscopia eletrônica (ME), incluindo microscopia eletrônica de varredura (MEV) e microscopia eletrônica de transmissão (TEM), pode fornecer imagens estáticas com resolução próxima da escala nanométrica. Há mais de cinquenta anos, a ME tem sido rotineiramente explorada em investigações sobre a entrada do vírus na célula e fornece informações sobre a estrutura e composição viral. Como um exemplo mais recente, a micrografia eletrônica foi usada para estudar a entrada do HSV, e observou-se que a entrada se dá por endocitose ou por penetração direta na membrana celular, e isto depende

do tipo de célula. Quando combinado com estudos funcionais que medem a entrada bem-sucedida de partículas virais que iniciam a infecção produtiva, a análise por ME sustenta a hipótese de que tanto a via endocítica quanto a não endocítica são possíveis para a entrada do HSV[4,52].

Experimentos com ME são, normalmente, realizados em condições restritas e em células fixadas, o que é muitas vezes incompatível com um ambiente de células vivas. Além disso, as interações dinâmicas importantes são geralmente negligenciadas em quantificações feitas por ME[53].

A natureza e a complexidade do processo de entrada dos vírus na célula exigem uma investigação em nível da biologia dos sistemas. Isso requer um conhecimento interdisciplinar e experiência em biologia celular, molecular e estrutural, bem como o trabalho de colaboração e complementaridade entre a investigação experimental e teórica/modelagem.

21.5 CONCLUSÕES E PERSPECTIVAS FUTURAS

Os vírus desenvolveram mecanismos sofisticados para utilizar a maquinaria da célula hospedeira a fim de estabelecer uma infecção produtiva. Os recentes avanços no campo da engenharia genética e microscopia melhoraram nosso entendimento sobre os mecanismos envolvidos na entrada dos vírus nas células. Além disso, a complexidade do processo de entrada viral via endocitose requer investigações multifatoriais, o que exige conhecimento interdisciplinar e experiência em biologia celular, molecular e estrutural, bem como o trabalho complementar entre a investigação teórica e experimental.

Estudos sobre a entrada dos vírus nas células constituem uma importante área de pesquisa com forte potencial para a identificação de novas estratégias para prevenir epidemia e pandemia de doenças virais causadas pelo HSV, HIV, papilomavírus, Influenza e muitos outros vírus. As investigações nesta área contribuem não somente para o entendimento da história natural de infecções virais e a descoberta de novas drogas para o tratamento dessas infecções, mas também nos ajudará a projetar melhores vetores virais de terapia gênica e vacinas protetoras.

REFERÊNCIAS

1. Mondor I, Ugolini S, Sattentau QJ. Human immunodeficiency virus type 1 attachment to HeLa CD4 cells is CD4 independent and gp120 dependent and requires cell surface heparans. J Virol. 1998 May;72(5):3623-3634.
2. Berger EA, Murphy PM, Farber JM. Chemokine receptors as HIV-1 coreceptors: roles in viral entry, tropism, and disease. Annu Rev Immunol. 1999;17(1):657-700.
3. Mayor S, Pagano RE. Pathways of clathrin-independent endocytosis. Nat Rev Mol Cell Biol. 2007 Aug;8(8):603-612.
4. Clement C, Tiwari V, Scanlan PM, Valyi-Nagy T, Yue BYJT, Shukla D. A novel role for phagocytosis-like uptake in herpes simplex virus entry. The Journal of Cell Biology. 2006 Sep 25;174(7):1009-1021.
5. Ghigo E, Kartenbeck J, Lien P, Pelkmans L, Capo C, Mege J-L, et al. Ameobal pathogen mimivirus infects macrophages through phagocytosis. PLoS Pathog. 2008 Jun;4(6):e1000087.
6. Maréchal V, Prevost MC, Petit C, Perret E, Heard JM, Schwartz O. Human immunodeficiency virus type 1 entry into macrophages mediated by macropinocytosis. J Virol. 2001 Nov;75(22):11166-11177.
7. Huang C-Y, Lu T-Y, Bair C-H, Chang Y-S, Jwo J-K, Chang W. A novel cellular protein, VPEF, facilitates vaccinia virus penetration into HeLa cells through fluid phase endocytosis. J Virol. 2008 Aug;82(16):7988-7999.
8. Raghu H, Sharma-Walia N, Veettil MV, Sadagopan S, Chandran B. Kaposi's sarcoma-associated herpesvirus utilizes an actin polymerization-dependent macropinocytic pathway to enter human dermal microvascular endothelial and human umbilical vein endothelial cells. J Virol. 2009 May;83(10):4895-4911.
9. Miyauchi K, Kim Y, Latinovic O, Morozov V, Melikyan GB. HIV enters cells via endocytosis and dynamin-dependent fusion with endosomes. Cell. 2009 May 1;137(3):433-444.
10. Marsh M, Helenius A. Virus Entry: Open Sesame. Cell. 2006 Feb;124(4):729-40.
11. Eash S, Manley K, Gasparovic M, Querbes W, Atwood WJ. The human polyomaviruses. Cell Mol Life Sci. 2006 Apr;63(7-8):865-876.
12. Rust MJ, Lakadamyali M, Zhang F, Zhuang X. Assembly of endocytic machinery around individual influenza viruses during viral entry. Nat Struct Mol Biol. 2004 Jun;11(6):567-573.
13. Mercer J, Schelhaas M, Helenius A. Virus Entry by Endocytosis. Annu Rev Biochem. 2010 Jun 7;79(1):803-833.
14. Ma Y, Nolte RJM, Cornelissen JJLM. Virus-based nanocarriers for drug delivery. Adv Drug Deliv Rev. 2012 Jun 15;64(9):811-25.

15. Cho K, Wang X, Nie S, Chen ZG, Shin DM. Therapeutic nanoparticles for drug delivery in cancer. Clin Cancer Res. 2008 Mar 1;14(5):1310-1316.

16. Steinman RM, Brodie SE, Cohn ZA. Membrane flow during pinocytosis. A stereologic analysis. The Journal of Cell Biology. 1976 Mar;68(3):665-687.

17. Goldstein JL, Brown MS. The LDL receptor. Arterioscler Thromb Vasc Biol. 2009 Apr;29(4):431-438.

18. White J, Kartenbeck J, Helenius A. Fusion of Semliki forest virus with the plasma membrane can be induced by low pH. The Journal of Cell Biology. 1980 Oct;87(1):264-272.

19. Barak LS, Webb WW. Diffusion of low density lipoprotein-receptor complex on human fibroblasts. The Journal of Cell Biology. 1982 Dec;95(3):846-852.

20. Inoué S. Imaging of unresolved objects, superresolution, and precision of distance measurement with video microscopy. Methods in Cell Biology. 1989;30:85-112.

21. Saxton MJ. Single-particle tracking: models of directed transport. Biophysical Journal. 1994 Nov;67(5):2110-2119.

22. Georgi A, Mottola-Hartshorn C, Warner A, Fields B, Chen LB. Detection of individual fluorescently labeled reovirions in living cells. Proc Natl Acad Sci USA. 1990 Sep;87(17):6579-6583.

23. Lowy RJ, Sarkar DP, Chen Y, Blumenthal R. Observation of single influenza virus-cell fusion and measurement by fluorescence video microscopy. Proc Natl Acad Sci USA. 1990 Mar;87(5):1850-1854.

24. Chalfie M, Tu Y, Euskirchen G, Ward WW, Prasher DC. Green fluorescent protein as a marker for gene expression. Science. 1994 Feb 11;263(5148):802-805.

25. Giepmans BNG. The Fluorescent Toolbox for Assessing Protein Location and Function. Science. 2006 Apr 14;312(5771):217-224.

26. Cudmore S, Cossart P, Griffiths G, Way M. Actin-based motility of vaccinia virus. Nature. 1995 Dec 7;378(6557):636-638.

27. Dalgleish AG, Beverley PC, Clapham PR, Crawford DH, Greaves MF, Weiss RA. The CD4 (T4) antigen is an essential component of the receptor for the AIDS retrovirus. Nature. 1984 Jan;312(5996):763-767.

28. McDonald D. Visualization of the intracellular behavior of HIV in living cells. The Journal of Cell Biology. 2002 Nov 4;159(3):441-452.

29. Suomalainen M, Nakano MY, Keller S, Boucke K, Stidwill RP, Greber UF. Microtubule-dependent plus- and minus end-directed motilities are competing processes for nuclear targeting of adenovirus. The Journal of Cell Biology. 1999 Feb 22;144(4):657-672.

30. Lakadamyali M, Rust MJ, Babcock HP, Zhuang X. Visualizing infection of individual influenza viruses. Proceedings of the National Academy of Sciences. 2011 May 1;100(16):9280-9285.

31. Seisenberger G. Real-Time Single-Molecule Imaging of the Infection Pathway of an Adeno-Associated Virus. Science. 2001 Nov 30;294(5548):1929-1932.

32. Newsome TP. Src Mediates a Switch from Microtubule- to Actin-Based Motility of Vaccinia Virus. Science. 2004 Oct 1;306(5693):124-129.

33. Elliott G, O'Hare P. Live-cell analysis of a green fluorescent protein-tagged herpes simplex virus infection. J Virol. 1999 May;73(5):4110-4119.

34. Pelkmans L, Fava E, Grabner H, Hannus M, Habermann B, Krausz E, et al. Genome-wide analysis of human kinases in clathrin- and caveolae/raft-mediated endocytosis. Nature. 2005 May 11;436(7047):78-86.

35. Lewis JD, Destito G, Zijlstra A, Gonzalez MJ, Quigley JP, Manchester M, et al. Viral nanoparticles as tools for intravital vascular imaging. Nat Med. 2006 Feb 26;12(3):354-360.

36. Arhel N, Genovesio A, Kim K-A, Miko S, Perret E, Olivo-Marin J-C, et al. Quantitative four-dimensional tracking of cytoplasmic and nuclear HIV-1 complexes. Nat Meth. 2006 Oct;3(10):817-824.

37. Genovesio A, Liedl T, Emiliani V, Parak WJ, Coppey-Moisan M, Olivo-Marin J-C. Multiple particle tracking in 3-D+t microscopy: method and application to the tracking of endocytosed quantum dots. IEEE transactions on image processing: a publication of the IEEE Signal Processing Society. 2006 May;15(5):1062-1070.

38. Macarron R, Banks MN, Bojanic D, Burns DJ, Cirovic DA, Garyantes T, et al. Impact of high-throughput screening in biomedical research. Nat Rev Drug Discov. 2011 Mar;10(3):188-195.

39. Lavanya M, Cuevas CD, Thomas M, Cherry S, Ross SR. siRNA Screen for Genes That Affect Junin Virus Entry Uncovers Voltage-Gated Calcium Channels as a Therapeutic Target. Science Translational Medicine. 2013 Sep 25;5(204):204ra131-1.
40. Su WC, Chen YC, Tseng CH, Hsu PWC, Tung KF, Jeng KS, et al. Pooled RNAi screen identifies ubiquitin ligase Itch as crucial for influenza A virus release from the endosome during virus entry. Proceedings of the National Academy of Sciences. 2013 Oct 22;110(43):17516-17521.
41. Elankumaran S, Chavan V, Qiao D, Shobana R, Moorkanat G, Biswas M, et al. Type I interferon-sensitive recombinant newcastle disease virus for oncolytic virotherapy. J Virol. 2010 Apr;84(8):3835-3844.
42. Guillerme J-B, Gregoire M, Tangy F, Fonteneau J-F. Antitumor Virotherapy by Attenuated Measles Virus (MV). Biology; 2013 Mar 28;2(2):587-602.
43. Wollmann G, Ozduman K, van den Pol AN. Oncolytic virus therapy for glioblastoma multiforme: concepts and candidates. Cancer J. 2012 Jan;18(1):69-81.
44. Hasegawa K, Nakamura T, Harvey M, Ikeda Y, Oberg A, Figini M, et al. The use of a tropism-modified measles virus in folate receptor-targeted virotherapy of ovarian cancer. Clin Cancer Res. 2006 Oct 15;12(20 Pt 1):6170-6178.

45. Lei Y, Joo K-I, Wang P. Engineering fusogenic molecules to achieve targeted transduction of enveloped lentiviral vectors. J Biol Eng. 2009;3:8.
46. Kielian M. Class II virus membrane fusion proteins. Virology. 2006 Jan;344(1):38-47.
47. Cronin J, Zhang X-Y, Reiser J. Altering the tropism of lentiviral vectors through pseudotyping. Curr Gene Ther. 2005 Aug;5(4):387-398.
48. Leber MF, Bossow S, Leonard VH, Zaoui K, Grossardt C, Frenzke M, et al. MicroRNA-sensitive oncolytic measles viruses for cancer-specific vector tropism. Mol Ther. 2011 Apr 5;19(6):1097-1106.
49. Brandenburg B, Zhuang X. Virus trafficking - learning from single-virus tracking. Nat Rev Microbiol. 2007 Mar;5(3):197-208.
50. Rust MJ, Lakadamyali M, Brandenburg B, Zhuang X. Single-Virus Tracking in Live Cells. Cold Spring Harb Protoc. 2011 Sep 1;2011(9):pdb.top065623-3.
51. Huang L-L, Lu G-H, Hao J, Wang H, Yin D-L, Xie H-Y. Enveloped Virus Labeling via Both Intrinsic Biosynthesis and Metabolic Incorporation of Phospholipids in Host Cells. Anal Chem. 2013 May 9;85(10):5263-5270.
52. Barrow E, Nicola AV, Liu J. Multiscale perspectives of virus entry via endocytosis. Virology Journal. 2013 Jun 5;10(1):1-1.
53. Liu Z, Liu S, Cui J, Tan Y, He J, Zhang J. Transmission Electron Microscopy Studies of Cellular Responses to Entry of Virions: One Kind of Natural Nanobiomaterial. International Journal of Cell Biology. 2012 Apr 11;2012(5):1-5.

CAPÍTULO 22

VETORES VIRAIS: TIPOS, DIVERSIDADES, USOS E APLICAÇÕES

Eugenia Costanzi-Strauss
Daniela Bertolini Zanatta
Rodrigo Esaki Tamura
Juliana Goulart Xande
Bryan E. Strauss

22.1 INTRODUÇÃO

Hoje, a tecnologia de DNA recombinante e vetores para transferência gênica faz parte da rotina dos laboratórios de pesquisa. O sequenciamento de 3 bilhões de pares de bases do genoma humano chamou a atenção para o fato de que o grande volume de informações sobre a sequência descritiva de bases não é acompanhado por volume equivalente de conhecimento funcional, ou seja, o nosso entendimento de funções moleculares ainda é limitado. Transferência gênica é uma estratégia que viabiliza a introdução e expressão de sequências de DNA em células para que funções das sequências de DNA possam ser reveladas. Vetores de transferência gênica são potentes ferramentas geradoras de conhecimento funcional e capaz de mover as descobertas da etapa de diagnóstico até a etapa de terapia gênica. A transferência gênica pode ser empregada de diferentes maneiras, dependendo do objetivo do ensaio, incluindo interesses voltados para pesquisa básica, produtos

biotecnológicos ou terapêuticos. Pesquisadores estão familiarizados com a metodologia de transferência gênica, desde simples transformação de células de procarioto com plasmídeos regulares, até transdução de células de mamíferos com sofisticados vetores virais. Células geneticamente modificadas têm sido amplamente exploradas na bioindústria, incluindo a produção de proteínas recombinantes, vacinas, produção de anticorpos, entre outros.

Este capítulo tem como foco central a aplicação de transferência gênica no tratamento de doenças humanas com visão das diferentes etapas, desde a escolha do sistema de transferência gênica até os protocolos clínicos experimentais, utilização de DNA com fins terapêuticos, a conhecida terapia gênica e suas ferramentas mais promissoras, além dos vetores virais de transferência gênica.

22.2 HISTÓRICO DA TECNOLOGIA DE TRANSFERÊNCIA GÊNICA

A ideia de usar a tecnologia de transferência gênica para fins terapêuticos e biotecnológicos não é nova e tem sido uma fiel acompanhante dos estudos de manipulação genética. Em 1947, Tatum e Lederberg observaram pela primeira vez o processo de transferência gênica entre bactérias, denominado conjugação[1]. Cinco anos depois, em 1952, Zinder e Lederberg mostraram que vírus bacterianos (bacteriófagos) também podem funcionar como veículos de transferência de material genético entre bactérias[2]. Ambas as publicações inspiraram em 1960 a criação da expressão "terapia gênica" para descrever o uso dessa metodologia com fins terapêuticos, de certa forma prevendo o surgimento do primeiro protocolo de transferência gênica realizado em células de mamíferos, descrito por Szybalska e Szybalski em 1962[3]. Certamente, terapia gênica é uma das aplicações da tecnologia de DNA recombinante com maior impacto e potencial sobre o tratamento de doenças e introdução de novos procedimentos clínicos. A Tabela 22.1 exibe a linha do tempo da transferência gênica, desde as primeiras descrições de transdução de células de procariotos até o licenciamento do primeiro vírus terapêutico para comercialização e uso em humanos no mundo ocidental.

Tabela 22.1 Linha do tempo indicando as principais descobertas no campo da transferência gênica

ANO	EVENTO	PESQUISADORES	DESCRIÇÃO DO EVENTO
1928	Observação do "princípio da transformação".	Griffith	Descreveu a transformação de bactérias pneumococos não virulentas (forma R, tipo I) em bactérias pneumococos virulentas (forma S, tipo II).
1944	É identificado que o "princípio transformante" é o DNA.	Avery, Macleod e McCarty	Demonstraram que o DNA induz a transformação de pneumococos.
1947	Descoberta da transferência gênica via conjugação	Tatum e Lederberg[1]	Transferência de material genético entre bactéria.
1952	Introdução do termo "transdução" para descrever mecanismo de transferência gênica.	Zinder e Lederberg[2]	Observação de que bacteriófagos (vírus de bactérias) podem transferir material genético de uma bactéria para outra.
1960	A expressão "terapia gênica" começa a ser usada.	Citado por: Walters, LeRoy. Gene Therapy: Overview. In Encyclopedia of Ethical, Legal, and Policy Issues in Biotechnology	A expressão "terapia gênica" é utilizada para descrever o procedimento de transferência de material genético com fins terapêuticos.
1961	Mostra que a informação genética também pode partir do RNA para o DNA.	Termin	O estudo foi realizado com células de galinha infectadas com vírus de sarcoma de Rous (RSV).
1962	Primeiro ensaio documentado de transferência gênica com células de mamíferos.	Szybalska e Szybalski	Demonstrou que um defeito genético podia ser "reparado" com transferência de DNA normal e que o gene transferido (exógeno) podia ser herdado pelas células-filhas.
1966	Primeiro crítico artigo discutindo a possibilidade de uso de vírus em terapia gênica.	Tatum	O sucesso dos mecanismos de transformação estimulam as primeiras discussões de que a engenharia gênica poderia ser uma nova estratégia para tratamento de doenças genéticas.
1968	Demonstração de que os vírus são veículos de transferência gênica.	Roger e Pfuderer	O vírus do mosaico do tabaco foi usado como um veículo.
1972	Revista Science publica o artigo "Gene therapy for human genetic disease?".	Friedman e Robin[5]	Perspectiva de que o tratamento genético poderia compensar erros na sequência de DNA associado com doenças.
1973	Primeira tentativa de terapia gênica em humanos.	Roger e colegas	O tipo selvagem do Shope papilomavírus foi usado com objetivo de inserir o gene para arginase em duas pacientes portadoras de anomalia no ciclo da ureia.
1980	Primeiro protocolo de terapia gênica utilizando DNA recombinante.	Cline[9]	O estudo foi realizado com dois pacientes portadores de β-talassemia. Um paciente foi tratado na Itália e outro em Israel. Células da medula óssea foram removidas dos pacientes e o gene da β-globina foi introduzido.

ANO	EVENTO	PESQUISADORES	DESCRIÇÃO DO EVENTO
1990	Primeiro protocolo de transferência gênica em humanos oficialmente aprovado (protocolo sem fins terapêuticos).	Rosenberg	Linfócitos infiltrados no tumor (*tumor infiltrating linphocytes* – TILs) foram removidos de mestastase de melanoma, transduzidas *ex vivo* com retrovírus recombinante portador do gene marcador neo (gene bacteriano que promove resistência ao antibiótico neomicina). Em seguida, as células geneticamente modificadas foram implantadas no paciente doador.
1990	Em 14 de setembro, o primeiro protocolo clínico de terapia gênica foi aprovado.	Blaese	Tratamento de duas crianças com deficiência em adenosina deaminase (ADA-SCID). Células brancas do sangue foram geneticamente modificadas *ex vivo* com vetor retroviral recombinante portador do gene para adenosina deaminase (ADA).
1991	Publicação do primeiro documento: "Points to Consider in Human Somatic Cell Therapy and Gene Therapy".	Center for Biologics Evaluation and Research – FDA, EUA	Este documento recebeu registro federal nos EUA. Iniciativa para estabelecer um guia para manufaturação de vetores de transferência gênica e linhagens celulares para aplicação clínica. Esta versão foi atualizada em 2001 incluindo novos vetores e transdução *in vivo*.
1992	Primeiro protocolo utilizando transferência gênica para tratamento do câncer.	Rosenberg	Tratamento de dois pacientes com melanoma utilizando transdução *ex vivo* de TILs com retrovírus portador do gene do fator de necrose tumoral.
1999	Morte do paciente J. Gelsinger. Primeira fatalidade de protocolo de terapia gênica diretamente atribuída à administração de vetor adenoviral.	Wilson, Batshaw e Raper	O paciente participou de protocolo experimental para tratamento de deficiência de ornitina transcarbamilase (OTC). O protocolo de fase I tinha como principal objetivo investigar o escanolamento de doses de vetor adenoviral portador do gene OCT administrado no fígado dos pacientes.
2000	Comunicação de sucesso no tratamento de SCID-X1.	Cavazzana-Calvo e colegas	Transdução *ex vivo* de células C34+ recolhidas de pacientes com vetor retroviral.
2002	Crianças com SCID-X1 desenvolvem um tipo de leucemia de células T após terapia gênica. Uma criança faleceu.	Cavazzana-Calvo e colegas	O retrovírus usado no tratamento das crianças com SCID-X1 continha uma sequência *enhancer* capaz de ativar proto-oncogenes, como LMO2. Apesar da fatalidade, a imunodeficiência foi corrigida em 18 das 20 crianças tratadas (incluindo os diagnosticados com leucemia sobreviventes).
2003	Licenciado o primeiro medicamento de terapia gênica para uso clínico na China.	Administração de Alimentos e Drogas da China	Medicamento para terapia gênica do cancer, Gendicine™ é um adenovírus portador do gene supressor de tumor p53. Voltado para o tratamento de carcinoma de cabeça e pescoço.
2005	Licenciado o segundo medicamento de terapia gênica para uso clínico na China.	Administração de Alimentos e Drogas da China	Medicamento para terapia gênica do câncer, Oncorine™ é um adenovírus replicativo condicional. Oncorine™ contém uma deleção na região E1B que limita sua replicação apenas nas células defectivas no gene p53. Oncorine™ é aplicado em combinação com quimioterapia no tratamento de câncer.
2009	Anúncio de sucesso no tratamento de cegueira congênita de Leber.	Bennett e colegas	Vírus adeno-associado foi utilizado para transferir o gene RPE65 para a retina dos pacientes.
2012	Licenciado em 19 de julho o primeiro medicamento de terapia gênica para uso clínico na Europa.	European Medicines Agency	Medicamento para terapia gênica de deficiência severa de lipoproteína lipase: Glybera™ é um vírus adeno-associado capaz de transferir e expressar o gene da lipoproteína lipase no tecido muscular dos pacientes.

A década de 1970 foi um período de rápido crescimento e amadurecimento dos conceitos de DNA recombinante. Os primeiros exemplos de construção de um vetor plasmidial recombinante e sua propagação em bactérias valeram o Prêmio Nobel de Química a Paul Berg em 1980, o qual contou com importante e significativa contribuição de Herbert Boyer e Stanley Cohen[4]. Essa tecnologia viabilizou o surgimento de uma nova indústria, a da biotecnologia e também despertou atenção para aspectos éticos na manipulação do material genético. Várias conferências foram realizadas com o objetivo de discutir a ética no emprego da tecnologia de DNA recombinante e a biossegurança de organismos geneticamente modificados[4].

Mesmo antes do surgimento do primeiro produto comercial destinado ao trabalho de construção de vetores (como as enzimas modificadoras de DNA), a ideia de usar vetores para tratamento de doenças humanas já estava sendo discutida. Publicado em 1972, o artigo de Friedmann e Roblin delineou os requerimentos e preocupações para a futura terapia gênica[5]. Nessa publicação, foi proposto que doenças genéticas, causadas por apenas um gene defeituoso (doenças monogênicas) poderiam ser tratadas utilizando um vetor, talvez um vírus recombinante, capaz de transferir cópia saudável do gene defeituoso para as células do paciente. E também destacou a importância de conhecer a doença sob a lente da biologia molecular e estudar o comportamento dos vetores em modelos animais[5]. Até hoje, esses princípios e práticas são respeitados em todos os estudos de transferência gênica.

O conceito de transferência e terapia gênica surgiu antes da revolução da engenharia genética. O trabalho do vencedor do Prêmio Nobel Renato Dulbecco mostrou, em 1968, que o *simian virus 40* (SV40) podia inserir seu DNA no genoma da célula hospedeira, causando alterações fenotípicas. Também na década de 1960, Stanfield Rogers demonstrou que a versão recombinante de SV40 podia ser utilizada como vetor de transferência e expressão de DNA. Em outros estudos, Rogers observou que o vírus do papiloma de Shope confere atividade de arginase às células infectadas e usou este vírus selvagem (sem modificação) para tratar, sem sucesso e sem autorização, crianças com hiperargininemia[6]. A técnica de DNA recombinante caminhou na direção de criar seguros e eficientes vetores de transferência gênica e, no início da década de 1980, os primeiros vetores virais recombinantes começaram a ser usados[7, 8]. Hoje, ainda muito trabalho e esforços continuam sendo dispendidos com o objetivo de aprimorar e aperfeiçoar os vetores de transferência gênica.

Em 1980 foi descrita pela primeira vez a aplicação de um vetor recombinante no tratamento de pacientes. Neste protocolo clínico, Martin Cline

introduziu o gene de β-globina em células de medula óssea de dois pacientes com β-talassemia. Apesar do procedimento não ter resultado em benefício (e nem malefício) clínico, o pesquisador sofreu séria punição em virtude de ter realizado um ensaio clínico sem autorização e sem base sólida de experimentação em animais[9].

A Food and Drug Administration (FDA) autorizou o primeiro protocolo clínico em 1990. Este ensaio clínico pioneiro usou retrovírus para introduzir o gene da enzima adenosina deaminase (ADA) em células T de dois pacientes com imunodeficiência combinada severa (*severe combined immunodeficiency* – ADA-SCID). O tratamento conferiu benefício clínico para um desses pacientes, sem efeitos colaterais[10,11].

22.3 VETORES VIRAIS ILUMINAM CÉLULAS

Talvez não exista um melhor sistema para visualizar a transferência e a expressão gênicas do que quando são empregados vetores portadores de genes que codificam para proteínas fluorescentes. Células geneticamente modificadas com esse tipo de vetor tornam-se uma fonte de luz facilmente visualizada. A descoberta de proteínas fluorescentes (*light-emitting proteins*) revolucionou a imagem dinâmica e não invasiva de processos celulares. A mais marcante e promissora proteína fluorescente é conhecida pela sigla GFP (*green fluorescent protein*), com espectro de excitação de 395 nm e emissão de 509 nm. Vetores que expressam GFP e suas variantes fazem parte do arsenal tecnológico atualmente utilizado nos estudos que envolvem transferência gênica[12].

O gene da proteína fluorescente GFP, clonado da água-viva *Aequorea victoria*, codifica para um polipeptídeo com 238 aminoácidos contendo um cromóforo natural que consiste em um anel imidazólico, formado pela autociclização dos resíduos de aminoácidos serina 65, tirosina 66 e glicina 67. A proteína GFP exibe autofluorescência verde após excitação com luz azul, não necessita de substrato, cofator ou adicional produto gênico, não é tóxica, é estável a 37 °C, resistente à fotodegradação e emite um alto sinal compatível com microscopia de fluorescência comum. Células vivas que expressam GFP podem ser facilmente contadas, e isoladas em tempo real utilizando citometria de fluxo, leitores de microplacas, microscopia de fluorescência ou sistema de imageamento de animais sem manipulação[13].

Mutações em alguns códons de GFP resultaram em diversas versões melhor adaptadas para a expressão da proteína em células de mamíferos,

como a variante *enhanced* GFP (EGFP), com espectro de excitação de 488 nm e emissão de 509 nm. Mutações também originaram versões com espectros diferentes, com maior brilho e resistentes a mudanças de pH. Por exemplo, as versões *blue fluorescent protein* (BFP) e *cyan fluorescent protein* (CFP), com o pico de absorção de 384 nm e 420 nm, respectivamente, foram produzidas por meio da substituição do aminoácido Tyr66 por His66 ou Trp66. A variante *yellow fluorescent protein* (YFP) é caracterizada pela mutação pontual Thr203Tyr e excitação em 514 nm, é mais brilhante do que EGFP, porém menos estável[14]. Na faixa do infravermelho, a proteína monomérica fluorescente *Discosoma red* (DsRed, excitação 556 nm, emissão 586 nm) isolada do coral *Discosoma* é uma das mais usadas.

A biologia não foi a mesma depois de GFP. Em 1992, o laboratório de Shimomura descreveu pela primeira vez a estrutura da proteína GFP e, no mesmo ano, Prasher isolou e clonou o DNA complementar (cDNA) correspondente ao gene GFP. Dois anos depois, em 1994, Chalfie transferiu GFP para o nematoide *Caenorhabditis elegans*, revelando o potencial de GFP como marcador de expressão gênica. O laboratório de R. Tsien descreveu em 2004 a maior cartela de cores de proteínas fluorescentes, como mCherry, mBanana, mOrange, mStrawberry, mTangerine, mHoneydew, mPlum, entre outras[15, 16]. Este arco-íris de proteínas fluorescentes auxilia os pesquisadores na marcação e observação simultânea e em tempo real de várias proteínas na mesma célula ou organismo. O impacto das proteínas fluorescentes foi reconhecido com o Prêmio Nobel de Química de 2008, concedido a O. Shimomura, M. Chalfie e R. Tsien pela descoberta e desenvolvimento da famosa proteína fluorescente GFP[13].

A tecnologia de marcação de células e organismos com GFP e seus derivados tem impacto direto no desenho experimental e interpretação de resultados. Os biologistas estão cada vez mais dependentes de vetores com cassetes de expressão contendo GFP. O uso básico de proteínas fluorescentes é como um repórter (marcador), o qual viabiliza a observação *in vivo* de processos biológicos com resolução desde o nível subcelular (localização de proteínas dentro de células) até organismos inteiros. O primeiro passo para a utilização das proteínas fluorescentes é a construção de vetor de transferência gênica capaz de expressar a proteína fluorescente na célula, tecido ou animal de interesse[16, 17]. É neste ponto que se estabelece a parceria entre proteínas fluorescentes e vetores virais. Praticamente não existe um sistema de vetores virais que não tenha um vetor portador de cassete de expressão contendo GFP, que é usado para avaliar a transferência gênica e capacidade de expressão do vetor na linhagem celular, tecido ou animal-alvo. Vetores

que expressam GFP são indispensáveis na criação de modelos *in vivo* relevantes para estudo de diversos processos biológicos (expressão gênica, proliferação, migração, diferenciação celular, crescimento e regressão de tumores, entre outros) incluindo o desenvolvimento de novos medicamentos e estratégias terapêuticas.

O cDNA de uma proteína fluorescente pode ser clonado com diferentes configurações nos vetores de transferência gênica. O arranjo mais simples é a inserção do cDNA de GFP ou uma variante na posição do transgene principal, logo após o promotor. Nesse tipo de vetor, é comum a presença de um segundo promotor que direciona a expressão de um cassete de seleção, por exemplo o gene NEO, que é responsável por conferir resistência ao antibiótico neomicina. Como as células transduzidas com vetores portadores de GFP, ou suas variantes, ganham fluorescência, essa luminosidade também serve para selecionar células modificadas, agora utilizando citometria de fluxo (*cell sorting*) ou clássicos métodos de clonagem celular. A Figura 22.1 ilustra algumas opções para a inclusão de GFP em vetores retrovirais.

Vida celular é um processo contínuo no qual as células recebem e respondem a estímulos que resultam em modificações morfológicas que podem ser facilmente visualizadas nas células sensorizadas com GFP. O cDNA de proteínas fluorescentes monoméricas pode ser fusionado com virtualmente qualquer gene de interesse. Um exemplo disso são as proteínas do citoesqueleto, incluindo actina, tubulina e tau, que, quando fusionadas com GFP, permitem a visualização de mudanças dinâmicas de forma e tamanho celular. A principal diferença entre uma linhagem celular marcada com GFP e uma linhagem celular sensorizada com GFP, ou qualquer uma de suas variantes espectrais, é que nesta segunda categoria a fluorescência está relacionada a um evento ou processo celular. A Figura 22.2 mostra uma linhagem sensora produzida com a transdução de células HT1080 com retrovírus que expressam EGFP ou YFP fusionados com o gene de histona H2B, uma das proteínas do nucleossomo. Neste tipo de estratégia, a proteína fluorescente fica ancorada ligada ao nucleossomo, tornando possível acompanhar em células vivas todo o processo de mitose.

Diversas linhagens sensoras são reconhecidas como produtos biotecnológicos, com valor e interesse comerciais. Com uma simples medida de fluorescência, as linhagens sensoras oferecem uma oportunidade para analisar em tempo real o efeito de drogas sob diversos critérios e em grande número de amostras. No campo de desenho e desenvolvimento de processos biotecnológicos, como de produção de vetores virais, as proteínas fluorescentes também têm sido intensamente utilizadas, pois facilitam e aceleram a análise

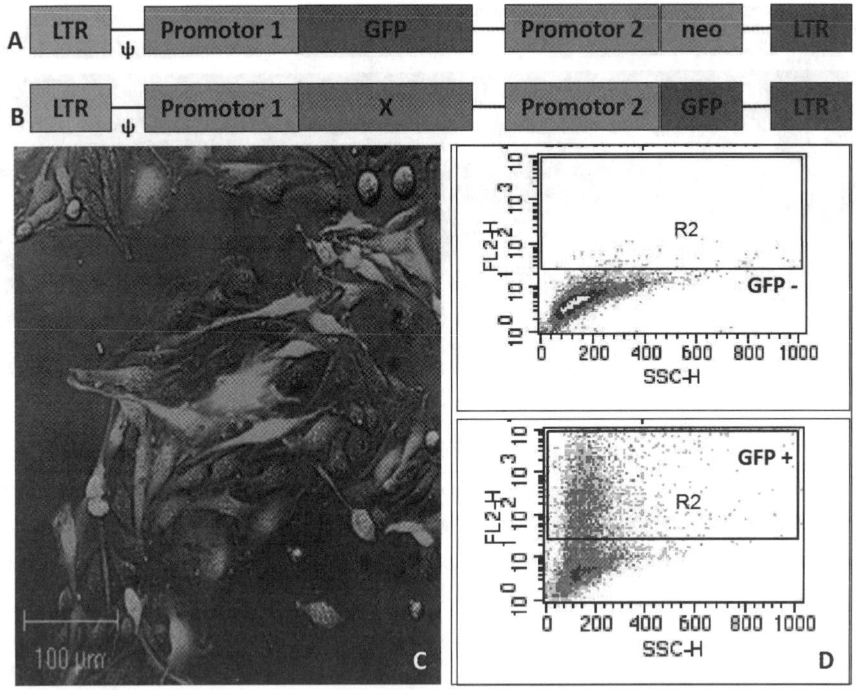

Figura 22.1 GFP é ideal para visualização não invasiva, em tempo real, de células vivas. (A) Cassete de expressão de típico vetor retroviral contendo dois promotores e dois transgenes. O cDNA do gene GFP ocupa posição 3' ao promotor 1, enquanto o gene de seleção NEO (que confere resistência ao antibiótico geneticina) está sob regulação do promotor 2. (B) Cassete de expressão de vetor retroviral no qual NEO foi substituído por EGFP, que agora serve para marcar e selecionar as células transduzidas. A posição 5' seguida ao promotor 1 é ocupada pelo transgene de interesse. (C) Imagens capturadas sob microscopia confocal de células vivas da linhagem HT1080 transduzidas com retrovírus contendo o cassete de expressão na configuração B. (D) Análise quantitativa de citometria de fluxo. Análise de células HT1080 não transduzidas (painel superior) e células HT1080 transduzidas com vetor retroviral portador de cassete de expressão mostrado em C (painel inferior). É possível observar claramente nas células transduzidas duas populações distintas, uma população GFP-, semelhante à distribuição das células não transduzidas, e uma população de células GFP+ com maior intensidade de fluorescência.

de quase todos os parâmetros de produção viral, desde o estabelecimento e monitoramento de linhagens produtoras, até a titulação viral e análises de eficiência de transdução.

A proteína GFP e suas variantes têm sido expressas em diferentes organismos. Depois do *C. elegans*, *Drosophila melanogaster*, leveduras, camundongos, peixes (*zebrafish*), *Xenopus laevis*, coelhos, porcos, gatos, plantas, muitos outros já receberam GFP, promovendo o surgimento de novos modelos de animais transgênicos, nos quais imagens podem ser capturadas ao

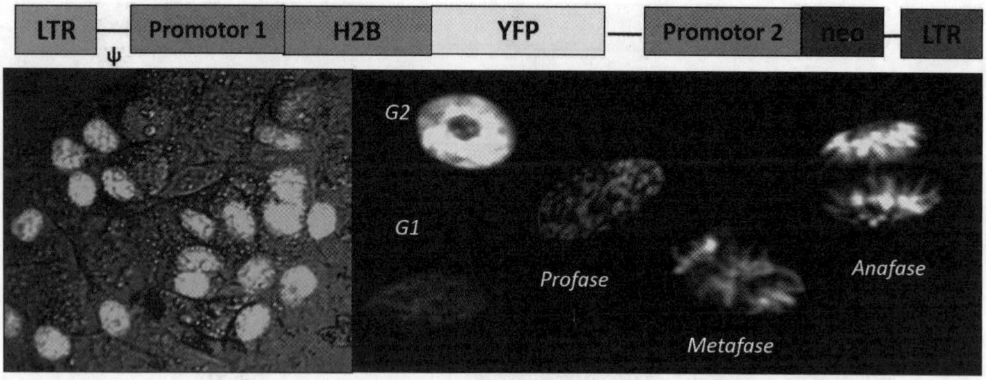

Figura 22.2 Linhagens celulares sensoras para as fases da mitose. Esquema do arranjo de cassete de expressão de vetor retroviral contendo o cDNA do gene YFP fusionado ao cDNA do gene histona H2B. Imagens em tempo real de células HT1080 transduzidas com retrovírus dos cassetes de expressão H2B-YFP, capturadas sob microscopia confocal. Cada núcleo celular pode ser observado individualmente, e a cinética das fases de divisão com diferentes estágios de condensação da cromatina pode ser visualizada em amarelo (YFP). À esquerda, observação panorâmica das linhagens sensoras.

longo do tempo de um modo não invasivo. A incorporação de proteínas fluorescentes aos protocolos de geração de animais transgênicos evita estudos do tipo *"end point"*, em que muitos grupos de animais são necessários para coleta de dados cinéticos. Agora, o mesmo grupo de animais pode ser monitorado durante o tempo que for necessário. A Figura 22.3 ilustra modelos de animais EGFP transgênicos em uso no nosso laboratório, incluindo o animal C57BL/6 EGFP e o camundongo *nude* C57BL/6 EGFP, utilizado um modelo xenográfico no qual células HT1080 transduzidas com retrovírus portador do gene para a proteína fluorescente mCherry foram injetadas no subcutâneo. Nas imagens de corpo inteiro, fica clara a distinção entre tecido tumoral e animal hospedeiro.

22.4 NORMAS REGULATÓRIAS E SUPERVISÃO DE TRABALHOS COM ORGANISMOS GENETICAMENTE MODIFICADOS (OGM)

A introdução de material genético em qualquer organismo precisa ser realizada sob condições adequadas e obedecendo as normas estabelecidas por órgãos governamentais, para manter a segurança do trabalhador, do meio ambiente e da comunidade. Por definição, OGM inclui qualquer célula ou organismo que recebeu material genético exógeno. O trabalho com OGM

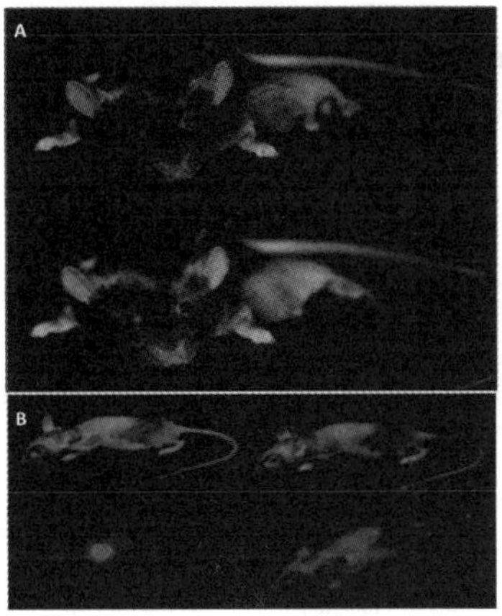

Figura 22.3 Uso de proteínas fluorescentes para marcação de animais e tecidos. (A) Foto de camundongo transgênico C57BL/6 EGFP e sua cria capturada sob campo claro (superior) e escuro (inferior). Pode se observar a forte fluorescência verde produto da expressão de EGFP no corpo inteiro da cria e nas regiões de pouca pelagem do animal adulto (orelhas, patas, focinho). (B) Imagens de modelo xenográfico *nude* C57BL/6 EGFP capturadas sob diferentes campos de luz. O camundongo *nude* C57BL/6 EGFP foi gerado a partir do cruzamento entre animal transgênico C57BL/6 EGFP e camundongo *nude* C57BL/6. O transgênico nude C57BL/6 EGFP exibe forte fluorescência verde no corpo inteiro, resultado da expressão do transgene EGFP. Este animal também exibe um tumor subcutâneo com fluorescência vermelha, devido ao implante de células tumorais humanas da linhagem HT1080 transduzidas com vetor retroviral que expressa a proteína fluorescente mCherry. O modelo permite nítida distinção entre células tumorais e células do animal hospedeiro.

é regulado pela Comissão Técnica Nacional de Biossegurança (CTNBio), a qual estabelece as normas e sistemas de supervisão da manipulação de OGM no Brasil (por meio da Resolução Normativa n. 2, de 27 de novembro de 2006). Nenhum trabalho com OGM pode ser executado sem aprovação prévia da CTNBio e/ou seus representantes locais, as Comissões Internas de Biossegurança (CIBio), que atuam como intermediárias entre o pesquisador e a CTNBio.

O trabalho com agentes biológicos bem caracterizados e conhecidos por não provocarem doença em seres humanos sadios e que possuem mínimo risco ao operador e ao meio ambiente são classificados pela CTNBio como sendo de nível de biossegurança 1 (NB-I). Para tal, a CTNBio exige que os trabalhadores sigam as normas de boas práticas de laboratório, utilizem equipamentos de proteção individual (EPIs) e recebam treinamento constante. Atividades de NB-I não requerem infraestrutura diferente da disponível em laboratórios comuns (como bancadas com tampo de material não poroso, pias para lavagem de mãos, descarte apropriado para resíduos etc.).

Trabalhos em NB-I incluem construção de plasmídeos com material genético derivado de organismos classificados como NB-I e transferência destes para organismos NB-I. Como recomendado nas normas da CTNBio, todo OGM deve ser destruído antes de ser removido do laboratório, e todo material deve ser autoclavado antes do descarte.

Em contraste, vetores virais (incluindo retrovírus, adenovírus, lentivírus, entre outros) são classificados como NB-II, porque esses vetores têm risco moderado de causar doenças. Esforços para manter as condições de trabalho em contenção são redobrados nas áreas NB-II em comparação com NB-I. O trabalho NB-II contempla as mesmas regras que NB-I, mas também exige que todas as manipulações sejam realizadas utilizando equipamentos de contenção primária, como cabines de segurança biológica. A manipulação, o armazenamento e a descontaminação de OGM NB-II só podem ocorrer dentro de áreas certificadas para trabalho NB-II. A remoção de um OGM e de todo o material que entrou em contato com um OGM de área certificada implica transporte do OGM e também requer autorização do CTNBio.

22.5 A TECNOLOGIA DA TRANSFERÊNCIA E TERAPIA GÊNICA: CONCEITOS BÁSICOS

22.5.1 Considerações sobre o vetor e seu desenho

O desenvolvimento de um vetor de transferência gênica, especialmente para aplicação *in vivo* ou terapêutica, deve ser guiado pelos seguintes pontos: (1) o problema a ser abordado; (2) o ambiente celular e (3) a via de transferência. A Tabela 22.2 apresenta as principais características relevantes para a escolha do vetor.

22.5.1.1 O problema a ser abordado

O problema abordado, por exemplo, uma doença genética, é observado em seu aspecto macroscópico como um quadro clínico característico, em que muitas vezes só podemos tratar dos sintomas. Porém, para uma intervenção definitiva a fim de erradicar o problema, é necessário identificar a origem causal, que pode ser um gene ou um conjunto de genes mutados, responsáveis pela alteração funcional de uma ou mais proteínas, e o consequente quadro clínico.

Vetores de transferência gênica podem introduzir diferentes modificações no transcriptoma celular. Os vetores podem transferir cópia selvagem de um gene que está mutado ou deletado (remediação/reposição), ou adicionar uma cópia extra de um gene já presente para aumentar o nível de expressão (*augmentation*, amplificação), ou diminuir, até mesmo silenciar, expressão indesejada de um gene, ou ainda atribuir novas propriedades a célula alvo, por exemplo, resistência a drogas.

O tipo de modificação gênica que o vetor vai causar está relacionado ao problema a ser resolvido. Aplicação clínica de transferência gênica para o tratamento de doenças monogênicas, em princípio usam um vetor capaz de introduzir cópia selvagem do gene responsável pela doença genética, ou seja, o gene terapêutico é a versão normal do que deve ser remediado. Este é o caso dos vetores clínicos portadores dos genes CFTR, fator VIII ou IX, β-hemoglobina, administrados em ensaios de terapia gênica para o tratamento de fibrose cística, hemofilia e talassemia, respectivamente. A intervenção de patologias multigênicas são as que mais se beneficiam da versatilidade de modificações genéticas que os vetores de transferência podem causar. De fato, enquanto a aplicação de vetores de transferência gênica para o tratamento de doenças monogênicas é restrita a um único gene alvo de tratamento, o tratamento de anomalias multigênicas aceita diversas opções de genes terapêuticos. Para exemplificar o amplo espectro de possibilidades, vejamos algumas das estratégias de modificação genética para tratamento do câncer. O vetor de transferência gênica pode devolver (reparar) a expressão de um gene supressor de tumor, como p53, para células tumorais. O transcriptoma da célula tumoral também pode ganhar a expressão de um gene suicida, capaz de tornar o câncer sensível a quimioterápicos. Uma nova opção é aplicar a tecnologia de RNA de interferência ou *short harpin* RNA (shRNA), para bloquear a expressão de proteínas oncogênicas (*epithelial growth factor* – EGF) ou fatores angiogênicos (*vascular endotelial growth factor* – VEGF).

22.5.1.2 Ambiente celular

A interação entre o vetor de transferência gênica e a célula-alvo precisa ser eficiente. A matriz extracelular pode participar do processo de transdução viral, favorecendo a ligação de partículas virais com específicos receptores celulares. Por outro lado, o ambiente intracelular influencia os elementos regulatórios do vetor, principalmente sequências promotoras da expressão

do gene exógeno. Não basta expressar o transgene: o ambiente intracelular deve estar adequado para produção, endereçamento e secreção (quando relevante) da proteína transgênica.

22.5.1.3 A via de transferência

Via de transferência está associada com o protocolo de administração do vetor viral. A escolha da rota de transferência gênica depende da patologia, do tecido alvo e do vetor. As rotas mais utilizadas são as vias *ex vivo* ou *in situ*.

Na via *ex vivo*, a transdução acontece fora do organismo do paciente. Células são removidas do paciente (autólogo) ou obtidas de bancos de células (alogênico), cultivadas, transduzidas *in vitro*, e então selecionadas e transplantadas no organismo do paciente. Esse tipo de transdução é frequentemente usado para modificar geneticamente células derivadas do tecido hematopoiético. Como o procedimento permite certa seleção de células transduzidas, o título viral não tem o mesmo impacto sobre a eficiência de transdução, como acontece na via *in situ*. No procedimento *in situ*, a transdução ocorre diretamente no organismo. Essa rota de administração viral *in situ* é muito similar à adotada para medicamentos em geral. A aplicação pode ser local (intramuscular, cardíaca, ocular, tumoral ou subcutânea) ou sistêmica (intravenosa). Os vetores podem ser injetados, borrifados (vias aéreas) ou com aplicação tópica. Um requisito importante para viabilizar a administração *in situ* são preparações virais de alto título. A administração de vetores virais diretamente no organismo do paciente deve levar em consideração algumas propriedades do tecido-alvo. Exemplificando: o tecido pulmonar e as vias respiratórias são de fácil acesso, bem vascularizados e particularmente vulneráveis à transdução com adenovírus. O tecido hepático é rico em capilares fenestrados que aumentam a eficiência de transdução *in situ*; o tecido retiniano, além da excelente vascularização, é altamente organizado e transparente, características que favorecem o direcionamento e monitoramento da injeção.

Tabela 22.2 Comparação entre os principais vetores virais utilizados para a transferência gênica terapêutica, destacando-se suas vantagens e desvantagens

	ONCORETROVÍRUS	LENTIVÍRUS	ADENOVÍRUS	ADENO-ASSOCIADO
GENOMA	ssRNA	ssRNA	dsDNA	ssDNA
TAMANHO DO GENOMA	3-9 kb	8-10 kb	39-38 kb	5 kb
TAMANHO DO INSERTO	< 8 kb	8 kb	8-30 kb	4 kb
REVESTIMENTO	Envelopado	Envelopado	Não-envelopado	Não-envelopado
INTERAÇÃO COM O GENOMA HOSPEDEIRO	Integrativo	Integrativo	Episomal	Semi-integrativo
EXPRESSÃO DO TRANSGENE	A longo prazo	A longo prazo	Transiente	Potencialmente a longo prazo
IMUNOGENICIDADE	Baixa	Baixa	Alta	Baixa
PROTOCOLOS CLÍNICOS	385 (19%)	67 (3%)	456 (23%)	105 (5,3%)

22.5.2 Sequências regulatórias

A central de controle, o "cérebro", dos vetores de transferência gênica é o cassete de expressão o qual contém o elemento promotor, o gene exógeno e o sinal de poliadenilação. Exemplos de cassetes de expressão podem ser encontrados em várias figuras deste capítulo (por exemplo, na Figura 22.4).

Promotores são sequências regulatórias localizadas na região 5' de um gene com papel de controle da transcrição gênica. Associação de fator de transcrição celular com um promotor aciona a maquinaria de transcrição gênica, via ativação de RNA polimerase, levando à síntese de novo RNA mensageiro (RNAm). O sinal de poliadenilação adiciona uma cauda de adenosina no RNAm, sendo uma modificação pós-transcricional necessária para o processamento do transcrito. Particularmente, nos vetores derivados de retrovírus, o sinal de poliadenilação está presente no *long terminal repeat* (LTR).

Nos vetores de transferência, o gene de interesse está inserido no formato de um cDNA. O cDNA é uma sequência de DNA sintetizada a partir de RNAm maduro, do qual todos os introns já foram removidos, ou seja, contêm apenas exons. A enzima transcriptase reversa catalisa a reação de síntese de cDNA, tendo RNAm como molde. Outras sequências funcionais de

ácidos nucleicos, não codificadoras de proteína, como microRNA, shRNA ou aptameros, também podem participar dos cassetes de expressão na posição 3' do elemento promotor. O tipo de inserto pode interferir na escolha dos elementos regulatórios. De modo simplificado, quando o produto de expressão é uma proteína ou microRNA, praticamente qualquer promotor dependente de RNA polimerase II pode ser utilizado. Promotores dependentes de RNA polimerase III, como U6 ou H1, são utilizados para dirigir a expressão de shRNA.

22.5.3 Promotores: uma oportunidade para a especificidade

O promotor faz parte do desenho básico do vetor de transferência gênica. Além de direcionar expressão, também cria oportunidade para dar especificidade. Como mostra a Tabela 22.3, os promotores são classificados em quatro categorias: constitutivos, reguláveis, específicos para tecidos e condicionais.

Tabela 22.3 Classificação dos promotores mais utilizados em vetores de transferência gênica.

STRATEGY	SOURCE	EXAMPLE
Constitutive	Viral	CMV SV40 LTR (MoMLV, RSV)
	Eukaryotic	PGK EF1α Ubiquitin-c β-Actin Elf4a1
	Composite	CAG βAct/RU5 SV40/hFerH/mEF1
	Target	

STRATEGY	SOURCE	EXAMPLE
Tissue specific	Hematopoietic cells	B29 CD14 CD42 CD45 CD68
	Endothelial cells	Flt1 Endoglin vWF
	Muscle	MCK Mb Desmin Myosin
	Liver	ApoE hAAT
	Neuronal	GFAP SYN1 NSE
	Lung	SP1
Conditional	Proliferation	E2F-1
	Transformed cells	Telomerase Survivin PSA, Probasin (prostate) Tyrosinase (melanoma) Osteocalcin (osteocarcinoma) α-fetoprotein (hepatocellular carcinoma)
	Hypoxia	HRE (hypoxic response element) HIF1α (as a transcription factor) HIF1α ODD (oxygen dependent degradation domain)
	Agent	
Inducible	Tetracycline/doxycycline	Tet/On Tet/Off
	Ecdysone, ponasterone	Ecdysone
	Heat	Hsp70
Cooperative	Radiation	Egr1
	Chemotherapy	MDR1
Combined	p53	pCLPG

Os promotores constitutivos são aqueles que sustentam a expressão do inserto sem a necessidade de indução. Promotores constitutivos virais são populares nos vetores utilizados em estudos básicos e clínicos de

transferência gênica. Os promotores de origem viral são fortes indutores de expressão, têm tamanho compacto, facilitando a construção do vetor, e estão adaptados para promover expressão gênica em células de mamíferos de variadas origens histológicas. Entre os promotores constitutivos mais comuns, estão: promotor derivado de citomegalovírus (CMV), promotor do vírus símio 40 (SV40), promotor da sequência LTR do vírus do sarcoma de Rous (LTR-RSV), promotor da sequência LTR do vírus da leucemia murina de Moloney (LTR-MoMLV), promotor do fator de elongação 1-α (EF1-α), entre outros[18].

Os promotores reguláveis permitem o controle da expressão gênica de maneira temporal e quantitativa, por exemplo, úteis na modulação da expressão de proteínas tóxicas[19].

A ação dos promotores reguláveis depende de um fator regulador, dentre os quais o mais comum são antibióticos que podem ser facilmente adicionados ou removidos do meio de cultura celular. Por exemplo, no sistema *Tet-Off* a expressão do transgene é bloqueada quando o antibiótico tetraciclina é adicionado ao meio. Um sistema oposto é *Tet-On*, em que a expressão depende da presença de tetraciclina. Em ambos os sistemas, *Tet-Off* e *Tet-On*, a tetraciclina é o agente regulador do promotor[20]. A Figura 22.4 descreve o funcionamento do sistema de expressão regulada.

Especificidade é um dos desafios dos protocolos de transferência gênica, principalmente na transdução *in situ* na qual diversos tipos celulares diferentes podem receber o novo gene[21]. A expressão do gene de interesse apenas nas células-alvo é, ao menos em teoria, segura, e pode burlar a toxicidade indesejada em células que não são alvo do tratamento. O promotor específico é uma promessa de especificidade para o processo de transferência gênica *in situ*, e será útil na aplicação clínica de vetores de transferência gênica, como no caso da terapia gênica do câncer, na qual o procedimento tem como meta matar apenas as células tumorais, preservando as células não tumorais do paciente. Entre os promotores específicos já testados em protocolos de terapia gênica do câncer, destacam-se: (1) o promotor do gene para α-fetoproteína (AFP) ativo no carcinoma hepatocelular; (2) o promotor do gene para antígeno carcino-embrional (CEA) e (3) o promotor do gene para proteína survivin. CEA e survivin são proteínas expressas em diversos tipos de tumores, incluindo carcinoma de mama, pulmão, ovário e colorretal, entre outros[22].

Vetores de transferência gênica com promotores que respondem a fatores de transcrição celulares também podem garantir especificidade tempo-espacial de expressão do transgene[22,23]. Uma opção são os promotores

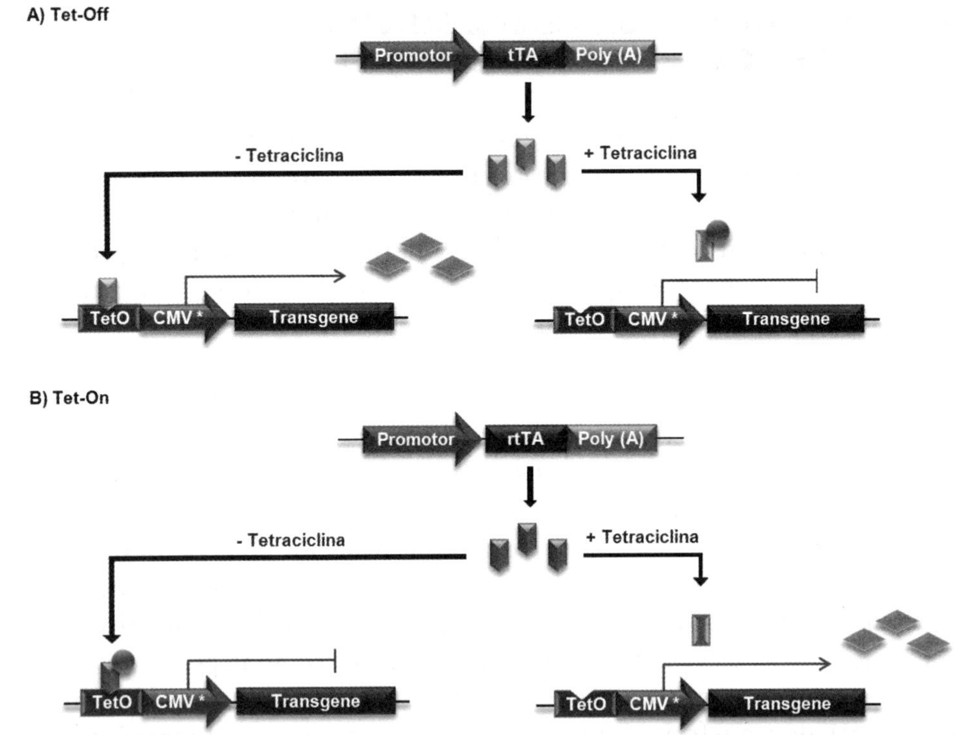

Figura 22.4 Promotores regulados por tetraciclina. Em (A), é representado o sistema Tet-Off, em que a proteína transativadora (tTA) se liga aos sete domínios TetO, combinado a uma sequência promotora mínima (CMV), resultando em expressão do transgene. Na presença de tetraciclina, a proteína tTA perde a afinidade com o domínio TetO, e a transcrição acaba não ocorrendo. Em (B), é representado o sistema Tet-On, em que a proteína transativadora mutada (rtTA) precisa interagir com tetraciclina para se ligar ao domínio TetO e ativar a transcrição.

de proteínas mitóticas, como do fator de transcrição E2F-1, responsável pela ativação de cascata de genes da maquinaria de replicação do DNA[21,23]. Strauss e colaboradores[23] demonstraram que o vetor lentiviral com cassete de expressão controlado pelo promotor do gene E2F-1 permite a expressão do transgene anticâncer apenas nas células mitóticas. Neste cenário, a especificidade do promotor é para células em mitose. Trata-se de uma estratégia anticâncer válida, considerando aplicação direta do vetor no tumor, local com predomínio de células mitóticas.

22.6 A TECNOLOGIA DA TRANSFERÊNCIA E A TERAPIA GÊNICA: CONCEITOS AVANÇADOS

Os veículos de transferência gênica podem ser classificados em vetores não virais e vetores virais. Os vetores de origem não virais utilizam processos físicos de transfecção (eletroporação) ou químicos (fosfato de cálcio, lipofecção) para entrar nas células-alvo[24]. Já nos vetores virais o processo é biológico. Cabe salientar aqui que o termo infecção não pode ser aplicado quando o vetor viral utilizado é incompetente para se replicar.

Vírus são eficientes vetores biológicos, e não restam dúvidas de que os sistemas virais são os melhores veículos de transferência gênica. Diversos vírus selvagens transferem material genético para células humanas como parte de seu ciclo de replicação. Esses vírus inserem seus genes nas células-alvo, induzem a célula infectada a produzir muitas cópias virais, às vezes matando a célula hospedeira ou brotando a progênie e, então, novos vírus são liberados. A essência da estratégia da terapia gênica é modificar esses vírus, em outras palavras, "domesticá-los ou "adestrá-los", substituindo os genes que o vírus usa para acometer as células infectadas por genes "bons" ou genes terapêuticos. Os vírus recombinantes construídos nos laboratórios são capazes de transferir e expressar o gene com potencial terapêutico nas células-alvo do paciente, sem os efeitos deletérios de uma infecção viral selvagem. A função primordial de um vetor de transferência gênica com potencial terapêutico é promover a expressão de proteína funcional que resulte na cura, ou melhoria dos sintomas, de uma doença grave.

Hoje, existe um sólido arsenal de vetores virais, muitos dos quais com identidade de medicamento biológico. No campo da intervenção gênica, os vetores virais têm sido os maiores impulsionadores, verdadeiros motores, conduzindo a pesquisa básica até a clínica. De 1989 a julho de 2013, foram executados um total de 1.970 protocolos clínicos de terapia gênica, sendo que 69% (1.358 protocolos) deles utilizaram vetores virais. Retrovírus, adenovírus, lentivírus e vírus adeno-associado pertencem à classe de vetores mais requisitados. Mais da metade (52,5%) do total de protocolos clínicos de terapia gênica utiliza pelo menos um desses quatro vetores virais. Restringindo para o grupo de protocolos que aplica vetores virais, cerca de 76% utiliza pelo menos um desses quatro tipos de vírus.

Cada vetor ou sistema viral tem vantagens e desvantagens que precisam ser adequadamente avaliadas. De modo geral, os principais critérios para a escolha de um vetor viral são: (1) tamanho suficiente para transportar o gene de interesse; (2) quando introduzido na célula-alvo, o nível e o tempo

de expressão do transgene devem ser adequados para o efetivo tratamento da doença; (3) o vetor deve atingir com eficiência o tecido/células-alvo; (4) o vírus não deve estimular a resposta imunológica do paciente e (5) o vírus deve ser de fácil produção.

22.6.1 Retrovírus

Vetores retrovirais derivados de MoMLV estão em segundo lugar (19,1%) na listagem geral dos vetores mais populares de terapia gênica, o que decorre do grande volume de conhecimento acumulado sobre a biologia e a história – os primeiros pacientes tratados com terapia gênica receberam vetores retrovirais.

O retrovírus (também conhecido como gama retrovírus, onco retrovírus ou retrovírus do tipo C) tem um genoma simples e transduz apenas células mitóticas de diversos tipos e origens[25]. A via clássica de transdução de retrovírus é a *ex vivo*. Produções de retrovírus têm um título entre 10^6 a 10^7 de partículas virais por mililitro, o que praticamente inviabiliza a sua aplicação direta no paciente. A transdução *ex vivo* cria um sistema no qual a maioria das células estão em divisão, o que aumenta a chance de integração e seleção das células transduzidas, enriquecendo o número de células tratadas transplantadas no paciente. O maior risco está no caso de integração em região promotora indesejável, que pode, por exemplo, causar a ativação de oncogene[26].

Os retrovírus são vetores envelopados com genoma formado por simples fita de RNA. Após a transdução da célula-alvo, a enzima transcriptase reversa, codificada pelo próprio vírus, converte o RNA viral em DNA que será integrado ao genoma hospedeiro. A capacidade de integração desses vetores é considerada sua principal vantagem, garantindo expressão estável e duradoura. Os genes necessários para a integração são flanqueados por LTR, a mesma sequência com papel promotor de expressão. Muitos vetores retrovirais recombinantes possuem promotores sintéticos adicionados em seus LTR virais[25]. Outro componente importante do genoma desses vetores é a sequência de empacotamento (Ψ), que determina a porção do RNA que será empacotada na forma de partícula viral (Figura 22.5). Para aumentar a segurança dos sistemas de produção de vetores retrovirais, as sequências de empacotamento da partícula viral ficam em outro vetor; dessa forma, o genoma viral está dividido entre dois vetores, e esses vetores encontram-se apenas nas células empacotadoras. A produção da partícula viral requer cotransfecção

da célula empacotadora com pelo menos dois vetores (um vetor com o gene de interesse e outro contendo os genes de empacotamento e da transcriptase reversa). Como apenas o vetor portador do gene de interesse contém a sequência Ψ, apenas o RNA proveniente desse vetor é empacotado nas partículas virais, garantindo que não sejam produzidos vírus replicativos[25].

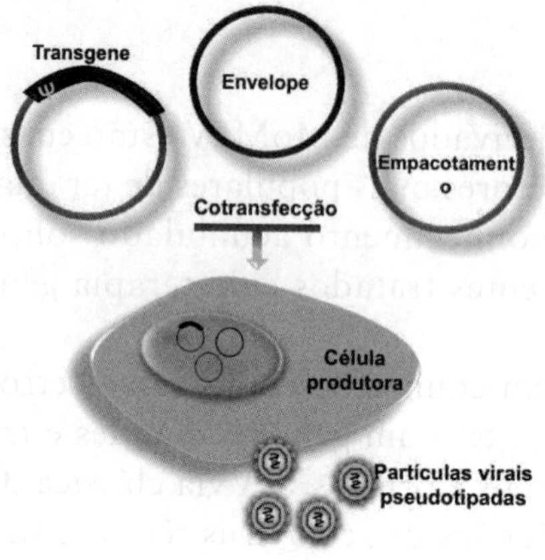

Figura 22.5 Princípio da produção de partículas retrovirais pseudotipadas. Os genes relacionados com o empacotamento e o envelope viral são fornecidos em plasmídeos separados do plasmídeo contendo o vetor de transferência gênica (transgene). Para que ocorra a produção da partícula viral, é feita a cotransfecção de todos os plasmídeos dentro da célula produtora. Note que apenas o vetor de transferência contém a sequência psi (Ψ) necessária para o empacotamento do genoma viral na progênie. Assim, os genes estruturais não fazem parte do vírus produzido, impedindo que as partículas virais sejam capazes de se replicarem dentro da célula-alvo.

Recentemente, vetores lentivirais têm demonstrado boa eficácia na transdução de diferentes tipos de células primárias[27] e oferecem vantagens não encontradas no sistema retroviral tradicional. Os lentivírus derivam do vírus da imunodeficiência humana (HIV)[28]. Diferentemente dos gama retrovírus, possuem um genoma mais complexo, são capazes de transduzir células mitóticas e pós-mitóticas e não têm preferência por integração em regiões próximas de promotor[26,29]. Os lentivírus *self-inactivating* (SIN) estão atualmente em uso. Esse vetor sofreu uma deleção em sua porção 3' LTR que inativa o promotor viral, agora a expressão do transgene depende de um promotor interno. Esta modificação no LTR diminui os malefícios da presença do *enhancer* viral, elevando a segurança do uso desse vetor. A Figura 22.6 compara os cassetes de expressão básicos de vetor retrovírus *versus* vetor lentiviral[27,29]. Preparações de lentivírus podem ser concentradas, o que resulta

em produção de lentivírus com título de 10^9 partículas virais por mililitro, superior ao das preparações de retrovírus, o que viabiliza alguns ensaios com transdução *in situ*. Uma das principais desvantagens dos lentivírus é sua produção em protocolo transiente, uma necessidade decorrente da toxicidade dos genes lentivirais: p24 e glicoproteína do vírus da estomatite vesicular (VSV-G). Isto significa que a cada lote de produção de lentivírus, entre três e quatro plasmídeos de empacotamento (*gag, pol, env* e VSV-G) são utilizados na cotransfecção da linhagem produtora. Variabilidade na taxa de transfecção de cada plasmídeo resulta em significativas diferenças no título e qualidade de cada preparação viral[30].

22.6.2 Adenovírus

Adenovírus ocupam a primeira posição entre os vetores mais utilizados: 23,5% dos estudos clínicos aplicam adenovírus. Em 1993, foram conduzidos os primeiros protocolos clínicos com adenovírus, e entre as indicações estavam câncer de pulmão e a fibrose cística, uma doença monogênica. Adenovírus transduzem diversos tipos celulares e acomodam grandes insertos de DNA. Adenovírus são os vetores de escolha quando é preciso que o vetor alcance grande número de células, quando integração e expressão duradoura não são requisitos. Preparações de adenovírus atingem rotineiramente títulos superiores a 10^{12} a 10^{13} partículas virais por mililitro, viabilizando a via de transdução *in situ*. A grande desvantagem dos adenovírus está na resposta imunológica facilmente estimulada por esses vetores. Entretanto, adenovírus de última geração estão sendo testados e prometem revolver este problema[31].

Adenovírus são vírus não envelopados e com genoma na forma de DNA fita dupla. Quatro genes de replicação viral (E1, 2, 3 e 4), expressos nas fases iniciais do ciclo de vida viral, e mais cinco genes de expressão tardia (L1, 2, 3, 4 e 5), que codificam para proteínas estruturais, formam o genoma dos adenovírus[31]. Visando à aplicação segura dos vetores adenovirais, a grande maioria possui deleções nos genes de E1, E3 e E2 ou E4 o que os torna incapazes de replicar na célula hospedeira (Figura 22.6). Para a produção desses vetores é necessário que os genes E1 e E2 ou E4 estejam presentes na célula produtora, viabilizando a replicação de partículas adenovirais. Em outras palavras, a replicação de adenovírus recombinantes é restrita à célula produtora que fornece os genes E1a e E1b em trans[32]. A interação entre adenovírus e a célula alvo depende na presença do receptor *coxsackievirus-adenovirus*

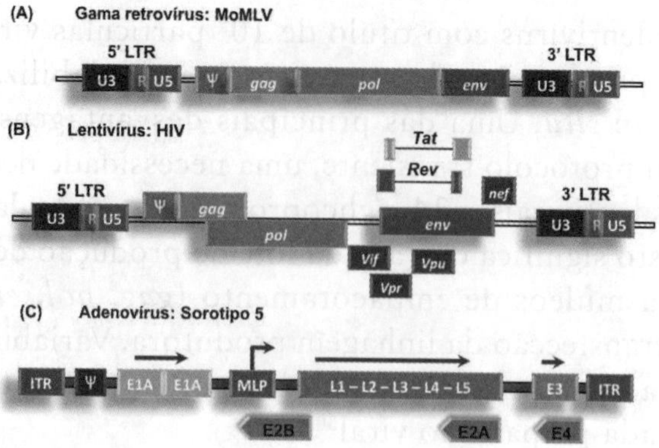

Figura 22.6 Comparação entre os genomas de um representante dos gama retrovírus (A) e de um representante dos lentivírus (B), mostrando a diferença entre as duas estruturas. Os genes *gag*, *pol* e *env* codificam os genes estruturais da partícula viral, e as sequências LTR atuam como promotores. (C) Representação esquemática do genoma adenoviral selvagem. E1 a E4: genes expressos na fase inicial do ciclo de vida viral; L1 a L5: genes expressos tardiamente; ITRs: repetições terminais invertidas; Ψ: sinal de empacotamento; MLP: promotor tardio.

(CAR) e moléculas de integrinas[33]. Após transdução da célula-alvo, os adenovírus permanecem na forma epissomal, ou seja, não integram.

22.6.3 Vírus adeno-associado (AAV)

Vírus adeno-associado é um dos mais recentes protagonistas da transferência gênica. Trata-se de vírus com genoma compacto, não envelopado e não patogênico. O genoma do AAV é fita simples de DNA, contendo os genes *cap* e *rep* que codificam para as proteínas estruturais e regulatórias, respectivamente. Estes genes são flanqueados por sequências ITR (*inverted terminal repeats*) que funcionam como promotores[34]. São capazes de infectar diferentes tipos celulares e de integrar ao genoma hospedeiro de maneira pouco eficiente, mas, preferencialmente em regiões específicas do cromossomo 19 humano[35]. O AAV selvagem não replica sem a presença de um vírus *helper*, como um adenovírus, que fornece fatores essenciais para sua multiplicação, esta característica justifica o nome "vírus adeno-associado".

No vetor recombinante derivado do AAV, o genoma limita o tamanho do transgene a ser incluído, não podendo ultrapassar 4,7 kb[36]. Também, o genoma encapsulado no vírus recombinante não codifica os genes *rep* e *cap*.

Como consequência, a falta de expressão de *rep* inviabiliza a integração viral. Dessa forma, AAV recombinantes são produzidos pela cotransfecção de linhagem empacotadora com vetor contendo o gene de interesse, outro vetor contendo os genes *rep* e *cap*, e ainda um vetor portador de certos genes adenovirais ajudam a habilitar a replicação do AAV[37]. Devido à dependência em processo de transfecção, a produção de AAV pode ser difícil de realizar em escala larga.

22.6.4 Direcionamento transducional – Modificação do vírus

Vírus selvagens evoluíram com seus respectivos hospedeiros e desenvolveram mecanismos para infectar e replicar em determinados tipos celulares. Adenovírus têm tropismo (direcionamento) por células do epitélio respiratório e células hepáticas, enquanto o vírus *Herpes simplex* tem afinidade pelas células neuronais. Esse tropismo dos vírus depende de receptores celulares e de proteínas estruturais virais.

Os vetores adenovirais dependem principalmente da proteína da fibra para se direcionarem aos seus respectivos receptores celulares. No caso dos adenovírus tipo 2 e 5 o principal receptor celular é CAR, já os adenovírus 3 e 35 utilizam CD46 como receptor.

O tropismo dos vetores retrovirais é determinado em grande parte pelo envelope viral. Os retrovírus com envelope ecotrópico transduzem preferencialmente células de murinos, enquanto os retrovírus com envelope anfotrópico transduzem células da grande maioria dos mamíferos, incluindo células humanas. O direcionamento de HIV depende em parte do receptor celular CD4, presente em linfócitos T. Porém, o vetor lentiviral recombinante, derivado do HIV, perdeu esse tropismo[25].

Embora os vetores apresentem tropismo específico para determinado tipo celular, alterações das proteínas virais estruturais podem alterar o padrão de transdução, e os vírus ganham habilidade para transduzir uma nova gama de células. A modificação do tropismo dos vetores virais representa um passo importante para viabilizar sua aplicação clínica. Entre as alterações mais relevantes estão a pseudotipagem e alterações das proteínas virais (Figura 22.7).

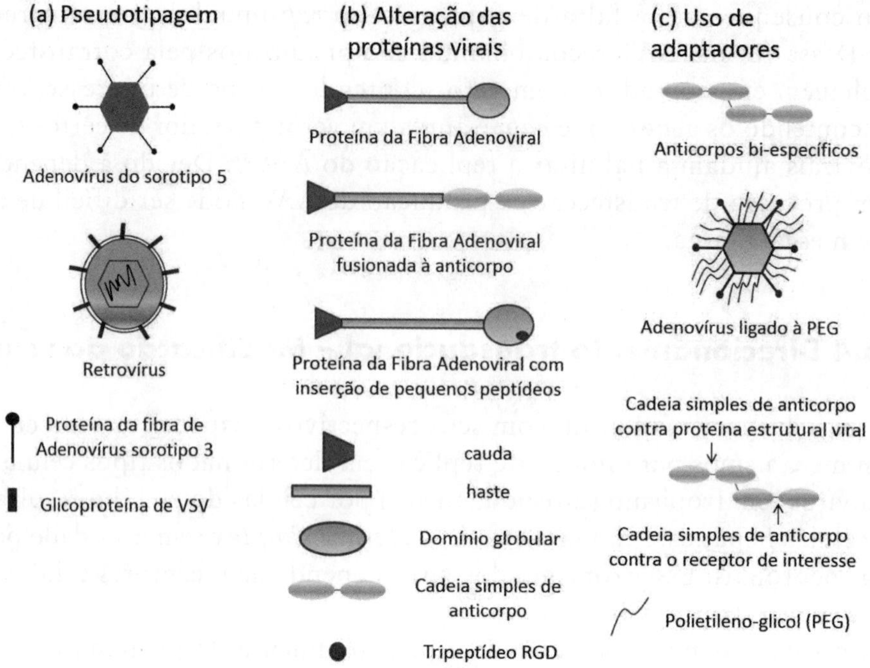

Figura 22.7 Alteração do direcionamento viral. (a) Pseudotipagem. Adenovírus baseado no genoma do sorotipo 5 com proteína da fibra de adenovírus do sorotipo 3; retrovírus expressando no envelope a glicoproteína do vírus da estomatite vesicular. (b) Alteração das proteínas virais. A proteína da fibra adenoviral apresenta uma cauda, uma haste e uma região globular. A região globular é responsável por mediar a interação com os receptores celulares e pode ser substituída, por exemplo, pela sequência variável de uma cadeia simples de anticorpo contra o receptor celular de interesse, ou podem ser incorporados pequenos peptídeos, como o tripeptídeo arginina-glicina-ácido aspártico (RGD). (c) Uso de adaptadores. Podem ser usados anticorpos biespecíficos, que se ligam em uma extremidade a proteínas virais e na outra extremidade a receptores celulares. A partícula viral também pode ser envolvida por moléculas, como o polietileno-glicol (PEG).

22.6.4.1 Pseudotipagem

Pseudotipagem é basicamente o empacotamento de um vírus com um envelope de outro. Os vírus envelopados, como os retrovírus e lentivírus, podem ser pseudotipados com a glicoproteína do vírus da estomatite vesicular (VSV-G). A incorporação dessa proteína no envelope viral favorece a transdução de diversos tipos celulares, além de conferir resistência à estrutura da partícula viral, facilitando o processo de purificação[38,39].

Os vírus não envelopados, como adenovírus, apresentam uma maior especificidade na montagem da partícula viral, e na pseudotipagem temos a incorporação de proteínas de sorotipos diferentes de um mesmo vírus. Para a formação de um novo capsídeo adenoviral, a proteína de fibra dos sorotipos 3 e 35 pode ser usada no lugar da proteína de fibra dos sorotipos 2 e 5, mudando o tropismo do vírus de células que expressam CAR para células CD46 positivas[40,41].

A pseudotipagem do AAV2 com proteínas da estrutura do capsídeo do AAV6 ou 8 têm sido empregada para aumentar a eficiência da transferência gênica no tecido muscular esquelético e hepatócitos[42,43], abrindo uma perspectiva promissora para a administração sistêmica de AAV.

22.6.4.2 Alteração das proteínas virais

Uma opção para direcionar o tropismo dos vetores virais envolve a modificação genética de proteínas virais que interagem com os receptores nas células alvos. Por exemplo, sequências codificadoras de anticorpos de cadeia simples específicos para receptores de fatores de crescimento ou de citocinas podem ser incorporadas aos vetores, favorecendo a interação do vírus com uma célula específica[44,45].

Com adenovírus, resultados promissores foram obtidos com a incorporação de pequenos polipeptídeos na proteína da fibra. Por exemplo, o tripeptídeo arginina-glicina-ácido aspártico (RGD), é suficiente para direcionar entrada do vírus na célula mediada por integrinas. Portanto, este adenovírus modificado não depende na presença do CAR para seu tropismo e pode transduzir uma ampla gama de tecidos.

Em outra estratégia, as proteínas do hexon do adenovírus também podem ser modificadas para impedir sua ligação com fatores que sequestram a partícula viral, como anticorpos anti-adenovirais, assim protegendo o vetor e evitando sua destruição[46,47].

22.7 POSSIBILIDADES TERAPÊUTICAS E/OU INDUSTRIAIS

Embora a maior parte das terapias gênicas ainda esteja buscando aprovação e licença para aplicação clínica, existem muitos ensaios em andamento prometendo que, nos próximos anos, novos produtos possam ser aprovados e utilizados clinicamente. A Tabela 22.4 mostra alguns dos estudos clínicos

em diferentes fases, envolvendo diversos vetores de transferência, e a abordagem utilizada para algumas indicações. A aprovação comercial na União Europeia de Glybera (produzido pela empresa uniQure BV), em 2012, abriu o mercado e a clínica ocidental para o uso da terapia gênica[50-52].

Tabela 22.4 Correlação entre indicações, abordagem terapêutica, vetores e fase de estudo clínico.

INDICAÇÕES	ABORDAGEM	VETOR UTILIZADO	FASE DE ESTUDO
Glioma	Expressão da citosina deaminase	Oncoretrovírus	Fase 1/2
	Expressão da timidina quinase de Herpes Simplex	Adenovírus	Fase 1
Imunodeficiências primárias	Reposição do gene Adenosina deaminase (ADA) funcional	Oncoretrovírus	Fase 1/2
β-talassemia e anemia falciforme	Reposição do gene globina em células-tronco hematopoiéticas	Lentivírus	Fase 1/2
Leucemia de células B e linfomas	Células T tratadas ex-vivo com estratégia de Receptores de células T quiméricos	Lentivírus	Fase 1
Câncer de cabeça e pescoço	Expressão do gene p53	Adenovírus não replicativo	Fase 4
Mesotelioma pleural, câncer de cólon, glioma	Expressão de Interferon-beta	Adenovírus	Fase 1/2
Deficiência de LPL	Reposição do gene lipoproteína lipase (LPL)	Vírus Adeno-associado	Fase 3
Parkinson	Expressão de fator neurotrófico, neuturin	Vírus Adeno-associado	Fase 1/2
	Expressão de três genes necessários para a biossíntese de dopamina, injetado no cérebro	Lentivírus	Fase 1/2
Amaurose congênita de Leber	Expressão da proteína de pigmento de retina específica de epitélio de 65 kd (RPE65)	Vírus Adeno-associado	Fase 1/2
Melanoma	Genes HLA-B7 e beta-2 microglobulina injetados nos tumores	Plasmídeo	Fase 3

22.7.1 Exemplos de protocolos clínicos envolvendo modificação genética de células-tronco hematopoiéticas

Células-tronco hematopoiéticas (CTH) derivam de populações celulares que expressam o antígeno de superfície CD34 e são encontradas na medula óssea, no sangue periférico e no sangue do cordão umbilical. CTH são células progenitoras capazes de se diferenciar em diversas linhagens hematopoiéticas. A modificação genética de CTH é uma estratégia eficiente para o tratamento de doenças do tecido hematopoiético. A população de células CD34+ é purificada a partir das células coletadas da medula ou

do sangue periférico do paciente, expandidas e transduzidas *ex vivo* com o vetor viral carregando o gene terapêutico e devolvidas para o paciente. Devido ao potencial proliferativo das CTH e à necessidade de conservação do gene terapêutico na progênie celular, os vetores capazes de integrar ao genoma, como os vetores retrovirais ou lentivirais, são os mais indicados para modificar células CTH. Diversas doenças monogênicas têm chances de serem curadas com essa estratégia, entre as principais estão as imunodeficiências primárias e as talassemias.

22.7.1.1 Terapia gênica para imunodeficiências primárias

As imunodeficiências primárias são doenças herdadas raras que acometem linhagens de células brancas do sangue. O transplante de CTH tem sido utilizado para tratamento destas doenças, entretanto existem obstáculos como a compatibilidade entre doador e receptor[53,54]. Nesse cenário, a utilização de CTH geneticamente modificadas é uma estratégia atrativa, pois tem o potencial de superar os problemas e limitações dos métodos tradicionais de tratamento.

Entre as imunodeficiências primárias, a forma mais severa é conhecida pela sigla SCID (*severe combined immunodeficiency*), cujos pacientes apresentam uma deficiência no desenvolvimento de linfócitos T e no funcionamento dos linfócitos B, resultando em quadro clínico com infecções recorrentes.

Diversos protocolos clínicos de terapia gênica foram desenvolvidos buscando-se o tratamento dessa doença. Os primeiros protocolos utilizaram vetores gama retrovírus para a transferência do gene ADA funcional, tendo sido utilizados para a modificação de linfócitos T[10] ou, em estudos recentes, células CD34+ onde foi constatada a correção a longo prazo[55-60], sendo que nos trabalhos mais recentes houve a correção em longo prazo da doença[58-60]. No total, mais de quarenta pacientes foram tratados de maneira bem-sucedida com terapia gênica, sem a ocorrência de efeitos colaterais[61].

Outro tipo de SCID é a ligada ao X (*X-linked severe combined immunodeficiency* – X-SCID), que representa aproximadamente 50% dos casos de SCID[53]. Essa doença é causada por mutações no gene codificador para a cadeia gama do receptor de interleucina-2 (*interleukin 2 receptor, gamma* – IL2RG), também conhecida como cadeia γc, responsável pela diferenciação dos linfócitos T e células *natural killer* (NK), além de linfócitos B[54]. Os protocolos para X-SCID tiveram início em 2000 e usavam um vetor baseado em gama retrovírus para fazer a transferência do gene terapêutico

IL2RG para células CD34+ obtidas dos pacientes. Dezoito crianças (de um total de vinte) tratadas recuperaram o número e a função dos linfócitos T. Entretanto, cinco crianças desenvolveram leucemia linfoide aguda (quatro crianças foram curadas com quimioterapia, mas uma delas veio a falecer). O desenvolvimento da leucemia foi atribuído à mutagênese insercional em decorrência da ativação do proto-oncogene *LIM domain only 2* (LMO2) pelo LTR viral[54].

A doença granulomatosa crônica ligada ao X (X-CGD, *X-linked chronic granulomatous disorder*, também conhecida como síndrome de Bridges-Good e síndrome Quie), é causada por um defeito no complexo de nicotinamida adenina dinucleotideofosfatase (NADPH), resultando em atividade deficiente dos neutrófilos[62]. Células CD34+ dos pacientes receberam vetor retroviral que carregava o gene terapêutico gp91phox. Apesar do sucesso inicial da terapia, o transgene foi silenciado, e os pacientes manifestaram quadro clínico compatível com mielodisplasia, devido à superexpressão do gene EVI1 ativada pelo vetor[63].

Recentemente, um protocolo clínico de terapia gênica para o tratamento da síndrome de Wiskott-Aldrich (WAS) usando CTH geneticamente modificadas com vetor retroviral foi realizado[64]. Essa síndrome é um tipo raro de SCID, causada por mutação no gene WAS, que codifica uma proteína reguladora do citoesqueleto. Nove entre dez pacientes responderam ao tratamento com altos níveis de expressão da proteína WAS, indicando que a terapia funcionou. Infelizmente, quatro pacientes desenvolveram leucemia de células T, provavelmente relacionada à mutagênese insercional com ativação do oncogene LMO2, semelhante aos casos de X-SCID[54]. O protocolo clínico para tratamento gênico de WAS foi refeito, mas dessa vez utilizando vetor lentiviral na transferência do gene WAS para as células CD34+. O tratamento experimental de três crianças com o vetor lentiviral teve sucesso com melhoras no quadro clínico e nenhum efeito adverso (expansão clonal) relacionado com inserção do gene terapêutico[65].

Os protocolos clínicos aqui apresentados sugerem que o uso de vetores lentivirais pode trazer benefícios com menor risco. Entretanto, o número de intervenções com vetor lentiviral ainda é pequeno comparado com o grupo de pacientes tratados com retrovírus. Contudo, cada protocolo clínico de terapia gênica conduz a uma nova e importante descoberta na direção de tratamentos bem-sucedidos e sem efeitos colaterais.

22.7.1.2 Terapia gênica para hemoglobinopatias

As CTH modificadas também são utilizadas para o tratamento de hemoglobinopatias. A β-talassemia é uma das doenças monogênicas mais comuns, causada pela falta das cadeias β da hemoglobina, levando a um quadro de anemia severa. O tratamento convencional baseia-se em transfusões sanguíneas rotineiras[66]. Três pacientes foram tratados usando SIN lentivirais, e um desses pacientes teve uma boa resposta clínica[67].

22.7.1.3 Terapia gênica para leucodistrofias

Leucodistrofias são um grupo de doenças genéticas caracterizadas pela destruição da bainha de mielina, causando danos ao sistema nervoso. São conhecidos mais de trinta tipos da doença, sendo que grande parte não tem tratamento. O transplante de medula óssea pode ser realizado em alguns tipos da doença. O transplante de CTH geneticamente modificadas muitas vezes é a única possibilidade terapêutica. Com esta estratégia terapêutica espera-se que as células modificadas originem células da microglia e recuperem a bainha de mielina dos neurônios, corrigindo a doença[68].

Adrenoleucodistrofia ligada ao X (*X-linked adrenoleukodystrophy* – X-ALD) é um tipo de leucodistrofia causada por deficiência no gene ALD, que está envolvido com o transporte de adenosina trifosfato, causando a desmielinização. Recentemente, dois pacientes foram tratados em um protocolo de terapia gênica utilizando vetores lentivirais na transdução *ex vivo* de células CD34+. Após transplante, os pacientes foram acompanhados por mais de dois anos. Apesar da eficiência baixa de transdução, 10% das CTH, foi observada a estabilização ou regressão do processo de desmielinização, sem expansão clonal. O transplante de CTH modificadas é a única terapia para X-ALD, com resultados positivos até o momento[69].

A leucodistrofia metacromática (*metachromatic leukodystrophy* – MLD) é causada pela deficiência da enzima arilsulfatase A (*arylsulfatase A* – ARSA), levando à não degradação de lipídios. Pacientes com essa doença apresentam acúmulo de sulfatídios, o que ocasiona a destruição do sistema nervoso e a morte. Recentemente, foi descrito um protocolo de terapia gênica, envolvendo CTH geneticamente modificadas por vetor lentiviral expressando o gene ARSA. Nove pacientes foram tratados e, após 18 a 24 meses de acompanhamento, os três primeiros pacientes tratados exibiram reversão do quadro clínico[70].

22.7.2 Protocolos clínicos de terapia gênica do câncer

O câncer é um dos líderes entre as principais causas de morte no mundo. A Organização Mundial de Saúde (OMS) projeta aumento da mortalidade relacionada ao câncer, que, em 2030, deve passar dos atuais 8 milhões para 13 milhões de óbitos por ano. Essa tendência indica que as estratégias disponíveis de prevenção e tratamento do câncer não estão sendo efetivas[71].

O primeiro protocolo clínico de terapia gênica do câncer foi submetido em 1993. Ao redor de 64% de todos os ensaios clínicos de terapia gênica têm como meta o tratamento do câncer, indicando que a terapia gênica do câncer não só é promissora, como é também uma alternativa cada vez mais próxima da clínica oncológica[72].

A terapia gênica lança mão tanto de vetores virais que integram (~ 40%) quanto de vetores virais que não integram (~ 55%). De forma simplificada, existem duas estratégias básicas: (1) tratar as células tumorais do paciente com genes capazes de induzir morte celular ou sensibilizar o tecido tumoral para os efeitos tóxicos da quimioterapia ou radioterapia; ou (2) direcionar o tratamento para as células não tumorais do paciente, com o objetivo de estimular a resposta imunológica do paciente contra células tumorais, ou, alternativamente, conferir aos tecidos mais sensíveis, como células hematopoiéticas, resistência aos efeitos da quimioterapia. Na primeira estratégia, a dose de vetor viral e volume de tecido tratado são fundamentais para o sucesso do tratamento, a transdução é *in situ* e células tumorais no organismo do paciente recebem o vetor. Na segunda, a integração do vetor é importante para a expressão estável e prolongada, o alvo da modificação gênica são as células normais do paciente e a transdução viral é *ex vivo*.

Antes de apresentar alguns modelos e protocolos clínicos de terapia gênica do câncer, algumas características da doença maligna que interferem na estratégia terapêutica merecem ser comentadas. Diferentemente de doença monogênica, o gene terapêutico de escolha para o tratamento do câncer não precisa ser o gene defeituoso. Na etiologia da célula tumoral estão múltiplas mutações, e cada tumor apresenta um perfil mutacional diferente. Tumores de mesma classificação histológica podem ter um conjunto diferente de mutações. Está claro que o gene-alvo para tratamento do câncer não é tão óbvio como para doenças monogênicas. Vetores virais portadores de genes supressores de tumor são os que mais se aproximam do princípio de reposição do gene defeituoso.

No tratamento de algumas doenças monogênicas, como hemofilia, imunodeficiências, entre outras, a remediação de uma pequena parcela de

células-alvo, muitas vezes de 1%, pode levar a resultados satisfatórios, por exemplo reduzindo hemorragias ou recompondo a resposta imunológica, respectivamente. O mesmo não acontece com o tecido tumoral, em cujo caso o sucesso do vetor anticâncer depende da transdução do maior número possível de células tumorais, ou seja, a transferência de um gene citotóxico para 1% das células da massa tumoral não é suficiente e não resulta em resposta terapêutica efetiva. Nesse cenário, modificações *ex vivo* de células da linhagem hematopoiéticas do paciente com vetores retrovirais ou lentivirais portadores de genes para interleucinas ou antígenos tumorais têm sido utilizadas. Essa estratégia modifica células normais e conta com a participação do sistema imune do paciente para destruir células do câncer espalhadas por todo o organismo.

22.7.2.1 Adenovírus p53

O p53, gene supressor de tumor, é frequentemente mutado em diversos tumores, independentemente do tipo histológico. O gene p53 participa tanto da origem quanto da manutenção do desenvolvimento tumoral. A proteína p53 é chamada de "guardiã do genoma", porque é capaz de induzir a morte (apoptose) de células com danos no DNA e bloquear o ciclo celular[73]. Essas características fazem do gene p53 um excelente candidato a gene anticâncer, e este é um dos genes mais populares dos protocolos de terapia gênica do câncer. Em princípio, a expressão de p53 nas células tumorais leva à inibição da proliferação e induz a morte das células tumorais. Um dos primeiros vetores de terapia gênica usados na clínica para o tratamento do câncer foi um vetor expressando o gene p53. O vetor adenoviral codificando o produto do gene p53 selvagem, sob controle de promotor de CMV, denominado NGN 201-Advexin (Introgen Therapeutics Inc.), é um protótipo e foi usado em inúmeros protocolos clínicos de terapia gênica para o tratamento de diversos tipos de tumores. Em 2003, a companhia Shezhen SiBiono GenTech obteve licença para tratar câncer de cabeça e pescoço com adenovírus p53 (Gendicine). Apesar de o licenciamento de Gendicine estar restrito à China e não livre de críticas, Gendicine foi o primeiro medicamento de terapia gênica a obter licenciamento[74].

O aprimoramento de vetores portadores do potente gene supressor de tumor p53 tem recebido atenção. Uma das estratégias mais promissoras é a manipulação de sequências regulatórias da expressão de p53. Nosso grupo desenvolveu vetores virais nos quais a expressão do transgene está

sob controle de p53. Quando um destes vetores é empregado, altos níveis de expressão são atingidos, o que confere uma vantagem para a inibição da proliferação de células tumorais e tratamento de muitos tipos de câncer[75-77].

22.7.2.2 Timidina quinase (thymidine kinase – TK)

Diversas estratégias que envolvem a transferência de genes suicidas (tóxicos) têm sido desenvolvidas. A transferência de gene com ação tóxica é aplicada quando a meta é destruir células indesejadas, como é o caso de células tumorais. O mais conhecido protocolo clínico com gene suicida aplica o gene HSV-TK (*herpes simplex virus thymidine kinase*). O produto do gene TK, a enzima timidina quinase (Tk), fosforila a pró-droga ganciclovir, resultando em uma substância tóxica, o ganciclovir trifosfato, que interfere na síntese de DNA, resultando na morte das células que expressam Tk. Uma das características do gene suicida HSV-TK é o efeito *bystander*. A citotoxina (ganciclovir trifosfato) é uma molécula pequena e passa de uma célula para a vizinha via junções do tipo *gap* ou por fagocitose de vesículas geradas pelas células que estão morrendo. O efeito *bystander* promove a amplificação da resposta tecidual, de modo que mesmo células não transduzidas diretamente com o vírus portador do gene HSV-TK, mas que recebem da célula vizinha o produto tóxico, também acabam morrendo[78, 79].

Diferentes vetores já foram usados para expressar o gene HSV-TK, tanto vetores virais, quanto não virais. Em 2004, um vetor adenoviral expressando o gene HSV-TK (Cerepro), produzido pela empresa ArkTherapeutics recebeu licença para produção comercial na União Europeia, com indicação voltada para tratamento de tumores cerebrais[80]. Em 2010, o processo de comercialização foi cancelado, pois o vírus mostrou toxicidade e ausência de efeito terapêutico. Hoje, diversos protocolos que combinam adenovírus expressando HSV-TK com quimioterápicos têm resultados promissores[81].

22.7.2.3 Vetores virais oncolíticos

Os vírus oncolíticos são partículas virais que seletivamente replicam dentro de tumores, resultando na lise das células tumorais e na liberação de novas partículas virais que infectam e matam as células tumorais vizinhas[82]. Existem dois parâmetros-chave que precisam ser endereçados para poder maximizar a ação anticâncer de vírus oncolíticos: eficiência oncolítica e especificidade tumoral.

Adenovírus oncolíticos têm sidos extensamente aplicados em ensaios clínicos de terapia gênica do câncer. O mais testado é o adenovírus oncolítico ONYX-015 (Pfizer Corp.), que não expressa a proteína viral E1B (55 KDa). ONYX-015 foi o primeiro adenovírus oncolítico usado em ensaios clínicos. Originalmente, acreditava-se que a replicação de ONYX-015 estava condicionada a falta de p53 funcional[83], porque ONYX-015 não replica e não tem efeito em células normais portadores de p53 selvagem. Em 2004, foi demostrado que o real mecanismo de especificidade envolve a exportação de RNA viral apoiado na célula transformada[84]. ONYX-015 já foi testado em protocolos clínicos de tratamento de câncer de cabeça e pescoço, gliomas, carcinomas de fígado, ovário, próstata, colorretal, pulmão e pâncreas[85]. Uma versão modificada de ONYX-015, Oncorine, foi desenvolvida e licenciada para comercialização pela empresa chinesa Shanghai Sunway Biotech[52].

Apesar da interpretação confusa do mecanismo funcional de ONYX-015, o mecanismo estratégico de condicionar a replicação viral à presença de uma alteração específica de células tumorais tem sido intensamente explorado. Uma nova promessa entre os vetores oncolíticos é o adenovírus oncolítico Δ24, que apresenta deleção de 24 pares de bases no gene da proteína E1A, assim perdendo a capacidade de inativar a proteína de suscetibilidade ao retinoblastoma (Rb). A falta de interação entre a proteína E1AΔ24 com Rb faz com que o adenovírus oncolítico Δ24 replique apenas nas células que estão em divisão[86].

22.7.2.4 Vetores expressando fator estimulador das colônias de granulócitos e macrófagos (granulocyte-macrophage colony-stimulating factor – GM-CSF)

GM-CSF é uma citocina, um fator de proliferação de células brancas do sangue, que estimula a produção de granulócitos e monócitos. GM-CSF é uma proteína secretada por células de defesa do organismo, macrófagos, células T, células NK, células endoteliais e fibroblastos. Como parte da resposta imune e inflamatória, os monócitos migram para o tecido-alvo, e, agora com a identidade de macrófagos, iniciam o processo de defesa tecidual. GM-CSF tem participação ativa na resposta antitumoral. A função estimuladora do sistema imunológico e a ativação de defesa, apontam para GM-CSF como bom candidato para aplicação em protocolos clínicos de terapia gênica do câncer. Diversos vetores virais carregando o gene GM-CSF

têm sido clinicamente testados em protocolos destinados ao tratamento de vários tipos de câncer, incluindo o melanoma[50].

O vetor adenoviral oncolítico carregando o gene GM-CSF (CG0070), produzido pela empresa Cold Genesys, Inc. foi testado em fase I para câncer de bexiga e mostrou-se seguro[87]. A FDA já aprovou seu teste para ensaios clínicos de fase II/III.

22.7.3 Iniciativas nacionais

Desenvolvimento de vetores virais, elaboração de novas abordagens de terapia gênica e ensaios clínicos estão sendo realizados no Brasil. O Instituto do Milênio Rede de Terapia Gênica foi criado em 2005 e atuou na construção e produção de novos vetores virais e intensa pesquisa de aplicação de transferência gênica em modelos de tratamento de diversas patologias, incluindo neurodegeneração de retina, fibrose cística, câncer, isquemia, modificação genética de células-tronco hematopoiéticas e vacinas. Estudo que investigou a aplicação de terapia gênica para tratamento de isquemia mediada por ativação de angiogênese atingiu a fase I de protocolo clínico[88]. Em outras iniciativas envolvendo pesquisadores brasileiros, uma vacina anticâncer[89,90] e uma vacina contra HIV[91] foram testadas. Estes esforços, e muitos outros, têm chamado a atenção de pesquisadores internacionais e da American Society of Gene and Cell Therapy (ASGCT). Atualmente, a ASGCT está procurando meios para integrar os pesquisadores do Brasil e da América Latina a pesquisadores com interesse comum de outros continentes[92]. O campo da terapia gênica está ativo e em franco crescimento em nossa comunidade.

22.7.4 Considerações sobre a translação da pesquisa básica em terapia gênica: o caminho entre a bancada do laboratório e o leito do paciente

Protocolos clínicos de terapia gênica ainda estão em fase experimental. Existem alguns critérios para a seleção de doenças candidatas para tratamento gênico, incluindo: (1) doença incurável ou doença que requer tratamento durante toda a vida do paciente; (2) a expressão do gene terapêutico deve fazer a diferença; (3) órgão, tecido ou célula afetados conhecidos; (4) o gene terapêutico deve ter sido isolado e os mecanismos moleculares de

ação do produto candidato a terapêutico devem ter sido descritos e analisados; (5) o gene terapêutico deve ser introduzido em substancial fração de células do tecido-alvo, de modo que o procedimento altere a progressão da doença; (6) órgão, tecido ou célula-alvo de tratamento clinicamente acessível; (7) disponibilidade técnica para avaliar e acompanhar a segurança do procedimento. De acordo com dados obtidos na base de dados Gene Therapy Clinical Trials Worldwide, disponibilizada pelo *Journal of Gene Medicine* em julho de 2013[72], as quatro mais frequentes indicações dos protocolos clínicos de terapia gênica em ordem decrescente são: câncer, doença monogênica, doença infecciosa e doença cardiovascular.

A terapia gênica tem como meta curar uma doença por meio de modificação da informação genética das células do paciente. A função do vetor de transferência gênica é promover a expressão de proteína funcional com potencial terapêutico. Vírus são eficientes vetores biológicos, e não restam dúvidas de que os sistemas virais são os melhores veículos de transferência gênica.

A escolha do vetor viral está diretamente relacionada à doença alvo do tratamento, quais células do corpo que os vírus precisam atingir e via de administração. A relação entre vetor viral e indicação clínica é apresentada na Figura 22.8, na qual se observa a distribuição do quarteto de vetores virais mais usados entre as indicações mais frequentes dos protocolos clínicos de terapia gênica. Adenovírus são os vetores preferidos dos ensaios voltados para o tratamento do câncer (~ 60% dos protocolos) e doenças cardiovasculares (~ 90% dos protocolos), enquanto os retrovírus são os

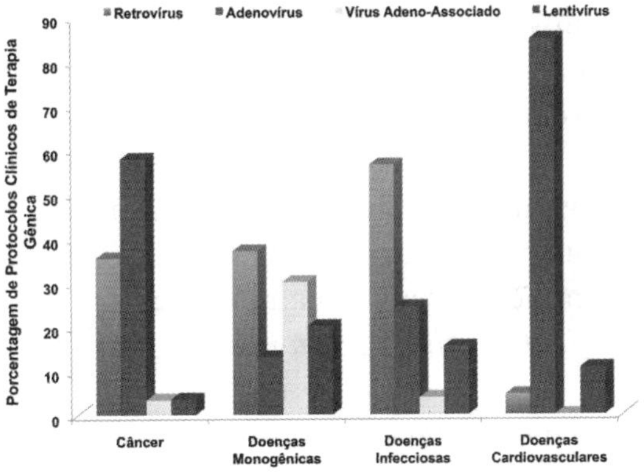

Figura 22.8 Distribuição do quarteto de vetores virais mais usados (retrovírus, adenovírus, vírus adeno-associado e lentivírus) entre as indicações mais frequentes dos protocolos clínicos de terapia gênica: câncer e doença monogênica, infecciosa ou cardiovascular[72].

mais utilizados nos tratamentos de doenças monogênicas e infecciosas, respectivamente ~ 40% e ~ 60% dos ensaios clínicos.

Um critério fundamental na escolha de vetor viral é a necessidade ou não de integração do transgene no genoma da célula alvo. A integração é essencial para uma estável modificação genética das células tratadas e a expressão duradoura do gene terapêutico. A integração e expressão do transgene codificado por vetor recombinante nas células primárias de um paciente ainda é um evento raro e não livre de riscos. Doenças monogênicas, como fibrose cística, requerem expressão sustentável do transgene. Isso significa que as células do epitélio respiratório tratadas ou "remediadas" devem reter, e expressar o gene terapêutico (idealmente de modo regulado) por toda a vida do paciente. Quando integrado, a cada divisão celular o gene terapêutico é transmitido para as células-filhas, resultando em tratamento definitivo da anomalia. Vetores retrovirais, lentivirais e vírus adeno-associados são boas escolhas quando a integração do gene terapêutico é recomendada. A Figura 22.9 destaca a marcante participação de vetores virais com habilidade para integrar o transgene nos protocolos clínicos direcionados ao tratamento de doenças monogênicas e infecciosas, enquanto vetores mantidos em forma epissomal como os adenovírus, lideram os ensaios clínicos de tratamento de câncer e doenças cardiovasculares. Após a integração, outro critério importante na escolha do vetor é a habilidade do vírus para transduzir células mitóticas e/ou pós-mitóticas. Esse parâmetro, em conjunto com o título das preparações virais, tem especial impacto sobre as vias de administração (*ex vivo* ou *in situ*).

A Figura 22.10 mostra a relação entre vetor viral e indicação clínica ao longo dos 23 anos de protocolos experimentais de terapia gênica. Os estudos clínicos com as duas indicações mais frequentes, câncer e doença monogênica, estão relacionados com os dois vetores virais de maior popularidade, adenovírus e retrovírus. Atualmente, os adenovírus dominam os protocolos de terapia gênica do câncer. Mesmo com grandes obstáculos, 863 protocolos de terapia gênica do câncer estão abertos contra 104 protocolos voltados para o tratamento de doença monogênica, segundo a base de dados *Gene Therapy Clinical Trials Worldwide*, do *Journal of Gene Medicine*(em julho de 2013)[72].

Um dos aspectos marcantes da terapia gênica mediada por vetores virais tem sido a grande versatilidade de aplicações clínicas. Nos cinco primeiros anos de terapia gênica (entre 1989 e 1993), 62 protocolos clínicos de terapia gênica foram aprovados pela FDA com as mais variadas indicações, desde tratamento de doenças monogênicas até o câncer. Entre estes pioneiros

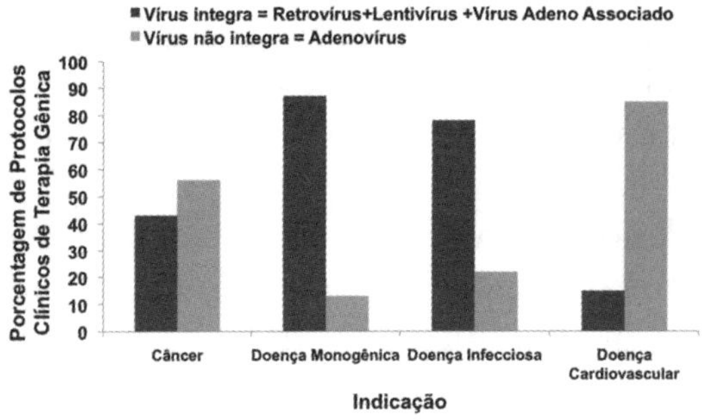

Figura 22.9 Relação entre capacidade de integração do vetor viral e indicação clínica do protocolo de terapia gênica. Destaque para a participação de vetores virais com habilidade para integrar o transgene nos protocolos clínicos direcionados ao tratamento de doenças monogênicas e infecciosas, enquanto vetores mantidos em forma epissomal, como os adenovírus, lideram os ensaios clínicos de tratamento de câncer e doenças cardiovasculares[72].

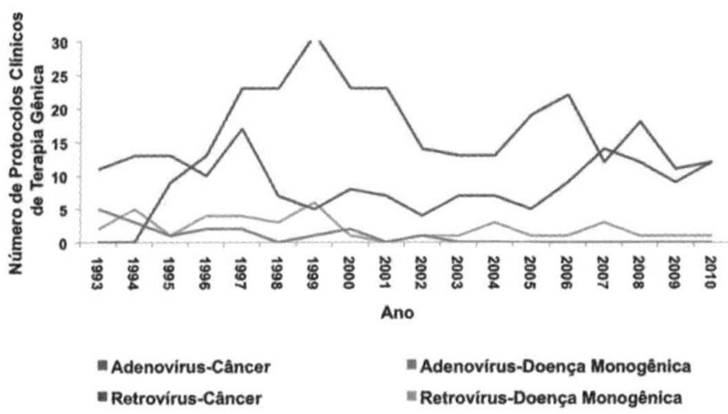

Figura 22.10 Relação entre vetor viral e indicação clínica ao longo dos 23 anos de protocolos clínicos de terapia gênica. Número de estudos clínicos com as duas indicações clínicas mais frequentes: câncer e doença monogênica versus os dois vetores virais de maior popularidade: adenovírus e retrovírus. Vetores retrovirais ainda são os mais populares no contexto geral dos protocolos de terapia gênica, e estão presentes tanto em ensaios clínicos voltados para tratamento de doença monogênica quanto do câncer[72].

protocolos, 49 e 3 aplicaram vetor retroviral ou adenoviral, respectivamente. Em período recente, entre 2008 e 2012, temos listados 480 estudos clínicos aprovados/iniciados/concluídos, sendo que 83, 65, 48 e 31 protocolos clínicos utilizam respectivamente adenovírus, retrovírus, lentivírus ou vírus adeno-associado. A Figura 22.11 compara as indicações mais frequentes dos estudos de terapia gênica, aplicação do quarteto popular de vetores virais nos cinco primeiros anos de terapia gênica experimental com a situação nos últimos cinco anos. A Figura 22.12 mostra a distribuição geral ao longo

dos 23 anos de protocolos clínicos de terapia gênica, revelando a entrada de vetores adenovirais no início da década de 1990 e vetores de vírus adeno-associados no final da década, seguida da introdução de vetores lentivirais após o ano 2000.

A ponte entre o laboratório de pesquisa e a clínica médica é bem conhecida quando tratamos do desenvolvimento de um medicamento cujo princípio ativo é uma pequena molécula sintética, mas o mesmo não ocorre quando se trata de um medicamento biológico, como vetores virais. A completa caracterização de um produto biológico não é fácil e, rotineiramente factível, razão pela qual os testes de potencial biológico recebem maior ênfase nas análises de controle de qualidade de produtos biológicos. Mover um candidato a medicamento biológico produzido por células em um laboratório de pesquisa até produção e aplicação clínica é conhecido como pesquisa translacional. DiGiusto e Kiem[93] usam a expressão "vale da morte" para descrever este caminho, ao longo do qual muitos candidatos com potencial terapêutico são abandonados e nunca atingem a clínica médica.

A pesquisa de desenvolvimento translacional tem sido dividida em três fases, conhecidas como T1, T2 e T3. T1 representa a etapa de prova de princípio da pesquisa básica; T2 é a execução de protocolos clínicos experimentais, que por sua vez é subdividida em fases de I até IV; e T3 que envolve a ampla produção e distribuição à população. Frequentemente, pensamos apenas no estágio T1 desse processo, mas todos os estágios são necessários para justificar os investimentos em pesquisa translacional. No estágio T1 encontra-se o desenvolvimento de vetores seguros, eficientes e direcionados para alvos específicos, quando possível. Nesta etapa também acontecem os estudos pré-clínicos, conduzidos em modelos animais relevantes.

A flexibilidade das ferramentas de transferência gênica permite o desenvolvimento rápido de muitas e variadas estratégias intervencionais e produtos biotecnológicos. Do ponto de vista translacional, podemos dividir o vetor viral em dois segmentos: (1) vetor de transferência gênica, propriamente dito, o medicamento biológico e (2) componentes do sistema biológico de produção: vetores de empacotamento e linhagem empacotadora. Assim como ocorre com a descoberta de novo fármaco sintético, nos anos iniciais de investigação, o potencial terapêutico e a aplicação de vetores virais, seus progressos andam na direção de definição, toxicidade e limitação de uso do vetor como medicamento. Essa etapa é acompanhada por significante inovação e desenvolvimento de infraestrutura de suporte capaz de sustentar as etapas mais avançadas: T2 e T3. A Figura 22.13 exibe o caminho entre o laboratório de pesquisa até aplicação clínica de um vetor

Vetores Virais: Tipos, Diversidades, Usos e Aplicações

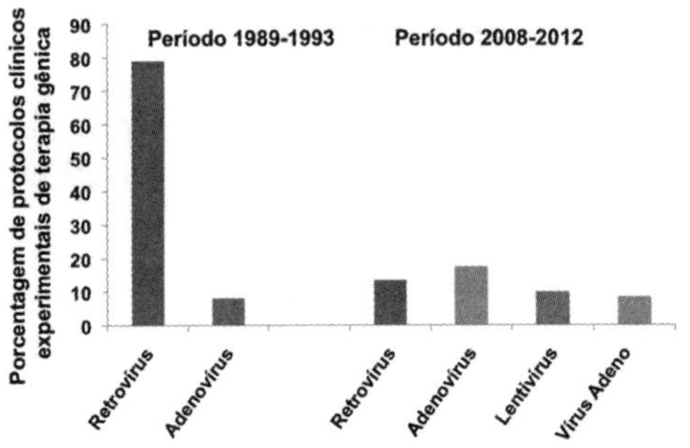

Figura 22.11 Comparação entre as indicações mais frequentes dos estudos de terapia gênica e uso de pelo menos um do quarteto popular de vetores virais nos cinco primeiros anos de terapia gênica experimental, com a situação nos últimos cinco anos. No contexto geral de todos os protocolos de terapia gênica, os dados mostram que na última década praticamente não existe predominância de um tipo de vetor[72].

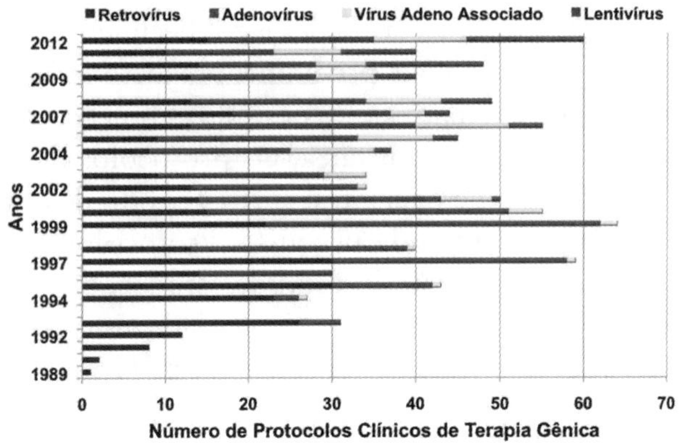

Figura 22.12 Distribuição geral do número de protocolos clínicos de terapia gênica ao longo dos 23 anos, revelando a entrada de vetores adenovirais no início da década de 1990, dos vetores de vírus adeno-associados no final da década 1990 e de vetores lentivirais após ano 2000[72].

viral terapêutico. Em julho de 2013, um total de 1.297 protocolos clínicos experimentais estavam abertos de acordo com dados fornecidos pelo Gene Therapy Clinical Trials Worldwide do *Journal of Gene Medicine*, sendo que retrovírus, adenovírus, vírus adeno-associado e lentivírus estavam sendo utilizados em 626 (48%) dos protocolos clínicos experimentais abertos, contra 371 com transferência gênica não viral.

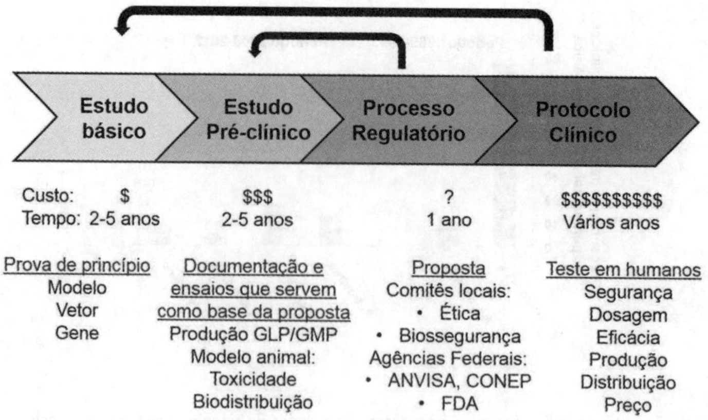

Figura 22.13 Caminho entre o laboratório de pesquisa até aplicação clínica percorrido por um vetor viral candidato à aplicação clínica de terapia gênica.

Não resta dúvida de que, entre as lições e conhecimentos gerados nos estudos de transferência gênica, o mais proeminente e desafiador tem sido a aplicação terapêutica. A grande maioria dos estudos clínicos, de fato, ainda não ultrapassa a fase I de prova de segurança. Os protocolos de fase I são conduzidos com número reduzido de pacientes, curto período de duração e em geral executados em um único centro de pesquisa. Protocolos clínicos de terapia gênica de fase I representam 59% do total de estudos, e apenas 0,1% atingiram a fase IV (última fase da etapa T2). Na verdade, este cenário não é muito diferente do observado no processo translacional de fármacos clássicos.

As preparações de vírus como produtos biológicos também encontram a definição de droga e estão sujeitas a leis federais. A definição estatutária de vírus como vetores de terapia gênica é a de produto biológico, portanto sujeita à regulamentação de agências governamentais, como a Food and Drug Administration (FDA), nos Estados Unidos, e a Agência Nacional de Vigilância Sanitária (Anvisa) no Brasil. Para que os avanços das pesquisas com vetores terapêuticos cheguem até a prática médica, alguns obstáculos devem ser ultrapassados, desde a criação de tecnologias de produção viral em alta escala em sistemas fechados, desenvolvimento de processos robustos de purificação, consistentes ensaios de controle de qualidade biológica, até a capacidade das agências reguladoras de lidar com as novas, crescentes e versáteis coleções de criativos vetores de transferência gênica.

22.8 A TÉCNICA PASSO A PASSO

22.8.1 Protocolo de transferência e expressão gênica usando vetores lentivirais recombinantes

22.8.1.1 Considerações gerais

Lentivírus é um dos mais populares e versáteis veículos de transferência gênica. Vetores lentivirais são amplamente utilizados em estudos cuja pergunta central é função gênica. Tanto ensaios de superexpressão quanto ensaios de silenciamento gênico (via shRNA) podem contar com a eficiência dos lentivírus. Como um típico retrovírus, os lentivírus integram a sequência transgênica no genoma-alvo, viabilizando estável e sustentada expressão. O sistema lentiviral tem como vantagens a eficiente transdução de células primárias, a transdução eficiente de células mitóticas e pós-mitóticas e a possibilidade de produção lentiviral concentrada, o que resulta em um título viral superior aos dos retrovírus clássicos.

Hoje, existem vários sistemas lentivirais comerciais, e a escolha do melhor sistema é de extrema importância e depende das características do experimento. Na escolha do melhor sistema comercial, os seguintes pontos podem ser levantados:

1) Avaliar a necessidade de um gene marcador, como eGFP, dsRED, luciferase etc., e a necessidade de um gene de resistência a antibióticos.
2) Avaliar o promotor mais adequado ao estudo.
3) Fazer a escolha do melhor shRNA para o gene-alvo. Tipicamente, vários shRNA devem ser gerados e testados.
4) A expressão de mais de um transgene pelo mesmo vetor também é uma possibilidade que pode ser considerada
5) Quando o trabalho envolve genes tóxicos e genes que precisam ser expressos conforme determinanação, verificar a necessidade de se utilizar um sistema induzível, no qual a expressão gênica pode ser controlada temporalmente.

22.8.1.2 Biossegurança

Toda a manipulação (desde a produção até os ensaios funcionais), transporte e descarte de vetores lentivirais deve obedecer às normas de biossegurança da CTNBio* referentes ao trabalho com organismos geneticamente modificados de nível 2 de biossegurança. É importante:
1) Antes de iniciar os trabalhos, a área e o projeto devem ter permissão da CTNBio. As solicitações são encaminhadas via Comissão Interna de Biossegurança da Instituição (CIBio).
2) A compra e o transporte de lentivírus devem obedecer às normas da CTNBio.
3) Qualquer célula transduzida (*in vitro* ou *in vivo*) com vetor lentiviral passa a ter nível 2 de biossegurança.
4) Cuidado redobrado deve ser tomado quando o trabalho envolver o uso de vetores lentivirais portando shRNA que regulam genes envolvidos no controle do ciclo celular, bem como vetores portando oncogenes, devido aos seus possíveis efeitos nocivos, como indução de carcinogênese[94].

22.8.1.3 Obtenção de partículas virais

Tiscornia e colaboradores[95] descreveram protocolo detalhado para a produção de lentivírus. Este clássico protocolo é popular e seguido pela maioria dos laboratórios. Os passos descritos a seguir partem do pressuposto de que as partículas virais já foram geradas.

22.8.1.4 Titulação

O título viral indica a quantidade de partículas virais produzidas. Todas as preparações virais precisam ser tituladas. Mesmo que as partículas virais tenham sido obtidas prontas e com título conhecido, recomenda-se efetuar nova titulação, a fim de verificar se as partículas virais permanecem viáveis e com o título esperado.

É importante notar que as partículas lentivirais devem ser armazenadas à temperatura de -80 °C, e ciclos de congelamento e descongelamento devem ser evitados, pois levam a uma diminuição de 50% do título viral. Para

---

* Ver www.ctnbio.gov.br.

evitar maior perda do título, recomenda-se que diversas alíquotas sejam feitas após o primeiro descongelamento.

Os vetores lentivirais, além do transgene de interesse do pesquisador, podem conter um gene que codifica uma proteína marcadora, seja uma proteína fluorescente (EGFP, DsRed, entre outras), ou uma proteína que confere resistência a antibiótico (neomicina, puromicina etc.), ou ambas. Quando presente, o gene marcador facilita e direciona a escolha do protocolo para titulação da preparação viral. Citometria de fluxo é o método de escolha para a titulação de vírus que expressam sequências de proteínas fluorescentes. Alternativamente, o protocolo de seleção de colônias resistentes a antibióticos é aplicado na rotina de titulação de vírus que expressam genes que criam tolerância ao tratamento com antibiótico. A detecção da proteína lentiviral p24 por *enzyme-linked immunosorbent assay* (ELISA) também é possível[95], mas não será descrita neste trabalho.

Titulação viral utilizando citometria de fluxo

1) No dia anterior à transdução viral, plaquear 5×10^4 células da linhagem HT1080 (ATCC n. CCL-121) em cada poço de uma bandeja de 6 poços, utilizando 2 mL de meio de cultura DMEM (Dulbecco's Modified Eagle's Medium) suplementado com 10% de soro bovino por poço. A cultura é mantida a 37 °C, em atmosfera úmida com 5% de CO_2. Separar dois poços e reservar um como controle negativo, e o outro para verificação do número de células no dia da transdução. Preparar uma bandeja de 6 poços para cada estoque viral que deseja titular. Observação: outras linhagens celulares, incluído a célula alvo do estudo, podem ser utilizadas para a titulação. Para isso, ajustar os parâmetros, como meio e número de células utilizado, de forma que no dia seguinte cada poço tenha em torno de 40% a 50% de confluência.

2) Vinte e quatro horas após o plaqueamento, tripsinizar e contar o número de células presentes em um dos poços reservados. O número de células no momento da transdução será utilizado no cálculo do título viral. Realizar a transdução dos demais poços com amostras do vírus a ser titulado.

3) A transdução é realizada na presença de DMEM contendo 8 µg/ml de polibreno. Remover o meio de cultura de 5 poços restantes e adicione 0,7 ml de DMEM mais polibreno em cada poço. Em seguida, adicionar 25 µl, 50 µl, 100 µL e 150 µL do estoque viral respectivamente em cada um dos 4 poços. O quinto poço não receberá vírus, apenas DMEM com

polibreno, e servirá como controle negativo da transdução viral. Manter a cultura na estufa durante 6 a 8 horas, mexendo a bandeja a cada 30 a 60 minutos. Observações:
- Polibreno (brometo de hexadimetrina) é um composto policatiônico usado para neutralizar as cargas de interação, a fim de aumentar a ligação entre o capsídeo viral e a membrana celular. O polibreno pode ser tóxico, dependendo do tipo celular. Assim a concentração de uso pode ser determinada empiricamente, geralmente variando entre 1 μg/mL e 8 μg/mL.
- Os valores sugeridos são referentes a uma produção viral não concentrada. Para produções virais concentradas (título esperado acima de 10^7 TU/mL – *transducing units* por mL), diluir o estoque viral 50 vezes antes de fazer a transdução.

4) Após o período de incubação descrito no passo 3, adicionar 1,5 ml de meio DMEM a cada poço e devolver as células à estufa por 48 horas.
5) Após 48 horas de transdução, verificar o número de células fluorescentes através de análise por citometria de fluxo (ver a seguir tópico sobre como preparar as células para análise por citometria de fluxo). Observação: as células transduzidas, fluorescentes podem ser identificadas e contadas usando microscópico de fluorescência. Contudo, o resultado poderá ser menos preciso.
6) Calcular o título utilizando a fórmula:

$$\text{Título} = \frac{\text{N° de células no dia da transdução} \times \text{\% de células transduzidas}}{\text{volume viral em ml}}$$

Ex.: transduzindo-se 1×10^5 células com 5 μL de vírus, obteve-se uma proporção relativa de células transduzidas de 0,05 (5%). Logo: 1×10^6 TU/mL. Observação: utilizar apenas os resultados dos poços que apresentaram entre 5% e 20% de células positivas.

Preparação das células para análise por citometria de fluxo

1) Separar tubos de poliestireno próprios para o citômetro, lembrando que cada placa ou poço no experimento deve ser colocado separadamente em um tubo. Etiquetar adequadamente. Adicionar aos tubos meio de cultura contendo soro, em volume igual ao utilizado para a tripsina. Por exemplo,

se são necessários 500 μL de tripsina, adicionar ao tubo de poliestireno 500 μL de meio de cultura.
2) Remover o meio de cultura das placas onde se encontram as células que serão avaliadas por citometria de fluxo. Lavar as células com tampão fosfato-salina (PBS) 1X para remover sobras de meio e fazer a tripsinização das células.
3) Homogeneizar para desprender todas as células da placa e eliminar possíveis grumos de células e transferir as células em tripsina para seu respectivo tubo.
4) Centrifugar os tubos a 1.000 rpm por 5 minutos em centrífuga refrigerada a 4 °C. Descartar o sobrenadante.
5) Ressuspender as células em PBS 1X e manter as células a 4 °C ou no gelo. As células nesta condição devem ser analisadas em até 4 horas. Observação: o volume de tampão a ser adicionado depende da quantidade de células. Para análise por citometria, as células não devem estar muito concentradas ou muito diluídas.
6) Quando o gene marcador for EGFP, as células podem ser fixadas através da adição de paraformaldeído 4% em vez de PBS 1X. As células fixadas podem ser armazenadas a 4 °C por até uma semana. Anteriormente à leitura, o paraformaldeído deve ser removido: centrifugar as células fixadas a 1.000 rpm por 5 minutos a 4 °C, descartar o sobrenadante e ressuspender as células em PBS 1X.

Titulação viral utilizando ensaio de seleção de colônias resistentes a antibiótico

1) Para cada estoque viral que desejar titular, plaquear 5×10^4 células da linhagem HT1080 (ATCC n. CCL-121) em cada poço de uma bandeja de 6 poços, utilizando 2 mL de meio DMEM suplementado com 10% de soro bovino por poço. Plaquear mais dois poços ou duas placas de 35 mm que servirão como controles. Observação: outras linhagens celulares podem ser utilizadas para a titulação.
2) Vinte e quatro horas após o plaqueamento, iniciar o processo de transdução. Preparar diluições seriadas do estoque viral. Em um tubo adicione 1 μL do estoque viral em 999 μL de DMEM contendo 8 μg/mL de polibreno (diluição de 10^3 vezes). Em outro tubo, misturar 999 μL de DMEM com polibreno e 1 μL do vírus diluído anteriormente (diluição final 10^6 vezes). Remover o meio de plaqueamento dos 6 poços e adicionar nos

3 primeiros poços 1 µL, 10 µL e 100 µL, respectivamente, da primeira diluição (10^3 X). Nos 3 poços restantes, adicionar 1 µL, 10 µL e 100 µL, respectivamente, da segunda diluição (10^6 X). Completar o volume adicionando 0,7 mL de DMEM contendo 8 µg/mL de polibreno por poço. Substituir o meio de plaqueamento das duas placas controles pelo meio de transdução (DMEM + 8 µg/mL de polibreno). Incubar as células a 37 °C, em atmosfera úmida com 5% de CO_2, durante 6 a 8 horas, mexendo a placa a cada 30 a 60 minutos. Em seguida, adicionar 1,5 mL de meio DMEM em cada poço ou placa de 35 mm. Observação: a diluição de 10^6 X só é necessária para produções virais concentradas, cujo título esperado seja maior que 10^7 TU/mL.

3) Após 24 horas da transdução, trocar o meio de cultura por meio DMEM suplementado com o antibiótico de seleção (geneticina, puromicina etc.). Se necessário, faça uma curva de concentração de antibiótico para identificar a concentração de antibiótico ideal, ou seja, a dose capaz de matar as células não transduzidas dentro de 4 a 7 dias. Observação: deve-se adicionar antibiótico a apenas uma das placas controles. O outro controle deve permanecer sem vírus e sem antibiótico. Este controle não deve morrer antes do fim da titulação.

4) Monitorar as células diariamente até a morte de todas as células da placa controle: sem vírus, porém com meio de seleção. Em média essa etapa de seleção é de sete dias. Cultivar as células em meio de seleção por mais 7 a 10 dias, até a formação de colônias.

5) Para determinar o número de colônias resistentes, aspirar o meio das placas e lavar com PBS 1X. Em seguida, fixar as colônias por 5 minutos à temperatura ambiente com metanol. Descartar o metanol, esperar secar e corar as colônias com solução a 1% de cristal violeta por 1 minuto. Remover o corante, lavar as placas com água destilada e contar as colônias. Determinar o título viral, expresso em cfu/ml (do inglês, *colony forming units/ml*)

$$\text{Título} = \frac{\text{N° colônias} \times \text{fator de diluição}}{\text{volume de vírus usado na transdução em ml}}$$

Ex.: foram contadas 20 colônias, usando-se 1 µL de vírus, no poço contendo a diluição viral de 10^3 X, então: 2×10^7 cfu/ml.

22.8.1.5 Determinação da multiplicidade de infecção (MOI) ideal

A multiplicidade de infecção (MOI) indica o número de partículas virais apresentadas para cada célula durante a transdução. Por exemplo, uma MOI de 1 significa que existe uma partícula viral para cada célula no experimento. A MOI ideal depende da célula alvo, ou seja, diferentes linhagens celulares requerem diferentes MOI(s). A avaliação de MOI é um parâmetro importante na determinação da eficiência de transdução celular. A determinação da MOI capaz de atingir a transdução da maior porcentagem de células é fundamental na padronização de estudos funcionais. O protocolo a seguir é utilizado para traçar uma curva de MOI:

1) Plaquear as células de interesse com confluência entre 40% a 50%, utilizando o meio de cultura recomendado. Utilize bandejas de 6 ou 12 poços para plaqueamento. Separar dois poços para utilizar como controle: um que será o controle negativo da transdução e o outro que será utilizado para verificar o número de células presentes no dia da transdução. Incube as células a 37 °C, com 5% de CO_2.
2) Vinte quatro horas depois, realizar a contagem do número de células presentes em um dos poços controle. Este número será utilizado para calcular o volume de vírus que será necessário para que a MOI desejada seja obtido.
3) Remova o meio de cada poço e adicione o volume da preparação viral que corresponda a diferentes MOI(s), de acordo com a curva de dose escolhida. Por exemplo: pode-se iniciar com os MOI(s) de 0, 1, 2, 5, 10, 20. Incubar as células a 37 °C, com 5% de CO_2, durante 6 a 8 horas, mexendo a placa a cada 30 a 60 minutos. Após o período de incubação, completar o volume de cada poço com meio de cultivo e devolver as células à estufa de CO_2. É essencial a utilização de preparações virais tituladas. O título pode ser um fator limitante na determinação do máximo MOI que pode ser utilizado. Observações:
    a) Para calcular a quantidade de vírus necessária para um determinado MOI, use a fórmula:

$$\frac{\text{N° de células} \times \text{MOI}}{\text{Título}}$$

O resultado é referente ao volume de vírus em ml. Ex., transduzindo-se 1×10^5 células com uma MOI desejada de 5, utilizando-se

uma produção viral cujo título calculado foi de 1x10⁶. Logo: 500 µL de vírus devem ser utilizados.
   b) Os valores de MOI sugeridos devem ser adequados à necessidade do estudo funcional.
4) Depois, completar o volume de meio das placas com meio suplementado com 8 µg/mL de polibreno (meio de transdução). O volume de meio deve ser o mínimo necessário para cobrir o fundo do poço. Por exemplo, cerca de 0,6 mL a 0,7 mL ou 0,2 mL a 0,3 mL para bandejas com 6 ou 12 poços, respectivamente.
5) A análise da eficiência de transdução pode ser feita de duas formas, dependendo das características do lentivírus, como acontece com a titulação:
   a) Se o vírus for portador de sequência que confira resistência a antibiótico, o ensaio de formação de colônia pode ser utilizado. Vinte e quatro horas após a transdução, o meio de cultura é suplementado com o antibiótico de seleção. As culturas são observadas diariamente, durante 10 a 14 dias, até identificação de colônias resistentes. Seguindo o mesmo protocolo da titulação utilizando ensaio de seleção de colônias resistentes a antibiótico, as colônias são coradas e contadas, para determinação da eficiência de transdução correspondente a cada MOI. Atenção: muitas vezes, quando a eficiência de transdução é alta, torna-se difícil individualizar colônias. Neste caso, repetir a curva com MOI(s) menores.
   b) Caso o vírus carregue como marcador o gene para proteína fluorescente, como eGFP, a curva de MOI pode ser traçada 48 horas após transdução. Nesse caso, a porcentagem de células fluorescentes (eGFP positivas) pode ser rapidamente determinada por meio de citometria de fluxo.

Durante o planejamento de ensaios com vetores lentivirais, é preciso atentar ao fato de que uma MOI alto pode demandar um volume considerável de vírus. Por exemplo: algumas empresas comercializam partículas virais que são fornecidas com um título de 10⁶ TU/mL; para se transduzir 10⁶ células com um MOI de 5 utilizando este estoque viral (10⁶ TU/mL), seriam necessários 5 mL de vírus no total. Embora possam ser obtidos títulos lentivirais por volta de 10⁷ TU/mL a 10⁸ TU/mL, sua obtenção pode ser laboriosa, ou ter um custo mais elevado caso o vírus seja adquirido comercialmente. Portanto, os trabalhos com vetores lentivirais devem ser planejados com cuidado, tendo sempre em mente a limitação dos estoques virais.

Uma discussão interessante sobre MOI e eficiência de transdução pode ser encontrada no trabalho de Kustikova e colaboradores[96].

A Figura 22.14 apresenta um gráfico que exemplifica um experimento de curva de MOI para três linhagens diferentes.

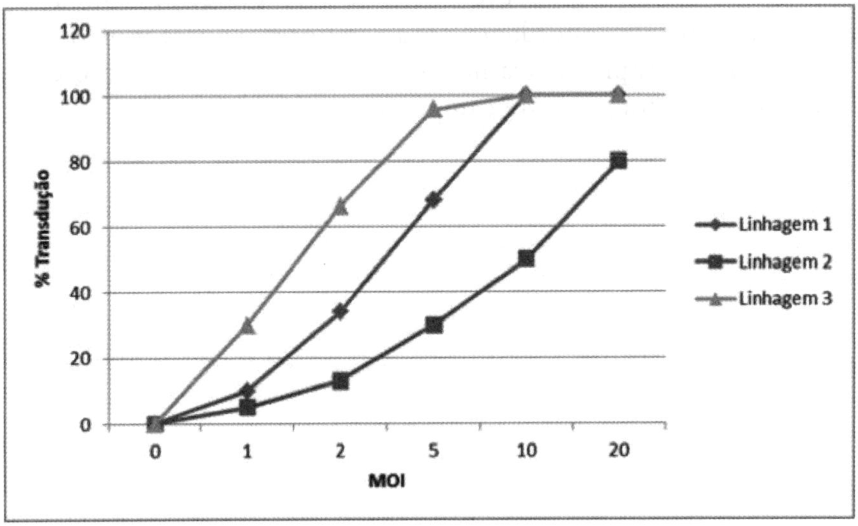

Figura 22.14 Gráfico exemplificando a curva de MOI para três linhagens. No gráfico, é possível verificar a diferença quanto à capacidade de transdução do vírus de acordo com a linhagem estudada. No exemplo, verifica-se que a linhagem 3 pode ser facilmente transduzida, uma vez que uma MOI de 5 transduz aproximadamente 100% das células, enquanto na linhagem 2 a transdução é dificultada, pois um alto valor de MOI (20) não foi suficiente para transduzir 100% das células.

22.9 CONCLUSÕES

A terapia gênica completou 23 anos de experiência clínica rodeada de vários exemplos de sucessos temperados com alguns casos nos quais efeitos colaterais foram observados. Contudo, na base tecnológica da transferência e de seu uso terapêutico estão trabalhos-chave e tentativas corajosas de usar DNA recombinante como fármaco.

Protocolos clínicos experimentais de terapia gênica são factíveis e podem trazer benefícios para os pacientes. Demonstrações sólidas do potencial da terapia gênica começam a ser revelados. Na próxima década, as expectativas que sempre cercaram a terapia gênica serão alcançadas, e a terapia gênica será um acessível procedimento médico.

22.10 PERSPECTIVAS FUTURAS

Notícias recentes indicam que os primeiros tratamentos na base de transferência gênica devem ser aprovados para comercialização no futuro próximo[97]. Mesmo assim, o amadurecimento da terapia gênica ainda depende do aprimoramento das abordagens e dos vetores empregados. Esperamos que o sucesso da terapia gênica no exterior sirva como exemplo e impulso para expandir os esforços neste campo de estudo no Brasil.

REFERÊNCIAS

1. Tatum EL, Lederberg J. Gene Recombination in the Bacterium Escherichia coli. J Bacteriol. 1947 Jun;53(6):673-84.
2. Zinder ND, Lederberg J. Genetic exchange in Salmonella. J Bacteriol. 1952 Nov;64(5):679-99.
3. Wirth T, Parker N, Yla-Herttuala S. History of gene therapy. Gene. 2013 Aug 10;525(2):162-9.
4. Cohen SN. DNA cloning: A personal view after 40 years. Proc Natl Acad Sci USA. 2013 Sep 16.
5. Friedmann T, Roblin R. Gene therapy for human genetic disease? Science. 1972 Mar 3;175(25):949-55.
6. Friedmann T. Stanfield Rogers: insights into virus vectors and failure of an early gene therapy model. Mol Ther. 2001 Oct;4(4):285-8.
7. Roy-Chowdhury J, Horwitz MS. Evolution of adenoviruses as gene therapy vectors. Mol Ther. 2002 Apr;5(4):340-4.
8. Miller AD. PA 317 retrovirus packaging cells. Mol Ther. 2002 Nov;6(5):572-5.
9. Beutler E. The Cline affair. Mol Ther. 2001 Nov;4(5):396-7.
10. Blaese RM, Culver KW, Miller AD, Carter CS, Fleisher T, Clerici M, et al. T lymphocyte-directed gene therapy for ADA- SCID: initial trial results after 4 years. Science. 1995 Oct 20;270(5235):475-80.
11. Muul LM, Tuschong LM, Soenen SL, Jagadeesh GJ, Ramsey WJ, Long Z, et al. Persistence and expression of the adenosine deaminase gene for 12 years and immune reaction to gene transfer components: long-term results of the first clinical gene therapy trial. Blood. 2003 Apr 1;101(7):2563-9.
12. Zhang J, Campbell RE, Ting AY, Tsien RY. Creating new fluorescent probes for cell biology. Nat Rev Mol Cell Biol. 2002 Dec;3(12):906-18.
13. Stewart CN, Jr. Go with the glow: fluorescent proteins to light transgenic organisms. Trends Biotechnol. 2006 Apr;24(4):155-62.
14. Lippincott-Schwartz J, Patterson GH. Development and use of fluorescent protein markers in living cells. Science. 2003 Apr 4;300(5616):87-91.
15. Shah K, Jacobs A, Breakefield XO, Weissleder R. Molecular imaging of gene therapy for cancer. Gene Ther. 2004 Aug;11(15):1175-87.
16. Davidson MW, Campbell RE. Engineered fluorescent proteins: innovations and applications. Nat Methods. 2009 Oct;6(10):713-17.
17. Snapp EL. Fluorescent proteins: a cell biologist's user guide. Trends Cell Biol. 2009 Nov;19(11):649-55.
18. Papadakis ED, Nicklin SA, Baker AH, White SJ. Promoters and control elements: designing expression cassettes for gene therapy. Curr Gene Ther. 2004 Mar;4(1):89-113.

19. Da Silva NA, Srikrishnan S. Introduction and expression of genes for metabolic engineering applications in Saccharomyces cerevisiae. FEMS Yeast Res. 2012 Mar;12(2):197-214.

20. Kohan DE. Progress in gene targeting: using mutant mice to study renal function and disease. Kidney Int. 2008 Aug;74(4):427-37.

21. Toscano MG, Romero Z, Muñoz P, Cobo M, Benabdellah K, Martin F. Physiological and tissue-specific vectors for treatment of inherited diseases. Gene Ther. 2011 Feb;18(2):117-27.

22. Fukazawa T, Matsuoka J, Yamatsuji T, Maeda Y, Durbin ML, Naomoto Y. Adenovirus-mediated cancer gene therapy and virotherapy (Review). Int J Mol Med. 2010 Jan;25(1):3-10.

23. Strauss BE, Patricio JR, de Carvalho AC, Bajgelman MC. A lentiviral vector with expression controlled by E2F-1: a potential tool for the study and treatment of proliferative diseases. Biochem Biophys Res Commun. 2006 Oct 6;348(4):1411-8.

24. Wecker L, Crespo L, Dunaway G, Faingold C, Watts S. Brody's Human Pharmacology. 5th Ed. Philadelphia: Mosby Elsevier; 2010.

25. Coffin JM, Hughes SH, Varmus HE. Retroviruses. Cold Spring Harbor: Cold Spring Harbor Laboratory Press; 1997.

26. Wu X, Li Y, Crise B, Burgess SM. Transcription start regions in the human genome are favored targets for MLV integration. Science. 2003 Jun 13;300(5626):1749-51.

27. Matrai J, Chuah MK, VandenDriessche T. Recent advances in lentiviral vector development and applications. Mol Ther. 2010 Mar;18(3):477-90.

28. Naldini L, Blomer U, Gallay P, Ory D, Mulligan R, Gage FH, et al. In vivo gene delivery and stable transduction of nondividing cells by a lentiviral vector. Science. 1996 Apr 12;272(5259):263-7.

29. Dropulic B. Lentiviral vectors: their molecular design, safety, and use in laboratory and preclinical research. Hum Gene Ther. 2011 Jun;22(6):649-57.

30. Dull T, Zufferey R, Kelly M, Mandel RJ, Nguyen M, Trono D, et al. A third-generation lentivirus vector with a conditional packaging system. Journal of Virology. 1998;72(11):8463-71.

31. Russell WC. Adenoviruses: update on structure and function. J Gen Virol. 2009 Jan;90(Pt 1):1-20.

32. Wang M, Zheng X, Rao XM, Hao H, Dong Y, McMasters KM, et al. Adenoviral vector systems for gene therapy. Gene Therapy and Molecular Biology. 2005;9:291-300.

33. Arnberg N. Adenovirus receptors: implications for targeting of viral vectors. Trends Pharmacol Sci. 2012 Aug;33(8):442-8.

34. Goncalves MA. Adeno-associated virus: from defective virus to effective vector. Virol J. 2005 May 6;2:43.

35. Monahan PE, Samulski RJ. Adeno-associated virus vectors for gene therapy: more pros than cons? Mol Med Today. 2000 Nov;6(11):433-40.
36. Miller DG, Trobridge GD, Petek LM, Jacobs MA, Kaul R, Russell DW. Large-scale analysis of adeno-associated virus vector integration sites in normal human cells. J Virol. 2005 Sep;79(17):11434-42.
37. Kay MA, Glorioso JC, Naldini L. Viral vectors for gene therapy: the art of turning infectious agents into vehicles of therapeutics. Nat Med. 2001 Jan;7(1):33-40.
38. Burns JC, Friedmann T, Driever W, Burrascano M, Yee JK. Vesicular stomatitis virus G glycoprotein pseudotyped retroviral vectors: concentration to very high titer and efficient gene transfer into mammalian and nonmammalian cells. Proc Natl Acad Sci USA. 1993 Sep 1;90(17):8033-7.
39. Zavada J. VSV pseudotype particles with the coat of avian myeloblastosis virus. Nat New Biol. 1972 Nov 22;240(99):122-4.
40. Shayakhmetov DM, Papayannopoulou T, Stamatoyannopoulos G, Lieber A. Efficient gene transfer into human CD34(+) cells by a retargeted adenovirus vector. J Virol. 2000 Mar;74(6):2567-83.
41. Gaggar A, Shayakhmetov DM, Lieber A. CD46 is a cellular receptor for group B adenoviruses. Nat Med. 2003 Nov;9(11):1408-12.
42. Nakai H, Fuess S, Storm TA, Muramatsu S, Nara Y, Kay MA. Unrestricted hepatocyte transduction with adeno-associated virus serotype 8 vectors in mice. J Virol. 2005 Jan;79(1):214-24.
43. Blankinship MJ, Gregorevic P, Allen JM, Harper SQ, Harper H, Halbert CL, et al. Efficient transduction of skeletal muscle using vectors based on adeno-associated virus serotype 6. Molecular therapy: the journal of the American Society of Gene Therapy. 2004 Oct;10(4):671-8.
44. Hedley SJ, Auf der Maur A, Hohn S, Escher D, Barberis A, Glasgow JN, et al. An adenovirus vector with a chimeric fiber incorporating stabilized single chain antibody achieves targeted gene delivery. Gene Ther. 2006 Jan;13(1):88-94.
45. Belousova N, Korokhov N, Krendelshchikova V, Simonenko V, Mikheeva G, Triozzi PL, et al. Genetically targeted adenovirus vector directed to CD40-expressing cells. J Virol. 2003 Nov;77(21):11367-77.
46. Di B, Mao Q, Zhao J, Li X, Wang D, Xia H. A rapid generation of adenovirus vector with a genetic modification in hexon protein. J Biotechnol. 2012 Feb 10;157(3):373-8.
47. Bruder JT, Semenova E, Chen P, Limbach K, Patterson NB, Stefaniak ME, et al. Modification of Ad5 hexon hypervariable regions circumvents pre-existing Ad5 neutralizing antibodies and induces protective immune responses. PLoS One. 2012;7(4):e33920.
48. Gollan TJ, Green MR. Redirecting retroviral tropism by insertion of short, nondisruptive peptide ligands into envelope. J Virol. 2002 Apr;76(7):3558-63.

49. Vigne E, Mahfouz I, Dedieu JF, Brie A, Perricaudet M, Yeh P. RGD inclusion in the hexon monomer provides adenovirus type 5-based vectors with a fiber knob-independent pathway for infection. J Virol. 1999 Jun;73(6):5156-61.

50. Strauss BE, Costanzi-Strauss E. Gene Therapy for Melanoma: Progress and Perspectives. In: Davids LM, editor. Recent Advances in the Biology, Therapy and Management of Melanoma. InTech Open Science; 2013.

51. Sheridan C. Gene therapy finds its niche. Nat Biotechnol. 2011 Feb;29(2):121-8.

52. Raty JK, Pikkarainen JT, Wirth T, Yla-Herttuala S. Gene therapy: the first approved gene-based medicines, molecular mechanisms and clinical indications. Curr Mol Pharmacol. 2008 Jan;1(1):13-23.

53. Thrasher AJ. Gene therapy for primary immunodeficiencies. Immunol Allergy Clin North Am. 2008 May;28(2):457-71, xi.

54. Zhang L, Thrasher AJ, Gaspar HB. Current progress on gene therapy for primary immunodeficiencies. Gene Ther. 2013 May.

55. Bordignon C, Notarangelo LD, Nobili N, Ferrari G, Casorati G, Panina P, et al. Gene therapy in peripheral blood lymphocytes and bone marrow for ADA- immunodeficient patients. Science. 1995 Oct;270(5235):470-5.

56. Hoogerbrugge PM, van Beusechem VW, Fischer A, Debree M, le Deist F, Perignon JL, et al. Bone marrow gene transfer in three patients with adenosine deaminase deficiency. Gene Ther. 1996 Feb;3(2):179-83.

57. Kohn DB, Hershfield MS, Carbonaro D, Shigeoka A, Brooks J, Smogorzewska EM, et al. T lymphocytes with a normal ADA gene accumulate after transplantation of transduced autologous umbilical cord blood CD34+ cells in ADA-deficient SCID neonates. Nat Med. 1998 Jul;4(7):775-80.

58. Aiuti A, Cattaneo F, Galimberti S, Benninghoff U, Cassani B, Callegaro L, et al. Gene therapy for immunodeficiency due to adenosine deaminase deficiency. N Engl J Med. 2009 Jan 29;360(5):447-58.

59. Gaspar HB, Cooray S, Gilmour KC, Parsley KL, Zhang F, Adams S, et al. Hematopoietic stem cell gene therapy for adenosine deaminase-deficient severe combined immunodeficiency leads to long-term immunological recovery and metabolic correction. Sci Transl Med. 2011 Aug;3(97):97ra80.

60. Candotti F, Shaw KL, Muul L, Carbonaro D, Sokolic R, Choi C, et al. Gene therapy for adenosine deaminase-deficient severe combined immune deficiency: clinical comparison of retroviral vectors and treatment plans. Blood. 2012 Nov;120(18):3635-46.

61. Gaspar HB. Gene therapy for ADA-SCID: defining the factors for successful outcome. Blood. 2012 Nov;120(18):3628-9.

62. Grez M, Reichenbach J, Schwäble J, Seger R, Dinauer MC, Thrasher AJ. Gene therapy of chronic granulomatous disease: the engraftment dilemma. Mol Ther. 2011 Jan;19(1):28-35.

63. Ott MG, Schmidt M, Schwarzwaelder K, Stein S, Siler U, Koehl U, et al. Correction of X-linked chronic granulomatous disease by gene therapy, augmented by insertional activation of MDS1-EVI1, PRDM16 or SETBP1. Nat Med. 2006 Apr;12(4):401-9.

64. Boztug K, Schmidt M, Schwarzer A, Banerjee PP, Díez IA, Dewey RA, et al. Stem-cell gene therapy for the Wiskott-Aldrich syndrome. N Engl J Med. 2010 Nov;363(20):1918-27.

65. Aiuti A, Biasco L, Scaramuzza S, Ferrua F, Cicalese MP, Baricordi C, et al. Lentiviral hematopoietic stem cell gene therapy in patients with Wiskott-Aldrich syndrome. Science. 2013 Aug;341(6148):1233151.

66. Arumugam P, Malik P. Genetic therapy for beta-thalassemia: from the bench to the bedside. Hematology Am Soc Hematol Educ Program. 2010;2010:445-450.

67. Cavazzana-Calvo M, Payen E, Negre O, Wang G, Hehir K, Fusil F, et al. Transfusion independence and HMGA2 activation after gene therapy of human ▯-thalassaemia. Nature. 2010 Sep;467(7313):318-322.

68. Biffi A, Aubourg P, Cartier N. Gene therapy for leukodystrophies. Hum Mol Genet. 2011 Apr;20(R1):R42-53.

69. Cartier N, Hacein-Bey-Abina S, Bartholomae CC, Veres G, Schmidt M, Kutschera I, et al. Hematopoietic stem cell gene therapy with a lentiviral vector in X-linked adrenoleukodystrophy. Science. 2009 Nov 6;326(5954):818-823.

70. Biffi A, Montini E, Lorioli L, Cesani M, Fumagalli F, Plati T, et al. Lentiviral hematopoietic stem cell gene therapy benefits metachromatic leukodystrophy. Science. 2013 Aug 23;341(6148):1233158.

71. Cavalli F. An appeal to world leaders: stop cancer now. Lancet. 2013 Feb 9;381(9865):425-426.

72. Gene Therapy Clinical Trials Worldwide. Journal of Gene Medicine. [Internet] 2013 [updated 2014 Jun; cited 2013 Jul]. Disponível em: http://www.abedia.com/wiley/.

73. Lane DP, Cheok CF, Lain S. p53-based Cancer Therapy. Cold Spring Harb Perspect Biol. 2010 Sep;2(9):a001222.

74. Ma G, Shimada H, Hiroshima K, Tada Y, Suzuki N, Tagawa M. Gene medicine for cancer treatment: commercially available medicine and accumulated clinical data in China. Drug Des Devel Ther. 2009;2:115-122.

75. Strauss BE, Costanzi-Strauss E. pCLPG: a p53-driven retroviral system. Virology. 2004 Apr 10;321(2):165-172.

76. Bajgelman M, Medrano RF, de Carvalho AC, Strauss BE. AAVPG: A vigilant vector where transgene expression is induced by p53. Virology. 2013 Dec;447(1-2):166-171

77. Bajgelman MC, Strauss BE. Development of an adenoviral vector with robust expression driven by p53. Virology. 2008 Feb 5;371(1):8-13.

78. Moolten FL. Tumor chemosensitivity conferred by inserted herpes thymidine kinase genes: paradigm for a prospective cancer control strategy. Cancer research. 1986 Oct;46(10):5276-81.

79. Tomicic MT, Thust R, Kaina B. Ganciclovir-induced apoptosis in HSV-1 thymidine kinase expressing cells: critical role of DNA breaks, Bcl-2 decline and caspase-9 activation. Oncogene. 2002 Mar 28;21(14):2141-53.

80. Immonen A, Vapalahti M, Tyynela K, Hurskainen H, Sandmair A, Vanninen R, et al. AdvHSV-tk gene therapy with intravenous ganciclovir improves survival in human malignant glioma: a randomised, controlled study. Molecular therapy : the journal of the American Society of Gene Therapy. 2004 Nov;10(5):967-72.

81. Stedt H, Samaranayake H, Pikkarainen J, Maatta AM, Alasaarela L, Airenne K, et al. Improved therapeutic effect on malignant glioma with adenoviral suicide gene therapy combined with temozolomide. Gene Ther. 2013 Sep 26.

82. Nemunaitis J, Senzer N, Cunningham C, Dubensky TW. Virus-mediated killing of cells that lack p53 activity. Drug Resist Updat. 2001 Oct;4(5):289-91.

83. Bischoff JR, Kirn DH, Williams A, Heise C, Horn S, Muna M, et al. An adenovirus mutant that replicates selectively in p53-deficient human tumor cells. Science. 1996 Oct 18;274(5286):373-6.

84. O'Shea CC, Johnson L, Bagus B, Choi S, Nicholas C, Shen A, et al. Late viral RNA export, rather than p53 inactivation, determines ONYX-015 tumor selectivity. Cancer Cell. 2004 Dec;6(6):611-23.

85. Choi IK, Yun CO. Recent developments in oncolytic adenovirus-based immunotherapeutic agents for use against metastatic cancers. Cancer Gene Therapy. 2013 Feb;20(2):70-6.

86. Fueyo J, Gomez-Manzano C, Alemany R, Lee PS, McDonnell TJ, Mitlianga P, et al. A mutant oncolytic adenovirus targeting the Rb pathway produces anti-glioma effect in vivo. Oncogene. 2000 Jan 6;19(1):2-12.

87. Burke JM, Lamm DL, Meng MV, Nemunaitis JJ, Stephenson JJ, Arseneau JC, et al. A first in human phase 1 study of CG0070, a GM-CSF expressing oncolytic adenovirus, for the treatment of nonmuscle invasive bladder cancer. The Journal of Urology. 2012 Dec;188(6):2391-7.

88. Kalil RA, Salles FB, Giusti, II, Rodrigues CG, Han SW, Sant'Anna RT, et al. VEGF gene therapy for angiogenesis in refractory angina: phase I/II clinical trial. Rev Bras Cir Cardiovasc. 2010 Sep;25(3):311-21.

89. Michaluart P, Abdallah KA, Lima FD, Smith R, Moyses RA, Coelho V, et al. Phase I trial of DNA-hsp65 immunotherapy for advanced squamous cell carcinoma of the head and neck. Cancer Gene Ther. 2008 Oct;15(10):676-84.

90. Victora GD, Socorro-Silva A, Volsi EC, Abdallah K, Lima FD, Smith RB, et al. Immune response to vaccination with DNA-hsp65 in a phase I clinical trial with head and neck cancer patients. Cancer Gene Ther. 2009;16:598-608.

91. Pine SO, Kublin JG, Hammer SM, Borgerding J, Huang Y, Casimiro DR, et al. Pre-existing adenovirus immunity modifies a complex mixed Th1 and Th2 cytokine response to an Ad5/HIV-1 vaccine candidate in humans. PLoS One. 2011;6(4):e18526.

92. Breakefield XO. The ASGCT in 2012: Charting a Path to Bring Novel Biologic Therapies to the Clinic. Molecular Therapy. 2012;20(7):1289-90.

93. Digiusto DL, Kiem HP. Current translational and clinical practices in hematopoietic cell and gene therapy. Cytotherapy. 2012 Aug;14(7):775-90.

94. Gray JT. Laboratory Safety for Oncogene-Containing Retroviral Vector. Applyed Biosafety. 2011:218 - 22.

95. Tiscornia G, Singer O, Verma IM. Production and purification of lentiviral vectors. Nature protocols. 2006;1(1):241-5.

96. Kustikova OS, Wahlers A, Kuhlcke K, Stahle B, Zander AR, Baum C, et al. Dose finding with retroviral vectors: correlation of retroviral vector copy numbers in single cells with gene transfer efficiency in a cell population. Blood. 2003 Dec 1;102(12):3934-7.

97. Young S. When will gene therapy come to the U.S.? MIT Technology Review. 2013 Sep 30. Disponível em: http://www.technologyreview.com/news/519071/when-will-gene-therapy-come-to-the-us/.

CAPÍTULO 23

MODELOS DE TERAPIA GÊNICA BASEADOS NA EXPRESSÃO DE HORMÔNIO DE CRESCIMENTO EM CÉLULAS HUMANAS E NA ADMINISTRAÇÃO DE DNA PLASMIDIAL EM CAMUNDONGOS ANÕES

Cibele Nunes Peroni
Cláudia Regina Cecchi
Eliza Higuti
Paolo Bartolini

23.1 INTRODUÇÃO

O hormônio de crescimento humano recombinante (do inglês, *recombinant human growth hormone* – r-hGH) foi uma das primeiras proteínas a ser

sintetizada por técnicas de DNA recombinante e obteve aprovação para ser comercializado nos meados da década de 1980. A utilização do r-hGH foi impulsionada pelos casos da doença de Creutzfeld-Jacob (DCJ), advindos do tratamento convencional da deficiência de hormônio de crescimento (DGH) com o hormônio de extração hipofisária[1]. A DCJ clássica se apresenta em diversas formas. Em sua forma adquirida, a proteína defeituosa é transmitida iatrogenicamente (isto é, como resultado de ação médica ao paciente), seja pela utilização de medicamentos (como hormônio de crescimento, por exemplo) ou de implantes (enxertos de córnea ou de dura-máter, por exemplo). Nesses caso, ocorre uma invasão do corpo do paciente por um príon externo a ele. A nova variante da DCJ foi descoberta em 1996, e esta forma da doença é causada pela transmissão de príons adquiridos através do consumo de carnes e vísceras bovinas provenientes de animais afetados pela encefalopatia espongiforme bovina, vulgarmente conhecida como *doença da vaca louca*. Outro fator estimulador para o r-hGH foi a disponibilidade praticamente ilimitada da proteína recombinante[2,3].

Por outro lado, essa tecnologia baseada em ferramentas da engenharia genética apresenta como desvantagens principais os trabalhosos e dispendiosos processos de purificação e controle de qualidade, inerentes à obtenção de uma proteína recombinante terapêutica para uso injetável[3]. No caso específico do hormônio de crescimento (GH), somam-se os inconvenientes das repetidas injeções e de um tratamento prolongado[4-6]. Estes fatores, aliados ao fato de a real necessidade terapêutica do GH e da sua detecção por imunoensaios ser bem conhecida e sensível, propiciaram o posterior desenvolvimento de estudos de terapia gênica *ex vivo* e *in vivo*, já a partir do final dos anos 1980[3,7]. Outra potencial vantagem da terapia gênica para o GH seria a possibilidade de liberação da proteína terapêutica de maneira mais similar à fisiológica, além da disponibilidade de modelos animais que reproduzem os efeitos fenotípicos da DGH em humanos. Entre tais modelos, destacam-se os camundongos anões, mais conhecidos como *lit/lit* ou *little*, e os anões imunodeficientes (*lit/scid*), linhagens estas que podem ser adquiridas comercialmente do The Jackson Laboratories (Bar Harbor, Estados Unidos). O camundongo *lit/lit* apresenta uma mutação no receptor do gene liberador de GH (do inglês, *growth hormone releasing hormone* – GHRH), que confere uma deficiência semelhante à DGH tipo 1B em humanos[6,8]. Por sua vez, o *lit/scid* possui, além dessa mutação que origina o nanismo, uma segunda mutação, responsável por uma imunodeficiência severa[9].

O tratamento da DGH mediante protocolos de terapia gênica ainda não alcançou o estágio clínico para humanos, e a maior dificuldade é ainda a

obtenção de níveis terapêuticos sustentáveis e reguláveis de GH[7]. Porém, muitos estudos interessantes e promissores têm sido realizados utilizando diversas estratégias de terapia gênica *ex vivo* e *in vivo*, metodologias de transferência gênica baseadas em vetores virais ou plasmidiais e modelos animais. Além disso, esses estudos, que utilizam o gene do GH como modelo, abrem também perspectivas para a utilização de outras proteínas terapêuticas que necessitam de liberação sistêmica.

Neste capítulo, dentre os vários estudos de terapia gênica *ex vivo* para o GH, serão enfatizados os resultados obtidos com a utilização de queratinócitos humanos primários como células-alvo, inclusive devido à nossa própria experiência nesse campo[2,3,9-11]. Os queratinócitos são um alvo atrativo para esta finalidade por serem facilmente obtidos de biópsias de pele e seu cultivo já estar padronizado desde os trabalhos pioneiros do grupo do dr. Howard Green, do Instituto de Tecnologia de Massachusetts[12], além de seu transplante também já ser bem estabelecido em pacientes com queimaduras[13] e da terapia poder ser revertida pela simples excisão do tecido transplantado. Será também discutida a administração de vetores plasmidiais (não virais) associada à eletrotransferência, uma estratégia prática e eficiente de terapia gênica *in vivo*, que tem fornecido resultados interessantes em nosso laboratório[6,7,14,15]. Em todos esses estudos foram utilizadas as linhagens de camundongos *lit/lit* e *lit/scid*, com as quais trabalhamos desde a década de 1990[16].

23.2 HISTÓRICO

A definição da terapia gênica como a introdução de genes ausentes ou defeituosos em células somáticas para tratamento de doenças graves é basicamente a mesma desde o desenvolvimento dos primeiros protocolos clínicos para humanos no final da década de 1980[3,17,18]. Até o ano de 2012, mais de 1.800 protocolos já tinham sido aprovados em mais de 31 países, com significativos resultados terapêuticos[19]. Esses protocolos envolvem a utilização de vários tipos de genes, tais como antígenos, citocinas, supressores de tumor e fatores de crescimento, que em sua grande maioria estão relacionados ao câncer, a doença mais frequentemente tratada por terapia gênica, correspondendo a aproximadamente 55,3% dos estudos. Utilizam-se também uma grande variedade de vetores e de técnicas de transferência gênica, destacando-se os vetores adenovirais (23,3% dos protocolos), retrovirais (19,7%) e o DNA plasmidial (18,3%), como recentemente revisado por Ginn e colaboradores[19].

Os primeiros protocolos clínicos de terapia gênica datam do início dos anos 1990 e foram direcionados para o tratamento de crianças com imunodeficiências severas, mais conhecidas como imunodeficiência severa combinada ligada ao cromossomo X (do inglês, *X-linked severe combined immunodeficiency* – SCID-X1) e deficiência de adenosina deaminase (do inglês, *adenosine deaminase deficiency* – ADA-SCID)[20,21]. Essas doenças são caracterizadas pela inabilidade das células progenitoras do sistema imune diferenciarem-se em células maduras, principalmente os linfócitos T e B. Os pacientes acometidos ficam então altamente suscetíveis a infecções bacterianas e virais, e na ausência de um tratamento efetivo necessitam de um ambiente estéril para sobreviver[22]. Infelizmente, 2 das 11 crianças tratadas por terapia gênica na França desenvolveram um tipo de leucemia devido à integração do vetor retroviral utilizado, em uma região próxima do promotor do proto-oncogene LMO2, o que levou a uma transcrição e expressão descontroladas do gene LMO2[23,24]. Outro agravante da situação foi a morte trágica de um paciente de 18 anos nos Estados Unidos, em 1999, atribuída a uma severa inflamação sistêmica causada pela reação a um vetor adenoviral contendo o gene da ornitina transcarbamilase, uma enzima envolvida na síntese de ureia[25]. Estes incidentes levaram a uma diminuição drástica dos protocolos de terapia gênica a partir de 2003, advinda do aumento da preocupação das agências regulatórias, principalmente, com a utilização de vetores virais, ocasionando o aumento do número de estudos voltados para a segurança dos protocolos[3,26,27].

Com relação à utilização dos queratinócitos em protocolos de terapia gênica *ex vivo* para o GH, em um dos primeiros trabalhos[28] foram utilizados queratinócitos humanos primários, transduzidos com um vetor retroviral contendo o gene do hormônio de crescimento humano (hGH), e foi obtida uma expressão *in vitro* de apenas 0,072 μg hGH/10^6 células/dia. O epitélio formado por essas células foi implantado em camundongos atímicos, mas não foi detectado hormônio na circulação dos animais. Em um trabalho subsequente, foi utilizada uma linhagem estabelecida de queratinócitos derivados de um carcinoma facial escamoso, a qual foi transfectada com vetores plasmidiais contendo o gene do hGH controlado por promotores da metalotioneina ou da timidina quinase. Embora tenha sido obtida uma alta expressão *in vitro* de 5,3 μg hGH/10^6 células/dia, os níveis de hormônio secretados na circulação de camundongos atímicos foram de 0,6 ng/mL a 0,1 ng/mL a valores indetectáveis, após quatro semanas do implante[29]. Um nível mais alto de hGH na circulação, de até 2,6 ng/mL, foi obtido por Jensen e colaboradores[30] em camundongos atímicos implantados com queratinócitos

humanos primários transfectados por um vetor plasmidial, no qual o gene do hGH estava sob o controle do promotor do vírus de símio (SV40). Como a secreção de hGH durou apenas quatro dias, os autores atribuíram a causa à perda das células da camada basal, fato visualizado por meio da utilização de queratinócitos transfectados com o gene repórter da β-galactosidase.

Outro tipo de estratégia foi utilizada pelo grupo de Vogt e colaboradores[31], que infectaram queratinócitos porcinos com um vetor retroviral contendo o gene do hGH, e essas células foram transplantadas em feridas criadas em porcos, originando um tipo de sistema de cultura celular *in vivo*. O hormônio foi detectado no fluido da ferida durante dez dias com um pico de 0,35 ng/mL no sexto dia. Os autores relataram que a não detecção do hGH a partir do décimo dia coincidiu com o restabelecimento da barreira epitelial que impediria sua difusão. Foi sugerido, porém, que este modelo poderia ser útil na cura de feridas, em que é requerida apenas uma secreção temporária de fatores de crescimento ou proteínas terapêuticas.

A tecnologia de camundongos transgênicos também foi utilizada para demonstrar a eficácia de modelos de terapia gênica baseados em queratinócitos. Wang e colaboradores[32] produziram camundongos transgênicos pela microinjeção de um plasmídeo contendo o gene do hGH controlado pelo promotor da queratina 14 humana, e estes camundongos secretaram altos níveis de hGH, de até 50 ng/mL. Fragmentos de pele da cauda destes animais foram implantados no dorso de camundongos *scid*, obtendo-se níveis de hGH entre 0,15 ng/mL e 0,40 ng/mL na circulação durante catorze semanas. Esses valores correspondem a apenas um décimo dos níveis fisiológicos, e não foi observado, portanto, um aumento do peso corpóreo dos camundongos implantados. Esse tipo de estudo demonstrou, porém, que o implante de pele de camundongos transgênicos foi capaz de proporcionar níveis detectáveis de hGH na circulação por um longo período.

Esses trabalhos serviram de base para que nosso grupo investisse esforços no desenvolvimento de uma metodologia de terapia gênica *ex vivo*, baseada na utilização de queratinócitos humanos primários, transduzidos por vetores retrovirais contendo os genes do hormônio de crescimento humano (hGH) ou de camundongo (mGH). As células modificadas geneticamente foram implantadas em camundongos anões imunodeficientes (*lit/scid*), e os principais resultados são relatados na próxima seção, juntamente com aqueles obtidos por outros grupos que também trabalham com terapia gênica de crescimento.

23.3 TÉCNICAS DE TERAPIA GÊNICA APLICADAS A MODELOS ANIMAIS DE NANISMO

23.3.1 Estratégias *ex vivo*

23.3.1.1 Mioblastos

Um grupo canadense[33] relatou que o defeito de crescimento de camundongos anões da linhagem *Snell dwarf* podia ser parcialmente corrigido mediante implantação de microcápsulas contendo mioblastos alogênicos geneticamente modificados capazes de secretar hormônio de crescimento de camundongo (mGH). A encapsulação destes mioblastos de camundongo e o implante nos *Snell dwarf* deficientes de GH proporcionou um sistema completamente homólogo. O plasmídeo pKL-mGH que codifica o mGH-cDNA sob regulação do promotor de β-actina humana, contendo também o gene da resistência à neomicina, foi usado para transfectar a linhagem celular de mioblastos de camundongos C2C12. Clones resistentes à geneticina (G418) foram selecionados e escolhidos com base no conteúdo de mGH no meio de cultura. O clone Myo-45, que secretava 147 ng de mGH/10^6 células/dia, foi selecionado para encapsulação. As microcápsulas foram implantadas mediante um cateter na cavidade peritoneal e, ao final da terceira semana, o peso corporal dos camundongos anões tinha aumentado de aproximadamente 1,6 vezes, enquanto o comprimento corporal tinha dobrado com relação ao grupo controle. Houve aumento significativo nos níveis de ácidos graxos livres não esterificados (uma medida do efeito lipolítico do mGH), além de o peso dos órgãos periféricos e da espessura da tíbia resultarem significativamente maiores. Os autores levantaram a hipótese de que a maioria do mGH produzido tinha sido sequestrado pelos receptores de GH no fígado, induzindo a secreção do fator hepático insulino-similar IGF-I, que intermedia a maioria dos efeitos metabólicos sistêmicos dependentes do GH. Depois de cinco semanas, porém, a falta de posterior incremento de peso ou comprimento ficou evidente em todos os camundongos. De acordo com os autores, isto não se deveu à ausência da expressão transgênica pelas células encapsuladas, mas à falta de resposta ao hormônio em camundongos daquela idade (13 a 15 semanas). De fato, um segundo implante de cápsulas recém-preparadas, no dia 42, também não proporcionou ulterior incremento no crescimento. Além disso, células encapsuladas retiradas no

final do experimento (178 dias) continuaram a secretar *in vitro* mais de 200 ng de mGH/10⁶células/dia. É interessante observar que todos os grupos de camundongos anões apresentaram níveis de GH baixos ou indetectáveis no plasma (entre 1,32 ng/mL e 1,42 ng/mL no máximo), comparáveis ao limite de detecção menor ou igual a 0,62 ng/mL próprio do radioimunoensaio de mGH utilizado nesse estudo. Os autores, assim, levantaram a hipótese de que as cápsulas provavelmente liberavam níveis circulatórios de mGH abaixo do nível de detecção do ensaio. Contudo, tal estudo demonstrou a eficácia clínica de um sistema não autólogo e seu potencial para uma aplicação generalizada em terapias que requerem um fornecimento sistêmico do produto gênico recombinante.

23.3.1.2 Fibroblastos

Os fibroblastos são também um tipo de célula potencialmente interessante para administração *ex vivo* de produtos gênicos, considerando sua fácil acessibilidade e cultura *in vitro*, seu sistema conveniente de reimplante e potencial de entrega de proteínas através da circulação. Em 1995, um grupo de pesquisa da Universidade Nacional de Taiwan empregou, portanto, ratos hipofisectomizados em modelo animal capaz de explorar o uso de fibroblastos geneticamente modificados para terapia gênica de crescimento[34]. Um vetor retroviral dicistrônico contendo o ácido desoxirribonucleico complementar (cDNA) do hormônio de crescimento porcino (pGH) sob controle do promotor de *long terminal repeat* (LTR) no primeiro cistron e o gene de resistência à neomicina no segundo, foi usado para infectar fibroblastos embrionários primários de rato. As células transduzidas proporcionaram um nível de expressão *in vitro* de até 1,18 µg de pGH/10⁶ célula/dia, e 5 x 10⁶ células/animal foram injetadas diretamente no peritônio de ratos hipofisectomizados, levando a um crescimento significativo da tíbia de acordo com testes realizados 15 e 57 dias após o implante. Alternativamente, 1 x 10⁶ células foram introduzidas em matrizes (0,5 cm de diâmetro) de colágeno implantadas sob a pele, no dorso dos ratos. Uma reação da polimerase em cadeia em tempo real (RT-PCR) semiquantitativa confirmou que a expressão do pGH por parte dessas células durou até setenta dias. Infelizmente, um método de ensaio imunoenzimático (ELISA) suficientemente sensível não estava disponível, e o pGH não pôde ser detectado no soro dos animais. Por outro lado, o crescimento da tíbia em ratos hipofisectomizados ofereceu uma clara evidência da atividade *in vivo* do pGH diretamente em ensaio

funcional, confirmando que os fibroblastos são realmente capazes de secretar persistentemente genes heterólogos.

O mesmo grupo chinês usou posteriormente fibroblastos fetais porcinos primários, transduzidos com o vetor baseado em pGH descrito acima, para aumentar ainda mais o peso de suínos Tao-Yuan com retardo de crescimento. Trata-se de uma linhagem local de Taiwan, cuja característica é um lento crescimento e obesidade, mas cuja carne é saborosa[35]. O uso de fibroblastos imortalizados foi evitado por causa de seu potencial tumorigênico, mesmo tendo sido usados com sucesso em diversos estudos em camundongos. As células primárias transduzidas foram encapsuladas com o mesmo tipo de membrana alginato-poli-L-lisina-alginato já usada para mioblastos de camundongo[33] e, posteriormente, implantadas na cavidade peritoneal do porco. Isto proporcionou um aumento significativo de peso já dezesseis dias após o implante, mesmo não sendo detectado incremento de pGH sérico. O uso de microcápsulas imunoprotetivas constitui-se, portanto, um método simples para administrar genes recombinantes *in vivo* e provou-se uma técnica válida para a melhora no crescimento desses animais. Como as microcápsulas não precisam de preparações *ex vivo* paciente-específicas e são produzidas em escala industrial, com controle de qualidade relativamente fácil, tal metodologia é também economicamente viável.

23.3.1.3 Queratinócitos

Nosso grupo de pesquisa focou suas atividades *ex vivo* principalmente no uso de queratinócitos humanos primários que foram transduzidos, mediante vetores retrovirais, com os genes do GH humano (hGH) ou de camundongos (mGH), e posteriormente implantados em camundongos anões imunodeficientes (*lit/scid*)[2,3,9,11]. Queratinócitos da epiderme foram escolhidos como alvo da nossa metodologia de terapia gênica porque estão entre as células mais acessíveis do organismo e podem ser propagadas serialmente em cultura, seguindo trabalho pioneiro de Rheinwald e Green[12]. Estas células transduzidas estavelmente com o gene do hGH (sob controle do promotor retroviral LTR) propiciaram uma alta secreção *in vitro* de até 7 μg de hGH/10^6 células/dia[2]. Seu implante em camundongos *lit/scid* levou a níveis circulatórios de 0,2 ng/mL a 0,3 ng/mL de soro, durante ensaio de doze dias (valor do pico: 1,5 ng/mL após quatro horas). Os camundongos implantados mostraram também um incremento de peso (0,060 g/animal/dia) significativamente maior (significância estatística < 0,01, ou $P < 0,01$) daquele

apresentado pelos controles (0,023 g/animal/dia), animais que receberam queratinócitos não transduzidos.

Um diagrama esquemático deste procedimento com os principais resultados encontra-se na Figura 23.1[2]. Esta foi a primeira vez que uma secreção contínua do hormônio e consequentes alterações fenotípicas devidas ao implante de queratinócitos humanos primários secretores de hGH foram demonstradas em camundongos *lit/scid*, um modelo animal conhecido por ser particularmente sensível a baixas concentrações de hGH[10].

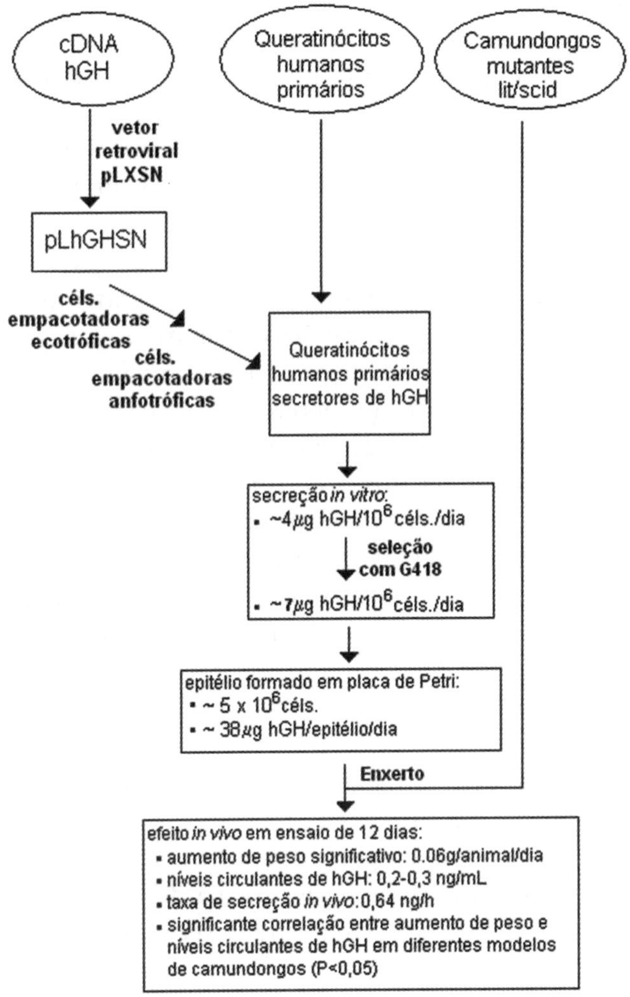

Figura 23.1 Diagrama esquemático mostrando os principais resultados da estratégia de terapia gênica *ex vivo*, utilizando o gene do hGH expresso em queratinócitos humanos primários que foram implantados em camundongos lit/scid.

Membranas epidérmicas convencionais, formadas por queratinócitos secretores de mGH e preparadas por nós usando a técnica clássica de Barrandon e colaboradores[36], mostraram uma queda na velocidade de secreção maior que 80%, simplesmente devido ao destacamento do epitélio do seu substrato. A substituição dessa metodologia de implante convencional por culturas "flutuantes" organotípicas do tipo *raft* resolveu totalmente o problema. O emprego de uma estratégia *ex vivo* similar e essa modificação no implante, proporcionaram uma secreção *in vitro* alta e estável de até 11 µg de mGH/10^6 células/dia. Além disso, o surpreendente valor de aproximadamente 26 µg de mGH/10^6 células/dia pôde ser alcançado mediante seleção clonal[11], realizada semeando queratinócitos secretores de mGH em baixa densidade (aproximadamente 500 células/placa de 10 cm de diâmetro) e isolando colônias de aproximadamente 5 mm de diâmetro por meio de cilindros de clonagem. As células foram expandidas quatro vezes mediante passagens seriais (aproximadamente uma passagem/semana) e contadas, enquanto o meio foi coletado para determinação do mGH por radioimunoensaio. A seleção clonal revelou que, depois de quatro passagens seriais (equivalentes a mais de trinta duplicações cumulativas das células ou a mais de 10^7 células totais), aproximadamente 30% (7 a cada 24) dos clones isolados mantinha ou apresentava um incremento na expressão de mGH. Esta porcentagem representa a fração de células-tronco de queratinócitos humanos transduzidas presente em nossa cultura, um parâmetro muito importante para alcançar o persistente efeito terapêutico desejado. O implante estável e de longa duração dessas culturas nos camundongos *lit/scid* pôde ser acompanhado por mais de quatro meses, e um incremento significativo de peso foi observado nos primeiros quarenta dias. Níveis circulatórios de mGH alcançaram um pico de 21 ng/mL exatamente uma hora depois do implante, porém, como já mencionado, este nível caiu, em aproximadamente 24 horas, para valores basais[9]. No estudo mencionado, foi então desenvolvido um modelo animal de terapia gênica cutânea baseado em camundongos *lit/scid* e na implantação de culturas organotípicas "flutuantes". Os queratinócitos humanos primários empregados apresentaram a maior secreção *in vitro* que já foi descrita para qualquer forma de GH nestas células. Infelizmente, a sustentabilidade desejada para a secreção *in vivo* do produto transgênico não foi alcançada.

Diferentes hipóteses podem ser levantadas como possíveis causas dessa imediata supressão ou bloqueio do GH exógeno na circulação dos camundongos *lit/scid* após o implante. Elas incluem: (i) uma limitada meia-vida circulatória do GH em *lit/scid*; (ii) um rápido *clearance* (depuração) pela

circulação sanguínea devido a ligações específicas ou à transferência seletiva do GH; (iii) impedimentos devidos à baixa vascularização, a um rápido processo inflamatório ou a uma barreira específica não identificada ao GH exógeno; (iv) a ocorrência de eventos apoptóticos extremamente eficientes, da inativação do transgene ou do seu promotor; (v) uma imunorreatividade parcial (*leakiness*) desenvolvida espontaneamente pelos camundongos imunodeficientes, que pode levar à produção de células B ou T. Mesmo podendo racionalmente ou até experimentalmente excluir vários desses hipotéticos mecanismos, até o presente momento não foi possível comprovar a existência de nenhum deles. Testes comparativos realizados injetando DNA plasmidial capaz de expressar mGH, seguido por eletroporação *in vivo*, aproximadamente no mesmo local da epiderme em que são normalmente implantados os queratinócitos, poderiam, portanto, ser informativos. Isto levou o nosso laboratório a realizar estudos sobre a administração *in vivo* de DNA plasmidial a camundongos *lit/lit* e *lit/scid*, a fim de comparar os níveis de hormônio circulante obtidos com este tipo de administração e aqueles obtidos após implantação de células secretoras de GH.

23.3.2 Estratégias *in vivo*

23.3.2.1 Adenovírus

A utilização de adenovírus é uma maneira eficaz para administrar genes terapêuticos, sendo que eles podem ser produzidos e purificados de forma concentrada, o que facilita a transferência *in vivo*. Outra vantagem está no fato que potenciais efeitos oncogênicos resultantes da integração viral em regiões críticas do DNA são pouco prováveis, sendo que o adenovírus não se integra ao cromossomo do hospedeiro[37]. Considerando que os adenovírus podem estimular respostas imunogênicas múltiplas depois de uma administração sistêmica, há muitas estratégias em estudo que podem evitar essa desvantagem. Tais estratégias incluem a modificação no desenho do mesmo vetor adenoviral, o uso de promotores tecido-específicos e de vias locais de administração e a utilização de drogas imunossupressivas ou de compostos específicos capazes de bloquear importantes caminhos imunológicos induzidos pelo adenovírus[38].

Com relação à deficiência de GH e modelos animais de nanismo, um vetor adenoviral contendo o cDNA de hormônio de crescimento de rato (rGH) foi

usado em 1996 por um grupo de Houston para induzir a expressão constitutiva de GH em hepatócitos de camundongos *lit/lit*[37]. Quando o vetor adenoviral, com o gene do GH sob controle do promotor do fator de elongação humano 1-α (EF1α), foi administrado pela veia caudal em doses de 10^8 pfu (unidades formadoras de colônias), foram detectados altos níveis de GH no soro por pelo menos sete semanas. Esta dose viral proporcionou um pico extremamente alto de GH no soro (1,9 μg/mL), que depois desceu para aproximadamente 125 ng/mL nas duas semanas subsequentes, permanecendo neste nível por toda a duração do experimento (sete semanas). Uma dose de 10^9 pfu induziu níveis ainda maiores de GH (aproximadamente 35 μg/mL), que depois desceram para aproximadamente 2,5 μg/mL nas duas semanas subsequentes, estabilizando-se em 1 μg/mL durante todo o estudo. Os autores atribuíram a diminuição na expressão do GH em parte à habilidade do sistema imunitário do hospedeiro em reconhecer e subsequentemente eliminar as células transduzidas pelos vírus. Camundongos anões tratados com 10^8 pfu de rGH-adenovírus apresentaram um incremento nos níveis de fator de crescimento de insulina I (do inglês, *insulin growth factor-I* – IGF-I) circulatórios de 61 ng/mL para 238 ng/mL em três semanas. Mesmo com os níveis de GH aumentando de forma dramática, os de IGF-I não seguiram o mesmo padrão. Isso talvez se deva à presença reduzida de proteína 3 ligante de IGF (do inglês, *IGF binding protein-3* – IGFBP-3), como já foi observado em animais e seres humanos deficientes de GH. Um rápido incremento de peso resultando em massa corpórea comparável àquela de camundongos normais heterozigotos (*lit/+*) da mesma idade foi alcançado após cinco semanas de tratamento. Após sete semanas de tratamento, o comprimento corporal total também não foi diferente daquele dos camundongos *lit/+*, mas a composição corpórea mostrou uma redução na porcentagem de gordura e um incremento no conteúdo de água e proteína. Os animais tratados com rGH-adenovírus mostraram um incremento modesto, porém significativo, no tamanho do fígado e dos rins, juntamente com uma tendência à elevação da glicemia e da insulina em jejum, respostas conhecidamente devidas a uma exposição prolongada a altos níveis de GH. Por outro lado, foi sugerido que a hiperplasia hepática e renal induzida mereceria uma maior investigação. De acordo com os autores, o fenótipo do nanismo foi corrigido, com efeitos colaterais mínimos, pela expressão constitutiva de GH alcançada mediante a administração *in vivo* de adenovírus recombinantes. Considerando que a correção da insuficiência de GH mediante transferência gênica pode representar no futuro uma válida alternativa ao tratamento convencional, a importância deste trabalho é inegável, sendo que foi o primeiro estudo que demonstrou

uma completa correção fenotípica do nanismo mediante esta nova técnica terapêutica. De toda forma, a expressão constitutiva de GH em hepatócitos induzida por adenovírus, produzindo enormes quantidades de GH no soro, encontraria sérios obstáculos para sua aplicação em seres humanos.

Em estudo sucessivo, realizado em 1999 por grupos do Instituto Nacional de Saúde dos Estados Unidos (NIH), localizado em Bethesda, no estado de Maryland, um adenovírus que codifica o cDNA de mGH foi injetado no músculo quadríceps ou no ducto submandibular de camundongos anões da linhagem *Snell* para obter um sistema homólogo e assim evitar possíveis efeitos colaterais resultantes da administração do hormônio de uma espécie diferente[39]. Quando o vetor adenoviral foi usado *in vitro* para infectar células epiteliais submandibulares imortalizadas (SMIE), derivadas da glândula de rato adulto, o maior nível de expressão obtido *in vitro* foi de aproximadamente 184 ng de mGH/mL, 72 horas após a infecção de células com multiplicidade de infecção (MOI) de 300. Para testar sua eficácia *in vivo*, o vírus foi injetado no músculo quadríceps de camundongos anões *Snell* (5×10^9 pfu/animal), resultando em níveis séricos médios de 42 ± 29,7 ng de mGH/mL, quatro dias após a infecção. A administração submandibular propiciou níveis séricos variáveis de 64,1; 3,4 e 11 ng de mGH/mL em três animais. O protocolo intramuscular foi mais eficiente, proporcionando um incremento médio de peso corpóreo do camundongo anão de 8%, em exatamente quatro dias, e de aproximadamente 100% trinta dias após o tratamento. Isto indica que o músculo esquelético proporcionou uma expressão do transgene relativamente estável e sugere que este pode ser um tecido útil para a administração sistêmica de proteínas. Para obter o soro necessário para determinar os vários parâmetros metabólicos, o vetor adenoviral foi administrado também em ratos jovens por via endovenosa. Os efeitos principais foram um incremento de aproximadamente 35% de IGF-I, de aproximadamente 60% de colesterol e de aproximadamente 40% de triglicérides no soro, todas alterações compatíveis com a ação sistêmica do mGH e com seus efeitos anabólicos. Os camundongos e os ratos utilizados nestes estudos receberam dexametasona para inibir a resposta imunológica desses animais imunocompetentes. Os autores concluíram que um vetor adenoviral poderá ser uma válida ferramenta para o estudo de modelos pré-clínicos murinos. Mesmo considerando que a administração intramuscular é mais suave que em outros tecidos (por exemplo, o fígado), acreditamos que a maioria das limitações típicas da terapia gênica adenoviral está ainda presente nesta estratégia.

23.3.2.2 Vírus adeno-associados

Mais recentemente, em 2008, uma nova geração de vetores virais dupla fita adeno-associados (dsAAV), contendo o cDNA de mGH sob controle do promotor universal citomegalovírus (CMV), foram usados por um grupo coordenado pela Escola de Medicina da Universidade John Hopkins. Estes vetores foram empregados na preparação de partículas virais que foram injetadas em camundongos GHRHKO, um modelo de deficiência isolada de GH resultante da ablação generalizada (*knockout*, KO) do gene hipotalâmico liberador do GH (GHRH)[40,41]. Estes dsAAV geneticamente modificados podem infectar células em divisão e não, *in vitro* e *in vivo*, com expressão transgênica de longa duração (até um ano), causando menores toxicidade e resposta imunológica. São, portanto, considerados mais seguros que os vetores adenovirais.

Em estudo inicial, camundongos GHRHKO foram injetados por via intraperitoneal com dose simples (baixa) ou dupla (alta) de 1 x 10^{11} partículas virais no 10° e no 11° dia de idade, sendo acompanhados até a 6ª ou 24ª semana de vida[40]. Peso e comprimento corpóreo dos dois grupos tratados com vetores virais normalizaram com 6 meses de idade, sendo normalizados também os comprimentos do fêmur e da tíbia, a composição corpórea e o peso dos órgãos (fígado, baço, coração e rim). Na 6ª semana, os níveis de GH séricos foram maiores em camundongos que receberam dose viral dupla chegando à normalidade na 24ª semana. O uso de um promotor universal é obviamente uma limitação para qualquer aplicação clínica desta estratégia, sendo bem conhecidos os riscos em longo prazo associados com uma secreção de GH excessiva e não regulada. Os autores concluíram que, enquanto a aplicabilidade destes resultados ainda está bastante longe de qualquer teste clínico em humanos, os vetores adeno-associados (AAV) oferecem um bom ponto de partida para o desenvolvimento de novos sistemas de administração regulada de genes virais para o GH. Estes sistemas poderiam ser baseados no uso de promotores induzíveis, que podem ser regulados facilmente, ou de promotores tecido-específicos, capazes de proporcionar uma boa administração sistêmica juntamente com uma limitada expressão local.

Em estudo sucessivo, o mesmo grupo utilizou dsAAV capazes de transcrever cDNA de mGH sob controle da sequência reguladora (*expression cassette*) de uma creatinoquinase muscular, para assegurar uma adequada administração sistêmica juntamente com uma expressão músculo-específica[41]. Uma dose baixa (0,5 x 10^{11} pfu) e uma alta (1 x 10^{11} pfu) de vírus foram injetadas no músculo quadríceps direito de camundongos GHRHKO

com 10 dias de idade. Estes camundongos GHD injetados com o vírus mostraram um incremento significativo (P < 0,05) de peso e comprimento corpóreo, sem, porém, alcançar plenamente a normalidade, juntamente com uma redução significativa (P < 0,05) de gordura visceral com 6 semanas de idade. RT-PCR quantitativa mostrou que a expressão do ácido ribonucleico mensageiro (mRNA) de GH no músculo quadríceps dos animais tratados com doses altas do vírus foi significativamente maior que no gastrocnêmio, músculo cardíaco, rim ou fígado dos mesmos camundongos. Com 6 semanas de idade, os níveis séricos de GH e IGF-I, nos dois grupos tratados, não foram significativamente maiores que nos controles. O estudo mostrou que a estratégia da terapia gênica de crescimento mediada por vetores AAV não é ainda aplicável em nível clínico, mas que, ao mesmo tempo, a administração sistêmica de GH para animais DGH é possível mediante uma única injeção de partículas virais derivadas de dsAAV, usando uma estratégia que concentre a expressão de GH ao músculo esquelético. De fato, é bem conhecido que uma expressão gênica generalizada pode produzir alta toxicidade[42].

23.3.2.3 Sistemas não virais, baseados em DNA livre (naked DNA)

Uma estratégia alternativa para a administração gênica *in vivo* consiste na injeção de DNA livre (*naked*), ou plasmidial, ou a entrega de DNA livre de agentes que promovam a transfecção. Quando realizado em alguns tipos de tecidos, especialmente o músculo, é considerado um método bem prático, que pode proporcionar níveis de expressão gênica bem significativos, ainda que mais baixos do que aqueles obtidos com vetores virais. A simplicidade desta metodologia fez com que ela se tornasse o sistema não viral mais utilizado em testes clínicos de terapia gênica, representando aproximadamente 18% dos testes clínicos em andamento[19].

Um grupo de pesquisa ligado a uma empresa do Texas foi pioneira na administração de GH gênico mediante DNA livre. Eles desenharam um sistema terapêutico específico para músculo, composto por um plasmídeo capaz de expressar hGH e contendo o promotor esquelético de α-actina de galinha, complexado com um sistema de administração protetivo e interativo (*protective, interactive, non-condensing delivery system* – PINC™), que foi usado para injeção intramuscular em ratos hipofisectomizados[43]. Este sistema polimérico de administração gênica consiste em polivinilpirrolidona (PVP), que protege os plasmídeos da degradação por parte das

nucleases extranucleares e facilita a incorporação do plasmídeo nas células musculares. Para testar a expressão do hGH *in vitro*, mioblastos C2C12 foram transfectados com este plasmídeo músculo-específico, obtendo uma secreção de 43 ng de hGH/mL. O plasmídeo, formulado em salina ou complexado com PVP, foi então injetado no músculo tibialis-cranialis de ratos normais e hipofisectomizados. Os níveis de hGH em músculo de rato normal injetado com 150 μg desse produto foram de aproximadamente 3 ng/g de músculo, ou seja, aproximadamente dez a quinze vezes maiores do que no controle (plasmídeo formulado em salina). Níveis comparáveis de hGH foram detectados em extratos musculares até catorze dias, mostrando um declínio 21 dias após a injeção. Em ratos hipofisectomizados uma dose intramuscular única, porém relativamente alta (1,8 mg de DNA/rato), do complexo plasmídeo hGH/PVP proporcionou aproximadamente 1,5 ng de hGH/g de músculo, 21 dias após a injeção. Os animais mostraram também um aumento significativo do crescimento, enquanto os níveis séricos de IGF-I alcançaram o valor de 145,4 ± 77 ng/mL (vs. 34,7 ± 2,0 ng/mL antes da injeção) aos 21 dias, declinando em seguida. É notável que, depois de uma única dose intramuscular deste gene terapêutico, o incremento no crescimento e nos níveis séricos de IGF-I foram comparáveis àqueles obtidos mediante injeções diárias de hGH recombinante. Anticorpos anti-hGH apareceram no soro catorze dias após a injeção, resposta esta que foi completamente bloqueada mediante administração de ciclosporina. O hGH não foi detectado no soro dos animais injetados, não obstante o incremento sérico do IGF-I e o crescimento alcançado. Os autores atribuíram este fato à possibilidade de que os níveis de hGH estivessem abaixo do limite de detecção do imunoensaio e/ou que o hormônio humano fosse rapidamente eliminado pela circulação devido à sua curta meia-vida circulatória em roedores. Esta terapia mostrou-se também eficaz durante várias semanas, após uma única administração intramuscular do gene. Os autores afirmaram que deverão dedicar mais trabalho ao aperfeiçoamento, seja do sistema de administração, seja do plasmídeo de expressão, para produzirem níveis sustentáveis da proteína terapêutica, que se tornam necessários para que tal terapia gênica possa ser aplicada em seres humanos.

Outra técnica usada para administração *in vivo* do gene de GH por um grupo dinamarquês com o qual estamos colaborando é a transferência gênica hidrodinâmica. Esta estratégia é baseada numa rápida injeção pela veia caudal do DNA plasmidial contido em um volume de tampão correspondente a aproximadamente 10% do peso do animal. O mecanismo exato não é claro, mas a introdução rápida de uma grande quantidade de solução

aquosa aparentemente produz uma falência congestiva transiente no lado direito do coração com retrofluxo para os vasos hepáticos. O fígado é, portanto, o órgão-alvo dessa terapia, e os vetores transferidos estão presentes, principalmente, de forma não integrada ao cromossomo (epissomal). Esta metodologia foi assim usada para transferir o gene do hGH em camundongos hipofisectomizados[44]. A solução toda do plasmídeo pUC-UBI-hGH (40 µg a 50 µg de DNA/1,5 mL a 1,9 mL), contendo a sequência genômica do hGH sob controle do promotor de ubiquitina (UBI) C, foi assim injetada no animal dentro de três a nove segundos. Altos níveis de hGH foram obtidos na circulação dos camundongos, alcançando um pico de 67,1 ng/mL treze dias depois da injeção e permanecendo estáveis em 50 ng/mL durante todo o estudo (68 dias), com a concomitante normalização dos níveis de IGF-I circulante (com um máximo de 599 ng/mL no 13º dia) e da proteína IGFBP-3. Além disso, o crescimento longitudinal se normalizou em termos do comprimento da tíbia e da cauda, enquanto o peso corpóreo se estabilizou 4 g a 5 g abaixo do normal. Os pesos do fígado, baço e pulmões se normalizaram, ao passo que o do coração se normalizou parcialmente e o mRNA de hGH foi expresso somente no tecido hepático. Os níveis de hGH foram aproximadamente vinte vezes maiores que os basais fisiológicos, porém aqueles de IGF-I e de IGFBP-3 foram comparáveis àqueles encontrados em camundongos normais. Os autores sugeriram que uma modificação do procedimento hidrodinâmico, por exemplo, mediante a administração por cateter no fígado isolado, poderia fornecer um protocolo aplicável no futuro a seres humanos. Estes dados sugerem fortemente que a transferência gênica não viral poderia ser uma alternativa viável às injeções diárias em pacientes com DGH, mas ainda há sérios obstáculos que devem ser superados antes deste procedimento poder ser usado clinicamente. A transferência gênica hidrodinâmica também tem sido aplicada com sucesso em cães[45], mas, como indicado por vários autores, caminhos alternativos devem ser mais convenientes para os humanos.

Nosso grupo, como já mencionamos, começou trabalhando com a administração de DNA livre e descreveu uma estratégia para terapia gênica *in vivo* baseada na injeção e eletroporação de um plasmídeo que contém o gene do hGH, no músculo quadríceps de camundongos *lit/lit* e *lit/scid*[14]. O tecido muscular foi escolhido para estabelecer a metodologia, visto que o vetor utilizado é mantido estavelmente nas fibras pós-mitóticas depois da injeção e que tal tecido pode propiciar uma liberação de longa duração da proteína terapêutica. A utilização da eletrotransferência deve ser enfatizada, sendo que, entre os métodos não virais, é considerado o mais eficiente, seguro,

prático e barato para a administração de DNA, capaz também de diminuir a variabilidade interindividual. Usando o plasmídeo pUC-UBI-hGH (Figura 23.2) fornecido pelo mesmo grupo dinamarquês[44], estabelecemos as condições ideais de eletroporação: pulsos de 150 V/cm, com vinte milissegundos de duração, em intervalos de meio segundo. Utilizando estas condições, várias quantidades (12,5 µg, 25 µg, 50 µg, 75 µg e 100 µg) do plasmídeo purificado foram administradas no músculo quadríceps direito. Níveis séricos de hGH, determinados três dias após a injeção do DNA, forneceram uma curva dose-resposta com correlação linear altamente significativa ($P < 0,01$) no intervalo de dose de 0 µg a 50 µg. Considerando que 50 µg de DNA produziram níveis circulatórios de hGH da ordem de 2 ng/mL a 3 ng/mL por pelo menos doze dias, foi realizado um ensaio de longa duração para determinar o incremento de peso em camundongos *lit/scid*. Depois de sessenta dias, com a comprovação da secreção contínua de hGH para a circulação (1,5 ng/mL a 3 ng/mL), o grupo tratado com DNA teve seu peso aumentado de um valor médio de 8,92 ± 1,29 para 11,87 ± 0,53 g/camundongo, o que corresponde a um incremento médio de 33,1% ($P < 0,001$). Por outro lado, o grupo controle (camundongos injetados com salina e também submetidos à eletroporação) apresentou um decréscimo de peso de 9,08 ± 0,95 para 8,70 ± 0,88 g/camundongo, correspondente a uma perda de peso, estatisticamente não significativa, de 4,2%.

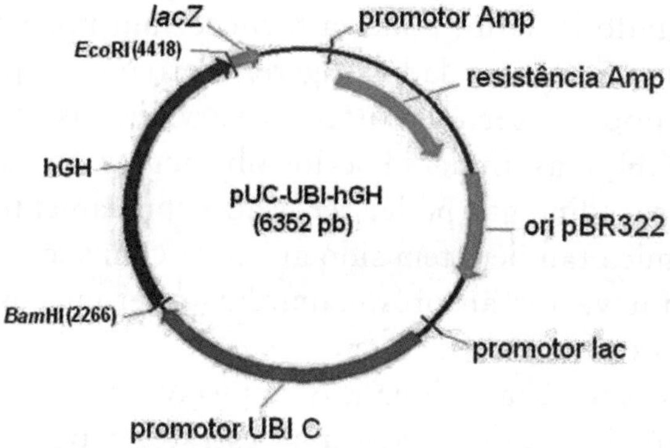

Figura 23.2 Mapa ilustrativo do vetor de expressão pUC-UBI-hGH, mostrando o gene do hGH clonado entre os sítios de restrição Eco RI e Bam HI, sob o controle do promotor da Ubiquitina C humana. Outros elementos do vetor de origem pBR322 também estão representados.

Os quadríceps injetados com DNA apresentaram um incremento de peso de 48,1% em comparação com os controles (P < 0,001), enquanto o incremento de peso dos quadríceps não injetados, dos mesmos animais tratados foi de 31,0% (P < 0,005). Os quadríceps injetados com DNA apresentaram, portanto, um incremento de 45,5% em comparação com os quadríceps não injetados dos mesmos animais tratados (P < 0,001). Estes dados comprovam a existência de efeitos locais (autócrinos e parácrinos) e sistêmicos (endócrinos) resultantes da injeção de DNA que codifica o hGH.

Outro experimento de longa duração, realizado com camundongos anões imunocompetentes (*lit/lit*), não produziu o mesmo grau de significância estatística. O incremento de peso foi um pouco inferior (aproximadamente 21%), e o peso corpóreo deixou de aumentar após aproximadamente um mês. Até o 32º dia, a inclinação da curva de crescimento foi de 0,048 ± 0,038 g/camundongo/dia, e a diferença relativa à curva controle (inclinação = 0,038 ± 0,016) foi estatisticamente significativa (P < 0,01). Melhores resultados foram obtidos recentemente comparando o "velho" modelo relativo ao hGH em *lit/lit* com um novo modelo homólogo que utiliza mGH nos mesmos *lit/lit*, certamente mais apropriado para testes pré-clínicos[6].

O tratamento, com uma única injeção de 50 µg de pUC-UBI-hGH em *lit/scid* foi também comparado ao tratamento convencional com 10 µg/dia de hGH recombinante (2 x 5 µg/dia/animal), durante trinta dias. As duas diferentes estratégias proporcionaram uma resposta similar em termos de variação de peso: 0,094 g/camundongo/dia para o DNA e 0,095 g/camundongo/dia para a proteína, enquanto o controle (injeção de salina seguida por eletroporação) apresentou uma variação de 0,22 g/camundongo/dia. Neste estudo foi também dada uma ênfase particular à avaliação do crescimento linear (comprimento corpóreo, caudal e femoral) e ao incremento de IGF-I[15].

Foi, portanto, demonstrado que a administração intramuscular de um plasmídeo contendo DNA genômico de GH pode ser bem efetiva na promoção do crescimento do camundongo anão da linhagem *little*, um modelo único de deficiência isolada de GH. Estudos posteriores são necessários especialmente para obter níveis circulatórios sustentáveis da proteína terapêutica.

23.4 POSSIBILIDADES TERAPÊUTICAS

Até junho de 2012, 1.843 ensaios clínicos de terapia gênica já tinham sido realizados ou estavam em andamento em 31 países. Destes, 64,4% para o tratamento de diferentes tipos de câncer, 8,7% para doenças derivadas de alterações monogênicas, 8,3% para doenças cardiovasculares e 8% para doenças infecciosas. Após os adenovírus (23,3 %) e retrovírus (19,7 %), os vetores mais usados atualmente são aqueles baseados em DNA plasmidial (18,3 %), que, a nosso ver, representam a alternativa mais promissora para o futuro. Os maiores sucessos terapêuticos foram alcançados graças a terapias baseadas na administração de células autólogas geneticamente modificadas, capazes de expressar fatores específicos não suficientemente sintetizados pelo organismo. Trata-se de doenças como a deficiência de adenosina-deaminase (ADA-SCID), a adrenoleucodistrofia ligada ao cromossomo X (X-ALD), o melanoma metastático, a leucemia linfocítica crônica (CLL) e a ß-talassemia[19]. No caso das doenças de tipo sistêmico, geralmente de derivação monogênica e entre as quais está incluída a DGH, destacamos testes clínicos para a hemofilia, a anemia e a deficiência de antitripsina[46-48]. Ressaltamos também que a grande maioria (aproximadamente 80%) de todos os testes clínicos realizados até agora estão na fase I ou I/II: o caminho, portanto, apesar de promissor, ainda é relativamente longo. Consideramos os estudos realizados por nós e outros autores relativamente a modelos animais de deficiência de GH interessantes, não somente para a futura introdução de uma nova forma de tratamento, mas também porque representam um modelo experimental que poderá ser aplicado a outros tipos de doenças dependentes da secreção *in vivo* de uma proteína enviada para a circulação, ou seja, de tipo sistêmico.

23.5 TÉCNICA PASSO A PASSO

23.5.1 Exemplo de metodologia *ex vivo*: cultura e transdução de queratinócitos humanos primários e ensaio biológico em camundongos anões

Os queratinócitos humanos podem ser obtidos de fragmentos de pele derivados de prepúcio de neonato ou de mamoplastia. Após a extração, estas células são cultivadas em meio de cultura apropriado (meio de cultura para

queratinócitos, ou, em inglês, *keratinocyte growth medium* – KGM), composto por 70% de meio de Eagle modificado por Dulbecco (DMEM) e 30% de meio Ham F-12. A este meio são adicionados soro fetal bovino (SFB) a 10%, tampão ácido etanossulfônico hidroxietilpiperazina (HEPES, 8 mM), toxina colérica (0,1 nM), penicilina-estreptomicina (100 UI/mL – 100 pg/mL), adenina (1,8 x 10^{-4} mol/L), triiodotironina (20 pM), transferrina (5 µg/mL), hidrocortisona (0,4 mg/mL), insulina (5 mg/mL) e fator de crescimento epidermal (EGF, 10 ng/mL), e mantidas em estufa a 37° C e 5% de CO_2.

Em um dos trabalhos de nosso laboratório[9], os queratinócitos foram transduzidos com o vetor retroviral pLmGHSN, que possui o cDNA do mGH e o gene de resistência à neomicina, seguindo protocolo que se baseia no contato célula-célula somado à adição de polibreno (um polímero catiônico) ao meio para aumentar a permeabilidade celular. Resumidamente, foram semeados 3 x 10^5 queratinócitos em uma placa de 10 cm de diâmetro, contendo uma camada de sustenção, constituída de 3 x 10^6 células anfotróficas produtoras de partículas virais secretoras de mGH e fibroblastos NIH-3T3-J2 irradiados na proporção 2:1. Ao meio de cultura foi adicionada uma solução de polibreno numa concentração de 8 µg/mL, seguido de incubação por dezesseis horas. O meio foi, então, trocado por meio KGM, e após sete dias de contato, os queratinócitos foram tripsinizados e semeados novamente sobre uma nova camada de sustentação, constituída somente de fibroblastos NIH-3T3-J2. Quando as células atingiram a semiconfluência, o meio foi trocado e coletado após 24 horas para determinação dos níveis de expressão *in vitro* de mGH por radioimunoensaio (RIA). A seleção dos queratinócitos transduzidos foi realizada com a adição do antibiótico geneticina (0,6 mg G418/mL) ao meio de cultura, devido à presença do gene da neomicina no vetor de expressão.

A seguir, os queratinócitos transduzidos foram utilizados para o preparo das culturas organotípicas flutuantes do tipo *raft*. A metodologia de preparo deste tipo de cultura, utilizada por Kolodka e colegas[49], foi posteriormente modificada pelo mesmo grupo de pesquisa. A principal alteração consistiu na introdução de uma primeira camada acelular composta basicamente de colágeno tipo I obtido da cauda de rato (Upstate Biotechnology, Estados Unidos). Esta primeira camada acelular foi colocada sobre um inserto de plástico com poros de 0,22 µm (*Anopore Membrane*, Nalge Nunc International, Estados Unidos) para diminuir a possibilidade da segunda camada se destacar e sofrer um encolhimento. A primeira matriz (camada acelular) é, portanto, composta de meio de cultura DMEM, soro fetal bovino, NaOH 1M e colágeno, cuja mistura foi pipetada sobre o inserto

de plástico de 2,5 cm de diâmetro, previamente colocado num poço de uma placa de cultura de seis poços. Esta mistura foi colocada na incubadora de CO_2 a 37° C para polimerizar durante aproximadamente trinta minutos. A segunda matriz (camada celular) foi preparada com os mesmos reagentes, adicionando-se 2×10^5 fibroblastos humanos/inserto, e a mistura foi pipetada sobre a primeira camada seguida de polimerização por aproximadamente uma hora nas mesmas condições. Foram adicionados então 2 mL de KGM sobre as matrizes e 3 mL na placa de cultura. Seguiu-se uma incubação de sete dias na estufa a 37 °C e 5% CO_2 com uma troca de meio, antes da adição dos queratinócitos transduzidos ou controles (7×10^5 células/inserto) sobre as matrizes. Após quatro dias dessa adição, os queratinócitos foram mantidos numa interface ar-líquido com apenas 2 mL de KGM na placa (debaixo do inserto), com trocas de meio a cada dois a três dias. As culturas organotípicas estavam prontas para serem implantadas nos camundongos *lit/scid* após dez a catorze dias.

Camundongos *lit/scid* com 45 a 90 dias foram previamente anestesiados com 100 mL de uma mistura, preparada com 2 mL de cloridrato de cetamina (solução injetável a 10%) e 0,5 mL de cloridrato de xilazina (solução injetável a 2%) para 2,5 mL de solução salina estéril. A seguir, o pelo da região escapular dorsal foi retirado, e a pele do animal (um círculo de aproximadamente 1,2 cm de diâmetro) foi retirada para acomodar a cultura organotípica, que foi recoberta com um fragmento de gaze parafinada e curativo com *band-aid* durante uma ou duas semanas. Fotos deste procedimento de implante de cultura organotípica encontram-se na Figura 23.3.

Em diferentes tempos após o implante, foram coletadas amostras de sangue para determinação dos níveis circulatórios de mGH por RIA. Como está mostrado na Figura 23.4, o peso dos animais foi acompanhado durante aproximadamente quatro meses e, nos primeiros quarenta dias, foi obtido um aumento significativo de peso do grupo que recebeu os queratinócitos transduzidos em comparação com o grupo controle, como já relatado anteriormente.

23.5.2 Exemplo de metodologia *in vivo*: injeção de plasmídeos associada à eletroporação e ensaio biológico em camundongos anões

Num dos ensaios realizados por nosso grupo[15], os camundongos *lit/scid* foram divididos em três grupos. Em dois deles, os camundongos foram

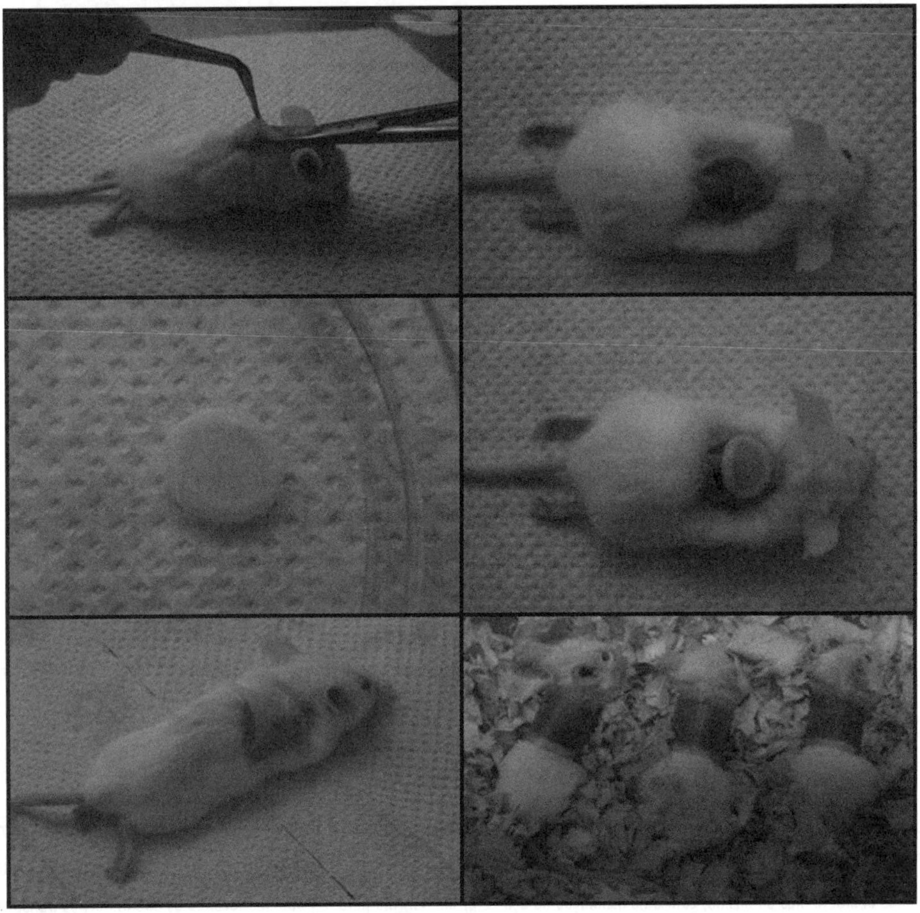

Figura 23.3 Procedimento de implante de cultura organotípica contendo queratinócitos secretores de mGH em camundongos anões imunodeficientes (lit/scid).

anestesiados, como no procedimento anterior, e o músculo quadríceps direito foi exposto. Foi injetada a enzima hialuronidase (20 U/50 μL de salina), que catalisa a hidrólise do ácido hialurônico, principal componente da matriz extracelular, aumentando a permeabilidade das fibras musculares. Após trinta minutos, os animais foram divididos em dois grupos: o primeiro (n = 10) recebeu a injeção de 50 μg do plasmídeo pUC-UBI-hGH, que possui a sequência genômica do gene do hGH sob o controle do promotor da ubiquitina-C humana, e o segundo (n = 8) recebeu injeção de 50 μL de salina. Os dois grupos foram submetidos à eletroporação, utilizando um eletroporador construído em nosso Instituto, sob condições preestabelecidas:

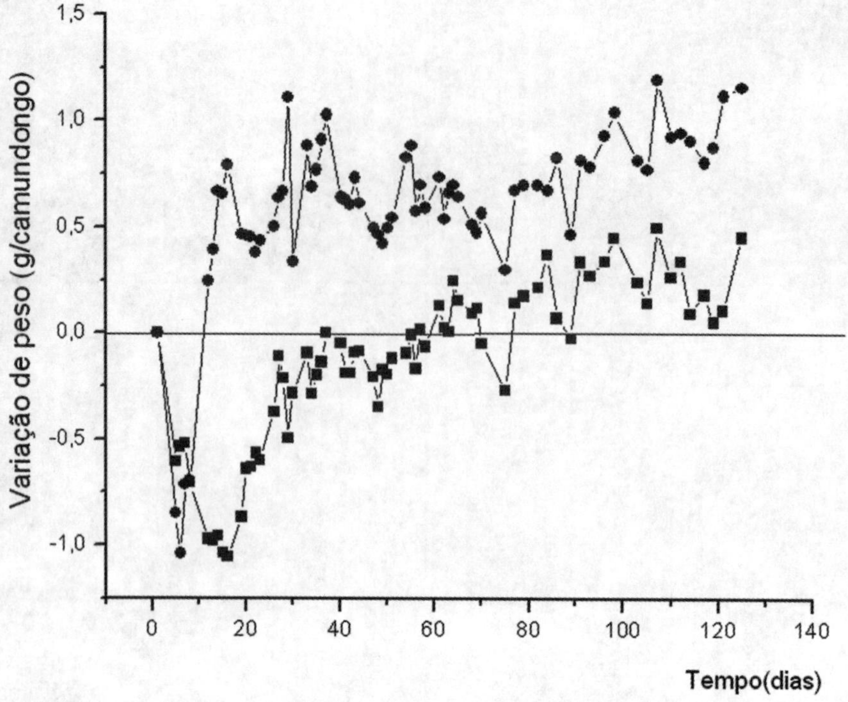

Figura 23.4 Variação de peso dos camundongos lit/scid (n = 6 animais/grupo), implantados com queratinócitos transduzidos com o plasmídeo pLmGHSN (—●—) ou não transduzidos (—■—). Uma diferença significativa (P < 0,05) entre as duas curvas foi obtida nos primeiros quarenta dias de ensaio, com uma inclinação de 0,042 g/animal/dia para o grupo que recebeu os queratinócitos transduzidos e 0,016 g/animal/dia para o grupo controle.

oito pulsos de 150 V/cm com duração de vinte milissegundos e intervalo de meio segundo entre os pulsos[14]. Fotos que mostram a injeção do plasmídeo e o posicionamento dos eletrodos no músculo estão na Figura 23.5, assim como a ilustração do peso de um camundongo anão (aproximadamente 10 g) e a comparação do tamanho de um camundongo anão tratado com o DNA do hGH e um não tratado. O terceiro grupo (n = 11) recebeu injeções diárias de hGH recombinante (5 μg r-hGH/duas vezes ao dia/animal), durante 28 dias.

O peso dos animais foi monitorado durante todo o ensaio, e foi calculada a variação diária de peso (Figura 23.6). É interessante observar as inclinações praticamente idênticas (P > 0,05) das curvas obtidas com o DNA (0,094 g/animal/dia) e com a proteína (0,095 g/animal/dia), além de uma

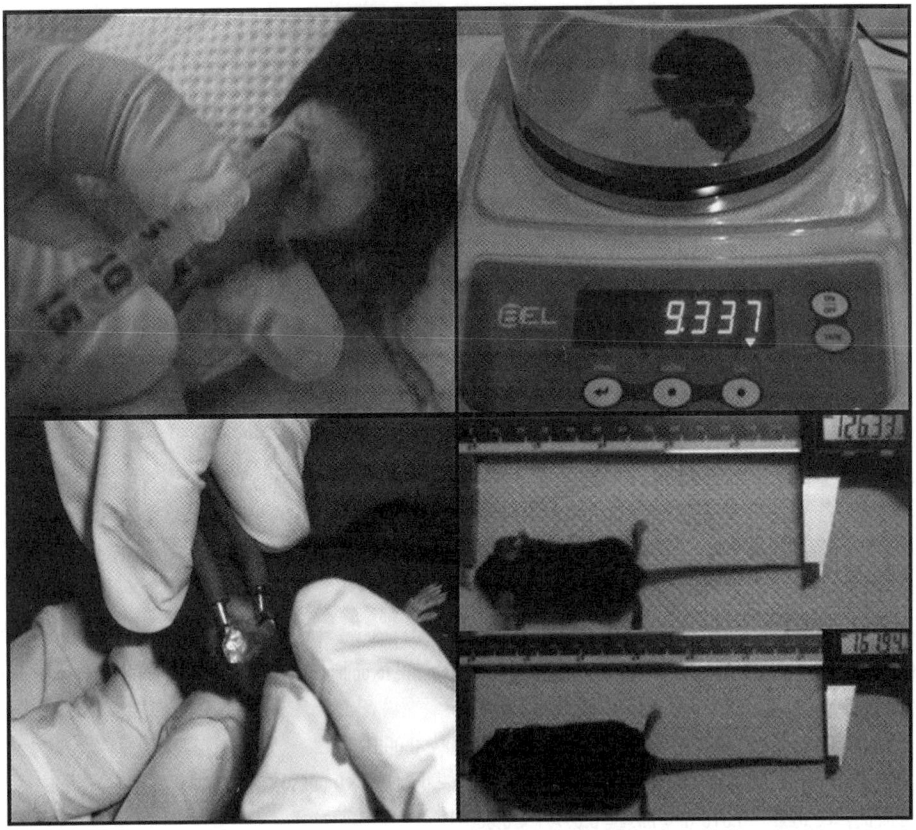

Figura 23.5 Administração do plasmídeo pUC-UBI-hGH ou de salina no músculo quadríceps direito de camundongo anão e posicionamento dos eletrodos nesse músculo antes da eletroporação. O peso médio de um camundongo anão (aproximadamente 10 g) e a comparação de tamanho entre um camundongo anão tratado com o DNA do hGH e não tratado também são ilustrados.

leve inclinação positiva para a curva controle, devido provavelmente à recuperação da eletroporação. Nota-se também um decréscimo de peso dos animais tratados com DNA ou salina durante os primeiros dois a três dias, que pode ser atribuído a um efeito da cirurgia, com uma possível reação inflamatória e redução de ingestão de ração. Provavelmente, se não houvesse esse efeito, as duas curvas seriam sobrepostas.

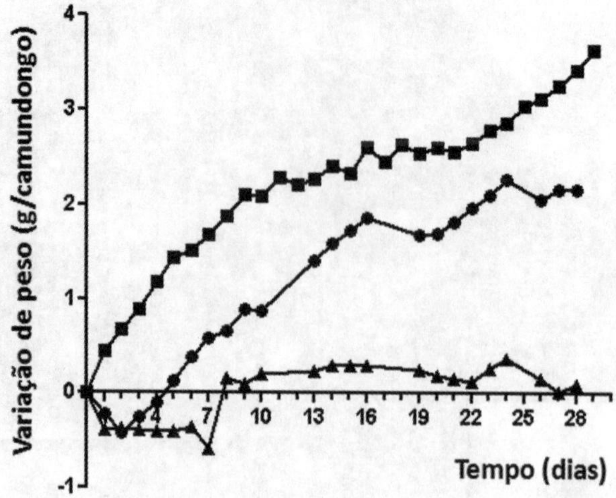

Figura 23.6 Variação de peso de camundongos lit/scid tratados somente uma vez com 50 μg do plasmídeo pUC-UBI-hGH (__●__) ou salina (__▲__), seguido de eletrotransferência, ou injetados com rGH recombinante (__■__) (5 μg r-hGH/duas vezes ao dia/animal). As seguintes equações foram obtidas para cada tratamento:

- pUC-UBI-hGH (DNA): $y = 0,094x - 0,317$ ($n = 25$; $r = 0,965$; $P < 0,0001$);
- hGH recombinante (proteína): $y = 0,095x - 0,707$ ($n = 30$; $r = 0,949$; $P < 0,0001$);
- salina: $y = 0,022x - 0,318$ ($n = 25$; $r = 0,697$; $P < 0,0001$).

23.6 CONCLUSÕES E PERSPECTIVAS FUTURAS

A utilização de queratinócitos humanos primários geneticamente modificados para tratamento *ex vivo* de doenças sistêmicas ainda é considerada bastante promissora, especialmente pelas vantagens que apresenta a terapia gênica de tipo cutâneo, por ser ligada ao órgão mais extenso e acessível do organismo. Esta técnica já está sendo utilizada em fases avançadas de testes clínicos ligados a doenças da pele, como a epidermólise bolhosa. No caso dos nossos modelos animais de crescimento, como já mencionado, apesar de resultados preliminares satisfatórios, não foi possível alcançar uma suficiente durabilidade da expressão transgênica *in vivo* ou pelo menos da presença circulatória da nossa proteína. Melhores resultados foram alcançados mediante injeção de DNA plasmidial, seguida por eletroporação. Esta modalidade de terapia gênica está, de fato, sendo estudada com sucesso por vários grupos para o tratamento de diferentes patologias, incluídas algumas de origem sistêmica, como a hemofilia, a anemia, o diabetes e diversas

deficiências hormonais[50-55]. Poucos destes tratamentos, porém, estão na fase de ensaios clínicos. Destacamos a este respeito um dos poucos tratamentos realizados mediante terapia gênica de tipo sistêmico, que está na fase I de testes clínicos e que se refere a DNA plasmidial de um gene supressor tumoral encapsulado em nanopartículas[56].

Como mostrado no presente capítulo, a correção parcial ou total de defeitos do crescimento tem sido alcançada em diferentes modelos animais de terapia gênica usando várias metodologias *ex vivo* e *in vivo*, todas com bom potencial para futuros desenvolvimentos. Dentre estas, achamos que a administração intramuscular de DNA plamidial contendo o gene do hGH, seguida por eletroporação, é provavelmente a mais promissora devido a sua simplicidade, praticidade e segurança. O fato de o plasmídeo ser mantido em estado epissomal pode proporcionar uma menor expressão, oferecendo, porém, ao mesmo tempo a possibilidade de evitar indesejados altos níveis circulatórios do hormônio e perigosas integrações cromossômicas. Obviamente, muito deve ser feito ainda para obter uma expressão mais duradoura *in vivo* do transgene, juntamente com uma regulação precisa e eficaz dos níveis circulatórios de GH e IGF-I. Em nosso trabalho mais recente[6], nos preocupamos especialmente em estudar modelos homólogos de terapia gênica, utilizando camundongos imunocompetentes com uma deficiência de GH cuja origem seja a mesma encontrada em seres humanos, como no caso dos mutantes *lit/lit*, tratados com DNA para o hormônio de crescimento murino (mGH). Também a avaliação do crescimento linear, com medição de comprimento corpóreo, da cauda e do fêmur, foi preferida à avaliação do incremento de peso; mais importância foi dada aos níveis de IGF-I circulante e à idade do camundongo em tratamento, sempre fazendo referência ao tratamento de crianças com deficiência de GH. A este respeito, achamos importante seguir as recomendações de diferentes autores e agências reguladoras, segundo os quais uma rigorosa eficácia e segurança testada em ensaios pré-clínicos são fundamentos imprescindíveis para um bom ensaio clínico.

REFERÊNCIAS

1. Allen DB. Lessons learned from the hGH era. Journal Clinical Endocrinology and Metabolism. 2011;96:3042-3047.
2. Bellini MH, Peroni CN, Bartolini P. Increases in weight of growth hormone-deficient and immunodeficient (lit/scid) dwarf mice after grafting of hGH-secreting, primary human keratinocytes. FASEB Journal. 2003;17:2322-2324.
3. Peroni CN, Gout PW, Bartolini P. Animal models for growth hormone gene therapy. Current Gene Therapy. 2005;5:493-509.
4. Molitch ME, Clemmons DR, Malozowski S, Merrian GR, Vance ML. Evaluation and treatment of adult growth hormone deficiency: an Endocrine Society clinical practice guideline. Journal Clinical Endocrinology and Metabolism. 2011;96:1587-1609.
5. Cook DM, Rose SR. A review of guidelines for use of growth hormone in pediatric and transition patients. Pituitary. 2012;15:301-310.
6. Cecchi CR, Higuti E, Oliveira NAJ, Lima ER, Jacobsen M, Dagnaes-Hansen F, Aagaard L, Jensen TG, Jorge AAL, Bartolini P, Peroni CN. A novel homologous model for gene therapy of dwarfism by non-viral transfer of the mouse growth hormone gene into immunocompetent dwarf mice. Current Gene Therapy. 2014;14:44-51.
7. Peroni CN, Oliveira NAJ, Cecchi CR, Higuti E, Bartolini P. Different ex vivo and direct in vivo DNA administration strategies for growth hormone gene therapy in dwarf animals. In: You Y, Editor. Targets in Gene Therapy. Intech Open Acess Publisher; 2011. p.397-408.
8. Peroni CN, Hayashida CY, Nascimento N, Longuini VC, Toledo RA, Bartolini P, Bowers CY, Toledo SPA. Growth hormone response to growth hormone-releasing peptide-2 in growth hormone-deficient little mice. Clinics. 2012;67:265-272.
9. Peroni CN, Cecchi CR, Rosauro CW, Nonogaki S, Boccardo E, Bartolini P. Secretion of mouse growth hormone by transduced primary human keratinocytes: prospects for an animal model of cutaneous gene therapy. Journal of Gene Medicine. 2008;10:734-743.
10. Bellini MH, Mathor MB, De Luca M, Cancedda R, Bartolini P. Ultrasensitive in vivo bioassay detects bioactive human growth hormone in transduced primary human keratinocytes. Journal of Endocrinological Investigation. 1998;21:1-6.
11. Peroni CN, Cecchi CR, Damiani R, Soares CRJ, Ribela MTCP, Arkaten RR, Bartolini P. High-level secretion of growth hormone by retrovirally transduced primary human keratinocytes: prospects for an animal model of cutaneous gene therapy. Molecular Biotechnology. 2006;34:239-245.
12. Rheinwald JG, Green H. Formation of a keratinizing epithelium in culture by a cloned cell line derived from a teratoma. Cell. 1975;6:317-330.
13. De Luca M, Albanese E, Bondanza S, Megna M, Ugozzoli L, Molina F, Cancedda R, Santi PL, Bormioli M, Stella M, Magliacani, G. Multicentre experience in the treatment

of burns with autologous and allogenic cultured epithelium, fresh or preserved in a frozen state. Burns. 1989;15:303-309.

14. Oliveira NAJ, Cecchi CR, Higuti E, Oliveira JE, Jensen TG, Bartolini P, Peroni CN. Long-term human growth hormone expression and partial phenotypic correction by plasmid-based gene therapy in an animal model of isolated growth hormone deficiency. Journal of Gene Medicine. 2010;12:580-585.

15. Higuti E, Cecchi CR, Oliveira NAJ, Vieira DP, Jensen TG, J, Jorge AAL, Bartolini, P, Peroni, CN. Growth responses following a single intra-muscular hGH plasmid administration compared to daily injections of hGH in dwarf mice. Current Gene Therapy. 2012;12:437-443.

16. Bellini MH, Bartolini P. In vivo bioassay for the potency determination of human growth hormone in dwarf "little" mice. Endocrinology. 1993;132:2051-2055.

17. Morgan RA, Anderson WF. Human gene therapy. Annual Review of Biochemistry. 1993;62:191-217.

18. Edelstein ML, Abedi MR, Wixon J, Edelstein, RM. Gene therapy clinical trials worlwide 1989-2004 - an overview. Journal of Gene Medicine. 2004;6:597-602.

19. Ginn SL, Alexander IE, Edelstein ML, Abedi MR, Wixon J. Gene therapy clinical trials worlwide to 2012 – an update. Journal of Gene Medicine. 2013;15:65-77.

20. Blaese RM, Culver KW, Miller AD, Carter CS, Fleisher T, Clerici M, Shearer G, Chang L, Chiang YW, Tolstoshev P, Greenblatt JJ, Rosenberg SA, Klein H, Berger M, Mullen CA, Ramsey WJ, Muul L, Morgan RA, Anderson WF. T-lymphocyte-directed gene therapy for ADA (-) SCID - initial trials results after 4 years. Science. 1995;270:475-480.

21. Cavazzana-Calvo M, Hacein-Bey S, de Saint Basile G, Gross F, Yvon E, Nusbaum P, Selz F, Hue C, Certain S, Casanova JL, Bousso P, Le Deist F, Fischer A. Gene therapy of human severe combined immunodeficiency (SCID)-X1 disease. Science. 2000;288:669-672.

22. Nelson DL, Cox MM. DNA-based information technologies. In: Lehninger Principles of Biochemistry. WH Freeman and Company; 2005. p.306-342.

23. Hacein-Bey-Abina S, von Kalle C, Schmidt M, Le Deist F, Wulffraat N, McIntyre E, Radford I, Villeval JL, Fraser CC, Cavazzana-Calvo M, Fisher A. A serious adverse event after successful gene therapy for X-linked severe combined immunodeficiency. New England Journal of Medicine. 2003;348:255-256.

24. Hacein-Bey-Abina S, von Kalle C, Schmidt M, McCormack MP, Wulffraat N, Leboulch P, Lim A, Osborne CS, Pawliuk R, Morillon E, Sorensen R, Forster A, Fraser P, Cohen JI, de Saint Basile G, Alexander I, Wintergerst U, Frebourg T, Aurias A, Stoppa-Lyonnet D, Romana S, Radford-Weiss I, Gross F, Valensi F, Delabesse E, Macintyre E, Sigaux F, Soulier J, Leiva LE, Wissler M, Prinz C, Rabbitts TH, Le Deist F, Fisher A, Cavazzana-Calvo, M. LMO2-associated clonal T cell proliferation in two patients after gene therapy for SCID-X1. Science. 2003;302:415-419.

25. Raper SE, Chirmule N, Lee FS, Wivel NA, Bagg A, Gao GP, Wilson JM, Batshaw ML. Fatal systemic inflammatory response syndrome in an ornithine transcarbamylase deficient patient following adenoviral gene transfer. Molecular Genetics and Metabolism. 2003;80:148-158.

26. Tomanin R, Scarpa M. Why do we need new gene therapy viral vectors? Characteristics, limitations and future perspectives of viral vector transduction. Current Gene Therapy. 2004;4:357-372.

27. Yi Y, Hahm SH, Lee, KH. Retroviral gene therapy: safety issues and possible solutions. Current Gene Therapy. 2005;5:25-35.

28. Morgan JR, Barrandon Y, Green H, Mulligan RC. Expression of an exogenous growth hormone gene by transplantable human epidermal cells. Science. 1987;237:1476-1479.

29. Teumer J, Lindahl A, Green H. Human growth hormone in the blood of athymic mice grafted with cultures of hormone-secreting human keratinocytes. FASEB Journal. 1990;4:3245-3250.

30. Jensen UB, Jensen TG, Jensen PKA, Rygaard J, Hansen BS, Fogh J, Kolvraa S, Bolund L. Gene transfer into culture human epidermis and its transplantation onto immunodeficient mice: an experimental model for somatic gene therapy. Journal of Invetigative Dermatology. 1994;103:391-394.

31. Vogt PM, Thompson S, Andree C, Liu P, Breuing K, Hatzis D, Brown H, Mulligan RC, Eriksson E. Genetically modified keratinocytes transplanted to wounds reconstitute the epidermis. Proceedings of the National Academy of Sciences of the United States of America. 1994;91:9307-9311.

32. Wang X, Zinkel S, Polonsky K, Fuchs E. Transgenic studies with a keratin promoter-driven growth hormone transgene: prospects for gene therapy. Proceedings of the National Academy of Sciences of the United States of America. 1997;94:219-226.

33. Al-Hendy A, Hortelano G, Tannenbaum GS, Chang PL. Correction of the growth defect in dwarf mice with nonautologous microencapsulated myoblasts - an alternate approach to somatic gene therapy. Human Gene Therapy. 1995;6:165-175.

34. Chen BF, Chang WC, Chen ST, Chen DS, Hwang LH. Long-term expression of the biologically active growth hormone in genetically modified fibroblasts after implantation into a hypophysectomized rat. Human Gene Therapy. 1995;6:917-926.

35. Cheng WTK, Chen BC, Chiou ST, Chen CM. Use of nonautologous microencapsulated fibroblasts in growth hormone gene therapy to improve growth of midget swine. Human Gene Therapy. 1998;9:1995-2003.

36. Barrandon Y, Li V, Green H. New techniques for the grafting of cultured human epidermal cells onto athymic animals. Journal of Investigative Dermatology. 1988;91:315-318.

37. Hahn TM, Copeland KC, Woo SL. Phenotypic correction of dwarfism by constitutive expression of growth hormone. Endocrinology. 1996;137:4988-4993.

38. Seregin SS, Amalfitano A. Improving adenovirus based gene transfer: strategies to accomplish immune evasion. Viruses. 2010;2:2013-2036.

39. Marmary Y, Parlow AF, Goldsmith CM, He X, Wellner RB, Satomura K, Kriete MF, Robey PG, Nieman LK, Baum BJ. Construction and in vivo efficacy of a replication-deficient recombinant adenovirus encoding murine growth hormone. Endocrinology. 1999;140:260-265.

40. Sagazio A, Xiao X, Wang Z, Martari M, Salvatori R. A single injection of doubled-stranded adeno-associated viral vector expressing GH normalizes growth in GH-deficient mice. Journal of Endocrinolology. 2008;196:79-88.

41. Martari M, Sagazio A, Mohamadi A, Nguyen Q, Hauschka SD, Kim E, Salvatori R. Partial rescue of growth failure in growth hormone (GH)-deficient mice by a single injection of a double-stranded adeno-associated viral vector expressing the GH gene driven by a muscle-specific regulatory cassette. Human Gene Therapy. 2009;20:759-766.

42. Wang CH, Liu DW, Tsao YP, Xiao X, Chen SL. Can genes transduced by adeno-associated virus vectors elicit or evade an immune response? Archives of Virology. 2004;149:1-15.

43. Anwer K, Shi M, French MF, Muller SR, Chen W, Liu QS, Proctor BL, Wang JJ, Mumper RJ, Singhal A, Rolland AP, Alila HW. Systemic effect of human growth hormone after intramuscular injection of a single dose of a muscle-specific gene medicine. Human Gene Therapy. 1998;9:659-670.

44. Sondergaard M, Dagnaes-Hansen F, Flyvbjerg A, Jensen TG. Normalization of growth in hypophysectomized mice using hydrodynamic transfer of the human growth hormone gene. American Journal of Physiology-Endocrinology and Metabolism. 2003;285:E427-E432.

45. Zhang GF, Vargo D, Budker V, Armstrong N, Knechtle S, Wolf JA. Expression of naked plasmid DNA injected into the afferent and efferent vessels of rodent and dog livers. Human Gene Therapy. 1997;8:1763-1772.

46. Doering CB, Spencer HT. Advancements in gene transfer-based therapy for hemophilia A. Expert Review of Hematology. 2009;2:673-683.

47. Tuddenham E. Gene therapy for haemophilia B. Haemophilia. 2012;18:13-17.

48. Mueller C, Flotte TR. Gene-based therapy for alpha-1 antitrypsin deficiency. COPD-Journal of Chronic Obstructive Pulmonary Disease. 2013;10:44-49.

49. Kolodka TM, Garlick JA, Taichman LB. Evidence for keratinocyte stem cells in vitro: long term engraftment and persistence of transgene expression from retrovirus-transduced keratinocytes. Proceedings of the National Academy of Sciences of the United States of America. 1998;95:4356-4361.

50. Fattori E, Cappelletti M, Zampaglione I, Mennuni C, Calvaruso F, Arcuri M, Rizzuto G, Costa P, Perretta G, Ciliberto G, La Monica N. Gene electro-transfer of an improved

erythropoietin plasmid in mice and non-human primates. Journal of Gene Medicine. 2005;7:228-236.

51. Ratanamart J, Shaw JA. Plasmid-mediated muscle-targeted gene therapy for circulating therapeutic protein replacement: a tale of the tortoise and the hare? Current Gene Therapy. 2006;6: 93-110.

52. Prud'homme GJ, Draghia-Akli R, Wang Q. Plasmid-based gene therapy of diabetes mellitus. Gene Therapy. 2007;14:553-564.

53. Bodles-Brakhop AM, Heller R, Draghia-Akli R. Electroporation for the delivery of DNA-based vaccines and immunotherapeutics: current clinical developments. Molecular Therapy. 2009;17: 585-592.

54. Gothelf A, Gehl J. Gene electrotransfer to skin; review of existing literature and clinical perspectives. Current Gene Therapy. 2010;10: 287-299.

55. Gothelf A, Hojman P, Gehl J. Therapeutic levels of erythropoietin (EPO) achieved after gene electrotransfer to skin in mice. Gene Therapy. 2010;17:1077-1084.

56. Lu C, Stewart DJ, Lee JJ, Ji L, Ramesh R, Jayachandran G, Nunez MI, Wistuba II, Erasmus JJ, Hicks ME, Grimm EA, Reuben JM, Baladandayuthapani V, Templeton NS, McMannis JD, Roth JA. Phase I clinical trial of systemically administered TUSC2(FUS1)-nanoparticles mediating functional gene transfer in humans. Plos One. 2012;7:e34833.

ANIMAIS TRANSGÊNICOS

CAPÍTULO 24

PRODUÇÃO DE ANIMAIS KNOCKOUTS E KNOCKINS

Fabiana Louise T. Motta
Vicencia Micheline Sales
João Bosco Pesquero

24.1 INTRODUÇÃO

O uso de animais para o estudo de novos fármacos e para o entendimento de doenças humanas ainda é essencial. Apesar de haver inúmeras ferramentas alternativas de pesquisa, tais como modelos computacionais, matemáticos, cultura de células e tecidos, estes, porém, ainda não substituem os resultados obtidos com modelos *in vivo*. Muitas vezes, os resultados produzidos *in silico* ou *in vitro* são limitados, pois são modelos simplificados. Os animais ainda são os melhores modelos para testes de novas drogas, pois os resultados neles obtidos se aproximam mais das respostas alcançadas em humanos, principalmente devido à semelhança genética existente entre as espécies.

Em todo o mundo, normas éticas para o desenvolvimento da pesquisa científica são discutidas permanentemente e aplicadas de forma rigorosa. O uso de animais no ensino e em protocolos de pesquisa é devidamente avaliado por comitês de ética em pesquisa multidisciplinares que prezam pelo respeito ao animal, seu uso racional, sempre buscando a redução do número

de animais utilizados e o refinamento das técnicas aplicadas, sendo estes substituídos por modelos alternativos sempre que possível, como consta da Lei n. 11.79411, de 2008, a chamada Lei Arouca.

No Brasil, são seguidas normas aceitas internacionalmente para o estudo de novos fármacos e conduta com animais. Esses estudos, por sua vez, precisam passar pela fase pré-clínica, composta pelo uso de modelos *in vitro* e *in vivo*, para, posteriormente seguir para a fase clínica, com participação de voluntários humanos nos testes. Os estudos pré-clínicos são importantes para testar efeitos de toxicidade reprodutiva, genotoxicidade, tolerância local e carcinogenicidade, como divulgado nos guias para a condução de estudos não clínicos publicados pela Agência Nacional de Vigilância Sanitária (Anvisa)[1].

Muitos modelos animais são usados em pesquisa científica. Entre eles estão organismos mais simples, como bactérias, leveduras, vermes e moscas, mas também são utilizados animais vertebrados, como peixes, répteis, aves e anfíbios, e até mamíferos, como roedores (camundongos e ratos) e primatas. Os camundongos são um bom modelo animal para doenças humanas, pois dos cerca de 30 mil genes presentes em humanos e em camundongos, apenas 1% deles é exclusivo de alguma dessas espécies[2]. Além disso, os camundongos são animais pequenos, que podem ser mantidos em ambientes controlados e podem ter genética idêntica entre indivíduos, limitando, assim, a influência de fatores de confusão no estudo de patologias.

Os estudos iniciais de doenças genéticas em camundongos deram-se pelo uso de animais que sofreram mutações espontâneas, tais como os animais imunodeficientes (do inglês, *severe combined immuno-deficiency* – SCID), animais diabéticos não obesos (do inglês, *non-obese diabetic* – NOD) e animais obesos mutados para o gene da leptina (ob/ob)[3-5]. Outra abordagem utilizada para a geração de animais mutados foi através do uso de agentes químicos como a radiação ou a etilnitrosureia (ENU) para a geração de mutações aleatórias no genoma e posterior genotipagem para a identificação das mutações e fenótipos[6].

O início do desenvolvimento da tecnologia para a geração de animais transgênicos aconteceu no início da década de 1980[7]. Naquela época, diversos grupos dedicaram-se a entender os mecanismos necessários para a introdução de sequências de ácido desoxirribonucleico (DNA) codificantes no genoma de camundongos, sendo estas passíveis de herdabilidade[8, 9]. No Brasil, os primeiros animais transgênicos foram gerados no início dos anos 2000[9]. Em 2002, nosso grupo participou da geração do primeiro animal transgênico por injeção pronuclear, o camundongo Vitor, com tecnologia

nacional pelo Centro de Desenvolvimento de Modelos Experimentais para Medicina e Biologia (Cedeme), na Universidade Federal de São Paulo[10].

Os animais geneticamente modificados (OGM) ou transgênicos ainda são as melhores opções para o entendimento de doenças genéticas e vias de sinalização específicas. Entre os animais transgênicos, estão os modelos de deleção gênica, animais *knockout* (KO) e modelos de inserção genética sítio-dirigida, animais *knockin* (KI). Além disso, avanços mais recentes possibilitaram a deleção ou inserção gênica em tecidos específicos através do uso de promotores que direcionam a expressão gênica. Finalmente, foram gerados modelos de expressão gênica regulados por drogas ou moléculas inertes que limitam a expressão gênica a períodos específicos; e expressão gênica conjugada com moléculas fluorescentes, o que permite inclusive sua quantificação e acompanhamento temporal.

24.2 HISTÓRICO

A criação de modelos animais transgênicos foi essencial para o avanço na área científica. Hoje, essa história tem sua importância reconhecida, uma vez que os desenvolvedores iniciais dessa técnica, Mario Capecchi (University of Utah, Salt Lake City, Estados Unidos), Oliver Smithies (Howard Hughes Medical Institute, University of North Carolina, Chapel Hill, Estados Unidos) e Martin Evans (Cardiff University, Cardiff, Reino Unido) receberam o Prêmio Nobel em Fisiologia e Medicina de 2007.

Dois pontos foram essenciais para o desenvolvimento da técnica de transgenia: o isolamento de células embrionárias e a técnica de recombinação homóloga. As células embrionárias são isoladas da massa celular interna de blastocistos, oócitos 3,5 dias após a fertilização. Essa técnica de isolamento foi desenvolvida em 1981[10,11]. As células embrionárias podem ser cultivadas e são pluripotentes. Fazendo uso dessas propriedades, em 1984 pesquisadores injetaram essas células em blastocitos e deram origem a animais quiméricos[7,12], que, por sua vez, puderam ser usados em cruzamentos, como exemplificado na Figura 24.1.

Ainda em 1984, Lin e colaboradores demonstraram a possibilidade da realização de recombinação homóloga em células de camundongos[13]. Em 1985, Smithies e colaboradores aprimoraram a técnica, utilizando a recombinação homóloga para modificar o gene da β-globulina pela introdução de um cassete de resistência à neomicina[14,15]. Isto demonstrou a possibilidade da geração de alterações dirigidas, diferentemente da recombinação

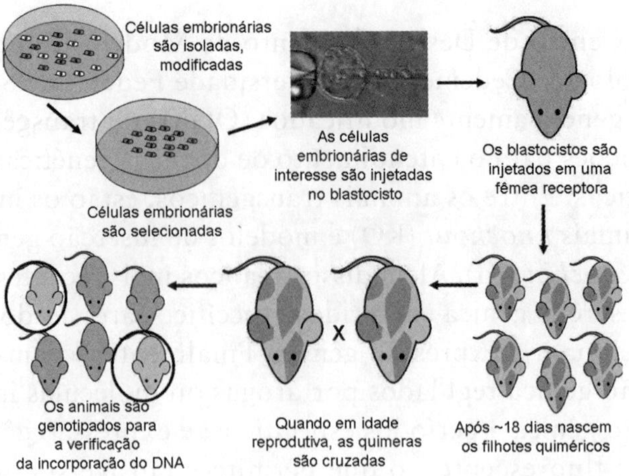

Figura 24.1 Esquema para obtenção de animais nocautes pela técnica de microinjeção de células tronco embrionárias modificadas no blastocisto.

aleatória de insertos ao genoma, como no caso da técnica de transgenia por adição. A maioria das linhagens de células embrionárias geradas são provenientes de animais 129 de pelagem agouti, porém são injetadas em animais de pelagem diferenciada, como o C57/Bl6, o que possibilita a geração de animais quiméricos com pelagem malhada[8] (Figura 24.2). O gene da hipoxantina-guanosina fosforibosil tranferase (hrpt) foi o primeiro a ser excluído em células embrionárias de camundongos[16].

24.3 DIFERENÇAS BÁSICAS ENTRE OS MODELOS CLÁSSICOS DE ANIMAIS GENETICAMENTE MODIFICADOS

24.3.1 Transgênico de adição

São animais gerados através da introdução de um DNA exógeno (transgene), normalmente por microinjeção pronuclear. A integração do transgene ocorre de forma randômica, podendo ocorrer a integração de mais de uma cópia do transgene ao genoma do animal. Após essa integração, a modificação terá um caráter hereditário. Normalmente, a modificação resultará em um ganho de função/fenótipo (Figura 24.3).

Produção de Animais *Knockouts* e *Knockins*

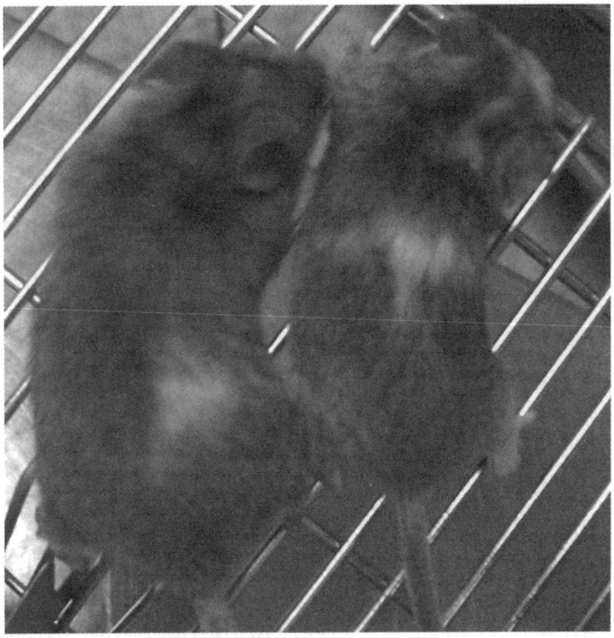

Figura 24.2 Animais quiméricos com pelagem malhada obtidos a partir da injeção de células tronco embrionárias provenientes de animais 129 de pelagem agouti em animais de pelagem diferenciada, como o C57/Bl6.

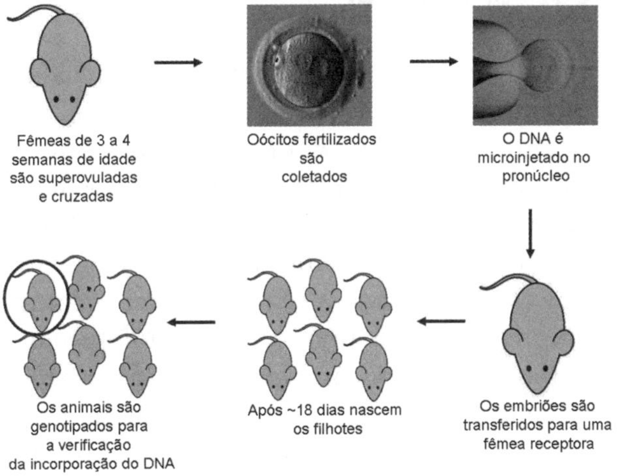

Figura 24.3 Esquema para obtenção de animais transgênicos pela técnica de transgenia por adição, onde o DNA exógeno (transgene) é introduzido por microinjeção no pronúcleo do oócito fertilizado.

24.3.2 Knockout (ou knockout constitutivo – KO)

São animais que possuem uma região específica do DNA retirada do seu genoma ou interrompida por alguma sequência de DNA não relevante. Essa remoção ou interrupção está presente em todas as células do animal e é feita com o objetivo de anular um locus genético específico, normalmente anular a expressão de um gene-alvo e, portanto, causar uma perda de função de tal gene. Essa perda de função se dará quando a modificação genética estiver em homozigose. Esses animais são gerados pela manipulação sítio-dirigida de células-tronco embrionárias, por recombinação homóloga (Figura 24.4).

24.3.3 Knockin (KI)

São animais gerados também por manipulação sítio-dirigida de células-tronco embrionárias, porém a região de interesse não é removida ou interrompida, e sim alterada. Essa alteração pode ter como objetivo gerar uma mutação cujo fenótipo se quer estudar, ou a introdução de um gene repórter em fusão ou para ser coexpresso com um gene-alvo, para avaliar em quais tecidos esse gene-alvo está sendo expresso (Figura 24.5).

24.3.4 Knockout condicional

São animais com deleção de um determinado locus do genoma, normalmente parte de um gene ou ele inteiro, em tecido(s) específico(s). Esse animal, diferentemente de um *knockout* constitutivo, não possui todas as células do seu corpo com a deleção, já que apenas nos tecidos de interesse essa região genômica será removida. São animais gerados pelo cruzamento de dois diferentes animais, um *knockin* que possui elementos de reconhecimento de recombinase flanqueando a região que será removida e outro animal que possui a expressão de uma recombinase no(s) tecido(s) de interesse. Após o cruzamento, ocorrerá a recombinação tecido-específica, causando a remoção da região de interesse apenas no tecido que se quer estudar (Figura 24.6). Para maiores detalhes consultar Doyle (2012)[9], Hofker (2003)[17] e Nagy (2003)[18].

24.4 MODELOS DE MODIFICAÇÃO GENÉTICA DIRIGIDA

24.4.1 Knockout

O *knockout* constitutivo, ou simplesmente *knockout*, é um modelo animal no qual o gene-alvo é permanentemente removido ou interrompido, em todas as células, gerando perda de expressão e atividade desse gene. As alterações fenotípicas desse animal são estudadas a fim de entender melhor qual é a função de tal gene.

A inativação do gene-alvo ocorrerá em todas as fases de desenvolvimento animal, desde a fase embrionária até a idade adulta. Caso o gene inativado seja importante para o desenvolvimento embrionário e/ou fetal, essa inativação poderá ser letal e o animal poderá nem nascer. A base molecular da geração desse modelo animal é a recombinação homóloga entre o genoma da célula-tronco embrionária e um vetor de DNA construído estrategicamente para favorecer esse evento, resultando na substituição de parte do DNA endógeno por parte do DNA exógeno (vetor/construção) (Figura 24.4).

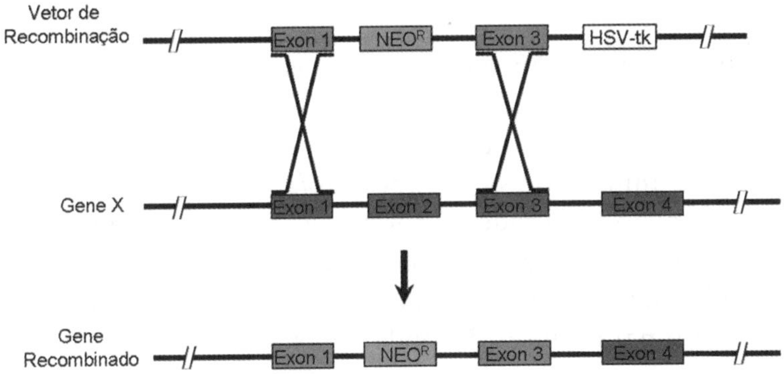

Figura 24.4 Esquema de recombinação homóloga entre o genoma da célula-tronco embrionária e um vetor de DNA (vetor de recombinação), resultando na substituição de uma região do gene endógeno por parte do DNA exógeno.

A construção do vetor de recombinação geralmente tem como alvo a remoção de um ou mais exons de um determinado gene. Quando tal gene for expresso, produzirá uma proteína truncada e, provavelmente, sem efeito biológico. Para que essa recombinação ocorra, é necessário que o vetor possua

dois braços de recombinação, isto é, duas regiões idênticas às regiões flanqueadoras do alvo que se pretende remover. Entre esses braços de recombinação é comumente inserido um gene de resistência a uma droga, como o gene neo (que expressa a enzima 3'-glicosil fosfotransferase, causador da resistência ao antibiótico neomicina), mas também pode ser inserido um gene repórter. Esse gene de resistência após a recombinação substituirá a região-alvo que se desejava remover. Como o tamanho dos braços de recombinação são cruciais para aumentar a frequência do evento, sugere-se que ao todo os braços de recombinação somados tenham entre 8 Kb e 12 Kb, sendo que o braço curto de recombinação não deve ser menor[19] que 2 Kb (Figura 24.7).

Além dos braços de recombinação e do gene de resistência, o vetor deve possuir um gene de seleção negativa, como explicado no item anterior, sendo que esse gene deve se localizar fora da região de recombinação, pois o objetivo é que ele não seja integrado ao genoma da célula quando a recombinação homóloga ocorrer de forma adequada[19].

24.4.2 Knockin

O modelo animal *knockin* é baseado na inserção de um gene ou sequência (DNA exógeno) em um local específico do genoma. Este modelo tornou-se uma alternativa mais segura para o modelo de transgênese de adição, porque na produção de animais de superexpressão/adição feito da forma tradicional o DNA exógeno é inserido de forma aleatória no genoma, podendo tal inserção ocorrer em uma região de baixa atividade transcricional ou mesmo interrompendo algum outro gene. Neste último caso, a geração de um animal homozigoto para a inserção pode apresentar fenótipos decorrentes da "deleção" do gene interrompido, e não da superexpressão do gene inserido[17].

Este modelo pode ser usado para modificar um locus específico do genoma, como por exemplo, a criação de uma mutação específica em um gene de interesse, bem como para a inserção de genes repórteres para se analisar a atividade promotora sem a interrupção do gene subsequente. Outra aplicação é a superexpressão de um gene pela inserção de diversas cópias suas em sequência em seu locus original, de forma que é aumentado o número de cópias de um determinado gene mantendo sua expressão sobre influência do promotor nativo, como é o caso do animal com múltiplas cópias da enzima conversora de angiotensina[20], como exemplificado na Figura 24.5.

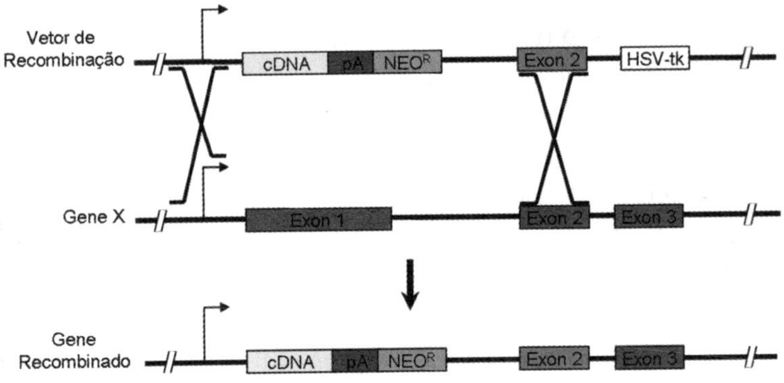

Figura 24.5 Esquema para obtenção de um animal *knockin*, baseado na inserção de um gene ou sequência de DNA exógeno em uma região específica do genoma.

Os camundongos humanizados também são uma forma de *knockin*. Neste tipo de modelo, um gene do camundongo é substituído pelo mesmo gene humano. Dessa forma, quando em homozigose, todas as células do camundongo que expressam essa determinada proteína passarão a expressar apenas a proteína humana. Esse tipo de animal muitas vezes é criado para realização de pesquisas pré-clínicas nas quais se testa a eficácia *in vivo* de um composto[21].

A produção desse tipo de animal geneticamente modificado é similar à produção de animais *knockout*. Entretanto, a diferença está no fato de que o evento de recombinação não causará a interrupção ou deleção de um gene, e sim a substituição de uma porção normal por uma mutada ou a inserção de um gene repórter. São exemplos dessa técnica a alteração genética em uma região não crucial do gene ou mesmo a inserção de sequências loxP em regiões intrônicas para a geração de *knockouts* condicionais, como veremos adiante[22].

O vetor de recombinação, que será inserido na célula-tronco embrionária, deve possuir dois braços de recombinação idênticos às regiões flanqueadoras da região que se pretende substituir. Entre esses braços de recombinação é inserido o DNA exógeno, que pode ser a mesma sequência que será recombinada, porém com uma mutação, ou então um trecho de DNA flanqueado por sequências loxP ou um gene repórter. É necessário também que haja um gene de resistência a uma droga (seleção positiva) entre os braços de recombinação e um gene de seleção negativa fora dos braços de recombinação (Figura

24.6), como os vetores para produção de animais *knockout*. Em algumas situações, o gene de seleção positiva pode ser flanqueado por sequências loxP e, posteriormente removido pela Cre recombinase, como será explicado no item sobre *knockout* condicional (Figura 24.6)[23].

Depois das seleções adequadas, as células-tronco embrionárias serão injetadas dentro da cavidade de um blastocisto, e estes transferidos para uma mãe receptora, como descrito anteriormente (Figura 24.1).

24.4.3 Modificação genética condicional

Muitas vezes, o gene de interesse de um estudo é essencial para o desenvolvimento e/ou fertilidade do animal, tornando inviável a geração de um teste com uma deleção total desse gene. Outras vezes, o que interessa é a ausência de expressão de um gene em um determinado tecido, e não de uma forma global. A solução para ambos os problemas é a geração de um animal *knockout* condicional.

Animais *knockouts* condicionais são animais que possuem um gene removido ou interrompido em algumas células/tecidos do corpo. Em todos os outros tecidos, porém, o gene-alvo apresenta uma expressão funcional. Essa deleção condicionada ou seletiva normalmente não afeta o desenvolvimento embrionário e a gametogênese, garantindo assim a viabilidade do modelo.

Esse modelo animal é produto do cruzamento de duas linhagens distintas de animais geneticamente modificados. Uma linhagem é um transgênico de adição que expressa a recombinase Cre em um tecido específico, e a outra linhagem é um animal *knockin* que possui sequências LoxP flanqueando a região que será removida (Figura 24.6). Essa sequência LoxP é inserida em regiões que não afetam a expressão do gene nem sua funcionalidade[23, 24].

A estratégia associada com a geração do *knockout* condicional é simples e elegante, aproveitando a ausência da via de recombinação mediada por recombinase Cre em mamíferos (Figura 24.6). A recombinase Cre, uma integrase sítio-específica isolada do bacteriófago P1, recombina duas regiões de DNA compostas por sequências específicas, chamadas LoxP, que a enzima reconhece. As sequências LoxP são formadas por 34 pares de bases, sendo duas regiões palindrômicas de 13 pares de bases flanqueando uma sequência de 8 pares de bases. Esses sítios LoxP não são recombinados na ausência da recombinase Cre[23]. A expressão da recombinase Cre está sob controle de um promotor tecido-específico. Dessa forma, o animal transgênico de adição só expressará essa enzima nas células nas quais o promotor estiver ativo e,

consequentemente, a recombinação mediada por Cre só acontecerá nestes tecidos do animal *knockout* condicional (revisado por Zhang, 2012[23]).

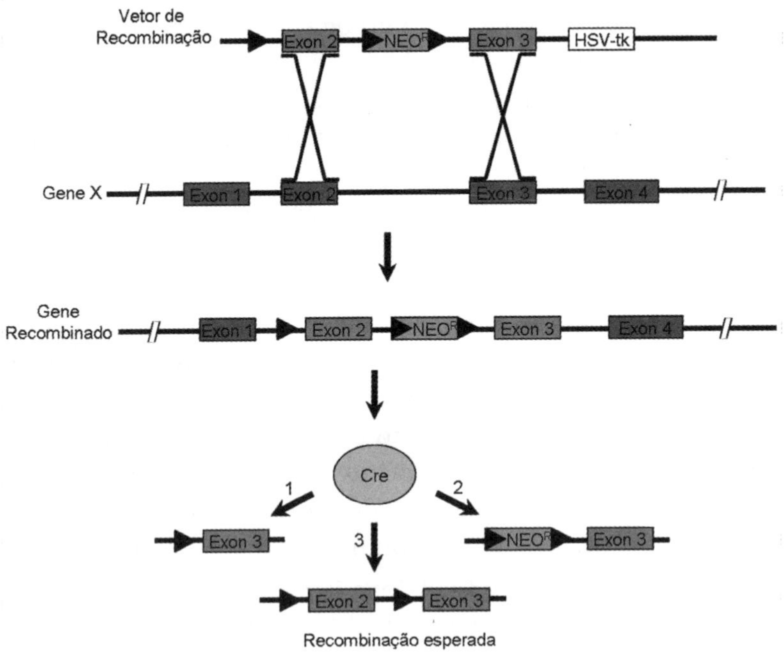

Figura 24.6 Estratégia para a geração de um *knockout* condicional. Esse modelo animal é produzido pelo cruzamento de duas linhagens distintas de animais geneticamente modificados: um transgênico de adição que expressa a recombinase Cre em um tecido específico e um animal *knockin* que possui sequências LoxP flanqueando a região que será removida.

24.5 OUTRAS ESTRATÉGIAS

24.5.1 *Gene-trap*

Esta técnica foi criada com o objetivo de inativar genes do genoma do camundongo com alto rendimento, isto é, conseguir inativar facilmente todos os genes do genoma. Utilizando a técnica *gene-trap*, foi criado um banco de linhagens de células-tronco embrionárias com modificações em apenas um gene, para serem usadas na produção de animais geneticamente modificados.

Os vetores de DNA usados na geração de animais *knockouts* por *gene-trap* além de inativarem o gene também reportam a expressão deste,

proporcionando uma marcação molecular de identificação rápida. Diferentemente da estratégia clássica de inativação do gene (*knockout* constitutivo), que requer um conhecimento detalhado da estrutura do gene para a produção de um vetor de recombinação homóloga, a estratégia de *gene-trap* não é limitada pelas regiões do gene-alvo e pela eficiência do evento de recombinação homóloga, sendo que ela pode ser utilizada para modificar de um grande número de genes em uma manipulação de células-tronco embrionárias[24].

O vetor de *gene-trap* mais utilizado inicialmente é composto por um gene de seleção e/ou gene repórter flanqueado por um sítio aceptor de *splicing* a montante (*upstream*) e um sítio de poliadenilação a jusante (*downstream*). Quando esse DNA exógeno se insere no íntron de um gene, o vetor será expresso sob o comando de um promotor endógeno, que também comanda o gene modificado, resultando em um transcrito composto pelos primeiros exons do gene endógeno em fusão com a região codificante do gene de seleção ou repórter. Por causa do sítio de poliadenilação inserido no vetor, o transcrito se encerrará prematuramente. Portanto, quando esse transcrito for processado, produzirá uma espécie de proteína truncada e não funcional, fundida com uma proteína repórter ou de seleção à droga[23].

Como vários genes não são expressos nas células-tronco embrionárias, a estratégia apresentada anteriormente não permite a identificação das células modificadas, pois o DNA exógeno só será expresso se o gene modificado for naturalmente expresso naquele tipo celular. Para solucionar esse problema, criou-se uma segunda estratégia, na qual o gene repórter ou de seleção é flanqueado a montante por um promotor forte constitutivamente ativo e a jusante por um sítio doador de *splicing*. Dessa forma, o DNA exógeno poderá ser expresso independentemente do gene em que está inserido, usando o sítio de poliadenilação endógeno como indicativo do final da transcrição[25].

Normalmente, a entrada do vetor no núcleo da célula-tronco embrionária é feita por eletroporação ou infecção retroviral, e a inserção do DNA exógeno ao genoma da célula é um evento aleatório.

24.5.2 Nuclease em dedo de zinco (do inglês, *zinc finger nuclease* – ZFN)

Os motivos dedo de zinco são proteínas compostas por cerca de trinta aminoácidos. Suas estruturas terciárias estabilizadas por um íon zinco são capazes de se ligar a uma sequência específica de três nucleotídeos. Existem

várias proteínas em dedo de zinco diferentes, e estas são capazes de se ligar a diversas combinações de nucleotídeos diferentes.

As nucleases em dedo de zinco são estruturadas de forma a conter uma sequência de domínios dedo de zinco, capazes de reconhecer uma sequência-alvo no DNA, fundidos com a endonuclease FokI com o domínio de clivagem não específico ativo. A dimerização de duas nucleases é necessária para quebrar o DNA dupla fita, sendo que cada enzima estará ligada a fitas opostas do DNA[25] (Figura 24.7).

Para se fazer um modelo animal geneticamente modificado utilizando esta técnica, é necessário inserir por microinjeção ou transfecção plasmídeos de DNA contendo as sequências codificadoras das nucleases em dedo de zinco específicas para sua sequência-alvo ou o mRNA dessas enzimas. Quando traduzidas, as enzimas se ligarão à sequência específica do DNA e o clivarão, sendo que cada nuclease se ligará a uma das fitas de DNA sempre em orientação oposta. Assim, um par de nucleases é necessário para a clivagem de uma sequência não palindrômica de DNA[26].

Após a clivagem, o DNA dupla fita será reparado. Uma das formas de reparo é a junção de extremidades de DNA não homólogas. Este mecanismo é propenso a erros, muitas vezes criando inserções ou deleções de alguns pares de bases na região reparada. Além disso, essas alterações podem causar uma mudança de fase de leitura, levando à produção de uma proteína truncada, por exemplo[27].

Outra via de reparo de DNA dupla fita em eucariotos é o reparo do DNA por homologia que usa como molde a sequência do cromossomo homólogo para reparar o material danificado. Baseado neste princípio, juntamente com a nuclease dedo de zinco, se cotransfecta uma molécula de DNA contendo sequências homólogas às regiões que flanqueiam a quebra e uma sequência interna diferente da original. O que se espera é que o sistema de reparo utilize como molde a sequência do DNA exógeno que foi transfectado, no lugar de usar como molde a sequência do cromossomo homólogo não danificado. Esta segunda estratégia, transfectando um DNA molde, pode ser usada para a geração de animais *knockouts*, bem como *knockins*, se entre as regiões homólogas flanqueadoras for inserido, por exemplo, um gene repórter[26,27] (Figura 24.7).

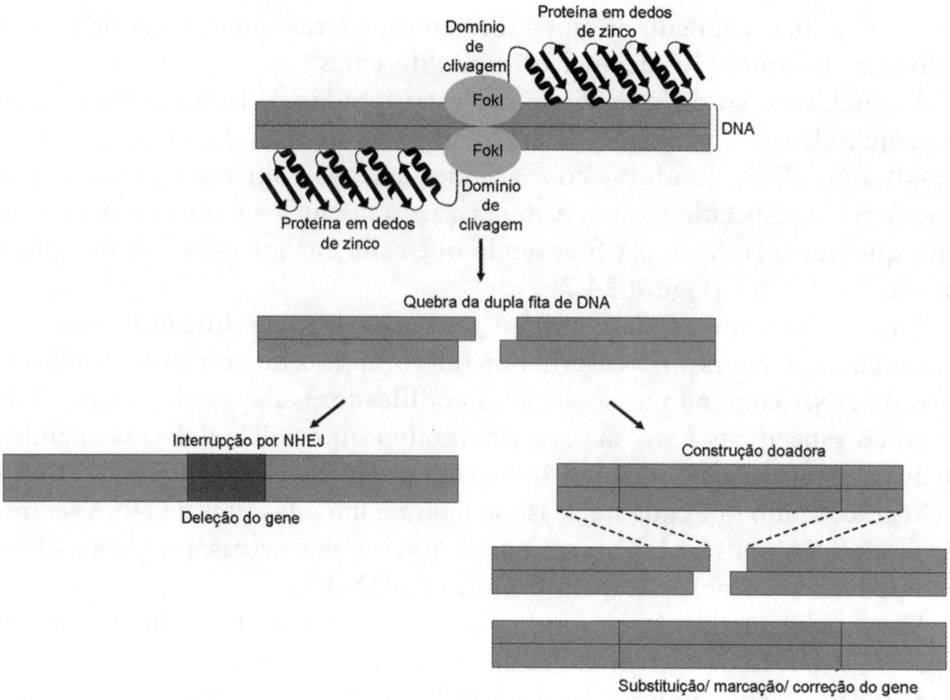

Figura 24.7 Esquema de edição gênica (deleção, substituição, modificação) utilizando o sistema de nucleases em dedo de zinco.

24.5.3 Nucleases efetoras como ativador de transcrição (do inglês, *Transcription activator-like effector nucleases* – TALEN)

Esta ferramenta semelhante à tecnologia ZFN é constituída de uma nuclease (enzima de restrição) FokI em fusão com o domínio de ligação ao DNA de efetores semelhantes a ativadores de transcrição (*transcription activator-like effector*, TALE). Esta tecnologia pode ser utilizada para modificar genomas através da indução de quebras de cadeia dupla (do inglês, *double strand break* – DSB) e posterior reparo por mecanismos celulares.

O domínio de ligação ao DNA será projetado para hibridizar com uma região específica do DNA e, após a hibridização, a nuclease clivará o DNA dupla fita. O mecanismo de junção de extremidades não homólogas (do inglês, *non homologous end joining* – NHEJ) unirá as extremidades quebradas da dupla fita e, ao fazer isso, normalmente comete erros de deleção ou inserção de nucleotídeos, sendo que essa peculiaridade do sistema de reparo é aproveitada para modificar o DNA-alvo. Assim como no ZFN, o

mecanismo de reparo de DNA por homologia também pode atuar, e um DNA exógeno semelhante à região que sofreu a quebra, porém contendo alguma modificação, pode servir de molde para o reparo. Dessa forma, ao consertar a quebra do DNA dupla fita as enzimas de reparo acabam inserindo uma modificação que não existia[27] (Figura 24.8). A sequência codificadora do TALEN normalmente é inserida em plasmídeos, e estes são transfectados em células-tronco embrionárias para que depois da transcrição possam atuar no núcleo da célula, causando a quebra do DNA.

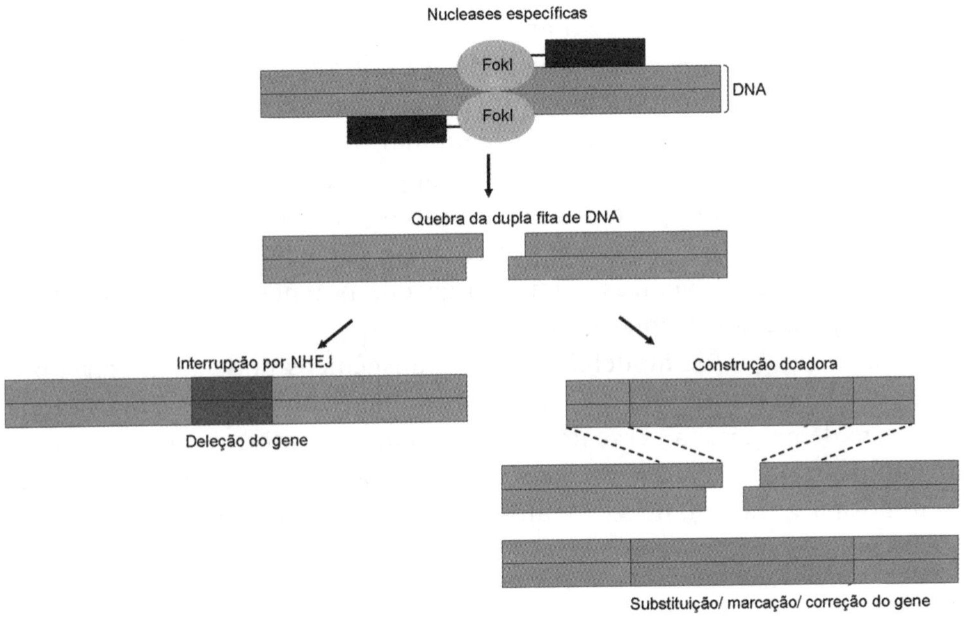

Figura 24.8 Esquema de edição gênica (deleção, substituição, modificação) utilizando o sistema TALEN (transcription activator-like effector nuclease).

Se a construção do TALEN não for muito específica para sua região-alvo ou se tiver como alvo uma região que não é única no genoma, a clivagem pode ocorrer em mais de um local. A grande quantidade de pontas quebradas de DNA dupla fita para serem reparadas poderá sobrecarregar a maquinaria de reparo e produzir rearranjos cromossômicos ou morte celular (revisado em Fontes, 2013[26]).

24.6 POSSIBILIDADES TERAPÊUTICAS E/OU INDUSTRIAIS

Muitas espécies já foram usadas para a geração de transgênicos, tais como bovinos, ovinos e suínos. Tais animais de maior porte, quando comparados aos camundongos, são de especial interesse prático, apesar de seu uso ainda ser limitado por razões diversas, como seu alto custo[26].

Os animais de grande porte são de especial interesse como biorreatores para a produção de proteínas recombinantes naturais ou modificadas[28]. No caso dos porcos, estes são usados para a produção de órgãos para transplante[16]. Além disso, já existem animais modificados que são resistentes às doenças, como bovinos que possuem deleção do receptor para príons e são resistentes à encefalopatia espongiforme bovina[29]; e bovinos resistentes à mastite causada por *Staphylococcus*[30]. Animais de interesse alimentar, como ostras, peixes e mariscos, também já foram gerados[31].

Outra alternativa importante é a geração de ratos e camundongos humanizados[16]. Esses animais possuem proteínas ou sistemas específicos humanos que neles se desenvolvem. Isso implica grande potencial terapêutico, especialmente para testes farmacêuticos.

Assim, a geração de modelos animais transgênicos pode aumentar a produção de alimentos através da geração de animais mais férteis e mais saudáveis; além de permitir a geração de insumos importantes, como as proteínas recombinantes de uso comercial em diferentes áreas e possibilitar a geração de órgãos para transplantes e melhores modelos para o estudo de patologias humanas.

24.7 TÉCNICA PASSO A PASSO

A produção de animais geneticamente modificados com alterações sítio-dirigidas somente se tornou possível após o domínio da obtenção, cultivo e manipulação de células-tronco embrionárias pluripotentes. Essas células são derivadas da massa celular interna dos blastocistos e possuem a capacidade de se diferenciarem em linhagens celulares derivadas dos três folhetos embrionários, e consequentemente darem origem a qualquer célula do corpo[22].

Para a geração dos modelos clássicos de animais geneticamente modificados, como *knockout*, *knockout* condicional e *knockin*, uma construção de DNA, sequência de DNA especificamente montada para causar a alteração sítio-dirigida, é inserida no núcleo das células-tronco embrionárias por

transfecção, normalmente. Essa construção sofre recombinação homóloga com o DNA genômico do animal, transferindo parte de seu conteúdo para esse genoma[24].

A recombinação homóloga ocorre porque a construção de DNA é composta por sequências idênticas (homólogas) às regiões flanqueadoras do locus de interesse (alvo da recombinação) (Figura 24.2). Entre as regiões homólogas da construção pode ainda haver uma sequência sem importância, um gene de resistência a drogas, um gene repórter ou mesmo uma região muito similar à endógena, porém com uma mutação pontual a qual se quer estudar, e isso depende do objetivo do modelo animal. Quando houver o pareamento entre as regiões homólogas da construção e do genoma das células, a recombinação poderá acontecer. Como consequência desse evento, parte do genoma da célula será substituído pelo conteúdo da construção de DNA[17].

Além das sequências homólogas, a construção de DNA que servirá para manipular geneticamente as células-tronco embrionárias normalmente possui dois genes de seleção. O primeiro é um gene de resistência a uma droga (por exemplo, um gene de resistência à neomicina – neoR), que será responsável pela seleção positiva, de modo que as células que integraram o DNA exógeno ao seu genoma sobreviverão ao receberem esta determinada droga[24,32,33]. O segundo é um gene de seleção negativa (por exemplo, o gene da timidina quinase do vírus *Herpes simplex* – HSV-tk), que confere sensibilidade a uma determinada droga chamada ganciclovir, um análogo de timidina. No caso de a inserção não ocorrer por recombinação homóloga, e sim de forma aleatória, esse gene de seleção negativa será integrado ao genoma da célula e será expresso. Na presença do ganciclovir, a timidina quinase produzida por esse gene irá inserir o análogo no DNA da célula, em vez da base timidina, pois sua afinidade pelo ganciclovir é muito maior que pela timidina. Ao ser inserido o ganciclovir no DNA, este não poderá mais ser elongado, consequentemente causando a morte dessa célula. Células que sofreram a recombinação homóloga não terão esse gene inserido em seu genoma, não terão a expressão da timidina quinase do vírus e, portanto, não morrerão com a presença da droga[24].

Depois que as células-tronco embrionárias são modificadas, elas passam por um processo de dupla seleção, uma positiva e outra negativa, como comentado anteriormente. Isto ocorre porque os eventos de recombinação são muito raros, e a grande maioria das células não consegue integrar o DNA exógeno ao seu genoma. Mesmo após vários ciclos de seleção, cada clone de célula-tronco embrionária é avaliado por *Southern blot* ou reação em cadeia da polimerase (PCR), com o objetivo de escolher os clones com

integração correta do DNA exógeno (para informações detalhadas sobre o método, consultar Hall, 2009[24]).

As células-tronco embrionárias modificadas e selecionadas são inseridas na cavidade de um embrião hospedeiro (blastocele) em fase de blastocisto. Esse embrião, por sua vez, é transferido para o útero de uma fêmea receptora (mãe de aluguel). O esperado é que as células modificadas se integrem à massa celular interna desse embrião hospedeiro/receptor e ajude a formar um animal quimérico (formado por células de duas origens diferentes). Normalmente, as células-tronco embrionárias utilizadas são de linhagem diferente do embrião receptor, com cor de pelagem também diferente. Essa estratégia facilita a identificação de animais quiméricos, pois estes apresentam pelagem de duas cores[24].

Mesmo os animais sendo quiméricos na pelagem, isso não garante que suas gônadas tenham sido formadas pelos dois tipos de células ou totalmente pelas células modificadas. Como a intenção é que a modificação genética seja passada aos descendentes, é necessário colocar esse animal quimérico para acasalar e analisar seus filhotes quanto à presença da alteração. Caso haja algum filhote positivo para a modificação, este será considerado um fundador[34].

Para os estudos com modelos *knockout* e mesmo para os *knockin*, é importante que a modificação genética esteja em homozigose. Para isso, é necessário, ao menos no início, fazer o acasalamento de animais heterozigotos e genotipar seus filhotes a fim de detectar os homozigotos para a modificação[34].

Esses processos, descritos de forma resumida acima, são comuns aos modelos clássicos de alteração sítio-dirigidas. O que irá diferir de um modelo para outro é basicamente a construção do DNA exógeno que será utilizado na modificação das células-tronco embrionárias.

24.8 CONCLUSÕES

Desde 1981, quando os primeiros estudos de transgenia foram publicados, o número e a eficácia destas técnicas evoluíram. Hoje, temos a possibilidade de geração de diversas espécies transgênicas, o que nos permite alcançar melhores resultados em nossas pesquisas.

A facilidade para a geração de modelos transgênicos e o custo da técnica se reduziram muito com o passar dos anos. Em 1997, o primeiro consórcio internacional para a geração de camundongos mutados por agentes químicos

foi iniciado[19,35]. Apenas em 2007 deu-se início ao Consórcio Internacional de Camundongos *Knockouts* usando a estratégia de recombinação homóloga em células embrionárias, com o intuito de gerar animais *knockouts* para cada um dos genes homólogos em humanos[36]. Essa iniciativa envolve diversos institutos em todo mundo e tem se mostrado bastante promissora.

Assim, a geração dos modelos passa a não ser mais um fator limitante para a pesquisa.

24.9 PERSPECTIVAS FUTURAS

As perspectivas na área de animais transgênicos são muitas. Devido ao desenvolvimento de novas técnicas de transgenia, como o uso de RNAi para deleção ou inativação de genes e a técnica de TALEN, abre-se a possibilidade da geração de novas espécies transgênicas. A aplicação de algumas espécies para a geração de transgênicos não foi tão bem-sucedida como em ratos e camundongos, mas o uso de novas metodologias poderá permitir isso.

Assim, dado o rápido desenvolvimento da técnica, poderão ser gerados modelos melhores e mais semelhantes às doenças humanas que os camundongos utilizados hoje, como é o caso dos coelhos para doenças cardiovasculares. Esses fatos deverão propiciar também uma possível redução dos custos e rapidez na geração dos modelos animais.

Finalmente, existe também a possibilidade da geração de modelos que possuam múltiplas mutações e/ou deleções, através de cruzamentos entre linhagens transgênicas diferentes ou combinação de técnicas de transgenia, como recombinação homóloga em conjunto com o uso da técnica de etilnitrosureia (ENU). O uso conjunto de técnicas deve possibilitar a geração de modelos mais próximos para doenças complexas e poligênicas, como é o caso, por exemplo, de inúmeras doenças psiquiátricas.

REFERÊNCIAS

1. Anvisa. Guia para a condução de estudos não clínicos de toxicologia e segurança farmacológica necessários ao desenvolvimento de medicamento 2013. Disponível em: http://portal.anvisa.gov.br/wps/wcm/connect/e0f1d9004e6248049d5fdd-d762e8a5ec/Guia+de+Estudos+N%C3%A3o+Cl%C3%ADnicos+-+vers%C3%A3o+2.pdf?MOD=AJPERES.
2. Waterston RH, Lander ES, Sulston JE. On the sequencing of the human genome. Proc Natl Acad Sci USA. 2002 Mar 19;99(6):3712-6.
3. Enser M. Clearing-factor lipase in obese hyperglycaemic mice (ob-ob). Biochem J. 1972 Sep;129(2):447-53.
4. Makino S, Kunimoto K, Muraoka Y, Mizushima Y, Katagiri K, Tochino Y. Breeding of a non-obese, diabetic strain of mice. Jikken Dobutsu. 1980 Jan;29(1):1-13.
5. Bosma GC, Custer RP, Bosma MJ. A severe combined immunodeficiency mutation in the mouse. Nature. 1983 Feb 10;301(5900):527-30.
6. Ehling UH, Charles DJ, Favor J, Graw J, Kratochvilova J, Neuhauser-Klaus A, et al. Induction of gene mutations in mice: the multiple endpoint approach. Mutat Res. 1985 Jun-Jul;150(1-2):393-401.
7. Evans MJ, Kaufman MH. Establishment in culture of pluripotential cells from mouse embryos. Nature. 1981 Jul 9;292(5819):154-6.
8. Smithies O, Gregg RG, Boggs SS, Koralewski MA, Kucherlapati RS. Insertion of DNA sequences into the human chromosomal beta-globin locus by homologous recombination. Nature. 1985 Sep 19-25;317(6034):230-4.
9. Capecchi MR. The new mouse genetics: altering the genome by gene targeting. Trends Genet. 1989 Mar;5(3):70-6.
10. Pesquero JB, Magalhães LE, Baptista HA, Sabatini RA. Animais transgênicos. Biotecnologia Ciência & Desenvolvimento. 2002; 27:52-56.
11. Pereira LdV. Animais trangênicos: nova fronteira do saber. Ciência e Cultura. 2008.
12. Martin GR. Isolation of a pluripotent cell line from early mouse embryos cultured in medium conditioned by teratocarcinoma stem cells. Proc Natl Acad Sci USA. 1981 Dec;78(12):7634-8.
13. Bradley A, Evans M, Kaufman MH, Robertson E. Formation of germ-line chimaeras from embryo-derived teratocarcinoma cell lines. Nature. 1984 May 17-23;309(5965):255-6.
14. Lin FL, Sperle K, Sternberg N. Model for homologous recombination during transfer of DNA into mouse L cells: role for DNA ends in the recombination process. Mol Cell Biol. 1984 Jun;4(6):1020-34.

15. Lin FL, Sperle K, Sternberg N. Recombination in mouse L cells between DNA introduced into cells and homologous chromosomal sequences. Proc Natl Acad Sci USA. 1985 Mar;82(5):1391-5.
16. Gama Sosa MA, De Gasperi R, Elder GA. Animal transgenesis: an overview. Brain Struct Funct. 2010 Mar;214(2-3):91-109.
17. Doyle A, McGarry MP, Lee NA, Lee JJ. The construction of transgenic and gene knockout/knockin mouse models of human disease. Transgenic Res. 2012 Apr;21(2):327-49.
18. Hofker MH, van Deursen J. Transgenic mouse methods and protocols. Totowa: Humana Press; 2003.
19. Nagy S, Gertsenstein M, Vintersten K, Behringer R. Manipulating the Mouse Embryo: A Laboratory Manual. 3rd ed. Cold Spring Harbor: Cold Spring Harbor Laboratory Press; 2003.
20. Walrath JC, Hawes JJ, Van Dyke T, Reilly KM. Genetically engineered mouse models in cancer research. Adv Cancer Res. 2010;106:113-64.
21. Krege JH, Kim HS, Moyer JS, Jennette JC, Peng L, Hiller SK, et al. Angiotensin-converting enzyme gene mutations, blood pressures, and cardiovascular homeostasis. Hypertension. 1997 Jan;29(1 Pt 2):150-7.
22. Shultz LD, Ishikawa F, Greiner DL. Humanized mice in translational biomedical research. Nat Rev Immunol. 2007 Feb;7(2):118-30.
23. Zhang J, Zhao J, Jiang WJ, Shan XW, Yang XM, Gao JG. Conditional gene manipulation: Cre-ating a new biological era. J Zhejiang Univ Sci B. 2012 Jul;13(7):511-24.
24. Hall B, Limaye A, Kulkarni AB. Overview: generation of gene knockout mice. Curr Protoc Cell Biol. 2009 Sep;Chapter 19;Unit 19.12:1-7.
25. Kuhn R, Wurst W. Gene Knockout Protocols. 2nd ed. Totowa: Humana Press; 2009.
26. Fontes A, Lakshmipathy U. Advances in genetic modification of pluripotent stem cells. Biotechnol Adv. 2013 Jul 12.
27. Hauschild-Quintern J, Petersen B, Cost GJ, Niemann H. Gene knockout and knockin by zinc-finger nucleases: current status and perspectives. Cell Mol Life Sci. 2013 Aug;70(16):2969-83.
28. Kind A, Schnieke A. Animal pharming, two decades on. Transgenic Res. 2008 Dec;17(6):1025-33.
29. MacKenzie DA, Hullett DA, Sollinger HW. Xenogeneic transplantation of porcine islets: an overview. Transplantation. 2003 Sep 27;76(6):887-91.
30. Richt JA, Kasinathan P, Hamir AN, Castilla J, Sathiyaseelan T, Vargas F, et al. Production of cattle lacking prion protein. Nat Biotechnol. 2007 Jan;25(1):132-8.
31. Donovan DM, Kerr DE, Wall RJ. Engineering disease resistant cattle. Transgenic Res. 2005 Oct;14(5):563-7.

32. Angelopoulou MK, Rinder H, Wang C, Burtness B, Cooper DL, Krause DS. A preclinical xenotransplantation animal model to assess human hematopoietic stem cell engraftment. Transfusion. 2004 Apr;44(4):555-66.

33. Belizario JE, Akamini P, Wolf P, Strauss B, Xavier-Neto J. New routes for transgenesis of the mouse. J Appl Genet. 2012 Aug;53(3):295-315.

34. Gondo Y. Trends in large-scale mouse mutagenesis: from genetics to functional genomics. Nat Rev Genet. 2008 Oct;9(10):803-10.

35. Wu S, Ying G, Wu Q, Capecchi MR. A protocol for constructing gene targeting vectors: generating knockout mice for the cadherin family and beyond. Nat Protoc. 2008;3(6):1056-76.

36. Capecchi MR. Gene targeting in mice: functional analysis of the mammalian genome for the twenty-first century. Nat Rev Genet. 2005 Jun;6(6):507-12.

CAPÍTULO 25

SISTEMA CRE-*LOX*: TRANSGÊNICOS TECIDO E TEMPO PROGRAMADOS

Fernanda M. Policarpo Tonelli
Anderson Kenedy Santos
Rodrigo R. Resende

25.1 INTRODUÇÃO

Os avanços na química e biologia no século XX geraram um terreno fértil para a proposição de novas formas de estudar, utilizar e entender como os mecanismos biológicos funcionam. Hoje, na era pós-genômica, o genoma de vários organismos já foi decifrado e o volume de dados a serem analisados e anotados cresceu na mesma extensão. Seguindo a sequência de estudos, o próximo estágio é a atribuição de uma função biológica a cada gene ou região genômica anotados. Nesse contexto, animais transgênicos desempenham um papel importante na definição de função de genes, bem como na elaboração de modelos de estudo de doenças, além de poderem ser utilizados no desenvolver de terapêutica para as mesmas.

O sequenciamento completo do genoma humano, em especial, pode ser considerado um fator importante para a utilização, desenvolvimento e adequação de sistemas de recombinação sítio-específica, como o Cre-*Lox*, em práticas na pesquisa biomédica e biotecnológica. A identificação de genes e regiões regulatórias depende da análise da expressão do gene ou do papel

regulatório da sequência candidata com total correspondência ao *in vivo*; por isso, a sua alocação específica no genoma do organismo modelo se faz necessária, e por este motivo um sistema de recombinação homóloga tão específica é importante[1]. Este tipo de rearranjo genômico é amplamente utilizado para análise de linhagens celulares como modelos de doenças e organismos-modelo em procedimentos de *knock-out*, *knock-in*, terapias gênica e celular.

A recombinação sítio-específica é um mecanismo empregado como uma nova ferramenta de manipulação de sequências de DNA para a engenharia genética com diversas aplicações e abordagens na pesquisa científica básica e aplicada[2]. Utilizando recombinases de bacteriófagos, sendo a principal a Cre (do inglês, *Cyclization recombination*) recombinase, sequências inteiras podem ser inseridas em genomas procariotos e eucariotos[3]. A transferência se dá de forma conservativa, isto é, sem alterar o gene ou sua sequência, durante o processo de recombinação. Sequências repetidas e invertidas, chamadas *Lox* (*locus of crossover* [x]), que flanqueiam a região a ser recombinada, pareiam-se em sítios de recombinação formando um intermediário de *Holliday* (uma junção ou intermediário de *Holliday* é uma junção móvel entre quatro cadeias de ácido desoxirribonucleico (DNA)). A estrutura foi nomeada em referência a Robin Holliday, que a propôs em 1964 para descrever um tipo particular de troca de informação genética em leveduras conhecida como recombinação homóloga (Figura 25.1A)[4,5]. A atividade da Cre recombinase é controlada pela sua expressão de forma transiente ou constitutiva em células/organismos modificados geneticamente para a técnica. Além disso, o gene *cre* pode ser expresso a partir da ação de uma região promotora tecido específica; assim, é possível controlar a recombinação Cre-*Lox* temporal e espacialmente[6-9].

Existem três formas alternativas pelas quais o Cre-*Lox* pode agir em um genoma: excisão ou deleção, inversão e translocação. Esta última pode promover a integração genômica e/ou troca de cassete mediada por recombinação (do inglês, *recombination mediated cassete exchange* – RMCE) quando a região flanqueada corresponde a um cassete de expressão (promotor + gene)[1,10] (Figuras 25.1B, C e D).

O sistema de recombinação foi inicialmente descrito em procariotos, e nas últimas décadas vários trabalhos o têm utilizado e adaptado para emprego em eucariotos. Para tanto, foi verificada a especificidade da Cre recombinase para sítios *Lox* nesses organismos, especialmente em mamíferos[11,12]. O sistema Cre-*Lox* é visto como uma poderosa ferramenta capaz de substituir a produção de animais transgênicos gerados rotineiramente por

Sistema Cre-*Lox*: Transgênicos Tecido e Tempo Programados **1039**

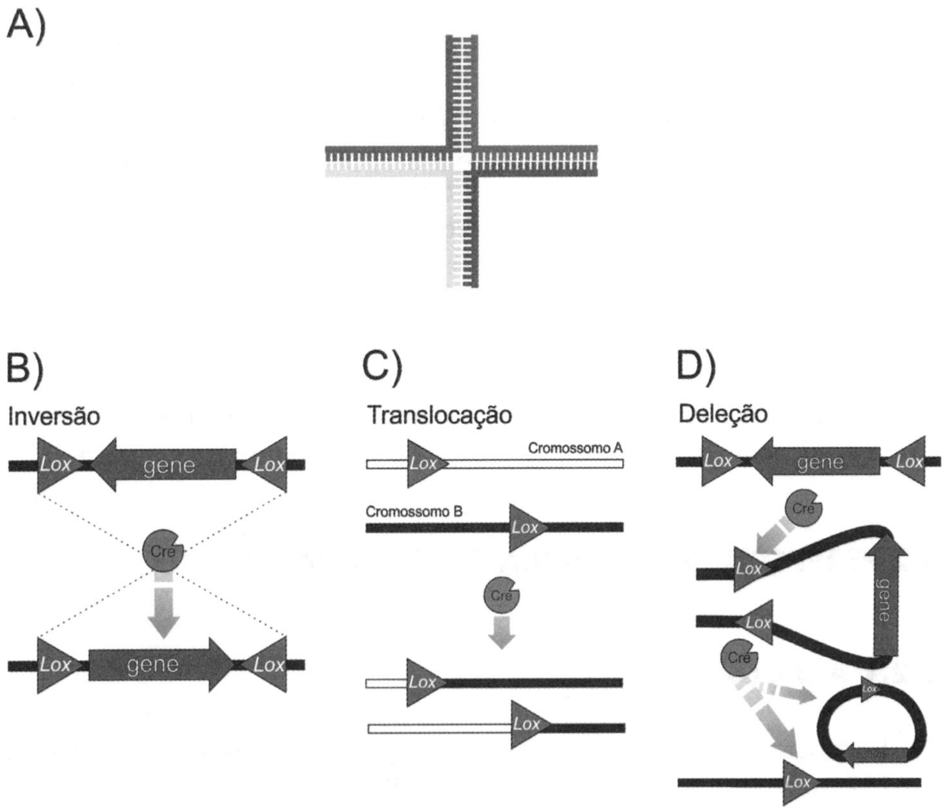

Figura 25.1 (A) Intermediário de Holliday. (B) Inversão genômica mediada por recombinação Cre-*Lox*: regiões flanqueadas por sequências *Lox* podem ser aproximadas e excisadas pela ação da Cre recombinase. A própria recombinase inverte a sequência e religa (atividade de DNA ligase) as extremidades na mesma região genômica, alterando a leitura da sequência invertida (na figura, demonstrado pelo sentido do gene). (C) Translocação: é promovida pela retirada de uma sequência genômica e inclusão em outra posição do genoma (na figura, do cromossoma A para o B). O processo é mediado pela Cre recombinase que necessita de duas sequências *Lox*, uma na posição de origem e uma na posição de destino no genoma. (D) Deleção: a Cre recombinase pode parear duas sequências flanqueadoras *Lox* e promover a excisão seguida de religação, como vista em inversão; no entanto, são formados dois produtos, um circular contendo um *Lox* e a região anteriormente flanqueada e outra contento apenas *Lox*, que configura a região que perdeu uma sequência original, ou seja, que foi deletada (Para visualizar as cores, acesse o site da Editora Blucher).

injeção pronuclear de DNA exógeno em zigoto fertilizado[13]. Por esta técnica, a integração genômica pode ocorrer ao acaso e, pelas mutações decorrentes desta, pode-se observar ganho ou perda de função relacionada ao transgene ou regiões adjacentes. Atualmente, é utilizada a Cre em camundongos que contêm alelos *knock-out*, sendo que um dos alelos é alterado pela inserção

de sítios *Lox* entre dois íntrons ou nas extremidades opostas de um gene. A expressão da Cre, ativada de forma transiente, catalisa a recombinação entre os locais *Lox* e inativa o gene (Figura 25.1D). Assim, por se tratar de um mecanismo altamente específico, é mais seguro utilizar o Cre-*Lox* em vez de injeção pronuclear[1]. A estabilidade do transgene no organismo hospedeiro também é um traço marcante e característico do Cre-*Lox*, que agrega ao sistema novas funcionalidades em experimentos transgênicos.

Neste capítulo, abordaremos os princípios básicos do sistema de recombinação Cre-*Lox*, no que tange aos seus mecanismos e componentes. Em um segundo momento, trataremos das estratégias em voga que utilizam este sistema como ferramenta, bem como a sua aplicabilidade prática no estudo na área de ciências biológicas, biotecnológicas e engenharia genética.

25.2 PERSPECTIVA HISTÓRICA DO SISTEMA CRE-*LOX*

25.2.1 A descoberta

A descoberta do sistema de recombinação Cre-*Lox* foi feita no final dos anos 1970 por Sternberg[14]. O bacteriófago P1 (colifago P1) possuía um sistema até então considerado incomum: um genoma circular e mapa genético linear (Figura 25.2). Inicialmente, a explicação para tal fato seria que as regiões terminais do mapa genômico de P1 continha um *hotspot* para recombinação e, por isso, marcadores em ambos os lados do *hotspot* frequentemente pareciam estar desconectados[15].

Estudos realizados posteriormente confirmaram essa ideia quando foi utilizada a enzima de restrição EcoRI-7 que possui um sítio na posição terminal do *hotspot*[17]. O fragmento gerado da digestão foi então clonado em um vetor A, e logo após foi estimulada a recombinação entre vetores A. Mapeando a região da deleção feita pela enzima de restrição, foi verificado que a recombinação ocorria com maior frequência em um mesmo locus, o *Lox*P (*locus* de X-*over* em P1), e que o próprio bacteriófago P1 possui um fator promotor de recombinação chamado *cre*, gene que codifica a enzima Cre recombinase[5]. A função desse sistema de recombinação para o bacteriófago P1 seria melhorar a infecção como uma forma alternativa de circularização do seu genoma, caso a recombinação com o hospedeiro falhasse. Uma segunda função seria a manutenção da capacidade de segregação do genoma do hospedeiro e formação da forma pró-vírus, cuja frequência é

Sistema Cre-*Lox*: Transgênicos Tecido e Tempo Programados

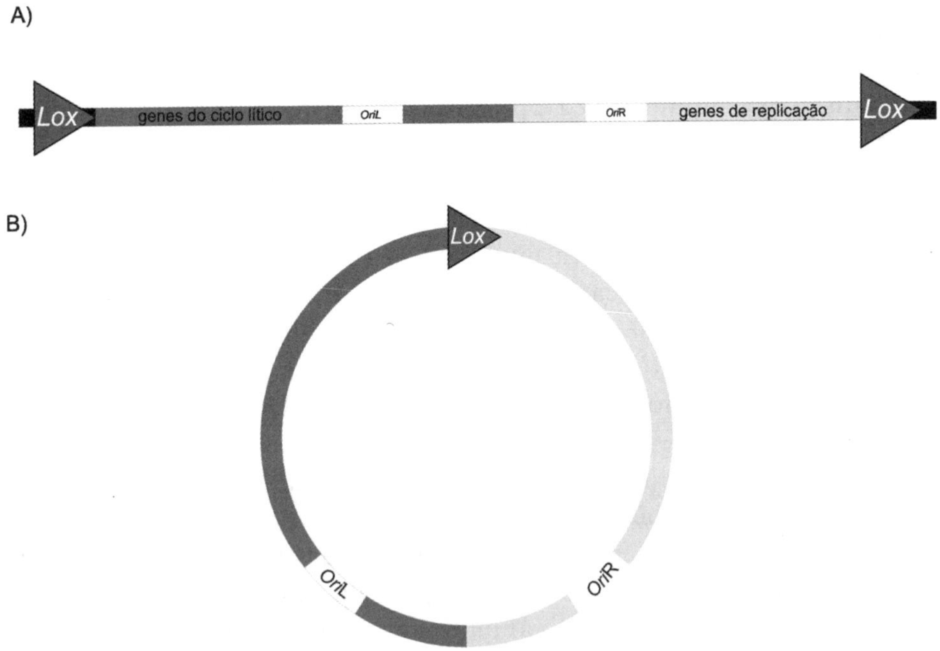

Figura 25.2 Ilustração esquemática da organização do material genético do bacteriófago P1. Ele pode se apresentar de duas formas: mapa genético linearizado (A) ou mapa genômico circular (B). O genoma do fago P1 possui genes que codificam para a maquinaria de replicação viral, processo que possui como origem de replicação a OriR, incluindo um segundo conjunto de genes que codificam as proteínas envolvidas no ciclo lítico viral, tendo a OriL como origem. O fago P1 possui ainda um par de sequências *Lox* em regiões terminais e o gene cre (situado próximo a uma sequência *Lox*), que codifica a Cre recombinase. Originalmente, as regiões terminais do genoma foram consideradas um *hotspot* para recombinação, verificando-se depois que se tratava das regiões *Lox*. A atividade da Cre recombinase é utilizada pelo vírus para a produção das duas formas alternativas, como meio de se manter o número de multímeros constante na forma infectante (lítica) ou integrada ao genoma (fase lisogênica) no hospedeiro[16].

proporcionalmente mais baixa do que a forma de pró-fago, aumentando a estabilidade de P1[3,14].

25.2.2 Cre-*Lox* em eucariotos

Em 1982, foi realizada a primeira tentativa de se adaptar o sistema Cre-*Lox*P para o genoma eucarioto por Hoess e Ziese[18]. Nesse estudo, foram analisados os sítios *Lox*P, *Lox*B, *Lox*L e *Lox*R. Em especial, *Lox*P foi confirmado como uma sequência repetida e invertida de 13 bp flanqueada de cada

lado por uma sequência espaçadora assimétrica[18] de 8 bp. Logo após, Hoess e Abremski[19] identificaram os cofatores, substratos necessários e a definição de uma distância mínima de 82 bp entre os *Lox*P para que a recombinação se viabilize[19].

A levedura *Saccharomyces cerevisae* foi o modelo utilizado por Sauer[12] em 1987 para comprovar que o sistema Cre-*Lox* era funcional em sistema eucariótico e que demonstrava uma complexidade maior quando comparada à recombinação procariótica. Neste estudo foi confirmada a atividade da Cre recombinase como altamente específica, que não era apenas capaz de reconhecer sítios *Lox*, como também era capaz de coordenar a sinapse de recombinação - clivagem da dupla fita de DNA, a troca entre fitas e ligação final[12,20].

Células murinas da linhagem C-127 foram utilizadas pelo mesmo grupo no ano seguinte, e também o sistema Cre-*Lox* foi considerado aplicável à mamíferos[2]. Desde então, vários trabalhos utilizaram células de mamíferos e de leveduras para a inclusão de transgene em única cópia no genoma[12]. Células-tronco embrionárias de camundongo (*murine embryonic stem cells* – mESC) foram utilizadas para mutação em IgH pela inserção de *Lox*P entre o éxon terminal J_H e o éxon inicial Cµ, pela atividade transiente da Cre, e inserção subsequente em blastocisto. O camundongo gerado foi considerado mutante para IgH pela deleção da região J_H-Cµ[21] (Figura 25.3).

Este estudo merece destaque por ter confirmado a capacidade de criação de diferentes fenótipos em camundongos de forma altamente específica para um gene alvo e que a transmissão para a linhagem germinativa era permissível[22].

A primeira utilização de células humanas em ensaios de recombinação Cre-*Lox* em hESC foi realizada por Irion e colaboradores em 1999, o locus ROSA26 recebeu uma variação de *Lox*P, chamado *Lox*2272 (discutido à frente neste capítulo) seguido de gene de resistência a neomicina (sem região promotora) e proteína fluorescente vermelha repetida e em tandem (*tandem-dimer red fluorescent protein* – tdRFP)[23]. A expressão transiente foi acionada uma vez para cada *Lox*. Na região flanqueada por *Lox*P (termo também utilizado como região *floxada*, do inglês: *floxed/flox* = *flanked by Lox*) ocorreu a excisão do gene de resistência à neomicina, enquanto na região entre *Lox*2272 ocorreu a inversão de tdRFP, colocando o códon de iniciação em fase com o promotor endógeno da região, assim expressando a proteína responsável pela fluorescência avermelhada (Figura 25.4). Cre-*Lox* em células humanas foi considerada viável a partir desse trabalho e, nesta mesma linha, trabalhos utilizando camundongos e ROSA26 (similar à região

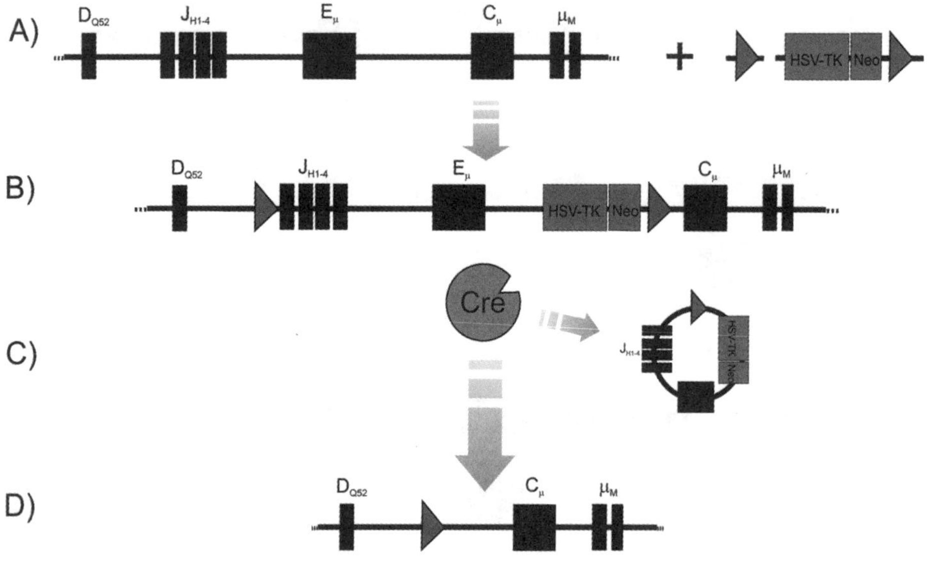

Figura 25.3 Deleção de JH-Cμ de IgH de células-tronco de camundongo (*murine embryonic stem cells* – mESC). Retângulos pretos correspondem aos éxons que compõem o gene IgM, triângulos correspondem a sítios *Lox*P. A deleção baseou-se em dois passos: o primeiro (A) corresponde à recombinação homóloga na linhagem germinativa para inserção de dois sítios *Lox*P, um promotor timidina quinase de vírus herpes simplex (HSV-TK) induzível por ganciclovir e um gene de resistência à neomicina (Neo), para seleção das células recombinantes formando (B); e o segundo passo (C), à recombinação Cre-*Lox*P mediada pela Cre, promovendo a deleção de um fragmento circular JH-Cμ-HSV-TK-Neo e formação de um espécime IgH mutante em (D)[22].

humana) mostraram os mesmo efeitos. Inclusive ROSA26 foi considerada uma região segura para inserção de transgenes em células-tronco pluripotentes, gerando as células-tronco pluripotentes induzíveis (do inglês, *induced pluripotent stem cells* – iPSC) já que alterações nessas regiões não afetam a pluriopotência da linhagem[23,24].

Em 2007, Livet e Weissman[26] inovaram ao propor uma estratégia de recombinação homóloga inicialmente em linhagem humana HEK293 (do inglês, *human embryonic kydney cells*, células de rim embrionário humano) e, posteriormente em mESC, que provocou uma combinação estocástica de proteínas fluorescentes nos subtipos celulares que compõe a rede neural de camundongo. Foram utilizados vetores plasmidiais contendo genes que codificam diferentes proteínas fluorescentes, invertidas ou não, flanqueadas por diferentes *Lox* sob controle do promotor citomegalovírus (CMV) ou antígeno de superfície celular Thy1. A atividade da Cre recombinase criou um perfil de cores nas linhagens neurais que possibilitava observar sinapses,

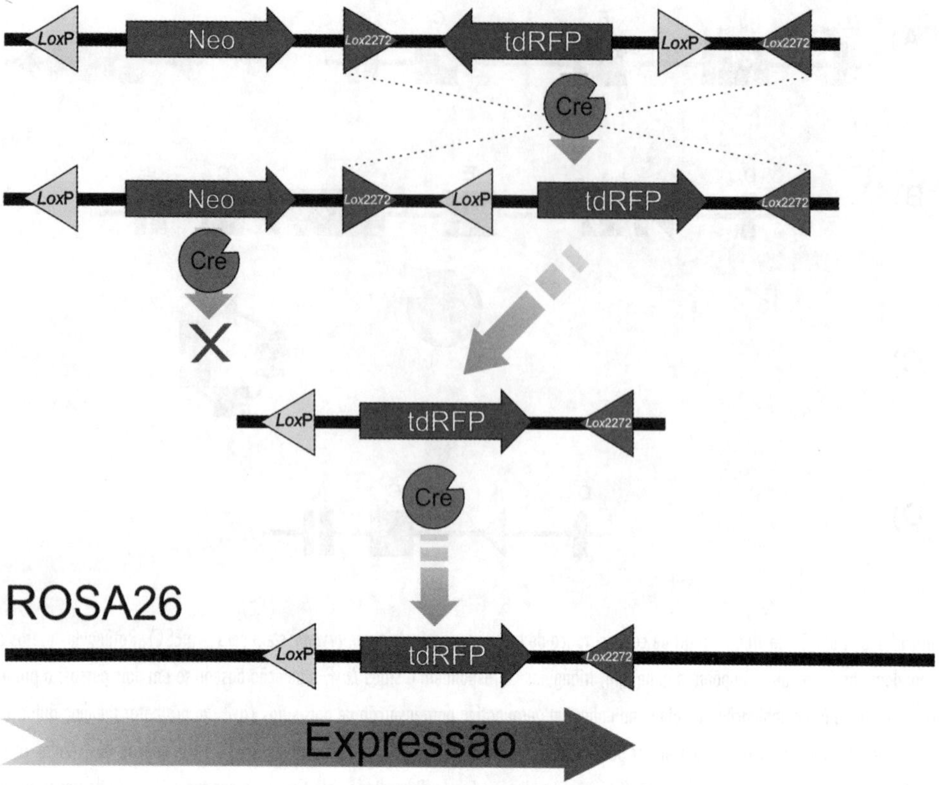

Figura 25.4 Inserção de tdRFP (*tandem-dimer red fluorescent protein*, proteína fluorescente vermelha repetida e em tandem) em células tronco embrionárias humanas (*human embryonic stem cells* — hESC) utilizando recombinação Cre-*Lox* a partir de um cassete de expressão contendo o gene de resistência à neomicina sem região promotora[25]. A Cre age em dois momentos por utilizar dois pares de sítios *Lox* não idênticos (*LoxP* e *Lox*2272): no primeiro, promove a inversão do gene colocando o códon ATG de tdRFP em sequência do promotor endógeno, presente em ROSA26 e, no segundo, promove a deleção do gene de resistência à neomicina.

morfologia e migração celular. Este trabalho diferenciado, sem precedentes, foi *starter* em uma área da engenharia celular e biologia celular, abrindo uma nova vertente de estudos e, por isso, será abordado com mais detalhes em outro capítulo deste livro.

25.3 ELEMENTOS DO SISTEMA CRE-*LOX*

O sistema Cre-*Lox* é composto, basicamente, como o próprio nome sugere, de uma enzima recombinase chamada Cre e um par de sítios *Lox*.

Estes se encontram naturalmente presentes no DNA do bacteriófago P1, sendo o gene da recombinase adjacente aos sítios de recombinação[27]. Esta enzima realiza a recombinação de DNA de maneira sítio-específica, ou seja, reconhece a sequência de DNA específica dos sítios Lox para promover a recombinação.

25.3.1 Os sítios Lox

A Cre recombinase reconhece um sítio Lox natural de recombinação no material genético do bacteriófago P1, conhecido como[28] LoxP. Este consiste em sequência de 34 bp de fita dupla de DNA palindrômica (exceto seus 8 pb mais internos da região espaçadora)[29] (Figura 25.5A).

Dentre os 34 bp, os treze primeiros e últimos pares são repetições invertidas (quadrados maiores da Figura 25.5A), contendo a região específica reconhecida pela enzima (delimitada pelos quadrados menores)[31], e os 8 pb centrais (sublinhados na Figura 25.5A) são assimétricos e responsáveis por conferir um sentido ao sítio[29], ou seja, fazem com que a sequência de 34 pb não seja um palíndromo completo, e sim apenas nos 13 pb de cada extremidade, sendo possível, dessa forma definir seu terminal 5' e o 3'.

Esta sequência de DNA, após ser reconhecida pela Cre recombinase, é clivada nas regiões indicadas pelas setas na Figura 25.5A; porém, para que a clivagem ocorra, enzima e substrato devem adquirir uma conformação de complexo produtivo, ou seja: dois sítios LoxP devem ser alinhados de maneira antiparalela, e cada uma de quatro subunidades idênticas de Cre, arranjadas em anel, deve ser capaz de contactar outras duas subunidades vizinhas e metade de um sítio LoxP (figuras 25.5B e C)[29].

A recombinação que ocorre com alta eficiência entre dois LoxP (recombinação esta responsável naturalmente por promover a circularização do bacteriófago P1), também pode ocorrer na natureza quando o plasmídeo (material genético do P1) contendo os sítios LoxP é integrado ao cromossomo bacteriano; porém, este último processo ocorre com menos eficiência, e o sítio no qual este ocorre no material genético da bactéria é chamado LoxB. Segundo Hoess e colaboradores, quando a recombinação entre os LoxP e B ocorre, surgem então os Lox híbridos[28] L e R, que flanqueiam o pró-fago integrado[27].

Estes quatro Lox, todos de existência natural, possuem entre si diferentes eficiências de recombinação via Cre, sendo LoxP e LoxL os mais eficientes para este evento[32].

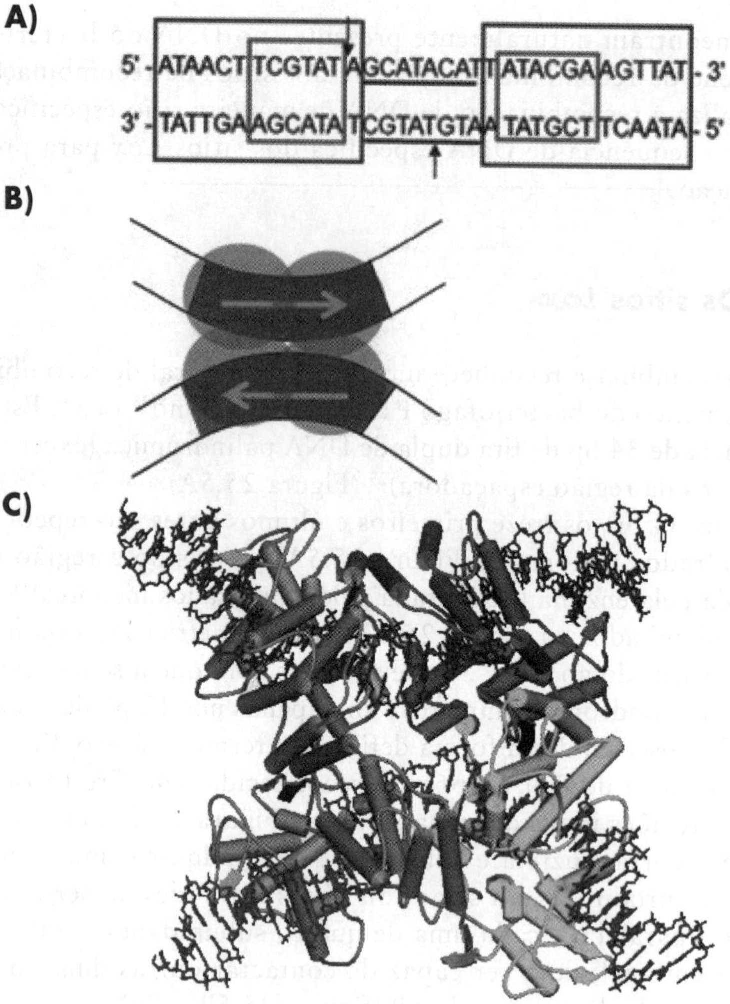

Figura 25.5 (A) Sítio *Lox*P com sua sequência de 34 pb. Nos quadrados maiores, a porção palindrômica do sítio, ou seja, repetições invertidas entre si. Nos quadrados menores, a região do palíndromo reconhecida pela enzima recombinase. A região central sublinhada é assimétrica e confere sentido ao sítio. As setas indicam os sítios de clivagem da recombinase. (B) Representação esquemática das duas fitas da dupla hélice do DNA, com os sítios *Lox*P representados pelas faixas grossas e seu sentido indicado pelas setas. Para que ocorra a clivagem, cada uma das quatro subunidades de Cre (representadas pelos círculos), deve ser capaz de contactar outras duas subunidades vizinhas de enzima e metade de um sítio *Lox*P (alinhados de maneira antiparalela). (C) Complexo sináptico com as quatro subunidades de Cre recombinase a as moléculas de DNA[30].

No entanto, com o desenvolver de novas aplicações para o sistema Cre-*Lox*, e tentativas de elucidação do mecanismo de ação e conformações

assumidas durante o processo, diferentes versões de sítios *Lox* mutados foram desenvolvidas.

25.3.2 Sítios *Lox* mutantes

No ano de 1986, Hoess e colaboradores mencionaram a possibilidade de se gerar sequências *Lox* mutadas na região espaçadora entre as repetições invertidas das extremidades do *Lox*P. Em seu trabalho, utilizaram quatro mutantes produzidos (mutações sublinhadas na Tabela 25.1) e concluíram que, das mutações realizadas, a única que reduz drasticamente o potencial de recombinação é o *Lox*P 514; além disso, na utilização de região espaçadora simétrica a frequência de excisão e inversão é a mesma[33].

Tabela 25.1 Sítios *Lox* mutados na região espaçadora

SÍTIO	SEQUÊNCIA
Lox 511	ATAACTTCGTATA**GTATACAT**TATACGAAGTTAT
Lox 514	ATAACTTCGTATA**GCGTACAT**TATACGAAGTTAT
*Lox*512	ATAACTTCGTATA**GCACACAT**TATACGAAGTTAT
Lox sym	ATAACTTCGTATA**ATGTACAT**TATACGAAGTTAT

Em 1995, Alberts e colaboradores reportaram a possibilidade de geração de sequências *Lox* mutadas em sua região de repetição invertida de nucleotídeos (em destaque nos quadrados maiores na Figura 25.5A) direita (RE) ou esquerda (LE); da recombinação entre estas se pode obter o *Lox* mutado, conhecido como mutante no elemento da esquerda / elemento da direita (mutante LE/RE, *Left Element/Right Element*)[34]. Estes pesquisadores obtiveram sequências contendo cinco nucleotídeos modificados no elemento repetitivo de 13 bp da esquerda (*Lox*71) (Figura 25.6A) e na direita (*Lox*66) (Figura 25.6B); utilizando-se dessas sequências foi possível a promoção de recombinação[34]. Araki e colaboradores, dois anos mais tarde, analisaram o potencial de promoção de recombinação destes sítios mutados e observaram que eles seriam muito úteis para a realização de *knock-in* de genes, visto que a frequência de integração de DNA sítio-específica oferecida pelos *Lox* mutados era máxima em 16%: valor bastante superior aos cerca de 0,2% do *Lox*P nativo[35].

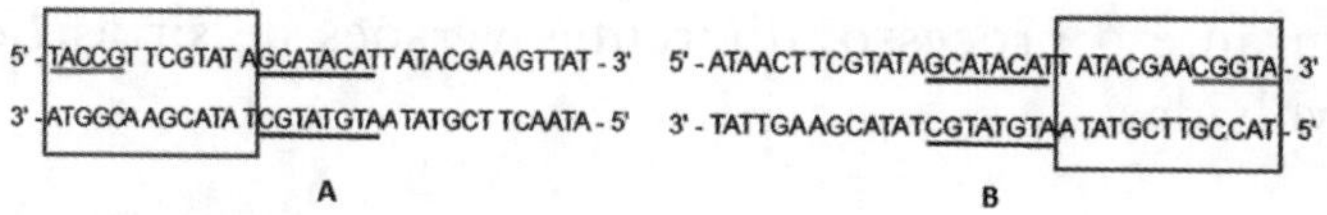

Figura 25.6 (A) Sítio *Lox*71. No destaque dentro do retângulo, a porção correspondente à região palindrômica esquerda do sítio *Lox*P que se encontra mutada no *Lox*71 (os cinco nucleotídeos modificados encontram-se grifados). A região central sublinhada em preto é a correspondente à porção assimétrica do sítio *Lox*P, que permaneceu inalterada. (B) Sítio *Lox*66. No destaque dentro do retângulo, a porção correspondente à região palindrômica direita do sítio *Lox*P, que se encontra mutada no *Lox*66 (os cinco nucleotídeos modificados encontram-se grifados). A região central sublinhada em preto é a correspondente à porção assimétrica do sítio *Lox*P, que permaneceu inalterada.

Na tentativa de obtenção da estrutura cristalizada do complexo Cre-*Lox*, Guo e colaboradores obtiveram, ainda em 1997, o *Lox*A, que apresentava simetria, diferentemente do *Lox*P. Este foi desenvolvido pela mudança de três pares de bases do *Lox*P, substituindo-se a sequência CAT por TGC (região em destaque na Figura 25.7); dessa forma, foi possível obter dados de estrutura da Cre recombinase (por exemplo, detalhes da região de seu sítio ativo), do sítio *Lox* (por exemplo, o posicionamento ótimo do DNA durante a sinapse), e do complexo Cre-*Lox* (por exemplo, sua arquitetura e interações no complexo sináptico)[36].

Nesse mesmo ano, Bouhassira e colaboradores promoveram recombinação usando *Lox* heteroespecíficos, realizando a chamada troca de cassete mediada por recombinase (RMCE). Sabendo-se que a recombinação não é promovida entre sítios *Lox*, que diferem na região espaçadora, estes pesquisadores flanquearam, no DNA doador e no receptor, a região a ser permutada por dois *Lox* diferentes, que se recombinavam cada um com seu semelhante no DNA-alvo[37] (Figura 25.4).

Em 1998, Lee e Saito realizaram um estudo envolvendo 54 mutantes do *Lox*P na região espaçadora: 24 deles com apenas uma base alterada e 30 deles com duas bases substituídas. A eficiência de recombinação destes se mostrou inferior, exceto a observada para os mutantes 5171 e 2272, que recombinaram eficientemente com mutantes iguais, mas não com mutantes diferentes ou com o *Lox*P[38].

No ano seguinte, o *Lox*A, também chamado por Guo e colaboradores de *Lox*S (simétrico, Figura 25.7), foi utilizado na presença de duas recombinases mutadas (CreR173K e CreY324F) para obtenção de estrutura cristalizada de complexos sinápticos estáveis[31].

```
5' - TATAACTTCGTATAGCATA|TGC|TATACGAAGTTAT - 3'
3' -  TATTGAAGCATATCGTAT|ACG|ATATGCTTCAATAT - 5'
```

Figura 25.7 *Lox*A ou *Lox*S. Foram desenvolvidos para apresentar simetria, a partir da estrutura do *Lox*P (assimétrico). Em destaque, destacam-se os três pares de bases alterados no *Lox*P para originar o *Lox*A ou S: substituiu-se a sequência CAT por TGC.

Gopaul e colaboradores, por sua vez, desenvolveram o *Lox*S6 para determinar a estrutura do intermediário em forma de junção de Holliday, originado no processo de recombinação. O *Lox*S6, assim como o *Lox*A ou *Lox*S, é simétrico; mas diferentemente deles tem 34 bp, assim como o *Lox*P; as bases T desemparelhadas no terminal 5' presentes no *Lox*S (Figura 25.8A, em destaque) não existem no *Lox*S6 (Figura 25.8B)[39].

```
a
   5' - (T)ATAACTTCGTATAGCATATGC TATACGAAGTTAT - 3'
   3' -   TATTGAAGCATATCGTATACGATATGCTTCAATA(T) - 5'
b
   5' - ATAACTTCGTATAGCATATGCTATACGAAGTTAT - 3'
   3' - TATTGAAGCATATCGTATACGATATGCTTCAATA - 5'
```

Figura 25.8 (A) Sequência de nucleotídeos do *Lox*S; este possui nucleotídeos T desemparelhados no terminal 5' (destacados pelos círculos). (B) Sequência do *Lox*S6, que assim como o *Lox*A ou *Lox*S é simétrico. Este tem o mesmo número de pares de bases que o *Lox*P e é idêntico ao *Lox*S, exceto pelos nucleotídeos T desemparelhados no terminal 5'.

Santoro e Schultz desenvolveram oito variantes de sequência de sítios *Lox* (*Lox* M1 a M8, Tabela 25.2) para entender melhor as bases moleculares de reconhecimento das sequências *Lox* e gerar, por mutagênese randômica, recombinases com diferentes especificidades capazes de reconhecer variantes de sequência *Lox*. A recombinase selvagem Cre foi capaz de promover a recombinação nas variantes de sequência, exceto[29] em M3, M5 e M7.

Tabela 25.2 Sequências *Lox*M1-M8 e potencial de promover recombinação

LOX	SEQUÊNCIA	CAPACIDADE DE PROMOVER RECOMBINAÇÃO VIA CRE
M1	ATAACTTC**A**TATAGCATACATTATA**T**GAAGTTAT	+
M2	ATAACTTCGTA**C**AGCATACATT**G**TACGAAGTTAT	+
M3	ATAACTTC**A**TA**C**AGCATACATT**G**T**A**TGAAGTTAT	-
M4	ATAACTT**T**GTATAGCATACATTATAC**A**AAGTTAT	+
M5	ATAACTTCGT**GC**AGCATACATT**GC**ACGAAGTTAT	-
M6	ATAACT**CT**GTATAGCATACATTATAC**AG**AGTTAT	+
M7	ATAACT**CTA**TATAGCATACATTATA**TAG**AGTTAT	-
M8	ATAACT**CT**GT**G**TAGCATACATTA**CACAG**AGTTAT	+

Ainda em 2002, Langer e colaboradores utilizaram os *Lox*M2, M3, M7 e M11 (Tabela 25.3) mutados na sequência espaçadora e observaram que todos eram incompatíveis com o *Lox*P nativo para recombinação, além de *Lox*M3 e M7 serem também incompatíveis entre si[40].

Nesse mesmo ano, Araki e colaboradores publicaram um importante trabalho no qual compararam a eficiência de inserção de sequências com *Lox*LE/RE mutantes e da estratégia RMCE. Esta última estratégia mostrou-se mais eficiente que a primeira, e a combinação de ambas se mostrou vantajosa, pois apesar de a eficiência ser semelhante ao uso de RMCE, a estabilidade do produto recombinado é maior[41].

Tabela 25.3 Sequências *Lox*M2, M3, M7 e M11

LOX	SEQUÊNCIA
M2	ATAACTTCATATA**TGG**T**TTCT**TATATGAAGTTAT
M3	ATAACTTCGTACA**TGG**TA**TTA**TGTACGAAGTTAT
M7	ATAACTTCATACA**TGC**TA**TC**TTGTATGAAGTTAT
M11	ATAACTTTGTATA**TGG**TA**TCG**TATACAAAGTTAT

Em 2003, Thomson e colaboradores obtiveram (com regiões mutadas sublinhadas) os *Lox*JT15 (A<u>AATT</u>ATTCGTATAGCATACATTATACGAAGTTAT)

e *Lox* JTZ17 (ATAACTTCGTATAGCATACATTATAGCAATTTAT) com taxa de integração no processo de recombinação (cerca de 1.500 vezes) muito superior à encontrada[42] para *Lox* 71 e *Lox* 66.

Araki e colaboradores concluíram que, assim como o *Lox*JTZ17, o *Lox*KR3 (ATAACTTCGTATAGCATACATTATACCTTGTTAT) produz, na recombinação com DNA contendo *Lox*71, duplos mutantes mais estáveis que os gerados[43] por *Lox*66 *versus Lox*71.

25.3.3 A Cre recombinase

A Cre recombinase é codificada por sequência de DNA presente no bacteriófago P1 e consiste em enzima de 38 KDa, membro da família das λ integrases. Catalisa a recombinação entre sítios de DNA dupla fita de sequência particular, os sítios *Lox*, que flanqueiam uma determinada região de interesse. Esta enzima é capaz de fazê-lo sem o auxílio de outras proteínas ou cofatores em uma ampla gama de ambientes celulares ou *in vitro*[17,29].

As funções originais desta enzima no bacteriófago P1 são: promover a ciclização do P1 após a infecção e resolver plasmídeos diméricos para manutenção de cópias fiéis a cada divisão bacteriana[44].

Além da simplicidade de utilização da Cre em ambientes celulares e não celulares diversos, esta enzima apresenta versatilidade de recombinação de segmentos de DNA, possibilidade de controle temporal do processo de recombinação e do tipo celular que realizará a expressão do gene.

Quanto à versatilidade de recombinação de segmentos de DNA, esta permite o extenso uso do sistema Cre-*Lox* em experimentos de manipulação de cromossomos e genomas[44-46]. A enzima necessita da presença de dois sítios *Lox*P (ou suas versões mutadas) para promover a recombinação de sequências de DNA, e a depender da localização relativa entre estes, pode ocasionar inversão (da sequência entre sítios *Lox* em série e de orientação inversa, Figura 25.9A), excisão (da sequência entre sítios *Lox* em série e de mesma orientação, Figura 25.9B), substituição de fragmentos (Figura 25.9C) ou inserção de sequências (Figura 25.9D)[29,46].

Quanto ao controle temporal, Metzger e Chambon, por exemplo, desenvolveram uma Cre recombinase tamoxifeno dependente. Sob indução, esta enzima foi capaz de promover, com eficiência de cerca de 40%, a excisão de uma sequência-alvo em células da pele de camundongos[47].

Em relação ao tipo celular que deve expressar a enzima, Tsien e colaboradores utilizaram um promotor derivado do gene da α-calmodulina quinase

II (αCaMKII) para dirigir a expressão da Cre recombinase em células piramidais CA1 do hipocampo[48].

Por evento de recombinação são necessárias quatro moléculas de Cre, pois para cada repetição invertida de 13 bp é necessária uma molécula (o que acarreta em duas moléculas por cada um dos dois Lox envolvidos)[49].

A elucidação de estrutura da Cre recombinase revelou que esta se dobra em dois domínios separados por um *linker* e possui cinco α hélices em seu N-terminal (A-E). Destas, as hélices A e E encontram-se envolvidas na formação do tetrâmero de Cre para a catálise, e as hélices B e D entram em contato com os sítios Lox. No C-terminal existe uma pequena folha β e nove hélices (F-N). Destas, a hélice N participa do contato intersubunidades[36] (Figura 25.5C).

25.4 MECANISMO DE RECOMBINAÇÃO PELO SISTEMA CRE-*LOX*

O mecanismo de recombinação pelo sistema Cre-*Lox* envolve, em primeira instância, o reconhecimento dos sítios e ligação das Cre recombinases ao DNA; a estereoquímica de ligação é de duas moléculas de Cre por sítio *Lox*.

Depois de formado o tetrâmero, a sinapse de recombinação é originada, com a consequente aproximação dos sítios *Lox* em posição adequada[50]. Ocorre então, a clivagem do DNA, seguida pela troca das fitas e de sua religação com a formação da junção de Holliday e sua resolução[30].

A recombinação ocorre na área espaçadora de 8 bp dos sítios *Lox*, originando, pós-recombinação, sítios híbridos de fragmentos complementares aos sítios pré-recombinação[46].

25.4.1 Reconhecimento e ligação ao DNA

Os primeiros passos para a catálise do processo de recombinação é o reconhecimento dos sítios *Lox* pela enzima e sua ligação ao DNA. Em cada sítio *Lox* associam-se duas moléculas Cre, cada uma delas estabelecendo contato com os 15 pb mais externos de uma das extremidades do sítio: isto inclui os 13 pb das repetições invertidas terminais e 2 pb da região central espaçadora que dita o sentido ao sítio[36]. A ligação das enzimas ao sítio de ligação de Cre ocorre com alto grau de cooperatividade[51].

A conformação de Cre para o reconhecimento de seu sítio de ligação e interação com o duplex de DNA é dita "gancho com formato em C", pois

Sistema Cre-*Lox*: Transgênicos Tecido e Tempo Programados

1053

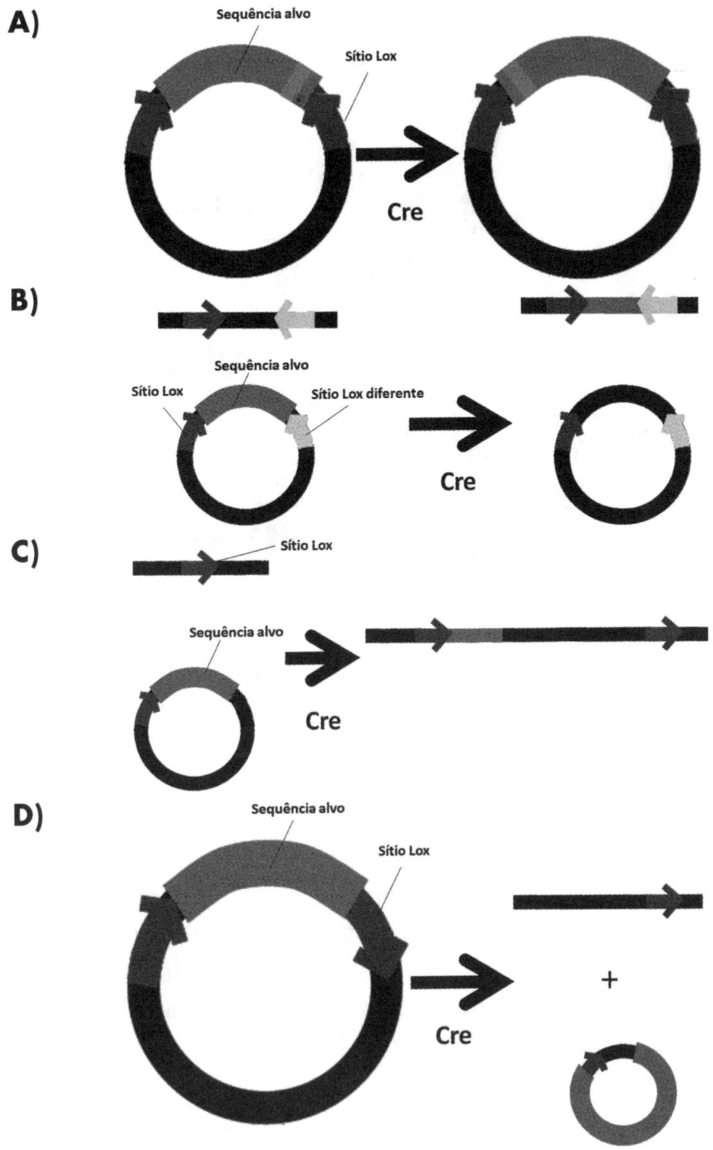

Figura 25.9 A depender da localização relativa entre os sítios *Lox*, pode-se promover diferentes eventos envolvendo as sequências de DNA flanqueadas por estes. (A) Se dois sítios *Lox* encontram-se em série e orientação inversa, ocorre a inversão da sequência compreendida entre eles. (B) Se os sítios estiverem em série e com mesma orientação, ocorre a excisão da sequência compreendida entre eles. (C) Se existirem duas sequências de DNA distintas, flanqueadas cada uma pelos mesmos dois tipos de sítios *Lox* diferentes (as duas setas na segunda linha), o evento mediado pela Cre recombinase ocasionará substituição de fragmentos flanqueados. (D) Caso haja duas sequências de DNA diferentes precedidas de apenas um sítio *Lox*, o evento mediado pela Cre recombinase ocasionará inserção de uma das sequências em série com a outra, ficando ambas flanqueadas pelos sítios *Lox*.

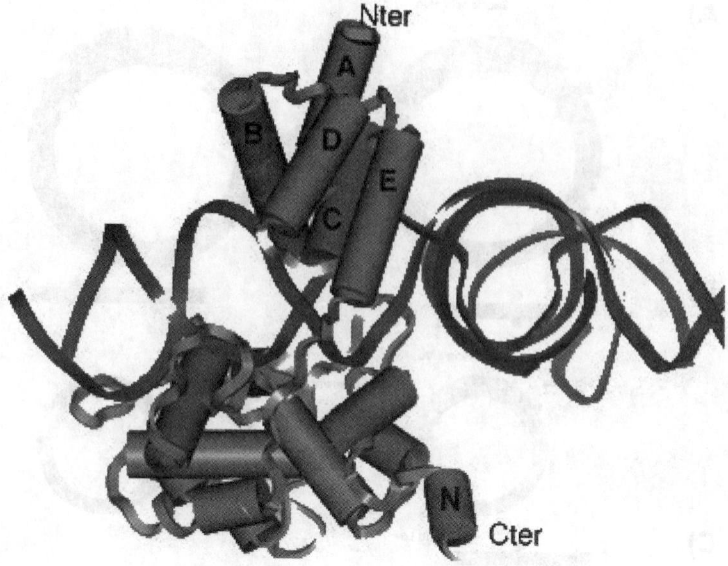

Figura 25.10 Cre reconhecendo seu sítio de ligação em forma de "gancho com formato em C". Destacam-se suas hélices no N-terminal, das quais a B e a D são as responsáveis por interagir com os sítios *Lox*. As hélices A e E do N-terminal e a hélice N de seu C-terminal participam das interações proteína-proteína para a formação do tetrâmero[53] de Cre.

a enzima se arranja em torno da dupla fita[52]. Como já mencionado acima, no N-terminal da proteína encontram-se as hélices que interagem com o sítio *Lox* (B e D)[36]. Dessa forma, o elemento de ligação de Cre nos sítios é curvado apenas levemente, enquanto, como resultado dos contatos enzima-DNA, o sítio completo (34 pb) é curvado bruscamente, principalmente na região central espaçadora, onde ocorrerá a clivagem e troca das fitas durante a recombinação[52] (Figura 25.10).

Este posicionamento dos sítios pela recombinase permite que um resíduo conservado de aminoácido catalítico, a tirosina 324 (Tyr324), seja posicionado para a futura clivagem na região espaçadora dos sítios[36] *Lox*.

25.4.2 A sinapse de recombinação

Uma vez interagida cada recombinase com o seu sítio *Lox* no DNA, as hélices A e E do N-terminal de cada enzima e a hélice N de seu C-terminal

Sistema Cre-*Lox*: Transgênicos Tecido e Tempo Programados

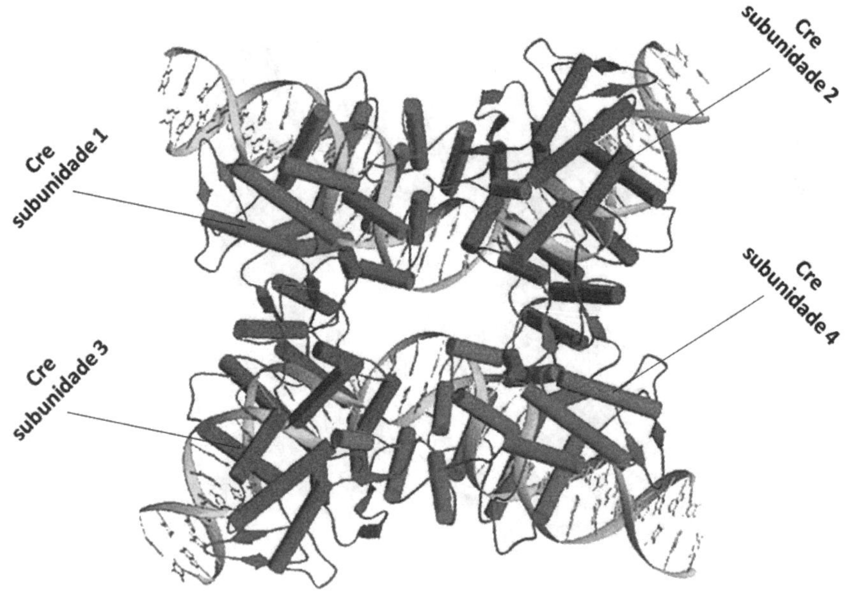

Figura 25.11 Complexo sináptico de recombinação Cre-*Lox* em arranjo semelhante à junção de Holliday pseudoquadrado planar (modificada de Guo, Gopaul[31]).

participam das interações proteína-proteína para a formação do tetrâmero de Cre[36] (Figura 25.10).

A sinapse tetramérica de Cre consiste em um par de dímeros da enzima, com orientação antiparalela dos duplex de *Lox*, em um arranjo dito semelhante à junção de Holliday pseudoquadrado planar[30] (Figura 25.11).

Duas das quatro subunidades de Cre clivam então o DNA, conduzindo assim ao processo de permuta das fitas[54].

25.4.3 A permuta de fitas de DNA

Após a clivagem do DNA por duas das quatro subunidades de Cre no complexo sináptico, a Tyr324, cuja cadeia lateral atua como nucleófilo, permite a formação do intermediário 3'-fosfotirosina, de arranjo antiparalelo. A extremidade 5'-OH livre gerada pela quebra da ligação fosfodiéster pode então atuar como nucleófilo e promover a permuta de um par de fitas, ao atacar a fosfotirosina vizinha. Dessa maneira, tem-se o arranjo da junção de Holliday formado no intermediário[36, 54] (Figura 25.12).

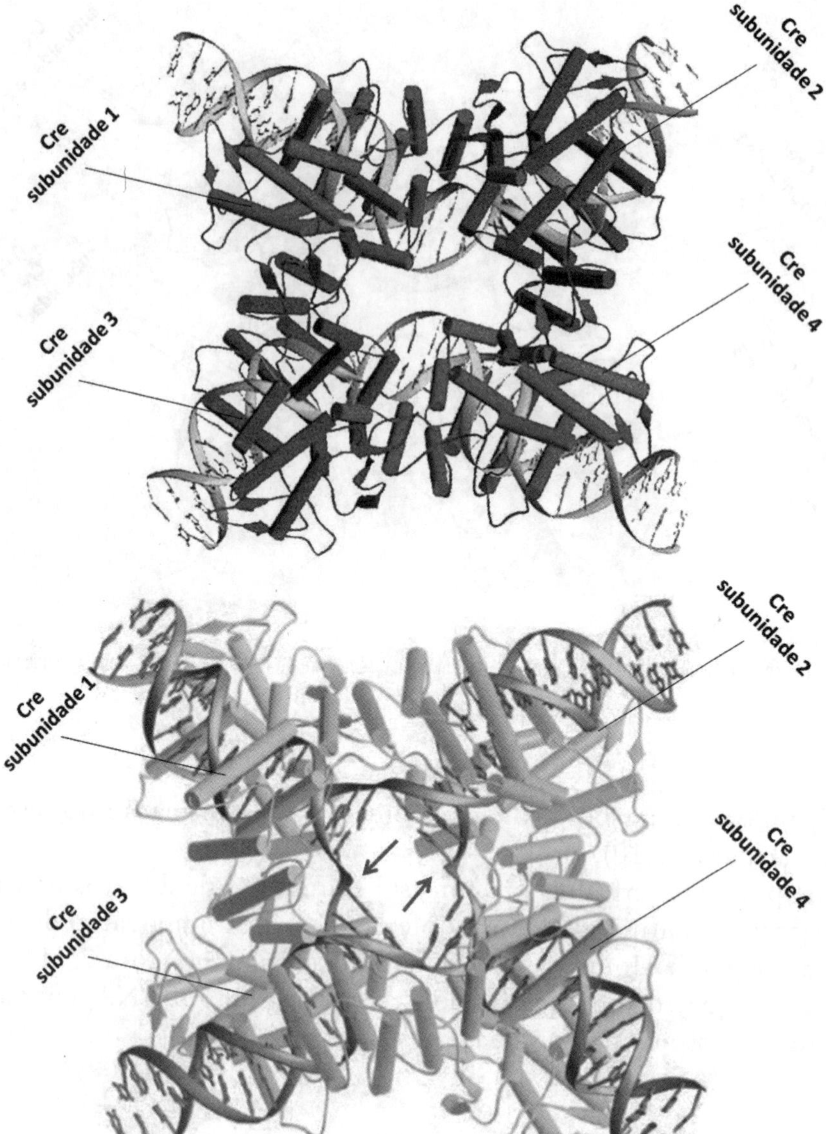

Figura 25.12 (A) Complexo sináptico de recombinação Cre-*Lox* (modificada de Guo, Gopaul[31]). Nesta imagem, o arranjo que se tem é ainda semelhante à junção de Holliday, pois ainda não ocorreu quebra e permuta de fitas para a recombinação. (B) Complexo sináptico de recombinação Cre-*Lox* já em arranjo em junção de Holliday após a permuta de um par de fitas. As setas internas na cavidade central da Cre recombinase, na figura abaixo, indicam os locais onde já houve quebra de ligação fosfodiéster e ligação entre as fitas para recombinação (modificado de Gopaul, Guo[39]).

Em seguida, ocorre um processo denominado isomerização, e na sequência ocorrem a segunda clivagem e a permuta do segundo par de fitas, a fim de que se forme o produto de recombinação[36] (Figura 25.13). O segundo par de fitas é clivado e permutado pelo segundo par de subunidades Cre, e o produto de recombinação forma-se apenas se houver identidade entre as sequências *Lox* utilizadas. Os pares de regiões espaçadoras devem apresentar homologia para que a barreira energética inerente ao processo de recombinação possa ser transposta, e a catálise, ocorrer[55].

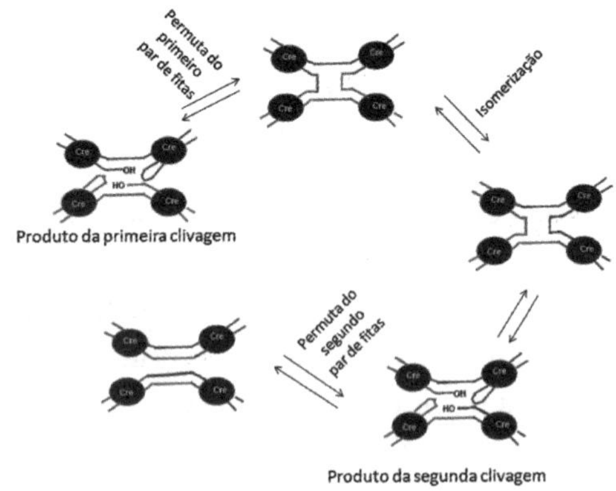

Figura 25.13 Permuta do primeiro par de fitas, seguido de isomerização, clivagem do segundo par de fitas e formação do produto de recombinação.

25.5 ESTRATÉGIAS DE INTEGRAÇÃO SÍTIO-ESPECÍFICA DE GENES POR RECOMBINAÇÃO CRE-*LOX*

25.5.1 Atividade da Cre recombinase: entrega e expressão

A Cre recombinase é uma enzima tipicamente procariótica, e por isso, para que haja a possibilidade de recombinação em eucariotos, é crucial seu direcionamento para o núcleo celular, que pode ser garantido pela inclusão de uma sequência de localização nuclear (*nuclear localization signal* – NLS), frequentemente de antígeno T, SV40 T[21].

A expressão de Cre pode ser feita através de vetores plasmidiais, cuja expressão é transiente e logo silenciada com o vetor sendo degradado. A taxa de células transfectadas é relativamente baixa e, por isso, em alternativa

aos vetores plasmidiais, os vetores virais, adenovirais em sua maioria, são muito utilizados. Adenovírus possuem uma alta taxa de infecção em células eucariotas e uma expressão estável, o que garante o tempo necessário para que ocorra a recombinação Cre-*Lox* com eficiência e precisão[11,56,57].

A expressão pode ainda ser condicionada a um tecido localizado, utilizando um promotor tecido-específico para a Cre recombinase. Assim, a recombinação é limitada a um determinado grupo de células, e o estudo pode ser restringido a uma área. Nesse contexto, as ESC foram transfectadas e, consequentemente, todos os animais-modelo conterão o gene[1,58-60] *cre*. No entanto, o gene estará em sua forma dormente, somente será expresso no tecido que possuir o conjunto de fatores e elementos de transcrição que agem na região promotora específica, promovendo a expressão constitutiva ou induzida (discutido a seguir)[13,61].

A fim de minimizar sucessivas remoções e inserções das sequências flanqueadas por *Lox*, sobre a expressão da Cre e os efeitos causados pela superexpressão da mesma, que afetam a integridade do cariótipo, foi proposta por Hashimoto e Taniguchi[62] a fusão da Cre com HIV-TAT (transativador da transcrição da proteína TAT de HIV). HIV-TAT é um domínio de transdução, que permite a transdução de Cre recombinase diretamente na célula.

25.5.2 Células repórteres para Cre-*Lox*

Com o objetivo de permitir o monitoramento de eficiência de recombinação mediada por Cre, existem células repórteres para o sistema Cre-*Lox*. As células HEK293-*Lox*P-GFP-RFP, *Lox*P-lacZ e Cre-GFP são exemplos comerciais existentes.

A primeira delas foi desenvolvida por Pfannkuche e colaboradores e contém em seu genoma uma sequência de DNA constituída de um promotor, seguido de um sítio *Lox*P, gene da proteína fluorescente verde (*green fluorescent protein* – GFP) com um *stop* códon, outro *Lox*P, e o gene da proteína fluorescente vermelha (*red fluorescente protein* – RFP) com um *stop* códon (Figura 25.14). Assim, na ausência da Cre recombinase, as células mostram-se verdes sob microscopia de fluorescência; porém, se a recombinase está presente, a porção que contém o *stop* códon da GFP, assim como o gene desta proteína, são removidos (por estarem compreendidos entre os sítios *Lox*), e a RFP é expressa, fazendo com que a célula se apresente vermelha na microscopia de fluorescência[63].

A linhagem de células TE671 humana *Lox*P-LacZ possui na região flanqueada pelos sítios *Lox* um *stop* códon que impede a síntese da β-galactosidase do LacZ; dessa forma, somente após a expressão de Cre estas células poderão expressar a β-galactosidase e serem coradas de azul na presença de XGal (As linhagens podem ser obtidas como HiTiter Cre/LoxP Reporter Cell Lines LoxP-RFP Human Fibroblast (Allele Biotecnhology)).

As células Cre-GFP expressam a recombinase com sinal de localização nuclear, e fusionada à GFP. Assim, estas células aparecem verdes quando analisadas por microscopia de fluorescência, indicando a expressão de Cre[64].

25.5.3 Condicionamento da recombinação

O sistema de recombinação Cre-*Lox* pode ser empregado para a expressão de genes-alvo em camundongos com uma menor chance de perda de função, deleção e/ou inserção aleatória no genoma. São necessários, basicamente dois passos para o emprego da recombinação Cre-*Lox*P em mESC: o primeiro passo é referente à inserção de sítios *Lox*P utilizando uma construção específica e uma tecnologia padronizada de direcionamento gênico, e o segundo passo é o isolamento e seleção dos recombinantes[1].

Para a recombinação, a Cre recombinase pode ser utilizada *in vitro* em células tronco embrionárias (ESCs) ou realizada a expressão transiente, logo em seguida as células são inseridas em blastocistos e transmitidas para a linhagem germinativa no desenvolvimento embrionário. Outro modo, ou em adição ao anterior: a Cre pode ser expressa como um transgene, de modo que depois as células contendo regiões flanqueadoras *Lox* possam ser introduzidas. É uma possibilidade para se controlar em qual estágio do desenvolvimento embrionário deseja-se que ocorra a recombinação, a chamada mutação condicional. A ativação condicionada temporalmente de Cre possibilita o estudo de mutações em genes-alvo, cuja letalidade é uma possibilidade com elevadas chances de ocorrer[65]. Mesmo que a meta inicial seja simplesmente o *knock-out* de um gene, a incorporação de Cre-*Lox* para um experimento com gene-alvo, existem benefícios para direcionamento convencional na medida em que, se os resultados experimentais validarem a necessidade, as abordagens potenciais para examinar a função gênica são expandidas para além do simples *knock-out*[66].

Modificações restritas a certos tipos de células em determinado estágio de desenvolvimento é reconhecido como condicionamento do gene-alvo. O uso de Cre-*Lox*P com este intuito requer uma linhagem de camundongos que

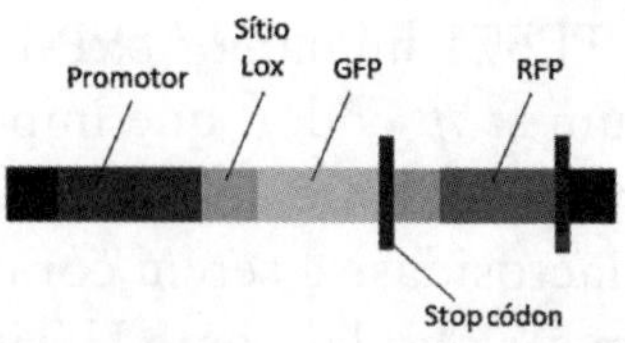

Figura 25.14 Sequência que torna a HEK293-*Lox*P-GFP-RFP uma célula repórter do sistema Cre-*Lox*.

possuam o gene-alvo *floxado* e uma segunda linhagem que expresse a Cre recombinase de forma constitutiva ou induzida.

Um mutante condicionado é gerado pelo cruzamento destas duas linhagens, de modo que a alteração do gene alvofloxado é restringido de maneira espacial e temporal, de acordo com o padrão de expressão de Cre na linhagem particular utilizada (Figura 25.15). Estas linhagens duplo-transgênicas devem ser criadas homozigoticamente para o alelo *floxado*[66].

Como uma alternativa, a Cre também pode ser expressa em tecidos somáticos por meio da infecção viral, utilizando vetores de expressão virais contendo[11,56,57,67] *cre*. Além disso, linhagens transgênicas portadoras de um alelo *floxado* podem ser convertidas para um mutante convencional, pela eliminação do alelo na sua linha germinativa, pelo cruzamento de uma das linhagens deletoras que expressam Cre em mESCs, ou nas células do embrião em fases iniciais do desenvolvimento[68].

A vantagem é oferecer não só economia de tempo, mas também abrir um novo caminho para estudar genes tendo-se o local específico de sua expressão, condicional ou temporal, que será desencadeada no momento desejado, e a deleção do gene em células específicas.

25.5.4 Indução e controle da recombinação

O controle do processo de recombinação pode ser realizado a partir de sistemas de indução (exemplos na Tabela 25.4). A indução pode ser realizada por meio de ligantes do receptor de glicocorticoide, tamoxifeno, RU-486 ou tetraciclina e seus análogos.

Sistema Cre-*Lox*: Transgênicos Tecido e Tempo Programados

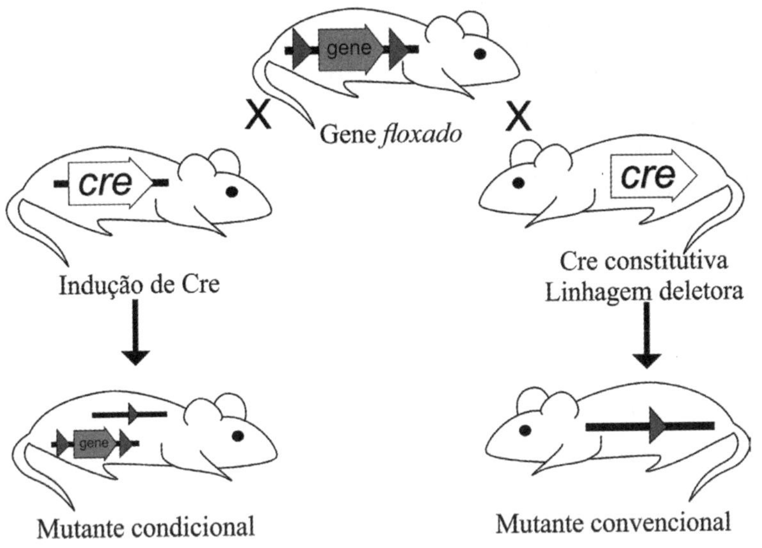

Figura 25.15 Estratégia para a inativação do gene condicional *in vivo*.

Tabela 25.4 Estudos com expressão induzida de forma tecido/condição específica

PROMOTOR	TECIDO	INDUTOR	REFERÊNCIA
Hsp70	Vários tecidos	Choque térmico	Dietrich, et al, 2000[69]
SM22	Músculo liso	Tamoxifeno	Kuhbandner, et al, 2000[70]
Transtiretina	Fígado	Tamoxifeno	Tannour-Louet, et al, 2001[71]
Subunidade do GluR NMDA	Células do grânulo cerebelar	Antiprogestinas	Tsujita, et al, 1999[72]
WAP	Glândula mamária	Tetraciclina	Utomo, et al, 1999[73]

GluR = Receptor de glutamato. Hsp70 = proteína de choque térmico 70. NMDA = N-metil D-Aspartato. SM22 = Proteína músculo liso-específica 22. WAP = Proteína acídica do soro.

Em 1998, Brocard e colaboradores desenvolveram uma Cre quimérica fundida a uma versão mutada do domínio de ligação do receptor de glicocorticoide humano; a recombinação pode ser induzida em células F9 de carcinoma embrionário murino com o uso de ligantes como dexametasona e RU38486, mas não era notada nenhuma atividade de recombinase na ausência destes[74].

No ano seguinte, Kellendonk e colaboradores associaram-na a uma versão truncada do domínio de ligação do receptor de progesterona. Nesse trabalho, foi possível a indução de recombinação, no cérebro, pelo esteroide sintético[60] RU486.

Em 2001, Metzger e Chambon desenvolveram uma versão de Cre fusionada a uma versão mutada do domínio de ligação do receptor de estrógeno, podendo, dessa forma, ser ativada pelo tamoxifeno[47].

Nos exemplos acima citados, o domínio de ligação foi mutado para que o ligante natural do receptor não pudesse ativar a recombinase de forma constitutiva; dessa maneira, apenas de forma controlada, com a exposição a ligantes não normalmente presentes no meio celular, torna-se possível a ativação da enzima.

Quanto à tetraciclina e seus análogos, em 1992, Gossen e Bujard fundiram repressor Tet e domínio de ativação de uma proteína do herpes vírus simples, obtendo o transativador tetraciclina controlável (tTA)[75]. O gene da Cre recombinase pode então ser inserido sob domínio de um promotor que é ativado na presença de tTA. Na presença de tetraciclina ou seu análogo, pode-se prevenir a ligação de tTA ao promotor e, por consequência, a expressão de Cre – sistema Tet-*Off*[44]. Existe ainda a possibilidade de utilização do sistema Tet-*On*, no qual é a presença de tetraciclina que ativa a expressão gênica; este sistema utiliza o transativador trancricional tetraciclina controlável (rtTA). A tetraciclina liga-se ao rtTA e possibilita que este se ligue ao promotor para que a expressão gênica ocorra[59].

25.5.5 Deleção do gene repórter

A construção de cassetes de expressão flanqueados por *Lox* são constituídos, além do gene-alvo, por um gene repórter que viabiliza o acompanhamento e o rearranjo e fixação genômica deste. No entanto, para a prática biomédica, esses genes repórteres necessitam ser retirados do locus endógeno, pois já foi examinado que a presença do repórter pode afetar a expressão, não somente do gene-alvo, mas de *locis* a mais de 100 Kb de distância[76]. Uma das principais interferências do gene repórter é no processo de processamento do RNA mensageiro (mRNA) – *splicing de RNA* –, gerando variantes que podem possuir uma função diferente da original ou, até mesmo, não possuir função.

25.6 APLICAÇÕES DE USO DO SISTEMA CRE-*LOX*

A maioria dos estudos envolvendo recombinação Cre-*Lox* em eucariotos utiliza camundongos como modelo experimental. O principal motivo para esta tendência é o fato de que este é o animal com maior histórico de utilização na pesquisa médica, modelo de desenvolvimento embrionário de mamíferos, de resposta imunológica (em especial em histocompatibilidade) e de doenças de fundo genético como câncer, em condições que muito se assemelham às do ser humano[77].

No entanto, com a descoberta das hESCs, houve uma tendência de se utilizar linhagens pluripotentes humanas em complemento ou em substituição às células e modelos murinos. Apesar da grande similaridade genômica, hESCs e mESCs não respondem no mesmo grau de eficiência a procedimentos de recombinação homóloga, por isso, em ensaios que visam à aplicação clínica, as hESCs são requeridas.

Cre-*Lox*P pode ser utilizado para a construção de bibliotecas de expressão, como, por exemplo, biblioteca de RNA de interferência (RNAi). Tomimoto e Yamakawa[78] utilizaram a estratégia que produzia enzimaticamente uma biblioteca de longo grampo de RNA (do inglês, *long hairpin of RNA* – lhRNA) a partir de uma biblioteca de DNA complementar (cDNA), usando uma endonuclease BcaBEST DNA polimerase, e a Cre recombinase sem remoção do fragmento de DNA inserido a partir do plasmídeo de expressão.

25.7 PROTOCOLO GERAL DE PRODUÇÃO DE UM CAMUNDONGO FLUORESCENTE UTILIZANDO O SISTEMA CRE-*LOX* *

25.7.1 Animais

Utilizam-se camundongos C57BL/6J e BDF1 (Clea Japan Inc., Tóquio, Japão). Estes animais heterozigotos expressam a Cre recombinase sobre controle do promotor CAG (Cre-GAG) e queratina 5 (Cre-K5), respectivamente, e devem ser mantidos em ambientes livres de patógenos com água e alimentação *ab libitum*.

---

* Baseado em Kawamoto, Niwa[79].

25.7.2 Construção de plasmídeo repórter e geração de camundongos

O plasmídeo repórter pCAG-CAT-EGFP (Figura 25.16) podem ser obtidos a partir de duas inserções em pCAG-CAT-Z: um fragmento *Bam*HI-EGFP-*Eco*RI (contendo o cDNA de EGFP, obtido da digestão de pEGFP (Clontech, Palo Alto, Estados Unidos)); e um segundo fragmento *Bam*HI-poliA-SacI (contendo a sequência do sinal de poliadenilação de β-globina de coelho) em substituição ao LacZ, de modo que a poliA entre em sequência à EGFP. O gene CAT (cloranfenicol acetil-transferase) é floxado por sítios LoxP.

25.7.3 Injeção pronuclear em embriões murinos

A transferência do plasmídeo repórter pode ser realizada por injeção pronuclear em embriões. Inicialmente é feita excisão do CAG-CAT-EGFP do plasmídeo pCAG-CAT-EGFP, seguida da microinjeção em embriões BDF1×BDF1. Os embriões são selecionados pela resistência ao cloranfenicol e transferidos para C57BL/6J fêmeas (como na Figura 25.15).

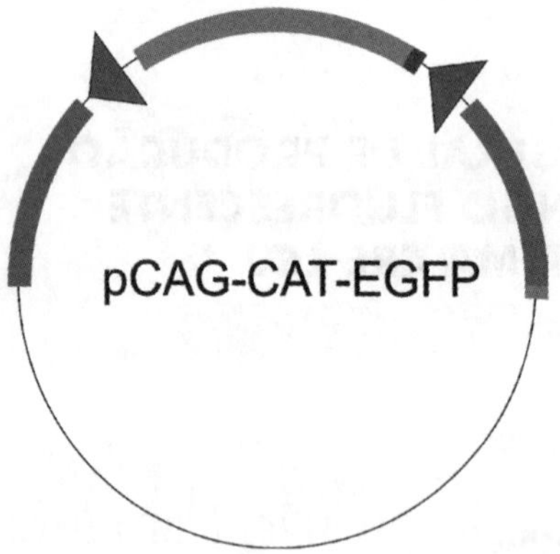

Figura 25.16 pCAG-CAT-GFP produzido a partir da inserção de EGFP seguido de poliA de β-globina de coelho e dois sítios *Lox*P floxando CAT. Promotor GAG na primeira fita espessa à esquerda, CAT na fita espessa ao centro, poliA de CAT à direita da fita espessa ao centro, EGFP na fita espessa à direita e poliA de β-globina de coelho no início, à direita da fita espessa à direita, triângulos vermelhos correspondem ao sítio *Lox*P.

25.7.4 Indução à recombinação por Cre recombinase e ativação do transgene

Os animais utilizados produzem constitutivamente a Cre recombinase em queratinócitos (promotor tecido-específico para K5). A ativação do transgene ocorre pelo promotor GAG, que é ubíquo. No entanto, apenas as células que expressarem Cre são capazes de recombinar e aproximar EGFP do promotor GAG, de modo que a fluorescência gerada pela EGFP ocorrerá exclusivamente na epiderme dos camundongos mutantes condicionais induzidos (como demonstrado na Figura 25.15).

A expressão de EGFP é resultado da deleção do gene CAT e, consequentemente, aproximação da região EGFP ao promotor GAG (Figura 25.17).

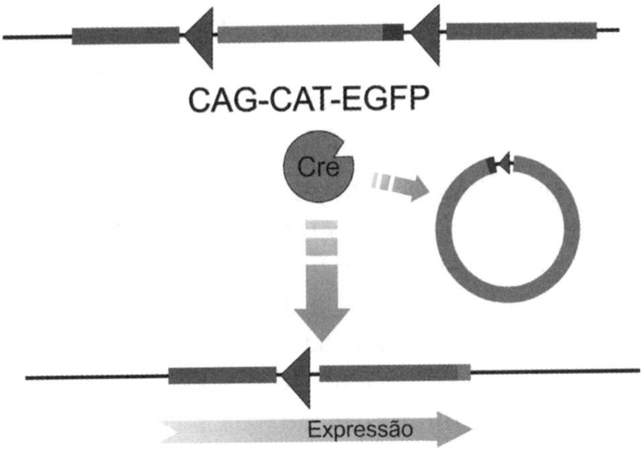

Figura 25.17 A expressão constitutiva da linhagem C57BL/6J de Cre em queratinócitos (promotor específico K5) provoca a recombinação do cassete microinjetado em embriões que resulta na deleção do gene CAT (cloranfenicol acetil-transferase) liberando o fragmento na forma circularizada. Neste processo, o gene EGFP é aproximado ao promotor GAG permitindo a expressão da proteína fluorescente verde exclusivamente nas células dérmicas que recombinaram por Cre. Promotor GAG na primeira fita espessa à esquerda, CAT fita espessa ao centro, poliA de CAT à direita da fita espessa ao centro, EGFP na fita espessa à direita e poliA de β-globina de coelho em cinza claro; triângulos vermelhos correspondem ao sítio *LoxP*.

25.7.5 Análise da prole recombinante

A análise do DNA integrado ao genoma de camundongos recombinantes pode ser feita utilizando os sítios de restrição presentes originalmente no cassete retirado do CAG-CAT-EGFP como *Eco*RI e *Bam*H1. Outra

possibilidade é utilizar citometria de fluxo para identificação da expressão de GFP pós-atividade Cre recombinase, bem como *western-blotting* e microscopia de fluorescência ou confocal.

25.8 PERSPECTIVAS FUTURAS: AVANÇOS E INTEGRAÇÃO DE METODOLOGIAS

A tecnologia Cre-*Lox*, combinada com sistemas de indução, tem sido amplamente utilizada para gerar modelos animais com expressão de genes -alvo espacial e temporalmente regulados, tanto para ativação quanto para inativação.

Estudos em camundongos mutantes não só são um avanço para o conhecimento sobre a função genética, como aqueles envolvidos na tumorigênese e carcinogênese, mas também aumentam grandemente o número de informações sobre como poderia ser a intervenção em terapia gênica/celular em doenças de base genética, ou controle das de base ambiental. É justamente o que vem ocorrendo nos últimos anos, mas alguns problemas, como a estrutura da cromatina, variações na recombinação homóloga e até a geração de linhagens celulares, são entraves que devem ser sobrepujados.

Apesar desses empecilhos, a descoberta e aplicação do sistema de recombinação Cre-*Lox* ainda são consideradas marcos na biologia molecular. Com a difusão da técnica e o aprofundamento dos estudos sobre os mecanismos deste sistema, bem como a incorporação de sistemas de indução localizada e programada (espaço-temporal) será possível que a gama de aplicações de Cre-*Lox* seja estendida, auxiliando a definição de funções gênicas e genômicas, diagnóstico de doenças animais e humanas, bem como a produção e desenvolvimento de produtos de interesse terapêutico e biotecnológico.

REFERÊNCIAS

1. Haenebalcke L, Haigh JJ. Cre/loxP – Transgenics. In: Editors-in-Chief: Stanley M, Kelly H, editors. Brenner's Encyclopedia of Genetics. 2nd ed. San Diego: Academic Press; 2013. p.212-7.
2. Sauer B, Henderson N. Site-specific DNA recombination in mammalian cells by the Cre recombinase of bacteriophage P1. Proceedings of the National Academy of Sciences of the United States of America. 1988;85(14):5166-70.
3. Hochman L, Segev N, Sternberg N, Cohen G. Site-specific recombinational circularization of bacteriophage P1 DNA. Virology. 1983;131(1):11-7.
4. Brecht S, Erdhart H, Soete M, Soldati D. Genome engineering of Toxoplasma gondii using the site-specific recombinase Cre. Gene. 1999;234(2):239-47.
5. Sternberg N, Hamilton D. Bacteriophage P1 site-specific recombination: I. Recombination between loxP sites. J Mol Biol. 1981;150(4):467-86.
6. Kim H-S, Li Z, Boothroyd C, Cross GAM. Strategies to construct null and conditional null Trypanosoma brucei mutants using Cre-recombinase and loxP. Molecular and Biochemical Parasitology. 2013;191(1):16-9.
7. Gavériaux-Ruff C, Kieffer BL. Conditional gene targeting in the mouse nervous system: Insights into brain function and diseases. Pharmacology & Therapeutics. 2007;113(3):619-34.
8. Klehr-Wirth D, Kuhnert F, Unsinger J, Hauser H. Generation of mammalian cells with conditional expression of crerecombinase. Technical Tips Online. 1997;2(1):18-20.
9. Le Y, Saue B. Conditional Gene Knockout Using Cre Recombinase. Molecular Biotechnology. 2001;17(3):269-75.
10. Sorrell DA, Kolb AF. Targeted modification of mammalian genomes. Biotechnology Advances. 2005;23(7-8):431-69.
11. Erbs E, Pradhan AA, Matifas A, Kieffer BL, Massotte D. Evaluation of cre recombinase delivery in mammalian cells using baculovirus infection. Journal of Biotechnology. 2013;166(4):182-6.
12. Sauer B. Functional expression of the cre-lox site-specific recombination system in the yeast Saccharomyces cerevisiae. Molecular and Cellular Biology. 1987;7(6):2087-96.
13. Sauer B. Inducible Gene Targeting in Mice Using the Cre/loxSystem. Methods. 1998;14(4):381-92.
14. Sternberg N. Demonstration and Analysis of P1 Site-specific Recombination Using λ-P1 Hybrid Phages Constructed In Vitro. Cold Spring Harbor Symposia on Quantitative Biology. 1979;43:1143-6.
15. Walker DH, Walker JT. Genetic studies of coliphage P1. I. Mapping by use of prophage deletions. J Virol. 1975;16(3):525-34.

16. Lobocka MB, Rose DJ, Plunkett G, 3rd, Rusin M, Samojedny A, Lehnherr H, et al. Genome of bacteriophage P1. Journal of Bacteriology. 2004;186(21):7032-68.

17. Abremski K, Hoess R. Bacteriophage P1 site-specific recombination. Purification and properties of the Cre recombinase protein. J Biol Chem. 1984;259:1509-14.

18. Hoess RH, Ziese M, Sternberg N. P1 site-specific recombination: nucleotide sequence of the recombining sites. Proc Natl Acad Sci USA. 1982;79(11):3398-402.

19. Hoess RH, Abremski K. Mechanism of Strand Cleavage and Exchange in the Cre-Lox Site-Specific Recombination System. J Mol Biol. 1985;181(3):351-62.

20. Werler PJH, Hartsuiker E, Carr AM. A simple Cre-loxP method for chromosomal N-terminal tagging of essential and non-essential Schizosaccharomyces pombe genes. Gene. 2003;304(0):133-41.

21. Gu H, Zou YR, Rajewsky K. Independent control of immunoglobulin switch recombination at individual switch regions evidenced through Cre-loxP-mediated gene targeting. Cell. 1993;73(6):1155-64.

22. Gu H, Zou Y-R, Rajewsky K. Independent control of immunoglobulin switch recombination at individual switch regions evidenced through Cre-loxP-mediated gene targeting. Cell. 1993;73(6):1155-64.

23. Tahimic CT, Sakurai K, Aiba K, Nakatsuji N. Cre/loxP, Flp/FRT Systems and Pluripotent Stem Cell Lines. In: Renault S, Duchateau P, editors. Site-directed insertion of transgenes. Topics in Current Genetics. Springer Netherlands; 2013. p.189-209.

24. Soriano P. Generalized lacZ expression with the ROSA26 Cre reporter strain. Nature Genetics. 1999;21(1):70-1.

25. Irion S, Luche H, Gadue P, Fehling HJ, Kennedy M, Keller G. Identification and targeting of the ROSA26 locus in human embryonic stem cells. Nature Biotechnology. 2007;25(12):1477-82.

26. Livet J, Weissman TA, Kang H, Draft RW, Lu J, Bennis RA, et al. Transgenic strategies for combinatorial expression of fluorescent proteins in the nervous system. Nature. 2007;450(7166):56-62.

27. Abremski K, Hoess R, Sternberg N. Studies on the Properties of PI Site-Specific Recombination: Evidence for Topologically Unlinked Products following Recombination. Cell. 1983;32:1301-11.

28. Hoess RH, Ziese M, Sternberg N. P1 site-specific recombination: nucleotide sequence of the recombining sites. PNAS. 1982;79:3398–402.

29. Santoro SW, Schultz PG. Directed evolution of the site specificity of Cre recombinase. Proceedings of the National Academy of Sciences of the United States of America. 2002;99(7):4185-90.

30. Ennifar E, Meyer JEW, Buchholz F, Stewart AF, Suck D. Crystal structure of a wild-type Cre recombinase–loxP synapse reveals a novel spacer conformation suggesting an alternative mechanism for DNA cleavage activation. Nucl Acids Res. 2003;31(18):5449-60.

31. Guo F, Gopaul DN, Van Duyne GD. Asymmetric DNA bending in the Cre-loxP site-specific recombination synapse. PNAS. 1999;96:7143-8.
32. Sternberg N, Hamilton D, Hoess R. Bacteriophage P1 site-specific recombination: II. Recombination between loxP and the bacterial chromosome. J Mot Biol. 1981;150:487-507.
33. Hoess RH, Wierzbicki A, Abremski K. The role of the lox P spacer region in P1 sitespecific recombination. Nucleic Acids Research. 1986;14:2287-300.
34. Albert H, Dale EC, Lee E, Ow DW. Site specific integration of DNA into wild-type and mutant lox sites placed in the plant genome. Plant J. 1995;7:649-59.
35. Araki K, Araki M, Yamamura K. Targeted integration of DNA using mutant lox sites in embryonic stem cells. Nucleic Acids Research. 1997;25:868-72.
36. Guo F, Gopaul DN, Duyne GDV. Structure of Cre recombinase complexed with DNA in a sitespecific recombination synapse. Nature. 1997;389:40-6.
37. Bouhassira EE, Westerman K, Leboulch P. Transcriptional behavior of LCR enhancer elements integrated at the same chromosomal locus by recombinase-mediated cassette exchange. Blood. 1997;90:3332-44.
38. Lee G, Saito I. Role of nucleotide sequences of lox P spacer region in Cre-mediated recombination. Gene. 1998;216:55-65.
39. Gopaul DN, Guo F, Duyne GDV. Structure of the Holliday junction intermediate in Cre–loxP site-specific recombination. EMBO J. 1998;17(14):4175-87.
40. Langer SJ, Ghafoori AP, Byrd M. A genetic screen identifi es novel non-compatible lox P sites. Nucleic Acids Res 2002;30:3067-77.
41. Araki K, Araki M, Yamamura K. Site-directed integration of the cre gene mediated by Cre recombinase using a combination of mutant lox sites. Nucleic Acids Research. 2002;30(19):e103.
42. Thomson JGR, E.B.Piedrahita, J.A.(2003) Mutational analysis of lox P sites for effi-, genomic cC-mii, 36:162–167 DG. Mutational analysis of lox P sites for efficient Cre-mediated insertion into genomic DNA. Genesis. 2003;36:162-7
43. Araki K, Okada Y, Araki M, Yamamura K. Comparative analysis of right element mutant lox sites on recombination efficiency in embryonic stem cells. BMC biotechnology. 2010;10:29-37.
44. Sauer B. Inducible Gene Targeting in Mice Using the Cre/lox System. Methods. 1998;14:381-92.
45. Glaser S, Anastassiadis K, Stewart AF. Current issues in mouse genome engineering. Nat Genet. 2005;37:1187-93.
46. Nagy A. Cre Recombinase: The Universal Reagent for Genome Tailoring Genetics. 2000;26:99-109.
47. Metzger D, Chambon P. Site- and Time-Specific Gene Targeting in the Mouse. Methods. 2001;24(1):71-80.

48. Tsien JZ, Chen DF, Gerber D, Tom C, Mercer EH, Anderson DJ, et al. Subregion- and cell type-restricted gene knockout in mouse brain. Cell. 1996;87(7):1317-26.
49. Mack A, Sauer B, Abremski K, Hoess R. Stoichiometry of the Cre recombinase bound to the lox recombining site. Nucleic Acids Research. 1992;20(17):4451-5.
50. Voziyanov Y, Pathania S, Jayaram M. A general model for sitespecific recombination by the integrase family recombinases. Nucleic Acids Research. 1999;27:930-41.
51. Ringrose L, Lounnas V, Ehrlich L, Buchholz F, Wade R, Stewart AF. Comparative kinetic analysis of FLP and Cre recombinases: mathematical models for DNA binding and recombination. J Mol Biol. 1998;284:363-84.
52. Gopaul DN, Duyne GD. Structure and mechanism in site-specific recombination. Curr Opin Struct Biol. 1999;9(1):14-20.
53. Jullien N, Sampieri F, Enjalbert A, Herman J-P. Regulation of Cre recombinase by ligand-induced complementation of inactive fragments. Nucl Acids Res. 2003;31(21):131-7.
54. Duyne GDV. A structural view of Cre-loxP site-specific recombination. Annu Rev Biophys Biomol Struct. 2001;30:87-104.
55. Duyne GDV. A structural view of Cre-loxP site-specific recombination. Annu Rev Biophys Biomol Struct. 2001;30:87-104.
56. Rinaldi A, Marshall KR, Preston CM. A non-cytotoxic herpes simplex virus vector which expresses Cre recombinase directs efficient site specific recombination. Virus Research. 1999;65(1):11-20.
57. Kanegae Y, Takamori K, Sato Y, Lee G, Nakai M, Saito I. Efficient gene activation system on mammalian cell chromosomes using recombinant adenovirus producing Cre recombinase. Gene. 1996;181(1-2):207-12.
58. Aoki K, Taketo MM. Tissue-specific transgenic, conditional knockout and knock-in mice of genes in the canonical Wnt signaling pathway. Methods in Molecular Biology. 2008;468:307-31.
59. Chang MA, Horner JW, Conklin BR, DePinho RA, Bok D, Zack DJ. Tetracycline-inducible system for photoreceptor-specific gene expression. Investigative Ophthalmology & Visual Science. 2000;41(13):4281-7.
60. Kellendonk C, Tronche F, Casanova E, Anlag K, Opherk C, Schutz G. Inducible site-specific recombination in the brain. Journal of Molecular Biology. 1999;285(1):175-82.
61. Schwenk F, Kuhn R, Angrand PO, Rajewsky K, Stewart AF. Temporally and spatially regulated somatic mutagenesis in mice. Nucleic Acids Research. 1998;26(6):1427-32.
62. Hashimoto M, Taniguchi M, Yoshino S, Arai S, Sato K. S Phase-preferential Cre-recombination in mammalian cells revealed by HIV-TAT-PTD-mediated protein transduction. Journal of Biochemistry. 2008;143(1):87-95.

63. Pfannkuche K, Wunderlich FT, Doss MX, Spitkovsky D, Reppel M, Sachinidis A, et al. Generation of a double-fluorescent double-selectable Cre/loxP indicator vector for monitoring of intracellular recombination events. Nature Protocols. 2008;3:1510-26.

64. HiTiter. Cre/loxP Reporter Cell Lines - LoxP-RFP Human Fibroblast. Disponível em: <http://www.allelebiotech.com/products/%E3%80%90Cre%7B47%7DloxP-Reporter-Cell-Lines%E3%80%91LoxP%252dRFP-Human-Fibroblast-.html>. Allele Biotechnology; 2013 [cited 2013 22/10].

65. Morozov A, Kellendonk C, Simpson E, Tronche F. Using conditional mutagenesis to study the brain. Biological Psychiatry. 2003;54(11):1125-33.

66. Kuhn R, Torres RM. Cre/loxP recombination system and gene targeting. Methods in Molecular Biology. 2002;180:175-204.

67. Sinnayah P, Lindley TE, Staber PD, Davidson BL, Cassell MD, Davisson RL. Targeted viral delivery of Cre recombinase induces conditional gene deletion in cardiovascular circuits of the mouse brain. Physiological Genomics. 2004;18(1):25-32.

68. Tang SH, Silva FJ, Tsark WM, Mann JR. A Cre/loxP-deleter transgenic line in mouse strain 129S1/SvImJ. Genesis. 2002;32(3):199-202.

69. Dietrich P, Dragatsis I, Xuan S, Zeitlin S, Efstratiadis A. Conditional mutagenesis in mice with heat shock promoter-driven cre transgenes. Mammalian Genome: Official Journal of the International Mammalian Genome Society. 2000;11(3):196-205.

70. Kuhbandner S, Brummer S, Metzger D, Chambon P, Hofmann F, Feil R. Temporally controlled somatic mutagenesis in smooth muscle. Genesis. 2000;28(1):15-22.

71. Tannour-Louet M, Porteu A, Vaulont S, Kahn A, Vasseur-Cognet M. A tamoxifen-inducible chimeric Cre recombinase specifically effective in the fetal and adult mouse liver. Hepatology. 2002;35(5):1072-81.

72. Tsujita M, Mori H, Watanabe M, Suzuki M, Miyazaki J, Mishina M. Cerebellar granule cell-specific and inducible expression of Cre recombinase in the mouse. The Journal of Neuroscience: the Official Journal of the Society for Neuroscience. 1999;19(23):10318-23.

73. Utomo AR, Nikitin AY, Lee WH. Temporal, spatial, and cell type-specific control of Cre-mediated DNA recombination in transgenic mice. Nature Biotechnology. 1999;17(11):1091-6.

74. Brocard J, Feil R, Chambon P, Metzger D. A chimeric Cre recombinase inducible by synthetic, but not by natural ligands of the glucocorticoid receptor. Nucleic Acids Research. 1998;26:4086-90.

75. Gossen M, Bujard H. Tight control of gene expression in mammalian cells by tetracycline-responsive promoters. Proc Natl Acad Sci USA. 1992;89:5547-51.

76. Fiering S, Epner E, Robinson K, Zhuang Y, Telling A, Hu M, et al. Targeted deletion of 5'HS2 of the murine beta-globin LCR reveals that it is not essential for proper regulation of the beta-globin locus. Genes & development. 1995;9(18):2203-13.

77. Beck JA, Lloyd S, Hafezparast M, Lennon-Pierce M, Eppig JT, Festing MFW, et al. Genealogies of mouse inbred strains. Nature genetics. 2000;24(1):23-5.
78. Tomimoto K, Yamakawa M, Tanaka H. Construction of a long hairpin RNA expression library using Cre recombinase. Journal of Biotechnology. 2012;160(3-4):129-39.
79. Kawamoto S, Niwa H, Tashiro F, Sano S, Kondoh G, Takeda J, et al. A novel reporter mouse strain that expresses enhanced green fluorescent protein upon Cre-mediated recombination. FEBS letters. 2000;470(3):263-8.

CAPÍTULO 26

SISTEMA DUPLO-HÍBRIDO EM LEVEDURA: CONCEITOS E APLICAÇÕES

Aline Maria da Silva
Daniela C. Gonzalez-Kristeller
Jörg Kobarg
Carla Columbano de Oliveira

26.1 INTRODUÇÃO

A maioria das proteínas, se não todas, exerce suas funções como integrante de complexos não covalentes, estáveis ou transitórios, mantidos através de interações específicas entre seus constituintes[1-3]. Dessa forma, a identificação e a caracterização de interações proteína-proteína (do inglês, *protein protein interactions* – PPI), é um pré-requisito para compreendermos detalhadamente as funções biológicas de complexos multiproteicos. Tais estudos também fornecem pistas sobre a função de proteínas através da descoberta de quais são seus parceiros proteicos *in vivo* com função já conhecida, partindo da premissa "culpado por associação"[4]. Além disso, conhecer a arquitetura de redes de interações proteicas celulares ou "interactomas" é fundamental para o entendimento integrado e completo de mecanismos fisiológicos e patológicos[5, 6].

Há uma grande variedade de metodologias bioquímicas, biofísicas, genéticas e computacionais que possibilitam o estudo de PPI sob diferentes aspectos. Contudo, as duas abordagens mais empregadas para identificação e análise de interações proteicas são o sistema duplo-híbrido em leveduras (do inglês *yeast two-hybrid system* – Y2H)[7] e a purificação de complexos por afinidade acoplada à espectrometria de massas (AP-MS)[8]. Neste capítulo iremos detalhar os conceitos, as variações e as aplicações do sistema Y2H, um método da genética molecular, simples e versátil, para detecção de interações proteicas binárias através da ativação da expressão de genes indicadores do sucesso da interação (genes repórteres). Ensaios de complementação de fragmentos proteicos (do inglês *protein-fragment complementation assays* – PCA)[9] também serão brevemente descritos.

O sistema duplo híbrido é um ensaio genético para detecção *in vivo* da interação de duas proteínas utilizando-se a levedura *Saccharomyces cerevisiae*[10,11]. Para realização do ensaio, as proteínas de interesse, denominadas no ensaio de isca e presa, são expressas como proteínas híbridas, sendo uma delas fusionada ao domínio de ligação ao DNA (do inglês *DNA binding domain* – DBD) e a outra fusionada ao domínio de ativação (do inglês *activation domain* – AD) de um fator de transcrição. Se o par de proteínas híbridas interagir no núcleo da levedura, DBD e AD são aproximados, a atividade do fator de transcrição é reconstituída, possibilitando o reconhecimento do promotor e início da transcrição do gene repórter adjacente, como esquematizado na Figura 26.1. A ativação de genes repórteres indica o sucesso da interação *in vivo*. Os genes repórteres geralmente codificam enzimas necessárias para o crescimento em meio seletivo ou enzimas cuja atividade pode ser detectada pela mudança de cor da colônia da levedura.

Além de possibilitar a verificação da ocorrência de interação entre duas proteínas conhecidas, os ensaios de duplo-híbrido são também úteis para a identificação de domínios proteicos e aminoácidos envolvidos na interação, através da realização de ensaios com variantes mutantes das duas proteínas em estudo. Um exemplo desta abordagem foi a identificação de aminoácidos essenciais para interações que ocorrem no heterotrímero da proteína fosfatase humana[12] do tipo 2A. Outro exemplo é o estudo que mostrou a existência de múltiplos contatos entre a subunidade catalítica da serina/treonina fosfatase do tipo 1 e seu inibidor proteico[13].

Ensaios de duplo-híbrido são predominantemente utilizados para a descoberta de parceiros moleculares de uma proteína-alvo[14]. Tal proteína fusionada ao DBD serve de "isca" para "capturar" parceiros moleculares (denominados de "presas") através da varredura de bibliotecas de genes, em que

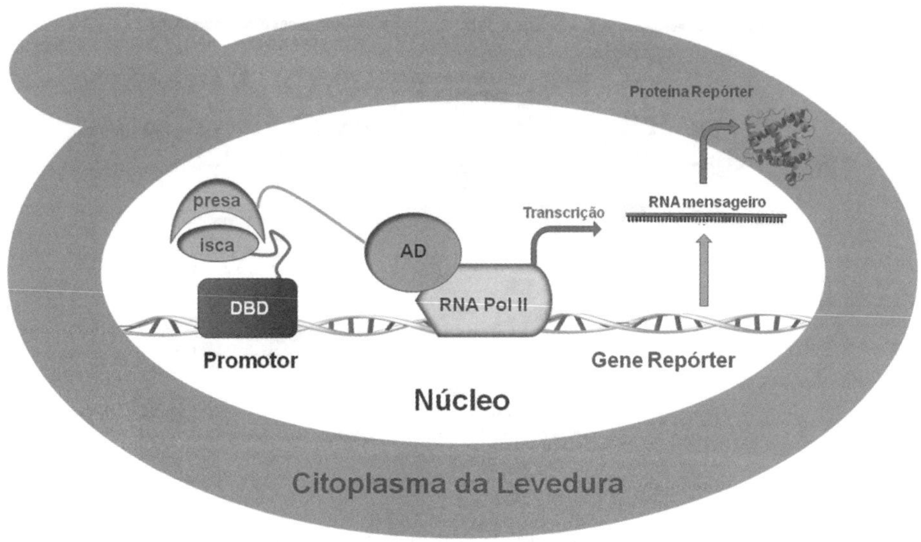

Figura 26.1 Sistema duplo híbrido em levedura. As proteínas de interesse, isca e presa, são expressas em fusão com o domínio de ligação ao DNA (DBD) e com o domínio de ativação da transcrição (AD) de um fator de transcrição, respectivamente. A interação entre a isca e a presa no núcleo da levedura resulta na reconstituição funcional do fator de transcrição, com consequente ativação da maquinaria de transcrição. A RNA polimerase II transcreve o gene repórter, e o mRNA resultante será traduzido no citoplasma. A atividade da proteína codificada pelo gene repórter é uma medida do sucesso da interação entre as duas proteínas híbridas.

proteínas completas, ou seus fragmentos, estão fusionadas ao AD, como mostra a Figura 26.2. Essas bibliotecas podem ser geradas a partir de fragmentos de DNA genômico produzidos aleatoriamente por quebra mecânica ou por digestão enzimática ou, então, construídas com preparações de DNA complementar (cDNA). Bibliotecas representativas do conjunto completo ou subconjuntos de fases abertas de leitura (do inglês, *open reading frames* – ORF) codificadas em um dado genoma são também uma ótima alternativa para triagens. Como exemplo desta abordagem, citamos o estudo que identificou a proteína Nop17 como um novo componente do exossomo (complexo proteico envolvido no processamento de RNAs eucarióticos) através de varreduras de bibliotecas de cDNA de levedura, utilizando-se como isca uma das subunidades desse complexo[15]. Outro exemplo dessa estratégia é o estudo que revelou novos componentes do sistema de secreção de efetores de virulência de *Xanthomonas axonopodis citri*, através de varreduras de uma biblioteca de DNA genômico com diferentes iscas[16].

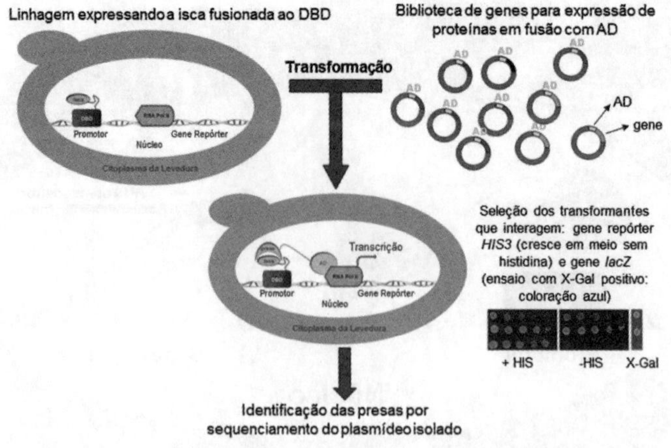

Figura 26.2 Varredura da biblioteca no sistema duplo híbrido em levedura. A proteína de interesse que será utilizada como isca é expressa em fusão com o domínio de ligação ao DNA (DBD). A biblioteca de genes contendo as sequências clonadas em fusão com o domínio de ativação da transcrição (AD) é utilizada na transformação de células da linhagem que expressa a isca. A interação bem-sucedida entre a isca e uma das proteínas híbridas da biblioteca (presa) é detectada pela atividade da proteína codificada pelos genes repórteres, neste caso HIS3 e lacZ, que, respectivamente, proporcionam crescimento na ausência do aminoácido histidina e coloração azul na presença do substrato X-GAL. Os plasmídeos codificando as presas são recuperados dos clones positivos e identificados por sequenciamento de DNA.

Se por um lado ensaios de duplo-híbrido realizados em pequena escala detalham, uma por vez, as interações de pares de proteínas pré-escolhidas, ensaios realizados em grande escala (*high-throughput*) buscam identificar todas as interações binárias potenciais do proteoma, completo ou parcial, de uma célula ou organismo. Nesse caso, o objetivo almejado é o mapeamento das redes de interações proteicas ou interactomas[5]. As triagens em larga escala utilizando sistema duplo-híbrido são pioneiras na proposição de redes de interação proteica em organismos modelo como S. cerevisiae e Caenorhabditis elegans, além de células humanas[17,18].

Variações do sistema duplo-híbrido foram desenvolvidas, possibilitando ensaios de interação proteica no citoplasma da levedura, e também em bactérias ou em células de mamífero em cultura[7,19]. Além disso, ajustes metodológicos no ensaio originalmente proposto foram cruciais para reduzir a detecção de interações falsas, tornando o sistema duplo-híbrido mais robusto e confiável. Assim como outros métodos, o sistema Y2H também apresenta limitações, e metodologias alternativas e complementares (abordagens

ortogonais) devem ser utilizadas para comprovar PPI identificadas através do Y2H[5]. Porém, é inquestionável a contribuição do Y2H para descoberta de interações proteicas relevantes em processos fisiológicos e patológicos[7], várias dessas sugeridas como potenciais alvos terapêuticos[20-22].

26.2 ORIGEM E EVOLUÇÃO DO SISTEMA DUPLO-HÍBRIDO EM LEVEDURA

O sistema duplo-híbrido em levedura foi desenvolvido em meados da década de 1980, no laboratório de Stanley Fields na State University of New York e primeiramente descrito em um artigo publicado em 1989 na revista *Nature*[10]. A inspiração fundamental para o delineamento do sistema duplo-híbrido foi a natureza modular de muitos fatores de transcrição eucarióticos, os quais apresentam dois domínios funcionalmente distintos: um que reconhece e liga uma sequência específica de DNA no promotor do gene-alvo e outro que interage com a maquinaria de transcrição, ativando a síntese do RNA mensageiro (mRNA).

A natureza modular e flexível dos fatores de transcrição foi evidenciada a partir de estudos realizados em meados da década de 1980 pelos grupos liderados por Mark Ptashne e por Kevin Struhl, ambos na Harvard University. Estes pesquisadores investigaram as proteínas GAL4 e GCN4, a primeira um potente ativador da transcrição em leveduras quando estas crescem em meio contendo galactose, e a segunda um fator de transcrição que reconhece promotores de genes relacionados à biossíntese de aminoácidos. Tanto para GAL4[23] como para GCN4[24] foi identificada a existência de dois domínios funcionalmente independentes: um domínio de ligação ao DNA (DBD) e outro de ativação da transcrição (AD). A independência funcional dos domínios foi comprovada pela verificação de que proteínas híbridas, tais como LexA-GAL4 (fusão do DBD do repressor transcricional LexA de *Escherichia coli* ao AD de GAL4), ativavam a transcrição somente quando o operador *lexA* (sequência reconhecida por LexA) estava presente no promotor do gene repórter[25]. De fato, os domínios DBD e AD de GAL4 podem ser fisicamente separados e podem funcionar como unidades independentes[26], mas a ativação da transcrição é dependente de certa proximidade entre esses domínios.

Resultados desses trabalhos embasaram a construção do conceito de que o domínio de ativação de fatores de transcrição prescinde da interação direta com o DNA para exercer sua função, isto é, o AD não estabelece contato direto com o DNA, o que é feito pelo DBD. Um ativador transcricional

poderia, portanto, ser composto de duas proteínas que se associam, não covalentemente, uma delas responsável pela ligação a uma sequência específica de DNA e a outra responsável por, efetivamente, ativar a maquinaria de transcrição.

Na versão original do sistema Y2H foram utilizados domínios de GAL4 para a produção de proteínas híbridas[10]. Esse ativador transcricional possui 881 aminoácidos, sendo que seu DBD reside na porção aminoterminal de 147 aminoácidos e é responsável pelo reconhecimento de uma sequência específica de DNA, denominada UAS_{GAL}, que é encontrada em promotores de genes GAL (genes relacionados ao metabolismo de galactose). O AD de GAL4 com 113 aminoácidos carboxiterminais, predominantemente ácidos, é responsável por recrutar e ativar a maquinaria de transcrição para iniciar a expressão do gene-alvo, porém não interage diretamente com a sequência de DNA. Para demonstrar a funcionalidade do sistema Y2H, o DBD de GAL4 foi fusionado a uma proteína de interesse X (no ensaio, a proteína SNF1) enquanto o domínio AD de GAL4 foi fusionado à proteína de interesse Y (no ensaio, a proteína SNF4). Caso as proteínas X e Y interagissem *in vivo*, os domínios de ligação ao DNA e de ativação da transcrição de GAL4 seriam suficientemente aproximados para ativar a transcrição de um gene controlado pelo fator de transcrição GAL4. Nesse ensaio, tal gene era *lacZ*, um gene da bactéria *E. coli* que codifica a enzima β-galactosidase, clonado na vizinhança do promotor GAL. Através da verificação da atividade enzimática, foi possível inferir que ocorreu ativação da transcrição do gene repórter *lacZ*, como consequência da interação de SNF1 e SNF4, como esquematizado na Figura 26.3.

Muitos estudos utilizaram o sistema Y2H tal como originalmente proposto para investigar a ocorrência de interação entre pares de proteínas conhecidas, e para os quais a possibilidade de interação era postulada. Uma vez detectada a interação no ensaio de Y2H, os domínios de interação passaram então a ser mapeados através da análise sistemática das proteínas X (denominada isca) e Y (denominada presa), portando deleções e/ou substituições em seus aminoácidos[11]. A premissa de que a atividade transcricional medida no ensaio de Y2H é positivamente correlacionada com a afinidade da interação valorizou ainda mais esta metodologia na caracterização de PPI. Contudo, a precisão desse tipo de estudo exige que as proteínas mutantes comparadas apresentem estabilidades similares e concentração equivalente no núcleo da levedura.

Com o sucesso do ensaio original de Y2H, foi então proposto que tal metodologia seria aplicável para identificação de novas interações através

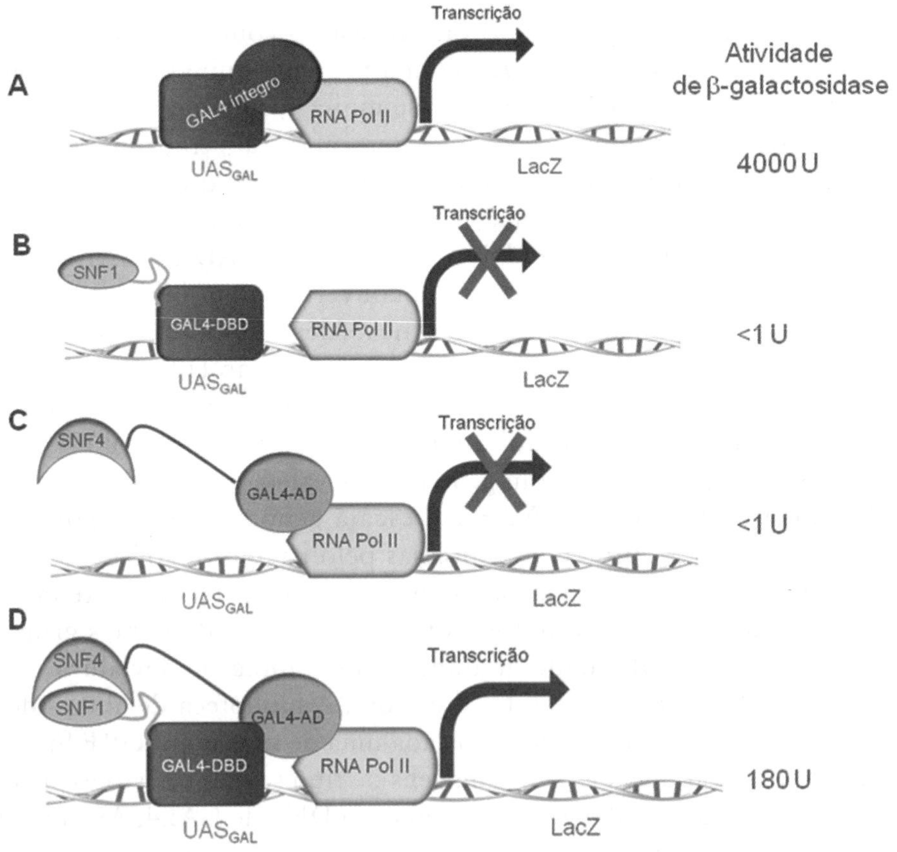

Figura 26.3 Esquema do sistema Y2H em seu delineamento original. Nos experimentos foi utilizada uma linhagem de levedura como uma deleção do gene *GAL4* e contendo o gene *LacZ* integrado em seu cromossomo sob controle do promotor GAL. Essa linhagem foi transformada com plasmídeos para expressão de: proteína GAL4 íntegra, da proteína SNF1 fusionada ao DBD de GAL4 e/ou proteína SNF4 fusionada ao AD de GAL4. Como esperado a expressão de GAL4 íntegra resultou na máxima ativação da transcrição. A expressão dos dois híbridos, SNF1/GAL-DBD e SNF4/GAL-AD, restaurou a transcrição de *LacZ*, verificada pela medida da atividade da enzima β-galactosidade como 180 unidades.

da varredura de bibliotecas de proteínas fusionadas com AD. Tal aplicação foi demonstrada com a utilização da proteína SIR4 fusionada ao DBD de GAL4 na varredura de uma biblioteca de fragmentos de DNA genômico de levedura expressando proteínas fusionadas ao AD de GAL4. Diversos outros trabalhos se seguiram com o intuito de identificar parceiros moleculares para proteínas selecionadas, tais como proteínas envolvidas em vias de sinalização celular em células normais ou tumorais. Entre as primeiras proteínas que

tiveram seus parceiros moleculares identificados com o sistema Y2H está a proteína Ras, que interage *in vivo* com a proteína quinase Raf[27]. Com esta abordagem, os parceiros moleculares de muitas proteínas começaram a ser rapidamente identificados, e redes de interação foram traçadas.

Vale ressaltar a importante contribuição do grupo de Stephen Elledge no Baylor College of Medicine, que desenvolveu vetores para facilitar a construção de bibliotecas de cDNA fusionados ao AD de GAL4, as quais eram construídas no bacteriófago λ e convertidas em bibliotecas plasmidiais usando recombinação sítio-específica. Além disso, esta nova versão de vetores possibilitava a expressão da isca fusionada ao DBD e também a um domínio de hemaglutinina (HA), para detecção da expressão com anticorpo anti-HA. Outra modificação foi a inclusão de *HIS3* (imidazol glicerol fosfato desidratase) como mais um gene repórter além de *lacZ*[28,29].

A primeira utilização do Y2H em escala genômica investigou o mapa de interações das 55 proteínas expressas pelo bacteriófago T7 de *E. coli*[30]. Alguns anos mais tarde, todas as interações potenciais do proteoma completo da levedura *S. cerevisae* foram investigadas por diferentes grupos[31-34], que exploraram a habilidade de linhagens haploides de levedura de tipos sexuais opostos formarem células diploides. A biblioteca de clones de levedura de um tipo sexual expressando cada uma de suas 6 mil ORF fusionadas ao AD de GAL4 foi triada com linhagens de tipo sexual oposto expressando as 6 mil ORF individualmente fusionadas ao DBD de GAL4. Após a seleção de clones diploides positivos para a ocorrência de interação, os plasmídeos eram recuperados, sequenciados para identificação do par de proteínas que interagiu no ensaio. A esses estudos seguiu-se a elucidação dos interactomas completos da bactéria patogênica *Helicobacter pylori*[35] e de organismos-modelo como *Drosophila melanogaster*[36,37] e *Caenorhabditis elegans*[38]. Os primeiros resultados de estudos para elucidar o interactoma humano foram publicados em 2005[39,40] e identificaram cerca de 3 mil potenciais interações. Além destas, dezenas de triagens já foram realizadas para mapear PPI de diversos vírus, micro-organismos, plantas e proteínas envolvidas com doenças humanas[41].

Entre as razões que rapidamente popularizaram a utilização do sistema duplo-híbrido em levedura está o fato de que essa metodologia possibilita o estudo *in vivo* de interações entre proteínas de qualquer organismo, através de ensaios relativamente simples e acessíveis para um laboratório convencional de biologia molecular. Uma característica relevante do ensaio de Y2H reside na sua alta sensibilidade para detecção de interações nem sempre evidenciadas por outros métodos, como a coimunoprecipitação. O acúmulo

do transcrito do gene repórter e da proteína correspondente amplifica e estabiliza o sinal, garantindo que interações de menor afinidade ou transientes possam ser detectadas. Esta é mais uma das vantagens do sistema Y2H, uma vez que metodologias que envolvem etapas de purificação de complexos proteicos requerem PPI bem mais estáveis[11].

Outra razão para o sucesso do Y2H reside no fato de que seu desenvolvimento antecedeu o fantástico avanço de métodos baseados na purificação por afinidade de complexos proteicos e identificação de seus constituintes por espectrometria de massa[8]. Ainda hoje, o Y2H apresenta o diferencial de avaliar interações proteicas *in vivo*, enquanto a AP-MS requer a manipulação *in vitro* de extratos celulares e equipamentos bem mais sofisticados, dispendiosos e inacessíveis para a maioria dos grupos de pesquisa.

Curiosamente, não foi o interesse científico em se buscar os parceiros moleculares de uma proteína em estudo que motivou o desenvolvimento do sistema duplo-híbrido, mas sim a demanda na época por um novo método com potencial comercial para a indústria de biotecnologia e que pudesse ser útil para a pesquisa em ciências biomédicas. O caminho trilhado no desenvolvimento do sistema duplo-híbrido foi, portanto, bastante incomum e diferente do que se observa para a maioria das biotecnologias disponíveis, as quais foram desenvolvidas para responder a problemas biológicos específicos[42].

O sistema Y2H evoluiu do uso de vetores e linhagens de levedura trocadas entre grupos de pesquisas para a utilização de sistemas completos, atualmente comercializados na forma de kits que incluem sofisticados vetores plasmidiais que facilitam as etapas de clonagem e linhagens de levedura aprimoradas e que conferem maior confiabilidade a detecção das interações proteicas. Ademais, as opções hoje disponíveis incluem vetores com características que facilitam ensaios subsequentes para confirmação das interações detectadas através do sistema Y2H. Bibliotecas com conjuntos ou subconjuntos de ORF humanas ou de alguns organismos modelos também estão disponíveis comercialmente. Além disso, há empresas que oferecem serviços de triagem de bibliotecas gênicas utilizando o sistema Y2H.

26.2.1 Detalhamento metodológico do sistema Y2H

Desde sua concepção em 1989, muitos foram os melhoramentos na tecnologia de Y2H, incluindo a possibilidade de utilização de mais do que um gene repórter[7]. Além de *lacZ*, que permite uma avaliação semiquantitativa

da interação em um ensaio de atividade de β-galactosidade de *E.coli*, os genes repórteres mais frequentemente utilizados são *MEL1* (α-galactosidase secretada de *S. cerevisae*), *HIS3*, *URA3* e *ADE2* (que conferem prototrofia a histidina, uracila e adenina, respectivamente). Também tem sido utilizado como repórter da interação produtiva, o gene que codifica a proteína fluorescente verde (do inglês *green fluorescent protein* – GFP), ou melhor, o gene yEGFP (do inglês, *codon-optimized yeast enhanced green fluorescent protein*), em que foi realizada a otimização de códons para adequada expressão em levedura[43]. A expressão do gene repórter possibilita a separação de clones positivos com a utilização do separador de células ativado por fluorescência (do inglês, *fluorescence-activated cell sorting* – Facs). A resistência ao antifúngico aureobasidina A (gene *AUR1-C*, variante mutante da inositol fosforil ceramida sintase) também é mais um repórter disponível[44]. A Tabela 26.1 lista os genes repórteres mais usados no Y2H e os fenótipos observados.

Tabela 26.1 Genes repórteres usados no sistema Y2H e os respectivos fenótipos da levedura resultantes da sua ativação

GENE REPÓRTER	PRODUTO PROTEICO	FENÓTIPO
lacZ (E. coli)	β-galactosidase	Colônias com coloração azulada pela hidrólise do substrato cromogênico X-Gal (5-bromo-4-cloro-3-indolil-β-D-galactopiranosídeo).
HIS3 (S. cerevisae)	Imidazol glicerol fosfato desidratase	Crescimento em meio sem histidina.
URA3 (S. cerevisae)	Orotidina 5-fosfota descarboxilase	Crescimento em meio sem uracila. Sensibilidade ao 5-ácido fluorótico (5-FOA).
ADE2 (S. cerevisae)	Fosforibosil aminoimidazol carboxilase	Crescimento em meio sem adenina.
MEL1 (S. cerevisae)	α-galactosidase secretada	Colônias com coloração azulada pela hidrólise do substrato cromogênico X-α-Gal (5-bromo-4-cloro-3-indolil-α-D-galactopiranosídeo).
AUR1-C (Aureobasidium pullulans)	Mutante da subunidade catalítica da sintase de inositol fosfoceramida (proteínda de resistência à aureobasidina A)	Resistência ao antifúngico aureobasidina A.
GFP (Aequorea victoria)	Proteína fluorescente verde	Células fluorescenes após exposição à luz UV (366 nm).
yEGFP	Proteína fluorescente verde intensa (com otimização de códons para levedura)	Células estavelmente fluorescentes para separação por Facs.

Quanto ao domínio de ligação ao DNA, além do DBD de GAL4 utilizado no sistema duplo-híbrido original[10], alternativas também já foram empregadas[7]. Uma delas é a proteína repressora LexA de *E. coli* que liga o sítio operador cognato[45]. O AD de GAL4 ainda é o mais utilizado, mas há opção do AD da proteína VP16 do vírus de herpes simplex[27] ou do domínio

de ativação B42 de *E. coli*[45], respectivamente um domínio de ativação mais forte e outro mais fraco do que GAL4.

Em sua aplicação mais simples (Figura 26.1), em que se deseja verificar se duas proteínas interagem *in vivo*, as células de levedura são transformadas com dois vetores plasmidiais, um deles contendo a sequência codificadora da proteína de interesse X (isca) fusionada ao DBD (por exemplo, DBD de GAL4), e o outro contendo a sequência codificadora da proteína de interesse Y (presa) fusionada ao AD (por exemplo, AD de GAL4). A expressão epissomal das fusões está, geralmente, sob o controle de um promotor constitutivo como o *ADH1* (álcool desidrogenase 1), truncado ou íntegro para garantir, respectivamente, menor ou maior nível de expressão. O ensaio parece ser mais eficaz quando as fusões são aminoterminais, isto é DBD e AD são fusionados ao aminoterminal da proteína X ou Y, embora se recomende testar também fusões carboxiterminais[46]. É fundamental que as proteínas fusionadas aos domínios DBD e AD sejam direcionadas para o núcleo da célula a fim de ativar a transcrição dos genes repórteres, sendo que o sinal de localização nuclear está na porção aminoterminal dessas construções. Além dos elementos que permitem sua propagação em bactéria, importantes na etapa de clonagem, os vetores devem conter genes para a seleção dos clones em levedura. Os vetores mais populares contêm *TRP1* (codifica fosforibosil antranilato isomerase), que possibilita o cultivo das células em meio sem triptofano, ou *LEU2* (codifica β-isopropil malato desidrogenase), que possibilita o cultivo das células na ausência de leucina. Desse modo, células de levedura hospedando ambos os plasmídeos (isca e presa) crescem na ausência de leucina e triptofano. Assumindo que as duas proteínas híbridas serão colocalizadas no núcleo, é plausível supor que, caso interajam, os domínios de ligação ao DNA e de ativação da transcrição serão aproximados e o ativador transcricional será reconstituído funcionalmente. Como resultado, a RNA polimerase II será recrutada e os genes repórteres serão transcritos (por exemplo, *HIS3* e *lacZ*) (Figura 26.2).

Como afirmado acima, para o sucesso do sistema Y2H é necessário que as proteínas híbridas que potencialmente interagem sejam expressas no núcleo, preferencialmente em níveis equivalentes. Alguns vetores adicionam um epítopo à proteína híbrida, o qual possibilita o monitoramento de sua expressão através de *Western blotting* com anticorpo específico.

Nos ensaios de Y2H é importantíssimo avaliar se as proteínas híbridas (isca e presa) não ativam os genes repórteres independentemente da ocorrência de interação, um artefato referido como "ativação independente de interação". Para isso, é necessário avaliar se há expressão dos genes repórteres

nos transformantes, hospedando cada uma das construções separadamente. Muitas vezes a proteína X fusionada ao DBD exibe "ativação independente de interação", e a solução está em refazer as construções, fusionando X ao AD e Y ao DBD ou utilizando-se fragmentos ou domínios da proteína isca. Entretanto, segmentos proteicos ricos em aminoácidos carregados, em particular resíduos negativos, devem ser evitados, visto que frequentemente resultam em "ativação independente de interação". Citamos aqui o exemplo da proteína reguladora FEZ1. Uma vez que o domínio N-terminal de FEZ1 confere ativação independente de interação, a alternativa foi utilizar como isca sua região carboxiterminal na varredura de uma biblioteca de cDNA humano[47]. Nesse estudo, foram identificadas proteínas de função conhecida que interagem com FEZ1, o que possibilitou confirmar sua participação no desenvolvimento neuronal e sugerir um papel para FEZ1 também no controle transcricional.

Outro ponto relevante é a verificação da seletividade da interação entre X e Y, o que pode ser avaliado realizando-se ensaios de interação de X ou Y com proteínas não relacionadas. Mas, uma vez descartada a "ativação independente de interação" e verificada a especificidade da associação, a habilidade das proteínas X e Y e de suas variantes mutantes interagirem pode ser sistematicamente ensaiada, visando à identificação dos domínios envolvidos.

É importante ressaltar que as linhagens da levedura *S. cerevisae* empregadas no sistema Y2H são linhagens geneticamente modificadas para que seja possível a seleção de clones que hospedam as construções plasmidiais contendo, respectivamente, isca e presas, bem como a pronta detecção de um ou mais genes repórteres. Em um ensaio como o descrito acima, as linhagens utilizadas portam as marcas auxotróficas, *TRP1* e *LEU2*, apresentando, portanto, dependência dos aminoácidos triptofano e leucina para o crescimento. Os genes repórteres estão integrados em cópia única no cromossomo da levedura, e precedidos pelo promotor com a sequência reconhecida pelo domínio de ligação fusionado à isca. Frequentemente são utilizadas linhagens de levedura que apresentam genes repórteres com promotores com diferentes afinidades pelo DBD, que geram maior ou menor expressão de cada um dos genes repórteres[48].

O gene repórter *HIS3* codifica a imidazol glicerol fosfato desidratase, uma enzima da via de biossíntese de histidina e essencial para o crescimento da levedura na ausência desse aminoácido. *URA3* codifica orotidina 5-fosfato descarboxilase, uma enzima da via de síntese de uracila, o qual é essencial para o crescimento da levedura na ausência de uracila ou uridina. Várias linhagens de levedura desenvolvidas para o sistema duplo-híbrido são

deficientes na expressão de *HIS3* e *URA3*, sendo que clones com altos níveis de expressão de *HIS3* podem ser evidenciados pela adição do inibidor 3-AT (3-aminotriazol) ao meio de cultura, o que evita a detecção de interações fracas (falsos positivos) que resultam em expressão basal de *HIS3*. A expressão de *lacZ* pela levedura pode ser facilmente detectada com a utilização do substrato cromogênico X-Gal (5-bromo-4-cloro-3-indolil-β-D-galactopiranosídeo), que quando hidrolisado pela β-galactosidase gera um composto de coloração azulada (Figura 26.2).

De modo geral, a utilização de dois genes repórteres (*HIS3* e *lacZ*) é suficiente. Porém, algumas linhagens de leveduras contêm três genes repórteres sob o controle de promotores ligeiramente diferentes, ampliando a faixa de seletividade e sensibilidade, como é o caso da linhagem PJ69-4A[48], que contém os repórteres *HIS3*, *lacZ* e *ADE2*, este último mais rigoroso. A utilização de linhagens contendo o repórter *URA3* pode ser útil nos casos de interações mais difíceis de avaliar, ou quando se deseja realizar uma contrasseleção com 5-ácido fluorótico (5-FOA), um composto que é metabolizado em composto tóxico pela enzima URA3. Outra opção é a utilização da resistência ao antifúngico aureobasidina-A, como já mencionado.

26.2.2 Análise de interactomas através do sistema Y2H

A aplicação mais frequente do sistema duplo-híbrido é a triagem por interações que envolvem uma ou mais proteínas de interesse ou a triagem por interações possíveis de um proteoma completo ou quase completo. Para tal é necessário dispor de bibliotecas de fragmentos genômicos, bibliotecas de cDNA ou de bibliotecas de DNA com todas as sequências codificadoras de proteínas (ORF) de um organismo, construídas em vetores apropriados para Y2H.

Uma estratégia que pode ser utilizada é a transformação de uma linhagem de levedura com o vetor plasmidial codificando a isca de interesse fusionada ao DBD e seleção em meio restritivo. O clone selecionado é então submetido à transformação com a biblioteca de escolha, em que as sequências serão expressas em fusão ao AD (Figura 26.2). Os clones são selecionados em meio restritivo, e as interações positivas são avaliadas através da expressão dos genes repórteres. A primeira etapa na caracterização dos clones que exibem ativação dos genes repórteres é a verificação de que essa ativação deve-se à interação produtiva entre isca e presa, e não a uma mutação que eventualmente tenha ocorrido na levedura. Isto é feito pela reintrodução do

plasmídeo correspondente à presa (selecionada na varredura) na linhagem original que expressa a isca para recapitular a ativação dos genes repórteres. Um segundo teste importante é mostrar que as presas selecionadas interagem especificamente com a proteína de interesse, e não com o DBD de LexA ou GAL4 fusionado à isca. Isto é feito pela reintrodução da biblioteca de plasmídeos em linhagem expressando outras iscas para confirmar interação específica apenas com a isca de interesse. Em seguida, o plasmídeo codificando a presa revelada em cada um dos clones positivos é recuperado e submetido a sequenciamento para verificação da identidade da presa (Figura 26.2).

A expressão da isca é, geralmente, epissomal; contudo, há possibilidade de integração da construção DBD-isca no cromossomo da levedura, gerando uma linhagem estável, menos suscetível a variações no nível de expressão da isca, o que parece reduzir de modo importante resultados falso-positivos e falso-negativos na triagem de bibliotecas[49].

Outra estratégia para triagem no sistema Y2H consiste na expressão da isca em uma linhagem de um tipo sexual (tipo *a*), e a construção da biblioteca de "presas" em uma linhagem de tipo sexual oposto (tipo α), como esquematizado na Figura 26.4A. A varredura consiste no cruzamento das linhagens e seleção em meio seletivo para interação positiva. Da mesma maneira que na estratégia anterior, é necessário recapitular a interação e verificar identidade da presa pelo sequenciamento do plasmídeo recuperado do clone diploide positivo.

Para análise do interatoma completo, uma estratégia é a varredura cruzada em todas as combinações possíveis de arranjos de conjuntos de clones de levedura expressando iscas ou presas[50]. Para isso, todas as ORF são individualmente clonadas em fusão com o domínio de ligação ao DNA (iscas) e expressas em uma linhagem de levedura de um tipo sexual. As ORF são também clonadas em fusão com o domínio de ativação (presas) e expressas em uma linhagem de levedura do tipo sexual oposto. Os diferentes clones são organizados em arranjos de 96 clones, e cada clone de isca e presa é sistematicamente cruzado seguindo-se a seleção nutricional e verificação da ativação de genes repórteres (Figura 26.4B). Um requerimento para esta abordagem é a disponibilidade do ORFeoma, isto é, o conjunto de todas as sequências codificadoras identificadas no genoma de interesse, sendo que cada ORF deve estar fusionada ao domínio de ativação (AD), para compor a biblioteca de presas, ou ao domínio de ligação ao DNA, para compor a biblioteca de iscas[50]. Esta estratégia tem uma vantagem óbvia: a possibilidade da eliminação prévia de clones de iscas ou presas que exibam ativação

Sistema Duplo-Híbrido em Levedura: Conceitos e Aplicações

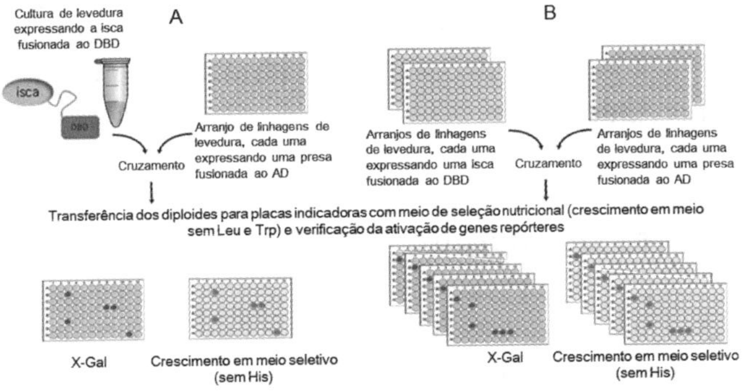

Figura 26.4 Análise do interactoma completo. Varredura de arranjos ordenados de conjuntos de clones de levedura expressando diferentes presas. No esquema mostrado em A, uma ORF que será utilizada como isca é individualmente clonada em fusão ao DBD e expressa em uma linhagem de levedura de um tipo sexual. Esta linhagem é utilizada na varredura de linhagens de levedura do tipo sexual oposto, organizados em arranjos de 96 clones (biblioteca de presas), cada uma expressando uma presa fusionada ao AD. Após o cruzamento, segue-se a seleção nutricional e verificação da ativação de genes repórteres como *lacZ* e *HIS3*. A varredura pode ser repetida individualmente para as iscas de interesse. No esquema mostrado em B, arranjos ordenados de linhagens expressando iscas fusionadas ao DBD (biblioteca de iscas) é cruzado com a biblioteca de presas, em todas as possibilidades possíveis. O resultado de cada cruzamento é transferido para placas de 96 poços para seleção nutricional dos diploides e verificação da ativação dos genes repórteres. A varredura em grande escala pode ser totalmente automatizada.

independente de interação. Utilizando esta abordagem, milhares de interações foram identificadas para mais de 70% do proteoma da levedura[31,51].

Uma crítica frequente ao sistema Y2H, em particular para ensaios realizados em grande escala, é a detecção de um aparente alto número de falsas interações ou de interações não plausíveis biologicamente, ou ainda a não detecção de interações verdadeiras[17]. A detecção de falsos positivos pode ser minimizada com a utilização de pelo menos três genes repórteres para evidenciar uma interação. Por outro lado, uma forma de aumentar a cobertura das interações nas triagens é a utilização simultânea de variantes de vetores plasmidiais do sistema Y2H, com *ori* CEN ou 2 μ (respectivamente, menor ou maior número de cópias) que permitem fusões amino ou carboxiterminais das iscas e presas com DBD ou AD. Em um estudo recente, 92 interações foram avaliadas em 10 configurações diferentes quanto ao tipo de vetor e orientação da fusão, e foi verificado que cada variante do sistema Y2H

detectou um subconjunto de interações. Nenhuma das 92 interações foi detectada pelas 10 configurações, e 14 foram detectadas apenas por uma. Dessa forma, sugere-se que projetos para avaliar interactomas incorporem múltiplas configurações do sistema Y2H para que um maior número de interações seja revelado[52].

26.2.3 Limitações do método Y2H

O sistema 2YH tem algumas limitações, sendo a principal delas a detecção de um alto número de interações falsas (falsos positivos). Outras limitações incluem a "não detecção" de todas as interações verdadeiras (falsos negativos) e o fato da metodologia ser pouco informativa quanto à cinética e à dinâmica da interação proteína-proteína[7, 53]. Estas limitações têm sido minimizadas com o aprimoramento da tecnologia nos últimos 25 anos, consolidando o sistema Y2H com a metodologia de escolha para análise de PPI. A Tabela 26.2 resume os principais problemas e as soluções que podem ser aplicadas para contornar limitações do sistema Y2H.

Tabela 26.2 Principais limitações do Y2H e soluções possíveis

LIMITAÇÃO	POSSÍVEL SOLUÇÃO
Proteína isca é tóxica para levedura	Testar um fragmento menor da proteína
Proteína isca ativa os genes repórteres independentemente da ativação (ativação independente de interação)	Testar um domínio separado/fragmento menor da proteína ou usar o sistema duplo-híbrido alternativo
Interação proteína-proteína envolve a porção N-terminal da isca a qual está fusionada ao DBD	Inverter a configuração da isca
Triagem para interações que dependem de PTM (ex.: fosforilação em resíduo de tirosina)	Utilizar uma linhagem de levedura que expresse a enzima envolvida na PTM (ex.: tirosina quinase)
A proteína isca é uma proteína integral de membrana (não é transportada para o núcleo)	Usar uma variação do sistema Y2H como *split-ubiquitin*
A interação requer um terceiro parceiro	Usar um sistema Y2H que permita a expressão de uma terceira proteína solúvel, não fusionada a DBD ou AD
Suspeita de clones falsos positivos	Ensaios confirmativos da interação
Falta de clones: suspeita de falso negativo	Mudar a biblioteca de cDNA usada

LIMITAÇÃO	POSSÍVEL SOLUÇÃO
Cepa repórter de levedura mostra "vazamento" do gene repórter HIS	Usar 3-AT para inibição da expressão *background*
Poucos clones	Aumentar o número de clones triados ou usar múltiplas bibliotecas/configurações de iscas/coexpressar fator atuando em "trans" (ex.: uma quinase, adaptador etc.)
Sistema não é contexto-dependente (proteínas que não são expressas no mesmo compartimento/tecido/tempo que interagem)	Ensaios confirmatórios da possível interação

Os falsos positivos podem ser divididos em técnicos e biológicos. Os técnicos refletem problemas que resultam na indução dos genes repórteres na ausência de interação. Este artefato (ativação independente de interação), na maior parte das vezes, deve-se a proteínas que apresentam capacidade intrínseca de ativar a transcrição independentemente da interação com outra proteínas fusionada ao AD ou ainda, iscas que interagem com muitas presas de modo não específico. Entre as possíveis soluções para este problema, está a remoção do domínio da isca responsável pela ativação independente de interação ou pela interação inespecífica. Uma solução bastante utilizada é aumentar a concentração de 3-AT se o gene repórter utilizado for *HIS3*, de tal maneira que somente células expressando altos níveis da proteína His3 sejam capazes de sobreviver na ausência de histidina.

Outra estratégia para contornar o artefato da "ativação independente de interação" é fusionar a isca ao AD e conduzir a triagem em bibliotecas nas quais as presas são fusionadas ao DBD. Alternativamente, existe a possibilidade de se utilizar sistemas Y2H que utilizam promotores reconhecidos pela RNA polimerase III[54] para o controle dos genes repórteres cuja maquinaria pode eventualmente não ser alvo da ativação independente de interação de certas iscas.

Para a triagem de proteínas que interagem com ativadores transcricionais como c-Myc[55], os quais podem ativar a expressão do repórter independente de interação, há a opção de se utilizar o ensaio do transativador reprimido (do inglês *repressed transactivator assay* – RTA), que utiliza o gene repórter *URA3* e fusões da isca com DBD de GAL4 e da presa com um domínio do repressor transcricional TUP1[56]. Se a interação ocorrer, a expressão de *URA3* é bloqueada e as colônias positivas podem ser selecionadas pela sobrevivência em meio contendo 5-FOA. Se não houver interação, ocorre expressão de *URA3* e letalidade celular na presença de 5-FOA. Este

composto é convertido em 5-fluorodeoxiuridina monofosfato, que é um inibidor competitivo da timidilato sintase e que causa bloqueio da síntese de DNA.

Fatores tais como variações no número de cópias dos plasmídeos ou mutações espontâneas nos promotores dos genes repórteres podem contribuir para detecção de falsos positivos. Um detalhe importante para a realização dos ensaios de Y2H é o cuidado na preparação dos meios para o cultivo e seleção dos clones de levedura, pois contaminação residual de quaisquer dos compostos utilizados como marcadores auxotróficos (leucina, triptofano, histidina, adenina, uracila etc.) pode resultar na seleção de clones não prototróficos para estes compostos (falsos positivos).

Os falsos positivos biológicos correspondem às interações que ocorrem no contexto do sistema Y2H, mas que não são plausíveis no contexto celular original. Por exemplo, proteínas expressas em compartimentos subcelulares distintos, ou em condições fisiológicas diferentes, podem eventualmente interagir quando coexpressas no núcleo da levedura.

Algumas características das iscas e presas podem explicar a não detecção de interações biologicamente relevantes. Por exemplo, proteínas que não assumem sua estrutura tridimensional correta, geralmente proteínas de membrana e proteínas extracelulares, que, apesar de "ganharem" um sinal de localização nuclear quando fusionadas ao DBD ou AD, nem sempre são transportadas para o núcleo, ou que são tóxicas quando expressas na levedura, são fontes de falsos negativos. Uma alternativa para contornar esses falsos negativos é realizar a expressão de domínios ou versões truncadas destas proteínas. Outra possibilidade é utilizar sistemas que detectam interações citoplasmáticas como o ensaio de complementação de fragmentos de proteínas (PCA).

Se a interação envolver a região aminoterminal da proteína, existe a possibilidade de que a fusão com o DBD ou AD seja um complicador. Nesse caso, uma alternativa é testar fusões carboxiterminais ou inverter a fusão, isto é, obter a isca fusionada ao AD e presa fusionada ao DBD.

Outra fonte relevante de falsos negativos são interações dependentes de modificações pós-tradução, que ou não ocorrem na levedura (por exemplo, fosforilação em resíduos de tirosina), ou não são estáveis no núcleo da levedura. A detecção de interações que envolvem ligantes exógenos também está incluída dentre as limitações do sistema Y2H convencional.

Ciente dos artefatos do sistema Y2H, particularmente aqueles geradores de falsos positivos, é fundamental avaliar cuidadosamente cada interação observada e utilizar metodologias alternativas para validá-la.

A ocorrência de falsos positivos ou falsos negativos em ensaios de Y2H pode explicar a significativa ausência de superposição entre PPI detectadas em estudos distintos para um mesmo organismo. Dessa forma, é importante ressaltar que as interações identificadas através do sistema Y2H são referidas como interações potenciais, e a sua confirmação exige metodologias complementares. Vale observar que interações evolutivamente conservadas entre espécies também são mais prováveis de serem biologicamente relevantes. Assim, a integração de potenciais PPI reveladas experimentalmente (através de Y2H ou de outras metodologias) e ou preditas computacionalmente em bases de dados públicas é fundamental para refinar mapas de interação[34,53,57].

26.2.4 Vantagens do sistema Y2H

Sensibilidade, seletividade, flexibilidade e excelente relação custo-benefício estão entre as vantagens do sistema Y2H. A alta sensibilidade do sistema Y2H para detecção de PPI deve-se a uma combinação de fatores que incluem a abundante expressão das proteínas híbridas graças à expressão dirigida por promotores fortes em vetores com alto número de cópias. Além disso, a detecção do repórter é amplificada pela tradução de muitas moléculas de enzimas estáveis por mRNA que é transcrito. Soma-se a isto o fato de que os fenótipos resultantes do sucesso da interação são também muito sensíveis.

De modo geral, o ensaio Y2H detecta interações com constantes de afinidade da ordem de aproximadamente 10 µM. Ademais, a estabilidade do complexo entre as proteínas híbridas é aumentada pela interação do AD com proteínas do complexo de iniciação da transcrição, que também estão associadas ao promotor. Por outro lado, métodos de coimunoprecipitação exigem interações com afinidades bem mais altas, uma vez que os complexos devem resistir aos vários passos de lavagens da metodologia.

A grande flexibilidade do sistema Y2H permite a detecção de interações entre proteínas derivadas de quaisquer organismos, desde que se disponha de suas respectivas sequências codificadoras. A ressalva que deve ser feita é que, neste caso, a potencial interação será avaliada fora do seu contexto biológico, pois não está sendo analisada no organismo de origem, e sim na levedura. Não existe um tamanho mínimo ou máximo para uma proteína ser testada, o que permite uma detalhada investigação dos domínios envolvidos na interação com seus parceiros. Além disso, variações do sistema

Y2H permitem analisar interações também no citoplasma, além do método convencional que detecta interações no compartimento nuclear da levedura.

A implementação do sistema Y2H exige apenas equipamentos comuns de um laboratório de biologia molecular, treinamento em procedimentos convencionais de microbiologia e habilidade para realização de clonagens de DNA. Outrossim, é um método que pode ser também automatizado para estudos em grande escala.

26.2.5 Variações do sistema Y2H clássico

Algumas das limitações do Y2H já discutidas motivaram o desenvolvimento de tecnologias alternativas aplicáveis não só para o estudo de PPI, mas também para detecção de inibidores de interação proteína-proteína e para análise da associação entre proteínas e RNA, DNA ou pequenas moléculas.

Entre as tecnologias variantes do Y2H clássico, está o sistema duplo-híbrido reverso (Figura 26.5) que tem sido utilizado na triagem de inibidores de interação proteína-proteína em uma biblioteca de pequenas moléculas. A adição de uma substância (por exemplo, um peptídeo ou uma molécula pequena) que iniba a interação entre duas proteínas-alvo (devidamente fusionadas a DBD e AD) previne a expressão do gene tóxico (*URA3*), e a linhagem cresce em meio contendo 5-FOA. Por outro lado, se a substância adicionada não inibir a interação, a expressão de *URA3* é ativada e as colônias não sobrevivem no meio seletivo. Esta abordagem tem sido uma estratégia valiosa na caracterização de PPI terapeuticamente relevantes e abre novos caminhos para a busca de moléculas que bloqueiem essas interações[22,58].

Como já mencionado, uma limitação relevante do sistema Y2H convencional é a análise de potenciais interações de proteínas de membrana ou secretadas. Uma série de variações do sistema de Y2H foi desenvolvida e está disponível para o estudo dessas classes de proteínas que, via de regra, não são adequadamente expressas no núcleo da levedura. Alguns destes métodos mantêm a expressão da isca associada à membrana e possibilitam a expressão da presa fusionada a uma proteína que é membro de uma cascata de sinalização celular (por exemplo, proteínas Sos, Ras, Gγ). Na presença da interação, a presa é recrutada para o contexto celular adequado (por exemplo, membrana plasmática) resultando na ativação da via de sinalização de que participa a proteína à qual está fusionada[7]. Para o estudo de interação de proteínas secretadas também foram desenvolvidos variantes do Y2H que possibilitam a expressão de tais proteínas ancoradas na membrana

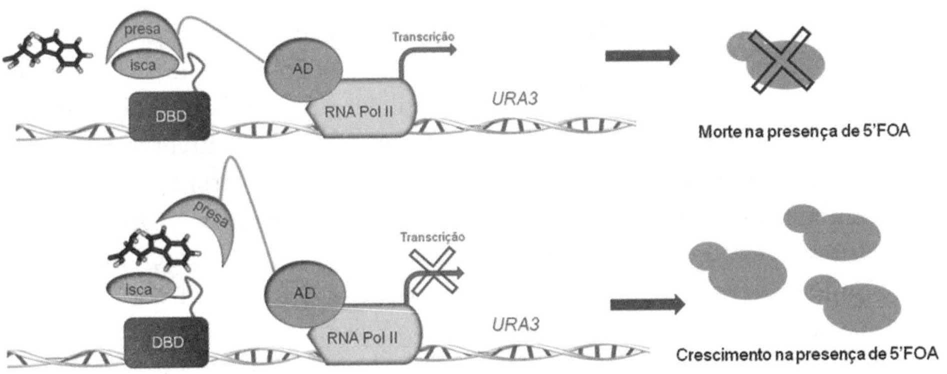

Figura 26.5 Sistema duplo-híbrido reverso utilizado na triagem de inibidores de interação proteína-proteína. A adição de uma substância (por exemplo, um peptídeo ou uma molécula pequena) que iniba a interação entre duas proteínas-alvo (devidamente fusionadas a DBD e AD) previne a expressão do gene tóxico (*URA3*), e a linhagem cresce em meio contendo 5'-FOA. Por outro lado, se a substância adicionada não inibir a interação, a expressão de URA3 é ativada e as colônias não sobrevivem no meio seletivo.

do retículo endoplasmático[59] ou do complexo de Golgi[60] fusionadas às proteínas encontradas nestes compartimentos. Para o estudo de interações de proteínas extracelulares foram desenvolvidas tecnologias de duplo-híbrido na superfície de leveduras (YS2H, do inglês *yeast surface two-hybrid*). Um exemplo é o método em que a isca é expressa fusionada tanto a uma proteína secretada que permanece associada à membrana como ao fragmento de GFP, enquanto a presa é fusionada ao fragmento complementar de GFP. A interação entre isca e presa na superfície da levedura reconstitui a GFP, e a fluorescência pode ser detectada[61].

O sistema Y2H tem sido adaptado para triagem de interações entre pares de proteínas que envolvem um terceiro componente que pode ser uma pequena molécula, um RNA ou uma terceira proteína que fará a ponte entre a isca e a presa, estabelecendo um complexo ternário[7]. Esta variação é denominada sistema triplo-híbrido em levedura (Y3H). Entre várias aplicações, o Y3H é uma abordagem promissora para a caracterização de drogas, apresentando potencial para revelar novos alvos terapêuticos[62]. Neste tipo de ensaio, a isca é uma proteína capaz de ligar um composto de interesse, o qual é fornecido para as células da levedura. Se uma presa fusionada ao AD, expressa a partir de uma biblioteca de genes, interagir com a molécula do composto de interesse, o gene repórter é ativado.

Os conceitos que embasam o Y2H também são aplicados ao sistema do híbrido único (Y1H). Nesta abordagem sequências de DNA regulatórias

atuantes em *cis* são utilizadas para identificar proteínas que ligam tais sequências especificamente, iniciando a transcrição do gene repórter. Tais proteínas são triadas em uma biblioteca plasmidial codificando proteínas fusionadas ao AD. O Y1H é extremamente popular e há diversos exemplos de sua aplicação na identificação de interações DNA-proteína[63].

Há também os ensaios de complementação de fragmentos proteicos (PCA) em levedura[7]. Diferentemente do Y2H, nestes ensaios a interação entre proteínas pode ocorrer em outros compartimentos celulares além do núcleo. Além disso, as tecnologias baseadas em PCA podem ser facilmente transferidas para outros organismos, ao contrário do Y2H, desenvolvido para ser realizado apenas em leveduras. Como exemplo de PCA citamos o sistema *Split-ubiquitin*, desenvolvido como um sistema sensor de interações proteína-proteína[64]. A ubiquitina pode ser separada em duas metades estáveis, amino e carboxiterminal, denominadas, respectivamente, N_{ub} e C_{ub}. Quando fusionadas a duas proteínas que interagem, estas metades são aproximadas, reconstituindo a molécula de ubitiquina, a qual pode ser reconhecida por enzimas citossólicas que removem a ubiquitina de proteínas. Quando uma proteína integral de membrana (isca) é expressa em fusão com C_{ub} ligada a um fator de transcrição, este fator é retido no citoplasma. Entretanto, quando ocorre a interação da isca com uma presa fusionada a N_{ub}, a ubitiquina é reconstituída e o fator de transcrição é clivado e então direcionado para o núcleo, onde promove ativação da transcrição de um gene repórter. Utilizando este sistema, foram detectadas centenas de interações de 536 proteínas integrais de membrana de *S. cerevisae*[65].

Em um sistema *Split-ubiquitin* alternativo, a proteína repórter da interação entre duas proteínas fusionadas a N_{ub} e C_{ub} é URA3. Nesse caso, URA3 tem seu aminoácido terminal alterado para arginina e está fusionada a outra extremidade de C_{ub}. A interação entre isca e presa, reconstitui a ubiquitina, recrutando a protease que promove a desubiquitinação de URA3, que irá exibir arginina como aminoterminal, um aminoácido que tende a promover a degradação da proteína. A enzima livre é então degradada, e o fenótipo das leveduras é convertido a um fenótipo dependente de uracila para o crescimento, porém resistente a 5-FOA[66].

Finalmente, é importante ressaltar que existem variações do sistema duplo-híbrido desenvolvidas para outros organismos tais como bactérias e células de mamíferos[7]. Para células de mamíferos, o mais simples consiste na interação de proteínas fusionadas ao DBD de Gal4 e à proteína VP16 do vírus da herpes simplex (um transativador transcricional em células de mamíferos), resultando na ativação transcricional de um gene repórter, por

exemplo, o gene codificador da luciferase, ou um gene codificador de uma proteína fluorescente[67]. Outros métodos são baseados no conceito da complementação proteica, em que proteína fluorescente é dividida em dois domínios, e quando uma PPI ocorre entre proteínas fusionadas a cada um destes domínios, a atividade da proteína repórter é reconstituída (por exemplo, emissão de fluorescência). Células exibindo fluorescência podem ser então separadas utilizando Facs[67]. Apesar do desenvolvimento espetacular nos últimos anos, estas metodologias ainda não superam a versatilidade do sistema Y2H. No entanto, o sistema duplo-híbrido em células de mamíferos é muito útil para validação de interações de proteínas identificadas no Y2H por oferecer o contexto celular apropriado para proteínas de mamíferos.

26.2.6 Passo a passo do sistema Y2H

Ao planejar um ensaio no sistema Y2H, vale a pena considerar as etapas propostas no fluxograma apresentado na Figura 26.6. Se a intenção é utilizar esta metodologia para avaliar a interação entre duas proteínas de interesse, é importante definir se as proteínas que serão utilizadas como isca e presa consistirão de sua sequência completa ou de segmentos (domínios). A utilização da sequência completa pode ser vantajosa por aumentar a chance da detecção de interações, mas pode resultar em maior taxa de falsos-positivos. Por outro lado, a utilização de domínios proteicos como iscas tem a vantagem de revelar diretamente domínios de interação, mas pode ser insuficiente para detecção de interações que envolvam a proteína correspondente completa.

Outra importante decisão a ser tomada é sobre as estratégias que serão utilizadas para clonagem da sequência codificadora da isca, incluindo características do vetor para expressão da fusão com DBD e método de clonagem. Podem ser utilizados plasmídeos que se propagam em menor número de cópias/célula ou plasmídeos que resultam em maior número de cópias e, consequentemente, níveis mais elevados de expressão. Outra definição é sobre o promotor que controlará a expressão da fusão DBD-isca, sendo geralmente utilizado o promotor *ADH1* ou variantes deste. Com relação à clonagem, pode-se optar pela clonagem convencional baseada na utilização de enzimas de restrição ou clonagem utilizando sistemas de recombinação (por exemplo, sistema *Gateway*) para o caso de um maior número de iscas a serem clonadas.

Decisões semelhantes fazem parte da escolha da estratégia de clonagem e do vetor para expressão da presa fusionada ao AD. A expressão da fusão AD-presa está, geralmente, sob o controle do promotor *ADH1*, truncado ou íntegro para garantir, respectivamente menor ou maior nível de expressão. No caso da triagem de bibliotecas gênicas, há que se decidir se serão utilizadas bibliotecas de cDNA de alta complexidade (preparadas de organismos inteiros ou resultante da combinação de diferentes tecidos ou órgãos) ou coleções de ORF (bibliotecas sintéticas contendo todas as ORF codificadas no genoma do organismo de interesse). Tais coleções de ORF clonadas no vetor AD estão comercialmente disponíveis apenas para alguns organismos e oferecem a vantagem de que um menor número de clones precisa ser triado, visto que as diferentes ORF estão igualmente representadas na biblioteca. No caso da biblioteca de cDNA, genes menos expressos serão menos representados, exigindo a varredura de um número bem maior de clones.

Os protocolos de ensaios do sistema Y2H contemplam controles negativo e positivo na tentativa de minimizar algumas das fontes de artefatos. Um destes é a inclusão nos ensaios de construções que expressam pares de proteínas que sabidamente interagem (controle positivo) para atividade dos genes repórteres. Outro tipo de controle muito empregado é a realização de ensaios-controle com uma proteína "grudenta" como isca para descartar interações inespecíficas das presas recuperadas.

Artigos recentes da literatura e manuais de laboratório descrevem minuciosamente as linhagens de levedura e os vetores plasmidiais que podem ser utilizados, bem como os protocolos para realização de ensaios convencionais de Y2H ou varreduras completas para elucidação de interações de um proteoma[48,50,52,53,68-70]. Há diversas opções comerciais de kits, tais como *Matchmaker Gold Yeast Two-Hybrid System*™ (Clontech), *ProQuest*™ *Two-Hybrid System with Gateway® Technology* (Life Technologies) e HybriZap™ (Agilent Technologies), entre outros. Além disso, é possível encomendar a construção de bibliotecas e a realização de varreduras utilizando Y2H em empresas como a Hybrigenics Services.

Caso o leitor deste capítulo queira aplicar esta fantástica metodologia em seus estudos, recomendamos a leitura das referências aqui citadas para definição da estratégia que melhor se aplique. Buscar o apoio de um grupo de pesquisa que utilize esta metodologia rotineiramente e que possa compartilhar vetores e linhagens seguramente aumenta as chances de sucesso.

Sistema Duplo-Híbrido em Levedura: Conceitos e Aplicações

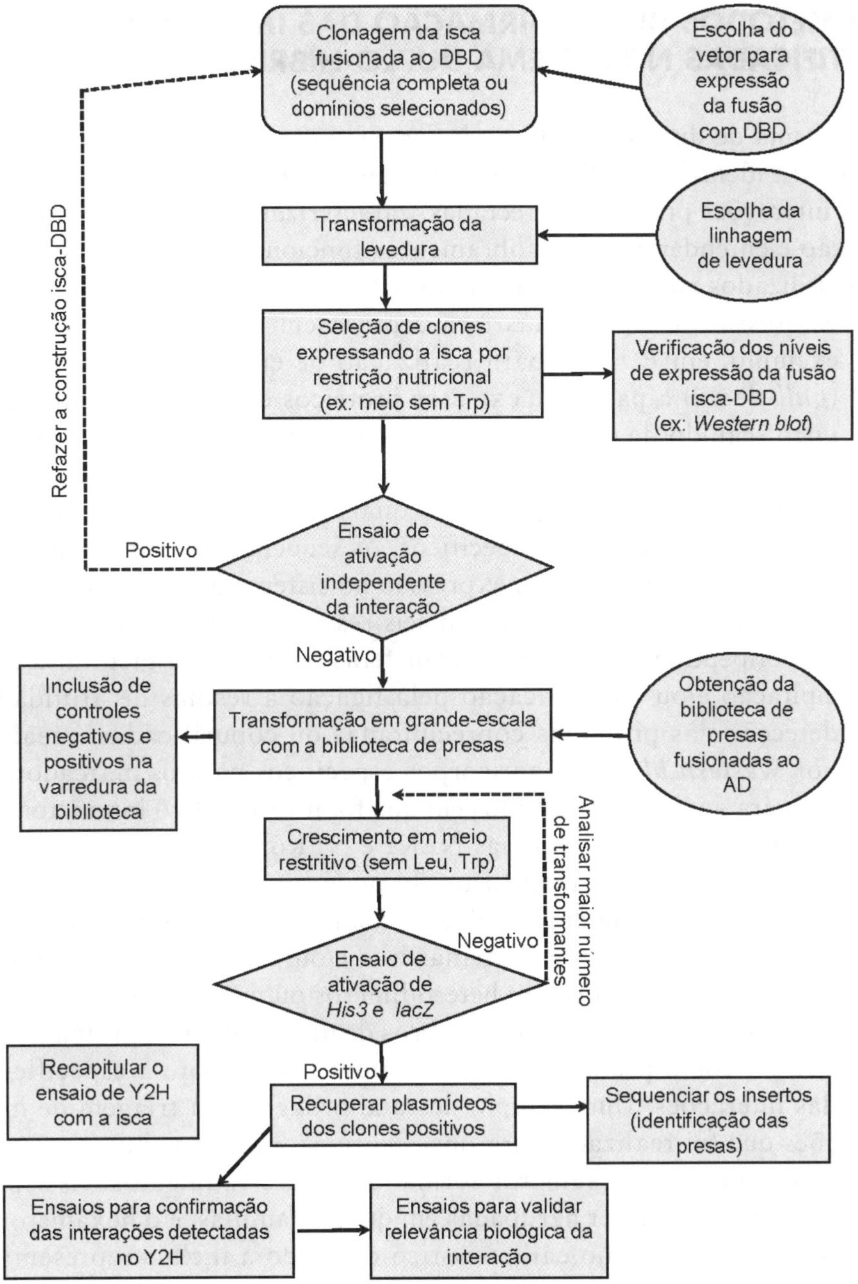

Figura 26.6 Fluxograma das etapas envolvidas na varredura de uma biblioteca de presas com uma isca. Vetores plasmidiais e linhagens de leveduras adequados para Y2H além de bibliotecas de presas já prontas e/ou kits para construção de bibliotecas de presas estão comercialmente disponíveis em variadas configurações.

26.3 MÉTODOS DE CONFIRMAÇÃO DAS INTERAÇÕES IDENTIFICADAS NO SISTEMA DUPLO-HÍBRIDO

O sistema de duplo-híbrido pode ser visto como um método de triagem inicial para identificar PPI. Ensaios confirmatórios são essenciais para validar as interações proteicas detectadas, caracterizar domínios envolvidos na interação e entender seus desdobramentos funcionais. Os métodos classicamente utilizados para confirmação das interações incluem:

- Expressão das proteínas isca e presa em sistema heterólogo (por exemplo, em *E. coli*) para realização de ensaios de coprecipitação (*pull-down*) a partir de extratos proteicos e/ou teste de interação *in vitro* seguido de copurificação do complexo. Os plasmídeos isolados no sistema Y2H podem servir como moldes para obtenção das sequências codificadoras das presas, as quais podem representar sequências completas ou domínios específicos. As sequências de interesse são subclonadas em vetores para expressão no sistema heterólogo fusionadas a marcadores (*tags*), tais como seis resíduos de histidina (6x HisTag) ou polipeptídeo glutationa S-transferase (GST) para facilitar a coprecipitação e/ou copurificação pela ligação a resinas de afinidade. A detecção das proteínas coprecipitadas ou copurificadas é realizada por *Western blot* com anticorpos específicos para os marcadores, de maneira análoga aos estudos em que foi investigado o interactoma das proteínas quinases humanas NEK1 e NEK6[71,72].

- Excepcionalmente, a confirmação pode ser realizada utilizando-se o próprio sistema de duplo-híbrido. Esta abordagem tem sido aplicada no caso de famílias de proteínas isca e/ou presa que conhecidamente interagem ou que formam heterodímeros ou multímeros. A realização de ensaios de Y2H com os membros de uma família de proteínas como isca ou como presa pode trazer informações sobre a especificidade das interações. Um exemplo desta abordagem é a triagem de interações que foi realizada para onze septinas, proteínas humanas que se associam como hexâmeros formando hetero-filamentos. As septinas humanas podem ser agrupadas em quatro famílias, e o hexâmero sempre tem um arranjo característico de modo a incluir representantes destas famílias. Independente da configuração isca-presa, as triagens com as septinas humanas sempre pescam as septinas esperadas pela regra do arranjo no hexâmero[73].

- Confirmação *in vivo* da interação através de ensaios de coimunoprecipitação de proteínas endógenas e/ou de proteínas de fusão recombinantes expressas ectopicamente em células humanas[74,75].
- Demonstração da colocalização subcelular das proteínas interatoras através de técnicas de microscopia[74,75].
- Realização de ensaios biológicos que confirmem a importância da interação para funções preditas. Para exemplificar esta abordagem confirmatória, citamos o estudo que demonstrou a interação de uma proteína chamada Ki-1/57 com proteínas relacionadas ao *splicing* de pré-mRNA e confirmou seu envolvimento neste processo celular através de ensaios de *splicing in vivo*[76]. Outro exemplo é o estudo que confirmou a já mencionada proteína Nop17 como um componente estrutural e funcional do exossomo de leveduras[15].

26.4 APLICAÇÕES BIOTECNOLÓGICAS

A identificação de interações proteína-proteína envolvidas em processos fisiopatológicos abre caminho para exploração do enorme, e ainda pouco conhecido, potencial dessas interações como alvos terapêuticos. Porém, a triagem rotineira de compostos com ação farmacológica geralmente não identifica moléculas que atuem nas interfaces de contato de complexos proteicos, visto que a busca focaliza inibidores enzimáticos ou ligantes de receptores proteicos[20]. Por outro lado, é crescente o número de exemplos de sucesso de compostos farmacológicos cujo alvo é a interface de interação entre proteínas[21,77]. Dois compostos que inibem interações proteicas já se encontram em ensaios clínicos: ABT-263, um inibidor da interação entre proteínas da família Bcl-2 e Nutlin-3, um inibidor da interação entre p53 e MDM2, ambos drogas promissoras contra alguns tipos de câncer[22]. Abordagens que incluem desenho racional de drogas, predições computacionais e ensaios bioquímicos variados estão sendo utilizadas na identificação de inibidores de PPI.

Neste cenário, o sistema Y2H, em particular algumas de suas variantes metodológicas, emerge não só como uma estratégia promissora para identificação e validação de PPI como alvos terapêuticos, mas também como método para triagem de pequenas moléculas que inibam PPI[22]. Ensaios utilizando o sistema duplo híbrido reverso (Figura 26.5) possibilitam a triagem de pequenas moléculas que interfiram na interação entre duas proteínas parceiras. Tais ensaios requerem, contudo, controles rigorosos, pois as

bibliotecas de pequenas moléculas podem conter substâncias tóxicas para a levedura.

Além do potencial para a descoberta de compostos que inibam PPI, o sistema Y2H pode ser também empregado na triagem de compostos que promovam interações entre proteínas[62]. Neste caso, como já mencionamos, o sistema recebe a denominação Y3H.

Em resumo, o potencial de aplicações biotecnológicas do sistema Y2H é surpreendente, principalmente por oferecer vantagens em relação a ensaios de interação proteína-proteína *in vitro*, entre as quais estão o fato de dispensar grandes quantidades de proteínas purificadas e a possibilidade de identificar pequenas moléculas que atravessam a membrana para modular a PPI alvo.

26.5 CONCLUSÃO E PERSPECTIVAS

O sistema Y2H é uma metodologia que oferece uma marcante contribuição à proposição de redes ou mapas de interação proteína-proteína. Após 25 anos de seu desenvolvimento, são mais de 130 mil PPI desvendadas em diferentes organismos com a utilização dessa metodologia, correspondendo a aproximadamente 60% do total de PPI identificadas. O Y2H continua sendo constantemente aprimorado, em particular para aumentar sua precisão e desempenho, sendo que a utilização do sistema Y2H acoplado a metodologias ortogonais para desvendar redes de interação proteína-proteína ou interactomas completos é uma forte tendência nas ciências biológicas. A expectativa é que a integração destes dados aumente significativamente o conhecimento dos mecanismos fisiológicos e patológicos e possibilite a identificação de PPI como novos alvos terapêuticos e de diagnóstico. Também extremamente promissoras são as possibilidades de utilização de metodologias derivadas do sistema Y2H na triagem de moléculas que interferem em interações proteína-proteína, as quais podem já ter sido, ou não, propostas como alvos terapêuticos em patologias humanas.

REFERÊNCIAS

1. Hartwell LH, Hopfield JJ, Leibler S, Murray AW. From molecular to modular cell biology. Nature. 1999;402:C47-52.
2. Spirin V, Mirny LA. Protein complexes and functional modules in molecular networks. Proc Natl Acad Sci USA. 2003;100:12123-8.
3. Nooren IM, Thornton JM. Diversity of protein-protein interactions. The EMBO Journal. 2003;22:3486-92.
4. Oliver S. Guilt-by-association goes global. Nature. 2000;403:601-3.
5. Cusick ME, Klitgord N, Vidal M, Hill DE. Interactome: gateway into systems biology. Human Molecular Genetics. 2005;14 Spec No. 2:R171-81.
6. Jaeger S, Aloy P. From protein interaction networks to novel therapeutic strategies. IUBMB Life. 2012, 64:529-37.
7. Stynen B, Tournu H, Tavernier J, Van Dijck P. Diversity in Genetic In Vivo Methods for Protein-Protein Interaction Studies: from the Yeast Two-Hybrid System to the Mammalian Split-Luciferase System. Microbiology and Molecular Biology Reviews. 2012;76:331-382.
8. Pardo M, Choudhary FS. Assignment of Protein Interactions from Affinity Purification/Mass Spectrometry Data. J Proteome Res. 2012;11:1462-1474.
9. Michnick SW, Ear PH, Landry C, Malleshaiah MK, Messier V. Protein-fragment complementation assays for large-scale analysis, functional dissection and dynamic studies of protein-protein interactions in living cells. Methods Mol Biol. 2011;756:395-425.
10. Fields S, Song O. A novel genetic system to detect protein-protein interactions. Nature. 1989;340:245-6.
11. Fields S, Sternglanz R. The 2-hybrid system: an assay for protein-protein interactions. Trends in Genetics. 1994;10:286-292.
12. Smetana JH, Zanchin NI. Interaction analysis of the heterotrimer formed by the phosphatase 2A catalytic subunit, alpha4 and the mammalian ortholog of yeast Tip41 (TIPRL). The FEBS Journal. 2007;274:5891-904.
13. Sousa-Canavez JM, Beton D, Gonzalez-Kristeller DC, da Silva AM. Identification and domain mapping of *Dictyostelium discoideum* type-1 protein phosphatase inhibitor-2. Biochimie. 2007;89:692-701.
14. Bartel PL, Fields S. Analyzing protein-protein interactions using two-hybrid system. Methods in Enzymology. 1995;254:241-63.
15. Gonzales FA, Zanchin NIT, Luz JS, Oliveira CC. Characterization of Saccharomyces cerevisiae Nop17p, a novel Nop58p-interacting pre-rRNA processing. J Mol Biol. 2005;346:437-455.
16. Alegria MC, Souza DP, Andrade MO, Docena C, Khater L, Ramos CH, et al. Identification of new protein-protein interactions involving the products of the chromosome- and

plasmid-encoded type IV secretion loci of the phytopathogen Xanthomonas axonopodis pv. citri. J Bacteriol. 2005;187:2315-25.

17. Fields S. High-throughput two-hybrid analysis. The promise and the peril. The FEBS Journal. 2005;272:5391-9.

18. Parrish JR, Gulyas KD, Finley RL, Jr. Yeast two-hybrid contributions to interactome mapping. Current Opinion in Biotechnology. 2006;17:387-393.

19. Suter B, Kittanakom S, Stagljar I. Two-hybrid technologies in proteomics research. Current Opinion in Biotechnology. 2008;19:316-323.

20. Wells JA, McClendon CL. Reaching for high-hanging fruit in drug discovery at protein-protein interfaces. Nature. 2007;450:1001-9.

21. Berg T. Small-molecule inhibitors of protein-protein interactions. Current Opinion in Drug Discovery & Development. 2008;11:666-74.

22. Hamdi A, Colas P. Yeast two-hybrid methods and their applications in drug discovery. Trends in Pharmacological Sciences. 2012;33:109-118.

23. Keegan L, Gill G, Ptashne M. Separation of DNA binding from the transcription-activating function of a eukaryotic regulatory protein. Science. 1986;231:699-704.

24. Hope IA, Struhl K. Functional dissection of a eukaryotic transcriptional activator protein, GCN4 of yeast. Cell. 1986;46:885-94.

25. Brent R, Ptashne M. A eukaryotic transcriptional activator bearing the DNA specificity of a prokaryotic repressor. Cell. 1985;43:729-36.

26. Ma J, Ptashne M. Deletion analysis of GAL4 defines two transcriptional activating segments. Cell. 1987;48:847-53.

27. Vojtek AB, Hollenberg SM, Cooper JA. Mammalian Ras interacts directly with the serine/threonine kinase Raf. Cell. 1993;74:205-14.

28. Durfee T, Becherer K, Chen PL, Yeh SH, Yang YZ, Kilburn AE, et al. The retinoblastoma protein associates with the protein phosphatase type-1 catalytic subunit. Genes & Development. 1993;7:555-569.

29. Harper JW, Adami GR, Wei N, Keyomarsi K, Elledge SJ. The p21 cdk-interacting protein CIP1 is a potent inhibitor of G1 cyclin-dependent kinases. Cell. 1993;75:805-816.

30. Bartel PL, Roecklein JA, SenGupta D, Fields S. A protein linkage map of Escherichia coli bacteriophage T7. Nat Genet. 1996;12:72-7.

31. Uetz P, Giot L, Cagney G, Mansfield TA, Judson RS, Knight JR, et al. A comprehensive analysis of protein-protein interactions in Saccharomyces cerevisiae. Nature. 2000;403:623-627.

32. Ito T, Chiba T, Ozawa R, Yoshida M, Hattori M, Sakaki Y. A comprehensive two-hybrid analysis to explore the yeast protein interactome. Proceedings of the National Academy of Sciences of the United States of America. 2001;98:4569-4574.

33. Fromont-Racine M, Mayes AE, Brunet-Simon A, Rain JC, Colley A, Dix I, et al. Genome-wide protein interaction screens reveal functional networks involving Sm-like proteins. Yeast. 2000;17:95-110.
34. Yu H, Braun P, Yildirim MA, Lemmens I, Venkatesan K, Sahalie J, et al. High-quality binary protein interaction map of the yeast interactome network. Science. 2008;322:104-10.
35. Rain JC, Selig L, De Reuse H, Battaglia V, Reverdy C, Simon S, et al. The protein-protein interaction map of Helicobacter pylori. Nature. 2001;409:211-5.
36. Formstecher E, Aresta S, Collura V, Hamburger A, Meil A, Trehin A, et al. Protein interaction mapping: a Drosophila case study. Genome Research. 2005;15:376-84.
37. Giot L, Bader JS, Brouwer C, Chaudhuri A, Kuang B, Li Y, et al. A protein interaction map of Drosophila melanogaster. Science. 2003;302:1727-36.
38. Li S, Armstrong CM, Bertin N, Ge H, Milstein S, Boxem M, et al. A map of the interactome network of the metazoan C. elegans. Science. 2004;303:540-3.
39. Stelzl U, Worm U, Lalowski M, Haenig C, Brembeck FH, Goehler H, et al. A human protein-protein interaction network: A resource for annotating the proteome. Cell. 2005;122:957-968.
40. Rual JF, Venkatesan K, Hao T, Hirozane-Kishikawa T, Dricot A, Li N, et al. Towards a proteome-scale map of the human protein-protein interaction network. Nature. 2005;437:1173-8.
41. Rid R, Hintner H, Bauer JW, Oender K. "Renaissance" of the Yeast Two-Hybrid System - Enhanced for Automation and High-Throughput to Support Proteome-Wide Research. Letters in Drug Design & Discovery. 2010;7:765-789.
42. Fields S. Interactive learning: Lessons from two hybrids over two decades. Proteomics. 2009;9:5209-5213.
43. Chen J, Zhou J, Bae W, Sanders CK, Nolan JP, Cai H. A yEGFP-based reporter system for high-throughput yeast two-hybrid assay by flow cytometry. Cytometry Part A : the journal of the International Society for Analytical Cytology. 2008;73:312-20.
44. Endo M, Takesako K, Kato I, Yamaguchi H. Fungicidal action of aureobasidin A, a cyclic depsipeptide antifungal antibiotic, against Saccharomyces cerevisiae. Antimicrobial Agents and Chemotherapy. 1997;41:672-6.
45. Gyuris J, Golemis E, Chertkov H, Brent R. Cdi1, a human G1 and S phase protein phosphatase that associates with Cdk2. Cell. 1993;75:791-803.
46. Stellberger T, Hauser R, Baiker A, Pothineni VR, Haas J, Uetz P. Improving the yeast two-hybrid system with permutated fusions proteins: the Varicella Zoster Virus interactome. Proteome Science. 2010;8:8.
47. Assmann EM, Alborghetti MR, Camargo MER, Kobarg J. FEZ1 dimerization and interaction with transcription regulatory proteins involves its coiled-coil region. Journal of Biological Chemistry. 2006;281:9869-9881.

48. James P. Yeast two-hybrid vectors and strains. Methods Mol Biol. 2001;177:41-84.

49. Miyashita S, Shirako Y. Chromosomal integration of a binding domain:bait gene into yeast enhances detection in the two-hybrid system. Journal of Microbiological methods. 2008;73:179-84.

50. Hauser R, Stellberger T, Rajagopala SV, Uetz P. Array-Based Yeast Two-Hybrid Screens: A Practical Guide. In: Suter B, Wanker EE, editors. Methods Mol Biol. Totowa: Humana Press; 2012. p.21-38.

51. Ito T, Tashiro K, Muta S, Ozawa R, Chiba T, Nishizawa M, et al. Toward a protein-protein interaction map of the budding yeast: A comprehensive system to examine two-hybrid interactions in all possible combinations between the yeast proteins. Proceedings of the National Academy of Sciences of the United States of America. 2000;97:1143-1147.

52. Chen YC, Rajagopala SV, Stellberger T, Uetz P. Exhaustive benchmarking of the yeast two-hybrid system. Nature Methods. 2010;7:667-8; author reply 668.

53. Dreze M, Monachello D, Lurin C, Cusick ME, Hill DE, Vidal M, et al. High-quality binary interactome mapping. Methods in Enzymology. 2010;470:281-315.

54. Marsolier MC, Prioleau MN, Sentenac A. A RNA polymerase III-based two-hybrid system to study RNA polymerase II transcriptional regulators. J Mol Biol. 1997;268:243-249.

55. Pineda-Lucena A, Ho CSW, Mao DYL, Sheng Y, Laister RC, Muhandiram R, et al. A structure-based model of the c-Myc/Bin1 protein interaction shows alternative splicing of Bin1 and c-Myc phosphorylation are key binding determinants. J Mol Biol. 2005;351:182-194.

56. Hirst M, Ho C, Sabourin L, Rudnicki M, Penn L, Sadowski I. A two-hybrid system for transactivator bait proteins. Proc Natl Acad Sci USA. 2001;98:8726-31.

57. Kerrien S, Aranda B, Breuza L, Bridge A, Broackes-Carter F, Chen C, et al. The IntAct molecular interaction database in 2012. Nucleic Acids Res. 2012;40:D841-6.

58. Rezwan M, Auerbach D. Yeast "N"-hybrid systems for protein-protein and drug-protein interaction discovery. Methods. 2012;57:423-429.

59. Urech DM, Lichtlen P, Barberis A. Cell growth selection system to detect extracellular and transmembrane protein interactions. Bba-Gen Subjects. 2003;1622:117-127.

60. Dube DH, Li B, Greenblatt EJ, Nimer S, Raymond AK, Kohler JJ. A Two-Hybrid Assay to Study Protein Interactions within the Secretory Pathway. Plos One. 2010;5.

61. Hu XB, Kang S, Chen XY, Shoemaker CB, Jin MM. Yeast Surface Two-hybrid for Quantitative in Vivo Detection of Protein-Protein Interactions via the Secretory Pathway. Journal of Biological Chemistry. 2009;284:16369-16376.

62. Chidley C, Haruki H, Pedersen MG, Muller E, Johnsson K. A yeast-based screen reveals that sulfasalazine inhibits tetrahydrobiopterin biosynthesis. Nature Chemical Biology. 2011;7:375-83.

63. Walhout AJM. Unraveling transcription regulatory networks by protein-DNA and protein-protein interaction mapping. Genome Research. 2006;16:1445-1454.
64. Johnsson N, Varshavsky A. Split Ubiquitin as a Sensor of Protein Interactions in-Vivo. Proceedings of the National Academy of Sciences of the United States of America. 1994;91:10340-10344.
65. Miller JP, Lo RS, Ben-Hur A, Desmarais C, Stagljar I, Noble WS, et al. Large-scale identification of yeast integral membrane protein interactions. Proceedings of the National Academy of Sciences of the United States of America. 2005;102:12123-12128.
66. Wittke S, Lewke N, Muller S, Johnsson N. Probing the molecular environment of membrane proteins in vivo. Mol Biol Cell. 1999;10:2519-2530.
67. Lievens S, Lemmens I, Tavernier J. Mammalian two-hybrids come of age. Trends Biochem Sci. 2009;34:579-88.
68. de Folter S, Immink RG. Yeast protein-protein interaction assays and screens. Methods Mol Biol. 2011;754:145-65.
69. Suter B, Wanker EE. Two Hybrid Technologies: Methods and Protocols: Totowa: Humana Press; 2012. 329 p.
70. Reece-Hoyes JS, Walhout AJM. Gateway-compatible yeast one-hybrid and two-hybrid assays. In: Green MR, Sambrook J, editors. Molecular Cloning: A Laboratory Manual. 3. 4th ed. New York: Cold Spring Harbor Laboratory Press; 2012. p. 1761-1810.
71. Meirelles GV, Lanza DCF, da Silva JC, Bernachi JS, Leme AFP, Kobarg J. Characterization of hNek6 Interactome Reveals an Important Role for Its Short N-Terminal Domain and Colocalization with Proteins at the Centrosome. J Proteome Res. 2010;9:6298-6316.
72. Surpili MJ, Delben TM, Kobarg J. Identification of proteins that interact with the central coiled-coil region of the human protein kinase NEK1. Biochemistry-Us. 2003;42:15369-15376.
73. Nakahira M, Macedo JNA, Seraphim TV, Cavalcante N, Souza TACB, Damalio JCP, et al. A Draft of the Human Septin Interactome. Plos One. 2010, 5.
74. Nery FC, Rui E, Kuniyoshi TM, Kobarg J. Evidence for the interaction of the regulatory protein Ki-1/57 with p53 and its interacting proteins. Biochem Bioph Res Co. 2006;341:847-855.
75. Morello LG, Coltri PP, Quaresma AJC, Simabuco FM, Silva TCL, Singh G, et al. The Human Nucleolar Protein FTSJ3 Associates with NIP7 and Functions in Pre-rRNA Processing. Plos One. 2011;6.
76. Bressan GC, Quaresma AJ, Moraes EC, Manfiolli AO, Passos DO, Gomes MD, et al. Functional association of human Ki-1/57 with pre-mRNA splicing events. The FEBS Journal. 2009;276:3770-83.
77. Fry DC. Small-molecule inhibitors of protein-protein interactions: how to mimic a protein partner. Curr Pharm Des. 2012;18:4679-84.

CAPÍTULO 27

ESTRATÉGIAS TRANSGÊNICAS PARA A EXPRESSÃO COMBINATÓRIA DE PROTEÍNAS FLUORESCENTES

Anderson Kenedy Santos
Katia Neves Gomes
José Luiz da Costa
Emerson Alberto da Fonseca
Luiz Orlando Ladeira
Alexandre H. Kihara
Mauro Cunha Xavier Pinto
Rodrigo R. Resende

27.1 INTRODUÇÃO

Ao estudar um sistema, qualquer que seja ele, começamos por desvendar os aspectos que nos saltam aos olhos para aprofundar nas minúcias escondidas do universo diminuto dos *"mícrons"*. Gregor Mendel chegou, em 1865, à teoria da hereditariedade ao observar ervilhas e suas características fenotípicas visíveis ao olho nu. Ou seja, sem poder enxergar a estrutura responsável pela hereditariedade (cromossomos), Mendel trabalhou com o que podia "enxergar" –

as ervilhas. Menos de duas décadas depois, em 1882, Walther Flemming, através de técnicas de coloração, foi capaz de visualizar a estrutura à qual Mendel se referia e que jamais viu – os cromossomos. Passado mais de um século, graças a uma imagem feita a partir da difração de raios-X pela célebre Rosalind Franklin, foi que Watson e Crick conseguiram formular a estrutura de dupla hélice do ácido desoxirribonucleico (DNA). Partimos quase sempre do naturalmente visível para o naturalmente invisível, e é graças à capacidade de se conseguir reproduzir ou expor as estruturas biológicas que a biologia celular conseguiu evoluir ao ponto de podermos descrever de quais estruturas uma célula é composta ou de quais células um órgão é formado, e mais, como essas estruturas e entidades biológicas relacionam-se fisicamente entre si.

Quanto mais aprofundamos o estudo de um sistema, menor fica a escala, mais sensível se torna o sistema às intervenções e manipulações e maior é a dificuldade de se obter riqueza de detalhes, ou mesmo de observar estruturas e suas delimitações.

Um marco da histologia e na neuroanatomia foi o reverenciado trabalho de Santiago Ramón y Cajal (1852-1934) que, através de coloração de nitrato de prata, impregnou alguns neurônios em sua totalidade, revelando, assim, elementos celulares do circuito neuronal. Cajal usou uma técnica de coloração histológica desenvolvida por seu contemporâneo Camillo Golgi. Golgi, por sua vez, descobriu que conseguia escurecer algumas células cerebrais tratando o tecido do cérebro com uma solução de nitrato de prata. Isto permitiu que resolvesse em detalhe a estrutura dos neurônios individuais e levou-o a concluir que o tecido nervoso era um retículo contínuo (ou teia) de células interligadas, como aquelas que constituem o sistema circulatório. Usando o método de Golgi, Ramón y Cajal chegou a uma conclusão muito diferente. Postulou que o sistema nervoso é composto por bilhões de neurônios distintos e que estas células encontram-se polarizadas. Cajal sugeriu que os neurônios, em vez de formarem uma teia contínua, comunicam-se entre si através de ligações especializadas chamadas sinapses.

Esta hipótese transformou-se na base da "doutrina do neurônio", que indica que a unidade individual do sistema nervoso é o neurônio. A microscopia eletrônica mostrou anos mais tarde que uma membrana plasmática envolve completamente cada neurônio, reforçando a teoria de Cajal, e enfraquecendo a teoria reticular de Golgi. Contudo, com a descoberta das sinapses elétricas (junções diretas entre células nervosas), alguns autores argumentaram que Golgi estava ao menos parcialmente correto. Por esse trabalho, Ramón y Cajal e Golgi compartilharam o Nobel de Fisiologia ou Medicina de 1906. Ramón y Cajal propuseram também que a maneira como

os axônios crescem é através de um cone de crescimento nas suas extremidades. Compreendeu-se que as células neuronais poderiam detectar sinais químicos e mover-se no sentido apropriado para o crescimento. Durante anos, a histologia foi o método mais preciso para se estudar a biologia celular, as interações entre células, morfologia externa e arquitetura micrométrica dos órgãos e tecidos para o entendimento de sistemas celulares[1].

A pesquisa básica beneficiou-se sobremaneira da possibilidade de se observar em tempo real, *in vitro* ou *in vivo*, interações entre células e expressão de proteínas de superfície usando colorações artificiais com fluoróforos, quais sejam, anticorpo conjugado com corantes (*dye*) fluorescentes que podem ser visualizados em microscópio de fluorescência. Mas foi com a aplicação de proteínas fluorescente (proteínas de cor X, ou, em inglês, X-*fluorescent proteins* – XFP) e sua expressão heteróloga que se deu um salto no estudo da fisiologia e biologia celular.

Com o recente advento da técnica de expressão combinatória de XFP, conhecida inicialmente por *Brainbow* na neurociência, os pesquisadores são capazes de construir mapas específicos do circuito neural e melhor investigar as múltiplas atividades neuronais e a consequência delas no comportamento. Assim, é possível obter informações sobre as interconexões entre os neurônios e suas interações subsequentes que afetam a funcionalidade do cérebro como um todo[2,3].

Mais do que isso: novas aplicações para a técnica de expressão combinatória têm surgido através de modificações nas construções genéticas dos vetores de expressão, principalmente considerando o padrão de recombinação sítio-específica. Neste capítulo, trataremos da técnica de expressão combinatória de XFP, iniciando com as primeiras abordagens para expressão e criação de cobaias transgênicas para as XFP até a mais inovadora técnica – *brainbow* –, analisando todos os elementos necessários para sua utilização, bem como sua aplicação prática na pesquisa científica e adaptações do *brainbow* original a diferentes modelos de estudo.

27.2 A PRIMEIRA PROTEÍNA FLUORESCENTE: *GREEN FLUORESCENT PROTEIN* (GFP)

As proteínas fluorescentes têm uma história científica que antecede os anos de 1960, mas foi com a edição da revista *Science* de 11 de fevereiro de 1994 que foram consideradas um marco revolucionário para a ciência. A imagem da capa foi o trabalho de Chalfie e Tu[4], que mostrava os neurônios

sensoriais verde-brilhantes de *Caenorhabditis elegans*. O grupo também expressou em *Escherichia coli* esta mesma revolucionária proteína derivada da água-viva – *Aequorea victoria* –, a proteína fluorescente verde (*green fluorescent protein* – GFP) (Figura 27.1).

A GFP é uma proteína de 238 aminoácidos[5], sendo o principal gerador do efeito de fluorescência o tripeptídeo Serina-Tirosina-Glicina (Ser65-Tyr66-Gly67). A excitação deste peptídeo em torno de 395 nm ou 475 nm provoca sua cliclização logo após a desidrogenação do resíduo de tirosina, emitindo uma fluorescência em 598 nm, aproximadamente. A partir de substituições dos resíduos de aminoácidos que compõem o tripeptídeo, seguidas de alterações dos resíduos que interagem com ele, foi possível gerar as primeiras variantes de GFP em cor (emissão) e intensidade de fluorescência[6].

O processo de alteração conformacional é promovido pela interação de resíduos de aminoácidos que circundam o tripeptídeo no estado neutro ou ionizado. Contudo, nem todos os resíduos são necessários para promover a fluorescência, o que torna possível diminuir o tamanho através de deleção para melhor incorporação e expressão dela. O provável mecanismo que inicia o processo de emissão de fluorescência é a transferência de prótons via ligações de hidrogênio da Ser205 para Glu222 em solução[6]. A possibilidade de promover uma expressão constante *in vitro* ou *in vivo*, de maneira estável, permanente ou induzível, permitiu ampla aplicação da proteína fluorescente. Tornou-se possível visualizar e acompanhar em tempo real alguns eventos celulares jamais observados[7,8].

Podemos citar pelo menos quatro características que fizeram a GFP especialmente útil:

- GFP é uma proteína, sendo então possível a célula produzí-la pela introdução de um cassete de DNA complementar (cDNA) a fim de que este seja utilizado pela maquinaria da própria célula para sua leitura e transcrição. Isto pode ser feito de maneira a tornar-se, além de estável, hereditário;
- O cromóforo de GFP é derivado inteiramente a partir da cadeia de polipeptídeo (por ciclização e oxidação espontânea), portanto, não há necessidade de cofatores exógenos ou substratos para induzir a fluorescência nas células que expressam GFP, evitando, assim, flutuações nos níveis de expressão;
- A GFP pode ser expressa em fusão com outras proteínas ou com sequência de peptídeos-sinal para expressão em compartimentos específicos da célula, sem que isso cause perda da fluorescência;

- Através de engenharia genética, a GFP pode receber mutações para obtenção de variantes com alteração das propriedades espectrais e maior eficiência de tradução, estabilidade térmica e rendimento quântico;

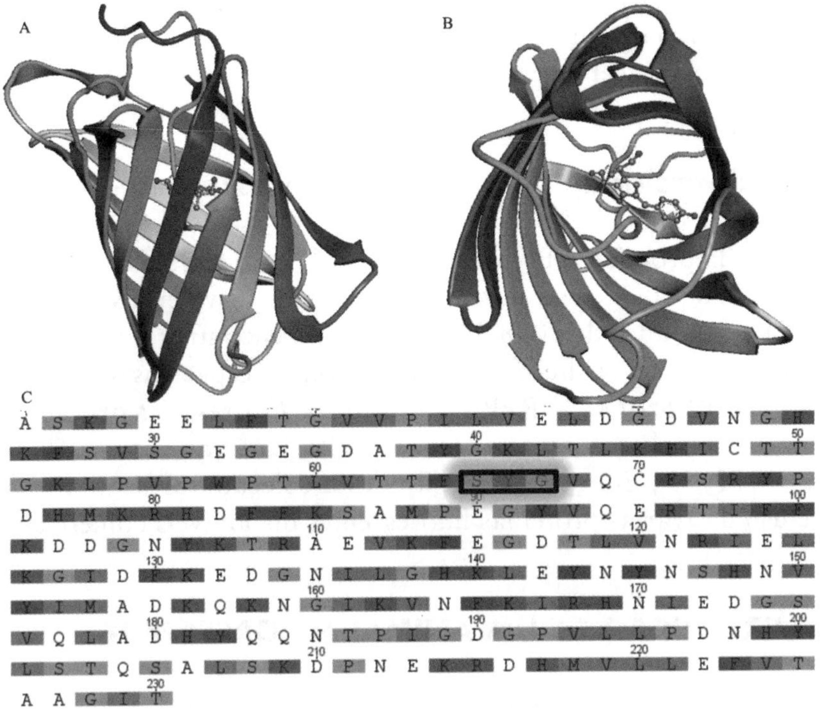

Figura 27.1 Estrutura monomérica da proteína fluorescente verde de *Aequorea victoria* em (A), visão lateral, e em (B), visão inferior do barril-β que forma a estrutura (PDB ID 1GFL). Em (C), a sequência de 238 aminoácidos que compõem a proteína, com destaque para o tripeptídeo Ser65-Tyr66-Gly67, no centro da estrutura. Quando excitado, ocorre uma ciclização deste peptídeo que pode absorver energia e emitir parte desta na forma de fluorescência, típica dessa proteína[5,9].

- Propriedade de não ser citotóxica.

Uma miríade de trabalhos foi feita usando a GFP como proteína repórter, ou seja, tendo a sequência dela seguida pela de uma proteína de interesse para que a fluorescência de uma indique a expressão da outra. Em meados da década de 1990, trabalhos usando camundongos transgênicos expressando GFP constitutivamente abriram as portas para o uso dessa ferramenta no estudo *in vivo*. A tecnologia das proteínas fluorescentes chegou aos anos

2000 trazendo mais uma abordagem que fez dela uma ferramenta indispensável para o estudo de biologia e fisiologia celulares: a possibilidade de expressar várias proteínas fluorescentes em um mesmo órgão e ao mesmo tempo. Animais transgênicos são produzidos por meio da metodologia de Cre-*Lox* para expressão combinatória de proteínas fluorescentes, expressando um mosaico de cores em órgãos específicos e possibilitando, assim, o estudo de interações celulares como nunca antes se imaginou possível.

27.2.1 A diversidade de proteínas fluorescentes – XFP

Variantes da proteína GFP foram produzidas ou descobertas por diversos estudos, sendo o principal o realizado por Tsien[10], que valeu a seu grupo o prêmio Nobel de Química de 2008. Hoje é possível encontrar diversos trabalhos que empregam proteínas fluorescentes de diversos espectros, como vermelho (*red fluorescent protein* – RFP), ciano (*cyan fluorescent protein* – CFP), amarelo (*yellow fluorescent protein* – YFP), laranja (*orange fluorescent protein* – OFP)[11,12]. Em outro capítulo desta coleção apresentamos a diversidade e uso das várias proteínas fluorescentes disponíveis comercialmente.

27.3 A PRODUÇÃO DE UM ANIMAL FLUORESCENTE

O primeiro camundongo GFP foi produzido pelo grupo de Ikawa e Kominami[13] em 1995. Oócitos fecundados de camundongos B6C3F1, coletados do oviduto, foram transfectados com um plasmídeo GFP e reimplantados em outro camundongo. A prole transgênica apresentou frequência mendeliana do fenótipo GFP, que pôde ser visualizado por método histológico. Estava então introduzido o modelo murino GFP. Embora não tivesse sido avaliado o potencial citotóxico da expressão da proteína fluorescente, a simples concepção da prole, sem aparente distúrbio, dava indício da propriedade inerte da GFP nas células que a expressam.

Outros trabalhos que se seguiram vieram a confirmar isso. No mesmo ano, Mashall e sua equipe clonaram o promotor do receptor de glutamato N-metil-D-aspartato (*N-methyl-D-aspartate* – NMDA) fundido com a GFP e o expressaram em uma cultura de células de rim embrionário humano (HEK293 - *human embryonic kidney 293 cells*)[14]. Dois anos depois, Zhuo clonou também, a partir de um plasmídeo, a GFP, fundindo-a com um promotor específico de uma proteína que é expressa por células da glia, a

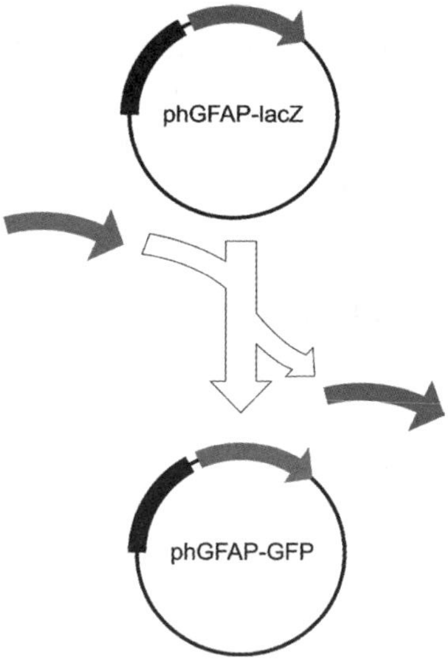

Figura 27.2 Substituição do gene *LacZ* por GFP. O plasmídeo phGFAP-LacZ possui o promotor do gene que codifica GFP humana e o gene da que codifica a β-lactamase, *LacZ*. O *LacZ* pode ser substituído pelo GFP utilizando digestão por enzimas de restrição, seguido de ligação por uma DNA ligase. Ao final deste processo, obtém-se o plasmídeo phGFAP-GFP que expressa GFP em células comprometidas com a linhagem glial.

proteína ácida fibrilar da glia (*Glial Fibrillary Acidic Protein* – GFAP)[15]. Para tanto, o gene *LacZ* (β-galactosidase) do plasmídeo, que serve como indicação de que o inserto foi inserido no plasmídeo, foi retirado para inserção do gene da GFAP humana (Figura 27.2).

Camundongos transgênicos também foram obtidos pela técnica de microinjeção pronuclear do DNA recombinante (contendo a sequência promotor GFAP + GFP) diretamente em oócitos fecundados. Neste caso, o transgene só expressou a GFP na micróglia, uma vez que o cassete contendo a sequência foi incorporado em virtualmente todas ou quase todas as células da prole, mas apenas as células da glia são responsivas para expressão dessa proteína, já que o promotor do gene GFAP está ativo somente nessas células. Nesse sentido, é possível então fazer observações por fluorescência célula-específica usando promotores específicos (Figura 27.2).

O estudo de interações celulares, principalmente na neurobiologia, sempre teve o percalço da dificuldade de se observar da forma mais fidedigna possível, *in vivo* ou *in vitro*, a íntima relação entre estruturas celulares. E se fosse possível ter um animal transgênico expressando mais de uma proteína fluorescente? Ou que expressasse diferentes proteínas fluorescentes em tipos

celulares diferentes? Este tipo de abordagem traz consigo a possibilidade de estudar a interação de redes de células, seus prolongamentos e contatos célula-célula, dando início a uma nova era para o estudo da biologia celular e anatomia dos sistemas celulares.

27.4 EXPRESSÃO COMBINATÓRIA DE XFP - *BRAINBOW*

Algumas estruturas celulares da rede neural não são muito bem visualizadas pelos métodos de coloração mais utilizados, como a injeção de corante e coloração de Golgi. Estas técnicas apresentam limitações, como uma capacidade limitada de corar as células com uma gama restrita de cores, o que trazia um volume de informação limitado no que diz respeito às estruturas neuronais[1]. Assim, como alternativa para facilitar o estudo de conexões entre neurônios, a técnica *brainbow* foi desenvolvida.

Brainbow é uma técnica de neuroimagem desenvolvida em 2007 pelo grupo do Prof. Dr Jeff W. Lichtman da *Harvard Medical School*, nos Estados Unidos[3]. A construção baseia-se em dois passos básicos: uma construção genética específica obtida através de recombinação sítio-específica dos genes de três ou quatro cores de XFP e sua clonagem em plasmídeos de expressão, que são, então, introduzidos em células. O resultado é a expressão aleatória e em diferentes proporções de XFP, subsequentemente, fazendo com que as células exibam uma variedade de tons fluorescentes[16].

Foi lançando mão de variações de proteínas fluorescentes que foi possível obter camundongos expressando uma variedade delas (GFP, CFP, OFP, RFP e YFP) e sua superposição no sistema nervoso central (SNC)[17] (Figura 27.3). O promotor de Thy1 (ou CD90, *Cluster of Differentiation* 90) de camundongo "neurônio-específico" foi usado para dirigir a expressão específica de proteínas no cérebro. Os genes ligados a Thy1 são expressos em projeções neuronais de muitas partes do SNC, e por isso as XFPs foram clonadas junto ao promotor Thy1, formando o cassete contendo um único promotor Thy1 seguido das XFP. O processo de recombinação Cre-*Lox* promoveu a combinação à frente deste promotor, gerando um padrão de cores característico. Os camundongos transgênicos foram obtidos pela mesma técnica de microinjeção. Surgiu, então, um animal expressando neurônios de várias cores, de forma aleatória.

Para essa metodologia, o padrão de cores chega a ter a capacidade de diferenciar neurônios fluorescentes individualmente com aproximadamente cem tons diferentes, o que permite a diferenciação clara e robusta de estruturas

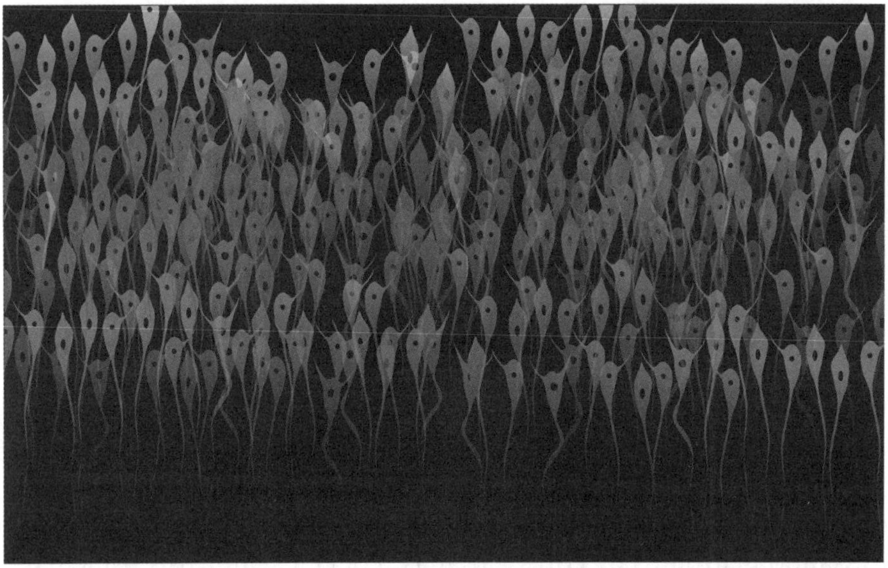

Figura 27.3 Padrão de expressão combinatória de XFP – *brainbow* – proposto e desenvolvido por Livet e Weissman[3]. Durante o desenvolvimento do cérebro dos animais que tiveram sequências XFP recombinadas por Cre-*Lox*, células comprometidas com a linhagem neuronal expressam diferentes XFP e diferentes intensidades de fluorescência. Neste esquema, uma representação de um estágio de migração e maturação de células nervosas expressando cinco XFP (Para visualizar as cores veja o material de apoio no site da Editora Blucher): amarela (YFP), alaranjado (OFP), ciano (CFP), vermelho (RFP) e verde (GFP).

extremamente pequenas, como processos dendríticos e axonais. Como vários cassetes são integrados em um único local do genoma, e a escolha de cada cassete é realizada de forma independente, a expressão combinatória pode produzir os neurônios individuais com diferentes intensidades e tipos de cores, proporcionando aos neurônios próximos identidades espectrais distintas[19].

Como visto nesse caso, alguns elementos de controle epigenético podem influenciar na expressão do transgene, como a conformação da cromatina próxima ao sítio de integração, que pode afetar no reconhecimento do transgene pelos fatores de transcrição. Outra possibilidade levantada é que a cromatina adjacente ao sítio de inserção possa silenciar o transgene em algumas células, fenômeno conhecido como variegação por efeito de posição (*position-effect variegation* – PEV), um efeito de silenciamento estocástico de um gene em uma proporção de células que se esperava que expressasse tal gene ou uma variegação causada pela inativação de um gene em algumas células através da sua justaposição anormal com a heterocromatina.

A decisão de ativar ou silenciar um gene ocorre no início do desenvolvimento. Outra suspeita é que, em função da inserção de várias cópias do transgene em *tandem*, essas são preferencialmente silenciadas por "mimetizarem" a heterocromatina. Como resultado, o transgene presente em múltiplas cópias pode ser menos eficientemente expresso que aqueles presentes em uma ou poucas cópias[17,20].

27.4.1 Produzindo camundongos multifluorescentes

Vários trabalhos mostraram o feito de se produzir cobaias portando mais de uma proteína fluorescente em seu genoma. O método de se fazer esses animais diferiram com o passar dos anos. Com base nas leis mendelianas e com um pouco de engenharia genética, foi possível criar camundongos expressando neurônios de cores variadas. Podemos citar três principais técnicas usadas para tanto.

27.4.1.1 Cruzamento entre mutantes

Vetores de expressão portando gene de XFP, normalmente precedido de um promotor tecido-específico, são usados para transfectar um conjunto de células-tronco embrionárias (*embryonic stem cells* – ESC). Assim, tem-se que cada conjunto de ESC transfectadas por eletroporação, lipossomos ou transdução viral terá uma ou mais cópias do gene de uma determinada proteína fluorescente.

Os núcleos dessas ESC são retirados e inseridos em oócitos fecundados anucleados de camundongos e, então, estes são transplantados em outro camundongo para a geração de uma prole transgênica, portando o gene de uma XFP. As proles transgênicas podem ser cruzadas entre si para a geração de um híbrido. Se o progenitor tiver sido produzido a partir de ESC contendo GFP e a progenitora a partir de ESC contendo CFP, a prole consequentemente portará os dois genes[17,21] (Figura 27.4).

27.4.1.2 ESC transgênicas

Outro método de produção de animais multifluorescentes é através de modificações genéticas de ESC pela inserção dos cassetes com promotores e

Estratégias Transgênicas para a Expressão Combinatória de Proteínas Fluorescentes

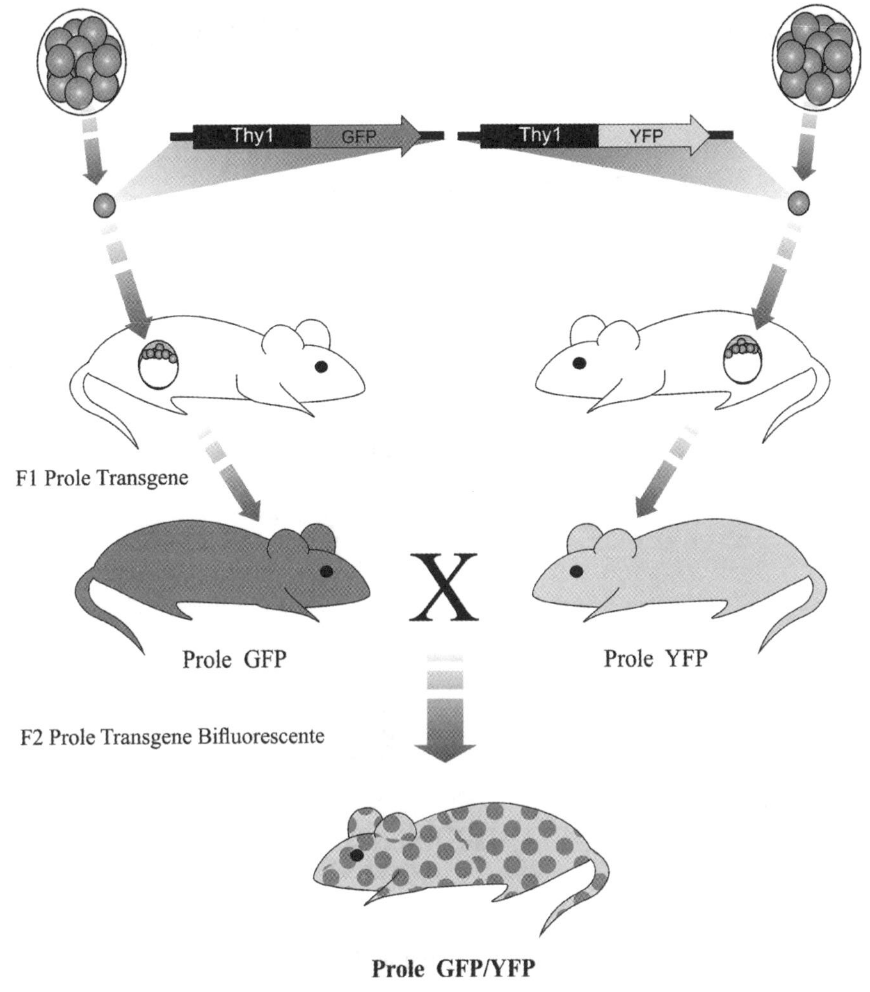

Figura 27.4 Desenho esquemático de produção de camundongo transgênico expressando proteína fluorescente verde e amarela (GFP e YFP): ESC são retiradas, e uma sequência de XFP é inserida nestas células. Em seguida, estas são transferidas para um óocito fecundado anucleado e transplantado em um camundongo para geração da prole fluorescente para uma XFP. Posteriormente, as proles de duas linhagens fluorescentes diferentes podem ser cruzadas para a produção de uma segunda prole, desta vez bifluorescente.

XFP (ao menos duas variantes). Por um processo de fusão dos blastocistos, estes são cultivados com ESC, transplantados no interior de blástulas e transferidos para um animal para dar início ao desenvolvimento embrionário[22]. O resultado esperado é a reorganização das células contendo as diferentes XFP no interior e na superfície da blástula. Com o decorrer do desenvolvimento,

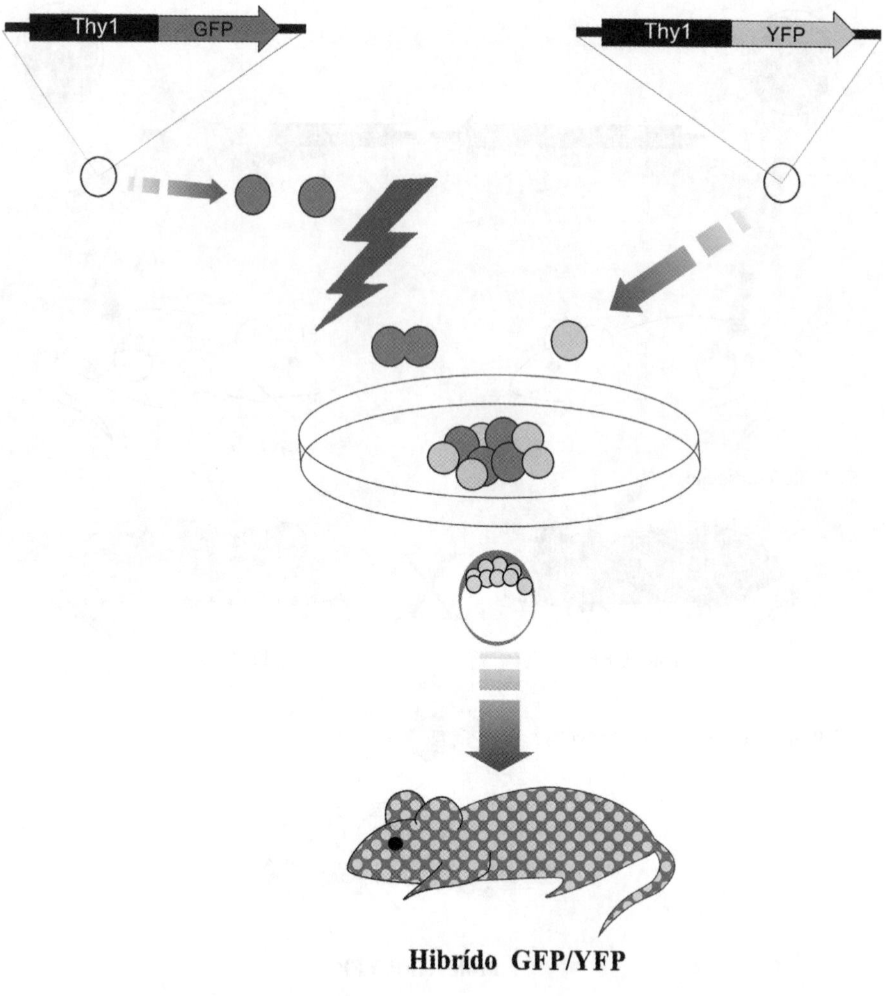

Figura 27.5 Produção de quimera expressando XFP pelo método de agregação embrionária. Blastocistos são transfectados com genes de XFP. Os blastocistos são fundidos por eletrofusão, cultivados com as ESC-YFP e ESC-GFP e transplantados para a formação do embrião. As células fluorescentes irão se redistribuir e formarão diferentes padrões de fluorescência em órgãos e tecidos.

órgãos e tecidos diferenciados apresentarão um perfil fluorescente distinto ou até mesmo interseccionado entre XFP, típicos de uma quimera (Figura 27.5).

27.4.1.3 Recombinação mitótica intercromossômica

O conhecimento sobre as bases mecanísticas de recombinação genômica foi incorporado a fim de se obter uma nova ferramenta para a expressão de proteínas fluorescentes. Pelo método de Cre-*Lox* é possível obter organismos que expressam genes de maneira induzida e controlada (assunto discutido no capítulo 25 deste livro). Além disso, é possível produzir cobaias expressando mais de uma proteína heteróloga no seu repertório proteico. Através da recombinação direcionada pela enzima Cre recombinase é possível substituir um gene por seu adjacente em uma sequência de DNA.

Um método utilizado é a recombinação homóloga sítio-específica. Neste método, sítios *Lox* flanqueiam duas sequências parciais de XFP[23], e o alelo que contém a continuação das sequências da XFP também é flanqueado pelos sítios *Lox*. O animal transgênico tem no seu repertório genômico o gene da Cre recombinase fundido a um domínio de ligação para tamoxifeno do receptor de estradiol (Cre/RE). Dessa maneira, a recombinase pode ser ativada pela administração de tamoxifeno, um agonista do receptor de estradiol[2] (Figura 27.6). A indução também pode ser feita de outras maneiras, com o vetor plasmidial contendo um domínio de ligação à droga ou promotor específico seguido do gene *cre* que provoque a expressão induzível da C

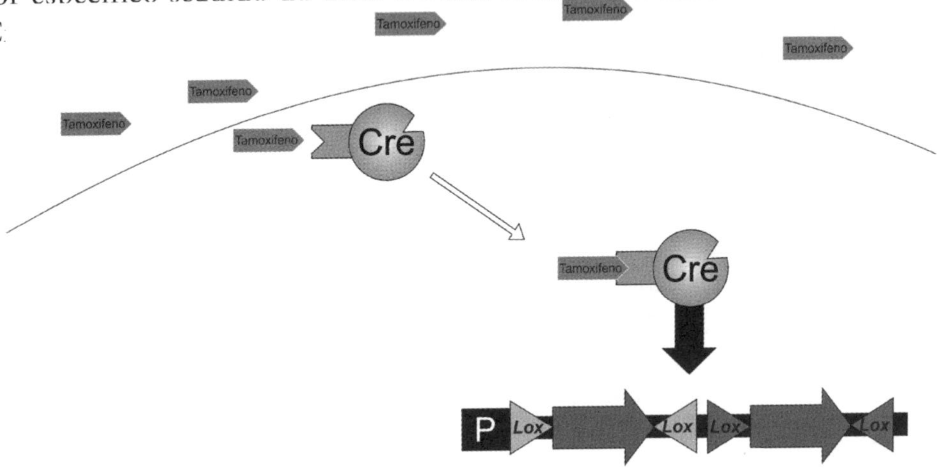

Figura 27.6 Ativação de Cre recombinação pela ligação de tamoxifeno ao domínio de ligação à droga do receptor de estradiol fundido a Cre. Uma das maneiras de se controlar temporalmente a atividade da Cre recombinase é fundi-la à um domínio proteico que a ativa na presença de um indutor (neste exemplo, o tamoxifeno) que é administrado no momento em que se deseja a recombinação. Com a Cre recombinase ativa haverá recombinação de sequências flanqueadas por sítios *Lox* – a recombinação Cre-*Lox*.

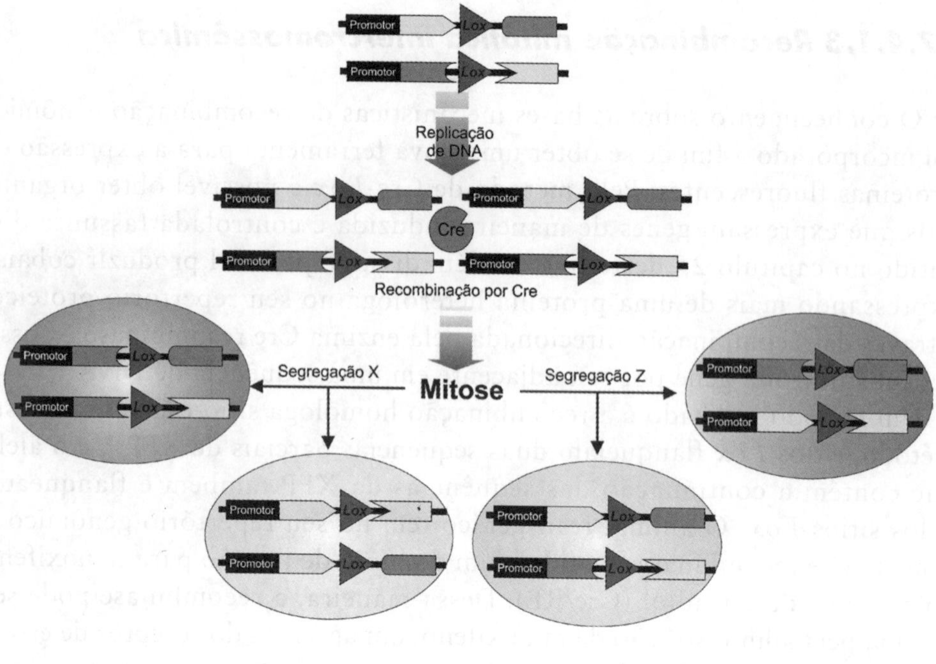

Figura 27.7 Recombinação mitótica intercromossômica mediada por Cre recombinase[16]. Duas sequências exônicas que codificam diferentes XFP são separadas por *Lox*, que impede a produção de uma XFP funcional. Essas sequências truncadas são inseridas em um óocito fertilizado e transferido para o animal. A prole, quando na presença de Cre, terá as XFP inicialmente truncadas e recombinadas e poderão ter quatro possibilidades fenotípicas diferentes: expressar o primeiro tipo de XFP (um dos produtos da recombinação aproximou éxons da mesma XFP e por isso a tornou funcional), expressar o segundo tipo de XFP, expressar as duas XFP e não expressar nenhuma das XFP (os produtos da recombinação permaneceram truncados).

A Cre recombinase substitui a sequência *downstream* (a jusante), do promotor pelo seu alelo correspondente no cromossomo homólogo. Por *crossing over*, as sequências são truncadas, tornando-as completas. Ainda que o sítio *Lox* continue no meio da sequência das XFP, ocorre o *splicing* alternativo ou processamento alternativo do RNA mensageiro (mRNA), não interferindo na expressão da XFP (Figura 27.7).

27.4.1.4 Expressão multivariada de XPF – camundongo brainbow

Uma abordagem ainda mais inovadora é a obtenção de animais transgênicos com expressão de matizes de cores pela combinação de GFP, RFP e BFP

(*blue fluorescent protein* – cuja cor aproxima-se da CFP), tratadas como "XFP". Uma boa analogia citada é o monitor de TV, que combina diferentes intensidades de três canais (vermelho, verde e azul) para formar todo o espectro de cores possível. Pela combinação aleatória das três proteínas em um mesmo animal e no mesmo tecido, as células desse tecido irão diferir umas das outras pelas diferentes intensidades de cores possíveis. Usando o sistema Cre-*Lox* induzível é possível fazer um tecido que contenha todos os elementos necessários (GFP, RFP, BFP, sequência *Lox*, gene Cre/ER), e pode-se promover a recombinação pela ativação da Cre recombinase. O resultado é um espectro que não só depende das possíveis combinações das três cores, mas também do número de cópias que a célula carrega, o que aumenta grandemente o repertório de cores (Figura 27.8).

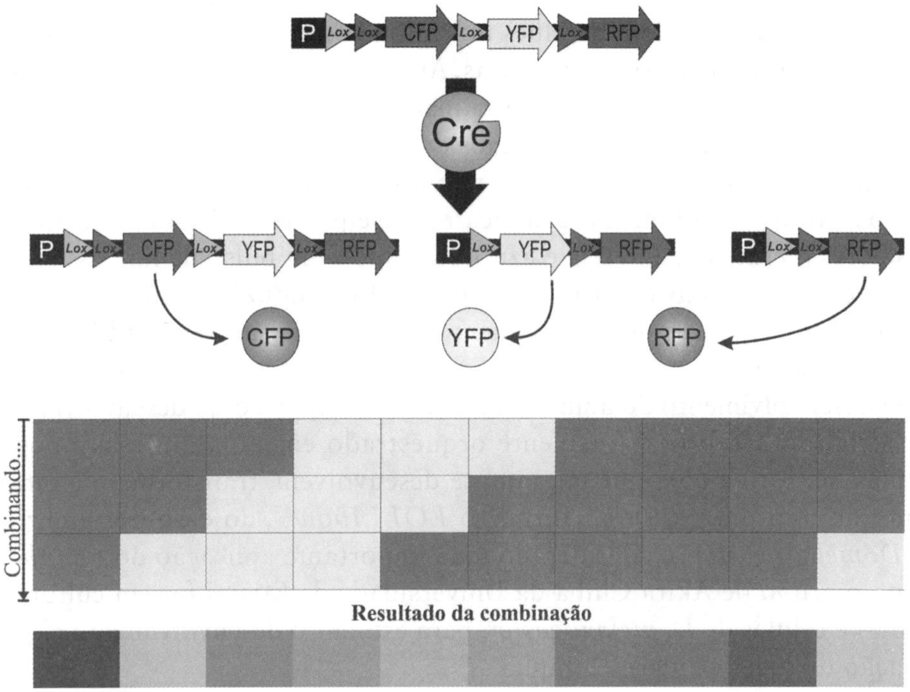

Figura 27.8 Expressão combinatória de XFP mediada por Cre-*Lox*. Um vetor de expressão contendo um promotor (quadrado preto P) seguido de XFP (CFP, YFP e RFP) flanqueadas por sítios *Lox* (pares de triângulos – tons de cinza – referem-se a diferentes sequências de *Lox* incompatíveis). As três possibilidades de cores – ciano, amarela e vermelha (CFP, YFP e RFP, respectivamente) – combinam-se durante o processo Cre-*Lox*, formando uma gama de tonalidades espectrais para cada célula[16].

27.4.2 LOLLIbow para *Drosophila*

O estudo do desenvolvimento de um animal requer técnicas e protocolos que garantam a intactabilidade da estrutura estudada. Mudanças provocadas pelas metodologias aplicadas em um meio celular podem eventualmente mascarar o perfil de desenvolvimento visto *in vivo*[27].

Um dos métodos de visualização mais utilizados, a imunocitoquímica, rotineiramente sujeita as amostras de fixação a outros tratamentos que podem também alterar a arquitetura celular, virtualizando uma condição de um organismo vivo.

Foi pensando dessa forma que a técnica de *brainbow* foi expandida para outros organismos, como *Drosophila melanogaster*, espécie para a qual recebeu o nome de *LOLLIbow*. O sistema ofereceu marcadores fluorescentes permanentes que revelam detalhes morfológicos de células individuais, sem a necessidade de fixação das amostras. Através desta adaptação de *brainbow* é possível identificar e acompanhar a maquinaria que controla as interações entre as células em diferentes estágios do desenvolvimento.

O método também usa um meio não invasivo para controlar o momento que ocorre a recombinação genética e consequente padrão estocástico de três cores (vermelha, amarela e azul) utilizando um pulso de luz. Esse pulso de luz é capaz de ativar a Cre recombinase foto-induzível, a *Split*-Cre[28], no estágio específico do desenvolvimento do embrião de *Drosophila* que se quer estudar[27,29].

O desenvolvimento do animal, incluindo a adaptação do desenvolvimento sensorial do cérebro, é finamente orquestrado entre os diversos tipos de células, na forma com que migram, se desenvolvem, transformam e interagem uns com os outros. Dessa forma, o *LOLLIbow*[27], no caso dos embriões de *D. melanogaster*, é considerado uma importante aplicação do *brainbow*, como o grupo de Akira Chiba da Universidade de Miami fez em cultura de células e células de *D. melanogaster*, para estudar o desenvolvimento e organização de redes celulares complexas[27].

27.4.3 *Zebrabow* para *Zebrafish*

Zebrabow é a versão de *brainbow* desenvolvida para o peixe-zebra (*Danio rerio*-conhecido por *zebrafish*) pelo grupo do professor Alexander F. Schier, da Universidade de Harvard, nos Estados Unidos[30]. Eles relataram que existem vantagens únicas no uso do *brainbow* em *zebrafish* em comparação aos

outros organismos-modelo. A primeira delas é que o animal é transparente durante o desenvolvimento inicial. Quando um grande número de células é marcado, a identificação de células individuais muitas vezes se torna difícil. No sistema nervoso, em especial, a sobreposição de axônios e dendritos não pode ser resolvida com a microscopia de fluorescência convencional, dificultando o rastreamento da conectividade precisa de neurônios individuais. Células fluorescentes de embriões e larvas de *zebrafish* podem ser visualizadas diretamente usando até mesmo microscopia óptica, o que contorna o problema de identificação de estruturas pequenas e viabiliza utilizar este animal como modelo de desenvolvimento neuronal[31].

Em segundo lugar, a geração de peixes transgênicos *zebrabow* por injeção de DNA é eficiente temporalmente, uma vez que os embriões submetidos à técnica começam imediatamente a expressar um mosaico de cores. Assim, os recombinantes podem ser analisados usando o *zebrabow* sem a necessidade de várias gerações de reprodução[30]. Para a indução da recombinação, é utilizado um animal transgênico que expressa a Cre recombinase sob controle do promotor Hsp (do inglês, *heat shock protein*, proteína de choque térmico), produzindo três tonalidades de fluorescência: amarela, vermelha e azul (devido a YFP, RFP e CFP, respectivamente).

O *zebrafish* tem uma vantagem adicional para sua utilização com *brainbow*: o número reduzido de neurônios comparado a camundongos, animais para os quais a técnica foi originalmente proposta. Em linhas gerais, isto facilita a observação de interconexões neurais em diferentes regiões do cérebro e do corpo do animal[30,32].

27.5 EXEMPLO DE PROTOCOLO DE PRODUÇÃO DE ORGANISMO MULTIFLUORESCENTES POR RECOMBINAÇÃO ESTOCÁSTICA – ZEBRABOW

Os plasmídeos *brainbow* propostos por Livet e Weissman[3] podem ser utilizados para diversos organismos com pequenas alterações na sequência – principalmente de promotor do cassete de expressão – modificações na metodologia de ativação da Cre recombinase. No exemplo de protocolo a seguir, baseado em Mahou e Zimmerley[29], foi utilizado um dos plasmídeos *brainbow* com alteração do promotor Thy para um promotor específico para *zebrafish* e inclusão de sequências *up* e *downstream* para que houvesse recombinação homóloga por transposição para o genoma do peixe do cassete de XFP.

27.5.1 Crescimento de Zebrafish

A linhagem de *zebrafish* TL/AB deve ser mantida em condições de crescimento padrão: Os embriões devem ser mantidos a 28,5 °C em meio contendo 0,1% azul de metileno e 0,03% sal marinho. Após 24 horas de fertilização, os embriões devem ser transferidos para água contendo 0,003% 1-fenil-2-tioureia (para inibir pigmentação).

27.5.2 Geração de linhagem recombinante

O plasmídeo *brainbow* 1.0L[3] contendo o cassete de expressão que contem RFP, CFP e YFP (Figura 27.9) e promotor de ubiquitina b são utilizados. Para permitir a incorporação dessa sequência no genoma, o cassete deve ser flanqueado por sítios Tol2 e I-SceI. 35 pg de mRNA de Tol2 transposase, e 20 pg do plasmídeo devem ser coinjetados nos embriões.

A confirmação da inserção pode ser feita atráves da PCR pelo método de HotSHOT[33]. Os embriões são digeridos com 100 μL de 50 mM NaOH, incubados a 95 °C por vinte minutos e resfriados a 4 °C. Em seguida, adicionar 10 μL de 1 M Tris-HCl pH 7,5 a cada amostra.

O DNA deve ser adicionado aos *primers* e à GoTaq qPCR Master Mix (Promega) e colocados em termociclador.

Os *primers* controle são:
5'TCAGTCAACCATTCAGTGGCCCAT3'
5'CAGGAAAGGGAATGCAGGGTTTGT3'

Os *primers zebrabow* são:
5'ACCTGGTGGAGTTCAAGACCATCT3'
5'TCGTACTGTTCCACGATGGTGTAGTC3'.

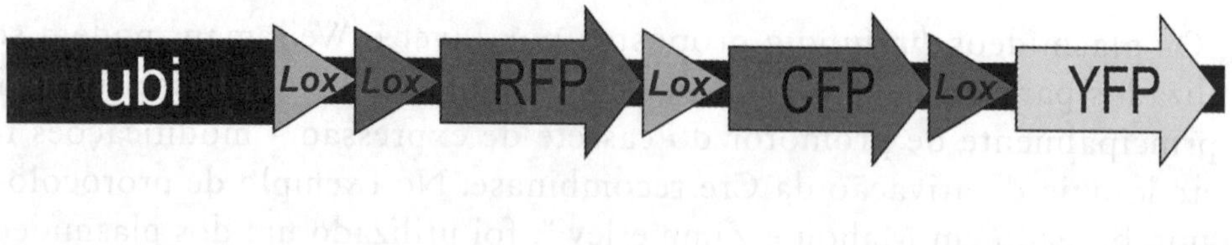

Figura 27.9 Plasmídeo *brainbow* 1.0L contendo três XFP: RFP (vermelha), CFP (ciano) e YFP (amarela). O promotor de ubiquitina b, ubi, foi inserido em substituição ao promotor Thy do plasmídeo original para que a expressão fosse possível em *zebrafish*.

A expressão de RFP (cor padrão quando não há recombinação Cre-*Lox*) pode ser vista a partir de seis horas após a fertilização.

27.5.2.1 Recombinação Cre-Lox

Devem ser eluídos 50 µM de Cre recombinase purificada (New England Biolabs) na razão 1:20 de 0,1 M de cloreto de potássio, e 1 µL dessa solução deve ser injetada em um blastômero no estágio de 1-8 células. Um padrão de cores proporcionado pela recombinação já pode ser visualizado de seis a oito horas após a fertilização.

27.5.2.2 Microscopia

Os animais devem ser anestesiados com sulfanato de etil-3-aminobenzoato e montados em 1% de agarose abaixo do ponto de fusão em placas de cultura de fundo de vidro. As amostras estão prontas para serem processadas em microscópio confocal ou de fluorescência. São necessários os filtros de emissão para RFP: 561 nm e emissão entre 585-685 nm, YFP: 515 nm e emissão 535-565 nm e CFP: 440 nm com emissão entre 465-495 nm.

27.6 PERSPECTIVAS FUTURAS

A utilização de XFP já foi considerada um marco na pesquisa científica. Agora é aplicada de modo combinado e estocástico em tecido vivo ou em culturas de células. Ela possibilita inferir sobre os principais eventos celulares, como sinaptogênese, crescimento axonal, desenvolvimento embrionário, migração celular, taxa de crescimento, dentre outros, com uma riqueza de detalhes que supera as técnicas já desenvolvidas, sem provocar nenhuma alteração lesiva e citotóxica considerável.

Existem alguns pontos-chave para a utilização de *brainbow*. A seleção de promotores tecido específicos, quando se deseja estudar determinadas regiões, permite selecionar um grupo de células para o estudo sem interferir nas demais. A posição da região promotora também pode criar uma regra de combinação das XFP, que pode inclusive permitir a detecção dos tipos de células em diferenciação de ESC, determinando-se células adultas e funcionais. Esta é uma das áreas de pesquisa atuais de nosso laboratório.

Um segundo ponto importante para a utilização da técnica é relacionado ao sistema Cre-*Lox*. O número de pares de sítios *Lox* que flanqueiam as sequências necessita ser incompatível para que sejam geradas XFP funcionais. O modo de indução da recombinação via expressão de Cre recombinase também é um ponto crucial para a *brainbow*. A Cre pode ser ativada espacial e temporalmente, dependendo do tipo de promotor que precede o gene *cre*, a necessidade de indução por drogas, bem como a sua forma de inserção na célula.

A obtenção de imagens de fluorescência de experimentos *brainbow* requer uma atenção especial. Imagens multicoloridas são cada vez mais utilizadas em biologia para uma variedade de experimentos; por isso, tem-se desenvolvido, nos últimos anos, formas de se obter imagens sem nenhuma perda informacional, como uma adaptação da microscopia de fluorescência excitada por dois fótons (*two-photon-excited fluorescence microscopy* – 2PEF)[29]. Neste tipo de microscopia, a imagem de três fluoróforos com espectros de absorção cobrindo um amplo espectro do infravermelho próximo são obtidas pelo microscópio de dois fótons, como é necessário para a imagem das XFP produzidas via *brainbow*, gerando dados com alta resolução sem o cruzamento de excitações e emissões que geram ruídos nos experimentos. A obtenção de imagens ao longo do tempo, conhecida como *time-lapse imaging*, também desponta como uma grande ferramenta aliada ao *brainbow*. No entanto, os aparelhos atuais, em sua maioria, estão limitados a faixas de excitação e emissão que não necessariamente acompanham o perfil de cores das XFP, o que deve ser sanado com adaptações e desenvolvimento de equipamentos capazes de trabalhar em largas faixas do espectro.

REFERÊNCIAS

1. De Carlos JA, Borrell J. A historical reflection of the contributions of Cajal and Golgi to the foundations of neuroscience. Brain Res Rev. 2007 Aug;55(1):8-16. PubMed PMID: 17490748.
2. Weissman TA, Sanes JR, Lichtman JW, Livet J. Generation and imaging of Brainbow mice. Cold Spring Harbor protocols. 2011 Jul;2011(7):851-6. PubMed PMID: 21724817.
3. Livet J, Weissman TA, Kang H, Draft RW, Lu J, Bennis RA, et al. Transgenic strategies for combinatorial expression of fluorescent proteins in the nervous system. Nature. 2007 Nov 1;450(7166):56-62. PubMed PMID: 17972876.
4. Chalfie M, Tu Y, Euskirchen G, Ward W, Prasher D. Green fluorescent protein as a marker for gene expression. Science. 1994 February 11, 1994;263(5148):802-5.
5. Ormo M, Cubitt AB, Kallio K, Gross LA, Tsien RY, Remington SJ. Crystal structure of the Aequorea victoria green fluorescent protein. Science. 1996 Sep 6;273(5280):1392-5. PubMed PMID: 8703075.
6. Remington SJ. Green fluorescent protein: a perspective. Protein Sci. 2011 Sep;20(9):1509-19. PubMed PMID: 21714025. Pubmed Central PMCID: 3190146.
7. Paul BK, Guchhait N. Looking at the Green Fluorescent Protein (GFP) chromophore from a different perspective: a computational insight. Spectrochimica acta Part A, Molecular and biomolecular spectroscopy. 2013 Feb 15;103:295-303. PubMed PMID: 23261626.
8. Nienhaus K, Ulrich Nienhaus G. Fluorescent proteins for live-cell imaging with super-resolution. Chem Soc Rev. 2013 Sep 23. PubMed PMID: 24056711.
9. Yang F, Moss LG, Phillips GN, Jr. The molecular structure of green fluorescent protein. Nature biotechnology. 1996 Oct;14(10):1246-51. PubMed PMID: 9631087.
10. Tsien RY. Nobel lecture: constructing and exploiting the fluorescent protein paintbox. Integrative biology : quantitative biosciences from nano to macro. 2010 Mar;2(2-3):77-93. PubMed PMID: 20473386.
11. Shaner NC, Steinbach PA, Tsien RY. A guide to choosing fluorescent proteins. Nature methods. 2005 Dec;2(12):905-9. PubMed PMID: 16299475.
12. Heim R, Tsien RY. Engineering green fluorescent protein for improved brightness, longer wavelengths and fluorescence resonance energy transfer. Curr Biol. 1996 Feb 1;6(2):178-82. PubMed PMID: 8673464.
13. Ikawa M, Kominami K, Yoshimura Y, Tanaka K, Nishimune Y, Okabe M. Green fluorescent protein as a marker in transgenic mice. Development, Growth & Differentiation. 1995;37(4):455-9.

14. Marshall J, Molloy R, Moss GWJ, Howe JR, Hughes TE. The jellyfish green fluorescent protein: A new tool for studying ion channel expression and function. Neuron. 1995 2//;14(2):211-5.

15. Zhuo L, Sun B, Zhang C-L, Fine A, Chiu S-Y, Messing A. Live Astrocytes Visualized by Green Fluorescent Protein in Transgenic Mice. Developmental Biology. 1997 7/1/;187(1):36-42.

16. Lichtman JW, Livet J, Sanes JR. A technicolour approach to the connectome. Nat Rev Neurosci. 2008 Jun;9(6):417-22. PubMed PMID: 18446160. Pubmed Central PMCID: 2577038.

17. Feng G, Mellor RH, Bernstein M, Keller-Peck C, Nguyen QT, Wallace M, et al. Imaging Neuronal Subsets in Transgenic Mice Expressing Multiple Spectral Variants of GFP. Neuron. 2000 10//;28(1):41-51.

18. Moechars D, Dewachter I, Lorent K, Reverse D, Baekelandt V, Naidu A, et al. Early phenotypic changes in transgenic mice that overexpress different mutants of amyloid precursor protein in brain. Journal of Biological Chemistry. 1999 Mar 5;274(10):6483-92. PubMed PMID: ISI:000078902800063. English.

19. Cai D, Cohen KB, Luo T, Lichtman JW, Sanes JR. Improved tools for the Brainbow toolbox. Nat Methods. 2013 May 5;10(6):540-7. PubMed PMID: 23817127. Pubmed Central PMCID: 3713494.

20. Festenstein R, Kioussis D. Locus control regions and epigenetic chromatin modifiers. Curr Opin Genet Dev. 2000 Apr;10(2):199-203. PubMed PMID: 10753778.

21. Kasthuri N, Lichtman JW. The role of neuronal identity in synaptic competition. Nature. 2003 Jul 24;424(6947):426-30. PubMed PMID: 12879070. Epub 2003/07/25. eng.

22. Hadjantonakis AK, Macmaster S, Nagy A. Embryonic stem cells and mice expressing different GFP variants for multiple non-invasive reporter usage within a single animal. BMC biotechnology. 2002 Jun 11;2:11. PubMed PMID: 12079497. Pubmed Central PMCID: 116589. Epub 2002/06/25. eng.

23. Zong H, Espinosa JS, Su HH, Muzumdar MD, Luo L. Mosaic Analysis with Double Markers in Mice. Cell. 2005 5/6/;121(3):479-92.

24. Warren L, Manos PD, Ahfeldt T, Loh YH, Li H, Lau F, et al. Highly efficient reprogramming to pluripotency and directed differentiation of human cells with synthetic modified mRNA. Cell Stem Cell. 2010 Nov 5;7(5):618-30. PubMed PMID: 20888316. Pubmed Central PMCID: 3656821.

25. Tsujita M, Mori H, Watanabe M, Suzuki M, Miyazaki J, Mishina M. Cerebellar granule cell-specific and inducible expression of Cre recombinase in the mouse. J Neurosci. 1999 Dec 1;19(23):10318-23. PubMed PMID: 10575029.

26. Schwenk F, Kuhn R, Angrand PO, Rajewsky K, Stewart AF. Temporally and spatially regulated somatic mutagenesis in mice. Nucleic Acids Research. 1998 Mar 15;26(6):1427-32. PubMed PMID: 9490788. Pubmed Central PMCID: 147429.

27. Boulina M, Samarajeewa H, Baker JD, Kim MD, Chiba A. Live imaging of multicolor-labeled cells in Drosophila. Development. 2013 Apr;140(7):1605-13. PubMed PMID: 23482495. Pubmed Central PMCID: 3596998.

28. Hirrlinger J, Scheller A, Hirrlinger PG, Kellert B, Tang W, Wehr MC, et al. Split-cre complementation indicates coincident activity of different genes in vivo. PLoS One. 2009;4(1):e4286. PubMed PMID: 19172189. Pubmed Central PMCID: 2628726.

29. Mahou P, Zimmerley M, Loulier K, Matho KS, Labroille G, Morin X, et al. Multicolor two-photon tissue imaging by wavelength mixing. Nat Methods. 2012 Aug;9(8):815-8. PubMed PMID: 22772730.

30. Pan YA, Freundlich T, Weissman TA, Schoppik D, Wang XC, Zimmerman S, et al. Zebrabow: multispectral cell labeling for cell tracing and lineage analysis in zebrafish. Development. 2013 Jul;140(13):2835-46. PubMed PMID: 23757414. Pubmed Central PMCID: 3678346.

31. Keller PJ, Schmidt AD, Wittbrodt J, Stelzer EH. Reconstruction of zebrafish early embryonic development by scanned light sheet microscopy. Science. 2008 Nov 14;322(5904):1065-9. PubMed PMID: 18845710.

32. Pan YA, Livet J, Sanes JR, Lichtman JW, Schier AF. Multicolor Brainbow imaging in zebrafish. Cold Spring Harbor protocols. 2011 Jan;2011(1):pdb prot5546. PubMed PMID: 21205846. Pubmed Central PMCID: 3082469.

33. Meeker ND, Hutchinson SA, Ho L, Trede NS. Method for isolation of PCR-ready genomic DNA from zebrafish tissues. BioTechniques. 2007 Nov;43(5):610, 2, 4. PubMed PMID: 18072590.

CAPÍTULO 28

TRANSPLANTE DE ESPERMATOGÔNIAS--TRONCO COMO ABORDAGEM BIOTECNOLÓGICA PARA A PRODUÇÃO DE ANIMAIS TRANSGÊNICOS

Samyra M. S. N. Lacerda
Guilherme M. J. Costa
Fernanda M. P. Tonelli
Gleide F. Avelar
Luiz Renato de França

28.1 INTRODUÇÃO

Todos os eucariotas que apresentam reprodução sexuada são constituídos de dois tipos fundamentais de células: as células somáticas, que formam o corpo ou estrutura do organismo, e as células germinativas que dão origem aos gametas e são responsáveis pela transferência do genoma de uma geração para a outra[1]. Nesse sentido, uma vez que apresentam potencial de se

reproduzir indefinidamente, as células germinativas são muitas vezes consideradas imortais[1].

Quanto à gametogênese masculina, para se manter o intrincado processo espermatogênico e a homeostase testicular durante toda a sua vida reprodutiva, os vertebrados contam com importantes populações de células-tronco germinativas, denominadas espermatogônias-tronco (do inglês, *spermatogonial stem cells* – SSC)[2]. Assim, além de constituírem a base para o processo espermatogênico, essas células apresentam características únicas no animal sexualmente maduro devido à sua capacidade de transmitirem informações genéticas para as gerações subsequentes. Em outro importante contexto, estudos recentes têm demonstrado que as SSC podem ser reprogramadas em células pluripotentes, apresentando a capacidade de se diferenciarem em tecidos somáticos[3-5].

À semelhança do que ocorre em outras populações de células-tronco adultas, as SSC são capazes de se autorrenovar e também de gerar células comprometidas com o processo de diferenciação[6,7]. A atividade das SSC é regulada dentro de um microambiente específico nos testículos, denominado nicho espermatogonial, que pode ser influenciado por diferentes elementos celulares[8,9]. Tradicionalmente, as células-tronco têm sido definidas por suas características funcionais. Assim, a identificação das células-tronco tem como base o desenvolvimento de ensaios demonstrando sua capacidade regenerativa apropriada a diferentes sistemas autorrenováveis do corpo, tais como a hematopoiese, pele, intestino e espermatogênese, dentre outros[6,7,10]. Nesse aspecto, a técnica de transplante de células germinativas, inicialmente desenvolvida em camundongos por Brinster e colaboradores nos anos 1990[11,12], representou um importante marco no conhecimento acerca da biologia das células-tronco espermatogoniais.

A técnica do transplante de células germinativas consiste na transferência de espermatogônias-tronco de um doador fértil para o testículo de um receptor infértil, onde essas células se desenvolvem e formam espermatozoides férteis com características genéticas do doador. A eficiência do transplante depende da quantidade de SSC a ser transplantada e do microambiente testicular do receptor, que deve ter nichos acessíveis para a colonização das células do doador. Essa inovadora metodologia tem se tornado não apenas uma valiosa abordagem para se investigar a fisiologia das SSC, como também tem proporcionado enormes avanços no estudo da espermatogênese em si, das interações entre células de Sertoli e células germinativas, além de propiciar contribuições significativas na área de produção animal, preservação de espécies ameaçadas de extinção, medicina reprodutiva e a produção de animais transgênicos[13,19].

O termo animal transgênico refere-se ao animal cujas características genéticas (genoma) foram intencionalmente alteradas, por meio de técnicas de engenharia genética, o que o difere substancialmente das mutações espontâneas que ocorrem naturalmente e são importantes para a evolução biológica[20,21]. Uma vez que a manipulação genética *in vitro* permite a realização de estudos para se compreender de maneira mais ampla os processos biológicos e moleculares que ocorrem nos mais diversos tipos de organismos vivos, a produção de animais transgênicos constitui um dos grandes progressos recentes das pesquisas biotecnológicas. Ademais, a transgenia representa valiosa abordagem biotecnológica para a obtenção de maior ganho em produtividade, tanto na pecuária quanto na agricultura, além de propiciar a geração de biorreatores de grande importância na produção de biofármacos e bioprodutos. Classicamente, através de diversas metodologias, a tecnologia de transgenia permite a transferência de DNA exógeno (transgene) para o animal de interesse. Dentre essas metodologias podem ser mencionadas a eletroporação, microinjeção pronuclear, transferência nuclear e infecção por vetores virais em ovócitos recém-fertilizados[22,25] e células-tronco embrionárias[26]. Também podem ser citadas técnicas de inseminação utilizando-se espermatozoides geneticamente modificados[27,28], bem como aquelas nas quais a alteração do DNA endógeno é feita através da recombinação homóloga em células-tronco embrionárias (do inglês, *embryonic stem cells* – ES)[29-31]. Entretanto, apesar dos significativos e recentes progressos, tais métodos não raro têm apresentado limitado sucesso devido a dificuldades técnicas e à geração de animais mosaicos, acarretando como consequência alto custo de produção.

Considerando-se que uma única SSC dá origem a um grande número de espermatozoides potencialmente capazes de gerar descendentes após a fertilização, essas células-tronco vêm se tornando atraente alvo para a manipulação genética, principalmente pelo fato de o transplante de espermatogônias permitir a produção de progênie carreando genes provenientes de SSC isoladas do doador. Assim, com a finalidade de se gerar animais transgênicos, a modificação genética dessas células, seguida do transplante, representa uma excelente tecnologia alternativa à modificação de ES e ovócitos recém-fertilizados[32-35]. Além de ser mais simples e barata, essa via de engenharia genética apresenta enorme potencial de uso em animais que ainda não possuem a tecnologia de modificação das ES desenvolvida, disponível ou mesmo eficiente. Ademais, outro aspecto bastante positivo é o fato de a recombinação gênica que ocorre nas células germinativas permitir alta variabilidade genética de indivíduos da mesma espécie.

28.1.1 Estrutura do testículo em mamíferos

A Figura 28.1 ilustra os principais constituintes dos compartimentos tubular e intertubular de mamíferos sexualmente maduros, indicando também algumas das possíveis interações entre as células germinativas e os componentes somáticos do testículo, principalmente células de Sertoli, de Leydig e peritubulares mioides[36,41].

Nos testículos, a célula de Sertoli é a primeira célula somática a se diferenciar. Esta célula origina-se provavelmente do epitélio celômico e seus precursores expressam o gene determinante do sexo masculino, o Sry, no braço curto do cromossomo Y. Dessa forma, a célula de Sertoli desempenha papel crucial na cascata de eventos relacionadas à diferenciação do testículo, que ocorre em torno de 11,5 dias de gestação em camundongos[42,43] e por volta de 56 dias em humanos[44]. Já nos animais adultos, a célula de Sertoli é o elemento-chave da espermatogênese e, durante esse processo, interage com as células germinativas de maneira bastante complexa, tanto física quanto bioquimicamente. As junções de oclusão entre células de Sertoli adjacentes dividem o epitélio seminífero em compartimentos basal e adluminal[45]. No compartimento basal estão localizadas as espermatogônias e os espermatócitos primários iniciais (pré-leptótenos/leptótenos), enquanto no adluminal encontram-se os espermatócitos primários a partir de zigóteno, espermatócitos secundários e espermátides. Funcionalmente, as junções de oclusão compõem a barreira de células de Sertoli que propicia um microambiente específico e imunoprivilegiado, essencial para o desenvolvimento do processo espermatogênico[45]. Assim, fica bastante evidente a necessidade da interação das células germinativas com os componentes somáticos do testículo, principalmente células de Sertoli, Leydig e peritubulares mióides, para que o processo espermatogênico transcorra de maneira normal e eficiente[36,39,46].

Além da formação da barreira dita hematotesticular, as células de Sertoli desempenham outras funções essenciais para o desenvolvimento das células germinativas, tais como[37,47,48]: fornecimento de nutrientes e inúmeros outros importantes fatores; suporte físico (sustentação) para as células espermatogênicas; fagocitose do excesso de citoplasma (corpos residuais) resultante da liberação das células espermiadas, bem como das células germinativas que sofrem apoptose; intermediação hormonal da espermatogênese através de receptores para esteroides (andrógenos e estrógenos) e para o hormônio folículo-estimulante (*follicle-stimulating hormone* – FSH). As células de Sertoli participam ainda ativamente no processo de espermiação das espermátides para o lume tubular, além de serem responsáveis pela secreção de fluido, o

qual possui substâncias importantes para a função epididimária e maturação espermática, servindo também de veículo para o transporte dos espermatozoides, que são liberados ainda imóveis.

As células de Leydig são geralmente encontradas próximas aos vasos sanguíneos ou do tecido conjuntivo da cápsula testicular (túnica albugínea) e sua ultraestrutura denota sua alta atividade esteroidogênica, evidenciada pela presença de retículo endoplasmático liso bem desenvolvido e mitocôndrias com cristas tubulares[49], que participam ativamente da síntese de esteroides (principalmente andrógenos), a partir de uma molécula base, o colesterol[50]. Essa produção ocorre através de estímulos do hormônio luteinizante (LH) em receptores localizados na membrana citoplasmática dessas células. Nos testículos, existem receptores para andrógenos nas células de Sertoli, peritubulares mióides, musculares lisas dos vasos e na própria célula de Leydig[38,51,52]. Dentre os andrógenos sintetizados pelas células de Leydig incluem-se a testosterona e a diidrotestosterona, os quais são responsáveis pela diferenciação do trato genital masculino e da genitália externa na fase fetal[53,54] e pelo aparecimento dos caracteres sexuais secundários e a manutenção quantitativa da espermatogênese a partir da puberdade[47,52,54,55]. Particularmente, a diidrotestosterona é também responsável pela manutenção funcional das glândulas sexuais acessórias e do epidídimo[56,57].

As células peritubulares mióides constituem o principal componente da parede dos túbulos seminíferos e, juntamente com as células de Sertoli, são responsáveis pela formação da lâmina basal, cuja integridade funcional é essencial para o processo espermatogênico[40,58]. Pelo fato de serem responsáveis pela secreção de várias substâncias que compõem a matriz extracelular (laminina, fibronectina, colágenos dos tipos I e IV e proteoglicanas) e fatores de crescimento como fator peritubular que modula a função das células de Sertoli (*peritubular factor that modulates Sertoli cell function* – PmodS), fator de crescimento semelhante à insulina-1 (*insulin-like growth factor 1* – IGF-I), activina-A e fator de transformação do crescimento β (*transforming growth factor* β – TGF-β), as células peritubulares mióides participam de maneira bastante ativa da regulação parácrina da função testicular, particularmente das células de Sertoli[40,59]. Ainda, como células contráteis, as células peritubulares mióides expressam proteínas do citoesqueleto (α-isoactina, F-actina e miosina), cujos filamentos são arranjados longitudinal e circularmente ao maior eixo do túbulo seminífero. A atividade desses filamentos é responsável pela contração dos túbulos seminíferos que resulta em movimentação de fluidos e propulsão dos espermatozoides[40]. Recentemente,

foi demonstrado que camundongos cujas células peritubulares mioides não possuem receptores de andrógenos (PTM-ARKO[46]) são inférteis.

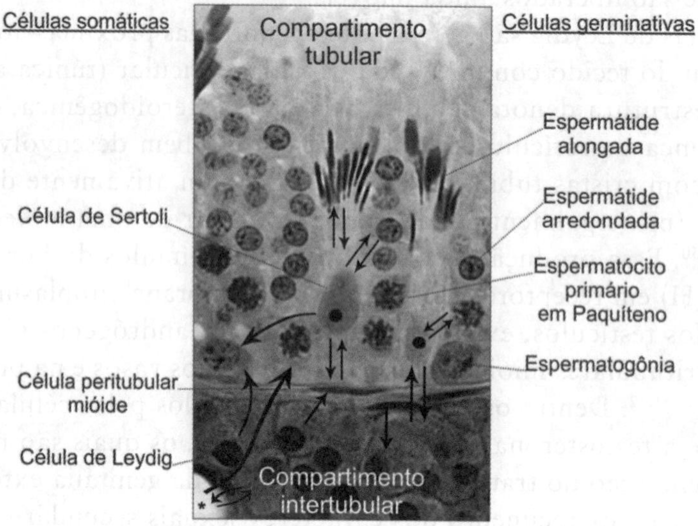

Figura 28.1 Composição do parênquima testicular de suíno sexualmente maduro, mostrando os dois principais compartimentos do testículo, bem como algumas das possibilidades de interações entre os componentes somáticos e germinativos. O compartimento tubular é composto da porção externa para a interna por: (i) túnica própria, constituída pelas células peritubulares mioides e lâmina basal (não indicada); (ii) epitélio seminífero onde se encontram as células de Sertoli e células germinativas em diferentes fases de desenvolvimento; e (iii) lume tubular. Além de outros tipos celulares, o compartimento intertubular apresenta grande número de células de Leydig e vasos sanguíneos.

28.1.2 Espermatogênese e potenciais biotecnológicos das espermatogônias-tronco

De maneira geral, através de evento denominado especificação, durante as fases iniciais de desenvolvimento embrionário nos vertebrados as células germinativas primordiais (PGC) diferenciam-se das demais células somáticas[60]. Posteriormente, essas células proliferam e migram para a região das cristas genitais, que darão origem às futuras gônadas masculinas (testículos) ou femininas (ovários)[61,62]. Nos indivíduos geneticamente machos, após chegarem às cristas genitais, as PGC são denominadas de gonócitos ou pré-espermatogônias[63,64]. Posteriormente, nos testículos já diferenciados e formados e após um curto período de quiescência, esses gonócitos se dividem e dão origem a um grupo de células mitoticamente ativas, as

espermatogônias do tipo A, dentre as quais uma pequena fração permanece indiferenciada como células-tronco espermatogoniais, que constituem a base funcional da espermatogênese[2,65,66].

A espermatogênese (Figura 28.2) é um evento cíclico complexo, altamente organizado e coordenado, no qual as espermatogônias diploides (que apresentam dois conjuntos de cromossomos) se dividem e se diferenciam, levando finalmente à formação dos espermatozoides, que são células haploides (possuem um conjunto de cromossomos) altamente especializadas e equipadas para fertilizar os ovócitos[67,68]. Morfofuncionalmente, a espermatogênese pode ser dividida nas fases espermatogonial (proliferativa ou mitótica), espermatocitária (meiótica) e espermiogênica (diferenciação). A fase espermatogonial é caracterizada pela autorrenovação e diferenciação das SSC, gerando células "amplificadoras" e de reserva ou células comprometidas com a diferenciação. Essas espermatogônias mais diferenciadas dão continuidade ao processo espermatogênico, e um intrincado processo de diferenciação e proliferação ocorre até a última divisão mitótica que originará os espermatócitos primários, iniciando a fase meiótica ou espermatocitária[2]. Após a primeira divisão meiótica formam-se os espermatócitos secundários, que num curto intervalo de tempo originam as espermátides haploides através da segunda divisão meiótica. Em seguida, ocorre a fase espermiogênica ou de diferenciação, na qual as espermátides se transformam em espermatozoides. Durante todo o processo espermatogênico, as contínuas mudanças que ocorrem nas células germinativas são notáveis, sendo a passagem pela fase meiótica fundamental para a manutenção da variação genética entre indivíduos da mesma espécie através da troca de genes entre cromossomos homólogos (recombinação gênica ou *crossing-over*) nos espermatócitos primários em paquíteno. Ilustrando o enorme potencial de amplificação da gametogênese masculina, teoricamente uma única SSC pode gerar 4.096 espermatozoides em ratos, camundongos e suínos[69]. Embora tal potencial seja drasticamente menor no homem devido ao número muito baixo de divisões espermatogoniais, mesmo assim sua produção espermática diária por testículo pode chegar a até 100 milhões de espermatozoides[70].

O número de SSC no testículo adulto é relativamente pequeno (0,03% do total de células germinativas), com estimativas variando de 3 mil a 25 mil SSC em camundongos[71-73] e 830 mil em ratos[33]. Esse importante aspecto motivou a investigação de marcadores fenotípicos específicos e a busca de características funcionais para a identificação das SSC em mamíferos, principalmente roedores, bem como em outras espécies de vertebrados, tais como peixes e aves[66,74-77].

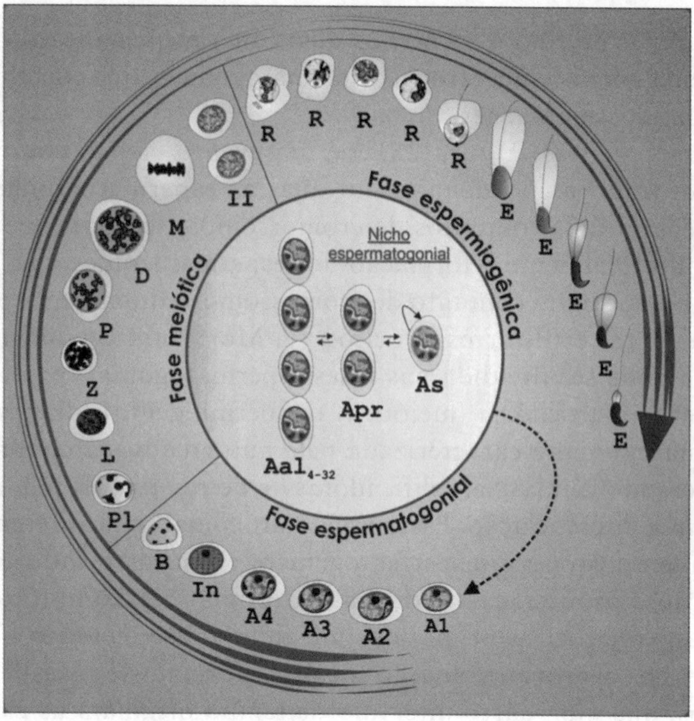

Figura 28.2 Representação diagramática da espermatogênese de camundongo mostrando as três fases deste processo (proliferativa, meiótica e espermiogênica), representadas respectivamente pelas espermatogônias, espermatócitos e espermátides. A seta grande externa com várias linhas indica a sequência de diferenciação das células germinativas durante a espermatogênese. O círculo central representa o nicho espermatogonial caracterizado pela presença das espermatogônias indiferenciadas (As, Apr e Aal). Dentro do nicho espermatogonial, as setas menores denotam os possíveis destinos das espermatogônias indiferenciadas, e a seta curva em particular denota autorrenovação. A seta tracejada representa o processo de diferenciação das espermatogônias indiferenciadas em A1. As: espermatogônia isolada; Apr: espermatogônia pareada; Aal: espermatogônia alinhada; A1, A2, A3, A4, In e B: espermatogônias diferenciadas do tipo A, intermediária e do tipo B; espermatócito primário em: Pl (pré-leptóteno), L (leptóteno), Z (zigóteno), P (paquíteno), e D (diplóteno); M: figura de meiose; II: espermatócito secundário; R: espermátide arredondada; E: espermátide alongada.

Com o objetivo de se obter populações homogêneas de células germinativas, os primeiros trabalhos na literatura descrevendo a dissociação do tecido testicular e a obtenção dessas células foram publicados na década de 1970, utilizando-se centrifugação diferencial em gradientes de densidade[78-82]. Já nessas investigações, a obtenção de células testiculares tinha como principal finalidade o estabelecimento de sistema de cultivo para estudos bioquímicos de diferenciação das células germinativas. Atualmente, a obtenção das células germinativas em diferentes espécies é usualmente realizada através de

modificação do procedimento originalmente relatado por Bellvé e colaboradores[82], no qual o testículo do animal avaliado é coletado e dissociado por meio de um protocolo de digestão enzimática dupla ou tripla (colagenase associada com hialuronidase e tripsina). Após lavagem em meio de cultura de rotina, as células espermatogênicas são ressuspendidas e diluídas nas concentrações desejadas, sendo então submetidas à separação.

Com o estabelecimento e utilização cada vez mais frequente da técnica de transplante de células germinativas, desenvolveu-se também amplo interesse pela investigação e descoberta de novas abordagens para se isolar e purificar as SSC, principalmente pelo fato de uma maior eficiência do transplante requerer a obtenção de populações celulares enriquecidas em SSC. Assim, dentre as várias abordagens empregadas na obtenção de populações celulares enriquecidas em SSC, podem ser citadas, por exemplo, as seguintes: i) utilização ou desenvolvimento de animais que apresentam alterações dos elementos somáticos do testículo (por exemplo, células de Sertoli, de Leydig e peritubulares mioides) e de maturação espermatogonial mais avançada, sem apresentar, no entanto, defeitos intrínsecos das células germinativas; ii) isolamento de espermatogônias indiferenciadas com base em marcadores moleculares específicos; e iii) expansão *in vitro* de espermatogônias isoladas. Várias outras metodologias também têm sido empregadas com o objetivo de se enriquecer o *pool* de SSC, podendo ser citadas, por exemplo, o criptorquidismo experimental em camundongos que causa a depleção (apoptoses) de células germinativas mais avançadas[83,84] e a utilização de doadores pré-puberes que apresentam somente espermatogônias em seus testículos[83,85]. Criptorquidia ou criptorquia (de *cripto*, escondido, e *orquis*, testículo) é a condição médica na qual não houve uma descida correta do testículo da cavidade abdominal (onde se desenvolve na vida intrauterina) para o escroto. Difere do testículo ectópico porque se encontra no lugar comum de descida testicular. Ainda nesse aspecto, McLean e colaboradores[86] evidenciaram que populações de células germinativas isoladas de camundongos deficientes em vitamina A, fator essencial para a diferenciação espermatogonial, ou aqueles cujos testículos sofreram insulação ou hipertermia (43 °C por quinze minutos), resultavam em maior eficiência após o transplante. Camundongos mutantes *Steel* (S1) também apresentam testículos contendo maiores frações de espermatogônias indiferenciadas. Mais especificamente, ao envolver falha na produção de c-kit ligante produzido pelas células de Sertoli (importante elemento somático do epitélio seminífero), nesses camundongos tal mutação resulta na parada de maturação espermatogonial, permitindo assim a obtenção de suspensões testiculares enriquecidas em SSC[84,87]. Além

disso, diversas abordagens baseadas em características fenotípicas (marcadores moleculares) também têm sido descritas e utilizadas, principalmente em camundongos, com a finalidade de se identificar e isolar SSC. Nesse aspecto, o receptor do c-kit foi o primeiro marcador de superfície investigado. Assim, estudos utilizando anticorpos anti-c-kit evidenciaram que espermatogônias indiferenciadas são negativas para c-kit, enquanto espermatogônias diferenciadas expressam este receptor[88,89]. Atualmente, diversos marcadores fenotípicos de superfície de espermatogônias indiferenciadas em roedores (onde se encontram as SSC) estão disponíveis, podendo ser citados os seguintes: *side scatter*[low], integrinas α1e β6, CD9, CD24, Thy-1(CD90), Ep-CAM, CD44, caderina 1 (Cdh1), Numb, receptor acoplado à proteína G 125 (GPR125), receptor GDNF α-1 (GFRα1), Ret, receptor de fator estimulante de colônia 1 (CFS1r)[13,90-98]. Outras técnicas surgidas recentemente também podem ser empregadas com o intuito de se obter populações celulares específicas enriquecidas. Assim, o isolamento de SSC através da utilização de citometria de fluxo (*fluorescence-activated cell sorter* – FACS), que se baseia nas propriedades de dispersão de luz (*light scattering*), associada a marcadores de superfície, tem permitido a aquisição de resultados bastante promissores, contribuindo sobremaneira para a caracterização funcional dessas células em diversas espécies, principalmente roedores[91,99-101]. De forma semelhante, a separação magnética de células (*magnetic-activated cell sorting* – MACS) é outra interessante abordagem que também pode ser utilizada para se isolar espermatogônias indiferenciadas[102-104]. Nesse sentido, quando comparadas às células testiculares não selecionadas, em suínos pré-púberes, populações de células testiculares SSEA-1⁺ (*stage-specific embryonic antigen 1*, ou antígeno embrionário 1 de estágio específico) separadas por FACS originaram número quinze vezes maior de colônias após o transplante[100]. O xenotransplante de espermatogônias Thy1⁺ isoladas através de MACS de testículos de caprinos pré-púberes também resultou em maior capacidade de formação de colônias do que células testiculares não selecionadas[105,106]. Da mesma forma, estudos em bovinos pré-púberes também mostraram resultados semelhantes após o xenotransplante de espermatogônias DBA⁺ obtidas por FACS[107]. Finalmente, ainda como ilustração do alto potencial dessas abordagens, utilizando-se MACS espermatogônias indiferenciadas GFRα1+ também foram isoladas com sucesso de testículos de macacos *Rhesus* e humanos[108,109].

Em outra interessante vertente, com o objetivo de se obter suspensões celulares enriquecidas com espermatogônias indiferenciadas, a centrifugação diferencial em gradientes de densidade, os quais promovem a separação celular com base no tamanho e densidade, associadas ao plaqueamento

diferencial, representam técnicas relativamente simples e possíveis de serem aplicadas[110-113]. Assim, suspensões celulares contendo até 85% de espermatogônias do tipo A de ratos foram obtidas através da adesão à aglutinina *Dolichos biflorus* (DBA) e fracionamento em gradiente descontínuo de Percoll[111]. Utilizando-se adesão à laminina, o isolamento observado de SSC foi de três a quatro vezes maiores em camundongos[90]. Da mesma forma, Dirami e colaboradores[114] obtiveram suspensão celular contendo entre 95% a 98% de espermatogônias do tipo A em suínos, usando velocidade de sedimentação e plaqueamento diferencial. Essas abordagens técnicas têm sido ainda utilizadas com sucesso no isolamento de espermatogônias do tipo A de peixes[66,115], bovinos[112,113], ovinos[116], caprinos[117], humanos[118,119] e, mais recentemente, de búfalos[120-122].

Outro importante aspecto a ser considerado é a possibilidade de se cultivar e expandir a população de SSC *in vitro*. Assim, utilizando-se o transplante de células germinativas como ensaio funcional, após 132 dias de cultura Nagano e colaboradores[123] demonstraram a sobrevivência e a propagação de espermatogônias de camundongos. Essas células germinativas foram capazes de sobreviver por quatro meses sobre *feeder layer* de fibroblastos embrionários (STO), utilizando-se meio enriquecido. A identificação dos fatores que modulam as funções das SSC e a possibilidade de se utilizar esses fatores na indução da proliferação dessas células em cultura têm nítidas vantagens para o enriquecimento de SSC, bem como para a compreensão dos mecanismos moleculares que regulam as SSC, especialmente quando se pretende empregá-los na modificação genética dessas importantes células. Assim, em vários estudos o cultivo por longo prazo de SSC de camundongos em meio contendo fatores importantes para a regulação, manutenção e proliferação dessas células e de PGC, tais como o fator neurotrófico derivado de células da glia (*glial cel lline-derived neurotrophic factor* – GDNF), fator inibidor de leucemia (*leucemia inhibitory factor* – LIF), fator de crescimento fibroblástico básico (*basic fibroblast growth factor* – bFGF), fator de crescimento epidermal (*epidermal growth factor* – EGF) e soro fetal bovino, têm demonstrado aumento significativo no número de SSC, permitindo que mantenham suas propriedades originais de colonização e diferenciação após o transplante[124-128]. Ainda nesse contexto, a manutenção e expansão *in vitro* de presumíveis SSC têm sido estabelecidas e reportadas para outras espécies, como rato[97,129,130], bovino[131-132], búfalo[133], caprino[134,135], gato[136], suíno[137], homem[138-141], galo doméstico[142], *zebrafish*[143, 144], tilápia-nilótica[66] e truta-arco-íris[145-147].

28.2 HISTÓRICO DA TRANSGENIA ANIMAL

A seguir, faremos um breve histórico sobre o surgimento e potenciais aplicações da técnica de transgenia. Em animais, esta importante ferramenta só foi possível a partir do sucesso na manipulação da maquinaria celular, principalmente com a finalidade de se induzir a expressão de uma sequência de interesse e da modificação genética permanente de células isoladas. Assim, com o objetivo de se modificar geneticamente as células, vários estudos que remontam à década de 1970 utilizaram o ácido ribonucleico (RNA) como sequência codificante. Em 1973, Gurdon[148] relatou sucesso na tradução em proteínas do RNA mensageiro (mRNA) de hemoglobina de coelho, camundongo e pato, inseridos em ovócitos de *Xenopus laevis*. Posteriormente, o RNA polissomal de seres humanos (obtidos de placenta) foi injetado em ovócitos de *Xenopus*, obtendo-se a expressão de precursor do lactogênio placentário humano[149]. Em 1979, a molécula de DNA começou a ser utilizada como sequência codificante para a modificação genética de células. Assim, Wigler e colaboradores[150] inseriram o gene da timidina quinase viral em células de camundongos selvagens (que não expressavam essa proteína), as quais passaram a produzir a enzima, tornando-se capazes de sobreviver em meio HAT contendo hipoxantina, aminopterina e timidina como fonte de energia. Esses mesmos autores inseriram ainda várias outras sequências de DNA que foram expressas em proteínas, como a da β-globina de coelho, o plasmídeo pBR322 e o bacteriófago oX-174. Por sua vez, Mulligan e colaboradores[151] conseguiram inserir o DNA complementar (cDNA) da β-globina de coelho no genoma viral e transferir esse genoma recombinante para células de rim de macacos em cultura, onde tais células passaram então a produzir o polipeptídeo de coelho[151].

A integração de sequências ao DNA genômico em células-alvo foi relatada pela primeira vez em 1979 por Breindl[152] e colaboradores, que foram capazes de integrar o gene estrutural do vírus da leucemia Moloney (*Moloney murine leucemia virus* – MMLV) no cromossomo 6 de célula da linhagem germinativa de camundongos (BALB/Mo). Nesse estudo, evidenciou-se o potencial de modificação genética destas células para a transmissão da modificação de geração a geração[152]. Já no ano seguinte, Brinster e colaboradores publicaram trabalho no qual foram utilizados ovócitos recém-fertilizados em estágio de uma célula, oriundos de camundongos, para se injetar o mRNA de globinas de rato e camundongo, obtendo-se a expressão dessas proteínas[153]. Ainda em 1979, Jähner e Jaenisch obtiveram três sublinhagens do camundongo BALB/Mo com integração de transgene em diferentes

cromossomos, as quais foram capazes de transmitir a modificação genética a outras gerações[154].

Em 1981, Costantini e Lacy[155] publicaram trabalho destacando o papel da modificação genética de células da linhagem germinativa no desenvolvimento de animal contendo gene exógeno clonado em todas as suas células, bem como a transmissão dessa modificação genética para gerações subsequentes. Os trabalhos divulgados até então produziam animais mosaicos, com expressão das sequências de interesse em apenas algumas de suas células. Como exemplos, podem ser citados os estudos de Jaenisch e Mintz[156], que microinjetaram blastocistos explantados de camundongos com o DNA viral de vírus símio 40 (SV40) e os transferiram para o útero de fêmeas pseudográvidas[156]; e os de Gurdon e colaboradores, que inseriram no plasmídeo pBR322 fragmentos do genoma do herpes vírus e do SV40 e o microinjetaram em pronúcleo de ovócitos recém-fertilizados de camundongo, que foram então implantados em fêmeas pseudográvidas[157]. Apesar de não terem gerado animal transgênico não mosaico, Costantini e Lacy[155] desenvolveram estudos pioneiros nos quais a sequência de DNA de um mamífero foi integrada ao genoma de células germinativas de outro animal, inserindo assim o gene da β-globina de coelho em células germinativas de camundongos[155].

Em 1982, Palmiter e colaboradores obtiveram camundongos transgênicos gerados a partir de fragmento de DNA contendo o promotor do gene da metalotioneína I de camundongos e o gene do hormônio de crescimento de ratos. Essa construção de DNA foi microinjetada em ovócitos recém-fertilizados de camundongo, fazendo com que, devido ao hormônio produzido, os embriões microinjetados se desenvolvessem cerca de 30% a mais do que nos controles[158]. Três anos depois, em peixes, fragmento do plasmídeo pBPVMG-6 foi microinjetado no interior de ovócitos fertilizados de *goldfish* (*Carassius auratus*). Cinquenta dias após a transfecção, os animais ainda continham a sequência injetada devido à integração desta em seu genoma[159].

Além da microinjeção em ovócitos recém-fertilizados, é possível também utilizar os espermatozoides geneticamente modificados como carreadores de genes durante a fertilização *in vitro*[160]. Alternativamente, pode-se também utilizar lipossomos catiônicos[161] para a transferência de DNA em ES[162] e em células somáticas reprogramadas induzidas a um estado de pluripotência (*induced pluripotent stem cells* – iPSCs)[163]. Desde então, a modificação genética para geração de animais transgênicos tem sido realizada com diversos objetivos, tais como: (i) aumentar a produção e qualidade dos alimentos; (ii) reduzir impactos ambientais das atividades agrícolas; e (iii) produzir substâncias de interesse biotecnológico.

28.3 POSSIBILIDADES TERAPÊUTICAS E/OU INDUSTRIAIS

Com relação às abordagens aplicadas e de interesse comercial, vários estudos já foram desenvolvidos. Através da adição de lactoferrina, α-lactoalbumina e/ou lisozima, a geração de transgênicos já foi utilizada com a finalidade de aumentar a qualidade do leite de vaca[164,165] e cabra[166]. O leite de camundongos[167] e suínos[168] foi também aprimorado, tendo se observado efeitos benéficos para a prole. A produção de substâncias de interesse biotecnológico, por sua vez, motivou, por exemplo, a criação de cabras transgênicas expressando antitrombina humana, que é liberada através do leite, de comercialização aprovada pela European Medicines Agency (EMA, da União Europeia) e pela Food and Drug Administration (FDA, dos Estados Unidos)[169]. Peixes também foram geneticamente modificados visando ao aumento da produção e melhoria de características para comercialização. Assim, dentre outras, características tais como aumento de crescimento[170], resistência a doenças bacterianas[171] e tolerância às baixas temperaturas[172] foram desenvolvidas.

No que se refere à redução de impactos ambientais gerados por substâncias que contêm o íon fósforo, principalmente o fitato, um porco transgênico (Enviropig) foi desenvolvido por meio da utilização da sequência codificante da enzima fitase de *Escherichia coli*. Assim, a saliva desse suíno transgênico contendo a enzima fitase é capaz de degradar o fitato da dieta, evitando que essa substância polua o ambiente ao ser eliminada através das fezes[173]. Em peixes, também já existem atualmente transgênicos comerciais, como, por exemplo, o GloFish™, que expressa proteína fluorescente nas células musculares esqueléticas. Esse teleósteo, que foi originalmente desenvolvido como indicador de poluição ambiental, agora é vendido com finalidade ornamental[174].

28.4 TRANSGENIA ANIMAL POR MEIO DE ESPERMATOGÔNIAS-TRONCO

A modificação genética em animais é realizada utilizando-se principalmente duas técnicas, quais sejam, a microinjeção de ovócitos recém-fertilizados em estágio de célula única e o transplante de SSC geneticamente modificadas. Essas SSC podem ser oriundas de animal doador transgênico ou modificadas *in vitro*, principalmente por meio do uso de vetores virais. A microinjeção, que não será abordada em detalhes no presente capítulo, é

a técnica mais utilizada e sedimentada, sendo mencionada em vários trabalhos anteriormente citados (ver Seção 28.2). No entanto, o fato de apresentar baixa eficiência, relatada desde a década de 1980[158,175], tem motivado o desenvolvimento e a busca de novas técnicas.

Pelo fato de as SSC serem capazes de promover espermatogênese de forma contínua[176], a manipulação de uma única SSC propicia a obtenção de número bastante elevado de gametas geneticamente modificados, permitindo, portanto, gerar rapidamente prole transgênica de forma muito mais eficiente do que por meio de técnicas que empregam, por exemplo, ES[177-179]. Pois, enquanto as ES são derivadas de embriões, as SSC estão disponíveis nos testículos já na fase pós-natal. Outro aspecto a considerar é que, diferentemente de camundongos, a maioria das fêmeas de mamíferos não ovula grande número de ovócitos e podem demandar longo período de tempo para atingir a maturidade sexual. Esses aspectos limitam sobremaneira a manipulação genética de tais espécies animais. Além disso, provavelmente refletindo suas características como células-tronco mais comprometidas com a diferenciação, em contraste com o padrão observado em ES, as SSC apresentam propriedades genéticas e epigenéticas muito estáveis[180,181]. Ademais, particularmente devido ao fato de não estarem comprometidas com uma linhagem celular específica, as ES são facilmente capazes de se diferenciar em tipos celulares variados, podendo, assim, perder seu potencial de linhagem germinativa[182].

A produção de animais transgênicos através de alteração de informação genética nas SSC apresenta também como vantagens a formação de transgênicos não mosaicos e a obtenção de animais com características desejáveis sem a necessidade de vários cruzamentos. Além disso, uma vez que as células espermatogoniais são transplantadas num ambiente testicular propício para o desenvolvimento da espermatogênese, essa abordagem resulta na redução do intervalo de tempo necessário para a produção dos gametas transgênicos. Assim, existem boas razões para se considerar que, num futuro próximo, devido aos vários aspectos positivos já mencionados, provavelmente as SSC se tornarão alvo preferencial para a transgenia em muitas espécies animais para as quais ainda não existem outras tecnologias disponíveis ou mesmo bem estabelecidas.

Nos próximos tópicos, descrevemos passo a passo as metodologias de produção de animais transgênicos por meio das SSC.

28.4.1 Técnica passo a passo 1: transplante de espermatogônias-tronco isoladas de animais transgênicos

Conforme já mencionado, o transplante de SSC apresenta alto potencial para ser utilizado como ferramenta para a maximização da produção de animais transgênicos. Assim, quando transplantadas para o testículo de vários receptores selvagens, espermatogônias obtidas de um único animal doador transgênico que porta uma característica genética desejável amplificam sobremaneira a capacidade de produção de gametas, resultando como consequência em maior número de fêmeas fertilizadas.

Conforme ilustrado na Figura 28.3, para a realização do protocolo referente às SSC isoladas de animais transgênicos devem ser executados basicamente quatro passos:

1) Escolha dos animais doadores e receptores.
2) Obtenção das SSC do doador geneticamente modificado:
    2.1) Os testículos doadores são assepticamente coletados e lavados em solução salina balanceada de Hank (HBSS) contendo 0,1% (v/v) de penicilina/estreptomicina (10.000 UI/10mg/mL), procedendo-se à remoção da túnica albugínea.
    2.2) Preparação de solução de colagenase (Tipo IA) em meio de cultura de Dulbecco modificado por Eagle/meio HAM F-12 1:1 (DMEM/F12) na concentração 2 mg/mL, na qual os túbulos seminíferos são imersos e incubados sob leve agitação por 30 minutos, adicionando-se 20 µg/mL de DNAse I para diminuir a viscosidade do meio e facilitar a dispersão das células.
    2.3) Centrifugação da suspensão por 5 minutos a 100 g. O sobrenadante é descartado, e o *pellet*, ressuspendido em solução de tripsina e ácido etilenodiamino tetracético (*ethylene diamine tetraacetic acid* – EDTA) a 0,25%. Após 30 minutos sob leve agitação, a ação da tripsina é interrompida pela adição de 10% (v/v) de soro fetal bovino (SFB). A DNase I (20 µg/mL) é novamente adicionada à suspensão celular, facilitando assim o processo de filtragem de tal suspensão, feita em filtro (Sigma) com poros de aproximadamente 60 µm.
    2.4) O filtrado assim obtido é novamente centrifugado por 10 minutos a 100 g e ressuspendido em DMEM/F12 suplementado com 0,75% (p/v) de albumina do soro bovino (*bovine serum albumin* – BSA).
    2.5) As SSC podem ser enriquecidas através de centrifugação em gradiente de Percoll. Assim, a partir da solução de Percoll 100%,

utilizando-se DMEM/F12-BSA, diferentes concentrações são preparadas para a montagem do gradiente a ser utilizado. Finalmente, a suspensão de células é depositada no topo da coluna de gradiente de Percoll, e centrifugada. Das bandas celulares formadas após a centrifugação, aquelas apresentando maior concentração de espermatogônias são selecionadas.

2.6) As células selecionadas são colocadas em meio DMEM/F12 suplementado (10% de SFB) e cultivadas por 12 horas. Durante esse período, as eventuais células somáticas vão se aderir à placa de cultura, enquanto as células germinativas permanecem suspensas no sobrenadante, ou mesmo fracamente aderidas às células somáticas.

2.7) Após esse período, o sobrenadante contendo as células livres é coletado e as espermatogônias aderidas às células somáticas são desprendidas utilizando-se solução de Tripsina-EDTA 0,25% em solução salina tamponada com fosfato (*phosphate buffered saline* – PBS) de Dulbecco sem cálcio e magnésio (DPBS), na diluição de 1:10. As espermatogônias selecionadas são ressuspendidas em DMEM/F12-BSA (0,75%) e mantidas no gelo até serem transplantadas.

3) Transplante das SSC geneticamente modificadas para os testículos dos animais receptores sem espermatogênese endógena:

3.1) No momento do transplante, é adicionado à suspensão celular volume igual de solução de azul de tripan a 0,4% em PBS, de modo que a suspensão a ser injetada se torna visível.

3.2) Os animais receptores são anestesiados, ambos os testículos são expostos e a túnica albugínea próxima à rede testicular é levemente seccionada. Com auxílio de microscópio estereoscópico, utilizando-se micropipeta de vidro (diâmetro externo de 50 μm), a suspensão celular pode ser microinjetada, através da rede testicular, nos dúctulos eferentes ou diretamente nos túbulos seminíferos dos testículos receptores*.

3.3) Após o transplante, o sucesso da microinjeção pode ser confirmado através da observação da visualização do azul de tripan nos túbulos seminíferos receptores.

4) Cruzamento entre machos receptores e fêmeas selvagens**.

---

* Para maiores detalhes deste passo a passo, ver trabalhos de Tang e colaboradores[183].
** Em caso de transplante interespecífico (xenogênico), procede-se à obtenção de espermatozoides do animal doador e à fertilização *in vitro* de ovócitos de fêmeas da mesma espécie do animal doador.

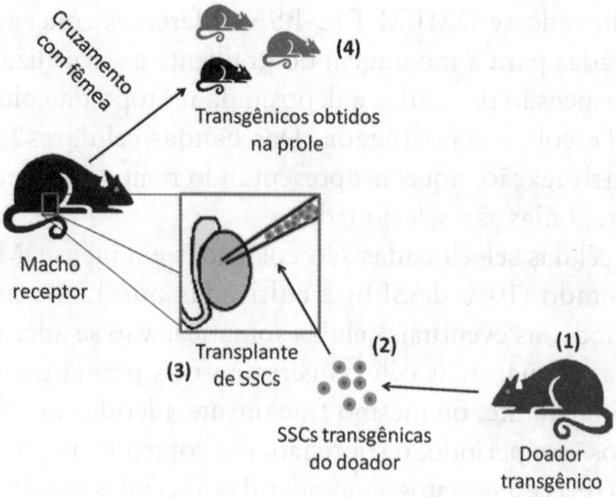

Figura 28.3 Transgenia a partir de doador com SSC geneticamente modificada. (1) Testículos de macho doador que porta um transgene em suas células germinativas são enzimaticamente digeridos para se obter a suspensão celular da qual as SSC são isoladas (2). (3) Estas células são posteriormente microinjetadas nos túbulos seminíferos de machos receptores sem espermatogênese endógena (inférteis). (4) Após o acasalamento dos machos receptores com fêmeas do tipo selvagem, indivíduos transgênicos, apresentando o haplótipo do doador, podem ser produzidos na progênie.

28.4.1.1 Estudos em roedores

Estudos desenvolvidos por Brinster e colaboradores[11,12], utilizando camundongos, foram os primeiros a demonstrar que o transplante de células germinativas modificadas poderia levar à produção de gametas transgênicos. Nesses estudos, foram utilizados espermatogônias de camundongos geneticamente modificados [ZFlacZ, TgN(cl771acZ)226Bri e TgN(cl77lacZ)227Bri] que continham em suas células o gene repórter *LacZ* codificando a enzima ß-galactosidase da bactéria *Escherichia coli*. Essas células transgênicas foram transplantadas para o testículo de camundongos *w/w* (inférteis) e para camundongos híbridos resultantes do cruzamento das linhagens C57BL/6 e SJL, que tiveram sua espermatogênese endógena previamente depletada por meio do quimioterápico busulfan. Como a enzima ß-galactosidase age sobre substrato incolor, conhecido como 5-bromo-4-cloro-3-indolil-β-galactopiranosídeo (X-Gal), que é convertido em corante azul, foi possível avaliar o sucesso do transplante espermatogonial em camundongos. Assim, com tal abordagem, espermátides e espermatozoides corados em azul no testículo do animal receptor foram identificados, permitindo inclusive a

geração de prole com característica genética do animal doador (contendo o gene repórter *LacZ*). Posteriormente, outros dois estudos do mesmo grupo de pesquisa foram desenvolvidos, utilizando-se também camundongos contendo o gene repórter *LacZ*. Nesses estudos, foram avaliadas tanto a determinação da melhor via para o transplante (túbulos seminíferos, *rete testis* e dúctulos eferentes[184]) quanto o número ideal de células germinativas a serem transplantadas para se aumentar a eficiência do transplante[185].

Como o transplante intraespecífico (singênico) de espermatogônias havia sido realizado com sucesso em camundongos, Clouthier e colaboradores[186] investigaram se o testículo de camundongo era capaz de propiciar o desenvolvimento da espermatogênese de ratos e gerar espermatozoides. Nessas investigações, ratos transgênicos MT-LacZ foram usados como doadores de espermatogônias, enquanto camundongos híbridos F1 (C57BL/6 x SJLF) imunodeficientes foram utilizados como animais receptores. Após o transplante das células germinativas, os testículos foram incubados em solução de X-gal para a coloração e visualização de células doadoras expressando β-galactosidase, ficando demonstrada a progressão completa da espermatogênese de rato nos testículos de camundongos, bem como a formação espermatozoides com morfologia normal. Mais recentemente, foi mostrado que esses gametas eram férteis[187].

A partir da demonstração de que o ambiente testicular de camundongos era capaz de propiciar o desenvolvimento da espermatogênese de ratos[188,189], foi investigado se o procedimento inverso seria viável. Dessa forma, células germinativas de camundongos ZFlacZ contendo o gene repórter *LacZ* foram transplantadas em ratos previamente tratados com busulfan, enquanto ratos Sprague-Dawley MTlacZ que carreavam o gene repórter *LacZ* foram utilizados como doadores controle[190]. Após o transplante da suspensão de células germinativas via túbulos seminíferos, o sucesso da técnica foi avaliado através de incubação dos testículos em solução de X-gal para a coloração e visualização de células doadoras carreando *lacZ*. Assim, ficou demonstrado, a partir do uso de animais transgênicos, que o testículo de ratos foi capaz de propiciar o desenvolvimento da espermatogênese de camundongos.

28.4.1.2 Estudos em animais de produção

Até o presente momento, com o objetivo de se desenvolver uma proteína específica de interesse, apenas um estudo envolvendo doador de células germinativas transgênicas foi realizado em animais domésticos. Nessa

investigação, SSC de caprino expressando a proteína humana antitripsina alfa 1 foram transplantadas no testículo de caprinos sexualmente imaturos[191]. Após esses caprinos terem atingido a puberdade, a presença de espermatozoides transgênicos foi detectada e o cruzamento destes com cabras selvagens resultou na produção de prole transgênica, capaz de expressar a antitripsina humana alfa 1.

28.4.1.3 Estudos em peixes

À semelhança de mamíferos, embora uma década mais tarde, a técnica de transplante de SSC ou de PGC em peixes tem sido realizada com sucesso em diversas espécies[19,192-195]. Existem descritas na literatura três metodologias para se realizar o transplante de células germinativas em peixes, nas quais o transplante é realizado utilizando-se como receptores o embrião, a larva e peixes adultos (para maiores detalhes ver Lacerda e colaboradores[66]). No entanto, os transplantes com resultados mais completos descritos até o presente momento, usando peixes doadores transgênicos, envolveram larvas recém-eclodidas como animais receptores, podendo ser citados estudos utilizando trutas vasa-GFP (do inglês, *green fluorescent protein*, proteína fluorescente verde). Nas investigações com trutas vasa-GFP transgênicas, pôde-se observar o sucesso do transplante intraespecífico utilizando-se células a fresco[192] e criopreservadas[24]. Trutas-GFP também foram utilizadas com sucesso em transplantes interespecíficos, tendo como espécie receptora salmão selvagem[193] e triploide[194]. O estudo envolvendo a truta-GFP teve ainda como finalidade investigar o sucesso do transplante intraespecífico, utilizando-se fêmeas e machos como receptores[196]. Nessa investigação, uma vez que as espermatogônias transplantadas foram capazes de se diferenciar tanto em espermatozoides quanto em ovócitos, alta plasticidade sexual das espermatogônias foi observada. Ainda, pelo fato das espermatogônias transgênicas de peixes resultarem na produção de prole 100% transgênica, esses resultados são revestidos de grande importância[196].

28.4.2 Passo a passo 2: transplante de espermatogônicas-tronco modificadas *in vitro*

Pelo fato de as SSC poderem ser geneticamente manipuladas *in vitro* após seu isolamento antes de serem transplantadas no testículo receptor,

conforme já abordado, essas células apresentam alto potencial para a geração de gametas e animais transgênicos. Seis importantes passos (Figura 28.4) são necessários para a execução do protocolo referente à modificação genética das SSC *in vitro*:

1) Escolha dos animais doador e receptor.
2) Obtenção (isolamento) das SSC do doador.
3) Obtenção da sequência gênica de interesse para a inserção no genoma das SSC.
4) Modificação genética das SSC, que pode ser realizada utilizando-se, por exemplo, vetor viral*.
5) Transplante das SSC modificadas para os testículos do animal receptor.
6) Cruzamento entre animal receptor e fêmea selvagem**.

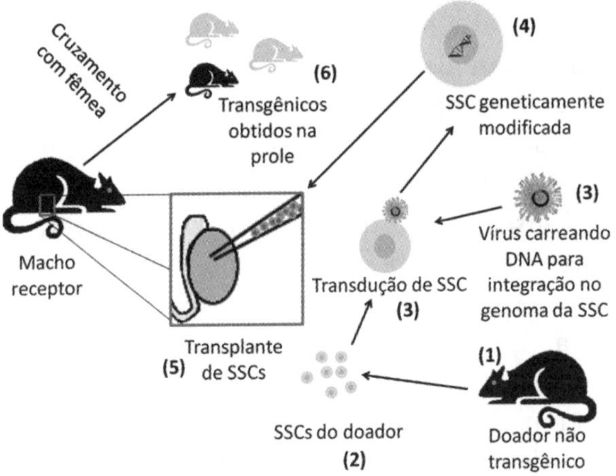

Figura 28.4 Transgenia por meio de SSC de doador não transgênico modificadas *in vitro*. (1) Testículos de machos doadores selvagens são enzimaticamente digeridos para se obter suspensão celular da qual as SSC são isoladas (2). Essas células são mantidas in vitro e submetidas a modificação genética (inserção ou deleção de sequências específicas), principalmente através do uso de vetores virais (3 e 4). Após seleção, as SSC geneticamente modificadas são microinjetadas nos túbulos seminíferos de machos receptores sem espermatogênese endógena (inférteis) (5). Mediante o acasalamento dos machos receptores com fêmeas do tipo selvagem, indivíduos transgênicos podem ser produzidos na progênie (6).

---

* Para maiores detalhes de passo a passo, ver trabalhos de Dann e colaboradores[197].
** Em caso de transplante inter-específico (xenogênico), procede-se a obtenção de espermatozoides do animal doador e a fertilização *in vitro* de ovócitos de fêmeas da mesma espécie do animal doador.

A introdução do DNA exógeno em SSC cultivadas por meio de métodos de transfecção convencionais tem-se mostrado um procedimento bastante complexo[18,197]. Apesar disso, vários estudos têm sido realizados com a finalidade de se utilizar vetores virais para a transdução gênica em SSC e, em alguns destes estudos, sucesso na produção de animais transgênicos tem sido observado. Nos tópicos listados a seguir, abordaremos os vetores virais mais utilizados até o presente momento.

28.4.2.1 Retrovírus

O primeiro relato de sucesso envolvendo a manipulação genética de SSC foi realizado através da transdução *in vitro* por retrovírus em células testiculares de camundongos imaturos ou criptorquídicos[198]. Nesse estudo, demonstrou-se que a entrega (*delivery*) gênica em SSC mediada por retrovírus resultou em integração estável e expressão do transgene *lacZ* em até 20% das células. Após o transplante das SSC transduzidas, aproximadamente 5% da progênie derivada dos machos receptores eram animais transgênicos, que foram capazes ainda de transmitir o transgene para as gerações subsequentes.

Em estudos posteriores, Orwig e colaboradores[33] relataram que SSC de ratos também eram suscetíveis à transdução por vetor retroviral, carreando o transgene repórter *lacZ*. Embora a produção de ratos transgênicos não tenha sido demonstrada, 0,5% das SSC originalmente cultivadas puderam ser transduzidas e, após o transplante xenogênico (rato para camundongo), foram capazes de gerar colônias de células espermatogênicas transgênicas nos testículos de camundongos.

A infecção e transdução espermatogonial utilizando vetor retroviral também foi demostrada em galos domésticos[199]. Células testiculares isoladas de galos adultos cultivadas por curto período foram expostas a partículas virais recombinantes carreando o gene *gfp*. Após o transplante nos testículos de galos receptores estéreis, as SSC transfectadas com retrovírus foram capazes de restaurar a espermatogênese exógena em cerca de dois meses, apresentando eficiência de colonização e desenvolvimento da espermatogênese semelhante àquela apresentada por SSC não transfectadas. Assim, a transdução do gene repórter que codifica a GFP foi detectada em espermatozoides presentes nos testículos de galos receptores, sugerindo que a aplicação dessas técnicas também pode ser útil no desenvolvimento de modelos de galináceos transgênicos[199].

Pelo fato de os retrovírus requererem divisão celular ativa para a inserção do DNA pró-viral no genoma da célula hospedeira, esses vetores podem apresentar restrições quanto à sua aplicação em SSC, particularmente quando se considera que em determinados sistemas de cultura *in vitro* essas células podem se dividir muito lentamente[125,200,201].

28.4.2.2 Lentivírus

O lentivírus pertence a uma subclasse de retrovírus que exibe a habilidade única de se replicar em células que não estejam em divisão[202,203]. Portanto, esse vírus exibe maior eficiência para transferência gênica, apresentando-se como potencial vetor para a modificação do genoma de células de divisão lenta tais como as SSC.

A viabilidade de vetores lentivirais em transduzir SSC de camundongos foi evidenciada inicialmente através da inserção do transgene repórter *lacZ* nessas células[204]. De modo semelhante, utilizando-se vetor lentiviral as SSC de ratos foram transduzidas *in vitro* com o transgene *egfp*, sendo posteriormente transplantadas nos testículos de ratos receptores que tiveram sua espermatogênese endógena depletada. O cruzamento desses ratos com fêmeas selvagens resultou em cerca de 5% a 30% de progênie transgênica carreando o *egfp* que, ao ser integrado de maneira estável e aleatoriamente ao genoma de F1, foi repassado à geração subsequente[32,205].

Ainda nessa vertente, a produção de ratos transgênicos através de transdução lentiviral associada ao transplante xenogênico de SSC foi demonstrada com sucesso[18]. Nesse estudo, considerando que o procedimento de transplante de espermatogônias nos testículos de ratos é menos eficiente do que em camundongos e que a preparação dos ratos receptores é também mais difícil[190], após serem transduzidas com o transgene *egfp* as SSC de ratos foram microinjetadas em testículos de camundongos imunodeficientes[18]. Assim, nesse ambiente imunologicamente deprimido, as SSC de ratos geraram espermatozoides EGFP-positivos, que foram utilizados para a produção de ratos transgênicos através de fertilização *in vitro*, empregando-se injeção intracitoplasmática. Portanto, o transgene desses animais foi transmitido de maneira estável à geração subsequente[18].

Recentemente, a técnica de modificação genética de SSC por vetores virais visando à produção de animais transgênicos foi estendida para outras espécies de mamíferos não roedores. Assim, Harkey e colaboradores[206] exploraram o potencial do transplante de SSC em cães como ferramenta para se

produzir importantes modelos transgênicos caninos para ensaios pré-clínicos de doenças genéticas humanas. Em tais estudos, com a finalidade de se testar a eficiência da transferência de genes por lentivírus, células testiculares isoladas de cães pré-púberes foram transduzidas *in vitro* com vetores lentivirais carreando os genes repórter *gfp* ou *mCherry*. Baseada na expressão da GFP, a eficiência de transdução encontrada nas células germinativas foi de aproximadamente 9%. No entanto, embora a produção de cães transgênicos não tenha sido demonstrada, quatro meses após o transplante as SSC geneticamente modificadas foram capazes de se desenvolver e gerar espermatozoides transgênicos GFP-positivos, nos testículos de dois dos seis cães receptores[206].

Devido às suas semelhanças com os seres humanos, tanto nos aspectos fisiológicos quanto patológicos, os suínos representam importantes modelos experimentais de animais de grande porte que comumente são utilizados em processos de transgenia[207]. Entretanto, a produção de suínos transgênicos através de transferência nuclear de célula somática é ainda ineficaz, demorada e de alto custo econômico[208,209]. Nesse contexto, e visando contrapor essas dificuldades na produção de suínos transgênicos, a modificação genética e o transplante de SSC de suínos foram relatados recentemente[210]. Assim, com a finalidade de se produzir gametas transgênicos através do transplante de células germinativas, esses estudos investigaram a aplicação de vetores lentivirais na entrega do transgene *egfp* às SSC de suíno, e foi observado que as células germinativas de suínos foram transduzidas *in vitro* de maneira eficaz, resultando, após o transplante, na produção de espermatozoides transgênicos GFP-positivos nos testículos de dois dos cinco animais receptores. Além disso, através da fertilização *in vitro* de ovócitos (FIV) de fêmeas selvagens dessa espécie, utilizando o sêmen desses dois animais receptores, foi observado que 8% a 26% dos embriões de suínos produzidos pela FIV carreavam o transgene *egfp*. Portanto, esse estudo pioneiro permitiu evidenciar que também em animais de grande porte a transdução de SSC mediada por lentivírus é capaz de resultar na transmissão do transgene.

28.4.2.3 Vírus adeno-associado

Nos últimos cinco anos, o grupo de pesquisa canadense liderado pela pesquisadora Ina Dobrisnki[210,211] tem investigado a eficiência da exposição de células germinativas de mamíferos ao vírus adeno-associado (AAV), que é um vetor de terapia gênica. Nessas investigações, as principais questões a

serem respondidas diziam respeito à estabilidade da transdução com vetor AAV e à ocorrência da transmissão de transgene para a progênie.

Inicialmente, pelo fato de o transplante de células germinativas já estar bem estabelecido em camundongos, foi esta a espécie utilizada como modelo para se investigar a viabilidade da transdução de SSC mediada por AAV, bem como a ocorrência da transmissão estável do transgene após o transplante das células geneticamente modificadas[211]. Assim, nesse estudo foram testadas a transfecção *in situ*, na qual vetores AVV foram microinjetados no interior dos túbulos seminíferos, e a transfecção *in vitro* de SSC, que foi seguida do transplante de células germinativas. Os resultados encontrados mostraram que a introdução direta do vetor viral nos túbulos seminíferos de camundongos não levou à transdução eficiente de células germinativas, sendo o vetor observado quase exclusivamente em células de Sertoli, que carreavam assim o transgene *egfp*[211]. Por outro lado, na transfecção *in vitro* seguida do transplante de SSC foi possível observar extensa colonização por células germinativas que expressavam a proteína verde fluorescente melhorada (*enhanced green fluorescent protein* – EGFP) nos testículos receptores. Vários meses após o transplante, o acasalamento de camundongos machos receptores com fêmeas selvagens resultou em 10% (26 em 260) de filhotes portando o transgene *egfp*, o que foi comprovado através da genotipagem por reação em cadeia da polimerase (*polymerase chain reaction* – PCR)[211].

Em outros estudos, com a finalidade de se verificar a possibilidade de produção eficiente de proteínas biofarmacêuticas recombinantes no leite de animais transgênicos, Honaramooz e colaboradores[211] utilizaram células germinativas isoladas de caprinos pré-púberes e as expuseram a vetores AAV carreando o gene repórter *egfp*. Essas células foram transplantadas para o testículo de caprinos pré-púberes que tiveram a espermatogênese endógena suprimida por irradiação testicular. Após atingirem a maturidade sexual, o sêmen de três caprinos transplantados foi coletado e analisado por PCR para se detectar a presença do transgene nos gametas. Assim, observou-se que espermatozoides carreando o transgene *gfp* foram detectados em 37% dos ejaculados recolhidos ao longo de um período de dezoito meses. O sêmen desses caprinos foi utilizado para a fertilização *in vitro* de ovócitos de cabras selvagens, e a transmissão do transgene foi monitorizada pela análise de PCR dos embriões gerados. Aproximadamente 10% dos embriões produzidos carreavam o transgene *gfp*[211].

Com a finalidade de se maximizar a produção de suínos transgênicos, Zeng e colaboradores[210] avaliaram a possibilidade de transfecção das células germinativas de suínos *in vitro* empregando o AAV como vetor viral. Nesse

estudo, foi demonstrado que o uso de AAV em células germinativas resultou em modificação genética das SSC e que estas foram capazes de colonizar o testículo de dezessete suínos receptores. A coleta de sêmen foi feita de cinco a sete meses após o transplante, quando os suínos receptores já estavam sexualmente maduros. Após as coletas, o DNA genômico dos espermatozoides foi extraído e analisado por PCR para a detecção do gene repórter *egfp*. A presença de espermatozoides transgênicos foi detectada em dez suínos receptores e aproximadamente 30% dos ejaculados apresentavam espermatozoides carreando o transgene *egfp*. O sêmen coletado de dois animais receptores foi utilizado para a fertilização *in vitro* de ovócitos de fêmeas suínas selvagens, e o transgene foi observado em aproximadamente 17% dos embriões produzidos. Dessa forma, foi assim observado que a transdução de SSC mediada por AAV é capaz de resultar na transmissão do transgene de maneira eficiente, tanto em animais de laboratório quanto em animais domésticos.

28.4.2.4 Nucleofecção

Apesar de diversos estudos terem demonstrado que vetores virais são adequados para a transdução das SSC, cuidados com a biossegurança têm motivado pesquisas envolvendo o desenvolvimento de métodos alternativos (não virais) de entrega do gene. Nesse cenário, foi desenvolvida a nucleofecção, um método de transfecção espermatogonial à base de eletroporação que utiliza combinação de pulsos elétricos e reagentes que facilitam a entrega do transgene. Ficou constatado que, a partir da utilização dessa metodologia, é possível entregar, com alta eficiência, grandes fragmentos de DNA diretamente no núcleo das células que apresentam baixo índice mitótico[212-214].

Em recente estudo desenvolvido por Zeng e colaboradores[215], essa metodologia foi utilizada para se introduzir transgene humano em suspensão celular de caprinos enriquecida com espermatogônias (UCH-L1-positivas). Pelo fato da produção de determinadas proteínas no leite de cabras transgênicas ter grande impacto comercial, o gene de interesse foi o hormônio de crescimento humano (hGH) associado ao gene repórter *gfp*. Após a nucleofecção, as células transfectadas foram transplantadas para o testículo de caprinos receptores e, nove meses após o transplante, ejaculados dos animais receptores foram coletados para avaliação do DNA genômico dos espermatozoides, através da técnica de PCR. Os resultados encontrados mostraram que o construto contendo o transgene hGH estava presente em aproximadamente 30% dos ejaculados. No entanto, apesar dos espermatozoides não

terem sido utilizados para a fertilização *in vitro*, pelo fato de ter se mantido íntegro ao longo da espermatogênese, aparentemente o transgene foi integrado ao DNA do caprino de maneira estável.

28.5 CONCLUSÕES

Embora até o presente momento a produção de animais transgênicos tenha utilizado principalmente as ES, para a maioria das espécies (mamíferos não roedores) essa tecnologia não está disponível ou é até mesmo pouco eficiente. Diante dessas limitações, as SSC têm se apresentado como interessante alternativa para a transgenia, particularmente pelo fato de a manipulação genética prévia ou *in vitro* de uma única SSC, seguida do transplante, propiciar a obtenção de número bastante elevado de gametas que carreiam o genoma modificado para as gerações subsequentes. Os métodos usualmente utilizados para modificar as SSC *in vitro* são baseados em vetores virais, com destaque para os lentivírus, que são capazes de transduzir com maior eficiência células que apresentam divisão lenta, a exemplo das SSC. No entanto, por questões de biossegurança, a nucleofecção surgiu como método alternativo (não viral), permitindo entregar, com alta eficiência, grandes fragmentos de DNA diretamente no núcleo das SSC. Em síntese, embora outras biotecnologias estejam disponíveis, em associação com a técnica de transplante de células germinativas, a utilização de SSC geneticamente modificadas representa uma abordagem com excelente potencial para a produção de animais transgênicos, particularmente quando são consideradas outras espécies de vertebrados que não mamíferos roedores.

28.6 PERSPECTIVAS FUTURAS

Pelo fato de a eficiência atual de transfecção das SSC não ser muito alta, a busca por metodologias que otimizem a transfecção celular constitui uma importante barreira a ser ainda superada. Portanto, outras metodologias mais eficientes de transfecção de SSC são necessárias e, dentre aquelas potencialmente relevantes, pode ser citada a nanobiotecnologia, que já se encontra disponível.

O xenoenxerto de suspensões de células testiculares contendo SSC previamente modificadas se apresenta como técnica alternativa com alto potencial para a produção de animais transgênicos. Essa importante biotecnologia,

que foi desenvolvida em 2007 por Honaramooz e colaboradores[216], consiste na obtenção de suspensões de células testiculares que são enxertadas (transplantadas) na região subcutânea do dorso de camundongos imunodeficientes, onde a formação *de novo* do testículo é observada, com a produção de espermatozoides férteis de várias espécies já investigadas[217,218].

Numa outra vertente, embora não totalmente inserida no escopo do presente capítulo, vale a pena mencionar que a transdiferenciação das SSC através de engenharia tecidual se apresenta como uma abordagem em potencial para a produção de tecidos ou órgãos transgênicos[219,220], os quais, por exemplo, podem ser transplantados para indivíduos imunologicamente compatíveis.

Conforme mencionado ao longo do presente capítulo, existem diversas possibilidades para se produzir animais transgênicos a partir da modificação das SSC. Certamente, a utilização das tecnologias desenvolvidas com essas metodologias trará inúmeros benefícios para a sociedade moderna, como, por exemplo, a geração de animais apresentando maior resistência a doenças, maior ganho de peso ou mesmo daqueles que minoram a poluição ambiental decorrente dos sistemas de criação, possibilitando, assim, a produção de alimentos ecologicamente sustentáveis.

REFERÊNCIAS

1. Cinalli RM; Rangan P; Lehmann R. Germ cells are forever. Cell. 2008;132:559-62.
2. de Rooij DG; Russell LD. All you wanted to know about spermatogonia but were afraid to ask. J Androl. 2000;21:776-98.
3. Conrad S; Renninger M; Hennenlotter J; et al. Generation of pluripotent stem cells from adult human testis. Nature. 2008;456:344-349.
4. Oatley JM; Brinster RL. The germline stem cell niche unit in mammalian testes. Physiol Rev. 2012;92:577-595.
5. Thoma EC; Maurus K; Wagner TU; Schartl M. Parallel differentiation of embryonic stem cells into different cell types by a single gene-based differentiation system. Cell Reprogram. 2012;14:106-111.
6. Van der Kooy D; Weiss S. Why stem cells? Science. 2000;287:1439-41.
7. Spradling A; Drummond-Barbosa D; Kai T. Stem cells find their niche. Nature. 2001;414:98-104.
8. Chiarini-Garcia H; Raymer AM; Russell LD. Non-random distribution of spermatogonia in rats: evidence of niches in the seminiferous tubules. Reproduction. 2003;126:669-680.
9. Phillips BT; Gassei K; Orwig KE. Spermatogonial stem cell regulation and spermatogenesis. Philos Trans R Soc Lond B Biol Sci. 2010;365: 1663-1678.
10. Nagano MC; Yeh JR. The identity and fate decision control of spermatogonial stem cells: where is the point of no return? Curr Top Dev Biol. 2013;102:61-95.
11. Brinster RL; Avarbock MR. Germline transmission of donor haplotype following spermatogonial transplantation. Proc Natl Acad Sci USA. 1994;91:11303-11307.
12. Brinster RL; Zimmermann JW. Spermatogenesis following male germ-cell transplantation. Proc Natl Acad Sci USA. 1994;91:11298-11302.
13. McLean DJ. Spermatogonial stem cell transplantation and testicular function. Cell Tissue Res. 2005;322:21-31.
14. Orwig KE; Schlatt S. Cryopreservation and transplantation of spermatogonia and testicular tissue for preservation of male fertility. J Natl Cancer Inst Monogr. 2005;34:51-56.
15. Hill JR; Dobrinski I. Male germ cell transplantation in livestock. Reprod Fertil Dev. 2006;18:13-18.
16. Dobrinski I. Advances and applications of germ cell transplantation. Hum Fertil (Camb). 2006;9:9-14.
17. Dobrinski I: Male germ cell transplantation. Reprod Domest Anim. 2008; 2:288-294.
18. Kanatsu-Shinohara M; Takehashi M; Shinohara T. Brief history, pitfalls, and prospects of mammalian spermatogonial stem cell research. Cold Spring Harb Symp Quant Biol. 2008;73:17-23.

19. Lacerda SMSN; Aponte PM; Campos-JR PHA; et al. An overview on spermatogonial stem cell physiology, niche and transplantation. Animal Reproduction. 2012;9:25-32.

20. McColl D, Valencia CA, Vierula PJ. Characterization and expression of the Neurospora crassa nmt-1 gene. Curr Genet. 2003;44:216-223.

21. FELASA. FELASA recommendations on the education and training of persons working with laboratory animals: categories A and C. Reports of the Federation of European Laboratory Animal Science Associations Working Group on Education accepted by the FELASA Board of Management. Lab Anim. 1995;29:121-131.

22. Jaenisch R. Infection of mouse blastocysts with SV40 DNA: normal development of the infected embryos and persistence of SV40-specific DNA sequences in the adult animals. Cold Spring Harb Symp Quant Biol. 1975;1:375-380.

23. Chan AW; Homan EJ; Ballou LU; Burns JC; Bremel RD. Transgenic cattle produced by reverse-transcribed gene transfer in oocytes. Proc Natl Acad Sci USA. 1998;95:14028-14033.

24. Kobayashi T; Takeuchi Y; Takeuchi T; Yoshizaki G. Generation of viable fish from cryopreserved primordial germ cells. Mol Reprod Dev. 2007;74:207-213.

25. Farlora R; Kobayashi S; França LR; Batlouni SR; Lacerda SMSN; Yoshizaki G. Expression of GFP in transgenic tilapia under the control of the medaka β-actin promoter: establishment of a model system for germ cell transplantation. Animal Reproduction. 2009;3:450-459.

26. Robertson E; Bradley A; Kuehn M; Evans M. Germ-line transmission of genes introduced into cultured pluripotential cells by retroviral vector. Nature. 1986;323:445-448.

27. Maione B; Lavitrano M; Spadafora C; Kiessling AA. Sperm-mediated gene transfer in mice. Mol Reprod Dev. 1998;50:406-409.

28. Müller F; Ivics Z; Erdélyi F; Papp T; Váradi L; Horváth L; Maclean N; Orbán L. Introducing foreign genes into fish eggs with electroporated sperm as a carrier. Mol Mar Biol Biotechnol. 1992;1:276-281.

29. Thomas KR; Capecchi MR. Site-directed mutagenesis by gene targeting in mouse embryo-derived stem cells. Cell. 1987;51:503-512.

30. Capecchi MR. Altering the genome by homologous recombination. Science. 1989;244:1288-1292.

31. Saito S; Sawai K; Ugai H; et al. Generation of cloned calves and transgenic chimeric embryos from bovine embryonic stem-like cells. Biochem Biophys Res Commun. 2003;309:104-113.

32. Hamra FK; Gatlin J; Chapman KM; et al. Production of transgenic rats by lentiviral transduction of male germ-line stem cells. Proc Natl Acad Sci USA. 2002;99:14931-14936.

33. Orwig KE; Avarbock MR; Brinster RL. Retrovirus-mediated modification of male germline stem cells in rats. Biol Reprod. 2002;67:874-879.

34. Sehgal L; Thorat R; Khapare N; et al. Lentiviral mediated transgenesis by in vivo manipulation of spermatogonial stem cells. PLoS One. 2011;6:e21975.

35. Kim BJ; Kim KJ; Kim YH; et al. Efficient enhancement of lentiviral transduction efficiency in murine spermatogonial stem cells. Mol Cells. 2012;33:449-455.

36. Russell LD; Sinha-Hikim AP; Ghosh S; Bartke A. Structure-function relationships in somatic cells of the testis and accessory reproductive glands. In: Bartke A, editor. Function of somatic cells in the testis. New York: Springer-Verlag; 1994. p.55-84.

37. Griswold MD. Interactions between germ cells and Sertoli cells in the testis. Biology of Reproduction. 1995;52:211-216.

38. Schlatt S; Meinhardt A; Nieschlag E. Paracrine regulation of cellular interactions in the testis: factors in search of a function. Eur J Endocrinol. 1997;137:107-117.

39. Franca LR; Russell LD. The testis of domestic animals. In: Martinez F; Regadera J, editors. Male Reproduction. A Multidisciplinary Overview. Madrid: Churchill Livingstone; 1998. p.197-219.

40. Skinner MK. Sertoli cell-somatic cell interactions. In: Skinner MK, Griswold MD, editors. Sertoli cell biology. San Diego: Elsevier Academic Press; 2005. p.317-328.

41. Hess RA; França LR. Spermatogenesis and cycle of the seminiferous epithelium. In: Cheng CY, editor. Molecular Mechanisms in Spermatogenesis. Austen: Landes Bioscience; 2007. p.1-15.

42. Capel B. The battle of the sexes. Mech Dev. 2000;92:89-103.

43. Combes AN; Wilhelm D; Davidson T; et al. Endothelial cell migration directs testis cord formation. Dev Biol. 2009;326:112-120.

44. Pelliniemi LJ; Kfrojdman K; Paranko J. Embryological and prenatal development and function of Sertoli cells. In: Russell LD, Griswold MD, editors. The Sertoli Cell. Clearwater: Cache River Press; 1993. p.87-113

45. Russell LD. Morphological and functional evidence for Sertoli-germ cell relationships. In: Russell LD; Griswold MD, editors. The Sertoli Cell. Clearwater: Cache River Press; 1993. p.365-390.

46. Welsh M; Saunders PT; Atanassova N; et al. Androgen action via testicular peritubular myoid cells is essential for male fertility. FASEB J. 2009;23:4218-4230.

47. Zirkin BR; Awoniyi C; Griswold MD; et al. Is FSH required for adult spermatogenesis? J Androl. 1994,15:273-276.

48. O'Shaughnessy PJ. Hormonal control of germ cell development and spermatogenesis. Semin Cell Dev Biol. 2014;2:S1084-9521(14)00022-6.

49. Russell LD; França LR; Brinster RL. Ultrastructural observations of spermatogenesis in mice resulting from transplantation of mouse spermatogonia. J Androl. 1996;17:603-614.

50. Bardin CW. Androgens: early attempts to evaluate Leydig cell function in man. In: Payne AH; Hardy MP; Russell LD, editors. The Leydig cell. Viena: Cache River Press; 1996. p.31-42.

51. Suárez-Quian CA; Oke BO; Musto N. Localization of the androgen receptor in the rodent testis. In: Martínez-García F; Regadera J, editors. Male reproduction; a multidisciplinary overview. Madrid: Churchill Communications Europe España; 1998. p.114-124.

52. de Gendt K; Swinnen JV; Saunders PT; et al. A Sertoli cell-selective knockout of the androgen receptor causes spermatogenic arrest in meiosis. Proc Natl Acad Sci USA. 2004;101:1327-1332.

53. Pelliniemi LJ; Kuopio T; Fröjdman K. The cell biology and function of the fetal Leydig cell. In: Payne AH; Hardy MP; Russell LD, editors. The Leydig cell. Viena: Cache River Press; 1996. p.143-157.

54. Wu X; Wan S; Lee MM. Key factors in the regulation of fetal and postnatal Leydig cell development. J Cell Physiol. 2007;213:429-433.

55. Sharpe R. Regulation of spermatogenesis. In: Knobil E; Neill J, editors. The Physiology of Reproduction. Vol. 2. New York: Raven Press; 1994. p.1363-1434.

56. Fan X; Robaire B. Orchidectomy induces a wave of apopotic cell death in the epididymis. Endocrinology. 1998;139:2128-2136.

57. Goyal HO; Williams CS; Khalil MK, et al. Postnatal differentiation of ductus deferents, tail of the epididymis, and distal body of epididymis in goats occurs independently of rete testis fluid. Anat Rec. 1999;254:508-520.

58. Dym M. Basement membrane regulation of Sertoli cells. Endocr Rev. 1994;15:102-115.

59. Richardson LL; Kleinman HK; Dym M. Basement membrane gene expression by Sertoli and peritubular myoid cells in vitro in the rat. Biol Reprod. 1995;52:320-330.

60. Matsui Y; Mochizuki K. A current view of the epigenome in mouse primordial germ cells. Mol Reprod Dev. 2014;81:160-170.

61. Molyneaux K, Wylie C. Primordial germ cell migration. Int J Dev Biol. 2004;48:537-544.

62. Raz E; Hopkins N. Primordial germ-cell development in zebrafish. Results Probl Cell Differ. 2002;40:166-179.

63. Culty M. Gonocytes, the forgotten cells of the germ cell lineage. Birth Defects Res C Embryo Today. 2009;87:1-26.

64. De Felici M. Primordial germ cell biology at the beginning of the XXI century. Int J Dev Biol. 2009;53:891-894.

65. White-Cooper H; Bausek N. Evolution and spermatogenesis. Philos Trans R Soc Lond B Biol Sci. 2010;365:1465-1480.

66. Lacerda SM; Costa GM; Campos-Junior PH, et al. Germ cell transplantation as a potential biotechnological approach to fish reproduction. Fish Physiol Biochem. 2013;39:3-11.
67. Russell LD; Ettlin RA; Sinha-Hikim AP; Clegg ED. Histological and histopathological evaluation of the testis. Clearwater: Cache River Press; 1990.
68. Schulz RW; De França LR; Lareyre JJ; et al. Spermatogenesis in fish. Gen Comp Endocrinol. 2010;165:390-411.
69. Brinster RL. Germline stem cell transplantation and transgenesis. Science. 2002;296:2174-2176.
70. Singh SR; Burnicka-Turek O; Chauhan C; Hou SX. Spermatogonial stem cells, infertility, and testicular cancer. J Cell Mol Med. 2011;15:468-483.
71. Nagano MC. Homing efficiency and proliferation kinetics of male germ line stem cells following transplantation in mice. Biol Reprod. 2003;69:701-707.
72. Meistrich ML; van Beek MEAB. Spermatogonial stem cells. In: C Desjardins and LL Ewing LL, editors. Cell and Molecular Biology of the Testis. New York: Oxford University Press New York; 1993. p.266-295.
73. Tegelenbosch RA; de Rooij DG. A quantitative study of spermatogonial multiplication and stem cell renewal in the C3H/101 F1 hybrid mouse. Mutat Res. 1993;290:193-200.
74. Campos-Junior PH; Costa GM; Lacerda SM; et al. The spermatogonial stem cell niche in the collared peccary (Tayassu tajacu). Biol Reprod. 2012;155:1-10.
75. Kolasa A; Misiakiewicz K; Marchlewicz M; Wiszniewska B. The generation of spermatogonial stem cells and spermatogonia in mammals. Reprod Biol. 2012;12:5-23.
76. Costa GM; Avelar GF; Rezende-Neto JV; et al. Spermatogonial stem cell markers and niche in equids. PLoS One. 2012;7:e44091.
77. Mucksová J; Kalina J; Bakst M; et al. Expression of the chicken GDNF family receptor α-1 as a marker of spermatogonial stem cells. Anim Reprod Sci. 2013;142:75-83.
78. Lam DM; Furrer R; Bruce WR. The separation, physical characterization, and differentiation kinetics of spermatogonial cells of the mouse. Proc Natl Acad Sci USA. 1970;65:192-199.
79. Go VL; Vernon RG; Fritz IB. Studies on spermatogenesis in rats. I. Application of the sedimentation velocity technique to an investigation of spermatogenesis. Can J Biochem. 1971;49:753-760.
81. Romrell LJ; Bellvé AR; Fawcett DW. Separation of mouse spermatogenic cells by sedimentation velocity. A morphological characterization. Dev Biol. 1976;49:119-131.
82. Bellvé AR; Millette CF; Bhatnagar YM; O'Brien DA. Dissociation of the mouse testis and characterization of isolated spermatogenic cells. J Histochem Cytochem. 1977;25:480-494.
83. Shinohara T; Avarbock MR; Brinster RL. Functional analysis of spermatogonial stem cells in Steel and cryptorchid infertile mouse models. Dev Biol. 2000;220:401-411.

84. Shinohara T; Brinster RL. Enrichment and transplantation of spermatogonial stem cells. Int J Androl. 2000;2:89-91.
85. Honaramooz A; Megee SO; Dobrinski I. Germ cell transplantation in pigs. Biol Reprod. 2002;66:21-28.
86. McLean DJ; Russell LD; Griswold MD. Biological activity and enrichment of spermatogonial stem cells in vitamin A-deficient and hyperthermia-exposed testes from mice based on colonization following germ cell transplantation. Biol Reprod. 2002;66: 1374-1379.
87. Ogawa T; Dobrinski I; Avarbock MR; Brinster RL. Transplantation of male germ line stem cells restores fertility in infertile mice. Nat Med. 2000;6:29-34.
88. Yoshinaga K; Nishikawa S; Ogawa M; et al. Role of c-kit in mouse spermatogenesis: identification of spermatogonia as a specific site of c-kit expression and function. Development. 1991;113:689-699.
89. Dym M; Jia MC; Dirami G; et al. Expression of c-kit receptor and its autophosphorylation in immature rat type A spermatogonia. Biol Reprod. 1995;52:8-19.
90. Shinohara T; Avarbock MR; Brinster RL. beta1- and alpha6-integrin are surface markers on mouse spermatogonial stem cells. Proc Natl Acad Sci USA. 1999;96:5504-5509.
91. Kubota H; Avarbock MR; Brinster RL. Spermatogonial stem cells share some, but not all, phenotypic and functional characteristics with other stem cells. Proc Natl Acad Sci USA. 2003;100:6487-6492.
92. Dobrinski I. Germ cell transplantation. Semin Reprod Med. 2005;23:257-265.
93. Khaira H; McLean D; Ohl DA; Smith GD. Spermatogonial stem cell isolation, storage, and transplantation. J Androl. 2005;26:442-450.
94. Hofmann MC; Braydich-Stolle L; Dym M. Isolation of male germ-line stem cells; influence of GDNF. Dev Biol. 2005;279:114-124.
95. Seandel M; James D; Shmelkov SV; et al. Generation of functional multipotent adult stem cells from GPR125+ germline progenitors. Nature. 2007;449:346-350.
96. Oatley JM; Oatley MJ; Avarbock MR; et al. Colony stimulating factor 1 is an extrinsic stimulator of mouse spermatogonial stem cell self-renewal. Development. 2009;136:1191-1199.
97. Zhang Y; Su H; Luo F; et al. E-cadherin can be expressed by a small population of rat undifferentiated spermatogonia in vivo and in vitro. In Vitro Cell Dev Biol Anim. 2011;47:593-600.
98. Zheng YB; Li Y; Zhen YS. Isolation and culture of mouse spermatogonial stem cells and determination of the related markers. Zhongguo Yi Xue Ke Xue Yuan Xue Bao. 2013;35:243-248.
99. Ryu BY; Orwig KE; Kubota H; et al. Phenotypic and functional characteristics of spermatogonial stem cells in rats. Dev Biol. 2004;274:158-170.

100. Kim YH; Kim BJ; Kim BG; et al. Stage-specific embryonic antigen-1 expression by undifferentiated spermatogonia in the prepubertal boar testis. J Anim Sci. 2013;91:3143-3154.
101. Yang L; Wu W; Qi H. Gene expression profiling revealed specific spermatogonial stem cell genes in mouse. Genesis. 2013;51:83-96.
102. Von Schönfeldt V; Krishnamurthy H; Foppiani L; Schlatt S. Magnetic cell sorting is a fast and effective method of enriching viable spermatogonia from Djungarian hamster, mouse, and marmoset monkey testes. Biol Reprod. 1999;61:582-589.
103. Gassei K; Ehmcke J; Schlatt S. Efficient enrichment of undifferentiated GFR alpha 1+ spermatogonia from immature rat testis by magnetic activated cell sorting. Cell Tissue Res. 2009;337:177-183.
104. Gholami M; Saki G; Hemadi M; et al. Melatonin effect on expression apoptotic genes in vitrified-thawed 6-old-days mouse spermatogonial stem cells type A. Iran J Basic Med Sci. 2013;16:906-909.
105. Abbasi H; Tahmoorespur M; Hosseini SM; et al. THY1 as a reliable marker for enrichment of undifferentiated spermatogonia in the goat. Theriogenology. 2013;80:923-932.
106. Wu J; Song W; Zhu H; et al: Enrichment and characterization of Thy1-positive male germline stem cells (mGSCs) from dairy goat (Capra hircus) testis using magnetic microbeads. Theriogenology. 2013;80:1052-1060.
107. Izadyar F, Spierenberg GT, Creemers LB, et al. Isolation and purification of type A spermatogonia from the bovine testis. Reproduction. 2002;124:85-94.
108. He Z; Kokkinaki M; Jiang J; et al. Isolation of human male germ-line stem cells using enzymatic digestion and magnetic-activated cell sorting. Methods Mol Biol. 2012;825:45-57.
109. Hermann BP; Sukhwani M; Simorangkir DR; et al. Molecular dissection of the male germ cell lineage identifies putative spermatogonial stem cells in rhesus macaques. Hum Reprod. 2009;24:1704-1016.
110. Lacerda SMSN; Batlouni SR; Silva SBG; et al. Germ cells transplantation in fish: the Nile-tilapia model. Animal Reproduction. 2006;3:146-159.
111. Morena AR; Boitani C; Pesce M; et al. Isolation of highly purified type A spermatogonia from prepubertal rat testis. Journal of Andrology. 1996; 17(6):708-717.
112. Herrid M; Davey RJ; Hutton K; et al. A comparison of methods for preparing enriched populations of bovine spermatogonia. Reprod Fertil Dev. 2009;21:393.
113. De Barros FR; Worst RA; Saurin GC; et al. α-6 integrin expression in bovine spermatogonial cells purified by discontinuous Percoll density gradient. Reprod Domest Anim. 2012;47:887-890.

114. Dirami G; Ravindranath N; Pursel V; Dym M. Effects of stem cell factor and granulocyte macrophage-colony stimulating factor on survival of porcine type A spermatogonia cultured in KSOM. Biol Reprod. 1999;61:225-230.

115. Lacerda SM; Batlouni SR; Costa GM; et al. A new and fast technique to generate offspring after germ cells transplantation in adult fish: the Nile tilapia (Oreochromis niloticus) model. PLoS One. 2010;5:e10740.

116. Rodriguez-Sosa JR; Dobson H; Hahnel A. Isolation and transplantation of spermatogonia in sheep. Theriogenology. 2006;66:2091-2103.

117. Kaul G; Kaur J; Rafeeqi TA. Ultrasound guided transplantation of enriched and cryopreserved spermatogonial cell suspension in goats. Reprod Domest Anim. 2010;45:e249-254.

118. Wang YB; Chen B; Wang YC; et al: The feeder layer of human embryonic fibroblasts supports the growth of human spermatogonial stem cells. Zhonghua Nan Ke Xue. 2008;14:1063-1068.

119. Liu S; Tang Z; Xiong T; Tang W. Isolation and characterization of human spermatogonial stem cells. Reprod Biol Endocrinol. 2011;9:141.

120. Ahmad S; Xiao Y; Han L; et al. Isolation, identification and enrichment of type a spermatogonia from the testis of chinese cross-bred buffaloes (swamp × river). Reprod Domest Anim. 2013;48:373-381.

121. Kadam PH; Kala S; Agrawal H; et al. Effects of glial cell line-derived neurotrophic factor, fibroblast growth factor 2 and epidermal growth factor on proliferation and the expression of some genes in buffalo (Bubalus bubalis) spermatogonial cells. Reprod Fertil Dev. 2013;25:1149-1157.

122. Rafeeqi T; Kaul G. Isolation and enrichment of type A spermatogonia from pre-pubertal buffalo (Bubalus bubalis) testis. Andrologia. 2013;45:195-203.

123. Nagano M; Avarbock MR; Leonida EB; et al. Culture of mouse spermatogonial stem cells. Tissue Cell. 1998;30:389-397.

124. Kanatsu-Shinohara M; Ogonuki N; Inoue K; et al. Restoration of fertility in infertile mice by transplantation of cryopreserved male germline stem cells. Hum Reprod. 2003;18:2660-2667.

125. Kubota M; Chiba M; Obinata M; et al. Establishment of Periodontal Ligament Cell Lines from Temperature-Sensitive Simian Virus 40 Large T-antigen Transgenic Rats. Cytotechnology. 2004;44:55-65.

126. Sato T; Katagiri K; Yokonishi T; et al. In vitro production of fertile sperm from murine spermatogonial stem cell lines. Nat Commun. 2011;2:472-479.

127. Aoshima K; Baba A; Makino Y; Okada Y. Establishment of alternative culture method for spermatogonial stem cells using knockout serum replacement. PLoS One. 2013;8:e77715.

128. Wang XN; Li ZS; Ren Y; et al: The Wilms Tumor Gene, Wt1, Is Critical for Mouse Spermatogenesis via Regulation of Sertoli Cell Polarity and Is Associated with Non-Obstructive Azoospermia in Humans. PLoS Genet. 2013;9:e1003645.

129. Hamra FK; Chapman KM; Wu Z; Garbers DL. Isolating highly pure rat spermatogonial stem cells in culture. Methods Mol Biol. 2008;450:163-179.

130. Wu Z; Luby-Phelps K; Bugde A; et al. Capacity for stochastic self-renewal and differentiation in mammalian spermatogonial stem cells. J Cell Biol. 2009;187:513-524.

131. Aponte PM; Soda T; Teerds KJ; et al. Propagation of bovine spermatogonial stem cells in vitro. Reproduction, 2008;136:543-557

132. Nasiri Z; Hosseini SM; Hajian M; et al. Effects of different feeder layers on short-term culture of prepubertal bovine testicular germ cells in-vitro. Theriogenology. 2012;77:1519-1528.

133. Kala S; Kaushik R; Singh KP; et al. In vitro culture and morphological characterization of prepubertal buffalo (Bubalus bubalis) putative spermatogonial stem cell. J Assist Reprod Genet. 2012;29:1335-1342.

134. Bahadorani M; Hosseini SM; Abedi P; et al. Short-term in-vitro culture of goat enriched spermatogonial stem cells using different serum concentrations. J Assist Reprod Genet. 2012;29:39-46.

135. Heidari B; Rahmati-Ahmadabadi M; Akhondi MM; et al. Isolation, identification, and culture of goat spermatogonial stem cells using c-kit and PGP9.5 markers. J Assist Reprod Genet. 2012;29:1029-1038.

136. Tiptanavattana N; Thongkittidilok C; Techakumphu M; Tharasanit T. Characterization and in vitro culture of putative spermatogonial stem cells derived from feline testicular tissue. J Reprod Dev. 2013;59:189-195.

137. Han SY; Gupta MK; Uhm SJ; Lee HT. Isolation and In vitro Culture of Pig Spermatogonial Stem Cell. Asian-Aust J Anim Sci. 2009;22:187-193.

138. Sadri-Ardekani H; Mizrak SC; van Daalen SK; et al. Propagation of human spermatogonial stem cells in vitro. JAMA. 2009;302:2127-34. Erratum in: JAMA. 2010;303:422.

139. Sadri-Ardekani H; Akhondi MA; van der Veen F; et al. In vitro propagation of human prepubertal spermatogonial stem cells. JAMA. 2011;305:2416-2418.

140. Goharbakhsh L; Mohazzab A; Salehkhou S; et al. Isolation and culture of human spermatogonial stem cells derived from testis biopsy. Avicenna J Med Biotechnol. 2013;5:54-61.

141. Piravar Z; Jeddi-Tehrani M; Sadeghi MR; et al. In vitro Culture of Human Testicular Stem Cells on Feeder-Free Condition. J Reprod Infertil. 2013;14:17-22.

142. Momeni-Moghaddam M; Matin MM; Boozarpour S; et al. A simple method for isolation, culture, and in vitro maintenance of chicken spermatogonial stem cells. In Vitro Cell Dev Biol Anim. 2014;50:155-161.

143. Kawasaki T; Saito K; Sakai C; et al. Production of zebrafish offspring from cultured spermatogonial stem cells. Genes Cells. 2012;17:316-325.

144. Wong TT; Collodi P. Effects of specific and prolonged expression of zebrafish growth factors, Fgf2 and Lif in primordial germ cells in vivo. Biochem Biophys Res Commun. 2013;430:347-351.

145. Shikina S; Ihara S; Yoshizaki G. Culture conditions for maintaining the survival and mitotic activity of rainbow trout transplantable type A spermatogonia. Mol Reprod Dev. 2008;75:529-537.

146. Shikina S; Yoshizaki G. Improved in vitro culture conditions to enhance the survival, mitotic activity, and transplantability of rainbow trout type A spermatogonia. Biol Reprod. 2010;83:268-276.

147. Shikina S; Nagasawa K; Hayashi M; et al. Short-term in vitro culturing improves transplantability of type A spermatogonia in rainbow trout (Oncorhynchus mykiss). Mol Reprod Dev. 2013;80:763-773.

148. Gurdon JB. The translation of messenger RNA injected in living oocytes of Xenopus laevis. Acta Endocrinol Suppl. 1973;74:225-243.

149. Mous J; Peeters B; van Bellegem H; Rombauts W. Translation of biologically active messenger RNA from human placenta in Xenopus oocytes. Eur J Biochem. 1979;94:393-400.

150. Wigler M, Sweet R, Sim GK, Wold B, Pellicer A, Lacy E, et al: Transformation of mammalian cells with genes from procaryotes and eucaryotes. Cell 1979, 16:777-785.

151. Mulligan RC; Howard BH; Berg P. Synthesis of rabbit beta-globin in cultured monkey kidney cells following infection with a SV40 beta-globin recombinant genome. Nature. 1979;277:108-114.

152. Breindl MD; Willecke K; Dausman J; Jaenisch R. Germ line integration of Moloney leukemia virus: Identification of the chromosomal integration site. PNAS. 1979;76:1938-1942.

153. Brinster RL; Chen HY; Trumbauer ME; Avarbock MR. Translation of globin messenger RNA by the mouse ovum. Nature. 1980;283:499-501.

154. Jähner D; Jaenisch R. Integration of Moloney leukaemia virus into the germ line of mice: correlation between site of integration and virus activation. Nature. 1980, 287:456-458.

155. Costantini F; Lacy E. Introduction of a rabbit β-globin gene into the mouse germ line. Nature. 1981;294:92-94.

156. Jaenisch R; Mintz B. Simian virus 40 DNA sequences in DNA of healthy adult mice derived from preimplantation blastocysts injected with viral DNA. PNAS. 1974;71:1250-1254.

157. Gordon JW; Scangos GA; Plotkin DJ; et al. Genetic transformation of mouse embryos by microinjection of purified DNA. PNAS. 1980;77:7380-7384.

158. Palmiter RDB; Hammer RL; Trumbauer RE; et al. Dramatic growth of mice that develop from eggs microinjected with metallothionein-growth hormone fusion genes. Nature. 1982;300:611-615.

159. Zhu Z; Li G; He L; Chen S. Novel gene transfer into the fertilized eggs of gold fish (Carassius auratus L. 1758). Z angew Ichthyol. 1985;1:31-34.

160. Lavitrano M; Camaioni A; Fazio VM; et al. Sperm cells as vectors for introducing foreign DNA into eggs: genetic transformation of mice. Cell. 1989;57:717-723.

161. Karmali PP; Chaudhuri A. Cationic liposomes as non-viral carriers of gene medicines: resolved issues, open questions, and future promises. Med Res Rev. 2007;27:696-722.

162. Gossler A; Doetschman T; Korn R; et al. Transgenesis by means of blastocyst-derived embryonic stem cell lines. Proc Natl Acad Sci USA. 1986;83:9065-9069.

163. West FD; Uhl EW; Liu Y; et al. Brief report: chimeric pigs produced from induced pluripotent stem cells demonstrate germline transmission and no evidence of tumor formation in young pigs. Stem Cells. 2011;29:1640-1643.

164. Van Berkel PHC; Welling MM; Geerts M; et al. Large scale production of recombinant human lactoferrin in the milk of transgenic cows. Nature Biotholology. 2002;20:484-487.

165. Yang B; Wang J; Tang B; et al. Characterization of bioactive recombinant human lysozyme expressed in milk of cloned transgenic cattle. PLoS ONE. 2011;6:e17593.

166. Maga EA; Walker RL; Anderson GB; Murray JD. Consumption of milk from transgenic goats expressing human lysozyme in the mammary gland results in the modulation of intestinal microflora. Transgenic Research. 2006;15:515-519.

167. Kim SJ; Sohn BH; Jeong S; et al. High-level expression of human lactoferrin in milk of transgenic mice using genomic lactoferrin sequence. The Journal of Biochemistry. 1999;126:320-325.

168. Bleck GT; White BR; Miller DJ; Wheeler MB. Production of bovine alpha α-lactalbumin in the milk of transgenic pigs. Journal Animal Science. 1998;76:3072-3078.

169. Edmunds T; Van Patten SM; Pollock J; et al. Transgenically produced human antithrombin: structural and functional comparison to human plasma-derived antithrombin. Blood. 1998;91:4561-4571.

170. Rahman MA; Mak R; Ayad H; et al. Expression of a novel piscine growth hormone gene results in growth enhancement in transgenic tilapia (Oreochromis niloticus). Transgenic Res. 1998;7:357-369.

171. Sarmasik A; Warr G; Chen TT. Production of transgenic medaka with increased resistance to bacterial pathogens. Mar Biotechnol. 2002;4:310-322.

172. Wang R; Zhang P; Gong Z; Hew CL. Expression of the antifreeze protein gene in transgenic goldfish (Carassius auratus) and its implication in cold adaptation. Molecular Marine Biology and Biotechnology. 1995;4:20-26.

173. Golovan SP; Meidinger RG; Ajakaiye A; et al. Pigs expressing salivary phytase produce low phosphorus manure. Nature Biotechnology. 2001;19:741-745.
174. Gong Z; Wan H; Tay TL, et al. Development of transgenic fish for ornamental and bioreactor by strong expression of fluorescent proteins in the skeletal muscle. Biochemical Biophysical Research Communications. 2003;58-63.
175. Dunham RA; Eash J; Askins J; Townes TM. Transfer of the metallothioneinhuman growth hormone fusion gene into channel catfish. Transactions of the American Fisheries Society. 1987;116:87-91.
176. Rooij DG. Regulation of spermatogonial stem cell behavior in vivo and in vitro. Anim Reprod. 2006;3:130-134.
177. Denning C; Priddle H. New frontiers in gene targeting and cloning: success, app. and challenges in d. a. and h. embryonic s. cells. Repr. 2003;126:1-11.
178. Olive V; Cuzin F. The spermatogonial stem cell: from basic knowledge to transgenic technology. Int J Biochem Cell Biol. 2005;37:246-250.
179. Kanatsu-Shinohara M; Shinohara T. Spermatogonial stem cell self-renewal and development. Annu Rev Cell Dev Biol. 2013;29:163-187.
180. Kanatsu-Shinohara M; Shinohara T. Germline modification using mouse spermatogonial stem cells. Methods Enzymol. 2010;477:17-36.
181. Lee J; Shinohara T. Epigenetic modifications and self-renewal regulation of mouse germline stem cells. Cell Res. 2011;21:1164-1171.
182. Kanatsu-Shinohara M; Mori Y; Shinohara T. Enrichment of mouse spermatogonial stem cells based on aldehyde dehydrogenase activity. Biol Reprod. 2013;89:140.
183. Tang L; Rodriguez-Sosa JR; Dobrinski I. Germ cell transplantation and testis tissue xenografting in mice. J Vis Exp. 2012;60.
184. Ogawa T; Aréchaga JM; Avarbock MR; Brinster RL. Transplantation of testis germinal cells into mouse seminiferous tubules. Int J Dev Biol. 1997;41:111-122.
185. Dobrinski I; Ogawa T; Avarbock MR; Brinster RL. Computer assisted image analysis to assess colonization of recipient seminiferous tubules by spermatogonial stem cells from transgenic donor mice. Mol Reprod Dev. 1999;53:142-148.
186. Clouthier DE; Avarbock MR; Maika SD; et al. Rat spermatogenesis in mouse testis. Nature. 1996, 381:418-421.
187. Shinohara T; Kato M; Takehashi M; et al. Rats produced by interspecies spermatogonial transplantation in mice and in vitro microinsemination. PNAS. 2006;103:13624-13628.
188. Russell LD; Brinster RL. Ultrastructural observations of spermatogenesis following transplantation of rat testis cells into mouse seminiferous tubules. J Androl. 1996;17:615-627.
189. França LR; Ogawa T; Avarbock MR; et al. Germ cell genotype controls cell cycle during spermatogenesis in the rat. Biol Reprod. 1998;59:1371-1377.

190. Ogawa T; Dobrinski I; Brinster RL. Recipient preparation is critical for spermatogonial transplantation in the rat. Tissue Cell. 1999;31:461-472.
191. Honaramooz A; Behboodi E; Blash S; et al. Germ cell transplantation in goats. Mol Reprod Dev. 2003;64:422-428.
192. Takeuchi Y; Yoshizaki G; Takeuchi T. Generation of live fry from intraperitoneally transplanted primordial germ cells in rainbow trout. Biol Reprod. 2003;69:1142-1149.
193. Takeuchi Y; Yoshizaki G; Takeuchi T. Surrogate broodstock produces salmonids. Nature. 2004;430:629-630.
194. Okutsu T; Shikina S; Kanno M; et al. Production of trout offspring from triploid salmon parents. Science. 2007;317:1517.
195. Yoshizaki G; Okutsu T; Morita T; et al. Biological characteristics of fish germ cells and their application to developmental biotechnology. Reprod Domest Anim. 2012;47 Suppl 4:187-192.
196. Okutsu T; Suzuki K, Takeuchi Y; et al. Testicular germ cells can colonize sexually undifferentiated embryonic gonad and produce functional eggs in fish. PNAS. 2006;103:2725-2729.
197. Dann CT. Transgenic modification of spermatogonial stem cells using lentiviral vectors. Methods Mol Biol. 2013;927:503-518.
198 Nagano M; McCarrey JR; Brinster RL. Primate spermatogonial stem cells colonize mouse testes. Biol Reprod. 2001;64:1409-1416.
199. Kalina J; Senigl F; Micáková A; et al. Retrovirus-mediated in vitro gene transfer into chicken male germ line cells. Reproduction. 2007;134:445-453.
200. Hamra FK; Chapman KM; Nguyen DM; et al. Self renewal, expansion, and transfection of rat spermatogonial stem cells in culture. Proc Natl Acad Sci. 2005;102:17430-17435.
201. Ryu BY; Kubota H; Avarbock MR; Brinster RL. Conservation of spermatogonial stem cell self-renewal signaling between mouse and rat. Proc Natl Acad Sci. 2005;102:14302-14307.
202. Bukrinsky MI; Haggerty S; Dempsey MP; et al. A nuclear localization signal within HIV-1 matrix protein that governs infection of non-dividing cells. Nature. 1993;365:666-669.
203. Verma IM; Somia N. Gene therapy – promises, problems and prospects. Nature. 1997;389:239-242.
204. Nagano M; Patrizio P; Brinster RL. Long-term survival of human spermatogonial stem cells in mouse testes. Fertil Steril. 2002;78:1225-1233.
205. Ryu BY; Orwig KE; Oatley JM; et al. Efficient generation of transgenic rats through the male germline using lentiviral transduction and transplantation of spermatogonial stem cells. J Androl. 2007;28:353-360.

206. Harkey MA; Asano A; Zoulas ME; et al. Isolation, genetic manipulation, and transplantation of canine spermatogonial stem cells: progress toward transgenesis through the male germ-line. Reproduction. 2013;146:75-90.

207. Whyte JJ; Prather RS. Genetic modifications of pigs for medicine and agriculture. Mol Reprod Dev. 2011;78:879-891.

208. Bacci ML. A brief overview of transgenic farm animals. Vet Res Commun. 2007;31 Suppl 1:9-14.

209. Dinnyes A; Tian XC; Yang X. Epigenetic regulation of foetal development in nuclear transfer animal models. Reprod Domest Anim. 2008;43 Suppl 2:302-329.

210. Zeng W; Tang L; Bondareva A; et al. Viral transduction of male germline stem cells results in transgene transmission after germ cell transplantation in pigs. Biol Reprod. 2013;88:27.

211. Honaramooz A; Cui XS; Kim NH; Dobrinski I. Porcine embryos produced after intracytoplasmic sperm injection using xenogeneic pig sperm from neonatal testis tissue grafted in mice. Reprod Fertil Dev. 2008;20:802-807.

212. Lorenz P, Harnack U, Morgenstern R: Efficient gene transfer into murine embryonic stem cells by nucleofection. Biotechnol Lett. 2004;26:1589-1592.

213. Trompeter HI; Weinhold S; Thiel C; et al. Rapid and highly efficient gene transfer into natural killer cells by nucleofection. J Immunol Methods. 2003;274:245-256.

214. Zeitelhofer M; Vessey JP; Xie Y; et al. High-efficiency transfection of mammalian neurons via nucleofection. Nat Protoc. 2007;2:1692-1704.

215. Zeng W; Tang L; Bondareva A; et al. Non-viral transfection of goat germline stem cells by nucleofection results in production of transgenic sperm after germ cell transplantation. Mol Reprod Dev. 2012;79:255-261.

216. Honaramooz A; Megee SO; Rathi R; Dobrinski I. Building a testis: formation of functional testis tissue after transplantation of isolated porcine (Sus scrofa) testis cells. Biol Reprod. 2007;76:43-47.

217. Rodriguez-Sosa JR; Dobrinski I. Recent developments in testis tissue xenografting. Reproduction. 2009;138:187-194.

218. Campos-Junior PH; Costa GM; Avelar GF; et al. Derivation of sperm from xenografted testis cells and tissues of the peccary (Tayassu tajacu). Reproduction. 2014;147:291-299.

219. Simon L; Ekman GC; Kostereva N; et al. Direct transdifferentiation of stem/progenitor spermatogonia into reproductive and nonreproductive tissues of all germ layers. Stem Cells. 2009;27:1666-1675.

220. Caires K; Broady J; McLean D. Maintaining the male germline: regulation of spermatogonial stem cells. J Endocrinol. 2010;205:133-145.

AUTORES

ALEXANDRE HIROAKI KIHARA

Professor adjunto e coordenador do Laboratório de Neurociência, Universidade Federal do ABC, Centro de Matemática, Computação e Cognição.

ALINE MARIA DA SILVA

Professora titular do Departamento de Bioquímica, Instituto de Química da Universidade de São Paulo (IQ-USP).

ANA MARIA FRAGA

Pesquisadora do Laboratório Nacional de Células-Tronco Embrionárias (LaNCE) e Pesquisadora do Instituto Nacional de Ciência e Tecnologia em Células-Tronco e Terapia Celular (INCTC), Departamento de Genética e Biologia Evolutiva, Instituto de Biociências da Universidade de São Paulo (IB-USP). Technical Application Specialist na Life Technologies e doutora pelo Departamento de Genética e Biologia Evolutiva (IB-USP).

ANA MARIA MORO

Diretora do Laboratório de Biofármacos em Células Animais do Instituto Butantan (São Paulo, SP). Professora colaboradora da Universidade de São Paulo (USP).

ANDERSON KENEDY SANTOS

Doutorando do Laboratório de Sinalização Celular e Nanobiotecnologia, Departamento de Bioquímica e Imunologia da Universidade Federal de Minas Gerais (UFMG, Belo Horizonte, MG).

ANDRÉA QUEIROZ MARANHÃO

Professora do Departamento de Biologia Celular da Universidade de Brasília (UnB).

ANGELA ALICE AMADEU

Pesquisadora doutora do Laboratório de Imunoquímica do Instituto Butantan (São Paulo, SP).

BERGMANN MORAIS RIBEIRO

Professor titular do Departamento de Biologia Celular do Instituto de Ciências Biológicas da Universidade de Brasília (UnB).

BRUNA RAPHAELA SOUSA

Mestre pelo Departamento de Bioquímica e Imunologia, Instituto de Ciências Biológicas da Universidade Federal de Minas Gerais (UFMG, Belo Horizonte, MG). Laboratório de Sinalização Celular e Nanobiotecnologia.

BRYAN ERIC STRAUSS

Professor doutor do Laboratório de Vetores Virais, Centro de Investigação Translacional em Oncologia/LIM 24, Instituto do Câncer do Estado de São Paulo, Faculdade de Medicina da Universidade de São Paulo (FM-USP).

CARLA COLUMBANO DE OLIVEIRA

Professora associada do Departamento de Bioquímica do Instituto de Química da Universidade de São Paulo (IQ-USP).

CAROLINE RIZZI

Pós-doutoranda do Centro de Desenvolvimento Tecnológico (CDTec) da Universidade Federal de Pelotas (UFPel, Pelotas, RS). Laboratório de Vacinologia, CDTec, UFPel.

CIBELE NUNES PERONI

Professora doutora do Laboratório de Hormônios Hipofisários, Centro de Biotecnologia do Instituto de Pesquisas Energéticas e Nucleares (IPEN-CNEN, São Paulo, SP).

CLÁUDIA REGINA CECCHI

Pós-doutoranda do Laboratório de Hormônios Hipofisários, Centro de Biotecnologia do Instituto de Pesquisas Energéticas e Nucleares (IPEN-CNEN, São Paulo, SP).

DANIEL MENDES PEREIRA ARDISSON-ARAÚJO

Doutorando do Programa de Pós-Graduação em Biologia Molecular, Departamento de Biologia Celular do Instituto de Ciências Biológicas da Universidade de Brasília (UnB).

DANIELA BERTOLINI ZANATTA

Pesquisadora do Laboratório de Vetores Virais, Centro de Investigação Translacional em Oncologia/LIM 24, Instituto do Câncer do Estado de São Paulo, Faculdade de Medicina da Universidade de São Paulo (FM-USP).

DANIELA CARVALHO GONZALEZ-KRISTELLER

Professora adjunta do Departamento de Ciências Biológicas, Setor de Biologia Celular e Molecular da Universidade Federal de São Paulo (Unifesp).

DIEGO GRANDO MÓDOLO

Pesquisador do Laboratório de Genoma Funcional, Instituto de Biologia da Universidade Estadual de Campinas (Unicamp).

DIMAS TADEU COVAS

Professor doutor do Hemocentro de Ribeirão Preto, Faculdade de Medicina de Ribeirão Preto da Universidade de São Paulo (USP). Departamento de Clínica Médica da Faculdade de Medicina de Ribeirão Preto, USP.

CLEITON FAGUNDES MACHADO

Pesquisador pós-doutorando do Departamento de Bioquímica do Instituto de Química da Universidade de São Paulo (IQ-USP).

OLIVEIRO CAETANO DE FREITAS NETO

Pesquisador do Laboratório de Ornitopatologia, Departamento de Patologia Veterinária da Faculdade de Ciências Agrárias e Veterinárias da Universidade Estadual Paulista (Unesp).

JACQUELINE BOLDRIN DE PAIVA

Pesquisadora do Laboratório de Biologia Molecular Bacteriana, Departamento de Genética, Evolução e Bioagentes da Universidade Estadual de Campinas (Unicamp).

EDSON JÚNIOR DO CARMO

Aluno de doutorado do Programa Multi-Institucional de Pós-Graduação em Biotecnologia (PPGBIOTEC). Centro de Apoio Multidisciplinar, Divisão de Biotecnologia da Universidade Federal do Amazonas (Ufam).

ELIZA HIGUTI

Doutoranda do Laboratório de Hormônios Hipofisários, Centro de Biotecnologia do Instituto de Pesquisas Energéticas e Nucleares (IPEN-CNEN, São Paulo, SP).

EMERSON ALBERTO DA FONSECA

Mestre pelo Departamento de Bioquímica e Imunologia, Instituto de Ciências Biológicas da Universidade Federal de Minas Gerais (UFMG, Belo Horizonte, MG). Laboratório de Sinalização Celular e Nanobiotecnologia.

EUGENIA COSTANZI-STRAUSS

Pesquisadora do Laboratório de Terapia Gênica, Departamento de Biologia Celular e do Desenvolvimento, Instituto de Ciências Biomédicas da Universidade de São Paulo (ICB-USP).

FÁBIA DA SILVA PEREIRA CRUZ

Doutoranda do Programa de Pós-Graduação em Patologia Molecular, Faculdade de Saúde da Universidade de Brasília (UnB).

FABIANA KÖMMLING SEIXAS

Professor do curso de graduação em Biotecnologia e do Programa de Pós-Graduação em Biotecnologia (PPGB), Centro de Desenvolvimento Tecnológico da Universidade Federal de Pelotas (UFPel, Pelotas, RS). Grupo de Pesquisa em Oncologia Celular e Molecular (GPO), Biotecnologia/Centro de Desenvolvimento Tecnológico (UFPel).

FABIANA LOUISE TEIXEIRA MOTTA

Mestranda em Biologia Molecular, Departamento de Biofísica da Universidade Federal de São Paulo (Unifesp).

FABRÍCIO DA SILVA MORGADO

Doutorando do Programa de Pós-Graduação em Biologia Molecular, Departamento de Biologia Celular, Instituto de Ciências Biológicas da Universidade de Brasília (UnB).

FERNANDA MARIA POLICARPO TONELLI

Doutoranda do Laboratório de Sinalização Celular e Nanobiotecnologia, Departamento de Bioquímica e Imunologia da Universidade Federal de Minas Gerais (UFMG, Belo Horizonte, MG).

FREDERICO MENDONÇA BAHIA SILVA

Pesquisador do Grupo de Engenharia Metabólica Aplicada a Bioprocessos, Instituto de Ciências Biológicas da Universidade de Brasília (UnB).

GLEIDE FERNANDES DE AVELAR

Professor adjunto do Laboratório de Biologia Celular, Departamento de Morfologia do Instituto de Ciências Biológicas da Universidade Federal de Minas Gerais (UFMG).

GUILHERME MATTOS JARDIM COSTA

Professor adjunto do Laboratório de Biologia Celular, Departamento de Morfologia, Instituto de Ciências Biológicas da Universidade Federal de Minas Gerais (UFMG).

HELENA STRELOW THUROW

Pós- doutoranda do Programa de Pós-Graduação em Biotecnologia (PPGB), Centro de Desenvolvimento Tecnológico da Universidade Federal de Pelotas (UFPel, Pelotas, RS). Grupo de Pesquisa em Oncologia Celular e Molecular (GPO), Biotecnologia/Centro de Desenvolvimento Tecnológico (UFPel).

HUMBERTO DE MELLO BRANDÃO

Pesquisador do Laboratório de Nanotecnologia, Centro Nacional de Pesquisa de Gado de Leite (Embrapa).

JAILA DIAS BORGES

Professor adjunto da Faculdade de Ciências Farmacêuticas da Universidade Federal do Amazonas (Ufam).

JOÃO HENRIQUE MOREIRA VIANA

Pesquisador do Laboratório de Reprodução, Centro Nacional de Pesquisa de Gado de Leite (Embrapa).

JÖRG KOBARG

Professor titular do Instituto de Biologia, Departamento de Bioquímica e Biologia Tecidual da Universidade Estadual de Campinas (Unicamp). Foi pesquisador do Laboratório Nacional de Biociências, Centro Nacional de Pesquisa em Energia e Materiais (CNPEM).

JOSÉ LUIZ DA COSTA

Professor doutor da Universidade de Campinas (Unicamp). Perito criminal da Superintendência da Polícia Técnico-Científica de São Paulo.

JULIANA GOULART XANDE

Pesquisadora do Laboratório de Terapia Gênica, Departamento de Biologia Celular e do Desenvolvimento, Instituto de Ciências Biomédicas da Universidade de São Paulo (ICB-USP).

KAMILLA SWIECH

Professora doutora do Hemocentro de Ribeirão Preto, Faculdade de Medicina de Ribeirão Preto da Universidade de São Paulo (USP). Departamento de Ciências Farmacêuticas, Faculdade de Ciências Farmacêuticas de Ribeirão Preto, USP.

KARINE RECH BEGNINI

Doutoranda do Programa de Pós-Graduação em Biotecnologia (PPGB), Centro de Desenvolvimento Tecnológico, Universidade Federal de Pelotas (UFPel, Pelotas, RS). Grupo de Pesquisa em Oncologia Celular e Molecular (GPO), Biotecnologia/Centro de Desenvolvimento Tecnológico (UFPel).

KATIA NEVES GOMES

Pós-doutoranda do Departamento de Bioquímica e Imunologia, Instituto de Ciências Biológicas, Universidade Federal de Minas Gerais (UFMG, Belo Horizonte, MG). Laboratório de Sinalização Celular e Nanobiotecnologia.

KELLY CRISTINA RODRIGUES SIMI

Aluna de doutorado do Programa de Pós-Graduação em Biologia Molecular, Universidade de Brasília (UnB).

LEONARDO ASSIS DA SILVA

Doutorando do Programa de Pós-Graduação em Biologia Molecular, Departamento de Biologia Celular, Instituto de Ciências Biológicas da Universidade de Brasília (UnB).

LILIAN RUMI TSURUTA

PhD. Pesquisadora do Laboratório de Biofármacos em Células Animais do Instituto Butantan (São Paulo, SP).

LORENA CARVALHO DE SOUZA CHAVES

Doutoranda do Programa de Pós-Graduação em Biologia Molecular, Departamento de Biologia Celular, Instituto de Ciências Biológicas da Universidade de Brasília (UnB).

LUCIANA MAGALHÃES MELO

Bolsista PNPD/CAPES do Programa de Pós-Graduação em Ciências Veterinárias da Universidade Estadual do Ceará (UECE).

LUIZ ORLANDO LADEIRA

Professor associado do Departamento de Física, Instituto de Ciências Exatas da Universidade Federal de Minas Gerais (UFMG, Belo Horizonte, MG). Laboratório de Nanomateriais.

LUIZ RENATO DE FRANÇA

Professor titular do Laboratório de Biologia Celular, Departamento de Morfologia, Instituto de Ciências Biológicas da Universidade Federal de Minas Gerais (UFMG). Diretor do Instituto Nacional para Pesquisa na Amazônia (INPA).

LUIZ SERGIO DE ALMEIDA CAMARGO

Pesquisador do laboratório de Reprodução, Centro Nacional de Pesquisa de Gado de Leite (Embrapa).

LYGIA DA VEIGA PEREIRA

Professora titular do Departamento de Genética e Biologia Evolutiva, Instituto de Biociências da Universidade de São Paulo (IB-USP). Laboratório Nacional de Células-Tronco Embrionárias (LaNCE) e Instituto Nacional de Ciência e Tecnologia em Células-Tronco e Terapia Celular (INCTC), Departamento de Genética e Biologia Evolutiva (IB-USP).

MARCELO DE MACEDO BRÍGIDO

Professor titular do Departamento de Biologia Celular da Universidade de Brasília (UnB).

MARCELO MENOSSI TEIXEIRA

Professor titular do Laboratório de Genoma Funcional, Instituto de Biologia da Universidade Estadual de Campinas (Unicamp).

MÁRCIA NEIVA

Pesquisadora visitante do Programa Multi-Institucional de Pós-Graduação em Biotecnologia (PPGBIOTEC). Centro de Apoio Multidisciplinar, Divisão de Biotecnologia da Universidade Federal do Amazonas (Ufam).

MARCO AURELIO AMADEU

Pesquisador do Laboratório de Terapia Gênica, Departamento de Biologia Celular e do Desenvolvimento, Instituto de Ciências Biomédicas da Universidade de São Paulo (ICB-USP).

MARIA FÁTIMA GROSSI DE SÁ

Pesquisadora líder do Laboratório de Interação Planta-Praga (Embrapa, Recursos Genéticos e Biotecnologia, Brasília/DF).

MARIA SUELI SOARES FELIPE

Professora titular do Grupo de Engenharia Metabólica Aplicada a Bioprocessos, Instituto de Ciências Biológicas da Universidade de Brasília (UnB). Pós-graduação em Ciências Genômicas e Biotecnologia, Universidade Católica de Brasília (UCB).

MARIANA SENNA QUIRINO

Doutoranda do Programa de Pós-Graduação em Biologia Molecular, Departamento de Biologia Celular, Instituto de Ciências Biológicas da Universidade de Brasília (UnB).

MARISA VIEIRA DE QUEIROZ

Professora doutora do Departamento de Microbiologia, Centro de Ciências Biológicas e da Saúde da Universidade Federal de Viçosa (UFV, Viçosa, MG).

MIGUEL DE SOUZA ANDRADE

Graduando em Ciências Biológicas, Universidade de Brasília (UnB).

LIVIA PILATTI MENDES DA SILVA

Pesquisadora do Laboratório de Biologia Molecular Bacteriana, Departamento de Genética, Evolução e Bioagentes da Universidade Estadual de Campinas (Unicamp).

NÁDIA SKORUPA PARACHIN

Pesquisadora do Grupo de Engenharia Metabólica Aplicada a Bioprocessos, Instituto de Ciências Biológicas da Universidade de Brasília (UnB). Pós-graduação em Ciências Genômicas e Biotecnologia, Universidade Católica de Brasília (UCB).

NAJA VERGANI

Doutoranda do Departamento de Genética e Biologia Evolutiva, Instituto de Biociências da Universidade de São Paulo (IB-USP). Laboratório Nacional de Células-Tronco Embrionárias (LaNCE) e Instituto Nacional de Ciência e Tecnologia em Células-Tronco e Terapia Celular (INCTC), Departamento de Genética e Biologia Evolutiva (IB-USP).

ODIR ANTÔNIO DELLAGOSTIN

Professor associado do Centro de Desenvolvimento Tecnológico (CDTec) da Universidade Federal de Pelotas (UFPel, Pelotas, RS). Laboratório de Vacinologia, CDTec, UFPel.

PAOLO BARTOLINI

Professor doutor do Laboratório de Hormônios Hipofisários, Centro de Biotecnologia do Instituto de Pesquisas Energéticas e Nucleares (IPEN-CNEN, São Paulo, SP).

PATRÍCIA BARBOSA PELEGRINI

Pós-doutoranda do Laboratório de Interação Planta-Praga (Embrapa, Recursos Genéticos e Biotecnologia, Brasília/DF).

PRISCILA MARQUES MOURA DE LEON

Pós-doutoranda do Programa de Pós-Graduação em Biotecnologia (PPGB), Centro de Desenvolvimento Tecnológico da Universidade Federal de Pelotas (UFPel, Pelotas, RS). Grupo de Pesquisa em Oncologia Celular e Molecular (GPO), Biotecnologia/Centro de Desenvolvimento Tecnológico (UFPel).

PRITESH J. LALWANI

Professor doutor da Fundação Oswaldo Cruz da Amazônia.

ANTÔNIO AMÉRICO BARBOSA VIANA

Professor doutor do Centro de Análises Proteômicas e Bioquímicas (CAPB). Pós-Graduação em Ciências Genômicas e Biotecnologia (PRPGP), Universidade Católica de Brasília (UCB).

AULUS ESTEVÃO ANJOS DE DEUS BARBOSA

Professor doutor do Centro de Análises Proteômicas e Bioquímicas (CAP). Orientador pela pós-graduação em Ciências Genômicas e Biotecnologia (PRPGP), Universidade Católica de Brasília (UCB).

BRUNO LOBÃO SOARES

Professor doutor do Departamento de Biofísica e Farmacologia da Universidade Federal do Rio Grande do Norte (UFRN).

EVERALDO GONÇALVES DE BARROS

Professor doutor do Programa de Pós-Graduação em Ciências Genômicas e Biotecnologia da Universidade Católica de Brasília (UCB).

JOÃO BOSCO PESQUERO

Professor Titular do Departamento de Biofísica da Universidade Federal de São Paulo (Unifesp).

NORBERTO CYSNE COIMBRA

Professor doutor do Núcleo de Apoio à Pesquisa da Universidade de São Paulo (NAP-USP) em Neurobiologia das Emoções (NuPNE) da Faculdade de Medicina de Ribeirão Preto da Universidade de São Paulo (USP).

OCTÁVIO LUIZ FRANCO

Professor doutor do Centro de Análises Proteômicas e Bioquímicas (CAPB). Pós-Graduação em Ciências Genômicas e Biotecnologia (PRPGP), Universidade Católica de Brasília (UCB).

WANDERLEY DIAS DA SILVEIRA

Professor doutor do Laboratório de Biologia Molecular Bacteriana, Departamento de Genética, Evolução e Bioagentes da Universidade Estadual de Campinas (Unicamp).

MICHELE CHRISTINE LANDEMBERGER

Pesquisadora científica do A.C. Camargo Cancer Center. Professora doutora da Universidade Paulista (Unip).

ROSÂNGELA VIEIRA DE ANDRADE

Professora doutora do Programa de Pós-Graduação em Ciências Genômicas e Biotecnologia da Universidade Católica de Brasília (UCB).

SIMONI CAMPOS DIAS

Professora doutora do Centro de Análises Proteômicas e Bioquímicas (CAPB). Pós-Graduação em Ciências Genômicas e Biotecnologia (PRPGP) da Universidade Católica de Brasília (UCB).

RAFAEL TRINDADE BURTET

Pós-doutor do Departamento de Biologia Celular da Universidade de Brasília (UnB).

RICARDO CAMBRAIA PARREIRA

Doutorando do Departamento de Bioquímica e Imunologia, Instituto de Ciências Biológicas da Universidade Federal de Minas Gerais (UFMB, Belo Horizonte, MG). Laboratório de Sinalização Celular e Nanobiotecnologia.

ROBERTO FRANCO TEIXEIRA CORRÊA

Professor visitante vinculado ao Programa de Pós-Graduação em Patologia Molecular, Faculdade de Saúde da Universidade de Brasília (UnB).

RODRIGO ESAKI TAMURA

Pesquisador do Laboratório de Vetores Virais, Centro de Investigação Translacional em Oncologia/LIM 24, Instituto do Câncer do Estado de São Paulo, Faculdade de Medicina da Universidade de São Paulo (FM-USP).

RODRIGO RIBEIRO RESENDE

Professor adjunto do Departamento de Bioquímica e Imunologia, Instituto de Ciências Biológicas da Universidade Federal de Minas Gerais (UFMG, Belo Horizonte, MG). Coordenador do Laboratório de Sinalização Celular e Nanobiotecnologia. Presidente do Instituto Nanocell.

SAMYRA MARIA DOS SANTOS NASSIF LACERDA

Pós-doutoranda do Laboratório de Biologia Celular, Departamento de Morfologia, Instituto de Ciências Biológicas da Universidade Federal de Minas Gerais (UFMG).

SILVANA BEUTINGER MARCHIORO

Pós-doutoranda do Centro de Desenvolvimento Tecnológico (CDTec), Universidade Federal de Pelotas (UFPel, Pelotas, RS). Professora adjunta da Faculdade de Ciências da Saúde da Universidade Federal da Grande Dourados (UFGD).

SIMONE APARECIDA SIQUEIRA DA FONSECA

Pós-doutoranda do Departamento de Genética e Biologia Evolutiva, Instituto de Biociências da Universidade de São Paulo (IB-USP). Laboratório Nacional de Células-Tronco Embrionárias (LaNCE) e Instituto Nacional de Ciência e Tecnologia em Células-Tronco e Terapia Celular (INCTC), Departamento de Genética e Biologia Evolutiva (IB-USP).

SPARTACO ASTOLFI-FILHO

Professor titular de Engenharia Genética do Programa Multi-Institucional de Pós-Graduação em Biotecnologia (PPGBIOTEC). Centro de Apoio Multidisciplinar, Divisão de Biotecnologia da Universidade Federal do Amazonas (Ufam).

TIAGO COLLARES

Professor do curso de graduação em Biotecnologia e do Programa de Pós-Graduação em Biotecnologia (PPGB), Centro de Desenvolvimento Tecnológico da Universidade Federal de Pelotas (UFPel, Pelotas, RS). Grupo de Pesquisa em Oncologia Celular e Molecular (GPO), Biotecnologia/Centro de Desenvolvimento Tecnológico (UFPel).

VÂNIA APARECIDA MENDES GOULART

Doutoranda do Departamento de Morfologia, Instituto de Ciências Biológicas da Universidade Federal de Minas Gerais (UFMG, Belo Horizonte, MG). Laboratório de Sinalização Celular e Nanobiotecnologia.

VICENCIA MICHELINE SALES

Mestre em Biologia Molecular, doutoranda em Biologia Molecular do Departamento de Biofísica da Universidade Federal de São Paulo (Unifesp).

VICENTE JOSÉ DE FIGUEIRÊDO FREITAS

Professor do Laboratório de Fisiologia e Controle da Reprodução, Faculdade de Veterinária da Universidade Estadual do Ceará (UECE).

VINICIUS F. CAMPOS

Professor do curso de graduação em Biotecnologia e do Programa de Pós-Graduação em Biotecnologia (PPGB), Centro de Desenvolvimento Tecnológico da Universidade Federal de Pelotas (UFPel, Pelotas, RS). Grupo de Pesquisa em Oncologia Celular e Molecular (GPO), Biotecnologia/Centro de Desenvolvimento Tecnológico (UFPel).

VIRGÍNIA PICANÇO-CASTRO

Pesquisadora do Hemocentro de Ribeirão Preto, Faculdade de Medicina de Ribeirão Preto da Universidade de São Paulo (USP).

WILMAR DIAS DA SILVA

Professor titular do Laboratório de Imunoquímica do Instituto Butantan (São Paulo, SP).

SOBRE A COLEÇÃO

BIOTECNOLOGIA APLICADA À SAÚDE E AGRO&INDÚSTRIA: FUNDAMENTOS E APLICAÇÕES

Certa vez perguntaram-me "Por que fazer um livro de tamanha envergadura e alcance?", e mal sabia o colega cientista que seriam quatro livros... Nesta coleção, a intenção foi reunir, em uma obra didática, sucinta e objetiva, os fatos mais novos na literatura com os conhecimentos clássicos dos temas disponíveis em obras separadas. Para se ter todo o escopo de Biotecnologia Aplicada à Saúde e Biotecnologia Aplicada à Agroindústria, dividimos o primeiro tema em três volumes e dedicamos ao segundo um volume exclusivo, totalizando quatro volumes cujos tópicos são todos abordados nos cursos de pós-graduação em Biociências e Biotecnologia, dentre outros.

Ao todo, foram 75 autores no primeiro livro, 97 no segundo, 90 no terceiro e 114 no quarto, totalizando 376 autores, entre professores e cientistas de referência nacional e internacional, de 78 laboratórios de pesquisa diferentes, que atuam em mais de 150 programas de pós-graduação no país, em 49 departamentos de 39 universidades, e mais 27 institutos de pesquisa distintos. Praticamente todos os programas de pós-graduação em biotecnologia estão presentes nesta obra. O objetivo do livro, que é único no mercado, é justamente atender ao maior público possível, entre alunos de pós-graduação e graduação. Um tópico em cada capítulo abordará os aspectos históricos e básicos que conduziram às técnicas e modelos apresentados, de extrema utilidade e didático para cursos de graduação. Por isso, envolvemos 69 instituições de ensino e pesquisa, de todos os estados do Brasil.

Seguindo nessa direção e no sentido de produzir um livro dirigido tanto a alunos de graduação quanto de pós-graduação, assim como àqueles profissionais que queiram se introduzir na área de biotecnologia utilizando técnicas modernas e o uso de qualquer tipo de modelo celular, disponibilizamos, em um tópico de cada capítulo, as metodologias e procedimentos para a realização de experimentos. Trata-se de um guia prático e simples para a bancada de experimentos complexos.

Prof. Rodrigo R. Resende (PhD)
Laboratório de Sinalização Celular e Nanobiotecnologia
Presidente da Sociedade Brasileira de Sinalização Celular
Presidente do Instituto Nanocell
Departamento de Bioquímica e Imunologia, Instituto de Ciências
Biológicas, Universidade Federal de Minas Gerais